Wolfgang Merkel

Systemtransformation

Wolfgang Merkel

System-transformation

Eine Einführung in die
Theorie und Empirie der
Transformationsforschung

2., überarbeitete
und erweiterte Auflage

VS VERLAG FÜR SOZIALWISSENSCHAFTEN

Bibliografische Information der Deutschen Nationalbibliothek
Die Deutsche Nationalbibliothek verzeichnet diese Publikation in der
Deutschen Nationalbibliografie; detaillierte bibliografische Daten sind im Internet über
<http://dnb.d-nb.de> abrufbar.

1. Auflage 2000
2., überarbeitete und erweiterte Auflage 2010

Alle Rechte vorbehalten
© VS Verlag für Sozialwissenschaften | GWV Fachverlage GmbH, Wiesbaden 2010

Lektorat: Frank Schindler

VS Verlag für Sozialwissenschaften ist Teil der Fachverlagsgruppe Springer Science+Business Media.
www.vs-verlag.de

Das Werk einschließlich aller seiner Teile ist urheberrechtlich geschützt. Jede Verwertung außerhalb der engen Grenzen des Urheberrechtsgesetzes ist ohne Zustimmung des Verlags unzulässig und strafbar. Das gilt insbesondere für Vervielfältigungen, Übersetzungen, Mikroverfilmungen und die Einspeicherung und Verarbeitung in elektronischen Systemen.

Die Wiedergabe von Gebrauchsnamen, Handelsnamen, Warenbezeichnungen usw. in diesem Werk berechtigt auch ohne besondere Kennzeichnung nicht zu der Annahme, dass solche Namen im Sinne der Warenzeichen- und Markenschutz-Gesetzgebung als frei zu betrachten wären und daher von jedermann benutzt werden dürften.

Umschlaggestaltung: KünkelLopka Medienentwicklung, Heidelberg
Druck und buchbinderische Verarbeitung: Ten Brink, Meppel
Gedruckt auf säurefreiem und chlorfrei gebleichtem Papier
Printed in the Netherlands

ISBN 978-3-531-17201-9

Für Klaus von Beyme

Inhaltsverzeichnis

Vorwort zur 2. Auflage 15

Einleitung 17

I Theorie 21

1 Typologie politischer Systeme 21
  1.1 Demokratische Systeme 26
    1.1.1 Polyarchien 28
    1.1.2 Embedded Democracy 30
    1.1.3 Defekte Demokratien 37
  1.2 Autokratische Systeme 40
    1.2.1 Autoritäre Systeme 41
    1.2.2 Totalitäre Systeme 48
    1.2.3 Typen totalitärer Systeme 52

2 Die Stabilität politischer Systeme 55
  2.1 Die endogene Stabilität demokratischer Systeme 57
  2.2 Die endogene Instabilität autokratischer Systeme 59

3 Transformationsbegriffe 62
  3.1 Regierung, Regime, Staat, System 63
  3.2 Regimewandel, Regimewechsel, Transition und Transformation 65

4 Transformationstheorien 67
  4.1 Systemtheorien 67
    4.1.1 Die Systemtheorie Parsons' 68
    4.1.2 Die autopoietische Systemtheorie Luhmanns 69
    4.1.3 Die Modernisierungstheorie 70
  4.2 Strukturtheorien 76
    4.2.1 Der neomarxistische Strukturalismus 76
    4.2.2 Das Theorem der Machtdispersion 77
  4.3 Kulturtheorien 79
    4.3.1 Religiös-kulturelle Zivilisationstypen 80
    4.3.2 Soziales Kapital 83

4.4 Akteurstheorien	84
4.4.1 Deskriptiv-empirische Akteurstheorien	85
4.4.2 Rational-Choice-Ansätze	86
4.5 Theoriesynthese	87
5 *Massen und Eliten in der Transformation*	89
5.1 Die Rolle der Massen und Eliten in der Transformationsliteratur	89
5.2 Die Rolle der Massen und Eliten in den Transformationsphasen	91
6 *Transformationsphasen*	93
6.1 Das Ende des autokratischen Systems	96
6.1.1 Ursachenkomplexe	96
6.1.2 Systeminterne Ursachen	98
6.1.3 Systemexterne Ursachen	99
6.1.4 Verlaufsformen	101
6.2 Demokratisierung	105
6.2.1 Die Institutionalisierung der Demokratie	105
6.2.2 Genese demokratischer Regierungssysteme	106
6.3 Konsolidierung	110
6.3.1 Die konstitutionelle Konsolidierung	113
6.3.2 Die repräsentative Konsolidierung	118
6.3.3 Verhaltenskonsolidierung der informellen politischen Akteure	122
6.3.4 Konsolidierung der Bürgergesellschaft	124

II Die Demokratisierungswellen des 20. Jahrhunderts 128

1 *Die erste Demokratisierungswelle: Die Entstehung von Demokratien*	129
2 *Die erste autokratische Gegenwelle: Der Zusammenbruch von Demokratien*	131
3 *Die zweite Demokratisierungswelle: Die Nachkriegsdemokratien in Deutschland, Italien und Japan*	136
3.1 Externe Einflussfaktoren	139
3.1.1 Außenstützung der Demokratisierung	139
3.1.2 Wirtschaftsentwicklung und Demokratisierung	142
3.2 Interne Einflussfaktoren	144
3.2.1 Die vorautokratischen Erfahrungen mit der Demokratie	144
3.2.2 Die Erfahrungen mit den autokratischen Regimen	145
3.2.3 Das Ende der autokratischen Regime	147
3.2.4 Die Institutionalisierung der Demokratie	150
3.2.5 Die Konsolidierung der Demokratie	157

III Die dritte Demokratisierungswelle: Südeuropa 169

1 Die Demokratisierung in Südeuropa 169
    1.1 Typen autoritärer Regime 169
        1.1.1 Portugal: Der korporatistische *Estado Novo* 169
        1.1.2 Griechenland: Das „nichthierarchische" Militärregime 171
        1.1.3 Spanien: Das institutionalisierte Führerregime Francos 172
    1.2 Regimeübergänge 174
        1.2.1 Portugal: Militärputsch und *ruptura* 175
        1.2.2 Griechenland: Kollaps durch militärische Niederlage 176
        1.2.3 Spanien: Die von oben gelenkte *reforma pactada* 178
    1.3 Die Institutionalisierung der Demokratien 180
        1.3.1 Portugal: Der lange Institutionalisierungsprozess 180
        1.3.2 Griechenland: Der kurze Institutionalisierungsprozess 182
        1.3.3 Spanien: Der ausgehandelte Institutionalisierungsprozess 183
    1.4 Die erfolgreiche Konsolidierung der Demokratien 187
        1.4.1 Die konstitutionelle Konsolidierung: Regierungssysteme 187
        1.4.2 Die repräsentative Konsolidierung: Parteiensysteme und Verbände 191
        1.4.3 Die Integration der Vetoakteure 197
        1.4.4 Demokratische Legitimität und Bürgergesellschaft 199

IV Die dritte Demokratisierungswelle: Lateinamerika 205
(Peter Thiery / Wolfgang Merkel)

1 Typen autoritärer Regime 207
    1.1 Argentinien: Die reformunfähige bürokratische Militärdiktatur (1976–1983) . 207
    1.2 Chile: Die modernisierende bürokratische Militärdiktatur (1973–1990) 208
    1.3 Peru: Die sozialreformerische Militärdiktatur (1968–1980) 209
    1.4 Venezuela: Das anachronistische Militärregime (1948–1958) 211
    1.5 Nicaragua: Die sultanistische Somoza-Diktatur 211
    1.6 Mexiko: Das institutionalisierte Einparteienregime (1917–1997) 212

2 Regimeübergänge 214
    2.1 Argentinien: Der Kollaps der Militärdiktatur (1982/83) 215
    2.2 Chile: Die gelenkte Transition (1988–1990) 216
    2.3 Peru: Druck von unten, Lenkung und Verhandlung (1978–1980) 217
    2.4 Venezuela: Der Bruch mit dem militärischen *caudillismo* (1958) 218
    2.5 Nicaragua: Die „sandinistische" Transition (1979–1990) 219
    2.6 Mexiko: Die stark verzögerte Transition (1977–1997) 220

3 Institutionalisierung 222
  3.1 Argentinien: Wiederherstellung des Präsidentialismus (Verfassung 1853) 223
  3.2 Chile: Modifikation und Korrektur der autoritären Verfassung 224
  3.3 Peru: Die prekäre Institutionalisierung 226
  3.4 Venezuela: Die gelungene Institutionalisierung durch Elitenpakte 227
  3.5 Nicaragua: Die umkämpfte Institutionalisierung 228
  3.6 Mexiko: Inkrementale Institutionalisierung durch Reformen 229

4 Konsolidierung 230
  4.1 Argentinien: Konsolidierungsprobleme einer delegativen Demokratie 233
  4.2 Chile: Die fortschreitende Konsolidierung 236
  4.3 Peru: Aufstieg und Zerfall einer defekten Demokratie 239
  4.4 Venezuela: Dekonsolidierung einer „Vorzeigedemokratie" 242
  4.5 Nicaragua: Die schwierige Stabilisierung einer illiberalen Demokratie 247
  4.6 Mexiko: Illiberale Demokratie und Reformblockaden 250

5 Fazit und Ausblick 254

V Die dritte Demokratisierungswelle: Ost- und Südostasien 261
(Aurel Croissant / Wolfgang Merkel)

1 Typen autoritärer Regime 264
  1.1 Philippinen: Das sultanistische Marcos-Regime 264
  1.2 Südkorea: Das bürokratisch-militärische Regime 265
  1.3 Taiwan: Das Einparteienregime der Kuomintang 266
  1.4 Thailand: Das bürokratisch-militärische Regime 267
  1.5 Indonesien: Zwischen bürokratisch-militärischer Herrschaft und Sultanismus 268

2 Regimeübergänge 270
  2.1 Philippinen: Regimekollaps und Demokratisierung „von unten" 271
  2.2 Südkorea: Ausgehandelter Regimewechsel 272
  2.3 Taiwan: Von oben gelenkter Systemwechsel 275
  2.4 Thailand: Von oben eingeleiteter Regimewechsel 276
  2.5 Indonesien: „Von unten" erzwungene und „von oben" eingeleitete Demokratisierung 278
  2.6 Fazit 280

Inhaltsverzeichnis   *11*

3 *Institutionalisierung* 281
   3.1 Philippinen: Wiederherstellung des präsidentiellen Regierungssystems 282
   3.2 Südkorea: Präsidentiell-parlamentarisches System und die Logik
       der Machtteilung 283
   3.3 Taiwan: Der langsame Institutionalisierungsprozess der Demokratie 285
   3.4 Thailand: Wiederherstellung des parlamentarischen Regierungssystems 287
   3.5 Indonesien: Reform des präsidentiellen Regierungssystems 289
   3.6 Fazit 291

4 *Konsolidierung* 293
   4.1 Philippinen: Die blockierte Konsolidierung 293
   4.2 Südkorea: Die verzögerte Konsolidierung 296
   4.3 Taiwan: Die fortgeschrittene Konsolidierung 298
   4.4 Thailand: Die gescheiterte Konsolidierung 302
   4.5 Indonesien: Die schwierige Konsolidierung 306

5 *Fazit: Die Konsolidierung im Vergleich* 310
   5.1 Institutionelle Konsolidierung 310
   5.2 Repräsentationsebene 312
   5.3 Ebene der Verhaltenskonsolidierung 316
   5.4 Ebene der Staatsbürgerkultur und Zivilgesellschaft 317

6 *Gibt es eine „asiatische Form" der Demokratie?* 319

VI Die dritte Demokratisierungswelle: Osteuropa 324

1 *Die besondere Transformationsproblematik in Osteuropa* 324
   1.1 Probleme der (National-)Staatsbildung 325
   1.2 Probleme der Demokratisierung 328
   1.3 Probleme des Wirtschaftsumbaus 329

2 *Regimeübergänge* 340
   2.1 Von oben kontrollierter Systemwechsel: Der Balkan 342
   2.2 Der ausgehandelte Systemwechsel: Polen 348
   2.3 Regimekollaps: Die Tschechoslowakei 351
   2.4 Regimekollaps und Staatsende: Der Sonderfall DDR 353
   2.5 Neugründung von Staaten: Die baltischen Demokratien 361

3 Institutionalisierung 367
   3.1 Typen demokratischer Regierungssysteme in Osteuropa 367
      3.1.1 Parlamentarische Regierungssysteme: Das Beispiel Ungarns 370
      3.1.2 Parlamentarisch-präsidentielle Regierungssysteme: Das Beispiel Polens . 372
      3.1.3 Präsidentiell-parlamentarische Mischsysteme: Das Beispiel Russlands .. 375
      3.1.4 Präsidentielle Regierungssysteme: Das Beispiel Belarus 380
   3.2 Die Genese demokratischer Regierungssysteme 384
      3.2.1 Die historisch-konstitutionelle Erklärung 385
      3.2.2 Die Import-Erklärung 386
      3.2.3 Die prozess- und akteursorientierte Erklärung 387

4 Konsolidierung: Ungarn, Polen, Russland und Belarus im Vergleich 394
   4.1 Konstitutionelle Konsolidierung: Regierungssysteme 395
   4.2 Repräsentative Konsolidierung: Parteiensysteme und Verbände 400
      4.2.1 Parteiensysteme 400
      4.2.2 Verbände in den industriellen Beziehungen 408
   4.3 Verhaltenskonsolidierung der Vetoakteure 420
   4.4 Konsolidierung der Bürgergesellschaft 423
   4.5 Fazit 430

VII Externe Demokratisierung 436

1 Demokratieförderung 437
   1.1 Die Demokratieförderer 442
   1.2 Das Selektionsproblem 447
   1.3 Das Timing-Problem 453
   1.4 Das Strategieproblem 454
   1.5 Das Evaluationsproblem 467
   1.6 Fazit 471

2 Demokratisierung „durch" Krieg? 472
   2.1 Was wissen wir? 473
   2.2 Was dürfen wir? 481
   2.3 Was sollen wir? 485

Ausblick: Kehren die Diktaturen zurück? 487

1 Theoretische Paradigmen und empirische Artefakte 488

2 Gegenwartsdiagnose 491

3 Zukunftsprognose 493

Literatur	500
Personenregister	545
Sachregister	548
Abkürzungen	557

Vorwort zur 2. Auflage

Dieses Buch ist eine Einführung in die moderne politikwissenschaftliche Transformationsforschung. Unter dem Begriff der Transformationsforschung fasse ich den grundlegenden Wechsel von politischen Regimen, gesellschaftlichen Ordnungen und wirtschaftlichen Systemen. Gegenstand des Buches ist also der Übergang von einer politischen Ordnung zu einer grundsätzlich anderen: der Übergang von Diktaturen zu Demokratien, der Plan- und Kommandowirtschaft zur Marktwirtschaft sowie der Wandel von geschlossenen zu offenen Gesellschaften. Die analytische Perspektive wird in diesem Buch auf die Sphäre des Politischen gerichtet. Da sich bei den meisten politischen Regimewechseln auch wirtschaftliche und soziale Systeme grundlegend wandeln – sei es als Voraussetzung oder Ergebnis der politischen Transformation – beziehen meine theoretischen Überlegungen und empirischen Analysen die Wechselbeziehungen der politischen, gesellschaftlichen und ökonomischen Teilsysteme mit ein. Ohne deren Interdependenz ist weder die Transformation der Politik noch der Wirtschaft oder der Gesellschaft zu verstehen.

Das Buch ist jedoch mehr als eine Einführung in die Transformationsforschung – und dies in einem dreifachen Sinne: Zum einen *führt* es nicht nur in die Transformationsforschung *ein*, sondern es spiegelt auch den neuesten Stand der politikwissenschaftlichen Systemwechselforschung, d. h. den *state of the art*, wider. Zum anderen werden im ersten Teil des Buches grundlegende Begriffe der Regierungslehre wie System, Regime, Staat, Demokratie, Autokratie, Autoritarismus und Totalitarismus definiert und klar voneinander abgegrenzt. Damit können große Teile des Buches auch als Beitrag zur *vergleichenden Systemlehre* gelesen werden. Last but not least, werden im umfangreichsten Teil des Buches eigenständige *empirische Analysen* der Demokratisierungsprozesse in vier großen Weltregionen vorgestellt: Südeuropa, Lateinamerika, Ost- und Südostasien sowie Mittel- und Osteuropa. Gegenüber der ersten Auflage wurde dieser Ausgabe ein umfangreiches Kapitel über Lateinamerika hinzugefügt.

Geschrieben wurde das Buch für ein größeres Publikum. Es wendet sich an Studierende und Lehrende im Bereich der Politikwissenschaft ebenso wie in den Disziplinen der Soziologie, Geschichte und den Wirtschaftswissenschaften. Es kann darüber hinaus von politischen Entscheidungseliten und den Vertretern eines anspruchsvollen Journalismus mit Gewinn gelesen werden. Das Buch hat von vielen Diskussionszusammenhängen profitiert, in denen ich seit Beginn der 1990er Jahre immer wieder einzelne Analysen und Thesen zum Thema vorgestellt und diskutiert habe. An erster Stelle sind hier die Studierenden meiner Seminare an den Universitäten Mainz, Heidelberg, Berlin, Madrid und Florenz zu nennen. Profitiert habe ich auch in einem kaum zu überschätzenden Maße von meinen Kolleginnen und Kollegen des Arbeitskreises „Systemwechsel" innerhalb der Deutschen Vereinigung für Politikwissenschaft (DVPW), denen der Forschergruppe „Bertelsmann Transformation Index" (BTI), meinen Mitstreitern in der Forschungsgruppe „Defekte Demokratien", Hans-Jürgen Puhle, Claudia Eicher, Peter Thiery und Aurel Croissant, sowie meinen Kollegen und Mitarbeitern in der Abteilung „Demokratieforschung" am Wissenschaftszentrum Berlin für Sozialforschung (WZB). Meiner Mitarbeiterin Gudrun Mouna möchte ich für die editorische Arbeit danken. Mit Aurel Croissant habe ich das Kapitel zur Systemtransformation in Ostasien, mit Peter Thiery das zu Lateinamerika verfasst. Ihnen verdanke ich darüber hinaus wertvolle Hinweise und konstruktive Kritik zum gesamten Buch.

In ganz besonderer Weise möchte ich meinem Lehrer Klaus von Beyme danken, dessen Person und Werk es vor allem waren, die mein Interesse und meine Passion für die Politikwissenschaft geweckt und gefördert haben. Ihm möchte ich dieses Buch widmen.

Berlin, September 2009 *Wolfgang Merkel*

Einleitung

Betrachtet man das 20. Jahrhundert unter dem Blickwinkel des Übergangs von autoritären zu liberaldemokratischen politischen Systemen, lassen sich drei große Wellen erkennen. Eine erste lange Welle, die ihre Wurzeln in der französischen und der amerikanischen Revolution hat, zog sich langsam verstärkend durch das gesamte 19. Jahrhundert und erreichte ihren Höhepunkt unmittelbar nach dem Ersten Weltkrieg. Zu Beginn der zwanziger Jahre des letzten Jahrhunderts war in rund 30 Ländern mit den allgemeinen, gleichen und freien Wahlen das prozedurale Minimum (Dahl 1971) demokratischer Systeme installiert, wie Samuel P. Huntington (1991: 17) errechnet hat. Mit Mussolinis Marsch auf Rom im Jahr 1922 wurde der erste lange Demokratisierungstrend der europäischen und amerikanischen Geschichte von einer „autoritären Gegenwelle" gebrochen. Sie ließ in Europa und Lateinamerika faschistische, autoritär-korporatistische, populistische oder militärisch-diktatorische Regime entstehen.

Wie 1918 war es erneut das Ende eines Weltkrieges, das nach 1945 in einer *zweiten* Welle einen kurzen Demokratisierungsschub auslöste. Unter der Aufsicht der alliierten Siegermächte wurde die Demokratisierung der politischen Systeme in Westdeutschland, Österreich, Italien und Japan dekretiert und eingeleitet. In Lateinamerika traten sechs Länder in eine kurze Phase demokratischen Wandels ein, bevor dieser zu Beginn der 1950er und 1960er Jahre – wiederum in einer Gegenwelle – von Militärdiktaturen weggespült wurde.

Die *dritte* Demokratisierungswelle begann 1974 – paradoxerweise mit einem Militärputsch – in Portugal, erfasste noch im selben Jahr Griechenland und kurz darauf Spanien (1975). Sie setzte sich Anfang der 1980er Jahre in Lateinamerika fort, als viele Militärregime zusammenbrachen bzw. reformbereite Militärs die Liberalisierung und Demokratisierung ihrer Länder einleiteten. Gleichsam der Mechanik eines „regionalen Dominoeffekts" folgend, ergriff die anhaltende dritte Demokratisierungswelle auch Ost- und Südostasien. Das Einparteienregime Taiwans begann sich zu wandeln, der auf den Philippinen sultanistisch regierende Diktator Marcos wurde gestürzt und die Militärs in Südkorea und Thailand zogen sich wieder in die Kasernen zurück. Alle vier Länder machten sich auf den beschwerlichen Weg der Demokratisierung. Ihren Kulminationspunkt fand „the third wave" (Huntington 1991) aber zweifellos in dem Zusammenbruch der kommunistischen Regime in Osteuropa. Spätestens mit diesem Epochenbruch der Jahre 1989–1991 ist die Transformation autoritärer und totalitärer politischer Systeme nicht nur zum beherrschenden Thema der politischen Agenda vieler Transformationsländer geworden, sondern avancierte auch zu einer der wichtigsten Fragestellungen im Bereich der ökonomischen, soziologischen und politikwissenschaftlichen Forschung. Aber noch vor der Ökonomie und der Soziologie ist es die Politische Wissenschaft, die sich herausgefordert fühlen muss, Ursachen und Verläufe der politischen Systemwechsel herauszuarbeiten und die Konsolidierungschancen wie Konsolidierungsprobleme der entstehenden jungen Demokratien zu analysieren. Dies gilt auch für das Scheitern von Systemwechseln oder die auffallende Resistenz ganzer Regionen, wie den arabisch-islamischen Ländern, gegenüber den weltweiten Demokratisierungstendenzen.

Das Buch ist in sieben Teile gegliedert. Der erste Teil beschäftigt sich mit den grundlegenden Begriffen, Konzepten und Theorien der Transformationsforschung. Zunächst wird eine

Typologie von politischen Herrschaftsordnungen vorgestellt. Sie soll Klarheit darüber verschaffen, welche Strukturen und Verfahren die Identität eines politischen Systems ausmachen. Erst wenn sich konstitutive strukturelle und prozedurale Elemente eines politischen Systems grundsätzlich ändern, kann von einem Systemwechsel gesprochen werden. Ihr folgt eine knappe Erläuterung und Abgrenzung zentraler Begriffe der Transformationsforschung wie etwa Regimewandel, Regimewechsel, Systemwandel, Systemwechsel, Transition und Transformation. Politische Regime und Systeme kollabieren und entstehen nicht, ohne dass politische Akteure handeln. Welche Bedeutung in solchen Transformationsprozessen den Strukturen oder aber den Akteuren zugeschrieben werden kann, lässt sich ohne theoretische Reflexion nicht erfassen. Ein Überblick über die wichtigsten sozialwissenschaftlichen Theorieangebote soll zeigen, dass Transformationsanalysen schon lange nicht mehr zur bloßen Deskription verurteilt sind, sondern theoretisch anspruchsvoll analysiert werden können.

Ausführlich sollen danach die Fragen behandelt werden, in welchen Etappen sich politische Systeme zur Demokratie transformieren, welche besonderen Probleme sich in den einzelnen Phasen ergeben und welche politischen Akteure aus welchen Gründen in einer Phase eine einflussreiche Rolle spielen können, in einer anderen jedoch dramatisch an Bedeutung verlieren. Relevanz und Einfluss der jeweiligen politischen Akteure hängen nicht zuletzt von den angewendeten Strategien und dem dadurch beeinflussten Ablauf eines Systemwechsels ab. Die konkreten Interaktionsformen zwischen Eliten und Massen sind dabei von besonderer Bedeutung. Auch die Kontextangemessenheit des politischen Handelns spielt eine wichtige Rolle für die Nachhaltigkeit von Demokratisierungsprozessen.

Im empirischen Teil des Buches werden – auf den begrifflichen Erläuterungen und theoretischen Überlegungen des ersten Teils aufbauend – die besonderen Verläufe, Probleme, Erfolge und Misserfolge zunächst der zweiten (1943–1962) und dann der dritten Demokratisierungswelle (1974–1995) dargestellt.[1] Hier sollen insbesondere jene Strukturen, Akteure, Handlungen sowie endogenen und exogenen Einflussfaktoren systematisch beleuchtet werden, die in den Transformationsprozessen nach dem Zweiten Weltkrieg zu den stabilen Demokratien in der Bundesrepublik Deutschland, in Österreich, Italien und Japan geführt haben. Detaillierte Analysen widmen sich dem „Fall" der letzten Rechtsdiktaturen in „Westeuropa", den Ländern Portugal (1974), Griechenland (1974) und Spanien (1975). Hier sollen vor allem die Gründe herausgearbeitet werden, die zum Zusammenbruch der letzten westeuropäischen Diktaturen und zu einer unerwartet raschen und erfolgreichen demokratischen Transformation geführt haben. Im Anschluss daran werden die Besonderheiten der Regimewechsel in Lateinamerika und Ost- und Südostasien dargestellt. Diese Analysen dienen nicht zuletzt der Beantwortung der Frage, welchen besonderen Einfluss die spezifischen politischen und kulturellen Kontexte dieser beiden Regionen auf Erfolg oder Scheitern der Demokratisierungsprozesse hatten und haben.

Breiter Raum wird den empirischen Analysen der Transformationsprozesse in Mittel- und Osteuropa eingeräumt. Die herrschende Meinung der internationalen Transformationsforschung (Huntington 1991; Przeworski 1991; Merkel, W. 1994b; Linz/Stepan 1996; Diamond et al. 1997) rechnet sie zwar der dritten Demokratisierungswelle zu, aber die Besonderheit eines Systemwechsels von geschlossenen kommunistischen Diktaturen zu meist offenen demo-

---

1 Die erste lange Demokratisierungswelle (1828–1918) und die auf sie folgende erste autokratische Gegenwelle (1922–1943; vgl. Huntington 1991: 16) werden zu Beginn des zweiten Teils nur knapp beschrieben, aber an dieser Stelle nicht eigens analysiert.

kratischen Systemen rechtfertigt die Behandlung in einem gesonderten Kapitel.[2] Deshalb wird nach einer Ursachenanalyse des Zusammenbruchs der kommunistischen Systeme vor allem die aus dem Charakter der vorangegangenen autoritären bzw. totalitären Systeme resultierende besondere „Transformationsproblematik" in Mittel- und Osteuropa herausgearbeitet. Dem folgt eine differenzierende Analyse der unterschiedlichen Transformationspfade und der jeweiligen institutionellen Formen der neuen Demokratien. Das übergreifende Ziel dieses Teils ist es, aus der jeweils spezifischen Erblast, dem eingeschlagenen Transformationspfad, der Kontext angemessenen oder unangemessenen Institutionalisierung der Demokratie und den sozioökonomischen Einflussfaktoren den Erfolg oder das Scheitern von Demokratisierungsprozessen zu erklären. Sieht man von Russland (defekte Demokratie) und Belarus (autoritäres Regime) ab, haben sich die neuen Demokratien in Mittel- und Osteuropa entgegen aller Theorie überraschend schnell konsolidiert (Schmitter/Schneider 2004; Merkel, W. 2007). Auch dies gilt es zu erklären. Obwohl die Demokratisierung politischer Regime primär aus endogenen Quellen gespeist und von internen Akteuren betrieben wird, sind häufig auch externe Akteure an Systemwechseln beteiligt. Dies kann in friedlicher Weise als Demokratieförderung oder gewaltsam durch Kriege geschehen. Dieser Thematik ist in der neuen Auflage ein eigenes Kapitel gewidmet. Das vorliegende Buch zur Systemtransformation soll einführen in:

- die Begrifflichkeit der Transformationsforschung,
- die Periodisierung von Systemtransformationen,
- die Verlaufsformen von Systemtransformationen,
- die wichtigsten Theorien der Transformationsforschung,
- die empirische Untersuchung von Transformationsregimen,
- die exemplarische Analyse ausgewählter Transformationsländer,
- die Ursachen erfolgreicher und scheiternder Demokratisierungsprozesse,
- die Deformierungsrisiken junger Demokratien zu hybriden Regimen,
- die externe Demokratieförderung.

Damit wird ein Einführungs- und Lehrbuch zur politikwissenschaftlichen Transformationsforschung vorgelegt, das alle zentralen Begriffe und Theorieansätze zu dieser Thematik zusammenfasst und exemplarisch in zahlreichen Länderanalysen Süd- und Osteuropas, Lateinamerikas sowie Ost- und Südostasiens zur Anwendung bringt. Der Schwerpunkt liegt auf den endogenen Demokratisierungsprozessen. Teil VII soll aber zeigen, dass auch externe Akteure eine wichtige, wenngleich häufig problematische Rolle spielen können.

---

2 Einige Autoren sprechen mit guten systematischen Argumenten gar von einer eigenen, einer vierten Demokratisierungswelle (Beyme 1994a; Offe 1994; Bunce 2003). Allerdings hat sich diese Bezeichnung in der herrschenden Meinung der Transformationsforschung gegen Huntingtons (1991) frühe Begriffsbildung nicht durchsetzen können.

I Theorie

1 Typologie politischer Systeme

Das politische System ist ein „funktional spezialisiertes" Teilsystem, dessen Aufgabe es ist, durch die gesellschaftlich „verbindliche Allokation von Werten und Gütern" (Easton 1965) das Überleben der Gesamtgesellschaft zu sichern. Zur Erfüllung dieser Funktion benötigt es besondere staatliche Gewalt- und Sanktionsmittel, über die andere gesellschaftliche Teilsysteme wie etwa die Wirtschaft, die Wissenschaft oder das Recht nicht verfügen. Max Weber (1972 [1922]: 822) sprach vom „Monopol legitimer physischer Gewaltsamkeit", die dem Staat als innerem organisatorischen Kern eines politischen Systems allein zukommt. Politische Systeme sind also nicht nur funktional spezialisiert, sondern sie sind auch Manifestationen politischer Herrschaft, die über unterschiedliche Formen der Legitimation verfügen (Waschkuhn 1995: 237). Entsprechend der Art und Weise ihrer Legitimation bilden politische Systeme bestimmte Strukturen und Mechanismen des Zugangs zu und der Sicherung von politischer Macht aus. Diese Strukturen und Mechanismen können als die normative und institutionelle Innenausstattung eines politischen Systems verstanden werden. Dabei gilt die Regel: Die den jeweiligen politischen Systemen zugrunde liegenden Normen prägen den Herrschaftsanspruch und die besondere Konfiguration der staatlichen Herrschaftsinstitutionen. Sie beeinflussen die Formen, Verfahren und Organisationen des Herrschaftszugangs, der Herrschaftsstruktur und der Herrschaftsweise.

Es zählt zu den ältesten und vornehmsten Aufgaben der Wissenschaft von der Politik, Staats- und Regierungsformen nach bestimmten Merkmalen ihrer internen Herrschaftsorganisation zu klassifizieren. Dies begann im 5. Jahrhundert vor Christus mit Herodots Persergespräch und fand mit der Dreiteilung der platonisch-aristotelischen Typenlehre in der griechischen Antike ihren ersten Höhepunkt. Aristoteles (384–323 v. Chr.) hat in seiner Akademie insgesamt 158 Verfassungen sammeln lassen und sie nach einem numerischen (Wie viele herrschen?) und einem qualitativen Kriterium (Wie wird in Bezug auf das Gemeinwohl geherrscht?) systematisiert (Aristoteles, Politik 1278 b 6 – 1279 b 10). Durch diese zwei Kriterien kommt er zu einer Dreigliederung von Herrschaftsformen, in der je drei gute drei entarteten Formen gegenüberstehen: In der *Alleinherrschaft* sind dies Monarchie versus Tyrannis; bei der *Herrschaft der Wenigen* Aristokratie versus Oligarchie; bei der *Herrschaft der Vielen* Politie versus Demokratie. Machiavelli (1469–1527) reduziert zu Beginn der Neuzeit die Vielfalt der staatlichen Erscheinungsformen auf zwei Grundtypen: die Republik und das Fürstentum. Dabei lässt er offen, welchem Typ er prinzipiell den Vorzug gibt. Montesquieu (1689–1755) unterscheidet in seiner epochalen Schrift „Vom Geist der Gesetze" wieder drei Formen von Regierungen (Montesquieu 1965 [1748]: 104): die Republik (in ihrer aristokratischen oder demokratischen Form), die Monarchie und die Despotie. Wie unschwer zu erkennen ist, vermischen sich hier quantitative und qualitative Kriterien. Die Liste bedeutender Staatstheoretiker, die unter Rekurs auf die beiden genannten systematischen Merkmale, oder aber auf komplexere Kriterienraster eine systematische Staatsformenlehre zu entwickeln suchten, ließe sich mit großen Namen des 19. und 20. Jahrhunderts fortsetzen. Genannt seien hier stellvertretend nur die „Allgemeinen Staatslehren" Robert von Mohls (1799–1875), J. K. Bluntschlis (1808–1881) und Georg Jellineks (1851–1911). Im 20. Jahrhundert bemühten sich u. a. der Brite Samuel Finer, der Amerikaner MacIver und die in die Vereinigten Staaten emigrierten deutschen Politikwissenschaftler Carl Joachim Friedrich und Karl Loewenstein um umfassende oder systematische Typologien der mannigfachen Erscheinungsformen politischer Herrschaft. Die Ergebnisse können hier nicht resümiert oder gar nachgezeichnet werden (vgl. dazu knapp: Brunner 1979: 22–77). Für unsere Zwecke genügt es, eine in ihrer Systematik nachvollziehbare, knappe Grundtypologie politischer Systeme vorzunehmen. Denn nur wenn die einzelnen Herrschaftstypen genau definiert und gegeneinander abgegrenzt sind, können wir überhaupt entscheiden, ob die Transformation eines politischen Systems, also ein wirklicher Systemwechsel, vorliegt oder nicht. Darüber hinaus erlaubt die typologisch untermauerte Analyse der einzelnen Systeme einen schärferen Blick auf die Besonderheiten und Dynamiken der unterschiedlichen Systemwechsel. So treten etwa beim Systemwechsel von kommunistischen Regimen zur Demokratie andere Probleme auf, als dies bei der demokratischen Transformation der südeuropäischen Rechtsdiktaturen nach 1974 der Fall war.

Bei meiner typologischen Einteilung politischer Systeme gehe ich deduktiv vor. Deduktiv heißt hier, dass ich im Sinne von Max Weber (1968: 234 ff.) Idealtypen konstruiere. Die chaotische Vielfalt unterschiedlicher realer Systeme soll so durch den logisch-gedanklichen Bezug auf wesentliche, die politischen Herrschaftsordnungen charakterisierende Merkmale systematisch nach einem „idealen" Zusammenhang geordnet werden. Dabei beziehe ich mich zunächst einzig auf das Kriterium der „politischen Herrschaft". Zur Entwicklung meiner Einteilungskriterien stelle ich in Anlehnung an Hannah Arendt (1955: 703), Loewenstein (1969: 14 ff.) und Brunner (1979: 62 ff.) sechs Klassifikationskriterien vor, die ich mit grundsätzlichen Fragen verbinde, die sich ausschließlich auf die zentralen Aspekte der Herrschaft in einem politischen System beziehen:

▶ Herrschaftslegitimation,
▶ Herrschaftszugang,
▶ Herrschaftsmonopol,
▶ Herrschaftsstruktur,
▶ Herrschaftsanspruch,
▶ Herrschaftsweise.

Herrschaftslegitimation: Wie und in welchem Umfange ist Herrschaft legitimiert? Geschieht dies durch das Prinzip der Volkssouveränität, die Indienstnahme bestimmter Mentalitäten wie Nationalismus, Patriotismus, Sicherheit und Ordnung oder durch geschlossene Weltanschauungen mit absolutem Wahrheitsanspruch?

Herrschaftszugang: Wie ist der Zugang zur politischen Macht geregelt? Das berührt die Frage nach der Auswahl der Regierenden. Existiert ein universelles Wahlrecht (gleich, frei, allgemein, geheim) für alle erwachsenen Bürger oder unterliegt das Wahlrecht aus machtpolitischen, weltanschaulichen, rassischen, ethnischen, geschlechtsspezifischen und anderen Motiven irgendwelchen Einschränkungen? Sind die Herrschaftsadressaten gänzlich von der Auswahl der Herrschaftsträger ausgeschlossen?

Herrschaftsmonopol: Wer trifft die politisch bindenden Entscheidungen? Sind es alleine die demokratisch legitimierten und in der Verfassung vorgesehenen staatlichen Instanzen, sind es selbsternannte Despoten oder werden demokratisch nicht legitimierten Akteuren (z. B. Militär) extra-konstitutionelle Entscheidungsdomänen eingeräumt?

Herrschaftsstruktur: Ist die staatliche Macht auf mehrere Herrschaftsträger verteilt oder in der Hand eines einzigen Machthabers vereint? Dabei kann der „einzige Machtträger" eine einzelne Person, eine Gruppe, Junta, Partei oder ein Komitee sein. Die Frage nach der Herrschaftsstruktur berührt die traditionelle, schon von Locke und Montesquieu gestellte Frage nach der Gewaltenteilung, Gewaltenhemmung und Gewaltenkontrolle.

Herrschaftsanspruch: Ist der staatliche Herrschaftsanspruch gegenüber seinen Bürgern klar begrenzt oder tendenziell unbegrenzt? Hier wird die Regelungs- und Interventionstiefe hinterfragt, die die staatlichen Herrschaftsträger gegenüber der Gesellschaft und ihren Mitgliedern beanspruchen.

Herrschaftsweise: Folgt die Ausübung staatlicher Herrschaft rechtsstaatlichen Grundsätzen oder wird sie nichtrechtsstaatlich, repressiv, willkürlich oder gar terroristisch ausgeübt? Dies berührt die Frage der verbindlichen Normierung staatlicher Gewalt durch legitim gesetzte Normen.

Demokratien sind im Herrschaftszugang offen, in der Herrschaftsstruktur pluralistisch, im Herrschaftsanspruch begrenzt, in der Herrschaftsausübung rechtsstaatlich, und sie gründen ihren Herrschaftsanspruch auf das Prinzip der Volkssouveränität. Das Herrschaftsmonopol liegt allein bei den demokratisch und konstitutionell legitimierten Institutionen. In den defekten Varianten demokratischer Systeme sind ein oder mehrere Herrschaftskriterien in ihrer demokratischen und rechtsstaatlichen Funktionsweise eingeschränkt. Die Gesamtlogik der Herrschaft folgt aber noch stärker demokratischen als autokratischen Herrschaftsformen (vgl. Kap. 1.1.3). In der autoritären Variante autokratischer Systeme unterliegt der Herrschaftszugang erheblichen Einschränkungen; die Herrschaftsstruktur ist in ihrem Pluralismus deutlich eingeschränkt, der Herrschaftsanspruch dringt weit in die Individualsphäre hinein, die Herrschaftsweise ist nicht rechtsstaatlich normiert, und die Legitimation der Herrschaft wird über die Inanspruchnahme bestimmter Mentalitäten herzustellen versucht. Das Herrschaftsmonopol liegt bei Führern, Oligarchen beziehungsweise Juntas, die entweder überhaupt nicht oder nur unzureichend demokratisch legitimiert sind. Im totalitären Subsystem autokratischer Systeme ist der Herrschaftszugang geschlossen, die Herrschaftsstruktur monistisch, d. h. auf ein einziges Herrschaftszentrum ausgerichtet, der Herrschaftsanspruch total, die Herrschaftsweise repressiv, terroristisch und von einer umfassenden Weltanschauung mit absolutem Wahrheitsanspruch überwölbt.

Anders formuliert: Während in defekten Demokratien einzelne der sechs demokratischen Herrschaftskriterien nur beschädigt werden, ohne die Logik demokratischer Wahlen aufzulösen, werden in autoritären Regime die demokratischen Herrschaftskriterien so verletzt, dass die Logik der demokratischen Interaktion verdrängt und durch eine autoritäre Herrschaftsform ersetzt wird, die das Institut der allgemeinen, freien und gleichen Wahlen suspendiert. Die Trennlinie zwischen hochgradig defekten Demokratien und „weichen" autoritären Regimen kann sehr dünn sein und der Unterschied zwischen beiden nur in konkreten Fällen und im Kontext erschlossen werden. In totalitären Regimen wird jedes einzelne der sechs demokratischen Herrschaftskriterien durch eine diametral entgegengesetzte Herrschaftslogik ersetzt (vgl. Merkel, W. 2004a). Eine Übersicht der zwei Grundtypen politischer Systeme und ihrer Subtypen findet sich in Tabelle 1. Hier wird ersichtlich, dass die Trennlinie zwischen Demokratien und autoritären Regimen schärfer gezogen ist als jene innerhalb der demokratischen

Tabelle 1: Merkmale von demokratischen und autokratischen Systemen

	Autokratie		Demokratie	
	Totalitäres Regime	Autoritäres Regime	Defekte Demokratie	Rechtsstaatliche Demokratie
Herrschafts-legitimation	Weltanschauung	Mentalitäten	Volkssouveränität	Volkssouveränität
Herrschafts-zugang	geschlossen (statt allgemeinem Wahlrecht akklamatorische Plebiszite)	restriktiv (u. U. Wahlrecht, aber keine oder nur eingeschränkt pluralistische freie und faire Wahlen)	offen (universelles Wahlrecht[a])	offen (universelles Wahlrecht)
Herrschafts-anspruch	unbegrenzt („total")	umfangreich	begrenzt; rechtsstaatlich definierte, aber verletzte Grenzen	begrenzt; rechtsstaatlich definierte und garantierte Grenzen
Herrschafts-monopol	Führer/Partei (nicht durch demokratische Wahlen und demokratische Verfassung legitimiert)	Führer/„Oligarchie" (nicht oder u. U. nur teilweise durch Wahlen legitimiert)	durch Wahlen und demokratische Verfassung legitimierte Autoritäten, aber u. U. von Vetomächten eingeschränkt	durch Wahlen und demokratische Verfassung legitimierte Autoritäten
Herrschafts-struktur	monistisch	semipluralistisch	pluralistisch	pluralistisch
Herrschafts-weise	willkürlich, systematisch repressiv, terroristisch	begrenzt repressiv	beschädigte Rechtsstaatlichkeit	rechtsstaatlich

[a] Einzige Einschränkung: der Subtypus „exklusive Demokratie".
Quelle: Merkel/Croissant (2000: 7).

und autokratischen Grundtypen. Dies steht im Einklang mit der Systematik von Hans Kelsen (1881– 1973), der ebenfalls nur zwei Grundtypen politischer Herrschaft benennt: Demokratie und Autokratie (Kelsen 1925: 320 ff.). Für ihn unterscheiden sich diese beiden Herrschaftstypen grundsätzlich dadurch, dass in demokratischen Systemen die Gesetze von denen „gemacht" werden, auf die sie auch angewendet werden (autonome Normen), während in autokratischen Systemen Gesetzgeber und Adressaten verschieden sind (heteronome Normen). Freilich schrieb Kelsen seine „Allgemeine Staatslehre" vor 1925, also zu einem Zeitpunkt, als weder Stalinismus noch Nationalsozialismus ihren totalitären Herrschaftsanspruch formuliert, geschweige denn umgesetzt hatten. Die erheblichen Unterschiede, die etwa zwischen der weichen autoritären Herrschaft in der konstitutionellen Monarchie des Deutschen Kaiserreichs und dem totalen Herrschaftsanspruch der stalinistischen Sowjetunion und des nationalsozialistischen Deutschlands bezüglich der von mir gewählten sechs Kriterien bestehen, ließ bisweilen Verfassungsrechtler, Politikwissenschaftler[1] und Historiker von einem totalitären System

---

[1] Ich schließe mich hier mit ein. In der ersten Auflage dieses Buches spreche auch ich noch von einem „totalitären Subsystem sui generis" (Merkel, W. 1999: 27). Ich folgte dabei Max Webers Konstruktion eines „Idealtyps" (Weber 1968: 233), die aber in einer allgemeinen Verfassungssystematik nicht dieselbe logische Trennschärfe entwickeln kann wie Kelsens Festlegung auf nur zwei Grundtypen politischer Herrschaft.

Abbildung 1: Typen politischer Systeme

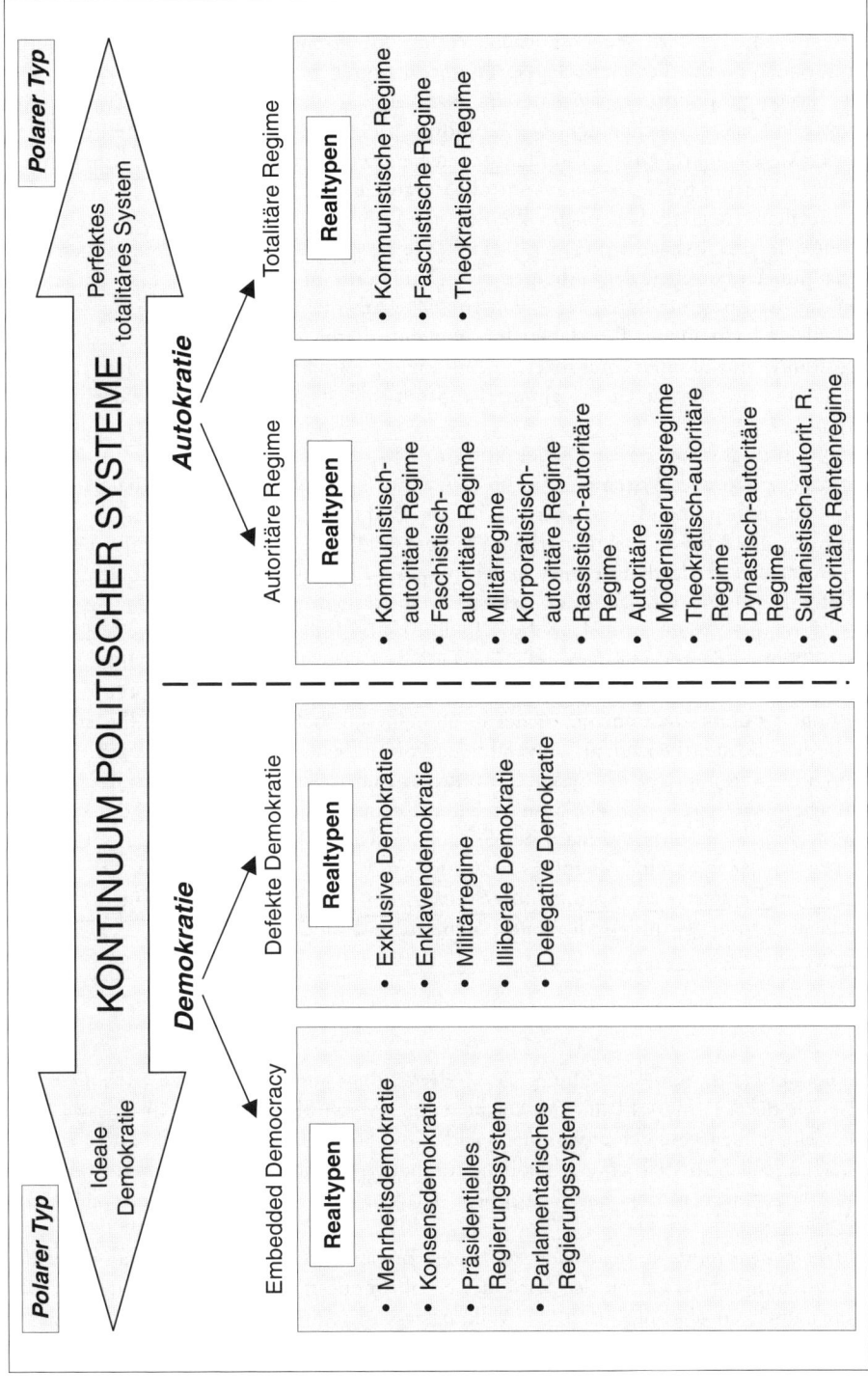

sui generis sprechen. Dies ist aus einer deskriptiven Perspektive verständlich, aber der präzisen Systematik von Hans Kelsen unterlegen. Verfassungssystematisch sind totalitäre Regime als ein Subtyp autokratischer Herrschaftsordnung zu begreifen.

Die Typologie politischer Systeme soll noch einmal graphisch verdeutlicht werden. Die Grenzen sind selbst zwischen den zwei Grundtypen idealiter nicht völlig hermetisch. So ragen etwa defekte Demokratien mit ihrer faktischen Verletzung rechtsstaatlicher Prinzipien und der partiellen Umgehung der Gewaltenkontrolle durch die Exekutive schon in die Grauzone weicher autoritärer Regime. Umgekehrt können sich in semiautoritären Systemen schon wichtige Elemente des Rechtsstaates und der Demokratie herausbilden. Noch durchlässiger sind die Überlappungen zwischen den Subtypen von Demokratie und Autokratie. Die Grauzone zwischen prä- und posttotalitären sowie voll entwickelten totalitären Systemen ist ebenfalls kategorial alleine nicht aufzuhellen. Übergänge von autoritären zu totalitären Systemen vollziehen sich mitunter nur in einer intensivierten Ausprägung einzelner Merkmale. Allerdings ergeben diese dann in der Summe ein „totalitäres Syndrom", das die Konzeptualisierung eines eigenen Subtyps rechtfertigt.

Das Kontinuum von idealer Demokratie zu perfektem Totalitarismus kann für die Einordnung realer politischer Systeme mit einer Zeitachse verknüpft werden. Auf dieser Achse können die politischen Regime einzelner Länder hin- und herwandern. So wäre das Deutsche Kaiserreich von 1913 bei den semiautoritären Systemen, die Weimarer Republik der 1920er Jahre dagegen im Bereich der Polyarchien zu verorten. Zu Beginn der 1930er Jahre bewegt sich die Republik dann in die Grauzone von defekter Demokratie und semiautoritärem Regime. Nach 1933 „durchquert" das nationalsozialistische Dritte Reich rasch die autoritäre Zone und kann nach 1938 unter dem Typus des totalitären Systems gefasst werden. Mit dem Inkrafttreten des Grundgesetzes und den ersten freien Wahlen im Jahr 1949 siedelte sich das politische Regime der Bundesrepublik Deutschland wieder in der demokratischen Zone an und vermochte sich dort in der nächsten Dekade als Polyarchie zu konsolidieren (vgl. Teil II, Kap. 3).

Durch die Verknüpfung des Systemkontinuums mit der Zeitachse lässt sich deutlich veranschaulichen, wie rasch politische Systeme ihren Regimecharakter verändern können. Ein einmal erreichter Regimezustand kann bei einer dramatischen Veränderung der Kontextfaktoren durchaus wieder wechseln. Allerdings werde ich im nächsten Kapitel zeigen, dass die unterschiedlichen Regimetypen aufgrund ihrer spezifischen internen Konfigurationen auch unterschiedliche Stabilitäts- und Widerstandspotenziale auszubilden vermögen.

1.1 Demokratische Systeme

Die Demokratie ist keine Erfindung der Moderne. Dies gilt für die Theorie der Demokratie ebenso wie für die unterschiedlichen Versuche ihrer Verwirklichung in mehr als zwei Jahrtausenden Menschheitsgeschichte (vgl. u. a. Held 1987; Schmidt, M. G. 2006). Theorie wie Realität haben jedoch so viele unterschiedliche normative Grundlegungen erhalten und konkrete Formen angenommen, dass eine begriffliche Klärung des Terminus „Demokratie" zunächst unerlässlich ist.

Das Wort *demokratia* setzt sich aus den beiden Bestandteilen *demos* (Volk) und *kratein* (herrschen) zusammen und ist seit der Mitte des 5. Jahrhunderts vor Christus bezeugt. *Demos* bedeutete damals sowohl „alle" (d. h. das Volk, insbesondere die Volksversammlung) als auch die „Vielen" (d. h. die breite Masse bzw. die Mehrheit der Volksversammlung). Der Begriff des *de-*

mos definiert das Volk politisch und nicht ethnisch *(ethnos)*. Aufgrund der politischen Definition ist die Frage, wer zum Volk zählt, bis ins 20. Jahrhundert immer wieder unterschiedlich beantwortet worden. In der Demokratie Athens waren es nur die männlichen Vollbürger, im 18. und 19. Jahrhundert in einigen fortgeschrittenen Industrieländern nur die männlichen Bürger, die einen bestimmten Zensus erfüllten, und erst im Laufe des 20. Jahrhunderts wurden die Frauen nach und nach dem Demos zugerechnet[2]: in Deutschland 1918, in Großbritannien 1928, in Frankreich 1946 und in der Schweiz 1971.

Demokratia wurde in der griechischen Antike synonym zu *isonomia* (etwa: die Gleichheit vor dem Gesetz) gebraucht (Meier et al. 1972: 823). Die Rechtsgleichheit sah man in der attischen Demokratie am besten durch die Mehrheit gewahrt. Man ging davon aus, dass die Gleichheit vor dem Gesetz durch die politische Gleichheit, d. h. durch die Volksherrschaft, am wirkungsvollsten gesichert werde. Dies ist die historische und logische Verknüpfung von *isonomia* und *demokratia*. Die Demokratie war also ohne eine Ordnung staatsbürgerlicher Gleichberechtigung nicht denkbar. Die Volksversammlung sollte gleichermaßen die institutionelle Garantie für *isonomia* wie für *demokratia* sein (ibid.).

In der griechischen Antike war die Herrschaftsordnung „Demokratie" auf den kleinräumigen, überschaubaren „Stadtstaat" bezogen, der zweifellos mehr Stadt als Staat war (Sartori 1992: 274). Die attische Demokratie war zudem hochgradig „exklusiv". Sie schloss Sklaven, Metöken und Frauen von der demokratischen Beteiligung aus. Allein der männliche Vollbürger war zur politischen Partizipation im Gemeinwesen berechtigt. Weil die antike Demokratie exklusiv und nur in kleinen Stadtdemokratien verwirklicht wurde, konnte sie die Form einer direkten Demokratie annehmen, in der die politische Partizipation und die politischen Entscheidungen nicht durch intermediäre, repräsentative Gremien und Institutionen getrennt wurden. Legislative und Exekutive fielen in der allen Vollbürgern zugänglichen Volksversammlung zusammen (Meier et al. 1972: 832; Held 1987: 21). Erst in der politischen Entwicklung des 19. und 20. Jahrhunderts verlor die „Demokratie" mit der immer weiteren Ausdehnung des Wahlrechts allmählich ihre Exklusivität. Noch Abraham Lincolns berühmte Gettysburg Address vom 19. November 1863, wonach Demokratie „government of the people, by the people, and for the people" darstellt, gründete auf einem exklusiven Begriff von Volk, der die männliche schwarze Bevölkerung zwar einbezog, aber Frauen und Nichtsteuerzahler weiterhin ausschloss. Kurz vor dem Ersten Weltkrieg, aber insbesondere nach 1918 wurde in vielen westlichen Industriestaaten das Wahlrecht universell (Schmidt, M. G. 2006: 392). Erst ab hier kann nach den oben genannten Kriterien von modernen inklusiven Demokratien gesprochen werden. Freilich hatten die Demokratien in den Flächenstaaten zu jenem Zeitpunkt längst ihren direkten Charakter verloren und sich zu liberaldemokratischen Repräsentativsystemen gewandelt.

An dieser Stelle kann weder die historische Durchsetzung der Demokratie in Nordamerika und Europa (vgl. u. a. Dunn 1992; Schmidt, M. G. 2006) noch ihre theoretische Entwicklung von John Locke über Jean-Jacques Rousseau, Charles-Louis de Secondat, Baron de La Brède et de Montesquieu, Alexis de Tocqueville, John Stuart Mill, Joseph Schumpeter, Robert Dahl oder Jürgen Habermas nachgezeichnet werden (vgl. u. a. Held 1987). Aber schon diese kurze Reihe herausragender Demokratietheoretiker deutet die Bandbreite der unterschiedlichen Konzepte und Modelle an, unter die der Begriff „Demokratie" gefasst werden kann. Und

---

2 Auch in den Demokratien des 21. Jahrhunderts wird die Frage der Zugehörigkeit zum Demos in Teilbereichen unterschiedlich geregelt, wie aus den voneinander abweichenden Regelungen zum Erwerb der Staatsbürgerschaft deutlich wird.

tatsächlich wird nach wie vor über die normativen Geltungsgründe und die Realisierbarkeit von starken und schwachen, direkten und indirekten, elitären oder partizipativen, prozeduralen oder substanziellen Demokratiemodellen gestritten. Diese in der Demokratietheorie geführte Debatte hat allerdings die Transformationsforschung bisher kaum beeinflusst (Merkel, W. 1996b: 33). Erst in den letzten Jahren hielt eine neue Debatte über die „Quality of Democracy" Einzug in die vergleichende Demokratie- und Transformationsforschung (Merkel/Puhle et al. 2003; Lauth 2004; Bertelsmann Stiftung 2004; Morlino 2004; Merkel/Puhle et al. 2006). Allerdings gibt es schon seit den 1970er Jahren mehr oder weniger erfolgreiche Messungen zur demokratischen Qualität von politischen Regimen wie z. B. Freedom House, Polity I-IV, Bertelsmann Transformation Index (BTI) (Freedom House seit 1972; Vanhanen 1989; Gurr et al. 1990; Jaggers/Gurr 1995; Bertelsmann Stiftung 2004; Bühlmann et al. 2008; zusammenfassend: Lauth 2004: 297 ff.; Schmidt, M. G. 2006: 389 ff.).

1.1.1 Polyarchien

Obwohl die unterschiedlichen Inhalte und Formen der Demokratie im Zusammenhang mit der Systemtransformation für die soziokulturelle Angemessenheit, die Chancen und die Reichweite der Demokratisierung durchaus von Bedeutung sind, soll hier zunächst von einer Minimaldefinition der Demokratie ausgegangen werden. Sie konkretisiert die oben genannten sechs Kriterien, bleibt aber trennscharf genug, um autokratische von demokratischen Systemen zu unterscheiden. Aus dieser minimalistischen Perspektive nennt der amerikanische Demokratieforscher Robert Dahl zwei miteinander verknüpfte elementare Definitionsmerkmale für eine Demokratie: Es muss ein offener Wettbewerb um politische Ämter und Macht und gleichzeitig ausreichend Raum für die politische Partizipation aller Bürger gewährleistet sein. Dahl (1971: 5) bezeichnet dies bündig als „public contestation and the right to participate". Damit aber in einem demokratischen Gemeinwesen das notwendige Maß an Verantwortlichkeit der Regierung gegenüber den Präferenzen gleicher Bürger gewährleistet wird, müssen diesen nach Dahl (ibid.: 2) folgende drei Möglichkeiten offenstehen:

1. die Möglichkeit, ihre Präferenzen zu formulieren;
2. die Möglichkeit, ihre Präferenzen den Mitbürgern und der Regierung durch individuelles und kollektives Handeln zu verdeutlichen;
3. die Pflicht, dass die Regierung die Präferenzen unabhängig ihres Inhalts und ihrer Herkunft gleichermaßen gewichtet.

Dies sind freilich, wie Dahl selbst betont, nur „notwendige", aber „nicht hinreichende" Bedingungen für die Demokratie. Deshalb müssen sie ihrerseits durch acht institutionelle Garantien abgesichert werden:

1. die Assoziations- und Koalitionsfreiheit;
2. das Recht auf freie Meinungsäußerung;
3. das Recht zu wählen (aktives Wahlrecht);
4. das Recht, in öffentliche Ämter gewählt zu werden (passives Wahlrecht);
5. das Recht politischer Eliten, um Wählerstimmen und Unterstützung zu konkurrieren;
6. die Existenz alternativer, pluralistischer Informationsquellen (Informationsfreiheit);
7. freie und faire Wahlen;
8. Institutionen, die die Regierungspolitik von Wählerstimmen und anderen Ausdrucksformen der Bürgerpräferenzen abhängig machen.

Es fällt auf, dass die von Locke (1689: „Über die Regierung", Kap. XII) erstmals thematisierte und von Montesquieu weiter ausdifferenzierte Gewaltenteilung (1748: „Vom Geist der Gesetze", 11. Buch, Kap. 5) nicht explizit aus Dahls Minimalkriterien deutlich wird. Sie ist nur implizit in Punkt 8 aufgehoben. In seinem später leicht modifizierten Polyarchiekonzept streicht Dahl (1989) diesen achten Punkt ersatzlos. Ich selbst habe den Punkt der Gewaltenteilung, aber insbesondere der Gewaltenkontrolle und Gewaltenhemmung in meinem zweiten Kriterium der „Herrschaftsstruktur" als eine wichtige Trennlinie zwischen autokratisch-monistischen und demokratisch-pluralistischen Systemen hervorgehoben. Damit behaupte ich nicht, dass jede Demokratie eine völlige Trennung von Exekutive und Legislative aufweisen muss. Diese klassische Gewaltenteilung findet sich bei den gegenwärtigen Demokratien annäherungsweise auch nur in den präsidentiellen Regierungssystemen der USA (Steffani 1979) und (teilweise) Lateinamerikas. In parlamentarischen Regierungssystemen (Beyme 1999), wie jenen Großbritanniens oder der Bundesrepublik Deutschland oder gar der Konkordanzdemokratie in der Schweiz (Lijphart 1999: 31 ff.), sind die Grenzen zwischen Legislative und Exekutive *de facto* stark verwischt. Vor allem in der Schweiz sind mit dem Institut der Referenden und der radikalen Föderalisierung klare direktdemokratische (Referendum) und vertikale (Föderalismus) Instanzen der wechselseitigen Gewaltenhemmung und Gewaltenkontrolle institutionalisiert worden. Die Judikative ist in allen demokratischen Systemen weitgehend unabhängig von der Exekutive und Legislative, so weit es die Richter und Gerichte betrifft. Gewaltenkontrolle herrscht also auch in parlamentarischen Regierungssystemen.

Wir haben es also in modernen liberaldemokratischen Systemen mit unterschiedlichen institutionellen Arrangements hinsichtlich der horizontalen und vertikalen Gewaltenteilung sowie dem Mischungsverhältnis von direktdemokratischen und repräsentativen Entscheidungsverfahren zu tun. Die Trennlinie zu den autokratischen Systemen kann jedoch mithilfe der von mir oben genannten sechs Differenzierungskriterien und anhand von Dahls acht institutionellen Minimalgarantien bis auf wenige „Mischsysteme" deutlich gezogen werden. Denn nur wenn diese gewährleistet sind, erfüllen politische Systeme ein generelles Merkmal von Demokratien: nämlich die prinzipielle Unbestimmtheit der Ergebnisse politischer Entscheidungen. Konsequent definiert deshalb der amerikanische Politikwissenschaftler Adam Przeworski (1991: 13) Demokratie als „a system of ruled open-endedness, or organized uncertainty". Demokratie muss also als ein institutionalisiertes Regelsystem zur gesellschaftlichen Konfliktbearbeitung verstanden werden, innerhalb dessen eine einzelne Gewalt, eine einzelne Institution oder ein einzelner Akteur die politischen Entscheidungsergebnisse nicht bestimmen oder kontrollieren darf. Politische Entscheidungsergebnisse sind in Demokratien also nicht wie in autoritären und totalitären Systemen *ex ante* bestimmt, sondern kommen erst als Resultante der Handlungen konkurrierender politischer Kräfte zustande. Eingegrenzt und in bescheidenem Sinne auch kanalisiert werden die politischen Handlungen aber durch *a priori* (meist in der Verfassung) festgelegte und demokratisch legitimierte Verfahrensregeln und Institutionen.

Wenn man politische Systeme auf einem Kontinuum platziert, das sich von der idealen Demokratie bis hin zum perfekten Totalitarismus erstreckt, lassen sich nicht nur die zwei Grundtypen „Demokratie" und „Autokratie" abtragen. Demokratie und Autokratie können auf dieser Achse noch einmal in Subtypen unterteilt werden: zum einen die Autokratie in autoritäre und totalitäre Regime, zum anderen die Demokratie in *embedded democracy* und defekte Demokratie. Die *ideale Demokratie* bleibt dabei eine Utopie, wie übrigens auch der perfekte Totalitarismus. Die *Polyarchie*, wörtlich „Vielherrschaft", bezeichnet nach ihrem begrifflichen Urheber in der modernen Demokratietheorie, Robert Dahl (1971), den Durchschnittstyp real existierender Demokratien. Er ist zum einen von der „idealen Demokratie" entfernt, weist aber keine gravierenden Defekte auf, da in ihr die von Dahl herausgefilterten acht institutionellen Garantien einer pluralistischen Herrschaft der Vielen verwirklicht sind (Merkel/Puhle et al. 2003; Croissant/Merkel 2004).

Dahls Konzept der Polyarchie wurde zum wichtigsten Referenzmodell der Transformationsforschung. Aber schon zehn Jahre nach dem Höhepunkt der dritten Demokratisierungswelle (1995) wurde klar, dass viele der neuen Demokratien zwar mit Dahl als Polyarchien bezeichnet werden konnten, aber dennoch gravierende normative und funktionale Mängel aufwiesen. Die analytische Schwäche von Dahls Polyarchiemodell besteht darin, dass es die für die Demokratie lebenswichtigen Garantiedimensionen der horizontalen Gewaltenkontrolle und des Rechtsstaates konzeptionell ausklammert. Russland, die Türkei oder Venezuela müssten nach Dahls Kriterien im Jahre 2006 als Polyarchien bezeichnet werden. Sie befänden sich damit in derselben Regimegruppe wie Schweden, Frankreich oder die Schweiz. Dahls Konzept hat mit der Proliferation hybrider Regime und defekter Demokratien im Zuge der dritten Demokratisierungswelle viel an empirisch-analytischem Gehalt verloren. Das folgende Modell der „embedded democracy" sucht dieses analytische Defizit auszugleichen.

1.1.2 Embedded Democracy[3]

Das Konzept der „eingebetteten Demokratie" folgt der Idee, dass stabile rechtsstaatliche Demokratien doppelt eingebettet sind: *intern*, indem die einzelnen Teilregime der Demokratie durch die jeweils spezifische Interdependenz und Independenz ihren normativen und funktionalen Bestand sichern; *extern*, indem die Teilregime der Demokratie durch Ringe ermöglichender Bedingungen der Demokratie eingebettet und gegen externe wie interne Schocks und Destabilisierungstendenzen geschützt werden.

■ *Die Teilregime der Demokratie*

Fünf Teilregime definieren die rechtsstaatliche Demokratie: ein demokratisches Wahlregime (A); das Regime politischer Partizipationsrechte (B); das Teilregime bürgerlicher Freiheitsrechte (C); die institutionelle Sicherung der Gewaltenkontrolle *(horizontal accountability)* (D) sowie die Garantie, dass die „effektive Regierungsgewalt" der demokratisch gewählten Repräsentanten *de jure* und *de facto* gesichert ist. Mit der Einteilung wird klar, dass der Begriff der *embedded democracy* über Downs (1968), Huntington (1991)[4], Przeworski (1991), aber auch Dahls (1971) Polyarchieverständnis hinausgeht. Er ist dennoch „realistisch", weil er sich ausschließlich auf die institutionelle Architektur bezieht und die *output*-Dimension wünschbarer *policies* oder gar Politikergebnisse nicht als definierende Merkmale der rechtsstaatlichen Demokratie betrachtet. Unser Demokratieverständnis liegt also zwischen Joseph Schumpeter und Herrmann Heller.[5] Sozialstaat, Fairness der Verteilung wirtschaftlicher Güter oder gar „soziale

---

3 Das Konzept der *embedded democracy* wurde gemeinsam innerhalb des von Hans-Jürgen Puhle und mir geleiteten Forschungsprojekts „Defekte Demokratien" entwickelt. In diesem Zusammenhang danke ich insbesondere Aurel Croissant (Heidelberg) und Peter Thiery (Heidelberg/München).
4 Huntington spricht verkürzt davon, dass die Demokratie eine Methode zur Verhinderung der Diktatur sei.
5 Es liegt auch unterhalb des normativen Anspruchs der „sozialen Demokratie", wie sie von Thomas Meyer (2005) entworfen wurde.

Abbildung 2: Das Konzept der embedded democracy

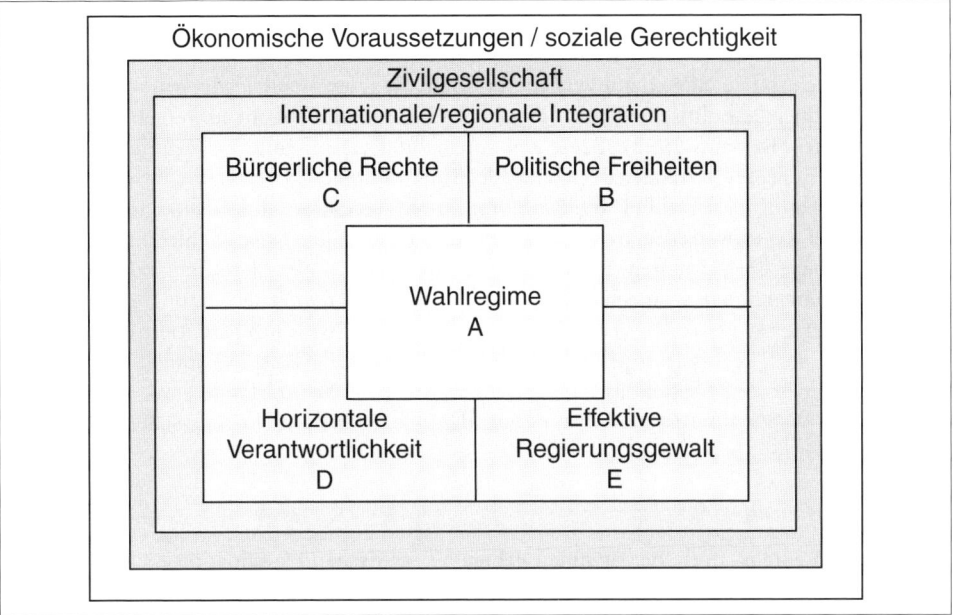

Gerechtigkeit"⁶ mögen wünschbare Politikergebnisse demokratischer Entscheidungsprozesse sein, konstitutiv definierende Elemente der Demokratie sind sie nicht. Über den schlichten demokratischen Elektoralismus geht die *embedded democracy* deshalb hinaus, weil erst die weiteren vier Teilregime sicherstellen, dass nicht nur das Prozedere, sondern auch die Ziele demokratischer Wahlen gewährleistet werden. Der demokratisch faire Ablauf der Auswahl der Regierenden genügt nicht. Es muss auch institutionell verbürgt sein, dass die demokratisch gewählten Repräsentanten zwischen den Wahlen nach demokratischen und rechtsstaatlichen Grundsätzen regieren. Hier liegt die keineswegs nur normative, sondern v. a. logische Engführung der Befürworter eines schlanken „elektoralen" Demokratiebegriffs.⁷ Sie reduzieren die Demokratie auf das korrekte *Prozedere* demokratischer Wahlen, aber sie sehen keine hinreichenden institutionellen Garantien in ihrer Demokratiedefinition vor, die auch sicherstellen, dass die Wahlen *democratically meaningful* (Beetham 1994) sind, d. h., dass auf der konstitutionellen Grundlage rechtsstaatlicher Prinzipien demokratisch regiert wird.

A. *Wahlregime*

Dem Wahlregime kommt in der Demokratie die Funktion zu, den Zugang zu den zentralen staatlichen Herrschaftspositionen über einen offenen Wettbewerb an das Votum der Bürger zu

---

6 Zur Problematik und Konstruktion eines modernen Gerechtigkeitsbegriffs siehe u. a. Rawls 1971, 1993; Walzer 1992; Kersting 1997; Sen 2000; Merkel 2001.
7 Gerade die logisch zwingende funktionale Komplementarität wird von einigen Kritikern verkannt, die den Konzepten der *embedded* und der defekten Demokratie eine normative Überdehnung vorwerfen. Es ist natürlich nicht die „perfekte Demokratie", die uns in Verkennung des semantischen Dispositivs (perfekt ist nicht die semantisch logische Gegenüberstellung von defekt) begrifflich unterstellt wird, sondern eine „funktionierende rechtsstaatliche Demokratie".

binden. Es nimmt unter den Teilregimen der *embedded democracy* eine zentrale Position ein, weil Wahlen der sichtbarste Ausdruck der Volkssouveränität sind. Darüber hinaus stellt das Wahlregime aufgrund der offenen pluralistischen Konkurrenz um die zentralen Herrschaftspositionen auch die kardinale Differenz zur Autokratie dar. Um ein demokratisches Wahlregime – periodische, freie, allgemeine, gleiche und faire Wahlen – auf Dauer wirkungsvoll zu etablieren, sind gleiche politische Teilnahmerechte (Teilregime B) nicht hintergehbare Minimalbedingungen (Hadenius 1992). Beide eng aufeinander verweisende Teilregime institutionalisieren die Essenz der vertikalen Herrschaftslegitimation einer Demokratie.

In Anlehnung an Robert Dahl (1989: 221) umfasst ein demokratisches Wahlregime vier tragende Elemente: das universelle aktive Wahlrecht, das universelle passive Wahlrecht, freie und faire Wahlen sowie die gewählten Mandatsträger. Vom Prinzip der Herrschaftskontrolle her stellen Wahlen einen Sanktionsmechanismus dar, der sie zu folgenreichen, wenngleich zeitlich punktuellen Verfahren vertikaler Verantwortlichkeit werden lässt. Dies garantiert aber weder demokratisches noch rechtsstaatsgebundenes Regieren, wie viele Beispiele junger elektoraler Demokratien der dritten Demokratisierungswelle zeigen (vgl. Merkel/Puhle et al. 2003). Ein demokratisches Wahlregime ist also eine notwendige, aber längst nicht hinreichende Bedingung für demokratisches Regieren.

B. Politische Partizipationsrechte

Die den Wahlen voraus- und über sie hinausgehenden politischen Partizipationsrechte vervollständigen die vertikale Demokratiedimension. Sie konstituieren die Arena der Öffentlichkeit als eine eigenständige politische Handlungssphäre, in der sich organisatorische und kommunikative Macht entfaltet. In ihr bestimmen und unterfüttern kollektive Meinungs- und Willensbildungsprozesse die Konkurrenz um politische Herrschaftspositionen. Ihre Funktion besteht so zum einen in der Ermöglichung demokratischer Wahlen, indem diese an die organisierten und nichtorganisierten pluralistischen Interessen komplexer Gesellschaften angeschlossen werden. Konkret beinhalten sie eine uneingeschränkte Geltung des Rechts auf Meinungs- und Redefreiheit sowie der Assoziations-, Demonstrations- und Petitionsrechte. Neben den öffentlichen müssen private Medien ein erhebliches Gewicht besitzen. Sowohl die Verbreitung als auch der Empfang von Informationen und Nachrichten darf keinen politisch motivierten Restriktionen unterliegen.

Diese Rechte konstituieren eine eigenständige Demokratiesphäre und können so als „Rückgrat" eines eigenen Teilregimes gelten (Beetham 1994; Bollen 1993: 6 ff.). Aus dieser Sicht stellen die beiden Teilregime A und B nur in ihrem wechselseitigen Verbund die Funktionslogik demokratischer Wahlen sicher. In ihrem Zusammenspiel fördern sie ein responsives Regieren, indem die „harte" periodische Kontrolle durch Wahlen von der „weichen", aber stetigen Kontrolle durch die Öffentlichkeit zwischen den Wahlen ergänzt wird.

C. Bürgerliche Freiheitsrechte

Die Teilregime A und B bedürfen der Ergänzung durch die bürgerlichen Freiheits- und Abwehrrechte. Sie bilden noch vor der Institutionalisierung wechselseitiger Gewaltenkontrolle den zentralen Baustein für die Rechtsstaatsdimension der *embedded democracy*. Als „negative" Freiheitsrechte gegen den Staat berühren die bürgerlichen Freiheitsrechte die Frage der Herrschaftsreichweite bzw. des Herrschaftsanspruchs. Sie sind Rechte, die in rechtsstaatlichen Demokratien aus der Verfügbarkeit von Mehrheitsentscheidungen herauszunehmen sind. Wäre das nicht der Fall, könnten Mehrheitsdemokratien rasch in Despotien der Mehrheit (Tocqueville 1985 [1835]) umkippen. Der Exekutive und Legislative müssen Barrieren gesetzt werden, die verhindern, dass per demokratischer Mehrheitsbefugnis Individuen, Gruppen oder politische Opposition unterdrückt werden. Damit gewähren diese Freiheitsrechte eine elementare Grundbedingung staatsbürgerlichen Daseins überhaupt (Linz/Stepan 1996: 10). Die individuellen Schutzrechte gewähren den rechtlichen Schutz von Leben, Freiheit und Eigentum; sie gewähren Schutz vor ungerechtfertigter Verhaftung, Exil, Terror, Folter oder unerlaubter Einmischung in das Privatleben. Dies impliziert, dass der gleiche Zugang zum Recht und die Gleichbehandlung vor dem Gesetz als *bürgerliches* Grundrecht aufgefasst werden.[8] Diese bürgerlichen Grundrechte zähmen mehrheitsdemokratische Machtkreisläufe und tragen somit – scheinbar paradox – zur „Demokratisierung der Demokratie" (Offe 2003) bei.

D. Gewaltenteilung und horizontale Verantwortlichkeit

Als viertes konstituierendes Teilregime der rechtsstaatlichen Demokratie betrachten wir die Gewaltenteilung und die durch sie institutionalisierte „horizontale Verantwortlichkeit". Unter horizontaler Verantwortlichkeit verstehen wir mit O'Donnell (1994: 61), dass gewählte Amtsträger über ein Netzwerk relativ autonomer Institutionen kontrolliert und auf ihre konstitutionell definierte Sphäre rechtmäßigen Handelns festgelegt werden. Die Institutionalisierung horizontaler Verantwortlichkeit der Staatsgewalten schließt eine zentrale Kontrolllücke, die die übrigen Teilregime im demokratischen Grundgerüst noch offen lassen. Die horizontale Verantwortlichkeit der Gewalten betrifft die Frage der Herrschaftsstruktur und beinhaltet die Rechtmäßigkeit des Regierungshandelns und dessen Überprüfung mittels der Gewaltenkontrolle im Sinne einer balancierten wechselseitigen Interdependenz und Autonomie von Legislative, Exekutive und Judikative.

Auf diese Weise werden Verantwortlichkeit und Verantwortung der Regierung nicht nur punktuell über Wahlen, sondern auch stetig über die sich wechselseitig kontrollierenden und hemmenden konstitutionellen Gewalten gewährleistet und insbesondere die Ausübung exekutiver Herrschaft begrenzt (Maus 1994; Beetham/Boyle 1995: 66 ff.). Dies setzt vor allem eine unabhängige und funktionsfähige Judikative voraus, die eine rechtliche Kontrolle *(judicial review)* exekutiver und/oder legislativer Akte erlaubt (Reitz 1997: 113 f.). Amerikanisches, britisches und deutsches Rechtsstaatsverständnis stimmen darin überein, dass dieser Aspekt der Gewaltenteilung ein unverzichtbares Element der rechtsstaatlichen Demokratie darstellt.

E. Effektive Regierungsgewalt

Das fünfte Teilregime betont die Notwendigkeit, dass es tatsächlich die gewählten Repräsentanten sind, die regieren. Das Kriterium der effektiven Regierungsgewalt nimmt damit ein Attribut auf, das zwar in etablierten, nicht aber in neuen Demokratien als selbstverständlich gesehen werden kann (Karl/Schmitter 1991: 81; Collier/Levitsky 1997: 442 ff.). Es legt fest, dass z. B. das Militär oder andere machtvolle Akteure, die keiner demokratischen Verantwortlichkeit unterworfen sind, nicht die (letzte) Verfügungsgewalt über bestimmte Politikbereiche oder innerstaatliche Territorien besitzen. Dies umfasst sowohl die sogenannten reservierten Politikdomänen, über die Regierung bzw. Legislative keine ausreichende Entscheidungsbefugnis verfügen, als auch die besondere Problematik einer unzureichenden zivilen Kontrolle über

---
8 Das heißt auch, dass kulturelle, ethnische, linguistische oder religiöse Minderheiten in der Ausübung ihrer Kultur, Sprache oder Religion nicht behindert und rechtlich diskriminiert werden dürfen.

Militär und Polizei (Valenzuela 1992; Loveman 1994; Morlino 1998: 71 ff.). Die effektive Herrschaftsgewalt demokratischer Autoritäten ist eine notwendige Implikation der *embedded democracy*. Dies wird besonders in vielen jungen Demokratien in Lateinamerika, Ost-, Süd- und Südostasien deutlich, wo das Militär zum Teil noch autonome Politikdomänen in der Außen- und Sicherheitspolitik besitzt, die mit „bedeutungsvollen" demokratischen Wahlen nicht zu vereinbaren sind.

Tabelle 2 zeigt noch einmal die fünf Teilregime und die wichtigsten inneren Elemente, die sie konstituieren. Zum Zwecke empirischer Analysen können letztere als „Prüfkriterien" noch weiter ausdifferenziert werden, um den jeweiligen Zustand einer konkreten Demokratie – gerade auch vergleichend – zu analysieren.

Tabelle 2: Dimensionen, Teilregime und Kriterien der embedded democracy

I.	**Vertikale Dimension der Herrschaftslegitimation und -kontrolle**
	A. Wahlregime
	(1) Aktives Wahlrecht
	(2) Passives Wahlrecht
	(3) Freie und faire Wahlen
	(4) Gewählte Mandatsträger
	B. Politische Partizipationsrechte
	(5) Meinungs-, Presse- und Informationsfreiheit
	(6) Assoziationsfreiheit
	(7) Zivilgesellschaft
II.	**Dimension des liberalen Rechts- und Verfassungsstaates**
	C. Bürgerliche Freiheitsrechte
	(8) Individuelle Schutzrechte gegen staatliche und private Akteure
	(9) Gleichbehandlung vor dem Gesetz
	(10) Freier und gleicher Zugang zu den Gerichten
	D. Horizontale Verantwortlichkeit
	(11) Gewaltenkontrolle
	(12) Horizontale Verantwortlichkeit
III.	**Dimension der Agendakontrolle**
	E. Effektive Regierungsgewalt
	(13) Gewählte Mandatsträger mit realer Gestaltungsmacht
	(14) Keine „reservierten Domänen"
	(15) Keine Vetomächte gegen die Verfassung

Die interne Einbettung

Die beschriebenen Teilregime können ihre Wirkung für die Demokratie nur dann voll entfalten, wenn sie wechselseitig „eingebettet" sind. Wechselseitige Einbettung heißt sowohl komplementär unverzichtbare „Zulieferdienste" für ein anderes Teilregime zu leisten, wie dies die Teilregime B (politische Partizipationsrechte) und C (bürgerliche Freiheitsrechte) für Teilregime A (demokratische Wahlen) tun, oder aber andere Teilregime an usurpierenden Übergriffen auf angrenzende Sphären zu hindern, wie dies u. a. die Teilregime C, D und E garantieren.

Demokratie wird damit nicht als Regime aus einem Guss begriffen, sondern als ein Gefüge von Teilregimen (Schmitter 1997: 243). Demokratie kann so zwar in die genannten Teilregime disaggregiert werden, diese stehen aber in wechselseitigem Bezug und unterliegen den Funktionsimperativen der übrigen Teilregime. Die Eigenlogik eines Teilregimes wird durch diese Einbettung zwar nicht aufgehoben, aber an demokratieschädlichen usurpierenden Übergriffen gehindert. Es ist also gerade die *wechselseitige* Einbettung der einzelnen Institutionen der Demokratie in ein Gesamtgeflecht institutioneller Teilregime, die die Demokratie erst funktions- und widerstandsfähig macht.

Die Aufgliederung in Teilregime zeigt deutlich, dass die eingebettete rechtsstaatliche Demokratie normativ über die elektorale Demokratie, aber auch Robert Dahls „Polyarchie" hinausgeht. Analytisch ist die Differenzierung in Teilregime von erheblichem Vorteil. Sie erlaubt erstens eine präzisere Verortung von Defekten in einer konkreten Demokratie. Sie ermöglicht zweitens, bei Ländervergleichen besondere Häufungen von Defekten innerhalb bestimmter Teilregime der Demokratie zu erkennen. Drittens erlaubt sie, systematischer zu verfolgen, wie Defekte in einem Teilregime andere Teilregime infizieren, die demokratische Logik aushöhlen und zur schleichenden Autokratisierung führen – trotz periodisch stattfindender pluralistischer Wahlen.

■ *Die externe Einbettung*

Jede Demokratie ist als Gesamtregime ebenfalls in eine Umwelt eingebettet. Diese umschließt die Demokratie, ermöglicht und stabilisiert bzw. behindert oder destabilisiert sie. Ihre Beschädigung oder Unterentwicklung zieht häufig Defekte und Destabilisierungen der Demokratie selbst nach sich. Diese Einbettungsringe sind die Umwelt der repräsentativen Demokratie. Sie sind Möglichkeits- oder Unmöglichkeitsbedingungen, sie verbessern oder verschlechtern die Qualität rechtsstaatlicher Demokratien, aber sie sind keine definierenden Bestandteile der Demokratie selbst. Die wichtigsten externen Einbettungsringe sind sozioökonomischer Kontext, Zivilgesellschaft und internationale wie regionale Integration (vgl. Abbildung 2).

■ *Sozioökonomischer Kontext*

Seymour Martin Lipset (1959; 1981: 31) hat den *locus classicus* des Zusammenhangs von sozioökonomischer Entwicklungsstufe und Demokratiefähigkeit einer Gesellschaft prägnant formuliert: „The more well-to-do a nation, the greater the chances that it will sustain democracy." Der Zusammenhang von wirtschaftlicher Entwicklung und Demokratiefähigkeit ist über ein halbes Jahrhundert lang immer wieder statistisch getestet worden und hat sich als außerordentlich stabil erwiesen (vgl. u. a. Cutright 1963; Dahl 1971; Vanhanen 1984, 1989; Lipset et al. 1993; Moore, M. 1995; Welzel 1996; Przeworski et al. 2000). Auch wenn an den groben Messindikatoren (BIP/capita, elektorale Demokratie) nicht zu Unrecht bisweilen Kritik geübt wurde (Lauth 2004), ist die Wichtigkeit einer gut entwickelten und prosperierenden Wirtschaft für die Demokratie unbestritten.

Eine entwickelte Wirtschaft, die krasse Armut verhindert, die Sozialstruktur pluralisiert und dazu beiträgt, materielle und kognitive Ressourcen in einer Gesellschaft nicht eklatant ungleich und ungerecht zu verteilen, ist ein Schutzschild für die Demokratie und trägt in der Regel auch zur rechtsstaatlichen und partizipativen Qualität eines demokratischen Gemeinwesens bei. Umgekehrt gilt, eine unterentwickelte Wirtschaft und eine extrem ungleiche Verteilung von materiellen wie kognitiven Ressourcen sind der Stabilität und Qualität von rechtsstaatlichen Demokratien abträglich.

■ *Zivilgesellschaft*

Die Überzeugung, dass eine gereifte Zivilgesellschaft zur Stärkung der Demokratie beiträgt, besitzt eine lange Tradition. Sie stützt sich auf gewichtige Argumente, wie sie in der politischen Philosophie der frühen Neuzeit von John Locke über Montesquieu und Alexis de Tocqueville bis zu Ralf Dahrendorf, Robert Putnam und Jürgen Habermas entwickelt wurden. Die fünf wichtigsten Kernargumente, die zugleich zentrale demokratietheoretische Funktionen angeben, sollen an dieser Stelle nur genannt werden.[9]

- Schutz vor staatlicher Willkür (die Lockesche Funktion),
- Balance zwischen staatlicher Autorität und ziviler Gesellschaft (die Montesquieusche Funktion),
- Schule der Demokratie (die Tocquevillesche Funktion),
- Produktion von Sozialkapital (die Putnamsche Funktion),
- Öffentlichkeit und Kritik (die Habermassche Funktion).

■ *Internationale und regionale Integration*

Die Einbindung in internationale, multilaterale, wirtschaftliche oder demokratisch politische Integrationszusammenhänge ist von erheblicher Bedeutung für die Stabilität und Qualität einer Demokratie. Militärische Zusammenschlüsse oder außenpolitische Sicherheitsstrukturen entfalten nicht die gleiche demokratische Wirkung, selbst wenn sie mehrheitlich von demokratischen Staaten dominiert werden, wie in der NATO. Die Beispiele Portugal (bis 1974) oder Türkei zeigen, wie autoritäre und defekt demokratische Regime, die Menschen- und Bürgerrechte verletzen, in solchen Bündnissen überleben können, weil ihre internen politischen Strukturen dem jeweiligen außenpolitischen Sicherheitszweck untergeordnet werden.

Als historisch erfolgreichste internationale bzw. regionale Einbettung von Demokratien erwies sich die Europäische Union (EU), respektive ihre Vorläuferorganisationen EGKS, EWG und EG. Die frühe Integration der Bundesrepublik Deutschland und Italiens in die EGKS im Jahr 1951, die Aufnahme der postautoritären Regime Griechenlands, Spaniens und Portugals in den 1980er Jahren stabilisierten die jungen Demokratien ebenso, wie sie nach 1989 die volle Demokratisierung der osteuropäischen Beitrittsstaaten vorantrieb. Die Kombination aus marktwirtschaftlicher Interessen- und demokratischer Wertegemeinschaft macht die EU zu einem Modell, das bisher einmalig in der gesamten Welt ist. Weder ASEAN, MERCOSUR noch die NATO haben eine vergleichbare Wirkung, weil sie nicht oder nicht in gleicher Weise dem Grundsatz demokratischer Werte verpflichtet sind. Die Einbindung in die UNO und ihre Unterorganisationen erwies sich bisher als weitgehend irrelevant für die Durchsetzung und Stabilisierung von Rechtsstaat und Demokratie. Die Einbettung in internationale und regionale Organisationen ist dann besonders demokratiefördernd, wenn sie über reine ökonomische oder sicherheitspolitische Interessen hinausgeht und die Mitgliedschaft an demokratische und rechtsstaatliche Grundsätze bindet. Dies hat noch keine relevante internationale Organisation in gleicher Weise getan wie die EU (Kneuer 2006).

Je dichter, konsolidierter und widerstandsfähiger diese „äußeren" Einbettungen der Kernregime der Demokratie sind, umso unangreifbarer sind diese auch gegenüber externen Bedrohungen. Je besser die Interdependenz zwischen den Teilregimen institutionalisiert ist, je stärker die Kooperation zwischen den jeweiligen Akteuren dieser Regime und je höher die Akzep-

---

9 Vgl. ausführlicher zur Zivilgesellschaft Kap. 6.3.4 (Konsolidierung der Bürgergesellschaft).

tanz und der Respekt vor der jeweiligen Independenz, umso demokratischer ist das politische Gesamtregime. Der Umkehrschluss gilt ebenso. Je schwächer die äußeren Einbettungen, je geringer der Respekt und die Kooperation zwischen den Akteuren der Teilregime, umso eher haben wir es jenseits offen autokratischer Regime mit defekten Demokratien zu tun.

1.1.3 Defekte Demokratien

Wird eines der Teilregime der *embedded democracy* so beschädigt, dass es die Gesamtlogik der rechtsstaatlichen Demokratie verändert, kann man nicht mehr von einer intakten rechtsstaatlichen Demokratie sprechen. Je nachdem, welche Teilregime der rechtsstaatlichen Demokratie verletzt sind, haben wir es mit einem bestimmten Typus der defekten Demokratie zu tun. Aus dieser Perspektive sind defekte Demokratien solche Demokratien, in denen die wechselseitige Einbettung der Teilregime zerbrochen und die Gesamtlogik der rechtsstaatlichen Demokratie gestört ist. Defekte Demokratien werden definiert als „Herrschaftssysteme, die sich durch das Vorhandensein eines weitgehend funktionierenden demokratischen Wahlregimes zur Regelung des Herrschaftszugangs auszeichnen, aber durch Störungen in der Funktionslogik eines oder mehrerer der übrigen Teilregime die komplementären Stützen verlieren, die in einer funktionierenden Demokratie zur Sicherung von Freiheit, Gleichheit und Kontrolle unabdingbar sind" (Merkel/Puhle et al. 2003: 66).

■ *Formen*

Wir unterscheiden vier Formen von defekten Demokratien: die exklusive Demokratie, die Enklavendemokratie, die illiberale und die delegative Demokratie (ibid.: 239).

Exklusive Demokratie: Da als Grundprinzip der Demokratie die Volkssouveränität zu gelten hat, muss diese durch ein universelles Wahlrecht und dessen faire Umsetzung gewährleistet sein. Dies ist nicht gegeben, wenn eines oder mehrere relevante Segmente der erwachsenen Bürgerschaft vom Staatsbürgerrecht der universellen Wahl ausgeschlossen sind. Andererseits kann bei dem Ausschluss vom Wahlrecht von 5 bis 10 Prozent der permanenten Bevölkerung eines Landes nicht umstandslos auf ein autokratisches System geschlossen werden (ibid.: 239 ff.).[10]

Enklavendemokratie: Wenn „Vetomächte" – etwa Militär, Guerilla, Miliz, Unternehmer oder Großgrundbesitzer, multinationale Konzerne – bestimmte politische Domänen dem Zugriff der demokratisch legitimierten Repräsentanten entziehen, entsteht ein eigenes Syndrom verzerrter Machtbildung. Die Enklavendemokratie ist v. a. ein regionalspezifischer Typus Lateinamerikas und Südostasiens, weil das Militär dort häufig eine politische (Veto-)Rolle annimmt. In Osteuropa oder Zentralasien kommt dieser Typus nur selten vor (ibid.: 249 ff.).

Illiberale Demokratie: Im unvollständigen Verfassungs- und beschädigten Rechtsstaat der illiberalen Demokratie ist die Kontrolle von Exekutive und Legislative durch die dritte Gewalt eingeschränkt. Die Bindewirkung konstitutioneller Normen auf Regierungshandeln und Gesetzgebung ist gering. Die bürgerlichen Freiheits- und Schutzrechte des Individuums sind partiell

---

10 Demokratietheoretisch durchaus problematisch ist es jedoch, wenn Immigranten auch nach vielen Jahren ständigen Wohnsitzes in einem Lande der Bürgerschaftsstatus vorenthalten wird, wenn der Immigrant diesen begehrt und bereit ist, seine ursprüngliche Staatszugehörigkeit aufzugeben.

suspendiert oder noch nicht etabliert. Illiberale Demokratien zeichnen sich durch Beschädigungen der Rechtsstaatsdimension aus und betreffen damit den eigentlichen Kern des liberalen Selbstverständnisses, nämlich die gleiche Freiheit aller Individuen. Die illiberale Demokratie ist der häufigste Typus der defekten Demokratie. Er ist in allen Weltregionen anzutreffen (vgl. ibid.: 261 ff.).

Delegative Demokratie: In der delegativen Demokratie ist die Kontrolle der Exekutive durch die Legislative und die dritte Gewalt eingeschränkt. Die Bindewirkung konstitutioneller Normen auf das Regierungshandeln ist gering. Die gewaltenteiligen Kontrollen, die funktionierende Demokratien zur Aufrechterhaltung einer balancierten politischen Repräsentationskette benötigen, sind beeinträchtigt. Regierungen – meist von charismatischen Präsidenten geführt – umgehen das Parlament, wirken auf die Justiz ein, beschädigen das Prinzip der Legalität, höhlen die Gewaltenkontrolle aus und verschieben die austarierte Machtbalance einseitig hin zur (präsidentiellen) Exekutive.[11]

■ *Ursachen*

Es lässt sich kein einzelner überragender Faktor herausfiltern, der als primäre Ursache für das Entstehen von gravierenden Defekten in jungen Demokratien gelten kann (ibid.: 187 ff.). Es waren meist spezifische Komplexe von Ursachenbündeln, die für bestimmte Akteure besondere Gelegenheiten boten, Macht zu usurpieren, Normen zu suspendieren oder machtbeschränkende Kontrollen zu umgehen. Dieser spezifische Zusammenhang von Strukturen und Akteurshandeln kann hier nicht dargestellt werden (vgl. Merkel/Puhle et al. 2003; Merkel/Puhle et al. 2006). Deshalb soll jeweils eine Hypothese für jedes der wichtigsten Ursachenbündel die Ergebnisse unserer Forschungen zusammenfassen. Berücksichtigt werden Modernisierungspfad, Modernisierungsniveau, Wirtschaftskonjunktur, Sozialkapital und Zivilgesellschaft, Staats- und Nationsbildung, Typ des autoritären Vorgängerregimes, Art des Transitionsmodus, politische Institutionen sowie internationale Rahmenbedingungen.

Modernisierungspfad: Die Wahrscheinlichkeit für das Auftreten von Demokratiedefekten steigt, wenn die sozioökonomische Modernisierung eines Landes einem semimodernen Pfad folgt, der eklatante Machtungleichgewichte erzeugt, und die besitzenden Klassen die Demokratie als Bedrohung ihrer wirtschaftlichen und politischen Interessen wahrnehmen.[12]

Modernisierungsniveau: Die Wahrscheinlichkeit für das Entstehen einer defekten Demokratie ist umso höher, je niedriger das sozioökonomische Entwicklungsniveau und je ungleicher die Verteilung gesellschaftlicher Ressourcen sind. Eine asymmetrische Verteilung von ökonomischen, kulturellen und kognitiven Ressourcen fördert eine eklatant ungleiche Verteilung von politischen Handlungs- und Machtressourcen zwischen den politischen Akteuren und erschwert die Durchsetzung rechtsstaatlicher und demokratischer Standards.[13]

---

11 Der Begriff der „delegativen Demokratie" von O'Donnell (1994), der mit dem Phänomen populistischer Akklamation stärker die vertikale Legitimationsdimension betont, ist mit dieser Auffassung nicht völlig identisch, kommt jedoch unserem Verständnis dieses Typs nahe.
12 Auch unsere Forschungen haben diese These von Barrington Moore (1969) bestätigt.
13 Diese empirisch gestützte Hypothese bestätigt sowohl Lipsets „Requisitentheorie" (1959, 1981) als auch Vanhanens (1989) Annahmen des Zusammenhangs der Dispersion von Machtressourcen und Demokratisierungschancen.

Wirtschaftskonjunktur: Ökonomische Krisen bieten situative Anreize für die Institutionalisierung von Defekten in nichtkonsolidierten Demokratien. Sie sind häufig die Stunde der Sondervollmachten und Notstandsverordnungen, insbesondere in präsidentiellen wie semipräsidentiellen Regierungssystemen,[14] die zum einen häufig über die konstitutionellen Grenzen gedehnt werden und sich zum anderen über die akute Notstandssituation hinaus verstetigen.

Sozialkapital: Die Wahrscheinlichkeit der Herausbildung defekter Demokratien steht im Zusammenhang mit der Art und dem Umfang des in einer Gesellschaft historisch kumulierten Sozialkapitals. Sozialkapital, das in ethnisch oder religiös segmentierter Form vorkommt, begünstigt das Auftreten von Demokratiedefekten. Sozialkapital in der „Tocquevilleschen oder Putnamschen Variante", das ethnische und religiöse Segmentierungen in einer Gesellschaft überbrückt, wirkt exklusiven oder illiberalen Tendenzen entgegen.

Zivilgesellschaft: Geringes interpersonelles Vertrauen erschwert die Herausbildung eines gut institutionalisierten Systems politischer Parteien, von Verbänden und zivilgesellschaftlichen Assoziationen. Damit fehlen wichtige intermediäre Stützen für die Wahrnehmung politischer und die Sicherung bürgerlicher Rechte. In einem solchen politisch-kulturellen Umfeld bildet die charismatisch-populistische Begründung für defekt-demokratische Entscheidungsmuster auf Seiten der Exekutive einen vielversprechenden Weg zur alternativen Erzeugung von Zustimmung.

Nations- und Staatsbildung: Die Bedingungen für eine Entwicklung zur liberalen Demokratie ohne gravierende Defekte sind dann besonders schlecht, wenn die Transformation mit ungelösten Identitäts- oder Staatlichkeitskrisen der politischen Gemeinschaft belastet ist. Sezessionsbestrebungen oder Minderheitendiskriminierungen beschädigen die unabdingbaren Standards bürgerlicher Freiheits- und politischer Partizipationsrechte.

Typ des autoritären Vorgängerregimes: Je länger sich totalitäre, posttotalitäre, sultanistische oder neopatrimoniale Regime institutionalisieren und/oder die politische Kulturen der Gesellschaft prägen konnten, umso wahrscheinlicher sind Defekte in der nachfolgenden Demokratie. Solche Gesellschaften tendieren dazu, das Umgehen von Gewaltenkontrollen durch die Exekutive und die Anwendung „delegativer" Herrschaftspraktiken mit Prämien in der Wahlarena zu belohnen.

Modus der Transition: Je inklusiver der Gründungskompromiss der Eliten *(elite settlement)*[15] unmittelbar nach dem Systemwechsel ist, umso stärker werden die neuen demokratischen Spielregeln von den relevanten Akteuren akzeptiert und geschützt. Je stärker die neuen demokratischen Institutionen von den Eliten beachtet werden, umso schneller wächst ihnen aus der Bevölkerung legitimierende Systemunterstützung zu.

Politische Institutionen: Je stärker Klientelismus, Patrimonialismus, Korruption die Interaktionsmuster der Eliten mit der Bevölkerung prägen, umso schwerer haben es die neuen „formalen" Institutionen, Geltungs- und Normierungskraft zu entwickeln. Informale Institutionen drohen die Funktionscodes der formalen, demokratisch legitimierten Institutionen zu knacken, zu verformen und zu verdrängen. In wesentlichen Entscheidungsbereichen funktio-

---

14 Dies stützt die These von Linz (1990), Lijphart (1992), Stepan/Skach (1993) und Merkel (1996b), dass parlamentarische Regierungssysteme *ceteris paribus* günstiger für die Konsolidierung junger Demokratien sind als präsidentielle oder semipräsidentielle Systeme.
15 Vgl. dazu: Teil I, Kap. 5.

niert dann die Demokratie entsprechend der nicht legitimierten informalen Institutionen und Regeln, die im Widerspruch zu den tragenden Prinzipien des demokratischen Rechtsstaates stehen.

Internationale und regionale Einbindung: Wo regionale Mechanismen (z. B. EU, Europarat) zum Schutz liberaldemokratischer Institutionen fehlen oder schwach sind, besteht ein breiterer Handlungsspielraum für Regierungen, diese zu verletzen, weil dann die Opportunitätskosten für solches Handeln erheblich herabgesetzt sind.

Defekte Demokratien sind keineswegs notwendigerweise Übergangsregime. Sie können mit ihrer Umwelt eine stabile Beziehung eingehen und von maßgeblichen Teilen der Bevölkerung als die adäquate Antwort auf die extreme Problemakkumulation postautokratischer Demokratien angesehen werden. Dies ist vor allem in Gesellschaften mit niedrigem Bildungsniveau, klientelistischen und patrimonialen Strukturen der Fall.

1.2 Autokratische Systeme

Ich habe begründet, warum autoritäre und totalitäre Systeme als Subtypen der Autokratie voneinander unterschieden werden können. Auf dieser Grundlage will ich zunächst einige gemeinsame Merkmale von autokratischen Herrschaftsordnungen herausarbeiten, um anschließend noch einmal die Unterschiede zwischen autoritären und totalitären Herrschaftssystemen zu markieren.

In Anlehnung an Hans Kelsens „Allgemeine Staatslehre" (1925) können alle nichtdemokratischen politischen Systeme Autokratien genannt werden. Aus Gründen der begrifflichen Klarheit ziehe ich mit Kelsen den Begriff der Autokratie dem Terminus „Diktatur" vor. Im republikanischen Rom war die Diktatur eine zeitlich begrenzte, aber sachlich unumschränkte Notstandssituation (Merkel, W. 2007a). In dieser konstitutionellen Diktatur konnte der Diktator den Notstand weder selbst erklären noch verlängern. Dieses republikanische Verfassungsinstitut wurde mit Sulla und Caesar endgültig zerstört. Carl Schmitt (1964 [1920]) unterscheidet noch im 20. Jahrhundert mit juristischer Präzision zwischen „kommissarischer" und „souveräner" Diktatur. Danach wurde „Diktatur" nicht zuletzt auch im angelsächsischen Gebrauch von *dictatorship* zum übergreifenden Begriff für fast alle nichtdemokratischen Herrschaftsformen. Damit büßte der typologische Begriff „Diktatur" an analytischer Schärfe ein. Der umfassendere, aber dennoch präziser definierte Begriff der Autokratie ist dem der Diktatur in einer systematischen Herrschaftstypologie vorzuziehen. In Autokratien sind die politischen Entscheidungsergebnisse weniger offen als in Demokratien, die Entscheidungsregeln sind *a priori* häufig nicht festgelegt. Sind sie es doch, mangelt es ihnen an demokratischer Legitimation. Damit sind autokratische politische Systeme noch keineswegs ausreichend definiert, geschweige denn in ihren unterschiedlichen Erscheinungsformen typologisch bestimmt. Deshalb will ich anhand der von mir einleitend in Kapitel 1.1 (Demokratische Systeme) vorgestellten sechs Kriterien präzise verdeutlichen, wann politische Systeme autokratisch genannt werden können:

1. *Herrschaftslegitimation:* Gründet sich die politische Herrschaft nicht auf das Prinzip der Volkssouveränität, sondern verlangt Gehorsam und Gefolgschaft unter Berufung auf allgemeine Mentalitäten oder „objektiv wahrhaftige Weltanschauungen", dann ist von autokratischen Systemen zu sprechen.

2. *Herrschaftszugang:* Ist das aktive oder passive Recht auf Wahl in politische Ämter aufgrund ethnischer, religiöser, geschlechtsspezifischer und/oder machtpolitischer Motive wesentlich eingeschränkt oder gar abgeschafft, kann nicht mehr von einer (vollen) Demokratie gesprochen werden. Dasselbe gilt, wenn bestimmte Parteien durch Beschluss der Exekutive von der Kandidatur ausgeschlossen werden.
3. *Herrschaftsmonopol:* Steht das staatliche Herrschaftsmonopol nicht unter der Kontrolle von demokratisch legitimierten Institutionen und erzwingen demokratisch nicht legitimierte Akteure das staatliche Herrschafts- und Gewaltmonopol für sich, ist von autokratischen Systemen zu sprechen.
4. *Herrschaftsstruktur:* Existiert keine Gewaltenhemmung sowie wechselseitige Gewaltenkontrolle und läuft die Gewaltenkonzentration monistisch in der Exekutive zusammen, müssen wir von autokratischen Systemen sprechen. Dies gilt insbesondere dann, wenn es den Gerichten (v. a. Verwaltungsgericht, evtl. Verfassungsgericht) unmöglich ist, die Kontrolle der staatlichen Normanwendung zu übernehmen, und sie zu einer politischen Rechtsprechung gezwungen werden. Gewaltenhemmung und Gewaltenkontrolle sind auch dann „autokratisch" aufgehoben, wenn der Legislative *de jure* oder *de facto* der entscheidende Einfluss auf die Gesetzgebung vorenthalten wird.
5. *Herrschaftsanspruch:* Werden Menschenrechte bzw. bürgerliche Grundrechte verletzt oder außer Kraft gesetzt und der staatlichen Exekutive zur Disposition gestellt, um den Herrschaftsanspruch weit in das Alltagsleben der Bürger auszudehnen, genügt dies, um von einem autokratischen Herrschaftssystem zu sprechen. Je umfassender der Herrschaftsanspruch auf die Kontrolle der Gesellschaft und der Individualsphäre erhoben wird, umso mehr tendiert ein politisches System zum polaren Typus des Totalitarismus (siehe Abbildung 1).
6. *Herrschaftsweise:* Folgt das Zustandekommen wie die Anwendung von Rechtsnormen nicht verfassungsmäßigen, rechtsstaatlichen Prinzipien und setzen die Regierenden willkürlich, unrechtmäßig, repressiv oder gar terroristisch ihre Machtansprüche gegenüber den Regierten durch, muss von autokratischer Herrschaft gesprochen werden.

Unter Berücksichtigung der oben ausgeführten Problematik will ich im Folgenden zunächst eine Typologie autoritärer Systeme entwickeln. Danach werde ich aus einer kritischen Prüfung der Totalitarismusdiskussion einen sozialwissenschaftlich reflektierten Vorschlag zur typologischen Fassung totalitärer Regime vorlegen.

1.2.1 Autoritäre Systeme

Die einflussreichste politikwissenschaftliche Definition von autoritären Systemen hat Juan J. Linz (1975, 1985, 2000) vorgelegt. Für ihn sind es vor allem drei Merkmale, die autoritäre von demokratischen wie totalitären Systemen unterscheiden (Linz 1985: 62): (1) autoritäre Systeme verfügen über einen eingeschränkten politischen Pluralismus gegenüber dem prinzipiell unbegrenzten Pluralismus der Demokratien und dem Monismus totalitärer Herrschaft; (2) sie legitimieren sich nicht durch eine alle Lebensbereiche umfassende Weltanschauung wie totalitäre Systeme, sondern über den Rückgriff auf einzelne Werte und „Mentalitäten" wie Patriotismus, Nationalismus, innere und äußere „nationale Sicherheit" oder sozioökonomische Modernisierung; (3) die politische Partizipation ist eingeschränkt und die Gesellschaft (außer in der Entstehungsphase der autoritären Herrschaft) demobilisiert. Demgegenüber sind totalitäre Systeme über eine von oben inszenierte, kontrollierte und ritualisierte dauerhafte Mobilisierung geprägt.

Die von Linz vorgenommene Abgrenzung von autoritären und totalitären Systemen ist außerordentlich einflussreich, historisch informiert, aber politikwissenschaftlich nicht hinreichend systematisch. Sie kann keine präzisen Kriterien angeben, wann der Pluralismus nicht nur eingeschränkt ist, sondern einem Monismus Platz gemacht hat, wann eine Gesellschaft als demobilisiert und wann als mobilisiert zu gelten hat. Vor allem liefern die drei Merkmale von Linz keine systematischen Kriterien, nach denen wiederum einzelne Subtypen autoritärer Systeme definiert werden könnten. Linz' Typologie autoritärer Regime zeigt, dass sie zwar mit großer Kenntnis aus den historischen autoritären Herrschaftsformen zusammengestellt wurde, aber keine stringente Systematik aufweist. So unterscheidet Linz:

- bürokratisch-militärische Regime (Kriterien: Herrschaftsträger, Herrschaftsstruktur),
- korporatistisch-autoritäre Regime (Kriterien: Herrschaftsstruktur, Herrschaftsweise),
- mobilisierende autoritäre Regime (Kriterium: Herrschaftsweise),
- nachkoloniale autoritäre Regime (Kriterium: Herrschaftsnachfolge),
- Rassen- und ethnische „Demokratien" (Kriterien: Herrschaftsexklusion, Herrschaftsträger),
- unvollständig totalitäre und prätotalitäre Regime (Kriterium: Herrschaftsentwicklung),
- posttotalitäre autoritäre Regime (Kriterium: Herrschaftsentwicklung).

So plausibel die einzelnen Typen von Juan J. Linz bestimmte „reale" Systeme beschreiben mögen, so unsystematisch erscheinen sie als „Idealtypen". Die von mir in Klammer gesetzten impliziten Klassifikationskriterien (6 Kriterien bei 7 Typen) verletzen in ihrer zu großen Zahl die für Typologien geforderte Sparsamkeit bei der Wahl von Klassifikationskriterien. Während die Klassifikation von Linz unsystematisch und überkomplex ist, muss Barbara Geddes' Dreiertypologie als unterkomplex bezeichnet werden. Sie entscheidet nach dem Kriterium der Herrschaftsträger nur noch zwischen Militärregimen, personalistischen Regimen und Einparteienregimen (Geddes 1999: 121). Besonders der „Typus" des personalistischen Regimes gerät dabei zu einem losen unterspezifizierten Residualtypus. Ich möchte einen mittleren Weg gehen und mich im Folgenden deshalb auf ein einziges definierendes *Primär*kriterium, nämlich den ideologischen Anspruch der *Herrschaftslegitimation* beschränken. Auch hier folge ich Max Weber, der darauf verweist, dass soziales Handeln und soziale Beziehungen vor allem an der Vorstellung einer legitim bestehenden Ordnung orientiert werden. Weber (1972 [1922]: Kap. 3 (1): 122): „... mithin ist es zweckmäßig, die Arten der Herrschaft je nach ihrem typischen Legitimitätsanspruch zu unterscheiden." Mit Blick auf die historische Realität des 20. Jahrhunderts berücksichtige ich folgende typische Formen autoritärer Herrschaftslegitimation: Kommunismus, Faschismus, „Militarismus", Korporatismus, Rassismus, Modernisierung, Religion, Dynastie. Diese Legitimationsformen schließen sich keineswegs wechselseitig aus. In der Regel benutzen autoritäre Machthaber eine Kombination dieser Formen. So können sowohl kommunistische als auch militärische Diktaturen die Modernisierung der Gesellschaft in den Begründungskatalog ihres Herrschaftsanspruchs zusätzlich aufgenommen haben. Dasselbe gilt für korporatistisch-autoritäre Regime, die meist gemäßigt faschistische Ideologeme für ihre primäre Herrschaftslegitimation bemühen. Zur terminologischen Kennzeichnung autoritärer Regimetypen werde ich im Folgenden dennoch nur eine, nämlich die dominante Legitimationsideologie heranziehen. Damit komme ich zu zehn *Grund*typen autoritärer Herrschaft im 20. Jahrhundert:

1. kommunistisch-autoritäre Parteiregime
2. faschistisch-autoritäre Regime
3. Militärregime
4. korporatistisch-autoritäre Regime
5. rassistisch-autoritäre Regime
6. autoritäre Modernisierungsregime
7. theokratisch-autoritäre Regime
8. dynastisch-autoritäre Regime
9. sultanistisch-autoritäre Regime
10. autoritäre Rentenregime

Innerhalb dieser Grundformen lassen sich wiederum unterschiedliche Varianten denken und finden. Um aber nicht in eine deskriptive Beliebigkeit bei der Typenbildung zu verfallen, ziehe ich nur ein einziges supplementäres Kriterium zur präziseren Kategorisierung der autoritären Subtypen heran, nämlich das Kriterium „Herrschaftsträger". Dabei berücksichtige ich Herrschaftsträger wie Führer, Partei, Militär, Klerus, Monarch. Es ergeben sich daraus folgende *Sub*typen autoritärer Herrschaft, die durch historische Beispiele illustriert werden sollen:

1. Kommunistisch-autoritäre Parteiregime: Kommunistische Regime sind historisch vor allem in zwei Varianten aufgetreten: als kommunistische Parteidiktatur oder als kommunistische Führerdiktatur. Als autoritäre Regime kommen vor allem kommunistische Parteidiktaturen in Betracht, während kommunistische Führerdiktaturen meist unter dem totalitären Typus zu fassen sind.

Auf der Grundlage der leninistischen Partei- und Staatstheorie fungiert die kommunistische Partei als Avantgarde der Arbeiterklasse und einziges legitimes Machtzentrum des Staates. Es gibt in der Regel keine anderen Parteien neben ihr. Existieren sie doch, dann nur in Gestalt abhängiger Satellitenparteien, wie etwa die Blockparteien in der ehemaligen DDR oder im kommunistischen Polen. Typischerweise bildet ein kleines Politbüro an der Parteispitze das Machtzentrum. Dieser engste Führungszirkel trifft die politischen Entscheidungen weitgehend unabhängig von der zentralistisch gesteuerten Parteibasis. Kennzeichnend bleibt jedoch, dass ein kollektives Führungsgremium die Macht innehält, ein Minimum an Pluralismus akzeptiert ist und der Herrschaftsanspruch nicht alle Winkel des Alltagslebens erfasst. Historische Beispiele dafür sind die Sowjetunion in den Jahren 1924–1929, 1953–1956, 1985–1991 oder die kommunistischen Systeme Polens und Ungarns. Die Volksrepublik (VR) China wandelte sich in den 1990er Jahren von einem totalitären zu einem autoritären kommunistischen Parteiregime. Titos stark personalisierte Herrschaft in Jugoslawien (1945–1980) blieb das einzige Beispiel einer autoritär-kommunistischen Führerdiktatur.

2. Faschistisch-autoritäre Regime: Anders als bei kommunistischen Systemen gibt es die faschistische Herrschaftsform nur als faschistische Führerdiktatur. Dies bedeutet, dass die „faschistische Bewegung", die „faschistische Partei" oder der „faschistische Staatsapparat" zwar durchaus relevante Machtfaktoren darstellen können, aber immer einem unumstrittenen „Führer" der Bewegung, der Partei, des Staates und des Volkes untergeordnet sind. Er allein hält letztinstanzlich die autoritäre oder totalitäre politische Macht in seinen Händen. Nach Ernst Nolte (1966: 64 ff.) kann man dann von einer faschistischen Diktatur sprechen, wenn als „faschistisches Minimum" folgende Charakteristika vorliegen: Antisozialismus, Antiliberalismus, Führerprinzip, korporatistische Ideologie und Organisationsstrukturen, Parteiarmee, eine reaktionäre Zielsetzung kombiniert mit modernen Mitteln der Massenmobilisierung und die Stützung der kapitalistischen Wirtschaftsordnung bei gleichzeitiger Aufrechterhaltung des Totalitätsanspruches in politischen Fragen (vgl. Puhle 1995a: 194). Der historische Prototyp des Faschismus wurde 1922 (Marsch auf Rom) bzw. 1926 (Ausschaltung der politischen Opposition) von Mussolini in Italien installiert und hielt bis 1943 bzw. 1945. Trotz seiner Unterschiede zum italienischen Faschismus gilt auch der deutsche Nationalsozialismus als klassischer Fall einer faschistischen Führerdiktatur. Sein Herrschaftsanspruch und seine Herrschaftsdurchsetzung waren jedoch von Anfang an umfassender. In seiner historischen Entwicklung ist das nationalsozialistische Dritte Reich wohl erst ab 1938 (Ausschaltung der alten Wehrmachtsspitze),[16] spätestens aber ab 1941 als ein totalitäres System zu bezeichnen. Faschistische Regime versuchen häufig, sich ideologisch durch den Rückgriff auf mythische, vormoderne Ordnungsmuster, wie dem Mythos des Germanentums oder dem Mythos der Romanität, zu legitimieren. Damit ist der Versuch verbunden, den seit der Neuzeit einsetzenden Emanzipations- und Aufklärungsprozess mit den „modernsten sozialtechnischen Repressions- und Manipulationsmitteln im Rahmen einer charismatischen Herrschaft" zu unterbinden (Saage 1995: 23).

Historisch weniger bedeutende Varianten des faschistischen Führerstaates sind der Ustascha-Staat „unabhängiges Kroatien" (1941–1945) unter dem Schutz der deutschen Wehrmacht, das faschistische Regime Antonescus in Rumänien (1940–1944) oder der Klerikalfaschismus des Monsignore Tiso in dem von Hitlers Gnaden abgetrennten Rumpfstaat Slowakei (1938–1945).

3. Militärregime: „Militarismus" als Form der Herrschaftslegitimation wird hier verstanden als ein Sammelbegriff für nationale Werte und traditionale Mentalitäten, an die putschende Militärs häufig appellieren. Die wichtigsten sind Patriotismus, nationale Sicherheit sowie Ruhe und Ordnung. Nicht selten werden diese traditionalen Mentalitäten mit dem Ziel, Wirtschaft und Verwaltung zu modernisieren, ergänzt. Die Militärs versuchen, sich als Garanten dieser Werte zu legitimieren, was meist nur kurzfristig gelingt. Wenn die Werte und Ziele durch militärische Gewalt gesichert und erreicht sind, geben Militärs vor, sich wieder in die Kasernen zurückzuziehen, weil dann die von Anbeginn schon geltungsschwachen Legitimationsgründe erloschen sind. Die Militärdiktatur tritt in mehreren Varianten zutage. Die drei wichtigsten sollen hier genannt werden:

3.a Bürokratisch-militärische Regime: Die bürokratisch-militärischen Regime werden meist von einer Junta acharismatischer Militärs geführt. Sie orientieren sich innerhalb eines bürokratisch-militärischen Autoritarismus eher an einem ideologiearmen Pragmatismus, der sich an den Werten nationale Sicherheit, Modernisierung und *law and order* orientiert. Sie folgen häufig auf liberale Demokratien, in denen sich die politischen Parteien als unfähig erwiesen haben, diese drei Ziele umzusetzen und ausreichende Zustimmung in einer partizipationsbereiten Bevölkerung zu erzeugen (O'Donnell 1973a). Dieser Regimetyp, der die militärisch-repressive Durchsetzung von gesellschaftlichem Traditionalismus und ökonomischer Modernisierung auf seine Fahnen geschrieben hat, war vor allem im Lateinamerika der 1960er und

---

16 Eine andere Einschätzung könnte das Jahr 1934 als Zäsur nehmen, als Parteien und Verbände verboten oder gleichgeschaltet und mit der Ermordung der SA-Spitze (sog. „Röhm-Putsch") die letzte potenzielle Herausforderung innerhalb der nationalsozialistischen Bewegung ausgeschaltet wurden.

1970er Jahre, in Griechenland zwischen 1967 und 1974 sowie seit den späten dreißiger Jahren in Thailand (bis 1988) und von 1961 bis 1988 in Südkorea anzutreffen.

3.b Militärische Führerregime: Sie werden nicht von einer Junta acharismatischer Militärs, sondern von *einem* zumeist charismatischen militärischen Führer beherrscht. Dieser löst sich nach der Machtergreifung häufig von seiner zu engen Bindung an das „Militär als Institution" und versucht, seine Machtbasis durch eine Art direkt-plebiszitärer Beziehung zum Volk zu verbreitern. Historische Beispiele dafür sind das Regime des Admiral Horthy in Ungarn (1920–1944), die „weiche Diktatur" des polnischen Generals Piłsudski (1926–1935) oder Paraguay unter seinem militärischen Diktator Alfredo Stroessner (1954–1989).

3.c Militärische Gangsterregime und Warlords: Eine besondere Variante von militärischen Führerdiktaturen stellen die immer wieder auftretenden Militärregime vor allem in Afrika dar. Sie sind häufig als reine Repressionsregime ohne wertorientierte Zielvorstellungen zu betrachten, die nahezu ausschließlich an der bloßen Usurpation der Macht und der persönlichen Bereicherung der Warlords ausgerichtet sind. Häufig sind solche militärischen Gangsterregime Ursache oder Ergebnis von zerfallender bzw. zerfallener Staatlichkeit. Warlords füllen das staatliche Vakuum mit der Privatisierung von militärischer Gewalt, die häufig mit privaten Geschäftsinteressen (Drogen, Waffenhandel, Prostitution) verquickt wird. Solche Regime sind prekär und meist nur von kurzer Dauer. Sie waren in der Endphase des Mobuto-Regimes (1965–1997) im Kongo, in Afghanistan (1990–1995), in Liberia unter Charles Taylor (1997–2003)[17] und sind in Somalia seit den 1990er Jahren und zunehmend auch in Myanmar sichtbar.

4. Korporatistisch-autoritäre Regime: Mit der sogenannten „organischen Demokratie" eines homogenen Volkskörpers präsentierte sich der autoritäre Korporatismus seit den 1920er Jahren als Alternative zu und Ausweg aus den pluralistischen und konfliktreichen Klassengesellschaften parlamentarischer Demokratien. Die autoritär-korporatistischen Regime kennzeichnet ein vom Staat zwangsinstitutionalisiertes System der gesellschaftlichen Konfliktschlichtung. Die großen wirtschaftlichen und sozialen Interessen werden in staatlich kontrollierte „Wirtschafts- und Berufsstände" bzw. „Korporationen" zusammengefasst und unter staatlicher Aufsicht gezwungen, ihre Interessen konfliktfrei auszuhandeln. Meist ist die zweite Kammer des formal bestehenden Parlaments der institutionelle Ort dieser permanenten Zwangsschlichtung im „gemeinsamen nationalen Interesse". Historische Beispiele für diesen Regimetyp sind der *Estado Novo* („neuer Staat") unter den Diktatoren Salazar und Caetano in Portugal (1926–1974), das Dollfuß-Regime in Österreich (1934–1938) sowie zeit- und teilweise das Franco-Regime in Spanien und Mussolinis Italien in der Frühphase ihrer autoritären Herrschaft. Aus der Perspektive des 21. Jahrhunderts erscheint dieser Regimetyp als eine historisch überlebte politische Herrschaftsform.

5. Rassistisch-autoritäre Regime: Damit werden Regime gekennzeichnet, die eine rassisch oder ethnisch definierte Gruppe von der Teilnahme an demokratischen Verfahren und von Bürgerrechten ausschließen, wie dies im früheren Südafrika oder im ehemaligen Rhodesien der Fall war, als die farbige Mehrheit der Bevölkerung von Wahlen, allgemeiner politischer Partizipation und der Wahrnehmung der Bürgerrechte von der alleinherrschenden weißen Minderheit

---

17 Solche Regime kristallisieren sich vorübergehend zumeist als *failing* oder *failed states* heraus.

ausgeschlossen wurde. Innerhalb der weißen Minderheit wurde jedoch nach demokratischen Normen und Verfahren regiert, was Juan J. Linz (1975, 1985) veranlasste, von „ethnischen Demokratien" zu sprechen.[18] Neben Südafrika und Rhodesien können auch die Vereinigten Staaten von Amerika bis zum Bürgerkrieg (1861–1865) als Beispiel für ein rassistisch-autoritäres Regime genannt werden. Wenn auch dieser Typus als historisch überwunden angesehen werden kann, so leben Restformen formeller wie informeller ethnischer Diskriminierungen in zahlreichen autoritären Regimen und defekten Demokratien in Osteuropa, Zentralasien, Ostasien und Afrika weiter.

6. Autoritäre Modernisierungsregime: Dieser Typus tritt entweder als Militärregime in Lateinamerika und Ostasien (z. B. Südkorea), als Einparteienregime in Ostasien (Taiwan) oder als Führer- oder Einparteienregime vor allem im nachkolonialen Afrika in Erscheinung. Vor allem im postkolonialen Afrika (u. a. Algerien, Libyen, Tansania) der 1950er und 1960er Jahre ist das Entstehen dieser Regime auf das Fehlen bzw. die Fragmentierung traditionaler Herrschaftsautorität und einem Unverständnis gegenüber der Komplexität legaler Herrschaft zurückzuführen. Nicht selten glaubten die häufig aus Befreiungsbewegungen hervorgegangenen nachkolonialen Staatsführungen, mit einem autoritären Modernisierungsregime den verspäteten Prozess der Nationenbildung und der sozioökonomischen Modernisierung (Überwindung ethnischer Stammesrivalitäten, Abschwächung des sozioökonomischen Gefälles zwischen Zentrum und Peripherie, Etablierung einer modernen Bürokratie) vorantreiben zu können. Häufig standen charismatische Führerfiguren an der Spitze dieser Regime. Beispiele sind die Türkei Atatürks (1920–1938), das populistische Modernisierungsregime von Juan Domingo Perón in Argentinien (1946–1955), das Ägypten Gamal Abdel Nassers (1954–1970), Ben Bellas Algerien (1963–1965), aber auch das militärische Modernisierungsregime von General Augusto Pinochet in Chile (1973–1990).

7. Theokratisch-autoritäre Regime: Theokratisch-autoritäre Regime (Theokratie = Gottesherrschaft) verfügen wie kommunistische Regime über eine für alle Lebensbereiche verbindliche Weltanschauung. Freilich beziehen sie sich nicht auf eine rationalistisch-säkulare Ideologie, sondern auf die bindenden Vorschriften einer religiösen Heilslehre. Als solche besitzen theokratisch-autoritäre Regime oder fundamentalistisch-religiöse (v. a. islamische) Bewegungen ebenso wie kommunistische Regime eine integrale Tendenz zum Totalitarismus (Tibi 1995: 313). Bisher fehlten theokratisch-autoritären Regimen zur totalen Beherrschung ihrer Untertanen die etatistisch-bürokratischen Organisationsstrukturen. Das gilt selbst für die stark islamisch-fundamentalistische Herrschaft der Mullahs im Iran der Schar'ia in den 1980er Jahren, erst recht aber für die Versuche islamisch-fundamentalistischer Milizen und der Taliban-Bewegung, eine „theokratische Staatlichkeit" im zerfallenden Afghanistan zu etablieren. Dem schiitischen Klerus im Iran gelang es am ehesten, eine dauerhafte theokratisch-autoritäre Herrschaft zu verstetigen. Nach 30 Jahren ist allerdings die Kluft zwischen den theokratischen Klerikern des Regimes und der konsumorientierten jungen Generation unverkennbar. Auch Tibet wurde zwischen 1911 und 1950 (Annexion durch die VR China) unter der Herrschaft der Dalai Lamas theokratisch-autoritär regiert. Nach der islamischen Revolution im Iran (1979) kam es in den nachfolgenden Jahrzehnten zu einer zunehmenden wechselseitigen Indienstnahme weltlicher Diktaturen (z. B. Saddam Hussein im Irak der 1990er Jahre, Syrien unter Hafiz

---

18 Treffender für die Bezeichnung der Apartheidregime erscheint hier der von Huntington gewählte Begriff „racial oligarchy" (Huntington 1991: 111).

al-Assad, Ägypten unter Hosni Mubarak), des Militärs (Pakistan unter Mohammed Zia ul-Haq, 1977–1988 und Pervez Musharraf, 1999–2008) und monarchischer Despoten (Saudi-Arabien, Marokko), wobei die weltlichen Herrscher trotz Zugeständnisse an religiöse und religiös-fundamentalistische Kräfte die formale Regierungsmacht erfolgreich weiter besetzten. Ein besonderer Fall ist Saudi-Arabien, wo der traditionalistisch-fundamentalistische Wahhabismus die innere Herrschaftsweise der Sauds in erheblichem Maße als Staatsdoktrin prägt. Es scheint, dass hier die Religion stärker die Politik instrumentalisiert hat als umgekehrt.

8. Dynastisch-autoritäre Regime: Der Herrschaftszugang zur Spitze des Staates wird nicht über das Wahlrecht des Demos, sondern über das dynastische Prinzip geregelt. Dynastische bzw. monarchische Regime gibt es in mindestens zwei unterschiedlichen Varianten. Erstens in der Form der konstitutionellen Monarchie, in der eine Verfassung und meist auch eine Art semidemokratisch zustandegekommenes Parlament die Macht des Monarchen begrenzen. Für diesen semiautoritären Regimetyp sind die konstitutionellen Monarchien Englands (17. bis 20. Jahrhundert) und des europäischen Kontinents (19. bis 20. Jahrhundert) auf ihrem langen evolutionären Weg zur vollen Demokratie kennzeichnend. Die zweite autoritäre Variante sind nichtkonstitutionelle Monarchien. Der König ist zugleich die Spitze von Exekutive und Legislative. Echte parlamentarische Prärogativen oder klare rechtsstaatliche Einhegungen der monarchischen Herrschaft gibt es nicht. Beispiele für diesen Regimetyp sind die Königtümer Marokkos und Jordaniens, oder die Königsdiktaturen Osteuropas in der Zwischenkriegszeit.

9. Sultanistisch-autoritäre Regime: Den dynastischen Regimen in mancher Hinsicht verwandt, aber keineswegs deckungsgleich sind sultanistische Herrschaftsformen. Mischen sich ein extrem personalistischer Herrschaftsstil sowie Strukturen und Mechanismen einer Familienclan-Herrschaft mit autoritären oder totalitären Systemelementen können wir mit Linz/Stepan (1996: 346) unter Rückgriff auf Max Weber von einem sultanistischen Regime sprechen. Es ist in autoritärer oder totalitärer Form denk- und realisierbar. Als eine totalitäre Variante dieses Regimetyps kann das späte Ceauşescu-Regime in Rumänien bezeichnet werden. Die Scheichtümer der Golfregion und das Sultanat Brunei wären autoritäre Varianten[19] dieses Typs.

10. Autoritäre Rentenregime bzw. Rentierstaaten: Die Hauptlegitimation besteht in der Nutzung sogenannter Renteneinkommen (v. a. aus Erölexporten) zur Entlastung der Untertanen von Steuern und Abgaben. Die Herrschaftsträger sind häufig dynastische oder sultanistische Potentaten, bisweilen aber auch Militärs oder Mullahs.

Obwohl diese Typologie autoritärer Regime systematischer konstruiert ist als jene von Juan J. Linz, ist auch sie keineswegs perfekt. Nicht jede realexistierende autoritäre Herrschaftsform lässt sich ohne Probleme eindeutig unter nur einen Typus subsumieren. Mischtypen sind in der Realität nicht selten. Folgt man aber der Zuordnungsregel der jeweils dominierenden Legitimationsideologie, wird man die Subsumtion bis auf ganz wenige Zweifelsfälle vornehmen können.

Auf dem Kontinuum zwischen idealer Demokratie und perfektem Totalitarismus sind autoritäre Regime in einer mittleren Zone zu verorten (vgl. Abbildung 1). Innerhalb dieser Zone sind die genannten zehn autoritären Realtypen jedoch keineswegs eindeutig zu platzieren. Sie

---

19 Wobei Saudi-Arabien in den letzten zwei Jahrzehnten zunehmend auch totalitäre Züge angenommen hat.

können abhängig davon, wie sie den Herrschaftszugang, die Herrschaftsstruktur, den Herrschaftsanspruch und die Herrschaftsweise organisiert haben, als *semiautoritäre, autoritäre* oder *prätotalitäre* Systeme bezeichnet werden. Die zwei Subtypen der semiautoritären oder prätotalitären Regime befinden sich meist in einem Übergangsstadium hin zur Demokratie oder zum Totalitarismus. Allerdings kann ein solches Übergangsstadium auch längere Zeiträume umfassen, d. h., diese Regime können sich auch fest etablieren, ohne sich auf absehbare Zeit zu einer Demokratie oder einem totalitären Regime zu wandeln. Der in jüngerer Zeit bisweilen verwendete Begriff des *electoral authoritarianism* (u. a. Schedler 2006) ist nicht spezifisch den autoritären Regimen zuzuordnen, da Wahlen auch in den meisten kommunistisch-totalitären Regimen nach 1945 etabliert wurden.

1.2.2 Totalitäre Systeme

Der Begriff „totalitär" kommt aus dem Italienischen. Er wurde 1923 von dem liberalen Oppositionspolitiker Giovanni Amendola geprägt, als er von Mussolinis Italien von einem *sistema totalitario* sprach (Petersen 1995: 104). Mussolini übernahm den Begriff und gab ihm eine positive Wendung, wobei er, mehr den eigenen Wunsch- und Zielvorstellungen denn der italienischen Realität zwischen 1926 und 1943 entsprechend, den faschistischen Staat als *stato totalitario* bezeichnete (De Felice 1969).

Das Selbstverständnis des italienischen Faschismus und des deutschen Nationalsozialismus war insbesondere durch zwei zentrale Aspekte gekennzeichnet: (1) den *etatistischen* Aspekt, die bewusste postdemokratische Begründung der neuen antiliberalen und antipluralistischen Herrschaftsform; (2) den *aktionistischen* Aspekt, den ins Irrationale tendierenden Radikalismus der unbeschränkten militanten Herrschaftsausübung eines Führers im Rahmen dieser etatistischen Herrschaftsform (Schlangen 1976: 19). Aus dieser etatistischen und aktionistischen Doppelperspektive lässt sich Totalitarismus als Prinzip einer politischen Herrschaftsform definieren, die einen uneingeschränkten Führungsanspruch über die von ihr Beherrschten erhebt: über ihre politische Existenz, ihre Alltagswelt und über das Bewusstsein jedes Einzelnen. Hannah Arendt, die wohl wichtigste philosophische Begründerin der Totalitarismustheorie nach dem Zweiten Weltkrieg unterschied autoritäre von totalitären Systemen durch deren unterschiedliche Vernichtung der persönlichen Freiheit. Autoritäre Herrschaft, schrieb sie 1955, schränke die Freiheit ein, totalitäre Herrschaft schaffe sie hingegen ab (Arendt 1955). Der theoretische Kern des Begriffs ist also der uneingeschränkte Verfügungsanspruch der Machthaber als dominierendes Herrschaftsprinzip. Dabei ist nicht der Staat der vorrangige Machtträger. Es ist vielmehr die totalitäre Weltanschauungspartei oder ihr Führer, die ihre Herrschaft ideologisch legitimieren („klassenlose Gesellschaft", „Superiorität der eigenen Rasse und des eigenen Volkes", „Einheit von Religion und Politik") und für alle Individuen als verbindlich erklären. Der Staat wird für diese Zwecke in Dienst genommen.

Der Staatsapparat stellt aber nur einen Teil der Herrschaftsinstrumente bereit, mit denen die totale Kontrolle der Gesellschaft verwirklicht werden soll. Denn gerade das komplementäre Handeln außerhalb staatlicher Institutionen, also die nicht normgebundene politische Macht definiert totalitäre Herrschaft.[20] Sie ist in letzter Instanz orientiert an der völligen Durchdringung und politischen Kontrolle der Gesellschaft (ibid.: 814 ff.). Leo Trotzki, der Bolschewik

---

20 Ernst Fraenkel (1974) hat dies am Beispiel des Dritten Reiches die spannungsreiche Komplementarität von Normen- und Willkürstaat genannt.

und einstige Kampfgefährte Lenins und sicherlich selbst kein Demokrat, beschrieb diesen Herrschaftsanspruch sehr treffend am Beispiel des Stalinismus: „Stalin kann mit Recht sagen ... ‚La société c'est moi'" (zit. nach Sartori 1992: 201).

Das „Wesen" eines totalitären Regimes besteht also vor allem in der totalen Herrschaft über das Alltagsleben der Bürger, in der Kontrolle ihrer Handlungen, Meinungen und Gedanken. Dennoch lassen sich mit dem Kriterium der politisch-ideologischen Herrschaftsdurchdringung der Gesellschaft totalitäre Regime in der historischen Realität keineswegs hinreichend und zweifelsfrei identifizieren. Denn wann ist die totalitäre Durchdringung der Gesellschaft erreicht? Dürfen noch gesellschaftliche „Nischen" bestehen, wie etwa im Umkreis der Kirchen (katholische Kirche im faschistischen Italien oder kommunistischen Polen; evangelische Kirche in der DDR) oder privater Unternehmer (im Dritten Reich)? Genügt es, wenn die Bevölkerung nicht gegen das Regime opponiert und in die individuelle „innere Emigration" geht? Oder muss das totalitäre Regime auch das Bewusstsein und die Gedanken der Menschen beherrschen? Und wie kann man dies alles mit sozialwissenschaftlichen Methoden erfassen? Tatsächlich ist dieses Problem nicht völlig zufriedenstellend gelöst. So war der Terminus „Totalitarismus" im Verlauf seiner Begriffsgeschichte auch immer wieder umstritten und nahm in seiner theoretischen Entwicklung bisweilen einen unterschiedlichen Bedeutungsinhalt und Bedeutungsumfang an. Da er aber nicht nur in der Publizistik oder der politischen Auseinandersetzung, sondern auch in manchen wissenschaftlichen Abhandlungen unzureichend definiert, ideologisch aufgeladen und „politisch" verwendet wird, soll im Folgenden knapp die Entwicklung des theoretischen Totalitarismuskonzepts nachgezeichnet werden. In dieser Entwicklung lassen sich fünf Phasen erkennen (vgl. Ballestrem 1995; Jesse 1995):

1. 1922–1930: Der Ursprung des Konzepts datiert in die 1920er Jahre und geht zurück auf einige frühe italienische und deutsche Kritiker des Faschismus, meist Liberale, Sozialisten und Sozialdemokraten wie Giovanni Amendola (1923), Lelio Basso (1925) und Herrmann Heller (1929). Sie sahen die eigentümliche Herrschaftsdynamik des Faschismus vor allem in der Verbindung seiner auffallend breiten sozialen Basis, dem totalen Herrschaftsanspruch und dem militanten Charakter des sich revolutionär gebärdenden „Anti-Demokratismus". Sie versuchten, das „Typische dieser neuen und in ihren Augen überaus bedrohlichen Herrschaftsform" (Ballestrem 1995: 238) auf einen Begriff zu bringen und nannten diesen „totalitär".

2. 1930–1945: In der zweiten Phase gab es die ersten systematischen Versuche, die strukturellen und funktionalen Gemeinsamkeiten totalitärer Diktaturen durch einen Vergleich des faschistischen bzw. nationalsozialistischen mit dem bolschewistischen Herrschaftssystem herauszuarbeiten. Die beiden bekanntesten sozialwissenschaftlichen Studien sind jene von Franz Borkenau (*The Totalitarian Enemy*, 1940) und Siegmund Neumann (*Permanent Revolution. Totalitarianism in the Age of Civil War*, 1942). Noch bekannter wurde später die literarische Verarbeitung des neuen totalitären Phänomens durch die enttäuschten Linkssozialisten Arthur Koestler, Ignazio Silone und vor allem George Orwell (*Animal Farm*, 1984).

3. 1950–1965: Der Höhepunkt der philosophischen und politikwissenschaftlichen Totalitarismustheorie lag zweifellos in den 1950er und 1960er Jahren. Er verbindet sich vor allem mit den Arbeiten von Hannah Arendt (1951), Carl J. Friedrich (1954, 1957), und Carl J. Friedrich und Zbigniew Brzezinski (1968) sowie Karl Dietrich Bracher (1955). Kennzeichnend für diese Phase waren drei Grundeinsichten:

▸ Der Totalitarismus ist eine historisch neue Herrschaftsform, typisch für das Massenzeitalter des 20. Jahrhunderts.
▸ Trotz unterschiedlicher Ziele und Selbsteinschätzung haben Nationalsozialismus und Stalinismus wesentliche Gemeinsamkeiten.
▸ Die Mobilisierung der Massen erfolgt durch Fortschrittsideologien und utopische Zielvorstellungen.

4. Ende der 1960er und 1970er Jahre: Christian Peter Ludz und andere Politikwissenschaftler, die sich mit der konkreten „empirischen" Analyse kommunistischer Systeme beschäftigten, bezweifelten die wissenschaftliche Ergiebigkeit des Totalitarismuskonzepts und erhoben folgende kritische Einwände:

▸ es sei ein politischer Kampfbegriff des Kalten Krieges;
▸ es verstoße gegen das „methodische Grundprinzip"[21], vom Selbstverständnis der Systeme auszugehen;
▸ es habe eine statische Sichtweise und könne deshalb die poststalinistische Entwicklung Osteuropas nicht erfassen.

5. Seit 1989: Mit dem Zusammenbruch der kommunistischen Systeme Osteuropas erlebte mehr der Terminus „Totalitarismus" denn seine weitere theoretische Fundierung eine Renaissance. Insbesondere die osteuropäischen Dissidenten, linker wie rechter Provenienz, wandten den Begriff unterschiedslos auf die stalinistische Tschechoslowakei Husáks, das teilliberalisierte Ungarn Kádárs, die dogmatisch erstarrte DDR Honeckers und das von der Solidarność herausgeforderte kommunistische Regime Polens an. Der Begriff, um dessen wissenschaftliche Begründung in den 1950er Jahren noch gerungen wurde, verkam zu einem diffusen Alltags- und Kampfbegriff in Politik und Publizistik.

Am einflussreichsten blieben in der Politikwissenschaft die typologischen Präzisierungsversuche des Begriffs durch Carl Joachim Friedrich, der später in Zusammenarbeit mit Zbigniew Brzezinski sein Konzept erweiterte. Um Diktaturen totalitär nennen zu können, müssen sie nach Friedrich und Brzezinski (1968: 610 f.) mindestens folgende sechs Kriterien erfüllen:

1. Eine das gesamte System überwölbende Ideologie: Diese umfasst alle lebenswichtigen Aspekte der menschlichen Existenz. Die Ideologie hat ein Telos, typischerweise eine Art idealen Endzustand. Die Erreichung dieses Ziels legitimiert die radikale Ablehnung einer pluralistisch differenzierten Gesellschaft einerseits und die Wahl der Mittel für den Aufbau einer neuen homogenen Gesellschaft andererseits.
2. Nur eine einzige Massenpartei: Diese wird typischerweise von einem Führer gelenkt und ist in der Regel über eine zentralistisch-hierarchische Kommandostruktur organisiert; sie steht häufig außerhalb bzw. über dem Staatsapparat, mit dem sie aber weitgehend verflochten ist.
3. Terrorsystem: von Partei und Geheimdienst aufgebaut und kontrolliert.
4. Medienmonopol: Das Regime besitzt das Monopol über alle Medien der Massenkommunikation.
5. Kampfwaffenmonopol: Das Regime hat das Monopol über Kampfwaffen.
6. Zentrale Wirtschaftslenkung: Das Regime kontrolliert und lenkt die gesamte Wirtschaft.

---

21 Es gibt kein „methodisches Grundprinzip" in den Sozialwissenschaften, „vom Selbstverständnis der Systeme" auszugehen. Gäbe es dieses, würde es einer Abdankung der ihren eigenen Normen und Regeln verpflichteten Wissenschaft bedeuten.

Friedrich und Brzezinski betonen, dass diese sechs Charakteristika nicht voneinander isoliert betrachtet werden dürfen. Denn gerade erst in ihrer Verflechtung und wechselseitigen Stützung verstärken sie sich zum Syndrom totalitärer Herrschaft. So überzeugend diese Verstärkungsthese hin zum totalitären Syndrom zunächst klingen mag, so unpräzise sind die einzelnen „Syndromkomponenten" als Differenzmerkmale zu autoritären Systemen. Innerer Terror, Kontrolle durch Geheimdienste und staatlich erzeugte Furcht gibt es ebenso in autoritären Militärdiktaturen oder sultanistischen Regimen. Das staatliche Monopol auf Kampfwaffen kennen auch die meisten Demokratien. Unklar bleibt, was die beiden Autoren unter der „zentralen Lenkung und Kontrolle der gesamten Wirtschaft" verstehen. Nimmt man beispielsweise dieses Kriterium ernst, wird man das nationalsozialistische Deutschland vor 1941 nicht als totalitäres System bezeichnen können. Noch verstärkt gilt dies für den italienischen Faschismus, der mit Kirche, König und Kapital neben sich teilunabhängige Machtträger akzeptieren musste. Bei einer strikten Anwendung dieser Kriterien auf reale politische Systeme fielen das faschistische Italien und das nationalsozialistische Deutschland bis 1941 aus der Rubrik totalitärer Systeme heraus. Es blieben allein einige kommunistische Regime übrig. Allerdings befänden sich dann die Sowjetunion der stalinistischen Hochphase (1929–1953), das Rote-Khmer-Regime des Massenmörders Pol Pot im Kambodscha der 1970er Jahre oder das hermetisch abgeschlossene Nordkorea unter demselben Systemtyp wie das seit 1968 teilliberalisierte Kádár-Regime Ungarns oder das spätkommunistische Polen der 1980er Jahre, in dem die Solidarność das Herrschaftsmonopol der kommunistischen Partei schon gebrochen hatte.

Über die problematische Übertragung der unzureichenden sechs idealtypischen Merkmale auf historisch reale politische Systeme hinaus leidet das nach wie vor sehr einflussreiche typologische Konstrukt von Friedrich und Brzezinski an seiner analytischen Statik. Denn mit den nicht operationalisierten Kriterien lässt sich der Wandel eines totalitären Systems über die Zeit hinweg kaum erfassen. Es lässt keine Aussagen zu, „wie totalitär" oder „wie autoritär" ein politisches System zu einem Zeitpunkt t_1 oder t_2 tatsächlich war bzw. ist. Es verdunkelt den Blick auf eine mögliche Schwerpunktverlagerung unter den einzelnen Komponenten des „totalitären Syndroms". Dadurch wird die Prognosefähigkeit der politikwissenschaftlichen Analyse hinsichtlich der Überlebensfähigkeit oder Kollapsgefahr eines „totalitären" Systems stark herabgesetzt. Tatsächlich ist es eine der zentralen Schwächen der Totalitarismus„theorie", dass sie nicht nur den endogen verursachten Zusammenbruch der kommunistischen Systeme Osteuropas nicht vorausgesagt hat (dies teilt sie mit dem Großteil der sozialwissenschaftlichen Theorien), sondern aufgrund der ihr eigenen Logik gar nicht voraussagen konnte. Denn wenn ein System perfekt geschlossen ist, wenn alle physischen, psychischen, kognitiven und ideologischen Machtmittel eines soziopolitischen Systems von einer zentralistisch geführten Partei oder ihrem Führer kontrolliert werden, ist unklar, wann und warum auf einmal oppositionelle Akteure so mächtig werden, dass sie selbst erfolgreich die Machtfrage stellen können. Weder die Existenz der Solidarność im Polen der 1980er Jahre noch die Machtentfaltung der Demonstranten in der DDR 1989 oder der Erfolg der Bürgerrechtsopposition in der Tschechoslowakei noch der Zusammenbruch der vermeintlich totalitären kommunistischen Regime überhaupt lässt sich mit dem traditionellen Totalitarismuskonzept erklären (Beyme 1994a: 17).

Eine der großen Schwäche der Totalitarismustheorie und ihrer Anwendung liegt in der unzureichenden Trennung zwischen der Konstruktion des Idealtypus[22] „totalitäres System" und

---

22 Giovanni Sartori nennt das totalitäre System einen „polaren Typus", da es auf dem äußersten Pol eines Regime-

den realen Erscheinungsformen kommunistischer und faschistischer Diktaturen. Weil die stalinistische Sowjetunion und das nationalsozialistische Deutschland als totalitäre Systeme definiert werden, subsumierte man umstandslos alle realexistierenden faschistischen und kommunistischen Regime unter den Typus „totalitäre Herrschaft". Der Herrschaftsanspruch der Regime wurde mit der Herrschaftsrealität verwechselt.

1.2.3 Typen totalitärer Systeme

Innerhalb des Idealtypus lassen sich drei Subtypen totalitärer Herrschaft unterscheiden: kommunistisch-totalitäre, faschistisch-totalitäre und theokratisch-totalitäre Systeme.

1. *Kommunistisch-totalitäre Systeme:* In totalitären kommunistischen Systemen ist der Herrschaftszugang völlig geschlossen. Die Kommunistische Partei (KP) hat per Verfassung die ausschließlich führende Rolle inne. *De facto* wird der Herrschaftszugang vom Politbüro der KP bzw. ihrem Generalsekretär mithilfe der Partei kontrolliert. Die Herrschaftsstruktur ist monistisch, es gibt keine Ansätze von politischem, gesellschaftlichem oder wirtschaftlichem Pluralismus. Der Herrschaftsanspruch ist vollkommen und reicht bis in das Bewusstsein der Herrschaftsunterworfenen. Der Herrschaftsanspruch wird durch eine Herrschaftsweise behauptet, die jegliche Opposition und Abweichung repressiv und terroristisch bis hin zur massenhaften physischen Vernichtung unterdrückt. In den seltensten Fällen lässt sich dies in Form einer kommunistischen Parteidiktatur organisieren. Deshalb ist die eigentliche Form totalitärer kommunistischer Herrschaft die Führerdiktatur, die mithilfe der Partei und der umfassenden marxistisch-leninistischen Weltanschauung ihren totalen Herrschaftsanspruch in die Realität umsetzt.

Nicht selten haben sich anfängliche kommunistische Parteidiktaturen, begünstigt durch den zentralistischen Staats- und Parteiaufbau, in kommunistische Führerdiktaturen gewandelt. Ohne die Staatsverfassung oder Parteistatuten zu ändern, tritt häufig der KP-Generalsekretär aus seiner Rolle als *primus inter pares* innerhalb des Politbüros heraus und konzentriert in seinen Händen die gesamte Partei- und Staatsmacht. *De facto* wird dann das kommunistische Regime nicht mehr von einem Kollektiv, sondern von einem einzigen, charismatischen Führer geleitet. Typische Beispiele dafür sind die Sowjetunion Stalins (1929–1953), die VR China unter Mao Tse-tung (1949–1976), Kambodscha unter Pol Pot (1975–1979), Nordkorea unter Kim Il Sung und seinem Sohn Kim Jong Il als Herrschaftsnachfolger (1948 bis heute), Albanien unter Enver Hoxha (1946–1985) oder Rumänien unter Ceaușescu (1974–1990).[23] Während kommunistische Parteidiktaturen je nach der Durchdringungs- und Kontrollintensität der Gesellschaft durch den kommunistischen Staatsapparat als autoritäre (Polen, Ungarn) und totalitäre (Tschechoslowakei, DDR) Herrschaftsvarianten denkbar sind und historisch existierten, sind kommunistische Führerdiktaturen fast immer unter den Typus totalitärer Systeme zu fassen. In bestimmten Phasen können sie wie etwa in Ceaușescus Rumänien (nach 1974) oder in Nordkorea unter Kim Il Sung sultanistisch-totalitäre Züge annehmen.

---

kontinuums platziert ist, das von den Polen „ideale Demokratie" und „totalitäres System" begrenzt wird (s. Abbildung 1).
23 Zwar gelangte Nicolae Ceaușescu schon 1965 an die Spitze der Partei und des kommunistischen Machtapparats, aber es dauerte bis 1974, als er die Reste einer kollektiven Partei- und Staatsführung abgeschüttelt hatte und sich in sultanistischer Manier zum alleinherrschenden Präsidenten „krönen" ließ (Linz/Stepan 1996: 349).

2. Faschistisch-totalitäre Regime: Auch hier gilt: Der Herrschaftszugang muss völlig geschlossen, die Herrschaftsstruktur monistisch, der Herrschaftsanspruch total und die Herrschaftsweise terroristisch sein. Sonst gelten alle charakteristischen Elemente, wie sie unter dem Typus „faschistisch-autoritäres System" aufgeführt wurden (vgl. Kap. 1.2.1 Autoritäre Systeme). Das historisch einzige Beispiel ist das nationalsozialistische Deutschland zwischen 1938 und 1945.

3. Theokratisch-totalitäre Regime: Nach ihrem eigenen Herrschaftsanspruch sind theokratische Regime, insbesondere in der islamistischen Variante, den totalitären Systemen zuzuordnen. Ihnen genügen nicht die theokratische Legitimation und physische Repression zur Absicherung der politischen Herrschaft, sondern sie erheben den Anspruch, das gesellschaftliche Leben bis in die Intimsphäre der einzelnen Bürger hinein zu reglementieren und zu kontrollieren. Die Religion wird, wie im islamischen Fundamentalismus, zu einer allumfassenden politischen Legitimationsideologie instrumentalisiert. Der islamische Fundamentalismus verfügt mit den Mullahs über ein kapillares Organisationssystem, das als ein funktionales Äquivalent zu den kommunistischen und faschistischen Parteiorganisationen zur Kontrolle der Lebensformen und des Bewusstseins der Herrschaftsunterworfenen angesehen werden kann. Allerdings tastet die islamische Theokratie die kapitalistische Organisation der Wirtschaft kaum an. Damit entzieht sich ein wichtiger Teilbereich der Gesellschaft seiner Kontrolle. Nicht zuletzt deshalb ist das theokratisch-totalitäre System zwar ein Idealtyp totalitärer Herrschaft, aber in der historischen Realität noch niemals verwirklicht worden.

Da die Trennlinie zwischen autoritären und totalitären Systemen unschärfer als zwischen autokratischen und demokratischen Systemen ist, bedarf es über die Idealtypen hinaus eines differenzierten methodischen Instrumentariums, um zu entscheiden, ob das historisch konkrete System einen autoritären oder einen totalitären Charakter hat. Der Politikwissenschaftler Giovanni Sartori (1995) hat dazu einen Vorschlag unterbreitet. Mit einer sogenannten Prüfliste, die die unterschiedlichen zentralen Charakteristika totalitärer Systeme zu verschiedenen Zeitpunkten mit einer Nominalskalierung misst, will er zum einen Veränderungen in der Herrschaftsform und Herrschaftsintensität totalitärer und autoritärer Systeme erfassen und zum anderen einen differenzierten Vergleich unterschiedlicher totalitärer Systeme ermöglichen. Tabelle 3 zeigt die von mir modifizierte Checklist für die Untersuchung totalitärer/autoritärer Systeme.

Mit dieser Prüfliste umgeht Sartori manche der analytischen Schwächen, die noch Friedrich und Brzezinskis *Realtypen* totalitärer Systeme offenbaren. In Abwandlung des Idealtypus von Max Weber bezeichnet Sartori das „totalitäre System" als einen *polaren Typus.* Als solcher bildet er das logische Ende eines Kontinuums („Pol"), dessen entgegengesetztes Ende die „ideale Demokratie" bildet, die ebenfalls als polarer Typ konzipiert ist. „So gesehen, besteht der Totalitarismus einfach in allen Eigenschaften unterdrückerischer Regime in höchster Vollendung. … Das bedeutet, dass man von keinem konkreten System erwartet, dass es ‚rein' totalitär sei, ebenso wie man in keiner Demokratie eine reine Demokratie zu finden erwartet. Man stellt sich lediglich vor, dass sich die Totalitarismen der wirklichen Welt – ebenso wie die wirklichen Demokratien – ihren polaren Vorbildern mehr oder wenig annähern" (Sartori 1992: 203). Damit entschärft Sartori die Kritik, die Kategorie „totalitäres System" leide an einer statischen Betrachtungsweise. So kann er zu unterschiedlichen Zeitpunkten konkrete politische Systeme auf dem Kontinuum platzieren und zeigen, dass sich politische Systeme in die „Zone" des Totalitarismus hinein oder hinaus bewegen können. Damit löst Sartori gewissermaßen nebenbei noch ein anderes Problem der Totalitarismustheorie: Es gehörte nämlich zu den Grundaxio-

Tabelle 3: Prüfliste der Elemente totalitärer Systeme (zu bestimmten Zeitpunkten)

	1940	1950	1960
1a Ideologie – Religion			
1b Ideologie als „ismus", z. B. Marxismus			
1c Ideologie – Mentalität			
2a Durchdringung (tatsächlich)			
2b Durchdringung (potenziell)			
3a Zwang durch Terror			
3b Zwang durch Angst			
4a Abhängigkeit – Kontrolle der Bildung			
4b Abhängigkeit der Medien			
4c Abhängigkeit der Kirche			
4d Abhängigkeit der Justiz			
5a Zerschlagung von Randgruppen			
5b Ausschluss von Randgruppen			
6 Willkür			
7 Parteizentralität			
8 Führerzentralität			
9 Kontrolle der Wirtschaft			

Anmerkung: Das Punktesystem für jede Spalte wäre: +++ = sehr starke Präsenz (Intensität); ++ = starke Präsenz; + = schwache Intensität (Präsenz); 0 = Umkehr des Trends.
Quelle: Sartori (1995: 550).

men der Totalitarismuskonzepte, insbesondere der „dritten Phase" (1950er und 1960er Jahre), dass der Zusammenbruch oder radikale Veränderungen der totalitären Systeme nur von außen kommen können. Weder tiefgreifende Reformen, wie die Perestroika in der Sowjetunion, noch die Implosion kommunistisch-totalitärer Systeme (z. B. Tschechoslowakei 1989) wurden für denkbar gehalten. Sartoris flexiblere Checklist öffnet dagegen den Blick auf beide Entwicklungsszenarien. Sie erlaubt die analytische Erfassung von Veränderungen in der Herrschaftsideologie, den Herrschaftszugang hinsichtlich des Herrschaftsmonopols, der Herrschaftsstruktur, im Herrschaftsanspruch und bei den Herrschaftsmitteln, indem sie die sich über die Zeitverläufe verändernden Intensitäten totalitärer oder autoritärer Herrschaftsdurchdringung erfasst. Es ist Sartori Recht zu geben, „dass ‚gute' klassifizierende Systeme Neigungen des Systems anzeigen und Vorhersagen bewirken" müssen (Sartori 1995: 551). Die traditionellen Theoriekonzepte der Totalitarismusforschung scheiterten an diesem Anspruch. Sartoris theoretische Innovation erlaubt es, Trends, Verläufe und Veränderungen mehrerer autoritärer oder totalitärer Systeme systematisch über bestimmte Zeitverläufe hinweg zu verfolgen. Aber auch Sartori vermag (sinnvollerweise) nicht, die genaue Demarkationslinie zwischen autoritären und totalitären Systemen auf seinem Kontinuum anzugeben. Die logische Konsequenz ist, den Begriff „totalitäres System" zwar als Idealtyp (oder „polarer Typ") weiter zu verwenden, aber als einen klar markierten Grundtyp politischer Herrschaftssysteme aufzugeben und ihn nur als einen nicht exakt abgrenzbaren extremen Subtyp autokratischer Systeme zu begreifen.

2 Die Stabilität politischer Systeme

Mit der Demokratie und der autokratischen Herrschaft habe ich zwei Grundtypen politischer Systeme vorgestellt. Bis auf wenige Ausnahmen lassen sich alle Varianten historischer und zeitgenössischer Herrschaftsordnungen einem dieser zwei Grundtypen zuordnen. Dies gilt auch für sogenannte „hybride Regime" (Bendel et al. 2002) oder „Grauzonenregime" (ibid.). So schwierig dies auch im Detail sein mag, so liefert das Konzept der „defekten Demokratie" ein Kriterienraster, das reale „defekte Demokratien" nach dem Grundtyp der Demokratien zuzuweisen und von semiautoritären Regimen abzugrenzen vermag. Die Diskriminante ist die gestörte (defekte Demokratie) bzw. zerstörte (autoritäre Regime) Logik des „demokratischen Spiels" zwischen den Teilregimen eines politischen Gesamtsystems (s. Kap. 1.1.3).

Wann, aus welchen Ursachen und unter welchen Umständen kommt es zu einem Systemwechsel von autokratischen zu demokratischen Herrschaftsordnungen und *vice versa*? Um diese Fragen zu klären, muss ein Schlüsselbegriff des Systemwechsels geklärt werden, nämlich die Stabilität politischer Systeme. Die Frage, die es hier in der Transformationsforschung zu beantworten gilt, heißt: Wie stabil sind eigentlich autokratische und demokratische Systeme aufgrund ihrer jeweils spezifischen Strukturen und Verfahrensweisen? Wann und warum verlieren sie ihre Stabilität? Lassen sich diese Fragen überhaupt auf einer verallgemeinerten Ebene beantworten oder kann eine präzise Antwort jeweils nur für den konkreten Fall gegeben werden? Eine Kapitulation der auf Verallgemeinerung bedachten Sozialwissenschaften vor den singulären Fallstudien der Historiographie und Länderanalysen ist hier jedoch keineswegs notwendig. Denn es lassen sich durchaus generalisierbare Aussagen in Hinblick auf die Stabilität und Instabilität politischer Systeme aus der Verknüpfung ihrer jeweils systemspezifischen strukturellen (Institutionen) und prozeduralen (Verfahren) Komponenten treffen.

Abstrakt lassen sich politische Systeme als die Gesamtheit von Strukturen (Institutionen) und Regeln (Verfahren) begreifen, die politische und gesellschaftliche Akteure (Parteien, Verbände, Organisationen, Individuen) in regelgeleitete Interaktionsbeziehungen zueinander setzt. Soll ein politisches System stabil sein, muss die innere Konstruktion der vielfältigen Wechselbeziehungen zwischen Strukturen und Akteuren so angelegt sein, dass letztere die Aufgaben lösen können, die dem System aus der „Umwelt" (Wirtschaft, Gesellschaft, internationale Staatenwelt etc.) gestellt werden. Da die „Umwelt" des politischen Systems in einem ständigen Wandel begriffen ist, werden diesem erhebliche Anpassungs-, Wandlungs- und Innovationsfähigkeiten abverlangt. Denn die Leistungs- und damit die Überlebensfähigkeit eines politischen Systems hängen vor allem davon ab, wie fünf essenzielle Herausforderungen bewältigt werden (Almond 1979: 216 f.; Sandschneider 1995: 121):

▶ die politische und gesellschaftliche Integration (Integrationskapazität),
▶ Ressourcenmobilisierung (Mobilisierungskapazität),
▶ die Aufrechterhaltung friedlich geregelter Beziehungen mit anderen Staaten (internationale Anpassungskapazität),
▶ die Beteiligung der Bevölkerung am politischen Entscheidungsprozess (Partizipationskapazität),
▶ die Verteilung des Sozialprodukts durch wirtschafts- und sozialpolitische Maßnahmen auch jenseits des Marktes (Distributionskapazität).

Um diesen Herausforderungen begegnen zu können, muss das politische System Problemlösungskapazitäten auf einem systemerhaltenden Niveau entwickeln. Dies lässt sich mit dem

Abbildung 3: Das politische System

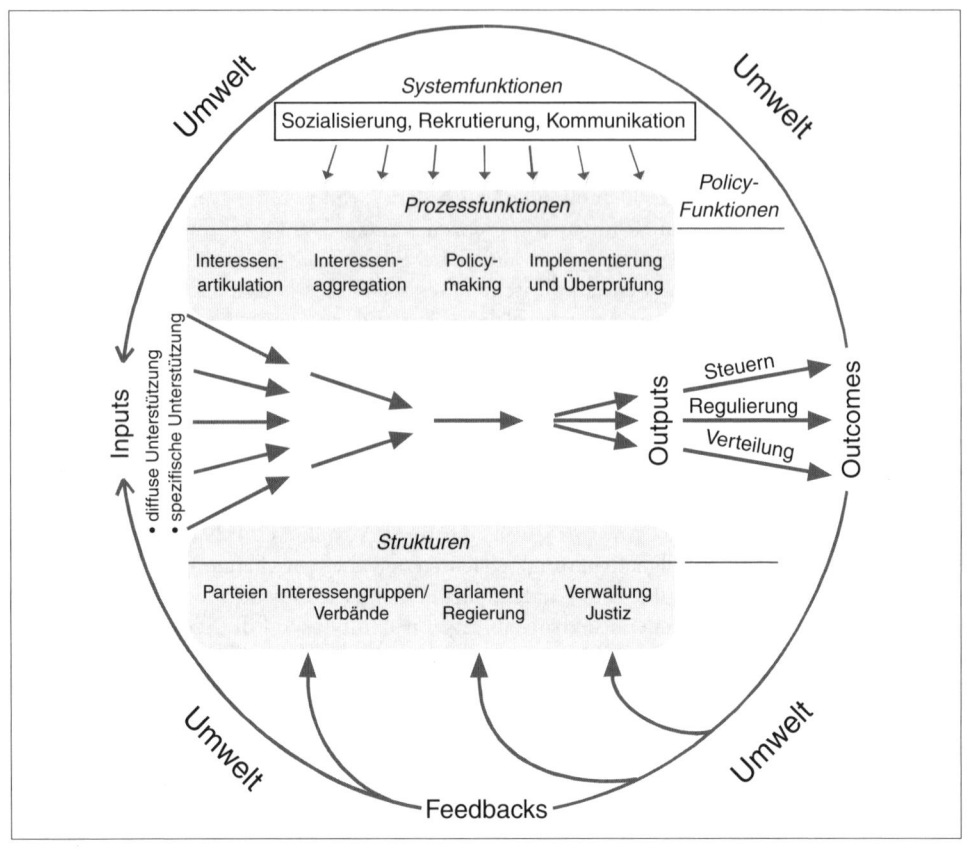

Quelle: Almond/Powell (1988: 8), modifiziert.

Systemmodell von David Easton (1965) und seiner Weiterentwicklung durch Almond/Powell (1988) veranschaulichen.

Für sein „Überleben" benötigt das politische System einen hinreichenden *input* an aktiver und passiver Unterstützung, d. h. ein Bestand erhaltendes Maß an Massenloyalität. Diese Unterstützungsleistungen der Bürger *(supports)* sind die unverzichtbaren Ressourcen, die das politische System benötigt, um die aus der „Umwelt" kommenden Forderungen *(demands)* in politische Entscheidungen umzuwandeln und zu implementieren *(outputs)*. Der Umwandlungs- und Durchsetzungsprozess wird in der politikwissenschaftlichen Systemtheorie über vier zentrale „Prozessfunktionen" erfasst: Interessenartikulation, Interessenaggregation, Politikformulierung *(policy-making)* sowie Politikimplementierung und mögliche verfassungsgerichtliche Normenkontrolle oder verwaltungsgerichtliche Überprüfung staatlicher Maßnahmen. Überwölbt werden diese Prozessfunktionen von den „Systemfunktionen": Sozialisierung, Elitenrekrutierung und gesellschaftlichen Kommunikation. Sie haben einen erheblichen Einfluss auf die Effizienz, Transparenz und Legitimität des politischen Systems.

Aus den Prozessfunktionen des politischen Systems geht der *output* hervor. Er besteht aus hoheitlich durchgesetzten politischen Entscheidungen wie Gesetzen, Erlassen und Verordnungen. Diese inhaltlich vielfältigen Entscheidungen lassen sich zu den drei fundamentalen (*policy-*)Funktionen *extraction, regulation* und *distribution* bündeln. *Extraction* bezieht sich in erster Linie auf die Fähigkeit des politischen Systems, aus der Gesellschaft die für seine Aufgabenbewältigung notwendigen Steuern zu „ziehen". *Regulation* meint die Regelung des Verhaltens und die Beziehungen der Bürger untereinander und zu den politischen Institutionen. Mit *distribution* bezeichnen Almond und Powell (1988: 27) die Verteilung von materiellen Gütern, Dienstleistungen, Status und Lebenschancen innerhalb einer Gesellschaft. *Output* bzw. *outcome* (die materiellen Politikergebnisse) und *input* sind durch einen Rückkopplungsmechanismus verbunden. Kommt es zu einem für breite Teile der Bevölkerung unbefriedigenden *output/outcome*, ausgelöst durch Funktionskrisen bestimmter Teile des politischen Systems, nimmt der systemstabilisierende *input* an aktiver Unterstützung und passiver Loyalität gegenüber dem politischen System ab. Dabei ist generell zwischen diffuser und spezifischer Unterstützung zu unterscheiden (Easton 1965: 267 ff.). *Spezifische (utilitaristische) Unterstützung* reagiert auf die von der Bevölkerung wahrgenommenen Leistungsergebnisse des politischen Systems und seiner Herrschaftsträger. Das heißt, sie richtet sich vor allem danach, in welchem Ausmaß die Bürger ihre materielle Wohlfahrt und Sicherheit gewährleistet sehen. Die *diffuse (auch affektive) Unterstützung* bezieht sich auf die Fundamente der politischen Ordnung, auf ihre grundsätzliche Anerkennung und Legitimität. Die diffuse und die spezifische Legitimitätsquelle können jeweilige Schwächen zeitweise untereinander kompensieren. So kann eine verminderte Leistungsperformanz des Systems (spezifische Unterstützung) unter Umständen durch die grundsätzliche Akzeptanz seiner Normen, Strukturen und Verfahren (diffuse Unterstützung) seitens der Bürger ausgeglichen werden. Umgekehrt kann ein Mangel an diffuser Unterstützung zeitweise durch eine gute Leistungsbilanz des politischen Systems kompensiert werden. Mangelt es dem politischen System jedoch längerfristig an hinreichender spezifischer und diffuser Unterstützung, kann es seine Funktionen nicht mehr ausreichend erfüllen und wird instabil. Der Ausweg der Regierenden wäre, die fehlende Unterstützung durch ein zunehmendes Maß an Repression zu ersetzen. Wie ich aber noch zeigen werde, erzeugt die Repression neben ihrer Funktion der zeitweiligen Herrschaftsstabilisierung auch nicht beabsichtigte Effekte mit destabilisierender Wirkung.

Die aus diesen systemtheoretischen Überlegungen gewonnene grundsätzliche These lautet: Aufgrund ihrer inneren Konstruktion und höheren Fähigkeit, systemrelevante Informationen zu prozessieren und Unterstützung in der Bevölkerung zu mobilisieren, sind Demokratien längerfristig stabiler als Autokratien. Dies soll im Folgenden näher ausgeführt werden.

2.1 Die endogene Stabilität demokratischer Systeme

Demokratien verfügen gegenüber autokratischen Systemen über einen herausragenden Vorteil: Sie haben mit den allgemeinen und freien Wahlen einen Feedback-Mechanismus institutionalisiert (Herrschaftszugang), der sie in erheblichem Maße zu kontinuierlichen Lernprozessen zwingt. Denn versagen demokratisch gewählte Regierungen, die von den Wählern geforderten „Güter" wie innere und äußere Sicherheit, wirtschaftliche Prosperität, soziale Sicherheit oder gesellschaftliche Integration in ausreichendem Maße zu produzieren, laufen sie Gefahr, abgewählt zu werden. Dies zwingt die amtierenden Regierungen, sich immer wieder an die geänderten „Umweltbedingungen" anzupassen und neue, effizientere Lösungsansätze zu entwickeln. Scheitern sie und bietet die Opposition ihrerseits attraktivere Lösungsvorschläge für die lebens- und zukunftswichtigen Fragen der Gesellschaft, wird die amtierende Regierung abgewählt. Mit den Wahlen ist somit ein Konkurrenzmechanismus im politischen System installiert, der zur Flexibilität, Adaption und Innovation zwingt. Vor allem ist die Institution der Wahlen ein sensibles Frühwarnsystem für die Regierenden, sich mit ihrer Politik nicht zu weit von den Wünschen der Regierten zu entfernen.

Neben dem über freie Wahlen geregelten *Herrschaftszugang* und damit institutionalisierten Lernzwang besitzen demokratische Systeme den Vorteil ihres selbstbeschränkten *Herrschaftsanspruchs*. Da sie nicht alle Lebensbereiche zu regeln und zu kontrollieren suchen, lassen sie den einzelnen Teilsystemen der Gesellschaft wie Wirtschaft, Kultur, Recht und Wissenschaft mehr Raum, sich selbst über teilsystemspezifische Regeln und Kommunikationscodes zu steuern. Die Politik versucht nicht, diese auf interne Effizienz angelegten Kommunikationscodes (Luhmann 1984) aus machtpolitischen Gründen zu suspendieren. Demokratische Systeme sind deshalb gezwungen, immer wieder eine institutionelle Balance zwischen staatlichen Regelungsansprüchen und politischen Partizipationsmöglichkeiten herzustellen. Den institutionell gesicherten Möglichkeiten des Regierungshandelns stehen ebenso institutionell abgesicherte politische Partizipationschancen auf Seiten der Regierten zur Verfügung. Durch die politischen Beteiligungschancen wird unter den Bürgern eine generelle Zustimmung zum demokratischen System erzeugt, auch wenn diese nicht mit allen Politikentscheidungen und Politikergebnissen zufrieden sein mögen. Aber gerade über die Möglichkeit der Wähler, durch Stimmenentzug ihre Unzufriedenheit mit der Regierung ausdrücken zu können, wird ein permanenter Lernreiz im demokratischen System installiert (Welzel 1996: 64).

Allerdings bewirken diese komparativen Vorteile demokratischer Systeme noch keineswegs automatisch deren Stabilität. Dafür benötigen auch Demokratien in der Regel begünstigende Voraussetzungen. Die wichtigsten sind ein bestimmtes Maß an sozioökonomischer Entwicklung, kultureller Integration und ein prinzipieller Konsens oder Kompromiss der politischen Eliten hinsichtlich der fundamentalen demokratischen und rechtsstaatlichen Spielregeln (Burton et al. 1992: 13). Existiert dies nicht, sind Demokratien von Anfang an instabil oder gar bedroht. Die Polarisierung der politischen Eliten bzw. die Existenz von illoyalen und semiloyalen Eliten behindern den kontinuierlichen Legitimitätszuwachs eines Systems. Treten dann wirtschaftliche, soziale oder außenpolitische Erschütterungen auf, kann sich die Krisenresistenz der Demokratie als zu schwach erweisen, um autoritäre Attacken zu überleben. Das Ende der Demokratien Deutschlands (1918–1933), Österreichs (1919–1934), Spaniens (1931–1936) und Chiles[24] (1932, 1970–1973) verdeutlicht diese Gefahr (Linz/Stepan 1978). Kommt aber ein grundsätzlicher Kompromiss unter den relevanten politischen und gesellschaftlichen Eliten zustande wie in der Bundesrepublik Deutschland nach 1949, im Nachkriegsösterreich oder postfrankistischen Spanien, zeigen junge Demokratien selbst unter schwierigen Bedingungen rasche Konsolidierungserfolge. Eine statistisch breit angelegte und vergleichende Studie zu den Stabilisierungserfolgen von Demokratien und Autokratien im 20. Jahrhundert bestätigt diesen Befund auch empirisch (Welzel 1996: 54 ff.): Überleben Demokratien die ersten 15 Jahre, erscheint eine Schwelle erreicht, nach deren Überschreiten es extrem unwahrscheinlich wird, dass sie zusammenbrechen. Die sehr wenigen Gegenbeispiele (Brasilien 1964, Chile 1973, Uruguay 1973) können diese empirisch gesicherte These in ihrer Gültigkeit kaum einschränken. Für Diktaturen ist dagegen keine vergleichbare Stabilisierungsschwelle zu erkennen (ibid.: 56). Es ist dem Demokratieforscher Juan J. Linz (1978: 11) zuzu-

---

24 Die Fundamentaldemokratisierung Chiles erfolgte 1932 mit einem strikten Wahlzensus. 1949 erhalten Frauen und erst 1970 Analphabeten das Wahlrecht.

stimmen, dass die Demokratie die einzige Herrschaftsordnung ist, die ihre grundsätzliche Form auch dann nicht ändern muss, wenn sich in der wirtschaftlichen, gesellschaftlichen und kulturellen Sphäre bedeutende Veränderungen vollziehen. In autokratischen Systemen sind solche Wandlungsprozesse stets eine Bedrohung für ihre gesamte politische Existenz.

2.2 Die endogene Instabilität autokratischer Systeme

Im Vergleich zu Demokratien sind autokratische Systeme partizipationsfeindlich, geschlossen, unflexibel, adaptions- und innovationsträge. Dies mindert die Leistungsfähigkeit des politischen Systems und die Möglichkeiten seiner Legitimationsbeschaffung. Beide Eigenschaften verschränken und verstärken sich wechselseitig zu einem erheblichen endogenen Destabilisierungspotenzial, das in entwickelteren Gesellschaften nur begrenzt durch vermehrte Repression kompensiert werden kann. Dieses Destabilisierungspotenzial wird vor allem auf der normativen und leistungsbezogenen Legitimationsebene in autokratischen Systemen immer wieder aufs Neue erzeugt.

Normative Legitimationsebene: Antiliberalismus, Antiindividualismus, Antiparlamentarismus, Rassismus, Evokationen anachronistischer Ordnungen, aber auch marxistisch-leninistische Zukunftsentwürfe einer klassenlosen Gesellschaft vermochten allenfalls auf kürzere und mittlere Frist, (begrenzte) Zustimmung der Bürger zu mobilisieren. Längerfristig haben diese Rechtfertigungsentwürfe nicht den für die Stabilisierung des politischen Systems notwendigen Legitimitätsglauben (Weber) erzeugen können. Denn in dem Maße, wie linke oder rechte Autokratien die Abschaffung individueller Menschen- und Bürgerrechte zur Grundlage ihrer Herrschaftsordnungen machten, trockneten sie selbst die gesellschaftlichen, kulturellen und politischen Legitimitätsquellen ihrer Herrschaftssicherung aus (Saage 1995: 25). Dies gilt auch für die marxistisch-leninistische Ideologie, die in den ersten beiden Jahrzehnten der Sowjetunion und in der ersten Nachkriegsphase der kommunistischen Regime in Osteuropa zeitweise durchaus Legitimationswirkung für die neuen Regime entfalten konnte. Denn die „politische Moral" des Marxismus-Leninismus, die die Emanzipation von der Klassenherrschaft, von der krisenhaften „Irrationalität des Marktes" und von der Ausbeutung des Menschen durch den Menschen versprochen hatte, war vor allem zukunftsorientiert. Sie verlangte von den Individuen die Bereitschaft, in der Gegenwart von der Vielfalt der unmittelbaren Interessen und Motivationen abzusehen, um den „geschichtlich-objektiv richtigen Weg" in das zukünftige „Reich der Freiheit" (Marx) zu gehen. In dem Maße aber, wie dieser Weg immer länger wurde, materielle Verbesserungen nicht in Sicht waren oder weit hinter jenen der „irrationalen Marktgesellschaften" zurückblieben und gleichzeitig individuelle Abweichungen vom kollektiv verbindlichen Pfad mit eiserner Repression bestraft wurden, wandelte sich die marxistisch-leninistische Legitimation zu einer altruistischen Ethik. Sie verlangte in der Gegenwart Entbehrung und Unterwerfung und verhieß erst in einer immer ungewisseren Zukunft Freiheit und Wohlstand. Eine solche Ethik steht dann auf tönernen Füßen, wenn sich nicht sichtbare Teilerfolge in der Gegenwart erkennen lassen (Merkel, W. 1991: 37). In dem Maße, wie dies nicht geschah, versiegte auch die ideologische Legitimitätsquelle. Genau dies geschah im Laufe der Zeit in allen kommunistischen Diktaturen.

Auch Rechtsdiktaturen entgehen nicht einer selbst gestellten ideologischen Legitimationsfalle. Sie versprechen häufig Sicherheit, Ordnung, Wohlstand und Entwicklung. Wenn sich dann wirtschaftlicher Wohlstand und Entwicklung einstellen, fordern die mündigen Wirtschaftsbürger das Ende ihrer politischen Unmündigkeit und damit das Ende der autoritären Herrschaft. Spanien 1975, Taiwan, Südkorea und Chile in den 1980er Jahren verdeutlichen dies beispielhaft. Diese autoritären Entwicklungsdiktaturen erschlossen sich zwar aufgrund ihrer Modernisierungserfolge zeitweise eine wichtige Legitimationsquelle, „produzierten" aber gleichzeitig selbstbewusste Mittelschichten und Arbeiter, die neben der wirtschaftlichen nun auch politische Teilhabe einforderten. Während gute sozioökonomische Leistungsbilanzen demokratische Systeme immer wieder stabilisieren, entfalten wirtschaftliche Modernisierungserfolge für autokratische Herrschaftsordnungen ambivalente, d. h. zunächst stabilisierende, längerfristig aber enorm destabilisierende Wirkungen.

In der Demokratie ist das Verhältnis von staatlichem Herrschaftsanspruch und Schutz- wie Beteiligungsrechten der Bürger mühsam ausbalanciert. In Autokratien dagegen besteht eine grobe Asymmetrie zwischen den Pflichten und den Rechten der Bürger. Den erheblichen oder gar umfassenden Herrschaftsansprüchen des Staates stehen nur minimale, ritualisierte und kontrollierte politische Partizipationsmöglichkeiten gegenüber. Die schon in der Demokratie häufig nicht unproblematische Wahrnehmung vieler Bürger des „wir da unten" und „die da oben" wird in autokratischen Systemen zu einem unüberbrückbaren Graben zwischen Herrschenden und Beherrschten. Wo aber Bürger nicht die *res publica* mitgestalten können, entwickeln sie längerfristig kaum affektive Bindungen an die politische Ordnung. Der von David Easton (1965) für das Überleben politischer Systeme als fundamental angesehene *diffuse support* kann sich deshalb längerfristig kaum entwickeln.

Leistungsbezogene Legitimationsebene: Autokratische Systeme haben sich aufgrund der Suspendierung bzw. Nichteinführung freier Wahlen selbst eine „strukturelle Lernschwäche" eingebaut. Weil sie über keinen effektiven Rückkoppelungsmechanismus mit der Gesellschaft verfügen, verlieren sie die Fähigkeit, die Selbstgefährdung des politischen Systems überhaupt zu erkennen. Geheimdienste, wie monströs sie auch ausgebaut sein mögen, können das „Meldesystem freier Wahlen" nicht ersetzen. Denn die Informationen der Geheimdienste führen im Gegensatz zu Wahlen nicht zu eventuellen Sanktionen der Regierenden (Abwahl), sondern immer nur zu Sanktionen gegenüber den Regierten. Wenn aber Wahlen abgeschafft und auch die letzten Reste von Systemopposition liquidiert oder mundtot gemacht sind, wie in der Sowjetunion Josef Stalins nach 1929 oder im nationalsozialistischen Deutschland mit Einführung des „Führerabsolutismus" im Jahr 1934, wird die systemische Lernträgheit zur Lernunfähigkeit. Es gilt also auch hier: Je näher Autokratien am Pol perfekter totalitärer Systeme liegen, umso lernunfähiger erweisen sie sich längerfristig.

In der Mitte des ersten Jahrzehnts des 21. Jahrhunderts ist eine erneute Diskussion über die Widerstandsfähigkeit autokratischer Regime entbrannt. Sie führt die Überlebensfähigkeit einer ganzen Reihe von Diktaturen auf die Strategie zurück, Macht zu „teilen" (vgl. Schedler 2006; Svolik 2008) oder über politische Renten Kooperation und Kooptation zu organisieren (Gandhi/Przeworski 2006). In der Tat können scheinpluralistische Wahlen, pseudodemokratische Parlamente und die Kooptation von neuen Eliten autokratische Herrschaft stabilisieren. Solche Stabilisierungsstrategien sind jedoch riskant, weil sie immer auch Ressourcen und Foren für oppositionelle oder semiloyale Eliten bieten. Es werden systemfremde Sollbruchstellen in autokratische Systeme eingebaut, die sich von kurzfristigen Stabilisatoren zu einem riskanten Destabilisierungspotenzial verdichten können.

In autokratischen Systemen fehlt aber nicht nur das Institut der freien Wahlen als integrierter Lernmechanismus. Auch die im Zuge der Modernisierung entstandene *funktionale Differenzierung* der Gesellschaft in spezialisierte Teilsysteme wird eingefroren oder zurückgedreht.

Das politische System erhebt sich mit repressiven Mitteln in die Position eines dominant übergeordneten Kommandosystems und greift tief in die nach internen Logiken funktionierenden Teilbereiche der Wirtschaft, des Rechts, der Wissenschaft oder der Kultur ein. Je weiter politische Regime auf dem Kontinuum von idealer Demokratie und vollendetem Totalitarismus zum totalitären Pol tendieren, umso tiefer sind diese Eingriffe. Als Folge legen sich effizienzmindernde politische Imperative über die gesellschaftlichen Teilsysteme Wirtschaft, Recht und Wissenschaft, deren Kommunikations- und Effizienzmechanismen sich im Verlaufe der funktionalen Differenzierung herausgebildet haben. Dies gilt für „linke Diktaturen", die vor allem auch die Wirtschaft politisch zu kommandieren suchen, stärker als für rechte Diktaturen, die nicht selten mit Marktwirtschaften koexistieren. Deshalb sollen die für die autokratischen Herrschaftsordnungen dysfunktionalen Folgen einer solchen *funktionalen Entdifferenzierung* der Gesellschaft am Beispiel der kommunistischen Regime kurz verdeutlicht werden.

Die kommunistischen Diktaturen haben Wirtschaftlichkeit, Wissenschaftlichkeit, Gesetzlichkeit und Fachkompetenz in hohem Maße der Dominanz des binären Prüfkriteriums „sozialistisch versus nichtsozialistisch" unterworfen. In der Wirtschaft wurde deshalb häufig nicht nach „effizient/nichteffizient" und im Rechtssystem nicht nach „gerecht/ungerecht", sondern nach dem politischen *Code* „sozialistisch/nichtsozialistisch" entschieden. Wirtschaftliche Effizienz und Gerechtigkeit blieben immer dann auf der Strecke, wenn sie dem Urteil des „nichtsozialistisch" anheimfielen. Organisationssoziologisch betrachtet, haben sich die Politbüros der kommunistischen Parteien an die Spitze ihrer Gesellschaften gesetzt und von oben eigenständig über Codes, Programme und Personal in den einzelnen gesellschaftlichen Teilsystemen entschieden (vgl. dazu am Beispiel der DDR, Pollack 1990). Dabei unterlagen sie der großen Illusion, der kommunistische Apparat könne genügend Information verarbeiten und hinreichend komplex planen, um den Teilsystemen die optimalen Operationsweisen von außen diktieren zu können. Damit glaubten sie, flexibel auf die Modernisierungsanforderungen einer sich beständig ändernden Umwelt reagieren zu können. Darüber hinaus hofften sie, alle Zufälligkeiten der gesellschaftlichen Entwicklung durch umfassende Steuerung ausschalten zu können. Dies musste schon deshalb scheitern, weil sich die funktionale Ausdifferenzierung in den gesellschaftlichen Teilbereichen „schneller, dynamischer und umwälzender" vollzieht „als im staatlich-administrativen Bereich" (Willke 1988: 286).

Aufgrund der gewaltsamen und für moderne Gesellschaften anachronistischen Installierung des Staates als allzuständige Spitze der Gesellschaft wurden deren Teilsysteme zu eng an die Politik gekoppelt. Die meist politisch erzeugten Funktionskrisen in den gesellschaftlichen Teilsystemen (z. B. der Wirtschaft) schlugen deshalb direkt auf das politische System durch. Zum einen verminderten sie die Leistungsfähigkeit der Wirtschaft, die Bürger ausreichend mit materiellen Gütern zu versorgen, und zum anderen wurde die politische Führung, die ja selbst für sich die Allzuständigkeit reklamierte, für alle Krisen verantwortlich gemacht. Das Ergebnis war eine weitere Aufzehrung der noch vorhandenen dünnen Legitimitätsbasis des politischen Herrschaftssystems. Dies konnte zwar durch vermehrte Repression und/oder die Perfektionierung der politischen Kontrolle der Gesellschaft (Parteiorganisationen, Zwangsverbände, Betriebskollektive, Geheimdienste) zeitweise kompensiert werden. Aber auch die Repression hat wie die Modernisierung unerwünschte Nebenfolgen: Die kurz- und mittelfristige Stabilisierung der politischen Herrschaft durch Ausschaltung oppositioneller Bestrebungen wird mit dem längerfristigen Effekt einer kontinuierlichen Erosion der ideologischen Legitimitätsgrundlagen und Ablehnung des Systems bezahlt. Der Legitimitätsglaube der Herrschaftsunterworfenen, der nach Max Weber zentral für die Stabilität politischer Herrschaft ist, schwindet.

Ein politisches System jedoch, dessen Herrschaftsfunktionen und Herrschaftsträger sich fast ausschließlich auf Repression stützen, ist ineffizient, illegitim und instabil.

Auch die Statistik belegt die weitaus größere Stabilität von Demokratien gegenüber jener von Diktaturen (vgl. Welzel 1996: 56; Ausblick, S. 487 ff.). Wirtschaftlich entwickelte Demokratien haben sich in ihrer überwiegenden Mehrzahl als stabil erwiesen (Ausnahmen: Deutschland 1918–1933, Österreich 1919–1934, Uruguay 1942–1973). Dagegen ist es kaum einer Diktatur, die sich den sozioökonomischen Entwicklungsstandards der Industrieländer annäherte, gelungen, das Aufkeimen gesellschaftlichen Demokratisierungsdrucks zu verhindern. Eine Ausnahme ist bis heute der Stadtstaat Singapur. Eine Forschungsgruppe um den amerikanischen Transformationsforscher Adam Przeworski bestätigte mit statistischen Analysen die hohe Systemstabilität entwickelter Demokratien. Das zentrale Ergebnis ihrer Studie fassten sie unmissverständlich zusammen: „Indeed, we have found that once a country is sufficiently wealthy, with per-capita income of more than $6,000 a year, democracy is certain to survive, come hell or high water" (Przeworski et al. 1996: 49). Für Diktaturen droht sich dieser Zusammenhang umzukehren.

3 Transformationsbegriffe

Der Beginn der dritten Demokratisierungswelle Mitte der 1970er Jahre und nochmals verstärkt nach dem Zusammenbruch der kommunistischen Regime in Osteuropa löste eine Flut sozialwissenschaftlicher Transformationsanalysen aus. Mit den konkreten Untersuchungen der Transformationen in Südeuropa, Lateinamerika, Ostasien und Osteuropa differenzierte sich auch das begriffliche Instrumentarium dieses prosperierenden Forschungszweiges aus. Begriffe wie Transition, Transformation, Revolution, Zusammenbruch, Modernisierung, Liberalisierung, Demokratisierung, Konsolidierung, Regimewandel oder Systemwechsel gehörten bald zum terminologischen Rüstzeug der Transformationsforscher. Die unterschiedlichen Begriffe wurden aber selten zureichend geklärt und mitunter synonym zur Beschreibung ein und derselben historischen Ereignisse und Prozesse verwendet. Ergänzt man die deutschen Begriffe noch mit englischen und spanischen Wortschöpfungen wie *transformation, replacement, transplacement* (Huntington 1991), *transaction, breakdown, extrication* (Share/Mainwaring 1984) oder etwa jene von Juan J. Linz und Alfred Stepan (1978, 1996) benutzen *reforma, ruptura, ruptforma*, erhöht sich die Gefahr der begrifflichen Konfusion. Dem kann jedoch vorgebeugt werden, indem die gebräuchlichsten Begriffe definiert und voneinander abgrenzt werden.

Bei der Untersuchung von sozialen, wirtschaftlichen und politischen Transformationsprozessen müssen zwei miteinander verschränkte Dimensionen angemessen berücksichtigt und begrifflich exakt gefasst werden. Erstens geht es um die Präzisierung des Analysegegenstandes, d. h. um die Beantwortung der Frage: *Was* wird transformiert? Handelt es sich dabei nur um die Regierung, das Regierungssystem, ein politisches Regime, den Staat oder gar das ganze soziopolitische System? Die zweite Frage, die eine Antwort verlangt, lautet: In welcher Form, Geschwindigkeit und in welchen Etappen vollzieht sich die Transformation, welche politischen und gesellschaftlichen Akteure sind wie und mit welchem Einfluss an ihr beteiligt? Daran schließt sich die ebenfalls zu beantwortende Frage an: Können wir von einer Reform, einem Wandel oder müssen wir von einer Revolution oder einem Wechsel sprechen?

3.1 Regierung, Regime, Staat, System

Der amerikanische Politikwissenschaftler Robert Fishman (1990) hat als einer der ersten darauf aufmerksam gemacht, dass wir in der konkreten Transformationsanalyse begrifflich scharf trennen müssen, ob eine Regierung, ein Regime oder der Staat transformiert wird. Je nachdem, welche Einheit vom Wandel oder Wechsel betroffen ist, tauchen unterschiedliche, für die jeweilige Entität spezifische Transformationsprobleme auf.

Regierung: Am wenigsten problematisch ist ein Regierungswechsel. In etablierten Demokratien ist er ein konstitutiver Bestandteil und gehört zur politischen Normalität. In jungen Demokratien aber ist der erste *richtungs*politische Wechsel in der Regierung ein aufschlussreicher Testfall für die Konsolidierungsfortschritte des neuen Systems. Läuft er ohne Turbulenzen ab, trägt er zur weiteren Stabilisierung der Demokratie bei. Transformationsforscher wie Samuel P. Huntington (1991: 266 f.) schreiben dem ersten Regierungswechsel eine erhebliche symbolische Bedeutung zu. Aber insbesondere der zweite Regierungswechsel, der eine andere *partei*politische Konstellation von Regierung und Opposition zur Folge hat, ist ein signifikanter Beweis für die Konsolidierung des jungen demokratischen Systems.

> „A second turnover shows two things. First, two major groups of political leaders in the society are sufficiently committed to democracy to surrender office and power after losing an election. Second, both elites and publics are operating within the democratic system; when things go wrong you change the rulers, not the regime. Two turnovers is a tough test of democracy." (Huntington 1991: 267)

Auch innerhalb autoritärer und totalitärer Systeme kann es zu Regierungswechseln kommen. Etwa wenn der Diktator oder die herrschende Partei, Junta oder Clique den Regierungschef auswechselt, um eine verschlissene und unpopuläre Regierung abzulösen. Damit ist zwar kein eigentlicher Machtwechsel verbunden, aber der Austausch der Regierungen kann eine Richtungsänderung in der Politik signalisieren. Dies war der Fall, als der spanische Diktator Francisco Franco 1959 die Technokraten des katholischen Laienordens in die Regierung rief, um die ökonomische Abschottung des Landes zu mindern und die Modernisierung der Wirtschaft einzuleiten. Im Allgemeinen bedeuten Regierungswechsel in Diktaturen keinen fundamentalen Machtwechsel. Dennoch sind sie für das gesamte Regime bisweilen bedrohlich. So können sie Ausdruck einer internen Systemkrise sein (z. B. Polen 1956, 1970, 1981; Ungarn 1956; Tschechoslowakei 1968), oder aber selbst Krisen erzeugen. Denn gerade in kommunistischen Regimen ist der politische Führungswechsel häufig von machtpolitischen Kämpfen zwischen rivalisierenden Machtcliquen begleitet. Beispiele dafür sind die Sowjetunion nach dem Tode Stalins (1953–1956) und zum Zeitpunkt der Entmachtung Chruschtschows im Jahr 1964. Auch die Turbulenzen in der Volksrepublik China nach dem Tode Mao Tse-tungs (1976) trugen krisenhaften Charakter. Die genannten Regierungswechsel waren zwar von der vorübergehenden Destabilisierung des Regimes begleitet, veränderten aber nicht die grundlegenden Herrschaftsstrukturen der politischen Ordnung. Verglichen mit einem Regime, Staat oder System bilden Regierungen die am wenigsten dauerhaften Formen der politischen Herrschaftsorganisation.

Regime: Regime bezeichnen die formelle und informelle Organisation des politischen Herrschaftszentrums einerseits und dessen jeweils besonders ausgeformte Beziehungen zur Gesamtgesellschaft andererseits. Ein Regime definiert die Zugänge zur politischen Herrschaft ebenso wie die Machtbeziehungen zwischen den Herrschaftseliten und das Verhältnis der Herrschaftsträger zu den Herrschaftsunterworfenen. Beide Machtbeziehungen – die innerhalb der herrschenden Regimeeliten und jene zwischen den Eliten des Regimes und der Bevölkerung – müssen bis zu einem gewissen Grade institutionalisiert sein. Das bedeutet, sie müssen akzeptiert sein, praktiziert werden und zuvörderst das Verhalten der Herrschaftsträger normieren. Ein Regime erfolgreich zu institutionalisieren, heißt also, ihm eine bestimmte Dauerhaftigkeit zu verleihen. Demokratien, autoritäre und totalitäre politische Systeme lassen sich aufgrund ihres besonderen Regimecharakters (interne Herrschaftsorganisation, Beziehungen zwischen Herrschaftsträgern und Herrschaftsunterworfenen) voneinander unterscheiden (O'Donnell et al. 1986: 73; Fishman 1990: 428). Veränderungen auch nur einer der beiden Regimedimensionen führen zur Destabilisierung des Regimes und können den Auftakt zum Regimewechsel bedeuten. Auf diese Weise können Demokratien in autoritäre oder totalitäre Regime übergehen und *vice versa*. Ein Wechsel ist vollzogen, wenn sich Herrschaftszugang, Herrschaftsstruktur, Herrschaftsanspruch und Herrschaftsweise grundlegend geändert haben (vgl. Tabelle 1 und Abbildung 1). Regime sind dauerhaftere Formen politischer Herrschaftsorganisation, als es bestimmte Regierungen sein können, aber sie haben typischerweise kürzeren Bestand als der Staat (Fishman 1990: 428).

Staat: Der Staat ist eine dauerhafte Herrschaftsstruktur, die in ihrem Kern die legitimen oder illegitimen Zwangsmittel einschließt, die notwendig sind, um eine Gesellschaft zu regieren und die dafür notwendigen Ressourcen (Steuern, Zustimmung, Unterstützung) aus dieser zu ziehen. Was sich bei einem Regimewechsel ändert, ist weniger die Organisationsform des Staates selbst als die Definition dessen, was legitime oder illegitime Anwendung der staatlichen Zwangsmittel sind. Davon ist aber nicht der Staat als Organisation, sondern die ihn dirigierende Regimeform betroffen: „A state may remain in place even when regimes come and go" (ibid.). Regime verkörpern die Normen, Prinzipien und Verfahrensweisen der politischen Organisation des Staates, durch dessen Herrschaftsmonopol und Herrschaftsinstrumentarium Regierungen erst in die Lage versetzt werden zu regieren. Während sich im Verlauf einer politischen Transformation die das Regime konstituierenden Normen und Prinzipien ändern, bleiben die formalen Strukturen des Staates häufig von vergleichbaren Veränderungsprozessen verschont. Wie beunruhigend es auch immer aus einer normativ-demokratischen Perspektive sein mag, in ihrer Struktur kaum zu unterscheidende Staatsapparate können einem demokratischen System genauso dienen, wie sie vorher autoritären Regimen gedient haben.[25] Dies gilt nicht nur in Hinblick auf die staatliche Organisationsstruktur, sondern bis in die staatlichen Funktionsträger hinein. So finden sich nach einem Regimewechsel häufig das staatliche Verwaltungspersonal und mitunter auch die alten politischen Eliten der „zweiten Reihe" in ihren Funktionsbereichen wieder. Dies belegen so unterschiedliche historische Transformationserfahrungen wie die Regimewechsel in Deutschland nach 1918 (politische Eliten, Justiz, Verwaltung) oder 1945 (Justiz, Verwaltung), in Italien (Justiz, Verwaltung) und Japan (Justiz, Verwaltung) nach 1945, in Spanien nach 1975 (politische Eliten, Justiz, Verwaltung) und in Osteuropa nach 1989 (politische Eliten, Verwaltung).

System: Das „politische System" ist der umfassendste von allen vier Begriffen (vgl. Abbildung 2). Er umfasst Regierung, Regime und Staat. Mit dem Zusammenbruch der kommunistischen Regime gewann der Systembegriff für die politikwissenschaftliche Transformationsforschung wieder erheblich an Bedeutung (vgl. Merkel, W. 1994b; Sandschneider 1995; Welzel 1996).

---

25 Ausgenommen sind dabei die Repressions- und Sicherheitsorgane wie die politische Polizei und innere Geheimdienste.

Zwar waren auch die Transformationsprozesse in Südeuropa und Lateinamerika wie jene Osteuropas vom gemeinsamen Ziel der Etablierung pluralistischer Demokratien geprägt, doch ihre Ausgangssituation, ihre Probleme und das Ausmaß des Wandels unterschieden sich erheblich von den bis dahin bekannten Transformationsprozessen (Beyme 1994a: 47 ff.). Während in Südeuropa und Lateinamerika die Transformation im Wesentlichen nur das politische Regime erfasste, mussten und müssen in Osteuropa auch die wirtschaftlichen Strukturen und gesellschaftlichen Mentalitäten einem tiefgreifenden Wandel unterzogen werden. Für die Analyse dieser gleichzeitigen Transformationsprozesse erscheint der Systembegriff ergiebiger. Denn er ist zum einen umfassender als die Begriffe „Staat" und „Regime" und kann deshalb die vielfältigen Interdependenzen der Transformationsprozesse politischer, wirtschaftlicher, sozialer und kultureller Teilsysteme in das analytische Blickfeld rücken. Zum anderen ist er aber auch spezifischer, weil er sich auf jedes einzelne funktional abgrenzbare Teilsystem (Politik, Wirtschaft, Recht, Kultur etc.) anwenden lässt.

Der Systembegriff birgt auch deshalb für die Transformationsforschung ein besonderes heuristisches Potenzial, weil er am engsten mit der Legitimitäts- und Stabilitätsfrage politischer Ordnungen verknüpft ist. Über ihn lassen sich systematisch die Zusammenhänge zwischen Dysfunktionen einzelner Teilbereiche und dem für das „Überleben" des Gesamtsystems wichtigen Gleichgewichts erkennen. So gibt die von David Easton (1965) vorgenommene Differenzierung zwischen der *diffusen* und *spezifischen* Unterstützung, also jener allgemeinen, auf die fundamentalen Normen, Regeln und Verfahrensweisen des Systems gerichteten Unterstützungsleistungen und jener an den materiellen Politikergebnissen orientierten *supports*, wichtige Hinweise darauf, wie und warum ein System die notwendige Zufuhr von Legitimität erzeugen oder nicht erzeugen kann. Sinkt die Summe beider Legitimitätsquellen (diffuse und spezifische Unterstützung) unter ein Bestand erhaltendes Maß, wird ein politisches System instabil und gerät unter Transformationsdruck.

3.2 Regimewandel, Regimewechsel, Transition und Transformation

Zu unterscheiden ist in der Transformationsforschung auch, *wie* sich der Übergang von einem Regime zu einem anderen Regimetyp vollzieht.

Regimewandel: Von einem Regime*wandel* kann dann gesprochen werden, wenn sich grundlegende Funktionsweisen und Strukturen einer Herrschaftsordnung zu verändern beginnen. Ein solcher Veränderungsprozess verläuft evolutionär, d. h. allmählich und nicht abrupt. Offen bleibt zunächst, ob der Wandel zu einem anderen Regimetyp führt. Ist dies der Fall, können wir *ex post* von einem vollzogenen Regimewechsel sprechen, wenn sich Herrschaftszugang, Herrschaftsstruktur, Herrschaftsanspruch und Herrschaftsweise fundamental geändert haben. Als Beispiele für einen solchen erfolgreichen Regimewandel, der sich über mehrere Jahre hinweg von einem autoritären zu einem demokratischen Regime vollzog, waren die zwischen Militärs und zivilen Eliten ausgehandelten Demokratisierungsprozesse in Spanien (1975–1978), Brasilien (1978–1985), Uruguay (1980–1985), Taiwan (1986–1994) und Südkorea (1985–1987).

Denkbar ist aber auch, dass der Wandlungsprozess nach Ausschaltung externer und interner Störfaktoren wieder zu einem relativ stabilen Gleichgewicht desselben Regimetyps führt. In einem solchen Falle bewirkt der Regimewandel keinen Regimewechsel. Die mit militärischer Gewalt gestoppten Reformprozesse innerhalb der kommunistischen Regime Ungarns (1956) und der Tschechoslowakei (1968) belegen dies. Begreifen die Wandlungsprozesse nicht nur die politischen Herrschaftsstrukturen, sondern auch die sozioökonomischen Verhältnisse mit ein, sprechen wir von einem Systemwechsel.

Regime- und Systemwechsel: Während also beim Regime- und Systemwandel der Ausgang prinzipiell offen ist, steht der Begriff Regime*wechsel* für Transformationsprozesse, die definitiv zu einem anderen Systemtypus führen (Beyme/Nohlen 1995). Dabei können evolutionäre oder reforminduzierte Wandlungstendenzen Vorboten eines Regime- und Systemwechsels sein. Im überwiegenden Teil der Transformationsliteratur werden unter Regime- und Systemwechsel aber vor allem „zeitlich dramatisierte" Übergänge von einem zum anderen Regime oder System verstanden. Entscheidend bleibt jedoch für die Begriffsunterscheidung zum Regimewandel, dass nur dann von Regimewechsel gesprochen werden kann, wenn sich der Herrschaftszugang, die Herrschaftsstruktur, der Herrschaftsanspruch und die Herrschaftsweise eines Regimes grundsätzlich verändert haben. Hybride Regime und hochgradig defekte Demokratien haben den Wechsel zu dem neuen Regimetypus der (rechtsstaatlichen) Demokratie nicht völlig vollzogen. Man kann hier von stagnierenden oder unvollständigen Regimewechseln sprechen.

Transition: Politikwissenschaftliche Bedeutung erlangte der Begriff „Transition" durch ein internationales Forschungsprojekt zur *transition to democracy* Mitte der 1980er Jahre. Unter der wissenschaftlichen Leitung von Guillermo O'Donnell, Philippe Schmitter und Laurence Whitehead (1986) wurde theoretisch und vergleichend ein Transitionskonzept entwickelt, das insbesondere auf die Demokratisierungsprozesse in Lateinamerika und Südeuropa Anwendung fand. *Transition* bzw. *transición* bedeutet wörtlich übersetzt „Übergang". Benutzt wird der Begriff aber fast ausschließlich, um den Übergang von autokratischen zu demokratischen Systemen zu bezeichnen. „Transition" wird also semantisch mit „Übergang zur Demokratie" gleichgesetzt (vgl. Sandschneider 1995: 36). Die sogenannte *Transitionsforschung* ist vor allem im Zusammenhang mit der politikwissenschaftlichen Erforschung der Demokratisierungsprozesse in Südeuropa und Lateinamerika entstanden und hat die Untersuchung der Voraussetzungen, Ursachen und Verlaufsmuster der Demokratisierung politischer Systeme zum Gegenstand (vgl. Nohlen 1988: 4). Ihr großes Verdienst und ihre besondere Stärke bestehen vor allem in zwei Sachverhalten: zum einen widmet sie der Rolle von Akteuren in den Übergängen zur Demokratie ein besonderes Augenmerk, zum anderen entwickelt sie erstmals eine systematische Periodisierung des Transitionsprozesses.

Auf die Systemwechsel der kommunistischen Systeme Osteuropas oder Asiens lassen sie sich nur begrenzt anwenden (Beyme 1994a; Bunce 2003; Carothers 2004).

Transformation: Aus Gründen der Vollständigkeit sei abschließend noch der Begriff der Systemtransformation genannt. Er besitzt keine spezifische Bedeutung, sondern wird, wie der Titel des Buches signalisiert, als Oberbegriff für alle Formen, Zeitstrukturen und Aspekte des Systemwandels und Systemwechsel benutzt (vgl. auch Sandschneider 1995: 38). Er schließt Regimewandel, Regimewechsel, Systemwandel, Systemwechsel oder Transition mit ein.

4 Transformationstheorien

Begriffe, auch wenn sie sich differenziert auf soziale und politische Systeme, Strukturen und Akteure beziehen, kondensieren zwar unterschiedliche konkrete Sachverhalte zu verallgemeinernden Konstrukten, doch sie können allein empirische Untersuchungen nicht anleiten. Vielmehr müssen die Begriffe untereinander verbunden und in Beziehung gesetzt werden. Erst wenn sie in systematischer Art und Weise miteinander vernetzt werden, können wir von Theorien sprechen. Obwohl gerade die dritte große Demokratisierungswelle in den Sozialwissenschaften zu einer verstärkten Theoriedebatte geführt hat, lässt sich die theorieorientierte Transformationsforschung schon auf die 1950er und 1960er Jahre zurückführen. In diesen beiden Dekaden prägten mit Parsons (1951, 1969a, 1969b), Lipset (1959), Barrington Moore (1969) und Huntington (1968) insbesondere makrosoziologisch-funktionalistische oder makrosoziologisch-strukturalistische Konzepte die Theoriebildung. In den 1980er Jahren und zu Beginn der 1990er Jahre schoben sich zunehmend mikropolitologisch-akteurstheoretische Überlegungen in den Vordergrund. Vor allem die Arbeiten von Schmitter (1985), O'Donnell et al. (1986) und Przeworski (1986, 1991, 1992) setzten theoretische Standards und wurden zur dominierenden konzeptionellen Referenz der empirischen Transformationsforschung. Erst im weiteren Verlauf der 1990er Jahre kam es wieder zu einer gleichgewichtigeren Koexistenz des System-, Struktur- und Akteursparadigmas. In der Folgezeit erschienen vor allen Dingen theoretisch vergleichende Analysen, die von einer ausgewogeneren Berücksichtigung funktionalistischer, strukturalistischer, kulturalistischer und handlungstheoretischer Überlegungen zeugten (Karl/Schmitter 1991; Huntington 1991; Beyme 1994a; Merkel, W. 1994a; Offe 1994; Linz/Stepan 1996; Morlino 1998; Merkel/Puhle et al. 2003; Merkel/Puhle et al. 2006).

Es lassen sich vier große Theoriestränge in der Transformationstheorie und Transformationsforschung erkennen: System-, Struktur-, Kultur- und Akteurstheorien. Diese unterschiedlichen Ansätze suchen die Ursachen, Erfolge und Misserfolge demokratischer Systemwechsel in unterschiedlichen sozialen Teilsystemen: die systemorientierten Modernisierungstheoretiker vor allem in Wirtschaft und Gesellschaft, die Strukturalisten im Staat und in den sozialen Klassen, die „Kulturalisten" in Religion und Kultur sowie den daraus erwachsenen sozialen Interaktionsbeziehungen und die Akteurstheoretiker in der genuin politischen Handlungssphäre. Im Folgenden sollen diese vier Stränge in ihrem theoretischen Kern vorgestellt werden. Aus einer knappen Analyse der Stärken und Schwächen dieser Theoriekonzepte soll ein tragfähiges, synthetisches Analysekonzept herausgearbeitet werden.

4.1 Systemtheorien

In Hinblick auf die Transformationstheorien lässt sich die Systemtheorie in drei unterschiedliche Stränge gliedern: die frühe soziologische Systemtheorie in der Tradition von Parsons, Luhmanns „autopoietische Wende" sowie die Modernisierungstheorie. Systemtheoretische Ansätze erhellen insbesondere den Zusammenhang von funktionalen Erfordernissen sozioökonomischer Systeme und der Herausbildung von sozialen und politischen Strukturen, die diese Anforderungen erfüllen. Sie entwickeln ihre besondere Erklärungskraft dann, wenn die für die Transformation ursächlichen Dysfunktionen des alten (autokratischen) Systems und die sozioökonomischen wie politisch-legitimatorischen Möglichkeitsbedingungen des neuen (demokratischen) Systems herauszuarbeiten sind.

4.1.1 Die Systemtheorie Parsons'

Die moderne soziologische Systemtheorie geht auf Talcott Parsons zurück, der das Theorem der funktionalen Differenzierung einführt. Mit diesem lässt sich die Entwicklung von traditionalen zu modernen Gesellschaften als die Ausdifferenzierung von sozialen Teilsystemen beschreiben: Ausgehend von der industriellen Revolution setzte sich die Differenzierung von Ökonomie und politischer Herrschaft, politischem System und ziviler Gesellschaft sowie die Ablösung sozialer Normen von religiösen Begründungen in den westlichen Gesellschaften durch. In diesem Differenzierungsprozess hat sich die Grundstruktur moderner Gesellschaften herausgebildet.

Im Rückgriff auf Durkheim und Weber führt Parsons' Weg in die Moderne über die Ausdifferenzierung von vier zentralen Funktionssystemen: Wirtschaft (Anpassung), Politik (Zielerreichung), soziale Gemeinschaft (Integration) und Kultur (Erhaltung von Wertmustern). Dieser Weg ist bei Parsons normativ wie geschichtlich festgelegt und trägt daher universellen Charakter. Nur wenn Gesellschaften bestimmte „evolutionäre Universalien" ausbilden, argumentiert Parsons, können sie langfristig das Niveau ihrer Anpassungskapazität an die Umwelt und damit ihre eigene Existenz sichern. Zu den wichtigsten Universalien, die für moderne funktional differenzierte Gesellschaften bestandsnotwendig sind, zählt Parsons' Bürokratie, Marktorganisation, universalistische Normen im Rechtssystem, demokratisches Assoziationsrecht und allgemeine freie Wahlen (Parsons 1969b: 57). Fehlen zentrale evolutionäre Universalien, kann das politische System die notwendige Selektionsleistung der Reduktion ansteigender Umweltkomplexität nicht mehr erbringen. Damit untergräbt es seine Legitimität und wird instabil. Denn im Zuge ihrer Modernisierung lassen sich komplexe Gesellschaften nicht länger durch die autoritäre Oktroyierung sozialer Normen integrieren. Der moderne Integrationsmodus basiert deshalb nicht mehr primär auf Zwang, sondern auf der reflektierten Anerkennung der Werte und ihrer Internalisierung durch die Gesellschaftsmitglieder. Strukturwandel wird also von Parsons konsequent auch als Wandel der normativen Kultur definiert. Damit dieser Wandel sich auf eine höhere, d. h. modernere Gesellschaftsstufe, hin entwickelt, sind demokratische Strukturen und Verfahren unverzichtbare Universalien. Denn je stärker sich eine Gesellschaft funktional ausdifferenziert, „desto wichtiger ist eine effektive politische Organisation, und zwar nicht nur hinsichtlich ihrer Verwaltungskapazität, sondern auch, und vor allem, hinsichtlich ihrer Unterstützung einer universalistischen Rechtsordnung" (Parsons 1969a: 70). Aus dieser Perspektive ist nicht die allgemeine „Legitimierung von Macht und Herrschaft die besondere Leistung demokratischer Institutionen, sondern die Vermittlung von Konsensus über die Ausübung von Macht. Keine Institution, die sich von den demokratischen Institutionen grundlegend unterscheidet, ist zu dieser Leistung in der Lage" (ibid.).

Parsons thematisiert hier die beiden entscheidenden Aspekte der Stabilität politischer Systeme: die funktionale Differenzierung der Gesellschaft und die ausreichende Legitimation der politischen Herrschaftsform durch die Gesellschaft. Die kommunistischen Herrschaftseliten der osteuropäischen Gesellschaften verweigerten, behinderten oder revidierten aber die funktionale Ausdifferenzierung der gesellschaftlichen Teilsysteme und ersetzten die moderne „reflektierte Anerkennung der Werte" durch den vormodernen Modus des Zwanges und eine konkurrenzlos verordnete Ideologie. Wirtschaft, Kultur und soziale Gemeinschaft wurden dem Diktat der Politik unterstellt, da deren autonome Entwicklung zu einer Dezentralisierung der Informations- und Machtressourcen und längerfristig zu einem politischen Kontroll- und damit Herrschaftsverlust geführt hätte. Je stärker aber autokratische Herrschaftsformen eine

„totalitäre" politische Durchdringung der Gesellschaft realisieren, umso stärker behindern sie die funktionale Ausdifferenzierung der gesellschaftlichen Teilsysteme. Die totalitäre Durchdringung der Gesellschaft erleichtert und perfektioniert zwar für eine bestimmte Zeit die Herrschaftskontrolle, führt dann aber bei deren partiellem Verlust nur zu einem umso fundamentaleren Zusammenbruch des autokratischen Systems. Dieser Zusammenhang lässt sich insbesondere mit der theoretischen Begrifflichkeit der neueren autopoietischen Systemtheorie erhellen.

4.1.2 Die autopoietische Systemtheorie Luhmanns

Schon Parsons (1969b: 70) hat die Prognose gestellt, „dass sich die kommunistische Gesellschaftsformation als instabil erweisen wird und entweder Anpassungen in Richtung auf die Wahlrechtsdemokratie und ein pluralistisches Parteiensystem machen, oder in weniger entwickelte und politisch weniger effektive Organisationsformen regredieren wird". Luhmann radikalisiert das Parsonssche Theorem der funktionalen Differenzierung. Er hält Parsons' Vorstellungen der hierarchischen Position des politischen Systems über die anderen gesellschaftlichen Teilsysteme für eine Illusion. Denn Theorien, so Luhmann (1986: 203), „die immer noch von einer Spitze oder einem Zentrum ausgehen", verkennen die Tatsache, dass mit dem Übergang von der stratifikatorischen zur funktionalen Differenzierung auch die Möglichkeit einer den gesellschaftlichen Teilsystemen übergeordneten Steuerungsinstanz obsolet geworden ist. Für Luhmann gilt: „Kein Funktionssystem kann für ein anderes einspringen; keines kann ein anderes ersetzen oder auch nur entlasten" (ibid.: 207). Dies gilt auch für die Politik gegenüber den Teilsystemen der Wirtschaft, der Religion und dem Recht. Nach Luhmann (1984: 81) bilden die Teilsysteme einen voneinander grundsätzlich verschiedenen basalen Kommunikationscode aus. Dieser wirkt wie eine „natürliche Autonomiesicherung", die ihn gegen effizienzmindernde Übergriffe anderer Codes (z. B. jenem des politischen Systems) zumindest teilweise abschottet. Werden solche politisch oder auch religiös motivierten Übergriffe dennoch massiv und repressiv erzwungen, wie etwa in den kommunistischen Systemen oder im Iran der Schar'ia und im Afghanistan der Taliban, müssen diese Substitutionsversuche mit „Entdifferenzierung, d. h. mit Verzicht auf die Vorteile der funktionalen Ausdifferenzierung bezahlt werden" (ibid.).

Bezieht man Luhmanns Argumentation auf das von uns vorgestellte Kontinuum politischer Systemformen, lässt sich folgende These formulieren: Je weiter politische Regime auf dem Kontinuum von idealer Demokratie und vollendetem Totalitarismus zum totalitären Pol tendieren, umso mehr legen sich politische Funktionsimperative über die teilsystemischen Codes, verhindern deren Übersetzung in Programme und hemmen damit die für die Effizienzsteigerung notwendige weitere funktionale Differenzierung gesellschaftlicher Teilsysteme wie dem Wirtschafts-, Rechts- und Wissenschaftssystem. Erstreckt sich ein solcher politischer Oktroi über längere Zeitperioden vor allem auf das Teilsystem der Wirtschaft, führt dies zur Effizienzminderung, zur Regression ökonomischer Wohlfahrtsentwicklung und damit zu weiteren Legitimationsverlusten autoritärer politischer Systeme. In der systemtheoretischen Begrifflichkeit der Autopoiesis heißt dies, dass der auf Zahlungen beruhende Code, der allein eine ökonomische Rationalität im Umgang mit knappen Gütern garantiert, geknackt und von einem der Herrschaftssicherung und dem kommunistischen Gesellschaftsmodell verpflichteten politischen Code überlagert wurde. Dies hat der ostdeutsche Soziologe Detlef Pollack (1990) überzeugend in seiner systemtheoretischen Analyse des gesellschaftlichen Umbruchs in der DDR aufgezeigt.

Die Struktur dieser Argumentation lässt sich auf alle Systeme des einst realexistierenden Sozialismus beziehen. In ihnen wurden Wirtschaftlichkeit, Wissenschaftlichkeit, Gesetzlichkeit und Fachkompetenz der Dominanz des allgegenwärtigen politischen Codes von sozialistisch/nichtsozialistisch unterstellt, soweit dies administrativ wie repressiv nötig und möglich war. Es war die große Illusion der kommunistischen Herrschaftseliten zu glauben, der von ihnen kontrollierte kommunistische Leviathan könne genügend Informationen sammeln, verarbeiten und hinreichend komplex planen, um die optimale Selektionsleistung den gesellschaftlichen Teilsystemen von außen und von oben her politisch zu verordnen. Diese Illusion scheiterte schon daran, dass sich die funktionale Ausdifferenzierung in den gesellschaftlichen Teilsystemen „schneller, dynamischer und umwälzender" vollzieht „als im staatlich-administrativen Bereich" (Willke 1988: 286). Mit der künstlichen und gewaltsamen Installierung des Staates als allzuständige Spitze der Gesellschaft wurden deren Teilsysteme zu eng an die Politik gekoppelt. Effizienzverluste und Funktionskrisen in den Teilsystemen, insbesondere der Wirtschaft, schlugen deshalb direkt auf das politische System durch. Nach dem Freiheitsverlust ging auch die Garantie einer ausreichenden und ansteigenden materiellen Versorgung verloren. Als diese Stagnation immer deutlicher wurde, minderte dies die Anpassungsbereitschaft der Bevölkerung an das kommunistische Herrschaftssystem. „Das System wurde also durch dieselben Widersprüche geschwächt, deren Institutionalisierung es jahrzehntelang stabilisierte. Insofern führte gerade die Stabilisierung des in sich geschlossenen Systems zu seiner Destabilisierung, zu einer Art innerer Aushöhlung" (Pollack 1990: 296).

Das zentrale Argument der Systemtheorie heißt also: Wird die funktionale Differenzierung der gesellschaftlichen Teilsysteme blockiert und verhindert, führt dies längerfristig zu Effizienz- und Legitimationskrisen, die die Stabilität solcher Systeme untergraben. Wird die funktionale Differenzierung jedoch von den autokratischen Herrschaftseliten zugelassen oder gar gefördert, ergeben sich daraus ebenso systemdestabilisierende Entwicklungen. Dies hat kein Konzept besser herausgearbeitet als die in den 1960er Jahren entwickelte Modernisierungstheorie.

4.1.3 Die Modernisierungstheorie

Auf grundsätzlichen Überlegungen von Talcott Parsons aufbauend hat Seymour Martin Lipset (1959) den *locus classicus* der modernisierungstheoretisch orientierten Demokratieforschung formuliert und *die* fundamentale Erfolgsbedingung der Demokratisierung benannt:

> „The more well-to-do a nation, the greater the chances that it will sustain democracy. From Aristotle down to the present, men have argued that only in a wealthy society in which relatively few citizens lived at the level of real poverty could there be a situation in which the mass of the population intelligently participate in politics and develop the self-restraint necessary to avoid succumbing to the appeals of irresponsible demagogues" (Lipset 1981: 31).

Die wichtigste Erfolgsbedingung gelungener Demokratisierung heißt also wirtschaftliche Entwicklung und Überwindung von Not und Armut. Lipset formuliert hierfür zunächst eine klare Wechselbeziehung zwischen der sozioökonomischen Entwicklungsstufe und der Demokratiefähigkeit einer Gesellschaft. Diese Korrelation wurde in der Folge der klassischen Formulierung immer wieder an dem aggregierten ökonomischen Indikator des Bruttoinlandsprodukts

(BIP) per capita und der Anzahl minimalistisch definierter Demokratien statistisch überprüft und hat sich nun über mehr als vier Jahrzehnte als außerordentlich robust erwiesen (vgl. u. a. Cutright 1963; Dahl 1971; Vanhanen 1984, 1989; Lipset et al. 1993; Moore, M. 1995; Welzel 1996; Przeworski et al. 2000). Der enge Zusammenhang von wirtschaftlicher Entwicklung und Demokratiefähigkeit einer Gesellschaft lässt sich anhand dieser eindrucksvollen statistischen Bestätigungen nicht mehr von der Hand weisen. Die zahlreichen Studien zeigen deutlich, dass das wirtschaftliche Entwicklungsniveau (gemessen am BIP/capita) als die wichtigste einzelne Variable zur Erklärung des Demokratisierungsgrades eines Landes oder der Demokratie-Diktatur-Differenz auf globaler Ebene angesehen werden muss. Das heißt, je entwickelter ein Land wirtschaftlich ist, desto geringer ist die Wahrscheinlichkeit, dass dort eine Diktatur existiert oder längerfristig Bestand haben kann.[26] Umgekehrt bedeutet es: Je reicher ein Land ist, umso wahrscheinlicher ist es, dass das politische System demokratisch ist und als Demokratie Bestand haben wird (vgl. auch Schmidt, M. G. 2006: 438 ff.).

Statistische Korrelationen zwischen ökonomischer Entwicklung, gemessen an dem aggregierten Indikator des BIP/capita und der Demokratiereife eines Landes, legen aber noch keine differenzierten Sachverhalte oder gar Kausalitäten offen. Deshalb soll die Erklärungskraft der modernisierungstheoretischen Demokratisierungsthese über die Beantwortung von drei Fragen näher geprüft werden:

1. Welche sozialen Sachverhalte verbergen sich hinter dem hoch aggregierten ökonomischen Indikator des BIP/capita?
2. Sind diese Sachverhalte „Requisiten", also notwendige Voraussetzungen für das Entstehen und den Bestand einer Demokratie?
3. Gibt es eine kausale Beziehung zwischen ökonomischer Entwicklung und Demokratie?

ad 1. Sachverhalte: Lipset (1981: 64 ff.) selbst führt folgende soziale und politische Komponenten an, die hinter dem aggregierten ökonomischen Indikator BIP/capita in aller Regel stehen:

▸ ein relativ hohes Niveau sozioökonomischer Entwicklung gemessen an ausgewählten Indikatoren, wie dem allgemeinen Bildungsniveau, der Urbanisierung, der technischen Informations- und Kommunikationsmittel;
▸ eine hohe vertikale Mobilität, d. h. eine durchlässige Klassenstruktur, die mannigfache soziale Aufstiegschancen bietet;
▸ eine große, zumindest aber rasch zunehmende Mittelschicht sowie eine Arbeiterklasse und Unterschicht, die nicht von existenzieller Unsicherheit bedroht ist;
▸ hinreichender Ausbildungsstand (gemessen z. B. an der durchschnittlichen Schuldauer);
▸ ein System von relativ egalitären Werten;
▸ ein hohes Organisations- und Partizipationsniveau in Vereinen und Verbänden.

In jüngerer Zeit wird als Voraussetzung für die Demokratiefähigkeit eines Landes auch dessen Einkommensverteilung genannt, die die Gesellschaft nicht in extrem arme und reiche Gruppen auseinanderfallen lässt (u. a. Przeworski 1991).

---

26 Es gibt nur wenige Ausnahmen, die diese allgemeine Regel nicht bestätigen: so z. B. Deutschland 1933, Singapur oder die erdölexportierenden Länder des Nahen Ostens. Letztere weisen zwar ein hohes BIP/capita auf, sind aber aufgrund ihrer „rentenkapitalistischen Form", dem politischen Neopatrimonialismus der religiösen Intoleranz sowie der Frauendiskriminierung im Sinne von Lipset nicht als moderne Gesellschaften zu bezeichnen.

ad 2. Requisiten: Für Lipset und die klassische Modernisierungstheorie sind diese sozioökonomischen Faktoren weder in jedem Fall notwendige Voraussetzungen für die Demokratisierung und die Überlebensfähigkeit der Demokratie, noch sind sie gar hinreichend. Deshalb bedeutet Lipsets Modernisierungsansatz keineswegs, dass nicht auch Gesellschaften, die diese ökonomischen Modernitätsattribute nicht aufweisen, ebenfalls zentrale demokratische Institutionen und Verfahren wie gleiche und freie Wahlen einführen könnten. Aber die Chancen, dass diese demokratischen Institutionen überleben und die weitere Demokratisierung von Staat und Gesellschaft vorantreiben, sind außerordentlich gering.[27] Auch wenn Lipset den weicheren Begriff „requisites" (Erfordernisse) dem stärkeren Terminus „prerequisites" (Vorbedingungen) vorzieht, lässt er keinen Zweifel daran, dass (sozio-)ökonomische Modernisierungsfortschritte die erfolgversprechendste Grundlage für die Einführung und Konsolidierung der Demokratie sind.

ad 3. Kausalität: Verkürzt lässt sich der kausale Zusammenhang von ökonomischer und demokratischer Entwicklung in folgender Sequenz darstellen: Wirtschaftliche Entwicklung führt zu einem ansteigenden Bildungsniveau und zu einer demokratischeren politischen Kultur, d. h., die Bürger entwickeln tolerantere und gemäßigtere Einstellungen, Verhaltensweisen und Werte, die zu einem rationaleren und zurückhaltenderen Politikstil der Regierenden gegenüber oppositionellen Tendenzen führen. Ein ansteigendes Bildungsniveau ist daher eine notwendige, wenn auch nicht hinreichende Bedingung für erfolgreiche Demokratisierungsprozesse. In einer Studie über den Zusammenhang von Bildungsniveau und Demokratisierungsgrad fand Henry Rowen (1995: 57) heraus, dass eine nur um ein Jahr längere Schulbildung 6,6 Punkte nach oben auf einer 100 Punkte umfassenden „Freiheits- und Demokratieskala" für ein Land ausmachen.

Die mit dem Bildungsanstieg gewachsene Tendenz zur politischen Mäßigung wird durch einen ebenfalls durch die ökonomische Modernisierung ausgelösten Wandel der Klassen- und Sozialstruktur verstärkt. Denn ein höheres Einkommen breiter Teile der Bevölkerung und die Ausweitung wirtschaftlicher Existenzsicherung mäßigen den Klassenkampf und den ökonomischen Verteilungskonflikt. Während also die „Massen" ein stärker gradualistisches, längerfristiges Verständnis von Politik entwickeln, ändert sich auch bei den höheren Schichten die Einstellung gegenüber der breiten Bevölkerung, die immer weniger als unfähig zu einer „vernünftigen" politischen Beteiligung angesehen wird (Lipset 1981: 39–51). Allgemein formuliert: Gestiegener gesellschaftlicher Wohlstand vermindert extreme ökonomische Ungleichheit, schwächt Standes-, Klassen- und Statusunterschiede, mäßigt den politischen Extremismus der unteren wie der oberen Schichten und stärkt die Mittelschichten, die nach demokratischer Mitsprache verlangen. Als ein Nebenprodukt erfolgreicher wirtschaftlicher Entwicklung sieht Lipset ganz im Sinne von Tocqueville die Neigung der Bürger wachsen, sich in unabhängigen zivilen Vereinigungen zu engagieren, die die politische Beteiligung erhöhen, demokratische Werte und politische Fähigkeiten stärken und den Staat oder andere dominierende Kräfte daran hindern, die politischen Ressourcen zu monopolisieren und die bürgerlichen wie politischen Freiheiten einzuschränken.

---

27 Obwohl es für den Zusammenhang von wirtschaftlichem Entwicklungsniveau und Demokratiereife einen gesicherten statistischen Zusammenhang gibt, lässt sich im globalen Maßstab statistisch nicht zeigen, dass Demokratien ein höheres ökonomisches Wachstum erzeugen als autokratische Regime (Moore, M. 1995: 3; Przeworski/ Limongi 1997).

Wirtschaftswachstum und sozioökonomischer Entwicklungsstand werden also mit plausiblen Gründen und überzeugender statistischer Evidenz als *eine* Ursache, im globalen Durchschnitt gar als *der* wichtigste Grund für erfolgreiche Demokratisierung angesehen. Auch der Umkehrschluss, dass gesellschaftliche Armut als *ein* zentrales Hindernis auf dem Weg zur Demokratie zu betrachten ist, ist nicht nur logisch zulässig, sondern ebenfalls empirisch ausreichend fundiert (Bertelsmann Stiftung 2004, 2005). Huntington (1991: 311) hat diese ökonomisch-politische Kausalbeziehung unmissverständlich formuliert:

> „Poverty is a principal and probably the principal obstacle to democratic development. The future of democracy depends on the future of economic development. Obstacles to economic development are obstacles to the expansion of democracy".[28]

Die kausale Beziehung ist klar: Gesellschaftlicher Wohlstand ist ebenso *eine* der wichtigsten Ursachen für erfolgreiche Demokratisierungsprozesse wie gesellschaftliche Armut eines der größten Hindernisse auf dem Weg zu einer konsolidierten Demokratie ist. Die Beziehung zwischen ökonomischer Modernisierung und Demokratie ist *kausal*, aber *nicht monokausal*. Das heißt, ökonomische Modernisierung ist für die Demokratisierung eines politischen Systems nicht hinreichend und nicht einmal in jedem einzelnen Falle notwendig. Aber in dem „Requisitenbündel" der Demokratie ist sie jene fundamentale Voraussetzung, die sowohl die sozialen Bedingungen und gesellschaftlichen Akteure als auch die Handlungsbedingungen hervorbringt, die autokratische Regime herausfordern und demokratisierungswillige Akteure stärken.

Adam Przeworski hat die Debatte um die Modernisierungstheorie am Ende der neunziger Jahre des vergangenen Jahrhunderts erneut befeuert. Zunächst mit seinem Koautor Limongi (1997) und wenig später mit weiteren Mitarbeitern (Przeworski et al. 2000) führt er eine interessante Unterscheidung in die Modernisierungsdebatte ein. Er differenziert zwischen einer „endogenen" und einer „exogenen" Variante der Modernisierungstheorie. Die endogene Version folgt der klassischen These, dass sozioökonomische Entwicklung eines nichtdemokratischen Landes die statistische Wahrscheinlichkeit sichtbar erhöht, dass dieses in eine Demokratisierungsphase eintritt. Die exogene These behauptet, dass die wirtschaftliche und soziale Entwicklung einer Gesellschaft die Demokratie festigt, *nachdem* sie schon etabliert wurde.

Przeworski und seine Mitarbeiter argumentieren vor dem Hintergrund einer statistischen Analyse von Demokratisierungsprozessen in der Nachkriegsphase von 1950 bis 1990, dass die endogene Erklärung einer statistischen Überprüfung nicht standhält. Die Wahrscheinlichkeit, dass ein Land demokratisch wird, nimmt nicht zu, wenn das Niveau seines Nationaleinkommens steigt (Przeworski et al. 2000: 178). In klassisch Popperianischer Manier halten die US-amerikanischen Demokratieforscher diesen Strang der Modernisierungstheorie für falsifiziert und damit erledigt. Anders verhält es sich jedoch mit der exogenen Variante der Modernisierungstheorie. Diese wurde nachdrücklich bestätigt:

> „While the modernization theory was wrong in thinking that development under dictatorship breeds democracies, Lipset was correct to argue once established in a wealthy country, democracy is more likely to endure. Indeed we have found that once a country is sufficiently wealthy, with per capita income more than $6,000 a year, democracy is certain to survive, come hell or high water" (Przeworski et al. 1996: 49).

---

28 Diese Ansicht wird von vielen Demokratieforschern geteilt, so auch von Larry Diamond (1993: 486): „For the democratic prospect, one aspect of economic development overrides all others in importance: reducing the level of absolute poverty and human deprivation."

Demokratien können aber auch in den ärmsten Ländern überleben, wenn diese Entwicklung generieren, die Ungleichheit reduzieren, der internationale Kontext günstig ist und das Land parlamentarische Institutionen besitzt (ibid.). Statistisch wurde dies für Länder mit weniger als $1 000 per capita berechnet. Allerdings treffen diese Faktoren höchst selten in den ärmsten Ländern gemeinsam auf. Armut bleibt deshalb auch für Przeworski und Kollegen eine Demokratiefalle.

Der Falsifikation der endogenen Modernisierungsthese wurde bald und überzeugend widersprochen. Carles Boix und Susan Carol Stokes (2003) führten drei empirische und theoretische Einwände an. Erstens zeigten sie zunächst auf der Grundlage der gleichen statistischen Stichprobe (1950-1990), dass gerade in den Ländern mit niedrigen und mittleren Nationaleinkommen die Wahrscheinlichkeit einer Demokratisierung signifikant steigt. Die Tatsache, dass sich bei diktatorisch regierten Ländern mit einem BIP/capita über $6 000 diese Wahrscheinlichkeit abschwächt, spreche nicht gegen die endogene Modernisierungsthese (ibid.: 518). Die Abschwächung der Eintrittswahrscheinlichkeit in die Demokratie ließe sich vielmehr vor allem darauf zurückführen, dass unter den verbliebenen reichen Diktaturen die Rentenregime der arabischen Erdölexportländer überproportional repräsentiert seien. In einem zweiten Schritt korrigieren Boix und Stokes dann die Datenbasis und dehnen sie bis in die Mitte des 19. Jahrhunderts aus, also in eine Periode, in der es noch keine Demokratien gab. Damit lassen sich auf breiterer systematischer Grundlage die Modernisierungsfaktoren herausfiltern, die historisch die Demokratisierung der Welt getrieben haben. Es wurde zudem ein Selektionsbias vermieden, der insbesondere darin bestand, dass der arbiträr festgelegte und theoretisch nicht begründete Startpunkt der Analyse Przeworskis im Jahre 1950 viele relativ modernisierte Länder des sowjetischen Lagers mit einschloss. Diese vermochten in einer historisch einzigartigen Periode, ihre diktatorische Herrschaft mit kaum wiederholbaren Instrumenten gemeinsam als Block zu stabilisieren. Schon einer Verschiebung des statistischen Samples um zehn Jahre auf die Periode 1960–2000 hätte zu anderen Ergebnissen geführt. Mit der Ausdehnung der statistischen Basis bis in die Zeit vor dem Entstehen der ersten Demokratien, konnten Boix und Stokes dagegen einen „starken endogenen Effekt" (ibid.: 519) feststellen. Drittens führten Boix und Stokes ein umfassenderes Bündel an Kontrollvariablen ein, die den partikulären Effekt des wirtschaftlichen Entwicklungsstandes auf den politischen Regimecharakter überzeugender zu isolieren vermochten. Stolz reklamieren beide dann auch: „We have shown that economic development does cause democracy and contains it" (ibid.: 545). Dies ist in der Tat der bisher neueste und überzeugendste Stand der Modernisierungsdebatte.

Halten wir fest: Modernisierungstheoretische Ansätze können gute kausale Argumente und überzeugende empirisch-statistische Testergebnisse dafür aufbieten, dass *längerfristig* die marktwirtschaftliche Modernisierung der Wirtschaft und mit ihr der Gesellschaft die fundamentale Voraussetzung für die Entwicklung der Demokratie ist. Die sozioökonomische Modernisierung hat also aus modernisierungstheoretischen Überlegungen folgende Demokratisierungseffekte:

▶ Sie führt Länder in eine ökonomische „Transitionszone" (Huntington 1991), in der autokratische Regime destabilisiert und Demokratisierungsprozesse provoziert werden.
▶ Wenn ein Land die Transitionsphase passiert hat, übt die jeweilige Höhe des wirtschaftlichen Modernisierungsniveaus einen starken Einfluss auf die Konsolidierungschancen der Demokratie aus.

▶ Die Modernisierung stärkt mit den Mittelschichten eine soziale Schicht, die den Klassengegensatz mildert und aufgrund ihrer Ausbildung und wirtschaftlichen Stellung zunehmend an politischer Partizipation interessiert ist.
▶ Für Demokratien wirkt Wirtschaftswachstum stets legitimierend. Für autokratische Regime, insbesondere jene, die sich auf die sozioökonomische „Transitionszone" hin bewegen, erzeugt sie ein fast ausweglosen Dilemma. Denn, wenn autokratische Regime eine schlechte wirtschaftliche Bilanz haben, verlieren sie (wie Demokratien) an Legitimität. Wenn sie jedoch eine gute Wirtschafts- und Wachstumsbilanz aufweisen, wecken sie gesellschaftliche Akteure und Forderungen nach politischer Mitsprache und Beteiligung, die sie nur erfüllen können, wenn sie ihre eigene autokratische Existenz aufgeben.

Diesen wichtigen Einsichten stehen allerdings unübersehbare *Mängel* und *Blindstellen* der klassischen Modernisierungstheorie[29] gegenüber:

▶ Die Modernisierungstheorie vermag den Modernisierungsstand, bei dem der Übergang zur Demokratie mit hoher Wahrscheinlichkeit beginnt, nur unzureichend anzugeben. Die Bandbreite von 1 000 bis 6 000 US-Dollar Einkommen pro Kopf ist zu groß und zeigt die Grenzen monokausaler Erklärungen klar auf.[30]
▶ Die Modernisierungstheorie vermag nicht, die Einleitung und die Ursachen von Demokratisierungsprozessen in unterentwickelten Gesellschaften zu erklären.
▶ Die Modernisierungstheorie liefert keine Erklärung für den Zusammenbruch demokratischer Systeme in sozioökonomisch relativ hoch entwickelten Gesellschaften (z. B. Deutschland und Österreich in der Zwischenkriegszeit; Argentinien, Chile und Uruguay in den 1970er Jahren).
▶ Schließlich kann die Modernisierungstheorie auch keine fundierten Angaben über demokratiefördernde oder demokratiehinderliche kulturelle und religiöse Kontexte machen.[31]
▶ Die Modernisierungstheorie gibt nur langfristige und globale Durchschnittstrends an und vermag den Zeitpunkt des Demokratisierungsbeginns nicht zu bestimmen.
▶ Diese Defizite haben ihre Ursachen vor allem darin, dass die modernisierungstheoretischen Ansätze, über die aristotelische Fixierung auf die partizipationsbereiten und mäßigenden Mittelschichten hinaus, stumm bleiben in Hinblick auf günstige wie ungünstige Akteurskonstellationen und Handlungssituationen für die Durchsetzungschancen der Demokratie. Darüber hinaus vermögen sie keine Aussagen über demokratiefördernde und demokratiehinderliche politisch-institutionelle Arrangements zu treffen.

Die Modernisierungstheorie gibt also nicht einen deterministischen Zusammenhang, sondern eine extrem signifikante Tendenz an. Das heißt, dass es auch – anders zu erklärende – Ausnahmen von dieser Tendenz gibt (Schmidt, M. G. 2006: 295).

Wie wahrscheinlich die Einleitung von demokratischen Systemtransformationen ist, wann und unter welchen Umständen eine Demokratie etabliert und erhalten werden kann, muss mit Argumenten jenseits der reinen Modernisierungstheorie erklärt werden, ohne die wertvollen Erkenntnispotenziale der Modernisierungstheorien zu verlieren. Insbesondere müssen

---

29 Wir lassen hier unberücksichtigt, dass es unterschiedliche Varianten der Modernisierungstheorie gibt und beziehen uns auf Lipsets „klassische" Explikation.
30 So lag das BIP/capita der neuen Demokratien der dritten Welle bei Demokratisierungsbeginn in einer Bandbreite von 340 US-Dollar (Albanien 1993) und 6 500 US-Dollar (Slowenien); vgl. Schmidt, M. G. (2006: 467).
31 Dies bedeutet jedoch nicht, dass einzelne der Modernisierungstheorie verpflichtete Politikwissenschaftler, wie an prominentester Stelle Samuel P. Huntington, nicht auch auf religiöse und kulturelle Faktoren *(civilizations)* verweisen (vgl. Huntington 1991: 294 ff.).

Theorien geprüft werden, die die Leerstelle zwischen soziöökonomischen Voraussetzungen und politischem Handeln überbrückt. Strukturalistische Transformationstheorien liefern dafür einen ersten wichtigen Baustein.

4.2 Strukturtheorien

4.2.1 Der neomarxistische Strukturalismus

Die *strukturalistische Transformationsforschung* (Moore, B. 1969; Rueschemeyer et al. 1992) betont die „sozio- und machtstrukturellen Zwänge" (Giddens 1993), denen politische Transformationsprozesse unterliegen. Der Erfolg oder Misserfolg von Demokratisierungs- und Konsolidierungsprozessen wird als Resultat langfristiger Verschiebungen in den Machtstrukturen einer Gesellschaft angesehen. Durch historisch-qualitative Vergleiche (Moore, B. 1969: 9) versuchen strukturalistisch orientierte Forscher, Faktoren herauszufiltern, die den Weg einer Gesellschaft in die Diktatur oder Demokratie beeinflussen. Entgegen den Annahmen der klassischen soziologischen Modernisierungstheorie von Parsons wird betont, dass mehrere Pfade zur Modernisierung einer Gesellschaft führen können.[32] Demokratie erscheint hier nicht als zwangsläufiges, sondern nur als mögliches Ergebnis von Veränderungen des Verhältnisses zwischen den sozialen Klassen einer Gesellschaft und der Durchsetzung ihrer Interessen. Ob es zur Etablierung einer Demokratie kommt, ist aus der strukturalistischen Perspektive vor allem von folgenden fünf Faktoren abhängig (ibid: 495):

- der Machtverteilung innerhalb der Eliten,
- der ökonomischen Basis der agrarischen Oberschicht,
- der Konstellation von Klassenkoalitionen,
- der Machtverteilung zwischen den sozialen Klassen,
- der Autonomie des Staates gegenüber den dominanten Klassen.

Als treibende gesellschaftliche Kraft der demokratischen Entwicklung sieht Barrington Moore das Wirtschaftsbürgertum. Dessen Stellung als kraftvolle, unabhängige Klasse ist die *notwendige* Voraussetzung für die Demokratie. Moore pointiert dies in der These „ohne Bourgeoisie keine Demokratie" (ibid.: 481). Demokratiefördernd handelt die Bourgeoisie in der Regel allerdings nur, wenn sie gegenüber der Landaristokratie über ausreichende (wirtschaftliche) Selbständigkeit verfügt und nicht in eine Klassenallianz mit ihr gegen die aufstrebende Arbeiterschaft sowie die Kleinbauern und Landarbeiter gedrängt wird (ibid.: 495).

In Kritik von einigen Prämissen Moores haben Rueschemeyer et al. (1992) dessen strukturalistische Überlegungen modifiziert und weiterentwickelt. Sie betrachten die Ausgestaltung der Machtbeziehungen zwischen Staat und sozialen Klassen wie zwischen den Klassen selbst und den transnationalen Einfluss auf diese Beziehungen als entscheidend für die Demokratisierungschancen eines Staates (ibid.: 47). Aus der erweiterten strukturalistischen Perspektive be-

---

[32] Barrrington Moore (1969: 13 f.) zeichnet drei mögliche gesellschaftliche Entwicklungswege von der vorindustriellen zur modernen Welt nach: (1) die bürgerliche Revolution (England, USA, Frankreich), die zum Entstehen der kapitalistischen Demokratie führte; (2) die von oben initiierte Revolution, die zum reaktionären Kapitalismus, Faschismus und Militarismus wie in Deutschland und Japan führte; (3) die destruktive Revolution der Bauernschaft, die in den Kommunismus führte (Russland, China).

einflussen v. a. zwei Variablen die Chancen zur Etablierung und Konsolidierung einer Demokratie:

1. *Klassenstrukturen und -koalitionen:* Die Autoren sehen in der Klasse der Großgrundbesitzer das größte Hindernis und in der Arbeiterklasse den eigentlichen Motor demokratischer Entwicklung (ibid.: 6). Kapitalistische Entwicklung fördere die Demokratie, weil sie zum Entstehen und Anwachsen von Arbeiterschaft und Mittelschichten führt. Nur wenn die Klasse der Großgrundbesitzer keine politisch und ökonomisch dominierende Kraft mehr darstellt, weder den Staatsapparat kontrolliert noch wirtschaftlich auf den kontinuierlichen Zustrom billiger Arbeitskräfte angewiesen ist, wird Demokratie möglich. Ist die Klassenstruktur durch eine schwache Arbeiterschicht gekennzeichnet, die nicht fähig ist, als relevante demokratiefordernde Kraft aufzutreten, können Mittelschichten und Kleinbürgertum diese Funktion übernehmen. Deren Einstellungen zu Demokratie und Demokratisierung sind jedoch ambivalent. Kleinbürgertum und Mittelschichten treten nur dann für die Demokratie ein, wenn die Forderungen der Arbeiterschaft nach politischer und ökonomischer Teilhabe nicht als Bedrohung des eigenen Status empfunden werden (ibid.: 282). Rueschemeyer et al. sehen in der Arbeiterschaft den wichtigsten, der Bourgeoisie oder den Mittelschichten mindestens ebenbürtigen Akteur für die Demokratisierung politischer Herrschaftsordnungen.
2. *Machtverhältnis zwischen Staat und Zivilgesellschaft:* Je mehr Ressourcen die Staatseliten unabhängig von den wirtschaftlichen Eliten kontrollieren und je mächtiger sie einen ideologisch geeinten und hierarchisch integrierten Staatsapparat repräsentieren, umso stärker sind Autonomie und Eigeninteressen des Staates und desto wahrscheinlicher ist die Herausbildung eines autoritären Regimes. Besondere Bedeutung hat die interne Organisation des staatlichen Gewaltmonopols. Hier stellt sich insbesondere die Frage, ob Sicherheitsorgane (Militär, Polizei, Geheimdienste) ziviler Kontrolle unterliegen oder als „Staat im Staate" agieren. Trifft letzteres zu, sind sie mächtige Vetoakteure gegen die Demokratie. Sind in der Zivilgesellschaft dagegen autonome Organisationen wie Parteien und Verbände entstanden, bilden diese ein Gegengewicht zum Staat (ibid.: 275 ff.) und erhöhen dadurch die Chancen einer erfolgreichen Demokratisierung des politischen Systems. Es kommt also auf eine gewisse Machtbalance zwischen Staat und Zivilgesellschaft an.

4.2.2 Das Theorem der Machtdispersion

Die auf Staat und soziale Klassentheorie fixierte Strukturtheorie lässt sich mit dem quantitativ orientierten *Machtressourcen-* bzw. *Machtdispersionsansatz* ergänzen, wie ihn der Finne Tatu Vanhanen (1989, 1992, 1994) entwickelt hat. Vanhanen greift die grundsätzliche modernisierungstheoretische Überlegung der Pluralisierung und Differenzierung der sozioökonomischen Strukturen auf und ergänzt sie mit weitergehenden Überlegungen zur Machtverteilung. Doch anders als Moore und Rueschemeyer et al. versucht er, die Machtverteilung in der Gesellschaft präziser zu erfassen, als dies mit einer Klassen- und Staatstheorie geleistet werden kann. Sein Augenmerk hinsichtlich der Entwicklungschancen der Demokratie liegt auf der *Streuung* der Machtressourcen in Wirtschaft und Gesellschaft. In Fortführung eines Kerngedankens aus Robert Dahls *Polyarchie*konzept entwickelt Vanhanen folgende These: Je breiter die Streuung der Machtressourcen in einer Gesellschaft, umso höher ist deren Demokratisierungsgrad. Anders formuliert: Je höher die Machtkonzentration in einer Gesellschaft, umso höher sind die Hindernisse auf dem Weg zur Demokratie. Die prinzipielle Idee hinter dieser These lautet, dass Demokratisierungsprozesse in einer Gesellschaft dann erfolgversprechend sind, wenn die sozialen Machtressourcen so breit gestreut sind, dass keine Gruppe mehr in der Lage ist, ihre sozialen Konkurrenten oder andere Gruppen zu unterdrücken und die eigene soziale wie politische Hegemonie aufrechtzuerhalten. Demokratie entsteht, so Vanhanens These, vor allem als rationaler Kompromiss zwischen den Eliten und Gruppen einer Gesellschaft. Je weniger asymmetrisch die gesellschaftlichen Machtressourcen aber verteilt sind, umso eher ist ein solcher demokratischer Basiskompromiss wahrscheinlich (Vanhanen 1992: 21).

Um die Streuung der Machtressourcen in einer Gesellschaft empirisch erfassen und für hohe Fallzahlen von Untersuchungsländern vergleichbar machen zu können, hat Vanhanen einen „Machtressourcenindex" *(Index of Power Resources, IPR)* entwickelt. Dieser Index besteht aus drei Komponenten, die die Dispersion von wirtschaftlichen, kognitiven und beruflichen Ressourcen innerhalb einer Gesellschaft anhand ihres Urbanisierungsgrades, der Verteilung der Wissens- und Bildungsressourcen, der Verteilung des Landbesitzes und anderer ökonomischer Ressourcen messen.[33] Diese drei Hauptindizes werden durch sechs Variablen operationalisiert und schließlich durch Multiplikation zusammengefügt. Das Minimum des IPR liegt bei 0, das Maximum bei 100. Die etablierten westlichen Demokratien hatten 1980 z. B. einen Index, der zwischen 52,2 (USA), 44,3 (BRD) und 33,9 (Österreich) streute. Autoritäre Regime erreichten Werte zwischen 22 (Südkorea), 12,1 (Mexiko), 10,1 (Polen) und 6,2 (Thailand). Totalitär geschlossene Systeme wie die VR China erzielten gerade noch 0,1 (Vanhanen 1992: 33 ff.).

Auch wenn die bis auf Kommastellen berechneten Indizes eine Präzision suggerieren, die nicht immer den realen Gegebenheiten und statistischen Problemen gerecht wird, sind Vanhanens Korrelations- und Regressionsergebnisse hochsignifikant: Je breiter die Streuung der Machtressourcen, umso höher ist der Demokratisierungsgrad eines Landes und *vice versa*. Gegenüber dem in modernisierungstheoretischen Analysen meist verwendeten Entwicklungsindikator BIP/capita, der über die Verteilungsfrage zunächst keine Aussagen zulässt, besitzt Vanhanens Machtressourcenindex eine differenziertere Aussagekraft.

Insgesamt lässt sich zusammenfassen, dass der Nutzen strukturalistischer Konzepte in der Betonung der (macht-)strukturellen Möglichkeitsbedingungen einer Demokratie liegt. Dadurch modifizieren sie den ökonomisch determinierten Demokratisierungsoptimismus der Modernisierungstheorien. Indem strukturalistische Konzepte nicht nur *eine* Schicht als besonderen Träger der Demokratisierung ausmachen (Modernisierungstheorie: Mittelschichten), sondern insbesondere auf die Machtbeziehungen zwischen den sozialen Klassen und dieser zum Staat hinweisen (Moore, B.; Rueschemeyer et al.) oder die generelle Verteilung von Machtressourcen in einer Gesellschaft erfassen (Vanhanen), vermögen sie, soziale und politische Machtkonstellationen in Hinblick auf die Demokratisierungschancen genauer zu deuten. Die *günstigste* Konstellation für die Demokratie sehen sie in einer starken Arbeiterschaft, starken modernen Mittelschichten, einer ebenfalls modernen, d. h. nichtoligarchischen Bourgeoisie, einer schwachen Großgrundbesitzerschicht und einer weit gestreuten Verteilung von Machtressourcen. Die Autonomie und Stärke des Staates selbst müssen groß genug sein, um

---

33 Zur Erstellung seines „Index of Power Resources" zieht Vanhanen (1992: 23) unter Rückgriff auf Rokkan (1973) sechs Variablen heran: (1) den Anteil der städtischen Bevölkerung an der Gesamtbevölkerung; (2) den Anteil der nicht in der Landwirtschaft Tätigen an der Gesamtbevölkerung; (3) die Zahl der Studenten pro 100 000 Einwohner; (4) die Alphabetisierungsrate der Gesamtbevölkerung; (5) den Flächenanteil von Bauernhöfen in Familienbesitz am Gesamtgrundbesitz; (6) den Dezentralisierungsgrad der nichtagrarischen wirtschaftlichen Ressourcen.

seine Unabhängigkeit gegenüber den dominanten Klassen zu gewährleisten; gleichzeitig aber auch schwach genug, um die prodemokratischen Kräfte der Gesellschaft nicht unterdrücken zu können. Die *ungünstigste* Konstellation ist eine starke Großgrundbesitzerschicht, eine unterdrückte Landarbeiterschaft, schwache Mittelschichten, die von einem von der Landaristokratie dominierten Staat unterdrückt werden, sowie eine extrem ungleiche Verteilung der Machtressourcen.

Trotz dieser Einsichten in die Machtstrukturen von Staat und Gesellschaft unterschätzen die strukturalistischen Ansätze die Komplexität der Interessenlagen innerhalb sozialer Großklassen. Denn soziale Klassen sind nicht automatisch einheitlich handelnde kollektive Akteure, wie von manchen strukturalistischen Autoren dargestellt. Sie sind weder immer in der Lage, sich kollektiv zu organisieren, noch stets einheitlich zu handeln. Strategisches Handeln von Eliten im Verlauf von Transformationsprozessen wird von den strukturalistischen Ansätzen nicht hinreichend erfasst. Ebenso wenig wird die religiös-kulturelle Einbettung von Klassenbeziehungen, Staatshandeln und Machtverteilung berücksichtigt. Beide Aspekte, die religiös-kulturellen Kontexte und das strategische politische Handeln, entscheiden aber ebenfalls über die Entwicklungschancen von Demokratisierungsprozessen.

4.3 Kulturtheorien

Religiös-kulturelle Faktoren und ihre Wirkung auf die Entwicklung des Kapitalismus und bestimmte Staatsverfassungen sind schon zu Beginn dieses Jahrhunderts in Max Webers Religionssoziologie immer wieder betont worden. Am Ende des 20. Jahrhunderts hat die Frage nach den kulturellen und zivilisatorischen Voraussetzungen der Demokratie mit Samuel P. Huntingtons Essay „The Clash of Civilizations" (1993) erneut große Aufmerksamkeit gewonnen. Für die Analyse der Voraussetzungen und Hindernisse erfolgreicher Demokratisierung sind tiefverwurzelte religiös-kulturelle Traditionsbestände deshalb von Bedeutung, weil sie sich anders als politische Institutionen *(institutional engineering)* und selbst noch anders als gesellschaftliche Strukturen *(social engineering)* einer kurzfristigen intendierten Veränderung entziehen.[34] Wenn es aber hinreichende Gründe gibt, bestimmte religiöse Kulturen als Hindernisse für die Demokratie einzuschätzen, ist davon auszugehen, dass sie – wenn überhaupt – nur längerfristig abgebaut werden können; und selbst dann wird dies in der Regel nicht im Sinne einer strategischen Beeinflussung geschehen, sondern ungerichtet evolutionär.

Ein weiterer „kultureller" Aspekt, der jenseits der religiösen Prägung der Kultur die Demokratiefähigkeit einer Gesellschaft beeinflusst, ist das in ihr akkumulierte „soziale Kapital" (Putnam 1993). Es soll deshalb geprüft werden, inwiefern

▻ religiös-kulturelle Zivilisationstypen und
▻ „soziales Kapital"

Voraussetzungen oder Hindernisse erfolgreicher Demokratisierung sind.

---

[34] Lipset et al. (1993: 137): „Cultural factors deriving from varying histories are extraordinarily difficult to manipulate. Political institutions – including electoral systems and constitutional arrangements – are more easily changed."

4.3.1 Religiös-kulturelle Zivilisationstypen

Die übergreifende These lautet: Eine fundamentalistisch-religiöse Kultur behindert die Verbreitung demokratiestützender Normen und Verhaltensweisen in der Gesellschaft. Sie versagt den demokratischen Institutionen die eigenständige demokratische Legitimität und belastet deshalb die Demokratisierung von Staat und Gesellschaft (Merkel/Puhle 1999: 49). Die „Kulturhypothese" lässt sich auf zwei Arten formulieren: einer restriktiven und einer moderaten Version. Die restriktive These postuliert, dass nur die „westliche Kultur" eine förderliche Basis für die Demokratie abgibt und die (liberale) Demokratie für nicht westliche Gesellschaften untauglich ist.[35] Auch wenn die historische Entwicklung der „westlichen Demokratien" diese These partiell stützt, ist der Umkehrschluss, dass Demokratie kulturellen Normen nichtwestlicher Gesellschaften widerspricht, *in toto* nicht aufrechtzuerhalten und wird sowohl von „asiatische Demokratien" (Japan, Südkorea, Taiwan) als auch mehrheitlich hinduistische (Indien) oder christlich-orthodoxe (Griechenland, Bulgarien) Gesellschaften, die sich demokratisch verfasst haben, widerlegt.

Die weniger restriktive Variante der Kulturhypothese lautet: Es gibt nicht eine Zivilisation (die westliche), die für die Demokratie allein die geeignete Basis abgibt, sondern es existieren einige religiöse Kulturen, die der Demokratie positiv, und andere, die ihr ausgesprochen skeptisch, wenn nicht gar „feindlich" (Huntington 1991: 300) gegenüberstehen. Diese These erscheint uns für die Fragestellung nach den Erfolgsbedingungen und Hindernissen der Demokratisierung plausibler und analytisch ergiebiger. Sie soll deshalb im Folgenden geprüft werden. Zieht man die acht Zivilisationstypen von Samuel P. Huntington (1993) heran, ergibt sich hinsichtlich der Demokratiefreundlichkeit diese Rangfolge:

1. westliche Kultur (Liberalismus, Protestantismus)
2. lateinamerikanische Kultur (Katholizismus)
3. japanische Kultur
4. slawisch-orthodoxe Kultur
5. hinduistische Kultur
6. afrikanische Kultur
7. konfuzianische Kultur
8. islamische Kultur

Die ersten drei religiösen Kulturtypen sind nach Huntington, mit graduellen Unterschieden, durchaus kompatibel mit westlichen Demokratieformen. Die slawisch-orthodoxe Kultur, die hinduistische und die afrikanische Kultur werden zwar als nicht besonders demokratieförderlich betrachtet, aber auch nicht prinzipiell als demokratiefeindlich.[36] Die konfuzianischen und islamischen Kulturen werden dagegen häufig als unvereinbar mit der liberalen Demokratie angesehen.

---
35 Noch zu Beginn der dritten Demokratisierungswelle wurde diese These z. B. von George F. Kennan vertreten (vgl. Huntington 1991: 298).
36 Natürlich lässt sich eine erhebliche Binnendifferenzierung der einzelnen religiösen Kulturtypen vornehmen, seien es westlich-christliche, afrikanische oder islamische Kulturen. Dennoch gibt es mit der Ausnahme afrikanischer gemeinsame kulturelle Kernbestände, auf die sich Huntington und andere beziehen.

Konfuzianische Kultur

Samuel P. Huntington (1991: 6) formuliert die These, dass konfuzianische oder konfuzianisch beeinflusste Gesellschaften „inhospitable" gegenüber der Demokratie seien. Huntington kategorisch: „Confucian Democracy' is clearly a contradiction in terms" (ibid.). Der US-amerikanische Politikwissenschaftler bringt dafür folgende Argumente vor: Der klassische chinesische Konfuzianismus und seine Ableger in Korea, Vietnam, Singapur und Taiwan setzen die Gruppe über das Individuum, die Autorität über die Freiheit, traditionale Verantwortlichkeiten über rechtsstaatlich verbriefte Rechte und die Harmonie über den konflikthaften Wettbewerb. Konfuzianische Gesellschaften besitzen keine Tradition der Individualrechte gegenüber dem Staat. Der unter Umständen auch konflikthafte Wettbewerb zwischen Ideen, Gruppen und Parteien wird als gemeinschaftsschädlich oder gar illegitim betrachtet.

Es ist Huntington zwar Recht zu geben, dass eine antiindividualistische Autoritätsgläubigkeit und die harmonistische Aversion gegen Konflikt und Wettbewerb bestimmten Grundprinzipien der liberalen Demokratie widersprechen. Doch Huntington überzieht seine Schlussfolgerung nicht zuletzt auch deshalb, weil er die kompatiblen Elemente von Konfuzianismus und Demokratie entweder völlig ausblendet oder sträflich unterschätzt. So nennt Fukuyama (1995) in seiner Entgegnung auf Huntington vier demokratiefördernde Komponenten des Konfuzianismus:

1. Die besondere Betonung der Bildung und Ausbildung, die nicht nur in der Modernisierungstheorie als eine der kardinalen Triebkräfte erfolgreicher Demokratisierung angesehen werden. Dieser enge Zusammenhang zwischen Bildung und Demokratie spricht für die Demokratiechancen auch konfuzianisch geprägter Gesellschaften, wie sich modernisierungstheoretisch argumentieren lässt.[37]
2. Der Konfuzianismus ist relativ tolerant. In dieser Hinsicht hat er sicherlich eine weniger grausame historische Bilanz aufzuweisen als der Islam, der Hinduismus oder das Christentum.
3. Der Konfuzianismus ist relativ egalitär, was etwa im Sinne des Machtdispersionsindex von Vanhanen durchaus demokratieförderlich ist.[38]
4. Im chinesischen Konfuzianismus hat nicht die staatliche Autorität den höchsten Wert, sondern die Familie. Sie kann vor staatsautoritären Übergriffen in die Privatsphäre als „Schutzdamm" wirken.

Der politische Konfuzianismus, wie Huntington ihn beschreibt, bildet im Übrigen besser den etatistisch-japanischen als den stärker familial geprägten chinesischen Konfuzianismus ab. In Japan existiert aber seit über 50 Jahren die Demokratie (vgl. Fukuyama 1995: 27).

Trotz dieser Argumente, wie sie von Fukuyama und Rowen vorgebracht werden, sind auch die bereits genannten demokratiehinderlichen Aspekte zu berücksichtigen. In Abwägung beider sind die konfuzianisch geprägten Gesellschaften nicht in gleicher Weise der Demokratie gegenüber aufgeschlossen wie die protestantisch geprägten nordwesteuropäischen und nordamerikanischen Kulturtraditionen. Allerdings ist eine konfuzianische Demokratie sicherlich keine „contradiction in terms", wie Huntington behauptet. Darüber hinaus verändern sich

---
37 Die durchschnittliche Schuldauer in Huntingtons „Zivilisationstypen" (Z) war 1985 wie folgt: Westen 8,7 Jahre, orthodoxe Z 7,6, konfuzianische Z 7,1, lateinamerikanische Z 4,9, buddhistische Z 4,2, islamische Z 3,1, Schwarzafrika 2,8 (vgl. Rowen 1995: 57).
38 Dieser Einwand Fukuyamas wird nicht von allen Autoren geteilt, so etwa von Croissant (2000).

auch religiöse Kulturmuster im Laufe der Zeit und im Zuge sozioökonomischer Modernisierung. Dies zeigt die Entwicklung des noch zu Beginn des letzten Jahrhunderts demokratiefeindlichen Katholizismus (u. a. in Italien, Spanien, Portugal) ebenso wie die jüngsten Veränderungen in den konfuzianisch geprägten Gesellschaften Japans, Südkoreas, Taiwans, Thailands und der Philippinen.[39]

■ *Islamische Kultur*

Anders als der Konfuzianismus steht insbesondere der Islamismus[40] als fundamentalistische Zuspitzung religiöser Varianten des Islam im klaren Widerspruch zur Demokratie. Denn in dem Maße, wie politische Legitimität aus religiösen Prinzipien begründet, die konkrete Politik nicht demokratisch wandelbaren Präferenzen, sondern überzeitlich geltenden Dogmen verpflichtet und von islamischen Geistlichen kontrolliert wird, gibt es keine Versöhnungsmöglichkeit mit der Demokratie, deren Politik ja gerade der Kontingenz von periodisch stattfindenden Wahlen unterworfen ist. Dieser theoretisch nicht aufzulösende Widerspruch wird auch von der Empirie bestätigt. Kein Land der arabisch-islamischen Welt ist gegenwärtig demokratisch, obwohl die sozioökonomische Entwicklung viele von ihnen längst in die von Huntington und anderen wirtschaftlich definierte „Transitionszone" geführt hat. Auf der *Political-rights-* und *Civil-liberties*-Skala der *Freedom House Reports* oder dem *Bertelsmann Transformation Index* weisen die arabisch-islamischen Staaten neben der Volksrepublik China und Nordkorea die höchsten Negativwerte auf (Freedom House 1995: 678 f.; Bertelsmann Stiftung 2004, 2005; Merkel, W. 2003b). In der islamischen Welt des Vorderen Orients hatte allein die Türkei über eine gewisse Periode ein relativ demokratisches politisches System etabliert (Huntington 1991). Dies fußte aber gerade auf der säkularen westlichen Nationalstaatsidee des Mustafa Kemal Atatürk und geschah in expliziter Zurückweisung islamistischer Gesellschaftskonzepte. Die Konsensdemokratie des Libanon kollabierte gerade in dem Moment, als die Moslems sich fundamentalisierten und mit syrischer Unterstützung den Konsens aufkündigten. Aber auch außerhalb der arabischen Welt und des Vorderen Orients weist der Islam eine negative Demokratiebilanz auf. So wurden in Pakistan Versuche, eine moderne Demokratie fest zu etablieren, wiederholt von islamistischen Militärs verhindert. Doch selbst für den Islam gilt, dass sein politischer und gesellschaftlicher Anspruch ebenfalls dem Wandel unterworfen ist. Gemäßigte Varianten des Islam in Mali oder Indonesien zeigen denn auch, dass es eine Versöhnungsmöglichkeit zwischen dem islamischen Glauben und der Demokratie geben kann.[41] Nicht der Islam generell, wohl aber seine gegenwärtig dominierende fundamentalistische Variante steht im diametralen Widerspruch zu Idee und Praxis der Demokratie.

Hinsichtlich der religiös-kulturellen Faktoren bleibt festzuhalten, dass diese dann als Hindernisse gegenüber der Demokratisierung einer Gesellschaft wirken, wenn sie den Vorrang vermeintlichen göttlichen Rechts über demokratisch konstituierte rechtsstaatliche Ordnungen reklamieren, was vor allem auf den Islamismus zutrifft. Fundamentalistische Interpretationen des Islam weisen Frauen zudem eine Rolle in Staat und Gesellschaft zu, die mit dem politischen Gleichheitsgebot der Demokratie nicht zu vereinbaren ist. Die Ungleichheit der Frauen

---

39 Vgl. weiterführende Erläuterungen in Teil V, Kap. 6 zur „asiatischen Form" der Demokratie.
40 Wir verwenden hier den Begriff „Islamismus" zur Kennzeichnung einer fundamentalistischen Variante des Islam, die eine generelle Superiorität religiöser Prinzipien über politische Entscheidungen einfordert.
41 Die Daten von Freedom House (2005) und dem Bertelsmann Transformation Index (2006) weisen allein Mali als volle (rechtsstaatliche) Demokratie aus. Indonesien oder etwa die Türkei werden trotz beachtlicher Demokratisierungsfortschritte als defekte Varianten der Demokratie bezeichnet.

kann sich dabei von der Behinderung an der politischen Partizipation über die partielle Vorenthaltung bürgerlicher Rechte bis hin zur Verletzung allgemeiner Menschenrechte erstrecken.

Die absolute Trennung von Staat und Religion ist zwar keine unabdingbare Voraussetzung für eine funktionierende Demokratie. Je mehr die Religionsträger jedoch glauben, gegen rechtsstaatlich und demokratisch zustande gekommene Entscheidungen ein religiös fundiertes Oppositions- oder Widerstandsrecht reklamieren zu können, umso mehr müssen sie als Störfaktoren der Demokratie bezeichnet werden. Verallgemeinert heißt das: Je weniger Religionen sich mit ihrer Rolle in säkularisierten Gesellschaften abfinden und auf eine höhere Richterrolle gegenüber demokratisch zustandegekommenen Entscheidungen pochen, umso größere Hindernisse stellen sie für die Demokratisierung von Staat und Gesellschaft dar. Die Säkularisierung der Gesellschaft sowie die Trennung von Kirche und Staat sind dagegen günstige Voraussetzungen für die Demokratie.

4.3.2 Soziales Kapital

Neben den religiösen Kulturen, von diesen aber auch beeinflusst, spielen gesellschaftliche Werte, soziale Traditionen und die historischen Erfahrungen von Gemeinschaft und Kooperation eine wichtige Rolle. Dahinter steht die Überlegung, dass die formalen politischen Institutionen allein instabil und nicht ausreichend „institutionalisiert" sind, wenn ihnen die angemessene gesellschaftliche Unterfütterung durch eine demokratiefreundliche Zivilkultur fehlt. Das Problem, mit dem entstehende und junge Demokratien hier konfrontiert sind, liegt auf der Hand: Während Verfassungen, politische Institutionen, Parteien und Verbände auch in kurzen Fristen konstruiert, gegründet und organisiert werden können, lassen sich demokratiestützende Werte und Verhaltensweisen der Gesellschaft nicht am Reißbrett von Sozialingenieuren entwerfen. Sie müssen vielmehr in langfristigem zivilgesellschaftlichem Engagement gelernt, habitualisiert und historisch als *social capital* akkumuliert werden (Putnam 1993). Wenn aber informelle Normen gemeinschaftlicher Reprozität und wechselseitigen Vertrauens, wenn bürgerliches Engagement und zivile Selbstorganisation die soziale Kommunikation einer Gesellschaft geprägt haben, zivilisiert eine solche Gesellschaft ihrerseits nicht nur die Formen staatlicher Herrschaft, sondern stabilisiert in komplementärer Weise auch die politischen Institutionen der Demokratie und macht sie wirksam.

Soziales Kapital hilft, das in vielen jungen Demokratien existierende „Hobbes'sche Equilibrium" (Putnam 1993: 181) von Misstrauen und vertikaler sozialer Abhängigkeit ohne den drohenden Rückgriff auf einen autoritären „Leviathan" aufzulösen. Denn „moralische Ressourcen" (Hirschman) wie Vertrauen und gemeinschaftliche Kooperation erschöpfen sich nicht in ihrem Gebrauch, sondern wachsen durch diesen beständig. Je größer das gesellschaftliche Vertrauen ist, umso wahrscheinlicher kommt es zu sozialer Kooperation; Kooperation produziert aber ihrerseits wachsendes Vertrauen unter denen, die daran teilnehmen. Es existieren also zwei mögliche, sich wechselseitig verstärkende Quellen von sozialem Vertrauen: Normen der Reziprozität und Netzwerke kooperativen, zivilen Engagements. So wie diese *gesellschaftlichen* Institutionen die *politischen* Institutionen der Demokratie stärken, können jene helfen, diese zu erzeugen. Während ersteres jedoch ein kurzfristigerer Prozess ist, muss bei letzterem mit längeren Zeiträumen gerechnet werden.

Zumindest für prinzipiell demokratische Ordnungen gilt also, dass historisch akkumuliertes soziales Kapital die Stabilität, Effizienz und Qualität einer Demokratie hebt. Anders formuliert: Je mehr soziales Kapital in einer Gesellschaft angesammelt wurde, umso eher kann, *ceteris paribus*, erwartet werden, dass autokratische Systeme nicht überleben und demokratische Ordnungen sich konsolidieren können.[42]

4.4 Akteurstheorien

Die zeitliche und politisch-kontextuelle Unbestimmtheit von Modernisierungs-, Kultur- und Strukturtheorien in Hinblick auf die konkreten Realisierungschancen der Demokratie zeigen die bedeutenden zusätzlichen Erkenntnismöglichkeiten, die uns Akteurs- und Handlungstheorien eröffnen können. Man könnte gar argumentieren, wenn ein notwendiges Minimum ökonomischer, kultureller und struktureller Voraussetzungen gegeben ist, sind politische Strategien, Allianzen und Handlungen umso wichtiger, je weiter diese notwendigen von den hinreichenden Bedingungen erfolgreicher Demokratisierung entfernt sind.

Im Gegensatz zu den Modernisierungstheorien, zu Kulturalisten und Strukturalisten setzen *Akteurstheorien* auf der Mikro- und Mesoebene der handelnden Akteure an. Damit durchbrechen sie die bisweilen statische Betrachtung der strukturellen Voraussetzungen und Hindernisse erfolgreicher Demokratisierung. Sie negieren deren Erkenntnisse jedoch keineswegs, sondern betrachten sie vielmehr als Strukturen, die den Handlungsrahmen für die demokratisierungswilligen Akteure und ihre Opponenten abstecken.

Im Unterschied zum ökonomischen, kulturellen und sozialstrukturellen Determinismus betonen Akteurstheorien die Unbestimmtheit politischen Handelns in Hinblick auf Verlauf und Ausgang von Systemwechseln. Die Entscheidung für oder gegen die Demokratie wird von ihnen letztlich als Ergebnis einer situationsgebundenen, kontinuierlichen Neudefinition wahrgenommener Präferenzen, Strategien und Handlungsmöglichkeiten durch die relevanten Akteure angesehen (statt vieler Przeworski 1986, 1991). Der Ausgang von Transformationsprozessen ist deshalb aus dieser handlungstheoretischen Perspektive weniger von objektiven Umständen (Strukturen) oder Machtkonstellationen abhängig als vielmehr von den subjektiven Einschätzungen, Strategien und Handlungen der relevanten Akteure. Sie prägen die Entscheidungen, die wechselnden Allianzen, die Prozesse und Verlaufsmuster der Transformation (Karl/Schmitter 1991: 270). Akteurshandeln wird dabei primär als Elitenhandeln verstanden: Massenbeteiligung ist nur ein kurzfristiges, vorübergehendes Phänomen zu Beginn der Transition. Die Eliten sind die beherrschenden Akteure. Sozioökonomische Strukturen, politische Institutionen, internationale Einflüsse und historische Erfahrungen bilden lediglich den Handlungskorridor, innerhalb dessen demokratisch und autokratisch gesinnte Eliten ihre politischen Ziele verfolgen.

Akteurstheorien unterscheiden sich aufgrund ihrer Ausgangsprämissen und der Bedeutung, die sie den individuellen Kosten-Nutzen-Kalkülen handelnder Akteure beimessen. Zwei Hauptströmungen lassen sich erkennen, die jede für sich neue Einblicke in die Wirkung von Elitenhandeln in Hinblick auf die Demokratisierung erlauben:

---

42 Zur Rolle des sozialen Kapitals und der Zivilgesellschaft siehe ausführlicher Teil I, Kap. 7.3.4 Konsolidierung der Bürgergesellschaft.

- die deskriptiv-empirische Strömung (u. a. O'Donnell et al. 1986; Di Palma 1990),
- der deduktiv vorgehende *Rational-Choice*-Ansatz (u. a. Przeworski 1986, 1991; Elster 1990; Colomer 1995a).

4.4.1 Deskriptiv-empirische Akteurstheorien

Welches besondere Analysepotenzial bergen nun deskriptiv-empirische Akteurstheorien für die Untersuchung demokratischer Systemwechsel? Ein erstes besonderes Verdienst besteht darin, dass sie unser Augenmerk auf die sich verändernden Akteurskonstellationen innerhalb und zwischen den einzelnen Transformationsphasen richten. Denn in der Regel ist bereits die Liberalisierung des autoritären Regimes das Produkt vielschichtiger Veränderungen innerhalb des Herrschaftsblocks. In ihrem Verlauf verringern sich die Bedrohungsperzeptionen der regimestützenden gesellschaftlichen Schichten gegenüber den oppositionellen Gruppierungen. Das Nachgeben des Regimes und dessen Einwilligung zur Einleitung der Demokratisierung ist dann vor allem das Resultat rationaler Kostenkalküle der alten Regimeeliten. Autokratische Regimeeliten entschließen sich, falls sie nicht direkt gezwungen werden, dann zur Demokratisierung, wenn sie die erwarteten sozialen und politischen Repressionskosten, die bei der erneuten autoritären Schließung des Regimes anfallen würden, für höher halten als die angenommenen Kosten dieses Machtverlusts durch die Demokratisierung (Dahl 1971: 15 f.).

Im Fortgang der Demokratisierung kommt es typischerweise zu einem Wechsel der Akteure auf Seiten der Opposition. An die Stelle der Massenmobilisierung tritt meistens die von Eliten, zivilgesellschaftliche Organisationen oder gar Parteien dominierte Aushandlung und Institutionalisierung der demokratischen Verfahren (Schmitter 1985: 21 f.). Reformbereite Regimeeliten und verhandlungswillige Oppositionsführer bestimmen die Anfangsphase solch „paktierter Tansitionen" (ibid.).

Transitionsphasen sind Momente großer politischer Ungewissheit: Die genauen Machtverhältnisse sind den Akteuren unbekannt, politische Regeln (*rules of the game*), Machtressourcen und Strategien verändern sich ständig. Demokratisierung bedeutet daher die Umwandlung dieser politisch-institutionellen „Ungewissheiten" in „Gewissheiten", indem häufig – explizit oder implizit – konstitutive Pakte zwischen den relevanten Akteuren geschlossen werden, in denen die Demokratisierungsinhalte und -grenzen definiert werden (O'Donnell et al. 1986; Kraus 1990: 191). Diese umfassen in Anlehnung an Dahl (1971: 5 ff.) zwei Dimensionen: die Festschreibung allgemeiner bürgerlicher Rechte und Freiheiten sowie die Ausweitung politischer Partizipation in relevanten Bereichen und Institutionen. Natürlich können Demokratisierungsprozesse auch ohne Pakte erfolgreich verlaufen. Das ist vor allem dann der Fall, wenn wie 1974 in Griechenland, 1982 in Argentinien oder 1989 in der Tschechoslowakei die alten Machthaber abrupt die Machtbasis ihrer autokratischen Herrschaft verlieren. Den Akteuren der Opposition kommt dann praktisch der Kontrahent abhanden, mit dem es sich lohnen würde, eine temporäre Herrschaftsteilung durch einen Pakt zu besiegeln.

Der Abschluss politischer, sozialer und wirtschaftlicher Pakte zwischen den alten Regimeeliten und der demokratischen Opposition begrenzt in einer frühen Transformationsphase die Unsicherheiten demokratisierungsschädlicher Konflikte. Pakte sind am wahrscheinlichsten, wenn weder die autoritären noch die oppositionellen Eliten über die Ressourcen verfügen, einseitig ihre Interessen durchsetzen zu können. Trotz ihres häufig undemokratischen Charakters werden sie in der akteurstheoretisch orientierten Transformationsforschung als wünschenswert angesehen, weil sie durch die Beschränkung politischer Konflikte die Chancen der Konsolidierung erhöhen (O'Donnell et al. 1986: 38 ff.). In jedem Fall beeinflussen in dieser Phase das situationsgebundene Handeln oder Nichthandeln der relevanten Akteure den weiteren Demokratisierungsverlauf stärker als langfristig wirkende sozioökonomische Modernisierungsprozesse.

In der Argumentation dieses Strangs der Akteurstheorien ist eine erfolgreiche Transformation nur dann möglich, wenn es entsprechend den Kosten-Nutzen-Kalkülen der relevanten Akteure rational ist, sich für eine demokratische Systemalternative zu entscheiden. Formuliert man die Quintessenz dieser akteurstheoretischen Überlegungen in Konditionalsätzen, dann ist der Verlauf der ersten Liberalisierungs- und Demokratisierungsphase hinsichtlich der Akteurs- und Interessenkonstellationen im Allgemeinen erfolgreich, wenn:

▶ es innerhalb des autokratischen Regimes zur Spaltung zwischen *Hardlinern* und *Softlinern* kommt;
▶ letztere gegenüber dem „Bunker" die politische Oberhand gewinnen oder die *Hardliner* von den Erfolgsaussichten einer Liberalisierungsstrategie überzeugen;
▶ die von der reformbereiten Regimefraktion eingeleitete begrenzte Öffnung des autoritären Regimes von der Gesellschaft wahrgenommen und zur Formierung oppositionellen Potenzials genutzt wird;
▶ die reformbereiten Kräfte des alten Regimes und moderate Oppositionelle zu einer Liberalisierungs- und/oder Demokratisierungskoalition zusammenfinden und die Demokratie dadurch zu einer realistischen Systemalternative wird;
▶ die reformbereiten Eliten des autoritären Regimes in der Lage sind, das Vetopotenzial der orthodox gebliebenen Regimekräfte zu neutralisieren;
▶ sich innerhalb des oppositionellen Spektrums die moderat eingestellten Kräfte durchsetzen;
▶ sich die demokratische Opposition und die gemäßigten autoritären Regimeeliten auf konstitutionelle und politische Pakte bei der Institutionalisierung der Demokratie einigen.

Auch wenn sich die Ergebnisse deskriptiv-empirischer Akteurstheorien in der Transformationsforschung in „Wenn-dann-Sätzen" fassen lassen, *beschreiben* sie im Analysevorgang mehr die Akteurskonstellationen und die politischen Handlungen, als dass sie beide in formalisierten Modellen unter *Ceteris-paribus*-Bedingungen wechselseitig aufeinander bezogen *analysieren*. Diesem strengen analytischen Raster folgen erst die am theoretischen Paradigma der rationalen Wahl orientierten Transformationsforscher.

4.4.2 Rational-Choice-Ansätze

Der *Rational-Choice*-Ansatz lehnt die Beschreibung der Akteure allein nach ihren Interessen und Strategien als nicht ausreichend ab (Przeworski 1986: 52 ff.). Die Liberalisierung des autokratischen Systems wird aus der akteurstheoretischen *Rational-Choice*-Perspektive vielmehr als Abfolge wechselnder strategischer Situationen gesehen (Przeworski 1992: 106; Geddes 1999), die spieltheoretisch gelöst werden können. Jede dieser Situationen ist gekennzeichnet durch die Konfiguration bestimmter politischer Kräfte mit unterschiedlichen Interessen, die unter Bedingungen handeln, die wiederum Resultate vorhergehender Aktionen und exogenen Drucks sind (ibid.). Veränderungen von einer Situation zur nächsten sind das Ergebnis von Akteurshandlungen, an deren Ende Demokratie als kontingentes Ergebnis politischer Konflikte stehen kann (Przeworski 1988: 60 f.; 1992: 106). Konkret lassen sich mit diesen Überlegungen auf die Frage nach den für die Demokratisierung günstigen Akteurskonstellationen folgende Antworten geben:

- Eine erfolgreiche Transformation ist aus der akteurstheoretischen Perspektive das Resultat rational handelnder Akteure, die allerdings mitunter Fehlwahrnehmungen ihrer eigenen Machterhaltungs- und Machtzugangschancen unterliegen und damit wider Willen Transitionsprozesse einleiten.
- Häufig, wenn auch nicht immer (z. B. Deutschland, Italien, Japan 1945; Griechenland 1974; Argentinien 1982; Rumänien 1989), wird die Demokratisierung von einer Liberalisierungsphase eingeleitet. Für diese Phase lautet ein wichtiges Theorem der *Rational Choice* orientierten Transformationsforschung: Zur Liberalisierung des autokratischen Systems und damit zum Auftakt demokratischer Systemwechsel kommt es nur, wenn die moderat eingestellten Kräfte innerhalb des niedergehenden autokratischen Regimes der Fehlkalkulation erliegen, Transformation sei ein von oben kontrollierbares Projekt, das vor seinem finalen Ergebnis (Demokratie) ohne erhebliche politische Kosten angehalten werden kann, wenn die Interessen (oder gar die Existenz) der alten Regimeeliten substanziell bedroht sind.
- Verfügen sowohl die Herrschaftseliten des alten Regimes als auch die Akteure der demokratischen Opposition über relevante Machtressourcen, setzt eine erfolgreiche Demokratisierung häufig voraus, dass sich die gemäßigten Akteursgruppen des alten Regimes und die moderaten Kräfte der demokratischen Opposition auf konstitutionelle und politische Pakte einigen, die die Ungewissheit der Transformationsentwicklung begrenzen und damit die riskante Transitionsphase entschärfen: Die junge entstehende Demokratie wird also paradoxerweise mit demokratisch zweifelhaften Mitteln, nämlich über Pakte und Absprachen außerhalb demokratischer Institutionen, von demokratisch meist nicht ausreichend legitimierte Eliten ermöglicht.
- Der Vorteil akteurstheoretischer Betrachtungen liegt zweifellos in ihrem Potenzial, auch bei häufig wechselnden Akteurskonstellationen die Erfolgsmöglichkeiten und Gefährdungen von Demokratisierungsverläufen in ihren wechselnden Etappen jeweils modellieren zu können. Mit spieltheoretischen Modellen können so die rationalen Kalküle, Kooperationen, Koalitionen, aber auch Konflikte der beteiligten Akteure bisweilen einsichtiger herausgearbeitet und erklärt werden, als dies allein über eine „dichte Beschreibung" (Geertz) der historischen Ereignisse möglich wäre. Insofern besitzen die dem *Rational-Choice*-Paradigma verpflichteten Akteurstheorien nicht nur ein Erklärungs-, sondern auch ein generalisierbares Prognosepotenzial (vgl. Przeworski 1986; Colomer 1991).

4.5 Theoriesynthese

Es kann kein Zweifel bestehen, dass die großen Paradigmen sozialwissenschaftlicher Theoriebildung System und Handeln auch die Theorieentwicklung in der Transformationsforschung maßgeblich beeinflusst haben. Für umfassende Transformationsanalysen genügen sie jedoch nicht, sondern müssen durch andere theoretische Konzepte ergänzt werden, damit sie wechselseitig anschließbar sind. System- und Handlungstheorien stehen dann nicht mehr in paradigmatischer Konkurrenz, wenn sie mittels struktur-, kultur- und institutionentheoretische Konzepte zu einem synthetischen Ansatz vernetzt werden. Aus der knappen Vorstellung der unterschiedlichen Transformationstheorien und Transformationskonzepte ziehen wir deshalb diese theoretischen Schlüsse:

1. System- oder Akteurstheorien allein können weder Einleitung und Verlauf noch das Ergebnis von Systemwechseln hinreichend erklären.
2. System- und Akteurstheorien haben teilweise unterschiedliche Analyseobjekte und dementsprechend auch unterschiedliche Analysestärken.
3. System- und Akteurstheorien bedürfen bestimmter Verbindungskonzepte, die sie wechselseitig anschlussfähig machen und als Theoriebrücke zwischen makrosoziologischen und mikropolitologischen Ansätzen fungieren.
4. Solche Verbindungskonzepte können in kultur-, struktur- und institutionentheoretischen Überlegungen gefunden werden.
5. Für Politikwissenschaftler gibt es Vorteile bei der Analyse von Systemwechselprozessen, sozioökonomische, kulturelle und institutionelle Opportunitätsstrukturen als Handlungskorridor zu begreifen, innerhalb dessen die maßgeblichen Akteure ihre transformationsrelevanten Entscheidungen treffen.

Die Entscheidung für eine akteurstheoretische Perspektive bedeutet jedoch keineswegs die Annahme, dass Akteure immer die wichtigste Rolle in allen Phasen des Systemwechsels spielen. Dies hängt neben den genannten Kontextbedingungen auch von der Art des Systemwechsels und der jeweiligen Systemwechselphase ab (vgl. Kap. 7). Die Frage, ob Strukturen, Kulturen oder Akteure die wichtigste Rolle spielen, lässt sich also nicht kontextunabhängig *a priori* entscheiden, sondern variiert von Transformationsfall zu Transformationsfall. Aber auch innerhalb eines bestimmten Systemwechsels kann sich die Bedeutung der oben genannten Einflussfaktoren verändern, wie wir in den konkreten Transformationsanalysen (Teile II, III, IV, V, VI) zeigen werden.

Akteurstheoretische Ansätze bedürfen einer eingehenden Analyse der Restriktionen *(constraints)*, da diese den Handlungskorridor und den Handlungsraum der Akteure festlegen. Sie können je nach Situation unterschiedlich eng oder weit gespannt sein, d. h., den Akteuren stehen in unterschiedlichem Maße Freiheitsgrade und Gestaltungsmöglichkeiten offen, den Verlauf des Transformationsprozesses zu beeinflussen. Um diesen Gestaltungsraum genauer zu vermessen, sind die oben in ihrem Kern knapp explizierten System-, Struktur- und Kulturtheorien unabdingbar. Erst eine genaue Analyse der Rahmenbedingungen aus diesen unterschiedlichen theoretischen Blickwinkeln erlaubt eine hinreichende Vorstellung von den Handlungsmöglichkeiten in den jeweilig zu untersuchenden Transformationsprozessen. Damit der Transformationsanalytiker aber nicht deterministisch aus den System-, Struktur- und Kulturzwängen gleichsam subjektlos auf Verlauf und Ergebnis schließt, müssen die konkreten Entscheidungen, Handlungen und Interaktionen der relevanten Transformationsakteure an die Restriktionsanalyse gebunden werden.

Handlungs- bzw. Akteurstheorien führen von der allgemeinen Ebene ökonomischer, struktureller und kultureller Voraussetzungen demokratischer Systemwechsel zur konkreten Situation politischer Akteure.[43] Ohne sie lassen sich erfolgreiche oder gescheiterte Transformationsprozesse nicht erklären. Dabei kann die spieltheoretische Modellierung von strategischen Spielen zwischen (autokratischem) Regime und (demokratischer) Opposition einerseits sowie Metaspielen innerhalb der Regimeeliten und der Opposition andererseits dem Betrachter einen Einblick in den rationalen, kognitiven Formierungsprozess strategischer Präferenzen und politischer Handlungen gewähren. Darüber hinaus schärfen rationale Akteurstheorien unseren

---

43 In den abstrakten spieltheoretischen Varianten werden diese Handlungskontexte zwar implizit als wichtig anerkannt, aber explizit mit der *Ceteris-paribus*-Klausel aus den Modellüberlegungen ausgeklammert.

Blick auf die interaktiven Ursachen und Wirkungen politischen Handelns. Sie machen uns darauf aufmerksam, dass die strategische Handlungswahl von Schlüsselakteuren immer auch abhängig ist von ihrer Wahrnehmung der strategischen Absichten der anderen Akteure.

Damit füllen Akteurstheorien eine analytische Leerstelle, die der Determinismus puristisch angewendeter System-, Struktur- und Kulturtheorien zwangsläufig hinterlässt. Gleichzeitig zeigen sie auf, dass die Unbestimmtheit des Ausgangs konkreter Systemwechselprozesse ein hervorstechendes Merkmal von Transformationssituationen ist, in denen die temporäre Verflüssigung von Institutionen und Normen die strategischen Handlungsmöglichkeiten unter Umständen stark erweitert. Allerdings kann die spieltheoretische Ausprägung der Akteurstheorien nur ein komplementäres heuristisches Instrument sein. Es ersetzt nicht die konkrete Handlungsanalyse. *Rational-Choice*-Theorien können deshalb nur heuristisch ergänzend innerhalb konkreter Analysen eingesetzt werden. Auf letztere kann nicht verzichtet werden, da alleine sie eine genuine Verbindung zwischen konkreter Restriktions- und Handlungsanalyse erlauben. In einer solchen synthetischen Verbindung aber können die Analysepotenziale beider Theorieansätze im Hegelschen Sinne „aufgehoben" werden: Sie erlauben in der wechselseitigen Aufhebung der ihnen eigenen Defizite auf einer höheren Theoriestufe einen umfassenderen und schärferen Blick auf die Prozesse demokratischer Systemwechsel.

5 Massen und Eliten in der Transformation

5.1 Die Rolle der Massen und Eliten in der Transformationsliteratur

Es überrascht nur wenig, dass der Bedeutung von Akteuren im Verlaufe eines Systemwechsels von den funktionalistisch, strukturalistisch oder akteurstheoretisch inspirierten Ansätzen der Transformationsforschung unterschiedliches Gewicht beigemessen wird. Wo aber den Akteuren in der Transformationsforschung eine besondere Rolle zugeschrieben wird, gibt es eine klare herrschende Meinung: Die Eliten sind die überragenden Akteure, die Massen meist nur eine abhängige soziale Kategorie, die je nach Problemlage, Regimeart, Machtkontext und Transformationsphase von den Eliten mobilisiert oder demobilisiert werden.

In den Modernisierungstheorien der 1960er Jahre, die sich Seymour Martin Lipsets These (1959, 1981) von den „sozialen Voraussetzungen der Demokratie" verpflichteten, kommen Akteuren, seien es Eliten oder Massen, für die Begründung der Demokratiefähigkeit eines politischen Systems nur eine geringfügige Bedeutung zu: Eliten sind nur implizit die Generatoren der Modernisierung, die das demokratienotwendige sozioökonomische Niveau hervorbringen. „Massen" finden in der Regel nur als neuentstandene Mittelschichten mit demokratiefreundlichen Einstellungen Erwähnung. Ansonsten entscheidet das ökonomische Entwicklungsniveau über die Chancen der Demokratisierung.

Als eine erste Antwort auf die modernisierungstheoretische Vernachlässigung der handelnden Akteure ist der auf soziale Klassen fixierte neomarxistische Ansatz von Barrington Moore (1969) zu sehen. Für ihn sind es vor allem der Zeitpunkt der Industrialisierung, die daraus entstehenden sozialen Klassen, ihre Machtverhältnisse untereinander sowie ihr Einfluss auf das Staatshandeln, die entscheiden, ob ein Land den Weg in die Moderne über eine Diktatur oder die Demokratie beschreitet (Moore, B. 1969: 475 ff.). Moore unterscheidet nicht systematisch zwischen Eliten und Massen, sondern schreibt bestimmten sozialen Klassen Präferenzen für demokratische (Bourgeoisie, städtische Klassen) oder autoritäre Herrschaftsformen (Großgrundbesitzer, Landarbeiter) zu. Er vermeidet in seiner Sichtweise zwar die sozioökonomischen Verkürzungen der Modernisierungstheorie. Allerdings kann er sich seinerseits nicht vollständig von einem klassenfixierten Determinismus lösen, da er sozialen Klassen aufgrund ihrer sozioökonomischen Interessenlage feststehende Präferenzen für Demokratie oder Diktatur zuschreibt. Damit unterschätzt er die historische Kontingenz für strategische Entscheidungen von Elitengruppen, die bisweilen der schematischen Zuordnung von Klasseninteresse zur Staatsform zuwiderlaufen.

Es war dann vor allem Dankwart Rustow, der 1970 in einem einflussreichen Aufsatz die überragende Rolle von Eliteneinstellungen und Elitenverhalten für die Etablierung, Stabilisierung und Destabilisierung von Demokratien hervorhob. In seinem Vier-Phasen-Modell[44] historischer Demokratisierungsprozesse wies Rustow den Eliten vor allem für die wichtige dritte Phase (Institutionalisierung der Demokratie) die ausschlaggebende Rolle zu: Die bewusste Etablierung von demokratischen Spielregeln kann allein durch „political leaders" erfolgen (Rustow 1970: 355).

Selbst in der vierten Transformationsphase, der Einübung und Habitualisierung der demokratischen Spielregeln, besitzen Eliten noch die beispielgebende Initiative, der die breiten Wählerschichten im positiven Entwicklungsfalle mit einer gewissen Zeitverzögerung folgen.

Juan J. Linz und Alfred Stepan (1978) wiesen den Eliten ebenfalls eine zentrale Bedeutung in Systemwechseln zu. In den bahnbrechenden „Breakdown-of-democracies"-Studien Ende der 1970er Jahre war ihre Erkenntnisperspektive auf das Verhalten der Eliten in Hinblick auf die Zerstörung der Demokratie gerichtet. Sie führten sowohl den Kollaps der Zwischenkriegsdemokratien in Europa als auch den Zusammenbruch der Nachkriegsdemokratien in Lateinamerika hauptsächlich auf den tiefen Dissens und die scharfe Polarisierung innerhalb der politischen Eliten zurück. Massenbewegungen würden von den Eliten für deren machtpolitische Ziele je nach Bedarf häufig mobilisiert, demobilisiert bzw. instrumentalisiert.

Verstärkt wurde die Betonung der zentralen Rolle der Eliten noch durch O'Donnell, Schmitter und Whiteheads (1986) einflussreiche „Transition-to-democracy"-Studien Mitte der 1980er Jahre. Sie ließen keinen Zweifel daran, dass es Elitendispositionen, Elitenkalküle und Elitenpakte sind, von denen es abhängt, ob Systemwechsel erfolgreich sind. Sie bestimmten am Beispiel der Liberalisierung autoritärer Systeme genauer, welche Dynamik ein solcher durch die Eliten begonnener „Öffnungsprozess" in Hinblick auf die Zivilgesellschaft und die sich öffnenden kollektiven Handlungsmöglichkeiten breiter Bevölkerungsschichten bedeutet (O'Donnell et al. 1986: 48).

Am deutlichsten jedoch wird die herausragende Rolle der Eliten im Verlaufe einer Systemtransformation, so von den nordamerikanischen Transformations- und Elitenforschern Burton, Gunther und Higley (1992: 1 ff.) hervorgehoben. Das Elitenverhalten ist für sie „die Schlüsselvariable" (ibid.: 8) zur Erklärung von Erfolg und Misserfolg von Demokratisierungsprozessen. Sie betonen die fundamentale Bedeutung von *elite settlement* und *elite convergence* in Transformationsprozessen. Ihre Kernthese lautet: Nur wenn es zu einem prinzipiellen Elitenkompromiss hinsichtlich der fundamentalen Spielregeln der Demokratie kommt, können sich junge Demokratien erfolgreich konsolidieren. Ein solcher Elitenkompromiss muss sich zumindest auf die *Verfahrensebene* der politischen Interaktion beziehen. Noch günstiger für die

---

44 Die vier Phasen sind: (1) nationale Einheit als unverzichtbare Vorbedingung; (2) ein polarisierender Konflikt zwischen Klassen oder Gruppen um zentrale ökonomische und politische Fragen; (3) die bewusste Etablierung von demokratischen Spielregeln durch *political leaders*; (4) die Einübung und Habitualisierung der demokratischen Spielregeln durch die politischen Eliten und ihre Wähler (Rustow 1970: 355).

Konsolidierung der Demokratie ist es jedoch, wenn sich gleichzeitig auch ein grundsätzlicher Basiskonsens hinsichtlich der *Werte* herausbildet, die diesen Verfahren zugrunde liegen. Lässt sich darüber hinaus noch ein *Programmkonsens* (Rüb 1996b: 54) hinsichtlich der dringendsten Reformen herstellen, bestehen auf der Elitenebene optimale Konsolidierungsvoraussetzungen für die Demokratie.

Diese grundsätzlichen Elitenkompromisse *(elite settlements)* werden in der Regel schnell und unter der Dominanz von wenigen erfahrenen politischen Führern, weitgehend geheim, d. h. in möglichst großer Autonomie von den jeweiligen unterstützenden Gruppen, Bewegungen und Massen, geschlossen (Burton et al. 1992: 16; O'Donnell et al. 1986: 37 f.). Die Massen erscheinen hierbei als Teil eines Handlungskontextes, der von den Eliten ins Kalkül gezogen werden muss, aber auch in erheblichem Maße von diesem geformt und in die eigenen Strategien instrumentell einbezogen werden kann.

Elitenpakte und Elitenübereinkommen *(elite settlements)* werden aus dieser Perspektive als eigentlicher Gründungsakt der Demokratie gesehen. Kommen sie zustande, bestehen gute Durchsetzungschancen für die Demokratie. Scheitern aber solche tragenden Elitenkompromisse oder kommen überhaupt nicht zustande, besteht die akute Gefahr des Rückfalls in autoritäre Herrschaftsformen, oder es droht die Herausbildung hybrider Systemformen, die Schmitter (1986) als *democraduras*, O'Donnell et al. (1986) als *delegative democracies* und ich selbst als *defekte Demokratien* (Merkel, W. 1999a; Merkel/Puhle et al. 2003; Croissant/Merkel 2004) bezeichnet haben.

5.2 Die Rolle der Massen und Eliten in den Transformationsphasen

Betrachtet man die Transformationsprozesse der dritten Demokratisierungswelle von 1974 bis heute zunächst unabhängig von ihrem spezifischen Transitionsmodus, so lässt sich als allgemeine Tendenz feststellen, dass die Mobilisierung der Massen und die Bedeutung sozialer Bewegungen in der Anfangsphase von Systemwechseln am stärksten sind. Nach der von mir vorgenommenen Phaseneinteilung heißt dies: Der Höhepunkt der kollektiven Mobilisierungen erfolgt in der Regel in der Endphase des autoritären Regimes oder zu Beginn der Institutionalisierung der Demokratie. In dieser Phase erweitern und verengen Massenmobilisierungen die Handlungsoptionen der unterschiedlichen Elitengruppen meist in signifikanter Weise. Sind die Massen als soziale Bewegungen hoch mobilisiert, können sie in diesem frühen Abschnitt des Systemwechsels zeitweise sogar die Agenda der Transformation weitgehend beeinflussen. So unterschiedliche Fälle wie Portugal nach 1974, Brasilien nach 1984/85, Korea nach 1986, Polen nach 1988 und die DDR nach 1989 bestätigen diese These.

Der Höhepunkt gesellschaftlicher Mobilisierung bricht sich am Ende der Demokratisierungsphase jedoch in der Regel an der verfassungsmäßigen Etablierung der demokratischen Institutionen. Schon die Aushandlung der Verfassung vollzieht sich meist als ein elitenzentrierter und insofern exklusiver Prozess. Für den Rückgang der Massenbewegungen und zivilgesellschaftlichen Aktivitäten in dieser Phase des Systemwechsels gibt es regionen- und kulturübergreifend drei maßgebliche Gründe:

1. Mit der Verabschiedung neuer Verfassungsnormen, der Etablierung demokratischer Institutionen und den demokratischen Gründungswahlen füllt sich ein zu Beginn der Transformation entstandenes Macht- und Institutionenvakuum. Durch die neuen demokratischen Institutionen werden die Handlungsmöglichkeiten der sozialen Bewegungen, zivilgesell-

schaftlichen Organisationen sowie der Bevölkerung insgesamt normiert, kanalisiert und dadurch erneut eingeengt.
2. Neue politische Akteure konstituieren und konsolidieren sich (Parteien, Parlamente, Regierungen), die über rechtliche, administrative und wirtschaftliche Ressourcen und Privilegien verfügen. Es kristallisieren sich neue Eliten – bisweilen sind es auch die „gewendeten" alten Eliten – an der Spitze dieser Institutionen heraus, die die richtungsweisenden politischen Entscheidungen treffen.
3. Gleichzeitig treten bei den Bürgern Ernüchterungseffekte hinsichtlich der wahrgenommenen Grenzen der Einflussnahme durch die gesellschaftliche Mobilisierung ein (Plasser et al. 1997: 38 ff., 113 ff.). Auf der Mikroebene der Individuen führt dies häufig zum Rückzug der Bürger aus der *res publica* in die *res privatae* (vgl. allgemein Hirschman 1988: 101 ff.).

Abbildung 4: Transformation mit und ohne Eliteübereinkommen (elite settlements)

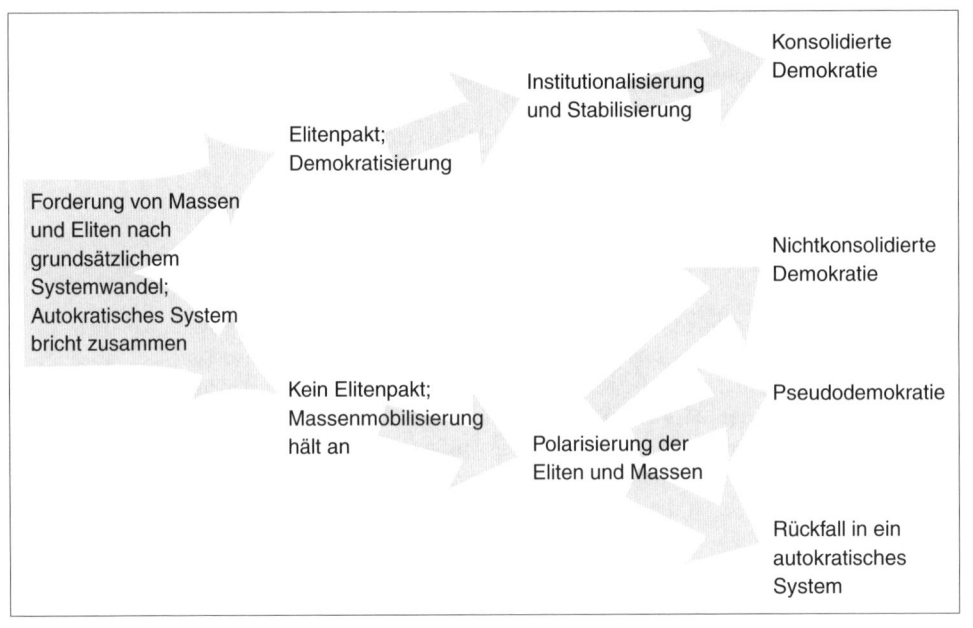

```
                                            Institutionalisierung        Konsolidierte
                                            und Stabilisierung           Demokratie
                        Elitenpakt;
                        Demokratisierung

Forderung von Massen
und Eliten nach
grundsätzlichem                                                          Nichtkonsolidierte
Systemwandel;                                                            Demokratie
Autokratisches System
bricht zusammen
                                                                         Pseudodemokratie
                        Kein Elitenpakt;
                        Massenmobilisierung
                        hält an              Polarisierung der
                                             Eliten und Massen
                                                                         Rückfall in ein
                                                                         autokratisches
                                                                         System
```

Quelle: Burton et al. (1992: 23).

Entgegen den Erwartungen euphorischer Bewegungsforscher schließt sich das „zivilgesellschaftliche Fenster der Gelegenheiten" im Übergang von der Demokratisierung zur demokratischen Konsolidierung bis auf einen kleinen Spalt rasch wieder. Aus den Konsolidierungsprozessen postautoritärer Demokratien in Südeuropa, Lateinamerika, Asien und Osteuropa wissen wir, dass die Ernüchterungseffekte einer ehemals mobilisierten Bevölkerung in der Regel über längere Perioden anhalten. Wenn dann – im „positiven" Falle – die zivilgesellschaftliche Revitalisierung nach einer Phase der Enttäuschung *(desencanto)* wieder einsetzt (etwa in Portugal, Spanien, Tschechien), tritt die Zivilgesellschaft *(civil society)* meist in anderer Gestalt in Erscheinung. Überwiegt zu Beginn der Demokratisierung die Mobilisierung sozialer *Bewegun-*

gen, bestimmen nun mehr und mehr dauerhaft organisierte *Organisationen* und Interessenverbände die Formen der soziopolitischen Partizipation (Croissant et al. 2000: 33 ff.).

Die empirischen Ergebnisse der Transformationsforschung zur zweiten und dritten Demokratisierungswelle legen den Schluss nahe, dass das Ausmaß der Beteiligung der Massen am Transformationsprozess nichts über die Konsolidierungschancen der Demokratie aussagt. Deshalb ist die theoretisch plausible These empirisch nicht haltbar, dass sich eine stabile Demokratie umso schneller herausbildet, je aktiver die Bürger am Transformationsprozess beteiligt sind. In den Nachkriegsdemokratien Deutschlands, Österreichs und Japans spielte die breite Bevölkerung bei der Beseitigung der Diktatur keine Rolle. Bei der nachfolgenden Institutionalisierung der Demokratie war sie eher Zaungast der handelnden alliierten und nationalen Eliten denn eigenständig treibende Kraft. Dennoch stabilisierte sich gerade in diesen Ländern die Demokratie überraschend erfolgreich. In Italien, wo mobilisierte Teile der breiten Bevölkerung sowohl bei der Beseitigung der faschistischen Diktatur als auch in der ersten Demokratisierungsphase eine deutlich aktivere Rolle spielten, entwickelte sich eine vergleichsweise weniger stabile Demokratie. In Spanien konsolidierte sich die aus einem elitengesteuerten Transformationsprozess hervorgegangene Demokratie nach 1975 nicht weniger erfolgreich als in Portugal, wo die durch die erfolgreiche „Nelkenrevolution" mobilisierten Massen zwischen 1974 und 1976 in erheblichem Maße die ersten Schritte in die Demokratie prägten. Taiwan ist heute weiter auf dem Pfade der demokratischen Konsolidierung fortgeschritten als Südkorea, wo die mobilisierten Bürger von Anfang an eine wichtigere Rolle im Systemwechsel gespielt haben (Croissant 2002a). Obwohl der Systemwechsel in Ungarn weitgehend von den gemäßigten autoritären und oppositionellen Eliten gesteuert wurde, ist die ungarische Demokratie heute keineswegs weniger konsolidiert als das demokratische Polen, obwohl der langgestreckte Transformationsprozess gerade in Polen von einer intensiven und anhaltenden Mobilisierung der Gesellschaft geprägt war (vgl. Bertelsmann Stiftung 2004).

Die Massen, so lassen sich die Ergebnisse der zweiten und dritten Demokratisierungswellen resümieren, traten im Verlaufe eines erfolgreichen Systemwechsels zur Demokratie, wenn überhaupt, nur zwischen der Agonie eines autokratischen Regimes und der Institutionalisierung der Demokratie aus dem Schatten der Subalternität gegenüber den Eliten heraus. Typischerweise folgte dann meist eine radikale Demobilisierung, die erst später in einer fortgeschrittenen Phase der demokratischen Konsolidierung von einer breiteren aktiven politischen Partizipation abgelöst wurde (Merkel, W. 2000). Tritt diese tatsächlich ein, trägt sie zur Vertiefung der Demokratie durch eine intensive Partizipation der Bürger bei. Sie kann auf diese Weise helfen, die Gefahr einer elitären Verkrustung politischer Entscheidungsstrukturen zu mindern, die politische Beteiligung zu verbreitern und die postautoritäre Demokratie aus der elitären Modellsphäre Schumpeters zu „befreien". Der *demos*, dem die Demokratie letztendlich ihren Namen verdankt, erhält wieder größeres politisches Gewicht. Dies ist allerdings in den wenigsten der jungen Demokratien der „dritten Welle" bisher geschehen. Die neuen osteuropäischen Mitgliedsstaaten der Europäischen Union bilden hier eher die Ausnahme.

6 Transformationsphasen

Die Phasen eines Systemwechsels von der Autokratie zur Demokratie haben am klarsten Guillermo O'Donnell und insbesondere Philippe C. Schmitter herausgearbeitet. Allerdings haben sie ihr Phasenmodell weitgehend an den Transitionsprozessen in Südeuropa und Lateinamerika orientiert, die häufig von den alten Regimeeliten eingeleitet wurden (O'Donnell et al. 1986: 6 ff.). Da dies bei Systemtransformationen keineswegs immer der Fall ist und autoritäre wie totalitäre Systeme auch durch Revolutionen von unten oder, wie in Teilen Osteuropas, durch eine plötzliche Implosion ihr Ende finden, bedarf das Modell von Schmitter und O'Donnell kleiner Modifikationen, um es auch auf die Systemwechsel in Osteuropa und Ostasien anwenden zu können. Idealtypisch kann der Wechsel von einem autokratischen System zur Demokratie wie in Abbildung 5 dargestellt werden.

Allgemein lässt sich ein Systemwechsel als das Intervall zwischen einem alten und einem neuen politischen System definieren. Er beinhaltet die Auflösung der alten und den Aufbau einer neuen politischen Herrschaftsstruktur. Grundlegende Strukturen, Funktionen und Integrationsmechanismen werden ersetzt. Systemwechsel sind also zunächst mit erheblicher *Ent*differenzierung („Auflösung") der alten Institutionen und anschließender *Re*differenzierung („Aufbau") verbunden. In diesem Prozess der erneuten Differenzierung werden neue politische Strukturen aufgebaut, die nun in Übereinstimmung mit den demokratischen, rechtsstaatlichen Prinzipien und Normen stehen und gegenüber der gesellschaftlichen Umwelt viel offener sind.

Der Wechsel von der Autokratie zur Demokratie ist also nach zwei Seiten hin abgegrenzt: Die erste Abgrenzung kennzeichnet den Beginn der Auflösung des alten autoritären bzw. totalitären Regimes. Die zweite Abgrenzung wird vom neu etablierten demokratischen System markiert. Zwischen dem autokratischen System und der konsolidierten Demokratie liegen die drei Phasen des eigentlichen Systemwechsels: (1) Ende des autokratischen Regimes; (2) Institutionalisierung der Demokratie; (3) Konsolidierung der Demokratie.

Diese drei Phasen sind bewusst allgemein überschrieben, so dass sich die historische Vielfalt aller erfolgreichen Systemübergänge von autokratischen zu demokratischen Systemen darunter fassen lässt. Natürlich geschieht die klare Abtrennung der drei Phasen in analytischer Absicht. In der Realität überlappen sich die drei Abschnitte häufig. So können Teilbereiche des politischen Systems noch autoritär regiert, während andere Bereiche schon von demokratischen Institutionen und Normen reglementiert werden. Dies kann der Fall sein, wenn die alten militärischen Machthaber sich weigern, die militärische Gewalt unter zivile Kontrolle zu stellen. Ein Beispiel dafür ist Chile nach 1990, wo der einstige Diktator General Pinochet nach der Einführung der Demokratie noch extrakonstitutionelle Prärogativen für sich selbst beanspruchte und auch bekam (Thiery 2000). Noch schwieriger ist die exakte Trennung zwischen der Institutionalisierung und der Konsolidierung der Demokratie. Auch hier kann die Konsolidierung der Beziehungen innerhalb des Regierungssystems, also zwischen Regierung, Parlament, Staatspräsident und Judikative schon begonnen haben, während andere Bereiche wie das Parteien- und Verbändesystem sich noch in der Institutionalisierungsphase befinden. Allgemein lässt sich jedoch dann vom Ende der Institutionalisierungsphase sprechen, wenn die im Regimeübergang *ad hoc* entstandenen politischen Verhaltensmuster in gesetzlich abgesicherte Normen und Strukturen überführt worden sind, wenn der Zugang zur politischen Herrschaft und der Ablauf von politischen Entscheidungen nach *a priori* festgelegten und legitim gesatzten Verfahren auch *de facto* respektiert werden (Schmitter 1985; Merkel, W. 1996b: 36). Dies ist typischerweise nach der Verabschiedung einer neuen bzw. der gültigen Revision der alten Verfassung der Fall.

In Abbildung 5 sind dem Beginn des Systemwechsels (Ende des autokratischen Systems) noch zwei weitere Phasen vorgeschaltet: die der „vorautokratischen Demokratieerfahrungen" und jene des „autokratischen Systems". Sie zählen zwar nicht zum Systemwechsel selbst, aber

Transformationsphasen

Abbildung 5: Systemwechsel – vom autokratischen System zur Demokratie

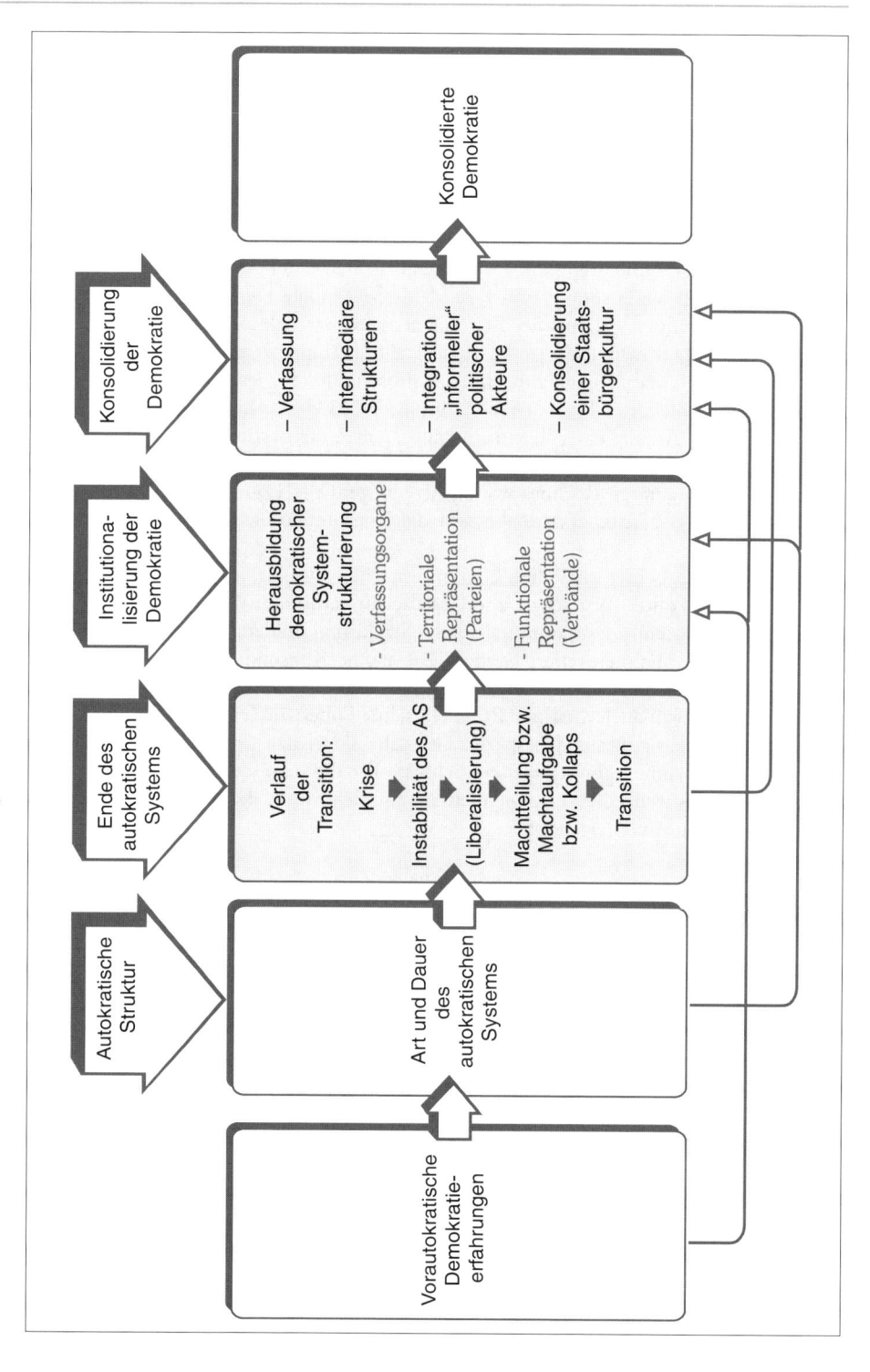

Autokratische Struktur → **Ende des autokratischen Systems** → **Institutionalisierung der Demokratie** → **Konsolidierung der Demokratie** → Konsolidierte Demokratie

Vorautokratische Demokratieerfahrungen

Art und Dauer des autokratischen Systems

Verlauf der Transition:
Krise ➡ Instabilität des AS (Liberalisierung) ➡ Machtteilung bzw. Machtaufgabe bzw. Kollaps ➡ Transition

Herausbildung demokratischer Systemstrukturierung
- Verfassungsorgane
- Territoriale Repräsentation (Parteien)
- Funktionale Repräsentation (Verbände)

– Verfassung
– Intermediäre Strukturen
– Integration „informeller" politischer Akteure
– Konsolidierung einer Staatsbürgerkultur

sie haben unter Umständen einen wichtigen Einfluss auf die Chancen, Probleme und den Ablauf des gesamten Demokratisierungsprozesses. So kann es von Bedeutung sein, ob die neuen Demokratien auf demokratische Erfahrungen im eigenen Land zurückgreifen können oder nicht. Falls ein Land vor der autokratischen Herrschaft schon einmal demokratisch regiert wurde, kann die neue Demokratie auf die alten demokratischen Eliten, auf institutionelle Erfahrungen oder gar alte zivilgesellschaftliche Kulturen zurückgreifen. So standen beispielsweise in Deutschland und Italien nach 1945 mit Adenauer und de Gasperi zwei Politiker des vorfaschistischen demokratischen Systems lange an der Spitze der neuen Demokratie. Während das Grundgesetz der Bundesrepublik Deutschland in bewusster Abgrenzung zu den „Schwächen" der Weimarer Verfassung gestaltet wurde, haben andere Demokratien die „bewährten" demokratischen Verfassungen aus der Zeit vor der autoritären Herrschaft wieder in Kraft gesetzt, wie etwa Argentinien 1983 und Uruguay 1985. Ähnliches gilt für Lettland, das 1993 mit seiner erneuten Unabhängigkeit nach der Auflösung der Sowjetunion weitgehend die Verfassung von 1922 wieder in Kraft setzte (Schmidt, T. 2004: 114).

Ebenso muss am Anfang einer Transformationsanalyse die Bestimmung des Charakters des jeweiligen konkreten autokratischen Regimes stehen. Sowohl die besonderen Merkmale des autoritären oder totalitären Regimes wie auch seine zeitliche Dauer können Einfluss auf die Institutionalisierungs-, insbesondere aber auf die Konsolidierungsphase der Demokratie haben.

So wiegt die Erblast eines totalitären kommunistischen Systems, in dem nahezu alle pluralistischen Ansätze in Politik, Wirtschaft und Gesellschaft verhindert wurden, schwerer[45] als jene eines autoritären Systems, das semipluralistische Strukturen duldete. Allerdings darf dies nicht als ehernes Gesetz missinterpretiert werden. Die rasche Konsolidierung der postkommunistischen Regime in Ostmitteleuropa nach dem Umsturz von 1990 zeigt, dass unter günstigen aktuellen Bedingungen auch totalitäre Erblasten schnell überwunden werden können (vgl. Teil IV). Allgemein lassen sich aus den spezifischen Charakteristika und der Existenzdauer eines autokratischen Vorläuferregimes präzisere Schlüsse für die besondere Demokratisierungsproblematik ziehen, als wenn die Vergangenheitsanalyse sich nur in der ungefähren Etikettierung „totalitär" oder „autoritär" erschöpft.

6.1 Ende des autokratischen Systems

In der Geschichte haben sich die Übergänge von der Autokratie zur Demokratie auf unterschiedliche Weise vollzogen. Dies gilt auch für den Beginn der Systemtransformationen, d. h. für die Endphase der autoritären oder totalitären Systeme. Dabei ist zu unterscheiden zwischen (a) den Ursachen und (b) den Verlaufsformen des Endes von autokratischen Systemen.

6.1.1 Ursachenkomplexe

Welche Ursachen einem Systemwechsel zugrunde liegen, kann für jede Systemtransformation nur in der jeweils konkreten Analyse erforscht werden. Erst eine solche Untersuchung vermag

---

45 Allerdings dürfen dabei auch nicht die demokratiefördernden Modernisierungserfolge kommunistischer Regime wie hohe Bildung, geringe Einkommensungleichheit oder ein modernisierter Agrarsektor (Polen ausgenommen) vernachlässigt werden (vgl. Teil VI).

durch die fallbezogene Herausarbeitung von spezifischen Verknüpfungen, Verstärkungen oder Neutralisierungen der unterschiedlichen Bedingungsfaktoren, deren besondere Wirkung auf das Ende eines autokratischen Systems und den Beginn der Demokratisierung erfassen. Allerdings sind bisher schon so viele unterschiedliche Transformationen in allen Großregionen der Erde untersucht worden, dass sich durchaus auch allgemeine Aussagen über „Ursachenbündel" und typische Verknüpfungsmuster von Ursachen treffen lassen. Aus solchen generalisierten Aussagen können wiederum sinnvolle Hypothesen gewonnen werden, die die konkreten Fallanalysen theorieorientiert anleiten.

Nicht selten sind es Strukturveränderungen oder -probleme in den wirtschaftlichen, sozialen und politischen Teilsystemen, die sich zu existenzgefährdenden Krisen für die autoritären oder totalitären Herrschaftssysteme verdichten können. Doch die häufig beliebige Aufzählung von „ökonomischen", „sozialen" und „politischen" Faktoren als Ursachen von Systemwechseln greift analytisch zu kurz. Diese Faktorenbündel dürfen nicht einfach additiv aufgelistet, sondern müssen vielmehr in ihrer jeweils spezifischen wechselseitigen Verschränkung (Interdependenz) erfasst werden. Kein politisches System bricht nur aufgrund einer Akkumulation von systembedrohenden „strukturellen Ursachen" automatisch zusammen. Es bedarf dazu immer auch bestimmter Handlungen unterschiedlicher Akteure wie etwa der Regimeeliten, der Opposition oder der Bevölkerung. Zum einen sind diese Handlungen Reaktionen auf Veränderungen in der wirtschaftlichen, sozialen und politischen Sphäre. Zum anderen sind aber auch diese strukturellen Veränderungen häufig das Ergebnis bestimmter Handlungen bzw. Unterlassungen der autokratischen Regimeeliten (Karl/Schmitter 1991: 271).

Die jeweils besonderen Kombinationen von strukturellen Ursachen, die den Zusammenbruch eines autokratischen Systems auslösen, variieren ebenso wie Anzahl, Art und Bedeutung der beteiligten Akteure und ihrer Handlungen. Deshalb bedarf es immer der konkreten Analyse des Ineinandergreifens von strukturellen Veränderungen und politischen Handlungen, um den Zusammenbruch eines politischen Systems zu erklären. Die hier denkbaren Interaktionsmuster lassen sich an dieser Stelle nicht in allgemeiner Form auflisten. Sie sollen vielmehr in den Regionalanalysen der Teile II-VI konkret nachgezeichnet werden.

„Strukturen" und „Handlungen" sind also die beiden fundamentalen Dimensionen, die in den Analysen des Zusammenbruchs autokratischer Systeme wie auch des gesamten Systemwechsels stets aufeinander bezogen werden müssen. Die Strukturen bestimmen den „Handlungskorridor", innerhalb dessen die unterschiedlichen Akteure versuchen, ihre Interessen mit geeigneten Handlungsstrategien durchzusetzen. Dabei können erfolgreiche Aktionen durchaus den „Handlungskorridor" verbreitern und zusätzliche Handlungsoptionen ermöglichen. Strukturen sind aber nicht nur Handlungsbegrenzungen, sondern unter Umständen auch Handlungsressourcen (Giddens 1992: 77 ff.). Als solche bilden sie den Rahmen, die „Opportunitätsstruktur" für das Handeln aller am Systemwechsel beteiligten Akteure.

Es kann systematisch zwischen systeminternen und systemexternen Faktoren unterschieden werden. Diese lösen bestimmte Reaktionen bei den autokratischen Eliten und der Regimeopposition aus, die zum Ende eines autokratischen Systems führen können.

6.1.2 Systeminterne Ursachen

■ *Legitimitätskrise aufgrund ökonomischer Ineffizienz*

Autokratische Systeme sind aufgrund des umfangreichen Herrschaftsanspruchs der regierenden Eliten, des Herrschaftsausschlusses großer Teile der Bevölkerung sowie der repressiven Herrschaftsweise mit einem ständigen systembedingten Legitimitätsdefizit behaftet. Zum Ausgleich dieses politischen Legitimitätsdefizits erscheint vielen autoritären bzw. totalitären Regimen die wirtschaftliche Modernisierung als ein vergleichsweise risikoarmer Weg, die Bevölkerung materiell für ihre politische Entmündigung zu „entschädigen". Scheitert jedoch die wirtschaftliche Modernisierung, geraten diese „Entwicklungsdiktaturen ohne Entwicklung" in eine gefährliche Legitimitätskrise. Dies geschieht insbesondere dann, wenn sich massiver gesellschaftlicher Protest zu formieren beginnt und die herrschenden Eliten sich an der Frage spalten, ob sie diesem Protest mit verstärkter Repression oder vorsichtiger politischer Liberalisierung begegnen sollen. Jede Reaktion des Regimes ist aber mit unvorhersehbaren Risiken für die Sicherung ihrer autokratischen Herrschaft verbunden (vgl. Przeworski 1991: 62; Merkel, W. 1996a: 314 ff.). Dies gilt für die „Liberalisierungsstrategie", wie die Beispiele Ungarns seit Ende der 1960er Jahre, Polens und Russlands in den 1980er Jahren sowie Brasiliens und Uruguays seit Ende der 1970er Jahre verdeutlichen. Es trifft aber ebenso auf die „Repressionsstrategie" zu, die zum Beispiel 1989 in der DDR, der Tschechoslowakei und in Rumänien praktiziert wurde, als die kommunistischen Regime mit verstärkter Überwachung, Kontrolle und Unterdrückung reagierten.

■ *Legitimitätskrise aufgrund ökonomischer Effizienz*

Die Modernisierungstheorie (u. a. Lipset 1981: 469 ff.), aber auch die Lateinamerikaforschung (u. a. Nohlen 1986: 10) haben auf die eigentümliche Ambivalenz von Modernisierungsprozessen in autokratischen Systemen hingewiesen. Nicht nur das Scheitern, sondern vor allem auch der Erfolg sozioökonomischer Modernisierung kann zur Krise und zum Ende autoritärer oder totalitärer Herrschaft führen. Die theoretisch plausible und empirisch häufig bestätigte modernisierungstheoretische Argumentation lautet folgendermaßen: Gelingt die Modernisierungsstrategie, d. h., die Wirtschaft wächst, der Konsum und das Bildungsniveau steigen und die sektorale Struktur der Wirtschaft verschiebt sich vom Agrar- zum Industrie- und Dienstleistungssektor, führt dies zu erheblichen Veränderungen in der Sozialstruktur. Der Einfluss der reaktionären Großgrundbesitzer (Moore, B. 1969; Rueschemeyer et al. 1992: 23) geht zurück. Große Teile der einer parochialen politischen Kultur verhafteten politisch passiven Landbevölkerung, die traditionell zu den gesellschaftlichen Stützen autoritärer Regime zählt, werden schrittweise „wegmodernisiert". Gleichzeitig kommt es zu einem starken Anwachsen des städtischen Industrieproletariats und zur Herausbildung gut ausgebildeter, selbstbewusster neuer Mittelschichten. Beide soziale Klassen fordern mehr politische Mitsprache, verbesserte gesellschaftliche Aufstiegschancen und eine gerechtere Verteilung des volkswirtschaftlichen Ertrages. Die vormoderne passiv-resignative Loyalität gegenüber dem autoritären Regime, die vor allem Agrargesellschaften kennzeichnet, weicht Forderungen nach politischer und wirtschaftlicher Partizipation. Eine soziale und politische Opposition entsteht. Diese nichtintendierten Effekte der Modernisierung, die ja zunächst nur die Legitimitätsreserven des autokratischen Systems stärken sollten, können gerade deshalb auch dessen Ende beschleunigen. Beispiele dafür sind Spanien in den 1970er, Taiwan und Südkorea in den 1980er sowie Thailand und Indonesien in den 1990er Jahren.

■ *Legitimitätskrise aufgrund politischer Schlüsselereignisse*

Sowohl gescheiterte als auch erfolgreiche sozioökonomische Modernisierungsprozesse entwickeln eine besondere Sprengkraft, wenn sie mit bestimmten politischen Schlüsselereignissen zusammenfallen. Dies können beispielsweise der Tod eines Diktators (z. B. Franco 1975) oder regimeinterne Elitenkonflikte (Südkorea in den 1980er Jahren) sein. Auch die Häufung von Skandalen und Korruption, wie in der Endphase des Marcos-Regimes auf den Philippinen, das Bekanntwerden flagranter Menschenrechtsverletzungen z. B. in Argentinien zu Beginn der 1980er Jahre oder in Namibia und Südafrika am Ende jenes Jahrzehnts können zu einem Anwachsen interner Protestbewegungen und zu weiterer außenpolitischer Isolierung führen.

Solche politischen Schlüsselereignisse entwickeln besonders dann dramatische Effekte, wenn sie auf gravierende latente Legitimationsprobleme treffen, gleichgültig ob diese durch ökonomische Effizienz oder Ineffizienz ausgelöst wurden. Das Zusammentreffen beider, der länger- und der kurzfristigen Effekte, bedeutet nicht selten den Anfang vom Ende eines autokratischen Regimes.

6.1.3 Systemexterne Ursachen

■ *Kriegsniederlage*

Auch externe Ursachen können das Ende eines autokratischen Systems herbeiführen. Die häufigste ist zweifellos die Niederlage in einem militärischen Konflikt. Der Transformationsforscher und Lateinamerikaspezialist Alfred Stepan (1986: 66 ff.) unterscheidet dabei zwei Varianten, denen ich eine dritte (Variante 2) hinzufügen möchte:

▶ Im ersten Fall erfolgt der Zusammenbruch des autokratischen Regimes als Folge seiner Niederlage in einem militärischen Konflikt mit demokratischen Staaten. Es sind dann in der Regel auch die demokratischen Siegermächte, die die (Re-)Demokratisierung einleiten und ihre Anfänge überwachen. Das Ende der nationalsozialistischen Herrschaft in Deutschland (1945) und des nationalistischen Militärregimes Japans (1945) sind die herausragenden Beispiele der zweiten Demokratisierungswelle. Der Zusammenbruch der faschistischen Herrschaft Italiens ist zwar auch maßgeblich durch die Kriegsniederlage herbeigeführt worden, aber zumindest in Norditalien gab es mit der Resistenza eine aktive Widerstandsbewegung, deren Kampf zum Untergang der norditalienischen Überreste des Mussolini-Regimes (Republik von Saló) beitrug (Lill 1988: 366 ff.). Aus der dritten Demokratisierungswelle sind die Niederlagen der griechischen (1974) und argentinischen (1983) Militärjuntas Beispiele für das Ende autoritärer Herrschaft nach militärischen Abenteuern (Zypern und Falklandinseln). Allerdings wurde der in den beiden Ländern nachfolgende Redemokratisierungsprozess nicht von anderen demokratischen Staaten beaufsichtigt.

▶ Seit der zweiten Hälfte der 1990er Jahre hat sich eine neue Variante herausgebildet: humanitäre Interventionen von Staatenkoalitionen als Angriffskriege gegen autokratische Regime. Diese humanitären Interventionen haben das implizite (Serbien/Kosovo 1999) oder das explizite Ziel (Afghanistan 2001, Irak 2003), über die humanitären Nothilfen hinaus die Demokratie einzuführen. „Humanitäre Interventionen" münden in „demokratische Interventionen" (vgl. dazu Teil VII, Kap. 2). Alle drei Fälle zeigen, dass die Beseitigung der Diktatur keineswegs automatisch zur Demokratie führt. Am ehesten könnte dies in näherer Zukunft auf Serbien zutreffen. Afghanistan und Irak sind (im Jahr 2009) bestenfalls hybride Regime, die noch nicht einmal das Gewaltmonopol durchgesetzt haben und ohne internationale Hilfe auch als semidemokratische Regime kaum überleben könnten.

▶ Im dritten Fall sind es die Niederlagen autokratischer Besatzerregime, die den Weg für eine (Re-)Demokratisierung des besetzten Landes freimachen. Dies gilt beispielsweise für Norwegen und die Niederlande nach 1945, wo die monarchische Staatsspitze und die ehemalige demokratische Regierung in keinerlei Kollaboration mit der nationalsozialistischen Besatzermacht verwickelt waren (Stepan 1986: 66). Es trifft aber auch auf Österreich zu, wo eine Mehrheit der Eliten und der Bevölkerung begeistert mit den nationalsozialistischen Besatzern kollaborierte.

■ *Wegfall externer Unterstützung*

Der Wegfall einer wichtigen externen Unterstützung kann ebenfalls eine zentrale Ursache und notwendige Bedingung für den Untergang eines autokratischen Systems sein. Beim Zusammenbruch der kommunistischen Regime Osteuropas war das besonders augenfällig. Dabei spielte die Aufgabe der Prinzipien des „sozialistischen Internationalismus" und der „Breschnew-Doktrin"[46] unter Gorbatschow zwischen 1987 und 1989 eine maßgebliche Rolle. Erst dieser Wegfall der Interventionsgefahr durch die Sowjetunion und die Truppen des Warschauer Pakts ermöglichte die Systemwechsel in Osteuropa (Beyme 1994a: 54).

Wenngleich nicht mit dem gleichen Gewicht, so war auch der Wandel der US-amerikanischen Außenpolitik nach 1976 für die Demokratisierungsprozesse der dritten Welle von Bedeutung. Nachdem die USA, die noch 1973 den Sturz des demokratischen Allende-Regimes in Chile gefördert hatten, ihre Außenpolitik gegenüber autokratischen Staaten an der Unterstützung von Menschenrechten und Demokratie orientierten, verloren vor allem die lateinamerikanischen Militärdiktaturen eine wichtige externe Stütze (Huntington 1991: 45 f.). Es war kein Zufall, dass das Ende vieler autoritärer Regime auf dem südamerikanischen Kontinents Ende der 1970er Jahre eingeleitet wurde. Untersuchungen liefern empirische Anhaltspunkte, dass der Entzug der Unterstützung autokratischer Herrschaftseliten wichtiger als die direkte Unterstützung demokratischer Oppositionsgruppen sein kann (Hartmann, C. 1999: 60).

■ *Dominoeffekt*

Sowohl das Ende der südeuropäischen Rechtsdiktaturen Mitte der 1970er und die Abdankung der Militärregime in Lateinamerika Anfang der 1980er Jahre als auch der Zusammenbruch der kommunistischen Systeme in Osteuropa nach 1989 liefen in zeitlich konzentrierten regionalen Wellen ab. Wenn diese „Ansteckungseffekte" (Huntington 1991: 46) auch keine primären Ursachen für das Ende der autokratischen Herrschaftsordnungen waren, so wirkten sie doch im Zeitalter der intensivierten internationalen Kommunikation als veritable „Verstärkungseffekte". Das war am offensichtlichsten in Osteuropa, wo die wirtschaftlich, politisch

---

46 Unter der „Breschnew-Doktrin" wurde die eingeschränkte Souveränität sozialistischer Staaten hinsichtlich ihrer Außenpolitik, aber auch in Hinblick auf ihre innere gesellschaftliche Entwicklung verstanden. In die Realität umgesetzt wurde diese „Doktrin" erstmals, als die Truppen des Warschauer Pakts dem Projekt eines „Sozialismus mit menschlichem Antlitz" in der Tschechoslowakei 1968 gewaltsam ein Ende setzten.

und militärisch eng verflochtenen kommunistischen Regime nach 1989 unter intensiver TV-Begleitung wie Dominosteine umfielen.

Die Ursachen, die den Zusammenbruch eines autokratischen Herrschaftssystems herbeiführen, prägen in erheblichem Maße die Verlaufsformen der Ablösung des alten Regimes und des Beginns der Demokratisierungsphase. Dies soll im Folgenden näher dargestellt werden.

6.1.4 Verlaufsformen

Innerhalb der drei Demokratisierungswellen des 19. und des 20. Jahrhunderts lassen sich sechs idealtypische Verlaufsformen für die Ablösung autokratischer Systeme erkennen:

- langandauernde Evolution,
- von alten Regimeeliten gelenkter Systemwechsel,
- von unten erzwungener Systemwechsel,
- ausgehandelter Systemwechsel,
- Regimekollaps,
- Zerfall und Neugründung von Staaten.

Langandauernde Evolution: Diesen Typus der Transformation kennzeichnet, dass sich die Demokratie evolutionär, zeitlich gestreckt und nicht als Folge einer dramatischen historischen Zäsur durchsetzt. Im 19. Jahrhundert verlor das Wahlrecht in den schon teilparlamentarisierten und rechtsstaatlich geregelten Ländern Europas und Amerikas sowie in Australien und Neuseeland langsam seinen exklusiven Zensus: Das Mehrstimmenwahlrecht für privilegierte Personengruppen wurde abgeschafft, die geheime Wahl sowie die Verantwortlichkeit der Regierung gegenüber dem Parlament eingeführt (Huntington 1991: 16 f; Rueschemeyer et al. 1992: 83 ff.). Länder, die die Demokratie auf diesem Weg etablierten bzw. ihr noch vor dem Ersten Weltkrieg sehr nahekamen, waren Neuseeland, Australien, Finnland, Norwegen, die USA (Frauenwahlrecht erst ab 1920), Großbritannien (Frauenwahlrecht erst ab 1928) und die Schweiz (Frauenwahlrecht erst ab 1971) (vgl. Schmidt, M. G. 2006: 392). Diese Verlaufsform des Systemwechsels beschränkt sich auf die erste Demokratisierungswelle. In der zweiten und dritten Welle gibt es keine vergleichbaren Fälle langandauernder, evolutionärer Demokratisierung.

Von alten Regimeeliten gelenkter Systemwechsel: Dieser Systemwechsel wird von den alten autokratischen Regimeeliten initiiert und in seinem weiteren Verlauf auch weitgehend kontrolliert. Die alten Eliten bestimmen also nicht nur, auf welche Weise das autokratische Regime abgelöst, sondern in einem erheblichen Maße auch, welche Strukturen das neue demokratische System haben wird. Deshalb können die einstigen autokratischen Regimeeliten in der Regel Teile ihrer politischen Macht zumindest für einen kurzen Zeitraum teilweise von dem alten autokratischen in das neue demokratische System mitnehmen. Voraussetzung ist allerdings, dass diese Eliten nicht zu sehr durch ihre autokratische Herrschaft diskreditiert sind, weiterhin über erhebliche politische Machtressourcen verfügen und die Regimeopposition vergleichsweise machtlos ist. Beispiele aus der dritten Demokratisierungswelle (1974–1995) sind hier Spanien, Brasilien, Paraguay, Taiwan, Mexiko, Bulgarien und Rumänien. Wenn die Machthaber des alten Regimes keine Militärs waren, haben die ehemaligen autokratischen Eliten bei dieser Form des Systemwechsels eine große Chance, sich als politische Eliten auch in der neuen Demokratie zu etablieren, wie die Beispiele Paraguays, Taiwans, Rumäniens, Polens und anderer osteuropäischer Länder in den 1990er Jahren zeigen.

Von unten erzwungener Systemwechsel: Von unten erzwungene Systemwechsel, die nicht in Verhandlungen zwischen Regime- und Oppositionseliten münden, sind fast immer durch eine rasche Absetzung der autokratischen Machthaber gekennzeichnet. „Von unten" können Systemwechsel eingeleitet werden, wenn eine mobilisierte Öffentlichkeit den Protest gegen das autokratische Regime so machtvoll manifestiert, dass deren Unterdrückung mit repressiver Gewalt wenig Erfolg verspricht. Aus dieser Form des Systemwechsels folgt keine Machtteilung, sondern die alten Herrschaftsträger werden politisch völlig entmachtet. Dies war nach dem Militärputsch 1974 in Portugal der Fall, als radikalisierte Offiziere der mittleren Ränge und eine hoch mobilisierte Bevölkerung weitreichende politische, ökonomische und soziale Reformen erzwangen. Die Philippinen stellen einen „Mischfall" dar, weil zwar die Mobilisierung der Bürger den Rücktritt von Diktator Marcos und seinem Clan erzwang, die hinter Marcos stehenden „100 mächtigen Familien" (Thompson 1995; Croissant 2002a) aber weiterhin die politischen und wirtschaftlichen Geschicke des Landes bestimmen.

Ausgehandelter Systemwechsel: Wenn sich zwischen Regimeeliten und Regimeopposition eine Pattsituation herauskristallisiert und keine Seite die Macht besitzt, einseitig die Modalitäten der zukünftigen politischen Herrschaft zu definieren, kommt es – vorausgesetzt, beide Seiten agieren „rational" – zu Verhandlungen über eine neue politische Herrschaftsform. In einer Serie von ausgehandelten Kompromissen und Pakten werden der Herrschaftszugang, die Herrschaftsstruktur, der Herrschaftsanspruch und die Herrschaftsweise neu definiert. Dabei ist keineswegs von Anfang an klar, ob die Regimeopposition schrittweise ihr „demokratisches Projekt" verwirklichen kann. Es ist jedoch ebenso möglich, dass sich die *Hardliner* (O'Donnell et al. 1986) gegen die verhandlungsbereiten *Softliner* der alten Regimeeliten durchsetzen und die Liberalisierung und Demokratisierung des politischen Systems mittels Repression stoppen. Diese Möglichkeit besteht mit Ausnahme der Transformation infolge eines Kollapses auch bei anderen Formen des Systemwechsels. Allerdings ist diese Gefahr bei einem ausgehandelten Systemwechsel ausgeprägter als bei anderen „Übergängen", da hier die alten autokratischen Machteliten noch über erhebliche machtpolitische Ressourcen verfügen. Steht aber am Ende des ausgehandelten Systemwechsels tatsächlich die Demokratie, spiegelt sich das Ergebnis der verhandelten Machtteilung nicht selten auch in der besonderen Konfiguration der neuen demokratischen Institutionen wider (Rüb 1996b). Dabei umgibt die Aushandlungsprozesse eine eigentümliche demokratietheoretische Ambivalenz. Zum einen tragen Verhandlungen und Pakte zwischen den alten Regimeeliten und der demokratischen Opposition in einer machtpolitischen Pattsituation zu einem friedlichen Systemwechsel bei. Zum anderen kommen die Kompromisse und Abkommen auf eine fragwürdige und undemokratische Weise zustande. Denn die alten autokratischen Eliten besitzen keine Legitimität mehr (oder besaßen sie nie) und die demokratische Opposition ist häufig noch nicht über ein demokratisches Wahlverfahren mit einem solchen Verhandlungsmandat ausgestattet. An den Normen der Demokratie gemessen, kommen die für sie hilfreichen Elitenkompromisse in fragwürdigen Verfahren zustande. Das ist das demokratietheoretische Paradox eines ausgehandelten Systemwechsels. Beispiele aus der dritten Demokratisierungswelle sind Uruguay (1985), Südkorea (1986), Polen (1988), Ungarn (1989), Thailand (1992) und Südafrika (1994).

Regimekollaps: Von einem Regimekollaps reden wir, wenn ein autokratisches System abrupt zusammenbricht. Im Unterschied zu einer Revolution sind jedoch keine „internen Akteure", seien es Eliten oder die mobilisierten Massen, für die Ablösung der autoritären oder totalitären Herrschaft verantwortlich. Vielmehr führen häufig äußere Ursachen wie verlorene Kriege zu einem völligen Legitimitäts- und Machtverlust der herrschenden autokratischen Eliten. Nicht selten werden die alten Machthaber hingerichtet (Deutschland und Japan nach 1945), zu hohen Haftstrafen verurteilt (Griechenland nach dem Zypernkrieg 1974, Argentinien nach dem Falklandkrieg 1983) oder verschwinden völlig von der politischen Bühne. Eine Ausnahme bildet Deutschland nach 1918, als die Monarchie zwar abdankte, die alte preußisch-militärische Aristokratie und Bürokratie jedoch einen beachtlichen Teil ihrer politischen Macht in die erste deutsche Demokratie hinüberrettete. Beispiele für einen Regimekollaps infolge eines Krieges sind aus der zweiten Demokratisierungswelle Italien (1943–1945), Deutschland (1945), Österreich (1945), Japan (1945); aus der dritten Demokratisierungswelle Griechenland (1974), Argentinien (1983).

Ein autokratisches System kann aber auch ohne direkte Einwirkung von außen kollabieren. Das tritt dann ein, wenn latente innere Legitimitätskrisen aufgrund veränderter außenpolitischer Konstellationen manifest werden. Wenn überdies das Regime quasi-totalitären Charakter hatte und deshalb weder die Herausbildung von Reformeliten im herrschenden Block noch handlungsfähige Akteure auf der Oppositionsseite zuließ, kommt es typischerweise zum völligen und raschen Zusammenbruch des alten Systems. Die Tschechoslowakei, aber in gewissem Sinne auch die DDR im Jahre 1989, sind dafür Beispiele aus dem kommunistischen Machtbereich Mitteleuropas.

Zerfall und Neugründung von Staaten: Autokratische Regime enden mitunter auch, wenn ein autoritäres oder totalitäres Imperium zerfällt. Es entstehen neue Staaten, die mit der Staatsgründung auch die Chance eines demokratischen Neubeginns haben. Das war insbesondere in der ersten und in der dritten Demokratisierungswelle der Fall. So entstanden nach dem Zerfall des Habsburger Reiches im Jahr 1918 und besiegelt durch die Pariser Vorortverträge von St. Germain (1919) und Trianon (1920) eine Reihe souveräner Staaten, von denen sich Österreich (1918–1934) und die Tschechoslowakei (1918–1938) eine demokratische Verfassung gaben. Auf dem Höhepunkt der dritten Demokratisierungswelle zerfielen die Vielvölkerstaaten Sowjetunion und Jugoslawien. Von den aus diesem Zerfall nach 1990 hervorgegangenen neuen Staaten können 2005 Slowenien, Estland, Litauen, Lettland als rechtsstaatliche Demokratien angesehen werden. Als defekte Demokratien müssen 2005 Russland, Serbien, die Ukraine und Mazedonien gelten. Kroatien ist 2007 auf dem Wege, sich als rechtsstaatliche Demokratie zu konsolidieren.

Die hier vorgestellten sechs Möglichkeiten der Ablösung autokratischer Regime stellen ebenfalls idealtypische Verallgemeinerungen dar. In der Realität mischen sich die Formen häufig. So können die Formen *Kollaps* oder *Zerfall und Neugründung von Staaten* durchaus mit revolutionären Mobilisierungen *(von unten erzwungener Systemwechsel)* einhergehen. Dies war 1989 der Fall in der DDR und in der Tschechoslowakei *(Kollaps* und *von unten beschleunigter Systemwechsel)* oder 1990/91 auch in Slowenien, Estland, Lettland und Litauen, wo die revolutionäre Mobilisierung der nationalen Eliten und von Teilen der Bevölkerung die Neugründung dieser Staaten erst ermöglichte.

Vor allem in Osteuropa führte eine Mischung aus äußeren und inneren Faktoren zum Ende der kommunistischen Regime. Der äußere Anlass des Zusammenbruchs der osteuropäischen Satellitenregime war die Aufgabe der Breschnew-Doktrin (eingeschränkte Souveränität der sozialistischen Staaten) als Existenzgarantie für die von der Sowjetunion abhängigen kommunistischen Herrschaftsordnungen. Mit der Preisgabe der Beistandsgarantie durch den sowjetischen Partei- und Regierungschef Michail Gorbatschow 1987/88 kam es in einer Art Dominoeffekt zur Implosion der kommunistischen Regime Osteuropas. Die sozialistischen Staaten hatten zwar keinen „heißen" Krieg, wohl aber den Kalten Krieg verloren, schreibt Klaus von Beyme (1994a: 91) treffend. Die Legitimität ihrer politischen Systeme war längst verbraucht. Die reine Repression ohne die sowjetische Beistandsgarantie war keine erfolgversprechende Strategie zur Machtsicherung der nationalen kommunistischen Herrschaftseliten mehr.

Tabelle 4: Formen der Ablösung autokratischer Regime in der dritten Demokratisierungswelle in Südeuropa, Mittel- und Osteuropa, Lateinamerika und Ost- und Südostasien

Typ des Systemwechsels	Südeuropa	Mittel und Osteuropa	Lateinamerika	Ost- und Südostasien
Ausgehandelte Transition	Spanien	Ungarn Polen	Uruguay Bolivien	Südkorea Thailand
Von alten Regimeeliten gelenkte Transition		Albanien Rumänien Bulgarien	Brasilien Chile El Salvador Guatemala Honduras Nicaragua Paraguay Peru (1980) Mexiko Ecuador	Taiwan
Von unten erzwungene Transition	Portugal	DDR Tschechoslowakei		Philippinen Indonesien
Kollaps	Griechenland		Argentinien Peru (2000) Panama	
Neugründung von Staaten		Belarus Slowakei Estland Slowenien Kroatien Tschechien Litauen Ukraine Lettland Russland Restjugoslawien		Osttimor

Die knappe Darstellung dieser Mischformen von Systemwechseln soll den Blick dafür schärfen, dass die konkreten historischen Transformationsprozesse nur selten in ihrem realen Ablauf völlig mit der konstruierten inneren Struktur der allgemeinen Idealtypen übereinstimmen. Die oben genannten Zuordnungen historischer Beispiele zu den Idealtypen basieren deshalb auf dem jeweiligen dominanten Verlaufsmuster.

6.2 Demokratisierung

Guillermo O'Donnell, Philippe Schmitter und Laurence Whitehead (1986: 7 ff.) haben einen Systemwechsel idealtypisch in die drei Phasen Liberalisierung, Demokratisierung und Konsolidierung unterteilt. Manche Transformationsforscher sind ihnen darin gefolgt (Przeworski 1991: 51 ff.; Bos 1996a: 85; Rüb 1996a: 112). Allerdings ist diese Phaseneinteilung nicht allgemein genug, um auf alle Systemwechsel der dritten Demokratisierungswelle anwendbar zu sein (Bunce 2003; Carothers 2004a: 185 ff.). Keineswegs ging der Demokratisierung immer zwingend eine Liberalisierung des autokratischen Systems voraus. Dies trifft nur auf drei der von mir genannten sechs möglichen Formen der Ablösung autokratischer Systeme eindeutig zu: die langandauernde evolutionäre Demokratisierung während des 19. und des beginnenden 20. Jahrhunderts, die von den alten Regimeeliten gesteuerten Transformationsprozesse sowie die zwischen Regime und Opposition ausgehandelten Systemwechsel. Bisweilen, jedoch keineswegs immer, sind auch bei den von unten erzwungenen Systemwechseln und bei der Neugründung von Staaten kurze Liberalisierungsphasen zu erkennen. Bei den Regimewechseln infolge eines Kollapses verlaufen Liberalisierung und Demokratisierung jedoch meist völlig synchron, oder die Liberalisierung des politischen Lebens ist gar zu weiten Teilen erst eine Folge der ersten Demokratisierungsprozesse. Das heißt, eine Trennung in Liberalisierungs- und Demokratisierungsphase liegt quer zur historischen Realität zahlreicher Systemwechsel der zweiten (Deutschland, Italien, Österreich, Japan) und dritten Demokratisierungswelle (Griechenland, Portugal, Argentinien, Rumänien).

6.2.1 Die Institutionalisierung der Demokratie

Ich folge deshalb einer allgemeineren Periodisierung der Systemwechsel in die drei Phasen: Ablösung des alten Regimes, Institutionalisierung sowie Konsolidierung der Demokratie. Innerhalb dieser Periodisierung erstreckt sich die Liberalisierung von der Endphase des autokratischen Systems bis zum Beginn der demokratischen Konsolidierung. Demokratisierung ist dagegen als der Prozess definiert:

> „in dem die unbegrenzte, unkontrollierte und kompromisslos eingesetzte politische Macht von einer sozialen Gruppe oder Person auf institutionalisierte Verfahren verlagert wird, die die exekutive Macht begrenzen, laufend kontrollieren, regelmäßig verantwortbar machen und kontingente Ergebnisse ermöglichen" (Rüb 1996a: 114).

Der entscheidende Schritt zur Demokratie ist also der Übergang der politischen Herrschaft von einer Person oder einer Gruppe von Personen auf ein „Set" institutionalisierter Regeln, die von allen anerkannt werden müssen und für alle, d. h. für Regierende und Regierte, gleichermaßen gelten (vgl. auch Przeworski 1991: 14). Die Demokratisierungsphase beginnt, wenn die Kontrolle der politischen Entscheidungen den alten autoritären Herrschaftseliten entgleitet und demokratischen Verfahren überantwortet wird, deren substanzielle Ergebnisse sich *a priori* nicht mehr bestimmen lassen (Rüb 1996a: 114). Die Institutionalisierungsphase endet, wenn die neue demokratische Verfassung verabschiedet ist und den politischen Wettbewerb wie die politischen Entscheidungsverfahren verbindlich normiert.

So verstanden ist die Institutionalisierungsphase der Demokratie der Abschnitt innerhalb eines Systemwechsels, in dem die neuen demokratischen Institutionen etabliert werden. Dies bedeutet, dass wir es bei der Demokratisierungsperiode mit einer Etappe zu tun haben, in der alte Normen und Institutionen nicht mehr oder nur noch zum Teil Geltung besitzen, während neue Regeln und Institutionen noch nicht oder erst teilweise etabliert worden sind. Die politischen Akteure besitzen deshalb einen Handlungsspielraum, der weit größer ist als in konsolidierten Demokratien, wo bindende Normen, etablierte Institutionen und sozial verankerte Interessen den Manövrierraum der politischen Eliten erheblich einschränken. Da aber Normen, Institutionen und Interessen noch nicht in eine akzeptierte Balance gebracht worden sind und dadurch die politischen Entscheidungen gleichermaßen begrenzen wie legitimieren, ist in der Demokratisierungsphase das Risiko des Scheiterns noch beachtlich hoch.

Eine besondere Problematik besteht darin, dass die politischen Akteure im Institutionalisierungsprozess Regeln entwerfen, nach denen sie direkt anschließend selber agieren müssen. Diese Regeln sollen sich aber als Normen etablieren, die als allgemein akzeptierte Verfahren für zukünftige politische Kräfte, Generationen und Konflikte Bestand haben können. Die Spannung zwischen eigenen partikularen und allgemeinen Interessen muss für eine erfolgreiche Demokratisierung so aufgelöst werden, dass eine Balance zwischen mächtigen Teilinteressen und dem „Allgemeinwohl" gefunden wird. Werden die spezifischen Interessen mächtiger politischer Akteure missachtet, können diese als Vetomächte die Demokratisierung in Frage stellen und damit gefährden. Tragen sie aber nicht in einem ausreichenden Maße dem Allgemeininteresse und den zu bewältigenden Problemen Rechnung, wird ihnen keine breite Legitimität aus der Bevölkerung zuwachsen. Sie werden instabil bleiben, in eine defekte Demokratie (Merkel, W. 1999a; Merkel/Puhle et al. 2003; Merkel/Puhle et al. 2006) oder ein hybrides Regime (Bendel et al. 2002) oder gar in die Autokratie abrutschen.

Institutionenordnungen werden gerade auch in Systemumbrüchen von politischen Akteuren geschaffen, die Eigeninteressen verfolgen und voneinander abweichende normative Vorstellungen über die optimalen Institutionen eines demokratischen Gemeinwesens besitzen. Deshalb resultieren demokratische Institutionenordnungen nicht zuletzt aus machtpolitischen, ökonomischen und normativen Konflikten (Przeworski 1988: 76). Warum aber setzen sich in bestimmten Kontexten politische Akteure mit ihren Verfassungsprojekten durch, warum scheitern andere? Wie lässt sich die Konstituierung unterschiedlicher institutioneller Ordnungen erklären? Warum entstehen in einigen neuen Demokratien parlamentarische, in anderen aber präsidentielle oder semipräsidentielle Regierungssysteme; wann etablieren sich Mehrheits- und wann Konsensdemokratien?

6.2.2 Genese demokratischer Regierungssysteme

Demokratische Regierungssysteme lassen sich anhand des Verhältnisses von Legislative zur Exekutive systematisch unterscheiden (Sartori 1994a: 83 ff.). Das Ausmaß der Teilung, Verschränkung und Dominanz beider Gewalten entscheidet darüber, ob von einem parlamentarischen oder von einem präsidentiellen System gesprochen werden kann. In der Realität finden sich aber eine Vielzahl von Regierungssystemen, die Elemente beider Typen aufweisen und sich keinem der „reinen Typen" zuordnen lassen. Es ist also notwendig, zusätzliche Typen zu konstruieren, um der realen Vielfalt demokratischer Institutionenordnungen Rechnung zu tragen. In der vergleichenden Regierungslehre findet sich eine Vielzahl unterschiedlicher Kriterienkataloge zur Konstruktion von Regierungssystemtypen (vgl. Fraenkel 1957; Loewenstein 1969; Beyme 1970; Steffani 1979; Duverger 1980; Sartori 1994b). Die am überzeugendsten ausdifferenzierte Typologie findet sich bei Shugart/Carey (1992) sowie Shugart (1993). Neben dem häufig als zentral genannten Kriterium des Rechts des Parlaments, Regierungen abzuberufen, bzw. der Frage, ob die Regierung vom Vertrauen des Parlaments abhängt (vgl. Steffani 1979), bezieht Shugart noch folgende Merkmale in seine Typenlehre mit ein: Kontrollrechte des Parlaments gegenüber der Regierung, das Auflösungsrecht des Parlaments durch den Staatspräsidenten, die Absetzungsrechte der Regierung durch das Staatsoberhaupt, legislative Vetorechte und präsidentielle Politikdomänen des Staatsoberhauptes etwa in der Außen-, Sicherheits- und Innenpolitik. Mit diesem Kriterienkatalog kommt Shugart (1993: 30 f.) zu vier Typen von Regierungssystemen:

1. *Präsidentielle Regierungssysteme:* Der Präsident wird von den Bürgern als Regierungschef direkt gewählt. Er nominiert oder ernennt die Mitglieder des Kabinetts. Es gibt weder ein Misstrauensvotum des Parlaments gegenüber der Regierung noch eine Möglichkeit für die Regierung, das Parlament aufzulösen.
2. *Präsidentiell-parlamentarische Regierungssysteme:* Das präsidentiell-parlamentarische Regierungssystem besitzt eine doppelköpfige Exekutive, in der der Staatspräsident direkt vom Volk, der Premier vom Präsidenten nominiert und (indirekt) vom Parlament gewählt wird. Der Präsident besitzt das Recht, einzelne Minister oder das gesamte Kabinett auch gegen den Mehrheitswillen des Parlaments abzuberufen. Das Parlament seinerseits hat zwar die Prärogative des Misstrauensvotums gegenüber dem Regierungskabinett, doch der Präsident kann gegen das parlamentarische Misstrauensvotum Veto einlegen bzw. in letzter Instanz das Parlament auflösen.
3. *Parlamentarisch-präsidentielle Regierungssysteme:* Das parlamentarisch-präsidentielle Regierungssystem besitzt ebenfalls eine doppelköpfige Exekutive. Im Unterschied zum präsidentiell-parlamentarischen System besitzt der Präsident jedoch nicht die Möglichkeit, die Regierung oder den Regierungschef gegen den Willen der Parlamentsmehrheit zu entlassen.
4. *Parlamentarische Regierungssysteme:* Das Parlament ist souverän sowohl bei der Wahl oder Abberufung der Regierung als auch in der Gesetzgebung. Das Staatsoberhaupt (direkt oder indirekt gewählter Präsident oder Monarch) hat keine autonomen Befugnisse, in die Regierungsbildung einzugreifen oder das Parlament aufzulösen. Es besitzt keine unabhängigen Kompetenzen, in den parlamentarischen Gesetzgebungsprozess einzugreifen.

Systematisiert man die in der dritten Demokratisierungswelle entstandenen Regierungssysteme in einer Vierer-Typologie von präsidentiellen, präsidentiell-parlamentarischen, parlamentarisch-präsidentiellen und parlamentarischen Regierungssystemen, ergibt sich folgendes Bild (s. Tabelle 5).

In zwei Regionen zeigen sich klare Muster: in Südeuropa setzten sich ausschließlich parlamentarische, in Lateinamerika nur präsidentielle Regierungssysteme durch. Für Ostasien und Osteuropa lassen sich keine vergleichbar homogenen Muster erkennen. Warum aber entstanden in Südamerika nur präsidentielle und in Südeuropa nur parlamentarische Regierungssysteme? Warum sind in Ostasien und Osteuropa so unterschiedliche Strukturbildungen in den Regierungssystemen zu erkennen? Zur Beantwortung dieser Fragen werden in der Verfassungslehre und institutionenorientierten Transformationsforschung vier Erklärungsansätze diskutiert (vgl. Merkel, W. 1996c: 80 ff.):

1. *der historisch-konstitutionelle Ansatz*: Art und Gestalt der Verfassung werden als Ergebnis konkreter historisch-konstitutioneller Erfahrungen im eigenen Land auf der Grundlage der normativen Überzeugungen der Verfassungsgeber sowie der soziokulturellen Besonderheiten des jeweiligen Landes erklärt (z. B. Loewenstein 1969).

Tabelle 5: Typen demokratischer Regierungssystemen der dritten Demokratisierungswelle in Südeuropa, Osteuropa, Lateinamerika und Ostasien (2005)

Typ des Systemwechsels	Südeuropa	Osteuropa	Lateinamerika	Ostasien
präsidentiell		(Belarus)[a]	Argentinien Bolivien Brasilien Chile Ecuador El Salvador Guatemala Honduras Mexiko Nicaragua Panama Paraguay Peru[b] Uruguay	Indonesien Philippinen
präsidentiell-parlamentarisch		Russland Ukraine		Osttimor Südkorea Taiwan
parlamentarisch-präsidentiell	Portugal (1975–1982) Griechenland (1974–1986)	Bulgarien Kroatien Litauen Polen Rumänien Serbien		
parlamentarisch	Griechenland (ab 1986) Spanien Portugal (ab 1982)	Albanien Estland Lettland Mazedonien Slowakei Tschechien Ungarn		Thailand

[a] Belarus bewegt sich seit der Verfassungsänderung von 1996 und der Regierungspraxis des Staatspräsidenten Lukaschenko von einer defekten Demokratie hin zu einer Präsidialdiktatur.
[b] Peru driftete Ende der 1990er Jahre in ein autoritäres Regime ab und kehrte 2000 zur Demokratie zurück.

2. *der prozessorientierte Ansatz:* Es wird ein Zusammenhang des Systemwechselverlaufs mit der konkreten Form des entstehenden Regierungssystems behauptet (Glaeßner 1994: 217).
3. *der akteurstheoretische Ansatz:* Die Verfassung und die Form des Regierungssystems werden als Resultante rationaler Strategien und Handlungen von vor allem am eigenen Nutzen interessierter rationaler Akteure gedeutet (Elster 1988; Przeworski 1991; Offe 1994; Colomer 1995a).
4. *der Import-Ansatz:* Die Verfassung und das Regierungssystem werden vor allem nach dem Muster „erfolgreicher" Vorbilddemokratien geformt (Brunner 1991).

Diese vier Erklärungsansätze schließen sich wechselseitig keineswegs aus. Sie erklären aber nur teilweise die Entstehung bestimmter Verfassungen und die Art des Regierungssystems. Aus diesem Grunde sollten sie komplementär eingesetzt werden. Dann erweisen sie sich für die konkreten Analysen in unterschiedlichen Kombinationen und Gewichtungen aufschlussreicher, als es jede einzelne von ihnen allein sein kann.

Historisch-konstitutionelle Erklärungen erscheinen für die präsidentiellen Regierungssysteme Lateinamerikas in Verbindung mit dem *Import-Ansatz* am aufschlussreichsten. In jenen Ländern des Subkontinents, in denen schon vor den autoritären Militärregimen präsidentielle Demokratien bestanden, wurden deren Verfassungen im Zuge der Redemokratisierung häufig mit nur wenigen Änderungen wieder in Kraft gesetzt. Die einst aus Nordamerika „importierte Tradition" des Präsidentialismus erweist sich in Lateinamerika nicht zuletzt deshalb bei den Eliten und der Bevölkerung als bevorzugte Regierungsform, weil sie am ehesten mit den traditionellen Mustern der politischen Kultur, wie dem *Kazikismo*, dem *Klientelismus* und der Personalisierung der Herrschaftsformen übereinstimmen (Erklärungsansatz 1 plus Erklärungsansatz 4).

Semipräsidentielle Regierungssysteme, sei es in der präsidentiell-parlamentarischen oder der parlamentarisch-präsidentiellen Variante, können vor allem als typische Ergebnisse einer machtpolitischen Pattsituation gesehen werden, in der weder die alten Regimeeliten noch die demokratischen Reformkräfte allein die Agenda der Verfassungsgebung bestimmen können. In einer solchen Situation sehen die ehemaligen autokratischen Machthaber am ehesten ihre Interessen durch einen starken Präsidenten gewahrt, während die demokratische Opposition auf einem starken Parlament besteht, von dessen Vertrauen die Regierung abhängt (Lijphart 1992: 209; Rüb 1994: 263). Typische Beispiele dafür sind die postautokratischen Regierungssysteme Polens, Rumäniens, Litauens und Russlands[47] (Erklärungsansatz 2 plus Erklärungsansatz 3).

Allerdings können auch parlamentarische Regierungssysteme aus ausgehandelten Systemwechseln hervorgehen, wie die Beispiele Ungarns (1989/90) und Spaniens (1975–1977) belegen. Parlamentarische Regierungssysteme entstanden im Zuge der dritten Demokratisierungswelle vor allem als Folge von Staatsneugründungen (Estland, Lettland, Mazedonien, Slowakei, Slowenien, Tschechien), bei denen die demokratische Opposition die dominierende Rolle spielt. Aber auch andere Faktoren, wie etwa die historische Verfassungstradition des Parlamentarismus in Südeuropa, begünstigten die erneute Herausbildung parlamentarischer Regierungssysteme.[48] Parlamentarische Regierungssysteme lassen sich am wenigsten mit einer typischen Kombination der Erklärungsansätze erklären.

Mit der Verabschiedung der Verfassung endet die *Demokratisierungsphase*. Damit ist die Demokratie jedoch keineswegs gesichert und ihre Regression in autokratische Herrschaftsformen ausgeschlossen. Aber die Zeit der größten *Unsicherheit* ist vorbei. Der nun folgende Konsolidierungsprozess kann sich jetzt auf die relative Sicherheit eines mehrheitlich akzeptierten und sanktionsbewährten Institutionengefüges stützen. Die strategischen Optionen der politischen Akteure sind dadurch wieder erheblich eingeschränkt und ihre Handlungen werden wechselseitig berechenbarer. Der sich im Verlauf des Demokratisierungsprozesses weitende Handlungskorridor hat sich wieder verengt. In der Phase der demokratischen Konsolidierung müssen nun die demokratischen Institutionen innere Stabilität gewinnen, um damit an das gesamte politische System und seine Akteure wichtige Konsolidierungsimpulse abzugeben.

---

47 Obwohl das russische Regierungssystem bisweilen als „SuperPräsidentialismus" bezeichnet wird (Holmes 1993/94) und der Präsident tatsächlich eine außerordentlich große Machtfülle besitzt, entspricht es gemäß der Verfassungssystematik einem semipräsidentiellen Regierungssystem (Mommsen 2004: 378).

48 Dies gilt auch für Portugal, das sich nach einer Experimentierphase mit parlamentarisch-präsidentiellen Strukturen (1974–1982) über einige Verfassungsänderungen schließlich als parlamentarisches Regierungssystem konsolidierte.

6.3 Konsolidierung

Die Konsolidierung der Demokratie kann in einzelnen Teilbereichen des politischen Systems beginnen, bevor alle wichtigen demokratischen Institutionen durch die Verfassung oder einfache Gesetze etabliert sind. Die Transformationsliteratur nennt häufig die ersten freien Wahlen, die sogenannten Gründungswahlen *(founding elections)* als Beginn der demokratischen Konsolidierung (O'Donnell et al. 1986). Sinnvoller erscheint es jedoch, die Verabschiedung der Verfassung oder die demokratische Revision der alten Verfassung als den Anfang einer demokratischen Konsolidierung zu verstehen. Denn dann sind die wichtigsten politischen Spielregeln normiert und die zentralen politischen Institutionen wie Parlament, Regierung, Staatspräsident und Justiz etabliert. Der Zustand „verflüssigter" Strukturen und der Normlosigkeit bzw. Normunsicherheit ist beendet. Die wichtigsten Akteure des politischen Systems beginnen ihre Strategien, ihr Verhalten und ihre Entscheidungen nunmehr nach den institutionell abgesicherten demokratischen Normen auszurichten. Handlungsoptionen werden eingeschränkt und die Politik beginnt, wieder berechenbarer zu werden.

Noch umstrittener als der Beginn der demokratischen Konsolidierung ist in der Transformationsforschung die Frage, wann eine Demokratie als konsolidiert gelten kann. Um diesen Zeitpunkt genauer zu bestimmen, müssen wir zunächst klären: (a) Was ist unter Demokratie zu verstehen? (b) Was bedeutet Konsolidierung?

Den Demokratiebegriff haben wir in Teil I, Kapitel 1.1 bestimmt. Von einer Demokratie ist dann zu reden, wenn Robert Dahls acht institutionelle und prozedurale Minima installiert sind. Sprechen wir von einer funktionierenden rechtsstaatlichen Demokratie ist auf das anspruchsvollere Konzept der *embedded democracy* (Teil I, Kap. 1.1.2) zu verweisen. Im Folgenden soll ein analytisch ergiebiger und operationalisierbarer *Konsolidierungsbegriff* entwickelt werden (vgl. Merkel, W. 1996c).

Der Begriff der demokratischen *Konsolidierung* ist in der Transformationsforschung umstritten. Minimalistische Annahmen (Di Palma 1990: 138 ff.; Przeworski 1991: 26) konkurrieren mit anspruchsvolleren Konzepten (Pridham 1995; Gunther et al. 1995). Uneinig sind sich die Transformationsforscher darin, welche politischen und gesellschaftlichen Institutionen stabilisiert sein müssen, um von einer konsolidierten Demokratie sprechen zu können. Dissens herrscht sowohl über den Zeithorizont als auch die Pfade, die am schnellsten zur Konsolidierung führen. Der englische Politikwissenschaftler Geoffrey Pridham (1995: 168) unterscheidet deshalb zwischen „negativer" und „positiver" Konsolidierung. Demokratien sind für ihn „negativ" konsolidiert, wenn kein relevanter politischer oder sozialer Akteur außerhalb der demokratischen Institutionen seine Interessen und Ziele verfolgt, weil zu diesem Zeitpunkt keine attraktive Systemalternative zur Demokratie existiert. „Positiv" aber ist ein politisches System erst dann konsolidiert, wenn das gesamte System nicht nur in den Augen der Eliten legitim und ohne Alternative ist, sondern wenn auch die Einstellungs-, Werte- und Verhaltensmuster der Bürger einen stabilen Legitimitätsglauben gegenüber der Demokratie reflektieren. Ein solches Konsolidierungskonzept rechnet mit weit längeren Zeithorizonten für die Stabilisierung einer postautoritären Demokratie als die nur auf die Eliten bezogene negative demokratische Konsolidierung.

Ich greife dieses Konzept der *positiven Konsolidierung* auf und differenziere es in vier analytische Ebenen,[49] auf denen sich die Konsolidierungschancen des gesamten politischen Systems

---

[49] Dabei baue ich auf Überlegungen auf, die Juan J. Linz und Alfred Stepan (1996) entwickelt haben.

Abbildung 6: Mehrebenenmodell der demokratischen Konsolidierung

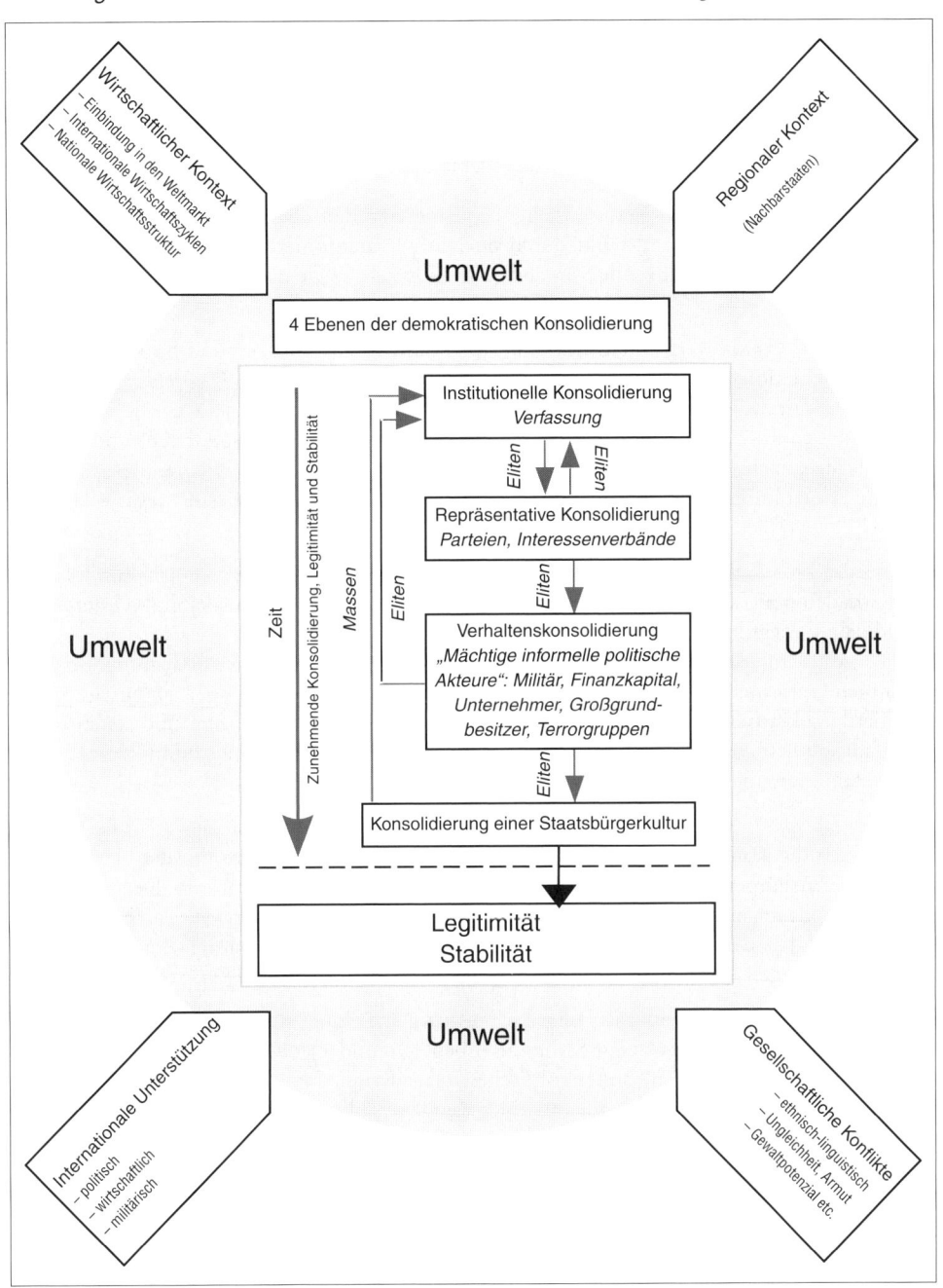

entscheiden. Die vier analytischen Ebenen geben zugleich eine häufig beobachtbare zeitliche gestufte Abfolge der demokratischen Konsolidierung insofern wider, als Ebene 1 in aller Regel am frühesten konsolidiert ist, während die demokratische Konsolidierung der vierten Ebene in der Regel am längsten dauert.

Erste Ebene: die konstitutionelle Konsolidierung: Sie bezieht sich auf die zentralen politischen Verfassungsinstitutionen wie Staatsoberhaupt, Regierung, Parlament, Judikative und Wahlsystem[50] *(Makroebene: Strukturen).*

Die konstitutionelle Konsolidierung ist in aller Regel von den oben genannten vier Ebenen am frühesten abgeschlossen und wirkt durch normative, sanktionierende und damit strukturierende wie handlungseingrenzende Vorgaben auf die zweite sowie die nachfolgenden Ebenen 3 und 4 ein.

Zweite Ebene: die repräsentative Konsolidierung: Sie betrifft die territoriale und funktionale Interessenrepräsentation, d. h. vor allem Parteien und Interessenverbände *(Mesoebene: Akteure).*

Die Konstellationen und Handlungen der Akteure auf Ebene 2 entscheiden einerseits mit darüber, wie sich die Normen und Strukturen auf der ersten Ebene konsolidieren, und andererseits, ob die gemeinsame Konfiguration von den Ebenen 1 und 2 das Verhalten der Akteure auf Ebene 3 in Hinblick auf die demokratische Konsolidierung positiv oder negativ beeinflusst.

Dritte Ebene: Verhaltenskonsolidierung: Auf der dritten Ebene agieren die „informellen", d. h. die potenziellen politischen Akteure wie Militär, Großgrundbesitzer, Finanzkapital, Unternehmer, radikale Bewegungen und Gruppen *(Mesoebene: informelle politische Akteure).*

Die Konsolidierungserfolge auf den Ebenen 1 und 2 sind von erheblicher Bedeutung, ob die sogenannten „informellen" politischen Akteure ihre Interessen innerhalb oder außerhalb bzw. gegen die demokratischen Normen und Institutionen verfolgen werden. Sind die ersten drei Ebenen konsolidiert, gehen von ihnen entscheidende Impulse für die Herausbildung einer demokratiestabilisierenden Bürgergesellschaft aus.

Vierte Ebene: Konsolidierung der Bürgergesellschaft (civic culture und civil society): Die vierte Ebene schließt die Konsolidierung des demokratischen politischen Systems mit der Herausbildung einer Staatsbürgerkultur als soziokulturellem Unterbau der Demokratie ab. Sie kann, wie wir aus der politischen Kulturforschung der zweiten Demokratisierungswelle (Italien, BRD, Österreich und Japan nach 1945) wissen, Jahrzehnte dauern und erst durch einen Generationswechsel besiegelt werden (u. a. Almond/Verba 1963, 1980) *(Mikroebene: Bürger).*

Von einer konsolidierten demokratischen Zivilkultur gehen immunisierende Wirkungen auf die Ebenen 1 bis 3 aus, wenn deren Stabilität (Ebenen 1 und 2) oder Integration (Ebene 3) von externen (wirtschaftlichen, außenpolitischen etc.) Krisen bedroht sind. Erst nach der Konsolidierung aller vier Ebenen kann von einer weitgehend krisenresistenten Demokratie gesprochen werden.

Gegenüber dem minimalistischen Verständnis von demokratischer Konsolidierung, das sich weitgehend auf die Ebenen 1 und 3 beschränkt, komme ich durch die Einbeziehung von Ebene 2 (politische Akteure: Parteien und Verbände) und Ebene 4 (Staatsbürgerkultur und Zivil-

---

50 Wenngleich Wahlsysteme selten Verfassungsrang besitzen, sind sie infolge ihrer faktischen Bedeutung für die Zuteilung von politischen Repräsentationschancen von vergleichbarer Wichtigkeit für die Konsolidierung der Demokratie wie die Verfassungsorgane (Sartori 1994b).

gesellschaft) zu einem maximalistischen Begriff der demokratischen Konsolidierung. Aber selbst ein solchermaßen „maximal" konsolidiertes demokratisches System ist nicht gänzlich gegen potenzielle Dekonsolidierungstendenzen immun. Allerdings birgt eine auf allen vier Ebenen konsolidierte Demokratie hohe Widerstandsreserven gegen exogene Destabilisierungsschocks, wie sie durch dramatische ökonomische oder außenpolitische Krisen entstehen können. Ein Dekonsolidierungsprozess müsste sich erst über längere Zeitperioden hinziehen und alle vier Ebenen erfassen, bevor Autokratisierungstendenzen den demokratischen Systemcharakter erodieren oder gar zerstören könnten.

6.3.1 Die konstitutionelle Konsolidierung

Die Verfassungsgebung steht am Anfang des Konsolidierungsprozesses und prägt schon deshalb in erheblichem Maße die Konsolidierungschancen der nächsten Ebenen. Eine hierarchisch übergeordnete Stellung kann der Verfassung eingeräumt werden, weil sie erstmals im Verlaufe des Transformationsprozesses zu einer drastischen Reduzierung der Verhaltenskontingenz führt. Die Verfassung garantiert die Verfahrensfestlegung politischer Entscheidungsprozesse (Merkel, W. et al. 1996: 18). Sie regelt in ihrem staatsrechtlichen Teil die Art und Weise, wie und durch welche Institution die generellen und spezifischen Normen der Rechtsordnung erzeugt werden dürfen. In bestimmten Grenzen kann sie gar deren materiale wirtschafts- und sozialpolitischen Inhalte beeinflussen. Durch bindende Verfassungsnormen und die sie verkörpernden Institutionen werden die strategischen Handlungen der politischen Akteure auf einen Grundkonsens verpflichtet, womit ein Übermaß an wechselseitigem Misstrauen und Unberechenbarkeit verhindert wird. Aus der empirischen Demokratisierungsforschung wissen wir, dass das Verhalten der Eliten von außerordentlicher Bedeutung für die demokratische Konsolidierung ist (Higley/Gunther 1992). Denn wenn es unter den Eliten zu einem Minimalkonsens hinsichtlich der fundamentalen demokratischen Spielregeln kommt, besitzt die Demokratie gute Konsolidierungschancen auf allen vier Ebenen. Voraussetzung ist aber, dass die politischen und gesellschaftlichen Eliten ihre Interessen und Konflikte innerhalb der Verfassungsinstitutionen verfolgen. Damit Verfassungsordnungen diese verhaltenssteuernde Kraft gewinnen, müssen sie für die relevanten gesellschaftlichen Gruppen einen fairen und inklusiven Charakter besitzen und gleichzeitig angemessene Lösungspotenziale für die anstehenden gesellschaftlichen Konflikte und politischen Probleme bereitstellen. Postautokratische Verfassungen sollen also den jungen demokratischen Ordnungen Legitimität und Stabilität verleihen.

Wie aber wächst den jungen Verfassungen die notwendige Verbindlichkeit zu? In der staatsrechtlichen und politikwissenschaftlichen Diskussion werden diesbezüglich zwei Antworten gegeben: Verfassungen erhalten ihre Stabilität zum einen durch staatsrechtlich vorbildliche Ausarbeitungs- und Verabschiedungsverfahren („formale Legitimation"); zum anderen durch ihre Fähigkeit, gesellschaftliche Konflikte und Probleme fair und effektiv zu lösen („empirische Legitimation").

Die formale Legitimation der Verfassung: Im Staatsrecht wird die Legitimität und Stabilität einer demokratischen Verfassung primär von den Verfahren ihrer Satzung, d. h. ihrer Ausarbeitung und Verabschiedung abgeleitet. Die beiden Fragen, die wir in unserem Kontext beantworten müssen, lauten: Wann kann einer Verfassung die formale Legitimation zugeschrieben werden? Welche Bedeutung besitzt eine solche „formale Voraussetzung" für den faktischen Legitimitätsglauben der Bürger an diese Verfassung?

Die Frage nach der demokratischen Verfahrenslegitimität einer Verfassungsgebung lässt sich auf drei Ebenen beantworten (Elster 1994: 43):

▸ der *Legitimität von oben*: eine Verfassung kann nur dann demokratische Legitimität beanspruchen, wenn die verfassungsgebende Versammlung demokratisch legitim zustande gekommen ist;
▸ der *internen Verfahrenslegitimität*: das Verfahren innerhalb der verfassungsgebenden Versammlung muss demokratischen Prinzipien folgen;
▸ der *Legitimität von unten*: der Verfassungsentwurf wird dem Volk in einem Referendum zur Ratifizierung vorgelegt.

Diese drei Prinzipien der verfassungsgebenden Verfahrenslegitimität lassen sich in Anlehnung an Böckenförde (1994: 67 ff.) und die Praxis der Verfassungsgebung demokratischer Staaten (Beyme 1968: 1971) über vier Typen der Verfassungslegitimation systematisieren (Merkel, W. 1996c: 92). Die Reihenfolge der vier Verfahrenstypen der Verfassungsgebung ist von oben nach unten hierarchisch geordnet und reicht von „sehr demokratischen" (Typ 1) bis zu „demokratietheoretisch bedenklichen" Verfahren (Typ 4):

1. Eine vom amtierenden Parlament unabhängige verfassungsentwerfende Versammlung (Konvent) wird vom Volk gewählt. Sie arbeitet einen Verfassungsentwurf aus, verabschiedet ihn und legt ihn dem Volk *(pouvoir constituant)* in einem Referendum zur Abstimmung vor. Ein Beispiel für diese dreistufige Legitimierung ist die Verfassung der Vierten Republik Frankreichs (1946).
2. Eine verfassungsgebende Versammlung *(Constituante)* wird demokratisch gewählt. Sie arbeitet die Verfassung aus, beschließt und verabschiedet sie selbst. Dem Volk, im Sinne der stimmberechtigten Staatsbürger, wird die Verfassung nicht mehr zur Abstimmung vorgelegt. Ein Beispiel für diese Variante der zweistufigen Legitimierung ist die Verfassung der Weimarer Republik.
3. Von einem bestimmten Staatsorgan (z. B. amtierendes Parlament, Regierung) wird ein Verfassungsentwurf ausgearbeitet, der vom Parlament (in der Regel, aber nicht immer) verabschiedet wird. Es wird also keine vom amtierenden Parlament oder der Regierung unabhängige Versammlung zur Ausarbeitung eines Verfassungsentwurfs gewählt. Ein Referendum über den Verfassungsentwurf findet statt. Ein Beispiel für diese Variante der zweistufigen Legitimation ist die Verfassung der Fünften Republik Frankreichs (1958).
4. Von einem bestimmten Staatsorgan wird eine Verfassung ausgearbeitet (bzw. die alte revidiert) und vom amtierenden Parlament verabschiedet. Ein Referendum zur Verfassung findet nicht statt. Beispiele für diese einstufige Legitimierung sind die Verfassungsrevisionen Ungarns und Polens aus dem Jahre 1989.

Wie die Verfassungsgebung in den vier Großregionen der dritten Demokratisierungswelle in dieser Vierer-Typologie einzuordnen ist, zeigt Tabelle 6. Keine der jungen Demokratien der „dritten Welle" hat den demokratisch vorbildlichen Weg der Verfassungsgebung gewählt (Typ 1). Dies weist auf die Zeitknappheit hin, die insbesondere bei dramatischen Systemwechseln (Regimekollaps) herrscht. Hier haben die Verfassungsgeber eine Güterabwägung zu treffen zwischen demokratisch-vorbildlichen Prozeduren und einer längeren, möglicherweise riskanten Interimsphase ohne demokratische Verfassung oder einem schnelleren Verfahren der

Tabelle 6: Verfahren der Verfassungsgebung in Südeuropa, Mittel- und Osteuropa, Süd- und Zentralamerika sowie Ost- und Südostasien

Art der Verfassungsgebung	Südeuropa	Mittel- und Osteuropa	Lateinamerika	Ost- und Südostasien
Verfassungsentwurf von demokratisch gewählter *Constituante*; Annahme durch *Referendum*	Spanien (1978)			
Verfassungsgebung durch demokratisch gewählte *Constituante*; Annahme *ohne Referendum*	Portugal (1976)	Bulgarien (1991)	Paraguay (1992) Honduras (1981) El Salvador (1984) Guatemala (1985) Nicaragua (1987) Peru (1979)	Thailand (1997)[a]
Verfassungsvorschlag durch ein *Staatsorgan*; Annahme durch *Referendum*	Spanien (1978)	Russland (1993) Rumänien (1991) Litauen (1992)	Brasilien (1988) Chile (1980, 1989) Ecuador (1978)	Philippinen (1987) Südkorea (1987)
Verfassungsgebung durch ein *Staatsorgan*; Annahme *ohne Referendum*	Griechenland (1974)	Albanien (91: prov. Verf) Polen (92: „kleine Verf") Ungarn (89: prov. Verf) Slowakei (92: prov. Verf) Tschechei (92: prov. Verf) Lettland (1992) Slowenien (1991) Belarus (1994)	Argentinien (1983)[b] Uruguay (1984)[c] Mexiko[d] Bolivien (1982)[e]	Indonesien (seit 1999)[f] Taiwan (seit 1991)[g] Thailand (1992)[h]

[a] Die Versammlung zur Ausarbeitung einer Verfassung bestand aus vom Parlament ausgewählten Vertretern, die zuvor in einem mehrmonatigen Verfahren von der Bevölkerung vorgeschlagen wurden.
[b] Argentinien kehrte zur Verfassung von 1853 zurück.
[c] Uruguay kehrte zur Verfassung von 1967 zurück.
[d] Mexiko weiterhin gültige Verfassung von 1917, wiederholt reformiert, u. a. 1998.
[e] Bolivien kehrt zur Verfassung von 1967 zurück.
[f] Fortgesetzter Prozess der Verfassungsreform seit 1999 in der Konsultativen Volksversammlung (Majelis Permusyawaratan Rakyat/MPR).
[g] Mehrere Runden der Verfassungsreform seit 1991 durch die gewählte Nationalversammlung.
[h] Revision der Verfassung von 1991 in gemeinsamer Versammlung von Unter- und Oberhaus.

Anmerkungen: Spanien ist ein Sonderfall, der schwer einzuordnen ist. Fasst man den komplexen Prozess der Verfassungsgebung zusammen, dürfte er unter den Demokratien der „dritten Welle" am besten legitimiert sein (vgl. Teil III, Kap. 1.3.3). Argentinien, Bolivien und Uruguay kehrten zur Verfassung aus der Zeit vor der autoritären Herrschaft zurück. In Griechenland hatte die verfassungsgebende Versammlung nur einen Verfassungsrevisionsauftrag. Die Revisionen wurden an der Verfassung von 1952 vorgenommen. Das Referendum von 1974 bezog sich nur auf die Frage, ob Griechenland Monarchie bleiben oder Republik werden sollte. 69,2 Prozent stimmten für die Republik. Im Falle Albaniens, Polens, der Slowakei, Tschechiens und Ungarns handelt es sich um provisorische Verfassungen.

Quelle: Merkel, W. et al. (1996: 21), eigene Ergänzungen.

Verfassungsgebung mit einigen prozeduralen und inhaltlichen Defiziten. Klaus von Beymes (1994a: 236) Anmerkung zu Osteuropa, dass die demokratisierungswilligen Eliten „in der Regel dringendere Probleme" zu lösen gehabt hätten „und keine Zeit für eine doppelte Beteiligung des Volkes" an der Verfassungsgebung fanden, trifft offensichtlich generell auf die Verfassungsgebung im Gefolge von Regimebrüchen zu.

In seiner demokratiestiftenden Qualität wird die „Legitimität von unten", das Verfassungsreferendum, häufig überschätzt. Dies gilt vor allem für postautoritäre oder posttotalitäre Situationen, in denen die Verfassungsgebung unter Zeitdruck und unter den Bedingungen einer unterentwickelten Zivilgesellschaft abläuft. Ist aber eine gehaltvolle Verfassungsdiskussion nicht möglich, bleiben Verfassungsplebiszite bedeutungsarm und haben weitgehend akklamativen Charakter. Finden sie gar in unaufgeklärten, gewalttätigen und manipulierten Kontexten wie in Rumänien (1991), Russland (1993) oder dem Irak (2005) statt, muss ihnen die demokratische Legitimationsfunktion gänzlich abgesprochen werden.

Die „empirische Legitimation": Empirische Legitimation soll hier bedeuten, dass einer Verfassung durch ihre Wirkung auf die faktische Politik und die gesellschaftlichen Verhältnisse ein ausreichendes Maß an „Legitimitätsglauben" (Max Weber) bzw. „spezifischer und diffuser Unterstützung" (David Easton) zuwächst. Die Chancen dafür stehen besonders gut, wenn in der Verfassung drei Prinzipien prägend eingelassen sind:

▶ *die soziale und politische Inklusion:* es dürfen keine größeren strukturellen Minderheiten (rassisch, ethnisch, religiös) sowie politische und soziale Gruppen beim institutionellen Zugang zur politischen Macht grob benachteiligt werden;
▶ *die institutionelle Effizienz:* die politischen Institutionen müssen zügige Entscheidungen und Implementationen zulassen;
▶ *die politische Effektivität:* die politischen Entscheidungen müssen sichtbar zur Lösung gesellschaftlicher Probleme (u. a. ökonomisch, sozialpolitisch, innere und äußere Sicherheit) beitragen.

Die Inklusions-, Effizienz- und Effektivitätsprobleme werden seit Ende der 1980er Jahre in der Transformationsforschung auf zwei Ebenen diskutiert:

▶ der *Ebene des Regierungssystems:* Hier dreht sich die Debatte um die Frage, ob sich parlamentarische, präsidentielle oder semipräsidentielle Regierungssysteme am ehesten zur Konsolidierung der jungen Demokratien eignen?
▶ der *Art des politischen Repräsentations- und Entscheidungsmodus:* Hier lautet die Frage: Erfüllen Mehrheits- oder Konsensdemokratien die Konsolidierungsanforderungen am besten?

Insbesondere über die Frage des geeigneten Regierungssystems wurde eine breite Debatte geführt. Sie kann hier nur kursorisch nachgezeichnet werden (vgl. dazu Merkel, W. et al. 1996: 25 ff.). Positionen, die parlamentarische Regierungssysteme grundsätzlich für angemessener hielten (Linz 1990; Lijphart 1992; Stepan/Skach 1993), standen Befürworter des Präsidentialismus (Horowitz 1993) gegenüber. Schließlich fand sich in Giovanni Sartori (1994b) sogar ein Verfechter des semipräsidentiellen Regierungssystems.

Es sind hauptsächlich vier Kernargumente, die in unterschiedlichen Kombinationen von den genannten Autoren zur Stützung ihrer These immer wieder angeführt werden (vgl. v. a. Stepan/Skach 1993: 6 ff.):

- Parlamentarische Regierungssysteme haben in der Regel mehr Parteien als präsidentielle Systeme. Dies ermöglicht inklusivere und flexiblere Koalitionsbildungen in Gesellschaften, die eine komplexe ethnische, ökonomische und ideologische Konfliktstruktur aufweisen.
- Regierungen in parlamentarischen Systemen verfügen häufiger über stabile parlamentarische Mehrheiten für ihre Reformprogramme als präsidentielle Exekutiven. Fehlen im präsidentiellen System dem Präsidenten parlamentarische Mehrheiten, sind Versuchungen und Möglichkeiten für ihn groß, am Rande der Verfassung mit Dekreten zu regieren oder sich im bilateralen Tauschgeschäft von Abgeordneten und Präsidenten die notwendigen Ad-hoc-Mehrheiten zu suchen. Beides sind inadäquate Strategien für die einschneidenden Reformprogramme in Transformationsperioden und die Konsolidierung noch fragiler Verfassungsstrukturen.
- Die enge wechselseitige Abhängigkeit von Legislative und Exekutive in parlamentarischen Systemen, nämlich das Recht der Regierung, das Parlament aufzulösen, und die Möglichkeit des Parlaments, die Regierung mit einem Misstrauensvotum zu Fall zu bringen, bergen konstitutionelle Verfahrensweisen, um lähmende wechselseitige Blockaden aufzulösen. Auf diese Weise können Regierungskrisen gelöst werden, bevor sie sich zu Regimekrisen verschärfen.
- Präsidentielle Systeme dagegen fördern die politische Polarisierung und bergen die Gefahr lähmender Konflikte und Entscheidungsblockaden immer dann, wenn Exekutive und Legislative mehrheitlich unterschiedliche parteipolitische Präferenzen haben.
- Juan J. Linz (1990) fasst die Vorteile des parlamentarischen Regierungssystems mit dem Begriff „Flexibilität" zusammen, der er die „Rigidität" des Präsidentialismus gegenüberstellt. Flexibilität heißt hier, dass parlamentarische Systeme eher die Konsolidierungsimperative der soziopolitischen Inklusion und der Regierungseffizienz gewährleisten.

Kritiker wie Nohlen (1992, 2003) und Thibaut (1996) haben insbesondere Linz vorgeworfen, dass die abstrakte Argumentation von den institutionellen und soziokulturellen Umwelten absehe, innerhalb derer die großen Verfassungsorgane der Regierungssysteme aber operieren müssten. Entscheidend für die demokratische Konsolidierung sei vielmehr, in welcher Weise die zentralen politischen Institutionen mit dem Wahl- und Parteiensystem, dem Verbändewesen, mit der staatlichen Verwaltung, der Elitenrekrutierung und der politischen Kultur harmonieren. Dies ist zweifellos ein unabweisbares Monitum, das auf die Bedeutung konkreter institutioneller, kultureller Kontexte und Akteurskonstellationen hinweist. Nur so können abweichende Fälle erklärt werden. Aus einer statistischen Sicht (Stepan/Skach 1993) und der internen institutionenlogischen Argumentation spricht dennoch vieles für die Argumentation von Linz, die allerdings im Sinne seiner Kritiker institutionell ausdifferenziert werden sollte. Die Kritik trifft keineswegs die Grundaussage von Juan J. Linz, wie neuere empirische Studien zeigen (Przeworski et al. 2000: 129 ff.; Cheibub/Limongi 2002: 151). Auf überzeugender statistischer Basis kommen Przeworski et al. (2000: 137) zu der Schlussfolgerung:

> „Presidential democracies are less likely to survive under all circumstances we could observe than are parliamentary ones."

Noch ungünstiger für die Konsolidierung junger Demokratien erweisen sich die unterschiedlichen Varianten des Semipräsidentialismus (Rüb 1994; Merkel, W. 1996c: 104). Seine interne Konstruktion lässt auch kontextunabhängig die Aussage zu, dass er für junge unkonsolidierte Demokratien besonders ungünstige institutionelle Arrangements bietet. Die institutionelle Konkurrenz innerhalb der Exekutive zwischen Staatspräsident und Regierungschef und die selten ausreichend trennscharf geklärten Kompetenzen zwischen präsidentieller Exekutive und parlamentarischer Legislative behindern im Falle unterschiedlicher parteipolitischer Mehrheiten die Entscheidungsfähigkeit. Drängende Problemlösungen werden aufgeschoben. An ihre Stelle treten machtpolitische Winkelzüge. Dies kann in der Bevölkerung sehr rasch zu einem Verlust an „spezifischer Unterstützung" (Easton, 1965) führen. Südkorea von 1988–1990, Polen nach 1990 und Russland nach 1993 liefern dafür Beispiele. Gehören aber Staatspräsident und Parlamentsmehrheit derselben Partei an, wie dies zeitweise in den 1990er Jahren in Kroatien, Rumänien, Südkorea (ab 1990), Litauen (ab 1994) und Polen der Fall war, wird die interne Konkurrenz in der Exekutive zwar aufgehoben; aber das Staatsoberhaupt verfügt dann über eine Machtfülle (Russland unter Putin nach 2003), wie sie weder Premierminister in parlamentarischen Systemen noch Staatspräsidenten in präsidentiellen Systemen in der Regel besitzen. Es fehlen wichtige *checks and balances*, die unkonsolidierte Demokratien vor der Degeneration in eine defekte Demokratie (Merkel/Puhle et al. 2003) bewahren können, in der ein gewählter Präsident von konstitutionellen Kontrollen kaum eingeschränkt plebiszitär-autoritär regiert.

Dennoch kann bei der Bewertung der Tauglichkeit und Leistungsfähigkeit präsidentieller, semipräsidentieller und parlamentarischer Regierungssysteme die Konstellation der konstitutionellen Gewalten nicht losgelöst von den jeweils konkreten Parteien- und Verbändesysteme beurteilt werden. Es müssen vielmehr die von mir skizzierten Konsolidierungsebenen 1 (Verfassungsinstitutionen, Regierungssystem) und 2 (Institutionen der intermediären Interessenvermittlung) unter Berücksichtigung der Rolle der politischen Eliten und der politischen Kultur analytisch verknüpft werden. Erst die wechselseitige Verschränkung beider Ebenen lässt die Konturen der Macht- und Kommunikationsbeziehungen zwischen den interdependenten Institutionen und Akteuren erkennen. Arend Lijphart (1984, 1999) hat dies unter den besonderen Aspekten der Machtkonzentration, Machtteilung und Inklusion über die Idealtypen der Mehrheits- und Konsensdemokratie zumindest teilweise versucht, indem er das Parteiensystem, die Koalitionsformen der Regierungsbildung und die Verfahrensmodi politischer Entscheidungsfindung in die Institutionenanalyse mit einbezog.

6.3.2 Die repräsentative Konsolidierung

Die Konfiguration und Offenheit der staatlichen Institutionen, die Art des Wahlsystems und die gesetzlichen Normvorgaben für Interessenverbände haben einen ersten prägenden Einfluss auf die entstehende Gestalt der intermediären Strukturen. Die Formen dieser intermediären Interessenvermittlung zwischen der Gesellschaft und den staatlichen Entscheidungsinstanzen lassen sich hinsichtlich ihrer territorialen (politische Parteien) und funktionalen (Interessenverbände) Dimension unterscheiden.

Parteiensysteme: In postautoritären Transformationsgesellschaften werden Parteiensysteme vor allem durch drei Einflüsse geformt: (1) den Transformationskonflikt zwischen autoritärem Regime und demokratischer Opposition (Kitschelt 1992); (2) die gesellschaftliche *cleavage*-Struktur (Lipset/Rokkan 1967a; Sartori 1976); (3) das Wahlsystem (Nohlen 2004).

Der zentrale Transformationskonflikt zwischen autoritärem Regime und demokratischer Opposition entwickelt nur vorübergehend in einer relativ frühen Phase des Systemwechsels prägende Kraft. Mit dem Fortschreiten der demokratischen Konsolidierung zerfallen die einstigen regimeoppositionellen „Forumsparteien" rasch entlang ideologischer, sozialer oder personeller Trennungslinien (Beyme 1994a: 296), wie die Beispiele der polnischen Solidarność, der litauischen Sajūdis, des ungarischen Demokratischen Forums und des tschechischen Bürgerforums zeigen. Nach dem Verschwinden des gemeinsamen Feindes, des alten autokratischen Regimes, prägen längerfristig vor allem soziale und in geringerem Maße auch personale Konfliktlinien die Struktur und Wettbewerbsdynamik der Parteiensysteme. Wahlsysteme können jedoch in erheblichem Maße dazu beitragen, die Parteiensysteme so zu „rationalisieren", dass sowohl das Gebot der sozialen Inklusion nicht grob verletzt als auch die Formierung stabiler Regierungsmehrheiten gefördert wird.

Wahlsysteme: Aus erstgenanntem Grund können relative und absolute Mehrheitswahlsysteme, aus dem zweiten Grund reine Verhältniswahlsysteme (ohne Sperrklauseln) die demokratische Konsolidierung gefährden. Mehrheitswahlsysteme diskriminieren häufig größere soziale und politische Gruppen beim Zugang zur politischen Macht (z. B. in Mazedonien, der Ukraine und in Belarus). Diese können so der Demokratie entfremdet oder gar zu ihren entschiedenen Gegnern werden. Reine Verhältniswahlsysteme dagegen behindern die Formierung stabiler Regierungsmehrheiten, wie die Beispiele der Weimarer Republik (1919–1933), Italiens (nach 1948) und Polens (1990–1993) zeigen.

Das Spektrum der konsolidierungsfördernden Wahlsysteme spannt sich von Verhältniswahlsystemen mit Sperrklauseln zu Graben- bzw. kompensatorischen Wahlsystemen, die Elemente der Verhältnis- und der Mehrheitswahl annähernd gleichgewichtig kombinieren (Kasapović/ Nohlen 1996). Letztere begünstigt stabile Regierungsmehrheiten, birgt zumeist keine eklatanten Diskriminierungen kleinerer Parteien in sich und fördert den Wechsel in der Regierungsverantwortung. Die Beispiele Spaniens nach 1975 (verstärktes Verhältniswahlsystem) und Ungarns nach 1990 (kompensatorisches Grabensystem) zeigen, dass die konsolidierungsfördernden Wahlsysteme eher in der Mitte zwischen den reinen Typen der Mehrheits- und Verhältniswahlen angesiedelt sind. Konsolidierungshemmend sind dagegen reine Verhältniswahlsysteme. So brachte das von 1990 bis 1993 geltende reine Verhältniswahlsystem ohne Sperrklauseln in Polen 29 parteiähnliche Gruppierungen ins Parlament (Sejm). Die Folge waren undurchsichtige Abstimmungsverhältnisse, heterogene Regierungskoalitionen und kurzlebige Kabinette (Merkel, W. 1996c). Die Regierbarkeit des Landes konnte nur mühsam gesichert werden. Die Konsolidierung der neuen Demokratie verlor in Polen aufgrund institutioneller Fehlentscheidungen, wie dem Semipräsidentialismus und dem Verhältniswahlsystem in Mehrpersonenwahlkreisen wertvolle Zeit. Zwar haben die unklaren Abgrenzungsverhältnisse zwischen Parlament und präsidentieller Exekutive sowie die stark proportionalen Effekte des Verhältniswahlsystems nicht die Fragmentierung der Eliten und die Polarisierung der politischen Kultur verursacht, aber doch verstärkt und vertieft.

Welche Parteiensysteme fördern bzw. gefährden nun aber die demokratische Konsolidierung? Unter Berücksichtigung der Kriterien einer breiten gesellschaftlichen Inklusion und der Regierungsstabilität sind es die zwischen dem Zweiparteiensystem und dem polarisierten extremen Pluralismus liegenden Varianten des moderaten Vielparteiensystems (Beyme 1982: 312), die die demokratische Konsolidierung fördern. Das heißt, Parteiensysteme wirken sich dann fördernd auf die demokratische Konsolidierung aus, wenn sie hinsichtlich der drei Kriterien *Fragmentierung*, *Polarisierung* und *volatility* (Nettowählerfluktuation) bestimmte Eigenschaften besitzen.

Fragmentierung: In der Forschung zur Stabilität politischer Systeme gelten stark fragmentierte Parteiensysteme als stabilitätsgefährdend für das gesamte politische System. Das ist besonders häufig der Fall, wenn die starke Fragmentierung mit ideologischer Polarisierung, schwachen und heterogenen Koalitionsregierungen und häufigen Regierungswechseln einhergeht (Sartori 1976). Beispiele dafür sind die Weimarer Republik, die Vierte Republik Frankreichs, die Italienische Republik vor und nach 1994, Polen von 1990 bis 1993 sowie die Slowakische Republik von 1993 bis 1998. Der geringe Fragmentierungsgrad der Parteiensysteme in Griechenland, Portugal und Spanien trug wesentlich zur raschen Konsolidierung ihrer postautoritären Demokratien in den 1970er und 1980er Jahren bei (Merkel, W. 1990: 6; Morlino 1995: 324). In den postkommunistischen Demokratien Ostmitteleuropas traf dies nur auf Ungarn zu.

Tabelle 7: Fragmentierungsgrad der Parteiensysteme Ostmitteleuropas auf Parlamentsebene

Fragmentierungsindex nach Rae		Ungarn (1990, 1994, 1998, 2002)	Polen (1991, 1993, 1997, 2001)	Tschechische Republik (1990, 1992, 1996, 2002)	Slowakische Republik (1990, 1992, 1994, 1998)
Founding elections	Stimmen	73,5	91,9	68,3	81,8
	Mandate	72,0	91,4	49,2	74,7
Zweite Wahl	Stimmen	82,0	91,2	85,1	84,5
	Mandate	65,5	74,4	79,0	69,0
Dritte Wahl	Stimmen	80,7	78,2	81,5	83,1
	Mandate	63,7	66,1	75,9	77,3
Vierte Wahl	Stimmen	64,7	78,1	79,4	83,5
	Mandate	54,8	72,0	72,7	73,9

Anmerkung: Westeuropäischer Durchschnitt 1998–2000: Stimmen: 75,5 Prozent; Mandate: 68,3 Prozent. Der Fragmentierungsindex nach Rae (1968) wird berechnet, indem die Summe der quadrierten Stimmen- bzw. Mandatsanteile aller Parteien gebildet und von 1 subtrahiert wird. Zur besseren Anschaulichkeit wurden die Indices mit 100 multipliziert. Berücksichtigt wurden nur Parteien mit mindestens 3,2-Prozent-Anteil an den Gesamtstimmen/-mandaten, weil Parteien mit geringerem Anteil weniger als 0,001 bzw. 0,1 zum Fragmentierungsindex beitragen.
Quelle: Eigene Berechnung auf der Datenbasis: Kitschelt et al. (1999: 112 ff.); http://www.electionworld.org; http://www2.essex.ac.uk/elect/electer/slovakia_er_nl.htm.

Polarisierung und Antisystemparteien: Parteiensysteme, die eine geringe ideologische Distanz zwischen den relevanten linken und rechten Flügelparteien aufweisen und keine Antisystemparteien haben, besitzen Konsolidierungsvorteile. Während in Südeuropa nur die portugiesische Demokratie kurzfristig (1974–1976) von einer kommunistischen Antisystempartei destabilisiert wurde und in den neuen Demokratien Ostasiens keine Gefahr von relevanten Antisystemparteien ausgeht, erschwerte die Existenz zweier antagonistischer Antisystemparteien die demokratische Konsolidierung in Osteuropa, insbesondere in Russland, Lettland und in der Slowakei (Beyme 1994a: 301 ff.). Generell behinderten jedoch weniger als in der ersten Demokratisierungswelle die Antisystemparteien die Konsolidierung der Demokratie in der dritten Welle als vielmehr die schlechte bzw. kaum vorhandene gesellschaftliche Verankerung vieler Parteien in Afrika, Ostasien und Osteuropa.

Wählerfluktuation (volatility): Parteiensysteme mit niedriger und mittlerer Wählerfluktuation wirken sich konsolidierungsfördernd auf das gesamte politische System aus. Der Rückgang der Wählerfluktuation gibt Hinweise darauf, dass sich ein stabilisierendes Element der Parteienidentifikation herausbildet. Er zeigt an, dass Parteien als intermediäre Strukturen in der Gesellschaft die notwendigen Wurzeln schlagen, ohne die eine Interessenvermittlung zwischen Staat und Gesellschaft unmöglich ist. Darüber hinaus werden mit der Abnahme der Wählerfluktuation auch Turbulenzen beim Regierungswechsel und radikale Wenden in der Regierungspolitik unwahrscheinlich. Die vergleichsweise hohe Wählerfluktuation war und ist in fast allen postautokratischen Demokratien der dritten Welle ein hartnäckiges Konsolidierungsproblem. Dieses Problem trat in Afrika, Asien und Osteuropa in einer weit gravierenderen Form auf als in den Nachkriegsdemokratien Deutschlands, Österreichs und in den postautoritären Systemen Südeuropas nach 1974/75 (Beyme 1997: 47).

Verbändewesen: Parteien alleine können die Interessenvermittlung zwischen Gesellschaft und Staat nicht gewährleisten. Die territoriale Repräsentation muss mit einem komplementären System der funktionalen Interessenvermittlung durch die Verbände ergänzt werden. Aber gerade diese Ebene intermediärer Strukturen ist in postautoritären Gesellschaften chronisch unterentwickelt, weil die Staatsfixiertheit der meisten autoritären Systeme schwache Zivilgesellschaften hinterlässt. Die vor dem Staat geschützte gesellschaftliche Sphäre, in der sich wirtschaftliche Interessen, soziale Gruppen oder kulturelle Strömungen selbst organisieren und artikulieren können, existiert in autoritären Regimen kaum oder nur in observierten Nischen. Dies ist nicht nur für die postkommunistischen Demokratien Osteuropas ein negatives Erbe (Offe 1994: 121), sondern belastete auch die postautoritären Gesellschaften Afrikas oder die jungen Demokratien in Ostasien (Merkel, W. 2000; Croissant 2003). Die im Systemwechsel einsetzende Differenzierung und Pluralisierung der Gesellschaft löst keineswegs automatisch das demokratische und funktionale Problem der Vermittlung sozialer Interessen innerhalb der Gesellschaft und gegenüber dem Staat. „Die Gesellschaft", schreibt Jacek Kuroń (1991), einer der herausragenden Akteure der polnischen Transformation, „kann unglaublich differenziert sein; worauf es ankommt, ist, ob sie organisiert ist, denn nur dann ist sie auch integriert". Erst die wechselseitige Akzeptanz und Organisierung der sozialen und wirtschaftlichen Interessen einer Gesellschaft befähigen diese zum kollektiven Handeln gegenüber konkurrierenden Interessen und dem Staat. Durch Verbände wird dieses Handeln auf Dauer gestellt und gewährt ein Mindestmaß an reziproker Erwartungssicherheit für die wirtschaftlichen, sozialen und staatlichen Akteure (Kraus 1999: 29 ff.). Aus demokratietheoretischer Sicht garantiert die verbandliche Selbstorganisierung der Gesellschaft wirkungsvolle autonome Handlungsräume dem Staat gegenüber. Sie bedeutet in aller Regel auch eine Steuerungsentlastung des Staates und damit einen wirtschaftspolitischen Rationalitätsgewinn. Denn die jungen staatlichen Institutionen und die politischen Parteien stehen ohne ein System funktionaler Interessen unter dem „Damoklesschwert der systematischen Überforderung" (Wiesenthal 1993: 15).

Unter den für Transformationsgesellschaften typischen Bedingungen politischer Unsicherheit und progredierender Partikularinteressen, in der weder die Hinwendung zu einem übermächtigen Staat noch zu einer reinen Marktgesellschaft denk- oder auch nur wünschbar wäre, stellen repräsentative Interessenverbände ein erhebliches Ordnungspotenzial zur Reduzierung der steuerungspolitischen Unsicherheit dar. Darüber hinaus erscheint die Ausformung „intermediärer Organisationen und organisierender Netzwerke zwischen Staat und Gesellschaft nicht nur als rationale Reaktion auf die Steuerungslücke, sondern auch als der letzte Abschied vom autokratischen Staatsverständnis" (ibid.: 16).

Welche Arten von Verbändesystemen fördern, welche hemmen die demokratische Konsolidierung? Auch hier gelten die für die Verfassungsinstitutionen oben angeführten Kriterien: Verbändesysteme sollten inklusiv und effizient sein. Inklusiv sind sie, wenn sie repräsentativ sind; effizient vor allem, wenn sie kooperativ agieren. Sind etwa die großen Verbände von Arbeit und Kapital repräsentativ, konfligieren ihre Interessenskalküle weniger mit dem Allgemeininteresse der Gesellschaft (Olson 1968). Je größer und umfassender sie die jeweiligen Interessen der Gesellschaft organisieren können, umso eher werden sie zu kooperativem Handeln mit ihren interessenpolitischen Gegenspielern und dem Staat bereit sein. Kooperation wiederum bedeutet Effizienz in wirtschaftspolitischen Entscheidungs- und Implementationsabläufen. So können Verbände, ausgedrückt in Eastons Begrifflichkeit, sowohl zur spezifischen als auch zur diffusen Legitimität eines Systems beitragen (Croissant et al. 1998: 329 ff.).

Junge Verbände in unkonsolidierten Demokratien besitzen selten die für Konzertierungen notwendigen Organisations- und Zentralisierungsgrade sowie die daraus resultierende Selbstverpflichtungsfähigkeit hinsichtlich ihrer eigenen Organisationsmitglieder. Diese wiederum sind aber wichtige Voraussetzungen für die Kooperation mit anderen Verbänden und mit dem Staat. Deshalb ist es nicht verwunderlich, wenn Interessenverbände in frühen Phasen der demokratischen Konsolidierung zumeist nur eine sekundäre Rolle spielen (Schmitter 1999: 46 f.).

Mit dem Fortschreiten des Konsolidierungsprozesses wächst jedoch die demokratische, ökonomische und soziale Bedeutung der organisierten Interessenverbände, denn ohne ein ausdifferenziertes und repräsentatives Verbändesystem sind Gesellschaften auch in Demokratien weder vor einer etatistischen Suprematie noch vor den sozialdarwinistischen Auswirkungen reiner Marktwirtschaften sicher.

Ist das Verbändewesen nur schwach ausgeprägt, kann die mangelhafte funktionale Interessenvermittlungsstruktur zu einer *overparlamentarization* und *overpartitization* (Ágh 1995: 251) des politischen Systems führen und den demokratischen Konsolidierungsprozess behindern. Dadurch kann die territoriale Repräsentationsschiene überlastet werden und zu einem problematischen Legitimitätsverlust von Parlament und Parteien (ibid.: 252; Montero/Morlino 1995: 259) führen, denen alle unpopulären Entscheidungen alleine angelastet werden. Dies zeigt, dass eine Verfestigung asymmetrischer Interessenvermittlungsstrukturen ein latentes Dekonsolidierungspotenzial für einzelne Teilbereiche wie für das gesamte demokratische System birgt.

6.3.3 Verhaltenskonsolidierung der informellen politischen Akteure

Die Forschung über die Ursachen des Zusammenbruchs von Demokratien im Allgemeinen (u. a. Linz 1978a) sowie der lateinamerikanischen und südeuropäischen demokratischen Systeme im Besonderen (u. a. Rueschemeyer et al. 1992) betont zu Recht die wichtige Rolle von potenziellen „Vetomächten". Vetomächte werden im Kontext eines Systemwechsels als mächtige gesellschaftliche und staatliche Akteure verstanden, die kein verfassungsgestütztes Mandat zum politischen Handeln besitzen. Die wichtigsten, weil den Erfolg oder Misserfolg des Demokratisierungsprozesses maßgeblich beeinflussenden, „informellen politischen Akteure" bzw. „politischen Vetomächte" sind das Militär, paramilitärische Verbände, Vertreter des Finanz- und Industriekapitals, Großgrundbesitzer, radikale Gewerkschaften oder terroristische Gruppierungen. Ihr Handeln, ihre wirtschaftlichen Transaktionen oder gesellschaftlichen Mobilisierungen sind von außerordentlicher Bedeutung für die Konsolidierung, die Dekonsolidierung oder den Zusammenbruch von Demokratien. Speziell in wirtschaftlichen, sozialen und politischen Krisensituationen wachsen ihre Motive und Gestaltungsräume, die Form der politischen Herrschaft außerhalb der Verfassung zu bestimmen.

Die wechselvolle Geschichte der Demokratien in Lateinamerika bietet hierfür mannigfache Beispiele (Nohlen 1986). War die territoriale Integrität eines Staates oder seine innere Sicherheit in der Perzeption der Militärs gefährdet wie etwa in Brasilien (1964), Argentinien (1966), Peru (1968) und Uruguay (1974), wandelten sich die Streitkräfte nicht selten von einer virtuellen zu einer faktischen Vetomacht. Bedrohten radikale Wirtschafts- und Sozialreformen die traditionellen Klassen-, Besitz- und Statusverhältnisse, wie in Chile (1970–1973), konnte es zu aktiven Vetokoalitionen zwischen Militärs, Großgrundbesitzern, Industrie- und Finanzkapital sowie den USA kommen.

Allgemein lässt sich formulieren: Je weniger Vertrauen die informellen Akteure in die offiziellen politischen Institutionen (Ebene 1), Parteien, Verbände und politischen Eliten (Ebene 2) besitzen, je mehr sie ihre vitalen Interessen von deren Entscheidungen oder Unterlassungen bedroht sehen, umso größer ist die Gefahr demokratiegefährdender Aktionen auf Ebene 3. In einer solchen *Worst-case*-Situation kann es dazu kommen, dass Militärs intervenieren, Großgrundbesitzer konspirieren, Unternehmer aufhören zu investieren, Banken die Kapitalflucht organisieren, Gewerkschaften mobilisieren, paramilitärische Gruppen marschieren und Guerillas terrorisieren.

Anders formuliert: Je stärker die Ebenen 1 und 2 konsolidiert sind, umso mehr verlieren die genannten gesellschaftlichen oder militärischen Elitegruppen ihr Vetomotiv und ihr Interventionspotenzial gegenüber neuen Demokratien. Selbst wenn sie in ihren Einstellungen und Wertemustern keine überzeugten Demokraten sein sollten, zwingt sie der konsolidierte politische Kontext insofern zu demokratiekonformem Verhalten, als die stabilen politischen und institutionellen Rahmenbedingungen keine erfolgversprechende Systemalternative zur Demokratie verheißen. Mit anhaltender Stabilisierung des politisch-institutionellen Kontextes besteht im Übrigen eine beachtliche Wahrscheinlichkeit, dass sich dieses zunächst rational-instrumentelle Verhalten längerfristig in eine wertebasierte Zustimmung zur Demokratie wandelt.

Den jungen Demokratien der Zwischenkriegszeit in Süd- und Mitteleuropa oder in Lateinamerika seit den 1920er Jahren fehlte dieser institutionelle stabile Kontext sowie der Minimalkonsens unter den politischen Eliten hinsichtlich der Akzeptanz der grundsätzlichen politischen Spielregeln. Es waren meist Kombinationen und Koalitionen unterschiedlicher formeller und informeller politischer Akteure, die den noch instabilen Demokratien in sozioökonomischen Krisensituationen den Todesstoß versetzten. An diesen informellen antidemokratischen Koalitionen beteiligten sich immer wieder offizielle politische Repräsentanten und Verfassungsorgane wie der Reichspräsident am Ende der Weimarer Republik (1933), die monarchischen Staatsoberhäupter in Italien (1922–1926) und Griechenland (1936; 1965–1967) oder die Regierungschefs in Portugal (1932) und Österreich (1934), die sich dann wie Salazar in Portugal oder Dollfuß in Österreich selbst zu Diktatoren aufschwangen.

In den fünf Ländern Ostmitteleuropas (Polen, Tschechien, Slowakei, Ungarn, Slowenien) stellen seit 1989 weder das Militär noch andere potenzielle Vetoakteure eine Bedrohung für die Demokratie dar. Weiter im Osten Europas ist die Lage wesentlich undurchsichtiger. Hier sind es vor allem militante ethnische und nationalistische Gruppen, die – selbst undemokratisch – das Militär als demokratiefeindliche Vetomacht aktivieren könnten. Dies gilt insbesondere dann, wenn sie, wie die Tschetschenen, in territorial geschlossenen Gebieten wohnen und über erhebliche Bewaffnungspotenziale und kampfbereite Guerilla-Armeen verfügen. Ihre Sezessionsdrohung trug zur Verstärkung erneuter autokratischer Tendenzen in Russland bei, weil die präsidentielle Exekutive mit der Armee jenseits parlamentarischer Kontrolle die Autonomiebestrebungen mit Waffengewalt unterdrückt.

Eine ebenfalls nicht zu unterschätzende Gewalt bildet das organisierte Verbrechen. Wenn dessen Einflusssphäre bis weit in die Armee, Verwaltung, Wirtschaft und Regierung reicht, drohen sich rechtsfreie Räume in den postkommunistischen Gesellschaften zu verfestigen, die der Konsolidierung einer rechtsstaatlichen, zivilen Demokratie im Wege stehen. Russland, der Kaukasus, aber auch einige Länder Lateinamerikas müssen hier als besonders gefährdet gelten.

6.3.4 Konsolidierung der Bürgergesellschaft

Sind die ersten drei Ebenen, auf denen die Eliten und nicht die breite Bevölkerung als gestaltende und einflussnehmende Akteure dominieren, konsolidiert, ist eine Demokratie überlebensfähig. Es bedarf also bis zu einem bestimmten Konsolidierungsgrad einer Demokratie paradoxerweise nur in geringem Maße der aktiven Beteiligung des *demos,* obwohl dieser der Demokratie den Namen gegeben hat. Dennoch kann eine Demokratie ohne die Zustimmung großer Teile der Bevölkerung nicht als wirklich konsolidiert gelten. Eine kontinuierliche und stabile Unterstützung kann nur in einer soliden Staatsbürgerkultur gründen, die das demokratische System zu einem erheblichen Teil auch unabhängig von der wirtschaftlichen und politischen Leistungsbilanz unterstützt und stabilisiert. Schon Alexis de Tocqueville (1985 [1835]: 183) schrieb 1835 in seinem berühmten Buch „Über die Demokratie in Amerika": „In den Vereinigten Staaten dienen die Gesetze mehr als die physischen Umstände, und die Sitten mehr als die Gesetze der Erhaltung des demokratischen Staatswesens."

Eine so verstandene, die Demokratie fundierende Staatsbürgerkultur lässt sich in zwei miteinander verflochtene Dimensionen unterteilen: die *civic culture* und die *civil society.*

Civic culture: In ihrer Pionierstudie zur politischen Kultur haben Almond und Verba (1963) die Frage, welche kognitiven, evaluativen und affektiven Einstellungen und welche Werte die Demokratie stabilisieren, mit einem Mischtyp von politischer Kultur beantwortet, den sie *civic culture* nannten. Zusammengefasst soll diese ideale (Staats-)Bürgerkultur von einer dreifachen Balance geprägt sein:

▶ einer Balance der ideologischen Subkulturen in einer Gesellschaft;
▶ einer Balance zwischen den parochialen, integriert-passiven und den demokratisch-partizipatorischen Subkulturen (drei Idealtypen der politischen Kultur) in der Gesellschaft;
▶ einer Balance zwischen parochialen, integriert-passiven und demokratisch-partizipatorischen Einstellungen und Werten im Bewusstsein eines jeden Individuums.

Nicht ganz zu Unrecht ist in der späteren Kritik an dieser für die Demokratie angeblich idealen politischen Kultur deren einseitige angelsächsische Färbung gerügt worden. Insbesondere die Wertschätzung der partizipativen Seite sei hier zu kurz gekommen. Für konsolidierte Demokratien entwickelter Industriegesellschaften ist diese Kritik überzeugend. Für den Kontext von Demokratien, die sich noch im Konsolidierungsprozess befinden und sozioökonomisch weniger entwickelt sind, erhält der Mischtyp *civic culture* allerdings erneut eine überzeugende Plausibilität. Auch dort muss die partizipative Seite zum gewichtigsten Faktor der politischen Kultur werden. Doch die lokalistisch begrenzte Sichtweise des Politischen (parochial) und eine bestimmte Dosis Untertanenkultur (passiv-integriert) können vor einer überschießenden Mobilisierung schützen. Denn eine überhitzt partizipative Neigung der Staatsbürger kann zu gesellschaftlichen Polarisierungen führen (v. a. in multiethnischen und multireligiösen Gesellschaften), einschneidende Reformmaßnahmen der Regierung blockieren, die noch fragilen demokratischen Institutionen erschüttern sowie die „informellen" Vetoakteure verunsichern und zu antidemokratischen Aktionen gegen die Demokratie mobilisieren. Je stärker sich eine Demokratie konsolidiert, können und sollen aber die parochialen und passiven Untertaneneinstellungen verschwinden und einer breiten staatsbürgerlichen Partizipation Platz machen. Das Mischungsverhältnis der drei reinen Typen *(parochial, subject* und *participatory political culture)* innerhalb der politischen Kultur einer Gesellschaft gibt deshalb auch Aufschluss darüber, wie weit die letzte Phase der demokratischen Konsolidierung vorangeschritten ist.

Civil society: Während sich der Begriff der *civic culture* vor allem auf die Einstellungen und Werte der Bürger bezieht, bezeichnet das theoretische Konstrukt *civil society* viel stärker den Aspekt des Bürgerhandelns in der Gesellschaft und gegenüber dem Staat.

Der Gedanke, dass eine entwickelte Zivilgesellschaft zur Stärkung der Demokratie beiträgt, hat eine lange Tradition. Er kann durch gewichtige Argumente von John Locke über Alexis de Tocqueville bis zu Ralf Dahrendorf oder Jürgen Habermas gestützt werden. Die vier wichtigsten Begründungen sollen hier kurz genannt werden:

1. Besonders in der auf John Locke (1974 [1689]) zurückgehenden liberalen Tradition wird die Idee einer unabhängigen gesellschaftlichen Sphäre und Kontrolle gegenüber dem Staat ausgeführt. Die Rechte der Individuen sollen vor möglicher staatlicher Willkür geschützt werden. Als zentrale Funktion der *civil society* wird die Autonomie des Individuums, die Sicherung des Eigentums und eine vor dem Staat geschützte gesellschaftliche Sphäre angesehen. Die Zivilgesellschaft hat in diesem Verständnis eine negative Funktion, d. h. die Freiheits- und Eigentumssicherung *vor* staatlichen Eingriffen. Sie dient dazu, den Herrschaftsanspruch und den Herrschaftsumfang des Staates zu begrenzen. Die Vermittlung zwischen der zivilen und der staatlichen Sphäre wird allerdings in dieser Theorietradition kaum thematisiert.

2. Pluralismustheoretiker (Truman 1951; Lipset/Rokkan 1967a) argumentieren, dass ein dichtes und sich wechselseitig überschneidendes Kommunikationsnetz ebenso wie überlappende Mitgliedschaften in gesellschaftlichen Organisationen zum Abbau gesellschaftlicher Konflikte beitragen. Zivilgesellschaftliche Organisationen bringen zudem ein Rekrutierungspotenzial für politische Eliten hervor und entlasten den Staat durch Leistungsübernahmen (Solidargemeinschaften, Mithilfe an öffentlichen Aufgaben u. a.). Abweichend von der Lockeschen Tradition wird die Zivilgesellschaft aus der pluralismustheoretischen Perspektive vor allem nach ihren Funktionsleistungen für die Bestandserhaltung der repräsentativen Demokratie auf marktwirtschaftlicher Grundlage (Sandschneider 1995: 745) befragt. Sie stellt also gerade auf die Verbindung von ziviler Gesellschaft und staatlicher Herrschaft ab.

3. Alexis de Tocqueville (1985 [1835]) ging schon über 100 Jahre vorher einen Schritt weiter. Sein zentrales Argument lautete: Zivilgesellschaftliche Assoziationen und Vereinigungen sind die „Schulen der Demokratie", in denen demokratisches Denken und Verhalten durch alltägliche Praxis eingeübt werden. Sie dienen folglich der Verankerung von Bürgertugenden wie Toleranz, gegenseitige Akzeptanz, Kompromissbereitschaft und -fähigkeit, Vertrauen, Ehrlichkeit und Zuverlässigkeit. Die Zivilgesellschaft stellt somit der Demokratie ein normatives, partizipatorisches und personelles Potenzial zur Verfügung, das zur Immunisierung der Demokratie gegenüber autoritären Angriffen und Versuchungen dient. In

der Tradition von Tocqueville (u. a. Putnam 1993, 1995) werden also die positiven Funktionen der Zivilgesellschaft für die Demokratie herausgestellt und mit einer partizipativen Komponente verbunden.
4. Noch einen normativen Schritt weiter gehen die von der kritischen Theorie beeinflussten Konzepte der Zivilgesellschaft (vgl. u. a. Keane 1988; Rödel et al. 1989; Cohen/Arato 1992; Habermas 1992). Zivilgesellschaftliche Strukturen erweitern den Bereich der Interessenartikulation und -aggregation durch den Aufbau eines „vorpolitischen" pluralistischen Interessengeflechts, in dem auch schwer organisierbare oder benachteiligte Interessengruppen die Möglichkeit haben, sich an die Öffentlichkeit zu wenden bzw. diese herzustellen. Die Möglichkeit des *Agenda-Setting* und die öffentliche Thematisierung gesellschaftlicher Konflikte sollten prägenden Einfluss auf die Inputseite des politischen Systems haben. Jede wahrhaft demokratisch verfasste Meinungs- und Willensbildung in Verbänden, Parteien und Parlamenten ist geradezu auf „die Zufuhr von informellen öffentlichen Meinungen angewiesen", wie sie sich nur außerhalb „der Strukturen einer nichtvermachteten politischen Öffentlichkeit bilden" (Habermas 1992: 375). Der partizipatorische Aspekt jenseits traditioneller politischer Repräsentationsinstitutionen wird pointiert herausgearbeitet und zum Schlüsselbegriff einer emanzipatorisch verstandenen Demokratiekonzeption verdichtet. Zivilgesellschaft und Demokratie verschmelzen in dieser Perspektive.

In allen vier Theorietraditionen werden vor allem die positiven Funktionen vitaler Zivilgesellschaften gegenüber der Demokratie aus durchaus unterschiedlichen Blickwinkeln betont. Auf die besondere Situation der demokratischen Konsolidierung bezogen, lässt sich jedoch argumentieren, dass die Positionen 2 und 3 (Pluralismustheorie und Tocqueville) uneingeschränkt positiv zu bewerten sind, während eine Zivilgesellschaft nach dem Muster der Position 1 (Locke) und der Position 4 (Habermas et al.) mit gewissen Risiken behaftet sind (Merkel/Lauth 1998). In der Lockeschen Tradition wird die negative Abgrenzung gegenüber dem (nun demokratischen) Staat zu einseitig betont. Diese Abgrenzung war in autokratisch regierten Systemen sicherlich notwendig. In demokratischen Systemen könnte sich jedoch das *Misstrauen* gegenüber dem Staat erhalten und sich nicht hinreichend zur liberalen *Kontrolle* gegenüber dem Staat entwickeln. Eine Zivilgesellschaft in der Idealtypik der kritischen Theorie (Position 4) birgt die schon oben bei der *civic culture* skizzierte Problematik einer zu frühen, d. h. dem Stabilitätsgrad der jungen Demokratie nicht angemessenen starken politischen Partizipation außerhalb und bisweilen auch gegen die repräsentativen demokratischen Institutionen. Dies kann zu Konfliktsituationen führen, in denen etwa soziale Bewegungen der Zivilgesellschaft demokratische Institutionen oder demokratisch zustandegekommene Entscheidungen blockieren. Da aber die demokratische Legitimitätsbasis von zivilgesellschaftlichen Aktionen in aller Regel partikulär und deshalb schwächer ist als jene von demokratisch-repräsentativen Entscheidungsorganen, die mit einem universellen Wahlrecht bestellt wurden, gibt es gute normative Gründe, warum sich zivilgesellschaftliche Akteure in solchen Konfliktsituationen selbst beschränken sollten. Denn konflikthafte zivilgesellschaftliche Aktionen verlieren erst im weiteren Verlauf der demokratischen Konsolidierung ihren potenziell destabilisierenden Charakter. Erst danach kann eine relativ risikolose Doppelstrategie der komplementären Demokratisierung von Staat und Gesellschaft nicht nur die Legitimitätsbasis der Demokratie verstärken, sondern auch zu einer effektiveren politischen Steuerung durch die Mitwirkung gesellschaftlicher Akteure führen. Dies gelingt allerdings nur, wenn politische und zivile Gesellschaft sich in wechselseitiger Selbstbeschränkung immer wieder zur Kooperation bereitfinden. Etabliert sich diese Form der reflektierten Kooperation, ist davon auszugehen, dass sich auch die vierte Ebene der Demokratie konsolidiert hat. Erst dann haben wir es mit einer weitgehend krisenresistenten Demokratie zu tun, deren Existenz nicht von kurzfristigen ökonomischen, sozialen und politischen Krisen gefährdet wird.

II Die Demokratisierungswellen des 20. Jahrhunderts

Demokratie ist keine Erfindung der Moderne. Dies wurde schon im ersten Kapitel dargelegt. Die Umsetzung der Demokratievorstellungen, wie eingeschränkt auch immer geschehen, hat sich jedoch bis ins 19. Jahrhundert stets auf kleine Räume und exklusiv definierte Personenkreise wie die antiken Stadtstaaten, die städtischen Republiken der italienischen Renaissance oder die Adelsrepubliken Litauens und Polens bezogen. So schreibt Samuel P. Huntington (1991: 14 f.):

> „In 1750 no democratic institutions at the national level existed in the Western World. In 1900 such institutions existed in many countries. By the late twentieth century many more countries possessed democratic institutions. These institutions emerged in waves of democratization."

Huntington benennt abgrenzbare Zeitperioden, in denen sich autokratische Systeme vermehrt in Demokratien wandelten. Diese statistisch erfassbaren Perioden nennt er Demokratisierungswellen. Dabei definiert er eine Demokratisierungswelle als

> „group of transitions from non-democratic to democratic regimes that occur within a specified period of time and that significantly outnumber transitions in the opposite direction during that period of time" (ibid.: 15).

Huntington erkennt drei große Demokratisierungswellen, wobei auf die ersten beiden Wellen jeweils eine autoritäre Gegenwelle folgte, in der viele der neuen Demokratien zusammenbrachen und erneut autoritären oder totalitären Regimen weichen mussten. Eine sichtbare autoritäre Gegenwelle zur dritten Demokratisierungsperiode vermag Huntington noch nicht zu erkennen. Allerdings hat sich die „dritte Welle"[1] Mitte der 1990er Jahre erschöpft (Diamond 1996, 2001; Merkel/Puhle 1999: 16 ff.) und viele der neuen „elektoralen" Demokratien degenerierten zu defekten Demokratien (Merkel/Puhle et al. 2003). Die großen Demokratisierungs- und Autokratisierungswellen periodisiert Huntington wie folgt (ibid.: 16):

die erste lange Demokratisierungswelle	1828–1922/26;
die erste autokratische Gegenwelle	1922/26–1942;
die zweite kurze Demokratisierungswelle	1943–1962;
die zweite autokratische Gegenwelle	1958/62–1974;
die dritte Demokratisierungswelle	1974–(1995)[2].

---

1 Huntingtons Subsummierung so unterschiedlicher Demokratisierungsprozesse wie jene in Südeuropa (1970er Jahre), Lateinamerika und Ostasien (1980er und 1990er Jahre), Afrika oder in Osteuropa nach 1989 ist umstritten (Beyme 1994a; Schmitter/Schneider 2004). Wir teilen die inhaltlichen Bedenken, folgen aus Gründen der Konvention hier dennoch der rein statistischen Periodisierung Huntingtons.
2 Huntington, dessen Buch „The Third Wave" 1991 erschien, lässt das Ende der dritten Demokratisierungswelle noch offen. Die Darstellung zeigt jedoch, dass die dritte Demokratisierungswelle nach 1995 zum Stillstand gekommen ist (Diamond 1996: 28; Merkel/Puhle et al. 2003: 11).

Die epochale Zunahme der „elektoralen" Demokratien zwischen 1974 und 1995 verdeutlicht Abbildung 7. Sie zeigt aber auch, dass die weitere Demokratisierung autokratischer Länder nach 1995 stagniert, d. h. die dritte Demokratisierungswelle sich erschöpft hat.

Abbildung 7: Anzahl elektoraler Demokratien von 1800 bis 2008

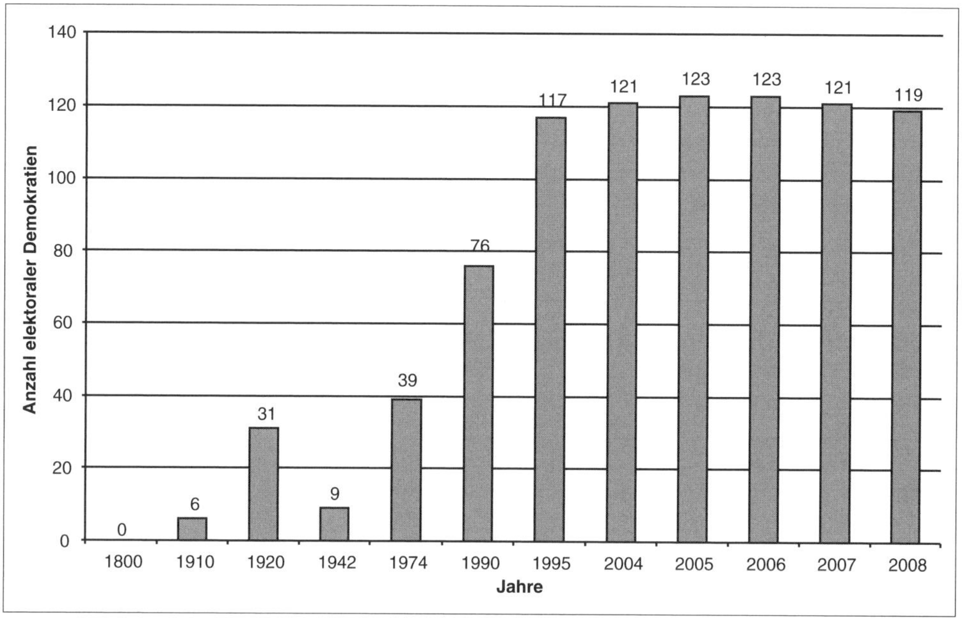

Quellen: Diamond (1997: 22); Freedom House (2009); eigene Berechnungen.

1 Die erste Demokratisierungswelle: Die Entstehung von Demokratien

Die erste Demokratisierungswelle erhielt ihre geistigen und politischen Auslösungsimpulse von der amerikanischen und der französischen Revolution. Sie zog sich dann über Stagnations- und Regressionsperioden (von Napoleon bis zur Restaurationsphase im Anschluss an den Wiener Kongress 1815), mitunter aber auch in Schüben (die europäischen Bürgerrevolutionen von 1848) durch das gesamte 19. Jahrhundert hindurch, um unmittelbar nach Ende des Ersten Weltkriegs zu kulminieren. Huntington datiert den Beginn der ersten Welle auf 1828, weil in den Vereinigten Staaten von Amerika ab diesem Zeitpunkt erstmals über 50 Prozent der weißen männlichen Bevölkerung wahlberechtigt waren und die Regierung entweder in direkten, periodisch stattfindenden Wahlen bestellt wurde oder für ihre Inauguration das mehrheitliche Vertrauen des Parlaments besitzen musste (ibid.: 16). Auch wenn dies nach unseren strengen Definitionskriterien für eine moderne Demokratie nicht ausreicht, lässt sich Huntingtons Datierung des Demokratisierungsbeginns der ersten Welle dennoch durch diese damaligen historischen Bedingungen begründen.

Tabelle 8: Demokratisierungswellen und Gegenwellen (Auswahl: 1828–2004)

Erste Welle 1828–1922/26	Erste Gegenwelle	Zweite Welle 1943–1962	Zweite Gegenwelle	Dritte Welle 1974–1995		Dritte Gegenwelle
Argentinien	Argentinien	Argentinien	Argentinien	Albanien	Malawi	Armenien
Australien	Belgien	Belgien	Bolivien	Argentinien	Mali	Belarus
Belgien	Dänemark	Bolivien	Brasilien	Armenien	Mauritius	Georgien
Chile	Deutschland	Brasilien	Chile	Bangladesh	Mazedonien	Haiti
Dänemark	Frankreich	BRD	ČSSR	Benin	Mexiko	Fidschi
Deutschland	Italien	Botswana	Ecuador	Belarus	Moldowa	Kambodscha
Estland	Japan	Costa Rica	Griechenland	Bolivien	Mongolei	Niger
Finnland	Kolumbien	Bahamas	Indonesien	Brasilien	Namibia	Nigeria
Frankreich	Niederlande	Barbados	Nigeria	Bulgarien	Nepal	Pakistan
Großbritannien	Norwegen	Dänemark	Pakistan	Chile	Niger	Peru[a]
Irland	Österreich	Ecuador	Peru	DDR	Nigeria	Sudan
Island	Polen	Frankreich	Philippinen	Ecuador	Nicaragua	Surinam
Italien	Portugal	Griechenland	Südkorea	El Salvador	Pakistan	Thailand
Japan	Spanien	Indonesien	Türkei	Estland	Panama	Ukraine[b]
Kanada	Tschecho-slowakei	Indien	Ungarn	Georgien	Paraguay	Zentral-afrikanische Republik
Kolumbien	Ungarn	Italien	Uruguay	Ghana	Peru	
Litauen	Uruguay	Israel		Griechenland	Philippinen	
Lettland		Jamaika		Guatemala	Polen	
Neuseeland		Japan		Guinea-Bissau	Portugal	
Niederlande		Kolumbien		Haiti	Russland	
Norwegen		Niederlande		Honduras	Rumänien	
Österreich		Nigeria		Indonesien	Sao Tome und Principe	
Polen		Norwegen		Jugoslawien	Senegal	
Portugal		Österreich		Kambodscha	Seychellen	
Schweden		Pakistan		Kapverden	Spanien	
Spanien		Peru		Kroatien	Sudan	
Schweiz		Philippinen		Lettland	Südafrika	
Tschecho-slowakei		Sri Lanka		Litauen	Südkorea	
Ungarn		Südkorea		Madagaskar	Surinam	
Uruguay		Trinidad/Tobago				
USA		Tschecho-slowakei				
		Türkei				
		Ungarn				
		Uruguay				
		Venezuela				
		Zypern				

[a] Zwischen 1997 und 2000.
[b] Mit den zweiten Präsidentschaftswahlen (Dezember 2004) erhielt das Land eine erneute Demokratisierungschance, die sie bis 2008 allerdings noch nicht nachhaltig genutzt hat.

Quelle: Huntington (1991: 15). Die Tabelle wurde graphisch verändert und die potenzielle dritte Gegenwelle hinzugefügt. Die Einteilung der Demokratien und autokratischen Regime wurde unverändert von Huntington übernommen, der weniger anspruchsvolle Kriterien für die Definition von Demokratie verwendet als wir selbst (vgl. Kap. 1.1). Dies wird insbesondere bei der ersten Welle deutlich, wo Huntington von einer Demokratie spricht, wenn ein kaum eingeschränktes Männerwahlrecht etabliert wird.

2 Die erste autokratische Gegenwelle: Der Zusammenbruch von Demokratien

Die erste autoritäre Welle gegen die neuen Demokratien erhob sich 1922 mit Mussolinis Marsch auf Rom, in dessen Folge die krisengeschüttelte, fragile italienische Demokratie fast reaktionslos kapitulierte. Bis Mitte der 1930er Jahre brachen dann viele jener Demokratien zusammen, die am Ende des Ersten Weltkriegs eine demokratische Staatsform angenommen hatten. In Estland, Lettland, Litauen, Polen, Ungarn, Portugal, Griechenland, Spanien und Japan wurden die Demokratien durch Militärputsche oder die Einmischung der Streitkräfte entweder schrittweise (Ungarn, Polen), sofort (Portugal, Japan) oder in einem längeren Bürgerkrieg (Spanien) zerstört. Militärcoups besiegelten zu Beginn der 1930er Jahre das vorläufige Ende der jungen Demokratien Brasiliens, Argentiniens und Uruguays. Im November 1932 wurde die Nationalsozialistische Deutsche Arbeiterpartei (NSDAP) mit 33,1 Prozent der Wählerstimmen stärkste Partei in Deutschland (vgl. u. a. Falter 1991). Über ein reaktionär-nationalistisches Bündnis mit der Deutsch-Nationalen Volkspartei (DNVP) und unterstützt von bedeutenden Teilen der rheinischen Schwerindustrie, wurde Hitler von Reichspräsident Hindenburg am 30. Januar 1933 an die Spitze eines Präsidialkabinetts berufen. Hitler und die NSDAP hatten im Rahmen der geltenden demokratischen Verfassung legal die Macht ergriffen (vgl. u. a. Bracher 1955; Lepsius 1978). Danach dauerte es nur wenige Monate, bis die demokratischen Institutionen und Organisationen auf illegale Weise beseitigt waren, und der Marsch in ein totalitäres System begann (Bracher 1969; Bracher et al. 1986).

1934 wurde nach kurzen Bürgerkriegswirren in Österreich das autoritär-korporatistische Dollfuß-Regime installiert (Maderthaner 1995), das vier Jahre später mit der Besetzung durch die deutsche Wehrmacht an Deutschland angeschlossen und so von einem offen nationalsozialistischen Regime abgelöst wurde. Die Nationalsozialisten zerschlugen im selben Jahr die relativ stabile tschechoslowakische Demokratie und gliederten Böhmen und Mähren ins „Deutsche Reich" ein. In der Slowakei etablierte sich unter dem Schutz der deutschen Wehrmacht ein klerikal-faschistisches Marionettenregime unter Monsignore Tiso.

Im Jahr 1938, also noch bevor Hitler und die deutsche Wehrmacht die europäischen Länder überfielen und dort Besatzerregime errichteten, waren 16 der 28 Demokratien von 1920 von Diktaturen abgelöst worden. 1938 gab es in Europa 16 Demokratien und 16 Diktaturen. 1940 waren dann acht weitere der verbliebenen Demokratien der nationalsozialistischen Aggression zum Opfer gefallen. Nur Großbritannien, Irland, Schweden, Island, Finnland und die Schweiz blieben demokratisch regiert (Mann 1993: 2). Von den 16 Demokratien (1938) waren 12 im Norden und Westen Europas gelegen, während die Diktaturen sich in Süd-, Mittel- oder Osteuropa befanden. Im Jahr 1939 waren außer Frankreich und Belgien alle Demokratien mehrheitlich protestantisch, während mit der Ausnahme Deutschlands alle autoritären Regime mehrheitlich katholisch oder orthodoxen Glaubens waren (ibid.). Hier soll kein monokausaler Zusammenhang zwischen Religion und Regimeform unterstellt, sondern zunächst nur auf die geographische und religiös-kulturelle Homogenität der „demokratischen" und „autoritären" Regionen Europas in der Zwischenkriegszeit hingewiesen werden. Dennoch ist es historisch klar nachzuweisen, dass die protestantische Nord-West-Region deutlich längere Erfahrungen mit parlamentarischen oder (semi-)demokratischen Institutionen, Verfahren und Traditionen aufweisen als die katholischen und christlich-orthodoxen Länder in Süd-, Mittel- und Osteuropa (Mann 1993). Die georeligiöse Trennlinie zwischen dem „demokratischen" und dem „autoritären" Europa bestand also schon vor der Zwischenkriegszeit.

Zugleich waren die Länder des nordwestlichen „demokratischen" Europas sozioökonomisch im Durchschnitt höher entwickelt als die Länder im Süden und Osten Europas. Dieses für die allgemeine Demokratiefähigkeit nicht gering einzuschätzende modernisierungstheoretische Argument (vgl. u. a. Lipset 1981: 469 ff.) greift nicht für Deutschland und Österreich in der Zwischenkriegszeit. Beide zählten in den 1920er und 1930er Jahren zu den wirtschaftlich am höchsten entwickelten Ländern, während die weniger entwickelten, agrarisch geprägten Staaten Skandinaviens zwischen den Kriegen schon stabile Demokratien ausbilden konnten. Stärker als das religiöse und selbst als das ökonomische Modernisierungsargument wiegt also der Faktor, dass vor allem jene Demokratien in der Zwischenkriegszeit zusammengebrochen sind, die erst jüngst, nämlich nach 1918, entstanden waren oder als Folge der Pariser Friedensverträge von 1919/20 überhaupt erst ihre Staatlichkeit gewannen. Dies kann vor allem mit dem geringen „Legitimitätspolster" dieser jungen Staaten und Demokratien erklärt werden. Denn die systemtragende „diffuse Legitimität" (Easton 1965), oder wie es Max Weber formulierte, der „Legitimitätsglaube" (Weber 1972 [1922]) der Bevölkerungsmehrheit an eine bestimmte Herrschaftsordnung entsteht und verankert sich in der Regel nicht kurz-, sondern nur langfristig. Dies wirft für junge Demokratien, die gleich zu Beginn ihrer Etablierung massiven exogenen ökonomischen Schocks, außenpolitischen Problemen und endogenen institutionellen, ideologischen und kulturell-politischen Konflikten ausgesetzt sind, erhebliche Probleme auf. Das galt für die Demokratien der ersten wie für jene der zweiten Welle. Auch am Ende des 20. Jahrhunderts ist dieses typische Existenzrisiko für die Demokratien der dritten Welle keineswegs außer Kraft gesetzt.

Charakteristisch für die Machtergreifung der autoritären Eliten der ersten Gegenwelle war, dass die noch nicht konsolidierten jungen Demokratien mit zentralen politischen Problemen (Wirtschaftskrise, Zerfall der inneren Ordnung, Irredentismus[3], außenpolitische Bedrohung) nicht fertig wurden. Deshalb verloren die neuen demokratischen Institutionen rapide die Unterstützung der Bürger. Gleichzeitig radikalisierten sich die antidemokratischen Gruppierungen und erhielten starken Zulauf. „Semiloyale Einstellungen" (Linz 1978a) zur Demokratie verbreiteten sich in der Bevölkerung. Überzeugte Demokraten gerieten nicht selten in die Minderheit. In solchen Krisensituationen verengte sich der Handlungsspielraum der demokratischen Regierungen. Koalitions-, Bündnis- und Politikabsprachen verlagerten sich zunehmend aus den legitimierten politischen *Institutionen* in informelle *Personenzirkel*. Die Formulierung bindender politischer Entscheidungen wurde dadurch zumindest teilweise entinstitutionalisiert. Damit erhielten die Werthaltungen der handelnden Eliten eine weit bedeutendere Rolle, als sie sie in „normalen" Zeiten durch die normierende Beschränkung intakter Institutionen besitzen können (vgl. Lepsius 1978: 173). In vielen jungen Demokratien waren aber gerade die Einstellungen und Werte der relevanten Eliten (Militär, Aristokratie, Schwerindustrielle) häufig noch von autoritären Mustern geprägt. Abstrahiert man von den konkret unterschiedlichen Umständen der Zusammenbrüche der Demokratien, lässt sich so etwas wie ein typischer Krise-Zusammenbruch-Zyklus für die Zwischenkriegszeit erkennen:

---

[3] Der Begriff der Irredenta bzw. des Irredentismus entstand ursprünglich unmittelbar nach der nationalstaatlichen Einigung Italiens (1861–1870) und bezeichnete „unerlöste" Gebietsansprüche. Er wurde bald über Italien hinaus generell für ungelöste Gebietsansprüche im Allgemeinen verwendet.

- die Politik versagt bei der Lösung entscheidender wirtschaftlicher, sozialer und politischer Probleme;
- dies führt zu schwindender Akzeptanz der Bürger gegenüber dem neuen demokratischen System;
- in der Folge kommt es zu einem Verlust an *spezifischer Legitimität* (Easton 1965), der sich rasch zu einer existenzbedrohenden Krise der noch unkonsolidierten Demokratie ausweitet, weil diese noch kein „Polster" an *diffuser Legitimität* (ibid.) aufbauen konnte;
- häufig kommt es in einer solchen Situation zu einer Hyperpolitisierung und einer Zunahme der politisch organisierten und anomischen Gewalt;
- die antidemokratische Opposition ist bereit, die krisenhafte Situation für ihre autoritären Ziele auszubeuten;
- meist wird das Parlament geschwächt oder gar suspendiert und die Exekutive gleichzeitig gestärkt;
- in dieser Situation kommt es häufig zu einer Verlagerung wesentlicher politischer Entscheidungen von Institutionen auf Personen, meist auf starke Militärs oder charismatische Führer;
- anders als bei institutionengebundenen Entscheidungen werden politische Beschlüsse unkalkulierbarer und der kontingenten Werteloyalität der handelnden Eliten überantwortet;
- diese sind aber in den meisten der zusammengebrochenen Demokratien mehrheitlich nicht demokratisch eingestellt (v. a. grundbesitzender Adel, Militär, Schwerindustrielle) und agieren in der Krise gegen die instabile demokratische Ordnung;
- die Folge ist der Zusammenbruch der Demokratie und die Machtübernahme durch Militärs oder (semi-)faschistische Parteien und deren Führer.

Gewissermaßen „unterhalb" dieses allgemeinen Krisenzyklusses erkennt Juan J. Linz (1978a: 81 f.) unterschiedliche Muster, nach denen die Demokratien der Zwischenkriegszeit zugrundegingen. Die vier wichtigsten sollen hier kurz vorgestellt werden:

1. Die verfassungswidrige Absetzung einer demokratisch gewählten Regierung durch eine gewaltbereite Gruppe (meist Militärs), deren Zugriff auf die Macht häufig mittels institutioneller Vorkehrungen erleichtert wurde, die für Notstandssituationen innerhalb des demokratischen Systems vorgesehen waren. Meist besteht die Absicht, die Demokratien nach einer gewissen „Ordnungsphase" mit bestimmten „Korrekturen" (z. B. Verbot von Linksparteien, Zensur, Sonderrechte für das Militär) wieder zu installieren. Dieses Muster ist vor allem bei den Militärputschen in Portugal und Spanien sowie im Lateinamerika der 1920er und 1930er Jahre erkennbar.
2. Die Machtübernahme erfolgt durch Kombination von extrakonstitutionellen Schritten, wobei Teile der politischen Klasse des alten teildemokratischen Regimes in die neue autoritäre Herrschaftsordnung kooptiert werden. Allerdings vollziehen sich darüber hinaus keine wesentlichen gesellschaftlichen Strukturveränderungen. Kennzeichnend für diesen autoritären Herrschaftstypus sind die osteuropäischen Königsdiktaturen der Zwischenkriegszeit (Rumänien, Jugoslawien, Bulgarien), aber auch das chauvinistische Militärregime Japans von 1932 bis 1945.
3. Die Machtergreifung erfolgt durch eine gut organisierte Antisystemopposition mit einer mobilisierten gesellschaftlichen Massenbasis. Es werden neue politische Herrschaftsinstitutionen etabliert und eine neue Gesellschaftsordnung angestrebt. Frühere demokratische Politiker werden, eine kurze Übergangsphase ausgenommen, von der politischen Macht

ausgeschlossen. Als Ergebnis entsteht ein autoritäres System, das im Laufe der Zeit versuchte, seine Herrschaft totalitär abzusichern. Beispiele dafür sind das faschistische Italien und das nationalsozialistische Deutschland.
4. Die Machtübernahme der autoritären Kräfte gelingt trotz eines geschwächten demokratischen Systems nicht durch einen semilegalen Putsch im weiten Rahmen der Verfassung, sondern muss in einem langwierigen Bürgerkrieg durchgesetzt werden. Die Machtergreifung Francos nach dem von ihm entfesselten Bürgerkrieg (1936–1939) ist dafür ein Beispiel.

Stellt man die Länder, die als Demokratien in Europa bis 1938 überlebt haben, jenen demokratischen Systemen gegenüber, die in der Zwischenkriegszeit zusammengebrochen sind, lassen sich wichtige Faktoren erkennen, die Demokratien stabilisieren und destabilisieren. So haben Berg-Schlosser und De Meur (1996) in einer quantitativ vergleichenden Analyse der Demokratien zwischen 1920 und 1938 folgende gemeinsame Variablen für das Überleben der Zwischenkriegsdemokratien herausgefiltert:

- relativ hoher sozioökonomischer Entwicklungsstand gemessen an BIP per capita und Bildungsniveau;
- vergleichsweise starke Mittelschichten;
- die politische Kultur ist von Toleranz, Säkularität und relativ hoher Partizipation geprägt; umgekehrt sind politische Gewalt, parochiale Einstellungsmuster und eine „Untertanenkultur"[4] nur schwach ausgeprägt;
- das Militär enthält sich innenpolitischer Einmischungen und paramilitärische Gruppen von Bedeutung existieren nicht;
- die staatliche Exekutive respektiert die politischen und zivilen Rechte der Bürger;
- es gab häufig schon parlamentarische und demokratische Erfahrungen vor dem Ersten Weltkrieg.

Die Ergebnisse der empirischen Studie von Berg-Schlosser und De Meur (ibid.) bestätigen konventionelle Thesen der Modernisierungstheorie wie der politischen Kulturforschung (vgl. u. a. Almond/Verba 1963; Lipset 1981; Dahl 1971, 1989). Fasst man die gemeinsamen Charakteristika der zusammengebrochenen Demokratien der Zwischenkriegszeit zusammen, zeigt sich fast eine Umkehrung der Hintergrundbedingungen, die die „überlebenden" Demokratien der Zwischenkriegszeit auszeichnen:

- ein vergleichsweise niedriges sozioökonomisches Entwicklungsniveau;
- extreme Klassen- und Standesunterschiede;
- geringe Toleranz, hohe Gewaltbereitschaft und niedrige politische Partizipation in der Bevölkerung sowie verbreitete parochiale Einstellungsmuster in der politischen Kultur;
- Einmischung des Militärs in die Innenpolitik, Existenz von paramilitärischen Milizen der politischen Parteien;
- kaum Einflüsse der pragmatischen, parlamentarischen und demokratisch-angelsächsischen politischen Kultur;
- fragmentierte und polarisierte Parteienlandschaften;
- hohe Instabilität der Regierungen.

---
4 Zu den Begriffen „parochial political culture" und „subject political culture" (Untertanenkultur) vgl. Almond/Verba (1963).

Allerdings sind beide Sets der Kontextvariablen nur Möglichkeitsbedingungen für Diktaturen und Demokratien. Sie determinieren nicht automatisch die politische Herrschaftsordnung. Auch wenn diese Bedingungen eine Art strukturelle „Vorentscheidung" für die jeweilige Herrschaftsform bedeuten, so wird letztendlich die „Entscheidung" von den relevanten politischen und gesellschaftlichen Akteuren, d. h. in aller Regel von den „Eliten" getroffen (Przeworski 1986; Higley/Gunther 1996; Merkel, W. 1997a). Dies zeigt insbesondere der abweichende Fall Deutschlands.

Deutschland erfüllte in der Zwischenkriegszeit nahezu alle sozioökonomischen Modernisierungsvoraussetzungen für eine funktionierende Demokratie. Aber die Folgen der Weltwirtschaftskrise, die politischen und wirtschaftlichen Belastungen durch die Versailler Vertragskontributionen, die Haltung der gesellschaftlichen und politischen Eliten, die der Demokratie disloyal oder nur semiloyal gegenüberstanden, und die geringen demokratischen Erfahrungen – verstärkt durch eine ausgeprägte Untertanenkultur – führten zu einer Radikalisierung der politischen Kräfte. Die Polarisierung und Radikalisierung der Parteienlandschaft ließ die demokratiestützenden Parteien am Ende der Weimarer Republik zu einer Minderheit schrumpfen. In dieser Situation waren es die Koalitionen und Machtspiele reaktionärer gesellschaftlicher (Adel, Teile der Schwerindustrie) und radikaler politischer Kräfte (Stahlhelm, DNVP, NSDAP) sowie Hindenburg und seine einflussreichen Ratgeber selbst, die es darauf anlegten, die „lästigen" demokratischen Institutionen auszuhöhlen und zu umgehen. Die „Zähmung" der Nationalsozialisten durch die „Einbindung" Hitlers in eine solche reaktionäre Koalition misslang. Es bedurfte nur weniger Monate, bis Hitler sich seiner „Steigbügelhalter" entledigt hatte (vgl. u. a. Bracher 1955; Funke 1988). Das Beispiel Deutschlands zeigt noch einmal, dass keineswegs strukturelle Bedingungen allein die Frage entscheiden, ob der Weg in die Moderne ohne Umwege in die Demokratie oder Diktatur führt. Sie bilden im metaphorischen Sinne „nur" den „Handlungskorridor" (Elster 1979: 112 ff.). In „letzter Instanz" sind es deshalb meist die sozialen und politischen Koalitionsbildungen, Strategien und Handlungen von Eliten, die zur Etablierung autoritärer oder demokratischer Systemstrukturen führen (vgl. u. a. Moore, B. 1969; Rueschemeyer et al. 1992).

Bei allen unterschiedlichen Herrschaftsstrukturen, die die autokratischen Regime zwischen 1922–1945 in Europa ausbildeten, gab es mindestens vier gemeinsame Systemmerkmale, von denen die beiden ersten den Aufstieg und die letzten beiden den Niedergang der Diktaturen erklären helfen (Mann 1993: 6 f.):

1. Im Zuge der ersten autoritären Gegenwelle entstanden ausnahmslos Rechtsdiktaturen. Entweder waren es die neue faschistische oder die alte konservativ-reaktionäre Rechte, die, unterstützt vom deklassierten Kleinbürgertum, ihre Zuflucht in rechtsautoritären Staatsordnungen suchten.
2. Es waren etatistische Diktaturen. Sie dehnten ausnahmslos die Machtfülle der Exekutive vor allem auf Kosten des Parlaments, das häufig als „Schwatzbude" denunziert wurde, aus.[5] Sie lehnten die Demokratie und die föderale Gliederung der Staatsgewalt explizit ab. Ihre Werte waren Ordnung, Disziplin und die Ungleichheit politischer, bürgerlicher und sozioökonomischer Rechte. Der zentralistische, starke Staat sollte der Wächter dieser autoritären Werte sein.

---

5 Am deutlichsten und einflussreichsten vertrat in der staatstheoretischen und verfassungsrechtlichen Diskussion der Weimarer Republik Carl Schmitt diese Position (vgl. u. a. Schmitt 1923, 1931, 1932; vgl. Staff 1981: 347–420).

3. Es waren Diktaturen, die sich meist als Ein-Mann-Herrschaft etablierten. Dies gilt auch, wenn manche dieser Regime sich als Militär-, Bewegungs- oder Parteidiktaturen verstanden. Ihre Regierungsweise war häufig durch institutionelles Chaos, d. h. die Konkurrenz von Institutionen, Machtgruppen und Personen gekennzeichnet, die nach dem „Divide-et-impera-Prinzip" häufig gegeneinander ausgespielt wurden. Diese Strategie, die die Position des Diktators stärken sollte, war zugleich eine systemische Schwäche der Diktaturen.
4. Die Diktaturen waren alle nationalistisch. Eines ihrer politischen Ziele und herausragenden Legitimationsmuster war das Postulat der eigenen Überlegenheit gegenüber anderen Nationen und nicht selten auch die Unterdrückung ethnischer und religiöser Minderheiten im eigenen Lande. Häufig entwickelten sie aus dieser nationalistischen Inspiration außenpolitische Aggressionen, wie sie besonders deutlich im faschistischen Italien und im nationalsozialistischen Deutschland hervortraten.

Auch wenn die Evokation historischer Ordnungsvorstellungen (z. B. Horthys Ungarn; Piłsudskis Polen, Dollfuß' Österreich) nicht sehr weit trug, die aggressiv-chauvinistischen Legitimationsmuster (Italien, Deutschland) ein erhebliches Selbstzerstörungspotenzial bargen und mit der Abschaffung, Einschränkung oder Manipulierung der Wahlen die autokratischen Regime der 1920er und 1930er Jahre sich selbst eine strukturelle Lernunfähigkeit implantiert hatten, implodierten diese Systeme nicht wegen ihrer eigenen Legitimationsschwäche. Der Anstoß kam von „außen", in Form des von den deutschen Nationalsozialisten entfesselten Zweiten Weltkriegs, der die autokratischen Systeme mit Ausnahme Portugals und Spaniens sowie einiger lateinamerikanischer Diktaturen zerstörte und den Weg für einen erneuten Demokratisierungsversuch freimachte.

3 Die zweite Demokratisierungswelle: Die Nachkriegsdemokratien in Deutschland, Italien und Japan

Wie der Höhepunkt bei der ersten langen Demokratisierungswelle (1828–1922/26) kurz nach dem Ersten Weltkrieg, kulminierte die zweite, kurze Demokratisierungswelle (1943–1962) unmittelbar nach dem Ende des Zweiten Weltkriegs. Als direkte Folge der Kriegsniederlage der faschistischen und militärischen Regime in Italien, Deutschland, Österreich und Japan wurden diese Länder von den alliierten Siegermächten besetzt und insbesondere unter der Aufsicht der USA die Demokratisierung dekretiert, initiiert und überwacht. Die vom nationalsozialistischen Deutschland besetzten Länder Nord- und Westeuropas (Dänemark, Norwegen, Niederlande, Belgien, Frankreich) begannen erfolgreich, ihre Demokratien wiederherzustellen. Den Ländern Osteuropas wurde keine vergleichbare Demokratisierungschance gewährt. Sie fielen als Folge der Siegerkonferenzen von Teheran, Jalta und Potsdam in den sowjetischen Machtbereich. Nach Ausbruch des Kalten Krieges 1947/48 bedeutete dies das Ende jeglicher Demokratisierungsversuche. Dies galt für die sowjetisch besetzte Zone Ostdeutschlands ebenso wie für die relativ stabile Zwischenkriegsdemokratie der Tschechoslowakei, wo der Demokratisierungsbeginn von einem Bündnis der starken tschechoslowakischen Kommunisten mit der Brudermacht Sowjetunion zerstört wurde (Seton-Watson 1986: 186 ff.).

In Asien und Afrika setzte in den 1950er Jahren der Prozess der Entkolonialisierung ein, in dessen Verlauf neue Staaten entstanden. Während aber in Afrika kaum ernsthafte Demokratisierungsversuche unternommen wurden oder gar Erfolg hatten, konnten sich in Indien, Indonesien und Sri Lanka demokratische Institutionen etablieren. Während sie in Indonesien und Sri Lanka nach wenig mehr als einer Dekade wieder kollabierten, gelang es den multiethnischen, fragmentierten und bedrohten Staaten Indien[6] und Israel[7], dauerhaft eine Demokratie zu etablieren.

In Lateinamerika vollzogen Uruguay noch während des Krieges, Costa Rica und Brasilien am Ende der 1940er Jahre den Übergang zur Demokratie. In Argentinien, Kolumbien, Peru und Venezuela fanden 1945 und 1946 weitgehend offene, pluralistische und demokratische Wahlen statt. Allerdings wurden die demokratisch gewählten Regierungen schon zu Beginn der 1950er Jahre gestürzt und durch Diktaturen ersetzt (Huntington 1991: 18 f.; Thibaut 1996: 80 ff.). Vor allem in den 1960er und 1970er Jahren schwang das Regimependel in Lateinamerika wieder in Richtung autokratischer Herrschaftssysteme, meist als Militärdiktaturen. Die *Breakdown-of-democracy*-Forschung (Linz/Stepan 1978) und die Studien zur politischen Entwicklung (vgl. u. a. Pye 1966; Almond 1979) filterten für den erneuten Zusammenbruch demokratischer Systeme in Lateinamerika und teilweise in Afrika – sofern dort überhaupt Demokratien entstanden – vor allem fünf Ursachen heraus:

▶ die gescheiterte bzw. blockierte wirtschaftliche Modernisierung,
▶ den blockierten sozialen Wandel,
▶ ungelöste Probleme der Nations- und Staatsbildung (v. a. in den postkolonialen Staaten Afrikas),
▶ geringes zivilgesellschaftliches Kapital, hohe gesellschaftliche Gewaltbereitschaft,
▶ die geostrategische Instrumentalisierung der Demokratiefrage seitens der USA im Kontext des Ost-West-Konflikts.

Fasst man diese Ursachenkomplexe für den Zusammenbruch der neuen Demokratien der zweiten Welle zusammen, lassen auch sie sich schon unter das sogenannte „Dilemma der Gleichzeitigkeit" fassen, wie es später u. a. von Jon Elster (1990) und Claus Offe (1991) für Osteuropa diskutiert wurde; nämlich, dass es nicht nur die Addition der sozialen, wirtschaftlichen und politischen Probleme sei, sondern die Gleichzeitigkeit solch elementarer Probleme wie der Nations- und Staatsbildung, der wirtschaftlichen Modernisierung und des sozialen Wandels, die die Konsolidierung der jungen Demokratien gefährde.

Nach eigenen Untersuchungen vollzogen in der zweiten Demokratisierungswelle (1943–1962) 25 Länder den Übergang zur Demokratie (vgl. Tabelle 9). Davon blieben bis 2000 nur acht Länder von autokratischen Rückfällen verschont: Deutschland, Italien, Österreich, Zypern (ab 1974 der griechische Teil), Israel, Japan, Costa Rica, Jamaika. Hinzu kommen noch die von den deutschen Nationalsozialisten besetzten Vorkriegsdemokratien Belgien, Dänemark, Frankreich, Niederlande und Norwegen. In allen anderen Ländern wurden erneut, meist befristet bis zur dritten Demokratisierungswelle, autoritäre Regime errichtet.

Zur Herausarbeitung erfolgreicher demokratischer Konsolidierungsprozesse der zweiten Welle will ich mich im Folgenden auf die Demokratisierungsprozesse der drei Kriegsverlierer Italien, Deutschland und Japan konzentrieren. Dies ist deshalb für die Transformationsfor-

---

6 Allerdings gab es in Indien eine kurze Unterbrechung der Demokratie, als Ministerpräsidentin Indira Ghandi 1975 das Kriegsrecht verhängte und somit die Verfassung teilweise außer Kraft setzte. Bereits zwei Jahre später kehrte Indien zur Demokratie zurück.
7 Israel entstand nicht im Zuge der Entkolonialisierung der 1950er und 1960er Jahre, sondern wurde 1948 nach dem Ende des britischen Mandats über Palästina unter Berufung auf den Teilungsbeschluss der UNO vom Nationalrat der Juden und dem Generalrat der Zionistischen Weltbewegung als unabhängiger Staat Israel gegründet.

Tabelle 9: Die Demokratien der zweiten Welle (1943–1962)[a]

Land (25)	Jahr der Demokratisierung	Jahr des Zusammenbruchs	Überlebensrate (in Jahren)[b]	Art des Regierungssystems	Art des Systemwechsel zur Demokratie
Europa					
Deutschland	1949	–	45	parlamentarisch	Kollaps (Kriegsniederlage)
Italien	1943	–	51	parlamentarisch	Kollaps (Kriegsniederlage)
Österreich	1952	–	42	parlamentarisch	Kollaps (Kriegsniederlage)
Türkei	1950	1960	10	parlamentarisch	von oben gelenkt
Zypern (griechisch)	1960	–	34	präsidentiell	staatliche Neugründung
Asien					
Indien	1947	(1975)	28	parlamentarisch	staatliche Neugründung
Israel	1948	–	46	parlamentarisch	staatliche Neugründung
Indonesien	1950	1957	7	präsidentiell	staatliche Neugründung
Japan	1950	–	44	parlamentarisch	Kollaps (Kriegsniederlage)
Pakistan	1947	1958	11	semipräsidentiell	staatliche Neugründung
Philippinen	1946	1972	26	präsidentiell	staatliche Neugründung
Thailand	1946	1947	1	parlamentarisch	von oben gelenkt
Südkorea	1948	1950	2	präsidentiell	staatliche Neugründung
Sri Lanka	1948	1982	34	parlamentarisch	staatliche Neugründung
Süd- und Mittelamerika/Karibik					
Argentinien	1946	1951	5	präsidentiell	von oben gelenkt
Brasilien	1945	1964	19	präsidentiell	von oben gelenkt
Costa Rica	1948	–	46	präsidentiell	von unten erzwungen
Ecuador	1948	1961	13	präsidentiell	ausgehandelt
Jamaika	1962	–	32	parlamentarisch	staatliche Neugründung
Peru	1939	1948	9	präsidentiell	ausgehandelt
Trinidad/Tobago	1956	–	38		
Uruguay	1942	1973	21	präsidentiell	ausgehandelt
Venezuela	1945	1948	3	präsidentiell	Kollaps
Afrika					
Nigeria	1960	1966	6	parlamentarisch	staatliche Neugründung
Sudan	1956	1958	2	parlamentarisch	staatliche Neugründung

[a] Nur Demokratisierungsfälle zwischen 1943–1962.
[b] Bis 1994 und gerechnet in angebrochenen Jahren.
Quelle: Eigene Einordnung und Zusammenstellung nach Angaben aus: Huntington (1991); Merkel, W. et al. (1996); Schmidt, M. G. (2006); Nohlen/Nuscheler (1992/93).

schung besonders aufschlussreich, weil sich in diesen drei Ländern besonders ausgeprägte autokratische Regime institutionalisiert hatten und diese von der Mehrheit der Bevölkerung bis weit in den Krieg hinein akzeptiert und unterstützt wurden. Dennoch konnte man spätestens nach zwei Jahrzehnten feststellen, dass der Demokratisierungsprozess aller drei Länder in eine ausgesprochene Erfolgsgeschichte mündete.

Die Analyse dieser demokratischen Konsolidierungsprozesse soll unter Rückgriff auf Philippe C. Schmitters Sequenzmodell erfolgen und dabei „interne" sowie „externe" Faktoren berücksichtigen.

3.1 Externe Einflussfaktoren

Der amerikanische Transformationsforscher Philippe C. Schmitter (1985: 64) nennt vier externe Faktorenbündel, die den Fortgang, Erfolg oder Misserfolg der Übergänge von autokratischen zu demokratischen Systemen mitbestimmen: *timing, events, trends* und *cycles*. Unter *timing* versteht er vor allem international herrschende Normen, ausländische Unterstützungsleistungen und Netzwerke sowie gleichzeitig ablaufende regionale Entwicklungen in den Nachbarländern des Transformationsstaates. *Events* umfassen ausländische Interventionen und Besatzung, militärische Verschwörungen und Kapitalflucht. Mit *trends* bezeichnet Schmitter die Höhe und Weiterentwicklung des sozioökonomischen Modernisierungsniveaus, die Integration in den Weltmarkt und die Intensität der gesellschaftlichen Konfliktlinien. *Cycles* betreffen die Entwicklung der internationalen Wirtschaftskonjunktur, die Entwicklung des Außenhandels sowie die nationale Beschäftigungs- und Produktionsentwicklung. Ich werde im Folgenden *timing* und *events* unter dem gemeinsamen Punkt *ideologische und materielle Unterstützung der Demokratisierung von außen* fassen; *trends* und *cycles* werden unter der gemeinsamen Überschrift *Wirtschaftsentwicklung während der Demokratisierungsperiode* zusammengefasst.

Allgemein lässt sich anmerken, dass die externen Kontextfaktoren, die sich auf die Überlebensfähigkeit der Zwischenkriegsdemokratien in Europa noch in hohem Maße negativ ausgewirkt hatten, sich nach 1945 für die Konsolidierung der jungen Demokratien der zweiten Welle als außerordentlich günstig herausstellten.

3.1.1 Außenstützung der Demokratisierung

Die Demokratisierung der drei Länder fiel in eine günstige Zeitperiode: Dies gilt hinsichtlich der herrschenden Ideologien, der dominierenden politischen Normen, der internationalen Beziehungen, der ausländischen Unterstützungen und der Wirtschaftsentwicklung in der kapitalistisch-westlichen Welt. Als wichtigste positive Kontextbedingungen für die demokratische Entwicklung in Deutschland, Italien und Japan gelten:

- Diskreditierung der faschistischen und militaristischen Herrschaftsideologien;
- Bestrafung der Kriegsverbrecher durch die Alliierten (Deutschland, Japan);
- Besondere Unterstützung der westlichen Demokratien durch die Hegemonialmacht USA im Kontext des Kalten Krieges und der ideologisch-politischen Systemkonkurrenz als Modell gegen die kommunistische Diktatur;
- Besatzung durch die Alliierten, „Demokratisierungskampagnen" (Bildungswesen, Medien);
- der Marshallplan als wirkungsvolle und gezielte materielle Hilfestellung zum Aufbau stabiler marktwirtschaftlich-demokratischer Systemstrukturen nach 1947;
- Einbindung in internationale Wirtschaftskooperationen und westliche militärische Bündnisse;
- Irrelevanz bzw. Nichtexistenz des Militärs, das in allen drei Ländern das autokratische Regime getragen (Japan) oder mit ihm kollaboriert hatte (Deutschland, Italien), aufgrund der Demilitarisierungspolitik der Besatzungsmächte über das erste Nachkriegsjahrzehnt hinaus.

Diese Faktoren wirkten auf alle drei jungen Demokratien stabilisierend. Unterschiede gab es lediglich in der konkreten Form und der Intensität der Wirkung. Der Faschismus und im japanischen Falle der chauvinistische Militarismus waren aufgrund ihres politischen, wirtschaftlichen und moralischen Scheiterns international diskreditiert. Der Faschismus stellte keine attraktive Herrschaftsalternative zum demokratischen System mehr dar, wie es noch in der Zwischenkriegszeit der Fall war. Die realistischen Regimeoptionen waren auf den Dualismus marktwirtschaftliche Demokratie versus planwirtschaftlicher Kommunismus reduziert. In Westdeutschland beschleunigte die totalitäre Entwicklung in der DDR nach 1948 die völlige Ablehnung einer kommunistischen Systemalternative; in Japan führten die unmittelbare Anschauung des Koreakrieges und die Nachbarschaft zur kommunistischen Volksrepublik (VR) China und zur Sowjetunion ebenfalls zu einer völligen gesellschaftlichen Ablehnung des autokratischen Realsozialismus; allein in Italien gewannen eine sich reformierende kommunistische Ideologie und Partei eine beachtliche Attraktivität. Die aktive Beteiligung bei der Ausarbeitung einer demokratischen Verfassung und ihrer Akzeptanz durch die Kommunistische Partei (PCI) ließen diese selbst auf dem Höhepunkt des Kalten Krieges nicht zur Gegnerin der italienischen Demokratie werden (Pasquino 1986: 57).

Der wichtigste Garant für eine erfolgreiche Hinwendung zur Demokratie muss während der ersten Phase in der Präsenz der westlichen alliierten Besatzungsmächte, allen voran den USA, gesehen werden. Dies gilt in besonderem Maße für Westdeutschland und Japan. Die Alliierten beaufsichtigten und unterstützten die Ausarbeitung einer demokratischen Verfassung. Während die japanische Verfassung direkt von US-Behörden entworfen und den Japanern oktroyiert wurde (Halliday 1989: 114 f.; Pohl 1994a: 72), kontrollierten die westlichen Alliierten nur mit wenigen substantiierten Vorgaben (z. B. Föderalismus) die Grundgesetzgebung in der Bundesrepublik Deutschland. Beurteilt man jedoch die gesamte Leistung der USA, Englands und Frankreichs (Entnazifizierung, Kontrolle des Verwaltungsaufbaus, Zulassung der politischen Parteien, logistische Unterstützung, Wirtschaftshilfen etc.), muss auch für Westdeutschland gelten, dass sich die Anfänge der Demokratisierung „unter dem Protektorat der Besatzungsmächte" vollzogen (Sontheimer 1989: 21).

Mit der Gründung der Bundesrepublik Deutschland und dem weitgehenden Rückzug der Amerikaner aus der direkten Einmischung in die bundesdeutsche Innenpolitik wurde die externe „Kontrollfunktion" durch die von Adenauer durchgesetzte klare Westbindung der bundesrepublikanischen Demokratie übernommen. Die Integration Westdeutschlands in den europäischen Einigungsprozess seit 1951 (vgl. Loth 1990: 48 ff.), die Aufnahme in die Atlantische Verteidigungsallianz im Jahr 1955 sowie die wachsende wirtschaftliche Verflechtung wurden mit dem Konzept der „Fesselung der Macht" durch internationale Einbindung zutreffend auf den Begriff gebracht (Katzenstein 1991: 70). Westdeutschland kann gar als das Musterbeispiel eines *penetrated system* bezeichnet werden, weil „die westdeutsche Wiederaufrüstung und die Mitgliedschaft in der westlichen Allianz sowie der westeuropäische Integrationsprozess die Bundesrepublik ungleich tiefer in das internationale Nachkriegssystem eingebettet hatten als vor 1945 und als dies für andere europäische Staaten wie England, Frankreich und Italien bezeichnend war" (ibid.: 70 f.). Diese internationale Verflechtung und die feste Westbindung verhinderten von Anfang an die in der jüngeren deutschen Geschichte „so verhängnisvolle nationalistische Machtpolitik" (Bracher 1989: 33) und stabilisierten die junge westdeutsche Demokratie in erheblichem Maße.

In Japan war die direkte Einmischung der Besatzungsmacht USA zunächst stärker ausgeprägt als in Westdeutschland. Unter Aufsicht des *Supreme Commander of the Allied Powers* (SCAP), General McArthur, wurde der militärisch-industrielle Komplex zerschlagen und damit die Option einer militaristischen Restauration für das Nachkriegsjapan obsolet. Ein bilaterales Sicherheitsabkommen mit den USA, die enge außenpolitische Anbindung an die westliche Supermacht und weitgehenden Sicherheitsgarantien durch die USA banden Japan fest an die westliche demokratische Welt (Arase 1994: 81 ff.). Darüber hinaus wurde Japan gerade in der Anfangsphase der Demokratisierung (dies gilt auch für Deutschland bis 1955) von Rüstungsausgaben entlastet. Damit konnten gezielt weitere staatliche Mittel für den wirtschaftlichen Wiederaufbau verwendet werden, die ihrerseits die Legitimität des neuen demokratischen Systems aus der Sicht der Bürger stärkten.

Nach präzisen amerikanischen Richtlinien wurde die neue demokratische Verfassung ausgearbeitet, die 1947 von den japanischen Politikern nur auf „äußersten Druck des alliierten Oberkommandierenden angenommen" wurde (Halliday 1989: 115). Bis zur Verkündung der staatlichen Souveränität zum 1. Mai 1952 im Friedensvertrag von San Francisco wirkte die amerikanische Besatzungsmacht direkter und umfassender auf die Strukturen und Mechanismen der neuen japanischen Demokratie ein als in Deutschland.

In Italien war der Einfluss der Alliierten, d. h. zunächst der Engländer und dann vor allem der Amerikaner, weit geringer. Zwar stellten diese zunächst in Süditalien (1943) und nach 1945 in Gesamtitalien sicher, dass die alten faschistischen Kräfte von der politischen Macht ferngehalten wurden, aber sie wirkten weder maßgeblich auf die Volksabstimmung zur Frage der Monarchie oder Republik (1946: 54 Prozent für die Republik) ein, noch beeinflussten sie die Ausarbeitung der 1948 in Kraft getretenen Verfassung (vgl. u. a. Beyme 1970; Scoppola 1980). Ein Besatzungsregime der Alliierten wie in Deutschland und Japan gab es in Italien nicht. Aus der demokratischen Binnenperspektive betrachtet war dies auch am wenigsten dringlich. Denn im Unterschied zu den beiden anderen Ländern hatte sich in Italien mit der *resistenza* 1943 eine breite politische und gesellschaftliche Widerstandsfront zusammengeschlossen, aus deren Kern viele demokratische Politiker der ersten Stunde kamen. Einen vergleichbaren antifaschistischen und antimilitaristischen demokratischen Konsens gab es nach dem Kriege weder in Deutschland noch in Japan.

Alle drei Länder erhielten großzügige Kredite und Kapitalhilfen von den USA. Für Deutschland und Italien bedeuteten die Mittel aus dem *European Recovery Program* (ERP), dem sogenannten Marshallplan, den eigentlichen Start ins Wirtschaftswunder. Westdeutschland erhielt aus dem ERP und anderen amerikanischen Hilfsprogrammen zwischen 1945 und 1956 15,5 Mrd. DM. Davon wurden über 10 Mrd. DM als Geschenk gewährt; der Rest sollte in langfristigen Zeiträumen zurückgezahlt werden (Leptin 1980: 58). Für ein Land, das wie Deutschland über gut ausgebildete und leistungsbereite Arbeitskräfte verfügte und in dem sich eine enorme, weitgehend ungesättigte Nachfrage angestaut hatte, „mußte die geschenkweise oder kreditäre Bereitstellung dieser Investitionsmittel geradezu einen solchen Produktionsaufschwung mit sich bringen" (ibid.), wie er sich in den 1950er Jahren dann als „Wirtschaftswunder" tatsächlich einstellte.

Insgesamt hat die logistische, finanzielle, politische und reedukative Hilfestellung der USA Deutschlands rasche Einbindung in die westeuropäische Integration[8], die legitimitätsfördernde modellhafte Abgrenzung zu den kommunistischen Diktaturen in Ostdeutschland und Osteuropa sowie die Aufnahme in die westliche Verteidigungsallianz NATO (1955) endgültig den deutschen Sonderweg zwischen Ost und West versperrt und die Demokratie stabilisiert. Arnold J. Heidenheimer (1991: 34) sprach in einer kurzen Retrospektive zur „alten Bundesrepublik" von einem idealen *ideological space* für die erste dauerhafte Etablierung einer Demokratie in Deutschland. Fasst man alle Kontextbedingungen für die Etablierung der westdeutschen Demokratie zusammen, muss man von einem fast idealen ideologischen, wirtschaftlichen und

---
8 1948 in die Organization for European Economic Co-operation (OEEC), 1951 in die Europäische Gemeinschaft für Kohle und Stahl (EGKS) und 1957 in die Europäische Wirtschaftsgemeinschaft (EWG).

politischen Raum sprechen, der seit Ende der 1940er Jahre für mindestens zwei Jahrzehnte äußerst günstige externe Voraussetzungen für die interne Konsolidierung der Demokratie in der Bundesrepublik geschaffen hat. Dieser Gelegenheitsraum war in der bipolaren Welt des Kalten Krieges aufgrund der geostrategischen Situation für die westdeutsche Demokratie sicherlich am günstigsten. Mit Einschränkungen öffnete er sich aber auch den jungen Demokratien Italiens und Japans.

3.1.2 Wirtschaftsentwicklung und Demokratisierung

Die Konsolidierung der Nachkriegsdemokratien der Bundesrepublik Deutschland, Italiens und Japans war nach Kriegsende von außerordentlich günstigen wirtschaftlichen Umständen begleitet. Weder die Demokratien der ersten noch jene der dritten Welle wurden von vergleichbar positiven ökonomischen Entwicklungen begünstigt. Denn mit dem Ende der 1940er Jahre setzte eine lang anhaltende Welle ökonomischen Wachstums ein, die, abgesehen von kleineren Konjunkturschwankungen, erst mit der Ölkrise von 1974 auslief. Fast drei Jahrzehnte historisch einmaligen Wirtschaftswachstums in der kapitalistischen Welt stützten die Konsolidierungsphase der drei jungen Demokratien von außen. Japan, die Bundesrepublik Deutschland und Italien profitierten zudem von typischen Wiederaufbau- und Aufholeffekten im Inneren. In der Bundesrepublik Deutschland und Japan, aber auch in Norditalien führten diese zu einem im internationalen Vergleich höchst modernen Kapitalstock. Damit war eine wichtige Grundlage geschaffen, die den drei Ländern bis weit in die 1960er Jahre eine stärkere Wirtschaftsexpansion ermöglichte als dem Rest der kapitalistischen Welt. Das gilt in erster Linie für Japan, dessen international beispielloses Wirtschaftswachstum zwischen 1950 und 1974 zweieinhalbfach höher lag als in den USA (Hadley 1989: 301). Doch auch Deutschland und Italien erlebten ihr jeweiliges „Wachstumswunder". Von 1950 bis 1960 betrug die durchschnittliche jährliche Zuwachsrate des Bruttoinlandsprodukts (BIP) in Japan 14 Prozent, in der Bundesrepublik Deutschland 10,9 Prozent und in Italien immerhin noch 8,7 Prozent.

Die drei Länder verfolgten eine exportgetriebene Wachstumsstrategie, die erfolgreich über Steuerungseingriffe des Staates (Besteuerung, Abschreibungen, Kreditzugang, Subventionen etc.) auf eine prioritäre Förderung der industriellen Kapitalakkumulation zielte (Hine 1993: 37; Hadley 1989; Kleßmann 1986: 226; Abelshauser 1983). Dies führte zwar sehr rasch zu einer wachsenden Differenz zwischen Kapital- und Arbeitseinkommen; die Wachstumsraten waren jedoch so groß, dass auch das Lohn- und Konsumniveau breiter Bevölkerungsschichten moderat, aber stetig zunahm. So kam es weder in Japan noch in der Bundesrepublik Deutschland zu scharfen Verteilungskonflikten, die die jungen demokratischen Institutionen einer frühzeitigen Belastungsprobe unterzogen hätten.

In allen drei Ländern wurde das Inflationsproblem bis zum Ende der 1940er Jahre bewältigt: in der Bundesrepublik durch die Währungsreform und in Japan durch die austeritär-fiskalkonservativen *Dodge Line*[9]. Als der Koreakrieg (1950–1953) einen weltweiten Nachfrageboom nach Industriegütern auslöste, profitierten die Volkswirtschaften Japans und Deutschlands von der massiven Nachfrage nach Industriegütern, ohne unter Inflationsdruck zu geraten. Das einsetzende stürmische Wirtschaftswachstum wurde in keinem der drei Länder von

---

9 Die *Dodge Line* geht auf den US-Bankier Joseph M. Dodge zurück, der vom US-Präsidenten Truman 1949 zum „Finanzkommissar" Japans ernannt wurde und dort eine inflationshemmende fiskalisch-orthodoxe Finanz- und Kreditpolitik – auch gegen japanische Widerstände – durchsetzte (Schonberger 1989: 198 ff.).

rasch steigenden Inflationsraten begleitet, die unter Umständen ein Abbremsen der Wachstumsstrategie erfordert hätten. Auch dies zeigt, dass trotz der verteilungspolitischen Asymmetrie die exportgetriebene, bevorzugt auf Kapitalakkumulation und nur mäßige Lohnzuwächse setzende Strategie sich mittelfristig günstig auf die Wohlfahrtssteigerung und damit auf die demokratische Konsolidierung auswirkte. In den Begriffen Machiavellis (1972) auf die demokratische Konsolidierung bezogen heißt das, dass die wirtschaftspolitische *virtù* der Politiker und die *fortuna* des vom Koreakrieg ausgelösten Wirtschaftsbooms die Stabilisierung der jungen Demokratien förderten. Das Beispiel zeigt, dass auch kontingente, nicht beeinflussbare „externe" weltpolitische Ereignisse und globale ökonomische Trends im Zusammenhang mit dem politischen Handeln der „internen" Eliten als Einflussfaktoren beachtet werden müssen, wenn Erfolge oder Misserfolge demokratischer Transformationsprozesse erklärt werden sollen.

Das wirtschaftliche Wachstum aller drei Länder profitierte über die international expandierende Nachfrage hinaus auch von einem fast unerschöpflichen nationalen Angebot an Arbeitskräften. In Japan und Italien konnte die Nachfrage nach billigen Arbeitskräften für die Industrie vor allem aus dem landwirtschaftlichen Sektor befriedigt werden. So fiel der Beschäftigungsanteil der Landwirtschaft in Japan von 48,5 Prozent (1950) auf 13,9 Prozent im Jahr 1975 (Hadley 1989: 304). Dieser Strukturwandel vom wenig produktiven Agrar- zum hoch entwickelten Industriesektor verdeutlicht noch einmal den enormen Modernisierungssprung, den die japanische Volkswirtschaft in zweieinhalb Jahrzehnten vollzogen hat. In der Bundesrepublik der 1950er Jahre waren es vor allem die Vertriebenen und die Flüchtlinge aus der DDR, die die expandierende Industrie mit billigen, hoch motivierten und ausreichend ausgebildeten Arbeitskräften versorgten (Abelshauser 1983). Aber während in der Bundesrepublik der Arbeitsmarkt bis Ende der 1950er Jahre geräumt war, in Japan Arbeitslosigkeit nie ein wirtschaftliches oder soziales Problem darstellte[10], ging die Erwerbslosenquote Italiens in den 1950er Jahren kaum zurück. Dies ist nicht zuletzt ein Ergebnis der dualistischen Wirtschaftsentwicklung, die im Norden zu einer rapiden Industrialisierung und Modernisierung führte, den Süden des Landes aber weiterhin unterentwickelt ließ (Alf 1977: 252; Hine 1993: 35). Erst der massenhafte Export von Arbeitskräften in die Länder der EWG und Nordeuropas entlastete seit Ende der 1950er Jahre spürbar den Arbeitsmarkt. Allerdings barg auch in Italien das Problem der Arbeitslosigkeit keinen starken sozialen Sprengstoff, da wachsende Sozialtransfers und intakte familiale Netze das Konfliktpotenzial weitgehend absorbierten.

Betrachtet man die wirtschaftliche Entwicklung insgesamt, so hat sie die Konsolidierung der Demokratien in der BRD und in Japan ohne Einschränkungen vorangetrieben. Trotz bestimmter Performanz- und Strukturschwächen hat auch das italienische *miracolo economico* mit seiner kontinuierlichen Wohlstandssteigerung den Bürgern die marktwirtschaftliche Demokratie nahegebracht. Als dann Mitte der 1970er Jahre die erste gravierende internationale Wirtschaftskrise einsetzte, waren die Demokratien der drei Länder bereits hinreichend konsolidiert.

---

10 Die extrem niedrigen Arbeitslosenzahlen in Japan sind zum einen durch den in den 1950er Jahren noch großen Agrarsektor zu erklären und zum anderen der „großzügigen" Arbeitslosenstatistik geschuldet, die in diesem Zeitraum auch nur sehr kurzfristig Beschäftigte nicht in die Statistik aufnahm.

3.2 Interne Einflussfaktoren

Die bisher geschilderten externen Einflüsse sind internationale und wirtschaftliche Kontextbedingungen, unter denen sich die politischen Demokratisierungsprozesse vollziehen. Sie fördern oder behindern erfolgreiche Systemwechsel zur Demokratie, aber sie determinieren sie nicht. Sie haben trotz der außerordentlich günstigen Konstellation nach 1945 nicht die erfolgreiche Konsolidierung der Demokratien in Deutschland, Italien und Japan gesichert, sondern nur begünstigt. Der eigentliche Demokratisierungsvorgang vollzog und entschied sich im politischen System. Im Folgenden soll anhand des in Abbildung 5 (s. S. 95) vorgestellten Phasenverlaufs eines Systemwechsels der Einfluss der unterschiedlichen Etappen auf den Demokratisierungserfolg in Deutschland, Italien und Japan vergleichend herausgearbeitet werden. Dabei werde ich folgende fünf Phasen knapp skizzieren: (1) vorautokratische demokratische Erfahrungen; (2) Art des autokratischen Regimes; (3) Ende des autokratischen Regimes; (4) Institutionalisierung der Demokratie; und (5) Konsolidierung der Demokratie.

3.2.1 Die vorautokratischen Erfahrungen mit der Demokratie

Alle drei Länder konnten im Jahre 1945 nur auf kurze Phasen demokratischer Systemerfahrungen zurückgreifen. Deutschland hatte mit den 14 Jahren der Weimarer Republik (1919–1933) noch die längste Demokratieperiode aufzuweisen. Japan erlebte mit der „Taisho-Demokratie" (1918–1932 bzw. 1925–1932) 13 bzw. sieben Jahre unvollkommener demokratischer Institutionen und Verfahren, während Italien nur ganze vier Jahre (1918–1922) demokratisch regiert wurde. Für Japan und Italien ist zudem der Demokratiebegriff großzügig ausgelegt, weil in beiden Ländern nur das allgemeine, gleiche und freie Männerwahlrecht (Italien 1918; Japan 1925) eingeführt wurde. In Japan war in der gültigen Verfassung von 1889 zudem die große Machtfülle des Tenno festgeschrieben, das Wahlrecht unterlag bis 1925 einem strengen Zensus und dem Militär wurden in der Verfassung spezielle Prärogativen jenseits der zivilen Kontrolle eingeräumt (Hartmann, J. 1983: 53 f.). Es handelte sich also in Japan noch nicht um eine intakte Polyarchie, sondern im Wesentlichen um die konstitutionelle Absicherung, Modernisierung und Regulierung eines oligarchischen Regimes mit demokratischer Fassade.

Doch nicht nur die Dauer der demokratischen Systemerfahrungen war ausgesprochen kurz. Alle drei Länder hatten es darüber hinaus mit krisengeschüttelten und instabilen Demokratien zu tun, in denen gerade die zentralen demokratischen Institutionen und Organisationen (allgemeines Wahlrecht, Parlament, Parteien, Gewerkschaften) von den gesellschaftlichen und politischen Eliten unzureichend akzeptiert wurden. In Deutschland, Italien und Japan blieben adlige und militärische Oligarchien, Großgrundbesitzer und reaktionäre Unternehmer der Schwerindustrie die dominierenden gesellschaftlichen Eliten. Mit der Verschärfung wirtschaftlicher und politischer Krisen schlossen sie sich zu informellen antidemokratischen Bündnissen zusammen und griffen zunächst verdeckt, mit fortschreitender Krise jedoch immer offener in die innenpolitischen Angelegenheiten ein. In dieser Situation zeigte sich, dass auch der zivilkulturelle demokratische Unterbau einer demokratiefreundlichen politischen Kultur nur wenig entwickelt war. Die Beschreibung der Weimarer Republik als eine „Demokratie ohne Demokraten" kennzeichnet eine tödliche Schwäche nicht nur für die deutsche, sondern auch für die italienische und die japanische Zwischenkriegsdemokratie.

Die Funktionsschwäche wichtiger Institutionen behinderte die Verankerung demokratischer Werte und Einstellungen. So zeichneten sich die Regierungen in allen drei Ländern durch eine extreme Instabilität aus. In der Weimarer Republik kamen 22 Regierungskabinette (Bracher et al. 1986: 632 f.) auf eine durchschnittliche Amtsdauer von knapp acht Monaten. In Italien blieben die Regierungen nur neun Monate im Amt (Michels 1930: 379 f.). Die Parteiensysteme waren entweder ideologisch stark polarisiert (Italien), semipluralistisch und die Parteien eng mit den Großkonzernen verflochten (Japan) oder, wie im Falle der späten Weimarer Republik, sowohl stark fragmentiert als auch extrem polarisiert und durch eine zunehmende zentrifugale Wettbewerbsdynamik gekennzeichnet. Keines der Parteiensysteme konnte die beiden demokratiestabilisierenden Funktionen der gesellschaftlichen Inklusion (Repräsentanz der gesellschaftlichen Interessen) und der politischen Effektivität (Bildung stabiler und handlungsfähiger Regierungen) gleichzeitig erfüllen.

Die Demokratieerfahrungen waren in allen drei Ländern zu kurz, zu stark von Krisen geprägt und in ihrer Performanz zu schwach, als dass sich die demokratischen Institutionen und Verfahren positiv in das kollektive Bewusstsein der Gesellschaft und in die administrative Struktur des Staatswesens hätten einschreiben können. Nicht nur in Deutschland fehlten starke liberale Traditionen, die die jungen Demokratien vor Übergriffen des starken Staates geschützt hätten. Eine rational inspirierte und affektiv verstärkte demokratietragende politische Kultur konnte sich unter den Bedingungen gravierender sozialer und wirtschaftlicher Probleme bei gleichzeitiger politischer Leistungsschwäche der demokratischen Institutionen kaum herausbilden. Die Verfassungsstruktur eröffnete zudem in allen drei Ländern institutionelle Wege zur „legalen Machtübernahme" autoritärer politischer Kräfte. Als Erbschaft aus den kurzen und krisenhaften Erfahrungen der Demokratie blieben deshalb das positive Vermächtnis einer erstmals errungenen Volkssouveränität (allgemeines Wahlrecht) und der darauf aufbauenden demokratischen Institutionenbildung nur von geringer Bedeutung. Viel stärker präsent war nach 1945 die negative Erfahrung, dass die formelle Etablierung demokratischer Institutionen – werden diese nicht von demokratiefreundlichen Eliten getragen und zunehmend von einer demokratischen Zivilkultur der Bürger unterfüttert – allein nicht ausreicht, um eine junge Demokratie gegen exogene Schocks (Wirtschaftskrisen, außenpolitische Krisen) und innere Bedrohungen (illoyale Eliten, radikale Gruppen) ausreichend zu immunisieren.

3.2.2 Die Erfahrungen mit den autokratischen Regimen

Die autokratischen Regime hatten in Deutschland mit 12 und Japan mit 13 Jahren eine deutlich kürzere Herrschaftsdauer als die 21 Jahre andauernde faschistische Diktatur Mussolinis in Italien. Auf dem Kontinuum politischer Systeme, das von den Polen „ideale Demokratie" und „perfekter Totalitarismus" begrenzt wird (vgl. Abbildung 1), rangierte das nationalsozialistische Regime Deutschlands am nächsten am totalitären Ende, während der autoritäre Zugriff und die Kontrolle der Gesellschaft durch das japanische Militärregime immer noch intensiver als in Italien waren (Ruttkowski 1994: 64). In Italien blieben mit der Monarchie des Hauses Savoyen, der insbesondere dem König gegenüber loyalen Armee sowie der Kirche wichtige Machtzentren bestehen, die nie völlig dem faschistischen System untergeordnet werden konnten (Lill 1986: 302; Pasquino 1986: 46). Selbst in der Gesellschaft konnte der Faschismus keine unbestrittene ideologische Hegemonie sicherstellen. Es blieben stets Residuen eines begrenzten Pluralismus in Staat und Gesellschaft erhalten. Eine Gleichschaltung wie im deutschen Nationalsozialismus nach 1934 ließ sich im faschistischen Italien nicht verwirklichen.

Relativ erfolglos erwies sich der italienische Faschismus auch in der Institutionenbildung. Weder die faschistische Partei PNV, die korporative „Ständekammer" noch die faschistischen Gewerkschaftssyndikate vermochten sich effektiv zu institutionalisieren. Selbst der monarchisch-autoritäre Staats- und Verwaltungsapparat konnte nie eindeutig in das faschistische System inkorporiert werden. Mussolinis Traum vom „stato totalitario" blieb ein Wunsch, dem das nationalsozialistische Deutschland nach 1934 bzw. nach 1938 viel näher kam. Die totalitäre Durchdringung von Wirtschaft, Staat, Gesellschaft und Bewusstsein sowie die institutionelle Absicherung der eigenen Herrschaft misslangen dem italienischen Faschismus:

> „Italian fascism can thus be characterized as a failed totalitarian experiment" (Pasquino 1986: 46).

In Deutschland war die totalitäre Herrschaftsdurchdringung von Staat und Gesellschaft weit erfolgreicher. Nach der irreführend als Machtergreifung bezeichneten „Machtauslieferung" (Tyrell 1986: 52) bzw. „Machtübergabe" (Lepsius 1978) am 31. Januar 1933 folgten einein-halb Jahre der „Machteroberung", in denen politische Gegner ausgeschaltet, demokratische Institutionen zerstört, pluralistische Organisationen zerschlagen und rechtsstaatliche Instanzen aufgehoben wurden. Aber der Zerstörung der demokratischen Strukturen und pluralistischen kollektiven Akteure folgte keine vergleichbar konsequente Etablierung klarer totalitärer Herrschaftsstrukturen. Deshalb darf auch im nationalsozialistischen Deutschland die Kraft einer effektiven Institutionenbildung nicht überschätzt werden. So charakterisierte der in die USA emigrierte Politikwissenschaftler Ernst Fraenkel noch mitten im Kriege (1941) das nationalsozialistische Herrschaftssystem zutreffend als einen „Doppelstaat", in dem der „Normenstaat" mit dem „Maßnahmenstaat" koexistierte. Der Normenstaat, der in der Regel die Gesetze respektierte, diente der Legitimation, während der „Maßnahmenstaat" die Gesetze missachtete, um die Herrschaft des Nationalsozialismus gegen tatsächliche oder vermeintliche innenpolitische Gegner zu sichern (Fraenkel 1974: 13). Aber auch innerhalb dieser Doppelstruktur war der nationalsozialistische Herrschafts- und Staatsapparat keineswegs klar und hierarchisch aufgebaut. Differenzierte historische Forschungen haben das Bild einer rational durchkonstruierten und perfekt organisierten Herrschaftsstruktur revidiert. Sie vermochten zu zeigen, dass die Herrschaftsstruktur der nationalsozialistischen Diktatur von einer charakteristischen Ambivalenz monokratischer und polykratischer Elemente geprägt war. Die „institutionelle Anarchie ohnegleichen" (Mommsen, H. 1971: 702) fand ihre Aufhebung nur in der Person des „Führers" (Broszat 1969). Kennzeichnend für das nationalsozialistische Herrschaftssystem war die „Diskrepanz zwischen dem monolithischen Herrschaftsanspruch und den dualistischen oder polykratischen, vom anarchistischen Kompetenzwirrwarr eines ‚gelenkten Chaos' bestimmten Herrschaftsstrukturen" (Bracher 1976: 64).

So kann die institutionelle Erbschaft der nationalsozialistischen Diktatur für die demokratische Bundesrepublik kaum als Hypothek betrachtet werden. Die „Erblast" bestand vielmehr in den vielen inkriminierten mittleren Eliten des nationalsozialistischen Staates, die auch nach 1949 wieder wichtige Funktionen in Staat, Justiz und Wirtschaft einnahmen. Noch gravierender war ein tradiertes Untertanenbewusstsein, das sich noch lange in der politischen Kultur der Bundesrepublik Deutschland konservierte (Almond/Verba 1963; Reichel 1981). Die „Erblast" betraf alle drei Staaten, während das tradierte Untertanenbewusstsein vor allem auf Japan und die Bundesrepublik zutraf.

3.2.3 Das Ende der autokratischen Regime

Alle drei Diktaturen fanden ihr Ende durch Kriegsniederlagen, nachdem sie maßgeblich zur Entfesselung des Zweiten Weltkriegs selbst beigetragen hatten. Der militärischen Niederlage folgte der Regimekollaps. Danach beschritten insbesondere Deutschland und Japan einen Demokratisierungspfad, den Alfred Stepan (1986: 71) idealtypisch als „extern beaufsichtigte (Re-)Demokratisierung" beschreibt. In Japan überwachten die USA, in Westdeutschland die westlichen Siegermächte unter Federführung der Amerikaner die Demokratisierung und Verfassungsgebung. Italien ist ein Mischfall zwischen der „extern beaufsichtigten (Re-)Demokratisierung" und dem Transitionspfad der „internen Redemokratisierung, nachdem die Besatzungsmacht durch eine externe Macht besiegt wurde" (ibid.: 67).

In Italien ist das Ende der faschistischen Herrschaft nicht wie in Deutschland[11] auf ein präzises Datum festzulegen. Der Kollaps verlief vielmehr in zwei Etappen. Die erste Etappe begann mit der Landung der Alliierten am 10. Juli 1943 auf Sizilien. Angesichts der offensichtlich werdenden Kriegsniederlage setzte der „faschistische Großrat" den Diktator Mussolini mit einer Mehrheit von 19 gegen neun Stimmen ab (Lill 1986: 360). Mussolini wurde daraufhin vom König entlassen und verhaftet. Italien wechselte die Kriegsfronten. Dies bedeutete das Ende der faschistischen Herrschaft über Gesamtitalien.

Der Faschismus überlebte nur 20 Monate als sozialfaschistischer Rumpfstaat *Repubblica Sociale Italiano* von Hitlers Gnaden. Gleichzeitig vereinte sich in dieser zweiten Phase des Zusammenbruchs der italienische Widerstand *(resistenza)* zu einer breiten Bewegung, in der Katholiken, Laiizisten, Liberale, Sozialisten und Kommunisten gemeinsam den bewaffneten Kampf gegen die nationalsozialistischen Besatzer und die Relikte des italienischen Faschismus aufnahmen.

Der entscheidende Unterschied zu Deutschland und Japan bestand darin, dass sich seit 1942 in Italien eine breite Widerstandsbewegung gegen den Faschismus zu formieren begann und die Diktatur von den Italienern selbst mit beendet wurde. Die Wiederherstellung von Verfassung, Rechtsstaat und Demokratie war in Italien in weit größerem Maße das politische Werk der Italiener selbst. Eine mit Deutschland und Japan vergleichbare Souveränitäts- und Legitimitätslücke zwischen dem Ende des Faschismus und dem Inkrafttreten der Verfassung gab es deshalb in Italien nicht. Zustimmung zur und aktive Unterstützung der Demokratie waren in Italien zum demokratischen Neubeginn deshalb stärker ausgeprägt als in Deutschland und Japan. Auch wenn die Bedeutung der Widerstandsbewegung in der Nachkriegszeit zu einem nationalen Mythos überhöht wurde, förderte dieser sowohl den demokratischen Neubeginn als auch die Konsolidierung der Nachkriegsdemokratie in Italien (Pasquino 1986: 59).

Weder Deutschland noch Japan konnten oder wollten sich selbst von ihren Diktaturen befreien. Die Zerschlagung der autokratischen Herrschaftssysteme war ausschließlich das Werk der Alliierten. Dies gilt mit leichten Einschränkungen auch für die ersten Demokratisierungsschritte. Der von einer Besatzungsmacht beaufsichtigte „Weg der extern beaufsichtigten Demokratisierung" wie in Deutschland und Japan nach 1945 birgt Risiken und Vorteile gleichermaßen. Das gemäßigte Risiko besteht in einer „Legitimitätslücke". Denn wenn die neue demokratische Ordnung von der Bevölkerung als ein Oktroi fremder Mächte wahrgenommen wird, könnte diese die demokratische Verfassung zunächst als fremd und aufgezwungen emp-

---

[11] Das Ende der faschistischen Herrschaft in Deutschland kann auf den 8. Mai 1945, der endgültigen Kapitulation des Deutschen Reiches, datiert werden.

finden. Die auch affektiv besetzte „diffuse Zustimmung" der Bürger zur neuen Verfassung kann so nur schwerlich schon im Verfassungsgebungsprozess selbst entstehen, sondern wird sich unter günstigen Bedingungen erst später über die utilitaristisch orientierte „spezifische Zustimmung" aufgrund einer guten materiellen Leistungsbilanz des neuen Systems einstellen können. Der Vorteil einer Demokratisierung unter fremder Aufsicht dagegen besteht in der schnellen, risikofreien und längerfristig wirksamen politischen Entmachtung der verbliebenen Herrschaftseliten des alten autokratischen Systems durch die überlegene militärische und politische Gewalt der Besatzungsmacht.[12]

Im westdeutschen wie im japanischen Fall überwogen die Vorteile der alliierten Besatzung. In beiden Ländern waren die alten Regime bis weit in den Krieg hinein von der Mehrheit der Bevölkerungen akzeptiert. Überzeugte Demokraten waren in Deutschland und Japan 1945 in der Minderheit (Beyme 1993: 62; Watanuki 1977: 119 ff.). Das faschistische, nationalistische und antidemokratische Potenzial war beachtlich. Aufgrund der Lizenzierung der Parteien durch die Alliierten und des Verbots nationalsozialistischer Nachfolgeparteien wurden die Reste des alten Regimes an einer politischen Reorganisation gehindert. Als problematisch für die Akzeptanz und Konsolidierung der neuen Demokratie erwiesen sich die Entnazifizierungsmaßnahmen, die vor allem von den Amerikanern durchgeführt wurden. Abgesehen von den Nürnberger Prozessen gegen die Hauptkriegsverbrecher müssen die von den Deutschen besetzten „Spruchkammern" als „ein zweifelhaftes Verfahren" angesehen werden (Sontheimer 1989: 24). Weder konnten diese Kammern den wirklichen Anteil jener Parteigänger des Nationalsozialismus ermitteln, die individuell an den Verbrechen des NS-Regimes beteiligt waren, noch vermochten sie die Beschuldigungen in rechtsstaatlichen Verfahren zu überprüfen. Der sogenannte „Persilschein" bei einem Freispruch hat zudem eine moralische und politische Auseinandersetzung mit den Verbrechen der Nationalsozialisten während der Adenauer-Ära mit verdrängen helfen:

> „Subjektiv hat das Entnazifizierungsverfahren viele Deutsche daran gehindert, zu erkennen, daß sie objektiv ein mehr oder weniger wichtiger Teil der Maschinerie des totalitären Nazistaates waren, ohne den das Dritte Reich niemals hätte entstehen können" (Sontheimer 1989: 25).

In Japan wurde das anfänglich geplante umfassende Programm zur Säuberung von Politik, Wirtschaft und Verwaltung nach kurzer Zeit eingestellt. Die „gesäuberten Politiker" konnten bereits 1950 wieder in das politische Leben zurückkehren. Insbesondere die von 1955 bis 1993 kontinuierlich regierende Liberaldemokratische Partei (LDP) war in hohem Maße von belasteten Politikern des Militärregimes durchsetzt. Die positive Seite dieser normativ beunruhigenden Entwicklung war jedoch die Einbindung und Kooptation der alten autokratischen Eliten in die neuen demokratischen Organisationen und Strukturen (Pohl 1994a: 80).

Der deutsche und in ähnlicher Weise auch der japanische Umgang mit den alten Regimeeliten zeigen ein häufiges Problem der postautokratischen Demokratieentwicklung auf: Wie soll man mit den politischen Führern, den Eliten, Helfern und Mitläufern des alten Regimes umgehen, um einerseits auf rechtsstaatliche Weise Gerechtigkeit zu üben sowie andererseits die Demokratisierung nicht zu gefährden und die demokratische Konsolidierung zu stärken? Dieses Problem hat Samuel P. Huntington (1991: 211) bündig auf die Alternative reduziert: „pro-

---

[12] Der Fall „Irak" zeigt jedoch die besonderen Schwierigkeiten einer Besatzungsmacht, ein demokratisches Regime aufzubauen, wenn die Okkupationsmacht verhasst ist, innerhalb unverstandener und offen feindlicher kultureller Kontexte agiert und das Hobbes'sche Problem des inneren Friedens nicht rasch lösen kann (vgl. Teil VII, Kap. 2).

secute and punish versus forgive and forget". Obwohl die Besatzungsmächte bei einer Bestrafung der Täter die Demokratie nicht gefährdet hätten, wurden in Westdeutschland nur die absoluten Führungsspitzen des Regimes (Nürnberger Prozesse), wenige Wirtschaftsführer und später einige KZ-Mörder verurteilt. Dies mag angesichts der ungeheuerlichen Verbrechen aus moralischen Gründen bedauerlich sein. Es ist aber fraglich, ob eine weitgehende gerichtliche Verurteilung vieler williger Helfer des Regimes mit rechtsstaatlichen Mitteln überhaupt durchführbar gewesen wäre.

Auch wenn gute normative Gründe für eine gerichtliche Aufarbeitung von Regimeverbrechen sprechen, stößt diese häufig an organisatorische und rechtsstaatliche Grenzen.[13] Massenhafte Verurteilungen können zudem durch Ausgrenzung größerer Teile der Bevölkerung die gesellschaftliche Integration und die Stabilisierung der Demokratie gefährden. Was also theoretisch-normativ unter Umständen wünschbar wäre, kann für den Erfolg einer Demokratisierung und die Konsolidierung der Demokratie ein Hindernis sein. Dies ist eine Problematik, deren wichtigste Aspekte Max Weber mit den Begriffen der „Gesinnungs"- und „Verantwortungsethik" abgesteckt hat. Samuel P. Huntington (1991: 213 f.) hat die Argumente des „Vergebens und Vergessens" jenen des „Verfolgens und Bestrafens" gegenübergestellt[14]. Die wichtigsten Argumente für eine Bestrafung sind:

▶ Das demokratische Nachfolgeregime hat die moralische Pflicht, die Verbrechen gegen die Menschlichkeit zu bestrafen; diese gilt vor allem gegenüber den Regimeopfern.
▶ Die Bestrafung ist notwendig, um vor zukünftigen Menschenrechtsverletzungen abzuschrecken.
▶ Die Bestrafung soll zeigen, dass die Demokratie mächtig genug ist, um sich nicht den Drohungen der alten Regimeeliten zu beugen und die Überlegenheit von Rechtsstaat und Demokratie zu demonstrieren.

Gegen eine Bestrafung können folgende Gründe sprechen:

▶ Demokratie muss auf Versöhnung basieren und darf nicht neue Gräben in der Gesellschaft aufreißen.
▶ Der fragile Demokratisierungsprozess verlangt die Garantie, dass keine Vergeltung für frühere Regimeverbrechen erfolgt, um nicht Vetopotenziale gegen die junge Demokratie aufzubauen.
▶ Da häufig viele Gruppen und Individuen in unterschiedlichem Maße an den Menschenrechtsverletzungen beteiligt waren, schafft eine Amnestie eine günstigere Ausgangsbasis für die Demokratie als eine möglicherweise arbiträre Bestrafung von „alten" Regimeträgern.
▶ Die Bestrafung kann die Konsolidierung der Demokratie gefährden. Die Stabilisierung der gegenwärtigen Demokratie ist aber ein höheres Gut als die Bestrafung vergangener Verbrechen.

Huntington (1991: 231) belässt es nicht bei der bloßen Aufzählung und Gegenüberstellung der Argumente, sondern fasst sie in „Wenn-dann"-Sätze, die auf konkrete postautokratische Situationen anwendbar sind:

---

13 Sie kollidieren, wenn nicht „Völkermord" oder „Verbrechen gegen die Menschlichkeit" geltend gemacht werden können, nicht selten mit dem rechtsstaatlichen Rückwirkungsverbot.
14 Zur Problematik der sogenannten „transitional justice" s. u. a. Kritz (1995), Arenhövel (2000) und Elster (2004).

1. Wenn eine Transformation auf dem Verhandlungswege zwischen den alten Regimeeliten und der Regimeopposition eingeleitet wird, dann soll davon abgesehen werden, Teile der autokratischen Eliten zu bestrafen, weil ansonsten die politischen Kosten die moralischen Gewinne überwiegen.
2. Wenn der Systemwechsel durch Kollaps oder einen abrupten Bruch mit dem alten Regime erfolgt und ein allgemeiner moralischer und politischer Wunsch nach Bestrafung deutlich wird, dann sollen nur die Führungseliten und diese sofort (im ersten Jahr) bestraft werden. Es muss aber sogleich unmissverständlich klar gemacht werden, dass die mittleren und unteren Ränge nicht bestraft werden.

Huntington optiert in der prekären unmittelbaren postautokratischen Phase im Zweifelsfalle für eine Amnestie anstelle von Verfolgung und Bestrafung. Dem liegt das verantwortungsethische Beurteilungskriterium zugrunde, den Demokratisierungsprozess nicht zu gefährden und dadurch neue Opfer zu riskieren. Dieser Richtlinie folgte von den drei Staaten nur Italien nach 1945 völlig. In Westdeutschland wurden die führenden Kriegs- und Regimeverbrecher bestraft bzw., wie in den Westzonen, zweifelhafte Entnazifizierungsverfahren durchgeführt. In Japan betrafen die Säuberungen fast ausschließlich die Armee und nur wenige politische Spitzen, den Tenno ausgenommen. In allen drei Ländern kehrte jedoch die überwältigende Mehrheit ehemaliger Regimehelfer wieder in den Staats-, Justiz- und Universitätsdienst zurück (Sontheimer 1989: 25; Pasquino 1986: 56; Halliday 1989: 118). Dies gefährdete zwar nicht die neuen Demokratien, machte aber in den ersten zwei Nachkriegsjahrzehnten die Staats- und Justizapparate zu Hochburgen illiberaler und semiautoritärer Gesellschaftsauffassungen.

3.2.4 Die Institutionalisierung der Demokratie

Der entscheidende Schritt im Übergang von der Autokratie zur Demokratie ist die Übertragung der politischen Macht von einer Gruppe von Personen auf ein „Set" von institutionalisierten Regeln (Przeworski 1991: 14). Die neu etablierten Normen und Institutionen definieren die zulässigen politischen Verfahren zur Bearbeitung und Lösung gesellschaftlicher und politischer Konflikte. Sie sind die „Metaregeln" (Beyme 1994b: 233) des neuen demokratischen Systems und entscheiden maßgeblich über Macht-, Einfluss- und Verteilungschancen in Staat, Wirtschaft und Gesellschaft. Gleichwohl haben wir es bei der „Institutionalisierung der Demokratie" mit einer Phase zu tun, deren Beginn und Abschluss nicht bei allen Systemwechseln klar zu definieren ist. Insbesondere ihr Ende hängt in hohem Maße von der Art des Systemwechsels ab. So kann das Ende der autokratischen Herrschaft als De-Institutionalisierung und der Beginn der Demokratie als Re-Institutionalisierung einer politischen Ordnung begriffen werden. Allgemein lässt sich jedoch festhalten, dass die Institutionalisierung der Demokratie beginnt, wenn (1) die alten autokratischen Herrschaftsregeln ganz oder teilweise suspendiert sind und (2) die alten Herrschaftseliten ihre Macht verloren haben oder sie mit neuen demokratischen Eliten teilen müssen.

Zur Untersuchung des Verlaufs der Institutionalisierung der Demokratie müssen insbesondere folgende drei Fragen beantwortet werden:

1. Welche Akteure haben die Institutionalisierung der Demokratie maßgeblich beeinflusst?
2. Mit welchen Verfahren wurde die Demokratie institutionalisiert?
3. Welche institutionelle Konfiguration weist das neue demokratische Regierungssystem auf?

■ *ad 1: Akteure*

Systematisch lassen sich die beteiligten Akteure in „externe" und „interne" Akteure unterscheiden. Die externen Akteure waren in der zweiten Demokratisierungswelle die alliierten Siegermächte; unter internen Akteuren sind die neuen demokratischen Kräfte zu verstehen, die in den drei Ländern in unterschiedlicher Weise in den Institutionalisierungsprozess eingebunden waren. Am stärksten war der Einfluss der Siegermacht USA in Japan. Die Einflüsse der alliierten Westmächte auf die Gründung der Bundesrepublik Deutschland waren anfangs zwar ausschlaggebend, nahmen im Verlauf der demokratischen Institutionalisierung aber immer mehr ab. Am wenigsten wurde die Neubegründung der italienischen Demokratie „von außen" beeinflusst.

Anders als im besetzten Deutschland kam es in *Japan* (trotz anfänglicher Wünsche der Sowjetunion) weder zu einer Teilung des Landes in verschiedene Besatzungszonen noch zu einer gemeinsamen Verwaltung durch die Siegermächte. Vielmehr oblag die Besatzungspolitik allein dem *Supreme Commander of the Allied Powers* (SCAP), der ungeachtet seiner formalen Anbindung an eine alliierte Aufsichtsbehörde einzig von der US-Regierung in Washington weisungsabhängig und ihr gegenüber rechenschaftspflichtig war. Während die politischen Rahmenbedingungen der Demokratisierung in Washington gestaltet wurden, traf der SCAP die alltäglichen politischen Entscheidungen vor Ort. Entsprechend bestimmten im Wesentlichen die USA den Verlauf und das Ergebnis der demokratischen Institutionalisierung in Japan. Dabei übten die Besatzungsbehörden jedoch nur mittelbar die Regierungsverantwortung aus. Eine von den USA kontrollierte japanische Regierung blieb im Amt und war für die Umsetzung der Direktiven des SCAP durch die japanische Ministerialbürokratie verantwortlich. Hinsichtlich der Demokratisierung lassen sich in Japan also drei relevante Akteure erkennen:

▶ die amerikanischen Militärbehörden („externe Demokratisierer");
▶ die japanische Regierungsbürokratie, die lediglich in den militärischen, politischen und wirtschaftlichen Spitzenpositionen von den Vertretern des autoritären Regimes gesäubert war (extern beaufsichtigte „interne Demokratisierer");
▶ amerikanische Verfassungsjuristen (extern beauftragte zivile Experten).

Die Besatzungsbehörden gaben ihre Säuberungspolitik bereits im Laufe des Jahres 1946 weitgehend auf. Sie arbeiteten in enger Kooperation mit der kaum veränderten alten japanischen Staatsbürokratie in der politischen Neuordnung des Landes zusammen, weil diese nach der Ausschaltung des Militärs und den erheblich geschwächten zivilen politischen Eliten als einzig gut funktionierende staatliche Institution übrig geblieben war. Der japanischen Bürokratie verblieb neben der Umsetzung der Entscheidungen des SCAP ein umfangreicher eigenständiger Gestaltungsspielraum, den sie zur Wahrung ihrer im Zeichen der Kriegswirtschaft gewachsenen Planungs- und Lenkungskompetenz zu nutzen verstand.

Die Ausarbeitung einer neuen Verfassung oblag einer amerikanischen Juristengruppe und bildete das Hauptinstrument zur Institutionalisierung der Demokratie. Kernbereiche der von amerikanischen Verfassungsexperten ausgearbeiteten und vom japanischen Reichstag 1947 verabschiedeten Verfassung waren:

▶ die Reduzierung der Rolle des Tenno auf rein symbolische Funktionen ohne jegliche politische Machtbefugnisse,
▶ die Abschaffung der Armee und das Verbot der Aufstellung bewaffneter Streitkräfte,
▶ die weitgehende Beibehaltung des zentralistischen Staatsaufbaus,

▶ die Übernahme eines parlamentarischen Regierungssystems mit einem asymmetrischen Zweikammersystem und einem allein dem Unterhaus verantwortlichen Kabinett.

Daneben legalisierte der SCAP die zuvor verbotenen politischen Parteien, dezentralisierte das Bildungssystem mit dem Ziel, demokratische und mündige Bürger zu erziehen. Die Polizei wurde dezentralisiert und die lokalen Verwaltungen gestärkt. Der Shinto-Kult, der dem autoritären Regime als ideologisches Instrument diente, wurde als offizielle Staatsreligion abgeschafft.

Eine Veränderung in der amerikanischen Haltung lässt sich mit Beginn des Jahres 1947 feststellen, als die sich verschlechternde wirtschaftliche Lage zu Massenprotesten führte. Der SCAP bemühte sich daraufhin um eine Entpolitisierung der Bevölkerung. Die Dezentralisierung von Polizei- und Bildungseinrichtungen wurde rückgängig gemacht. In der amerikanischen Administration setzte sich unter dem Eindruck der beginnenden Ost-West-Konfrontation immer mehr die Sichtweise durch, dass die USA primär an einem stabilen und verlässlichen Verbündeten interessiert sein sollten, weshalb die ökonomische Wiederbelebung Japans Vorrang vor der Demokratisierung haben sollte (Eccleston 1993: 18). Unter dem überragenden außenpolitischen Imperativ des Ost-West-Konflikts zogen sich die USA sukzessive aus der aktiven Demokratisierung des Landes zurück, nachdem sie die Grundlinien einer kapitalistischen Demokratie in Japan verankert hatten. Die „internen Demokratisierer" führten nun das von den Amerikanern initiierte und zunächst stark kontrollierte Demokratieprojekt mit vermindertem Engagement in Richtung einer konservativ interpretierten, partizipationsarmen, aber funktionierenden „Elitendemokratie" (im Sinne Schumpeters) weiter.

Die Anfänge der Politik im *Nachkriegsdeutschland* vollzogen sich nach 1945 „unter dem Protektorat der Besatzungsmächte" (Sontheimer 1989: 21). Die deutsche Verwaltung wurde von den Alliierten dezentralisiert. Der politische und administrative Wiederaufbau begann deshalb auf der untersten, der kommunalen Ebene. Dabei griffen die westlichen Alliierten in ihren Besatzungszonen vor allem auf demokratische Politiker der Weimarer Republik bzw. vom Nationalsozialismus unbelastete Persönlichkeiten zurück. Da insbesondere die Briten und Franzosen das Wiederaufleben einer starken Zentralgewalt verhindern wollten, wurden nach den Kommunen die zum Teil neu geschaffenen Länder sehr bald die wichtigsten nationalen politischen Einheiten. Sie erhielten ihre politische Handlungslegitimität durch demokratische Verfassungen (Pfetsch 1990) und prägten damit die spätere föderale Territorialstruktur von Westdeutschland. Die Herausbildung weiterer politischer Institutionen der späteren Bundesrepublik vollzog sich ebenfalls unter der Kontrolle der alliierten Militärgouverneure, insbesondere jener der amerikanisch-britischen Bizone (vgl. Sontheimer 1989: 29).

Die führenden Politiker in diesen Institutionen, die häufig den demokratischen Parteien der Weimarer Republik angehört hatten, wurden zur ersten politischen Führungsgeneration der Bonner Republik.[15] Der eigentliche konstitutionelle Startschuss für die Bundesrepublik wurde jedoch auf der Londoner Sechs-Mächte-Konferenz gegeben, wo die Ministerpräsidenten der Länder ermächtigt wurden, eine verfassungsgebende Versammlung einzuberufen (Kleßmann 1986: 193). Die Vorgaben der Westalliierten, die in den „Frankfurter Dokumenten" niedergelegt wurden, beschränkten sich im Wesentlichen auf die Sicherung der Grundrechte und die Föderalisierung der Bundesrepublik. Obwohl sich die Besatzungsmächte nur zweimal dezidiert in die Beratung über das Grundgesetz einmischten und dem Parlamentarischen Rat bei

---

15 Dies schloss nicht aus, dass auch ehemalige Nazi-Parteigänger wie Globke, Carstens, Kiesinger oder Filbinger bis in höchste Ämter gelangen konnten.

der Ausarbeitung der „Verfassung" weitgehend freie Hand ließen, machten sie von Anfang an klar, dass sie es seien, die das Grundgesetz zunächst genehmigen müssten. Sontheimers (1989: 37) Feststellung ist also zuzustimmen, dass es sich um eine – wenngleich in milder Form – „überwachte Verfassungsgebung" handelte. Die deutschen Politiker der ersten Stunde waren zweifellos die wichtigsten Konstrukteure der Verfassung, doch standen sie immer unter der Aufsicht der Alliierten, die einen (weiten) Rahmen vorgegeben hatten.

In *Italien* bestimmten die englischen und amerikanischen Alliierten nur in einer sehr kurzen Phase die Institutionalisierung der Demokratie. Zunächst existierten von Herbst 1943 bis Mai 1945 „zwei Italien", die sich im Kriegszustand miteinander befanden: die norditalienische faschistische *Repubblica Sociale Italiano* (RSI) unter Mussolini und von deutschen Gnaden sowie das Königreich Italien unter Aufsicht der englischen und amerikanischen Alliierten. Es lassen sich drei relevante Akteure in Hinblick auf die Demokratisierung erkennen:

- Die Alliierten (Großbritannien, USA), von denen rasch die USA die entscheidende Kraft wurden.
- Der Monarch Vittorio Emanuele und Marschall Badoglio, die zwar Mussolinis RSI den Krieg erklärt hatten, aber selbst wegen ihrer Kollaboration mit dem Faschismus von 1922 bis 1943 diskreditiert waren.
- Die *Comitati di Liberazione Nazionale* (CLN), die aus der *resistenza* hervorgingen und sich aus Kommunisten, Sozialisten, radikalen Republikanern, gemäßigten Liberalen, Christdemokraten und Katholiken zusammensetzten. Trotz erheblicher interner weltanschaulicher und politischer Differenzen vermochten die nationalen Befreiungskomitees und die später aus ihnen hervorgegangenen politischen Parteien bis zum Ausbruch des Kalten Krieges 1947 weitgehend im Stile einer großen nationalen Notstandskoalition konzertiert handeln.

Die Alliierten spielten nur von 1943 bis 1944 eine wichtige Rolle. Nach der Niederlage Deutschlands und dem Zusammenbruch der RSI gaben die Amerikaner nahezu alle Kompetenzen an die provisorische italienische Regierung ab. Schon im Mai 1946 wurde die alliierte Kontrollkommission aufgelöst. Die Amerikaner mischten sich allerdings insofern noch in die italienische Politik ein, als sie die gemäßigten bürgerlichen Kräfte gegen die Kommunisten unterstützten, die kapitalistische Rekonstruktion Italiens betrieben, die Finanzhilfen von 1947 an das Ausscheiden der Kommunisten aus der provisorischen Allparteien-Regierung banden und mit dem Ausbruch des Kalten Krieges massiv die Westintegration Italiens vorantrieben. Doch kann kein Zweifel bestehen, dass mit Kriegsende die italienischen Politiker die entscheidende Rolle bei der Demokratisierung des Landes spielten (Alf 1977: 57 ff.; Scoppola 1980: 17 ff.; Pasquino 1986: 59; Lill 1988: 381). Trotz einer politischen Mythologisierung der *resistenza* in den ersten Nachkriegsjahrzehnten der italienischen Innenpolitik muss festgestellt werden, dass die Widerstandsbewegung der Kern und die treibende Kraft der Demokratisierung Italiens gewesen ist. Dies unterscheidet die Institutionalisierung der Demokratie Italiens von jener Japans und Westdeutschlands, die in ihrer Genese und ihrer Struktur weit stärker von den alliierten Siegermächten, d. h. „externen" Akteuren, geprägt wurden.

ad 2: Verfahren

Auch die Verfahren zur Institutionalisierung der Demokratie waren sehr unterschiedlich. Zieht man die für die konstitutionelle Konsolidierung vorgestellten Kriterien der formalen Legitimation als Beurteilungsgrundlage heran (vgl. auch Elster 1994), war die italienische Verfassung, gemessen an den Verfahren ihrer Ausarbeitung und Verabschiedung, am solidesten legitimiert, während die bundesrepublikanische Verfassungsgebung, wenn überhaupt, nur das gerade noch tolerable Minimum demokratischer Standards erfüllte. Der Entstehungsmodus der japanischen Verfassung muss als „undemokratisch" bezeichnet werden.

Im Falle der italienischen Verfassungsgebung wurden die *Legitimität von oben* und die *interne Verfahrenslegitimität* eindeutig erfüllt, nicht jedoch die *Legitimität von unten*. Die verfassungsgebende Versammlung war zweifellos nach demokratischen Prinzipien zustandegekommen. So wurden am 2. Juni 1946 per Volksabstimmung in zwei getrennten Verfahren zum einen die republikanische Staatsform festgelegt und zum anderen die *Constituante* per Volkswahl bestellt. Diese arbeitete dann den Verfassungsentwurf aus und verabschiedete ihn mit 455 Ja- gegen 55 Nein-Stimmen. Eine zusätzliche Legitimation durch ein Verfassungsplebiszit fand nicht statt (Beyme 1970: 26).

In der Bundesrepublik wurde der maßgebliche Vorschlag für das Grundgesetz von einer von den Ministerpräsidenten bestellten Expertengruppe („Herrenchiemsee-Konferenz") ausgearbeitet, danach im Parlamentarischen Rat beraten und dort mit 53 Ja- gegen 12 Nein-Stimmen verabschiedet. Anschließend stimmten bis auf Bayern alle Landtage dem Grundgesetz zu. Anders als die italienische *Constituante* war jedoch der Parlamentarische Rat nicht als verfassungsgebende Versammlung per Volkswahl bestellt worden. Auf ein Verfassungsreferendum verzichteten die Verfassungsgeber ganz bewusst, weil das Grundgesetz nur als provisorische Verfassung eines westdeutschen Teilstaates begriffen werden sollte (Mußgnug 1987; Pfetsch 1990; Storost 1990).

Während also in der Bundesrepublik Deutschland die Legitimität von oben nur teilweise, die interne Verfahrenslegitimität völlig, die Legitimation von unten jedoch überhaupt nicht berücksichtigt wurden, verletzte die japanische Verfassungsgebung gleich alle drei Legitimitätserfordernisse demokratischer Verfassungsgebungen. Der Verfassungsentwurf wurde nicht von einer verfassungsgebenden Versammlung ausgearbeitet und beraten, sondern von einer amerikanischen Juristengruppe, die vom *Supreme Commander for the Allied Powers*, General McArthur, beauftragt worden war. An dieser Gruppe waren keine Japaner beteiligt. Der japanische Reichstag lehnte dann auch den ersten Verfassungsentwurf ab. Unter dem Druck der amerikanischen Besatzungsmacht nahm das japanische Parlament nur wenig später einen kaum überarbeiteten Entwurf ohne Änderung an. Ein Verfassungsreferendum fand nicht statt (Halliday 1989; Hartmann, J. 1992).

Von den drei Verfahren genügte also nur der italienische Verfassungsgebungsprozess voll den demokratischen Legitimationsstandards. Paradoxerweise erwies sich aber gerade die italienische als die schwächste und im eigenen Lande zunehmend umstrittene Verfassung. In der Bundesrepublik dagegen wurde das formaldemokratisch nur unzureichend legitimierte „Provisorium Grundgesetz" zu einer wichtigen Säule der demokratischen Konsolidierung. Ihr wuchs, wie es Josef Isensee (1992: 37) formulierte, durch seine faktische politische Bewährung ein „indirektes Verfassungsreferendum in Permanenz zu". So sei dem Grundgesetz seit seinem Bestehen trotz des „Geburtsmakels" beständig neue „Legitimität [...], normative Kraft und Stabilität" zugewachsen (ibid.). Selbst die in hohem Maße fremdbestimmte Verfassung Japans konnte mit zunehmender Geltungsdauer an Akzeptanz und Zustimmung und damit an Legitimität gewinnen (Nakamura 1994: 76).

Die Wirkungsgeschichte der drei Verfassungen ist ein erster empirischer Hinweis darauf, dass die Korrektheit demokratischer Verfassungsgebungsverfahren offensichtlich nur von marginaler Bedeutung für die demokratische Bewährung und die empirisch zu beobachtende

Konsolidierung eines demokratischen Regierungssystems ist. Ein Befund, der auch durch die Analyse der Demokratisierungsprozesse der „dritten Welle" seine Bestätigung findet.

■ *ad 3: Institutionen*

Aufgrund des „historischen Tyrannenkomplexes" aus den totalitären und autoritären Erfahrungen mit Faschismus und Militarismus besaßen in den drei Nachkriegsdemokratien weder präsidentielle noch semipräsidentielle Systemvorstellungen Aussicht auf Verwirklichung.[16] Die Verfassungsgeber aller drei Länder haben sich deshalb für parlamentarische Regierungssysteme entschieden.

Die Staatsoberhäupter – der Tenno in Japan, der Bundespräsident in Deutschland und der italienische Staatspräsident – erhielten nur geringe politische Kompetenzen. Ihre Möglichkeiten, in die Regierungspolitik gestaltend einzugreifen, wurden bewusst beschränkt. Die geringen Kompetenzen der Staatsoberhäupter verhindern das Aufkommen von problematischen, undurchsichtigen und legitimitätsabträglichen Machtkonflikten und Entscheidungsblockaden zwischen Regierungschef und Staatsoberhaupt, wie dies in präsidentiellen und semipräsidentiellen Regierungssystemen konstitutionell angelegt ist. Tatsächlich sind seit ihrem Bestehen in keinem der drei Länder solche Konflikte aufgetreten.

Die Regierungen der drei Nachkriegsdemokratien werden von den Parlamenten gewählt und sind von deren Vertrauen abhängig (vgl. u. a. Beyme 1970, 1999). Dafür räumt die Verfassung den Regierungen die Möglichkeit ein, in Absprache mit dem Staatspräsidenten und unter restriktiv spezifizierten Bedingungen das Parlament aufzulösen. Damit wurden in allen drei Ländern konstitutionelle Verfahrensweisen festgelegt, die jene wechselseitigen Entscheidungsblockaden auflösen, die Linz (1990) und Stepan/Skach (1993) als eine erhebliche Destabilisierungsgefahr für junge, noch nicht konsolidierte Demokratien ansehen. Während in Italien die Abberufung des Parlaments durch ein einfaches Misstrauensvotum relativ leicht möglich ist, hat das bundesdeutsche Grundgesetz mit dem konstruktiven Misstrauensvotum die Schwelle für die Absetzung der Regierung relativ hoch gesetzt. Das einfache Misstrauensvotum erleichterte, dass in Italien das Parlament die Regierungen extrem häufig zu Fall brachte,[17] wie das konstruktive Misstrauensvotum in der Bundesrepublik Deutschland eine solche Praxis institutionell verhinderte. Das Regierungssystem der Bundesrepublik besaß deshalb mit dem konstruktiven Misstrauensvotum von Anfang an ein verfassungsgesichertes Verfahren, das zur Stabilisierung der Regierung beitrug, ohne dies mit gefährlichen Entscheidungsblockaden handlungsunfähiger Regierungen erkaufen zu müssen.

Alle drei Länder haben Zweikammer-Parlamente, wenn auch auf unterschiedlicher repräsentativer Grundlage und mit unterschiedlichen Kompetenzen. Die stärkste Asymmetrie weist der japanische Reichstag auf. Hier dominiert das Abgeordnetenhaus („Unterhaus") eindeutig den parlamentarischen Entscheidungsprozess in Japan. Die Regierung ist allein vom Vertrauensvotum des Abgeordnetenhauses abhängig. Die „Kammer der Berater", das Oberhaus, muss zwar bis auf das Haushaltsgesetz und internationale Verträge in der Gesetzgebung generell zustimmen, ihr Votum kann aber vom Abgeordnetenhaus überstimmt werden (Pohl 1994a: 73). Obwohl auch in der Bundesrepublik Deutschland kein symmetrisches Zweikammer-System entstand, erhält der Bundesrat jedoch immer dann eine erhebliche Mitsprache in der Bundes-

---

16 In der Bundesrepublik Deutschland spielten die negativen Erfahrungen mit dem semipräsidentiellen Regierungssystem der Weimarer Republik ebenfalls eine wichtige Rolle.
17 Die durchschnittliche „Lebensdauer" italienischer Regierungen von 1948 bis 2006 betrug drei Monate.

gesetzgebung, wenn Bundestag und Bundesrat unterschiedliche parteipolitische Mehrheiten aufweisen. In diesem Sinne wirkt der Bundesrat nicht primär als eine Kontrollinstanz der Länder, sondern – meist über den Vermittlungsausschuss – als eine parteipolitisch instrumentalisierte Institution, die zu politischen Kompromissen in der Bundespolitik zwingt oder aber die Gesetzesvorhaben scheitern lässt. Allein in Italien entstand ein symmetrisches Zweikammer-System. Das Abgeordnetenhaus und der Senat besaßen von Anfang an identische Kompetenzen und aufgrund des nahezu gleichen Wahlsystems sowie gleicher Legislaturperioden auch eine nahezu spiegelbildliche Repräsentanz. Die italienische Regierung benötigt für ihre Amtsübernahme das Vertrauen beider Häuser. Das Zweikammer-System in Italien, das keinen Vermittlungsausschuss kennt, erwies sich jedoch im Gesetzgebungsprozess als sehr zeitraubend, ohne sich aufgrund ähnlicher Mehrheitsverhältnisse zu einer echten wechselseitigen demokratischen Kontrollinstanz zu entwickeln.

Als eine wichtige Kontrollinstanz zum Schutze der jungen Demokratien gegenüber Grenzüberschreitungen des Gesetzgebers (Parlament), Übergriffe der Exekutive oder Organstreitigkeiten von Verfassungsinstitutionen haben die Verfassungen aller drei Länder Verfassungsgerichte vorgesehen. Aufgrund seiner Kompetenzen (Entscheidung von bundesstaatlichen Streitigkeiten, Organstreitigkeiten, Normenkontrolle, Verfassungsbeschwerden) hat das Bundesverfassungsgericht „die intensivste Verfassungsgerichtsbarkeit eines demokratischen Staates" (Sontheimer 1989: 286; Kneip 2006) der westlichen Welt entwickeln können. Als „Hüterin der Verfassung" hat sie sich als ein wichtiges Element der Gewaltenteilung in der bundesrepublikanischen Demokratie erwiesen, ohne dass dies in eine problematische Juridifizierung der Politik gemündet wäre. In Italien wurde das Verfassungsgericht *Corte Costituzionale* trotz des 1948 erteilten Verfassungsauftrags erst 1956 eingerichtet. Mit weniger Rechten ausgestattet, hat es allerdings weder den Einfluss noch die Reputation des bundesdeutschen Verfassungsgerichts erringen können. Für die Stabilisierung einer gewaltenteiligen Demokratie in Italien hat es deshalb keine wichtige Rolle gespielt. Obwohl der Oberste Gerichtshof in Japan aufgrund seiner starken formalen Kompetenzausstattung zuweilen als „Hüter der Verfassung" bezeichnet wurde, hat er ebenfalls keine bedeutende Rolle bei der Konsolidierung der Demokratie gespielt. Er hat die – in der verfassungsrechtlichen Diskussion Japans umstrittene – abstrakte Normenkontrolle nie wahrgenommen und sich auch in der Organkontrolle stets zurückgehalten (Kevenhörster 1969: 61). Der Oberste Gerichtshof in Japan zeichnete sich in Verfassungsfragen stets durch eine „richterlichen Selbstbeschränkung" aus.

Fassen wir zusammen: Mit seinem zentralistischen Staatsaufbau, den begrenzten Befugnissen der zweiten Kammer (Oberhaus), seinem Mehrheitswahlsystem in Mehrpersonenwahlkreisen (bis 1993) sowie der geringen Bedeutung des Verfassungsgerichts ist die Verfassungsordnung des japanischen Regierungssystems stärker auf mehrheits- als auf konsensdemokratische Entscheidungsstrukturen ausgerichtet (Lijphart 1984). Handlungseffizienz steht also vor der Berücksichtigung von Minderheitspositionen, demokratischen *checks and balances* sowie politischer und sozialer Partizipation. Betrachtet man nur die „Buchstaben der Verfassung", sind in das italienische und das bundesdeutsche Regierungssystem in weit größerem Maße kontrollierende Verfassungsorgane und politische Institutionen eingebaut worden, die zur Kompromissbildung und zu konsensorientierten Entscheidungsmustern zwingen. Das trifft besonders auf Italien zu. Das politische System ist dort weit weniger auf politische Entscheidungseffizienz ausgerichtet, als um die exakt proportionale Repräsentation (Verhältniswahlrecht ohne Sperrklauseln) möglichst aller gesellschaftlichen Interessen und politischen Gruppierungen besorgt. Die Machtfülle und Kompetenzausstattung des Ministerpräsidenten traten hinter den demokratischen Repräsentationsschutz auch kleinster politischer Strömungen und gesellschaftlicher Minoritäten zurück. Die Legislative avancierte in diesem institutionellen Arrangement zur dominierenden politischen Institution (Merkel, W. 1990b: 31). Daran hat sich auch mit den Verfassungsänderungen von 1992 nichts Wesentliches geändert (Trautmann 1999: 519). Im bundesdeutschen Regierungssystem sind nach dem Grundgesetz rein formal noch stärkere *checks and balances* eingebaut. Der Föderalismus, der Bundesrat als zweite Kammer und das mächtige Bundesverfassungsgericht stehen der Bundesregierung und ihrer parlamentarischen Mehrheit als erhebliche Vetomächte gegenüber.

3.2.5 Die Konsolidierung der Demokratie

Die internen Ursachen für die rasche Konsolidierung der Nachkriegsdemokratien der „zweiten Welle" sollen in einem abschließenden Kapitel noch einmal vergleichend zusammengefasst werden. Die Vergleichsvariablen sind dabei:

- die zentralen Institutionen des Regierungssystems
- die Regierungsstabilität
- das Wahlsystem
- die Struktur des Parteiensystems
- die Struktur der industriellen Beziehungen
- die Entwicklung von Zivilkultur und Zivilgesellschaft
- die wirtschaftliche Performanz
- die externe Unterstützung

■ *Die demokratische Konsolidierung der Bundesrepublik Deutschland*

Die Bundesrepublik Deutschland ist das einzige der drei Länder, in dem sich mit fortschreitender Dauer unter den Bürgern ein Verfassungspatriotismus (Sternberger 1990; Habermas 1990) entwickelte. Der Patriotismus war damit erstmals in Deutschland nicht mehr chauvinistisch an einer imperialistischen Großmachtpolitik wie im Kaiserreich oder der völkisch definierten Nation der nationalsozialistischen Herrschaftsperiode orientiert, sondern an den Normen und Institutionen des demokratischen Gemeinwesens. Zunächst wurden die neuen Institutionen der Demokratie jedoch nicht primär aufgrund ihrer politischen Partizipationsmöglichkeiten, sondern vor allem wegen ihrer Ordnungsleistungen geachtet, die sie für das Regierungssystem erbrachten. Die wichtigsten sind:

- *Stabilität der Regierung:* Bis 1972 kam es zu keiner vorzeitigen Beendigung der Legislaturperiode und zu keinen vorgezogenen Neuwahlen. Nur 1963 vollzog sich ein geplanter Kanzler- und 1966 ein Koalitionswechsel zwischen den Wahlterminen.
- *Autorität der Regierung:* Die herausgehobene Stellung des Bundeskanzlers (Richtlinienkompetenz), die glaubwürdig bis 1963 von Konrad Adenauer ausgefüllt und ausgebaut wurde, symbolisierte die Autorität der Regierung. Dies kam der bei vielen Bürgern noch ausgeprägten „Untertanenkultur" (Almond/Verba 1963; Sontheimer 1989: 133) entgegen. Die Kanzlerdemokratie war mit ihrer Stabilität, Autorität und Handlungseffizienz zweifellos ein sehr günstiger institutioneller Kontext, in dem eine Bevölkerung, die mehrheitlich autoritär sozialisiert und noch vor wenigen Jahren Hitler begeistert unterstützte, langsam Demokratie lernen, akzeptieren und auch affektiv unterstützen konnte.

▶ *Wahl- und Parteiensystem:* Die Stabilität, Autorität und Effizienz der Kanzlerdemokratie wurde von einem Wahlsystem unterstützt, das nach einigen Modifikationen in den Jahren 1953 und 1956 die Konzentrationstendenzen des Parteiensystems erheblich förderte. Das teilpersonalisierte Verhältniswahlsystem mit seiner Fünf-Prozent-Sperrklausel ermöglichte die Reduzierung der anfänglich hohen Fragmentierung der Parteienlandschaft (1949: 9 Parteien im Bundestag) zu einem Dreiparteiensystem[18] (1957: 4, 1961: 3 Parteien im Bundestag), ohne den Proporz als entscheidendes Element des Wahlsystems aufzuheben (Nohlen 2004: 192). Das Bundesverfassungsgericht trug mit seinen Parteienverboten gegen die verfassungsfeindliche Deutsche Reichspartei (1952) und die Kommunistische Partei Deutschlands (1956) zusätzlich zur Konzentration und Entideologisierung des Parteiensystems bei. Das rasch einsetzende Wirtschaftswunder lieferte zudem eine wichtige Grundvoraussetzung für die Mäßigung der bundesdeutschen Parteienlandschaft. Es etablierte sich ein moderat pluralistisches Parteiensystem, das in der Lage war, stabile und handlungsfähige Regierungen hervorzubringen (Stabilität), ohne den Wählerwillen bei der Mandatsverteilung zu verzerren oder die repräsentative Einbindung gesellschaftlicher Interessen und politischer Strömungen (Inklusion) zu behindern.

Aber nicht nur die territoriale Interessenrepräsentation (Parteien), sondern auch die Vertretung funktionaler Interessen durch die Verbände entwickelte sich in der Bundesrepublik günstig. Dies betrifft insbesondere das Verhältnis zwischen Kapital und Arbeit. Schon im Grundgesetz einigten sich die Verfassungsgeber mit der Koalitionsfreiheit, der negativen Koalitionsfreiheit und dem Streikrecht auf die Grundregeln der Konfliktaustragung im Bereich der Arbeitsbeziehungen. Das Montanmitbestimmungsgesetz von 1951, das Betriebsverfassungsgesetz von 1952, das Musterschlichtungsabkommen zwischen dem Deutschen Gewerkschaftsbund und dem Bund Deutscher Arbeitgeberverbände 1954 setzten die Eckdaten einer dichten Verrechtlichung der industriellen Beziehungen, die sich in der Folgezeit noch fortsetzte (Beyme 1993: 211; Armingeon 1994: 182 f.; Weßels 2003). Im Zusammenspiel mit der hohen organisatorischen Konzentration und Repräsentativität von Gewerkschaften und Unternehmerverbänden, der reformistischen Orientierung der Gewerkschaften, ihrer Akzeptanz als Verhandlungspartner durch die Arbeitgeber und dem stabilisierenden Rechtsrahmen entwickelten sich in der Bundesrepublik schon in den 1950er Jahren kooperative Arbeitsbeziehungen. Sie erreichten zwar nie die Intensität der neokorporatistischen Verflechtung Schwedens oder Österreichs, führten aber dennoch rasch zu niedrigen Streikraten, hoher Kooperationsbereitschaft und damit zu einer stabilen „Produktivkraft" für Wirtschaft und Demokratie. Der Kapital-Arbeit-Konflikt war in der Bundesrepublik zu keinem Zeitpunkt eine Belastung für die Konsolidierung der jungen Demokratie.

Die positive ökonomische Entwicklung, der rasche Rückgang der Arbeitslosigkeit und die gute wirtschaftspolitische Bilanz waren herausragende Faktoren für die rasche Konsolidierung der bundesrepublikanischen Demokratie. Sie trugen zur Entideologisierung des Parteiensystems bei, lieferten die materielle Grundlage für die Entradikalisierung der industriellen Beziehungen, entschärften den Verteilungskonflikt und halfen, Millionen Vertriebene ökonomisch und politisch in den westdeutschen Teilstaat zu integrieren. Die unerwartete ökonomische Prosperität stützte auch die neuen demokratischen Institutionen im politischen System, die wiederum einen stabilen ordnungspolitischen Rahmen für die Steigerung der wirtschaftlichen

---

18 Die CDU/CSU wird hier aufgrund ihrer gemeinsamen Fraktion aus der parlamentarischen Perspektive funktionalistisch als eine Partei begriffen.

Leistungskraft lieferten. So wuchs der marktwirtschaftlichen Demokratie aus zunächst primär utilitaristisch orientierten Motiven „spezifische Unterstützung" zu. Die Umsetzung dieser „spezifischen" in „diffuse" Systemunterstützung verlief jedoch in den 1950er Jahren zunächst nur langsam.

Die Herausbildung einer demokratischen politischen Kultur dauerte in der Bundesrepublik länger, als es die zeitgeschichtliche Forschung ex post wahrhaben will. So trifft die Kennzeichnung der Jahre 1955–1957 als Periode der „Konsolidierung" hinsichtlich der Stabilisierung der Institutionen, der Herausbildung einer eigenständigeren Außenpolitik und bestimmter sozialpolitischer Reformen durch den Historiker Hans-Peter Schwarz (1981: 287 ff.) durchaus zu. Sie jedoch auf die Demokratie der Bundesrepublik insgesamt zu beziehen, folgt einem institutionalistisch verkürzten Politikverständnis. Dies blendet vollkommen aus, dass eine konsolidierte Demokratie auch der Entwicklung einer demokratiestützenden Bürgergesellschaft bedarf. Doch genau diese hatte sich bis zum Ende der 1950er Jahre noch nicht herausgebildet, wie Gabriel Almond und Sidney Verba (1963) in ihrer Pionierstudie „Civic Culture"[19] belegten. In einem Fünf-Nationen-Vergleich rangierte die „Staatsbürgerkultur" der Bundesrepublik Deutschland deutlich hinter den stabilen angelsächsischen Demokratien USA und Großbritannien, aber immerhin noch vor Italien und Mexiko. Nach Almond/Verba (1963, 1980) war die politische Kultur der Bundesrepublik Deutschland Ende der 1950er Jahre durch folgende Charakteristika gekennzeichnet:

▶ Die Bürger der Bundesrepublik Deutschland kannten die Wirkungsweise der politischen Institutionen (kognitives Element) gut, waren aber vor allem am politischen *output* interessiert[20] (evaluatives Element).
▶ Die Bürger ließen gegenüber den Kerninstitutionen der parlamentarischen Demokratie wie Wahlen, Parteien und Parlament nur eine geringe affektive Unterstützung erkennen (affektives Element).
▶ Das Niveau der aktiven politischen Kommunikation und Beteiligung war vergleichsweise niedrig (partizipatives Element).
▶ Bei einem beträchtlichen Anteil der bundesrepublikanischen Bürger überdauerten Untertaneneinstellung, Obrigkeitshörigkeit und klerikal-traditionale Wertehaltungen das erste demokratische Jahrzehnt.
▶ Trotz mitgliederstarker gesellschaftlicher Organisationen zeigten die Bürger nur geringes wechselseitiges Vertrauen und geringe Neigung zur Kooperation in gesellschaftlichen Fragen jenseits der Vertretung eigener wirtschaftlicher Interessen.

Gabriel Almond und Sidney Verba, die beiden Pioniere der Politischen-Kultur-Forschung, fassen diese Befunde für die Bundesrepublik am Ende der 1950er Jahre bündig zusammen:

> „Obwohl in Deutschland demokratische Verfassungsinstitutionen etabliert wurden, es eine gut entwickelte Infrastruktur von politischen Parteien und Interessengruppen gibt, fehlt doch jener Bestand an politischen Einstellungen, der die Wirkungsweise dieser Institutionen demokratisch zur Geltung kommen läßt" (zit. nach Conradt, in: Almond/Verba 1980: 219).

---

19 Den Idealtyp der *civic culture* (Staatsbürgerkultur) betrachten Almond/Verba (1963: 474) als die günstigste Variante für die Stabilität eines demokratischen Systems: „The civic culture is a mixed political culture. In it many individuals are active in politics, but there are also many who take the more passive role of subject."
20 Laut der *Civic-Culture*-Studie war die Stabilität des politischen Systems der Bundesrepublik stärker von der Performanz des Systems abhängig als in den vier Vergleichsländern USA, Großbritannien, Italien und Mexiko.

Zwei Jahrzehnte später gesteht Almond (1987: 34 f.) der Bevölkerung der Bundesrepublik Deutschland die volle Demokratietauglichkeit zu. Es habe sich, so die Begründung, ein Wandel in den grundlegenden Einstellungen vollzogen, der vor allem auf drei Faktoren zurückzuführen sei:

1. Tiefgreifende persönliche Erfahrungen wie der militärische Zusammenbruch, die Besetzung, Teilung und internationale „Erniedrigung" haben zu einer großen Distanz zur nationalsozialistischen Diktatur und autoritären Herrschaftsformen überhaupt geführt. (Dieses Argument galt allerdings auch schon für die bundesrepublikanische Bevölkerung der 1950er Jahre.)
2. Eine geschickte Verfassungsgebung (Föderalismus, konstruktives Misstrauensvotum, stabilitätsförderndes Wahlsystem, Bundesverfassungsgericht) hat im Verlauf der ersten 20 Jahre seit Bestehen der Bundesrepublik Deutschland zunehmend ihre positive Wirkung entfaltet. Die politischen Institutionen wurden nun auch unabhängig von ihrem *output* respektiert und geachtet. Dies gilt sogar für den Parteienpluralismus, der 1950 erst von 53 Prozent der Bevölkerung bevorzugt wurde, während noch 25 Prozent der Bürger einen Einparteienstaat für wünschenswert hielten. 1968 war diese Gruppe auf 7 Prozent geschmolzen und 81 Prozent optierten nun für ein Mehrparteiensystem (Beyme 1993: 64).
3. Der Generationenwechsel erzeugte einen „Kohorteneffekt" in der politischen Kultur. Die jungen Bürger, die weder im Kaiserreich noch in der Weimarer Republik oder im Dritten Reich, sondern in der demokratischen Bundesrepublik politisch sozialisiert wurden, machten einen immer größeren Teil in der Bevölkerung aus und kamen zunehmend in sozialisatorische und kulturelle Multiplikatorenpositionen wie in Schule, Hochschule und Medien. So war die Entwicklung einer demokratiestabilisierenden politischen Kultur zum einen zwar auf einen kollektiven gesellschaftlichen Lernprozess zurückzuführen, zum anderen aber dem „biologischen Effekt" des Generationenwechsels zuzuschreiben.

Almonds Argumente sind überzeugend und werden von der bundesdeutschen Forschung zur politischen Kultur weitgehend geteilt, aber auch ergänzt (Barnes/Kaase et al. 1979; Reichel 1981; Gabriel 1992), wie mit:

▶ der Studentenbewegung von 1968 und den durch sie ausgelösten Wandel in Politik, Gesellschaft und Kultur;
▶ den von Ronald Inglehart (1977) für alle fortgeschritten Industriestaaten festgestellten Wertewandel mit einer Präferenzverschiebung von materiellen zu postmateriellen Werten, der in den 1970er Jahren insbesondere die junge Nachkriegsgeneration in der Bundesrepublik erfasst hat;
▶ dem Aufkommen von Bürgerinitiativen und neuen sozialen Bewegungen in den 1970er Jahren.

Diese Faktoren haben einen tiefgreifenden Einstellungs- und Kulturwandel in der Mehrheit der bundesrepublikanischen Bevölkerung bewirkt. Doch die überragende Ursache für den Aufbau einer demokratiestützenden *civic culture* (und für manche der oben genannten Faktoren) liegt in der bemerkenswert positiven politischen und vor allem wirtschaftlichen Leistungsbilanz der Bundesrepublik. So gilt die Bundesrepublik Deutschland in der nationalen wie internationalen politischen Kulturforschung als Musterbeispiel für ein Land, dessen ökonomisch-politische Leistungsfähigkeit die sukzessive Legitimierung der demokratischen Institutionen und Verfahren nach sich zog (Almond/Verba 1963; Gabriel 1992: 113; Greifenhagen/Greifenhagen 1993: 116).

Die Konsolidierung der Nachkriegsdemokratie in der Bundesrepublik Deutschland war also Ende der 1950er Jahre noch keineswegs abgeschlossen. Während man durchaus schon in der ersten Hälfte der 1950er Jahre von einer Konsolidierung der großen Verfassungsinstitutionen sprechen kann, die Konsolidierung der Parteien zu Beginn der 1960er Jahre beendet war (1961), ernsthafte Vetoakteure gegen die Demokratie nicht existierten, dauerte es länger als zwei Jahrzehnte, bis die politische Kultur die demokratischen Institutionen und politischen Organisationen „zivil" unterfüttert hatte. Erst damit war aus einer „Schönwetterdemokratie" (Gabriel 1992: 113) eine stabile demokratische Ordnung geworden.

■ *Die demokratische Konsolidierung der Republik Italien*

Bei der Konsolidierung der Demokratie in Italien spielten andere Ursachen und Problemlagen eine Rolle als in der Bundesrepublik Deutschland. Gemeinsam war beiden Ländern die Einbindung in die europäische Wirtschaftsintegration und das nordatlantische Bündnis (NATO) sowie das Wirtschaftswunder bzw. das *miracolo economico*. Allerdings besaß die italienische Variante des Wirtschaftswunders einen gravierenden Mangel: Sie führte anders als in Westdeutschland oder Japan nicht zur Vollbeschäftigung. Die politische und wirtschaftspolitische Bilanz der demokratischen, staatlichen und ökonomischen Institutionen fiel deutlich schlechter aus. Ein Verfassungs- und Wirtschaftspatriotismus wie in der Bundesrepublik konnte sich in Italien nie entwickeln. Der bundesdeutsche Weg von der utilitaristisch motivierten Unterstützung, dem *specific support*, zur affektiven Akzeptanz des neuen demokratischen Systems, also zum *diffuse support*, war deshalb in Italien weitgehend versperrt.

Die zentralen Institutionen des politischen Systems genügten zwar dem demokratischen Imperativ der sozialen und politischen Inklusion, aber nicht hinreichend dem Gebot der politischen Stabilität und Effizienz (Entscheidungs- und Implementationseffizienz). Mit einer durchschnittlichen Lebensdauer von elf Monaten erwiesen sich Italiens Regierungskabinette, neben jenen der Vierten Republik Frankreichs, als die kurzlebigsten unter den westlichen Demokratien nach 1945. Es waren aber weniger die Regierungswechsel selbst, die zu mangelnder Entscheidungseffizienz in der italienischen Politik führten, vielmehr regierten *de facto* immer wieder dieselben Parteien und Politiker (Pasquino 1995: 272). Die Christdemokraten (*Democrazia Cristiana*, DC) dominierten von 1946 bis 1992 über wechselnde Koalitionsformeln (Mitte-Rechts, Mitte-Links) die Regierungskabinette. Politiker wie De Gasperi waren acht-, Andreotti sieben-, Fanfani sechs-, Moro und Rumor fünfmal Ministerpräsidenten des Landes, nachdem sie vorher wie nachher wiederholt die wichtigsten Ministerposten des Landes bekleidet hatten (Braun 1994: 183 f.). So war in gewissem Sinne weniger die Häufigkeit der Kabinettswechsel als das Ausbleiben eines parteipolitischen Regierungswechsels das Problem. Die faktische Suspendierung des Wechsels von Regierung und Opposition führte zu Stagnation, Reformschwäche und mangelnder Kontrolle der „Dauerregierung" durch eine funktional „halbierte" Opposition. Korruption, Staatsklientelismus, persönliche Patronage und die parteipolitisch motivierte Kolonisierung des Staatsapparats und des verstaatlichten Wirtschaftssektors waren die Folge (Alf 1977; Pasquino 1980). Aus dieser Perspektive war die Exekutive des Landes weniger instabil als innovationsfeindlich und nicht ausreichend demokratisch kontrolliert. In der ersten Dekade der demokratischen Konsolidierung hat dieser Defekt der ausbleibenden Alternanz die Stabilität des politischen Systems gleichwohl verstärkt. Ein Wechsel etwa zu einer Volksfrontregierung der Kommunisten und Sozialisten hätte zweifellos national wie international erhebliche Turbulenzen hervorgerufen. Die Blockierung eines richtungspolitischen Regierungswechsels hat so bis zu Beginn der 1960er Jahre zur Stabilisierung der italienischen Demokratie beigetragen. Erst in den darauffolgenden Jahrzehnten verfestigte sich die Dauerherrschaft der zur Staatspartei mutierten DC (und ihrer Satellitenparteien) zu einem gravierenden Defekt. Die Stabilität wurde zur politischen Stagnation. Die Blockierung des Wechselspiels von Regierung und Opposition löste sich erst zu Beginn der 1990er Jahre über eine krisenhafte, temporäre Dekonsolidierung des politischen Systems (Morlino 1995: 375 ff.).

Das Verhältniswahlrecht ohne Sperrklauseln ermöglichte die Ausbildung eines polarisierten Vielparteiensystems. Meist waren mehr als zehn Parteien mit ihren Abgeordneten im Parlament vertreten. Seit 1948 hatte der systemfeindliche neofaschistische *Movimento Sociale Italiano* (MSI) den rechten Pol des Parteiensystems besetzt, während auf dem linken die stärkste kommunistische Partei Westeuropas, die *Partito Comunista Italiano* (PCI), eine mächtige Position bezog. Während der MSI bis 1994 eindeutig als eine nichtdemokratische Antisystempartei zu bezeichnen ist, begann mit der Verfassungsgebung (1947/48) die langsame Integration der PCI in die italienische Demokratie (Farneti 1983; Merkel, W. 1984: 228 f.). Wenngleich von einer gewissen Entpolarisierung des italienischen Parteiensystems seit den 1960er Jahren gesprochen werden kann, kam es im Unterschied zur bundesdeutschen Parteienlandschaft jedoch nie zu einem Rückgang der extremen Fragmentierung des Parteiensystems und der Parteien selbst. Das Problem bestand aber nicht wie in der Weimarer Republik in einer zunehmenden Zentrifugalität des Parteienwettbewerbs, der die systemtragende politische Mitte langsam ausgehöhlt hätte. Denn hier blieb bis 1992 unverrückbar die dominante christdemokratische Partei mit ihren Koalitionspartnern[21]. Die eigentliche Problematik lag vielmehr darin, dass mit den Kommunisten und Neofaschisten zwei relevante Parteien durch ein informelles Abkommen der anderen Parteien (die sogenannte *conventio ad excludendum*) *a priori* von jeglicher formeller Regierungsbeteiligung für fast fünf Jahrzehnte ausgeschlossen wurden (Pasquino 1982; Hine 1993: 96 ff.). Durch diesen Mechanismus wurde bis 1994 ein machtpolitischer Wechsel in der Regierung verhindert. Es waren also die Struktur des Parteiensystems und ein informeller Pakt der bürgerlichen Parteien mit den Sozialisten, die einen Wechsel in der Regierung verhinderten.

Auch die industriellen Beziehungen entwickelten sich in Italien in Hinblick auf die Konsolidierung der Demokratie ungünstiger als in der Bundesrepublik Deutschland. Folgt man der herrschenden Meinung der Neokorporatismus-Forschung (vgl. u. a. Schmitter 1974; Schmitter/Lehmbruch 1979), so sind hauptsächlich drei Dimensionen für eine gute Kooperation von Kapital und Arbeit (sowie evtl. dem Staat) von Bedeutung: Repräsentativität und Zentralisierung der Interessenverbände sowie belastbare Koordinationsmechanismen zwischen den Interessenverbänden und dem Staat. Nur hinsichtlich der Repräsentativität, d. h. dem Organisationsgrad der Gewerkschaften und Unternehmerverbände, konnte Italien sich im ersten „Konsolidierungsjahrzehnt" mit der Bundesrepublik messen (Schmitter 1995b: 293). Aber weder die Zentralisierung der Verbände noch ihre Kooperationsbereitschaft waren in Italien jemals auf „bundesrepublikanischem Niveau". Die Gewerkschaften waren vielmehr in konkurrierende kommunistische, sozialistisch-sozialdemokratische, christdemokratische und neofaschistische Verbände gespalten. Die strategische Konzertierungsfähigkeit dieser ideologisch zerstrittenen Verbandslager war in den ersten zwei Nachkriegsjahrzehnten ausgesprochen gering (Kreile 1985). Die Folge waren von massiven Konflikten und hohen Streikraten geprägte Arbeitsbe-

---

21 Dies waren die Liberalen (PLI), die Republikaner (PRI), die Sozialdemokraten (PSDI) und die Sozialisten (PSI).

ziehungen. Die industriellen Beziehungen können deshalb im Nachkriegsitalien weder als „wirtschaftliche Produktivkraft" bezeichnet werden, noch lieferten sie einen positiven Beitrag zur Konsolidierung der italienischen Demokratie.

Die Sozialwissenschaften interpretierten die politische Kultur eher als Bürde denn als Stütze der italienischen Demokratie. So urteilten Almond/Verba (1963: 402) in ihrer Fünf-Nationen-Studie:

> „The picture of Italian political culture that has emerged from our data is one of relatively unrelieved political alienation and of social isolation and distrust."

In der politischen Kultur Italiens fehle es sowohl an spezifischer Zufriedenheit mit dem politischen *output* als auch an der diffusen Unterstützung für die demokratischen Institutionen selbst (ibid.: 496). Mit diesem negativen Urteil bleiben Almond/Verba allerdings zu sehr im behavioralistischen Bannkreis ihrer Daten und einem konventionellen angelsächsischen Demokratieideal befangen.[22] Denn Vertrauen und Kommunikation gab es durchaus, allerdings nur innerhalb der getrennten politischen Kulturen, nämlich der „weißen", katholischen und der „roten", kommunistischen Subkultur sowie dem laizistischen Lager (Caciagli 1988; Sowaidnig 1996: 130 ff.). Diese politischen Teilkulturen waren zwar weitgehend voneinander isoliert, aber innerhalb ihrer eigenen kulturellen Grenzen herrschten durchaus Partizipation, politische Kommunikation, Vertrauen und Kooperation (Fritsche 1987: 152 ff.). Diese italienische Variante der versäulten Integration führte zwar nicht zum angelsächsischen Ideal der *civic culture,* destabilisierte aber auch nicht die junge italienische Demokratie. Denn die kulturelle Lagerbildung, die individualistische Staatsskepsis, Familialismus und Klientelismus besaßen in Hinblick auf die Konsolidierung der italienischen Demokratie einen Doppelcharakter: Zum einen konnten sie als Defekte in der Zivilkultur gedeutet werden, zum anderen wirkten sie als Barrieren gegen autoritär-etatistische Systemtendenzen und Staatsvorstellungen.

So gehört es zweifellos zu den Leistungen des demokratischen Systems im Nachkriegsitalien, das soziale Konfliktpotenzial und die zentrifugalen Tendenzen einer Gesellschaft entschärft zu haben, die in subkulturell verfestigte und einander kommunikationsfremd gegenüberstehende Lebenswelten des Katholizismus, Marxismus und Laizismus geteilt war. In gewissem Sinne gelang auch die nachholende Integration der großen kommunistischen Linken in das demokratische System. Denn neben der nur negativen Integration der kommunistischen Anhängerschaft in ihre abgeschottete Subkultur, besetzten Kommunisten zunehmend wichtige Positionen in den Kommunen, Städten und Regionen[23] und wurden damit auch positiv in das politische System integriert. Seit den 1960er Jahren wurden die Kommunisten schrittweise konstruktiv in die Gesetzgebung des Parlaments eingebunden (Di Palma 1977). Die Kommunisten verstanden die italienische Republik immer als ihr politisches System, an dessen Verfassung sie maßgeblich mitgearbeitet hatten. Sie stellten deshalb weniger eine Gefahr für die Demokratie dar als vielmehr eine wichtige, wenngleich nicht hinreichende, Kontrollinstanz gegenüber der christdemokratischen Hegemonie in der italienischen Nachkriegsdemokratie.

Der italienische Sonderweg der demokratischen Konsolidierung zeigt, dass es keinen Meisterpfad zur Konsolidierung junger Demokratien gibt, sondern dass wir unseren Blick für *funktionale Äquivalente* schärfen müssen, die in unterschiedlichen Kontexten gleichermaßen kon-

---

22 Diese Kritik wurde unabhängig vom konkreten Untersuchungsfall Italien häufig gegen die Pioniere der Politischen-Kultur-Forschung vorgebracht: u. a. von Barnes/Kaase et al. (1979); Reichel (1981); Fritsche (1987: 25 ff.).
23 Die Regionen wurden erst 1970 als semiföderale Körperschaften eingerichtet.

solidierende Wirkungen entfalten können. Dies zeigt paradoxerweise auch die krisenhafte Entwicklung in der ersten Hälfte der 1990er Jahre. Denn trotz der Ablösung fast der gesamten politischen Klasse, trotz des völligen Zerfalls der alten „Staatspartei" *Democrazia Cristiana* und trotz der Erfolge des Medienpopulisten Berlusconi und seiner rechtspopulistischen Koalitionspartner Lega Nord und Alleanza Nazionale war das Legitimitätspolster der Demokratie in Italien groß genug, um das politische System erneut zu konsolidieren (Morlino 1998).[24] Auch wenn Italien als „republic without government" (Allum 1973) bezeichnet wurde, so konnte die italienische Demokratie doch ohne eine starke Regierung überleben (Di Palma 1977; LaPalombara 1988). Dafür gibt es neben den oben genannten funktionalen Äquivalenten für eine durchsetzungsfähige Regierung einen tieferliegenden Grund. Es gab zu keinem Zeitpunkt eine Alternative zur Demokratie, die bei den Eliten und der Mehrheit der Bevölkerung des Landes Unterstützung gefunden hätte.

■ *Die demokratische Konsolidierung Japans*

Die Konsolidierung der Nachkriegsdemokratie in Japan weist trotz erheblicher Unterschiede in den Ausgangsbedingungen starke Parallelen zur Bundesrepublik Deutschland auf. Obwohl sich bis zum Ende des Zweiten Weltkriegs kaum zivilgesellschaftliche Ansätze entwickelten, demokratische Erfahrungen nur in geringem Maße bestanden und keine dem westeuropäischen Wirtschaftssystem vergleichbaren externen Stützungsmechanismen existierten, waren es zum Teil ähnliche Ordnungsleistungen der Marktwirtschaft und Demokratie, die die Akzeptanz der japanischen Bevölkerung gegenüber den demokratischen Institutionen förderten.

Die zentralen Institutionen des politischen Systems erfüllten gleichermaßen die demokratischen Gebote der politischen Stabilität und Effizienz wie auch der sozialen und politischen Integration. Mit einer durchschnittlichen Regierungsdauer von 20 Monaten liegt Japan zwischen der Bundesrepublik und Italien. Bedeutsamer für die Stabilität und Effizienz des demokratischen Systems war jedoch, dass seit 1955 mit der im selben Jahr gegründeten Liberaldemokratischen Partei (LDP) ein und dieselbe Partei bis 1993 ununterbrochen in der Regierungsverantwortung stand. Dies förderte zwar, ähnlich der Entwicklung in Italien, Oligarchisierung, Verkrustung und Korruption im politischen System, weil die parlamentarische Opposition (Sozialisten, Kommunisten) ihre Kontrollfunktion als potenzielle Regierung nur unzureichend wahrnehmen konnte. Andererseits verstand es die stark faktionalisierte LDP[25] aber, eine Vielzahl unterschiedlicher gesellschaftlicher Interessen unter einem organisatorischen Dach zu vereinen und mittels eines ausbalancierten Systems der internen Machtteilung ihre politische Flexibilität und hohe Anpassungsfähigkeit gegenüber den Forderungen unterschiedlichster sozialer Schichten zu bewahren. Häufige Regierungswechsel und in der Regel damit einhergehende Neuwahlen zum Unterhaus waren weniger Ausdruck innenpolitischer Instabilität als vielmehr Instrument innerparteilicher Machtrotationen unter den verschiedenen LDP-Gruppierungen (Cheng/Womack 1996: 322 f.). Wenn es auch nach angelsächsischem Demokratiemuster nicht zu einer effektiven richtungspolitischen Alternanz in der Regierungsverant-

---

24 Die vielfältigen Eingriffe der unterschiedlichen Regierungen Berlusconis (2001–2006) in den Rechtsstaat und die politische Instrumentalisierung seiner Medienmacht haben Italien allerdings in die Nähe defekter Demokratien abrutschen lassen.

25 Faktionalismus bezeichnet die Durchsetzung der Parteien mit spezifischen internen Machtgruppen (Faktionen), die über eine eigene, sie von den übrigen Parteimitgliedern abgrenzende Identität verfügen, häufig eigene Publikationsforen und Finanzressourcen besitzen und bisweilen dauerhafter existieren als die Parteien selbst (Sartori 1976: 75).

wortung kam, so vermochte die soziale und politische Heterogenität der Regierungspartei doch, einen zumindest begrenzt funktionierenden Teilpluralismus im Wettbewerb um Regierungsämter zu garantieren.

Der prädominante Status der LDP[26] basierte vor allem auf einem für sie vorteilhaften Wahlsystem[27], auf der starken Verankerung ihrer faktionsgebundenen Mandatsträger in der Bevölkerung sowie auf der engen Verknüpfung der Partei mit der Staatsbürokratie. Die enge Verbindung mit den Interessenverbänden der Unternehmer und den landwirtschaftlichen Produzenten (Dolan/Worden 1992: 320 ff., 343 ff.) sicherte den machtpolitischen Status quo weiter ab. Erst mit zunehmender Abnutzung der innerparteilichen Konfliktregelungsmechanismen, wachsender öffentlicher Unzufriedenheit und Kritik an der zunehmend tiefer in Korruptionsskandale verstrickten Parteispitze der LDP Ende der 1980er Jahre bröckelte die hegemoniale Machtstellung des „liberaldemokratisch-industriellen Komplexes" ab.

Während einerseits die Interessen der politischen und wirtschaftlichen Eliten des alten autoritären Regimes auch unter demokratischen Systembedingungen gewahrt wurden, was deren Vetopotenzial gegen die neue Demokratie weitgehend absorbierte, verhinderte die parlamentarische Repräsentanz der Oppositionsparteien in beiden Kammern eine schleichende Rückkehr zur Autokratie (ibid.: 308, 357). Die ihrerseits im Bereich der Verfassungsänderung über ein Vetopotenzial verfügende Opposition war ebenfalls fest in das demokratische System eingebunden. Zwar bedienten sich sowohl Sozialisten als auch Kommunisten in der öffentlichen politischen Auseinandersetzung häufig eines radikal-systemkritischen Politikstils, doch handelte es sich dabei zumindest bei der größeren sozialistischen Partei oftmals um „tribunizische" Rhetorik, die mit der tatsächlichen Einbindung der Partei in das demokratische System wenig gemein hatte. Trotz der Abkehr von ihrer prosowjetischen Haltung Ende der 1950er respektive von der prochinesischen Ausrichtung Anfang der 1970er Jahre muss die Kommunistische Partei Japans (KPJ) in den ersten drei Nachkriegsjahrzehnten als „Antisystempartei" bezeichnet werden (ibid.: 361). Allerdings gelang es der KPJ nie, sich in der Wählerschaft genug Rückhalt zu sichern, um auf nationaler Ebene zu einem relevanten politischen Akteur gegen das demokratische System aufzusteigen.

Die Entwicklung auf der Ebene der funktionalen Interessenrepräsentation förderte die demokratische Konsolidierung ebenfalls. Unabhängig von der ideologisch-organisatorischen Fragmentierung der großen gewerkschaftlichen Dachverbände in sozialistische und sozialdemokratische (bis 1989; ibid.: 339 f.) sowie kommunistische Richtungsgewerkschaften wiesen die industriellen Beziehungen auf Betriebsebene ein ausgesprochen niedriges Konfliktniveau auf (Seifert 1994). Die Zusammenarbeit zwischen den Betriebsgewerkschaften als den tarifpolitisch relevanten Arbeitervertretungen und den Unternehmern war insbesondere im Bereich der Großindustrie durch große Konsensbereitschaft im Rahmen eines unternehmerischen „benevolent paternalism" (Haley 1995: 103; Sato 1989: 107) geprägt. Der Verzicht auf Arbeitskampfmaßnahmen seitens der Gewerkschaften dürfte dabei allerdings weniger einer friedferti-

---

26 Nach Sartori (1976: 193 f.) kann eine Partei dann als „prädominant" bezeichnet werden, wenn es ihr in freien und fairen Wahlen in der Konkurrenz mit anderen unabhängigen und legalen Parteien über einen längeren Zeitraum hinweg gelingt, eine absolute Mehrheit der Parlamentsmandate zu erringen.
27 In seiner empirischen Untersuchung des japanischen Wahlsystems („single non-transferable vote") bis 1993 zeigt Cox (1996), dass es entgegen theoretischer Annahmen nicht zu „überproportionalen Resultaten" (Überrepräsentation kleiner Parteien bei der Mandatsvergabe) gekommen ist, sondern „unterproportionale Effekte" (Bevorzugung großer Parteien) auftraten. Verantwortlich hierfür waren in erster Linie die organisatorischen Vorteile einer seit Jahrzehnten ununterbrochen regierenden und auf Wahlkreisebene fest verankerten Partei (LDP) gegenüber einer an Ressourcen armen Opposition.

gen „konfuzianischen Arbeitsethik" entsprungen, als vielmehr eine Reaktion auf die Einsicht in die eigene Machtlosigkeit gewesen sein. Der Konflikt zwischen Arbeit und Kapital stellte jedenfalls aufgrund der kooperativen Arbeitsbeziehungen auf Betriebsebene keine Belastung für die demokratische Konsolidierung dar. Gleichzeitig kann die formelle und informelle Verflechtung zwischen Unternehmer- und Kapitalverbänden, Planungsbürokratie und Regierung im Rahmen eines „Korporatismus ohne Gewerkschaften" (Pempel 1979) als eine der Schlüsselvariablen des japanischen „Wirtschaftswunders" gelten. Diese ökonomisch außerordentlich erfolgreiche japanische Variante der Konzertierung hat in erheblichem Umfang zur utilitaristisch motivierten Unterstützung der Bürger, und damit in Eastons Begrifflichkeit, zur Intensivierung des *specific support* beigetragen.

Ähnlich wie in der Bundesrepublik Deutschland war die positive ökonomische Entwicklung von herausragender Bedeutung für die Stabilität und Konsolidierung der japanischen Demokratie. Das in erheblichem Maße vom Koreakrieg angestoßene japanische „Wirtschaftswunder" mit seiner bis in die 1990er Jahre konkurrenzlos niedrigen Arbeitslosigkeit und den höchsten Wachstumsraten unter den OECD-Staaten lieferte die ökonomischen Voraussetzungen für eine Entschärfung des Gegensatzes von Arbeit und Kapital sowie Industrie und Landwirtschaft und half, die 1945 aus China, Korea und von der Halbinsel Sachalin Vertriebenen zu integrieren. Die Stabilisierungswirkung der marktwirtschaftlichen Erfolge auf die Demokratie war in Deutschland und Japan nach 1950 erheblich.

Trotz dieser positiven Leistungsbilanz des demokratischen Systems lassen sich im Bereich der politischen Kultur bis in die 1970er Jahre hinein erhebliche demokratische und partizipatorische Defizite feststellen, die verschiedene Autoren zu der überzogenen Interpretation veranlassten, Japan als nur „partiell demokratisiert" (z. B. Richardson 1975: 245) zu bezeichnen. Die wichtigsten sind:

▶ eine ausgeprägte Ausrichtung politischer Bindungen und Orientierungen an Personen, vor allem bei der Landbevölkerung; die Folge waren Personalismus, Patronage und Klientelismus als materiell sich reproduzierende Elemente des politischen Systems;
▶ politischer „Formalismus", u. a. dadurch gekennzeichnet, dass die Mehrzahl der Wähler die Stimmabgabe bei Wahlen weniger als partizipatorische Möglichkeit einer *democratic choice* denn als obrigkeitsstaatliche „Pflicht" verstand;
▶ parochiale politische Orientierungen und Interessen, die hauptsächlich auf die eigenen unmittelbaren Lebensbereiche bezogen waren und ihr komplementäres Element im Desinteresse an der nationalen Politik fanden.

Die politische Kultur Japans war in den 1950er und 1960er Jahren einerseits durch die Dominanz parochialer Orientierungen und Untertanenmentalitäten sowie andererseits durch die Spannung zwischen passiven *output*-Orientierungen vorwiegend bei der Landbevölkerung und den aktiven *input*-Orientierungen der jüngeren, urbanen und besser ausgebildeten Bevölkerungsschichten charakterisiert. Seit Beginn der 1970er Jahre durchlief sie jedoch zunehmend einen demokratischen „Reifeprozess" (Watanuki 1977). Die Zunahme demokratiestützender Einstellungen quer durch die Bevölkerungsschichten und die Proliferation einer Vielzahl zivilgesellschaftlicher Organisationen und neuer sozialer Bewegungen etwa in den Bereichen Umwelt- und Verbraucherschutz oder Minderheiten- und Frauenrechte (Dolan/Worden 1992: 341) sind Ausdruck einer sich emanzipierenden Zivilgesellschaft. Gleichzeitig zeigen sie eine zunehmende diffuse Akzeptanz des demokratischen Systems an. Trotz ihrer partizipatorischen Defizite können die politische Kultur und die gesellschaftlichen Traditionen Japans keineswegs pauschal als hinderlich für die demokratische Konsolidierung bewertet werden. Vielmehr haben der hohe Grad an Gemeinschaftsorientierungen und die an der Konsensfindung ausgerichteten traditionellen Muster der Entscheidungsfindung zur Entschärfung sozialer Konflikte und politischer Dissidenz beigetragen und somit der japanischen Demokratie soziale Stabilität verliehen (Haley 1995: 107 ff.). Der japanische Weg zur konsolidierten Demokratie zeigt, dass die liberale Demokratie sich auch in asiatischen Gesellschaften als politische Herrschaftsordnung zu etablieren vermag. Der Zerfall des Machtmonopols der jahrzehntelangen Staatspartei LDP vollzog sich in den 1990er Jahren, ohne die Stabilität der japanischen Demokratie ernsthaft zu gefährden. Die Einflüsse auf die erfolgreiche Konsolidierung der Nachkriegsdemokratien der Bundesrepublik Deutschland, Italiens und Japans sollen abschließend in einer tabellarischen Übersicht noch einmal zusammengefasst werden.

Tabelle 10: *Politische, wirtschaftliche und zivilkulturelle Einflüsse auf die Konsolidierung der Demokratien der zweiten Demokratisierungswelle*

	Regierungssystem	Regierungsstabilität[a]	Wahlsystem	Parteiensystem (PS)[b]	Industrielle Beziehungen	Zivilgesellschaft	Vetoakteure	Wirtschaftliche Performanz	Externe Unterstützung
BRD	parlamentarisch; Kanzlerdominanz; konstruktives Misstrauensvotum; föderalistisch	durchschn. Regierungsdauer: 25 Monate; 1949–2002: 26 Reg.	Verhältniswahl mit 5-Prozent-Sperrklausel	rasche Konzentration ab 1957 moderat-pluralistisches PS	gemäßigt kooperativ	relativ späte Herausbildung einer demokratiestützenden Zivilkultur und vitalen Zivilgesellschaft	keine	frühes Einsetzen eines starken Wirtschaftswachstums; gute wirt. Performanz	frühe wirt. Unterstützung (Marshallplan); frühe wirt. u. pol. Integration: EWG, NATO
Italien	parlamentarisch; Kollegialkabinett; destruktives Misstrauensvotum; dezentraler Einheitsstaat	durchschn. Regierungsdauer: 11,5 Monate; 1948–2000: 57 Reg.	Verhältniswahl ohne Sperrklausel	keine Konzentration; polarisiertes Vielparteiensystem	syndikalistisch, konfliktiv	schwache Zivilkultur und Zivilgesellschaft, z. T. parochiale Züge	keine	frühes Einsetzen eines starken Wirtschaftswachstums; mittlere wirt. Performanz	frühe wirt. Unterstützung (Marshallplan); frühe wirt. u. pol. Integration: EWG, NATO
Japan	parlamentarisch; Premierdominanz; destruktives Misstrauensvotum; zentralistisch	durchschn. Regierungsdauer: 14 Monate; 1947–2000: 47 Reg.	Mehrheitswahl in Mehrpersonenwahlkreisen (1947–1994)	rasche Konzentration; ab 1955 hegemoniales moderat-plural. PS	autoritär-paternalistisch; Korporatismus ohne Gewerkschaften	schwache Zivilkultur und Zivilgesellschaft, z. T. Untertanenkultur	keine	frühes Einsetzen eines starken Wirtschaftswachstums; starke wirt. Performanz	frühe wirt. Stützung durch Korea-Boom; keine pol. Integration

[a] Die Regierungsstabilität wird hier an der Zahl der Monate ihrer durchschnittlichen Amtsdauer nach Inkrafttreten der neuen demokratischen Verfassung gemessen.
[b] Es wurden die ersten vier Demokratiejahrzehnte berücksichtigt.

Quelle: Eigene Zusammenstellung.

III Die dritte Demokratisierungswelle: Südeuropa

1 Die Demokratisierung in Südeuropa

Die dritte große Demokratisierungswelle des letzten Jahrhunderts nahm ihren Ausgang in Südeuropa. Als Mitte der 1970er Jahre Portugal, Griechenland und Spanien ihre autoritären Herrschaftssysteme abzuschütteln begannen, war das der Beginn einer langanhaltenden Demokratisierungswelle, die von Südeuropa nach Lateinamerika schwappte, das pazifische Ostasien erreichte und Afrika touchierte, um im *annus mirabilis* von 1989 im Osten Europas ihren Höhepunkt zu erreichen. Im Verlauf dieser Welle wechselten zwischen 1974 und 1995 nicht weniger als 78 Staaten von diktatorischen zu demokratischen Herrschaftsformen (Huntington 1991: 26; Diamond 1996: 28). Während viele dieser Demokratien auch nach 2000 als noch nicht konsolidiert (Diamond 1997: 33) oder defekt (Merkel/Puhle et al. 2003; Merkel/Puhle et al. 2006) gelten müssen, besteht in der internationalen Demokratisierungsforschung Einigkeit, dass sich die südeuropäischen Länder rasch konsolidiert und ausreichend gegen mögliche Destabilisierungstendenzen und autoritäre Versuchungen immunisiert haben (vgl. u. a. Schmitter et al. 1986; Kraus 1990; Huntington 1991; Gunther et al. 1995; Linz/Stepan 1996; Diamandouros 1997; Morlino 1998). Auch wenn die Regimewechsel von 1974/75 bis 1981/82 auffallend synchron verliefen, führten doch sehr unterschiedliche Wege zur konsolidierten Demokratie, die über folgende vier Etappen nachgezeichnet werden sollen: (1) Typ des alten autoritären Regimes; (2) Verlauf des Regimeübergangs; (3) Institutionalisierung; (4) Konsolidierung der Demokratie.

1.1 Typen autoritärer Regime

Griechenland, Portugal und Spanien verfügten kaum über demokratische Erfahrungen vor der Etablierung der autoritären Regime. Im Falle Portugals und Spaniens lagen diese lange zurück und waren zudem durch Konflikte und Instabilität der ersten demokratischen Systeme gekennzeichnet. Auch Griechenlands Versuche mit prekären liberalen, parlamentarischen und demokratischen Ordnungsformen wurden im 20. Jahrhundert bis in die 1960er Jahre hinein immer wieder von autoritären Herrschaftsperioden, innenpolitischen Turbulenzen und Destabilisierungen konterkariert.

1.1.1 Portugal: Der korporatistische Estado Novo

Portugals demokratische Erfahrungen lagen am weitesten zurück. Zwischen 1910 und 1926 war Portugal formal-konstitutionell eine semidemokratische parlamentarische Republik, in der 1911 das allgemeine Männerwahlrecht eingeführt wurde. In diesen 16 Jahren erlebte die Republik eine Militärdiktatur (1917/18), 20 Putschversuche und Aufstände, acht Staatspräsidenten, 42 Regierungskabinette, 158 große Streiks und 325 Bombenanschläge (Bieber 1975: 66).

Nicht positive Demokratieerfahrungen prägten das kollektiv-historische Gedächtnis des Landes, sondern *desordem*, das politische Chaos, wurde aus dieser Periode in die portugiesische Geschichte des 20. Jahrhunderts tradiert. Als Gegenstück zu den chaotischen Turbulenzen einer mobilisierten, polarisierten und gewaltreichen politischen Kultur erwies sich das autoritäre Regime des António de Oliveira Salazar. Dem Finanzwissenschaftler Salazar, der 1932 nach sechs Jahren wechselnder Militärdiktaturen an die Macht kam, gelang es, die Bürger des Landes weitgehend von der politischen Partizipation auszuschließen, die Gesellschaft zu demobilisieren und dem autoritär-korporatistischen Regime mit der Verfassung des *Estado Novo* eine stabile institutionelle Grundlage zu geben. Dies trug dazu bei, Portugal mit 48 Jahren zur dauerhaftesten Rechtsdiktatur des 20. Jahrhunderts in Europa zu machen.

Salazars *Estado Novo* (neuer Staat) war ein Staat ohne Parteien. Die Portugiesen waren keine mündigen Staatsbürger, sondern nur passive Zuschauer. Die politische Opposition war gering ausgeprägt und wurde, wenn sie auftrat, schnell verfolgt und wirksam unterdrückt (Puhle 1995a: 203). Die traditionale ständische und vorindustrielle Gesellschaftsstruktur sollte erhalten bleiben, indem die gesellschaftlichen Konflikte durch einen Zwangskorporatismus unterdrückt und unter die autoritäre Aufsicht des Staates gestellt wurden (Pinto, A. C. 1992: 91). In der politikwissenschaftlichen Literatur wird der *salazarismo* häufig als „korporativer Autoritarismus" (Linz 1991), mitunter gar als Faschismus oder „Faschismus ohne Partei" (Lucena 1976) bezeichnet. Präziser ist es jedoch, vom *Estado Novo* als korporativem Staat ohne Korporationen zu sprechen. Denn der Zwangskorporatismus blieb in der revidierten alten republikanischen Verfassung (1933) weitgehend bloßer Verfassungsbuchstabe. Nur eine Minderheit der Bevölkerung war tatsächlich in Korporationen organisiert. Wichtiger als die korporative Einbindung der Bürger erwies sich deren politische Demobilisierung für die Stabilität des autoritären Systems. Vom Faschismus unterschied sich der Autoritarismus in Portugal nicht zuletzt durch das Fehlen eines Führerkults und der Gewaltverherrlichung, die Demobilisierung der Gesellschaft und die nicht vorhandene Doppelstruktur von Parteiregime und Staatsapparat (Bruneau/MacLeod 1986: 1; Puhle 1995a: 203). Der *Estado Novo* muss deshalb als ein personalistisch-autoritäres Regime beschrieben werden, das im antiliberalen, antimodernistischen und autoritär-korporatistischen Gedankengut des katholischen Integralismus seine ideologischen Wurzeln hatte (Pinto, A. C. 1992: 127).

Das autoritär-korporatistische Regime überlebte seinen Gründer Salazar nur um sechs Jahre (1968–1974). In diesen sechs Jahren siechte das Regime unter Marcello Caetano, nur kurz von einer halbherzigen Liberalisierungsphase unterbrochen, dahin. Es wurde weder wirtschaftlich noch gesellschaftlich modernisiert. Der Krieg in den afrikanischen Kolonien ruinierte zunehmend die Staatsfinanzen. Die Bevölkerung blieb weitgehend demobilisiert. Das Regime war zu Beginn der 1970er Jahre anachronistisch und morbide geworden, wurde aber von der politisch weitgehend apathisch-parochialen Bevölkerung auch kaum herausgefordert. Deshalb ist es nicht verwunderlich, dass das Regime „von außen", d. h. von Offizieren, gestürzt wurde, die im Krieg in den portugiesischen Kolonien Afrikas ihre letzten Illusionen über das alte Regime verloren hatten. Aufgrund der politischen Demobilisierung, der niedrigen Ideologisierung und der anachronistisch gewordenen staatlichen Strukturen hat das alte Regime keine drückenden politischen, wohl aber sozioökonomische Erblasten, für die Demokratisierung hinterlassen.

1.1.2 Griechenland: Das „nichthierarchische" Militärregime

Auch Griechenland konnte in der ersten Hälfte des 20. Jahrhunderts nur begrenzt demokratische Erfahrungen sammeln. Von „der" nationalen Katastrophe im Jahr 1922, der Vertreibung von 1,5 Millionen Griechen aus Kleinasien nach der Niederlage im Griechisch-Türkischen Krieg (1919–1922), wurde das Land bis 1940 wechselweise von Militär- und Königsdiktaturen oder von schwachen, instabilen liberalen und semidemokratischen Kabinetten regiert.[1] Im Zweiten Weltkrieg besetzten die Achsenmächten Deutschland und Italien das Land. Ein Jahr nach Kriegsende brach in Griechenland ein Bürgerkrieg (1946–1949) zwischen rechtsgerichteten Kräften und Kommunisten aus, der zehntausende Tote forderte und zu Massenverhaftungen führte. Hunderttausende wurden ins Exil getrieben. Die traumatischen Erfahrungen des Bürgerkriegs prägten die Politik, Gesellschaft und Kultur des Landes bis in die 1970er Jahre und spalteten das Land in zwei Lager: Auf der einen Seite befand sich das Machtkartell aus politischer Rechte, dem Militär, der Krone und zeitweise auch der liberalen Zentrumsunion. Auf der anderen Seite stand die sozialistische und kommunistische Linke, die verboten, verfolgt und flächendeckend bespitzelt wurde. Legale politische Beteiligungsrechte wurden ihr weitgehend vorenthalten (Ganslandt 1990: 30 f.).

Griechenland war zwischen 1949 und dem Putsch der griechischen Obristen im Jahr 1967 zwar formal eine Demokratie, aber aufgrund des diskriminierenden Verbots und der Verfolgung der Linken schon *de jure* auf undemokratische Art und Weise eingeschränkt. *De facto* intervenierten zudem die „parastaatlichen Machtzentren Hof und Militär beständig in die zivile Politik und hatten sich extrakonstitutionelle Enklaven geschaffen. Parteiverbote, Dekrete der nationalkonservativen Exekutive und demokratiefeindliche Entscheidungen der Judikatur etablierten in Griechenland nach 1949 eine einflussreiche ‚Nebenverfassung'" (Diamandouros 1986: 143). Mit ihr wurde immer dann die offizielle demokratische Verfassung von 1952 unterlaufen, wenn Bereiche der extrem weit ausgelegten „nationalen Sicherheit" tangiert schienen. Dies führte zu einer erheblichen Einschränkung rechtsstaatlicher Garantien und politischer Partizipationsrechte. Zu Recht wurde diese erste zusammenhängende demokratische Periode in der modernen Geschichte Griechenlands deshalb als „restriktive", „exklusive", „gelenkte" oder „kontrollierte" Demokratie bezeichnet (ibid.; Ganslandt 1990: 35). Auseinandersetzungen zwischen der in den 1960er Jahren gestärkten Zentrumsunion um Geórgios Papandréou, der radikalsozialistischen Linken um seinen Sohn Andréas Papandreou mit dem nationalkonservativen Lager und der Krone führten nach 1965 zu innenpolitischen Krisen und Turbulenzen. Die politische Triarchie von Parlament, Monarchie und Militär geriet in eine wechselseitige Blockade, die 1967 durch den Putsch der Obristen 1967 einseitig aufgelöst wurde (Mouzelis 1978: 115 ff.). Die undemokratische „Nebenverfassung", die die Nachkriegsperiode Griechenlands erheblich beeinflusst hatte, wurde damit zur offiziellen Herrschaftsnorm der Militärdiktatur (1967–1973).

Das Obristenregime war jedoch von Anfang an mit fünf Problemen konfrontiert, die seine Legitimierung, Institutionalisierung und Konsolidierung verhinderten (Diamandouros 1986: 146 ff.; Linz/Stepan 1996: 130 f.):

---

[1] Diese kurzen Perioden sind nach unseren Kriterien als semidemokratisch zu bezeichnen, da es nur ein allgemeines Männerwahlrecht gab, die Verantwortlichkeit der Regierung gegenüber dem Parlament schwach ausgeprägt war und König wie Militär als Vetoakteure aus dem Hintergrund auf den demokratischen Prozess einwirkten (Legg 1969).

1. *Zerfall der internen Kohäsion der konservativen Allianz:* Die Krone distanzierte sich vom Staatsstreich der Obristen und opponierte gegen das Militärregime. Die traditionelle antikommunistische Rechte spaltete sich in Parlaments- und Regimebefürworter.
2. *Spaltung des Militärs:* Bedeutende Teile der Luftwaffe und Marine versagten als traditionalistische Royalisten den Putschisten des Heeres ihre Unterstützung; hohe Generäle, die die Befehlshierarchie der Streitkräfte durch die Obristen verletzt sahen und von diesen aus den Streitkräften gesäubert wurden, wandelten sich zu Gegnern der Militärjunta.
3. *Scheitern der ideologischen Legitimation:* Der Versuch der Obristen um Georgios Papadopoulos, ihre autoritäre Herrschaft über die Wiederbelebung eines militanten Antikommunismus und Antiparlamentarismus sowie einem hellenischen Mythos ideologisch zu legitimieren, blieb ohne Resonanz. Dem Regime gelang es nicht, eine legitimationsstützende Herrschaftsideologie zu etablieren.
4. *Wirtschaftswachstum:* Die forciert fortschreitende sozioökonomische Modernisierung führte zu einem weiteren Anwachsen der Industriearbeiterschaft und der neuen Mittelschichten. Beide waren in ihrer überwältigenden Mehrheit gegen das Regime eingestellt.
5. *Internationale Ächtung:* Das Obristenregime fiel in eine historische Phase, in der in Europa diktatoriale Regime keine politische, ideologische und kulturelle Unterstützung mehr fanden, wie dies in den 1920er und 1930er Jahren in Portugal und Spanien noch der Fall war. Die Assoziationsabkommen zwischen Griechenland und der Europäischen Gemeinschaft (EG) wurden von der Gemeinschaft eingefroren.

Aus diesen fünf Punkten wird deutlich, dass das Regime nur über eine außerordentlich schmale eigene Herrschaftsbasis verfügte, keine überzeugende Herrschaftsideologie besaß und gleichzeitig mit mächtigen politischen und gesellschaftlichen Gegnern konfrontiert war. Versuche, das Regime über zwei Verfassungen (1968, 1973) zu institutionalisieren und zu legalisieren, scheiterten. Im Vergleich zu den autoritären Regimen Spaniens und Portugals konnte die Militärdiktatur der griechischen Obristen sich zu keinem Zeitpunkt auf eine vergleichbare institutionelle, machtpolitische und ideologische Infrastruktur stützen. Zudem gelang es den Militärmachthabern nie, die Bevölkerung politisch zu demobilisieren, wie dies etwa Salazar in Portugal gelang. Die mobilisierten und mächtigen Gegner der Obristendiktatur blieben eine ständige Herausforderung an das Regime. Aus herrschaftstheoretischer Perspektive betrachtet, ergab sich die kurze Lebensdauer der griechischen Militärdiktatur schon aus der nur schmalen sozialen und politischen Unterstützungsbasis fast zwingend.

1.1.3 Spanien: Das institutionalisierte Führerregime Francos

Die Geschichte des 19. Jahrhunderts war in Spanien vom Widerstreit zwischen liberalen Konstitutionalisten und monarchistischen Traditionalisten geprägt. Reform und Gegenreform, Revolution und Militärputsch bestimmten in dieser Periode die politische Entwicklung des Landes. Auch die 1876 von den Bourbonen erlassene konservative Verfassung vermochte den Staat und die Gesellschaft Spaniens nur vorübergehend zu stabilisieren. So ließ sie zwar den Wechsel von konservativen und liberalen Parteien in der Regierungsverantwortung zu, doch basierte diese, wie die Zusammensetzung des Parlaments, auf Wahlen, die von Zensus, Ausschluss der Frauen und massiver Manipulation bestimmt waren (Nohlen/Hildenbrand 1992: 268). In den Wirren wirtschaftlicher, politischer und militärischer Krisen der ersten beiden Dekaden des vergangenen Jahrhunderts ging die restaurative Phase der konstitutionellen Monarchie mit dem Putsch von Miquel Primo de Rivera, dem Generalkapitän von Katalonien, 1923 zu Ende. Aber auch das Staatskonzept Primo de Riveras konnte die sich im Aufbruch befindliche spanische Gesellschaft nicht „verfassen". Der Ausbau eines autoritären Ständestaates mit faschistischen Elementen scheiterte schon in den Anfängen. Unter der wachsenden Opposition von Arbeitern, Gewerkschaften, Intellektuellen und schließlich sogar von maßgeblichen Teilen der Armee brach das fragile autoritäre System Primo de Riveras zusammen.

Im Jahr 1931 wurde die Zweite Spanische Republik (1931–1936/1939) gegründet. Der Übergang zur Demokratie verlief friedlich. Er gründete auf Wahlerfolgen der republikanischen Parteien und wurde von konservativen, liberalen und sozialistischen Eliten kooperativ gesteuert (Linz 1978b: 143). Dagegen waren die knapp sechs Jahre (insbes. nach 1933) der ersten spanischen Demokratie nicht von Kooperation, sondern von weltanschaulichen Konflikten, unüberbrückbaren interessenpolitischen Gegensätzen und einer Proliferation der politischen Gewalt geprägt. Tiefe Konfliktlinien verliefen zwischen Kirche und Laizismus, anarchosyndikalistisch organisierten Arbeitern und reformfeindlichen Kapitalisten, Landarbeitern und Großgrundbesitzern, nationalistischen Zentralstaatsbefürwortern und regionalistischen Sezessionisten sowie den politisch organisierten Parteien der Linken und Rechten (ibid.: 145 ff.). Trotz dieses Konfliktreichtums prägte die kurze demokratische Reformphase das Bewusstsein vieler Bürger auch in positiver Hinsicht stärker, als dies die Demokratieerfahrungen bei der griechischen und portugiesischen Bevölkerung vermochten.

Die Zweite Spanische Republik scheiterte an der extremen Kumulation ihrer Probleme und der starken Polarisierung und Mobilisierung der politischen und gesellschaftlichen Organisationen, Klassen und Gruppen. Diese führten zwar nicht zum Zusammenbruch der Demokratie, motivierten aber bedeutende Teile der Armee unter General Francisco Franco zum bewaffneten Angriff auf die Republik, der in einen langen Bürgerkrieg (1936–1939) mit Zehntausenden von Todesopfern mündete (Broué/Témime 1975). Die Opfer dieses Krieges, den Franco als *cruzada* (Kreuzzug) des „guten" gegen das „böse" Spanien begriff, prägten und spalteten das Land bis in die 1970er Jahre hinein. Sie waren *das* traumatische Erlebnis Spaniens des 20. Jahrhunderts.

Der Kern der frankistischen Revolte war zunächst militärisch. Abgestützt wurde er jedoch von einer breiten Allianz des traditionellen, monarchistischen, konservativen und katholischen Spaniens (Puhle 1995a: 195). Nach drei Jahren Bürgerkrieg wurde die Diktatur Francos 1939 nur durch ein einfaches Gesetz etabliert. Ihr Institutionalisierungsgrad blieb auch später geringer, als der autoritär-korporatistische Anspruch dies zunächst vermuten ließ. Der Historiker und Politikwissenschaftler Hans-Jürgen Puhle (1995b: 197 f.) fasst den Kern des frankistischen Regimes wie folgt zusammen:

> „Franco verstand sich als ‚Caudillo por la gracia de dios', verantwortlich nur vor der Geschichte. [...] Die frankistische Herrschaft war eine katholische, militärische, semifaschistische (aber nicht klerikal-faschistische), autoritäre Diktatur, in der monarchische Elemente mit der Zeit zunahmen und später insbesondere auch solche einer gelenkten Diktatur."

Das Regime war auf die Person Francos zugeschnitten. Aber die Unterstützungskoalition des Regimes aus Militär, Polizei, Großgrundbesitz, reaktionärem Industriekapital, katholischer Kirche und konservativem Staatsapparat blieb über Francos Tod hinaus eine machtpolitische und kulturelle Erblast für jede Demokratisierung. Das nicht bewältigte Bürgerkriegstrauma und die unterdrückte Linke boten mit der latenten Gefahr einer erneuten Polarisierung überdies ein erhebliches Risikopotenzial für jeden demokratischen Regimewechsel. Da zudem das alte Franco-Regime weit mehr Zustimmung in der Bevölkerung genoss als die autoritären Regime Portugals und Griechenlands, hinterließ es für die Etablierung der Demokratie das schwierigste politische Erbe der drei Länder.

1.2 Regimeübergänge

Die historische Koinzidenz des Endes der letzten autoritären Regime West- und Südeuropas 1974/75 bis hin zur Konsolidierung der jungen Demokratien in den Jahren 1981/82 provoziert den Vergleich (vgl. u. a. Pridham 1984; O'Donnell et al. 1986; Kraus 1990; Gunther et al. 1995). In einem solchen Vergleich zeigen sich sehr bald unter der Oberfläche gleichzeitiger Entwicklung auch unterschiedliche Verläufe, Konflikte, Akteure, Verhandlungen, Schlichtungsmuster und Ergebnisse der Regimeübergänge.

Der internationale Kontext Mitte der 1970er Jahre begünstigte zweifellos Regimewandel und Demokratisierung in Südeuropa. Griechenland, Portugal und Spanien waren zu dieser Zeit in Westeuropa ausschließlich von konsolidierten Demokratien umgeben. Die Europäische Gemeinschaft hatte unzweideutig die Herstellung der Demokratie als Vorbedingung eines Beitritts der drei Länder gestellt. Die dynamischen Teile der Unternehmerschaft befürworteten die Mitgliedschaft in der EG. Auch die USA, die im südamerikanischen Kontext gegenüber Diktaturen bis weit in die 1970er Jahre hinein häufig eine außenpolitischen Interessen untergeordnete, ambivalente Haltung einnahmen, sprachen sich für demokratische Verhältnisse in Südeuropa aus.

Bedeutsamer für das Ende der letzten Diktaturen Westeuropas als diese externen Rahmenbedingungen waren allerdings interne sozioökonomische Modernisierungsprozesse. Sie unterspülten seit Ende der 1950er Jahre insbesondere in Spanien, und etwas später auch in Griechenland und Portugal, die Legitimationsgrundlagen und die soziale Basis der autoritären Regime. Es waren also nicht wirtschaftspolitische Misserfolge, sondern im Gegenteil Modernisierungserfolge, die die autoritären politischen Systeme herausforderten. So wiesen die Volkswirtschaften der drei Länder zwischen 1960 und 1973 deutlich höhere Wachstumsraten auf als das übrige Westeuropa (Williams, A. M. 1984). Während in Spanien die von Franco gerufenen Technokraten des *Opus Dei* die Wirtschaft schon Ende der 1950er Jahre zu öffnen und zu modernisieren begannen, setzten in Portugal reformwillige Technokraten die außenwirtschaftliche Öffnung durch (1960 EFTA[2]-Beitritt), liberalisierten vorsichtig die gewerkschaftlichen Vertretungsrechte und begannen mit der Modernisierung des *Estado Novo* Salazars (Dauderstädt 1988). Doch die von den reformoffeneren Kräften der Regime zur Stabilisierung und Legitimierung ihrer politischen Macht gewollten und forcierten Modernisierungsprozesse erzeugten letztendlich unbeabsichtigte Effekte, die zu einer Destabilisierung der autoritären Herrschaft führten. Zum einen machten die Internationalisierung von Kapital und Produktion, die Ausbreitung von „westlichen" Konsumgewohnheiten und die durch Tourismus und Arbeitsemigranten importierten modernen Lebensformen die funktionale Diskrepanz zwischen einer sich öffnenden Ökonomie und den geschlossenen, autoritären politischen Herrschaftsstrukturen offensichtlich. Zum anderen entstanden durch den beschleunigten sektoralen Wandel von der Landwirtschaft zu Industrie- und Dienstleistungsbereichen ein riesiges Industrieproletariat und neue städtische Mittelschichten. Die einer parochialen politischen Kultur verhaftete

---

2 EFTA = European Free Trade Association; Europäische Freihandelsassoziation, kurz Europäische Freihandelszone.

Landbevölkerung, die zu den sozialen Stützen der autoritären Regime insbesondere in Portugal und Spanien gehörten, wurden sukzessive „wegmodernisiert". Die expandierenden neuen Mittelschichten und die Industriearbeiterschaft forderten dagegen mehr politische Mitsprache und eine gerechtere Mitbeteiligung am wirtschaftlichen Wohlstand. Die passiv-resignative Loyalität gegenüber dem autoritären Regime wich in den 1960er Jahren zunehmend politischen und wirtschaftlichen Partizipationsforderungen. Allerdings entfalteten diese nicht intendierten sozialen Begleiteffekte der wirtschaftlichen Modernisierung erst dann ihre volle systemdestabilisierende Wirkung, als in der Wirtschaftskrise von 1973 die lange Prosperitätsphase abbrach und die im Boom geweckten materiellen Erwartungen und Karrierehoffnungen sich nicht mehr hinreichend erfüllten.

Diese langfristigen sozioökonomischen Modernisierungsprozesse bildeten wichtige materielle und soziale Grundlagen für den Regimewechsel. Erklären können sie ihn alleine jedoch nicht. Gerade an den drei südeuropäischen Ländern lässt sich zeigen, welch bedeutsame Rolle Akteure beim konkreten Übergang zur Demokratie spielen können.

1.2.1 Portugal: Militärputsch und ruptura

In Portugal erwiesen sich die alten Regimeeliten als unfähig, den Regimewandel selbst einzuleiten und damit Einfluss auf den Ablauf des Demokratisierungsprozesses zu behalten. Der Impuls zum Wandel kam deshalb nicht aus dem Regime heraus, sondern aus den mittleren Offiziersrängen der Armee. In den afrikanischen Kolonien hatten schon im September 1973 beruflich unzufriedene und militärisch desillusionierte Offiziere der portugiesischen Armee die oppositionelle „Bewegung der Streitkräfte" gegründet und sich spätestens ab Dezember desselben Jahres gemeinsam auf den Sturz des unfähigen Cactano-Regimes verpflichtet (Maxwell 1986: 114). Fünf Monate später, am 25. April 1974, wurde dann das Regime in einem Militärputsch gestürzt. Mehrere Faktoren ermöglichten den raschen Sturz des Regimes:

- die eklatante Handlungsschwäche des alten Regimes, während die konspirativen Gruppen der Armee über eine effiziente Handlungsstruktur und große Handlungsentschlossenheit verfügten;
- das Caetano-Regime konnte sich selbst im Staatsapparat nur auf Teile der Sicherheitspolizei stützen;
- das Regime besaß keinen gesellschaftlichen Rückhalt. Seit 1973 deuteten massive Streiks, zunächst in der Industrie und dann auch im Dienstleistungsbereich, den wachsenden aktiven Protest gegen das Regime an;
- im Untergrund hatten sich die kommunistische Partei PCP und ihre Gewerkschaftsorganisation *(Intersindical)* gut organisiert. Sie waren bereit, einen Regimesturz durch aktive Mobilisierung von unten zu unterstützen.

So war 1974 die paradoxe Situation entstanden, dass dem Regime alle Machtmittel entglitten waren, während sie sich auf der Seite der Regimeopposition konzentriert hatten. Diese Situation fasst Kenneth Maxwell (1986: 115) treffend zusammen: „The Portuguese Revolution, therefore, occurred as much because of the collapse of the old political system as because of the strength of the forces of change".

Doch bald nach der Machtübernahme des Militärs brach die Handlungseinigkeit der Streitkräfte auseinander. Der Konflikt entzündete sich innerhalb der Streitkräfte an der Frage der Entkolonisierung von Angola, Guinea-Bissau und Mozambique. Während die linksgerichtete

Bewegung der Streitkräfte (*Movimento das Forças Armadas*, MFA) die sofortige Unabhängigkeit verlangte, lehnte dies der provisorische Staatspräsident General Spínola ab. Als beide Seiten ihre Anhänger mobilisierten, zeigte sich, dass die MFA im informellen Bündnis mit den kommunistischen Organisationen schon das eigentliche Machtzentrum des Landes bildeten. Spínola wurde im September 1974 zum Rücktritt gezwungen. Die spätere Involvierung des Generals in Putschvorbereitungen im März 1975 benutzte die MFA, die Staatsführung und die Regierung von ideologisch gemäßigten Offizieren zu säubern. Der „Revolutionsrat" wurde als höchste Führungsinstitution ins Leben gerufen und von der MFA kontrolliert (ibid.: 121).

Schon unmittelbar nach dem April 1974 kam es zu einer explosionsartigen sozialen und sozialrevolutionären Mobilisierung im Lande. Erklärt werden kann der revolutionäre Aufbruch zunächst aus dem staatlichen Führungsvakuum, das in der zweiten Jahreshälfte von 1974 entstanden war. Das Militär war unfähig, nach April 1974 weiter einheitlich zu handeln. Das öffnete gesellschaftliche und politische Räume für sozialrevolutionäre Mobilisierungen (Fishman 1990: 433). Dies und die Verbindung, die einzelne Teile der Streitkäfte mit den orthodoxen Kommunisten oder Gruppen der extremen Linken eingegangen waren, führten zu einer 18 Monate anhaltenden revolutionären Mobilisierung großer Teile der Bevölkerung. Während in Spanien die reformorientierten Eurokommunisten unter Santiago Carillo sich in politischen und sozialen Pakten als pazifizierender und konsensbereiter Partner in prekären Phasen des demokratischen Übergangs erwiesen, spielte die PCP eine demokratiegefährdende Rolle in der revolutionären Mobilisierung während des frühen politischen, sozialen und ökonomischen Regimewandel Portugals. Es ist auf die sofortige Ausschaltung der alten Regimeeliten und die Konstellation von linken Militärs, einer sich revolutionär verstehenden PCP und die Massenmobilisierung zurückzuführen, dass im Unterschied zu Spanien und Griechenland wirtschaftliche Reformen wie die Kollektivierung der Latifundien (v. a. im südlichen Alentejo), die Nationalisierung von Banken und Industrien parallel zur politischen Demokratisierung durchgeführt wurden. Anders auch als in dem von frankistischen Eliten initiierten Demokratisierungsprozess in Spanien, wurden in Portugal weite Teile des Staatsapparats und der Geheimpolizei PIDE von den alten Regimeanhängern gesäubert.

In Portugal vollzog sich die Ablösung des alten Regimes durch einen radikalen Bruch *(ruptura)*, der mit einem militärischen Staatsstreich begann und dann von einer revolutionär mobilisierten Bevölkerung weitergetrieben wurde. Der alte Staatsapparat desintegrierte in kürzester Zeit. Es ist dieser besonderen politischen Konstellation zuzuschreiben, dass sich in Portugal der Regimewechsel nicht nur auf die politische, sondern auch auf die wirtschaftliche Sphäre erstreckte.

1.2.2 Griechenland: Kollaps durch militärische Niederlage

Wir haben das griechische Obristenregime mit Diamandouros (1986) und Linz/Stepan (1996) als ein „non-hierarchical military regime" beschrieben, also als eine Militärdiktatur, die die traditionellen militärischen Befehlshierarchien partiell außer Kraft gesetzt hatte. Dieser besondere Charakter der griechischen Obristendiktatur sollte sich als eine Schwäche des Regimes erweisen, als es in eine schwere Krise geriet, die im Sommer 1973 begann. Der starke Mann des Regimes, Georgios Papadopoulos, versuchte über die konstitutionelle Einführung eines Präsidialsystems, der eigenen Herrschaft die dringend erforderliche Legitimität zu beschaffen. Der Präsident sollte zwar mit umfangreichen Kompetenzen ausgestattet, aber immerhin in allgemeinen demokratischen Wahlen auf sieben Jahren bestellt werden. Um diesen Plänen auch politische Glaubwürdigkeit zu verleihen, wurde eine Amnestie für politische Häftlinge erlassen, bürgerliche Freiheiten *de jure* wieder hergestellt, ein ziviles Kabinett unter dem Konservativen Markezinis eingesetzt und binnen Jahresfrist freie Parlamentswahlen in Aussicht gestellt (Diamandouros 1986: 152). Wie in vielen anderen Fällen (Philippinen 1986; Taiwan und Südkorea in den 1980er Jahren, Ungarn 1988, Polen 1989 oder die Sowjetunion unter Gorbatschow zwischen 1985 und 1992) erwies sich auch in Griechenland die Erschließung neuer Legitimitätsquellen für das autoritäre Regime als riskant: Der Legitimationsversuch des griechischen Militärregimes kam erstens zu spät, öffnete zweitens für oppositionelle Aktivitäten neue Entfaltungsräume und führte drittens zu einer weiteren Spaltung im herrschenden Militär. Die Studenten des Athener Polytechnikums nutzten die Liberalisierungsmaßnahmen, besetzten die Universität und forderten die sofortige Wiederherstellung der Demokratie. Dabei erfreuten sie sich der Sympathie großer Teile der Bevölkerung. Die Junta schlug die studentische Revolte im November 1973 blutig nieder, was zu einem internen Putsch führte, der die Softliner ausschaltete und die Hardliner um den Brigadegeneral und Chef der militärischen Sicherheitspolizei, Ioannides, an die Macht brachte. Die Armeespitze selbst wurde erneut Säuberungen unterzogen. Die Trennungslinien in den Streitkräften wurden tiefer und die „nicht hierarchische Basis" des Militärregimes noch stärker akzentuiert (Linz/Stepan 1996: 131). Das Land wurde erneut verschärfter Repression unterzogen. Der erste Versuch der Militärs, dem Regime ein Minimum an Legitimität zu verschaffen, war gescheitert.

Noch riskanter erwies sich dann der zweite Versuch, dem Regime Legitimität zuzuführen. Er führte direkt zum Ende der Militärdiktatur. In geradezu klassischer Manier versuchten die Militärmachthaber, das innere Legitimitätsdefizit durch außenpolitische Erfolge zu kompensieren.[3] Die konspirativen Machenschaften der Militärjunta, ganz Zypern unter griechische Kontrolle zu bringen, scheiterten jedoch an der türkischen Invasion auf der Insel. Angesichts des militärischen Desasters und der drohenden Desintegration handelte nun das „Militär als Institution" gegen das „Militär als Regierung" (Stepan 1986: 72 f.). Um der Kriegsgefahr zu entgehen, stellte der Generalstab die hierarchische Befehlskette der Streitkräfte wieder her, setzte Ioannides ab und General Ghizikis als Interimspräsidenten ein. Damit distanzierten sich die griechischen Spitzen des Militärs von dem in Auflösung befindlichen Regime, um die Integrität des Militärs als Institution nicht zu gefährden (Diamandouros 1986: 157). Doch das Militär war insgesamt zu diskreditiert und genoss zu wenig politische und gesellschaftliche Unterstützung, um das Land aus dieser prekären Situation zu führen. Die Militärführung rief deshalb den konservativen Ex-Premier Karamanlís aus dem Exil zurück. Sein enthusiastischer Empfang durch die griechische Bevölkerung und das offenbar gewordene Versagen des Militärs gegenüber der türkischen Kriegsdrohung entzog dem Militär unmittelbar jeden weiteren Einfluss auf die folgende Transition zur Demokratie (Linz/Stepan 1996: 132). Das Militär kehrte in die Kasernen zurück und verschwand als Vetoakteur aus der griechischen Politik.

Die Diktatur der Obristen fand ihr beschleunigtes Ende durch eine für autoritäre Regime nicht untypische strategische Fehlkalkulation. Um das Legitimitätsdefizit zu verringern, ließen sich die Machthaber auf eine Teilliberalisierung des Regimes ein. Die vorsichtige Liberalisierung entwickelte eine Dynamik, deren nicht intendierter, systemdestabilisierender Wirkung die Obristen mit verstärkter Repression beggneten. Das Legitimitätsproblem verschärfte sich. Der erneute risikoreiche Versuch, es mit einem außenpolitischen Annexionsversuch zu ent-

---

[3] Vergleiche dazu dieselben Motive und das identische Ergebnis des Falkland-Abenteuers der argentinischen Generalsjunta 1982, das in deren Sturz mündete.

schärfen, erwies sich als eine fatale Fehleinschätzung, die direkt zum Kollaps des Obristenregimes führte.

1.2.3 Spanien: Die von oben gelenkte reforma pactada

Schon vor Francos Tod im November 1975 war die Herrschaftsbasis des autoritären Regimes brüchig geworden. Die Kirche hatte dem Franco-Regime ihre aktive Unterstützung entzogen, die neue Industrieelite betrachtete die Diktatur als hinderlich für die weitere wirtschaftliche Expansion, die staatlichen Institutionen hatten in der Bevölkerung zunehmend an Unterstützung verloren und auch die traditionellen Werte des katholisch-autoritären Spanien korrespondierten immer weniger mit der Modernität der weitgehend säkularisierten Gesellschaft (Maravall/Santamaría 1986: 80). Allerdings befand sich das faktische Monopol des staatlichen Zwangsapparates (Armee, Polizei, Sicherheitsdienste, politische Justiz, Verwaltung) weiterhin in den Händen der frankistischen Regimeeliten. Vor allem aus diesem prekären Equilibrium zwischen staatlicher und gesellschaftlicher Macht kann der Verhandlungscharakter des Regimewechsels in Spanien erklärt werden.

In Portugal und Griechenland hatte sich das Ende der autoritären Regime unter der massiven Einwirkung externer Einflüsse und aufgrund des völligen Versagens der führenden Regimeeliten als abrupter Bruch vollzogen *(ruptura)*. In Spanien brachte dagegen der Tod des Diktators Francisco Franco kein jähes Ende der autoritären Ordnung mit sich. Aber auch die ungebrochene Kontinuität des frankistischen Herrschaftssystems ohne den „Caudillo" oder einen charismatischen Nachfolger war in der Mitte der 1970er Jahre kaum noch denkbar. Unter diesen Umständen verlief der Übergangsprozess in Spanien nicht als rascher Regimewechsel, sondern als langsamer Regimewandel (Maravall/Santamaría 1986; Tezanos et al. 1989; Kraus 1990; Linz/Stepan 1996: 88). Die Regimeeliten wurden nicht sofort abgesetzt, verhaftet oder ins Exil verbannt, sondern verblieben an der Macht. Während aber die alten frankistischen Herrschaftseliten den Übergang zunächst als eine exklusiv von oben gesteuerte *reforma* gestalten wollten, wurde in der Regimeopposition eine eindeutige und rasche Abkehr vom Autoritarismus bevorzugt. Die Softliner des alten Regimes konnten deshalb den Regimewandel nicht unilateral von oben steuern, sondern mussten in einen Dialog mit den erstarkten Kräften der Opposition eintreten (Maravall/Santamaría 1986: 83 f.). Als Resultat des Tauziehens zwischen den Reformfrankisten und der Opposition kam schließlich ein Kompromiss zustande: die *transición pactada* – die ausgehandelte Transition. Der Regimewechsel in Spanien wurde in der politikwissenschaftlichen Transformationsforschung rasch zu *dem* paradigmatischen Fall einer „paktierten Transition"[4] (Maravall/Santamaría 1986: 85 ff.; Linz/Stepan 1996: 90), in der der Kurs einer „von oben" eingeleiteten Transformation durch den Druck „von unten" mitbestimmt und beschleunigt wurde.

Schon zu Lebzeiten hatte Franco Prinz Juan Carlos ausgewählt, um als sein Nachfolger an der dann monarchischen Spitze des Staates zu stehen. Allerdings sollte der König nicht die Machtfülle des „Caudillos" besitzen, sondern durch die alten Herrschaftsinstitutionen des Regimes (z. B. dem *Consejo del Reino* und den *Cortes*[5]) unterstützt und regimetreu eingerahmt

---

4 Über die Politikwissenschaft hinaus strahlte der Erfolg des ausgehandelten und paktierten Regimewechsels auch bis in die reale Politik hinein. So orientierten sich später bei den Systemwechseln in Polen und Ungarn zentrale Transformationsakteure auch an dem erfolgreichen „spanischen Modell".

5 Die *Cortes* entstanden im 12. Jahrhundert als königlicher Hofrat mit beachtlichen Kompetenzen bei der Steuer-, Haushalts- und allgemeinen Gesetzgebung. Sie wurden im 16. Jahrhundert durch den Absolutismus entmachtet

Tabelle 11: Institutioneller Charakter der autoritären Regime in Südeuropa und ihre Ablösung

Land	Typ des autoritären Regimes	Institutionalisierungsgrad des Regimes	Grad des vom aut. Regime geduldeten polit. und gesell. Pluralismus	Ablösung des autoritären Regimes
Portugal	korporatistische Rechtsdiktatur	mittel-hoch	polit.: niedrig-mittel, gesell.: mittel	Militärputsch
Griechenland	nichthierarchische, rechte Militärdiktatur	niedrig	polit.: niedrig gesell.: niedrig-mittel	Kollaps
Spanien	1939–1960: katholisch-traditionalistische, semifaschistische Militärdiktatur; 1960–1975: zivil-militärisch gemischte Modernisierungsdiktatur	mittel-hoch	1939–1960: polit.: niedrig, gesell.: niedrig 1960–1975: polit.: niedrig, gesell.: mittel-hoch	von oben durch Regimeeliten eingeleitet, dann zwischen Regime und Opposition ausgehandelt

werden. Es war zu Beginn der Transition also noch unklar, ob der neue König sich stärker der Demokratie oder einer monarchisch-autoritären Herrschaftsform zuwenden würde. Für letzteres sprach zunächst die Bestellung des Alt-Frankisten Arias Navarro zum Ministerpräsidenten und die Dominanz der regimetreuen Frankisten in den *Cortes*. Die Strategie von Arias Navarro, eine regimegelenkte „eingeschränkte Demokratie" (Maravall/Santamaría 1986: 82) zu etablieren, scheiterte an der Opposition und dem König. Die unterschiedlichen Gruppen der Opposition hatten inzwischen die Liberalisierung des alten Regimes genutzt und sich in der *Coordinación Democrática* (CD) zusammengeschlossen. Unter diesem organisatorischen Dach gelang es, die oppositionellen Aktivitäten von Christdemokraten, Liberalen, Sozialdemokraten, Sozialisten, Kommunisten, Maoisten und den illegalen Gewerkschaften zu koordinieren und die restaurative Politik von Arias Navarro durch Streiks und soziale Mobilisierung zu verhindern. Als klar wurde, dass die Regierung Navarro keine weiterführenden Verhandlungen mit der Opposition aufnehmen wollte, veranlassten eine Abstimmungsniederlage im Parlament durch die frankistischen Hardliner (des sogenannten *Bunkers*) sowie der Druck des Königs Arias Navarro zum Rücktritt (ibid.). Mit der Ernennung von Adolfo Suárez[6] zum neuen Ministerpräsidenten stellte der König die Weichen für die weitere Demokratisierung. Nach Francos Tod war damit die zweite wichtige Etappe der Ablösung des alten Regimes durchschritten.

Die dritte Phase von Juni 1976 bis Dezember 1978 war von Verhandlungen zwischen den reformorientierten postfrankistischen Eliten einerseits und der Opposition andererseits bestimmt. In den Verhandlungen ging es nicht mehr um die Frage Demokratie oder Autokratie,

---

und mit der Liberalisierung von 1810 erneut eingeführt. Danach fungierten sie bis ins 20. Jahrhundert meist als parlamentarisches Organ der konstitutionellen Monarchie. 1942 wurden die *Cortes* unter Franco als Gesetzgebungsorgan formal verankert. Die Abgeordneten wurden entweder ernannt oder von ständischen Gruppen der Gesellschaft „gewählt". In den *Cortes* von 1975/76 dominierten noch die überzeugten Anhänger des Franco-Regimes.

6 Adolfo Suárez gehörte zum reformoffenen Flügel der frankistischen Herrschaftskoalition. Noch zu Lebzeiten Francos war er Generalsekretär des *Movimiento*, der institutionalisierten Einheitsbewegung des Franco-Regimes, und zuletzt für die Informationspolitik des (staatlichen) Fernsehens verantwortlich.

sondern um die konkreten Modi und Tempi des Übergangsprozesses und der demokratischen Regierungsform. Vereinbart wurden das grundlegende „Gesetz über die politische Reform" (1976), der Modus der ersten freien Parlamentswahlen (1977) und der Inhalt der demokratischen Verfassung (1978). Die Institutionalisierung der Demokratie hatte begonnen.

1.3 Die Institutionalisierung der Demokratien

Durch die Art der Ablösung des alten Regimes werden bis zu einem bestimmten Grad auch die Dauer, der Modus und der Inhalt der Institutionalisierung der Demokratie geprägt. In Griechenland verlief der Institutionalisierungsprozess (Juli-Dezember 1974) kürzer als in den beiden iberischen Ländern, weil er allein von Zivilisten ohne Mitwirkung des alten Regimes vollzogen wurde. In Spanien musste zwischen den reformorientierten Eliten des alten Regimes und der Regimeopposition der prekäre Demokratisierungsprozess Etappe für Etappe verhandelt werden (November 1975 bis Dezember 1978) und dauerte deshalb erheblich länger. In Portugal schien der radikale Bruch mit der Regimevergangenheit durch die Nelkenrevolution vom 25. April 1974 zunächst eine rasche Institutionalisierung der Demokratie zu verheißen. Doch die aktivistische Rolle des Militärs in der Politik verzögerte lange den Abschluss der demokratischen Institutionalisierung. Nicht zu Unrecht sprechen Linz/Stepan (1996: 120) deshalb im Falle Portugals von einer gleichzeitigen Beendigung der Transition und demokratischen Konsolidierung im August 1982, als die letzten militärischen Enklaven in der zivilen Politik durch eine Verfassungsänderung beseitigt wurden.

1.3.1 Portugal: Der lange Institutionalisierungsprozess

Die Institutionalisierung der Demokratie in Portugal begann mit den Wahlen zur verfassungsgebenden Versammlung am 25. April 1975 und endete mit der ersten Verfassungsrevision vom August 1982, als der von Militärs besetzte Revolutionsrat aufgelöst und die Streitkräfte ziviler Kontrolle unterstellt wurden (Fonseca 2009). Die achtjährige Periode der Institutionalisierung der Demokratie lässt sich in zwei Phasen aufteilen: (1) von der Wahl zur verfassungsgebenden Versammlung am 25. April 1975 bis zum Inkrafttreten der Verfassung am 25. November 1976; (2) vom Inkrafttreten der Verfassung im November 1976 bis zur Verfassungsrevision von 1982.

1. Phase: Die Wahlen zur verfassungsgebenden Versammlung im April 1975 können in Portugal als die eigentlichen demokratischen Gründungswahlen bezeichnet werden. Sie waren in einem dreifachen Sinne bedeutsam für den weiteren Verlauf der Demokratisierung Portugals:

Erstens schufen sie über das zentrale liberaldemokratische Verfahren der allgemeinen, freien und fairen Wahlen ein Jahr nach der *ruptura* von 1974 eine demokratisch legitimierte parlamentarische Versammlung und damit die Kerninstitution eines parlamentarisch-demokratischen Systems. Erstmals trat neben die MFA und den Revolutionsrat, die ihre politisch-revolutionäre Legitimation aus dem Sturz des autoritären Regimes zogen, eine über demokratische Verfahren bestellte und legitimierte demokratische Institution. Seit diesem Zeitpunkt begann sich in Portugal, eine zwischen gewählten politischen Parteien und der revolutionären MFA „geteilte Legitimität" (Maxwell 1986: 124) zu etablieren, die die Verfassungswirklichkeit des Landes bis 1982 prägte.

Zweitens wirkten die ersten demokratischen Wahlen als Katalysator für die Konsolidierung der demokratischen politischen Akteure. Sie füllten den entstandenen offenen politischen Raum mit Parteien, die vom Zuspruch der Bürger abhängig und damit diesen gegenüber verantwortlich waren.

Die dritte Bedeutung der Wahlen lag in ihrem Ergebnis. Zu einer Zeit, als in der MFA die radikalen Kräfte die Oberhand bekamen und die Kommunisten den Höhepunkt ihrer sozialen Mobilisierung erreichten, gelang den gemäßigt sozialdemokratisch orientierten Sozialisten unter Mário Soares mit 37,9 Prozent ein überzeugender Wahlsieg. Die Kommunisten wurden mit 12,5 Prozent nur die drittstärkste Partei des Landes. Ebenso abgeschlagen blieb mit 7,6 Prozent der Wählerstimmen das reaktionäre *Centro Democrático Social* (CDS), in dem sich die verbliebenen Reste des Salazarismus organisiert hatten. Die vierte Partei, die neoliberale PSD *(Partido Social-Democrata)*, konnte 26,4 Prozent der Wählerstimmen für sich gewinnen. Damit haben die beiden eindeutig demokratischen Parteien PS und PSD zusammen zwei Drittel aller Wählerstimmen auf sich vereinigen können, während die gegenüber der Demokratie nur semiloyalen Parteien PCP und CDS nur 20 Prozent des Wählerzuspruchs erhielten (vgl. Fonseca 2009). Mit diesem Ergebnis hatte die portugiesische Wählerschaft für ein demokratisches System nach westeuropäischem Standard optiert.

2. Phase: Mit dem Wahlergebnis zur verfassungsgebenden Versammlung im April 1975 und der Ausschaltung putschbereiter linksradikaler Militärs im November 1975 wurden die Systemalternativen Kommunismus oder progressives Militärregime unwahrscheinlich. Die Verfassung (April 1976) setzte in Portugal das demokratische Modell durch. Allerdings trug sie auch die Handschrift der Kommunisten und progressiven Militärs. Der asymmetrische Kompromiss zwischen den Parteien der Mitte (stärkster Einfluss) auf der einen sowie der PCP und der MFA auf der anderen Seite fand seinen Niederschlag in vielen substanzialistischen Verfassungsvorschriften, die tief in die kapitalistische Wirtschaftsordnung eingriffen. Die Produktionsmittel sollten sozialisiert und eine radikale Landreform durchgeführt werden, um dem erklärten „Ziel" einer „klassenlosen Gesellschaft" näher zu kommen. Die liberaldemokratischen Aspekte der Verfassung, wie Freiheits- und Bürgerrechte, politischer Pluralismus und Parlamentarismus waren vor allem von den Sozialisten und den neoliberalen Sozialdemokraten wirkungsvoll betont und in die Verfassung eingeschrieben worden. Verstaatlichung, Kollektivierung und etatistische Wirtschaftssteuerung wurden auf Druck der Kommunisten, des linken Flügels der Sozialisten und führender Militärs in die Verfassung aufgenommen. Durch diese auf dem Verhandlungswege entstandene Kompromissformel konnten sich sowohl die drei wichtigsten Parteien als auch das Militär mit der Verfassung identifizieren.

Mit der Verfassung von 1976 entstand zunächst ein parlamentarisch-präsidentielles Regierungssystem. Dies war vor allem auf drei Faktoren zurückzuführen:

▶ die negativen Erfahrungen mit der schwachen und instabilen parlamentarischen Republik von 1910 bis 1926; sie dienten als Argument gegen ein reines parlamentarisches Regierungssystem;
▶ die extrem starke Exekutive des Salazar-Regimes; sie diente als Argument gegen ein präsidentielles Regierungssystem, das die stete Gefahr eines autoritären Präsidialregimes in sich berge;
▶ der machtpolitische Kompromiss zwischen progressiven Militärs, die eine präsidentielle Präferenz besaßen und den demokratietragenden Parteien der politischen Mitte, die ein parlamentarisches Regierungssystem bevorzugten.

Das parlamentarisch-präsidentielle Regierungssystem Portugals hatte bis 1982 Bestand. Zu diesem Zeitpunkt war der militärische Einfluss auf die zivile Politik *de facto* weitgehend zurückgedrängt. Die revolutionäre Legitimation des Militärs war verbraucht. Der faktischen Machtverschiebung folgte dann die konstitutionelle Korrektur. Mit der Verfassungsrevision von 1982 wurde nicht nur der Revolutionsrat aufgelöst und ein (ziviles) Verfassungsgericht etabliert, sondern auch die präsidentiellen Prärogativen zugunsten des Parlaments und des Regierungskabinetts beschnitten. Damit hatte sich in Portugal acht Jahre nach der Nelkenrevolution ein parlamentarisches Regierungssystem durchgesetzt (Fonseca 2009).

1.3.2 Griechenland: Der kurze Institutionalisierungsprozess

Die griechische Transition „*strictu sensu*" (Diamandouros 1986: 155) erstreckte sich vom 20. Juli 1974 (Abdankung des Militärs) bis zum Tag der ersten demokratischen Parlamentswahlen (Gründungswahlen) am 17. November 1974. Es dauerte also nur 116 Tage, bis eine über demokratische Verfahren bestellte Regierung das Land regierte. Dies ist nicht nur für Südeuropa die eindeutig kürzeste Phase, sondern muss auch im internationalen Vergleich innerhalb der dritten Demokratisierungswelle insgesamt als außerordentlich kurz gelten. Die Gründe für diesen schnellen Transitionserfolg lagen vor allem in der Art des Zusammenbruchs des alten Regimes und der politischen Strategie von Konstantínos Karamanlís als der herausragenden Führungsfigur des Regimewechsels. Damit kann Griechenland als ein überzeugendes Beispiel dafür gelten, welch bedeutende Rolle politisches Handeln in Transformationsprozessen spielen kann. Allerdings war auch für Karamanlís der Handlungsraum von Faktoren und Ereignissen abgesteckt worden, die der griechische Staatsmann nicht beeinflussen konnte.

Zunächst begünstigte vor allem die Tatsache den raschen Regimewechsel, dass das Regime aufgrund innen- wie vor allem auch außenpolitischen Versagens völlig diskreditiert war. Das von allen drei südeuropäischen Diktaturen von Anbeginn geringste Legitimitätspolster für das Obristenregime (Linz/Stepan 1996: 135) hatte aufgrund der Niederschlagung der Studentenrevolte im November 1973 und des gescheiterten Zypern-Abenteuers die letzten Legitimitätsreserven verbraucht. In dieser Situation einer offenen Kriegsgefahr schien die außenpolitische und militärische Handlungsfähigkeit des Landes in Frage gestellt. Sicherheit der Nation und militärische Operationsfähigkeit sind jedoch die höchsten Güter professioneller Militärs. Um diese wiederherzustellen, sah sich das „Militär als Institution" gezwungen, das „Militär als Regime" abzusetzen und sich in die Kasernen zurückziehen. Nur auf diese Weise schien die Integrität der Streitkräfte noch zu retten zu sein (Diamandouros 1986: 156). Durch den raschen Rückzug der griechischen Militärs aus der politischen Macht fehlte den regimeoppositionellen „Demokratisierern" (Huntington 1991) ein echter Widersacher und Verhandlungspartner. Aber auch innerhalb der Regimeopposition waren zu diesem Zeitpunkt – anders als in Portugal – die radikalen Kräfte nur eine kleine Minderheit. Das Risiko, dass ihre radikalen Transformationsstrategien den Vetoakteur „Militär" erneut auf den politischen Plan rufen könnten, war deshalb geringer als in den beiden anderen südeuropäischen Ländern.

Karamanlís entschärfte zudem die „Restrisiken" Militär, militant linke Regimeopposition, nichtmilitärische reaktionäre Rechte und Problem der Monarchie, indem er eine gradualistische Strategie einschlug, die vor allem den Zeitfaktor in der Sequenzierung der Transformationsschritte mit geradezu machiavellistischer *virtù* berücksichtigte. Karamanlís' Ziele waren die situationsbedingte Schwäche des Militärs rasch zu nutzen, die große und heterogene Demokratisierungskoalition zusammenzuhalten, sich sukzessive von der nationalen und semi-demokratischen Rechten zu distanzieren, die radikalen Kräfte der Opposition zu mäßigen und sowohl das Problem der in der Vergangenheit gegenüber der Demokratie meist semiloyalen Krone zu lösen als auch die Bestrafung der Regimeverbrechen ohne Destabilisierungsrisiken zu bewerkstelligen (Diamandouros 1986: 159).

Eine der ersten Entscheidungen von Karamanlís war die vorübergehende Wiedereinsetzung der alten Verfassung von 1952, bis eine legitimierte Konstituante die notwendigen Revisionen der Verfassung vorgenommen hatte. Die Monarchie wurde bis zu einem Referendum über die Staatsform suspendiert. Es wurden unmittelbar konstitutionelle Dekrete erlassen, die die Junta-Vorschriften und autokratischen Relikte in Justiz, Verwaltung und im Bildungswesen beseitigten. Gleichzeitig wurde eine Amnestie für die politischen Gefangenen verkündet. Alle politischen Parteien, auch die kommunistische Partei (*Kommounistik Kómma Elládas*, KKE) wurden legalisiert.

Der konservative Politiker Karamanlís verfolgte in der noch prekären Transitionsphase eine „inklusive Legitimationsstrategie", die im Unterschied zum Illiberalismus der vorautoritären Nachkriegsdemokratie (1949–1967) alle relevanten politischen Kräfte in das neue demokratische System einbinden sollte. Gleichzeitig setzte Karamanlís rund 75 Prozent jener höheren Offiziere wieder ein, die den Säuberungen der Obristen-Junta zum Opfer gefallen waren (Linz/Stepan 1996: 133). Eine Maßnahme, die zweifellos zur Loyalitätssicherung der Armee gegenüber dem Demokratisierungsprozess beitrug.

Am 8. Dezember 1974 entschieden sich die Griechen für die Abschaffung der Monarchie und wählten gleichzeitig das erste demokratische Parlament ohne illiberale Restriktionen, wie dies noch vor 1967 der Fall gewesen war. Linz und Stepan (ibid.: 132) sehen spätestens zu diesem Zeitpunkt (142 Tage) die Transition als erfolgreich beendet an.

Anders als in Spanien und Portugal wurden die Spitzen der Junta und die direkt an Folterung und Regimeverbrechen beteiligten Militärs und Sicherheitspolizisten schon 1975 vor Gericht gestellt. Die drei Putschführer Papadopoulos, Pattakos und Makarezos erhielten eine lebenslängliche Freiheitsstrafe. In mehr als 100 Gerichtsverfahren wurden Regimeverbrechen, Menschenrechtsverletzungen und Hochverrat angeklagt und verurteilt. Damit ist Griechenland eines der wenigen Länder der dritten Demokratisierungswelle, die eine rechtsstaatliche und umfangreiche Verurteilung und Bestrafung der eklatanten Regimeverbrechen durchführte. Am 9. Juni 1975 trat dann die neue demokratische Verfassung der III. Griechischen Republik in Kraft.[7] Spätestens zu diesem Zeitpunkt war der Institutionalisierungsprozess der Demokratie in Griechenland erfolgreich abgeschlossen.

1.3.3 Spanien: Der ausgehandelte Institutionalisierungsprozess

Von allen drei südeuropäischen Ländern erwies sich die Institutionalisierung der Demokratie in Spanien am schwierigsten. Anders als in Portugal und Griechenland konnten weder die Institutionen noch die Herrschaftseliten des frankistischen Regimes durch einen radikalen Bruch beseitigt oder entmachtet werden. Dafür war die Opposition zu schwach und der Vetoakteur Militär zu mächtig. Dennoch waren die Regimeopposition stark und die Risse im frankistischen Herrschaftsblock tief genug, dass beide Seiten nach Francos Tod einander benötigten. Das sich nach und nach durchsetzende Bewusstsein, aufeinander angewiesen zu sein, führte die politischen Führer beider Lager zu Gesprächen, die bald den Charakter von Verhandlun-

---

7 Zu einzelnen Regelungen der Staatsorganisation in der Verfassung, vgl. Zervakis (1988, 1997).

gen annahmen. Das Ergebnis war ein von Eliten beider Seiten ausgehandelter Institutionalisierungsprozess, der über vier Etappen verlief und an dessen Ende 1978 ein konstitutionell voll entwickeltes liberaldemokratisches System stand (Maravall/Santamaría 1986: 82 ff.; Arias-Salgado 1988: 315; Kraus 1996b: 271 ff.; Linz/Stepan 1996: 92 ff.):

1. Das *Gesetz zur politischen Reform:* Nach seiner Ernennung zum Ministerpräsidenten gelang es Adolfo Suárez, die Spitze des *Movimiento* und die noch frankistisch besetzten *Cortes* zur Zustimmung zu einem Gesetz zu bewegen, das mit der Volkssouveränität, der Einführung des allgemeinen Wahlrechts und den Verfahren für eine Verfassungsreform den Grundstein für die Institutionalisierung des politischen Systems legte (Arias-Salgado 1988: 318). Das Gesetz wurde von den frankistischen *Cortes* mit 426 Stimmen (59 Gegenstimmen, 13 Enthaltungen) angenommen und am 15. Dezember 1975 in einem Referendum mit 94 Prozent bei einer Wahlbeteiligung von 78 Prozent angenommen (Maravall/Santamaría 1986: 83). Mit dem *Ley para la Reforma Política* gelang es Suárez, die Verfahrenslegalität des frankistischen Grundgesetzes zu wahren, die Zustimmung des größten Teils der alten Regimeeliten zu erhalten und dennoch eindeutig den Weg zur Demokratie zu beschreiten. Die hohe Zustimmung der Bürger im Referendum vom 15. Dezember 1976 (95,1 Prozent Ja-Stimmen) sicherte diesen Weg noch legitimatorisch ab.
2. *Legalisierung der Kommunistischen Partei:* Im April wagte Suárez den Schritt zur Legalisierung der Kommunistischen Partei, gegen die das Militär und die Hardliner des frankistischen *Bunkers* auch nach dem Bürgerkrieg vierzig Jahre lang einen regelrechten Kreuzzug geführt hatten (Arias-Salgado 1988: 319). Trotz der Kritik von dieser Seite kam es nicht zu einem politischen Veto. Mit der Zulassung der Kommunistischen Partei zu den anstehenden Parlamentswahlen hatte Suárez nicht nur eine illiberale Restriktion für das demokratische System beseitigt, sondern auch die Voraussetzung dafür geschaffen, dass sich die Kommunisten, die über eine beachtliche Mobilisierungsfähigkeit in der Industriearbeiterschaft verfügten, in eine Serie von Absprachen und Pakten in das demokratische Institutionalisierungsprojekt einbauen ließen (Linz/Stepan 1996: 98).
3. *Die Gründungswahlen von 1977:* Im Juni 1977 wurden die ersten freien und unbeschränkt kompetitiven Wahlen in Spanien durchgeführt. Die bürgerliche Zentrumsunion (UCD) von Adolfo Suárez erhielt die relative Mehrheit (34,6 Prozent). Die Sozialisten (PSOE) wurden zweitstärkste Partei (29,4 Prozent). Die rechtsgerichtete *Alianza Popular* (AP) und die kommunistische Partei (PCE) schnitten mit 8,4 bzw. 9,4 Prozent deutlich schwächer ab (Barrios 1997: 567). Das Wahlergebnis brachte für den weiteren Demokratisierungsprozess zwei positive Effekte mit sich. Erstens gewannen die beiden gemäßigten Parteien der Mitte zwei Drittel der Wählerstimmen und aufgrund des verstärkten Verhältniswahlsystems drei Viertel der Parlamentssitze (vgl. Nohlen 2004: 218). Zweitens schälten sich zwischen der Linken und Rechten zwei etwa gleichgroße Lager heraus, die einer zentripetalen Wettbewerbslogik folgten.
4. *Ausarbeitung und Verabschiedung der Verfassung:* Alle vier im Parlament vertretenen gesamtspanischen Parteien (AP, UCD, PSOE, PCE) sowie die katalanischen Nationalisten (CiU) waren aktiv an den Arbeiten zur demokratischen Verfassung beteiligt, wobei die Schlüsselentscheidungen nur von den Parteispitzen getroffen wurden (Arias-Salgado 1988: 320). Auch hier gaben die beiden größten Parteien UCD und PSOE den Ton an. So wie die Verhandlungen zwischen Regime und Opposition in der frühen Institutionalisierungsphase der Demokratie von den politischen Top-Eliten getragen wurden, wurde auch die Verfassungsgebung von den Parteiführern bestimmt. Beide Phasen waren also eindeutig eliten-

gesteuert (Kraus 1996a: 272). Während der außerparlamentarische Druck durch Streik, Streikdrohungen und Demonstrationen die Verhandlungsposition der demokratischen Kräfte stärkte, wirkte die bloße Existenz des Militärs stets als Restriktion und Risiko für den gesamten Demokratisierungsprozess.

Der Kompromiss- und Konsenscharakter der Verfassungsausarbeitung wurde von nahezu allen Mitgliedern des Parlaments getragen. Dies wurde deutlich, als der Verfassungsentwurf bis auf ganz wenige Gegenstimmen des rechtsextremen Flügels der AP von den nun demokratisch legitimierten *Cortes* fast einmütig angenommen wurde (Maravall/Santamaría 1986: 88). Die Annahme der Verfassung im Referendum vom Dezember 1978 mit 87,7 Prozent der Stimmen zeigte die allgemeine Zustimmung der spanischen Bürger. Damit wurde die zunächst prekär scheinende Institutionalisierung der Demokratie in Spanien in einem mehrstufigen Verfahren weitgehend abgeschlossen. Sowohl dem „Gesetz zur politischen Reform" (1976) als auch der Verfassung wurden vom Parlament und durch ein Referendum mit überwältigenden Mehrheiten zugestimmt. Von den drei neuen demokratischen Verfassungen Südeuropas verfügt deshalb die spanische *constitución* zweifellos über die demokratischste Verfahrenslegitimität.

Im weiteren Sinne hielt die Institutionalisierung der Demokratie jedoch noch bis zum 31. Oktober 1979 an, als in einem Vorgriff auf die spätere verfassungsrechtliche Regelung das letzte der dreizehn Autonomieregimes der spanischen Regionen *(Comunidades Autónomas)* eingerichtet wurde (Kraus 1996a). Da in dieser Frage keine konsensfähige Kompromisslösung zwischen der Rechten und der Linken, den Befürwortern eines Zentralstaats und den regionalen Nationalisten in der Verfassung gefunden werden konnte, wurde die präzise Regelung der regionalen Autonomien durch einen dilatorischen Formelkompromiss in die Zukunft verschoben. Damit vermied man das Risiko, das Militär als selbsternannten Hüter der Integrität des gesamtspanischen Territorialstaates auf den Plan zu rufen. Zum anderen wurden gemeinsame destruktive Protestaktionen der regionalen Nationalisten verhindert, die dem Terror der baskischen ETA (*Euskadi Ta Askatasuna*, Baskenland und dessen Freiheit) zusätzlichen Auftrieb gegeben hätten. Mit Recht lässt sich deshalb die vorläufige „Entscheidung für die Nichtentscheidung" (ibid.: 274) in Hinblick auf die Autonomiefrage als ein wesentlicher Beitrag zur Entlastung der Transitionsagenda begreifen.

Das „Problem der Staatlichkeit" (Linz/Stepan 1996), das in Osteuropa (Jugoslawien, Russland und im Kaukasus) zu Bürgerkriegen führte und den Demokratisierungsprozess dort nach wie vor gefährdet, konnte in Spanien durch eine kluge Politik des *timing and sequencing* erheblich entschärft werden. Zu dieser politisch klugen Sequenzierung der Transitionsschritte gehört auch die Terminierung der Wahlen. Mit Bedacht wurden die Wahlen auf nationaler Ebene (1977) und danach schrittweise die Wahlen in den *Comunidades Autónomas* durchgeführt. Dadurch wurden zuerst für den gesamtspanischen Staat die politischen Agenden, Organisationen, Institutionen, die autorisierte Macht und demokratische Legitimität kreiert und stabilisiert (Linz/Stepan 1996: 100). Erst danach konnten die *Comunidades Autónomas* über Wahlen und die Etablierung regionaler Organe politische Macht und Legitimität erlangen. In Staaten, die aufgrund starker regionalistisch-nationalistischer Autonomieforderungen ein virulentes Staatlichkeitsproblem haben, kann die Reihenfolge der Wahlen – erst national, dann regional – die Gefahr sezessionistischer Desintegration entschärfen.[8]

---

8 Linz/Stepan (1996: 106) weisen auf die umgekehrte Wahlfolge in Jugoslawien und der Sowjetunion hin. Dort habe die vorzeitige Abhaltung regionaler Wahlen zu einer Verstärkung der Nationalismus-Problematik geführt. Dies führte zur Verschärfung sezessionistischer Bestrebungen bis hin zu nationaler Unabhängigkeit ehemaliger Teilrepubliken und zu Bürgerkrieg.

Ein Faktor, der zweifellos wesentlich zum Gelingen der demokratischen Institutionalisierung beitrug, soll abschließend erwähnt werden: die Person und das konkrete politische Handeln von König Juan Carlos. Als Monarch repräsentierte er die Einheit und territoriale Integrität des Staates. Als von Franco designierter Nachfolger schien er zunächst die Kontinuität des alten Regimes zu verkörpern. Beides war eine Voraussetzung dafür, dass er von den Streitkräften als Oberbefehlshaber akzeptiert und von Militär und frankistischem *Bunker* als Garant ihrer Interessen und Werte betrachtet werden konnte. Gleichzeitig erwies sich der König in seinen politischen Entscheidungen als reformaufgeschlossen. Die Ernennung von Adolfo Suárez zum Ministerpräsidenten durch König Juan Carlos muss als eine der frühen Schlüsselentscheidungen für die Demokratisierung angesehen werden. Die Legitimation königlicher Ernennung öffnete Suárez zusätzlichen Handlungsspielraum, den dieser durch eine demokratische Wahl gegenüber den autoritären Vetokräften nie hätte erhalten können.

Die Übersicht in Tabelle 12 soll noch einmal die Charakteristika der Institutionalisierung der drei Demokratien im Vergleich verdeutlichen.

Tabelle 12: Die Institutionalisierung der Demokratie in Südeuropa

Land	Dauer der demokratischen Institutionalisierung	Art der Institutionalisierung	Verfahren der Verfassungsgebung	Typ des demokratischen Regierungssystems
Portugal	im weiten Sinne: Apr. 1974 – Aug. 1982 (8 Jahre, 4 Monate)[a] im engen Sinne: Apr. 1974 – Apr. 1976 (2 Jahre)[b]	*ruptura*: ohne alte Regimeeliten zwischen linken Militärs und demokratischen Parteien ausgehandelt	Verfassungsgebung durch amtierendes Parlament, kein Referendum	parlamentarisch-präsidentielles Regierungssystem bis 1982; ab 1982 parlamentarisches Regierungssystem
Griechenland	im weiten Sinne: Juli 1974 – Juni 1975 (23 Mon.)[c] im engen Sinne: Juli 1974 – Dez. 1974 (5 Monate)[d]	unilateral von der (weitgehend konservativen) Regimeopposition gelenkt	Verfassungsgebung durch amtierendes Parlament, kein Referendum (Referendum nur zur Frage der Staatsform)	parlamentarisch-präsidentielles Regierungssystem bis 1986; ab 1986 parlamentarisches Regierungssystem
Spanien	im weiten Sinne: Nov. 1975 – Okt. 1979 (47 Mon.)[e] im engen Sinne: Nov. 1975 – Jan. 1979 (38 Monate)[f]	*reforma pactada*: zwischen Regimeeliten und Opposition ausgehandelt	Gesetz zur politischen Reform (Referendum 1976); Verfassungsgebung durch amtierendes Parlament (Referendum 1978)	parlamentarisches Regierungssystem mit König als Staatsoberhaupt

[a] Die weite Periode erstreckt sich von der Absetzung des Salazar-Regimes (1974) bis zum Verschwinden der letzten konstitutionellen Enklaven für das Militär in der ersten Verfassungsrevision.
[b] Die enge Periode erstreckt sich von der Absetzung des Salazar-Regimes im Jahr 1974 bis zum Inkrafttreten der Verfassung im Jahr 1976.
[c] Die weite Periode erstreckt sich vom Sturz der Junta 1974 bis zum Inkrafttreten der Verfassung 1975.
[d] Die enge Periode erstreckt sich vom Sturz der Junta (1974) bis zum 9. Dezember 1994, als das gewählte griechische Parlament zusammentrat und der Ministerpräsident dem Parlament gegenüber verantwortlich wurde.
[e] Die weite Periode erstreckt sich vom Tode Francos (1975) bis zur Etablierung der autonomen Gemeinschaften im Jahr 1979.
[f] Die enge Periode erstreckt sich vom Tode Francos (1975) bis zum Inkrafttreten der Verfassung am 1. Januar 1979.

1.4 Die erfolgreiche Konsolidierung der Demokratien

Es ist vor allem auf den unterschiedlichen Charakter der Diktaturen zurückzuführen, dass sich die Transitionspfade in Südeuropa trennten. Dennoch versuchten die drei jungen Demokratien Griechenland, Portugal und Spanien zu Beginn der 1980er Jahre, sich fast gleichzeitig zu konsolidieren (vgl. u. a. Gunther et al. 1995: 389 ff.; Linz/Stepan 1996: 87 ff.; Morlino 1998).

1.4.1 Die konstitutionelle Konsolidierung: Regierungssysteme

Von den drei Verfassungen schrieb allein die spanische von Anfang an ein rein parlamentarisches Regierungssystem vor. Die spanische Regierung ist dem Parlament verantwortlich und kann von diesem durch ein konstruktives Misstrauensvotum abgesetzt werden (Art. 113 und Art. 175). Der Ministerpräsident kann das Parlament in Zusammenwirkung mit dem Staatsoberhaupt nach präzise festgelegten Regeln auflösen (Art. 115). Die Kompetenzen zwischen Parlament und Regierung sowie zwischen Staatsoberhaupt und Kabinett sind eindeutig abgegrenzt und verleihen der Regierung und dem Ministerpräsidenten eine starke Stellung. Das konstruktive Element des Misstrauensvotums stärkt zusätzlich die Stabilität des Kabinetts. Die Auflösung des Parlaments durch den Regierungschef ist weniger voraussetzungsvoll als im Grundgesetz der Bundesrepublik Deutschland geregelt. Beides stärkt die Regierung, aber vor allem den Ministerpräsidenten, der nach Verfassungsbuchstaben eine noch bedeutendere Position innehat als der deutsche Bundeskanzler (Barrios 1997: 560). Das Verhältnis Parlament-Regierung-Staatsoberhaupt ist im spanischen Fall in einer Weise geregelt, dass es die Konsolidierungsimperative der Regierungsstabilität, Entscheidungseffizienz und Entscheidungskontrolle optimal erfüllen kann.

Unklarer, prekärer und konfliktreicher als die horizontale ist die vertikale Gewaltenteilung in Spanien geregelt (Kraus 1996b). So wie die mangelnde Präzision der konstitutionellen Beziehungen zwischen Zentralstaat und Regionen die Institutionalisierung der Demokratie entlastet hat, so belastete sie die demokratische Konsolidierung. Allerdings hat sich in den Konflikten zwischen dem Zentralstaat und den Autonomen Gemeinschaften das Verfassungsgericht als Schiedsrichter bewährt. Sieht man von der terroristischen ETA und der linksnationalistischen *Herri Batasuna* im Baskenland ab, wurde die Schiedsrichterrolle des *Tribunal Constitucional* von den politischen Kontrahenten akzeptiert. Das Verfassungsgericht spielte in Spanien eine weitaus wichtigere Rolle bei der Konsolidierung des Institutionengefüges als in Griechenland und Portugal (ibid.: 274).

Die *griechische* Verfassung der III. Republik regelte die Beziehungen innerhalb der Exekutive sowie zwischen Exekutive und Legislative weniger eindeutig als in Spanien. Nach Art. 26 II bilden Staatspräsident und Regierung gemeinsam eine doppelte Exekutive. Art. 38 II befugte den Staatspräsidenten, die Regierung jederzeit – auch gegen den Willen des Parlaments – zu entlassen[9] (Zervakis 1988: 398). Die Regierung benötigt das Vertrauen sowohl des Parlaments wie auch des Staatspräsidenten, kann aber nicht die Auflösung des Parlaments gegen den Wil-

---
9 Mit der Verfassungsrevision von 1986 wurden die Kompetenzen des Staatspräsidenten erheblich eingeschränkt. Er kann nun das Parlament nur unter erheblich erschwerten Bedingungen auflösen (zu Details vgl. Zervakis 1997: 622). Mit der Verfassungsrevision von 1986 wandelte sich das präsidentiell-parlamentarische in ein rein parlamentarisches Regierungssystem.

len des Staatspräsidenten durchsetzen. Das Parlament kann dagegen die Regierung mit absoluter Mehrheit stürzen, muss aber keine konstruktive Mehrheit für die Wahl eines neuen Regierungschefs aufbringen (Zervakis 1997: 630). Die Verfassungskonstruktion erinnert in wesentlichen Teilen an die parlamentarisch-präsidentiellen Regierungssysteme der Fünften Republik Frankreichs und der Republik Polen nach 1989. Die Kompetenzabgrenzung zwischen Legislative und Exekutive sowie die Machtbefugnisse zwischen Staatspräsident und Regierungschef sind nicht präzise geregelt. Die Kooperations- und Entscheidungsfähigkeit der Regierung ist in hohem Maße von den parteipolitischen Konstellationen zwischen Präsident, Ministerpräsident und Parlamentsmehrheit abhängig. Damit waren theoretisch die Voraussetzungen für institutionelle Konflikte in der Verfassung angelegt, wie sie sich auch tatsächlich in der politischen Realität Polens zwischen 1990–1995 konsolidierungshemmend entfalteten. Griechenland blieben solche institutionellen Konflikte in der Konsolidierungsphase von 1975 bis 1981 erspart. Die überragende Figur des Ministerpräsidenten Karamanlís dominierte die aktuelle Politik, während der Staatspräsident (Konstantínos Tsátsos) sich weitgehend auf die zeremoniellen Pflichten beschränkte. Als Karamanlís dann 1980 ins Amt des Staatspräsidenten wechselte, hielt er sich seinerseits aus der Tagespolitik heraus. Sein Nachfolger im Amt des Ministerpräsidenten, der Sozialist Andréas Papandréou, führte seit 1981 mit dem gleichen Charisma und noch verstärkter Autorität die Regierungsgeschäfte. *De facto* funktionierte Griechenlands politisches System von Anfang an nach den Regeln eines parlamentarischen Regierungssystems. Mit der Verfassungsrevision von 1986 wurde es auch *de jure* als solches in der Verfassung festgeschrieben. Lähmende Verfassungskonflikte, wie sie in semipräsidentiellen

Tabelle 13: Typus und Amtsdauer der Regierungen in Griechenland 1974–2007

Ministerpräsident	Regierungspartei(en)	Regierungstyp	Amtszeit	Amtsdauer
Konstantínos Karamanlís	ND	Einparteiregierung	1974–1977	30 Monate
Konstantínos Karamanlís	ND	Einparteiregierung	1977–1980	36 Monate
Geórgios Rállis	ND	Einparteiregierung	1980–1981	12 Monate
Andréas Papandréou	PASOK	Einparteiregierung	1981–1985	48 Monate
Andréas Papandréou	PASOK	Einparteiregierung	1985–1989	48 Monate
Tsánnis Tzanetákis	ND/KKE	Zweiparteiregierung	18.06. – 04.11.1989	5 Monate
Xenofón Zolótas	Allparteienregierung	Allparteienregierung	05.11.1989 – 07.04.1990	5 Monate
Konstantínos Mitsotákis	NP	Einparteiregierung	1990–1993	36 Monate
Andréas Papandréou	PASOK	Einparteiregierung	1993–1996	36 Monate
Konstantínos Simítis	PASOK	Einparteiregierung	1996–2000	6 Monate
Konstantínos Simítis	PASOK	Einparteiregierung	April 2000– März 2004	48 Monate
Kóstas Karamanlís	ND	Einparteiregierung	2004–2007	42 Monate
Kóstas Karamanlís	ND	Einparteiregierung	2007–	21 Monate
				durchschn. 31,5 Monate

Quelle: Zervakis/Auernheimer (2009: 825), ergänz mit eigener Datenbasis.

Tabelle 14: Typus und Amtsdauer der Regierungen in Portugal 1976–2005

Ministerpräsident	Partei	Regierungstyp	Amtszeit	Amtsdauer
Mário Soares	PS	Minderheitsregierung (1 Partei)	Juli 1976 – Jan. 1978	19 Monate
Mário Soares	PS/CDS	„inoffizielle" Zweiparteienkoalition	Jan. 1978 – Aug. 1978	7 Monate
Alfredo Nobre da Costa	unabh.	präsidentielle Initiative	Aug. 1978 – Nov. 1978	3 Monate
Carlos da Mota Pinto	unabh. (PSD)	präsidentielle Initiative	Nov. 1978 – Juni 1979	8 Monate
Maria de Lurdes Pintasilgo	unabh.	präsidentielle Initiative	Juli 1979 – Jan. 1980	6 Monate
Francisco Sá Carneiro	PSD/CDS/PPM	Dreiparteienkoalition	Jan. 1980 – Jan. 1981	11 Monate
Francisco Pinto Balsemão	PSD/CDS/PPM	Dreiparteienkoalition	Jan. 1981 – Sept. 1981	8 Monate
Francisco Pinto Balsemão	PSD/CDS/PPM	Dreiparteienkoalition	Sept. 1981 – Juli 1983	22 Monate
Mário Soares	PS/PSD	Zweiparteienkoalition	Juli 1983 – Nov. 1985	28 Monate
Aníbal Cavaco Silva	PSD	Minderheitsregierung (1 Partei)	Nov. 1985 – Aug. 1987	21 Monate
Aníbal Cavaco Silva	PSD	Minderheitsregierung (1 Partei)	Aug. 1987 – Okt. 1991	40 Monate
Aníbal Cavaco Silva	PSD	Minderheitsregierung (1 Partei)	Okt. 1991 – Okt. 1995	48 Monate
António Guterres	PS	Minderheitsregierung (1 Partei)	Okt. 1995 – Okt. 1999	48 Monate
António Guterres	PS	Minderheitsregierung[a] (1 Partei)	Okt. 1999 – April 2002	30 Monate
José Manuel Durão Barroso	PSD/CDS	Zweiparteienkoalition	April 2002 – Juli 2004	27 Monate
Pedro Santana Lopes	PSD/CDS		Juli 2004 – März 2005	8 Monate
José Sócrates	PS	Minderheitsregierung (1 Partei)	März 2005 –	–
				durchschn. 20,9 Monate

a Ein Sitz fehlte zur Mehrheit. Ausgeglichene Sitzverteilung zwischen Sozialisten und der Opposition.
Quelle: Fonseca (2009).

Regierungssystemen strukturell angelegt sind und sich später in Polen und Russland manifestierten, blieben der jungen griechischen Demokratie erspart.

Anders als in Spanien und Griechenland dauerte es in Portugal erheblich länger, bis sich die Verfassungsgewalten konsolidiert hatten. Auch die Transitionseliten in Portugal entschieden sich aus den schon angeführten Gründen zunächst für ein parlamentarisch-präsidentielles Sys-

Tabelle 15: Typus und Amtsdauer der Regierungen in Spanien 1977–2008

Ministerpräsident	Partei	Regierungstyp	Amtszeit	Amtsdauer
Adolfo Suárez	UCD	Minderheitsregierung	Juli 1977 – April 1979	21 Monate
Adolfo Suárez	UCD	Minderheitsregierung	April 1979 – Febr. 1981	22 Monate
Leopoldo Calvo-Sotelo	UCD	Minderheitsregierung	Febr. 1981 – Dez. 1982	22 Monate
Felipe Gonzáles	PSOE	Einparteienregierung	Dez. 1982 – Juli 1986	43 Monate
Felipe Gonzáles	PSOE	Einparteienregierung	Juli 1986 – Dez. 1989	41 Monate
Felipe Gonzáles	PSOE	Minderheitsregierung	Dez. 1989 – Juli 1993	43 Monate
Felipe Gonzáles	PSOE	Minderheitsregierung	Juli 1993 – Mai 1996	34 Monate
José María Aznar	PP	Minderheitsregierung	Mai 1996 – März 2000	46 Monate
José María Aznar	PP	Minderheitsregierung	März 2000 – März 2004	48 Monate
José Luis R. Zapatero	PSOE	Koalitionsregierung	März 2004 – April 2008	48 Monate
José Luis R. Zapatero	PSOE	Koalitionsregierung	April 2008 –	
				durchschn. 36,8 Monate

Quelle: Barrios (1997: 560), ergänzt anhand der Datenbasis von electionworld.org.

tem. Da der erste Staatspräsident António Ramalho Eanes (1976–1986) ein – vom Volk gewählter – Militär war, wurde ihm zumindest bis zur Verfassungsrevision von 1982 eine doppelte dominierende Rolle zugeschrieben. Bis 1982 hatte es der Staatspräsident mit sechs unterschiedlichen Ministerpräsidenten zu tun. Einige von ihnen, wie der Sozialist Mário Soares (1976–1978), waren ebenfalls starke politische Führungspersönlichkeiten, die ihr Amt als Regierungschef selbstbewusst und extensiv interpretierten. Als Folge durchzogen beide Amtsperioden von Eanes immer wieder Kompetenzkonflikte zwischen dem Staatsoberhaupt und dem Regierungschef (Bruneau/Mac Leod 1986: 4), die bis zur Verfassungsänderung von 1982 die demokratische Konsolidierung belasteten. In Portugal aktualisierte sich auch faktisch jene Gefahr, die in semipräsidentiellen Regierungssystemen latent angelegt ist: Kompetenzkonflikte innerhalb der doppelköpfigen Exekutive sowie zwischen Staatsoberhaupt und Parlament, die zur Ineffizienz im politischen Entscheidungsprozess und zur Instabilität der Regierungen bis 1983 beitrugen.

Zwar ist die Regierungsstabilität keineswegs allein vom Typus des Regierungssystems abhängig, sondern wird auch von der Struktur der Parteienlandschaft und dem Modus des Wahlsystems determiniert. Allgemein kann jedoch die These gelten, dass gerade in jungen postautokratischen Demokratien stabile Regierungen die politische Handlungs- und Reformfähigkeit stärken, zur Legitimität der politischen Institutionen und damit zur Konsolidierung der Demokratie beitragen.

Drei Jahrzehnte nach dem Regimewechsel haben die Regierungen der drei neuen südeuropäischen Demokratien hinsichtlich ihrer Amtsdauer (Stabilität) mit leichten Unterschieden westeuropäische Standards erreicht. Die spanischen Regierungen hatten von 1977 bis 2008 eine durchschnittliche Amtszeit von 36,8, die griechischen von 31,5 (1974–2007) und die portugiesischen von 20,9 Monaten (1976–2005). Damit lag die Regierungsstabilität in allen drei Ländern über dem westeuropäischen Durchschnitt. In Portugal haben sich die großen Verfassungsorgane des Regierungssystems deutlich später als in Griechenland und Spanien konsolidiert. Während in diesen beiden Ländern konsolidierende Impulse von den zentralen Verfassungsinstitutionen auf die anderen Ebenen des politischen Systems ausgingen, waren es in Portugal umgekehrt Impulse, die sich von der Ebene des Parteiensystems und aufgrund des Verschwindens des Militärs als Vetoakteur konsolidierend auf die institutionelle Ebene des Regierungssystems auswirkten.

1.4.2 Die repräsentative Konsolidierung: Parteiensysteme und Verbände

■ *Parteiensysteme*

Die Transitionsforschung zu Südeuropa ist sich weitgehend darin einig, dass die rasche Konsolidierung der Parteiensysteme wesentlich zur erfolgreichen Konsolidierung der Demokratien beigetragen hat (Merkel, W. 1990a: 6; Morlino 1995: 324 f.; Morlino/Montero 1995: 257; Puhle 1997: 151). Diese These soll anhand von vier für die Konsolidierung besonders relevanten Dimensionen der Parteiensysteme expliziert werden: Fragmentierung, Polarisierung, Volatilität und die sogenannten „kritischen Wahlen".

Fragmentierung: Die Fragmentierung des Parteiensystems war in keinem der Länder ein Konsolidierungsproblem. Sie bewegte sich von Anfang an im westeuropäischen Durchschnitt (Merkel, W. 1990a: 6). In Griechenland dominierten die beiden großen Parteien, die konservative *Neue Demokratie* (ND) und die *Panhellenistische Sozialistische Bewegung* (PASOK). Der Stimmenanteil beider Parteien betrug 1974 schon 68 Prozent und liegt seit den Wahlen von 1981 stets deutlich über 80 Prozent (Zervakis 1997: 636). Auf der Parlamentsebene und bei der Regierungsbildung folgte deshalb die politische Interaktion den Regeln eines Zweiparteiensystems. In Portugal entwickelte sich seit den ersten Parlamentswahlen im Jahr 1975 ein Vierparteiensystem, in dem die rechte (CDS) und die linke Flügelpartei (PCP) zwar relevant waren, das Gravitationszentrum des Parteiensystems aber immer bei den zwei Parteien der linken (PS) und rechten (PSD) Mitte lag.[10] Sie erhielten in den letzten Jahren zwischen 60 und 80 Prozent der Wählerstimmen (Fonseca 2009). Eine ähnliche Struktur bildete sich im spanischen Parteiensystem heraus. Bis 1981 dominierten ebenfalls die Mitte-Rechts-Partei UCD und die Mitte-Links-Partei PSOE in der Wählergunst mit zusammen ca. 65 Prozent der Wählerstimmen. Der Rest ging an die Kommunisten (ca. 10 Prozent) und die reaktionäre *Alianza Popular* (ca. 7 Prozent später: *Partido Popular*, PP). Nach dem Zerfall der Regierungspartei UCD dominierte die sozialdemokratische PSOE die 1980er Jahre. Mit der Reform der PP zu einer modernen konservativen Partei funktioniert das spanische Parteiensystem fast nach dem Muster eines Zweiparteiensystems. Die kommunistisch dominierte Wahlallianz *Izquierda Unida* (IU) und die kleineren Regionalparteien dienten bisweilen als informelle Mehrheitsbeschaf-

---

10 CDS = Centro Democrático Social; PCP = Partido Comunista Português; PS = Partido Socialista; PSD = Partido Social-Democrata.

fer sowohl der regierenden Sozialisten (1989–1996, seit 2004) als auch der Volkspartei (1996–2004).

Die moderate Fragmentierung der Parteiensysteme stellte für keine der drei südeuropäischen Demokratien ein Konsolidierungsproblem dar. Dies kann noch einmal durch zwei in der Parteienforschung verwendete Fragmentierungsindices verdeutlicht werden. So lag die Zahl der effektiven Parteien (vgl. Laakso/Taagepera 1979) sowohl in den 1970er als auch in den 1980er Jahren in allen drei Ländern stets zwischen 3 und 4 (Merkel, W. 1997b: 369). Auch die Messung mit dem Fragmentierungsindex (vgl. Rae 1968) zeigt, dass Griechenland und Portugal leicht unter und Spanien nur geringfügig über dem westeuropäischen Durchschnitt lagen (Morlino 1995: 324).

Polarisierung und Antisystemparteien: Die Polarisierung eines Parteiensystems lässt sich als die ideologische Distanz zwischen den relevanten linken und rechten Flügelparteien des Parteiensystems messen (Sartori 1976). Dafür liegen jedoch für die drei südeuropäischen Länder keine vergleichbaren Surveydaten vor. Deshalb soll an dieser Stelle die Polarisierung über die Einschätzung festgestellt werden, ob sich in den Parteiensystemen am linken oder am rechten Rand relevante Antisystemparteien etablieren konnten. Die extreme Rechte konnte in keinem der drei Länder nennenswerte Parteien ausbilden. Sie bleibt hier deutlich unter ihrem Wählerzuspruch in den meisten etablierten Demokratien Westeuropas (vgl. u. a. Frankreich, Italien, Österreich, Belgien). Dies ist zum einen auf die Diskreditierung durch die gerade überwundenen Rechtsdiktaturen zurückzuführen, zum anderen vermochten die rechtskonservativen Parteien ND (Griechenland), PP (Spanien) und CDS (Portugal) das rechtsextreme Wählerpotenzial ihrer Länder nahezu völlig in das Spektrum der demokratischen Systemparteien einzubinden (Puhle 1997: 158).

Auch die kommunistische Linke entfaltete in der Phase der demokratischen Konsolidierung, mit der anfänglichen Ausnahme der portugiesischen PCP, keine destabilisierende Wirkung. Die in den 1970er Jahren gemäßigte eurokommunistische Partei Spaniens (PCE) ließ sich insbesondere nach 1977 in die Politik des demokratischen Konsenses einbinden (u. a. Moncloa-Pakte, 1977) und leistete damit einen wichtigen aktiven Beitrag zur Stabilisierung der spanischen Demokratie (Kraus/Merkel 1993: 204). In Portugal und Griechenland konnten sich die orthodoxen kommunistischen Parteien unter den Altstalinisten Cunhal und Florakis ein größeres und stabileres Segment in der Wählerschaft ihrer Länder sichern. Doch beide Parteien galten und gelten auf nationaler Ebene als nicht koalitionsfähig. Die PCP war die einzige kommunistische Partei der drei südeuropäischen Länder, die zeitweise, nämlich in den ersten 20 Monaten nach der Nelkenrevolution (25. April 1974), einen erheblichen destabilisierenden Einfluss auf die Demokratisierung des Landes ausübte. Nach Inkrafttreten der Verfassung von 1976 verlor die PCP jedoch an Einfluss und ihre einst negative Wirkung auf die Konsolidierung der Demokratie wurde schwächer. Seit Ende der 1970er Jahre nahmen die Kommunisten mehr die Position einer Antiregierungs- denn Antisystempartei ein. Sie übten zudem, der französischen kommunistischen Partei nicht unähnlich, eine wichtige Tribunenfunktion aus, indem sie sich im offiziellen politischen Prozess zum Sprachrohr der sozial marginalisierten und politisch radikalisierten Gruppen machten und damit deren systemdestabilisierendes Potenzial innerhalb des demokratischen Systems banden (Bruneau/MacLeod 1986: 56).

Die von Antisystemparteien konkret erzeugten Destabilisierungen können jedoch erst dann angemessen erfasst werden, wenn sie im Zusammenhang mit der Wettbewerbsdynamik des Parteiensystems betrachtet werden. Lösen Antisystemparteien eine zentrifugale Dynamik aus, die, wie im Falle der späten Weimarer Republik, die Wähler auf beide extremen Pole des Parteienspektrums zieht, werden sie zu einem virulenten Risiko für die Demokratie. Bleiben Antisystemparteien isoliert auf den Flügeln und konzentriert sich der Wählerwettbewerb maßgeblich auf die Wähler der politischen Mitte, dann stellen sie kaum eine Gefahr für die Konsolidierung der Demokratie dar. Sowohl in Spanien als auch in Portugal entwickelten sich von Anfang an starke zentripetale Wettbewerbstendenzen (Morlino 1995: 325). Allein in Griechenland kam es zu einer gemäßigt zentrifugalen Tendenz, die allerdings nicht von Antisystemparteien, sondern von den beiden konkurrierenden Regierungsparteien, der konservativen ND und der expressiv-sozialistischen PASOK, ausgelöst wurde. Dies trug zwar zur Polarisierung der politischen Kultur Griechenlands bei, überschritt aber auf der Parteienebene nicht die demokratischen Grenzziehungen.

Volatilität: Mit dem Konzept der *volatility* wird die Summe der Netto-Wählergewinne und Netto-Wählerverluste der relevanten Parteien von Wahl zu Wahl gemessen. Eine niedrige Wählerfluktuation weist auf den Grad der Konsolidierung des Parteiensystems hin. Die durchschnittliche Volatilitätsrate der westeuropäischen Staaten betrug in den 1980er Jahren 9,6 Prozent[11] (ibid.: 319). Demgegenüber weisen die drei südeuropäischen Länder von den ersten freien Wahlen Mitte der 1970er bis zur Mitte der 1990er Jahre (1994) eine höhere Wählerfluktuation auf. Dies gilt insbesondere für Spanien mit 16,9 Prozent, aber auch für Portugal mit 13,3 Prozent und Griechenland mit 12,5 Prozent (ibid.: 318). Zwar ist die Stabilität der Wählerbindung insbesondere in Spanien geringer als im Durchschnitt der etablierten westeuropäischen Demokratien ausgeprägt, doch die Unterschiede sind keineswegs dramatisch und haben sich in der letzten Dekade noch weiter verringert. Auch die Entwicklung der Wählerfluktuation zeigt für Südeuropa keine destabilisierenden Anomalien gegenüber den etablierten Demokratien Westeuropas.

Kritische Wahlen: Die über zwei Jahrzehnte gemessenen Durchschnittswerte der *volatility* verbergen mögliche Zäsuren oder dramatische Wählerverschiebungen anlässlich einer bestimmten Parlamentswahl. Treten solche erheblichen Verschiebungen auf, kann man von „kritischen Wahlen" sprechen (ibid.: 319). Sie sind in Hinblick auf die demokratische Konsolidierung deshalb „kritisch", weil zunächst offen ist, ob ein solches dekonsolidierendes *dealignment*[12] in ein konsolidierendes *realignment* einer erneuten Wähler-Partei-Bindung mündet. Tritt eine erneute Anbindung der Wähler an die Parteien nicht ein, bleibt die Konfiguration des Parteiensystems instabil. Ein solch instabiles Parteiensystem kann in noch nicht konsolidierten Demokratien erhebliche destabilisierende Wirkungen entfalten. Dies ist besonders dann der Fall, wenn es in raschen Abständen zu dramatischen Wählerverschiebungen zwischen den „Parteilagern" kommt *(interbloc volatility)*, Regierungsinstabilitäten induziert werden und diese zu wiederholten *U-Turns* in der Regierungspolitik führen. Die notwendige Kontinuität der Reformpolitik kann so nicht durchgehalten werden. Stattdessen könnte eine anhaltende Volatilität in eine Parteiverdrossenheit münden (bzw. diese ausdrücken), die im schlechtesten Fall in Demokratieverdrossenheit umschlüge. Folgt jedoch ein rasches *realignment* auf eine kritische Wahl,

---

11 Von 1945 bis 1984 betrug die Rate für 16 westeuropäische Länder durchschnittlich 10,6 Prozent (vgl. Lane/Ersson 1987: 165).
12 Von einem klassischen *dealignment* kann bei solchen kritischen Wahlen in der frühen Konsolidierungsphase nur bedingt gesprochen werden, weil sich in aller Regel überhaupt noch keine stabilen Wähler-Partei-Bindungen herausbilden konnten. Dennoch werden in kritischen Wahlen anfänglich entstandene Parteipräferenzen in großem Umfang bei den Wählern neu geordnet.

kann diese möglicherweise die entscheidende Zäsur zwischen einem noch nicht gefestigten transitorischen hin zu einem stabilen Parteiensystem darstellen.

Kritische Wahlen fanden in Griechenland 1981 und in Spanien 1982 statt (ibid.: 318 f.). In beiden Ländern stabilisierte sich nach den Wahlen das Parteiensystem wieder. Später kam es zu keinen wesentlichen Strukturveränderungen mehr. In gewissem Sinne wurden die Parteiensysteme „eingefroren", wie es in der Begrifflichkeit von Lipset und Rokkan (1967) heißt. In Portugal fanden die *kritischen Wahlen* erst später statt. 1987 stieg die *volatility* noch einmal auf 23,3 Prozent (Morlino 1995: 318), um danach auf ein mittleres Niveau abzusinken. Seit 1987 kann auch das portugiesische Parteiensystem als konsolidiert gelten. Während in Spanien und Griechenland die früh konsolidierten Parteiensysteme einen wichtigen Beitrag zur Konsolidierung der jungen Demokratien leisteten, kann in Portugal eher von einer umgekehrten Kausalbeziehung ausgegangen werden: Dort waren es andere Teilsysteme der sich konsolidierenden Demokratie, die das Parteiensystem stabilisieren halfen.

■ *Verbände in den industriellen Beziehungen*

Wie in den meisten Transformationsländern dauerte auch in Portugal, Griechenland und Spanien die Konsolidierung der funktionalen Interessenrepräsentation bei den beiden großen Verbänden von Kapital und Arbeit länger als die rasche erste Konsolidierung der Parteien und Parteiensysteme (Schmitter 1995b). Vor allem die Herausbildung stabiler Verhandlungsmuster zwischen den Gewerkschaften und Arbeitgeberverbänden erwies sich zunächst als schwierig und von vielfältigen Konflikten durchsetzt. Die industriellen Beziehungen sind in den drei Ländern weder dem syndikalistischen noch dem korporatistischen Typ (Beyme 1984: 211 ff.) zuzuordnen. Von der Organisationsstruktur ähneln die spanischen und portugiesischen eher dem ersten Typus, in ihrer Verhaltensweise haben sie sich jedoch überraschenderweise zeitweise dem zweiten Typus angenähert. Die griechischen Arbeitsbeziehungen sind wie schon vor 1967 auch nach 1974 von einem etatistischen Korporatismus geprägt.

■ *Portugal*

In Portugal gab es seit 1978 zwei scharf miteinander konkurrierende Gewerkschaftsverbände, von denen die größere CGTP-IN (1,15 Mio. Mitglieder) eng mit der Kommunistischen Partei verbunden ist, während die UGT (1 Mio. Mitglieder) vor allem den Sozialisten, zu kleineren Teilen auch den Sozialdemokraten nahesteht. Beide Verbände sind zudem uneinheitlich nach dem Branchen- und dem Berufsprinzip organisiert. Lokale und regionale Gewerkschaftsverbände schwächen die Handlungs- und Kooperationsfähigkeit der Gewerkschaften zusätzlich. Zu Beginn der 1980er Jahre waren in der CGPT-IN 348 und in der UGT 207 Einzelgewerkschaften organisiert (Mathée 1983: 283). Auch bei den Arbeitgebern gibt es regionale (Lissabon, Porto) und sektorale Differenzierungen (Industrie, Handel, Landwirtschaft), die sich von den Basisorganisationen bis in die Dachverbände durchziehen (Dauderstädt 1988: 447). Als Folge der fragmentierten Verbändelandschaft sind auch die Tarifverhandlungen stets auf unterschiedlichen Ebenen geführt worden. Es gab und gibt in Portugal tarifliche Vereinbarungen sowohl auf Branchenebene als auch auf Unternehmens- oder gar Betriebsebene (Pinto, M. 1990: 255).

Die organisatorische Zersplitterung der Verbände und die daraus resultierende Binnenkonkurrenz unter den Gewerkschaften und zwischen den Arbeitgeberorganisationen bieten ungünstige Voraussetzungen für eine kooperative Interessenaushandlung. Konfliktreiche Arbeitsbeziehungen sind aber wiederum ungünstig für gesamtwirtschaftlich rationale Tarifvereinbarungen. Eine ungünstige wirtschaftliche Entwicklung kann den Aufbau von spezifischer Legitimität (Easton 1965) verzögern. Tatsächlich übte der kommunistisch dominierte Gewerkschaftsverband von 1974–1977 (CGTP-IN) keinerlei Streikzurückhaltung oder Lohnmäßigung, sondern verschärfte an der Seite der PCP die Klassenauseinandersetzungen in Portugal. Arbeitskonflikte und inflationstreibende hohe Tarifabschlüsse hielten bis Anfang der 1980er Jahre an. Seit Mitte der 1980er Jahre jedoch kamen im Kontext der relativ konsolidierten Demokratie immer wieder konzertierte Aktionen zwischen den Gewerkschaften (CGPT-IN, UGT), den Unternehmerverbänden und der Regierung zustande, so dass Transformations- und Gewerkschaftsforscher vom Neokorporatismus in Portugal sprachen (Dauderstädt 1988: 447; Pinto, M. 1990: 252; Schmitter 1995b: 231). Allerdings kam es zu diesen kooperativen Arbeitsbeziehungen erst, nachdem wichtige Teilbereiche (Regierungssystem, Parteiensystem, Wirtschaft) der portugiesischen Demokratie schon konsolidiert waren.

■ *Griechenland*

Die Interessengruppen und Verbände waren in Griechenland stets organisatorisch unterentwickelt, institutionell schwach und eng am parteipolitischen Dualismus von ND und PASOK ausgerichtet (Zervakis 1997: 641). Dies gilt hauptsächlich für die Gewerkschaften und Arbeitgeberverbände. Zwar wurden in der Verfassung von 1975 erstmals das gewerkschaftliche Streikrecht und das kollektive Tarifvertragsrecht explizit verankert. Aber insbesondere in der Konsolidierungsphase von 1975–1980 wurde dieses Recht von der konservativen Regierung Karamanlís restriktiv ausgelegt und die alte Tradition der etatistischen Kontrolle der Gewerkschaften durch die Regierung fortgesetzt. Der sozialistische Ministerpräsident Papandréou stellte zwar mit der Novellierung der Arbeitsgesetzgebung eine rechtliche „Waffengleichheit" zwischen Unternehmern und Gewerkschaften her, mochte aber nach 1981 selbst nicht von der etatistisch-paternalistischen Kontrolle ablassen.

Die griechischen Gewerkschaften sind organisatorisch zersplittert, von parteipolitischen Konflikten durchzogen. Zwar sind die Gewerkschaften nach dem Prinzip der Einheitsgewerkschaft organisiert, doch diese Einheit wird gleich mehrfach gebrochen: durch die Konkurrenz von berufsständischen Organisationen und Branchengewerkschaften, durch rund 4 000 Einzelgewerkschaften sowie durch die richtungspolitische Konkurrenz innerhalb des größten gewerkschaftlichen Dachverbandes GSEE (Katsanevas 1984; Fakiolas 1987).

Den Gewerkschaften stehen schwache Arbeitgeberverbände gegenüber. Bis 1985 fanden sie kaum Gehör bei der Regierung. Der „Verband der griechischen Industrie" (SEV) vertritt nur ein Drittel aller industriellen Arbeitgeber. Gegenüber seinen Mitgliedern besitzt er nur wenig Verpflichtungsfähigkeit, weshalb der Verband weder für Gewerkschaften noch für die Regierung ein attraktiver Verhandlungspartner war. Mehr als 90 Prozent aller Betriebe haben nur zehn oder weniger Angestellte. Ihre heterogenen Interessen sind nur schwer in einer gemeinsamen Verbandspolitik zu bündeln (Zervakis 1997: 642).

Die organisatorische Fragmentierung der Arbeitgeber- wie Arbeitnehmerseite, die Reformverschlossenheit der Unternehmerverbände bis weit in die 1980er Jahre hinein und die steten Versuche der Regierung, die Gewerkschaften zu instrumentalisieren, haben in Griechenland während der Phase der demokratischen Konsolidierung keine kooperativen Arbeitsbeziehungen entstehen lassen. Die Folge war, dass die Gewerkschaften häufig zum Streik als Mittel zur Durchsetzung ihrer Interessen griffen. Griechenland gehörte in den 1970er und 1980er Jahren zu den westeuropäischen Ländern mit den höchsten Streikraten (Axt 1994: 89). Dies hat zwar nicht die Konsolidierung der Demokratie gefährdet, aber aus liberaldemokratischer Sicht in der Gesellschaft Bereiche geschaffen, die nicht von den gesellschaftlichen Kräften selbstverantwortlich organisiert wurden, sondern nach etatistisch-paternalistischem Muster von den griechischen Regierungen obrigkeitsstaatlich reguliert und kontrolliert wurden.

■ *Spanien*

Die kollektive Selbstorganisation sozioökonomischer Interessen und ihre Aktions- wie Kooperationsfähigkeit waren zu Beginn der Demokratisierung in den 1970er Jahren im Allgemeinen nur gering ausgebildet (Pérez Díaz 1987: 66). Die Unternehmer, die unter Franco ihre kollektive Interessenvertretung weitgehend dem Staat überlassen hatten, sahen aufgrund fehlender freier Gewerkschaften und der Wahrnehmung ihrer Interessen durch einen autoritär-dominanten Staat keine zwingenden Gründe zum Aufbau eigener starker Interessenverbände. In der Transitionsphase entstand deshalb erst 1977 mit der Fusion von drei Einzelverbänden in der Dachorganisation CEOE *(Confederación Española de Organizaciones Empresariales)* ein zentraler Unternehmerverband. Mit einem Organisationsgrad von fast 80 Prozent entwickelte sich dieser rasch zur quasi-monopolistischen Interessenorganisation der Unternehmer (Merkel, W. 1989: 637). Dies waren zunächst von der Arbeitgeberseite günstige organisatorische Voraussetzungen für eine konzertierte Wirtschaftspolitik.

Die spanischen Gewerkschaften waren zwar zu Beginn der Demokratisierung relativ gut organisiert, weil sie auf die stabilen Organisationskerne der schon in der Endphase des Franco-Regimes geduldeten *Comisiones Obreras* (CCOO)[13] zurückgreifen konnten. Doch kam es in der spanischen Gewerkschaftsbewegung nach 1975 nie zu einer vergleichbaren Konzentration wie auf der Arbeitgeberseite. Denn die Gewerkschaften waren und sind in Spanien wie in ganz Südeuropa richtungspolitisch in kommunistische (CCOO), sozialistische (UGT) und regionalistisch-autonomistische (u. a. ELA-STV) Gewerkschaften gespalten. Ihre Repräsentativität zählt mit einem Organisationsgrad von ca. 10 Prozent (1990)[14] seit über zwei Jahrzehnten zu den niedrigsten in ganz Westeuropa. Es bestanden also seit den späten 1970er Jahren auf der Arbeitnehmerseite ungünstige organisatorische Voraussetzungen für eine neokorporatistische Kooperation in den industriellen Beziehungen.

Trotz der schlechten organisatorischen Ausgangsbedingungen und entgegen der zentralen Theoreme der Neokorporatismusforschung wurden in Spanien in einer entscheidenden Phase der Transition und der demokratischen Konsolidierung zwischen 1977 und 1986 mehrere Wirtschafts- und Sozialpakte zwischen den Gewerkschaften, der CEOE und dem Staat geschlossen. Die Inhalte der Abkommen betrafen politische, wirtschaftliche und soziale Fragen. Trotz ihres niedrigen Repräsentationsgrades und ihrer organisatorischen Fragmentierung hielten die Gewerkschaften ihre Verpflichtung zur Lohnzurückhaltung weitgehend ein. Doch konnte weder der Unternehmerverband die Investitionsversprechen gegenüber der eigenen Verbandsklientel durchsetzen, noch lösten die Regierungen nach 1980 ihre wirtschafts- und sozialpolitischen Verpflichtungen hinreichend ein. Deshalb kündigten die Gewerkschaften die sozioökonomischen Pakte im Jahr 1986 auf. Es kam zu einem Bruch zwischen der sozialisti-

---

13 Die Arbeiterkommissionen (CCOO) hatten sich unter kommunistischer Dominanz innerhalb des staatlichen Zwangssyndikats gebildet. Sie waren illegal, wurden aber seit den 1960er Jahren weitgehend geduldet (Bernecker 1985).
14 Schmitter (1995a: 294) gibt für die portugiesischen 28,6 Prozent und die griechischen Gewerkschaften 35,0 Prozent als Repräsentationsquote an.

schen Regierung und den Gewerkschaften, der allerdings weder die mittlerweile konsolidierte Demokratie noch den wirtschaftlichen Aufschwung gefährden konnte.

Der eigentliche Effekt der Pakte bestand weniger in ihren Auswirkungen auf die wirtschaftliche Situation des Landes; eine weit wichtigere Auswirkung der Übereinkünfte war vielmehr die Stabilisierung der Demokratie in einer noch frühen und prekären Phase der Transition durch die Moncloa-Pakte von 1977 (Maravall 1995: 223). Hier wurden wichtige wirtschaftliche und politische Reformmaßnahmen zwischen der Regierung, den politischen Parteien und den Gewerkschaften vereinbart. Diese politischen Reformabsprachen wurden eingehalten und unter anderem in der Verfassung von 1978 verankert (Bernecker 1990: 51). Die Bedeutung der Pakte bestand deshalb vor allem in der Erzeugung eines politischen Klimas des Kompromisses und des Konsenses zwischen den wichtigsten politischen und gesellschaftlichen Kräften.

Von allen drei Ländern Südeuropas trugen allein in Spanien politische und sozioökonomische Pakte zwischen Staat, Parteien und Gewerkschaften bzw. – seltener – zwischen Staat, Gewerkschaften und Arbeitgebern zur erfolgreichen Institutionalisierung und Konsolidierung der Demokratie bei. Insbesondere die linken Parteien und Gewerkschaften leisteten dafür in der Phase von 1977–1981 einen wertvollen Beitrag, indem sie ihre politischen Ziele und Mittel mäßigten und damit der Verletzlichkeit der jungen Demokratie diszipliniert Rechnung trugen (Kraus/Merkel 1993: 210).

1.4.3 Die Integration der Vetoakteure

Es ist kennzeichnend für die Periode postautoritärer Umbrüche, dass vor allem Akteure (Elitengruppen, Organisationen, Institutionen) des alten Regimes, die noch über relevante Machtmittel verfügen, eine extrakonstitutionelle Vetorolle gegenüber der zivilen demokratischen Politik beanspruchen. Der mächtigste und deshalb für die Konsolidierung der Demokratie bedrohlichste dieser Vetoakteure ist das Militär. Es wird zumeist dann zu einem Demokratierisiko, wenn es mit dem vorhergehenden autoritären Regime eng verbunden war oder gar dessen Herrschaftskern gebildet hat. Dies war bei den drei südeuropäischen Ländern vor allem in Griechenland und Spanien der Fall. Portugal unterschied sich von diesem Muster, weil es dort das Militär selbst war, das das alte autoritäre Regime stürzte. Doch gerade aus diesem Sturz reklamierten die Streitkräfte eine revolutionäre Legitimation für die Wächterrolle zur Wahrung der Errungenschaften der Nelkenrevolution vom 25. April 1974.

In Griechenland und Spanien mussten die rechten Militärs in ihrem eigenen Interesse verhindern, dass sie für die unter den autoritären Regimen verübten Verbrechen zur Verantwortung gezogen werden. Gleichzeitig begriffen sie sich auch in der Demokratie als Hüter der traditionalen Werte wie Nation, Vaterland und territoriale Integrität. Den linken portugiesischen Militärs ging es vor allem um die Sicherung der progressiven sozioökonomischen Reformen von 1974 und 1975. Allein in Griechenland spielten die Militärs in der Phase der demokratischen Konsolidierung keine politische Rolle mehr. Die Gründe, die vor allem in der völligen Diskreditierung der Militärjunta liegen, wurden bereits an anderer Stelle erläutert.

Auch für Portugal wurde die Rolle der Militärs in der Institutionalisierungsphase der Demokratie von 1974–1982 schon beschrieben. Da ihre politische Position durch die Verfassung legalisiert wurde, waren die portugiesischen Militärs kein klassischer Vetoakteur, der als „faktische Macht" jenseits der konstitutionellen Normen seinen extralegalen Einfluss auf die Politik nimmt. Denn die Streitkräfte waren in den ersten acht Jahren nach dem Regimewechsel ein durch die Verfassung von 1975 über den Revolutionsrat legitimierter und institutionalisierter politischer Akteur. Ihre Rolle schränkte zwar die demokratische Qualität der portugiesischen Demokratie ein, eine Putschgefahr gegen die Demokratie, bestand aber, wenn überhaupt, nur in der ersten revolutionären Periode, d. h. im Jahr 1975. Das erste Mal tauchten Putschgerüchte auf, als eine dubiose Verschwörung konservativer Militärs General Spínola im Frühjahr 1975 an die Macht bringen wollte. Die Putschpläne wurden, sofern sie bestanden, von linksgerichteten Militärs, die die Führung innerhalb der MFA innehatten, vereitelt. Der zweite Putschversuch ereignete sich wenige Monate später im November 1975. Nun versuchten linksradikale Militärs der von Otelo Saraiva de Carvalho[15] geführten Eliteeinheit COPCON in Lissabon, sich in einem Putsch gegen gemäßigte Strömungen innerhalb der Streitkräfte durchzusetzen. Der Putschversuch scheiterte an seiner schlechten Vorbereitung und der mangelnden Unterstützung innerhalb der Armee. Danach übernahmen gemäßigtere Kräfte in den Streitkräften die militärische Kontrolle über den Fortgang der portugiesischen Transition und stellten die hierarchische Befehlskette in der Armee wieder her (Agüero 1995: 162; Linz/Stepan 1996: 122 f.). Damit war zwar noch lange nicht die politische Rolle des Militärs beendet, aber es bestand keine revolutionäre Putschgefahr mehr. Das Militär war von 1976 bis zur Verfassungsrevision von 1982 ein konstitutionell legitimierter Akteur der portugiesischen Politik und respektierte die Grundregeln der pluralistischen Demokratie, wie sie in der Verfassung festgelegt waren.

Ein gleiches Grundverständnis gegenüber der Demokratie kann dem spanischen Militär nicht attestiert werden. Es war zweifellos der gefährlichste Vetoakteur und das herausragende Beispiel eines *poder fáctico*, also einer faktischen Vetomacht gegenüber den Demokratisierungsprozessen der drei südeuropäischen Länder. Das Franco-Regime war zwar zu keinem Zeitpunkt, auch nicht in seiner Spätphase, eine echte Militärdiktatur (vgl. Linz 1978a; Puhle 1995a). Doch übten Militärs bis zu Francos Tod bedeutende regimeinterne Kontrollfunktionen aus und besetzten regelmäßig wichtige Spitzenämter in Regierung, Justiz und Verwaltung. Auch nach Francos Tod signalisierten maßgebliche Teile der Armeeführung ihr Misstrauen gegenüber den Reformen. Sie ließen wenig Zweifel an ihrer Interventionsbereitschaft gegenüber zu weitgehenden Liberalisierungs-, Demokratisierungs- und Föderalisierungsreformen. Einige Generäle äußerten offen ihren Unmut über die von der Regierung Suárez veranlasste Legalisierung der Kommunistischen Partei (PCE) im April 1977. Noch deutlicher wurden die Militärs gegenüber dem Reformprojekt der politischen Dezentralisierung. Hier befürchteten sie nicht nur den Verrat an Francos Erbe, sondern auch an der sakrosankten territorialen Einheit des „spanischen Vaterlandes". Die nach 1975 anwachsende Zahl der Militärs, die den Terroranschlägen der ETA zum Opfer fielen, verstärkte die Skepsis in den Streitkräften gegenüber der Demokratisierung (Agüero 1995: 158).

Unter diesen politischen Umständen gelang es keiner der UCD-Regierungen, die Armee zur politischen Zurückhaltung zu bewegen. Die Regierungspolitik hatte sich deshalb stets an expliziten wie impliziten Interventionsdrohungen des Militärs auszurichten. Trotzdem mehrten sich in der Regierungszeit der UCD (1977–1982) mit dem Fortschritt der demokratischen Reformen auch die Zeichen offenen militärischen Widerstandes gegen den weiteren Reformprozess. So wurden in dieser Phase wiederholt Putschpläne des Militärs enthüllt. Doch die in die Pläne für einen Staatsstreich verwickelten Offiziere konnten bis 1981 stets mit der Nachsicht der für sie zuständigen Militärgerichte rechnen (Morales/Calada 1981). Am 23. Februar

---

15 Major Otelo Saraiva de Carvalho war der militärische Organisator der Nelkenrevolution in Lissabon und zählte rasch zum linksradikalen Flügel der MFA.

1981 kam es tatsächlich zu einem offenen Putsch, als Einheiten der paramilitärischen *Guardia Civil* die *Cortes* besetzten und Panzereinheiten in Valencia die Kasernen verließen. Es war vor allem dem persönlichen Einsatz des Königs zu verdanken, dass sich nicht weitere Militäreinheiten am Putsch beteiligten und dieser schließlich scheiterte.

Die Versuche der Militärspitze, auf die politische Entwicklung in Spanien weiterhin Einfluss auszuüben, verloren erst nach dem triumphalen Wahlsieg der Sozialisten im Herbst 1982 ihren bedrohlichen Charakter. Die sozialistische Regierung unter Felipe Gonzáles leitete einschneidende Reformmaßnahmen innerhalb der Armee ein. Dabei wurde besonders auf die Modernisierung und Professionalisierung der Streitkräfte gesetzt. Der Eintritt in die NATO half dabei, die Professionalisierung des Militärs und seine Verpflichtung auf die äußere Sicherheit des Landes voranzutreiben. Aber erst als strategische Schlüsselpositionen auf der militärischen Kommandoebene mit demokratieloyalen Offizieren besetzt wurden und korporative Privilegien der Armee 1984 in einem Gesetzespaket abgeschafft wurden, konnte von einer erfolgreichen Integration der Streitkräfte in die neue spanische Demokratie die Rede sein (Agüero 1995: 132 f.). So waren das Scheitern des Militärputsches von 1981, der Regierungsantritt der Sozialisten von 1982 und die von ihnen durchgeführten Reformmaßnahmen von 1984 die entscheidenden Schritte, den Rückzug der Streitkräfte aus der spanischen Politik zu erreichen (Kraus/Merkel 1998: 56).

Neben den Streitkräften erwies sich die terroristische Untergrundorganisation ETA als die größte Bedrohung für die Demokratie. Der „bewaffnete Arm" des baskischen Nationalismus versuchte immer wieder, durch spektakuläre Attentate den Demokratisierungsprozess zu destabilisieren und die Unabhängigkeit des Baskenlandes zu erzwingen. Auch wenn die ETA nicht die mehrheitliche Position der Basken vertrat, war sie hauptsächlich in der ersten Konsolidierungsphase noch stark im radikal-nationalistischen Bewegungsmilieu des Baskenlandes verankert (Waldmann 1989: 132 f.). Über die links-nationalistische Partei *Herri Batasuna* reichte ihr Einfluss bis in die offiziellen politischen Institutionen des Baskenlandes. Ihre Terroraktionen forderten bis 1982 immer wieder das Militär, aber bisweilen auch die demokratische Liberalität der Justiz und des Staatsapparates heraus. Nicht immer reagierten letztere mit rechtsstaatlichen Maßnahmen. Allerdings muss bezweifelt werden, dass die ETA und ihr soziopolitisches Unterstützungsumfeld je über die Machtressourcen eines echten Vetoakteurs verfügten. Zudem zeigen Umfragedaten, dass die Sympathie und Unterstützung der ETA seit den 1980er Jahren beständig zurückgegangen ist (Linz/Stepan 1996: 104 ff.). Spätestens seit Mitte der 1980er Jahre wurde auch die spanische Demokratie nicht mehr von Vetoakteuren bedroht.

1.4.4 Demokratische Legitimität und Bürgergesellschaft

Eine junge Demokratie ist erst dann wirklich konsolidiert, wenn sich in der Gesellschaft demokratische Einstellungen und Werte mehrheitlich herausgebildet haben. Die Bürger müssen das demokratische System mit ihren Werthaltungen und Handlungen unterstützen. Geschieht dies, verfügt die Demokratie über Legitimität und wird durch eine solide *civic culture* (Almond/Verba 1963) oder gar eine aktive *civil society* (Merkel/Lauth 1998; Merkel, W. 2000) stabilisiert. Eine stabile Legitimität ist die Immunitätsreserve, die Demokratien benötigen, damit sie als Herrschaftsordnung auch interne und externe wirtschaftliche und politische Krisen ohne große Schäden überstehen.

Wir haben argumentiert (vgl. Teil I) und am Beispiel der zweiten Demokratisierungswelle verdeutlicht (Teil II), dass die Bürgergesellschaft in aller Regel für ihre Konsolidierung einen längeren Zeitraum benötigt als die Verfassungsinstitutionen und Parteien; selbst die demokratische Integration der Vetoakteure ist in kürzerer Zeit zu schaffen. Zudem weisen u. a. Morlino und Montero (1995: 232) darauf hin, dass ein politisches System niemals in allen Teilen von allen Gruppen und Individuen einer Gesellschaft als vollkommen legitim angesehen wird. Sie plädieren deshalb für einen „relativen Legitimitätsbegriff" (ibid.), der die Intensität und Qualität des „Legitimitätsglaubens" (Max Weber) einer Gesellschaft widerspiegelt.

Der generelle Befund von Morlino und Montero (1995: 259) für Südeuropa ist eindeutig:

> „... in all four[16] countries we find a realistic political culture, where support for democracy is high, where there are no viable alternatives to democracy, and where the authoritarian past is regarded with nostalgia only by small minorities. [...] From this perspective, the democratic regimes of Southern Europe were legitimate and consolidated in the mid-1980s".

Diese Feststellung wird durch andere vergleichende oder singuläre Länderstudien[17] gestützt. Sie gilt auch im Vergleich zu den anderen Mitgliedsstaaten der Europäischen Gemeinschaft (Morlino/Montero 1995: 238 f.; Gabriel 1992: 104) sowie hinsichtlich aller sozialen Schichten und Gruppen in den drei südeuropäischen Gesellschaften (Morlino/Montero 1995: 245).

Im Anschluss an theoretische Konzeptualisierungen von Easton (1965), Lipset (1981) und Linz (1988) orientieren sich auch Morlino und Montero (1995: 237) an zwei grundsätzlichen Dimensionen der politischen Legitimität: der *diffuse legitimacy* und der *perceived efficacy*. Sie entsprechen weitgehend dem *diffuse support* und *specific support* bei David Easton. Aus diesen beiden Legitimitätsdimensionen konstruieren Morlino und Montero vier Idealtypen von Bürgern in ihren Einstellungen gegenüber der Demokratie. Die vier Typen sind (ibid.):

▶ *full democrats* sind „überzeugte Demokraten", die die demokratische Legitimität bedingungslos anerkennen und Demokratien als effiziente Systeme betrachten;
▶ *critics* sind „kritische Demokraten", die die Demokratie der Autokratie vorziehen, aber gleichzeitig ihr eigenes demokratisches System als ineffizient wahrnehmen;
▶ *satisfied* sind „Schönwetterdemokraten", die zwar ihr demokratisches System als effizient wahrnehmen, aber unter Umständen (etwa bei abnehmender Effizienz) auch ein autoritäres System akzeptieren würden;
▶ *anti-democrats* lehnen die Demokratie als Herrschaftsordnung ab.

Aus Tabelle 16 lassen sich drei wichtige Erkenntnisse gewinnen. Erstens ist im Jahr 1985 die überwältigende Mehrheit aller Bürger als überzeugte Demokraten und nur eine sehr kleine Minderheit als Antidemokraten zu klassifizieren. Zweitens weist Griechenland sowohl bei den überzeugten Demokraten wie bei den Antidemokraten die demokratiefreundlichsten Werte auf. Drittens gibt es in allen drei neuen Demokratien sichtbar mehr überzeugte Demokraten und weniger Antidemokraten als in Italien, immerhin eine Demokratie der zweiten Welle.

Aber nicht nur gegenüber Italien, sondern auch im Vergleich zu Staaten der Europäischen Gemeinschaft zeigten die drei südeuropäischen Länder demokratiefreundlichere Einstellungen als der EG-Durchschnitt. So antworteten auf die Frage, ob Demokratien autoritären Regimen vorzuziehen seien, 90 Prozent der Griechen, 83 Prozent der Portugiesen und 78 Prozent der

---

16 Morlino und Montero sprechen deshalb von „vier" Ländern, weil sie neben Griechenland, Portugal und Spanien auch Italien mit in ihre Analyse einbezogen haben.
17 Zum westeuropäischen Vergleich siehe u. a. Gabriel (1992); zu Portugal Bruneau (1983); zu Spanien McDonough et al. (1986); zu Griechenland Dimitrias (1987).

Tabelle 16: Legitimität und wahrgenommene Effizienz der Demokratien in Südeuropa (Angaben aller Befragten in Prozent)

		Wahrgenommene Effizienz	
		+ überzeugte Demokraten	− kritische Demokraten
+	Portugal	77	9
	Spanien	75	12
	Italien	65	19
	Griechenland	84	11
Diffuse Legitimität		„Schönwetterdemokraten"	Antidemokraten
−	Portugal	10	5
	Spanien	7	6
	Italien	7	9
	Griechenland	3	2

Tabelle 17: Präferenz für Demokratie gegenüber Autokratie (diffuse Legitimität) 1992 (Angaben in Prozent)

Land	Demokratie	Autokratie	„Sie sind alle gleich"	„Ich weiß nicht", keine Antwort
Dänemark	92	4	2	1
Griechenland	90	4	3	2
Portugal	83	9	4	4
Luxemburg	82	2	6	9
Deutschland (West)	81	8	7	3
Niederlande	81	9	5	5
Spanien	78	9	7	6
Frankreich	78	7	11	5
Vereinigtes Königreich	76	6	11	6
Italien	73	14	6	7
Belgien	70	10	10	10
Irland	63	10	21	6
EG-Durchschnitt	78	9	8	5

Quelle: Morlino/Montero (1995: 238); Daten wurden dem Eurobarometer 37/1992 entnommen.

Tabelle 18: Beurteilung der eigenen autoritären Regime in Griechenland, Spanien und Portugal (1985)

Meinung	Griechenland %	Spanien %	Portugal %
Nur schlecht	59	28	30
Teils gut / teils schlecht	31	44	42
Gut	6	17	13
Weiß nicht / keine Antwort	4	11	15
N	1 998	2 488	2 000

Quelle: Linz/Stepan (1996: 135); Daten aus Morlino/Montero (1995: 236).

Spanier mit „Ja". Der Durchschnitt aller Bürger der europäischen Gemeinschaft zu dieser Frage lag 1992 bei 78 Prozent (Morlino/Montero 1995: 238).

Auch hier zeigen sich wieder die besten Werte für Griechenland, das von allen Mitgliedsstaaten der Europäischen Union 1992 an zweiter Stelle lag. Morlino und Montero geben dafür zwei plausible Gründe an. Erstens hat Griechenland die „am stärksten politisierte Gesellschaft" aller drei Länder (ibid.: 251; ähnlich auch: Dimitras 1987: 64 ff.; Zervakis 1997: 643). Die griechischen Bürger zeigen deutlich mehr Interesse an sowie Leidenschaft, Enthusiasmus und positive Einstellungen gegenüber der Politik im Allgemeinen als die Bevölkerungen in Spanien und Portugal. Zweitens weist Griechenland die mit Abstand stärkste Ablehnung der Diktaturen der eigenen unmittelbaren Vergangenheit auf. Dies ist vor allem auf die kurze Herrschaftsdauer des autoritären Regimes (1967–1974) und seiner geringen sozialen Verankerung, auf die extrem schmale Herrschaftskoalition, die kaum vorhandene Institutionalisierung der Militärdiktatur, seiner außenpolitischen Misserfolge und seines schmachvollen Endes zurückzuführen.

Die Daten zur Ablehnung autoritärer Herrschaftssysteme ergänzen, bestätigen und erklären teilweise die Unterstützungswerte für die Demokratie. Wenngleich auch hier die große Mehrheit der Bürger ohne Vorbehalte für die Demokratie stimmt, gibt es doch erhebliche Unterschiede zwischen Griechenland und Portugal. Die positiven Werte für Griechenland erklären sich zu einem großen Teil aus der strikten Ablehnung der vorherigen Militärdiktatur. Erklärungsbedürftig sind jedoch die vergleichsweise deutlich niedrigeren Zustimmungswerte für die Demokratie in Portugal. Morlino und Montero (1995: 240) begründen diese mit dem niedrigeren soziokulturellen Modernisierungsgrad, den starken Relikten parochialer politischer Kultur, die mit geringem Interesse an politischer Information und Partizipation einhergehen. Bei allen Unterschieden sollte jedoch nicht vergessen werden, dass sich die Zustimmungswerte für die Demokratie und die Ablehnung autoritärer Regimeformen in den drei südeuropäischen Ländern im Durchschnittsbereich der anderen westeuropäischen Staaten bewegen und deutlich über den Werten in Osteuropa liegen (vgl. Teil VI).

Tabelle 19: Unterstützung für die Demokratie in Griechenland, Spanien und Portugal (1985)

Meinung	Griechenland %	Spanien %	Portugal %
„Demokratie ist jedem anderen Regime vorzuziehen."	87	70	61
„In einigen Fällen ist ein autoritäres Regime vorzuziehen."	5	10	9
„Für Leute wie mich macht es keinen Unterschied."	6	9	7
„Ich weiß nicht." / keine Antwort	2	11	23

Quelle: Daten aus Morlino/Montero (1995: 236).

Die mehrheitliche Zustimmung zur Demokratie im Sinne der *diffusen Legitimität* kann für die neuen Demokratien nicht bestritten werden. Wie verteilt sich aber diese Unterstützung auf zentrale Institutionen und Organisationen der Demokratie (s. Tabelle 20)?

Gemeinsam ist allen drei Ländern, dass die politischen Parteien an letzter Stelle des Vertrauens stehen. Dies erscheint zunächst paradox, weil gerade die Parteien eine überragende Rolle

Tabelle 20: Durchschnittliche Sympathiewerte für politische Institutionen und Organisationen (1985)

Institution	Portugal	Spanien	Griechenland
Kirche	7,0	5,4	7,3
Militär	6,3	5,2	6,7
Verfassungsorgane	6,0	5,4	6,9
Justiz	5,8	4,9	7,1
Polizei	5,8	6,1	–
Interessengruppen	5,3	5,7	5,4
Gewerkschaften	4,5	4,3	7,9
Parteien	4,4	4,2	4,9

Quelle: Morlino/Montero (1995: 258); Die niedrigste Punktzahl ist 1 (sie gibt die extreme Ablehnung an), die höchste Punktzahl ist 10 (sie gibt die höchste denkbare Sympathie an).

bei der Institutionalisierung und der frühen Konsolidierung der Demokratie in den drei Ländern gespielt haben. Doch es gibt dafür Erklärungen, die das Paradox zumindest teilweise auflösen:

▶ die starke Durchdringung aller staatlichen Institutionen und vieler gesellschaftlicher Bereiche mit Parteien;
▶ häufige Involvierung von Parteimitgliedern in Korruption, Patronage und Klientelismus;
▶ besondere Herausstellung der „Parteienskandale" in den Massenmedien;
▶ die negative Wahrnehmung des Konfliktverhaltens der Parteien seitens der Bürger;
▶ die Glaubwürdigkeitslücke zwischen Parteiprogrammen und Regierungspolitik.

Die Auflistung dieser Punkte zeigt, dass sie nicht spezifisch für Südeuropa sind, sondern auch für die meisten Demokratien gelten. Umfragen in West- und Osteuropa zeigen, dass politische Parteien in nahezu allen Ländern am Ende der politischen Sympathie- und Vertrauensskala der Bürger platziert sind (vgl. u. a. Plasser et al. 1997).[18]

Die große Unterstützung für die Demokratie in den drei südeuropäischen Gesellschaften ist weitgehend gleichmäßig über alle sozialen Schichten und Berufsgruppen verteilt. Dies trifft jedoch nicht auf die Wähler und Sympathisanten der unterschiedlichen Parteien zu. Morlino und Montero (1995: 248 f.) haben für alle drei Länder folgende signifikanten Unterschiede festgestellt: Wähler der rechten Parteien ließen gegenüber der diffusen Legitimität die geringste Unterstützung erkennen und bewerteten die autoritäre Vergangenheit am günstigsten; Wähler linker Parteien, insbesondere der Kommunisten, zeigen konsistent signifikant höhere Unterstützungswerte für die Demokratie als Wähler von Rechtsparteien.

> „[...] the opposition status of the Portuguese, Spanish, and Greek communists, their supporters expressed more strongly the diffuse legitimacy than did socialists, whose party was either the only or the dominant party in government. In general, respondents on the left were significantly and consistently more supportive than those of the right" (Morlino/Montero 1995: 248 f.).

Dies unterstützt unsere These, dass die im westeuropäischen Vergleich relativ großen kommunistischen Parteien Südeuropas, weniger „Anti*system*parteien" als „Anti*regierungs*parteien" waren. Es hinterfragt aber auch die selbst in der Politikwissenschaft nicht unpopuläre Gleichset-

---

18 Es kann vermutet werden, dass vor allem die modernen Massenmedien ursächlich daran beteiligt sind, die entsprechend den Gesetzen des Nachrichtenmarktes besonders mit Nachfrage und Umsätzen rechnen können, wenn sie die Komplexität der politischen Probleme auf Personen, Skandale und Korruption reduzieren.

zung von dezidiert rechten und linken Parteien sowie ihren Wählern als gleichermaßen demokratiefeindlich. Für Südeuropa wurde diese These jedenfalls eindeutig widerlegt.

Abschließend lässt sich generell festhalten, dass die demokratiestützenden Einstellungen und Werte in den drei südeuropäischen Ländern Mitte der 1980er Jahre westeuropäische Standards erreicht, wenn nicht gar übertroffen haben. Ab diesem Zeitraum können wir, von bestimmten Unterschieden und Schwächen in einigen Teilbereichen abgesehen, von einer abgeschlossenen Konsolidierung der Demokratie in allen drei Ländern sprechen. Die Konsolidierung der demokratiestützenden Staatsbürgerkultur hat im Vergleich zu den Demokratien der zweiten Welle (Bundesrepublik Deutschland, Italien, Japan) in Griechenland, Portugal und Spanien sichtbar schneller stattgefunden. Dies ist gegenüber den Demokratien der zweiten Welle umso bemerkenswerter, weil sich die Konsolidierung der Demokratien Südeuropas in einer Dekade wirtschaftlicher Probleme (1974–1985) und nicht wie nach 1945 in einer Phase weltweiter Prosperität vollzogen hat. Es gibt deutliche Hinweise darauf, dass sich auch die Abfolge der Legitimitätsakkumulation in Südeuropa phasenverkehrt ereignet hat: Während sich in Deutschland, Italien und Japan die Zustimmung der Demokratie in hohem Maß zunächst über den *specific support* aufgrund der sozioökonomischen Leistungskraft aufbaute, hat sich in Südeuropa unmittelbar nach 1974 vor allem der *diffuse support* herausgebildet, während die spezifische Unterstützung sich erst zeitverzögert und in geringerem Maße einstellte.

IV Die dritte Demokratisierungswelle: Lateinamerika

Peter Thiery / Wolfgang Merkel

In Lateinamerika hat die Demokratie mehr als ein Vierteljahrhundert nach dem Beginn der „dritten Demokratisierungswelle", die 1978 in Ecuador einsetzte und im Wesentlichen 1990 abgeschlossen war, eine früher nicht erwartete Stabilität erreicht. Noch 1977 befanden sich außer Costa Rica, Venezuela und Kolumbien alle Länder unter einer Form autoritärer, zumeist militärischer Herrschaft. Heute dagegen werden die Staaten des Subkontinents südlich des Río Grande ausnahmslos demokratisch regiert. Nur die beiden karibischen Staaten Haiti und Kuba schwimmen gegen diese starke Strömung der Demokratisierung. Lateinamerika zählt damit nach Osteuropa zu den demokratischsten Transformationsregionen.[1]

Im Unterschied zu den „neuen" Demokratien in Süd- und Osteuropa bzw. in Ostasien ist hervorzuheben, dass Lateinamerika mit dem Etikett der „dritten Welle" nur unzureichend erfasst würde. Zum einen zählen drei Länder (Costa Rica, Kolumbien und Venezuela) zu den Demokratien der zweiten Welle, wobei Costa Rica zudem auch als lange konsolidierte Demokratie zu bezeichnen ist. Zum andern verfügten die meisten Länder schon über Erfahrungen mit demokratischen Regierungen, die über ein kurzes Intermezzo – wie etwa in Spanien 1931–1936 – hinausgingen. Dies gilt vor allem für Uruguay und Chile, die als Demokratien der ersten wie der dritten Welle bezeichnet werden müssen. Doch auch Argentinien, Brasilien oder Peru konnten trotz der häufigen autoritären Pendelbewegungen auf eine gewisse demokratische Tradition verweisen (Peeler 1998: 25 ff.; Hagopian/Mainwaring 2005).

Mit einer Ausnahme (Venezuela) stehen hier gleichwohl die Demokratien der dritten Welle im Vordergrund. Die große Anzahl der Demokratien macht es erforderlich, eine Länderauswahl vorzunehmen, die eine Darstellung sowohl der typischen Demokratieprobleme als auch der Einflussfaktoren erlaubt. Hierzu wurden jeweils zwei Länder aus den großen Teilregionen Lateinamerikas, nämlich dem Cono Sur, dem Andenraum und Mittelamerika, ausgewählt. Diese Teilregionen stehen für charakteristische ökonomische, soziale und kulturelle Unterschiede innerhalb des Kontinents, die sich auch auf die Demokratieentwicklung auswirken (s. Tabelle 21).

Argentinien und Chile werden als Vertreter des Cono Sur analysiert, also der am höchsten entwickelten Region, zu der neben Uruguay allerdings auch das weniger fortschrittliche Paraguay gezählt wird. Während Argentinien trotz günstiger Voraussetzungen seit 20 Jahren wiederholt von Krisen geschüttelt wird, hat sich Chile 15 Jahre nach der Pinochet-Diktatur als

---

1 Vgl. hierzu auch die Demokratiemessungen des Bertelsmann Transformation Index (BTI) 2003, 2006 und 2008 sowie die interregionalen Vergleiche (Bertelsmann Stiftung 2004, insbes. 61 ff.; 2005).

Tabelle 21: Demokratien und Autokratien in Lateinamerika (2008)

	Cono Sur/ Brasilien	Andenregion	Mittelamerika	Karibik[a]
Demokratien	Brasilien (1985) Paraguay (1989) Uruguay (1984) Argentinien (1983) Chile (1990)	Venezuela (1958) Kolumbien (1958) Ecuador (1979) Bolivien (1982) Peru (1980, 2000)[b]	Mexiko (1997) Guatemala (1985) Honduras (1981) El Salvador (1984) Nicaragua (1990) Costa Rica (1949) Panama (1990)	Dominikanische Republik (1978) Haiti (1994)[b]
Autokratien		Peru (1997–2000)[b]		Kuba Haiti (1997–2004)[b]

[a] Nur ausgewählte Länder; die übrigen, allesamt kleine Inselstaaten wie Grenada, werden ausnahmslos demokratisch regiert. Im weiteren Text wird die Karibik nicht mehr berücksichtigt.
[b] Peru fiel unter Präsident Fujimori in ein autokratisches System zurück; Haiti erlebte dasselbe unter Präsident Aristide, der nach Unruhen im Frühjahr 2004 unter internationalem Druck der USA und Frankreichs zum Abdanken gezwungen wurde. Zwischen 2004 und 2006 galt Haiti als zerfallender Staat. Mit der Wahl von René Préval im Jahr 2006 konsolidiert sich der Staat langsam.

Anmerkung: Die Jahreszahl gibt das Jahr der ersten demokratischen Wahl (nur zweite und dritte Demokratisierungswelle) wieder.
Quelle: Eigene Zusammenstellung.

das Land etabliert, das trotz bestehender Defizite als Maßstab für politische, wirtschaftliche und soziale Entwicklung in Lateinamerika anzusehen ist. Argentinien und Chile stehen zudem für demokratische und soziale Problemlagen (Rolle des Militärs, Regieren per Dekret, soziale Ungleichheit u. a.), die auch für das hier nicht behandelte Brasilien charakteristisch sind.

Peru und Venezuela wurden aus dem Andenraum ausgewählt, zu dem auch Kolumbien, Bolivien und Ecuador gehören. Der Andenraum ist durch eine weitaus disparatere Entwicklung, einen geringeren Industrialisierungsrad, größere ethnische Heterogenität und nicht zuletzt größere Armut als der Cono Sur gekennzeichnet. Dabei bündelt Peru am besten die Problemlagen der übrigen Andenländer, d. h. neben den zuvor genannten Profilen auch Kokaanbau und -handel, Guerillagruppen, schwache politische Institutionen bis hin zum großen Gewicht des Militärs. Als zweiter Fall wird hier Venezuela als Demokratie der zweiten Welle behandelt, die unter den Andenländern als abweichender Fall hätte dienen können, weil sie über Jahrzehnte hinweg eine stabile Demokratie war. Venezuela wurde ausgewählt, um erstens den Dekonsolidierungsprozess zu veranschaulichen, der das Land von einer lateinamerikanischen Vorzeigedemokratie zu einer hochgradig defekten Demokratien machte; und zweitens, um die Frage der Reformfähigkeit und Stabilität der lateinamerikanischen Demokratien zu problematisieren.

Nicaragua und Mexiko repräsentieren die Region Mittelamerika, zu der noch die übrigen Länder am Isthmus zählen (Costa Rica, El Salvador, Guatemala, Honduras und Panama). Nicaragua steht par excellence für die Probleme der zentralamerikanischen Länder, wie z. B. die bis weit in die 1990er Jahre hinein geltenden archaischen Herrschaftsstrukturen, die gesellschaftliche Rückständigkeit, Bürgerkriege, den übermächtigen Einfluss der USA, die Zentralamerika lange Zeit als ihren „Hinterhof" betrachteten. Demgegenüber wurde Mexiko, der unmittelbare lateinamerikanische Nachbar der USA, aufgrund seiner relativen Machtposition weitaus respektvoller behandelt. So duldeten die USA über Jahrzehnte hinweg ein Regime, das etwa vom peruanischen Schriftsteller Mario Vargas Llosa noch Anfang der 1990er Jahre als „perfekte Diktatur" bezeichnet wurde. Allerdings gestattete das autoritäre, aber zivile Einparteienregime Mexikos durchweg auch Freiheiten, die keine andere der lateinamerikanischen Diktaturen gewährte. Während die autoritären Staaten Zentralamerikas in den 1980er Jahren eine erstaunlich rasche politische Transformation durchliefen, erwies sich die mexikanische Transition als weitaus langwieriger, längerfristig aber als erfolgreicher.

1 Typen autoritärer Regime

Außer in Mexiko waren alle der seit 1978 abgelösten autoritären Regime von den Streitkräften regiert oder von diesen gestützt. Auch wenn Lateinamerika so zu Recht als Kontinent der Militärdiktaturen gilt, repräsentieren die hier vorgestellten Regime eine große Bandbreite autoritärer Systeme, die vom stark repressiven, bürokratisch-militärischen Regime in Argentinien über die personalisierte, sultanistische Herrschaft des Somoza-Clans in Nicaragua bis zum zivilen Einparteienregime Mexikos reicht (Linz/Stepan 1996: 149 ff.). Sie unterscheiden sich nicht nur in ihrer Herrschaftsstruktur, ihrem Institutionalisierungsgrad, ihrer Legitimationsbasis und ihrer Überlebensfähigkeit, sondern auch hinsichtlich ihrer Leistungsbilanz recht deutlich – allesamt Faktoren, die die Transition und die weitere demokratische Entwicklung nachhaltig beeinflussten.

1.1 Argentinien: Die reformunfähige bürokratische Militärdiktatur (1976–1983)

Argentiniens aufkeimende Demokratieentwicklung, die an eine lange Phase verfassungsmäßiger Regierungen anknüpfte und mit dem Sieg der liberalen *Unión Ciciva Radical* (UCR) im Jahr 1916 begann, wurde im Jahr 1930 abrupt durch das Eingreifen der Militärs zugunsten konservativer Kreise unterbunden. Damit setzte ein Wechselspiel zwischen Militärregimen und demokratisch gewählten Zivilregierungen ein, das bis 1983 anhielt (Cavarozzi 1987). Auf die „infame Dekade" der 1930er Jahre mit massiver Korruption und anhaltendem Wahlbetrug folgte Anfang der 1940er Jahre mit dem Aufstieg Peróns und des Peronismus ein Phänomen, das das Land bis heute entscheidend prägen sollte. Das Land, das 1930 zu den entwickeltsten Ländern der Welt gehörte, begann seit Ende der 1940er Jahre sukzessive seinen langsamen Abstieg, der von immer neuen tiefen Krisen begleitet wurde. Zivile wie Militärregierungen traten jeweils mit dem Anspruch an, die Entwicklungsprobleme des Landes definitiv zu lösen, scheiterten jedoch wiederholt (Carreras 2002).

Nach dem Militärputsch von 1955 gegen den 1952 wiedergewählten Perón etablierte sich das „unmögliche Spiel" (O'Donnell 1973b), das keinen Sieger haben konnte und das die folgenden Jahrzehnte prägte: Da die Militärs die peronistischen politischen Kräfte aus der Politik des Landes fernhalten wollten, ließen sie deren politische Beteiligung nicht zu. Die kurzlebigen zivilen Regierungen besaßen so aber nicht genügend Legitimation, um politisch handlungsfähig zu sein, etwa um sich gegen die erstarkenden peronistischen Gewerkschaften durchzusetzen. Dies provozierte wiederholt das erneute Eingreifen der Militärs. Hinzu kam, dass die politische Entwicklung seit den 1960er Jahren von einer Eskalation der Gewalt (Linksterrorismus, Todesschwadrone, Sicherheitskräfte) geprägt war.

Die Militärdiktatur von 1976 bis 1983 war die bis dato letzte in der Kette der „De-facto"-Regierungen seit 1930. Anders als in den vorhergehenden Phasen traten die Militärs mit einem eigenen politischen Projekt an, das sie den „Prozess der nationalen Reorganisation" (kurz:

proceso) nannten (Palermo/Novaro 1996: 50 ff.). Mit dem *proceso* zielten sie auf die Zerschlagung der „populistischen politischen Gesellschaft" aus Peronismus, Gewerkschaften, Parteiendemokratie und Etatismus, die sie als Ursache für den anhaltenden Niedergang Argentiniens verantwortlich machten (ibid.). Zu ihrem Programm zählte nicht nur der Versuch einer weitreichenden Institutionalisierung des politischen Regimes, sondern auch die Reform des staatslastigen Wirtschaftssystems. Zur einschneidendsten Maßnahme wurde allerdings die Ausbreitung des Staatsterrors, mit dem die Militärs die strukturellen Grundlagen der von ihnen ausgemachten Fehlentwicklungen eliminieren wollten. Die Regierungen der Generäle (Videla 1976–1981; Viola 1981; Galtieri 1981/82; Bignone 1982/83) zählten mit über 30 000 Toten zu den repressivsten, die der lateinamerikanische Kontinent kennt.

Dennoch gelang es den Militärs in keiner Phase, das Land nachhaltig zu stabilisieren. Nach einer ersten Phase der Herrschaftssicherung, in die neben einer wirtschaftlichen Erholung auch die Fußballweltmeisterschaft 1978 mit dem Sieg Argentiniens fiel, löste die massive Repression zunehmend Protest und Ablehnung aus. Ab 1979 zeichneten sich auch die Folgen ihrer inkohärenten Wirtschaftspolitik ab (Birle 1995: 145 ff.). Denn obwohl die Militärs mit einer marktorientierten Reformpolitik antraten, blieben ihre Reformmaßnahmen wenig stringent. Die schwindende Legitimations- und Gestaltungskraft, die sich u. a. in der Zunahme (illegaler) Streiks äußerte, verleitete die Militärs schließlich zum Abenteuer des Falklandkrieges (Guerra de las Malvinas), das zwar anfänglich nationalistisch grundierte Zustimmung weckte, schließlich aber ins militärische Desaster und zu ihrem politischen Rückzug führte (O'Donnell 1999: 72 ff.).

1.2 Chile: Die modernisierende bürokratische Militärdiktatur (1973–1990)

Chile hatte seit der Gründung der Republik im Jahr 1830 nur kurze Phasen nichtkonstitutioneller Regierungen gezählt (1890; 1924–1932). Ohne eine voll ausgebildete liberale Demokratie zu sein, entfaltete sich seit den 1930er Jahren eine zunehmend stabile demokratische Ordnung, in der sich konservative Sektoren starke Vorrechte sichern konnten, wie u. a. das Verbot gewerkschaftlicher und politischer Organisationen im *Hacienda*-Sektor. Diese Ordnung, die von drei politischen Lagern geprägt war, begann im Laufe der 1950er Jahre unmerklich, in den 1960er Jahren dafür umso schneller zu zerbrechen (Huneeus 1981). Vor dem Hintergrund wachsender sozioökonomischer Probleme prägten zunehmende Ideologisierung und die Erosion etablierter Kompromisslinien die politische Entwicklung. Nacheinander traten Konservative (Alessandri 1958–1964), Christdemokraten (Frei 1964–1970) und Linke (1970–1973) mit ihren Reformprojekten an, ohne aber die wachsenden politischen und gesellschaftlichen Verwerfungen nachhaltig abbauen zu können. In einem Klima intern und extern geschürter politischer Zuspitzung gelang es der Regierung des Sozialisten Salvador Allende schließlich nicht mehr, für die eskalierenden Spannungen noch politische Lösungen zu finden (Tagle 1992; Thiery 2000: 64 ff.).

Der Putsch durch General Pinochet am 11. September 1973 bedeutete für Chile nicht nur eine ungewöhnlich lange Zäsur ziviler Herrschaftstradition, sondern auch das Ende einer kontinuierlichen, demokratisch-politischen Entwicklung. Anders als den meisten Militärregierungen gelang es Pinochet, seine Herrschaft zunächst repressiv abzusichern, dann – auch mithilfe ziviler Politiker – zu stabilisieren und mit der Verfassung von 1981 zu institutionalisieren. Die repressive „Absicherung" mit über 3 000 Toten und Verschwundenen war bis 1978 vollzogen, wofür symbolhaft das 1979 erlassene Amnestiegesetz steht, das den an Menschenrechtsverletzungen beteiligten Militärs Straffreiheit gewährte. Im selben Zeitraum hatte sich Pinochet als unangefochtene Spitze der Junta durchgesetzt und befehligte ein loyales, streng hierarchisiertes Militär. Die Konsolidierung des Regimes bis 1981 war zum einen geprägt vom Prozess der Verfassungsausarbeitung, der mit einem – gleichwohl zweifelhaften – Referendum im Jahr 1980 und dem Inkrafttreten der Verfassung im Jahr 1981 endete (Garretón 1989; Thiery 2000: 72 ff.). Zum andern war dies auch die Phase des „chilenischen Wirtschaftswunders", denn die neoliberalen Wirtschaftsreformen, die ab 1976 von der ersten Generation der *Chicago Boys*[2] eingeleitet wurden, führten bis 1981 sowohl zu makroökonomischer Stabilität als auch zu hohem Wachstum in neuen dynamischen Sektoren. Anders als in Argentinien erstreckten sich die Reformen stringent und systematisch auf die Kernprobleme der Wirtschafts- und Sozialordnung (Privatisierung, Liberalisierung, Rentenreform, Gesundheitswesen, Arbeits- und Gewerkschaftsrecht). Die anfänglichen Erfolge festigten die Zustimmung zum Regime in der Oberschicht, aber vor allem innerhalb der neuen und Teilen der alten Mittelschichten (Imbusch 1995).

Mit dieser Mischung aus – nach wie vor praktizierter – Repression, gelungener Institutionalisierung und ökonomischer Legitimation gelang es Pinochet, selbst die nach der Weltwirtschaftsdepression der 1930er Jahre tiefste Wirtschaftskrise Chiles sowie die massiven sozialen Proteste der Jahre 1982/83 zu überstehen. Dies gelang auch deshalb, weil die Opposition aus Linken und Mitte-Links-Kräften sich auf die Maximalforderung einer Ablösung Pinochets versteifte, was dieser machtstrategisch zu nutzen wusste (Thiery 2000: 136 ff.). Mit einer pragmatischeren Wirtschaftspolitik gelang es der Regierung ab 1984, Chiles Wirtschaft wieder auf einen dynamischen Wachstumskurs zurückzuführen und das Regime so trotz einer besser organisierten Opposition erneut zu stabilisieren. Vor diesem Hintergrund akzeptierte schließlich die gemäßigte Opposition den politischen Fahrplan, den Pinochet in der Verfassung hatte festschreiben lassen, d. h. zunächst das für 1988 vorgesehene Plebiszit über eine weitere Amtszeit des Diktators als Präsident Chiles (Garretón 1991).

1.3 Peru: Die sozialreformerische Militärdiktatur (1968–1980)

Anders als die rechten, repressiven Militärdiktaturen im Cono Sur muss das peruanische Militärregime als „weiche" sozialreformerische Militärdiktatur angesehen werden (Stepan 1978). Sie unterteilt sich in die Ära des Putsch-Generals Velasco Alvarado (bis 1975) und die des politisch konservativeren Generals Morales Bermúdez, der schließlich den Rückzug der Militärs in die Kasernen einleitete. Die Machtübernahme der Militärs im Jahr 1968 beendete abrupt die Amtszeit des 1963 gewählten Präsidenten Fernando Belaúnde Terry. Die Ursachen für den Militärputsch sind vor allem in politischen und sozioökonomischen Faktoren zu sehen (Cotler 1994: 112 ff.). Zu den tiefer reichenden Ursachen zählten dabei die sozioökonomischen Entwicklungen, die zwar partielle Modernisierungen, jedoch keine Überwindung der tiefen sozia-

---

2 Die *Chicago Boys* bildeten eine Gruppe von ca. 100 chilenischen Ökonomen, die ihre Studien mit einem Diplom der Universität Chicago abgeschlossen hatten und nach ihrer Rückkehr in Wissenschaft, Wirtschaft und Politik wichtige Positionen einnahmen. Sie bildeten auch weiterhin eine Art *ideological community*, die schließlich der Anti-Allende-Koalition programmatischen Rückhalt gab. Zwar gab es unter ihnen auch wirtschaftsprogrammatische Softliner, in der Mehrheit jedoch waren sie parteiungebundene Hardliner, die die neoliberale Lehre dogmatisch vertraten und in Verbindung mit den mächtigsten Wirtschaftskonglomeraten Chiles standen (vgl. Silva 1991; Valdés 1993; Imbusch 1995: 281 ff.).

len und regionalen Spaltungen Perus beinhalteten. Auf politischer Ebene übersetzten sich diese Schieflagen schließlich in eine akteursgetriebene Dynamik hin zum Putsch. Präsident Belaúnde war zwar mit einer Reformagenda angetreten, doch blieben seine Reformansätze Stückwerk. Ungünstige parteipolitische Konstellationen und vor allem die institutionellen Blockaden des peruanischen Präsidialsystems engten seine Handlungsspielräume zusätzlich ein. Hinzu kam schließlich die gewandelte Rolle des peruanischen Militärs zu einer „strategischen Staatselite" (Stepan 1978: 117 ff.). Das Unbehagen professioneller Führungsschichten im Militär über die wachsenden zentrifugalen Tendenzen (Guerillagruppen, Landflucht, soziale Spannungen) veranlasste sie, ein eigenständiges politisches Reformprojekt zu entwickeln; dieses umzusetzen, sahen sie die zivilen Politiker als unfähig an. Als Kaderschmiede fungierte dabei die Militärakademie CAEM, in der auch Werke des Marxisten José Carlos Mariátegui – Initiator der Kommunistischen Partei Peru – rezipiert wurden. Umfassende Reformen standen durchaus auch im korporativen Interesse der Militärs, denn sie sahen die sozialen Missstände als wesentliche Ursache für die mangelnde nationale Integration, die für sie ein entscheidender Nachteil bei etwaigen militärischen Auseinandersetzungen (mit Chile) bedeutete (Klein 1983).

Die Machtübernahme brachte auch insofern eine Neuerung für Peru, als die Militärs nicht wie früher als Erfüllungsgehilfe der Oligarchie handelten, um Recht und Ordnung zu garantieren, sondern erstmals als Institution und mit eigenem politischen Interesse – nunmehr u. a., um die Macht der traditionellen Oligarchie zu brechen (Cotler 1994: 114 ff.). Die Regierung Velasco strebte ein autoritär-korporatistisches Politik- und Gesellschaftsmodell zur Modernisierung Perus an und setzte ihre Reformagenda anfangs recht zügig um, doch zeichnete sich Mitte der 1970er Jahre bereits das Scheitern ihrer Entwicklungsstrategie ab. Bis dahin hatte die Militärregierung zahlreiche Wirtschafts- und Sozialreformen durchgeführt, wie die Nationalisierung der Schlüsselindustrien (Erdöl, Kupfer) und eine umfassende Landreform. Für die weitere politische Entwicklung Perus war ebenso von Bedeutung, dass die Militärs im Sinne ihres korporatistischen Modells versuchten, die bis dahin unorganisierten Gesellschaftsschichten gewissermaßen von oben her zu mobilisieren, wobei sie durchaus an autonome Organisationen dachten (Stepan 1978: 190 ff.). Dieser Widerspruch zwischen Kontrolle und Mobilisierung brach auf, als die Reformen – auch aufgrund der gescheiterten Wirtschaftspolitik unter widrigen internationalen Bedingungen – ins Stocken gerieten (Cotler 1994: 120 ff.). Vor allem die Landreform blieb hinter den Erwartungen zurück und führte nicht zu einer tatsächlich neuen Agrarstruktur, weil den Kleinbauern und Genossenschaften die notwendigen Kredite fehlten. Die anfängliche Legitimation des Regimes in weiten Teilen der Unterschichten, die nicht zur Institutionalisierung genutzt wurde, schwand mit den zunehmenden Krisentendenzen. Zusammen mit den traditionellen Segmenten der peruanischen Gesellschaft – Mittel- und Oberschicht – regten sich so zunehmend Proteste gegen die Militärregierung. Das Scheitern der Reformstrategie führte 1975 zunächst zur Ablösung des erkrankten Velasco Alvarado durch Morales Bermúdez, der zahlreiche Reformen wieder zurückdrehte und dann den graduellen Rückzug der Militärs einleitete (Verfassung 1979, Wahlen 1980). Mit dem neuerlichen Amtsantritt von Präsident Belaúnde Terry endete das Experiment, das aber im Vergleich zu den übrigen Militärdiktaturen auf dem Kontinent mit vergleichsweise gemäßigter Repression einherging (Vásquez 1996).

1.4 Venezuela: Das anachronistische Militärregime (1948–1958)

Wie erwähnt, wird Venezuela hier als Sonderfall analysiert, da es zwar als Demokratie der zweiten Welle gilt, diese jedoch ihre Stabilität der 1960er und 1970er Jahre sukzessive verlor. Als die übrigen Länder Lateinamerikas in den 1980er Jahren zur Demokratie zurückkehrten, schlitterte die vormalige „Vorzeigedemokratie" Lateinamerikas immer weiter in die Krise (Sonntag 2001). Da diese Krise und ihre „Lösung" durch Hugo Chávez im Vordergrund der Analyse stehen, wird auf die übrigen Transitionsetappen hier nur kursorisch eingegangen.

Auch die Geburt der venezolanischen Demokratie in der zweiten Demokratisierungswelle wurde entscheidend vom vorangehenden Militärregime (1948–1958) geprägt, indem es zur Einigung der vormals verfeindeten zivilen Lager beitrug (Levine 1978). Die Anfänge der venezolanischen Demokratie reichen in die 1930er und 1940er Jahre zurück, nachdem die Ära des seit 1908 regierenden Präsidenten Gómez zu Ende gegangen war, in der Venezuela – gestützt auf die boomende Ölindustrie – eine ökonomische, gesellschaftliche und teilweise auch politische Modernisierungsphase durchlief (Hellinger 1991: 30 ff.). Die anschließende Liberalisierungsphase (1936–1948), in der sich Venezuela zu einem „typischen Erdölland" mit sprunghafter Ausweitung des Binnenkonsums, von den Öleinkünften determinierter Wirtschaftsstruktur und Überbewertung der Währung zu entwickeln begann (Boeckh/Hörmann 1992: 515), war geprägt von der politischen Konkurrenz zwischen der nationalen Bourgeoisie und den aufstrebenden Mittelschichten und ihren Parteien. Zum ersten Mal genuin demokratisch regiert wurde Venezuela in der Phase des *trienio* (1945–1948) unter der populistischen Mittelschichtspartei *Acción Democrática* (AD), die als damals einzige Massenpartei schnell das politische Geschehen dominierte und die übrigen Gruppen an den Rand zu drängen drohte. Ihr Projekt, das neben einer demokratischen Verfassung auch im Jahr 1947 die Wahl eines Präsidenten aus den Reihen der AD zeitigte, wurde 1948 durch das Eingreifen der Militärs zugunsten der Oberschicht und der Opposition unterbunden. Zum starken Mann der Junta entwickelte sich General Pérez Jiménez, der 1952 die Präsidentschaft übernahm (Levine 1989: 252 ff.).

Die Diktatur von Pérez Jiménez war gleichwohl nur von begrenzter Haltbarkeit. Gemessen am mittlerweile erreichten Entwicklungsstand des Öllandes, seiner relativ differenzierten Sozialstruktur und dem Organisationsgrad gesellschaftlicher Interessengruppen wurde die Regierungspraxis der Militärdiktatur für die anhaltend dynamische Wirtschaftsentwicklung zunehmend dysfunktional (Hillmann 1994: 36 ff.). Für die sich abzeichnenden Strukturprobleme des vom Erdölexport abhängigen Landes fand sie keine politische Strategie. Die politische Opposition wurde gezielt bekämpft, populistische Maßnahmen wie die Ausweitung der staatlichen Bautätigkeit verfehlten jedoch ihre Wirkung. Gegen das zunehmend autokratisch, repressiv und korrupt agierende Regime begannen die zuvor verfeindeten gesellschaftlichen und politischen Oppositionsgruppen eine gemeinsame Strategie zu entwickeln, die schließlich im Januar 1958 zur Ablösung von Pérez Jiménez führte (Levine 1978).

1.5 Nicaragua: Die sultanistische Somoza-Diktatur (1937–1979)

Wie seine zentralamerikanischen Nachbarstaaten ist die Geschichte Nicaraguas im 20. Jahrhundert entscheidend von der Hegemonialrolle der USA geprägt, die den Isthmus unverhohlen als ihren „Hinterhof" betrachteten. Zentrale außen- und innenpolitische Entscheidungen wurden häufig in der US-Botschaft der jeweiligen Länder getroffen; sowohl Diktaturen wie Demokratien besaßen nur einen eingeschränkten Entscheidungsradius. Lediglich Costa Rica konnte sich aufgrund seiner demokratischen Sonderentwicklung halbwegs aus diesem Bannkreis lösen (Pearce 1981).

Demokratie konnte in Nicaragua, dem ärmsten Land der Region, nie richtig Fuß fassen. Lediglich zwischen 1928 und 1932 fanden unter Aufsicht der USA relativ korrekte Wahlen statt. Nach dem Abzug der US-Truppen im Jahr 1933 begann der Aufstieg von Anastasio Somoza, der 1936 die Macht endgültig eroberte und bis zu seiner Ermordung 1956 faktisch der Machthaber war; danach wurde diese Funktion bis 1979 von seinen Söhnen ausgeübt. Wahlen, die in diesem Zeitraum durchgeführt wurden, dienten der Scheinlegitimation des Regimes, waren aber nie demokratischer Natur. Auch die hohe Anzahl der Verfassungen bzw. grundlegenden Verfassungsreformen dienten eher dem Zweck der Machtbefestigung als der Modernisierung des politischen Systems (Bulmer-Thomas 1990).

Faktisch beruhte die Diktatur des Somoza-Clans auf anderen internen wie externen Faktoren (Krennerich 1992: 207): (1) der Sicherung des staatlichen Gewaltmonopols über die Kontrolle und Loyalitätssicherung der Nationalgarde, die Militär, Polizei und Geheimdienst in einem war; (2) der Kontrolle des korrupten Staatsapparates, inkl. der Regimepartei; (3) der Kontrolle über die wirtschaftlichen Machtmittel, die u. a. zur Pflege des weitverzweigten Klientelsystems dienten; (4) der Komplizenschaft der alteingesessenen Oligarchiefamilien, die von der Politik der Somozas profitierten; (5) und last but not least der Unterstützung durch die USA, deren Wohlwollen der Somoza-Clan auch über Krisenzeiten hinweg bewahren konnte. Damit gelang es der Familie Somoza, sich über 40 Jahre lang an der Macht zu halten und das Land in schamloser Weise auszuplündern. Die dünne Substanz dieser sultanistischen Herrschaft, der an Institutionalisierung wenig gelegen war und die zunehmend auch ihre letzten Legitimationsressourcen verspielte, war neben dem Entzug der US-Unterstützung seitens der Carter-Administration einer der Hauptfaktoren ihres relativ raschen Untergangs Ende der 1970er Jahre (Booth 1998).

1.6 Mexiko: Das institutionalisierte Einparteienregime (1917–1997)

Mexikos verzögerte Transition führt zu einer gewissen Verlegenheit, das Ende des autoritären Regimes und den eindeutigen Beginn der demokratischen Ära festzulegen. Wie unten näher erläutert wird, datieren wir den Beginn der Transition auf das Jahr 1977, ihr Ende und damit das Ende des Einparteienregimes auf das Jahr 1997. Fraglos ist gleichwohl, dass es sich bei der langwährenden Herrschaft des *Partido Revolucionario Institucional* (PRI) um ein Unikum handelt (Mols/Tobler 1976): Nach der Konsolidierung des Regimes in den 1930er Jahren wurde im Sechsjahresrhythmus *(sexenio)* ein neuer ziviler Präsident gewählt. Dieses Präsidialregime stellte eine zivile Autokratie dar, die zwar die gesellschaftliche Organisation und Partizipation von oben her organisierte, aber auch über eine relativ breite Verankerung in der Gesellschaft verfügte und wenig von einzelnen Führungspersönlichkeiten abhängig war (Lauth/Horn 1995; Faust 2001).

Drei Faktoren prägten den (letztlich autoritären) mexikanischen Präsidentialismus, der von den formalen Bestimmungen der Verfassung her nicht außergewöhnlich stark konfiguriert war (Weldon 1997). Erstens sorgte die faktische Ausschaltung einer effektiven Parteienkonkurrenz für garantierte Mehrheiten der PRI im Parlament und damit auch für den jeweiligen Präsidenten. Die Möglichkeit von *divided government* war bis zu den ernsthaften Wahlrechtsreformen Ende der 1980er Jahre und in den 1990er Jahren damit ausgeschlossen (Lujambio 2000). Zweitens wurden bereits in der Frühphase des Regimes (*Maximato* 1928–1935) institutionelle Mechanismen geschaffen, um eine strikte Parteidisziplin zu gewährleisten, wie das Verbot der unmittelbaren Wiederwahl von Abgeordneten (1933) und nachfolgend die Konzentration der Nominierungspolitik im Zentralrat der Partei und damit beim jeweiligen Präsidenten. Hinzu kam unter Cárdenas (1934–1940) die sektorale Organisation der Partei und nicht zuletzt die zentrale Organisation von Wahlen, die dem PRI die Hegemonie einbrachten (Mols 1983). Drittens bestand ebenso seit Cárdenas die Ämterunion von Präsident und Parteichef, was die Regulierungsmöglichkeiten des Präsidenten hinsichtlich Ämtervergabe und Disziplinkontrolle entscheidend erhöhte. Zusammen wurde so aus den formal wenig spektakulären Kompetenzen des Präsidenten eine metakonstitutionelle Machtbefugnis, die das Amt einem imperialen Hyperpräsidentialismus gleichkommen ließ, in dem Gewaltenteilung nie wirklich eine Rolle spielte (Weldon 1997). Auch die Justiz passte sich zwangsläufig in dieses Machtgefüge ein, indem sie zwar eine gewisse organisatorische Unabhängigkeit wahren konnte, ihre Ressourcen aber genauso begrenzt waren wie ihre Kompetenzen in harten politischen Materien (López-Ayllón/Fix-Fierro 2000: 169 ff.).

Die seit den 1930er Jahren von oben betriebene Organisation und Förderung der sogenannten „Sektoren des PRI" (Arbeiterschaft, Landbevölkerung, *sector popular*)[3] bedeutete durchaus ein auf Wechselseitigkeit beruhendes nationales Entwicklungsprojekt, das zusätzlich durch den Revolutionsmythos unterfüttert werden konnte. Der Staat wurde, hierin durchaus dem lateinamerikanischen Trend der 1930er Jahre im Zuge der Weltwirtschaftskrise folgend, zum zentralen Entwicklungsmotor. Er sorgte nicht nur für den nationalen Fortschritt – immerhin wuchs die mexikanische Wirtschaft zwischen 1940 und 1970 im Durchschnitt um 6 Prozent jährlich –, sondern auch für die Umverteilung des gesellschaftlichen Wohlstands (Lauth 1991). Daraus entwickelte sich in den folgenden Jahrzehnten ein korporatistisch-klientelistisches Herrschaftssystem, in dem Kontrolle und Ideologie immer notwendiger wurden, um die Legitimation auch bei knappen Ressourcen aufrechterhalten zu können. Klientelismus und Korruption wurden als informale und regimekonforme Verteilungsstrukturen stabilisierend für das System, in dem Partei und Staat zunehmend miteinander verschmolzen (Bizberg 1999).

Den zweiten zentralen Bestandteil dieses korporatistisch-klientelistischen Systems bildete die spezifische Organisations- und Funktionsweise des Staatsapparates selbst. Die starke Stellung des Staates im Entwicklungsprozess und gegenüber der Gesellschaft war an einen umfangreichen öffentlichen Sektor sowie einen aufgeblähten Staatsapparat gekoppelt, die immense finanzielle und personelle Ressourcen verschlangen (Faust 2001). Charakteristisch für sein Funktionieren wurde die eigentümliche Koexistenz stabiler formaler und informaler Institutionen einerseits, die stark zentralistisch auf den Präsidenten ausgerichtet waren, und eines hohen, von oben kaum kontrollierbaren Personalismus im politisch-administrativen System andererseits (Morris 1991: 21 ff.). Dieser Personalismus prägte nicht nur die Beziehungen zwischen Eliten und Bevölkerung, sondern vor allem auch die Beziehungsmuster zwischen den Eliten, die sich in einer unüberschaubaren Fülle von Zirkeln, Netzwerken und Seilschaften (*grupos, camarillas* etc.) äußerten. Aufgrund der relativ komplexen Struktur des mexikanischen

---

3 Der *sector popular* umfasste im Großen und Ganzen Mittelschichtgruppen wie Angestellte, Dienstleistungsberufe, kleine und mittlere Unternehmer und Staatsbedienstete. Ende der 1970er Jahre waren über 13 Millionen Mexikaner über diese Sektoren in den PRI integriert (58 Prozent im *sector campesino*, 25 Prozent im *sector obrero* und 17 Prozent im *sector popular*) (vgl. Cansino 2000: 93 ff.).

Staates waren so zwar die höheren Ämterebenen in das mehr formale, zentralistische und autoritär-korporative Arrangement eingebunden. Die weiteren Ebenen der Staatsbürokratie bis hin zur einzelstaatlichen und lokalen Ebene stellten jedoch mehr ein dezentrales und wenig kontrollierbares Geflecht dar, das von partikularistischen Interessen geprägt und zur wirklichen Politikimplementierung wenig fähig war.

Der Zusammenhalt dieses Systems konnte so lange gewährleistet werden, als (1) die wesentlichen Entscheidungen über die politischen Ämter bis hin zu den Bürgermeistern im Präsidialamt gefällt wurden; (2) der PRI seine hegemoniale Stellung in Politik und Staat bewahren konnte und somit als „politischer Filter" der korrupten Klientelbeziehungen diente; (3) die Legitimationsideologie in Ansätzen Bestand hatte und insbesondere der Präsident als unantastbare Institution galt sowie (4) die staatlichen Ressourcen zur Bedienung der Klientelen ausreichend waren. Die Festigkeit der „mexikanischen Pyramide" begann in den 1970er Jahren zu zerbröckeln, als wachsende soziale und ökonomische Probleme das Regime zur Ausweitung seiner Legitimationsbasis zwangen (Weldon 2002; Lujambio 2001). Die ersten grundlegenden Wahlrechtsreformen unter Präsident López Portillo im Jahr 1977, die in klassischer Manier als kontrollierbare Öffnung zur Inklusion vor allem der Linksdissidenten gedacht waren, markierten schließlich den – zunächst unmerklichen – Transitionsbeginn (Whitehead 2001: 74 ff.).

2 Regimeübergänge

Entsprechend der Natur autoritärer Systeme und der damit verbundenen Akteurskonstellationen waren die Regimeübergänge in Lateinamerika sehr verschieden und auch von unterschiedlicher Dauer. Den stärksten Einfluss eines autoritären Regimes auf den Transitionsverlauf hatte zweifellos Pinochet in Chile, den Gegenpol bildet die Revolution in Nicaragua im Jahr 1979. Die langwierigste Transition stellt die zähe Ablösung des Regimes des PRI in Mexiko dar, während die Übergänge in Argentinien und Chile[4] relativ rasch über die Bühne gingen.

Tabelle 22: Regimeübergänge in Lateinamerika

Land	Zeitraum	Typus
Chile	1988–1990	gelenkt
Argentinien	1982–1983	Kollaps
Peru	1978–1980	Druck von unten, Lenkung, Verhandlung
Venezuela	1958	Umsturz (Putsch)
Nicaragua	1979–1990	Umsturz (Revolution)
Mexiko	1977–1997	stark verzögert: gelenkt mit Verhandlungen

---

4 Dies gilt auch für den Regimeübergang in Venezeuela 1958.

2.1 Argentinien: Der Kollaps der Militärdiktatur (1982/83)

Die argentinische Transition war vom Kollaps der Militärregierung als Folge des verlorenen Falklandkrieges geprägt. Zum Verlauf der Transition trug jedoch auch die neu formierte politische Opposition des Landes bei (Pion-Berlin 1985). Zu Beginn der 1980er Jahre hatten die Legitimationsprobleme der Militärjunta zusammen mit den wachsenden Performanzproblemen in den zentralen Politikbereichen bereits zu einem merklichen Verlust der Regierbarkeit geführt. Die Stabilität des Regimes zehrte bis dahin vor allem davon, dass die Opposition sich entweder passiv verhielt oder mit repressiven Maßnahmen ausgeschaltet wurde. Mit dem turnusgemäßen Wechsel innerhalb der Junta von General Videla zu General Viola im März 1981 wurden vorsichtige Liberalisierungsschritte eingeleitet, die die Duldung „informeller" Parteiaktivitäten und das Versprechen, 1984 Wahlen abzuhalten, beinhalteten (Cavarozzi 1987). Die Parteien nutzten den Freiraum zu ersten Absprachen über eine gemeinsame politische Strategie, während Gewerkschaften, zivilgesellschaftliche Organisationen und Presse zunehmend kritischere Töne anschlugen. Bereits im Dezember 1981 wurde Viola allerdings von den Hardlinern im Regime gestürzt und durch General Galtieri ersetzt, der die Liberalisierungstendenzen wieder zu unterbinden versuchte (Birle 1995: 145 ff.).

Angesichts der dennoch anhaltenden Proteste, einen erfolgreichen Generalstreik eingeschlossen, spielten die Militärs ihre letzte Karte aus, um wieder eine höhere Legitimation zu gewinnen. Im April 1982 besetzten sie die seit dem 19. Jahrhundert britischen Falklandinseln (Falkland Islands / Islas Malvinas), um mit einem außenpolitischen „Erfolg" die internen Schwierigkeiten zu überspielen und im Land wieder mehr Zustimmung zu ihrer Regierung zu gewinnen. Dies gelang ihnen anfangs auch, doch bereits im Juni hatten die argentinischen Militärs den Krieg verloren. Selbst in ihrem eigenen Metier waren sie kläglich gescheitert. Der Niederlage folgte zum einen das Aufflammen massiver politischer Proteste mit Rücktrittsforderungen, zum anderen eine Spaltung innerhalb des Militärs. Fortan führte die Armee unter Führung von General Bignone die Regierungsgeschäfte alleine (Linz/Stepan 1996: 190 ff.).

General Bignone kündigte den Rückzug der Militärs und für 1983 Neuwahlen an und versuchte in der Zwischenzeit, Bedingungen für den Übergang auszuhandeln. So forderten die Militärs u. a. eine weitgehende Straffreiheit sowohl für die massiven Menschenrechtsverletzungen als auch für das ökonomische Missmanagement, das unter anderem zu einer explosiv angestiegenen Schuldenlast des argentinischen Staates geführt hatte. Anders als in den Jahrzehnten zuvor waren die Militärs jedoch in ihrer Machtposition derart geschwächt, dass sie keine ihrer Forderungen durchsetzen konnten. Die Übergangsphase war deswegen weniger von zivil-militärischen Auseinandersetzungen bestimmt, denn von Debatten über Menschenrechte, Pluralismus, Frieden und Demokratie (ibid.: 189). Im Oktober 1983 fanden die Präsidentschafts- und Parlamentswahlen statt, die mit einem deutlichen Sieg der radikalen UCR endeten. Neben der Schwächung der Militärs bedeutete dies einen zweiten historischen Einschnitt, weil entgegen einem lange gepflegten Mythos erstmals die Peronisten in demokratischen Wahlen besiegt werden konnten. Mit dem Amtsantritt von Präsident Raúl Alfonsín (UCR) im Dezember 1983 endete die kurze argentinische Transition (Palermo/Novaro 1996: 48 ff.

2.2 Chile: Die gelenkte Transition (1988–1990)

Im engeren Sinne beginnt die chilenische Transition mit dem Referendum im Oktober 1988, das über den Verbleib Pinochets im Präsidentenamt bis 1997 entscheiden sollte. Anders als von der Militärregierung gedacht, siegte die Opposition mit ihrer Kampagne des „Nein", was schließlich zu den Gründungswahlen im Dezember 1989 und – nach dem Wahlsieg der Opposition – zum Amtsantritt des christdemokratischen Präsidenten Aylwin im März 1990 führte (Huneeus 1990). *Cum grano salis* muss die chilenische Transition als von den alten Regimeeliten gelenkt bezeichnet werden. Im Kern folgte sie dem Weg und den Verfahren, die die autoritäre Verfassung Pinochets aus dem Jahr 1981 vorgezeichnet hatte. Darin war vorgesehen, dass gegen Ende der – konstitutionell – ersten Amtszeit Pinochets (1981–1989) ein Referendum über eine mögliche zweite Amtszeit Pinochets bzw. eines Regimekandidaten bis 1997 stattzufinden hätte. Im Falle eines „Nein" zu diesem Vorschlag bestimmte die Verfassung, dass Präsidentschafts- und Parlamentswahlen abzuhalten wären und Pinochet bis zum Amtsantritt des neu gewählten Präsidenten im März 1990 im Amt bleiben sollte. Dieser Fahrplan wurde letztlich nahezu akribisch eingehalten (Krumwiede 2004).

Der chilenische Transitionsverlauf spiegelt letztlich die Stärke der Militärregierung und umgekehrt die relative Schwäche der Opposition wider (Thiery 2000: 136 ff.). Nach dem Überstehen der Wirtschaftskrise 1982/83 und der nachfolgenden massiven sozialen Proteste konnte die Regierung ihre Position Mitte der 1980er Jahre wieder festigen und sich die Unterstützung weiter Teile der Gesellschaft und der relevanten Machtgruppen sichern. Während die radikaleren linken Oppositionsgruppen über die 1980er Jahre hinweg die maximalistische Strategie eines Rückzugs der Militärs verfolgten, schwenkte die gemäßigte Opposition aus Christdemokraten, Liberalen und gemäßigten Sozialisten zunehmend auf die Strategie um, dem Fahrplan der Verfassung zu folgen und möglichst das Regime mit den eigenen Mitteln zu schlagen. Im Gegensatz zu Argentinien war die chilenische Militärregierung dadurch in der Lage, ihre Interessen weitgehend zu wahren und eine Vielzahl von Besitzständen abzusichern. Dass sie überhaupt ein solches Procedere wählte und auch einhielt, hängt sowohl mit ihrer Legitimationsstrategie als auch der legalistischen Haltung des chilenischen Militärs zusammen (Garretón 1989). Wie oben gezeigt, zeichnete sich Chiles Militärregierung durch ihre relativ erfolgreiche Reformtätigkeit aus, die eine zwar umstrittene, in ihren und ihrer Anhänger Augen aber dennoch gelungene „Neugründung" Chiles bewirkte. Die Verfassung und die in ihr begründeten Institutionen bildeten neben ihrer Rolle als „Retter Chiles" den Grundpfeiler ihrer Legitimation. Alles andere als das Einhalten ihrer eigenen Verfassung hätte die Militärregierung nicht nur im rechten Lager, sondern auch innerhalb der Streitkräfte diskreditiert und sie um die „Früchte" ihrer eigenen Arbeit gebracht. Gewiss wurde dieses Vorgehen den Militärs auch dadurch erleichtert, dass sie mit einem Sieg im Referendum rechneten. Doch selbst aus dieser Sicht war es strategisch geboten, anschließend nicht mit dem Vorwurf eines manipulierten Referendums belastet zu sein.

Die Strategie der Opposition war zwar in mehrerer Hinsicht riskant (Krumwiede 2004: 255 ff.), führte letztlich aber zum Erfolg. Nach dem verlorenen Referendum waren die Regimeeliten bemüht, ihre Spielräume innerhalb des *worst case scenario* auszunutzen. Die erwähnten Verhandlungen zwischen Regime und Opposition erstreckten sich im Wesentlichen auf eine Abmilderung der autoritären Verfassung, die eine „geschützte" Demokratie unter der Tutelage der Militärs vorsah. Dies führte zur Aufweichung einiger Bestimmungen der Verfassung (Erhöhung der Zahl der gewählten Senatoren, die Aufhebung des Verbots der kommunistischen Partei, die Erleichterung von Verfassungsreformen und die Stärkung der zivilen Komponente im Nationalen Sicherheitsrat). Diese Änderungen wurden von der chilenischen Bevölkerung per Referendum im Juli 1989 angenommen. Dadurch erfuhr die autoritäre Verfassung wenigstens eine Teillegitimation, während die maßgebenden Oppositionsparteien die Verfassung trotz ihrer normativen und politischen Kritik als Grundlage der weiteren politischen Entwicklung akzeptierten (Thiery 2000: 160 ff.).

In den verbleibenden acht Monaten fanden jedoch nicht nur die Gründungswahlen im Dezember 1989 statt, vielmehr nutzte Pinochet die ihm gegebene Handlungsvollmacht und die geringen Einspruchmöglichkeiten der Opposition auch, um die in der Verfassung angelegten autoritären Enklaven mittels ausführender Gesetze, Statuten und Personalentscheidungen in die Praxis umzusetzen *(leyes de amarre)*. Dies sicherte dem rechten Lager auch nach der Wahlniederlage 1989 bis weit in die 1990er Jahre hinein ein dichtes Netz faktischer Sperrminoritäten, das den demokratischen Regierungen eine nur eingeschränkte Regierungsgewalt erlaubte (Garretón 1995).

2.3 Peru: Druck von unten, Lenkung und Verhandlung (1978–1980)

Anders als der Kollaps in Argentinien und die eng geführte Transition Chiles fand die peruanische Rückkehr zur Demokratie in einer Mischung aus Druck von unten, Rückzug der Militärs, versuchter Lenkung dieses Prozesses und Verhandlungselementen statt (Cotler 1994: 105 ff.). Mitte der 1970er Jahre waren die Früchte der umfassenden Reformstrategie spärlich und damit ihre Dynamik erlahmt. Es stellte sich als Defizit heraus, dass die Militärs die Schaffung einer eigenen politischen Basis und die Gründung einer eigenen Partei versäumt hatten (Lynch 1999: 109 ff.). Sie hatten zwar ein relativ klares Basisprogramm, aber weder eine stringente politische Agenda noch eine kohärente Strategie zu seiner Umsetzung. So strebten sie eine Restrukturierung des Pressewesens an, was faktisch aber zur eigentlich nicht erwünschten Einebnung der Pressevielfalt führte. Die Widersprüche zwischen dem Anspruch einer partizipatorischen und sozialen Demokratie einerseits und korporatistischen Organisationsvorstellungen andererseits traten so nur noch offener zutage. Zusätzlich engten die wachsenden makroökonomischen Probleme, insbesondere die immer stärker defizitären öffentlichen Finanzen, ihre Handlungsspielräume weiter ein. Unklarheit über die weitere politische Strategie führte zunehmend auch zu Spaltungen innerhalb der Militärs selbst (Stepan 1978).

Ein erster einschneidender Schritt zur peruanischen Transition war bereits die Ablösung von General Velasco durch Francisco Morales Bermúdez im Jahr 1975, die einem Palastputsch gleichkam (Huhle 1998: 78 ff.). Morales, der als der politisch gemäßigte Kopf in der Junta galt, unternahm nichts weniger als eine Umkehr der Programmatik der peruanischen Revolution. Angesichts der zunehmenden sozioökonomischen Krisentendenzen versuchte er eine orthodoxe Stabilisierung der Wirtschaft, die jedoch nur magere makroökonomische und widrige soziale Ergebnisse zeitigte. Allerdings behielt er die starke Rolle des Staates in der Wirtschaft bei. Ebenso blieb die Landreform in weiten Teilen unangetastet. Das Jahr 1977 leitete schließlich die Wende hin zur Redemokratisierung ein. Wachsende soziale Unruhen und Proteste, inklusive mehrere Generalstreiks, sowie der Druck internationaler Finanzinstitutionen brachten die Regierung gleich zweifach in Verlegenheit. Die anfangs mehr ökonomisch motivierten sozialen Proteste schlugen angesichts der Reaktion der Militärs – Verhaftungen von Gewerkschaftsmitgliedern, massive Entlassungen – in politische Demonstrationen um. Diese Situation stellte die Junta schließlich vor die Wahl zwischen politischer Öffnung mit Rückzug oder Verschärfung der Repression, wie sie in Argentinien und Chile praktiziert wurde. Angesichts des hohen internen wie externen Drucks verkündete Morales am 28. Juli, dem Nationalfeiertag, die Rückkehr zur Demokratie. Über die Wahl einer verfassungsgebenden Versammlung 1978 und die Verabschiedung einer neuen Verfassung 1979 sollte sie 1980 schließlich zu demokratischen „Gründungswahlen" führen (Lynch 1999: 114 ff.).

Diese Öffnung veränderte die Kräftekonstellation nachhaltig. Zwar weigerte sich Ex-Präsident Belaúnde, mit den Militärs zu kooperieren oder gar an den Wahlen zur verfassunggebenden Versammlung teilzunehmen, doch nahmen die beiden anderen traditionellen Parteien – die gemäßigt linksorientierte *Alianza Popular Revolucionaria Americana* (APRA) unter ihrem charismatischen Führer Victor Raúl Haya de la Torre und der christlich-konservative *Partido Popular Cristiano* (PPC) – das Angebot der Militärs an. Ihre Allianz beendete nicht nur die Isolation der Militärjunta, sondern duldete auch die von der Militärregierung in den letzten Monaten durchgeführten Politik (z. B. die orthodoxe makroökonomische Anpassungspolitik, aber auch die wieder repressiveren Maßnahmen gegen die vorwiegend von linksrevolutionären Gruppen organisierten Proteste). Unter diesen relativ stabilen Bedingungen konnte die Militärregierung ihre Amtsgeschäfte bis zur vorgesehenen Machtübergabe an den neu gewählten Präsidenten zu Ende führen.

In dieser Phase der Transition war die Militärjunta in der Lage, die Zügel trotz der anhaltenden Proteste in der Hand zu behalten und die Interessen des Militärs in die zukünftige politische Ordnung einzubringen. Vor allem die enge Zusammenarbeit mit Haya de la Torre, dem Führer der APRA der die verfassunggebende Versammlung leitete und den die Militärs als zivilen Präsidenten favorisierten, erlaubte ihnen, als impliziter Verhandlungspartner bei der Verfassungsgebung aufzutreten (Cotler 1994: 125 ff.). Auch erließ Morales Bermúdez in der Übergangsphase ein Immunitätsgesetz, um Verfahren wegen Menschenrechtsverletzungen gegen Militärs zu verhindern, sowie ein Dekret, das die Mobilmachung des Militärs bei „interner Subversion" ermöglichte (Vásquez 1996: 351 f.). Trotz prekärer demokratischer Erfahrungen gab es in Peru keine wesentlichen Konfliktquellen, die andere Transitionen belastet hätten. Die Präsidentschaftswahlen 1980 endeten mit dem klaren Wahlsieg von Fernando Belaúnde, also genau jenes Politikers, den die Militärs 1968 aus dem Amt geputscht hatten. Die Rückkehr zur Demokratie nach 12 Jahren brachte somit die alten politischen Eliten wieder an die Macht. Auch das Parteiensystem begann sich mit den zuvor präsenten Parteien neu zu etablieren. Die mittlerweile ausgeweiteten politischen Partizipationsmöglichkeiten – erstmals galt das universelle Wahlrecht – schien deren politische Rolle eher bekräftigt zu haben (McClintock 1989).

2.4 Venezuela 1958: Der Bruch mit dem militärischen caudillismo (1958)

In Venezuela hatte die korrupte Regierungspraxis von Pérez Jiménez zu wachsender Unzufriedenheit mit dem Militärregime auch unter den vormaligen Putschbefürwortern geführt, eingeschlossen die katholische Kirche, die zunehmend zu einem Sprachrohr der größer werdenden Opposition wurde. Die wachsende Isolation des Regimes nahm zu, als Pérez Jiménez für Dezember 1957 zwar zunächst Wahlen ankündigte, diese aber über Nacht in ein Plebiszit umfunktionierte (Levine 1989: 255). Das einte die Opposition, deren führenden Politiker seit Mitte der 1950er Jahre Gespräche über die zukünftige Gestaltung des Landes begonnen hatten, weiter. Schließlich wuchs auch die Unzufriedenheit innerhalb des Militärs über die Politik des Regimes, was mit zum – letztlich gescheiterten – Militärputsch am Neujahrstag 1958 beitrug. Unter anhaltenden Protesten und wachsenden Unruhen fiel das Regime jedoch innerhalb kürzester Zeit zusammen, Pérez Jiménez floh noch im Januar 1958 außer Landes. Eine provisorische Regierung aus Militärs und Zivilisten übernahm bis zur Wahl eines neuen Präsidenten Ende 1958 die Regierungsgeschäfte. Diese Übergangszeit war geprägt von einer Reihe von Pakten zwischen den politischen Gruppierungen sowie relevanten gesellschaftlichen Gruppen, die für die politische Entwicklung Venezuelas in den folgenden Jahrzehnten eine prägende Rolle spielten (Werz 1983).

2.5 Nicaragua: Die „sandinistische" Transition (1979–1990)

Nicaraguas Transition ist im Vergleich zu den anderen fünf Ländern von drei Besonderheiten geprägt: Erstens handelte es sich bei der Ablösung des autoritären Somoza-Regimes um eine Revolution, in der die alte Ordnung gestürzt und durch eine neue ersetzt wurde (Torres Rivas 2001: 100 ff.). Zweitens brachte diese Revolution mit der sandinistischen Befreiungsfront *Frente Sandinista de Liberación Nacional* (FSLN) linke Gruppierungen mit eigener Vorstellung von Demokratie an die Macht, die nicht gänzlich mit liberaler Demokratie vereinbar waren. Drittens ist die Demokratisierung Nicaraguas – wie in den übrigen Transitionen Zentralamerikas – vom Bürgerkrieg und dessen Zuspitzung Mitte der 1980er Jahre geprägt. Dieser Bürgerkrieg machte die Ära der Sandinisten noch mehr zur Transitionsphase, in der internationale Akteure eine zentrale Rolle spielten, die teils konstruktiv (Contadora, Esquipulas, Europa), teils auch destruktiv (USA) war (Krennerich 1996).

Im Falle Nicaraguas darf darüber gestritten werden, ob es sich bei der Ära der Sandinisten um eine Transitionsphase zur Demokratie oder um ein autoritäres Regime *sui generis* handelte. Während zeitgenössische Analysen und Akteure, die nicht politisch mit den Sandinisten sympathisierten, das Regime als Linksdiktatur ansahen, wird die Phase mit zunehmendem zeitlichen Abstand mehr als Übergangsphase interpretiert und im regionalen Rahmen betrachtet (Torres Rivas 2001). Auch wir fassen die Ära der Sandinisten als Transitionsphase, die mit dem Sturz Somozas beginnt und mit den „Gründungswahlen" 1990 – und der Abwahl der Sandinisten – endet. Denn trotz der phasenweise autoritären Züge insbesondere zwischen 1982 und 1986 war die Regierung der Sandinisten nicht in der Lage, wirklich ein autoritäres Regime zu institutionalisieren oder gar zu konsolidieren. Wesentliche Grundsteine für eine demokratische Entwicklung (Parteien- und Wahlgesetze, unabhängige Wahlbehörde, Parteigründungen, Oppositionsbildung) wurden in ihrer Ära gelegt. Auch die Verfassung von 1987 war im Kern als Grundlage der nicaraguanischen Demokratie geeignet. Zudem standen einige der repressiven Maßnahmen in Zusammenhang mit dem extern geschürten Bürgerkrieg. Insgesamt ist das sandinistische Nicaragua somit eher als Hybridregime zu charakterisieren, das zwischen autoritären und demokratischen Tendenzen schwankte (Krennerich 1992: 209).

Die Transition Nicaraguas lässt sich in vier Phasen unterteilen: (1) vom Sturz der Somoza-Diktatur in der sandinistischen Revolution im Jahr 1979 bis zur Etablierung der postrevolutionären Übergangsordnung im Jahr 1980 (inkl. Agrarreform, Basis-Statut, Staatsrat, Aufbau von Armee, Polizei und Massenorganisationen); (2) die versuchte Stabilisierung und Legitimierung einer sozialen, partizipatorischen Demokratie unter Führung des FSLN bei gleichzeitigem Anwachsen der zivilen wie der militärischen Opposition, abgeschlossen mit den korrekt durchgeführten, wenngleich nur eingeschränkt kompetitiven Präsidentschafts- und Parlamentswahlen im Jahr 1984; (3) die Phase der Ausarbeitung einer neuen Verfassung durch das gewählte Parlament, die 1987 in Kraft trat und mit einigen größeren Reformen bis heute gültig ist; in dieser Phase erreichte der Guerillakrieg seinen Höhepunkt, gleichfalls aber auch die Friedensbemühungen in Zentralamerika (Abkommen von Esquipulas 1987); und (4) schließlich die definitive Öffnung des Regimes, die unter starker internationaler Begleitung zu den Wahlen 1990 – und zum eher überraschenden Wahlsieg der Opposition – führte (Bendel/ Krennerich 1996: 316).

Entscheidend für den Verlauf der „sandinistischen" Transition waren also sowohl die internen wie die externen Machtverschiebungen. Nach dem Zerfall der heterogenen Revolutionskoalition und dem Aufstieg des FSLN zur Hegemonialkraft begann sich die interne Opposition aus bürgerlichen Kräften und katholischer Amtskirche zu formieren, die dauerhaft auf die Einhaltung liberaler Grundrechte drang. Auch der internationale Druck auf die FSLN-Regierung begann schon bald nach ihrer Machtübernahme stärker zu werden. Während US-Präsident Carter noch um Kooperation bemüht war, begann mit der Revitalisierung des Kalten Krieges (Einmarsch der Sowjetunion in Afghanistan 1979) und dem Amtsantritt von US-Präsidenten Ronald Reagan 1981 eine stark antisandinistische Politik, die zum Aufbau und zur Förderung der sogenannten *Contra*-Rebellen führte (Krennerich 1992: 229 ff.).

In der zweiten Hälfte der 1980er Jahre geriet das FSLN-Regime bei zudem anhaltender Wirtschaftskrise immer stärker unter internen und externen Druck (Herrera Zúniga 1996: 290 ff.). Eingebettet in den zentralamerikanischen Friedensprozess konnten ab 1987 zwar die *Contra*-Problematik entschärft werden, doch zwang die Wirtschaftsentwicklung zu einer drastischen Anpassungspolitik, die die Unzufriedenheit unter der Bevölkerung weiter schürte. Anders als 1984 wurden die Wahlen im Februar 1990 trotz einiger Bedenken nicht von der vereinten Opposition *Unión Nacional Opositora* (UNO) boykottiert, deren Kandidatin – Violeta Chamorro – überraschend gewann. Die Regierung erkannte das Wahlergebnis an, zeigte aber auch in der Übergangszeit ihre Licht- und Schattenseiten. So kooperierte sie einerseits mit der Opposition in Hinblick auf eine reibungslose Regierungsübergabe, doch agierte sie andererseits auf korrupte Weise im Stile Somozas, indem sie per Dekret im großen Stil Staatseigentum an FSLN-Eliten transferierte. Mit dem Regierungsantritt Chamorros im April 1990 kam die „sandinistische" Transition zum Abschluss (Williams, Ph. J. 1994).

2.6 Mexiko: Die stark verzögerte Transition (1977–1997)

Der Beginn der verzögerten mexikanischen Transition (Eisenstadt 2000) wird in der Forschung ebenso unterschiedlich datiert wie ihr Abschluss. Als frühester Startpunkt wird 1968 genannt, als Studenten und Gruppen der urbanen Mittelschicht mit dem Regime in offenen Konflikt gerieten, der mit dem Massaker von Tlatelolco einen traurigen Höhepunkt fand und die geschwundene Integrationskraft des Herrschaftssystems offenlegte. In der Folgezeit wurde unter Präsident Echeverría (1970–1976) der Versuch unternommen, über eine kostenreiche Kooptationspolitik die verlorengegangene Kontrolle wieder zu stabilisieren, was jedoch die ökonomische Leistungsfähigkeit beeinträchtigte und zu neuen Konflikten führte. Sein Nachfolger López Portillo versuchte, diese „instabile Persistenz" (Cansino 2000: 87 ff.) durch orthodoxere Stabilisierungspolitiken bei gleichzeitiger politischer Liberalisierung zu überwinden. Mit den Wahlreformen von 1977, die wir als eigentlichen Transitionsbeginn ansehen, sollten vor allem die „inoffiziellen" Parteien des linken Spektrums in das politische System integriert werden, ohne gleichwohl den Hegemonieanspruch des PRI zu gefährden (Nohlen 1993).

Zusammen mit dem einsetzenden Ölboom, der eine Rückkehr zu ressourcenintensivem Wachstum und zur Umverteilung erlaubte, konnte das System vorübergehend stabilisiert werden (Lauth 1991: 96 ff.). Im Gefolge der Schuldenkrise 1982 brachen jedoch die gesellschaftlichen Gegensätze erneut auf, so dass sich die zunächst herrschaftsstabilisierende funktionale Liberalisierung in eine dysfunktionale zu wandeln begann, die der PRI zunehmend nur noch durch Wahlmanipulation zu beherrschen verstand. Erstmals wurden auch die deutlichen Risse innerhalb der Partei sichtbar, die letztlich zur Formierung einer Mitte-Links-Bewegung außerhalb des PRI führten und so – zusätzlich zum schon lange geduldeten rechtskonservativen PAN[5] und unterfüttert mit einer weiteren Lockerung der Wahlgesetze im Jahr 1987 – die Parteienkonkurrenz weiter belebten. Vorläufiger Höhepunkt dieser Entwicklung zur Krise des autoritären Systems war die Fälschung der Präsidentschaftswahlen von 1988, die Carlos Salinas den Weg ins Präsidentenamt ebnete (Lauth/Wagner 1993).

Salinas startete zwei grundlegende Modernisierungsvorhaben, die bis 1993 erfolgreich zu einer Rekonsolidierung des Regimes zu führen schienen. Mittels neoliberal inspirierter Reformen der Wirtschaftsordnung (Außenöffnung, Privatisierung, Deregulierung) versuchte er, über die ökonomische Performanz einen der wesentlichen Legitimationspfeiler des Regimes wieder zu stärken. Im Zuge der Absicherung seines Reformprojekts sah sich Salinas zweitens dazu veranlasst, der Opposition – insbesondere dem PAN – politische Zugeständnisse zu machen. Die beabsichtigte Rekonsolidierung erwies sich jedoch mit Beginn des Jahres 1994 als Schimäre. Zeitgleich mit dem Inkrafttreten des NAFTA-Vertrages[6] am 1. Januar 1994 begannen in Chiapas die Zapatisten den bewaffneten Widerstand gegen den mexikanischen Staat, womit auch der letzte Legitimationspfeiler des Regimes – die Wahrung des sozialen Friedens – ins Wanken geriet. Die politischen Morde im Verlauf desselben Jahres – vor allem das Attentat auf Colossio, den designierten Nachfolger Salinas' – verstärkten den Eindruck schwindender staatlicher Stabilität (Mols 1996: 256 ff.).

Unter diesen Bedingungen wurden 1994 die bis dahin freiesten und fairsten Wahlen auf Bundesebene durchgeführt. Dass diese dennoch nicht die Qualität von demokratischen Gründungswahlen besaßen, lag sowohl im instrumentellen Charakter begründet, die der PRI und die Staatselite dem gesamten Demokratisierungsprozess beimaßen, als auch in den besonderen historischen Umständen. Abgesehen von den ungleichen Chancen im Wahlkampf[7], den zwar geringfügigeren, nach wie vor aber praktizierten Methoden des Wahlbetrugs und anderen Unregelmäßigkeiten[8] erzeugte die Serie politischer Gewalttaten, die 1993 mit der Ermordung von Kardinal Posadas begann und nach den Wahlen mit dem Mord am Generalsekretär des PRI, Ruiz Massieu, spektakulär fortgeführt wurde, ein Klima der Angst, das der PRI mit der Warnung vor weiterer Instabilität durch politischen Wechsel für sich zu nutzen wusste (Cansi-

---

5 Der PAN *(Partido Acción Nacional)* beschritt schon seit 1939 einen Weg zwischen Alibifunktion, loyaler Opposition und Protestpartei (vgl. Loaeza 1999).
6 Nordamerikanisches Freihandelsabkommen (North American Free Trade Association, NAFTA).
7 Zur Dominanz in den Medien kam die ungleiche Verteilung der Wahlkampfmittel, von denen 73 Prozent auf den PRI entfielen (vgl. Becerra et al. 2000: 426).
8 Zur ausführlichen Analyse der Wahlen von 1994 vgl. Calderón Alzati/Cazés (1996), insbesondere das Kapitel über die Wahlbeobachtung (145 ff.), das auch den Abschlussbericht von *Alianza Cívica* enthält, der bis heute profiliertesten nichtstaatlichen Organisation im Bereich der Wahlbeobachtung. Dieser kritische Schlussbericht wurde auch von den zivilgesellschaftlichen Mitgliedern der Obersten Wahlbehörde IFE *(Instituto Federal Electoral)* in vielen Punkten geteilt. Der offizielle Standpunkt des IFE-Generalrats, geleitet von Regierungsmitglied Carpizo, ging dagegen von nahezu perfekten Wahlen aus (ibid.: 168).

no 2000: 248 ff.). Dieses Klima trug auch zur Unsicherheit darüber bei, ob und inwieweit der PRI eine eventuelle Wahlniederlage in allen Konsequenzen akzeptieren würde. Dies schien eher unwahrscheinlich, da zum einen die Verschmelzung von Partei und Staatsapparat die Grundlage der Machtressourcen des immensen PRI-Imperiums darstellte und kaum kampflos aufgegeben worden wäre, und zum andern der Opposition kaum Möglichkeiten zur Durchsetzung eines Wahlsieges zur Verfügung standen. Weder war die Bundeswahlbehörde IFE zu diesem Zeitpunkt schon wirklich unabhängig, noch gab es eine unparteiische Wahlgerichtsbarkeit.

Salinas' Nachfolger Zedillo war durch die vergleichsweise fairen Wahlen dennoch mit einem beträchtlichen Maß an Legitimation ausgestattet, die er aber mit dem misslungenen Management der Peso-Abwertung Ende 1994 rasch wieder verspielte (Faust 2000). Die folgende Währungs- und Wirtschaftskrise und die wachsenden sozialen Spannungen hatten ihre Ursache zwar in der inkohärenten Reformpolitik Salinas, wurden jedoch der neuen Regierung und dem PRI insgesamt angelastet. Nicht zuletzt zehrte dieser rapide Legitimationsverlust auch an der bis dato zentralen politischen Institution Mexikos selbst, nämlich der des Staatspräsidenten (Rubio 1998). Im Zusammenspiel von zunehmend selbstbewusster Parteienkonkurrenz, zugestandener Demokratisierung des Wahlregimes sowie der Erosion der metakonstitutionellen Machtbefugnisse des Präsidenten und damit des PRI blieb Zedillo letztlich kaum eine andere Wahl, als die Ergebnisse der Kongresswahlen im Jahr 1997 und damit das *divided government* anzuerkennen, das der informellen politischen Ordnung Mexikos den Todesstoß versetzte (Carillo/Lujambio 1998). Der Sieg von Vicente Fox in den Präsidentschaftswahlen von 2000 bedeutete das Ende der über 70-jährigen PRI-Ära.

3 Institutionalisierung

Die Frage der Institutionalisierung der lateinamerikanischen Demokratien ist insofern nicht leicht zu beantworten, als sie allesamt entweder als defekte Demokratien starteten oder sich zu solchen entwickelten. Dies wirft insbesondere beim Fall Chile die Frage auf, ob die Institutionalisierung mit den Verfassungsreformen und anschließenden Gründungswahlen 1989 abgeschlossen war oder erst mit der Beseitigung der autoritären Enklaven 15 Jahre später. Aus analytischen Gründen wird im Folgenden der Institutionalisierungsprozess eng auf den Transitionsprozess bezogen, also auf die Phase der Ablösung des autoritären Regimes bis hin zu allgemein akzeptierten Gründungswahlen, und so in einem engeren Sinne verstanden, während die Frage der „defekten Demokratien" der Analyse der Konsolidierungsphase zugeordnet wird. Am Beispiel Chiles wird dies unten näher erläutert.

Mit dieser – gewichtigen – Einschränkung ist festzuhalten, dass die Institutionalisierung der Demokratien Lateinamerikas im Vergleich zu den übrigen Transformationsregionen relativ schnell vonstatten ging.[9] Dies liegt zum einen daran, dass über die Grundkonfiguration der politischen Systeme in der Regel kaum Dissens bestand. Denn in fast allen Ländern existierten Vorbilder in den seit dem 19. Jahrhundert etablierten republikanischen Verfassungen, die im Verlauf der Jahrzehnte zumeist an die gesellschaftlichen Entwicklungen angepasst wurden – jedenfalls vom konstitutionellen Design her. Bis heute haben alle lateinamerikanischen Länder das präsidentielle Regierungssystem beibehalten, wenngleich die Designs durchaus voneinan-

---

9 Ausnahmen bilden zwei der hier behandelten Fälle, nämlich die sandinistische Transition und die verzögerte Transition Mexikos.

Tabelle 23: Verfassungen im Transitionsprozess

Beginn der Demokratie (Jahr)	Verfassungs-verhandlungen in Transition	Gültige Verfassung bei Demokratiebeginn	Verfassungs-diskurs nach der Transition	Gültige Verfassung 2005
Argentinien (1983)	Nein	1853	Handlungsfähigkeit der Exekutive	1994 Referendum
Chile (1990)	Ja Reformen 1989 Referendum 1989	1981	Beseitigung autoritärer Enklaven (2004/05)	1981 mit sukzessiven Änderungen
Peru (1980)	Ja Verfassung 1979	1979	Handlungsfähigkeit der Exekutive	1993 Referendum
Venezuela (1958)	Nein Elitenpakt	1947 neue Verfassung 1962	„Bolivarianische Republik"	1999 Referendum
Nicaragua (1979–1990)	anfangs: Nein (Revolution)	1987	Grundlegende liberale Reformen	1987 mit sukzessiven Änderungen (v. a. 1995, 2000)
Mexiko (1997)	Nein	1917	punktuelle Reformen	1917

der abweichen. Zum andern existierten in vielen Ländern bereits Erfahrungen mit demokratischem Regieren, die – selbst wenn sie negativ waren – in die Phase der Institutionalisierung eingebracht werden konnten (Peeler 1998: 25 ff.). Das schwierigste Grundproblem der lateinamerikanischen Staaten – ausgenommen Uruguay, Costa Rica und Chile – war demgegenüber die Kluft zwischen Verfassungsnorm und Verfassungsrealität, auf die wir bei der Frage der defekten Demokratien eingehen werden.

3.1 Argentinien: Wiederherstellung des Präsidentialismus

Der Kollaps des Militärregimes nach dem Falkland-Krieg führte zwar nicht zum sofortigen Rückzug der Militärs, doch spielten diese bis zur Machtübergabe in der Transition keine nennenswerte Rolle mehr (Linz/Stepan 1996: 190 ff.). Zwischen den etablierten Parteien der Peronisten (PJ) und Radikalen (UCR) bestand kein Dissens über die institutionellen Grundlagen der wiedergewonnenen Demokratie. Vielmehr kehrte Argentinien zu der schon vor dem Putsch gültigen Verfassung von 1853 zurück, die im Laufe der Jahrzehnte zwar mehrfach modifiziert, in ihrem Grundgerüst jedoch unverändert geblieben war. Hierzu gehörte neben dem pointierten Präsidentialismus vor allem die föderale Struktur des Landes, die historisch gewachsen war und ein reales politisches Gewicht im Land darstellte – sowohl in Form der Zweiten Kammer als auch hinsichtlich der politischen Rolle einiger Provinzgouverneure. Mit den Gründungswahlen 1983 wurde die Verfassungsstruktur implizit wieder neu legitimiert und die Institutionalisierungsphase vorerst abgeschlossen (Waldmann 1992: 170 f.). Im Jahr 1994 wurde eine einschneidende Verfassungsreform durchgeführt, die unten als Aspekt der Konsolidierungsprobleme behandelt wird, da sie nicht im engeren Zusammenhang mit der Transition steht.

Alfonsín errang bei den Präsidentschaftswahlen mit 52 Prozent der Stimmen einen klaren Sieg gegen den Kandidaten der Peronisten (40 Prozent), die erstmals eine Niederlage einstecken mussten. Im Parlament waren die Mehrheitsverhältnisse jedoch weniger deutlich. Die UCR erhielt mit 47,4 Prozent der gültigen Stimmen 50,8 Prozent der Sitze im Unterhaus und damit eine knappe Mehrheit; die PJ als maßgebliche Oppositionspartei errang mit 33,5 Prozent der Stimmen 43,7 Prozent der Mandate (Molinelli et al. 1999). Im Senat jedoch konnten sich die Peronisten eine relative Mehrheit (43,7 Prozent der Sitze) sichern, die UCR erhielt 39,1 Prozent der Sitze, doch bestand die Möglichkeit, mithilfe einzelner Provinzsenatoren Mehrheiten zu bilden (Birle 1995: 191 ff.).

Offen blieben – jedenfalls von 1983 aus betrachtet – im Wesentlichen zwei Probleme der Demokratisierung. Erstens war zwar das Militär in seiner historisch schwächsten Position, doch ließ die Frage der Aufarbeitung der Menschenrechtsverletzungen Konflikte erwarten. Während Alfonsín wie die Mehrheit der Argentinier eine Anklage und Verurteilung befürworteten, zeigten die Amnestieversuche der Militärregierung während der Transition, dass die Streitkräfte dies nicht umstandslos hinnehmen würden (Heinz 2001a: 81 ff.). Fraglich war zum zweiten, ob sich die Haltung der politischen Akteure hinsichtlich der Verfassungsnormen geändert hatte. Denn in der Praxis waren selbst die gewählten Regierungen geneigt, sich im Zweifelsfall über die Verfassung hinwegzusetzen, weshalb auch vom „Verfassungsbruch als politischer Konstante" (Carreras 2002: 32) gesprochen wird. Diese Problematik betraf etwa die Umgehung des Kongresses aus Gründen der Regierbarkeit und vor allem auch die zwar konstitutionell verbriefte, faktisch aber mangelnde Unabhängigkeit der Justiz. Im Kern musste sich letztlich erst noch zeigen, ob die maßgeblichen politischen Akteure sich tatsächlich auf allgemein verbindliche Spielregeln geeinigt hatten.

3.2 Chile: Modifikation und Korrektur der autoritären Verfassung

Völlig anders stellte sich die Lage in Chile dar, wo aufgrund der spezifisch gelenkten Transition zwischen zwei Prozessen der Institutionalisierung unterschieden werden muss (Garretón 2004). Im engeren Sinne gelang den beteiligten Akteuren – Regimeeliten aus Militärs und zivilen Regimeanhängern einerseits, den Parteien der Mitte-Links-Opposition andererseits – zwischen dem Referendum im Oktober 1988 und dem Amtsantritt von Präsident Aylwin im März 1990 eine Demokratie zu institutionalisieren, die aufgrund der „autoritären Enklaven" allerdings als defekte Demokratie eingerichtet wurde. Davon muss eine Institutionalisierung im weiteren Sinne unterschieden werden, die im Wesentlichen die Eliminierung dieser autoritären Vorkehrungen betraf und bis ins Jahr 2005 andauerte.

Die Institutionalisierung im engeren Sinne war Ausdruck der spezifischen Machtverhältnisse vor und während der Transition, die der Opposition nur die Modifikation, keineswegs aber die Totalrevision der Verfassung von 1981 erlaubte (Krumwiede 2004). Die Verfassungsänderungen folgten ursprünglich zwar einem strengen Kalkül zur Machtsicherung der autoritären Regimekoalition, indem eine „geschützte" Demokratie unter der Tutelage des Militärs vorgesehen war, doch waren sie in weiten Teilen auch so gestaltet, dass sie Grundlagen für ein demokratisches System mit einem starken Präsidialregime schufen. Die Verfassungsreformen des Jahres 1989 konnten jedoch nur einen Teil der autoritären Bestimmungen beseitigen. Um die riskante Transition und die Ablösung des Militärregimes nicht zu gefährden, akzeptierte die

Opposition nicht nur den Fahrplan der Verfassung, sondern auch die ihr für die folgenden Jahre angelegten politischen Fesseln.

Grundlegender Baustein der „geschützten" Demokratie (Loveman 1994) wurde die konstitutionell abgesicherte Rolle des Militärs. Es wurde mit starken Eigenkompetenzen ausgestattet (Budget, Personal, Doktrin) und zudem als Wächter über die Verfassungsordnung eingesetzt. Darüber hinaus sicherten sich die Militärs auch auf formalem Wege politischen Einfluss, indem sie die Hälfte des Nationalen Sicherheitsrats bestimmten, der u. a. über den Ausnahmezustand mit entscheiden und einen Teil der Senatoren ernennen konnte (Thiery 2000: 163 ff.). Die Enklavendemokratie strahlte somit auf den elektoralen Wettbewerb und damit auf den Kernbereich jeglicher Demokratie aus. Das Regierungssystem – ein starkes Präsidialregime mit einem symmetrischen Zweikammer-Parlament – wurde dadurch verzerrt, dass das Oberhaus zu knapp einem Fünftel aus ernannten Senatoren bestand. Da diese zunächst noch von Pinochet selbst bzw. von ihm beeinflussten Organen (Oberster Gerichtshof) ernannt wurden, war es für eine zukünftige Regierung anderer politischer Couleur nahezu unmöglich, gegen das rechte Lager zu regieren. Insbesondere Verfassungsänderungen waren so trotz ausreichender Wählermehrheiten nur in Übereinstimmung mit wenigstens einem Teil der rechten Opposition möglich. Festgezurrt wurden diese Machtverstrebungen durch das Wahlsystem, das faktisch dem rechten Lager die Sperrminorität sicherte und gleichzeitig die kleinen Parteien links von der *Concertación* – v. a. die Kommunisten – vom Parlament fernhielt. Wie beabsichtigt, waren damit im Parlament zwei politische Lager vertreten und als Opposition in einer privilegierten Position auch das rechte Lager (Siavelis/Valenzuela 1996).

Die demokratische Opposition der Mitte-Links-Koalition war sich zwar der sie beschränkenden Verfassungsbestimmungen bewusst, besaß aber weder hinreichend Macht, an der Verfassung weitere Korrekturen vorzunehmen, noch die weiteren politischen Schachzüge Pinochets zu Ende der Transitionsphase (v. a. Personalentscheidungen, *leyes de amarre*) zu verhindern. In Bezug auf die Institutionen dieser (defekten) Demokratie muss dennoch von einem starken „negativen" Konsens innerhalb der politischen Eliten Chiles ausgegangen werden. Denn zum einen war zwar allen Akteuren, und d. h. letztlich allen Chilenen klar, dass die nunmehr regierende Mitte-Links-Koalition aus Christdemokraten (PDC), gemäßigten Sozialisten (PS, PPD) und kleineren Parteien die autoritären Elemente der politischen Ordnung sowohl in ihrem normativen Gehalt ablehnte als auch politisch bekämpfen würde, wie sie von Beginn an in ihrem Programm deutlich machte. Zum andern aber wusste sie der rechten Opposition und dem Militär glaubhaft zu versichern, dass dies ausschließlich auf Grundlage der Verfassung selbst – und damit letztlich nur in Übereinkünften mit der Opposition – angegangen würde (Thiery 2000: 304 ff.). Mit dem Amtsantritt von Präsident Aylwin im März 1990 begann somit eine Institutionalisierung im weiteren Sinne, deren Dynamik unten als Aspekt der Konsolidierungsprobleme behandelt wird. Sie bestimmte nicht ausschließlich, aber doch latent das politische Spiel der 1990er Jahre in Chile. Dieser Prozess der „zweiten Institutionalisierung" der chilenischen Demokratie zog sich über fast 15 Jahre hin, bis die autoritären Enklaven schließlich im Jahr 2004 – zunächst im Senat – im Konsens der politischen Parteien aufgehoben wurden.

3.3 Peru: Die prekäre Institutionalisierung

Das skizzierte Problem der Institutionalisierung in defekten Demokratien trifft noch mehr auf Peru zu, wo die Demokratie im Lauf der 1980er Jahre zunehmend in Turbulenzen geriet bis hin zum sogenannten *autogolpe* von Präsident Fujimori im Jahr 1992. Im engeren Sinne war die Institutionalisierung der Demokratie in Peru relativ rasch abgeschlossen: Auf die Einberufung der verfassunggebenden Versammlung im Jahr 1978 folgte die Verabschiedung der neuen Verfassung im Jahr 1979 und schließlich die Gründungswahlen im Jahr 1980 (McClintock 1989). Auch in Peru gehörte somit die Verfassung zu einem zentralen Thema der Transition. Anders als in Chile bildete sie jedoch nicht den Fokus einer Auseinandersetzung zwischen autoritären Eliten und demokratischer Opposition, auch wenn die „revolutionäre Linke" versuchte, die verfassunggebende Versammlung zur „legitimen" Regierung gegen das Militärregime auszurufen. Dies konnten die Militärs jedoch im Einklang mit den gemäßigten Parteien APRA und PPC verhindern (Cotler 1994: 120 ff.). Insgesamt waren sich die politischen Eliten über die politischen Lager hinweg bis hinein ins Militär aber einig, dass die veränderte soziale und politische Realität des Landes auch einer neuen konstitutionellen Grundlage bedurfte – nicht zuletzt auch deshalb, um ein deutliches Zeichen für den demokratischen Neuanfang zu setzen.

Die 1978 gewählte verfassunggebende Versammlung repräsentierte alle politischen Kräfte des Landes – mit Ausnahme der *Acción Popular* (AP) Belaúndes, die die Einberufung als illegitim ansah und den Wahlen ferngeblieben war (Lynch 1999: 116 ff.). Dennoch hatte die Verfassung unbestritten eine umfassende Legitimität – höher auch als die noch heute gültige Verfassung des Jahres 1993, die unter der Regie Fujimoris zustandekam und auf dessen Machtambitionen zugeschnitten war. Zu ihren Errungenschaften gehörten u. a., dass erstmals auch Analphabeten das aktive und passive Wahlrecht erhielten. Gleichwohl gab es auch Streitpunkte zwischen den zivilen Eliten und den Militärs, die als impliziter Verhandlungspartner bei der Verfassungsgebung auftraten. So konnten sie relativ problemlos das Verfassungskapitel über Militärangelegenheiten ausarbeiten und durchsetzen, in dem ihnen ihre institutionelle Autonomie garantiert und ihre Rolle als Tutelarmacht respektiert wurde (Cotler 1994: 125 ff.). Insgesamt stärkte die Verfassung von 1979 die Stellung des Präsidenten. So war es ihm nunmehr gestattet, präsidentielle Dekrete in Anspruch zu nehmen sowie einmal in seiner Amtszeit das Parlament aufzulösen, wenn seiner Regierung dreimal das Misstrauen ausgesprochen wurde (Schmidt 1998: 109 ff.). Damit sollten Situationen vermieden werden, die den damaligen Präsidenten Belaúnde 1967/68 weiter in die Handlungsunfähigkeit manövriert hätten. Die Verfassungsdebatten und -verhandlungen in Peru in den Jahren 1978/79 ließen teilweise alte Gegnerschaften aufleben und gerieten – auch wegen der bisweilen harten Verhandlungsposition der Militärs – mitunter in eine Sackgasse, weckten aber auch Hoffnungen auf eine insgesamt höhere politische Stabilität – ein Versprechen, das die Eliten in den nachfolgenden Jahren jedoch nicht einlösen konnten (Lynch 1999: 173 ff.).

Mit den Wahlen von 1980 und dem Amtsantritt Belaúndes war diese erste Institutionalisierung der Demokratie abgeschlossen. Nachdem 1979 mit Haya de la Torre der aussichtsreichste Kandidat gestorben war, konnte die APRA keinen ähnlich starken Kandidaten präsentieren. Vielmehr wurde bereits im ersten Wahlgang Fernando Belaúnde mit 45 Prozent der Stimmen mit weitem Vorsprung zum Präsidenten gewählt. Auch im Zweikammerparlament verfügte der neue Präsident über eine deutliche Mehrheit: Im Abgeordnetenhaus erzielte die AP die absolute Mehrheit, im Senat konnte sich Belaúnde die Kooperation des christlich-sozialen

PPC sichern, wodurch er auch hier auf eine absolute Mehrheit bauen konnte. Schon seine Amtszeit sollte aber zeigen, dass die institutionellen Fundamente der Demokratie alles andere als stabil waren: Delegative Regierungspraktiken, die wieder wachsende Rolle des Militärs, der aufflammende Guerillakrieg und – nicht zuletzt – massive Menschenrechtsverletzungen lassen im Rückblick nur das Urteil zu, dass die Institutionalisierung der Demokratie in Peru schon lange vor dem *autogolpe* im Jahr 1992 gescheitert war (Tanaka 2005).

3.4 Venezuela: Die gelungene Institutionalisierung durch Elitenpakte

Auch in Venezuela gelang eine relativ rasche Institutionalisierung der Demokratie und führte zu einer lange anhaltenden Phase politischer Stabilität (Werz 1983). Gemessen an der geringen Erfahrung mit der Demokratie, die sich auf das *trienio* 1945–1948 beschränkte, ist sowohl diese Institutionalisierung als auch die folgende Stabilisierung der Demokratie bemerkenswert. Verantwortlich dafür war der Lernprozess, den die politischen Eliten – eingeschlossen Teile der Militärs – in den 1950er Jahren durchmachten. Sowohl die politischen Kräfte, die den Putsch 1948 unterstützt hatten, als auch die *Acción Democrática* (AD) sahen nunmehr Übereinkunft, Kompromiss, politische Mäßigung und („kanalisierte") Partizipation als notwendig an, um den Parteienkonflikt zu entschärfen und eine dauerhafte politische Ordnung zu etablieren (Levine 1989: 256 ff.). Dies führte schließlich zu einer Reihe von Pakten im Jahr 1958, die den Grundstein für die weitere politische Entwicklung legten.

Insbesondere im *Pacto de Punto Fijo*, noch vor den Wahlen 1958 von den drei großen Parteien unterzeichnet, vereinbarten die AD, die christdemokratische COPEI *(Comité de Organización Política Electoral Independiente)* und die liberale *Unión Republicana Democrática* (URD), Wahlergebnisse unabhängig vom Ausgang zu respektieren, die politische Auseinandersetzung zu versachlichen, in Streitfragen Kompromisse zu suchen sowie die organisierte Interessenvertretung zu garantieren (Köster 2002: 32 ff.). Gemeinsam mit den Vereinbarungen über politische Leitlinien und der Interessenaussöhnung von Kapital und Arbeit wurde so die potenzielle Systemopposition der relevanten Machtgruppen neutralisiert (Levine/Crisp 1999: 378 ff.; Karl 1986). Allerdings wurde neben der geteilten Verantwortlichkeit auch der Anteil der Parteien an der Ämterbesetzung und damit an Einfluss- und Patronagemöglichkeiten festgeschrieben. Im Unterschied zum *trienio* partizipierten die beiden größten Parteien AD und COPEI gleichermaßen an den Pfründen, die der Staatsapparat zu vergeben hatte. Aus der Einbindung der wichtigsten Oppositionspartei in das Patronagesystem, ergab sich ein wesentlicher systemstabilisierender Effekt aus dem Pakt von Punto Fijo (Werz 1983: 103 f.). Um dies zu ermöglichen, war hingegen die Kommunistische Partei PCV *(Partido Comunista de Venezuela)* aus dem Übereinkommen ausgeschlossen worden.

Die Wahlen im Dezember 1958 legten schließlich den ersten Grundstein der demokratischen Institutionalisierung. Die Parlamentswahlen gewann wenig überraschend die noch immer am besten organisierte AD mit fast 49,5 Prozent der Stimmen deutlich vor der URD (26,8 Prozent) und dem COPEI (15,2 Prozent). Präsident wurde mit 49,2 Prozent der Stimmen der Vorsitzende der *Acción Democrática*, Rómulo Betancourt (1959–1964). Im Geist der Elitenpakte von 1958 wurde auch die neue Verfassung diskutiert und 1961 verabschiedet, die eine liberale Demokratie mit einem starken Präsidialregime vorsah (Crisp 1997). Die Institutionalisierung war damit zu einem vorläufigen Abschluss gekommen. Ungelöst blieb jedoch, dass der Ausschluss der Linken aus den Pakten auch zur Marginalisierung ihrer politischen Interessen in der venezolanischen Politik führte. Dies beschwor im Gegenzug die weitere (Selbst-)Exklusion der Linken herauf: Ab 1960 – und unter dem Eindruck der erfolgreichen Kubanischen Revolution – unterstützte die PCV eine linke Guerillabewegung, die jedoch nie Fuß fassen konnte. Die Reintegration der Kommunistischen Partei gelang schließlich mit den Wahlen im Jahr 1968 und der Amnestie von 1969, womit die Anfangsphase der venezolanischen Demokratie abgeschlossen war (Levine 1989).

3.5 Nicaragua: Die umkämpfte Institutionalisierung

Den schwierigsten Institutionalisierungsprozess durchlebte zweifellos Nicaragua, das als einziges der sechs Länder nicht an institutionelle Vorbilder aus der eigenen Geschichte anknüpfen konnte (Williams, Ph. J. 1994). Die Revolution von 1979 bedeutete einen politisch-institutionellen Bruch in der Geschichte des Landes, das sich zu Beginn der Transition zudem in einer desolaten ökonomischen Lage befand.[10] Der Institutionalisierungsprozess wurde so quasi in einer „Stunde Null" begonnen und durchlief – die autoritären Ausschläge der FSLN-Regierung und die bürgerkriegsbedingten Ausnahmezustände eingeschlossen – unruhige und oszillierende Phasen, die bis weit in die 1990er Jahre reichten. Entscheidende Etappen waren das Basis-Statut (1979), die Wahlen (1984), die Verfassung (1987), die Gründungswahlen (1990) sowie die beiden Verfassungsreformen von 1995 und 2000. Dies deutete bereits darauf hin, dass die Institutionalisierung der nicaraguanischen Demokratie auf unsicheren Fundamenten steht (Walker 2003: 139 ff.).

Das Basis-Statut von 1979 bedeutete nach dem Zusammenbruch des Somoza-Regimes eine Art provisorischer Verfassung, die vor allem der Wiederherstellung einer staatlichen Ordnung diente (Williams, Ph. J. 1994). Die politische Macht war in der Regierungsjunta des FSLN konzentriert, die faktisch neben der Exekutiv- auch die Legislativgewalt ausübte. Die eigentliche Phase der demokratischen Institutionalisierung fiel schon mit heftigen Auseinandersetzungen mit der sich formierenden Opposition über die Wahl- und Parteiengesetze zusammen, was sich neben dem Wahlboykott 1984 insbesondere in den Auseinandersetzungen über die Verfassung zeigte. In den Wahlen von 1984 wurde erstmals neben dem Präsidenten auch eine Nationalversammlung gewählt, die anders als der zuvor existierende Staatsrat (1980–1984) ein reines Parteienparlament liberal-repräsentativen Zuschnitts darstellte. Sie übte – ebenso umstritten – zudem die Funktion einer verfassunggebenden Versammlung aus, die mit der Ausarbeitung der Verfassung von 1987 die nächste Etappe der demokratischen Institutionalisierung einleitete. Die Verfassung, die mit zwei größeren Reformen bis heute in Kraft ist, entspricht trotz einiger revolutionärer Rhetorik überwiegend einer bürgerlich-liberalen Verfassung und begründete eine unitarische Republik mit präsidentiellem Regierungssystem (Krennerich 1992: 230).

Auf diesen institutionellen Grundlagen, die in der Praxis gleichwohl deutlich von der hegemonialen Rolle des FSLN geprägt waren, wurden schließlich 1990 die Wahlen durchgeführt, die der Opposition den Sieg bescherten (Anderson/Dodd 2005). Die Institutionalisierung der Demokratie endete in Nicaragua allerdings nicht mit diesen Gründungswahlen. Die zunehmende Spaltung der politischen Gesellschaft in Sandinisten und Antisandinisten, die auch die

---

10 Die Wirtschaft war 1978 um 8 Prozent, 1979 um 26 Prozent geschrumpft; das BIP/capita sank zwischen 1976 und 1979 von US$1.018 auf US$681 (World Bank 2001).

Institutionalisierung

Handlungsspielraum der Regierung Chamorro stark einschränkte, führte in den 1990er Jahren zu scharfen Konfrontationen zwischen den Lagern und zu heftigen Debatten über Verfassungsänderungen. Nach monatelangen zähen Verhandlungen wurden 1995 schließlich 65 Verfassungsänderungen beschlossen, die wichtige Neuerungen im Zusammenspiel der Staatsgewalten ergaben. So wurde die Rolle der Nationalversammlung gegenüber dem Präsidenten deutlich gestärkt, u. a. indem ihr das Recht zugesprochen wurde, ein Veto des Präsidenten mit einfacher Mehrheit zu Fall zu bringen; auch wurde dem Präsidenten das Recht eines aufschiebenden Veto entzogen und das Parlament in seinen Kontrollrechten (Budgetrecht, Steuern) gestärkt. Der Oberste Gerichtshof erfuhr ebenso eine Kompetenzstärkung (Herrera Zúniga 1996).

Sowohl in den Wahlen von 1996 als auch von 2001 siegte die liberale Allianz *Partido Liberal Constitucionalista* (PLC) über die Sandinisten, womit die politische Spaltung des Landes bestätigt wurde (Anderson/Dodd 2005). Unter der Regierung von Arnoldo Alemán (1997–2002) kam es gleichwohl zu Machtabsprachen zwischen dem Präsidenten und dem FSLN-Vorsitzenden Daniel Ortega, die neben der Sicherung persönlicher Pfründe letztlich zu einer Politisierung zentraler politischer Institutionen (Oberster Gerichtshof, Wahlbehörde, Rechnungshof) führten. Diese Tendenz zur Aushöhlung bzw. Instrumentalisierung der Institutionen setzte sich unter der Regierung von Enrique Bolaños (seit 2002) fort und zeigt die anhaltenden Konsolidierungsprobleme in Nicaragua an (Krennerich 2003). Diese sind auch mit dem erneuten Regierungswechsel zur FSLN unter Daniel Ortega im Jahr 2006 noch keineswegs behoben.

3.6 Mexiko: Inkrementale Institutionalisierung durch Reformen

Aussagen über die Institutionalisierung der mexikanischen Demokratie müssen mit dem Paradox leben, dass sich die neue mexikanische Demokratie über demselben Fundament erhebt wie die „perfekte Diktatur" des PRI – nämlich die Verfassung von 1917. Die Skizze des alten Regimes wie der verzögerten mexikanischen Transition zeigte jedoch bereits, dass die Verfassung, die trotz einiger Reformdebatten weiterhin gültig ist, ein hinreichendes Gerüst für die Errichtung der Demokratie abgab. Notwendig waren dafür allerdings zum einen Gesetze über die ausführenden Verfassungsorgane, die vor allem den Aspekt freier und fairer Wahlen betrafen, und zum andern die Auflösung jener informellen Regeln, die aus dem mexikanischen Präsidenten eine Art „Wahlkaiser" gemacht hatten (Domínguez 1999).

Die Institutionalisierung der mexikanischen Demokratie war – parallel zur Transition – im Wesentlichen auf das Wahlregime bezogen (Cansino 2000). Hier fanden die grundlegenden gesetzlichen Änderungen statt, sowohl was die Normen als auch deren Einhaltung anbetrifft. Dieser Prozess gipfelte in der Etablierung unabhängiger Wahlbehörden und den nachfolgenden freien und fairen Wahlen auf Bundesebene in den Jahren 1997 und 2000. Er war überdies begleitet von Fortschritten in den politischen Freiheitsrechten, wenngleich die volle Entfaltung der Meinungs- und Pressefreiheit der Entwicklung eines demokratischen Wahlregimes deutlich hinterherhinkte. Postelektorale Konflikte, die vor allem bei den Wahlsiegen der Opposition zwischen 1989 und 1994 nicht selten in Verhandlungen zwischen den Parteien und dem Präsidenten beigelegt wurden, werden nunmehr rechtsstaatlich kanalisiert (Eisenstadt 1999).

Der sich seit Ende der 1980er Jahre verschärfende parteipolitische Wettbewerb führte schon unter Salinas zu mehreren Reformen des Wahlsystems (Becerra et al. 2000). Wie die Wahlreformen von 1977 und 1987 entsprangen sie zwar den Legitimationsnöten des Regimes, doch führten sie aufgrund der bereits erreichten Wettbewerbsdynamik und vor allem aufgrund der Eigendynamik der geschaffenen Institutionen zur sukzessive steigenden Qualität der Wahlen. Die Reformen jener Jahre (1990, 1993, 1994, 1996) drehten sich um zwei zentrale Themen: die Unabhängigkeit der für die Wahlorganisation zuständigen Behörde sowie die Verfahren zur Beilegung von Wahlstreitigkeiten. Das 1990 geschaffene *Instituto Federal Electoral* (IFE) – zuständig für die Durchführung der Wahlen, die Wählerregister und Wahlausweise – war zwar eine Institutionengründung von oben, doch entwickelte es sich zu einer zunehmend von dem PRI und der Regierung unabhängigen Wahlbehörde. Aufgrund des wachsenden Einflusses des IFE konnten auch die Regelung der Parteienfinanzierung und der Zugang zu den Medien, die jahrzehntelang vom PRI kontrolliert wurden und noch 1994 zu seinen Gunsten wirkten, für alle Parteien wesentlich verbessert werden. Die Wahlgerichtsbarkeit, die bis 1987 dem Kongress zukam und danach zwischen Legislative und Judikative geteilt war, obliegt seit der Reform von 1996 dem *Tribunal Electoral Federal del Poder Judicial*. Endergebnis waren somit sowohl die vollständige Autonomie der Wahlbehörde als auch die vollständige Übertragung von Wahlstreitigkeiten an die Judikative (Thiery 2006).

Mit der Wahl von Vicente Fox zum Staatspräsidenten wurde die Institutionalisierung der Demokratie in Mexiko am 2. Juli 2000 vorläufig abgeschlossen und mit seinem Amtsantritt im Dezember 2000 die 70-jährige Herrschaft des *Partido Revolucionario Institucional* (PRI) beendet. Erst dieser Machtwechsel ermöglichte, die vom PRI aufgebauten bzw. hinterlassenen Defekte der mexikanischen Demokratie zu beseitigen, die in erster Linie in den Bereichen Staatlichkeit und Rechtsstaatlichkeit liegen und Mexiko zu einer illiberalen Demokratie mit teilweise eingeschränkter Regierungsgewalt machen (Hernández Rodríguez 2004). Die monatelangen heftigen Proteste der in den Präsidentschaftswahlen im Jahre 2006 knapp unterlegenen Opposition zeigen jedoch, dass die demokratische Kultur, Wahlniederlagen zu akzeptieren, auch eine Dekade nach den Gründungswahlen noch wenig entwickelt ist.

4 Konsolidierung

Die relativ rasche, zumindest vordergründig erfolgreiche Institutionalisierung der Demokratien in Lateinamerika kann nicht darüber hinwegtäuschen, dass sie nahezu allesamt als defekte Demokratien gelten müssen. Lediglich Costa Rica, Uruguay und Chile konnten 2005 als institutionell intakte Demokratien angesehen werden, d. h., sie erfüllten die Minimalkriterien, die zur Beurteilung eines politischen Regimes als rechtsstaatliche Demokratie herangezogen werden. Dies spiegeln auch die Daten des Bertelsmann Transformation Index (BTI) wider, die im Wesentlichen auf das in diesem Band vorgestellte Demokratiekonzept rekurrieren (Bertelsmann Stiftung 2005). Alle anderen Länder – neben den Autokratien Kuba und Haiti – müssen hingegen als defekte Demokratien eingestuft werden. Sie erfüllen die als Minimalanforderungen konzipierten Demokratiekriterien nicht hinreichend, wenngleich auch unter ihnen noch deutliche Performanzunterschiede zu konstatieren sind (s. Tabelle 24).

Da als Faustregel gelten muss, dass sich defekte Demokratien zwar stabilisieren, aber nicht als Demokratien konsolidieren können, werden in den folgenden Länderanalysen auch die jeweiligen Defektsyndrome analysiert. Sie zeigen an, in welchen Teilregimen die politischen Systeme grundlegende Probleme der konstitutionellen Konsolidierung aufweisen. Schon dabei ist unschwer zu erkennen, dass auch die übrigen Faktoren, die die Konsolidierung einer Demokratie ausmachen – Parteien- und Verbändesystem, Kontrolle antidemokratischer Vetoakteure sowie Zivilkultur – in der Regel schwach ausgeprägt sind und in engem Zusammenhang mit der Entwicklung der defekten Demokratien stehen. Auf der Grundlage der Demokratiedaten des BTI ließen sich die Staaten Lateinamerikas 2005 in folgende Regimetypen einteilen:

Tabelle 24: Regimetypen in Lateinamerika/Karibik (2005)

Konsolidierte oder nahezu konsolidierte Demokratien	Defekte Demokratien mit eingeschränkter Stabilität		Stark defekte Demokratien mit geringer Stabilität	Autokratien
10,0–8,1	8,0–7,1	7,0–6,1	6,0–4,1	< 4,1
Uruguay Costa Rica Chile	Brasilien Argentinien Mexiko Panama El Salvador Dominikanische Republik	Peru Honduras Bolivien Nicaragua Paraguay Ecuador Venezuela	Kolumbien Guatemala	Kuba Haiti

Anmerkung: Die Einteilung der Länder erfolgte nach den Daten des Status-Index „Demokratie" des BTI 2006 (Stichdatum: Januar 2005), die auch Daten zur demokratischen Konsolidierung und zur Staatlichkeit umfassen. Die Gruppe der defekten Demokratien wurde für Lateinamerika in zwei Untergruppen differenziert. Die Rangfolge der Länder innerhalb der Spalten folgt absteigenden Indexwerten.
Quelle: Bertelsmann Stiftung (2005).

Nicht ausführlich kann dabei auf eines der grundlegenden politischen Gestaltungsprobleme eingegangen werden, das die Entwicklung der Demokratien – eingeschlossen die Ölnation Venezuela – nachhaltig beeinflusste, nämlich die neoliberalen Strukturreformen des *Washington Consensus* (Williamson 1990), die unter dem Druck nachlassender Wirtschaftskraft, hoher staatlicher und privater Verschuldung sowie den Reformkonzepten des Internationalen Währungsfonds (IWF) und der Weltbank dramatische sozioökonomische Umwälzungen herausforderten. Lediglich Chile und partiell Mexiko hatten diese Reformen bereits unter dem autoritären Regime weitgehend bewältigt. In allen anderen Ländern waren demokratische Regierungen damit konfrontiert, sowohl etablierte gesellschaftliche Machtstrukturen antasten als auch gravierende soziale Einschnitte vornehmen zu müssen. In fast allen Ländern Lateinamerikas führte dies zu politischen Krisen, die von den Regierungen unterschiedlich bewältigt wurden. Dennoch fiel keines der Länder in ein autokratisches Regime zurück.

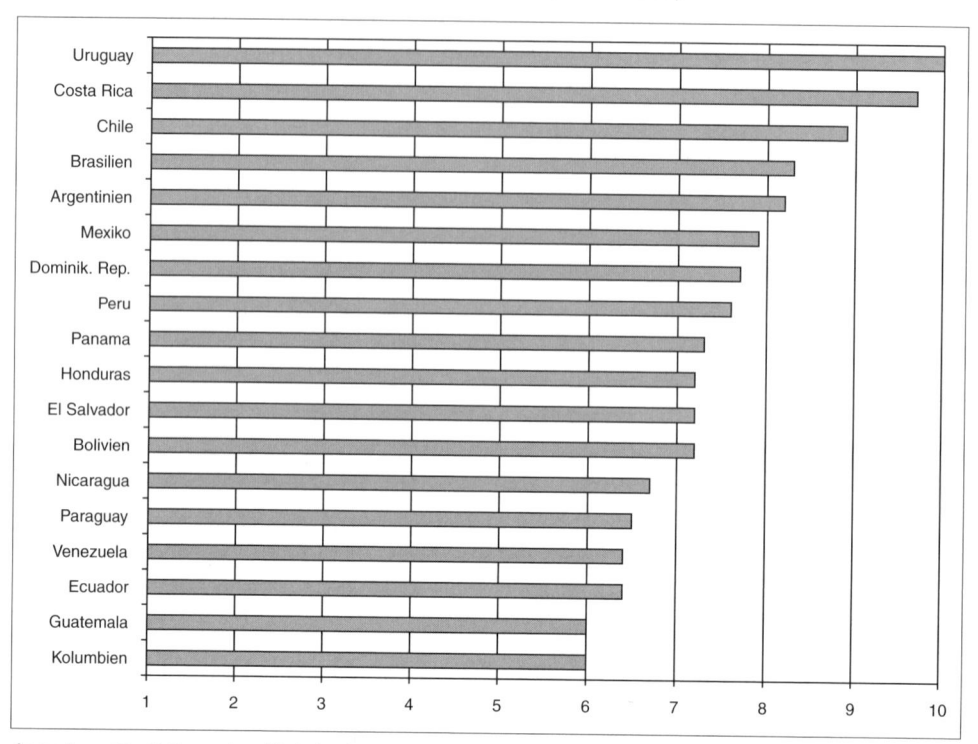

Abbildung 8: Demokratieniveaus in Lateinamerika (2003–2005)

Land	Wert (ca.)
Uruguay	10
Costa Rica	9,8
Chile	9
Brasilien	8,3
Argentinien	8,2
Mexiko	8
Dominik. Rep.	7,7
Peru	7,5
Panama	7,3
Honduras	7,2
El Salvador	7,2
Bolivien	7,1
Nicaragua	6,7
Paraguay	6,5
Venezuela	6,4
Ecuador	6,3
Guatemala	6
Kolumbien	6

Anmerkung: Die Balken geben für jedes Land den Mittelwert aus fünf Demokratie-Kriterien an, die den Teilregimen der *embedded democracy* entsprechen; die Indikatoren des BTI 2006 wurden hierfür neu gruppiert bzw. aggregiert. Die Skala reicht von 1 (nicht gegeben) bis 10 (vollständig erfüllt).
Quelle: Bertelsmann Stiftung (2005).

Die Schwächen der lateinamerikanischen Demokratien liegen ohne Zweifel im Bereich des Rechtsstaats: Seine beiden Dimensionen, die Geltung der bürgerlichen Freiheitsrechte und die *horizontal accountability*, sind in Lateinamerika nur unzureichend verwirklicht. Die Daten des BTI 2006 weisen hier auf eine deutliche Kluft zwischen den Polyarchie-Elementen und dem Rechtsstaatskomponenten hin. Dies bedeutet, dass die politische Macht zwar weitgehend gemäß demokratischer Spielregeln generiert wird, ihre Kontrolle jedoch weder zwischen den Staatsgewalten noch in Hinblick auf die elementaren Rechte der Bürger funktioniert. Diese Entkoppelung der demokratisch legitimierten politischen Macht von den institutionellen Sicherungen gegen ihren Missbrauch hat sich in allen defekten Demokratien Lateinamerikas so weit etabliert, dass sie nicht mehr nur als vorübergehendes Phänomen bezeichnet werden kann.

Konsolidierung 233

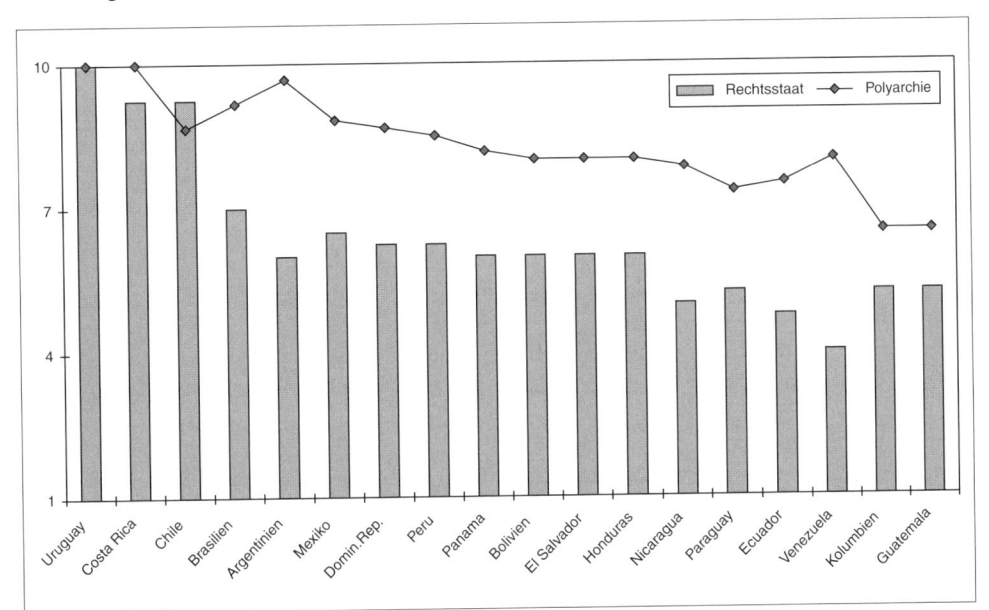

Abbildung 9: Die Kluft zwischen „Polyarchie" und Rechtsstaat (2003–2005)

Anmerkung: Die Säulen geben für jedes Land den Mittelwert der neu aggregierten Rechtsstaatskriterien im Status-Index des BTI 2006 an; die Punkte repräsentieren jeweils den Mittelwert der Polyarchiekriterien. Die Daten wurden im Zeitraum 2003–2005 erhoben.
Quelle: Bertelsmann Stiftung (2005).

4.1 Argentinien: Konsolidierungsprobleme einer delegativen Demokratie

Trotz günstiger Konsolidierungschancen wurde Argentinien in den letzten 20 Jahren wiederholt von tiefgreifenden Krisen erschüttert, die auch die Konsolidierung der demokratischen Institutionen in Mitleidenschaft zogen (Levitsky 2005). Positiv ist im historischen Vergleich zu vermerken, dass die Regierungen seit 1983 ausnahmslos in freien und fairen Wahlen ins Amt kamen sowie 1989 und 1999 zweimal ein demokratischer Machtwechsel zwischen Regierungen unterschiedlicher Couleur stattfand. Lediglich das turbulente Ende von Präsident De la Rúa im Dezember 2001 und die anschließende Interimsphase unter Präsident Duhalde bilden hier eine Ausnahme. Allerdings hat sich in Argentinien eine delegative Demokratie herausgebildet, in der die Präsidenten nach wie vor am Rande der Verfassung operieren und die Kompetenzen der beiden anderen Staatsgewalten wiederholt negieren (Merkel/Puhle et al. 2006: 84 ff.).

Schon unter Präsident Alfonsín (1983–1989), der mit einem dezidierten Bekenntnis zur Festigung der Demokratie angetreten war, erzielte die konstitutionelle Konsolidierung kaum Fortschritte. Hinsichtlich der beiden wichtigsten politischen Herausforderungen – Wirtschaftsentwicklung und zivile Kontrolle des Militärs – muss seine Amtszeit trotz anfänglicher Erfolge insgesamt als gescheitert angesehen werden. Ab 1987 torpedierten die aufkommende Hyperinflation, drei Militärerhebungen und Konflikte mit den Gewerkschaften die demokratische Entwicklung. Nacheinander verloren die Radikalen sämtliche Wahlen gegen die Peronisten, nicht zuletzt auch die Präsidentschaftswahl im Jahr 1989. Als klar war, dass Alfonsín nicht mehr effektiv regieren konnte, übergab er sein Amt im Juli 1989 vorzeitig an Carlos Menem (Palermo/Novaro 1996: 35 ff.). Menems Strategie der Krisenlösung – neoliberal inspirierte Wirtschafts- und Staatsreformen, Schlussstrichpolitik in Fragen der Militärs und der Menschenrechtsproblematik – war in institutioneller Hinsicht von der Herausbildung eines Hyperpräsidentialismus und der Domestizierung der Justiz flankiert. Am Rande der Verfassung operierend, schaltete Menem den Großteil der horizontalen Kontrollinstanzen aus oder brachte sie auf seine Linie (Nino 1992; Verbitsky 1993: 77 ff.; Thiery 2002). Diese Regierungspraxis trug insofern Früchte, als die akuten Krisensituationen gemeistert und die Strukturreformen auch gegen Widerstände des eigenen Lagers durchgesetzt werden konnten. Mittels rechtlich und ethisch fragwürdiger Arrangements konnte er die zivile Suprematie über das Militär sichern. Die krisengeschüttelten Argentinier waren bereit, Menems Machtarrondierung zugunsten der Exekutive zu befürworten bzw. zu dulden – eine Geduld allerdings, die mit Abflauen der akuten Krise nach 1993 einer wachsenden Kritik wich (Levitsky 2000).

Die im Krisenkontext entstandene delegative Regierungspraxis verstetigte sich während der beiden Amtszeiten Menems (1989–1995, 1995–1999). Sie erstreckte sich auf die formal und informell gestärkte Rolle des Präsidenten, sein Verhältnis zur Legislative sowie die Eingriffe in die Rechtsprechung (Thiery 2001). Ein Teil dieser Veränderungen wurden in der neuen Verfassung von 1994 verankert. Die zuvor zwischen Menem und Alfonsín im „Pakt von Olivos" informell ausgehandelten Grundzüge zielten zunächst auf die Ermöglichung der Wiederwahl des Präsidenten (d. h. Menems), wobei im Gegenzug dessen Amtsperiode auf vier Jahre begrenzt wurde. Des Weiteren wurden seine Legislativkompetenzen über Notstandsdekrete formalisiert. Bei der Absicht, diese Kompetenzen durch eine kontrollierende Kongresskommission in ein strikteres Kontrollnetz einzubinden, ist es jedoch bis heute geblieben. Ähnlich gravierend waren Menems Eingriffe in die Justiz, die ohnehin in der argentinischen Geschichte gewöhnlich den beiden anderen Gewalten nachgeordnet war (Carrió 1996). Allerdings hat sich diese Abhängigkeit seit 1989 graduell verschlechtert, was insbesondere den Obersten Gerichtshof betraf, dessen traditionell ohnehin eher regierungsfreundliche Rechtsprechung sich unter Menem zu einer regierungsstützenden Haltung wandelte und für die ominöse „automatische Mehrheit" *(mayoría automática)* im Gericht sorgte (Gargarella 1996: 228 ff.). Solche Funktionsmängel setzten sich auch in nachgeordneten Ebenen der Rechtsprechung fort und sind Ausdruck einer insgesamt prekären Funktionsweise des Rechtsstaats, die ein Klima der Rechtsunsicherheit hervorgerufen und zum stetig schwindenden Ansehen der Justiz bei den Bürgern beigetragen hat. Diese Legate der Ära Menem konnten auch nach 1999 nicht beseitigt werden. Weder der schwache Präsident De la Rúa (1999–2001) noch der Interimspräsident Duhalde (2002/03) oder sein Nachfolger Kirchner verzichteten auf delegatives Regieren, noch konnten sie – abgesehen von einigen symbolischen Handlungen – die argentinische Justiz stärken (Bertelsmann Stiftung 2005). Der Grund hierfür liegt letztlich in der unveränderten Haltung der politischen Klasse Argentiniens, die effektive konstitutionelle Bindungen für das politische Geschäft als lästig ansieht und von schwachen politischen und rechtlichen Kontrollinstanzen profitiert (Thiery 2006).

Diese Probleme der institutionellen Konsolidierung stehen in engem Zusammenhang mit den Mustern politischer und gesellschaftlicher Repräsentation, die historisch gewachsene, sowohl förderliche wie behindernde Potenziale für die demokratische Konsolidierung beinhalten (Berensztein 2004). Anders als in europäischen Ländern fanden die komplexen gesellschaftlichen Konfliktlinien, die sich im Laufe des 19. und des 20. Jahrhunderts herausgebildet hatten, keine Entsprechung im Parteiensystem. Beide maßgeblichen politischen Kräfte – die in den Mittelschichten verankerte Bürgerpartei UCR wie auch der peronistische PJ als organizistische Bewegung mit massivem Rückhalt bei den Arbeiter- und Unterschichten – vertraten unterschiedliche gesellschaftspolitische Konzeptionen, die nur schwer in das Rechts-Links-Schema einzuordnen sind; auch konnte sich eine rechte, die konservativen Sektoren vertretende Partei in Argentinien nie etablieren (Birle 2002: 214 ff.). In beiden Parteien ist die interne Fraktionierung sehr hoch und instabil, beide sind sehr dezentral strukturiert, ihre ideologische Kohäsion und parteiinterne Disziplin gering. Dies erschwert auch die Konsensbildung über Parteigrenzen hinweg. Stattdessen überwiegt zwischen beiden Parteien eine Kultur der Konfrontation, die etwa auch zum Sturz von De la Rúa beitrug. Obwohl somit die effektive Zahl der Parteien (1983: 2,22; 1989: 2,80; 1995: 2,96; 1999: 3,39) und der Fragmentierungsgrad niedrig sind, wurde dieser positive Konsolidierungseffekt aufgrund der geringen Kohäsionskraft der Parteien und der internen Spaltungen konterkariert. Auch die geringe ideologische Polarisierung führte nicht zu einer Mäßigung der politischen Konfrontation (ibid.: 235 ff.). Bis zum erneuten Scheitern der UCR im Jahr 2001 schien sich in Argentinien gleichwohl ein stabiles Parteiensystem unter der Ägide von PJ und UCR herauszubilden, das mit einigen Konjunkturschwankungen von geringer Volatilität geprägt war. Der seither anhaltende Restrukturierungsprozess hat zu einem moderat fragmentierten Parteiensystem geführt: einer bis dato dominanten Mehrheitspartei (PJ), der geschwächten UCR und dem *Frente País Solidario* (FREPASO) sowie kleinen Regionalparteien. Die stark gestiegenen Enthaltungsraten bei Wahlen deuten jedoch ebenso wie die offene Ablehnung der politischen Klasse durch die Bürger auf eine Repräsentationskrise und den Mangel politischer Alternativen hin (Jackisch 2000; Berensztein 2004: 40 ff.). Anders als in Peru hat diese Vertrauenskrise aber bislang nicht zu einem Zusammenbruch des etablierten Parteiensystems geführt.

Auch die Ebene der funktionalen Repräsentation bietet lediglich ein ambivalentes Potenzial zur Stärkung der argentinischen Demokratie. Spätestens seit den 1950er Jahren verfügte das Land über ein ausdifferenziertes Netz korporatistischer Akteure, wobei die Unternehmerverbände und die (peronistischen) Gewerkschaften deutlich dominierten. Typische Merkmale waren eine starke Politisierung und Handlungsstrategien, die sich im Rahmen des staatsgetragenen Entwicklungsmodells in der Regel direkt an staatliche Entscheidungsträger richteten (Palomino 2002). Mit der Wirtschaftskrise der späten 1980er Jahre und den neoliberalen Reformen unter Menem schwanden jedoch Integrationspotenzial, Kooperationsfähigkeit und Vermittlungsleistungen der argentinischen Verbände. Das Gewerkschaftssystem wurde nicht nur aufgrund der Reformen (u. a. größere Tarifautonomie statt politischer Vermittlung, Dezentralisierung von Tarifverhandlungen), sondern auch wegen zunehmenden Spaltungen (z. B. konkurrierende Dachverbände), schwindender Mitgliederzahl, wachsenden Mobilisierungsschwierigkeiten und wegen des geringen Ansehens ihrer Führungsspitzen zusehends geschwächt. An Stelle der traditionell engen Verzahnung zwischen Gewerkschaften und Peronismus trat mehr und mehr eine Pluralisierung der Gewerkschaftslandschaft (Catalano/Novick 1997). Anders als die Gewerkschaften konnte zumindest ein Teil der Unternehmer(-verbände) unter Menem seine Forderungen durchsetzen, doch veränderte sich auch die argentinische Unternehmerlandschaft im Zuge von Außenöffnung und Deindustrialisierung dramatisch (Birle 1995). Dies alles schwächte die politische Bedeutung der Interessengruppen in den 1990er Jahren spürbar. Als Pendant zur Krise der politischen Repräsentation ist so auch die funktionale Repräsentation nach der Auflösung des korporatistischen Modells nur eingeschränkt funktionsfähig. Wenigstens vorübergehend ist eine Tendenz zur Fragmentierung und

Partikularisierung der Interessenlandschaft zu erkennen, die nur über schwache Aggregationskanäle zum politischen System verfügt und kein konzertierungsfähiges System der industriellen Arbeitsbeziehungen darstellt (Palomino 2002).

Das paradox anmutende Bild der Konsolidierungschancen der argentinischen Demokratie wird dadurch untermauert, dass sie mit der politischen Kultur und Zivilgesellschaft vermutlich ihr stärkstes Fundament besitzt. Trotz der bescheidenen Handlungskapazität der politischen Eliten und der als dramatisch zu bezeichnenden wirtschaftlichen und sozialen Krisen ist die Zustimmung zu demokratischen Normen und Verfahren seitens der Bevölkerung nach wie vor hoch. Auch das kritische Bewusstsein gegenüber Korruption und Regelverletzungen ist gewachsen. Ausdruck der Performanz- und Repräsentationskrise ist allerdings, dass das Vertrauen in die staatlichen Institutionen, in Regierung, Parlament, Justiz, Parteien und Verbände in den letzten Jahren weiter gesunken ist und sich bei lediglich 15–30 Prozent Zustimmung bewegt. Dennoch ist die Zustimmung zur Demokratie als einer jedem anderen System vorzuziehenden politischen Ordnung nach dem Krisenjahr 2000/01 (58 Prozent) mit 68 bzw. 64 Prozent in den Jahren 2003 und 2004 wieder ähnlich hoch wie Mitte der 1990er Jahre (Latinobarómetro 2004). Das Überleben der argentinischen Demokratie in der dramatischen Wirtschaftskrise nach 2000 zeigt, dass sich die demokratischen Grundnormen stabilisiert haben.

4.2 Chile: Die fortschreitende Konsolidierung

Zu Beginn der 1990er Jahre hatte Chile bereits jene Wirtschaftsreformen hinter sich, die die Konsolidierung in den übrigen Ländern stark erschwerten (Ensignia/Nolte 1992). Im Kontext einer günstigen Wirtschaftsentwicklung, die lediglich im Gefolge der Asienkrise zwischen 1998 und 2000 gedämpft wurde, konnten die Demokratiedefekte sukzessive abgebaut werden. Fünfzehn Jahre nach der Transition ist die Konsolidierung der chilenischen Demokratie weit fortgeschritten. Die Demokratieentwicklung der 1990er Jahre war einerseits geprägt von der durchgängigen, aber zumeist moderat geführten Auseinandersetzung um die Beseitigung der autoritären Enklaven. Andererseits waren die Regierungen der *Concertación*, die bis dato alle nationalen Wahlen gewannen, primär um die Festigung der demokratischen Ordnung und deshalb letztlich um Konsens mit den rechten Parteien bemüht (Fernández 1998). Dies prägte sowohl die Amtszeit von Patricio Aylwin (1990–1994) als auch die seiner Nachfolger Eduardo Frei Ruiz-Tagle (1994–2000) und Ricardo Lagos (2000–2006), so dass im politischen Bereich nur geringe Turbulenzen zu verzeichnen waren. Trotz der anfänglich noch zu vernehmenden Drohgebärden Pinochets stabilisierte sich das demokratische Spiel zusehends und führte punktuell zu blockübergreifenden Vereinbarungen (Thiery 2000: 159 ff.).

Der eher reibungslos verlaufende politische Prozess und das vergleichsweise geringe Konfliktniveau ergaben zusammen mit der hohen institutionellen Stabilität günstige Voraussetzungen, die ökonomischen und sozialen Herausforderungen Schritt für Schritt abzuarbeiten. Sorgte die Regierung Aylwin hierbei für die notwendige Stabilisierung der Rahmenbedingungen, so stellte sich unter Präsident Frei ein nahezu „gewöhnlicher" politischer Ablauf ein, so dass trotz der noch existierenden, gleichwohl aber schrumpfenden autoritären Enklaven ein bereits fortgeschrittener Konsolidierungsstand erreicht wurde (ibid.: 270 ff.). Die Verhaftung Pinochets in London im Oktober 1998 und ihre Folgen – Anklage wegen Menschenrechtsverletzungen, Verhandlungsunfähigkeit wegen „Altersdemenz", Verlust des Senatssitzes – akzentuierte diese Entwicklung weiter und führte zum einen zu einer vertieften rechtlichen und politischen Aufarbeitung der Menschenrechtsverletzungen; zum andern fanden – auch verknüpft mit dem Generationswandel – im chilenischen Militär Lernprozesse statt, die auf eine Normalisierung der zivil-militärischen Beziehungen hinwirkten. Auch die chilenische Rechte ging zunehmend zum alten Regime und insbesondere zu Pinochet auf Distanz und versuchte, ihre politische Zukunft jenseits des autoritären Erbes als konservative Kraft Chiles zu suchen (Garretón 2004).

Die Ende 2004 vom chilenischen Senat beschlossenen Verfassungsreformen führten nach Unterzeichnung durch Präsident Lagos am 19. September 2005 zur Eliminierung der autoritären Enklaven. Nach wie vor umstritten ist lediglich das binominale Wahlsystem, das jedoch keinen Verfassungsrang mehr besitzt und somit einer eigenen Reformdebatte vorbehalten bleibt. In diesem Prozess der allmählichen Auflösung der autoritären Enklaven hat sich in scharfem Kontrast zum restlichen Lateinamerika die Rolle der Rechtsstaatlichkeit als positivster Faktor der Demokratieentwicklung erwiesen. Sie stand in diesen Jahren immer dann im Brennpunkt der Öffentlichkeit, wenn es um die Vergangenheitsbewältigung der Militärdiktatur ging. Besonders prominent war dabei implizit oder explizit die Frage, ob oder inwieweit die chilenische Justiz unabhängig und damit in der Lage sei, hochrangige Regimevertreter – wie nicht zuletzt Pinochet selbst – zur Verantwortung zu ziehen (Matus 1999; Zalaquett 1999). Hier zeigte sich, dass sich die chilenische Justiz zunehmend aus ihrer anfänglich passiven Rolle löste und eine eigenständige Position einnahm.

Die Einhaltung der konstitutionell vorgegebenen Prozeduren zeigt sich auch daran, dass delegative Praktiken wie in Argentinien oder in Brasilien unter Collor sowie in Chile bislang unbekannt sind. Gekennzeichnet ist das Zusammenspiel der Gewalten durch einen prononcierten Präsidentialismus, der jedoch mittels eines funktionierenden Zweikammerparlaments und weiterer autonomer Organe gezähmt wird (Fernández 1998: 41 ff.). Insbesondere durch die Mehrheitsverhältnisse im Senat hat sich der Kongress zu einem Vetospieler herausgebildet, der prinzipiell Gesetzesinitiativen der Exekutive blockieren kann. Komplettiert wird die Zähmung der Repräsentativorgane von autonomen Verfassungsorganen, die deren Handlungskompetenzen in spezifischen Materien kontrollieren und beschränken, wie insbesondere die Zentralbank (Thiery 2000: 160 ff.). Diese Spielregeln haben die politischen Eliten Chiles seit 1990 ausnahmslos eingehalten. Ihr Gegenstück findet diese zunächst als Elitenkonsens zu fassende „Rechtskultur" in einer entsprechenden Erwartungshaltung der chilenischen Bevölkerung, die diesen Legalismus teilt und von den politischen Eliten die strikte Wahrung der Rechtsförmigkeit des politischen Prozesses erwartet (Fernández 1998: 34 f.). Dies bedeutet allerdings nicht, dass darüber hinausgehend ein fester Konsens über fundamentale gesellschaftspolitische Fragen wie z. B. das Entwicklungsmodell besteht (Garretón 1999: 153 ff.; Krumwiede 2004: 270). Vielmehr dürfte die politische Szenerie weiter in Bewegung geraten, wenn sich der disziplinierende „negative" Konsens, d. h. Abwehr autoritärer Gefahren, einmal aufzulösen beginnt (Tironi/Agüero 1999). Allerdings zeigt die jüngere politische Diskussion in Chile, dass die Regierungskoalition eher eine Aufweichung des binominalen Wahlsystems anstrebt und damit den definitiven Bruch mit der Pinochet-Ära anvisiert. Seit der Verfassungsreform von 2004/05 besitzt die Regelung des Wahlsystems keinen Verfassungsrang mehr; es reicht eine Dreifünftelmehrheit in beiden Kammern des Parlaments. Verhandlungen zwischen der Regierung und der gemäßigten Rechten begannen nach dem Amtsantritt von Michelle Bachelet im März 2006.

Neben der allmählichen konstitutionellen Konsolidierung, die die sukzessive Unterordnung des Militärs als einzigem Vetoakteur einschließt, bieten sich auch auf den übrigen Ebenen günstige Konsolidierungschancen. So hängt die politische Stabilität Chiles zu einem großen Teil mit den stabilen Organisationsmustern der politischen Repräsentation zusammen (Bodemer/Carreras 1997). Zwar ist die effektive Zahl der im Parlament vertretenen Parteien scheinbar hoch (6,25). Da jedoch die Parteien beim gegebenen Wahlsystem in Listenverbindungen zur Wahl antreten (müssen), existiert in Chile gegenwärtig faktisch ein Zweiparteiensystem (effektive Zahl der Parteien 2,03). Neben den Parteien der *Concertación* – Christdemokraten (PDC), Sozialisten und Radikale (PS, PPD, PRSD) – ist dies das Bündnis der beiden rechten Parteien (die gemäßigte RN sowie die den alten Regimekräften lange Zeit am nächsten stehende UDI)[11]. Zwar gab es bei den Parlamentswahlen im Dezember 2001 bedeutende Verschiebungen innerhalb der Blöcke, jedoch nicht zwischen ihnen. Insgesamt ist das Parteiensystem organisatorisch stabil und mit gewachsenen Verbindungen zur Zivilgesellschaft gesellschaftlich hinreichend verankert (Alcántara/Luna 2004). Der Polarisierungsgrad ist insgesamt – rechnet man auch die im Parlament nicht vertretenen Parteien wie die kommunistische Partei ein – eher gemäßigt, in Einzelfragen wie z. B. der Aufarbeitung der Menschenrechtsverletzungen war sie aber lange Zeit hoch. Auch der Grad der Wählervolatilität ist – gemessen an den beiden politisch relevanten Blöcken – eher gering (Wehr 2004).

Zudem verfügt Chile über ausdifferenzierte Interessengruppen, in der neben der katholischen Kirche vor allem die Verbände von Kapital und Arbeit sowie Menschenrechtsorganisationen eine starke Rolle spielen. Am einflussreichsten sind jedoch die Unternehmerverbände, deren Struktur sich bereits im Zuge der neoliberalen Reformen unter Pinochet konsolidierte und die ihre starke Position auch unter den demokratischen Regierungen bewahren konnten (Imbusch 1995, 2004). Gerade in der Anfangsphase unter Präsident Aylwin wirkten sie neben den rechten Parteien maßgeblich für die Beibehaltung der liberalen Wirtschaftsordnung. Umgekehrt hatten jedoch die führenden Wirtschaftspolitiker der *Concertación* frühzeitig signalisiert, dass sie keinen grundlegenden Kurswechsel anstrebten. Als Gegenpart konnte sich das nach der Diktatur stark geschwächte Gewerkschaftswesen unter den demokratischen Regierungen organisatorisch wieder stabilisieren, was durch mehrere Reformen des Arbeits- und Gewerkschaftsrechts gestützt wurde (Thiery 1997). Die Gewerkschaften besitzen allerdings nicht mehr die Stärke, über die sie vor der Diktatur verfügten, was neben dem insgesamt liberaleren Arbeits- und Gewerkschaftsrecht auch an der generell geschwundenen Bindungskraft gesellschaftlicher Großorganisationen liegt (Ensignia 2004). Die schmerzhaften Lernprozesse seit 1973 führten auch dazu, dass trotz des nach wie vor bestehenden Einflusses der Parteien die Gewerkschaftspositionen weniger ideologisch fixiert und mehr pragmatisch orientiert sind. Trotz der anfänglichen starken Diskrepanzen zwischen den Verbänden, die vor allem das Streikrecht und den Kündigungsschutz betrafen, konnten die demokratischen Regierungen mit ihrer Konzertierungspolitik beide Interessengruppen einbinden, wenngleich die Kompromisse weit hinter den Erwartungen der Gewerkschaften zurückblieben.

Die Zustimmung zu demokratischen Normen und Verfahren ist in Chile mittel bis hoch (50–60 Prozent), doch sorgt seit dem Wiederbestehen der Demokratie für Verwunderung, dass trotz des Erfolgs von Demokratie und Marktwirtschaft und der hohen Anerkennung der Regierungsarbeit keine höhere Zustimmung existiert (Bodemer/Carreras 1997: 195 ff.). Etwa ein Drittel der Bevölkerung nahm auch 2004 eine indifferente Haltung gegenüber Demokratie oder Autokratie ein. Diese Indifferenz ist besonders stark bei den unteren Schichten ausgeprägt, während die Befürwortung der Autokratie nach wie vor bei den Mittelschichten – den

---

11 PCD = Partido Demócrta Cristiano, PS = Partido Socialista, PPD = Partido por la Democracia, PRSD = Partido Radical Socialdemócrata, RN = Renovación Nacional, UDI = Unión Demócrata Independiente.

Gewinnern der Pinochet-Diktatur – mit 25 Prozent am stärksten ist (Latinobarómetro 2004). Diese Einstellungsmuster bedeuten in der politischen Praxis allerdings keine Infragestellung des konstitutionellen Rahmens der Demokratie, wenngleich die politische Klasse Chiles – mit deutlicher Ausnahme des Staatspräsidenten – kein hohes Ansehen genießt.

4.3 Peru: Aufstieg und Zerfall einer defekten Demokratie

Perus demokratischer Neubeginn im Jahr 1980 stand nach der Ablösung des Militärregimes unter eher positiven Vorzeichen. Zu ihnen zählten u. a. die geschwächte Position des Militärs, die Etablierung eines ausgefeilten Katalogs von Grundrechten mit Garantieinstrumenten, die Anzeichen eines sich konstituierenden, repräsentativen Parteiensystems sowie nicht zuletzt die Akzeptanz freier und fairer Wahlen – seit 1980 auf Grundlage des universellen Wahlrechts – als alleiniger Modus des Herrschaftszugangs. Die politischen Eliten nutzten diese Chancen jedoch nicht. Stattdessen durchlebte Peru in den letzten 25 Jahren eine turbulente politische Entwicklung (Tanaka 2005). Während sich in den 1980er Jahren zunächst eine delegative Demokratie mit deutlich antiliberalen Zügen und wachsenden Enklaven des Militärs herausbildete, oszillierte Peru in den 1990er Jahren zwischen stark defekter Demokratie und weichem Autoritarismus. Das plötzliche Ende des Fujimori-Regimes im November 2000 bedeutete zwar die neuerliche Rückkehr zur Demokratie, doch hat sich diese unter der Regierung von Alejandro Toledo (seit 2001) noch nicht hinreichend stabilisieren können (Conaghan 2005).

Schon die Regierung Belaúnde (1980–1985) versäumte es, die ökonomischen und politischen Herausforderungen (Verschuldungskrise, Wirtschaftsstrukturreformen, Ausbreitung des Terrors der maoistischen Guerilla *Sendero Luminoso*) effektiv anzugehen. Diese Tendenzen verschärften sich dramatisch unter Präsident Alan García (1985–1990). Ab 1988 schlugen diese Negativtendenzen in eine grundlegende Staatskrise um. Der Eskalation des Bürgerkriegs und dem Bankrott des Entwicklungsmodells konnte Alan Garcías erratischer, populistisch-delegativer Regierungsstil nicht mehr effektiv begegnen. Garcías Amtszeit endete in einem Chaos aus Wirtschaftskrise, Hyperinflation und Staatszerfall und provozierte ein Trauma, das lange in der peruanischen Bevölkerung nachwirkte (McClintock 1994).[12] Dieses Krisenszenario stellte den Hintergrund für den rasanten Aufstieg Fujimoris dar, der mit dem ebenso raschen Zerfall des alten Parteiensystems einherging (Tanaka 1998; Lynch 1999). Die Wahl Fujimoris gegen Vargas Llosa bedeutete eine Art Revolution per Stimmzettel gegen die etablierten Parteien und politischen Eliten, was Fujimori insbesondere im Zuge des sogenannten „Selbstputsches" *(autogolpe)* weiter ausnutzen konnte. Die Mehrheit der peruanischen Bevölkerung nahm die autoritäre Politik in Kauf und honorierte sowohl bei den Wahlen zur verfassunggebenden Versammlung im Jahr 1992 als auch bei den Wahlen von 1995 Fujimoris politische Handlungsfähigkeit (weitgehende Ausschaltung des Terrorismus, Restabilisierung der Wirtschaft sowie die Wiedereingliederung in das internationale Wirtschaftssystem) (Peetz 2001; Conaghan 2005).

Die regressiven Tendenzen blieben jedoch nicht auf die Krisenzeit beschränkt und betrafen zunehmend alle demokratischen Institutionen. Damit war Peru das einzige Land Südamerikas, in dem die gesellschaftliche, ökonomische und vor allem politische Bedeutung des Militärs

---

12 Sechzehn Jahre später (2006) schien es allerdings vergessen bzw. nicht mehr eng mit Alan García verknüpft, als dieser erneut die Präsidentschaftswahlen gewann.

nach der Demokratisierung rasant zunahm (Obando 1999). Vor allem Belaúndes und Alan Garcías Fehlwahrnehmung der Dynamik des Terrorismus veranlasste die Militärs, eigene (Anti-)Terror-Strategien zu entwickeln. Im Umfeld der Wahlen von 1990 besaßen sie gar einen ausgefeilten Plan zum Putsch. Die überraschende Wahl Fujimoris ließ jedoch eine enge Kooperation mit dem Staatspräsidenten ratsamer erscheinen. Insgesamt entwickelte sich das Militär, dem 1996 eine Generalamnestie für Menschenrechtsverletzungen sowie 1998 erweiterte Kompetenzen in der Kriminalitätsbekämpfung zugesichert wurde, zu einem weitgehend unkontrollierten Komplex, in dem auch Drogenhandel, Schmuggel, Waffenschiebereien und Geldwäsche gängig waren (Rospigliosi 2000).

Auch die peruanische Rechtsstaatlichkeit wurde vor allem in den 1990er Jahren in ihrer Funktion ausgehöhlt. Seit jeher chronisch schwach und den faktischen Mächten untergeordnet, wurde sie von Fujimori und Geheimdienstchef Montesinos unterminiert bzw. abgebaut, zuerst aus Gründen der „Regierbarkeit", dann aus Gründen des Machterhalts (Hammergren 1998). Formell wurden mit der Verfassung von 1993 die ohnehin starken Kompetenzen des Präsidenten weiter gestärkt (Wiederwahl, Budgetrechte, Dekretmacht, Besetzung der obersten Militärpositionen). Mit der Errichtung eines simultan gewählten Einkammer-Parlaments wurde die strukturelle Dominanz der Exekutive über die Legislative weiter akzentuiert. Trotz eigener Mehrheit steigerte Fujimori das schon von Belaúnde und Alan García umfangreich genutzte Regieren per Dekret (Bernales 1996). Auch die Justiz wurde systematisch domestiziert und instrumentalisiert. Im Jahre 1992 wurden 60 Prozent der als „korrupt" geltenden Richter durch provisorische Richter ersetzt, 1999 zog sich Peru aus dem Interamerikanischen Gerichtshof für Menschenrechte zurück (Hammergren 1998: 150 ff.). Die faktische Auflösung des Verfassungsgerichts, das sich 1997 gegen die Möglichkeit der erneuten Wiederwahl Fujimoris aussprach, ist als Umschlagspunkt dieser „hyperdelegativen" Demokratie in ein autoritäres Regime anzusehen, da der letzte institutionelle Vetospieler gegen die Regierung ausgeschaltet wurde. Die Kompetenzexpansion der Militärgerichtsbarkeit betonte die Schwäche der Justiz und das wirkte sich negativ auf die individuellen Freiheitsrechte aus. Das schloss Ausnahmezustände, erweiterte Militärgerichtsbarkeit, Straflosigkeit für Vergehen der Sicherheitskräfte und Folter ein (Burt 2004).

Nach dem turbulenten Ende des Fujimori-Regimes im Jahr 2000 waren die Startbedingungen für die peruanische Demokratie weitaus ungünstigeren Bedingungen als 1980 unterworfen. Zwar konnte die Enklavenmacht von Militär und Geheimdienst weitgehend eingedämmt werden, doch sind die Institutionen des demokratischen Staates nach ihrem Verfall in den 1980er und der sukzessiven Demontage in den 1990er Jahren noch nicht wieder gefestigt. Neben der Frage einer neuen Verfassung betrifft dies insbesondere die rechtsstaatlichen Institutionen, die erst am Anfang eines notwendigen Reformprozesses stehen, sowie die 2002 überfeilt begonnene Dezentralisierung. Während die Übergangsregierung unter Valentín Paniagua (2000/01) noch positive Akzente setzen konnte, zeichnete sich die Amtszeit von Alejandro Toledo durch einen stetigen Verfall der staatlichen Handlungskapazität aus, die zusammen mit zahlreichen Korruptionsskandalen einen deutlichen Legitimationsverlust der demokratischen Institutionen bewirkt hat (Barr 2003).

Eines der größten Hindernisse auf dem Weg zu einer stabileren Demokratie bildet die Schwäche von Parteien und Zivilgesellschaft, die unmittelbar auch die institutionelle Stabilität und Effizienz beeinträchtigt (Tanaka 1998; Lynch 1999). Peru verfügt über nur labile Strukturen der politischen Repräsentation, die nicht hinreichend zwischen einer stark heterogenen und segmentierten Gesellschaft und dem Staat vermitteln können. Dabei schien sich nach

Tabelle 25: Stimmenanteil von Parteien und Unabhängigen, 1978–1995 (in Prozent)

	1978 (V)	1980 (P)	1985 (P)	1990 (P)	1992 (V)	1995 (P)
Altparteien (A)	88,5	96,5	97,0	68,0	33,3	6,3
Unabhängige + Neuparteien (U)	11,5	3,2	3,0	31,7	84,8	93,7
Ungültig	15,8	22,2	13,8	15,2	23,7	17,9
Enthaltung	16,0	21,0	9,0	22,0	29,0	26,1

Anmerkungen: V = verfassunggebende Versammlung; (P) = Präsidentschaftswahlen; (A) = Altparteien: AP, PPC, APRA und die (zersplitterte) Linke; (U) = Unabhängige und Neuparteien: Cambio 90 / Nueva Mayoría (Fujimori) u. a. *Quelle:* Tanaka (1998: 55).

1980 ein Parteiensystem zu formieren, das das politische Spektrum breit abdeckte und besonders auf Seiten der Linken über ein beachtliches Mobilisierungspotenzial verfügte. Die desaströsen Regierungsleistungen sowohl der Konservativen als auch der (sozialdemokratisch orientierten) APRA führten zusammen mit der Staats- und Wirtschaftskrise, der wachsenden Informalisierung der Gesellschaft und dem sich polarisierenden Parteienstreit jedoch zu einem zunehmenden Vertrauensverlust der Bürgern gegenüber den Parteien. Den erkennbaren Auflösungserscheinungen wussten die etablierten Parteien weder programmatisch noch strategisch zu begegnen. Tabelle 25 verdeutlicht, dass diese Krisensymptome, die sich bereits bei den Kommunalwahlen 1989 abzuzeichnen begannen, bei den Wahlen von 1990 die nationale Ebene erfassten. Umgekehrt nutzte der „Outsider" Fujimori zwischen 1990 und 1992 die Gelegenheit und wandte sich mangels anderer politischer Ressourcen mit seinem (rechts-)populistischen Diskurs direkt an die peruanische Öffentlichkeit: Er versprach Effizienz der Regierungsarbeit und geißelte bei jeder Gelegenheit die obstruktive Rolle der Parteien bzw. der traditionellen politischen Elite (Peetz 2001: 69 ff.). Der Erfolg seiner Strategie zeigte sich auch darin, dass 70 Prozent der Bevölkerung dem *autogolpe* im April 1992 zustimmten.

Nach dem Zusammenbruch der etablierten Parteien konnte sich bis heute kein organisatorisch stabiles, gesellschaftlich verankertes Parteiensystem erneut etablieren. Vielmehr ist es durch starke Fragmentierung, geringe programmatische Kapazitäten, stark personalistische und klientelistische Tendenzen sowie einen sehr hohen Grad an Wählervolatilität charakterisiert. Lediglich die Traditionspartei APRA konnte sich sukzessive wieder stabilisieren und verfügt als einzige Gruppierung über eine landesweite organisatorische Stärke. Die konservativen Parteien *Unidad Nacional* bzw. *Unión por el Perú* und mehr noch die Wahlplattformen der „Newcomer" (Fujimori, Toledo) steigen und fallen zumeist mit ihren Leitfiguren und stellen kein stabilisierendes Element der politischen Vermittlung und Gestaltung dar (Barr 2003).

Ähnliche Defizite kennzeichnen auch die Ebene der funktionalen Interessenrepräsentation. Peru verfügt über ein relativ breit gefächertes, aber gleichzeitig hoch zersplittertes Spektrum zivilgesellschaftlicher Interessenartikulation (Tanaka 1999). Schon der Bereich der Arbeitsbeziehungen zeigt allerdings, dass das System der Interessenvermittlung innerhalb der Gesellschaft wie zwischen Zivilgesellschaft und politischem System nur schwach funktioniert. Den größten politischen Einfluss besitzen die Unternehmerverbände, die insbesondere über den Dachverband CONFIEP maßgeblich die Reformpolitik unter Fujimori beeinflussten und von ihr profitierten (Cotler 1998a, 1998b). Dagegen verfügen die Gewerkschaften, die ohnehin in den letzten 50 Jahren eine eher marginale Rolle spielten, nach jahrzehntelanger Investitions- und Wachstumskrise, massiver Verelendung seit Ende der 1970er Jahre und den neoliberalen Arbeits- und Tarifrechtsreformen kaum noch über politisches oder tarifverhandlungsrelevantes

Gewicht (Balbi 1997). Aufgrund der immensen Informalisierung der Arbeitswelt ist etwa die Hälfte der Beschäftigten in einem vom Arbeitsrecht völlig abgekoppelten Arbeitsmarkt tätig. Berechnungen zufolge ging der gewerkschaftliche Organisationsgrad im Privatsektor von etwa 33 Prozent im Jahr 1982 über 15 Prozent im Jahr 1990 auf nur noch 3 Prozent im Jahr 1997 zurück (Bernedo Alvarado 1998: 279). Eine ähnliche Tendenz zeigt der Rückgang der abgeschlossenen Tarifverträge und der Streiks im Privatsektor (1980: 739, 1997: 66). Lediglich im öffentlichen Sektor konnten sich einige Organisationen wie die Lehrergewerkschaft SUTEP stärker behaupten.

Die Bereitschaft zivilgesellschaftlicher Organisationen zu kooperativem und strategischem Handeln ist aufgrund der geringen Kapazität intermediärer Organisationen und nachfolgender Zersplitterung wenig ausgeprägt. Insgesamt mangelt es so auf zivilgesellschaftlicher Ebene an Kapazitäten zur Kanalisierung der Vielzahl partikularer Forderungen. Dies führt wiederholt – wie etwa im Zuge der geplanten Privatisierung einzelner Versorgungsunternehmen im Jahr 2002, des Lehrerstreiks von 2004 oder der wiederholten Proteste der Kokabauern – zu eruptiven politischen Protesten mit nachfolgenden Regierungskrisen (Cotler 2005). Während die zivilgesellschaftliche Organisationsdynamik alles in allem – auch aufgrund des hohen Grades an Selbstorganisation – eher progressiv verläuft, war in den letzten Jahren ein Rückgang der Demokratiezufriedenheit und des Vertrauens der Bürger in die demokratietragenden Institutionen zu verzeichnen. Die Zustimmung zur Demokratie ist trotz der negativen Erfahrungen mit dem autoritären Fujimori-Regime rückläufig. Zwischen 1996 und 2004 sank die Zustimmung von 63 Prozent auf 45 Prozent, eine der niedrigsten Zustimmungsraten in Lateinamerika (Latinobarómetro 2004). Mit der Performanz der Demokratie war nur knapp ein Fünftel zufrieden. Noch 2004 führte der flüchtige Fujimori bei Umfragen die Konkurrenz möglicher Präsidentschaftskandidaten kurioserweise mit 20 Prozent an.

4.4 Venezuela: Dekonsolidierung einer „Vorzeigedemokratie"

Venezuela konnte nach der Phase der Institutionalisierung der Demokratie spätestens mit der Integration der linken Gruppierungen in das politische System während der 1960er Jahre als stabile Demokratie gelten. Diese Stabilität, die Venezuela im Rahmen der autoritären Regressionen auf dem Kontinent in den 1960er und 1970er Jahren zu einer „Vorzeigedemokratie" machten, beruhte jedoch auf prekären Grundlagen, die von der „Ölrente" zusammengehalten wurden (Crisp 1997). Im Licht der neueren, differenzierteren Transitionsforschung ist festzuhalten, dass sich in Venezuela keine vollständige liberale Demokratie herausbildete, sondern eine defekte Demokratie, in der regelmäßige freie und faire Wahlen stattfanden, jedoch die konstitutionell vorgesehenen Mechanismen der *accountability* durch die paktierte *partidocracia* der beiden großen Parteien weitgehend funktionslos waren (Zimmerling 2004). Zusammen mit der geringen Bindewirkung der politischen Institutionen allgemein entwickelte sich so eine defekte Demokratie mit einer eigentümlichen Mischung aus delegativen, illiberalen und exklusiven Zügen, die ihren eigenen Untergang provozierte und fast zwangsläufig in die Ära Chávez (seit 1999) mündete (Coppedge 1994a). Die Etappen der Demokratieentwicklung in Venezuela lassen sich demnach in drei größere Phasen unterteilen: (1) die erfolgreiche Errichtung und Festigung der Demokratie zwischen 1958 und Ende der 1970er Jahre; (2) die Krise des Modells in den 1980er Jahren mit erfolglosen Stabilisierungsversuchen bis weit in die

Tabelle 26: Präsidenten Venezuelas 1958–2005 und BIP/capita

Amtszeit	Präsident	Partei	BIP/per capita[a]
1959–1964	Rómulo Betancourt	AD	4,145
1964–1969	Raúl Leoni	AD	4,133
1969–1974	Rafael Caldera	COPEI	4,219
1974–1979	Carlos Andrés Pérez	AD	4,305
1979–1984	Luis Herrera Campíns	COPEI	3,426
1984–1989	Jaime Lusinchi	AD	3,241
1989–1993	Carlos Andrés Pérez	AD	3,645
1993–1994	Ramón Velásquez (Interimspräsident)	unabhängig	3,482
1994–1999	Rafael Caldera	unabhängig	3,213
1999–2005	Hugo Chávez	unabhängig	4,820
2005–	Hugo Chávez	unabhängig	8,050[b]

[a] In US$ von 1995, jeweils für das letzte Amtsjahr.
[b] Internationaler Währungsfonds (2005-2008).
Quelle: World Bank (2001, 2007); IWF (2009).

1990er Jahre; und (3) die Auflösung der alten Ordnung und die Errichtung der „Bolivarianischen Republik" unter Hugo Chávez seit 1999.

1. Stabilisierung der Demokratie (1958–1983): Die anhaltende Stabilität der venezolanischen Demokratie war das Ergebnis des erfolgreichen Elitenbündnisses, das die beiden wichtigsten Parteien, also die sozialdemokratisch ausgerichtete AD und der christlich-soziale COPEI, im Laufe der 1960er Jahre konstruierten und das zu einer anhaltenden populistischen Verteilungskoalition führte, die die gesamte Gesellschaft durchdrang (Coppedge 1994b). Die in den Pakten von 1958 festgelegten Ziele – neben der Verfassung (1961) auch langfristige Entwicklungspläne, eine Agrar- und Steuerreform, Sozialgesetzgebung, die Verbesserung des Erziehungssystems und die Modernisierung der Streitkräfte – konnten mithilfe der Öleinkünfte umgesetzt werden und führten zu einem wachsenden Klientel- und Subventionssystem als integrierendem und systemstabilisierendem Faktor (Levine/Crisp 1999). Bocckh beschreibt diese populistische Verteilungskoalition treffend:

> „Durch eine Vielzahl direkter und indirekter staatlicher Transfers, von denen die direkten, d.h. über den Staatshaushalt laufenden, meist von der jeweiligen Regierungspartei auch zur Schaffung parteipolitischer Loyalitäten (Klientelismus) instrumentalisiert wurden, den geschickten Einsatz politischer Symbole, welche die ‚Erlösung der Massen' zum Thema hatten, und durch vergleichsweise offene Karrierepfade für die Funktionäre der Gewerkschaften und Bauernverbände in den beiden großen Parteien gelang es, die organisationsfähigen Teile der Gesellschaft politisch zu integrieren und gegenüber dem politischen System stabile und stabilitätsfördernde Loyalitäten zu schaffen" (Boeckh 1988: 643).

Diese Politik führte auch zu einer immensen Ausweitung des Staatsapparates, dessen Pfründe sich die beiden Parteien friedlich teilten. Höhepunkt dieser Entwicklung war die erste Amtszeit von Carlos Andrés Pérez in den 1970er Jahren, als sich infolge des dramatischen Preisanstiegs für Rohöl 1973/74 die Staatseinnahmen verdreifachten und eine nochmals verstärkte Tendenz zum „Staatskapitalismus" bewirkten. Zusätzlich wurde 1975/76 die Öl- und Eisenerzindustrie verstaatlicht (Boeckh/Hörmann 1992: 516 ff.). Während ein großer Teil der in den 1970er Jahren fließenden Petrodollars unproduktiv versandete bzw. in privaten Taschen und auf Auslandskonten landete, wurden Entwicklungsprojekte, die von Träumen eines *Gran Venezuela* getragen waren, zumeist aus kurzfristigen Krediten finanziert (Muno 2004: 15 ff.).

Unter diesem „Regime" der *partidocracia*, die von informellen Machtabsprachen zwischen den beiden Parteien und weniger von einer Festigung der demokratischen Institutionen als solche geprägt war, blieben fast zwangsläufig zuerst die *responsiveness* der venezolanischen Politik und nachfolgend auch die *horizontal accountability* auf der Strecke. Die Parteien ersetzten zunehmend die ohnehin schwache politische Willensbildung von unten durch umfangreiche Absprachen von oben; Wahlen kamen so mehr einem Plebiszit über umverteilende Parteieliten gleich (Hellinger 1991: 155 ff.). Diese Entkoppelung von längerfristigen gesellschaftlichen Interessenlagen kann zwar nicht als exklusive Demokratie im engeren Sinne bezeichnet werden, doch trug sie zunehmend Züge eines Elitenkartells, das – in Dahlschen Worten – für die Präferenzen der Bürger zunehmend blind wurde.[13]

2. Destabilisierung der Demokratie (1983–1998): Die schwindende Stabilität der venezolanischen *partidocracia* in den 1980er Jahren hängt direkt mit der stark gewachsenen Abhängigkeit vom Erdöl und dem schlechten Management der politischen Eliten zusammen. Anstatt eine ausgewogenere Wirtschaftsstruktur des Landes zu fördern, wurden mit der Staatszentrierung, der Ölfixierung und der Schwächung der Institutionen auch die mittelfristigen Grundlagen dafür beseitigt. Schließlich beendeten Misswirtschaft, der Rückgang der Erdöleinnahmen und der Beginn der Schuldenkrise Anfang der 1980er Jahre unter der Regierung von Herrera Campíns die überzeichneten Entwicklungsvorstellungen der venezolanischen Eliten (Carrasquero 2004: 397 ff.). Das Jahr 1983 leitete mit der Zahlungsunfähigkeit und der Währungsabwertung um 300 Prozent das Ende des Entwicklungsmodells ein, das auch Präsident Lusinchi mit einer populistisch ausgerichteten, nachfrageorientierten Politik nicht aufhalten konnte. Vielmehr hinterließ er 1989 ein Land am Rande des Bankrotts, das sich durch eine deutlich negative Sozialbilanz mit gestiegener Armut, erhöhter Kindersterblichkeit und Einkommensverlusten auszeichnete (Muno 2004: 17 f.).

Letztlich blieb den Präsidenten Carlos Andrés Pérez (1989–1993) bzw. dem als Unabhängigen angetretenen Rafael Caldera (1994–1998) nur das Krisenmanagement übrig. Die von Andrés Pérez 1989 initiierte neoliberale Strukturanpassungspolitik führte jedoch umgehend zur sozialen Explosion. Die blutigen Unruhen in Caracas im Jahr 1989 (bekannt als *Caracazo*) legten die Legitimationskrise des politischen Systems vollends offen, die die Entwicklung der 1990er Jahre prägen sollte – eingeschlossen die beiden gescheiterten Militärputsche von 1992 (Welsch/Carrasquero 2000). Während Andrés Pérez 1993 unter dem Vorwurf der Korruption aus dem Amt gedrängt wurde, versuchte Caldera zunächst wieder eine heterodoxe Wirtschaftspolitik, musste aber nach deren Scheitern zu einem orthodoxen Stabilitätsprogramm zurückkehren. Beide Präsidenten vertieften die delegative Regierungspraxis weiter, indem sie vom Kongress autorisiert wurden, Dekrete mit Gesetzeskraft zu erlassen. Insgesamt führten diese Widersprüche und Unstimmigkeiten im Krisenmanagement sowie die mangelnde politische

---

13 Bekannterweise kann *Freedom House* solche Defekte nicht erfassen. Seit Beginn der Datenreihe (1973/74) wurde Venezuela bei politischen bzw. bürgerlichen Freiheiten mit jeweils 2 bewertet, ab 1976/77 sogar mit 1 bzw. 2. Zwischen 1978 und 1989 war es damit genau gleich bewertet wie die alte Bundesrepublik Deutschland. Dies zeigt die erheblichen Schwächen der Freedom-House-Indices.

Unterstützung zur weiteren Abkehr der Bevölkerung von den politischen Eliten (Muno 1997, Faust/Muno 1998).

3. Die Ära Chávez (seit 1999): Seit dem Amtsantritt von Hugo Chávez im Jahr 1999 hat sich das politische System Venezuelas drastisch verändert. Diese Veränderungen beruhen im Wesentlichen auf der Institutionalisierung einer stark delegativen Demokratie mit hoher Machtkonzentration beim Präsidenten, Inklusion der Unterschichten, der bewusst vorangetriebenen politischen Polarisierung, der Rolle des Militärs als Herrschaftsstütze und Ordnungsfaktor sowie dem – auch grenzübergreifenden – Linkspopulismus des Präsidenten (Shifter 2006). Allerdings sind auch starke Kontinuitäten zur „alten Ordnung" auszumachen, die Zweifel aufkommen lassen, ob es sich bei der „Bolivarianischen Republik" trotz vehement vorgetragener Revolutionsrhetorik tatsächlich um eine neue Ära der venezolanischen Politik handelt (Zimmerling 2004).

Die Wahlen vom Dezember 1998 bedeuteten einen Erdrutsch in der venezolanischen Politik. Chávez konnte mit seiner Bewegung *Movimiento Quinta Republica* (MVR) den andauernden Unmut gegen das politische Establishment ausnutzen und erzielte mit 56 Prozent der Stimmen die absolute Mehrheit bei den Präsidentschaftswahlen. Das ehemals stabile Zweiparteiensystem Venezuelas, das schon seit Beginn der 1990er Jahre durch zunehmende Fragmentierung, Instabilität der Parteien und hohe Volatilität der Wählerstimmen gekennzeichnet war (McCoy, J. 1999), brach endgültig zusammen. Bei den von Chávez durchgesetzten Wahlen zur verfassunggebenden Versammlung im Jahr 1999 gewann seine MVR 121 der 131 Sitze, die traditionellen Parteien nur noch fünf.

Chávez nutzte die Gunst der Stunde und die anhaltende Zustimmung weiter Teile der Bevölkerung, um anfangs mittels delegativer Regierungspraxis, dann abgesichert durch die neue Verfassung und feste parlamentarische Mehrheiten die Machtkonzentration beim Präsidenten und so seinen Entscheidungsradius auszuweiten (Muno/Thiery 2002). Schon die verfassungsgebende Versammlung schaltete den gewählten Kongress und die Judikative („Justiznotstand") aus. Im Dezember 1999 wurde die neue venezolanische Verfassung in einem Referendum mit 71 Prozent Zustimmung angenommen. Sie verlängert das präsidentielle Mandat von fünf auf sechs Jahre und erlaubt die einmalige, unmittelbare Wiederwahl.[14] Der Senat wurde abgeschafft, der Kongress auf eine Kammer (Nationalversammlung) reduziert und somit ein potenzieller Vetospieler ausgeschaltet. Die auf Chávez zugeschnittene Verfassung stärkt in erheblichem Maße die Kompetenzen des Präsidenten, insbesondere das Recht, die Nationalversammlung aufzulösen und Neuwahlen anzusetzen, was die Machtbalance weiter verschob (Bodemer/Nolte 1999). Die Machtfülle von Chávez basierte allerdings darauf, dass es kein staatliches Organ mehr gibt, das nicht von seinen Anhängern kontrolliert wird (Oberster Gerichtshof, Ombudsmann, Generalstaatsanwalt, nicht zuletzt auch die nationale Wahlbehörde). Auch die Zentralbank verlor ihre Autonomie und untersteht nunmehr der Exekutive (Shifter 2006).

Die verfassungsgemäß vorgesehenen Präsidentschaftswahlen im Jahr 2000 bestätigten Chávez mit noch größerer Mehrheit als 1998 in seinem Amt (62,9 Prozent gegenüber 56 Prozent). Gleichwohl führten seine aktive Polarisierungsstrategie, die umstrittenen politischen

---

14 Dabei ging Chávez wie schon Fujimori im Peru der 1990er Jahre davon aus, dass seine Amtszeit (2000–2006) die erste unter der neuen Verfassung ist und er somit wiedergewählt werden kann. Dies geschah dann tatsächlich mit 62,9 Prozent der Wählerstimmen. Ein erstes Referendum zur Verfassungsänderung und der unbegrenzten Wiederwahl des Präsidenten scheiterte 2007 sehr knapp (49 %). Ein erneutes Referendum im Jahr 2009 konzediert Chávez schließlich diese hoch problematische Verfassungsänderung mit 54,4 Prozent bei einer Wahlbeteiligung von 70 Prozent.

Eingriffe (in den staatlichen Ölkonzern PDVSA, in die Gewerkschaftswahlen) wie auch die geringen wirtschaftlichen und sozialen Erfolge (Burchardt 2004) zu einer vorübergehenden Abnahme der Zustimmung in der Bevölkerung. Das seither zugespitzte innenpolitische Klima, in dem das Chávez-Lager, das vorwiegend die immens angewachsenen Unterschichten repräsentiert, einer heterogenen Koalition aus Ober- und Mittelschichten, Unternehmern und Gewerkschaften, Politikern der Altparteien sowie der mächtigen Presse des Landes gegenübersteht, führte neben mehreren Streiks auch zu einem zunächst geglückten, dann aber von loyalen Militärs vereitelten Putsch im Frühjahr 2002 sowie zu der sich lange hinziehenden Auseinandersetzung um das Referendum über die Abberufung von Chávez (Carrasquero 2004). Das Referendum endete wiederum mit dem deutlichen Sieg von Hugo Chávez (58,25 Prozent vs. 41,75 Prozent), der die Uneinigkeit sowie die geringe Glaubwürdigkeit der Opposition ausnutzen konnte. Damit scheint sich Chávez' „Fünfte Republik" zu stabilisieren. größere politische Projekte wie die Agrarreform werden zügiger umgesetzt, und die Chancen sind gestiegen, dass er wie geplant bis 2012 Präsident bleibt (Diehl/Muno 2004). Die per Verfassungsreferendum durchgesetzte unbegrenzt mögliche Wiederwahl des Staatspräsidenten sichert das Projekt der „Bolivarianischen Republik" weiter ab. Der plebiszitär legitimierten Teilautoritarisierung des politischen Systems steht die Verankerung der Demokratie im Bewusstsein der Bürger gegenüber. Die Umfragedaten zeigen, dass die Zustimmung zur „Demokratie" seit 2001 zunehmend deutlich über dem lateinamerikanischen Durchschnitt liegt.

Tabelle 27: Zustimmung zur Demokratie als Regierungsform (Prozent der Wahlberechtigten)

	1996	1997	1998	2000	2001	2002	2003	2004	2005	2006	2007	2008
Venezuela	62	64	60	61	57	75	67	74	76	70	67	82
Lateinamerika	61	62	62	60	48	56	53	53	53	58	54	57

Quelle: Latinobarómetro (2008).

Die Veränderungen seit Chávez' Amtsantritt muten wie eine grundlegende Umwälzung an, auch weil es sich um einen linkspopulistischen *caudillo* handelt, der die etablierte Ordnung und deren Träger bekämpft (Shifter 2006). Dennoch besteht ein beachtliches Maß an Kontinuität, wenn man die letzten Jahre aus dem Blickwinkel einer funktionierenden Demokratie betrachtet. Ungeachtet seiner Abgrenzungsrhetorik hat Chávez den patrimonialen Staat wiederbelebt, dessen Klientele und Profiteure nunmehr die verarmten Massen, die bisweilen auf 80 Prozent der Bevölkerung geschätzt werden, und nicht mehr die Mittel- und Oberschichten sind. Auch der Typus der defekten Demokratie hat sich letztlich nur graduell gewandelt, wenngleich die Defekte nun stärker ausgeprägt und z. T. konstitutionell verankert sind. Weder die ökonomischen noch die politischen Muster klientelistischer Verteilungspolitik wurden grundlegend durchbrochen (Zimmerling 2004).

In diesem Szenario der anhaltenden Turbulenzen sind Aussagen über die übrigen Konsolidierungsebenen von eher begrenzter Haltbarkeit. Dies betrifft insbesondere das Repräsentationssystem, das sich – wie schon skizziert – dramatisch gewandelt hat: von einem konsolidierten Zweiparteiensystem über das fragmentierte Mehrparteiensystem der 1990er Jahre bis zum Parteiensystem mit Hegemonialpartei unter Chávez (Boeckh 2001). Die traditionellen Parteien haben ihren Einfluss nahezu völlig verloren, an ihrer Stelle ist auf Seiten der Opposition gegen Chávez bis dato keine neue politische Kraft entstanden. In die polarisierte politische Landschaft ist auch das System der Verbände und Interessengruppen einbezogen, das deshalb bislang wenig mediatisierend wirken noch für ein funktionales System der Interessenvermittlung sorgen konnte (Crisp 2000). Da in das alte klientelistische System der venezolanischen *partidocracia* auch die Interessenverbände eingebunden und weitgehend kontrolliert waren, zählen sie unter dem Chavismus mit zur verfeindeten „Oligarchie" (Sánchez López 2001). Nach dem Niedergang der Altparteien AD und COPEI haben Unternehmerverbände und teilweise auch die Gewerkschaften die Rolle übernommen, neben den starken, Chávez-kritischen Massenmedien in Privatbesitz die Interessen der Opposition zu artikulieren. Umgekehrt ließ Chávez viele alte und neu geschaffene intermediäre Organisationen mit seinen Gefolgsleuten besetzen. Die in den 1980er Jahren gegründeten Organisationen der Zivilgesellschaft haben ihren bisherigen Charakter verloren oder artikulieren sich im Zuge der gesellschaftlichen Polarisierung vor allem im Lager der Chávez-Gegner. Als Hoffnungsschimmer für Venezuelas Demokratie ist dennoch zu werten, dass erstens trotz einiger zugespitzter Situationen die politische Entwicklung seit 1998 zwar turbulent, aber relativ friedlich verlief und zweitens die Zustimmung der Bürger Venezuelas zur Demokratie als Regierungsform nach wie vor hoch ist. Die Spaltung der Gesellschaft und die weitgehende Okkupation des Staatsapparats und der öffentlichen Medien durch Chávez-Gefolgsleute sowie die jüngsten Verfassungsänderungen zur unbegrenzten Wiederwahl des Staatspräsidenten sprechen gegen eine Redemokratisierung und spätere Konsolidierung der ausgehöhlten venezolanischen Demokratie. Die hohe Zustimmung der Bürger zur Demokratie und die Diskreditierung der Diktatur in Lateinamerika lassen vermuten, dass das Land nicht vollständig in die Autokratie abgleitet. Für die nähere Zukunft bleibt ein Verharren der Polities Venezuelas in der hybriden Regimezone am wahrscheinlichsten.

4.5 Nicaragua: Die schwierige Stabilisierung einer illiberalen Demokratie

In Nicaragua mündeten die schwierige Transition und die umkämpfte Institutionalisierung in eine mehr als belastete Phase der Konsolidierung, die bis heute nicht abgeschlossen ist. Die anfangs noch unbewältigten Folgen des Bürgerkrieges, eine instabile Wirtschaftsentwicklung in einem ohnehin armen Land, eine staatslastige Wirtschaftsordnung, ein mit sandinistischen Gefolgsleuten durchsetzter Staatsapparat, eine organisatorisch starke sandinistische Opposition und eine nur im „Anti-Sandinismus" geeinte Koalition stellten einige der kumulierten Probleme dar, mit denen die Demokratie Nicaraguas nach 1990 konfrontiert war (Nuzzi O'Shaughnessy/Dodson 1999: 111 ff.).

Unter diesen Bedingungen ist es als großer Fortschritt anzusehen, dass sich die Regierungswechsel bis heute in den konstitutionell vorgesehenen Bahnen abspielten (Anderson/Dodd 2005). Hierzu trug bei, dass die sozialrevolutionären Fraktionen der Sandinisten mittlerweile das demokratische Procedere im Prinzip als legitim ansehen. Hervorgegangen aus den freien und fairen Wahlen der Jahre 1990, 1996 und 2001 regierten 15 Jahre „bürgerliche" Präsidenten: Violeta Barrios de Chamorro (1990–1997), gewählt als Kandidatin des Oppositionsbündnisses *Unión Nacional Opositora* (UNO), gefolgt von Arnoldo Alemán (1997–2002) und Enrique Bolaños (2002–2006), beide vom *Partido Liberal Constitucionalista* (PLC). Im Jahr 2007 übernahmen mit der erneuten Wahl von Daniel Ortega zum Präsidenten die Sandinisten wieder die Regierungsmacht. Im Rückblick konnte jedoch lediglich die als apolitisch und unerfahren geltende Chamorro die nicaraguanische Demokratie stärken und ein wenigstens partiell erfolgreiches politisches Management aufweisen, wozu insbesondere die schwierige Reintegration der über 20 000 Contra-Rebellen zählte (Nuzzi O'Shaughnessy/Dodson 1999: 111 ff.). Ein mindestens ebenso schwieriges Erbe stellte die desolate Wirtschaftslage dar. Das sandinistische Regime hatte nach der Revolution von 1979 das riesige Vermögen des Diktators Somoza, die inländischen Banken und den Außenhandel verstaatlicht und von 1978 bis 1980 die Staatsquote von 15 Prozent auf 41 Prozent erhöht. Nachdem die Sandinisten angesichts der Wirtschaftskrise (Hyperinflation 1988: 33 603 Prozent, Auslandsverschuldung: 700 Prozent des BIP) Ende der 1980er Jahre bereits drastische Sparmaßnahmen und Anpassungsprogramme einleiten mussten, führte die Chamorro-Regierung auf der Basis eines streng marktwirtschaftlichen und exportorientierten Entwicklungsmodells ein rigoroses Stabilisierungs- und Strukturanpassungsprogramm durch, hob das Außenhandelsmonopol und die meisten Preisbindungen auf, öffnete den Bankensektor und privatisierte rund 350 staatliche Betriebe. Erkauft wurden diese Maßnahmen jedoch mit einer Stabilität ohne Wachstum, was die ohnehin gravierenden sozialen Probleme des Landes weiter verschärfte (Krennerich 1992: 210 ff.; Williams, Ph. J. 1994).

Bereits unter Chamorro zeigten sich aber auch die bis heute anhaltenden Probleme der institutionellen Konsolidierung, sowohl was den Staatsapparat, inkl. Militär und Polizei, als auch das Zusammenspiel zwischen Exekutive und Legislative sowie das Funktionieren der Justiz anbetrifft (Torres Rivas 2001; Krennerich 2003). Hintergrund dieser Konsolidierungsprobleme ist die starke politische Polarisierung des Landes, die die Institutionen mehr zum Spielball der machtpolitischen Interessen werden ließen, als dass sie in eigener normativer Qualität das demokratische Spiel prägten. Dabei spielte vor allem das Legat der sandinistischen Herrschaft eine prägende Rolle, die nicht nur eine starke, gesellschaftlich gut verankerte FSLN-Opposition mit einem gewissen Obstruktionspotenzial ergab, sondern auch einen mit sandinistischen Parteigängern durchsetzten Staatsapparat hinterließ. So konnten vor allem die Streit- und Sicherheitskräften nur verzögert depolitisiert und politisch neutralisiert werden – ein Prozess, der sich bis weit in die Mitte der 1990er Jahre zog (Nuzzi O'Shaughnessy/Dodson 1999: 123 ff.). Die starke Rolle der sandinistischen Opposition innerhalb und außerhalb des Parlaments führte dazu, dass Chamorro punktuell zur Zusammenarbeit mit der FSLN gezwungen war. Aufgrund ihres Kurses gegenüber den Sandinisten hatte die Präsidentin jedoch schnell die parlamentarische Unterstützung eines großen Teils ihres eigenen Regierungsbündnisses UNO verloren, das bald nach Chamorros Amtsübernahme auseinanderfiel. Die Folge waren anhaltende Konflikte mit dem Parlament sowie erhebliche Regierbarkeitsprobleme (Bendel 1997: 224 ff.).

Die nachfolgende rechtsliberale Regierung von Arnoldo Alemán verfügte anders als Chamorro wieder über eine sichere Parlamentsmehrheit (51 von 90 Parlamentssitzen). Doch Alemáns autokratisch-populistischer Regierungsstil, die ausufernde Korruption und Machtabsprachen mit den Sandinisten untergruben die Gewaltenteilung und beeinträchtigten weiterhin die Funktionsweise der staatlichen Institutionen (Nuzzi O'Shaughnessy/Dodson 1999: 124 ff.). Einen markanten Rückschritt stellten hier die interelitären Absprachen dar, die die Regierung Alemán 1999 mit den eigentlich verfeindeten Sandinisten traf. Die auch als „obskurer Pakt" bezeichneten und nachfolgend per Verfassung abgesegneten Absprachen zur personellen Aufstockung von Rechnungshof, Oberster Wahlbehörde und Oberstem Gerichtshof dienten dazu, den Einfluss beider Parteien in diesen staatlichen Schlüsselinstitutionen zu sichern. Zusätzlich verschafften sich die beiden *caudillos* Alemán und Ortega garantierte Parlamentssitze – sowohl zur Absicherung von Positionen und Pfründen als auch zum Schutz vor strafrechtlicher Verfolgung qua parlamentarischer Immunität (Torres Rivas 2001: 114).

In diesem Kontext verwundert es schließlich nicht, dass die massive Korruption ein weiteres Problem für das Funktionieren der demokratischen Institutionen darstellt (Dávila 2000). So war das erste Jahr der ebenfalls liberalen Regierung Bolaños (2002–2006) geprägt von einer Antikorruptionskampagne gegen Alemán, der jedoch inzwischen im Parlament eine Hausmacht aufgebaut hatte. Im Laufe der strafrechtlichen Ermittlungen im Jahr 2002 wurde deutlich, dass die Regierung Alemán ein weit gespanntes Korruptionsnetzwerk errichtet und einen regelrechten „Beutezug" durch staatliche und halbstaatliche Unternehmen und Institutionen unternommen hatte. Im Dezember 2002 wurde Alemán, den *Transparency International* in der Hitliste der zehn korruptesten (ehemaligen) Staatschefs führt, wegen Unterschlagung und Geldwäsche von insgesamt US$11,5 Mio. verurteilt: Gemeinsam mit weiteren Helfern, darunter dem ehemaligen Chef der Finanzbehörde, soll der Ex-Präsident insgesamt knapp US$100 Mio. unterschlagen haben, das entspricht rund 4 Prozent des BIP von 2001 (Krennerich 2003: 4). Personalismus, Klientelismus und Korruption sind Bestandteil der politischen Kultur des Landes, die Mechanismen zu ihrer Kontrolle sind hingegen schwach ausgeprägt. Zudem legte der Machtkampf zwischen dem alten und dem neuen Präsidenten zeitweise das Parlament lahm, Bolaños büßte seine Parlamentsmehrheit ein und war – wie zuvor bereits Chamorro – im Parlament auf die Unterstützung der Sandinisten angewiesen, womit sich weiterhin anhaltende Konflikte zwischen Regierung und Parlament abzeichneten. Zudem belastete noch immer die mangelnde Funktionsfähigkeit der Justiz eine Stabilisierung der demokratischen Institutionen. Neben den „typischen" lateinamerikanischen Defekten mangelnder Rechtstradition und Professionalität ist die nicaraguanische Justiz noch immer zu weiten Teilen von Parteigängern der Sandinisten durchsetzt. Parteipolitische Konflikte werden so wiederholt in die Justiz hineingetragen, wie etwa im Fall Alemán, dessen Anhänger nunmehr die sandinistischen Richter der „politischen Justiz" bezichtigten. Die Ansätze zu notwendigen Reformen, wie sie in den letzten Jahren initiiert wurden, leiden so unter der permanenten Politisierung und führen zu weiteren heftigen Konflikten (Krennerich 2003).

Tabelle 28: Zustimmung zur Demokratie als Regierungsform (in Prozent)

	1996	1997	1998	2000	2001	2002	2003	2004	2005	2006	2007	2008
Nicaragua	59	68	72	64	43	63	51	39	57	56	61	58
Lateinamerika	61	62	62	60	48	56	53	53	53	58	64	57

Quelle: Latinobarómetro (2008).

Die skizzierten Probleme der konstitutionellen Konsolidierung verweisen bereits auf die Defizite des Systems der politischen Repräsentation, die gleichfalls die Konsolidierungschancen der nicaraguanischen Demokratie beeinträchtigen. Die Parteienlandschaft Nicaraguas ist auch 17 Jahre nach der Transition noch hochgradig polarisiert und weist, durch das Wahlrecht verstärkt (hohe Zulassungshürden für Kleinparteien zu Wahlen), Charakteristika eines „falschen Zweiparteiensystems" (Torres Rivas 2001: 114) auf. Es wird im Wesentlichen durch die Gegenüberstellung zwischen Sandinisten und Antisandinisten konfiguriert, wobei das Lager der Antisandinisten eine Ansammlung äußerst heterogener Gruppierungen darstellt. Obwohl die Parteien stark an Personen orientiert sind, verfügen die unterschiedlichen politischen Lager, d. h. Liberale und vor allem Sandinisten, über eine für zentralamerikanische Verhältnisse beachtliche gesellschaftliche Verankerung. Befördert wird dies zum Teil durch klientelistische Strukturen und die parteipolitische Durchdringung von Verbänden und Interessenorganisationen, die im Fall der Sandinisten noch von ihrer früheren Organisationsstärke und der dadurch teilweise erzeugten Legitimation herrührt. Persönliche Machtambitionen und innerparteiliche Konflikte führen jedoch mitunter zu Parteiabspaltungen, welche die parlamentarischen Mehrheitsverhältnisse verändern können – so geschehen 2002 durch die Spaltung der liberalen Partei in Anhänger des neuen und des alten Präsidenten *(bolañistas versus alemanistas)* sowie bereits zuvor während der Regierungszeit Violeta Chamorros durch das Auseinanderfallen des Parteienbündnisses UNO (Bendel 1997; Krennerich 2003).

Im Jahr 2006 genügte Daniel Ortega, dem Führer der Sandinisten, die relative Mehrheit bei den Präsidentschaftswahlen, um erneut ins höchste Staatsamt zu kommen. Ein informeller Pakt mit dem wegen Korruption verurteilten ehemaligen liberalen Präsidenten Arnoldo Alemán sicherte Ortega danach die politische Mehrheit. Die einst ideologisch motivierte Missachtung rechtsstaatlicher und demokratischer Verfahren in der ersten Regierungsperiode (1979–1990) ist in der zweiten Regierungsperiode von einer ungeschminkten politisch wie wirtschaftlichen Pfründenwirtschaft abgelöst wurden. Was als Reformtragödie 1990 endete ist nun endgültig zur Farce verkommen.

Nur verhalten stabilitätsförderlich sind auch die übrigen Ebenen der Konsolidierung. Das Verbändesystem Nicaraguas ist – wiederum im Vergleich zum übrigen Zentralamerika – zwar relativ gut basisorganisiert, doch ist es aufgrund des teilweise großen Einflusses parteipolitischer Akteure nur wenig vermittlungsfähig (Bendel 2000: 131 ff.). Auch die autonome Selbstorganisation der Bevölkerung stößt auf sozioökonomische Barrieren und ist insgesamt schwach, findet aber immer wieder in Streiks, Protesten, Straßenblockaden und Landbesetzungen ihren Ausdruck, wie insgesamt das Partizipationsniveau im Vergleich relativ hoch ist (Torres Rivas 2001: 114). Die Zustimmung zur Demokratie ist seit 1998 zwar zurückgegangen, war aber im Durchschnitt mit knapp 60 Prozent noch immer mittel bis hoch und wich mit Ausnahme der Jahre 1998 und 2003 nicht signifikant vom lateinamerikanischen Durchschnitt ab.

4.6 Mexiko: Illiberale Demokratie und Reformblockaden

Mexikos Demokratie hat seit dem Amtsantritt von Vicente Fox im Dezember 2000 noch keinen langen Weg hinter sich, weshalb Aussagen über die demokratische Konsolidierung Mexikos eher tentativer Natur sein müssen. Dies wird durch die langanhaltenden Proteste der Anhänger des in den Präsidentschaftswahlen von 2006 unterlegenen sozialistischen Kandidaten Andrés Manuel López Obrador gegen das Wahlergebnis auch sechs Jahre später noch bestätigt. Die Proteste zeigen, dass die demokratische Kultur, Wahlniederlagen zu akzeptieren, in Mexiko noch unzureichend ausgeprägt ist. Am 7. August 2006 erklärte das Oberste Gericht Felipe Calderón endgültig zum rechtmäßigen Sieger. Wie die meisten anderen Länder Lateinamerikas hat Mexiko mit den Strukturproblemen einer defekten Demokratie zu kämpfen, die auch die Konsolidierung noch längere Zeit ungünstig beeinflussen werden. Die Grundmuster der mexikanischen Konsolidierungsprobleme sind aber trotz der kurzen Zeit deutlich erkennbar und stellen in gewisser Weise eine Verlängerung der Transitionsgeschichte dar: Während Wahlen, politischer Wettbewerb und politische Freiheitsrechte uneingeschränkt und die Gewaltenteilung wenigstens partiell etabliert sind, stellen die poröse Staatlichkeit, Rechtsstaatsdefizite, die Ungesichertheit der bürgerlichen Freiheitsrechte und die verwurzelte Korruption ein schweres Erbe dar. Stützend dürfte wiederum das Parteiensystem wirken, während Zivilgesell-

Tabelle 29: Ergebnisse der Präsidentschaftswahl vom 2. Juli 2006

Kandidat	Partei	Anzahl der Stimmen	%
Felipe Calderón	PAN	15,000,284	35,89
Andrés Manuel López Obrador	PRD	14,756,350	35,31
Roberto Madrazo	PRI	9,301,441	22,26

Anmerkung: Zugrundegelegt wurde das erste amtliche Wahlergebnis vom 6. Juli 2006, das 375 Einsprüche und wochenlange Proteste seitens des PRD nach sich zog. Am 6. September 2006 erklärte das Wahlgericht die Wahl für gültig und Calderón zum Wahlsieger. Die Wahlbeteiligung lag bei 58,55 Prozent.

schaft und Zivilkultur aufgrund der immensen sozialen Heterogenität der mexikanischen Gesellschaft dazu nur sehr begrenzt in der Lage sind.

Aufgrund der Spezifika der Transition ist die konstitutionelle Konsolidierung insbesondere im Bereich des Regierungssystems weiter vorangeschritten als auf den anderen Ebenen (Hernández Rodríguez 2004). Die schon unter Zedillo fast vollendete Entthronung des metakonstitutionellen Hyperpräsidentialismus und damit der Übergang zu dem in der Verfassung vorgezeichneten präsidentiellen Regierungssystem wurde unter Fox weitgehend abgeschlossen. Wie schon sein Vorgänger, musste Fox unter den Bedingungen eines *divided government* regieren, weil seine Partei weder im Abgeordnetenhaus noch im Senat eine Mehrheit besaß. Zwar votierten 42,52 Prozent der Wähler für Fox als Präsidenten, jedoch nur 38,23 Prozent für das aus PAN und PVEM (Grüne Partei) bestehende Wahlbündnis *Alianza por el Cambio* (der PVEM verließ das Bündnis 2001 und koalierte fortan mit dem PRI). Seine Partei war schon 2000–2003 mit weniger Abgeordneten (207) vertreten als der PRI (210) und verfügte auch im Senat über keine Mehrheit; diese Relation hat sich für den PAN bei den Zwischenwahlen 2003 weiter verschlechtert (151 vs. 222) (Maihold 2003).

Im Vergleich zu den meisten seiner lateinamerikanischen Kollegen ist der mexikanische Präsident mit den geringsten Machtbefugnissen ausgestattet (Weldon 1997). Seine gesetzgeberischen Kompetenzen liegen neben dem Gesetzesinitiativrecht vor allem im Bereich der reaktiven Rechte (Total- und Partialvetorecht). Sein Veto kann nur mit der Zweidrittelmehrheit in beiden Kammern des Parlaments zurückgewiesen werden. Allerdings verfügt er weder über proaktive Gesetzgebungskompetenzen (konstitutionelle Dekretmacht) noch über delegierte Dekretmacht. Zudem liegt das Budgetrecht ausschließlich beim Parlament, während gleichzeitig die Ambiguitäten der Verfassung für Unsicherheit darüber sorgen, ob der Präsident überhaupt ein Veto dagegen einlegen darf (Carrillo/Lujambio 1998).[15] Die Entfaltung dieses *divided government* wird weiter akzentuiert durch die politische Machtdiversifizierung auf einzelstaatlicher und auf lokaler Ebene (Lujambio 2000), die gegenwärtig etwa zur Hälfte vom PRI regiert werden, ein Drittel vom PAN und der Rest vom PRD *(Partido de la Revolución Democrática)*. Diese Konstellation, die zum ersten Mal sowohl dem Parlament eine zentrale Bedeutung gegenüber der Exekutive und dem Präsidenten einräumt als auch den Einzelstaaten und vor allem ihren Gouverneuren gegenüber den Zentralbehörden und einem bislang mächtigen Präsidententialismus neue Handlungsmöglichkeiten eröffnen, hat sowohl den Parlamentarismus als auch den Föderalismus strukturell gestärkt. Andererseits zeigten sich aber auch rasch die Schattenseiten des *divided government*, nämlich die oft eingeschränkte Effizienz des Regierungssystems bis hin zur Politikblockade, die die von den Mexikanern von der neuen Ära

---

15 Haushaltbeschlüsse werden vom Abgeordnetenhaus getroffen (Art. 74), Vetorecht besitzt der Präsident aber laut Art. 72 nur gegenüber Beschlüssen beider Kammern.

erwarteten raschen Entscheidungen und spürbaren Veränderungen oft verhinderten (Hernández Rodríguez 2004). So blieben etwa der Chiapaskonflikt ungelöst und die Steuerreform, das zentrale ökonomische Reformprojekt von Vicente Fox, blockiert (Maihold 2003). Dennoch hatte diese Reformblockade unter Konsolidierungsaspekten auch positive Auswirkungen. Denn Fox, dem durch die Verfassung ein formelles Einfallstor in delegatives Regieren verschlossen war, wurde nicht wie anfangs befürchtet zu einem *Foximori*, um über populistische Maßnahmen und Regieren per Dekret politische Fortschritte zu erzielen. Vielmehr hat er sich an die langwierigen Verfahren des Verfassungsstaates gehalten, wenngleich er erst spät auch stärker Kompromisse mit der Opposition suchte. Die Funktionsfähigkeit dieses Arrangements wird gleichwohl stark davon abhängig sein, ob sich das institutionelle Lernen, das die letzten Jahre prägte, fortsetzt, oder ob die anhaltende politische Stagnation zu Dekonsolidierungseffekten führt (ibid.).

Gravierend sind hingegen nach wie vor die Probleme der Staatlichkeit und vor allem des Rechtsstaates (Thiery 2001). Die Reichweite des Staates ist teils stark begrenzt. Die Liste der Defizite reicht von Drogenhandel und -mafia, über die „Feudalisierung" der früher beim Präsidenten konzentrierten Macht, insbesondere auf lokaler Ebene (Kaziken) und die verschiedenen Guerillagruppen bis hin zu Waffen- und Menschenschmuggel. Insbesondere der sich seit 2008 verschärfende Drogenkrieg im Norden des Landes offenbart die Probleme der Durchsetzung des Gewaltmonopols. Zwar kann hier nicht vorschnell von einem „failing state" gesprochen werden. Die von Guillermo O'Donnell in vielen Staaten Lateinamerikas beobachteten „brown areas" sind aber auch in Mexiko nicht zu übersehen.

Die Beeinträchtigungen der bürgerlichen Rechte in Mexiko ist dadurch nach wie vor hoch und zudem struktureller Natur, d. h., es bedarf eines immenser Reformanstrengungen, um sie zu beheben (Human Rights Watch 2006a). Diese Missstände betreffen sowohl die aktive Rolle einzelner staatlicher Akteure bei Rechtsverletzungen als auch die passive Duldung der von Dritten begangenen Übergriffe und nicht zuletzt die oft geringe Bereitschaft der Rechtsgewährung seitens der Justiz. Willkürliche Verhaftungen, Folter, Tötungsdelikte, mafiöse Strukturen bzw. Verbindungen zum organisierten Verbrechen stellen endemische Probleme dar, die nicht selten von übergeordneten Behörden gedeckt oder gar instruiert werden. Die Strafverfolgungsbehörden nutzen gelegentlich erzwungene Geständnisse, sind in kriminelle Machenschaften wie etwa den Drogenhandel verwickelt und werden ebenso für Tötungsdelikte oder das Verschwindenlassen von Personen verantwortlich gemacht. Die Aufsicht funktioniert mehr als mangelhaft, so dass in der Regel kaum strafrechtliche Konsequenzen drohen (López Portillo 2000). Hinzu kommen der geringe staatliche und rechtliche Schutz vor alltäglicher und organisierter Gewalt, Kriminalität und organisierten Entführungen. Die Justiz ist wie in vielen anderen Ländern Lateinamerikas nicht nur überlastet, ineffizient und – im rechtsstaatlichen Sinne – unprofessionell, sondern auch manipulierbar. Nicht zuletzt bedarf es guter Beziehungen oder einiger finanzieller Mittel, um für juristische Streitfälle gewappnet zu sein. Vor allem in einigen städtischen Zonen sowie in ländlichen Gebieten, in denen Paramilitärs und Guerillas operieren, versagen rechtsstaatliche Mechanismen völlig (Salinas Torre 2000). Die Kehrseite dieser Medaille einer insgesamt mangelnden (Rechts-)Staatlichkeit ist die Veralltäglichung von Gewalt und Rechtsanmaßung bis hin zur Selbstjustiz.

Günstiger sind Mexikos Konsolidierungschancen im Bereich der repräsentativen Konsolidierung, wenngleich auch hier noch die Legate der langen PRI-Herrschaft nachwirken. Aufgrund der verzögerten Transition konnte sich allmählich ein gering fragmentiertes, nur mäßig polarisiertes und von eher geringer Volatilität geprägtes Parteiensystem herausbilden. Wenngleich der Umstrukturierungsprozess der mexikanischen Parteien und des Parteiensystems noch nicht abgeschlossen ist, scheint sich auf mittlere Sicht ein Dreiparteiensystem herauszubilden, dessen Interaktion von der Konkurrenz der alten Staatspartei PRI, dem 2000 und 2006 siegreichen PAN und dem vor den Wahlen 1988 als Opposition zum PRI formierten PRD *(Partido de la Revolución Democrática)* geprägt ist. Ihr Anteil an den Parlamentsitzen beträgt zusammen über 90 Prozent und hat sich seit den Wahlen 1997 genauso wenig verändert wie die Anteile der drei Parteien an den Wählerstimmen, auch wenn die Präsidentschaftswahlen 2000 zum Machtwechsel führten (s. Tabelle 30). Alle drei Parteien verfügen über eine beträchtliche Bindungskraft bei den Wählern, wie ihre Wahlergebnisse in den Einzelstaaten und auf lokaler Ebene zeigen. Im lateinamerikanischen Vergleich verfügen sie über eine breite gesellschaftliche Verankerung, wenngleich diese – gerade im Fall des PRI – auf stark klientelistischen Mustern beruht (Lujambio 2001).

Tabelle 30: Ergebnisse der Wahlen zum Abgeordnetenhaus 1991–2006 (in Prozent)

	1991	1994	1997	2000	2003	2006
PRI	61,5	50,2	39,1	36,9	36,5	28,2
PAN	17,7	25,8	26,6	38,3	30,7	33,4
PRD	8,3	16,7	25,7	18,7	17,7	29,0
PVEM	–	1,4	3,8	mit PAN	4,0	–
PT	1,1	2,7	2,6	mit PRD	2,4	–
PRI+PAN+PRD	87,5	92,7	91,4	93,9	84,9	90,6

Quelle: Grayson (2003: 4 f.); Internet: www.ipu.org/parline-e/parlinesearch.asp (14.05.2009).

Auch die Ebene der funktionalen Interessenrepräsentation ist durch das nur allmähliche Lösen der korporatistischen Verklammerung gekennzeichnet, die eine der Säulen der lang anhaltenden Stabilität des PRI-Regimes war (Lauth 1996). Nach dessen Ende haben sich unter der demokratischen Regierung noch keine signifikanten neuen Funktionsmuster ausgebildet, obwohl eine raschere Entwicklung hin zu autonomeren Organisationen und eine Schwächung der korporatistischen Verbände des PRI erwartet worden war. Ein Grund für diese Stagnation wird darin gesehen, dass die Regierung Fox dem sozialen Frieden in Mexiko eine größere Priorität vor rascheren soziopolitischen Veränderungen einräumte (Bizberg 2003). Im Bereich der Arbeitsbeziehungen betrifft dies allerdings in erster Linie den Gewerkschaftssektor, denn die Unternehmer konnten sich bereits in den 1970er Jahren aus der staatlichen Umklammerung befreien und in eine autonome, zunehmend auch regimekritische Rolle hineinwachsen (Lauth 1991). Verstärkt wurde ihr Einfluss durch die Krise des staatsgetragenen Entwicklungsmodells 1982 und die nachfolgenden neoliberalen Reformen, die ihre Verbände maßgeblich mit beeinflussen konnten. Ihr politisches Standbein wurde nach dem Aufbau eines Unternehmerflügels der PAN, über den sie nach dem Wahlsieg 2000 auch die Regierungsequipe von Präsident Fox dominierten. Demgegenüber ist das mexikanische Gewerkschaftswesen – und damit letztlich auch die industriellen Arbeitsbeziehungen – noch stark im Umbruch begriffen. Mit dem Ende des PRI-Regimes beginnen die alten Systemgewerkschaften an Bedeutung zu verlieren, unabhängige Gewerkschaften hingegen an Gewicht zu gewinnen. Die Säulen des alten korporatistischen Systems bildeten die Staatsgewerkschaften des *Congreso del Trabajo*, der als Koordinationsplattform immer noch die größte Organisation darstellt; seine Mitgliederzahl ist jedoch von einst 5–8 Mio. auf etwa 1 Mio. zurückgegangen. Der wichtigste unabhängige Dachverband, die *Union Nacional de Trabajadores* (UNT), verzeichnete in den letzten Jahren einen schnellen Zuwachs an Mitgliedern, deren Zahl auf eine halbe bis eine Million geschätzt wird (Bizberg 2003: 41 f.). Hält dieser Trend an, könnte sich das Gewerkschaftswesen sukzessive demokratisieren und aus der Umklammerung der Parteien und womöglich aus ihrer alles in allem marginalen Rolle in der Wirtschafts- und Sozialpolitik befreien.

Der sich in der mexikanischen Gesellschaft vollziehende Umbruch führte zu einer pluralistischen politischen Kultur, die der Demokratie zugute kommt (Otero 2004). Das Gefälle zwischen den Metropolen und der Peripherie – aber oft auch innerhalb der Metropolen – sowie zwischen dem dynamischeren Norden an der Grenze zu den USA und dem nach wie vor rückständigen, „zentralamerikanischen" Süden ist beträchtlich, nicht zuletzt auch aufgrund der stark divergierenden sozialen und politischen Rahmenbedingungen. Das Netzwerk und die Stärke eines autonomen zivilgesellschaftlichen Unterbaus ist deshalb – und darin der Situation der Zivilgesellschaft in Lateinamerika insgesamt sehr ähnlich – noch mehr ein Patchwork zwischen existenzieller Selbstorganisation und profiliertem Interessendiskurs (Bizberg 2003). Vor diesem Hintergrund ist es wenig verwunderlich, dass nach den aggregierten Daten des *Latinobarómetro* (2008) die Zustimmung zur Demokratie als Regierungsform nicht als hoch einzuschätzen ist: Im Schnitt der letzten zehn Jahre betrug sie bei nur geringen Schwankungen lediglich 50 Prozent und lag damit leicht unter dem lateinamerikanischen Durchschnitt. Dabei spielen die konjunkturellen Einflüsse eine gewichtige Rolle, denn die Zufriedenheit mit der Performanz der mexikanischen Demokratie ist mit nur 17 Prozent sehr gering und wie in vielen anderen Ländern Ausdruck der enttäuschten Erwartungen gegenüber den Regierungsleistungen der politischen Eliten.

5 Fazit und Ausblick

Die Ablösung der autoritären Regime in Lateinamerika war deutlich von deren jeweiligen Stabilitätsressourcen beeinflusst, die aus einer Kombination von Institutionalisierungsgrad, Legitimation und weiteren politischen wie sozioökonomischen Machtressourcen bestanden. Wo diese Stabilitätsressourcen groß waren, konnten die alten Machthaber entweder den Transitionsverlauf bestimmen oder verzögern, wie die Beispiele Mexikos und Chiles zeigen. Gleichwohl zeigen die Triebkräfte der Transitionen, dass auch – und gerade – diese beiden Regime sensibel auf die Legitimationsfrage reagierten. Beide waren für ihren weiteren Bestand mehr auf die Zustimmung relevanter Gruppen der Gesellschaft angewiesen denn auf Gewalt, was am deutlichsten für das zivile Einparteienregime Mexikos gilt. Doch auch in Chile war die Militärregierung zur Fortführung „ihres" Modernisierungsprojekts, das auch von der Wirtschaftsöffnung nach außen lebte, gerade auf die Abkehr von der Gewaltherrschaft angewiesen. In Mexiko führte die notwendige Legitimationszufuhr zur dysfunktionalen und nicht mehr völlig kontrollierbaren Liberalisierung, während in Chile die Militärregierung mit dem Referendum letztlich in ihre eigene Legitimationsfalle lief. Den Regimen in den übrigen vier Ländern fehlten diese Stabilitätsressourcen nahezu völlig. Am krassesten war dies in Nicaragua der Fall, wo die Herrschaft Somozas sich nach dem Wegfall der US-Unterstützung nur noch auf den Gewaltapparat stützte, in keinem Fall aber auf Legitimation und Institutionalisierung. Wenngleich weniger ausgeprägt, war dieser Mangel an Stabilitätsressourcen auch in Argentinien, Peru und dem Venezuela von Pérez Jiménez vorhanden, aber die Regime suchten, ihre Schwäche unterschiedlich zu kompensieren. Während unter Pérez Jiménez ein verstärkter Zugriff auf Gewaltmaßnahen erfolgte, versuchten die Militärs in Argentinien[16] und Peru, sich letztlich über umfassende Reformprojekte und somit über ihre Performanz zu legitimieren. Beide scheiterten damit, während umgekehrt gerade die Militärregime in Chile und Mexiko erfolgreich umfassende Reformen durchführten. Entsprechend dieser Stärke der autoritären Regime variierten die Handlungsspielräume der politischen und zivilgesellschaftlichen Opposition, auf Liberalisierung und Demokratisierung zu drängen bzw. deren Kurs zu bestimmen.

Neben diesen Spezifika der autoritären Regime, die mehr auf die Akteurskonstellationen der Transition zielen, spielten jedoch noch weitere, strukturelle Faktoren bei der Demokratisierung eine Rolle, die gerade in ihrer historischen Dimension zu beleuchten sind. Hierbei ist zu berücksichtigen, dass die autoritären Regime in den meisten Fällen – ausgenommen Mexiko und Nicaragua – ihrerseits demokratische oder semidemokratische Regime abgelöst hatten, also Erfahrungen mit einer Demokratie, und auch demokratische Strukturen existierten. Am deutlichsten ist das von der Modernisierungstheorie benannte Bündel struktureller Voraussetzungen für die Demokratie trotz der verzögerten Transition in Mexiko zu erkennen, wo der vom PRI dominierte Staat jene sozioökonomische Modernisierung vorantrieb, die zu einer neuen Gesellschaftsdynamik, zu Anfängen autonomer Organisation und gemäßigtem Pluralismus führten und nach 1968 die Liberalisierungsspirale auslösten. Auch im weiter entwickelten und teilindustrialisierten *Cono Sur* bestanden schon länger die strukturellen Voraussetzungen für die Demokratisierung, die in Chile und Uruguay bis in die 1970er Jahre auch Bestand hatte. Dass sie sich nicht in dauerhaft stabile Demokratien übersetzten, sprich die Demokratien zusammenbrachen oder – wie in Argentinien – nie richtig Fuß fassten, lag u. a. an der strukturellen Heterogenität dieser Gesellschaften, die mit der faktischen Blockademacht einiger Eliten (z. B. der Großgrundbesitzer) einhergingen. Letzteres trifft noch mehr auf Peru zu, wo im Kern bis in die 1960er Jahre eine oligarchische Republik existierte. Lediglich in Nicaragua waren 1979 keinerlei günstige strukturelle Voraussetzungen für die Demokratie vorhanden, doch spielten hier vor allem internationale Faktoren eine entscheidende Rolle.

Das internationale Umfeld war auch von Bedeutung für die Beantwortung der Frage, weshalb sich die lateinamerikanischen Länder – unsere Sonderfälle Mexiko und Venezuela ausgenommen – in einem Zeitraum von etwa zehn Jahren (1979–1990) demokratisierten. Neben einem gewissen regionalen Dominoeffekt wirkte sich hier auch das weitere internationale Umfeld aus, insbesondere die Außenpolitik der USA und Europas, die in der zweiten Hälfte der 1980er Jahre im Zuge der neuen Entspannungspolitik zunehmend auf demokratische Veränderungen in den lateinamerikanischen Ländern drängten und sich insbesondere im Friedensprozess in Zentralamerika durchsetzten.

Hinzu kam allerdings ein weiterer Faktor, der sich über recht unterschiedliche Wirkungsmuster auf die relativ synchrone Demokratisierung auswirkte, nämlich die Erschöpfung des lateinamerikanischen Entwicklungsmodells der keynesianisch inspirierten importsubstituierenden Industrialisierung (ISI). Seit den 1930er Jahren praktiziert und später unter der Ägide der UNO-Wirtschaftskommission für Lateinamerika und die Karibik (CEPAL) vorangetrieben, um das Wegbrechen der Exportmärkte nach der Weltwirtschaftskrise zu kompensieren, entwickelte sich daraus eine vorübergehend erfolgreiche Wirtschaftsdynamik, die bis in die 1950er Jahre hohe Wachstumsraten bewirkte. Die Erschöpfung des Modells – u. a. sinkende Wettbewerbsfähigkeit, Währungsprobleme, sektorale Verzerrungen, hohe Staatsquote, aufgeblähte Staatsapparate – konnte zwar wiederholt kaschiert werden, sorgte jedoch in den 1970er Jahren

---

[16] Die Militärdiktatur von 1976–1983, die rund 30 000 Todesopfer forderte, war eine der repressivsten autoritären Regime in Lateinamerika des 20. Jahrhunderts.

zunehmend für Wirtschaftskrisen bis hin zum Ausbruch der Verschuldungskrise im Jahr 1982. Diese Krisensyndrome waren in den einzelnen Ländern aufgrund der etablierten Verteilungskoalitionen zwar unterschiedlich ausgeprägt, doch stehen sie und die Versuche ihrer Bewältigung in engem Zusammenhang mit der Demokratisierung der 1980er Jahre. So bildete in Chile der relative Erfolg der neoliberalen Wirtschafts- und Sozialreformen den Kern des Legitimationsmusters, der die Militärs akribisch den Transitionsfahrplan einhalten ließ. In Argentinien war gerade das Scheitern der Reformen des *proceso* und die mangelnde Handlungsfähigkeit der Militärregierung der Beginn ihres desaströsen Endes. In Peru trugen die – verspätete – Komplettierung des ISI-Modells unter den Militärs und sein magerer Erfolg zuerst zum Scheitern Velascos und schließlich zum Rückzug der Militärs bei. Auch im Sonderfall Mexiko bedeuteten die im Gefolge der Verschuldungskrise unter Miguel de la Madrid (1982–1988) durchgeführten neoliberalen Reformen einen entscheidenden Schritt in Richtung Demokratisierung, denn sie bewirkte neben der Öffnung der mexikanischen Wirtschaft auch die Stärkung eines wachsenden privaten Unternehmenssektors, der einer der treibenden demokratischen Kräfte wurde.

In den Ländern, in denen die Militärs mit notwendigen grundlegenden Reformen scheiterten, hinterließen sie diese Aufgabe allerdings den zivilen Regierungen, die sich oft innerhalb der Grenzen der (demokratischen) Regierbarkeit ihrer Länder überfordert sahen. In diesen Steuerungsproblemen liegt zugleich ein wesentlicher Faktor für das Entstehen defekter, insbesondere delegativer Demokratien. Nichts könnte dies plastischer illustrieren als die Entwicklung Venezuelas, einer Demokratie der „zweiten Welle", wo die an- und aufgekündigten Reformen in den 1990er Jahren wesentlich zur Dekonsolidierung des Landes beitrugen.

Auch die Probleme der Demokratieentwicklung nach den Gründungswahlen bzw. der demokratischen Institutionalisierung sind somit in einem Mix aus strukturellen und akteursspezifischen Faktoren zu verorten.[17] Die divergierenden Schwierigkeiten der institutionellen Konsolidierung in den sechs Ländern zeigen sich am Vorliegen unterschiedlicher Typen, Tiefen und Progressionsverläufe der defekten Demokratien. Im *Cono Sur* konnte Chiles Enklavendemokratie Schritt für Schritt reformiert und damit „eingebettet" werden, während sich in Argentinien eine delegative Demokratie herausbildete und im Kern auch festigte. Im Andenraum regredierte Perus defekte Demokratie unter Fujimori vorübergehend zu einem autoritären Regime, während in Venezuela die „Vorzeigedemokratie" zu einer linkspopulistisch gefärbten delegativen Demokratie mutierte. In Mittelamerika schließlich dominieren sowohl in Nicaragua als auch in Mexiko die illiberalen Defekte. Diese Muster sind letztlich auch repräsentativ für ganz Lateinamerika (s. Tabelle 31).

Im Vergleich lassen sich trotz der aufgezeigten Unterschiede einige Gemeinsamkeiten erkennen, die wiederum auch für Lateinamerika insgesamt gelten. So zählen die Polyarchieelemente eindeutig zu den starken Seiten der neuen Demokratien. Auch die öffentliche Arena bildet mit Abstrichen eher eine Bastion der demokratischen Entwicklung, systematische Strategien zur Vereinnahmung insbesondere der Medienlandschaft waren nur in Peru zu verzeichnen. Letzteres bedeutet hingegen nicht, dass sich auch jener pluralistische soziopolitische Unterbau entfaltet hat, der eine demokratische öffentliche Arena charakterisiert. Vielmehr existieren teils prekäre, mit sozioökonomischen und politisch-kulturellen Faktoren verknüpfte Strukturen von politischer und ziviler Gesellschaft vor allem in Peru, Venezuela, Nicaragua und zum Teil in Mexiko, die sich negativ auf die öffentliche Meinungs- und Willensbildung auswirken.

---

17 Ausführlich zur Wirkungsweise solcher Faktoren auf die Demokratieentwicklung, vgl. auch Merkel/Puhle et al. (2006).

Tabelle 31: Politische Regime in Lateinamerika (2006)

Liberale Demokratien	Defekte Demokratien	Stark defekte Demokratien	Autokratien
BTI-Wert			
10,0 – 8,1	8,0 – 7,1	7,0 – 6,1	6,0 – 4,1	< 4,1
Uruguay Costa Rica Chile Jamaika	Brasilien Argentinien Mexiko Panama El Salvador Dominikanische Republik	Peru Honduras Bolivien Nicaragua Ecuador Venezuela	Kolumbien Guatemala	Kuba Haiti

Anmerkung: Die Werte reichen von 1 bis 10, wobei 10 der höchste zu erreichenden Demokratiewert ist.
Quelle: Bertelsmann Transformation Index (BTI) (2006).

Die Schwächen der lateinamerikanischen Demokratien liegen aber vor allem im Bereich des Rechtsstaats: Seine beiden Dimensionen, die Geltung der bürgerlichen Freiheitsrechte und die *horizontal accountability*, sind in Lateinamerika nur unzureichend verwirklicht. Die Daten des Bertelsmann Transformation Index (BTI) weisen hier auf eine deutliche Kluft zwischen Polyarchieelementen und Rechsstaatskomponenten hin. Dies bedeutet, dass die politische Macht zwar weitgehend gemäß demokratischer Spielregeln generiert wird, ihre Kontrolle jedoch häufig weder zwischen den Staatsgewalten noch in Hinblick auf die elementaren Rechte der Bürger funktioniert. Diese Entkoppelung der demokratisch legitimierten politischen Macht von den institutionellen Sicherungen gegen ihren Missbrauch hat sich in allen defekten Demokratien Lateinamerikas so weit verfestigt, dass sie nicht als vorübergehendes Phänomen bezeichnet werden kann.

■ *Delegative Demokratie vs. institutionelle und Verhaltenskonsolidierung*

Die in unterschiedlichen Kombinationen anzutreffenden Defektsyndrome sind ihrerseits mit grundlegenden Konsolidierungsproblemen verknüpft. Die Problematik der delegativen Demokratien ist dabei im Schnittpunkt von institutioneller Konsolidierung und Verhaltenskonsolidierung anzusiedeln. Betroffen waren bzw. sind davon Argentinien, Peru, Venezuela und zum Teil Nicaragua, während Chile und bislang auch Mexiko davon nicht betroffen sind. In Peru hat sich die delegative Praxis unter den politischen Bedingungen der Ära nach Fujimori bislang nicht wieder eingestellt, doch bleibt hier angesichts der Dauerkrise des Landes Skepsis angebracht. Insgesamt ist die Rolle der Gewaltenteilung in allen Ländern Lateinamerikas außer Chile, Uruguay und Costa Rica eher als prekär einzustufen. Selbst wo keine delegativen Syndrome vorliegen, wie in Mexiko, ist die Judikative zu wenig funktionsfähig, um eine aktive Rolle im Zusammenspiel der Gewalten auszufüllen. Zudem sind mit Ausnahme Chiles bislang keinem Land Fortschritte bei der Korruptionsbekämpfung gelungen. Durch die Medienberichte ist überdies die Perzeption von Korruption gewachsen, was zunehmend Auswirkungen auf die Akzeptanz der politischen Institutionen und damit auf die Demokratie hat.

Generell kann der ausgeprägte lateinamerikanische Präsidentialismus als institutionelle Anreizstruktur für die delegative Demokratie angesehen werden. Trotz länderspezifischer Variationen ist eine auch konstitutionell betonte Machtposition der präsidialen Exekutive bei relativ schwacher Stellung kontrollierender Organe festzustellen. Dies gilt für Argentinien und

Chile, in stärkerem Maße noch für Peru, am stärksten für Venezuela nach den unterschiedlichen Verfassungsreformen. Allerdings haben erst die spezifischen Akteurskonstellationen im Verbund mit tiefgreifenden gesellschaftlichen Strukturkrisen der delegativen Demokratie zum Durchbruch verholfen. In Argentinien förderten die Geschlossenheit des „Sektors Menem", die zur Degradierung des Kongresses wie des Obersten Gerichtshofes von Vetospielern zu „Juniorpartnern" führte, sowie die Einbindung der Unternehmer in Menems Reformkoalition das Entstehen einer delegativen Demokratie. In Peru und Venezuela begünstigten die Schwäche bzw. der Quasi-Zusammenbruch der alten Eliten die Machtergreifung der neuen populistischen Caudillos Fujimori und Chávez, die die Anti-Establishment-Stimmung besonders der ärmeren Bevölkerung machtpolitisch instrumentalisierten. In allen drei Fällen waren die Regierungen mit der (von den Eliten so perzipierten) Notwendigkeit eines radikalen sozioökonomischen Umbruchs im Zuge akuter Regierbarkeits- oder gar Staatskrisen konfrontiert, die sich u. a. aus den Folgeproblemen des alten Entwicklungsmodells ergaben.

- *Verhaltenskonsolidierung und Enklavendemokratie*

Zum Bereich der Verhaltenskonsolidierung sind weiter die Probleme der Enklavendemokratien zu zählen, d. h. die Integration potenzieller Vetoakteure gegen die demokratischen Spielregeln. In Lateinamerika betrifft dies im Wesentlichen die Militärs, teils aber auch bestimmte Wirtschaftseliten wie die Großgrundbesitzer im Norden Brasiliens. In unseren sechs Ländern spielten bzw. spielen diese Fragen eine recht unterschiedliche Rolle. So hat Chile, in den 1990er Jahren die Enklavendemokratie par excellence, dieses Problem mit der sukzessiven Suprematie der zivilen Politik über die Militärs überzeugend gelöst wie Argentinien, wo jedoch noch die ethischen und juristischen Folgeprobleme der Regimeverbrechen aufzuarbeiten sind. Auch in Nicaragua ist es gelungen, durch die schrittweise Entpolitisierung der ehemals „sandinistischen" Sicherheitskräfte einen möglicherweise gefährlich werdenden Vetoakteur auszuschalten. Im Andenraum hingegen spielen die Militärs noch eine wichtigere Rolle, weil sie nach wie vor eine Stützungs- bzw. Reservemacht für die Regierungen darstellen, wobei in Venezuela die offenkundigen Spaltungen innerhalb der Streitkräfte die Lage noch ungewisser machen. In Peru bleibt abzuwarten, ob es der schwachen zivilen Regierung gelingt, die Säuberung des Militärs nach 2000 aufrechtzuerhalten. Zieht man das Beispiel Brasilien hinzu, wo die ehemals starke Position des Militärs rasch auf ein demokratieverträgliches Maß reduziert werden konnte, zeigt sich, dass nicht alleine der Modus einer stark kontrollierten Transition mit der Etablierung von Sonderrechten für das Syndrom der Enklavendemokratie verantwortlich gemacht werden kann. Chile unterscheidet sich hiervon, indem es sich nicht nur um eine Elitenkonstellation handelte, sondern vielmehr um eine Konstellation zweier gesellschaftlicher Lager, die für die relative Festigkeit der Enklaven sorgte. Ein weiterer Faktor, der unabhängig vom Transitionsmodus Gewicht hat, besteht darin, dass in einigen Gesellschaften – vor allem im Andenraum und in Mittelamerika – das Militär sowohl eine (relativ) funktionsfähige Institution wie auch eine Quelle der Rekrutierung politischer Eliten geblieben ist. Beide Aspekte erhalten umso größeres Gewicht, je mehr Regierbarkeitsprobleme, latente Dauerkrisen und die Erosion überkommener Repräsentationsstrukturen diese gesellschaftlichen Funktionen ziviler Instanzen lahmlegen.

■ *Repräsentationsebene*

Die divergierende Demokratiequalität und damit auch Konsolidierung in den sechs Ländern stehen in auffällig engem Zusammenhang mit den Funktionsweisen der politischen und funktionalen Repräsentationsstrukturen. Nur in Chile sind sowohl Parteien- und Verbändesystem wie auch die Zivilgesellschaft relativ stark ausgeprägt und funktionieren als Vermittlungskanäle gesellschaftlicher Interessenartikulation. Vor allem die Parteien verfügen über eine gewachsene gesellschaftliche Verankerung, sind im Vergleich mehr programmorientiert und wenig nach personalistisch-klientelistischen Mustern organisiert, auch wenn die Rechten seit einigen Jahren populistischer agieren. Dagegen ist Argentinien trotz starker Zivilgesellschaft und einem vordergründig konsolidierungsfreundlichen Parteiensystem mit deutlichen Anzeichen einer Repräsentationskrise belastet, deren Ausgang bis dato ungewiss ist. In Mexiko steht aufgrund der stark auf das Wahlregime konzentrierten Transition ein relativ funktionsfähiges Parteiensystem einer schwachen, noch weitgehend von korporatistischen und klientelistischen Mustern durchzogenen Zivilgesellschaft gegenüber. Dies ist ähnlich in Nicaragua, wo allerdings das Parteiensystem zusätzlich von der Konfrontation zwischen Sandinisten und Antisandinisten befrachtet ist. Dagegen sind die Parteiensysteme in Peru und Venezuela völlig bzw. nahezu zusammengebrochen und die Zivilgesellschaften entweder atomisiert oder kooptiert. Während die gefestigteren und im Prinzip pluralistischen Repräsentationssysteme in Argentinien und Chile ebenso wie das mexikanische Parteiensystem in der Lage waren, den gesellschaftlichen Strukturwandel inhaltlich wie organisatorisch zu verarbeiten, zeigten sich die mehr elitistischen bzw. klientelistischen Parteien Perus und Venezuelas hierzu unfähig.

■ *Zivilgesellschaft*

Auf der zivilkulturellen Ebene schließlich ist ein deutliches Süd-Nord-Gefälle zu konstatieren, das den Ländern recht unterschiedliche Konsolidierungschancen gibt. So verfügen Argentinien und Chile gegenüber den anderen vier Ländern über weitaus vitalere Zivilgesellschaften sowie eine stärker gefestigte Zivilkultur, die zusammen auf gemäßigte politische Einstellungen und Verhaltensweisen hinwirken. Sowohl die politisch polarisierten Gesellschaften Venezuelas und Nicaraguas als auch die atomisierte und partiell anomische Gesellschaft Perus sowie das teils noch traditionell geprägte Mexiko sind dagegen noch deutlich von antiliberalen, autoritären oder patrimonialen Beziehungsgeflechten durchzogen. Diese defizitären Gesellschaftsmuster haben ihre Grundlage in den heterogenen, sektoral ungleichzeitigen und stockenden Modernisierungsprozessen, die sich für weite Teile der Bevölkerung als eine permanente sozioökonomische Dauerkrise präsentieren. Die Daten des *Latinobarómetro* weisen darauf hin, dass dies auf Dauer die Gefahr einer Präferenzverschiebung provoziert, indem die Wertschätzung der „gelebten" Demokratie der Lösung dringlicherer Probleme nachgeordnet wird. Dies deutet auf eine Art Teufelskreis hin: Zum einen sind die jungen Demokratien nicht in der Lage, einen ausreichenden sozioökonomischen Strukturwandel herbeizuführen, der dann auch Synergieeffekte für ihre gesellschaftliche Anbindung und Stabilisierung erzeugen könnte. Vielmehr bleiben die Modernisierungen ungleichmäßig und auf die Interessen weniger Segmente der Gesellschaften konzentriert. Zum andern führen diese ungelösten Entwicklungsprobleme zur Vertiefung der gesellschaftlichen Spaltungen und Segmentierungen und zu einem „Überschuss" an Gleichheitsforderungen, die mit populistischen Kanalisierungen vorübergehend, aber kaum auf Dauer befriedigt werden können.

Diese klassischen Konsolidierungsebenen des politischen Systems durchziehen zwei miteinander verflochtene Herausforderungen, mit denen die meisten lateinamerikanischen Demokratien am Ende des ersten Jahrzehnts des 21. Jahrhunderts konfrontiert sind: Distribution und Inklusion. Ihre Lösung – zumindest aber Entschärfung – wird auch über den Bestand mancher jungen Demokratie in Lateinamerika entscheiden. Die Inklusion hat eine sozioökonomische und eine ethnische Dimension. Die ökonomische Verteilungsfrage ist ein altes Problem, das auch in den zwanzig Jahren erneuter Demokratisierung in Lateinamerika weder gelöst noch entschärft wurde. Die Verteilungsrelationen haben sich nicht wesentlich verschoben. Die Armut hat in manchen Ländern gar zugenommen, die Reichen sind reicher geworden. Die soziale Reproduktion von Oberschicht und Marginalisierten blieb ungebrochen. Lateinamerika ist nach wie vor der Subkontinent mit den weltweit schärfsten Ungleichheiten. Die Demokratie hat nicht geliefert. Dies trifft vor allem auch auf jene Länder Mittelamerikas und der Andenregion zu, deren elektorale und defekte Demokratien besonders fragil sind. Schlägt die internationale Finanzmarktkrise von 2008/9 spürbar auf die Realwirtschaft dieser Länder durch, ist ein weiteres Abrutschen in die autoritäre Regierungspraxis nicht unwahrscheinlich. Vor allem könnte es den von Chávez betriebenen Linkspopulismus mit seinem geringen Respekt vor demokratischen Institutionen und rechtsstaatlichen Verfahren weiter befeuern. In Bolivien und Ecuador hat diese Politik in der Regierung, in Mexiko und Peru in der Opposition eine überzeugte Anhängerschaft gefunden.

Eng verbunden mit der ökonomischen Marginalisierung ist die ethnische Diskriminierung. Die berechtigte Forderung indigener Bevölkerungsteile etwa in Bolivien, Peru, Ecuador oder Guatemala, die faktische Ausgrenzung zu beenden, ist bisher selbst in Bolivien unter der Präsidentschaft von Evo Morales kaum überzeugend umgesetzt worden. Allerdings hat die Demokratie eine offene Diskussion zugelassen. Erste Maßnahmen wurden ergriffen. Ob die Marginalisierten ihr Wahlrecht im 21. Jahrhundert als „paperstones" (Przeworski 1985) gegen die Herrschenden und Besitzenden einsetzen und zu ähnlichen Erfolgen wie die europäische Arbeiterklasse des 20. Jahrhunderts in Europa gelangen können, ist nach den ersten zwei Dekaden der Demokratie eher skeptisch zu beurteilen. Das Scheitern an der ökonomischen Distribution hat bisher auch die ethnische Inklusion verhindert. Die meisten jungen Demokratien Lateinamerikas dürften auch auf mittlere Sicht defekt, instabil und gefährdet bleiben.

V Die dritte Demokratisierungswelle: Ost- und Südostasien

Aurel Croissant / Wolfgang Merkel

Untersuchungen zur Demokratieentwicklung in Asien zeigen, dass demokratische Herrschaftsordnungen im asiatisch-pazifischen Raum auch zu Beginn des 21. Jahrhunderts Ausnahmen sind (vgl. Tabelle 32 und Abbildung 10). Ungeachtet dessen hat die „dritte Demokratisierungswelle" aber auch in Ost- und Südostasien ihre Spuren hinterlassen. So können von den insgesamt sieben Demokratien im asiatisch-pazifischen Raum Indonesien, Taiwan, Südkorea, Thailand und die Philippinen der dritten Demokratisierungswelle zugeordnet werden. Ausgehend vom Sturz des Regimes von Präsident Ferdinand Marcos auf den Philippinen im Februar 1986 gaben in Taiwan (1986–1992), Südkorea (1987/88), Thailand (1992) und schließlich auch in Indonesien (1998/99) die autoritären Regime den gesellschaftlichen Demokratisierungsforderungen nach. Sie sind damit in der zweiten Hälfte der dritten Demokratisierungswelle zu verorten. Südkorea, Thailand und Taiwan lassen sich als ausgehandelte bzw. von den alten Regimeeliten gelenkte Transitionen einordnen. Die Philippinen repräsentieren dagegen einen der wenigen Fälle einer „von unten erzwungenen Transition" innerhalb der „dritten Welle" (vgl. Merkel, W. et al. 1996a: 17), während in Indonesien die Transition „von unten erzwungen" und dann „von oben kontrolliert" wurde, um schließlich in eine Phase der Aushandlung zwischen alten und neuen Eliten überzugleiten. Gemeinsam mit Japan und dem 2002 in die Unabhängigkeit entlassenen Osttimor komplettieren diese Länder die Gruppe der Demokratien in Ost- und Südostasien.[1]

Während in Indonesien und auf den Philippinen der Systemwechsel unter ökonomischen und gesellschaftlichen Krisenbedingungen verlief, vollzog er sich in Taiwan und Thailand in einer Phase lang anhaltender ökonomischer Prosperität, welche erst Ende der letzten Dekade von der sogenannten Asienkrise unterbrochen wurde (vgl. Tabelle 33).[2] Alle fünf politischen Systeme weisen jedoch eine bedeutsame Gemeinsamkeit auf: Sie entstanden aus autoritären, aber marktwirtschaftlich orientierten Regimen, die über lange Phasen ihrer autokratischen Existenz ein gewisses Maß an legaler und – mit Ausnahme Taiwans – auch in Parteienform organisierter politischer Opposition innerhalb kontrollierter gesellschaftlicher und politischer

---

[1] Der japanische Transformationsprozess wurde bereits in Teil II, Kap. 2 diskutiert. Osttimor war zwischen dem Ende der portugiesischen Kolonialherrschaft zwischen 1975 und 1999 faktisch Teil Indonesiens. Nach einer Übergangsphase unter UN-Verwaltung seit September 1999 erlangte Osttimor im Mai 2002 die Unabhängigkeit. Kambodscha, wo ein Demokratisierungsprozess unter UN-Ägide von 1991 bis 1993 eingeleitet wurde, der mittlerweile wieder in ein erneuertes autoritäres Regime unter Führung von Premierminister Hun Sen gemündet ist, wird aus systematischen Gründen nicht berücksichtigt (vgl. zu Kambodscha Croissant 2006a; Peou 2006).

[2] Zur Asienkrise und den Auswirkungen auf die hier behandelten Länder vgl. die Länderkapitel in Dosch/Faust (2000).

Tabelle 32: Demokratische und autokratische Systeme im pazifischen Asien (2005)[a]

Land	Kriterien			Regimetyp
	Politische Rechte	Bürgerrechte	Politischer Status nach Freedom House	
Brunei	6	5	Not free	Dynastisch-autoritär
Burma	7	7	Not free	Militärisch-autoritär
Kambodscha	6	5	Not free	Militärisch-autoritär
VR China	7	6	Not free	Kommunistisch-autoritär
Indonesien	3	4	Partly free	Defekte Demokratie
Japan	1	2	Free	Liberale Demokratie
Korea, Nord	7	7	Not free	Totalitär
Korea, Süd	1	2	Free	Defekte Demokratie
Laos	7	6	Not free	Kommunistisch-autoritär
Malaysia	4	4	Partly free	Autoritäres Modernisierungsregime
Osttimor	3	3	Partly free	Defekte Demokratie
Philippinen	2	3	Free	Defekte Demokratie
Singapur	5	4	Partly free	Autoritäres Modernisierungsregime
Taiwan	2	1	Free	Liberale Demokratie
Thailand	2	3	Free	Defekte Demokratie
Vietnam	7	6	Not free	Kommunistisch-autoritär

[a] Die Indices für die Verwirklichung politischer Rechte (Abhaltung freier und fairer Wahlen, Verantwortlichkeit der Regierenden gegenüber Wählern, Umsetzung politischer Freiheits-, Partizipations- und Minderheitenrechte) und bürgerlicher Rechte (z. B. Meinungs-, Glaubens-, Organisations-, Rede- und Pressefreiheit) reichen von 1 (höchst möglicher Grad an Verwirklichung) bis 7 (vollständiges Fehlen dieser Rechte aufgrund staatlicher Unterdrückung).

Quelle: Freedom House (2006); Kategorisierung der Herrschaftsordnung durch die Autoren.

Freiräume duldeten. Obgleich diese Spurenelemente demokratischer Erfahrungen in ihrer Bedeutung für die Transformationsprozesse nicht überbewertet werden dürfen – lediglich die Philippinen verfügten bereits vor dem letzten Systemwechsel über eine lange Erfahrung mit der Abhaltung freier und fairer Wahlen sowie geregelter demokratischer Regierungswechsel – könnten die Erfahrungen mit den Formen legaler politischer Konkurrenz und kollektive Erinnerungen sowie institutionelle Traditionen die Konsolidierungschancen der Demokratie beeinflussen.

Aus modernisierungstheoretischer Sicht verfügen zumindest Taiwan und Südkorea über ungleich bessere Konsolidierungschancen als die anderen asiatischen, aber auch als die meisten Demokratien Lateinamerikas, weil sie wirtschaftlich höher entwickelt, die Verteilung von Einkommen und Vermögen weniger ungleich und der Zugang zur Bildung auch für breite Schichten weit geöffnet sind. Die Transformationsbedingungen auf den Philippinen und besonders in Indonesien sind hingegen wesentlich unvorteilhafter für die demokratische Konsolidierung, weil der Systemwechsel von ökonomischen Krisenerscheinungen, einer Krise der Staatlichkeit sowie kommunalistischer Gewalt begleitet wird.

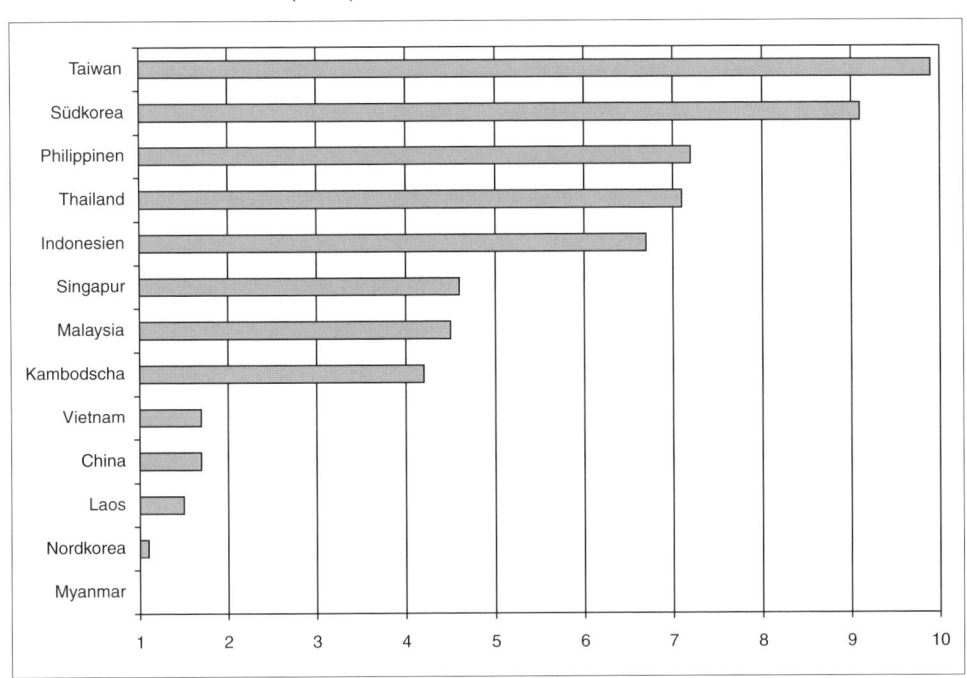

Abbildung 10: Ost- und Südostasien: Demokratiequalität und Öffnungsgrad der Autokratien (2005)

Anmerkung: Die Balken zeigen für jedes Land den Mittelwert aus fünf Demokratiewerten, die den Teilregimen der *embedded democracy* entsprechen; die Daten des BTI 2006 wurden hierfür neu gruppiert bzw. aggregiert. Die Skala reicht von 1 (nicht gegeben) bis 10 (vollständig erfüllt). Die Rangfolge ist nach dem Gesamtwert für „Demokratie" im BTI geordnet. Myanmar (Burma) erreicht nur den Minimalwert von 1,0.
Quelle: Bertelsmann Stiftung (2005).

In diesem Kapitel sollen die Besonderheiten der ost- und südostasiatischen Transformationsprozesse analysiert werden. Dabei strukturieren – wie in den anderen Regionalkapiteln – drei übergreifende Fragestellungen die Analyse:

1. Wie und aufgrund welcher Ursachen scheiterten die autoritären Regime?
2. Wie und mit welchen Ergebnissen vollzog sich die Institutionalisierung der Demokratie in den einzelnen Transformationsländern?
3. Welche systematischen Aussagen lassen sich über den Konsolidierungsstand und die weiteren Konsolidierungschancen der ost- und südostasiatischen Demokratien treffen?

Abschließend soll vor dem Hintergrund der in den 1990er Jahren geführten Debatte um die asiatische Demokratie diskutiert werden, ob in den fünf Untersuchungsländern eine genuin asiatische Form der Demokratie (u. a. Neher 1994; Bell et al. 1995; Neher/Marlay 1995) entstanden ist.

Tabelle 33: Sozioökonomische Rahmenbedingungen demokratischer Transformation in Ost- und Südostasien

	Indonesien	Philippinen	Südkorea	Taiwan	Thailand
Durchschn. Wachstum des BIP/capita (1993–2002)	2,0	1,2[a]	4,9	4,9	3,4
BIP/capita in US$ (KKP, 1999)	2 439	3 815	14 637	14 216	5 599
Durchschn. Inflationsrate (1993–2002)	13,9	7,3	4,1	2,1	4,0
Schuldendienstquote (1999)	33,4	15,4	n.a.	n.a.	14,8
Arbeitslosigkeit (1990–2000)	4,7	8,6	3,2	2,6[b]	1,9
Alphabetisierungsgrad (1992–1996)	86,3	95,1	97,6	n.a.	95,3
Studentenanteil pro 100 000 Einwohner (1992–1996)	1 157	2 958	6 106	n.a.	2 252
Einkommensverteilung (Gini-Index, 1990–2000)	0,31	0,49	0,32	0,30	0,44
Einkommensverteilung (Reiche/Arme, 1990–2000)	4,0	12,7	5,3	5,4	9,3

[a] 1993–2001; [b] 1995–2000.

Anmerkungen: n. a. = nicht verfügbar (not available); BIP/capita = Bruttoinlandsprodukt pro Kopf der Bevölkerung; KKP = Kaufkraftpriorität.
Quellen: Angaben zusammengestellt nach Croissant et al. (2001: 132 f.); Sandschneider (2001: 360 f.); Merkel, W. (2003a).

1 Typen autoritärer Regime

Die fünf jungen Demokratien gingen aus unterschiedlichen autoritären Regimen hervor. Es lassen sich drei unterschiedliche Typen erkennen, die jeweils spezifische Erblasten hinterlassen haben.

1.1 Philippinen: Das sultanistische Marcos-Regime

Von den hier untersuchten Ländern können die Philippinen auf den größten Fundus demokratischer Erfahrungen zurückgreifen. Bereits unter der amerikanischen Kolonialverwaltung (1899–1946) entwickelten sich erste Strukturen, auf die die philippinische Demokratie nach der Unabhängigkeit des Landes zurückgreifen konnte: eine unabhängige Justiz nach amerikanischem Vorbild (ab 1901), politische Parteien (ab 1907), eine semi-demokratische Verfassung (1935) sowie eine unter der Schirmherrschaft der USA stehende zivile Regierung und von einheimischen Eliten geführte Verwaltung (Buendia 1994: 85–88; Celoza 1997). Im Unterschied zu den meisten anderen asiatischen Demokratien der zweiten Welle und ungeachtet tiefgreifender sozialer Ungleichheit und der Abschottung politischen Strukturen gegenüber der breiten Masse der Bevölkerung gelang es der stark elitenzentrierten Demokratie zunächst, die verschiedenen sozialen Gruppen und Elitenfraktionen erfolgreich in das politische System einzubinden.

Auch Präsident Ferdinand Marcos war 1965 durch demokratische Wahlen an die Macht gelangt. Als einzigem Präsidenten in der Geschichte der Philippinen gelang ihm 1969 die Wiederwahl. Mit der Verkündung des Kriegsrechts im Jahr 1972, dem Verbot politischer Parteien sowie der Verabschiedung einer auf seine Person zugeschnittenen Verfassung beendete Marcos dann jedoch die Demokratie. Damit reagierte er auf die zunehmende Kritik der alten herrschenden Eliten an seiner Amtsführung, die das fragile Machtgleichgewicht der philippinischen Eliten- und Klienteldemokratie zusehends zugunsten von Marcos und seinen persönlichen Gefolgsleuten verschoben hatte (Pei 1998b: 61). Obwohl es in der Anfangszeit des Regimes Versuche gab, die autokratische Herrschaft über den Rekurs auf Werte wie nationale Entwicklung und soziale Gerechtigkeit ideologisch zu legitimieren, trat dieser unter der Programmatik einer „neuen Gesellschaft" zusammengefasste ideologische Anspruch mit zunehmender Herrschaftsdauer in den Hintergrund. Stattdessen „degenerierte" das autoritäre Modernisierungsregime immer stärker zu einem personalistischen und patrimonialistischen Führerregime mit stark „sultanistischen" (Max Weber) Zügen. Schließlich existierten kaum noch staatliche Institutionen, die nicht von Marcos, dessen Familie sowie den *cronies* (Kumpanen) des Präsidenten kolonialisiert waren. Neben Marcos und seiner persönlichen Camarilla besetzten das philippinische Militär und die Regierungspartei *Kilusang Bagong Lipunan* (Bewegung für eine neue Gesellschaft) die Rolle von Juniorpartnern des Präsidenten, ohne jedoch seine Herrschaft wirklich beeinflussen zu können (Celoza 1997). So diente das autoritäre Regime in erster Linie der Bereicherung von Marcos und seiner Clique, ohne dabei die patrimoniale Struktur der philippinischen Sozialordnung und die soziale und wirtschaftliche Stellung der politisch marginalisierten alten Oligarchie anzutasten.

1.2 Südkorea: Das bürokratisch-militärische Regime

Im Unterschied zu den Philippinen kann Südkorea nur auf sehr kurze demokratische Erfahrungen zurückblicken. Seit der Unabhängigkeit der Republik Korea am 15. August 1948 erlebte das Land sechs unterschiedliche politische Regime. Mit Ausnahme der kurzlebigen Zweiten Republik (1960/61) sowie der Sechsten Republik (seit 1988) handelte es sich dabei um autoritäre Regime. Die Episode „quasi-ziviler" Regime[3] aus Militärs und zivilen Bürokraten begann nach dem Putsch junger Offiziere um Brigadegeneral Park Chun-hee im Mai 1961 und dauerte bis zum Februar 1988. Das vorerst letzte autoritäre Regime wurde nach dem Tod des autokratischen Präsidenten Park Chun-hee etabliert. Unter bis heute nicht gänzlich geklärten Umständen wurde Park am 26. Oktober 1979 von seinem eigenen Geheimdienstchef erschossen. Nach Parks Ermordung leitete das Regime zunächst eine begrenzte politische Liberalisierung ein. Innerhalb weniger Monate gelang es jedoch den Militärs unter Führung der Generäle Chun Doo-hwan und Roh Tae-woo, den eingeleiteten Liberalisierungsprozess in einem schleichenden Staatsstreich gewaltsam zu beenden. Sehr schnell kristallisierte sich Chun Doo-hwan als militärische und politische Führungsperson heraus. In scheindemokratischen Wahlen[4] ließ sich Chun 1981 zum Präsidenten küren.

---

3 „Quasi-zivile Regime" sind Militärregime, die formal zivilen Charakter tragen (ziviler Präsident, Verfassung, scheindemokratische Wahlen), tatsächlich aber von den Streitkräften dominiert werden. Typischerweise steht ein ehemaliger Offizier an der Regimespitze (vgl. Finer 1962).
4 Scheindemokratisch, weil Chun von einem nicht demokratisch zustandegekommenen Wahlmännerkollegium gewählt wurde.

Die institutionelle Architektur der Fünften Republik unter Präsident Chun Doo-hwan (1980–1988)[5] erlaubte einen vergleichsweise hohen Grad an politischen und bürgerlichen Freiheiten. Oppositionsparteien wurden geduldet und begrenzte politische Partizipationsmöglichkeiten bestanden im Rahmen semikompetitiver Wahlen. Die exekutive Kontrolle der Legislative und die Begrenzung der politischen Konkurrenz durch Manipulation der Sicherheitsgesetze, der Parteien- und Wahlgesetzgebung sowie der Verfassung selbst bildeten jedoch formelle und informelle Schranken, die die Opposition von der politischen Entscheidungsfindung faktisch dauerhaft ausschlossen. Tragende Säulen des Regimes waren die zivile Bürokratie, das Militär und die Unternehmerschaft. Die Betonung allgemeiner Werte wie Patriotismus und Modernisierung sowie der formal-legalen Grundlagen der Herrschaftsausübung in einer auf die Bedürfnisse der Militärs zugeschnittenen Verfassung kann als Versuch der legalistischen Legitimierung des Systems gedeutet werden. Die Manipulation formaldemokratischer Institutionen, die das Regime explizit mit der Notwendigkeit wirtschaftlicher Entwicklung und der Bedrohung der nationalen Sicherheit durch Nordkorea begründete, war nur begrenzt erfolgreich. Die wirtschaftliche Effizienz verlieh dem Regime jedoch ein hohes Maß an empirischer Legitimität, so dass die Stabilität des politischen Systems auf einem relativ niedrigen Repressionsniveau gehalten werden konnte (vgl. Croissant 1998b).

1.3 Taiwan: Das Einparteienregime der Kuomintang

Das autoritäre Regime in Taiwan nimmt unter den Diktaturen des westlich-kapitalistischen Lagers eine Sonderstellung ein. Mit Ausnahme Mexikos handelte es sich hier um die einzige dauerhafte Einparteiendiktatur unter den marktwirtschaftlich-autoritären Modernisierungsregimen nach dem Zweiten Weltkrieg. Träger der autoritären Herrschaft war die häufig fälschlicherweise als leninistische Staatspartei[6] bezeichnete Kuomintang (Nationalpartei, KMT) unter Führung des charismatischen Staatspräsidenten Chiang Kai-shek (1948–1975) sowie seines Sohnes Chiang Ching-kuo (1978–1988)[7]. Nach der Niederlage im Chinesischen Bürgerkrieg auf die Insel Taiwan geflohen (1949), bezog das autoritäre nationalchinesische Regime seine Legitimität im Wesentlichen aus drei Quellen (Chao/Myers 1998: 19–101):

▶ der ideologischen Legitimität, die unter Rückgriff auf die nationale Ideologie der *drei Volksprinzipien*[8] Sun Yat-sens erfolgen sollte; damit verbunden war der Anspruch, die einzige legitime Regierung und völkerrechtliche Vertretung Gesamtchinas zu repräsentieren;

---

5 Nach französischem Vorbild wird in Südkorea die Einführung einer neuen Verfassung als Wechsel von einer Republik zur anderen bezeichnet. So lässt sich die Erste Republik (1948–1960) unter dem Gründerpräsidenten Syngman Rhee als sultanistisches Regime charakterisieren; die Zweite Republik (1960/61) als parlamentarische Demokratie und die Dritte (1963–1973) und die Vierte Republik (1973–1979) jeweils als bürokratisch-militärisches Regime (vgl. Croissant 1998b).
6 Die 1912 offiziell gegründete und 1924 unter sowjetischer Mithilfe reorganisierte KMT war zwar in ihrem organisatorischen Aufbau eine leninistische Kaderpartei. Ihr fehlten aber die für diesen Parteitypus charakteristische strikte Entscheidungshierarchie (demokratischer Zentralismus), die rigide Parteidisziplin sowie eine Parteiideologie als geschlossenes Glaubens- und Wertesystem (Lu Ya-li 1991: 111 f.).
7 Die fast 40-jährige Präsidentschaft von Vater und Sohn wurde nur zweimal kurz unterbrochen durch Li Tsung-jen (1949–1950) und Yen Chia-kan (1975–1978), ohne jedoch die Macht- und Herrschaftsverhältnisse zu ändern.
8 Die *drei Volksprinzipien* sind: (1) Volksstaat, d. h. nationale Unabhängigkeit; (2) Volksherrschaft, d. h. Verwirklichung einer chinesischen Demokratie mit Bürgerrechten für alle Chinesen; sowie (3) Volkswohl, d. h. soziale

- der Bedrohung der Sicherheit Taiwans durch die Volksrepublik (VR) China, die insbesondere unter den mehr als 2 000 000 mit der Regierung nach Taiwan geflohenen Gefolgsleuten der KMT Wirkung zeigte;
- dem großen wirtschaftlichen Modernisierungserfolg insbesondere in den ersten drei Jahrzehnten der KMT-Herrschaft.

Die Herrschaft der Staatspartei KMT gründete sich dabei auf sechs Sicherungsmechanismen (Tien 1992: 5 ff.; Pei 1998a):

1. die Durchdringung des gesamten Staatsapparates mit Parteikadern sowie der Gesellschaft mit den Massenorganisationen der Partei;
2. die Hegemonialisierung des Parteiensystems durch die KMT;[9]
3. ein inklusiver Staatskorporatismus, der die großen Kapitalverbände, die Gewerkschaften und andere Interessengruppen einer strikten und effektiven Kontrolle des Regimes unterstellte;
4. die Übertragung des Regierungssystems der Republik China (1911–1949) auf das politische System der Insel Taiwan unter Wahrung der personellen und institutionellen Kontinuität des Festlandregimes;
5. die Aushöhlung der demokratischen Nanking-Verfassung von 1947 durch ein dichtes Geflecht von Ausnahme- und Notstandsbestimmungen;
6. die Monopolisierung politischer Führungs- und Entscheidungskompetenzen durch einen charismatischen politischen Führer.

Obwohl die Regimepartei eng mit den nationalchinesischen Streitkräften verwoben war und mit Chiang Kai-shek bis zu seinem Tod im Jahr 1975 ein General an der Spitze des Regimes stand, steht außer Zweifel, dass das autoritäre Regime der KMT-Zeit eine autoritäre Modernisierungsdiktatur unter der zivilen Führung einer politischen Partei war.

1.4 Thailand: Das bürokratisch-militärische Regime

Das autokratische Herrschaftssystem Thailands kann eindeutig der Gruppe der bürokratisch-militärischen Regime zugeordnet werden. Dabei wechselten sich immer wieder offene Militärregime mit „quasi-zivilen Regimen" ab, die zwar formal von zivilen Politikern oder ehemaligen Militärs geführt wurden, faktisch aber unter Aufsicht der Streitkräfte standen. Das zentrale Instrument der Herrschaftslegitimation war die Berufung auf die Prinzipien der nationalen Entwicklung (Modernisierung), der nationalen Souveränität sowie des Buddhismus und der Monarchie, die bereits im Putsch reformorientierter Militärs gegen die absolutistische Monarchie Siams (1932) als Rechtfertigung dienten. Als Herrschaftsträger fungierten die zivile Bürokratie und das Militär. Im Unterschied zu vergleichbaren Regimen etwa in Lateinamerika herrschte in Thailand meist keine Junta und der Repressionsgrad der Herrschaftsausübung war überwie-

---

Wohlfahrt und ein gerechtes Wirtschaftssystem mit Privateigentum und staatlicher Planung im Rahmen einer gemischten Wirtschaftsordnung (vgl. Müller 1997: 67–79).

9 Hegemoniale Parteiensysteme sind nach Sartori (1976: 230 ff.) dadurch charakterisiert, dass neben der regierenden „hegemonialen Partei", die die politische Macht monopolisiert, keine anderen politischen Parteien existieren; sofern sie doch existieren, sind sie auf den Status von „Satelliten-" oder „Blockparteien" beschränkt. Die freie politische Konkurrenz um Wählerstimmen ist nicht gegeben. So existierten in Taiwan neben der KMT noch die Jugendpartei sowie die Demokratisch-Sozialistische Partei, die jedoch durch Infiltration von KMT-Kadern faktisch in den Herrschaftsapparat kooptiert waren (Jacobs 1981: 24 f.).

gend gering. Ähnlich jedoch wie in Südamerika wechselten sich demokratische Phasen immer wieder mit autokratischen Herrschaftsperioden ab.[10]

Die autoritären Regime Thailands lassen sich seit den frühen 1970er Jahren, als es zu einer vorsichtigen Öffnung und Liberalisierung der „bureaucratic polity" (Riggs 1966) kam, am treffendsten als „Semidemokratien" (Chai-anan 1995) bezeichnen: Eine starke Exekutive mit einem nicht gewählten Premier an der Spitze, zumeist ein Ex-Militär, kontrollierte den politischen Entscheidungsprozess. Das aus freien Wahlen hervorgegangene Repräsentantenhaus musste sich seine Kompetenzen mit einem nicht demokratisch legitimierten Senat teilen, der seinerseits mehrheitlich aus zivilen Bürokraten und Militärs bestand. Restriktive Medien-, Parteien- und Vereinigungsgesetze sicherten die konstitutionellen Prärogativen der militärischen und zivilen Bürokratie ab (ibid.: 341).

1.5 Indonesien: Zwischen bürokratisch-militärischer Herrschaft und Sultanismus

Mit etwa 210 Millionen Einwohnern, verteilt auf 13 000 Inseln und über 500 Volks- und Sprachgruppen, hat Indonesien von den hier untersuchten Ländern nicht nur die größte, sondern auch die ethnisch und religiös heterogenste Gesellschaft. Zudem ist Indonesien mit einem moslemischen Bevölkerungsanteil von etwa 85 Prozent (ca. 180 Millionen) der weltweit größte islamische Staat. Daneben gibt es Bevölkerungsgruppen katholischen, protestantischen, hinduistischen und buddhistischen Glaubens sowie Anhänger von traditionellen Religionen. Die ehemaligen Kolonialgebiete von „Niederländisch-Ostindien" erlangten 1949 als „Vereinigte Staaten von Indonesien" die nationale Unabhängigkeit. Vorangegangen war dem ein mehrjähriger Unabhängigkeitskampf gegen die niederländischen Kolonialtruppen, die nach dem Abzug der japanischen Besatzungstruppen im Zweiten Weltkrieg (1942–1945) vergeblich versucht hatten, ihre Kontrolle über den indonesischen Archipel wiederherzustellen.

Bereits 1945 verabschiedete der indonesische Nationalkongress eine Verfassung für eine föderale indonesische Republik mit Präsidialsystem. Der Führer der Unabhängigkeitsbewegung, Sukarno, wurde Präsident. Obwohl die Verfassung ein gewähltes Repräsentantenhaus (*Dewan Perwakilan Rakyat*, DPR), die Wahl des Präsidenten durch eine ihrerseits demokratisch legitimierte sogenannte Beratende Volksversammlung (*Majelis Permusyawaratan Rakyat*, MPR) und weitreichende Rechte der einzelnen Föderationssubjekte gegenüber der Zentralregierung in Jakarta vorsah, begann die Erosion des Verfassungsgefüges der indonesischen Demokratie bereits unmittelbar nach Erlangung der Unabhängigkeit. Mehrere Präsidialdekrete beseitigten innerhalb weniger Monate die bundesstaatliche Ordnung, an deren Stelle die Republik Indonesien als Einheitsstaat mit Sukarno als Präsident trat. Die 1950 verabschiedete provisorische Verfassung institutionalisierte ein parlamentarisches Regierungssystem, in dem es jedoch erst 1955 erstmals zu allgemeinen Wahlen kam. Obwohl die Nationalwahlen von 1955 – gefolgt von Lokalwahlen im Jahr 1957 – frei und fair verliefen, trugen sie nicht zur Lösung der chronischen politischen Krise bei. Der Kampf zwischen säkularen Nationalisten, islamischen Parteien und der kommunistischen Linken sowie der Ausbruch kommunalistischer Gewalt intensivierten in der Folge die politische Instabilität.

Mit Unterstützung des Militärs beendete Präsident Sukarno 1957 durch die Proklamation des Kriegsrechts die erste indonesische Demokratie. An ihre Stelle trat die sogenannte „gelenk-

---

10 Demokratische Regime existierten in Thailand 1974–1976 und 1988–1991 (Hewison/Brown 1994).

te Demokratie" *(guided democracy)*, ein Euphemismus, hinter dem sich ein personalisiertes autoritäres Regime versteckte (Feith 1962). Das gewählte Parlament wurde von einer von Sukarno handverlesenen Versammlung abgelöst. Die Verfassung von 1945 wurde erneut in Kraft gesetzt, ein Präsidialsystem anstelle des parlamentarischen Regierungssystems eingeführt und die meisten politischen Parteien verboten.

Innenpolitische Spannungen gipfelten 1965 in einen angeblich von der kommunistischen Partei geplanten Staatsstreich, dem die sechs höchstrangigen Offiziere der Streitkräfte der Republik Indonesien ABRI *(Angkatan Besenjatan Republik Indonesia)* zum Opfer fielen. Unter Führung des ranghöchsten überlebenden Offiziers der Armee, Generalmajor Suharto, wurde der Coup von den Streitkräften mit Unterstützung islamischer Milizen blutig niedergeschlagen.[11] Auf Initiative Suhartos, der *de facto* bereits seit 1965 die politische Macht in Händen hielt, wurde Sukarno 1967 von der Beratenden Volksversammlung seines Amtes enthoben und unter Hausarrest gestellt, wo er 1970 starb. An seiner Stelle wurde Suharto 1968 zum Präsidenten gewählt (Sulistyo 2002: 76). Das in der Folge errichtete autoritäre Regime der sogenannten „neuen Ordnung" lässt sich für die ersten beiden Jahrzehnte seines Bestehens als militärisch-bürokratisches Regime in quasi-zivilem Gewand bezeichnen. Formal auf der Verfassung von 1945 aufbauend war das Regime tatsächlich eine Präsidialdiktatur unter Führung von Ex-General Suharto, das wesentlich von drei Akteursgruppen getragen wurde (vgl. Sundhausen 1982; Malley 2000; Ufen 2002):

▸ den Streitkräften und der staatlichen Bürokratie, zwischen denen eine enge Verflechtung bestand;
▸ der Regimepartei Golkar (Partai *Golongan Karya*). Sie war streng genommen keine politische Partei, sondern eine Dachorganisation verschiedener gesellschaftlicher Gruppierungen, die in den frühen 1960er Jahren als Frontorganisation im Kampf gegen die Kommunisten gegründet wurde, unter Suharto *de facto* aber die Rolle einer Regimepartei spielte. Die führenden Parteikader rekrutierten sich fast ausschließlich aus dem Offizierskorps und der Bürokratie;
▸ der nationalen Unternehmerschaft sowie der sino-indonesischen Geschäftswelt.

Politische Parteien außerhalb der Golkar waren entweder verboten wie die beiden größten Parteien der 1950er Jahre, die islamische *Masyumi* und die *Kommunistische Partei Indonesiens* (PKI), oder sie mussten sich zwangsweise zur *Vereinigten Entwicklungspartei* (PPP) und der *Indonesischen Demokratischen Partei* (PDI) zusammenschließen. Ähnlich wie in den bürokratisch-militärischen Regimen in Südkorea wurden Parlamentswahlen durchgeführt (1971, 1977, 1982, 1987, 1992, 1997). Die Wahlen zum Repräsentantenhaus waren jedoch weder kompetitiv noch frei und fair. Die Bedeutung des gewählten Parlaments blieb zudem gegenüber dem Präsidenten marginal.

Obwohl es an ideologischen Versuchen der Legitimation der „neuen Ordnung" nicht mangelte – hier ist vor allem die von Sukarno formulierte, in der Verfassungspräambel verankerte Ideologie der *Pansacila*[12] zu nennen – fußte die empirische Legitimität des Regimes wesentlich

---

11 Die Jagd auf tatsächliche oder angebliche Kommunisten forderte mehrere Hunderttausend Opfer, wobei manche Schätzungen von bis zu eineinhalb Millionen Toten ausgehen.
12 *Pansacila* beinhaltet fünf Leitprinzipien des indonesischen Staates: (1) nationale Einheit; (2) Menschlichkeit; (3) auf Einmütigkeit und Konsens beruhende Demokratie; (4) soziale Gerechtigkeit; (5) Glaube an einen Gott. „Die Idee [der *Pansacila* – d. A.] bestand zunächst in nicht viel mehr als dem bloßen Entwurf einer fiktiven Konstruktion, die als einigende Plattform ‚aller Indonesier' religiöse und ethnische Spannungen aufheben sollte" (Arenhövel 2003).

auf seiner ökonomischen Leistungsfähigkeit sowie seinem antikommunistischen Anspruch (Liddle 1999: 100–103; Emmerson 1999: 39). ABRI begründete seine politisch dominante Stellung mit der Rolle der Streitkräfte im Unabhängigkeitskampf gegen die Niederlande und als Bewahrer der Nation gegen die kommunistische Bedrohung von 1965 sowie mit seiner Bedeutung für den Entwicklungsprozess des Landes (Harymurti 1999: 72–75; Robinson, G. 2001: 230–234). Bis in die 1980er Jahre war das indonesische Militär die dominierende politische Kraft. Als Folge der wirtschaftlichen Krisenanpassungspolitik zu Beginn der 1980er Jahre nahm der Einfluss der Streitkräfte innerhalb des Regimes jedoch ab. Die Position ziviler Bürokraten und Technokraten wurde gestärkt. Auf diese Weise entstand ein neues Beziehungsmuster aus dem Präsidenten und Politbürokraten, die sich aus Wissenschaftlern, Technokraten und Militärs zusammensetzte; ihr gehörten auch islamische Intellektuelle und die Führer der sino-indonesischen Wirtschaftskonglomerate an (Dosch 2000: 221). Einhergehend mit der zunehmenden Patrimonialisierung des Regimes kam es zu einer Verdichtung klientelistischer Elitenarrangements, in deren Zentrum der Präsident und dessen Familie sowie eine kleine Gruppe von *cronies* der Präsidentenfamilie standen. Zugespitzt lässt sich die Entwicklung der „neuen Ordnung" von der Mitte der 1960er Jahre bis zum Ende der 1990er Jahre als Entwicklung charakterisieren, die von der bürokratisch-militärischen Entwicklungsdiktatur hin zu einem Regime mit sultanistischen Merkmalen verlief. Allerdings entsprach die Intensität der Patrimonialisierung der Herrschaftsstrukturen in Indonesien selbst am Ende der Suharto-Herrschaft nicht jener von Marcos auf den Philippinen. Bis zum Ende der „neuen Ordnung" im Jahr 1998 blieb ABRI die zentrale Stütze des Regimes. Auch die Regimepartei Golkar war organisatorisch stärker institutionalisiert und tiefer in der Gesellschaft verankert als die ein politisches Schattendasein führende KBL von Marcos.[13]

2 Regimeübergänge

Die Regimeübergänge sind in drei der fünf Länder rasch verlaufen. In Südkorea (1985–1987), auf den Philippinen (1986/87) und in Thailand 1992 sind das Ende der Transition und der Beginn der demokratischen Konsolidierung eindeutig zu bestimmen, weil hier die demokratischen Gründungswahlen und die Verfassungsgebung weitgehend synchron verliefen und innerhalb weniger Monate abgeschlossen waren. Schwieriger ist die genaue Abgrenzung der einzelnen Phasen in Taiwan. Sie unterscheidet sich, je nachdem, ob die ersten freien Parlamentswahlen (1992), die ersten freien und direkten Präsidentschaftswahlen (1996) oder das (vorläufige) Ende der demokratischen Institutionalisierung in Form der Verfassungsrevision (1997) als Trennlinie zwischen Transition und Konsolidierung gewählt werden. In Indonesien kann vom Ende der Transition gesprochen werden, wenn als Endpunkt des Regimeübergangs freie Parlamentswahlen und die freie (indirekte) Wahl des Präsidenten durch das Parlament benannt werden (1999). Wird jedoch das Ende der Einführung (Institutionalisierung) demokratischer Verfassungsregeln als Abschluss der Transition gewählt, so war die Transition in Indonesien erst im Jahr 2003 abgeschlossen.

---

13 Dosch (2000: 214) bezeichnet das Suharto-Regime daher als Mischform aus sultanistischem und autoritär-bürokratischem Regime mit herausgehobener Stellung der Streitkräfte.

2.1 Philippinen: Regimekollaps und Demokratisierung „von unten"

Die Philippinen bildeten den Auftakt der „dritten Demokratisierungswelle" im pazifischen Asien. Das durch den „Selbstputsch" des demokratisch gewählten Staatspräsidenten Ferdinand Marcos 1972 institutionalisierte „sultanistische Regime" wurde Anfang der 1980er Jahre aufgrund einer sich zunehmend verschärfenden ökonomischen und – im Kampf gegen aufständische kommunistische bzw. muslimisch-sezessionistische Bewegungen – auch militärischen Leistungskrise geschwächt. Die Entfremdung zwischen der philippinischen Mittelschicht, der Unternehmerschaft, den Gewerkschaften und Teilen der einflussreichen katholischen Kirche und dem Regime nahm immer stärker zu. Teile des Militärs, die mit dem Regime und seiner unzureichenden Bekämpfung der Aufständischen unzufrieden waren, begannen, sich vom Regime zu distanzieren. Die Ineffizienz der staatlichen Verwaltung, die endemischen Ausmaße der Korruption des Marcos-Clans und der ihm nahestehenden *cronies* sowie die nepotistische Besetzung staatlicher und wirtschaftlicher Entscheidungspositionen stimulierten die Gründung einer Vielzahl von Menschen- und Bürgerrechtsgruppen, die teilweise klandestin, teilweise aber auch offen das autoritäre Regime herausforderten (Lane 1990; Kunz 1995). Machtpolitische „Fehler", wie die Ermordung des aus US-amerikanischem Exil zurückkehrenden Oppositionspolitikers Benigno Aquino (1983), politisierten die philippinischen Ober- und Mittelschichten und verschärften die Legitimitätskrise des autoritären Regimes. Auch die USA als wichtigster Partner und außenpolitischer Mentor von Präsident Marcos gingen auf Distanz zu ihrem Verbündeten. Obwohl die Oppositionsparteien zu diesem Zeitpunkt schon wieder legalisiert waren,[14] stellten sie aufgrund mannigfaltiger Repressionen, der Zerschlagung alter politischer Strukturen, der Rivalität zwischen verschiedenen politischen Gruppierungen und nicht zuletzt auch der teilweisen Kooptation in das Regime keine effektive Herausforderung für Marcos' Bewegung für eine neue Gesellschaft dar (Hernandez 1991: 175; Thompson 1995: 53, 182). Dagegen übernahmen zivilgesellschaftliche Akteure wie Unternehmervereinigungen, linksorientierte Gewerkschaften oder Basisorganisationen der katholischen Kirche in der Spätphase des autoritären Regimes erfolgreich Schlüsselfunktionen im Widerstand gegen das Regime (Clarke 1998).

In Anbetracht der erodierenden Machtbasis des Regimes erlag Marcos der unter autoritären Eliten verbreiteten Fehleinschätzung (Przeworski 1991: 55 ff.), durch die Abhaltung pseudodemokratischer Wahlen Legitimität gewinnen und damit die eigene Herrschaft stabilisieren zu können. In völliger Verkennung seiner tatsächlichen Unterstützung bei den Wählern wurden kurzfristig für Februar 1986 Präsidentschaftswahlen anberaumt. Überraschend gelang es der fragmentierten Opposition, sich auf Corazon Aquino (der Witwe von Benigno Aquino) als gemeinsame Kandidatin zu einigen. Damit stand der Opposition eine politische Symbolfigur zur Verfügung, die einerseits die Sympathien der unterschiedlichen Wählergruppen hatte und die Unterstützung der oppositionellen Dachorganisation Namfrel (Nationale Bürgerbewegung für freie Wahlen), unternehmernahen Gruppen *(Makati Businness Club)* und vor allem der katholischen Kirche genoss. Andererseits verfügte Corazon Aquino über keine eigene politische Hausmacht und stellte somit in der Wahrnehmung anderer gemäßigter Oppositionspolitiker keine Bedrohung für den eigenen politischen Führungsanspruch dar.

---

14 Die im Zuge der Machtergreifung Marcos' zunächst verbotenen Parteien wurden ab 1978 wieder offiziell zugelassen.

Die Wahlen fanden am 7. Februar 1986 statt. Sie führten zu dem Ergebnis, dass beide Kandidaten den Sieg für sich beanspruchten. Obwohl auch die Angaben der Opposition teilweise nicht nachprüfbar waren, stand für große Teile der Öffentlichkeit außer Frage, dass der Sieg Marcos' in erster Linie das Resultat umfangreicher Manipulationen bei der Stimmenauszählung war. In der kurzzeitig verworrenen politischen Lage, als beide Kandidaten den Sieg für sich reklamierten, kam es am 14. Februar zu einem Putschversuch von Teilen des Militärs um den damaligen Vize-Generalstabschef Fidel V. Ramos, Verteidigungsminister Juan Ponce Enrile und einer sich selbst RAM *(Reform the Armed Forces Movement)* nennenden Gruppe junger Offiziere (vgl. McCoy, A. W. 2000). Der Putschversuch scheiterte, löste aber die als *People Power* bezeichneten Massenproteste aus, die zum Sturz des Regimes führten. Angesichts des rasanten Abbröckelns der eigenen Unterstützungsbasis und der kritischen Haltung der amerikanischen Regierung sah Marcos sich in die politische Isolation getrieben. Auf Druck der USA begab er sich schließlich ins Exil nach Hawaii, ohne jedoch offiziell das Präsidentenamt aufzugeben.

Zusammenfassend lassen sich für das Ende des autoritär-sultanistischen Marcos-Regimes folgende Ursachen und Verlaufsform festhalten:

Ursachen: Der Sturz des Marcos-Regimes ist – geradezu klassisch – auf das Ineinandergreifen von systeminternen und externen Ursachen sowie auf strukturelle Faktoren und politisches Handeln zurückzuführen. Intern führten die Wirtschaftskrise und die dysfunktional gewordene Korruption und Klientelwirtschaft zu einem bestandsgefährdenden Legitimitätsverfall unter wichtigen Unterstützungsgruppen des Regimes. In der Regimekrise beging Ferdinand Marcos zwei verhängnisvolle Fehler, die zum Machtverlust führten. Erstens verhinderte er die Ermordung des Oppositionspolitikers Aquino nicht und unterschätzte die Reaktion der USA. Nachdem diese dem Regime zumindest teilweise die Unterstützung entzogen hatten, geriet dieses auch außenpolitisch unter Druck. Um dem internen und externen Druck zu begegnen und dem Regime die bestandsnotwendige neue Legitimität zuzuführen, ließ Marcos Wahlen zu. Dies war der zweite strategische Fehler. Marcos erlitt eine Wahlniederlage. Danach verfügte er nicht mehr über die manipulativen und repressiven Ressourcen, um gegen die erwachte und mobilisierte Zivilgesellschaft seinen autoritären Herrschaftsanspruch durchsetzen zu können.

Verlauf: Das Ende des Marcos-Regimes war eine Mischung aus selbstverschuldetem Regimekollaps und von unten erzwungener Transition. Selbstverschuldet war der Regimekollaps aufgrund der ineffizienten Wirtschafts- und Innenpolitik („Legitimitätskrise" aufgrund ökonomischer und militärischer Ineffizienz) und grober machtpolitischer Fehleinschätzungen. Von unten erzwungen war er, weil eine mittlerweile mobilisierte Gesellschaft dem Diktator nach seinen Liberalisierungsmaßnahmen die Rückkehr zur alten autoritären Herrschaft versperrte.

2.2 Südkorea: Ausgehandelter Regimewechsel

In Südkorea zeigte der Sturz des autoritären Regimes trotz unterschiedlicher struktureller Rahmenbedingungen einige Ähnlichkeit mit den Philippinen. Der traditionell starke südkoreanische Staat verlor im Zuge seiner eigenen erfolgreichen sozioökonomischen Modernisierung in immer stärkerem Maße an Autonomie gegenüber der Gesellschaft. Zunehmend konfrontierten unterschiedliche gesellschaftliche Schichten und Gruppen das bürokratisch-militärische

Regime mit neuen ökonomischen, sozialen und politischen Partizipationsforderungen. Zwar gelang es der seit dem Putsch der Militärs um General Park Chun-hee 1961 herrschenden Koalition aus Staatsbeamten, Politikern, Großunternehmern und Militärs noch Ende der 1970er Jahre, den demokratischen Widerstand blutig zu unterdrücken. Doch die gewaltsame Niederschlagung der Opposition (Kwangju-Massaker)[15] verschärfte die „permanente Legitimitätskrise" (Yang 1994b: 18) des Regimes unter Führung des seit 1980 als Präsidenten amtierenden Ex-Generals Chun Doo-hwan. Gleichzeitig führte die rigide wirtschaftliche Modernisierung in den frühen 1980er Jahren zu einer wachsenden Entfremdung großer Teile der Bevölkerung vom Regime. Studenten, Bürgerrechtsgruppen und Kirchen forderten verstärkt den autokratischen Herrschaftsanspruch der alten Eliten heraus. Die Opposition nahm an Stärke zu, während die Unterstützung für das bürokratisch-militärische Regime schwand. Das zwang die Regimeeliten, sich anzupassen. Im Frühjahr 1985 wurden fast freie Wahlen zur Nationalversammlung zugelassen.

Die in der Absicht anberaumten Wahlen, das oppositionelle Protestpotenzial zu neutralisieren, läuteten eine zunächst kontrollierte, dann jedoch zunehmend eigendynamisch verlaufende Liberalisierung ein. Die Opposition nutzte im Vorfeld der Wahlen die erweiterten politischen Entfaltungsräume zur Gründung der Neuen Koreanischen Demokratischen Partei (NKDP). Die oppositionelle Sammlungspartei verwandelte die Wahlen von einer kontrollierten Abstimmung über die Leistungsbilanz der Chun-Regierung in ein Referendum über das Regime selbst (Croissant 1997b: 297). Im Bündnis mit unterschiedlichen zivilgesellschaftlichen Gruppen gelang es der NKDP mittels einer geschickten Verhandlungs- und Mobilisierungsstrategie, das Regime immer stärker herauszufordern. Die für Dezember 1987 anberaumten Präsidentschaftswahlen setzten die autoritären Herrschaftseliten unter zusätzlichen Druck. Ursprünglich waren die Wahlen als Instrument formaldemokratischer Legitimation des Regimes gedacht und sollten einen friedlichen Übergang im Präsidentenamt von Chun Doo-hwan auf seinen Mitputschisten Roh Tae-woo sicherstellen, schränkten nun jedoch den Handlungsspielraum der Regimeeliten erheblich ein.

Anders als auf den Philippinen bestimmten in Südkorea Verhandlungen den Transitionsprozess. Zunächst gelang es dem autoritären Regime, durch das Angebot von Verfassungsgesprächen die moderat eingestellte parlamentarische Opposition in die politischen Institutionen einzubinden. Aufgrund mangelnder Kompromissbereitschaft der Akteure scheiterten die Verhandlungen bereits nach wenigen Monaten. Die Opposition interpretierte die Verhandlungsposition des Regimes als so geschwächt, dass sie glaubte, die eigenen Vorstellungen unilateral durchsetzen zu können. Die verhandlungsbereiten Eliten des Regimes unterschätzten wiederum die Entschlossenheit der NKDP-Führung sowie deren Rückhalt in der radikalen Opposition. Durch Konzessionen an einzelne Gruppen innerhalb der fragmentierten NKDP versuchten die Regimeeliten wie in den Jahrzehnten zuvor, verschiedene oppositionelle Gruppierungen zu kooptieren, ohne dass diese Akteure jedoch in der Demokratiebewegung über einen breiten Rückhalt verfügten (Croissant 1998b).

Das Ergebnis war eine Machtverschiebung innerhalb des Regimes zugunsten der Hardliner um Chun Doo-hwan. Der Abbruch der Verhandlungen zwischen Regierung und Opposition

---

15 Im Mai 1980 war es in der südwestlichen Metropole Kwangju zu oppositionellen Massenprotesten gegen den Putsch der Generäle Chun Doo-hwan und Roh Tae-woo gekommen, in deren Verlauf es den Demonstranten gelang, die Kontrolle über die Stadt zu übernehmen. Nur wenige Tage später ließen die Putschisten Kwangju von Eliteeinheiten stürmen. Bis heute ist die wirkliche Zahl der Opfer nicht bekannt: Während offizielle Angaben von 189 Toten sprachen, berichteten Dissidentenkreise von über 2 000 Opfern (vgl. Cummings 1997: 377 f.).

im April 1987, also der Versuch der erneuten Schließung des autoritären Regimes, erzeugte jedoch einen nicht intendierten Effekt: nämlich die oppositionelle Mobilisierung großer Teile der städtischen Bevölkerung. Im Mai/Juni 1987 eskalierte die Situation, als Millionen Südkoreaner gegen das Chun-Regime demonstrierten. Das Militär sah sich vor die Entscheidung gestellt, entweder durch den Einsatz von Truppen die Proteste blutig zu unterdrücken oder den Forderungen der Demokratiebewegung nachzugeben.

Wie auf den Philippinen ein Jahr zuvor schränkten „externe Einflussfaktoren" die Handlungsoptionen der autoritären Machthaber ein. Der vom Sturz des Marcos-Regimes ausgehende „Demonstrationseffekt" musste den südkoreanischen Militärs als eindeutiges Zeichen dafür dienen, dass die USA als wichtigster Verbündeter des Landes nicht länger gewillt waren, autoritäre Regierungen auch gegen den starken Widerstand von deren eigener Bevölkerung zu stützen. Zusätzlich stand das Land aufgrund der bevorstehenden Olympischen Sommerspiele im Sommer 1988 im Rampenlicht der internationalen Medien. Eine Verschiebung oder gar Absage der Spiele, die unter den gegebenen Umständen wohl kaum hätten abgehalten werden können, hätte das Land international isoliert. Angesichts der hohen innen- und außenpolitischen Kosten einer repressiven Lösung konnten schließlich die Softliner um Roh Tae-woo, dem Präsidentschaftskandidaten des Regimes, die regimeinterne Machtfrage für sich entscheiden (Croissant 1998b). Mit seiner Erklärung vom 29. Juni des Jahres („6/29-Declaration") ging Roh auf die meisten Forderungen der Demokratiebewegung ein und gab somit den Weg für die Demokratisierung frei.

Zusammenfassend lässt sich für das Ende des bürokratisch-militärischen Regimes Südkoreas folgendes festhalten:

Ursachen: In Südkorea lässt sich eine verstärkende Wirkung von ineinandergreifenden internen und externen Faktoren als ursächlich für das Ende des autoritären Regimes erkennen. Wie auf den Philippinen zwangen sozioökonomische Strukturveränderungen und die dadurch verursachte Verschärfung der Legitimitätskrise die Regimeeliten zum politischen Handeln. Auch in Südkorea unterlagen die herrschenden Eliten Fehleinschätzungen. Allerdings gibt es einige Abweichungen zum Ende des Marcos-Regimes auf den Philippinen. Der herausragende Unterschied zwischen beiden Ländern war, dass in Südkorea nicht ökonomische Ineffizienz, sondern ein ausgesprochener wirtschaftlicher Modernisierungserfolg zu einer verschärften Legitimitätskrise der autokratischen Herrschaft führte. Geradezu klassisch dem Paradigma der Modernisierungstheorie folgend, erhoben die neu entstandenen Mittelschichten, die radikalisierten Studenten und Teile der Arbeiterschaft verstärkt die Forderung nach politischer Partizipation. Gleichzeitig machten die USA als lebenswichtiger Verbündeter Südkoreas deutlich, dass sie eine erneute Repression der gesellschaftlichen Opposition durch das Militär nicht mehr mittragen würden. Dies engte die Handlungsoptionen der Herrschaftseliten so weit ein, dass die Öffnung des Regimes als rationalste Lösung zur partiellen Herrschaftssicherung erschien. Die entscheidende Fehlwahrnehmung der Militärs war jedoch, dass die Liberalisierung begrenzt und von oben kontrolliert werden könnte. Denn durch die mobilisierte Zivilgesellschaft entglitt den militärischen Machthabern bald die Kontrolle über die Ereignisse, an deren Ende die Demokratisierung stand.

Verlauf: In Südkorea handelte es sich hinsichtlich des Regimewechsels um eine Mischung von „ausgehandelter" und „von unten erzwungener" Transition. Während am Anfang vom Ende der Militärdiktatur der Druck „von unten" stand, war die mittlere Phase (1985–1987) von Verhandlungen geprägt. In der Endphase des autoritären Regimes (April-Juni 1987) bestimmte dann wieder stärker der oppositionelle Druck „von unten" die Dynamik der Demokratisierung.

2.3 Taiwan: Von oben gelenkter Systemwechsel

Viel stärker als auf den Philippinen oder in Südkorea war das Ende des autoritären Regimes in Taiwan vom Handeln der Regimeeliten geprägt. Nach ihrer Flucht vor den siegreichen Kommunisten vom Festland auf die Insel Taiwan im Jahr 1949 war es der nationalchinesischen Regierung unter dem bis 1975 amtierenden Staatspräsidenten Chiang Kai-shek gelungen, ein stabiles und institutionell ausdifferenziertes autoritäres Regime zu etablieren. Unter der Führung der Kuomintang gelang es den autoritären Eliten, durch eine Mischung aus staatskorporatistischer Kontrolle der Verbände, Einbindung unterschiedlicher sozialer Gruppen in die Massenorganisationen der Partei sowie faktischer Suspendierung der noch auf dem Festland eingeführten demokratischen „Nanking"-Verfassung von 1947 in einem Notstandsregime ihre Einparteienherrschaft abzusichern und den politischen Raum gegenüber organisiertem gesellschaftlichen Protest zu schließen (Chao/Myers 1998: 47 ff.).

Erst in den 1970er Jahren begann sich als Reaktion auf die extern ausgelöste und durch interne Faktoren verschärfte Legitimitätskrise des Regimes eine über die lokale Ebene und individuelle Dissidenz hinausreichende nationale Oppositionsbewegung zu formieren (Schubert 1994: 46 ff.). Mit zunehmender Urbanisierung, Anhebung des Bildungsniveaus und Abnahme der Bedeutung territorialer und ethnischer Konfliktlinien (vor allem zwischen den Ende der 1940er Jahre nach Taiwan geflohenen Festlandschinesen und einheimischen Taiwanesen) zugunsten funktionaler Konfliktlinien forderten insbesondere die Mittelschicht und junge Intellektuelle (Lo, S. 1992: 384 f.) mehr politische, wirtschaftliche und soziale Mitspracherechte ein. Innerhalb der Gesellschaft entstand ein oppositionelles Potenzial, das sich schließlich im Vorfeld der Ergänzungswahlen zum *Legislativyuan* (gesetzgebende Kammer) und zur Nationalversammlung im Dezember 1978 als sogenannte „Dangwai-Bewegung" formierte.[16] Diese „Außerhalb-der-Partei"-Bewegung war keine Organisation oder Partei mit festen Strukturen und klaren Mitgliedschaftskriterien, sondern vielmehr ein Sammelbecken für Gegner der Einparteiendiktatur der KMT, für jugendliche Reformer und Befürworter einer sozialen, wirtschaftlichen und vor allem politischen Gleichstellung der einheimischen taiwanesischen Bevölkerungsmehrheit gegenüber den vom Festland geflohenen Chinesen (Halbeisen 1982: 209).

Die Dangwai-Bewegung zielte von Beginn an auf die Besetzung politischer Ämter. Die Softliner des Regimes um Chiang Ching-kuo, Sohn Chiang Kai-sheks und seit Mitte der 1970er Jahre amtierender Staatspräsident, entschieden sich angesichts der Krise der innen- und außenpolitischen Unterstützung des Regimes[17] zur faktischen Duldung der illegalen Opposition und ließen diese im Rahmen einer vorsichtigen politischen Liberalisierung bei den Wahlen auf lokaler und nationaler Ebene zu (Wu 1995: 34 ff.). Aus der Dangwai-Bewegung ging 1986 schließlich mit der Demokratischen Fortschrittspartei (DFP) die erste eigenständige Oppositionspartei Taiwans hervor. Deren faktischer Anerkennung durch das Regime folgten 1987 die

---

16 Angesichts der zunehmenden Vergreisung der Nationalversammlung und des *Legislativyuan* wurden seit den 1960er Jahren sogenannte Ergänzungswahlen durchgeführt, um die vakanten Sitze neu zu besetzen.
17 Im Jahr 1971 wurden die nationalchinesischen Vertreter zugunsten der Vertreter der VR China aus den Vereinten Nationen ausgeschlossen.

Aufhebung des seit 1949 geltenden „Belagerungszustands" und die Zulassung politischer Parteien. Gleichzeitig ließ die KMT ihre Bereitschaft erkennen, mit der DFP über die weitere Demokratisierung der Verfassung und der zentralen politischen Institutionen zu verhandeln. Auf Druck der politischen Opposition und verschiedener zivilgesellschaftlicher Akteure reagierten die Regimeeliten mit der politischen Überlebensstrategie, die bereits in den 1970er Jahren begonnene lange Liberalisierungsphase in eine von oben gelenkte Demokratisierung überzuleiten.

Ursachen und Verlauf des Untergangs der autoritären Kuomintang-Herrschaft lassen sich wie folgt zusammenfassen:

Ursachen: Im Unterschied zu den Philippinen und Südkorea wurde das Ende des autoritären Regimes in Taiwan wesentlich stärker von externen Ursachen mitbestimmt. Aufgrund der außenpolitischen Öffnung der USA gegenüber der VR China unter Richard Nixon (1971) und der damit verbundenen internationalen Isolierung der Republik Taiwan (verschärft nach 1979) verlor das KMT-Regime auch innenpolitisch an Legitimität. Die Erfolge der taiwanesischen Modernisierungspolitik, die – wie im Falle Südkoreas – mit den gut ausgebildeten modernen Mittelschichten zugleich auch politische Partizipationsforderungen hervorbrachten, verstärkten diese Legitimitätsprobleme. Der doppelte Druck der außenpolitischen Isolierung einerseits und der innenpolitischen Forderungen andererseits, veranlasste das Regime zu Liberalisierungsschritten, um das existenznotwendige Legitimationsniveau des Systems wieder zu erreichen (Pei 1998a: 9–12). Doch anders als auf den Philippinen und in Südkorea basierte die Öffnung des Regimes nicht auf einer Fehlkalkulation der herrschenden Eliten hinsichtlich ihrer Machterhaltungschancen. Aufgrund ihrer starken gesellschaftlichen Verwurzelung und der kontrolliert-korporatistischen Integration der Bevölkerung in die Regimestrukturen konnte die Kuomintang hoffen, auch unter demokratischen Herrschaftsstrukturen weiter an der Macht zu bleiben. Der außenpolitische Druck durch die latente Bedrohung seitens der VR China wirkte zusätzlich als Stabilisator für die erprobten außenpolitischen Sicherheitsstrukturen des Regimes und damit für die Überlebenschancen der Regimepartei auch unter Transformationsbedingungen.

Verlauf: Im Falle Taiwans handelt es sich um den klassischen Fall eines von den alten Regimeeliten gelenkten Systemwechsels. Die innenpolitische Opposition und ihre Mobilisierungsmacht reichten weder aus, um das Regime „von unten" zur Abdankung zu zwingen, noch um als gleichberechtigter Verhandlungspartner mit den Regimeeliten die Bedingungen des Systemwechsels auszuhandeln. Die Regimepartei KMT verlor in keiner Phase die Kontrolle über den Verlauf der Demokratisierung.

2.4 Thailand: Von oben eingeleiteter Regimewechsel

In Thailand gelang es der herrschenden Koalition aus reformorientierten Militärs und zivilen Bürokraten nach dem unblutigen Putsch gegen die absolutistisch regierende Monarchie im Jahr 1932, das politische System gegenüber anderen gesellschaftlichen Gruppen über eine lange Zeitperiode hinweg abzuschotten (Reinecke 1994: 216). Im Unterschied zu den vier anderen Transformationsländern fehlte hier jedoch eine kontinuierliche Phase autoritärer Herrschaft. Vielmehr wechselten sich liberalere Regierungen mit teilweise stark repressiven Regimen ab (Hewison 1996: 75–80). Das eigentliche politische Machtzentrum des Landes bildete stets die zivile und militärische Bürokratie. Gleichzeitig konnte die mangelnde institutionelle Kontinuität des politischen Systems nicht die faktische Institutionalisierung des Staatsstreichs als Instrument des Machtwechsels alternierender militärischer Eliten verhindern (Sukhumbhand 1993: 880).[18]

Politische Parteien und gesellschaftliche Organisationen vermochten sich in diesem „bürokratisierten" politischen Raum kaum zu verankern, zumal sie ihrerseits teilweise von Militärs kooptiert waren (Hewison 1997). Die durch ökonomischen und sozialen Wandel bedingte Schwächung staatlicher Autonomie – deutlich hervortretend in den politischen Erschütterungen der frühen 1970er Jahre[19] – führte zu einer vorsichtigen Öffnung und Liberalisierung der „bureaucratic polity". Der sozioökonomische Wandel wirkte auch zersetzend auf die korporative Geschlossenheit des Militärs, was zu verstärkten Fragmentierungstendenzen innerhalb der Streitkräfte führte (ibid.: 147 ff.). Als Reaktion auf die Verschiebung der Machtverhältnisse in Politik und Gesellschaft zugunsten ziviler Akteure kam es zu Beginn der 1980er Jahre zur Institutionalisierung eines „weichen" autoritären Regimes, das in der Literatur als „demi"- oder „semi-democracy" bezeichnet wird (Likhit 1992; Chai-anan 1995). Eine starke Exekutive mit einem nicht gewählten Premier an der Spitze, zumeist ein Ex-Militär, kontrollierte den politischen Entscheidungsprozess. Das aus freien Wahlen hervorgegangene Repräsentantenhaus musste sich seine Kompetenzen mit einem ernannten Senat teilen, der mehrheitlich aus zivilen Bürokraten und Militärs bestand.

Obwohl in Militär und Verwaltung selbst umstritten, mündete die Öffnung der „bureaucratic polity" mit den Parlamentswahlen von 1988 und der Bildung einer vom Vertrauen des Parlaments abhängigen Regierung zunächst in eine kurze demokratische Phase. Aber schon im Frühjahr 1991 beendeten unzufriedene Militärs um General Suchinda diese durch einen Putsch.

Die Nominierung Suchindas zum Premier durch die pro-militärischen Parteien im Parlament – entgegen seinem vorher gegebenen Versprechen, bei der Regierungsbildung abseits zu stehen – nahmen die städtischen Mittelschichten in der Hauptstadt Bangkok als eklatanten Bruch der politischen Vereinbarungen wahr. Als Reaktion mobilisierten zivilgesellschaftliche Akteure im Bündnis mit anti-militärischen Parteien tagelange Massenproteste in der Hauptstadt. Versuche, die Unruhen mit Gewalt zu unterdrücken, beraubten die Militärs ihrer letzten Legitimitätsreserven. Schließlich ging auch der König auf Distanz zu den Putschisten. Suchindas Position wurde damit unhaltbar. Er trat im Mai 1992 als Premier zurück. Wie bereits nach dem Putsch im Februar 1991 wurde eine Interimsregierung eingesetzt, die den Übergang „managte". Für Thailand kann folgendes zusammengefasst werden:

Ursachen: Im Unterschied zu den Philippinen, zu Südkorea und Taiwan spielten in dem immer wieder unterbrochenen Demokratisierungsprozess Thailands externe Faktoren kaum eine Rolle. Zwar hatte das Ende der Konfrontation zwischen den kommunistischen Staaten Indochinas und dem „Frontstaat" Thailand durchaus Einfluss auf die thailändische Innenpolitik, weil hierdurch die Ausgrenzung der politischen Opposition als „pro-kommunistische Subversion" erschwert wurde. Der Sturz des Militärregimes hat aber ausschließlich interne Ursachen. Sie sind in erster Linie in strategischen Fehlentscheidungen der regierenden Generäle zu fin-

---

18 Thailand erlebte zwischen 1932 und 1992 15 verschiedene Verfassungen, 16 Militärputsche (neun waren erfolgreich) sowie insgesamt 50 Regierungen (Chai-anan 1995: 340).
19 Gemeint sind die studentische Revolte vom Oktober 1973, die ein kurzes demokratisches Intermezzo einläutete, der blutige Putsch der Militärs von 1976 und der kommunistische Widerstand in den 1970er Jahren.

den. So unterschätzte die Militärjunta die Stärke der Opposition, als Suchinda die implizite Vereinbarung brach, das Amt des Premiers nicht zu übernehmen. Als er die aus seiner Fehlentscheidung resultierenden Proteste mit offener Repression (über 50 Todesopfer) zu unterdrücken suchte, unterlief den Putschisten die zweite Fehlkalkulation. Diese Repression hatte zur Konsequenz, dass sich die Opposition enger zusammenschloss und sich innerhalb der Pro-Suchinda-Koalition die Unterstützung für Suchinda abschwächte. Diese abnehmende Unterstützung und die zunehmende Stärkung der Opposition als Folgen fehlkalkulierter Entscheidungen sind die eigentlichen Ursachen für das Ende des bislang letzten bürokratisch-militärischen Regimes Thailands.

Verlauf: Der politische Systemwechsel in Thailand ist eine Mischform zwischen einer „von oben" eingeleiteten und „von unten" erzwungenen Transition. So leiteten die Wahlen von 1992 den Transformationsprozess „von oben" ein. Danach aber versperrte der Druck „von unten" den Militärs die Fortsetzung ihrer Herrschaft unter formaldemokratischen Bedingungen.

2.5 Indonesien: „Von unten" erzwungene und „von oben" eingeleitete Demokratisierung

Der Transitionsverlauf in Indonesien lässt sich in vier Phasen einteilen (vgl. Malley 2000). Die ersten beiden Phasen der Destabilisierung des autoritären Regimes (1997/98) sowie des unmittelbaren Zusammenbruchs der Suharto-Herrschaft (Mai 1998) markieren den Regimeübergang im eigentlichen Sinne. Die dritte und vierte Phase der Aushandlung des demokratischen Übergangs unter der provisorischen Regierung von Präsident Habibie (1998/99) sowie die Fortführung der Transition unter den demokratischen Regierungen der Präsidenten Abdurrahman Wahid (1999–2001) und Megawati Sukarnoputri (2001–2004) umfassen den Prozess der demokratischen Institutionalisierung.

Erste Anzeichen für Risse in der autoritären Regimekoalition aus Militärs, Golkar und dem Clan um Präsident Suharto zeigten sich nach mehr als zwei Jahrzehnten autoritärer Herrschaft in den späten 1980er Jahren, als es zur Rekonfiguration der Regimeelite zugunsten ziviler Akteure und zu Lasten des Militärs kam. Innerhalb der Streitkräfte wurde der Ruf nach Reformen laut, so 1989, als Armeeabgeordnete im Repräsentantenhaus eine Reihe von Anhörungen zum Thema „Offenheit des Regimes" unterstützten (Robinson, G. 2001). Die erfolgreiche Entwicklungspolitik des Suharto-Regimes hatte in der indonesischen Gesellschaft einen tiefgreifenden sozialen Wandel angestoßen, der zum Entstehen einer neuen Mittelschicht in den großstädtischen Zentren sowie einer neuen einheimischen Unternehmerschaft führte (Emmerson 1999: 44; Harymurti 1999: 72 f.). Wenngleich die sozialen Sekundäreffekte des ökonomischen Modernisierungsprozesses schwächer ausgeprägt waren als etwa in Taiwan und Südkorea, hatten sie doch eine Steigerung des oppositionellen Potenzials in der Gesellschaft zur Folge.

Suharto reagierte mit einer Öffnung des politischen Systems, die er aber schon Mitte der 1990er Jahre wieder zurücknahm. Mitte der 1990er Jahre existierte weder innerhalb noch außerhalb des Regimes eine ernsthafte politische Konkurrenz zu Suharto und seiner „neuen Ordnung". Dem nach außen hin monolitisch erscheinendem Regime stand eine machtlose Opposition gegenüber, der es an Einigkeit, Durchschlagskraft und sozialem Rückhalt fehlte, um eine ähnliche Protestbewegung zu initiieren wie in Südkorea und auf den Philippinen ab Mitte der 1980er Jahre.

Das Ende der Herrschaft Suhartos nach 32 Jahren kam deshalb für die Regimeeliten wie für die Opposition gleichermaßen überraschend. Im Sommer 1997 erreichten die Ausläufer der sogenannten Asienkrise Indonesien. Die indonesische Rupiah wurde stark abgewertet und der nationale Finanzsektor geriet unter massiven Druck. Über die Frage, wie wirtschaftspolitisch auf die drohende Währungs- und Finanzkrise zu reagieren sei, kam es innerhalb des Regimes zu scharfen Auseinandersetzungen. Als die wirtschaftlichen Probleme eskalierten, bahnten sich soziale Unruhen an. Sie erreichten im April 1998 ein herrschaftsgefährdendes Ausmaß, als sich die studentischen Proteste auf andere Gesellschaftssektoren ausweiteten. Dem Regime gelang es jedoch zunächst, sich zu stabilisieren, weil die Oppositionsführer nicht in der Lage waren, ihre persönlichen Rivalitäten beizulegen und eine gemeinsame Strategie zu verfolgen (Mietzner 1999: 70 f.). So verliefen die Demonstrationen gegen das Regime bis zum Mai 1998 praktisch führungslos, wurden jedoch aufgrund von Fehlentscheidungen der Regimeeliten und inner-autoritären Auseinandersetzungen immer wieder neu belebt.

Anfang Mai 1998, nachdem die Regierung mehrere halbherziger wirtschaftspolitischer Entscheidungen getroffen und die Treibstoffpreise erhöht hatte, eskalierten die Unruhen. Es kam zu massiver politischer Gewalt, der etwa 1 200 Menschen zum Opfer fielen. Dies führte zum Auseinanderbrechen der autoritären Regimekoalition. Politiker der Golkar, Vizepräsident Habibie sowie Teile des Militärs um den Oberkommandierenden der Streitkräfte, General Wiranto, rückten von Suharto ab. Suharto trat schließlich zurück, als führende Mitglieder des Regimes sich gegen den erst wenige Monate zuvor erneut im Amt bestätigten Präsidenten wandten: Die Parlamentsführung forderte Suharto öffentlich zum Rücktritt auf; andernfalls drohte man mit der Amtsenthebung. Am 21. Mai erklärte Suharto nach einer letzten Unterredung mit General Wiranto seinen Rücktritt. Das Militär, das in den letzten Jahren der Suharto-Herrschaft vollständig unter der persönlichen Kontrolle des Präsidenten und intern gespalten war, sah sich nicht in der Lage, selbst die Macht zu übernehmen (Liddle 1999; Walters 1999: 61).

An Suhartos Stelle wurde Vizepräsident B. J. Habibie als Staatschef vereidigt. Innerhalb des Regimes selbst stark umstritten und unter Druck der Opposition sowie des Auslands erklärte Habibie bereits kurz nach seiner Amtsübernahme die Bereitschaft, im Rahmen der konstitutionellen Verfahren die politische Öffnung und Demokratisierung einzuleiten. Damit wechselte der Transitionsprozess in die Phase der im Wesentlichen von den verschiedenen Elitengruppen des Suharto-Regimes dominierten Aushandlung demokratischer Verfahren und Institutionen über.

Die Ursachen und der Verlauf des Übergangs zur Demokratie lassen sich folgendermaßen zusammenfassen:

Ursachen: Von den hier untersuchten Demokratien hatten externe Entwicklungen in Indonesien den größten Einfluss auf das Ende des autoritären Regimes, während strukturelle Veränderungen im Sinne des modernisierungsinduzierten sozialen Wandels eine geringere Rolle spielten. Die extern ausgelöste Wirtschaftskrise, für deren Anfälligkeit jedoch vor allem die dysfunktional gewordene Vetternwirtschaft verantwortlich war, führte zu einem bestandsgefährdenden Legitimitätsverfall des Regimes. Die Legitimationskrise führte zur Regimekrise. Die fehlende Flexibilität des Regimes und die mangelnde Bereitschaft von Suharto, notwendige Reformen einzuleiten, um den Forderungen der studentischen Opposition schrittweise entgegenzukommen und so den Druck auf das Regime zu verringern, engten den innenpolitischen Spielraum des Regimes gegenüber seinen Kritikern ein und verstärkten den Druck der internationalen Kapitalgeber (IWF, USA, EU). Die Abhängigkeit des Regimes von internationaler Unterstützung angesichts der Währungs- und Finanzkrise setzten seinen Repressionsmöglichkeiten enge Grenzen. In dieser Situation kam es zur Spaltung des Regimes in Softliner, die für eine Ablösung Suhartos eintraten, und in Hardliner, die einen Rücktritt des Präsidenten ablehnten. Die Softliner konnten sich mit der Option einer zivilen Übergangsregierung unter neuer Führung gegen die Hardliner und die radikale Studentenopposition durchsetzen. Letztere war zu schwach, um einen sofortigen Machtwechsel (wie auf den Philippinen) zu erzwingen. Die Streitkräfte waren aufgrund der Politik Suhartos zu geschwächt, um als eigenständiger politischer Akteur Einfluss auf die Transition gewinnen zu können.

Verlauf: Auf den ersten Blick verlief der Regimeübergang in Indonesien ähnlich wie auf den Philippinen als Revolution von unten, welche zum raschen Kollaps der patrimonialen Herrschaft von Präsident Suharto führte. Eine Liberalisierungsphase im eigentlichen Sinne war nicht erkennbar. Anders als auf den Philippinen zeigte der autoritäre Herrschaftsblock aber erst sehr spät und auf dem Höhepunkt der Regimekrise Risse. Ähnlich wie in Südkorea wurde eine regimeinterne Nachfolgeregelung für den autoritären Herrscher gefunden. Unter Führung der im Zuge der internen Nachfolgeregelung ins Amt gelangte Übergangsregierung von Präsident Habibie wurden – ähnlich wie in Thailand unter die Übergangsregierung von Premier Anand – notwendige Reformen für die Abhaltung von freien und fairen Wahlen durchgeführt. Der institutionelle Revisionsprozess endete nach 18 Monaten mit den ersten demokratischen Wahlen seit 1955 und der Wahl einer neuen Regierung unter Präsident Wahid im Dezember 1999. Die Parallelen zum Transitionsverlauf in Taiwan sind darin zu sehen, dass die alten Eliten des autoritären Regimes die politische Kontrolle über die erste Phase der Institutionalisierung der Demokratie beibehielten. Die Verhandlungen über den Rücktritt von Suharto fanden fast ausschließlich zwischen den Softlinern und Hardlinern im autoritären Regime statt, auf die die Opposition kaum Einfluss hatte. Als Ergebnis blieben grundlegende Elemente des autoritären Regimes zunächst erhalten.

2.6 Fazit

Welche spezifischen Gemeinsamkeiten und Unterschiede lassen sich in den einzelnen ostasiatischen Transformationsfällen erkennen? Was unterscheidet sie von der Entwicklung in den anderen Transformationsregionen der dritten Demokratisierungswelle? Als durchgängiges Muster lässt sich erkennen, dass die Demokratisierung der autoritären Regime auf ein Zusammenwirken von strukturellen Faktoren und politischem Handeln zurückzuführen ist. In Thailand, Taiwan und Südkorea waren es der von einer erfolgreichen sozioökonomischen Modernisierung ausgelöste soziale Wandel und die soziale Mobilisierung, welche die sozialstrukturelle Basis der autoritären Herrschaft unterspülten und so mittel- und langfristig die Machtbalance zwischen Staat und Gesellschaft zugunsten letzterer veränderten. Die Modernisierungstheorie kann hier grundsätzlich Ursachen von Systemwechseln erklären. Auf den Philippinen war es vor allem das Nichteinlösen der Modernisierungsversprechen der autoritären Herrschaftseliten, die die Legitimitätsbasis des autoritären Regimes zersetzte. In Indonesien erschütterten der strukturelle Wandel und die Asienkrise die Stabilität des autoritären Regimes. Die ostasiatischen Erfahrungen mit der Transformation bestätigen die These, dass autoritäre Systeme, die ihren Herrschaftsanspruch mit der Notwendigkeit wirtschaftlicher Entwicklung rechtfertigen, mit einem besonderen Dilemma konfrontiert sind. Denn Modernisierungserfolge erhöhen mit der fortschreitenden Differenzierung, Pluralisierung und Organisierung der Gesellschaft auch den Demokratisierungsdruck auf das autokratische Regime. Hierdurch besteht eine hohe Wahrscheinlichkeit, dass das Regime langfristig vor die Alternative der demokratischen Öffnung oder verstärkter Repression gestellt wird.

Diese zunächst überzeugende modernisierungstheoretische Argumentation erklärt zwar die grundsätzliche Anfälligkeit autoritärer (nicht totalitärer) Regime für Instabilitätskrisen, nicht jedoch, warum zu einem konkreten Zeitpunkt die politische Demokratisierung einsetzt, noch wie sie verläuft oder zu welchen Ergebnissen sie führt. Zu diesen Fragen hat unsere Analyse gezeigt, dass die Einleitung, die Verlaufsform und der Erfolg von Demokratisierungsprozessen in hohem Maße von der Wahrnehmung, den Interessen und Handlungen der Akteure beeinflusst werden. So waren Fehleinschätzungen der autoritären Herrschaftseliten in Thailand, Südkorea, Indonesien und auf den Philippinen in hohem Maße dafür verantwortlich, dass sich der Opposition politische Räume öffneten, die gegen das Regime genutzt werden konnten. Allein in Taiwan gelang es den autoritären Eliten, die Eigendynamik politischer Reformen über den Systemwechsel hinweg zu kontrollieren.

Die Kontingenz des strategischen Handelns von Hardlinern und Softlinern der autokratischen Regime sowie der moderaten und radikalen Opposition wird in Demokratisierungsprozessen jedoch von institutionellen und internationalen Handlungsrestriktionen begrenzt. Der außenpolitische Druck der USA auf das Chun-Regime in Südkorea, Ferdinand Marcos auf den Philippinen sowie auf die Staats- und Parteiführung in Taiwan sowie das Angewiesensein der Staatsführung in Indonesien auf die Finanzhilfen der internationalen Kapitalgeber zur Stützung der eigenen Wirtschaft drängten die jeweiligen autoritären Eliten zur Einleitung bzw. Forcierung politischer Liberalisierung und erhöhte die potenziellen Kosten einer repressiven Lösung der innenpolitischen Legitimitätskrisen erheblich.

Die konkreten Verlaufsformen und Ergebnisse politischer Liberalisierungs- und Demokratisierungsprozesse in Ostasien wurden aber auch vom Charakter und von der institutionellen Struktur der autoritären Regime geprägt. Es kann gelten: Je stärker die autoritären Regime institutionalisiert und je enger die Grenzen des gesellschaftlichen und politischen Pluralismus gezogen waren, desto geringer war der Einfluss der zivilgesellschaftlichen und politischen Opposition auf die Einleitung der Transformation und den Transformationsverlauf. Dort, wo die institutionelle Kohärenz und Dauerhaftigkeit des Regimes besonders niedrig war, dort, wo die sozialen und politischen Freiräume unter dem Regime besonders groß waren und ein schwacher Staat kaum über Autonomie und Autorität gegenüber den gesellschaftlichen Akteuren verfügte, war der Einfluss der Zivilgesellschaft und der Opposition auf die Transition besonders groß (allgemein: Eckstein/Gurr 1975; Linz 1975). Dies gilt in erster Linie für die Philippinen. Am schwächsten war der Einfluss der Opposition auf das Regime in Taiwan, dem Regime mit dem höchsten Grad an institutioneller Kohärenz und Dauerhaftigkeit sowie dem geringsten gesellschaftlichen und politischen Pluralismus.

3 Institutionalisierung

So wie sich das Ende der autokratischen Regime auf unterschiedliche Weise vollzog, so differenziert verlief auch die Institutionalisierung der Demokratie in den ost- und südostasiatischen Ländern. Aber nicht nur die Verfahren und Zeiträume der Konstitutionalisierung der

Demokratien unterschieden sich. Auch die Ergebnisse wichen erheblich voneinander ab: In den fünf Staaten entstanden in vier unterschiedlichen Verfahren der Verfassungsgebung drei unterschiedliche Typen von demokratischen Regierungssystemen mit einer großen Variationsbreite verfassungsrechtlicher „Feinjustierungen" im Machtgefüge von Exekutive, Legislative und Judikative.

3.1 Philippinen: Wiederherstellung des präsidentiellen Regierungssystems

Der Wahlsieg Corazon Aquinos und das Auseinanderbrechen der auf die Person Marcos zugeschnittenen autoritären Herrschaftskoalition machten den Weg frei für die demokratische Rückeroberung der politischen Institutionen durch die Opposition. Die provisorische „Revolutionsregierung" unter Corazon Aquino sah sich aber nicht nur dem heftigem Widerstand der Anhänger des alten Regimes, abtrünniger Militärs und verschiedener Guerillaorganisationen ausgesetzt, sondern war aufgrund ihrer zweifelhaften demokratischen Legitimität auch im Lager der Marcos-Gegner umstritten.

Bereits einen Monat nach Amtsantritt der neuen provisorischen Regierung wurde eine Interimsverfassung erlassen. Diese setzte die alte Marcos-Verfassung außer Kraft. Während der Interimsregelung wurde die Ausarbeitung der neuen Verfassung einer Kommission übertragen, deren Mitglieder von der Präsidentin ernannt wurden. Innerhalb weniger Monate einigte sich die Verfassungskommission weitgehend auf die Kernpunkte dieser neuen an die erste philippinische Verfassung von 1935 angelehnten Grundordnung (vgl. Croissant 2002a): (1) Stärkung des unter Marcos entmachteten Obersten Gerichtshofs; (2) Wiederherstellung des präsidentiellen Regierungssystems; (3) Wiederherstellung eines Zweikammersystems bestehend aus Senat und Repräsentantenhaus.

(1) Hinsichtlich der Kompetenzausstattung des Obersten Gerichtshofs orientierten sich die Verfassungsgeber der zweiten philippinischen Demokratie (erneut) am US-amerikanischen Modell (vgl. Tabelle 34). Die unter Marcos aufgehobene politische Unabhängigkeit des Obersten Gerichtshofs der Philippinen wurde durch die Neuregelung des Verfahrens zur Besetzung der Richterposten erheblich gestärkt. In Verbindung mit dem Prinzip der Nichtabberufbarkeit der Obersten Richter soll dies verhindern, dass die Exekutive einseitig die Zusammensetzung des Gerichts beeinflussen kann.

(2) Anstelle des unter Marcos formal eingeführten, faktisch aber nie umgesetzten semipräsidentiellen Regierungssystems wurde das präsidentielle Regierungssystem der ersten philippinischen Demokratie wiederhergestellt. Gleichzeitig wurden die unter Marcos ausgreifend gefassten präsidentiellen Notstands- und Verordnungsrechte eingeschränkt. Nach der neuen Verfassung besitzt der philippinische Präsident die ausschließliche Zuständigkeit für Entwurf und Vorlage des Haushaltsgesetzes. Das Gesetzesinitiativrecht besitzt der Präsident jedoch nicht. Er hat das Recht, im Falle von Rebellion, Wirtschaftskrise sowie Epidemien und Naturkatastrophen von nationalem Ausmaß den Notstand zu erklären. Die Proklamation des Ausnahme- oder Kriegszustands bedarf jedoch der Zustimmung des Kongresses mit qualifizierter Mehrheit in beiden Häusern. Die Amtszeit des Präsidenten wurde auf sechs Jahre ohne die Möglichkeit einer Wiederwahl beschränkt.

(3) Schließlich wurde das nach US-amerikanischem Vorbild 1946 etablierte symmetrische Zweikammersystem aus Repräsentantenhaus und Senat wiedereingeführt. Beide Kammern

sind weitgehend gleichberechtigt am Gesetzgebungsverfahren beteiligt. Ähnlich wie für das Präsidentenamt hat der philippinische Gesetzgeber auch für das Parlament Amtszeitbeschränkungen eingeführt. Sie betragen zwei konsekutive Amtszeiten für den Senat bzw. drei für das Repräsentantenhaus, mit der Möglichkeit einer erneuten Kandidatur zu einem späteren Zeitpunkt.

Die Institutionalisierung der Demokratie wurde mit einem Verfassungsreferendum im Februar 1987 mit Dreiviertelmehrheit der abgegebenen Stimmen abgeschlossen. Anschließend fanden im Mai 1987 freie Kongresswahlen statt. Sie gelten als Gründungswahlen der Demokratie. Obwohl bei der Ablösung des Marcos-Regimes die Mobilisierung von unten eine wichtige Rolle spielte, muss die Institutionalisierungsphase der Demokratie dennoch als das gesteuerte Projekt einer alten, seit Jahrzehnten im politischen System verwurzelten politischen Elite gelten. Sie war lediglich zeitweise aus den politischen Entscheidungspositionen vertrieben, kehrte nun aber in diese zurück (Rüland 1996: 288).

3.2 Südkorea: Präsidentiell-parlamentarisches System und die Logik der Machtteilung

Im Gegensatz zu den Philippinen waren die Machtverhältnisse zwischen Regime und Opposition in Südkorea wesentlich ausgeglichener. Keine der beiden Seiten konnte die Entscheidung über die neuen Institutionen der Demokratie diktieren. Schon wenige Wochen nach Einleitung der Demokratisierung trat ein verfassungsgebender Parlamentsausschuss zusammen, in dem die Regierungs- und Oppositionsparteien paritätisch vertreten waren. Gesellschaftliche Gruppen wie Juristenvereinigungen, Bürgerrechtskomitees oder Studentenorganisationen wurden allerdings ebenso wenig gehört wie kleinere Oppositionsparteien. Die neue demokratische Verfassung repräsentierte im Wesentlichen die Interessen der beiden politischen Parteien mit den größten Machtressourcen: der regierenden Demokratischen Gerechtigkeitspartei (DJP) sowie der Demokratischen Wiedervereinigungspartei (RDP), die aus der wenige Monate zuvor auseinandergebrochenen NKDP hervorging. Die Aushandlung der politischen Institutionen des neuen demokratischen Regierungssystems vollzog sich als exklusiver und parteienzentrierter Prozess zwischen den beiden großen Parteien. Das amtierende Parlament diente als Entscheidungsarena.

Die einschneidendsten Verfassungsänderungen wurden für die horizontale Gewaltenteilung, die Gewährung politischer und bürgerlicher Rechte, die Entpolitisierung des Militärs sowie die Einführung der lokalen Selbstverwaltung ausgehandelt, wobei die präsidentiell geprägte Verfassungstradition des Landes bewahrt wurde (Croissant 2002a). Ähnlich den früheren Verfassungen nimmt die Institution des Staatspräsidenten eine herausragende Stellung im Regierungssystem ein. Ihm stehen ein Premierminister und das Kabinett zur Seite. Sie bilden gemeinsam die Exekutive. Ihr gegenüber steht die Legislative, bestehend aus einem Einkammerparlament (Nationalversammlung), sowie die Judikative (u. a. ein Verfassungsgericht). Die Machtbalance zwischen den drei Gewalten hat sich mit der neuen Verfassung zugunsten der Legislative und Judikative verschoben, so dass von einem institutionellen Wandel vom autokratischen „Neo-Präsidentialismus" (Loewenstein 1969) zum konstitutionell gebändigten demokratischen Präsidentialismus gesprochen werden kann.

Der Staatspräsident als Regierungschef wird nun mit einfacher Mehrheit der abgegebenen Stimmen von den Wählern direkt gewählt. Seine Amtszeit wurde auf vier Jahre begrenzt, ohne die Möglichkeit einer Wiederwahl – auch nicht zu einem späteren Zeitpunkt. Für die politische Machtstellung des Präsidenten und sein Verhältnis zur Legislative sind seine Mitwirkungsrechte im Gesetzgebungsprozess und bei der Kabinettsbildung besonders bedeutsam (vgl. Shugart/Carey 1992).

Der südkoreanische Präsident verfügt über ein sogenanntes „Paketveto", d. h., er kann nur gegen ein Gesetz als ganzes Veto einlegen. Dieses kann jedoch vom Parlament mit Zweidrittelmehrheit seiner Mitglieder aufgehoben werden. Ein Teilveto, mit dem der Präsident einzelne Passagen eines Gesetzes blockieren kann, verbietet die Verfassung. Der Präsident verfügt über die Gesetzesinitiative, die Referendumsinitiative und legt den Haushalt vor. Am stärksten sind die Mitwirkungsrechte des Präsidenten bei der Ausarbeitung des Staatshaushaltes. Das Parlament kann in der Vorlage des Präsidenten die Zahl der Haushaltstitel nur begrenzen, nicht aber erhöhen. Bei Bedrohung der nationalen Sicherheit und öffentlichen Ordnung sowie bei Naturkatastrophen oder finanziellen und wirtschaftlichen Krisen kann er Notverordnungen erlassen, muss dafür aber *ex post* die Zustimmung der Nationalversammlung einholen. Außer im Notstand kann er nur Dekrete erlassen, wenn die Nationalversammlung ihn hierzu zuvor durch ein Parlamentsgesetz bevollmächtigt hat.

Der Präsident ernennt die Kabinettsminister sowie mit Zustimmung der Nationalversammlung den Premierminister. Der Premierminister assistiert dem Präsidenten bei der Leitung der Regierung und übt auf Anweisung des Präsidenten die Aufsicht über die Ministerien aus. Der Präsident entlässt die Minister und den Ministerpräsidenten ohne Mitspracherechte der Nationalversammlung. Bei der Entlassung des Kabinetts spielt also der Präsident und nicht das Parlament die entscheidende Rolle.

Das Gegenstück zur Nichtabberufbarkeit der Regierungsmitglieder ist die Unabhängigkeit des Parlaments vom Staatspräsidenten; ihm wurde mit der Verfassungsreform von 1987 das Recht zur Parlamentsauflösung genommen. Die legislative Gewalt liegt alleine beim Parlament, das für eine vierjährige Legislaturperiode in allgemeiner, gleicher, direkter und geheimer Wahl gewählt wird. Die Nationalversammlung verfügt über das Budgetrecht sowie die üblichen parlamentarischen Kontrollrechte (Interpellation, Haushaltskontrolle, Verwaltungskontrolle, Untersuchungsausschusswesen). Zwischen Ministeramt und Parlamentsmandat besteht Inkompatibilität. Die größte institutionelle Neuerung im Verfassungsprozess von 1987 betraf das 1988 erstmals eingerichtete Verfassungsgericht. Es besteht aus neun Richtern, von denen jeweils drei vom Staatspräsidenten, vom Vorsitzenden des Obersten Gerichtshofs sowie von der Nationalversammlung vorgeschlagen und vom Staatspräsidenten ernannt werden. Die Amtszeit der Richter beträgt sechs Jahre, mit der Möglichkeit der Wiederwahl (außer im Falle des Gerichtspräsidenten). Das Verfassungsgericht wird auf Antrag bei der konkreten Normenkontrolle, im Organstreitverfahren, bei Kompetenzstreitigkeiten zwischen örtlichen Selbstverwaltungsorganen und übergeordneten Organen, im Parteien- und Organisationsverbotsverfahren sowie im Amtsenthebungsverfahren tätig (vgl. Tabelle 34).

Die Wiedereinführung der Demokratie führte in Südkorea nicht zu einem völligen institutionellem Neubeginn. Vielmehr knüpfte der südkoreanische Verfassungsgeber in weiten Bereichen an die Verfassungstradition des Landes an. Die machtpolitisch orientierte Konzentration der politischen Auseinandersetzung auf den Bestallungsmodus des Staatspräsidenten sowie die gleichzeitige Ablehnung eines parlamentarischen Regierungssystems durch die maßgebliche Opposition reduzierte die verfügbaren institutionellen Optionen sehr rasch auf ein präsidentielles oder ein semipräsidentielles Regierungssystem. Es handelt sich bei der Verfassung also nicht um einen Entwurf „aus einem Guss", sondern vielmehr um einen Verbund verschiedener Strukturelemente des Präsidentialismus und Parlamentarismus, die stärker vom demokratischen Mehrheitsprinzip als vom Konsensprinzip geprägt sind (Croissant 2002d). Insbesondere die Machtverteilung zwischen Exekutive und Legislative sowie die innerexekutive Machtteilung zwischen Staatspräsident und Premier spiegeln die Kompromissbereitschaft der Akteure während der Verfassungsaushandlung wider. Der Charakter der demokratischen Institutionen war geprägt von den unterschiedlichen Perzeptionen, Verhandlungen und Kompromissen der Akteure in der Demokratisierungsphase (Croissant 1998b). Die Annahme der Verfassung durch ein Referendum mit der Zustimmungsquote von 93,1 Prozent verlieh dieser ihre Legitimität „von unten" und bildete gemeinsam mit den Präsidentschaftswahlen vom Dezember 1987 sowie den Parlamentswahlen im April 1988 den Endpunkt der Transition (Elster 1994: 43).

3.3 Taiwan: Der langsame Institutionalisierungsprozess der Demokratie

Die Verfassungsgebung erstreckte sich in Taiwan über mehr als fünf Jahre in vier voneinander abgrenzbaren Etappen. Sie vollzog sich nicht wie auf den Philippinen als klarer Bruch mit der autoritären Vergangenheit oder als ausgehandelter Neubeginn wie in Südkorea. Vielmehr handelte es sich bei der Institutionalisierung der Demokratie in Taiwan um einen inkrementellen Revisionsprozess (Tränkmann 1997; Wu 1998), an dessen Ende nicht eine neue demokratische Verfassung, sondern ein mit Zusatzartikeln ergänztes und demokratisiertes Grundgesetz stand.

Die Demokratisierung verlief als Abfolge konsensorientierter Verhandlungen zwischen der KMT und der DFP. Als durchgehendes Muster war erkennbar, dass die von der Opposition thematisierten politischen Reformvorhaben von der KMT aufgegriffen und implementiert wurden. Allerdings waren die spezifischen institutionellen Ergebnisse der Demokratisierung, wie sie sich in den vier Verfassungsergänzungen (1991, 1992, 1994, 1997) niederschlugen, dann vor allem das Resultat von Auseinandersetzungen zwischen verschiedenen ideologischen Flügeln innerhalb der KMT (Leng/Lin 1993: 808–818; Schneider, A. 1996: 32).

In der ersten Phase der Institutionalisierung von 1989–1991 musste insbesondere die Frage nach dem rechtlichen Status der alten demokratisch nicht legitimierten Staatsorgane beantwortet werden. Mit der Verabschiedung des ersten Verfassungszusatzes durch die alte Nationalversammlung wurden die konstitutionellen Rahmenbedingungen für die Auflösung der demokratisch nicht legitimierten verfassungsgebenden Kammer (Nationalversammlung) sowie der gesetzgebenden Versammlung *(Legislativyuan)* geschaffen (Wu 1995: 121 ff.). Gleichzeitig entfielen die meisten autoritären Einschränkungen der bürgerlichen und politischen Rechte aus der Zeit unmittelbar nach dem Bürgerkrieg. Mit den ersten freien Wahlen zur Nationalversammlung im Dezember 1991, die die KMT klar für sich entscheiden konnte, begann die zweite Phase der Institutionalisierung der Demokratie. Von nun an erfolgten alle weiteren Schritte der Verfassungsgebung in der mit einem demokratischen Mandat ausgestatteten Nationalversammlung.

In dieser zweiten Phase drehte sich die politische Diskussion vor allem um die zukünftige Gestalt des Regierungssystems. Erneut setzten sich die alten Regimeeliten mit ihren Vorstellungen gegenüber der Opposition durch. So scheiterte die DFP mit ihrer Forderung nach Abschaffung des 1949 auf Taiwan übertragenen, ursprünglich für Gesamtchina konzipierten „Fünf-Gewalten"-Systems zugunsten einer klassischen „Drei-Gewalten"-Ordnung mit einem Präsidenten als Kopf der Exekutive, einem Einkammerparlament und einem Verfassungsgericht (Heuser 1993: 662, 672 ff.). Für die KMT wäre die Aufgabe des „gesamtchinesischen" Staatsaufbaus gleichbedeutend mit der Anerkennung einer eigenständigen „Republik Taiwan" gewesen. Zu diesem Schritt waren die Softliner des Regimes um den seit 1988 amtierenden Präsidenten Lee Teng-hui aber sowohl aus Gründen des eigenen politischen Selbstverständnisses und der realpolitischen Rücksichtnahme auf mögliche Reaktionen der Pekinger Führung als auch angesichts des Widerstands des konservativen gesamtchinesisch gesinnten Parteiflügels nicht bereit (Lasars 1992). Mit dem zweiten Verfassungszusatz von 1992 wurde vor allem die Kompetenzabgrenzung zwischen Staatspräsident und Premier sowie zwischen *Legislativyuan* und Nationalversammlung konkretisiert. Die Neuwahl des *Legislativyuan* im Dezember 1992 markierte den Abschluss dieser Etappe und zugleich die Gründungswahlen der Demokratie (Schubert/Thompson 1996: 387).

Nachdem die politischen Grundstrukturen des neuen demokratischen Taiwans etabliert waren und die beiden vom Volk gewählten parlamentarischen Organe über eine demokratische Legitimation verfügten, rückte die Präsidentschaftsfrage in den Mittelpunkt. Die KMT stimmte der oppositionellen Forderung nach einer direkten Volkswahl des bislang von der Nationalversammlung gewählten Staatspräsidenten zu. Die Präsidentschaftswahl vom März 1996 bestätigte Lee Teng-hui (KMT) in seinem Amt, den letzten Akt dieser dritten Phase der demokratischen Institutionalisierung. Damit war noch vor Abschluss der Verfassungsrevision der Zugang zu politischen Entscheidungspositionen *de facto* demokratisiert. Hier wird erneut deutlich, dass sich die Phasen der demokratischen Institutionalisierung und der Konsolidierung in Taiwan besonders stark überlappen. Bestimmte Teilregime der Demokratie (Parteiensystem, Wahlregime) befanden sich bereits im Stadium der Konsolidierung, obwohl die Verfassungsgebung noch nicht völlig abgeschlossen war (Tien 1996: 23).

Der vierte Verfassungszusatz vom 21. Juli 1997 beendete schließlich die institutionelle Neuordnung des politischen Systems. Das „Fünf-Gewalten"-Regierungssystem der Republik China, wie es nach der Flucht der nationalchinesischen Regierung auf Taiwan übertragen wurde, blieb in den Grundstrukturen erhalten. Es basiert auf der Teilung der Staatsgewalt in fünf Gewalten:

- den *Exekutivyuan* als oberstes Exekutivorgan des Staates, er umfasst im Wesentlichen den Premierminister sowie das Kabinett (Rat des Exekutivyuan);
- den *Legislativyuan* als oberstes Gesetzgebungsorgan des Staates;
- den *Kontrollyuan* als eine Art von obersten Rechnungshof;
- den *Judikativyuan* als oberstes Rechtsprechungsorgan des Staates sowie
- den *Prüfungsyuan* als oberste Behörde zur Beamtenauswahl.

Innerhalb des präsidentiell-parlamentarischen Regierungssystems sind vor allem die Rechte des Staatspräsidenten und des *Legislativyuan* als gesetzgebende Versammlung gestärkt und die Stellung der Nationalversammlung sowie des *Exekutivyuan* geschwächt worden. Innerhalb der doppelköpfigen Exekutive kann der für maximal zwei konsekutive Amtszeiten direkt gewählte Staatspräsident den Premier ohne Zustimmung des Parlaments ernennen bzw. entlassen. Ungeachtet dessen aber sind die Einflussmöglichkeiten des taiwanesischen Präsidenten auf die Gesetzgebungsprozesse von der Verfassungsgrundlage her im regionalen Vergleich ausgesprochen schwach (vgl. Tabelle 34). Er hat weder das Gesetzesinitiativrecht noch das Recht zur

Vorlage des Haushaltsgesetzes. Beides liegt beim *Exekutivyuan*. Sein Vetorecht kann er nur auf Antrag des *Exekutivyuan* nutzen. Der Präsident kann den *Exekutivyuan* nur dann kontrollieren, wenn Premier und Präsident derselben Partei angehören. In dem bislang nicht eingetretenen Fall einer Kohabitation jedoch stärkt die Verfassung die politische Gestaltungsmacht des Premierministers.

Der *Legislativyuan* wiederum verfügt jetzt über das Instrument des Misstrauensvotums gegenüber dem Premier sowie über erweiterte Kontroll- und Haushaltsrechte. Der Staatspräsident kann im Falle eines erfolgreichen Misstrauensvotums gegen den Premierminister das Parlament auflösen. Die Nationalversammlung ist im Wesentlichen auf ihre Zuständigkeit in Verfassungsfragen und ihre Rolle beim Amtsenthebungsverfahren gegen Präsident oder Vizepräsident beschränkt worden. Die Verfassungsgerichtsbarkeit wurde beim „Hohen Rat der Richter" am *Justizyuan* belassen. Seit der vierten Verfassungsreform von 1997 besteht der Rat aus 15 Richtern, die vom Staatspräsidenten mit Zustimmung der Nationalversammlung für eine einmalige achtjährige Amtszeit (seit 2003 vier Jahre) ernannt werden.

Im August 2000 wurden in einer erneuten Runde der Verfassungsänderung die meisten der noch bei der Nationalversammlung verbliebenen Kompetenzen auf dem Legislativrat verlagert. Im Anschluss an die vollständige Abschaffung der Nationalversammlung im Mai 2005 wurde dem Parlament auch das Recht auf Verfassungsänderung übertragen, dessen Verkleinerung von 225 auf 113 Sitze in den Wahlen vom Dezember 2007 erfolgte. Damit hat sich das Regierungssystem der Republik China immer stärker von seinen festländischen Wurzeln in der Nanking-Verfassung von 1947 gelöst und einen genuin „taiwanesischen Charakter" angenommen. Die Rationalisierung der Verfassungsstrukturen durch Bereinigung der ursprünglich für Gesamtchina ausgelegten und für den Inselstaat nicht angemessenen Institutionenordnung ist aus konsolidierungstheoretischer Sicht als vorteilhaft zu bewerten, hat jedoch zur Reduzierung der in den letzten Jahren verstärkt hervorgetretenen politischen Reibungsverluste zwischen Parlament und Regierung nicht beitragen können.

3.4 Thailand: Wiederherstellung des parlamentarischen Regierungssystems

Auch in Thailand wurde zunächst keine neue Verfassung ausgearbeitet, sondern die 1991 auf Betreiben der regierenden Militärjunta verkündete Verfassung nur in wesentlichen Punkten abgeändert (Pretzell 1994a: 64). Von einer von der Interimsregierung eingesetzte Expertenkommission ausgearbeitet, traten diese Änderungen im Spätjahr 1992 in Kraft. Die Grundstruktur des stark am britischen Westminster-Modell orientierten parlamentarischen Zweikammersystems im Rahmen der bestehenden konstitutionellen Monarchie blieb erhalten. Zentrale Bestimmungen, die in der Vergangenheit der Sicherung des Machteinflusses des Militärs gedient hatten, wurden jedoch revidiert. Die wichtigsten Regelungen diesbezüglich waren (Pretzell 1994a, 1994b):

1. Schwächung des Senats zugunsten des Repräsentantenhauses: Der vom König ernannte Senat verfügt nunmehr über ein suspensives (aufschiebendes) Veto gegenüber Gesetzesbeschlüssen des Repräsentantenhauses und besitzt kein Gesetzesinitiativrecht. Seine Mitwirkungsrechte für zukünftige Verfassungsänderungen blieben jedoch erhalten. Damit sicherte sich das Militär, dessen Sympathisanten in der Vergangenheit einen großen Teil der Senatsmitglieder stellten, eine indirekte Vetomöglichkeit bei Verfassungsfragen.

2. Stärkung des Repräsentantenhauses gegenüber der Regierung: Der Ministerpräsident muss nun gewähltes Mitglied des Repräsentantenhauses sein. Damit wurde eine der wichtigsten Forderungen der Demokratiebewegung erfüllt und gleichzeitig der Einfluss außerparlamentarischer Kräfte auf die Regierungsbildung eingeschränkt. Weiterhin verfügt das Haus über die Möglichkeit des einfachen Misstrauensvotums gegenüber der Regierung, dem das Recht des Premiers, das Parlament aufzulösen, entgegensteht.
3. Stärkung der Stellung des Premiers gegenüber dem Militär und der zivilen Bürokratie: Dem Ministerpräsidenten selbst – und nicht mehr dem Militärrat, wie noch 1991/92 – obliegt das Recht, dem König Senatsmitglieder zur Ernennung vorzuschlagen. Die Möglichkeiten der autoritären Herrschaftseliten, den politischen Entscheidungsprozess wie in der Vergangenheit über den Senat zu kontrollieren (Pretzell 1994a: 229), wurden damit weitgehend ausgeschaltet.

Den Abschluss der demokratischen Institutionalisierung bildeten die Wahlen zum Repräsentantenhaus im September 1992. Aus diesen gingen die von der thailändischen Presse als „Engel"-Parteien bezeichneten pro-demokratischen Gruppierungen als Sieger hervor; sie gewannen 51,4 Prozent der Mandate. Die als „Teufel"-Parteien bezeichneten pro-militärischen Parteien, die die Militärjunta unterstützt hatten, erlitten eine empfindliche Niederlage und erhielten zusammen nur 46,4 Prozent der Mandate (Chai-anan 1995: 338). Ähnlich wie in Südkorea, insbesondere aber wie in Taiwan, führten die im Zuge der demokratischen Institutionalisierung durchgeführten Wahlen nicht zu einem umfassenden Austausch der Führungseliten des autoritären Regimes. Auch den autoritären Eliten in Thailand gelang es, über den Systemwechsel hinweg erhebliche Machtressourcen zu behalten, zumal das Militär seine institutionelle Autonomie und wichtige politische Vorrechte sichern konnte (Reinecke 1994: 248 f.).

Allerdings begann eine zweite verspätete Phase der Verfassungsgebung bereits 1994. Sie führte im September 1996 zur Einrichtung einer verfassungsgebenden Versammlung (*Constitutional Draft Assembly*, CDA), auf deren Zusammensetzung die etablierten politischen Kräfte nur geringen Einfluss hatten. Der von der CDA ausgearbeitete Verfassungsentwurf wurde der gemeinsamen Versammlung beider Häuser des Parlaments (Nationalversammlung) zur Entscheidung vorgelegt. Obwohl der Entwurf klar gegen die etablierten Interessengruppen in der staatlichen Verwaltung, dem Militär und dem Repräsentantenhaus gerichtet war, stimmten die Abgeordneten mit großer Mehrheit für die Annahme der neuen Verfassung, die schließlich im Oktober 1997 in Kraft trat.

Das parlamentarische Regierungssystem im Rahmen einer konstitutionellen Monarchie blieb in den Grundzügen erhalten, wobei das Schwergewicht der exekutiven Befugnisse eindeutig bei der dem Parlament verantwortlichen Regierung liegt, während der König verfassungsrechtlich auf eine kontrollierende und mäßigende Rolle gegenüber Parlament und Regierung beschränkt ist (Croissant 2002a). Zudem hat das Eingreifen des Königs in den politischen Prozess in der Vergangenheit immer wieder gezeigt, dass der Monarch seine politischen Einflussmöglichkeiten nur zurückhaltend und vorsichtig einsetzt (Vatikiotis 1996: 52 f.).

Neben verschiedenen Änderungen, die auf eine Stärkung der politischen Rolle der Parteien, einen verbesserten Schutz der Bürgerrechte und eine effektivere Kontrolle des Wahlprozesses zielten, bildete die Einführung der Direktwahl des Senats den Kernpunkt dieser zweiten Runde der Verfassungsgebung. Im thailändischen Zweikammersystem sind die Kompetenzen zwischen beiden Häusern des Parlaments (Nationalversammlung) asynchron verteilt. Der Senat verfügt weder über das Gesetzesinitiativrecht, noch hat er Einfluss auf das Zustandekommen oder die Abwahl der Regierung. Dafür besitzt er ein Vetorecht, das es ihm ermöglicht, Gesetzesvorhaben bis zu 180 Tage zu blockieren. Im Amtsenthebungsverfahren gegen Mitglieder der Regierung, des Repräsentantenhauses, anderer Verfassungsorgane sowie gegen hohe Beamte wirkt der Senat als Geschworenenbank.

Weitere wichtige Verfassungsreformen waren die Stärkung der Stellung des Premierministers gegenüber dem Repräsentantenhaus durch die Einführung eines konstruktiven Misstrauensvotums, die Übernahme eines auf der Verbindung von Mehrheitswahl in Einmannwahlkreisen und Listenwahl basierenden Wahlsystems mit Wahlpflicht, die Schaffung einer unabhängigen Wahlkommission sowie die Verbesserung des verfassungsrechtlichen Schutzes der Bürgerrechte und strengere Kontrollen zur Vermeidung bzw. Aufklärung von Korruption im öffentlichen Bereich. Neben der neu gegründeten *National Counter Corruption Commission* ist hier insbesondere das neu eingerichtete Verfassungsgericht zu nennen. Es setzt sich aus 15 Richtern zusammen, die auf Vorschlag des Senats vom König ernannt werden. Die Dominanz einer einzigen politischen Kraft in der Verfassungsgerichtsbarkeit wird durch ein ausbalanciertes Berufungsverfahren verhindert. Der Einfluss der politischen Parteien auf die Zusammensetzung des Gerichts ist dadurch weitgehend ausgeschaltet. Die Amtszeit beträgt neun Jahre, eine erneute Kandidatur ist nicht möglich. In seinen Zuständigkeitsbereich fallen das abstrakte und konkrete Normenkontrollverfahren, Organstreitigkeiten, die Verfassungsbeschwerde sowie die Entscheidungskompetenz im Parteienverbotsverfahren (vgl. Tabelle 34).

3.5 Indonesien: Reform des präsidentiellen Regierungssystems

Ähnlich wie in Taiwan ist auch in Indonesien der Abschluss der Transition nicht konkret zu benennen. Wie in Thailand und Taiwan wurde die alte Verfassung des autoritären Regimes beibehalten und bedeutenden Änderungen unterzogen. Auch in Indonesien dominierte die institutionelle Kontinuität zum autoritären Regime, die durch eine personale Kontinuitätskomponente ergänzt wurde. So vollzog sich die erste entscheidende Sequenz des konstitutionellen Reformprozesses, die die Demokratisierung institutionell erst ermöglichte, unter der Führung des vom Vizepräsidenten Suhartos zum Präsidenten des Landes aufgestiegenen Übergangspräsidenten B. J. Habibie. Die Änderungen der Verfassung sowie einiger für den Übergang zur Demokratie besonders relevanter Gesetze wurde in der Beratenden Volksversammlung (MPR) ausgehandelt, deren Mitglieder noch von Suharto ernannt worden waren. In den ersten 11 Monaten der Präsidentschaft Habibies führten fast ausschließlich Personen und Gruppierungen den institutionellen Revisionsprozess, die ihre Einflusspositionen der Teilnahme am Suharto-Regime zu verdanken hatten (Malley 2000: 173).

Neben ihrem wenig präzisen Inhalt war die Verfassung (1959) bis zur Transition durch die Zuschneidung des Regierungssystems auf den Präsidenten charakterisiert. Dieser war Staats- und Regierungschef sowie Oberbefehlshaber der Streitkräfte, konnte den Notstand ausrufen, hatte weitreichende Dekretmacht und besaß das allgemeine Gesetzesinitiativrecht sowie ein allgemeines Vetorecht. Das Repräsentantenhaus (DPR) hatte lediglich ein begrenztes Initiativrecht und musste Gesetzen sowie dem Haushalt formal zustimmen.

Die bis einschließlich 2002 durchgeführten Änderungen haben die Grundstruktur des präsidentiellen Regierungssystems nachhaltig verändert. Bis 2002 standen dem Präsidenten das Repräsentantenhaus (DPR) sowie eine Beratende Nationalversammlung (MPR) gegenüber. Die DPR ist eine klassische Legislative, während die MPR keine an der Gesetzgebung beteiligte zweite Kammer, sondern auf Zuständigkeiten in Verfassungsfragen sowie – besonders – die

Wahl des Präsidenten beschränkt war. Zentrale Bestimmungen, die in der Vergangenheit der Sicherung der Macht von Präsident, Golkar und Militär gedient hatten, wurden jedoch mit der dritten und vierten Verfassungsänderung von November 2001 und August 2002 revidiert. Die MPR hat ihr Recht verloren, den Präsidenten sowie den Vizepräsidenten zu wählen. Beide wurden 2004 erstmals direkt vom Volk gewählt. Für die Wahl zur DPR wurde ein modifiziertes Verhältniswahlsystem eingeführt. Die insgesamt 500 Mitglieder des Repräsentantenhauses werden demnach für eine fünfjährige Legislaturperiode gewählt, wobei jede Provinz einen Wahlkreis mit vier bis 82 Abgeordneten bildet, je nach Bevölkerungsgröße. Mit den Wahlen vom Sommer 2004 wurden die bis dato für Vertreter von Militär und Polizei reservierten Sitze abgeschafft. Zudem wurde die Stellung des Parlaments gegenüber der Exekutive aufgewertet, indem die Legislativ-, Budget-, Kontroll- und Untersuchungsrechte der DPR erweitert wurden. Das Recht des Präsidenten, Notverordnungen zu erlassen, wurde eingeschränkt und eine Beschränkung der Amtsperioden auf maximal zwei eingeführt (vgl. Herberg 2002). Schließlich beschloss die MPR auch die Einführung einer unabhängigen Wahlkommission, eines eigenständigen Verfassungsgerichts, einer unabhängigen Richterkommission zur Kontrolle des Ernennungsverfahrens am Obersten Gerichtshof sowie die Einführung einer zweiten Kammer der Provinzen, des sogenannten Regionalrats (DPD) mit 128 direkt gewählten Mitgliedern (Hadiwinata 2006a). Das hieraus resultierende asymmetrische Zweikammersystem indonesischer Prägung ist dadurch charakterisiert, dass die laut Verfassung die Kompetenzen der zweiten Kammer auf Fragen der Regionalautonomie, der Beziehungen von Zentrum und lokalen Gebietskörperschaften, die Veränderung des Zuschnitts der Regionen, das Management natürlicher Ressourcen sowie die Fiskalbeziehungen zwischen Zentralregierung und Regionen beschränkt sind (Rüland et al. 2005: 71 f.).

Als Gründungswahlen der Demokratie können die Wahlen zur DPR im Mai 1999 gelten. Begünstigt durch das geltende Verhältniswahlrecht führten die Wahlen zu einer starken parteipolitischen Zersplitterung des Parlaments, in dem insgesamt 20 Parteien vertreten waren. Aus den Wahlen ging kein klarer Sieger hervor. Mit 33,8 Prozent der Stimmen und 30,8 Prozent der Mandate stellte die PDI-P *(Parti Demokrasi Indonesia – Perjuangan)* von Megawati Sukarnoputri die stärkste Fraktion, gefolgt von der alten Regimepartei Golkar, der moderat-traditionalistischen islamischen Partei der nationalen Erweckung *(Partai Kebangkitan Bangsa*, PKB*)* des Gelehrten Abdurahman Wahid, der PPP und der modernistisch-islamisch orientierten PAN *(Partai Amanat Nasional)* des Moslemführers Amian Rais. Das Wahlergebnis spiegelte die starke Zersplitterung der indonesischen Parteienlandschaft wider. Dieses für junge Demokratien im Übergang, die bei ihren ersten Wahlen das Verhältniswahlrecht praktizieren, häufige Phänomen war für Indonesien deswegen von besonderer Bedeutung, weil der erste Präsident von der Beratenden Volksversammlung gewählt wurde. Die Zersplitterung des Parlaments wirkte sich so unmittelbar auf die Regierungsbildung im indonesischen Präsidentialismus aus. Die alte Regimepartei Golkar kam auf 22,5 Prozent der Wählerstimmen und verlor bereits bei den ersten freien Wahlen ihre dominierende Stellung im Parteiensystem. Allerdings behielt Golkar als zweitstärkste Kraft im stark fragmentierten Parlament ein erhebliches Koalitionspotenzial, dass die Partei bei der Regierungsbildung ausspielen konnte. Wie in den letzten freien Wahlen von 1955 konnten die Parteien erneut in die zwei großen Gruppen der islamischen und der national-säkularen Parteien eingeordnet werden. Nach mehr als 40 Jahren knüpfte der politische Wettbewerb mit der Öffnung des politischen Regimes nahtlos an diese vorautoritäre Konfliktstruktur an (Sulistyo 2002: 82). Nach den Wahlen kristallisierten sich innerhalb des national-säkularen Lagers die PDI-P und Golkar als dominante Akteure heraus.

Während sich die PDI-P als Partei der städtischen Unterschichten profilierte und sich ihre Vorsitzende, Megawati Sukarnoputri, erfolgreich bemühte, an den Mythos ihres Vaters als Vertreter der Armen anzuknüpfen, gelang es Golkar, ihre starke Stellung auf den äußeren Inseln und in den ländlichen Provinzen zu erhalten, wo sich das Netzwerk zwischen Partei, Militär und lokaler Verwaltung weiterhin als wirksam erwies. Die islamischen Parteien konnten wiederum in zwei Gruppen unterschieden werden. Zum einen waren dies eher traditionalistische Gruppierungen im weiteren Umfeld der 34 Millionen Anhänger starken Moslemorganisation *Nahdlatul Ulama* (NU). Für diese stand vor allem die PKB unter Abdurrahman Wahid, der politische Arm der NU. Zum anderen umfasste das Spektrum der islamischen Parteien modernistische Gruppierungen im weiteren Umfeld der *Muhammadiyah* (Jamhari 1999: 184 ff.).

3.6 Fazit

In allen fünf ost- und südostasiatischen Transformationsländern markierten Wahlen als Schlüsselelement den demokratischen Übergang. Auf den Philippinen und in Südkorea waren es Präsidentschaftswahlen; in Indonesien, Taiwan und Thailand hingegen Parlamentswahlen. Die Einführung demokratischer Verfahren verlief jedoch lediglich in zwei Fällen (Südkorea, Philippinen) zeitlich parallel mit diesen Wahlen. Während hier zwischen der Verabschiedung einer neuen, demokratischen Verfassung und den demokratischen Gründungswahlen nur wenige Monate lagen, verlief die Verfassungsgebung in Taiwan inkrementell und war erst nach den ersten demokratischen Parlaments- und Präsidentschaftswahlen abgeschlossen. In Indonesien war 2003 der Ausgang des Verfassungsgebungsprozesses noch offen. Während in Südkorea und auf den Philippinen eine formal genuin neue, inhaltlich gleichwohl tief in den konstitutionellen Traditionen beider Länder verankerte Verfassung ausgearbeitet wurde, behielten Indonesien, Taiwan und (zunächst auch) Thailand ihre alte Verfassung in modifizierter und angepasster Form bei.

In der Systematik von Jon Elster (1994) besaß die Verfassungsgebung in Taiwan (ab 1992) und in Indonesien (ab 2000) Legitimität „von oben", da das verfassungsgebende Organ über eine demokratische Legitimation verfügte. Während sich auf den Philippinen und in Südkorea die Verfassung aufgrund ihrer Annahme durch ein Referendum auf eine Legitimation „von unten" stützen kann, fehlte dem thailändischen Verfahren der Verfassungsgebung in der ersten Runde (1992) jegliche demokratische Legitimität. Dagegen besaß der Prozess der Verfassungsgebung in Thailand im Jahr 1997 zumindest die Legitimität „von oben" sowie eine „interne Verfahrenslegitimität".

Hinsichtlich der institutionellen Ergebnisse der Transformationsprozesse ist zweierlei festzuhalten: Erstens zeigen die ost- und südostasiatischen Systemwechsel, dass „institutionelle Revolutionen" auch in Transitionsprozessen selten sind. In keinem der fünf Länder ist die Umbruchsituation zu einem grundlegenden Wechsel des Regierungssystems von einem präsidentiell dominierten zu einem parlamentarischen System genutzt worden. Die eigenen Verfassungstraditionen wurden meist fortgeschrieben oder – wie auf den Philippinen – erneut aufgegriffen und durch einen neuen institutionellen Feinschliff modifiziert. Auf der Ebene der Regierungssysteme berührte dieser Feinschliff in unterschiedlicher Gewichtung das Verhältnis der beiden Regierungsspitzen von Präsident und Premier in den „doppelköpfigen Exekutiven" der präsidentiell-parlamentarischen Regierungssysteme (Taiwan und Südkorea), das Verhältnis

Tabelle 34: Die Institutionalisierung der Demokratie in Ost- und Südostasien

	Art der Institutionalisierung	Verfahren der Verfassungsgebung	Typ des demokratischen Regierungssystems	Verfahrenslegitimität
Indonesien (1999)	von den alten Regimeeliten dominiert	Verfassungsrevision durch ein Staatsorgan und Annahme ohne Referendum	präsidentiell	keine
Indonesien (ab 2000)	ausgehandelt	Verfassungsrevision durch ein demokratisch gewähltes Staatsorgan; Annahme ohne Referendum	präsidentiell	Legitimität von oben und interne Verfahrenslegitimität
Philippinen (1987)	unilateral durch die Opposition	Verfassungsgebung durch eine eingesetzte *Constitutante* und Annahme durch Referendum	präsidentiell	interne Verfahrenslegitimität und Legitimität von unten
Taiwan (1991–1997)	von den Regimeeliten dominiert	Verfassungsrevision ab 1992 durch ein demokratisch gewähltes Staatsorgan und Annahme ohne Referendum	präsidentiell-parlamentarisch	ab 1992 Legitimität von oben und interne Verfahrenslegitimität
Thailand (1992)	ausgehandelt	Verfassungsrevision durch ein Staatsorgan und Annahme ohne Referendum	parlamentarisch	keine
Thailand (1997)	–	Verfassungsentwurf von demokratisch gewählter *Constitutante*; Annahme durch Nationalversammlung ohne Referendum	parlamentarisch	Legitimität von oben und interne Verfahrenslegitimität
Südkorea (1987)	ausgehandelt	Verfassungsgebung durch ein Staatsorgan und Annahme durch Referendum	präsidentiell-parlamentarisch	interne Verfahrenslegitimität und Legitimität von unten

Quelle: Eigene Zusammenstellung.

von Exekutive und Legislative sowie die Stellung der (Verfassungs-)Gerichtsbarkeit. Während Reformen im ersten Bereich zu einer verstärkten „Präsidentialisierung" der gemischten Regierungssysteme durch Einführung der Direktwahl des Präsidenten (Südkorea, Taiwan, voraussichtlich Indonesien) führten, wurden im zweiten Reformbereich die Kontrollrechte der Legislative gegenüber der Exekutive gestärkt und die Rechte der Präsidenten gegenüber der Legislative geschwächt. Auch im parlamentarischen Regierungssystem Thailands wurde die Verfassungsgebung dazu genutzt, das Verhältnis von Exekutive und Legislative besser auszubalancieren.

In Hinblick auf die Stellung der Judikative im Verfassungsgefüge ist die durchgängige Institutionalisierung einer Verfassungsgerichtsbarkeit hervorzuheben. Dies wurde entweder in Form eines eigenständigen Verfassungsgerichts wie in Thailand, Südkorea und Indonesien, in Gestalt des amerikanischen Modells der funktionalen Verfassungsgerichtsbarkeit durch einen Obersten Gerichtshof (Philippinen) oder in einer Mischung aus beiden Modellen (Taiwan) etabliert. Ungeachtet wichtiger Unterschiede in der Kompetenzausstattung der Gerichte erfüllen alle fünf Regierungssysteme die Grundvoraussetzungen der *judicial review* im demokratischen Rechts- und Verfassungsstaat.

4 Konsolidierung

Das Ende der autoritären Regime und die Institutionalisierung der Demokratie in den ost- und südostasiatischen Transformationsländern führten zu einer Neuordnung der politischen Organisation des Staates und seiner Beziehungen zur Gesellschaft. Der Regimewechsel führte aber zunächst nicht (Taiwan, Südkorea) oder nur sehr begrenzt (Indonesien, Thailand, Philippinen) zum Austausch der alten politischen Eliten. Vor allem die demokratischen Gründungswahlen erwiesen sich nicht als effektives Instrument des Elitenaustauschs. In Südkorea gewann der Kandidat des autoritären Regimes, Roh Tae-woo, die ersten freien Präsidentschaftswahlen im Jahr 1987. Erst mit dem Sieg von Kim Dae-jung in den Präsidentschaftswahlen vom Dezember 1997 gelang der Machtwechsel zwischen Opposition und Regierung. In Taiwan war dies sogar erst mit dem Sieg des Kandidaten der oppositionellen Demokratischen Fortschrittspartei, Chen Shuibian, bei den Präsidentschaftswahlen im März 2000 der Fall. In Indonesien folgten dem Übergangspräsidenten B. J. Habibie zwar Oppositionspolitiker im höchsten Staatsamt. Die alten Regimeeliten sind jedoch in Parlament, Armee und Bürokratie weiterhin stark vertreten. Ähnliches galt auch in Thailand am Ende der Demokratisierung. Obwohl es auf den Philippinen noch am ehesten zu einem Elitenwechsel kam, belastet die *reconquista* der politischen Herrschaftspositionen durch die neuen („alten") demokratischen Eliten aus der Periode vor dem Marcos-Regime (1946–1972) die Konsolidierung der Demokratie hier am stärksten.

4.1 Philippinen: Die blockierte Konsolidierung

In den kritischen Anfangsjahren der Demokratie wurde die effektive Herrschaftsgewalt der ersten demokratischen Regierung unter Corazon Aquino gleich von mehreren Seiten massiv in Frage gestellt. Am rechten Rand des ideologischen Spektrums waren dies die gewaltbereiten Anhänger des Marcos-Regimes (Loyalisten) innerhalb des Militärs sowie rechtsextremen Gruppen junger, putschbereiter Militärs der mittleren Offiziershierarchie. Den ideologischen Gegenpart bildete die maoistisch orientierte *Kommunistische Partei der Philippinen* (CPP) mit ihrer Volksfrontorganisation sowie ihrem bewaffneten Flügel, der *New People's Army* (NPA). Zudem agierten verschiedene sezessionistische moslemische Rebellenorganisationen auf der südlichen Inselgruppe Mindanao gegen die Zentralregierung in Manila.

Diese Gruppierungen konfrontierten die junge Demokratie mit ihrem konkurrierenden Gewaltanspruch. Die seit den 1970er Jahren einen revolutionären Volkskrieg führende kommunistische Guerilla kontrollierte auf dem Höhepunkt ihrer Erfolge Mitte der 1980er Jahre etwa

20 Prozent des Staatsgebiets und hielt 25 000 Kämpfer unter Waffen. Im Süden des Landes operierten zeitweise mehr als 20 000 moslemische Kämpfer. Vor allem jedoch sah sich die philippinische Demokratie in den ersten vier Jahren einer regelrechten Belagerung durch Teile des eigenen Militärs ausgesetzt. Zwischen Februar 1986 und März 1990 kam es zu acht Militärerhebungen; Coups und Coupdrohungen dominierten in jenen Jahren die Politik, blockierten soziale Reformen und verlangsamten die ohnehin lahmende volkswirtschaftliche Entwicklung (McCoy, A. W. 2000: 260). Obwohl die Umsturzversuche der aufständischen Militärs scheiterten, die kommunistischen Aufständischen nach mehreren militärischen und politischen Niederlagen in den 1990er Jahren nur noch kleine Gebiete kontrollierten und es der moslemischen Guerilla nicht gelang, stabile territoriale Enklaven im Süden des Landes zu errichten, waren die negativen Auswirkungen auf die Konsolidierung der Demokratie erheblich. Es entstand in einzelnen Gebieten ein Autoritätsvakuum, das von nichtstaatlichen Akteuren zum Aufbau paralleler Machtstrukturen genutzt wurde. Insbesondere behinderte der fortdauernde Widerstand von Kommunisten und Sezessionisten die Institutionalisierung ziviler Kontrolle über die Streitkräfte, da diese die Bedrohung der territorialen Integrität als Vorwand für politische Interventionen gebrauchten.

So hat sich das Militär zu einem der wichtigsten Akteure der philippinischen Politik entwickelt, der sich seine „Loyalität" zu den gewählten Regierungen mit politischen Vorrechten vergüten lässt. Nach einer scheinbaren Normalisierung der Lage in der zweiten Hälfte der letzten Dekade wurde dies während der Auseinandersetzung um die Amtsenthebung von Präsident Joseph Estrada im Januar 2001 erneut offensichtlich. Wie im Februar 1986 gab wiederum das parteiische Eingreifen der Streitkräfte, nämlich für die neue Präsidentin Gloria Macapagal Arroyo, den Ausschlag (vgl. Landé 2001). Zum 20. Jahrestag der sogenannten EDSA-Revolution[20] gegen Präsident Marcos am 24. Februar 2006 verhängte die Präsidentin nach Hinweisen der Sicherheitskräfte auf einen unmittelbar bevorstehenden Putschversuch einiger Spezialeinheiten der Streitkräfte den Ausnahmezustand.

Die mangelnde Durchsetzungsfähigkeit des Herrschafts- und Gewaltmonopols der gewählten Regierung ist nicht das einzige Konsolidierungsdefizit der philippinischen Demokratie. Zwar finden seit 1987 regelmäßig allgemeine und freie Wahlen statt, diese sind jedoch durch gravierende Defizite bei der korrekten Durchführung gekennzeichnet. Die größten Probleme sind die politische Gewalt bei Wahlen sowie die Manipulation von Wählerregistern, Stimmzetteln und Stimmenauszählung. Stimmenkauf und Verstöße gegen die Wahlgesetze sind die Regel. Die politische Rechte sowie die Vertreter der wirtschaftlich dominierenden Oligarchie haben es bislang verstanden, Wahlen und demokratischen Institutionen zur Sicherung ihrer eigenen *vested interests* zu nutzen (vgl. auch Gills et al. 1993: 25).

Obwohl organisatorische Verbesserungen bei der Durchführung von Wahlen, die Schwächung der kommunistischen Guerilla und Teilerfolge bei der Bekämpfung paramilitärischer Gruppen zu einem Rückgang des allgemeinen Niveaus und der Intensität politisch motivierter Gewalt geführt haben, kommt es weiterhin zur Einschüchterung von Wählern und Kandidaten, bis hin zum politischen Mord. Der Wahlbehörde ist es trotz ihrer weitreichenden Befugnisse zur Sicherung des korrekten Ablaufs der Wahlen bislang nicht gelungen, in allen Wahlbezirken die ordnungsgemäße Durchführung des Wahlverfahrens sicherzustellen (vgl. Linantud 1998: 304). Die Wiederwahl von Präsidentin Gloria Macapagal Arroyo im Mai 2004 war

---

20 EDSA = Epifanio de los Santos Avenue, auf der der Protest gegen das Marcos-Regime kulminierte und letztlich zum Sturz des autoritären Regimes von Präsident Ferdinand Marcos und zur Einsetzung von Corazon Aquino als Präsidentin der Republik führte.

von massiven Vorwürfen des Wahlbetrugs begleitet, die einen (gescheiterten) Versuch der Einleitung eines Amtsenthebungsverfahrens sowie Massenproteste auslösten (vgl. Teehankee 2006). Unvermindert erreicht die politische Gewalt bei Wahlen ein Ausmaß, welches das der meisten anderen ost- und südostasiatischen Demokratien weit überschreitet.

Im Gegensatz zu diesen Konsolidierungsproblemen zeichneten sich die Philippinen bis in die unmittelbare Vergangenheit durch eine nahezu strikte Einhaltung der konstitutionell vorgegebenen Kompetenzabgrenzungen und Verfahrensregeln im Bereich der horizontalen Gewaltenkontrolle aus. Hauptsächlich mit dem Senat hat sich ein kompetitiver Vetospieler herausgebildet, der eine hohe Blockadekapazität gegenüber Politikvorhaben der Exekutive besitzt. Dies hat wiederholt dazu geführt, dass prominente Vorhaben der Regierung vom Kongress nicht behandelt oder angesichts ihres wahrscheinlichen Scheiterns von der Regierung fallengelassen wurden. Das parlamentarische Gegengewicht, das präsidentielle Machtansprüche im Zaun zu halten vermag, fordert allerdings auch Kosten: Langwierige Gesetzgebungsverfahren sowie Blockaden und Verwässerungen reformerischer Projekte durch den Kongress im Bereich der Wirtschafts- und Sozialgesetzgebung sind die Regel (Croissant 2000/01).

Einen wichtigen Stützpfeiler der „funktionierenden" Gewaltenkontrolle bildete bislang der Oberste Gerichtshof. In den zwei Dekaden seit der Demokratisierung hat es der Gerichtshof verstanden, seine institutionelle Autonomie gegenüber Regierung und Kongress zu bewahren und an die Tradition eines selbstbewussten Gerichts der vorautoritären Zeit anzuknüpfen (Tate 1997: 282). Unterstützt wurde diese Entwicklung in den Anfangsjahren der Demokratie durch eine betont passive Haltung der Präsidentin Corazon Aquino gegenüber dem Gericht. Während der kritischen Phase der Institutionengründung trug dies ebenso wie ihre Politik zur Ernennung der Richterschaft, die auf die breite Repräsentation unterschiedlicher gesellschaftlicher Gruppen und politischer Interessen abzielte, dazu bei, dass der Oberste Gerichtshof rasch ein hohes Maß an Zustimmung und institutionellem Vertrauen der Bürger erlangen konnte.

Das am US-amerikanischen Präsidentialismus orientierte System von *checks and balances* zwischen Präsident, Kongress und Oberstem Gerichtshof erwies sich bis Ende der 1990er Jahre als widerstandsfähig, bewirkte jedoch, dass die notwendigen Reformen in Staat, Politik, Wirtschaft und Gesellschaft häufig blockiert wurden. Weitere Faktoren wie die politische Ökonomie philippinischer Wahlen, ein organisatorisch schwaches, fluides Parteiensystem und ein hohes Niveau politischer Korruption erschwerten die Reformen zusätzlich. Zudem haben die Ereignisse im Zusammenhang mit dem Regierungswechsel von Joseph Estrada zu Gloria Macapagal Arroyo (2001) Fragezeichen hinter den konstitutionellen Grundkonsens der philippinischen Demokratie gesetzt. Mit der Verlagerung der politischen Auseinandersetzung auf die Straße kündigte die Opposition im Januar 2001 den minimalen Verfahrenskonsens, der in den Monaten zuvor die politische Stabilität gesichert hatte, auf (Landé 2001: 100). In der Folge zwang die Opposition den Präsidenten zum Rücktritt. An seine Stelle trat die zur Gallionsfigur der Proteste aufgestiegene Vizepräsidentin Gloria Macapagal Arroyo. Die konstitutionell vorgeschriebene Nachfolgeregel wurde zwar eingehalten, der Rücktritt von Estrada allerdings weitgehend an der Verfassung vorbei erzwungen.

Die gravierendsten Defekte der philippinischen Demokratie bestehen im Bereich der bürgerlichen Freiheitsrechte. Der seit jeher schwache und in besonderem Maße der faktischen Machtverteilung untergeordnete Rechtsstaat wurde in den letzten 15 Jahren nicht gestärkt. Die Verfassung von 1987 garantiert zwar bürgerliche Freiheitsrechte, Prozessrechte des Einzelnen und besondere Rechte zum Schutz religiöser und ethnischer Minderheiten. Ihre Realisierung ist jedoch bestenfalls unvollständig. Für weite Teile der Bevölkerung besteht eine *low intensity citizenship*, die in einzelnen Gebieten einer *no intensity citizenship* entspricht. Allerdings sind über die letzten beiden Dekaden hinweg auch positive Tendenzen auszumachen. Die Zahl der während der „harten" Phase der Guerillabekämpfung Ende der 1980er Jahre begangenen Menschenrechtsverletzungen ist zurückgegangen. Politisch motiviertes „Verschwinden" von Personen, Verhaftungen aus politischen Gründen oder gar willkürliche Erschießungen gehören jedoch noch immer zum Alltag der philippinischen Demokratie.

4.2 Südkorea: Die verzögerte Konsolidierung

Im Gegensatz zu den Philippinen konnte die südkoreanische Demokratie in der Anfangszeit der Konsolidierung von einem beispiellosen wirtschaftlichen Boom profitieren (s. Tabelle 33, S. 264). Das im Vergleich zu den Philippinen (sowie Indonesien und Thailand) hohe sozioökonomische Entwicklungsniveau, aber vor allem der hohe Bildungsstand und die niedrigere Gewaltbereitschaft in der südkoreanischen Bevölkerung bildeten relativ günstige Voraussetzungen für die weitere Konsolidierung der Demokratie. Eine bewaffnete Rebellenbewegung wie auf den Philippinen hat es in Südkorea nicht gegeben.

Neben diesen positiven Konsolidierungsbedingungen belastet die südkoreanische Demokratie aber eine Hypothek, die auf den Philippinen nicht besteht: das ungelöste Staatlichkeitsproblem des südkoreanischen Teilstaates sowie die Bedrohung durch den feindlichen Bruderstaat im Norden. Die „koreanische Frage" ist auch nach dem Ende des Kalten Krieges ungelöst.

Angesichts dieser unterschiedlichen Ausgangsbedingungen erstaunt es nicht, dass die Konsolidierungsprobleme der südkoreanischen Demokratie anders als in den südostasiatischen Staaten gelagert sind. Dies betrifft zuallererst die Rolle der Militärs im demokratischen System. Der Wahlsieg des Ex-Putschisten und designierten Nachfolgers des autoritären Regimes, Roh Tae-woo in den Präsidentschaftswahlen vom Dezember 1987 erlaubte es den Streitkräften zunächst, ungeachtet der Demokratisierung auch nach 1987 die eigenen organisatorischen, finanziellen und personellen Interessen gegen zivile Eingriffe abzusichern. Die südkoreanischen Militärs mussten nicht fürchten, wegen der von ihnen begangenen Menschenrechtsverletzungen von der neuen, demokratischen Regierung zur Rechenschaft gezogen zu werden.

Anders als sein Amtsvorgänger widmete Präsident Kim Young-sam (1993–1998) der Militärpolitik schon kurz nach seinem Amtsantritt große Aufmerksamkeit. Unter Ausnutzung seiner verfassungsmäßigen Kompetenzen begann der neu gewählte Präsident, die Streitkräfte und Sicherheitsdienste der zivilen Kontrolle unterzuordnen. Eine überraschend konsequente Personalpolitik, die Aufdeckung mehrerer Korruptionsskandale in den Streitkräften, die strafrechtliche Verfolgung der verantwortlichen Offiziere sowie die Auflösung verschiedener militärischer Geheimbünde, die während des autoritären Regimes einen inneren Machtzirkel gebildet hatten, trugen dazu bei, den politischen Einfluss der Militärs wirkungsvoll zu verringern (vgl. Croissant 2002b). Ihren Höhepunkt erreichte die Demontage des Militärs als Vetomacht im Prozess gegen die Verantwortlichen des Putsches von 1979/80. Das unter der Bezeichnung *Campaign to Rectify the Authoritarian Past* initiierte Vorgehen der Regierung gegen hochrangige Ex-Militärs führte zu einem wenige Jahre zuvor kaum vorstellbaren Schritt juristischer Aufarbeitung des autoritären Regimes (ibid.). Die Reibungslosigkeit, mit der die Regierung ihre Reformen durchführen konnte, zeigte deutlich die gewachsene Bereitschaft des Militärs, sich aus der Politik zurückzuziehen und von der Vetomacht zum gleichwohl einflussreichen sicherheitspolitischen Akteur zu wandeln.

Problematischer verlief die vollständige Durchsetzung der konstitutiven Rechte politischer Organisation und Kommunikation. Die Gewährleistung der verfassungsmäßigen Rechte auf freie Assoziation, Meinungsäußerung und Information sowie vor allem auf gewerkschaftliche Betätigung war bis weit in die 1990er Jahre eingeschränkt. Zahlreiche Ausschlussklauseln in den Wahl-, Parteien- und Arbeitsgesetzen hinderten gesellschaftliche Organisationen im Allgemeinen und Gewerkschaften im Besonderen daran, sich wirkungsvoll für ihre politischen Werte und wirtschaftlichen Interessen einzusetzen. Erst zum Ende der letzten Dekade hat sich die Haltung von Regierung und Verwaltung in diesem Bereich substanziell geändert, so dass die Situation nach 2000 weitgehend den Standards einer liberalen Demokratie entspricht. Allerdings bestehen noch immer Einschränkungen des Streikrechts sowie des gewerkschaftlichen Organisationsrechts im öffentlichen Sektor. Sie verstoßen gegen die Schutzkonventionen der International Labour Organization (ILO).

Informations-, Meinungs- und Organisationsfreiheit der Bürger stoßen unvermindert an Grenzen, wenn das Verhältnis zum feindlichen Bruderstaat im Norden berührt ist. Zu nennen ist hier in erster Linie das notorische Nationale Sicherheitsgesetz (*National Security Act*, NSA). Das Gesetz erlaubt es der Regierung, repressiv gegen besonders kritische Gruppen der Gesellschaft vorzugehen. Problematisch ist nicht die Existenz des NSA selbst. Die Kritik am NSA gilt vielmehr seiner inhaltlichen Unbestimmtheit und der willkürlichen Interpretation durch Regierung, Staatsanwaltschaft und Gerichte. Bemerkenswert ist, dass nach der Demokratisierung (1988–1995) fast ebenso viele Verhaftungen auf der Grundlage des NSA zu verzeichnen waren wie während der gesamten Dauer des autoritären Regimes unter Präsident Chun Doo-hwan (1980–1988). Die zugänglichen Angaben zeigen, dass sich die Situation auch nach dem Amtsantritt der Präsidenten Kim Young-sam und Kim Dae-jung (1993 bzw. 1998) nur graduell verbesserte (Croissant 2002a). Gezielte Einsätze des Geheimdienstes, des militärischen Nachrichtendienstes, des *Antikommunismusbüros* der nationalen Polizei sowie der Staatsanwaltschaft gegen politische Gegner zeigen Defekte im Rechtsstaat. Die Initiierung von „Zieluntersuchungen" der Steuerbehörde dienen mitunter eher der „Rache" an politischen Gegnern als der Durchsetzung rechtlicher Normen (Chong 2000: 19; Han 2000: 367 f.). Diese Beschädigungen des Rechtsstaates fügen sich in das breitere Defektsyndrom der „delegativen Demokratie" ein (Merkel/Puhle et al. 2003; Merkel/Puhle et al. 2006).

Im Verhältnis von Exekutive und Legislative zeigen sich unter den Bedingungen synchroner parteipolitischer Mehrheiten in Parlament und Regierung, die zwischen 1990 und 1998 durchgängig gegeben waren, starke Züge einer delegativen Demokratie. In Zeiten der *divided government* (1988–1990; 1998; seit April 2000) tendiert der südkoreanische Präsidentialismus zu institutionellen Blockaden, für die das Verfassungsgefüge keine institutionellen Lösungsmechanismen bereithält. Das Verhältnis von Exekutive und Legislative während der ersten langen Phase der Konfrontation von Staatspräsident und oppositionell dominiertem Parlament von April 1988 bis Februar 1990 war durch wechselseitige Blockaden gekennzeichnet. Die *divided government* der Jahre 1988–1990, 1998/99 und erneut seit April 2000 hat gezeigt, dass der südkoreanische Präsident seine Stellung nur dann zur Monopolisierung der Legislativkompetenz nutzen kann, wenn synchrone politische Mehrheiten gegeben sind. Während der langen Phase der Mehrheitsdominanz (1990–1998; 1999–2000) war der koreanische Präsidentialismus jedoch durch eine ausgreifende Gesetzgebungstätigkeit der Regierung gekennzeichnet. Da die Regierung über ihre disziplinierte Parlamentsfraktion die Nationalversammlung dominiert und sowohl Regierungslager als auch Opposition primär auf Konfrontation ausgelegte Strategien verfolgen, gleichen parlamentarische Entscheidungsprozesse in der Regel unkooperativen Spielsituationen. Der „Mehrheitsterror" der Regierungsparteien im Parlament äußert sich vor allem im Ausschluss der Opposition von relevanten Ausschussposten sowie in der Vorgehensweise, Gesetzesvorlagen der Regierung ohne vorherige Beratung en bloc und innerhalb weniger Minuten durch das Plenum zu peitschen und der Opposition die Chance auf Beratung ihrer eigenen Gesetzesvorlagen zu nehmen (Park, C. 2000: 87; Shin, M. 2000).

Die gesetzgeberische Initiative liegt überwiegend bei der Exekutive; Gesetzesvorlagen aus dem Parlament haben nur geringe Realisierungschancen. Der bereits im ordentlichen Gesetzgebungsverfahren hohe Einfluss des Präsidenten auf die gesetzgeberischen Aktivitäten des Parlaments wird von einem ausgeprägten präsidentiellen Dekretismus flankiert. Eine substanzielle Kontrolle dieser Rechtssetzungstätigkeit des Staatspräsidenten durch das Parlament findet nicht statt. Die materielle Politikproduktion wird dadurch zu einem signifikanten Teil faktisch aus der legislativen Arena in den exekutiven Handlungsraum verlagert.

Die Beziehungen von Exekutive und Judikative sind differenzierter zu bewerten. Das Verfassungsgericht hat sich als unabhängige, mit zunehmender Tätigkeitsdauer aktive Kontroll- und Prüfungsinstanz etabliert (West/Yoon 1996). So hat das südkoreanische Verfassungsgericht in mehreren Urteilen gegen die Position der Regierung Stellung bezogen und damit wegweisend auf notwendige Verbesserungen zum Schutz bürgerlicher Freiheits- und politischer Partizipationsrechte hingewiesen. Versuche der „Kolonisierung" des Obersten Gerichts durch Manipulation seiner personellen Zusammensetzung sind nicht zu erkennen.

4.3 Taiwan: Die fortgeschrittene Konsolidierung

Ähnlich wie in Südkorea konnte die Demokratie in Taiwan bis in die zweite Hälfte der 1990er Jahre von einer positiven wirtschaftlichen Entwicklung profitieren (vgl. Tabelle 33). Gemeinsam ist der südkoreanischen und der taiwanesischen Demokratie allerdings auch die unmittelbare (außen-)politische Bedrohung. Auch in Taiwan ist die Staatlichkeitsfrage – unabhängige Republik Taiwan oder Republik China *auf* Taiwan – bislang nicht gelöst. Die VR China hat wiederholt deutlich gemacht, dass sie eine Lösung dieser Frage zugunsten der staatlichen Eigenständigkeit Taiwans nicht hinnehmen wird. Somit verläuft die Konsolidierung der Demokratie unter erheblichen externen Restriktionen, die eine latente Existenzbedrohung des taiwanesischen Staates und seiner Demokratie darstellen.

Trotz und in mancher Hinsicht auch wegen dieser externen Bedrohung hat die taiwanesische Demokratie jedoch im Vergleich zu anderen Demokratien der dritten Welle im pazifischen Asien einen erstaunlich hohen Konsolidierungsgrad erreicht. Die Bedrohung durch die VR China zwingt die internen Akteure, sich bei der Austragung ihrer politischen Konflikte zu mäßigen, und bildet ein einigendes, konsensschaffendes Element unter den politischen Eliten. Ohne dass ein Elitenkonsens über die staatliche Zukunft der Insel selbst besteht, sind sich doch alle relevanten Parteien darin einig, dass weder eine Rückkehr zur Parteiendiktatur der Vergangenheit noch die Übernahme eines am Vorbild Festlandchinas orientierten kommunistischen Regimes wünschenswerte Alternativen zur Demokratie darstellen. Im Falle Taiwans wirkt die ungelöste „Stateness-Frage" förderlich auf die demokratische Konsolidierung, weil sie das Motiv für ein erfolgreiches „elite settlement" bildete (Higley et al. 1998).

Das in den anderen asiatischen Demokratisierungsfällen der „dritten Welle" neuralgische und mit sehr unterschiedlichem Erfolg gelöste Problem der Unterordnung des Militärs unter die zivile Kontrolle entfaltete in Taiwan bislang keine konsolidierungshemmende Wirkung. Als „Parteiarmee" (Schubert 1994: 180) standen die nationalchinesischen Streitkräfte eindeutig im Dienste der regierenden KMT; Ansprüche auf eine politische Führungsrolle entwickelte das Militär als Organisation nicht (vgl. Lo, J. 2001). Diese enge Verknüpfung von KMT und Armee bestand noch in den 1990er Jahren, wurde jedoch durch die Reformpolitik des Präsidenten Lee Teng-hui (1988–2000) sukzessive entflochten. Während seiner Amtszeit wurden Militärs aus den Führungspositionen von Regierung und Partei entfernt, die Kontrollmöglichkeiten der zivilen Politik durch die Verabschiedung eines nationalen Verteidigungsgesetzes verbessert sowie die sicherheits- und verteidigungspolitischen Mitspracherechte des Parlaments ausgeweitet (Lo, C. 2001: 143–149). In Anbetracht der jahrzehntelangen ideologischen Indoktrination durch die KMT und die ethnische Zusammensetzung des Offizierskorps, das vorwiegend aus Festländern bestand, stellte sich die Frage, wie die Streitkräfte auf die Abwahl der KMT aus der Regierung oder auf einen klaren Unabhängigkeitskurs der politischen Führung reagieren würden (ibid.: 144). Mit dem Amtsantritt des im März 2000 gewählten Präsidenten Chen Shuibian haben die zivil-militärischen Beziehungen in Taiwan zumindest den ersten *turnover test* erfolgreich bestanden. Weder während noch nach der Regierungsübernahme durch die bisherige Opposition stellten die Streitkräfte den Primat der zivilen Suprematie in Frage.

In Taiwan erfüllten die zentralen Institutionen des Regierungssystems bis Anfang dieser Dekade in höherem Maße die Konsolidierungsgebote der politischen Stabilität, Effizienz und politischen Integration als in den anderen asiatischen Demokratien. Mit der gestärkten Stellung des Staatspräsidenten sowie der eindeutigen Kompetenzabtretung an die zentralstaatlichen Organe wurde die Gefahr institutioneller Blockaden zwischen Präsident und Exekutive sowie zwischen Zentral- und Provinzregierung verringert. Von wesentlicher Bedeutung für die Stabilität und Effizienz des demokratischen Systems erwies sich, dass sich die KMT auch über den Systemwechsel zur Demokratie hinaus in der Regierungsverantwortung halten konnte. Die hohe Regierungsstabilität in Taiwan war aus konsolidierungstheoretischer Sicht januskönig. Zum einen leistet sie einen Beitrag zur Kontinuität der Regierungspolitik, zum anderen wurde dies aber mit der parteilichen „Kolonisierung" der öffentlichen Verwaltung, der Staatsunternehmen sowie des Militärs durch die alte und neue Staatspartei KMT „bezahlt" (Xu 1997; Hsieh 2001). Gerade im Bereich der Entflechtung von Staat und Partei zeigte die KMT lange Zeit kaum Bereitschaft, sich über kosmetische Korrekturen hinaus wirklich von der „Okkupation" der staatlichen Strukturen zurückzuziehen (Chu, Y. 1996: 76).

Von erheblicher Bedeutung für die weitere Konsolidierung der taiwanesischen Demokratie war daher, wann, wie und mit welchen Folgen sich der erste *turnover test* (Huntington 1991) in der Regierungsverantwortung vollziehen würde. Dieser Machtwechsel von der KMT zur Opposition vollzog sich bei den Präsidentschaftswahlen im März 2000. Die anschließenden innenpolitischen Turbulenzen haben gezeigt, dass auf der institutionellen Ebene Konflikte bestehen, die sich bei ungünstigen Mehrheitsverhältnissen in Exekutive und Legislative nur durch konsensorientierte Strategien der politischen Parteien, nicht aber durch institutionelle Mechanismen lösen lassen. Zunächst ist hier das Spannungsverhältnis zwischen Präsident und Parlament zu nennen. Die starke politische Stellung des Präsidenten stützte sich in der Vergangenheit weniger auf institutionelle Vorrechte gegenüber dem Premierminister oder dem *Legislativyuan*, sondern in erster Linie auf die Tatsache, dass der KMT-Präsident Lee Teng-hui

(1988–2000) gleichzeitig über eine disziplinierte Mehrheit der eigenen Partei im *Legislativyuan* verfügte (Cheng/Haggard 2001: 193 f.). Mit der Auflösung des politischen Monopols der KMT in den 1990er Jahren verlor diese parlamentarische Einparteienmehrheit bereits vor dem Machtwechsel an Kohärenz und Handlungsfähigkeit (Tien/Cheng 1999: 42 f.).

Nach dem Regierungswechsel vom Frühjahr 2000 kam es auch in Taiwan zur *divided government*, d. h., der von der Demokratischen Fortschrittspartei (DFP) gestellte Präsident sah sich im Parlament einer oppositionellen KMT-Mehrheit gegenüber. Diese war aus machtstrategischen Gründen nicht bereit, bei der Regierungsbildung etwa durch Kohabitation mit dem Präsidenten zu kooperieren. Zugleich verhinderte die KMT aus wahlstrategischen Gründen, dass der Präsident den *Legislativyuan* auflösen konnte. Trotz der Wahlniederlage der KMT bei den Parlamentswahlen im Dezember 2001 konnte diese für politische Blockaden anfällige Situation der asynchronen Mehrheitsverhältnisse in Regierung und Parlament nicht aufgelöst werden, da die DFP weiterhin über keine eigene Mehrheit verfügte. Auch die nachfolgenden Parlaments- und Präsidentschaftswahlen – zuletzt im Jahr 2004 – haben nicht zu einer Lösung dieses Problems der „konkurrierenden Mehrheiten" geführt. Damit ähneln die Funktionsprobleme des präsidentiell-parlamentarischen Regierungssystems in Taiwan nach einer langen Phase der effizienten und stabilen Regierungsverhältnisse inzwischen der südkoreanischen Situation der *divided government*.

Während der demokratietheoretisch wünschenswerte Machtwechsel zwischen den parteipolitischen Lagern die institutionellen Fallstricke für die weitere Konsolidierung der Demokratie auf der Ebene des Regierungssystems in aller Deutlichkeit hervortreten ließ, sind in anderen Bereichen die Konsolidierungserfolge der Demokratie in Taiwan unverkennbar. Menschenrechte, Minderheitenrechte, Meinungs- und Informationsfreiheit und Wahlen haben einen qualitativen Stand erreicht, der mit dem anderer konsolidierter Demokratien in Süd- und Ostmitteleuropa vergleichbar ist. Dies gilt ausdrücklich auch für die „electoral quality" der taiwanesischen Demokratie. Korruption und Stimmenkauf *(money politics)*, die häufig als Begleiterscheinung des taiwanesischen Wahlsystems und des starken Parteienfaktionalismus genannt werden, kommen vor, erreichen aber nicht ein Niveau, welches die Bedeutsamkeit von Wahlen als Mechanismus politischer Partizipation der Bürger einschränkt (Tien/Cheng 1999: 35).

Eine besondere Rolle spielte das Verfassungsgericht in den 1990er Jahren bei der Entwicklung der liberalen Komponente der taiwanesischen Demokratie. Die aktive und häufig gegen die Ansichten der Exekutive laufende Rechtsprechungspraxis des „Hohen Rats der Richter" am *Justizyuan* kontrastiert auffällig mit der zurückhaltenden Spruchpraxis des Verfassungsgerichts in Südkorea. Bereits zu Beginn der Transition unterstützte der Rat mit seinem Urteil zur notwendigen Neuwahl der Nationalversammlung und des *Legislativyuans* (1990) aktiv die Demokratisierungspolitik der KMT-Reformer unter Führung von Präsident Lee Teng-hui (Ginsburg 2001: 13). Seitdem haben die vom deutschen Verfassungsrecht beeinflussten Richter im Hohen Rat mit mehreren Entscheidungen die schrittweise Reform des autoritären Regimes gefördert. Zu nennen sind hier Urteile zur Einschränkung der Befugnisse von Polizei und Militär, zur gewerkschaftlichen Organisationsfreiheit, zur Demonstrations- und Meinungsfreiheit sowie zur Betätigungsfreiheit von politischen Parteien (ibid.).[21]

---

21 Der Einfluss des bundesdeutschen Verfassungsrechts zeigt sich insbesondere bei der Reformierung des Verfassungsgerichts, die den Regelungen des Grundgesetzes nachempfunden wurde, z. B. die Neuregelung des Verbotsverfahrens von Parteien (Ginsburg 2001: 16 f.).

Die Inanspruchnahme des politischen Herrschaftsmonopols durch die KMT ging bis in die 1970er Jahre mit einer eigentümlichen Herrschaftskonstruktion einher: Eingebunden in die formal-institutionelle Struktur des Staats- und Regierungsaufbaus dominierte die Gruppe der 1949 nach Taiwan geflohenen Festlandschinesen das politische System, während die große Bevölkerungsmehrheit der einheimischen „Taiwanesen" das wirtschaftliche Leben der Insel (unter den Vorgaben einer stark dirigistischen Regierung) prägte. Diese subethnische Segmentierung der Gesellschaft überlagerte in der Vergangenheit die sozioökonomischen Konflikte.[22] Mit dem Abbau der politischen Diskriminierung der „taiwanesischen" Bevölkerungsmehrheit während der letzten 20 Jahre hat dieser Konflikt jedoch zunehmend an Bedeutung verloren (Lin et al. 1996: 478 f.; Rigger 1996: 310 f.; Chu/Lin 2001). Bisher wurde er allerdings nicht durch die industriestaatliche Konfliktlinie zwischen Kapital und Arbeit ersetzt. Denn aufgrund der besonderen internationalen Stellung Taiwans und der ungelösten Frage nationaler Identität blieb auch in den 1990er Jahren die Klassifizierung der Parteien auf dem Rechts-Links-Spektrum weitgehend unbedeutend für die Struktur des Parteiensystems. Dafür wurde in den 1990er Jahren eine neue Konfliktlinie entlang der politischen und ethno-nationalen Identität der Bevölkerung Taiwans erkennbar (Huang/Yu 1999; Liu 1999). Gegenwärtig wird diese Frage von den verschiedenen Bevölkerungsgruppen unterschiedlich beantwortet. Wenngleich Umfragen zum nationalen Selbstverständnis der Inselbewohner kein einheitliches Bild ergeben, kann als unstrittig gelten, dass der Anteil der taiwanesischen Bürger, die sich als „Taiwanesen" bezeichnen, seit Einleitung der Demokratisierung kontinuierlich gestiegen ist, während nur eine kleine Minderheit der Befragten sich ausschließlich als chinesisch bezeichnen. In Hinblick auf die Entwicklung der Demokratie birgt die „Verfestigung einer taiwanesischen nationalen Identität" (Schubert 2006: 85) ein erhebliches innen- und außenpolitisches Konfliktpotenzial von einem die Demokratie womöglich gefährdendem Ausmaß, weil sie sowohl die Polarisierung zwischen den innenpolitischen Lagern als auch die außenpolitische Konfrontation mit dem chinesischen Festland anzuheizen droht.

Im Gegensatz zu Südkorea und den Philippinen existierte im autoritären Taiwan keine oppositionelle Arbeiterbewegung. Diese formierte sich erst ab 1988, also nach Einleitung der Demokratisierung (Chu, Y. 1996). Ähnlich wie in Südkorea erlaubte die Abnahme der autoritären Repression die Gründung einer Vielzahl neuer Gewerkschaften außerhalb der staatskorporatistischen *Chinese Federation of Labor* (CFL). Allerdings hat sich der autoritäre Korporatismus des KMT-Regimes noch nicht völlig zu einem liberalen Neokorporatismus wandeln können. Zwar kooperieren die Wirtschaftsverbände weiterhin sehr eng mit der staatlichen Administration. Doch die dritte Säule des neokorporatistischen Politikmanagements, die organisierte Arbeiterschaft, ist bisher zu wenig berücksichtigt. Die Wirkung der vergleichsweise konfliktarmen Arbeitsbeziehungen auf die demokratische Konsolidierung Taiwans ist daher ambivalent.

Wichtigstes Thema der meisten zivilgesellschaftlichen Akteure ist die direkt an das Regime gerichtete Forderung nach umfassenden sozialen und politischen Reformen sowie nach größerer Autonomie für die Zivilgesellschaft vor staatlicher Einmischung. Dabei bedienen sich die

---

22 Es gibt vier Bevölkerungsgruppen in Taiwan: (1) Festländer, d. h. Gefolgsleute der nationalchinesischen Regierung, die 1949 vor den siegreichen Kommunisten auf die Insel Taiwan flohen sowie deren Nachkommen; (2) Chinesen aus der Provinz Fujan; (3) die einheimische Bevölkerung der „Taiwanesen", die den Großteil der Bevölkerung ausmacht; (4) die als ethnische Minderheit anerkannten indigenen Bevölkerungsgruppen. Die ersten drei Gruppen sind Han-Chinesen, während die ursprünglichen Bewohner malayischer Herkunft sind. Es handelt sich bei dem Konflikt zwischen Festländern und Taiwanesen streng genommen also um eine subethnische Spaltung der Gesellschaft entlang verschiedener Provinz- und Sprachgruppenzugehörigkeiten (Hsieh 2001).

zivilgesellschaftlichen Assoziationen, Initiativen und Bürgerbewegungen überwiegend „unpolitischer" Strategien und sind auf Distanz zu den politischen Parteien bedacht. Soziale Bewegungen werden mittlerweile von der Bevölkerung als unverzichtbare Elemente demokratischer Willensbildung anerkannt (Lo 1992: 385; Shiau 1999).

4.4 Thailand: Die gescheiterte Konsolidierung

Thailand ist der einzige der hier diskutierten Transformationsfälle in Ostasien, in dem die Konsolidierung der Demokratie gescheitert ist. Dabei setzte der Putsch von Teilen der königlich-thailändischen Streitkräfte um den Oberbefehlshaber des Heeres, General Sonthi Boonyaratklin, am 19. September 2006 lediglich den vorläufigen Schlusspunkt unter eine krisenhafte Entwicklung, die bereits im Frühjahr desselben Jahres einsetzte und die thailändische Gesellschaft in zwei Lager spaltete.

Zunächst hatte die demokratische Konsolidierung in den 1990er Jahren einen positiven Verlauf genommen. Nach einer Phase instabiler Mehrparteienkoalitionen und einer durch den Ausbruch der Währungs- und Finanzkrise im Sommer 1997 forcierten Vertrauenskrise der thailändischen Bürger in die Leistungs- und Funktionsfähigkeit der parlamentarischen Demokratie markierte die Verabschiedung einer neuen Verfassung im Oktober 1997 einen ersten Teilerfolg bei der Vertiefung und Stabilisierung des demokratischen Verfassungsstaats. Neben einer Reihe institutioneller Reformen, die darauf abzielten, die parlamentarischen Institutionen, das Parteiensystem sowie den Verfassungsstaat und die Rechte der Bürger gegenüber dem Staat zu stärken, trug die Verfassungsreform auch zur Stärkung der zivilen Kontrolle über die Streitkräfte bei. Schon in den Jahren zuvor war der politische Einflussverlust des Militärs deutlich geworden. Sein gesellschaftliches Ansehen durch die blutige Repression gegen die demokratischen Proteste im Mai 1992 geschwächt und von den politischen Parteien und einer aufblühenden Zivilgesellschaft zunehmend an den Rand gedrängt, musste das Militär mit ansehen, wie sein Einfluss auf die zivile Politik schwächer wurde. Seit dem Ende des Indochina-Konflikts und der vorübergehenden Beruhigung der Aufstände im muslimischen Süden des Landes ohne sicherheitspolitische Mission und verunsichert durch den schnellen sozialen, wirtschaftlichen und politischen Wandel des Landes gewannen innerhalb der Streitkräfte jene Kräfte an Bedeutung, die für eine Neuausrichtung der Streitkräfte im Sinne eines weniger politisch und stärker „professionell" orientierten Militärs eintraten.

Allerdings überdeckten die genannten Verfassungsreformen die Schattenseiten und Schwächen der thailändischen Demokratie. Wie die Entwicklung der folgenden Jahre zeigten, waren zudem die institutionellen Neuerungen nicht frei von unintendierten politischen Konsequenzen (McCargo 2002b: 114). So sah auch das Grundgesetz von 1997 – wie bereits die Vorgängerverfassungen – das allgemeine Wahlrecht für alle erwachsenen Staatsbürger vor. Neu war jedoch eine paradoxe Einschränkung des passiven Wahlrechts auf jene Bürger, die einen Hochschulabschluss oder eine vergleichbare Qualifikation nachweisen konnten. Diese, mit dem Ziel der Verbesserung der intellektuellen und moralischen Qualität der Mandatsträger eingeführte Klausel, schloss etwa 90 Prozent der Wahlberechtigten von der Kandidatur zu Parlamentswahlen aus.

Im Unterschied etwa zu den Philippinen war politisch motivierte Gewalt, um Wähler oder Kandidaten einzuschüchtern, in Thailand ein lokal auf Problemprovinzen im Süden und Nordosten eingeschränktes Phänomen. Problematisch war die Durchführung der Wahlen. Die

Fälschung von Wählerregistern und Stimmzetteln, das Austauschen von Wahlurnen und die Manipulation der Stimmenauszählung waren auf dem Lande, wo die große Mehrzahl der der Abgeordneten gewählt wurde, an der Tagesordnung (Callahan 2000: 45–61). Mit der Verfassungsreform von 1997 wurde zwar die Einführung einer unabhängigen Wahlkommission beschlossen. Die Hoffnung, hierdurch die Qualität des Wahlprozesses zu steigern, erfüllte sich aber nur bedingt. So wurden auch bei den Senatswahlen von 2000 sowie den Unterhauswahlen von 2000 Unregelmäßigkeiten und Stimmenkauf in großem Maßstab gemeldet. Wie bei allen Wahlgängen seit der Demokratisierung war die korrekte Durchführung der Urnengänge am stärksten im Nordosten des Landes beeinträchtigt (Croissant/Dosch 2001). In fast der Hälfte der Provinzen erklärte die Wahlkommission die Senatswahlen für teilweise oder vollständig ungültig. Bei den Unterhauswahlen vom Januar 2001 zeigte sich ein ähnliches Bild; erneut setzte die Wahlkommission wegen Irregularitäten in einigen Wahlkreisen Neuwahlen an (Orathai 2002).

Die Einführung einer eigenständigen Verfassungsgerichtsbarkeit im Jahr 1997 korrespondierte mit der gestärkten Stellung der bürgerlichen Freiheitsrechte in der neuen Verfassung. Gleicher Zugang zum Recht und Schutz durch das Recht sowie Schutz vor Diskriminierung wurden ebenso garantiert wie die üblichen Prozessrechte. Allerdings konnten diese, wie auch zahlreiche politische Rechte, durch einfache Gesetze oder Regierungsdekrete eingeschränkt werden. Hinzu kam, dass die fehlende Transparenz von Verwaltung, Justiz und Polizei, Korruption sowie die Missachtung der Rechte von Minderheiten und Angehörigen unterer sozialer Schichten diese Rechte wie den Rechtsstaat allgemein im Alltag aushöhlten.

Wenngleich Thailand im Vergleich zu seiner turbulenten Vergangenheit in den ersten zehn Jahren nach der Demokratisierung ein erstaunliches Maß an Kontinuität erlebte – zwischen 1992 und 2005 fanden insgesamt fünfmal demokratische Wahlen statt – verdichteten sich seit 2002 die Anzeichen, dass der Demokratisierungsprozess ins Stocken geraten war. Diese Entwicklung war eng mit dem Wahlerfolg der von dem milliardenschweren Unternehmer Thaksin Shinawatra 1998 gegründeten Partei *Thai Rak Thai* (TRT) bei den Unterhauswahlen im Januar 2001 verbunden.

Im Unterschied zu den instabilen Mehrparteienkoalitionen der Vergangenheit hatte die vor allem unter ländlichen Wählern beliebte Regierung Thaksin zwar Stabilität geboten und einige ihrer oft als linkspopulistisch charakterisierten Wahlversprechen eingelöst (Hewison 2003). Wirtschaftliche Erfolge und die Implementierung sozialpolitischer Initiativen gingen jedoch mit der Marginalisierung der parlamentarischen Opposition einher, die mehr und mehr an den Rand des politischen Geschehens gedrängt wurde. Durch politische Nadelstiche, offene Missachtung und die Nominierung von Unterstützern und Sympathisanten sowie die Betonung ihrer demokratischen Legitimität, gelang es der Regierung, die Stellung unabhängiger Staatsorgane wie Verfassungsgericht, nationale Antikorruptionsbehörde und Wahlkommission zu unterminieren. Als nützlich für den Versuch der Etablierung einer „delegativen Demokratie" (O'Donnell 1994) erwies sich, dass es der Regierung gelang, unter den parteilosen Mitgliedern des Senats eine regierungsfreundliche Mehrheit zu organisieren, die in ihrem Sinne Einfluss auf die Zusammensetzung dieser Kontrollorgane nahm. Gleichzeitig verstärkte die Regierung ihren Griff um Radio und Fernsehen. Im Zusammenspiel mit der Medienmacht des von Thaksin kontrollierten Firmenkonglomerats der Shin Corporation ermöglichte dies der Regierung, die Presse- und Medienfreiheit immer weiter einzuengen. Zudem hatte Thaksin bereits kurz nach seinem Amtsantritt im Jahr 2001 damit begonnen, Führungspositionen im Militär mit Freunden, Familienangehörigen und Mitgliedern der gleichen Abschlussklasse der Vorbereitungsschule für die Militärakademie, die der Premierminister vor seinem Eintritt in die Polizei besucht hatte, zu besetzen.

Parallel hierzu nahmen „harte" Menschenrechtsverletzungen phasenweise und in einzelnen Landesteilen ein alarmierendes Ausmaß an. Ein im Februar 2003 von der Regierung verkündeter „Krieg gegen die Drogen" kostete in nur drei Monaten 2 245 Menschen das Leben (vgl. amnesty international 2004). Bei der Bekämpfung des Aufstands in den drei mehrheitlich von Muslimen bewohnten Südprovinzen des Landes kam es zu massiven Menschenrechtsverletzungen (Croissant 2005). Dies tat der Popularität der Regierung unter den ländlichen und ärmeren Wählern zunächst keinen Abbruch. Vielmehr konnte die Regierungspartei TRT bei den Parlamentswahlen vom Februar 2005 ihre Parlamentsmehrheit auf 75 Prozent der Mandate ausbauen (Croissant/Pojar 2005).

Der Wahlsieg der Regierung Thaksin war daher mit Blick auf die Entwicklung der Demokratie mit Sorge zu betrachten. Tatsächlich nahm die Erosion der demokratischen Qualität des politischen Systems zunächst noch zu. Allerdings erwies sich Thaksins delegative Demokratie in der Folge als ungefestigt. Die Machtkonzentration auf die Person des Ministerpräsidenten, Schwächung der ohnehin kaum gesellschaftlich verankerten Parteien, Marginalisierung von Bürokratie, Militär und Krone, mit dem offensichtlichen Versagen der politischen Führung bei der Bewältigung der Aufstandsproblematik im Süden und der nachlassenden Wirtschaftsentwicklung schwächten die Unterstützungsbasis der Regierung in der Bevölkerung und heizten die Polarisierung zwischen den politischen Kräften an. Es formierte sich eine breite außerparlamentarische Opposition getragen von Akademikern, Intellektuellen, städtischen Mittelschichten und Nichtregierungsorganisationen, die in Massenprotesten den Rücktritt Thaksins forderte. Die Regierung reagierte mit der Auflösung des Parlaments und der Ankündigung von Neuwahlen im April 2006. Diese wurden von der Opposition boykottiert und auf Intervention des Königs hin der Wahlgang von der Wahlkommission aus technischen Gründen für ungültig erklärt. Zugleich verschärften sich aber auch die Spannungen zwischen Teilen des Militärs und der Monarchie nahestehenden Kreisen in Politik und Wirtschaft, die in Thaksins Politik eine Bedrohung der Stellung des Königs und der gesellschaftlichen Stabilität sahen. In dieser sich zuspitzenden Auseinandersetzung zwischen Opposition und Regierung nutzten Teile des Militärs schließlich die Gelegenheit, den auf Auslandsreise befindlichen Regierungschef in einem unblutigen Putsch am 19. September 2006 zu entmachten.

Die Putschisten begründeten ihre Machtergreifung gegenüber der thailändischen und internationalen Öffentlichkeit als letztes Mittel zur Bewahrung der gesellschaftlichen Stabilität und stellten die rasche Rückkehr zur Demokratie innerhalb eines Jahres in Aussicht. Tatsächlich muss das Entstehen einer delegativen Demokratie unter Thaksin und ihr drohendes Abgleiten in eine plebiszitär legitimierte Autokratie als ein wichtiger Faktor für das Scheitern der demokratischen Konsolidierung in Thailand gelten. Freilich liegen dem Putsch andere Ursachen zugrunde. Maßgeblich für die Machtübernahme des Militärs dürften drei Faktoren gewesen sein. Erstens sah das Militär seine institutionelle Integrität, den Zusammenhalt des Offizierskorps sowie seine Autonomie gegenüber der zivilen Regierung durch den Machtanspruch Thaksins in wachsendem Maße gefährdet. Tatsächlich war es dem Premierminister gelungen, im Militär ein weitläufiges Netzwerk an persönlichen Günstlingen, Freunden und Unterstützern zu etablieren, dessen Zweck darin bestand, Widerstand gegen seine Regierungspolitik aus den Streitkräften heraus auszuschalten. Das dieses Vorhaben letztlich scheiterte, lag auch an den beiden übrigen Faktoren, die zum Septemberputsch beigetragen haben. So wurde zweitens die Konfrontationspolitik Thaksins gegenüber der Opposition und seine erfolglose Politik der „harten

Hand" gegenüber den aufständischen Muslimen im Süden des Landes von Militär, Wirtschaftskreisen sowie der konservativen, der Monarchie nahestehenden politischen Elite des Landes zunehmend als Gefahr für die Integrität und den Zusammenhalt der thailändischen Gesellschaft und Nation wahrgenommen. Drittens schließlich bestand offensichtlich in Teilen des Militärs die Befürchtung, dass Thaksins Politik der delegativen Demokratie die Stellung der Monarchie als oberste, über den zivilen Politikern und außerhalb des demokratischen Prozesses stehende Autorität bedrohe. Eine nachgeordnete Rolle dürfte demgegenüber die Tatsache gespielt haben, dass die Angehörigen der städtischen Mittelschichten sowie zivilgesellschaftliche Träger des gesellschaftlichen Protests gegen die Regierung Thaksin dieser vor allem Korruption sowie eine durch populistische Mobilisierung der Landbevölkerung in Wahlen erfolgreich legitimierte Politik der Manipulation und Aushöhlung demokratischer Verfahren vorwarfen. Damit lässt sich die gescheiterte Konsolidierung der Demokratie aus Perspektive der strukturalistischen Transformationstheorie letztlich auf Interessenkonflikte und den Machtanspruch zwischen unterschiedlichen sozialen Gruppen, ihren politischen Eliten und der traditionellen Machtelite aus Militär, Staatsbürokratie und Monarchie zurückführen, der im Rahmen der vorhandenen (formal-)demokratischen Verfahren nicht mehr zu lösen war. Diese strukturelle Konfliktlage bedeutet für die zukünftige Demokratieentwicklung Thailands eine erhebliche Konsolidierungslast. Die innenpolitischen Wirren seit den Parlamentswahlen vom Dezember 2007 und dem formalen Rückzug des Militärs von der Regierung unterstreichen dies nachdrücklich. In rascher Folge kam es zur Bildung instabiler Mehrparteienkoalitionen unter Führung der als Nachfolgeorganisation der verbotenen Thai Rak Thai-Partei von Ex-Premier Thaksin ins Leben gerufenen Partei der Volksmacht (PPP) unter Premierminister Samak (Januar bis September 2008) und Premier Somchai (September bis Dezember 2008) sowie seit Januar 2009 unter Führung der vormals oppositionellen Demokratischen Partei von Premierminister Abhisit. Diese Regierungen waren nicht in der Lage, erfolgreich der innergesellschaftlichen Polarisierung entgegenzuwirken. Vielmehr ist an die Stelle der parlamentarischen Auseinandersetzung eine Politik der Massenmobilisierung und des zunehmend gewaltbereiten außerparlamentarischen Protests getreten. Der von Eliten, die der Monarchie nahe stehen, gesteuerte Protest der in Gelb gekleideten People's Alliance for Democracy (PAD) und der letztlich von Thaksin aus dem Exil gelenkte Protest der rot gekleideten Union of Democracy against Dictatorship (UDD) hat zu einer anhaltenden Paralyse des politischen Systems geführt. Hinter dem Machtkalkül der Eliten stehen jedoch manifeste gesellschaftliche Konfliktlagen, die ihren Ursprung in einer massiven sozialen Schieflage des thailändischen Entwicklungsmodells haben. So rekrutieren sich die Anhänger der PAD vornehmlich aus der ökonomisch bessergestellten Mittelschichten der Hauptstadt Bangkok. Sie sehen ihre politische und wirtschaftliche Position bedroht durch den von Thaksin aufgegriffenen und hierdurch politisch relevant gewordenen Anspruch der Landbevölkerung im Norden und Nordosten des Landes auf politische Teilhabe und wirtschaftliche Umverteilung.

Während sich die junge Demokratie in Taiwan und Südkorea unbelastet von tiefgreifenden ökonomischen Konflikten und getragen von einem überraschend schnell anerkannten Elitenkompromiss konsolidieren und auf den Philippinen sich trotz großer sozialer Probleme ein belastbarer pro-demokratischer Grundkonsens unter großen Teilen der Elite und der Mehrheit der Bevölkerung entwickeln konnten, steckt die Demokratie in Thailand in einer doppelten Krise. Zum einen hat sich der nach der Transition zur Demokratie von 1992 angedeutete Elitenkompromiss als fragil und letztlich nicht tragfähig erwiesen. Zum anderen, und damit verbunden, haben weder die parlamentarischen Institutionen noch die politischen Parteien oder die ohnehin strukturell schwache Zivilgesellschaft bislang eine geeignete Lösung für die virulenten und immer stärker in Protest und Gewalt aufbrechenden Verteilungskonflikte der Gesellschaft gefunden.

4.5 Indonesien: Die schwierige Konsolidierung

Von den hier untersuchten Transformationsfällen ist Indonesien nicht nur die jüngste Demokratie, sondern hat darüber hinaus auch mit den schwierigsten sozialen, politischen und wirtschaftlichen Rahmenbedingungen zu kämpfen. Ähnlich wie in Taiwan kam es auch in Indonesien zu ersten freien und fairen Parlamentswahlen, bevor der Institutionalisierungsprozess der Demokratie abgeschlossen war. Aber anders als in Taiwan waren zentrale Bereiche des Regierungssystems institutionell nicht geregelt. Dies erwies sich schon nach kurzer Zeit als nachteilig für die weitere Entwicklung der Demokratie. So ist die Herausbildung eines funktionsfähigen und stabilen Verhältnisses von Regierung und Parlament eines der drängendsten Probleme für die mittel- und langfristige Konsolidierung der Demokratie. Begünstigt vom geltenden Verhältniswahlrecht produzierten die Wahlen im Jahr 1999 ein parteipolitisch stark zersplittertes Parlament, in dem keine Partei allein mehrheitsfähig war. Die Mehrheitsverhältnisse in der MPR waren aufgrund der Zusammensetzung der Versammlung noch enger. Zwar änderte sich die Reihenfolge zwischen den Parteien nur geringfügig. Die in den Provinzen aber weiterhin starke Golkar lag jedoch mit der PDI-P fast gleich auf und konnte zudem auf die Unterstützung der Militärs in der Versammlung rechnen. Die unklaren Mehrheitsverhältnisse zwangen die Parteien bei der Wahl des Präsidenten wie auch bei der anschließenden Kabinettsbildung zu Koalitionen. Mit Abdurrahman Wahid wurde schließlich mit den Stimmen der islamischen Parteien und der Golkar ein Kompromisskandidat gewählt, dessen eigene PKB in der MRP weniger als 10 Prozent der Abgeordneten stellte. Nach dem Amtsantritt von Präsident Wahid und des von ihm mit Unterstützung der sechs größten Parteien gebildeten „Kabinetts der Nationalen Einheit" war nun auch die Exekutive demokratisch legitimiert. Aufgrund tiefer persönlicher Differenzen zwischen den Parteiführern und kaum überbrückbarer ideologischer Unterschiede zwischen den Parteien erwies sich die erste frei gewählte Regierung aber schon nach kurzer Zeit als instabil und außerstande, ihre nominelle Mehrheit in der DPR für die effektive Durchsetzung von *policies* zu nutzen (Mallay 2002: 124 f.; Sulistyo 2002: 88).

Im Juli 2001 wurde der gewählte Präsident Wahid im Zuge einer Präsidentenklage seines Amtes enthoben. An seiner Stelle wurde die bisherige Vizepräsidentin Megawati Sukarnoputro als Präsidentin vereidigt. Während der Konfrontation zwischen den beiden Parlamentskammern auf der einen und Präsident Wahid auf der anderen Seite trat deutlich die damalige Schwäche des indonesischen Regierungssystems mit seinen unklaren Kompetenzen und Verantwortlichkeiten zutage. Formal trifft die Verfassung von 1945 keine Aussage über Kontroll- und Absetzungsmöglichkeiten des Präsidenten. Nur die unterhalb der Verfassung angesiedelten Beschlüsse der MPR thematisieren verfassungsrechtliche Fragen zur Stellung des Präsidenten (Herberg 2002). So hatte die DPR zwar nicht das Recht, den Präsidenten seines Amtes zu entheben, konnte aber die MPR zu einer Sondersitzung einberufen. Durch den institutionellen Zugriff der DPR auf die MPR und die Interpretation der Rechte dieser beratenden Volksversammlung verschob sich das Machtgleichgewicht im indonesischen Regierungssystem eindeutig zugunsten der DPR. An die Stelle des für präsidentielle Regierungssysteme allgemein und in der indonesischen Verfassung explizit geregelten Nichtabrufbarkeit der Regierung

Konsolidierung

Tabelle 35: Ökonomische Rahmenbedingungen demokratischer Konsolidierung in Ostasien

Wachstum des BIP (pro Jahr in Prozent)

Land	1980–1990	1990	1991	1992	1993	1994	1995	1996	1997	1998	1999	2000	2001	2002	2003	2004
Indonesien	6,0	9,0	8,9	1,2	7,3	7,2	8,5	7,8	4,7	–13,1	0,8	4,8	3,3	3,7	3,4	4,0
Philippinen	1,0	3,0	–0,6	0,3	2,1	4,4	4,7	5,8	5,2	–0,6	3,4	4,4	3,2	4,6	4,0	4,5
Südkorea	12,7	9,5	9,1	5,1	5,8	8,6	8,9	7,1	5,0	–6,7	10,9	9,3	3,1	6,3	4,0	5,3
Taiwan	8,0	5,4	7,6	6,8	6,3	6,5	6,0	5,7	6,7	4,6	5,4	5,9	–2,2	3,5	3,7	3,9
Thailand	7,9	11,2	8,5	8,1	8,4	8,9	8,8	5,5	–1,4	–10,5	4,4	4,6	1,9	5,2	5,0	5,5

Wachstum des BIP/capita (pro Jahr in Prozent)

Land	1985–1995	1990	1991	1992	1993	1994	1995	1996	1997	1998	1999	2000	2001	2002	2003	2004
Indonesien	6,0	8,9	6,8	5,2	5,5	5,8	6,5	6,0	3,2	–14,6	–0,7	3,3	1,9	2,2	–	–
Philippinen	1,2	–0,1	–3,2	–2,1	–0,3	2,0	2,2	3,4	2,9	–2,8	1,2	2,3	1,1	2,4	2,2	2,3
Südkorea	7,7	8,4	8,1	4,1	4,7	7,5	7,8	6,0	4,1	–7,4	10,2	8,5	2,4	5,7	3,4	4,7
Taiwan	6,5	4,3	6,2	5,7	5,2	5,7	5,1	4,9	5,8	3,6	4,6	5,0	–2,9	4,0	2,6	3,3
Thailand	8,4	10,0	7,1	6,8	7,0	7,6	7,6	4,5	–2,3	–11,5	3,4	4,5	1,2	4,1	3,9	4,6

Inflationsrate (CPI, pro Jahr in Prozent)

Land	1980–1990	1990	1991	1992	1993	1994	1995	1996	1997	1998	1999	2000	2001	2002	2003	2004
Indonesien	8,5	7,8	9,4	7,6	9,7	8,5	9,4	7,9	–42,9	58,5	20,4	3,7	11,5	11,9	10,0	8,5
Philippinen	13,4	14,2	18,7	8,9	7,6	9,0	8,1	9,1	5,9	9,7	6,7	4,4	6,1	3,1	4,5	4,5
Südkorea	6,4	8,6	9,3	6,2	4,8	6,2	4,5	5,0	4,4	7,6	0,8	2,3	4,1	3,7	4,0	3,5
Taiwan	3,1	3,1	4,1	3,6	2,9	4,1	3,7	3,1	0,9	1,7	0,2	1,3	0,0	–0,2	0,4	0,6
Thailand	4,4	4,4	5,9	5,7	3,3	5,1	5,3	5,9	5,6	8,1	0,3	1,6	1,6	0,7	1,3	1,6

Arbeitslosenquote

Land	1987	1988	1989	1990	1991	1992	1993	1994	1995	1996	1997	1998	1999	2000	2001	2002	2003	2004
Indonesien	2,5	2,8	2,8	2,5	2,6	2,7	2,8	4,4	7,2	4,9	4,7	5,5	6,4	6,1	8,1	9,1	–	–
Philippinen	9,1	8,3	8,4	8,1	9,0	8,6	8,9	8,4	8,4	7,4	7,9	9,6	9,4	10,1	9,8	11,4	10,0	10,0
Südkorea	3,1	2,5	2,6	2,4	2,3	2,4	2,8	2,4	2,0	2,0	2,6	6,8	6,3	4,1	3,7	3,0	–	–
Taiwan	2,0	1,7	1,6	1,7	1,5	1,5	1,5	1,6	1,8	2,6	2,7	2,7	2,9	4,6	5,2	5,2	–	–
Thailand	5,8	3,0	1,4	2,2	2,7	1,4	1,5	1,3	1,1	1,1	1,5	4,4	4,2	3,6	3,3	2,4	–	–

Anmerkungen: Angaben für Projektionen von 2003 und 2004.
Quellen: Asian Development Bank (ADB) (versch. Jge.); ADB (versch. Jge.).

durch das Parlament, trat die Abhängigkeit des Präsidenten vom politischen Mehrheitswillen des Parlaments, also eine Quasi-Parlamentarisierung des „präsidentiellen" Regierungssystems. Erst mit der Wahl von Ex-General Susilo Bambang Yudhoyono zum Präsidenten im September 2004 scheint sich die Beziehung zwischen Exekutive und Legislative in der indonesischen Demokratie einigermaßen stabilisiert zu haben. Aber weiterhin erweist sich die relative Schwäche des direkt gewählten Präsidenten, dessen Partei bei den Parlamentswahlen von 2004 lediglich 10,3 Prozent der Parlamentssitze gewinnen konnte, gegenüber seinen zahlreichen Koalitionspartnern sowie der Tatsache, dass im indonesischen „hung parliament" keine klaren Mehrheiten in Sicht und somit die Aussichten auf stabile Regierungskoalitionen schlecht sind, als Belastung für die demokratische Konsolidierung (Croissant 2006b: 347).

Die Neuregelung des Verhältnisses zwischen ziviler Regierung und Streitkräften ist eine weitere noch ungelöste Herausforderung für die indonesische Demokratie (Schuck 2003: 163 ff.). Mit Blick auf die herausgehobene Stellung der Streitkräfte während des autoritären Regimes ist es wenig erstaunlich, dass die Kontrolle der demokratischen Regierung über das Militär noch wenig effektiv ist. So konnte Präsident Wahid zwar beanspruchen, in seinem „Kabinett der nationalen Einheit" den ersten zivilen Verteidigungsminister des Landes ernannt zu haben – einer Besetzungspolitik, der auch Megawati Sukarnoputro in ihrem ersten Kabinett gefolgt ist. Andere „Machtministerien", wie z. B. das Innenministerium, der Koordinierende Minister für Sicherheit und Politik, gingen jedoch sowohl unter Wahid als auch in der Regierung Megawati an ehemalige Militärs. Diese Rücksichtsnahme auf die Interessen der Streitkräfte sicherte diesen ungeachtet ihrer auf 38 Abgeordneten verringerten Vertretung im Repräsentantenhaus die Beteiligung an politischen Entscheidungen (Malley 2000: 175; 2002: 126). Während der kurzen Amtszeit von Abdurrahman Wahid wurden nur geringe Fortschritte in der Durchsetzung ziviler Kontrolle erreicht. Unbeabsichtigt trug die Präsidentschaft von Wahid dennoch dazu bei, dass die Demokratie eine erste Belastungsprobe der zivil-militärischen Beziehungen erfolgreich bestand. Dies war der Fall, als die Streitkräfte dem Präsidenten die Gefolgschaft verweigerten, nachdem dieser in den letzten Tagen seiner Präsidentschaft den Versuch unternahm, der Amtsenthebung durch die Verkündung des Ausnahmezustands und die verfassungswidrige Auflösung des Parlaments zu entgehen (Malley 2002: 132).

Gleichwohl operieren die Streitkräfte in den Regionen, insbesondere „Problemgebieten" wie Aceh, Papua oder den Molukken weiterhin nach den alten Methoden, setzen gezielt Gewalt ein oder drohen tatsächlichen bzw. vermeintlichen Feinden des indonesischen Staates damit (Robinson, G. 2001: 227). Unvermindert bedient sich das Militär im Kampf gegen Separatisten der auf Initiative der Streitkräfte gegründeten und von diesen alimentierten Milizen. Darüber hinaus dominieren die Streitkräfte weiterhin alle wichtigen inländischen Nachrichten- und Geheimdienste. Im Rahmen der *dwifungsi*-Doktrin hatte das Militär nicht nur privilegierten Zugang zu Positionen in Regierung und Politik, Verwaltung und Justiz, sondern auch das gesetzlich verbriefte Recht auf eigene wirtschaftliche Aktivitäten (Schuck 2003: 170). Letzteres nutzten die Streitkräfte zum Aufbau umfangreicher Unternehmensbeteiligungen auf legalen und illegalen Wegen – eine Praxis, die mit dem Euphemismus der „unkonventionellen Finanzierung" umschrieben wird. Diese für die Unterordnung der Streitkräfte unter die Suprematie ziviler Autoritäten problematische Überschneidung von militärischen und unternehmerischen Funktionen ist unvermindert gegeben. Auch nach dem Regimewechsel finanziert sich das Militär „höchstens zu rund 25 Prozent der tatsächlichen Ausgaben aus dem staatlichen Haushalt, der Rest wird durch Beteiligungen an Wirtschaftsunternehmen gedeckt [...] Dadurch sind die Aktivitäten der Offiziere in vielfältiger Weise – ökonomisch, sozial, politisch –

mit der lokalen Ebene verwoben und eine politische Kontrolle ist unter diesen Bedingungen kaum möglich" (Heinz 2001b: 122).

Trotz einiger in den letzten Jahren durchgeführter Reformmaßnahmen, wie die offizielle Abschaffung der *dwifungsi*-Doktrin, die Übernahme des Verteidigungsministeriums durch zivile Minister und die Unterstellung des Hauptquartiers der Streitkräfte unter das Verteidigungsministerium, die Trennung von Polizei und Armee (TNI), die Auflösung einiger mit gesellschaftlichen und politischen Funktionen betrauter Einheiten der Streitkräfte, die Abschaffung der *kekaryaan*-Doktrin, nach der Militärs im aktiven Dienst in Regierungspositionen entsandt wurden, sowie die Reduzierung der Repräsentation der Streitkräfte in DPR und MPR dominieren weiterhin die zivil-militärischen Beziehungen. Auch das sogenannte neue Paradigma der Streitkräfte ist nicht mit dem Konzept der zivilen Kontrolle vereinbar. Die Aufsichts- und Kontrollmöglichkeiten der zivilen Minister sind stark eingeschränkt; aktive und ehemalige Militärs sind weiterhin im Kabinett vertreten; der Oberbefehlshaber der Streitkräfte hat Ministerrang. Die Bekämpfung der Rebellen ist Aufgabe der Streitkräften, die Entflechtung von Polizei und Streitkräften ist lückenhaft. Die Restrukturierung der Geheimdienste und deren Überführung unter zivile Kontrolle stehen aus. Eine umfassende Militärreform ist nicht in Sicht. Vor allem in den Regionen besitzen die Streitkräfte noch erhebliches politisches Gewicht. Die Streitkräfte verfügen weiterhin über die garantierte Repräsentation von 38 Sitzen im Parlament. So ist festzuhalten, dass ungeachtet der bislang erreichten Reformen keinesfalls von einer gesicherten Kontrolle der demokratischen Autoritären über „ihr" Militär gesprochen werden kann (Human Rights Watch 2006b).

Die größte Gefährdung der demokratischen Transformation geht von den zahlreichen lokalen Konflikten innerhalb der multiethnischen Gesellschaft aus, welche mit erheblicher Gewalt einhergehen und den Zusammenhalt des Staates bedrohen. Die ohnehin geschwächte Staatlichkeit Indonesiens wird erodiert. Die Ursachen der Konflikte sind häufig ethnischer, sozialer, religiöser und politischer Art. Religiöse und ethnische Zugehörigkeiten decken sich in vielen Fällen und überlappen sich mit ökonomischen Statuszuschreibungen. Lokale Konflikte, wie auf Borneo und den Molukken, sind deshalb meist multidimensional und lassen sich nicht allein auf ihre religiöse Facette reduzieren, obwohl Gruppenbildungen und Solidarisierungen häufig entlang dieser Konfliktlinie erfolgen (vgl. Kreuzer 2000). Seit 1999 entladen sich schlummernde ethnische oder religiöse Konflikte in immer neuen Gewaltexzessen. Die Gewalt zwischen Sicherheitskräften und pro-indonesischen, häufig vom Militär geleiteten Milizen einerseits sowie ihre staatliche Unabhängigkeit fordernden Ethnien bzw. deren Rebellenorganisationen, wie in Aceh, dem westlichen Papua (Irian Jaya) oder 1999 in Osttimor, hat seit dem Sturz des Suharto-Regimes an Intensität zugenommen. Die Situation der ethnischen Chinesen – eine Bevölkerungsgruppe, deren Anteil nur etwa 3 Prozent ausmacht, deren Elite aber über einen herausgehobenen wirtschaftlichen Einfluss und Reichtum verfügt (Harymutri 1999: 78 f.) – bleibt prekär, obgleich es seit den Unruhen im Mai 1998 zu keinen weiteren pogromartigen Tumulten gegen sie gekommen ist. Inzwischen sind etwa 1,3 Millionen Vertriebene innerhalb des Landes vor gewaltsamen Auseinandersetzungen auf der Flucht. Allein in Aceh zeichnet sich inzwischen die Möglichkeit einer Beruhigung des Sezessionskonflikts durch politische Zugeständnisse der Zentralregierung und eine institutionelle Neuordnung des Verhältnisses von Zentrum und Peripherie ab (Schuck 2006; Hadiwinata 2006b). Auch von Seiten islamistischer Terrorgruppen wie *Jemaah Islamiyah* und der von islamischen Parteien und gesellschaftlichen Organisationen ins Leben gerufene Milizen wird das staatliche Gewaltmonopol herausgefordert. Hinzu kommt, dass die Bedrohung durch islamistische Akteure nach den

Bombenanschlägen von Bali (2002) von reaktionären Akteuren in Militär und Politik als Möglichkeit für die Rechtfertigung der (erneuten) Beschneidung bürgerlicher und politischer Freiheiten erkannt wurde.

5 Fazit: Die Konsolidierung im Vergleich

Die Analyse des Verlaufs der demokratischen Konsolidierung sowie der Transition in Indonesien hat gezeigt, dass allenfalls Taiwan als liberale, rechtstaatlich eingehegte Demokratie gelten kann. Ungeachtet unterschiedlicher Ausgangsbedingungen, differierender Verlaufsformen des Systemwechsels sowie teilweise erheblich voneinander abweichender Ergebnisse der demokratischen Institutionalisierung ähneln sich manche Defizite und Risiken der demokratischen Konsolidierung in den fünf Ländern.

5.1 Institutionelle Konsolidierung

Die fünf ost- und südostasiatischen Demokratien zeigen, dass die Funktionsweisen und die Konsolidierungschancen der demokratischen Institutionen ganz entscheidend von der Beschaffenheit intermediärer Organisationen mitbestimmt werden. Dies gilt insbesondere für die Parteien und den Umgang der politischen und gesellschaftlichen Eliten mit den neuen demokratischen Institutionen.

Orientiert man sich an den beiden Indikatoren der „vertikalen" und „horizontalen Autonomie" (Rüb 1996b) der Institutionen des Regierungssystems, so kann für zwei der fünf Transformationsfälle zunächst festgestellt werden, dass sie auf der vertikalen Ebene einen relativ hohen Konsolidierungsgrad erreicht haben. In Südkorea und auf den Philippinen hat die Verfassung seit ihrem Inkrafttreten keine einzige Änderung erfahren. In Thailand und Taiwan kam es zu weitreichenden Verfassungsänderungen bzw. zur Verfassungsneugebung, was aus konsolidierungstheoretischer Sicht jedoch positiv einzuschätzen ist, weil die Verfassungssysteme damit von Legaten der autoritären Regime gereinigt wurden. In Thailand, Südkorea und Taiwan konnten das Parlament bzw. das Parlament und der Präsident die Nachfolgeprobleme bislang friedlich und verfassungskonform lösen. Dies gilt für die Philippinen aufgrund der problematischen Form des Regierungswechsels von Estrada zu Arroyo nur eingeschränkt. In Südkorea und Taiwan kam es einmal, auf den Philippinen dreimal und in Thailand sogar viermal zur Ablösung der regierenden Parteien durch die Opposition. Für Indonesien, die jüngste der hier untersuchten Demokratien, sind gesicherte Aussagen über die vertikale Autonomie der Verfassung nach den Verfassungsänderungen von 2001 und 2002 sowie den Wahlen von 2004 immer noch nicht möglich.

Das vergleichsweise positive Fazit relativiert sich, wenn man die horizontale Ebene institutioneller Autonomie betrachtet. Hier erscheint vor allem in Südkorea und in Indonesien die „Funktionslogik" der jeweiligen Institutionen nur ungenügend voneinander getrennt. In Südkorea dominiert der Präsident bei synchronen parteipolitischen Mehrheiten in Exekutive und Legislative die Legislative so stark, dass das politische System ausgeprägte Züge einer delegativen Demokratie angenommen hat. Indonesien stellt das Gegenbeispiel zur exekutiv dominierten delegativen Demokratie Südkoreas dar. Das Schauspiel um die Amtsenthebung des Präsidenten sowie die Auseinandersetzung zwischen Präsidenten, Parlament und MRP verdeutlich-

Fazit: Die Konsolidierung im Vergleich

ten, dass auch hier keine klare Kompetenzabgrenzung und verfassungsrechtliche Selbstbeschränkung der Verfassungsorgane existiert. Subsumiert man horizontale Gewaltenkontrolle zusammen mit der Wahrung der Bürgerrechte und dem unparteiischen Wirken der Gerichtsbarkeit unter dem Begriff „Rechtsstaat", lässt sich in Ostasien ebenso wie in Lateinamerika und Osteuropa eine signifikante Qualitätslücke zwischen den partizipativ-polyarchischen Elementen der politischen Regime und ihrer rechtsstaatlichen Garantie beobachten (vgl. Abbildung 11).

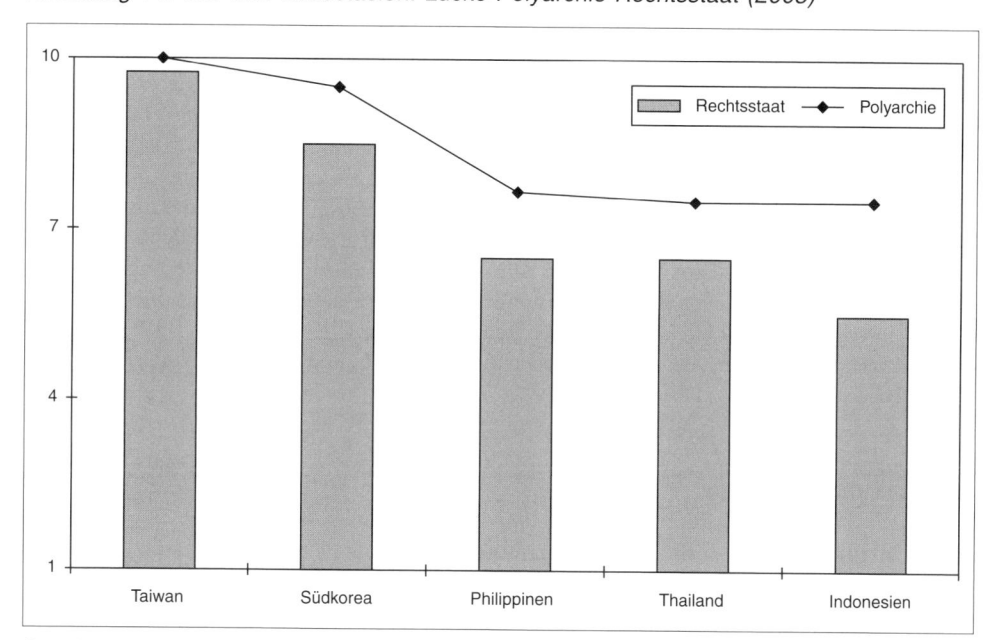

Abbildung 11: Ost- und Südostasien: Lücke Polyarchie-Rechtsstaat (2005)

Anmerkung: Die Säulen geben für jedes Land den Mittelwert der Rechtsstaatswerte im Status-Index des BTI 2006 an; die Punkte repräsentieren jeweils den Mittelwert der nach Teilregimen gruppierten Polyarchiewerte.
Quelle: Bertelsmann Stiftung (2005).

Auch der Einfluss der Institutionen des Regierungssystems auf die Konsolidierung der Demokratie insgesamt muss – zumindest für Südkorea, Thailand und die Philippinen – kritisch bewertet werden. Mit Ausnahme von Taiwan in den 1990er Jahren weisen die Regierungssysteme der fünf jungen Demokratien Effizienz- und Effektivitätsmängel auf, die sich in kurzlebigen Regierungen (Indonesien, Thailand) oder anhaltenden institutionellen *policy*-Blockaden äußern.

Selbst dort, wo die Überlebensfähigkeit von Regierungen relativ hoch ist, sind institutionelle Politikblockaden häufig zu beobachten, wie zeitweise in Südkorea, seit Beginn dieser Dekade in Taiwan, aber insbesondere auf den Philippinen. Diese Konsolidierungshemmnisse sind ihrerseits teilweise auf institutionelle Faktoren des Regierungssystems zurückzuführen. So bestätigen die präsidentiellen und präsidentiell-parlamentarischen Regierungssysteme der jungen asiatischen Demokratien inzwischen durchweg das von Kritikern des Präsidentialismus vorgebrachte Argument, dass präsidentielle Regierungssysteme zur Bildung konkurrierender parteipolitischer Mehrheiten in Exekutive und Legislative neigen. Vor allem bei zeitlich versetzt durchgeführten Präsidentschafts- und Parlamentswahlen *(staggered elections)* drohe die Gefahr asynchroner Mehrheitsverhältnisse, die zu wechselseitigen Politikblockaden und – im schlimmsten Fall – zum Zusammenbruch der konstitutionellen Ordnung führen können (Linz/Valenzuela 1994; Ackerman 2000: 645 ff.). Diese im Kontext der Lateinamerikaforschung entwickelte These kann nicht nur für die Regierungssysteme Mittel- und Südamerikas empirische Gültigkeit beanspruchen.

Der niedrige Institutionalisierungsgrad der Parteien und die geringe programmatische Differenzierung der Parteiensysteme sowie die schwachen Abwehrkräfte der Parteiorganisationen gegen Abwerbungsversuche ihrer Parlamentarier durch die politische Konkurrenz wirkten sich in Südkorea und auf den Philippinen zunächst positiv auf die Funktionsfähigkeit der Regierungssysteme aus. Die Unterinstitutionalisierung des Parteiensystems ermöglichte es den Regierungen in beiden Ländern, unabhängig von Wahlergebnissen oder Parteizugehörigkeiten der Abgeordneten mehrheitsfähige Stimmblöcke im Repräsentantenhaus bzw. in der Nationalversammlung zu organisieren, indem unabhängige oder oppositionelle Parlamentarier zum Übertritt in die Regierungsparteien bewegt oder weitere Parteien durch Koalitionsabsprachen in das Regierungslager eingebunden werden konnten. In Indonesien waren mögliche Oppositionsparteien bislang durch ihre Mitarbeit in Allparteienregierungen in die Regierungsverantwortung eingebunden. Gleichwohl konnten außer in Südkorea diese nominellen Mehrheiten nicht für ein effizientes und effektives Regieren genutzt werden. Die Gründe hierfür liegen vor allem im Zusammenwirken von institutionellen Arrangements und Konsolidierungsdefiziten des Parteiensystems.

5.2 Repräsentationsebene

Die stark personalistische Ausrichtung der politischen Auseinandersetzung und die hiervon auf die Parteien einwirkenden dysfunktionalen Anreize verhindern die Institutionalisierung funktionaler und stabiler Massenparteien in Südkorea, Thailand und auf den Philippinen. Der niedrige Institutionalisierungsgrad der Parteistrukturen schlägt sich insbesondere auf den Philippinen und in Südkorea in einer kurzen Lebensdauer von Parteiorganisationen, einem hohen Anteil unabhängiger Abgeordneter im Parlament sowie einer im regionalen und interregionalen Vergleich konkurrenzlos hohen Volatilitätsrate des Parteiensystems nieder. Die *durchschnittliche* Volatilitätsrate zeigt für Südkorea mit knapp 33 Prozent für den Untersuchungszeitraum sehr starke Wählerverschiebungen zwischen den Parteien, die im Vergleich nur noch von den Philippinen übertroffen werden. Die schwache soziale Verankerung der Kartellparteien in der Wählerschaft mindert deren Fähigkeit zur Artikulation und Aggregation gesellschaftlicher Interessen und schwächt ihre sozialpolitische Integrationsleistung. Als funktionale Äquivalente fungieren häufig informelle politische, ökonomische und soziale Netzwerke. Sie sind allerdings noch weniger transparent und rechtsstaatlich kontrollierbar als politische Parteien und wirtschaftliche Verbände. Ein Teil der Konsolidierungsschwächen und Defekte der jungen ostasiatischen Demokratien ist auf die von Klientelismus durchzogene Informalisierung der intermediären Interessenrepräsentation zurückzuführen. Lediglich in Taiwan, jenem „Fall" mit der geringsten demokratischen Erfahrung und den in der autoritären Phase am engsten abgesteckten Grenzen des politischen Pluralismus, zeichnete sich in den 1990er Jahren eine erfolgreiche Stabilisierung des Parteiensystems ab.

Hinsichtlich der Fragmentierung und geringen Polarisierung des Parteienwettbewerbs ähnelt das taiwanesische Parteiensystem im regionalen Vergleich am ehesten dem südkoreanischen Mehrparteiensystem. Unterschiede bestehen jedoch hinsichtlich der *cleavage*-Struktur sowie der Stabilität der Parteiensysteme. Während in Taiwan die prägenden Konflikte – Festländer vs. Taiwanesen sowie Unabhängigkeit vs. Gesamtchina – die Struktur des Parteienwettbewerbs wie das Wählerverhalten zwar noch beeinflussen, zunehmend aber mit anderen sozioökonomischen, ökologischen und postmaterialistischen Issues oder Konflikten ergänzt werden, ist das südkoreanische Parteiensystem seit der Demokratisierung durchgehend von einem dominanten Konflikt, dem Regionalismus, geprägt. Zu nennen ist hier vor allem der Konflikt zwischen der südwestlichen Region *Honam* und der südöstlichen Region *Yongnam*. Der regionale *cleavage* (Lipset/Rokkan 1967a) erscheint dabei als kumulativer Effekt ökonomischer Konfliktlinien innerhalb der südkoreanischen Gesellschaft, deren Ursprung in der systematischen Bevorzugung einer Region liegt. Die stark regionalistische Ausrichtung des Parteiensystems und des Wahlverhaltens der südkoreanischen Bürger hat einer stärker programmatischen Ausdifferenzierung des Parteiensystems bislang entgegengewirkt.

Ähnlich wie in Südkorea ist auch das Parteiensystem der Philippinen durch häufige Abspaltungen, Fusionen und Neugründungen charakterisiert. Vor allem die Orientierung politischer Loyalitäten primär an Personen, der ausgesprochene Faktionalismus sowie die geringe Organisationstiefe der Parteien sind für den volatilen Charakter und die fluiden Strukturen philippinischer Parteien verantwortlich. Die große Mehrzahl der das Parteienspektrum prägenden Organisationen entstand, wie auch in Südkorea, erst in den 1990er Jahren. Bei den seitdem gegründeten Parteien handelt es sich meist um stark personenzentrierte Wahlvereine mit kaum ausgebildeten formal bürokratisierten Strukturen. Wie bereits vor 1972 sind diese Parteien in erster Linie lose Wahlkoalitionen politischer Familien auf Provinz- und Regionalebene, die in ihrem strukturellen Muster Netzwerken persönlicher Abhängigkeitsbeziehungen zwischen regionalen und lokalen Eliten mit geographisch begrenzten Wählerhochburgen entsprechen, die auf nationaler Ebene bei der Person des Parteiführers zusammenlaufen (Foth 1996: 104). Ihrem Zweck nach sind philippinische Parteien ganz überwiegend „Wahlmaschinen" zur Besetzung von politischen Ämtern. Ihre ideologischen und programmatischen Grundsätze sind nur rudimentär ausgeprägt. Politische Parteien bilden auf den Philippinen keine politischen Organisationseinheiten mit einheitlichen politischen Präferenzen und der Fähigkeit zu geschlossenem Auftreten in politischen Verhandlungs- und Konfliktsituationen. Insbesondere bei den regierenden Parteien handelte es sich bislang durchweg um *patchwork coalitions* (Timberman 1991: 268), bestehend aus mehreren politischen Fraktionen und Gruppen, die Parteien(-koalitionen) nicht als Instrument zur politischen Mehrheitsbildung ansahen, sondern zuallererst als Instrument, um im Verteilungskampf politischer Eliten um staatliche Ressourcen erfolgreich bestehen zu können.

Obwohl auch in Thailand das Parteiensystem durch organisatorische Diskontinuitäten gekennzeichnet ist, sind die Verbindungslinien zur Parteienlandschaft der vordemokratischen Periode stärker als in Südkorea oder auf den Philippinen. Was die Polarisierung betrifft, ist festzustellen, dass die parteipolitischen Interaktionsmuster durchaus günstig für das Funktionieren parlamentarischer Demokratien sind. Schon bei den Gründungswahlen waren die Grenzen zwischen reformorientierten, demokratischen Parteien („Engelsparteien") und konservativ-promilitärischen Gruppierungen („Teufelsparteien") verschwommen und die Unterscheidung der Parteien nach demokratisch-loyal vs. antidemokratisch-unloyal empirisch kaum haltbar (McCargo 1997: 120 ff.), so dass dem „Transformationskonflikt" zwischen „alten"

Tabelle 36: Volatilität, Fragmentierung und effektive Zahl der Parteien

Land	Effektive Zahl der Parteien (Stimmenanteile)	Effektive Zahl der Parteien (Mandatsanteile)	Volatilität
Indonesien 1999 2004 (letzte Wahl)	5,05 8,79	5,40 7,10	32,86 23,00
Philippinen 1987–2001[a] 2004 (letzte Wahl)	3,99 k. A.	4,90 3,50	42,15 k. A.
Südkorea 1988–2000 2004 (letzte Wahl)	3,99 3,36	2,95 2,30	32,86 48,50
Taiwan 1992–2001 2004 (letzte Wahl)	3,09 3,37	2,69 3,30	15,75 10,80
Thailand 1992–2001 2005 (letzte Wahl)	5,64 2,31	5,03 1,60	15,75 15,10

[a] Verfügbare Daten für den Zeitraum von 1995 bis 1998.

Anmerkung: Eigene Berechnungen nach Daten aus Nohlen et al. (2001), Croissant et al. (2002) und Croissant/Martin (2006).

und „neuen" Eliten schon kurz nach der Demokratisierung für die gegenseitige Abgrenzung der Parteien keine Bedeutung mehr zukam.

Statt sich an gesellschaftlichen Konfliktlinien auszurichten, wurde die Entwicklung des Parteiensystems in den 1990er Jahren vor allem von drei Faktoren beeinflusst: (1) die vertikale Zentralisierung politischer Macht und Ressourcenkontrolle innerhalb des zentralistischen Einheitsstaates; (2) die horizontale Dezentralisierung von Entscheidungsautorität zwischen Regierungsbehörden und Ministerien im Kontext schwacher Koalitionsregierungen; (3) die Dispersion von innerparteilichen Machtressourcen aufgrund des ausgeprägten Parteienfaktionalismus. Das herrschende Mehrheitswahlsystem in Mehrpersonenwahlkreisen mit Mehrfachstimmrecht und allgegenwärtigen *money politics* verstärkten diese Faktoren. Das Resultat war ein fragmentiertes, faktionalisiertes und ideologisch-programmatisch gering ausdifferenziertes Parteiensystem mit zentripetaler Wettbewerbstendenz und ohne bedeutende soziale Verankerung. Zahlreiche Korruptionsskandale, häufige Regierungswechsel sowie die Asienkrise von 1997 ließen das Vertrauen in die Parteien auf einen Tiefpunkt sinken; in den Augen der Intellektuellen, zahlreicher Vertreter der Zivilgesellschaft und der Medien war Parteipolitik gleichbedeutend mit politischer Instabilität, chronischer Korruption, Stimmenkauf und der Kollision von „dunklen Interessen" zwischen Wirtschaft oder Unterwelt und den Parteien. Es entstand eine breite „taktischen Allianz aus liberalen, progressiven und konservativen Kräften", die der Reformdebatte der 1990er Jahre eine explizit gegen das etablierte Parteiensystem zielende Ausrichtung gab (McCargo 2002a: 5).

Die Verfassung vom Oktober 1997 hat dem Rechnung getragen und lässt für das Parteiensystem fünf Reformziele erkennen: (1) Verringerung der Parteienfragmentierung; (2) Bekämpfung des Einflusses von *money politics* und Stärkung der Programmorientierung der Parteien; (3) der Aufbau landesweiter Parteiorganisationen mit stabiler Mitgliederbasis; (4) Professionalisierung der Parteiapparate; (5) Stärkung der Kohäsion von Parteien und Parlamentsfraktionen. Um diese Ziele zu erreichen, legt die Verfassung ein neues Wahlrecht, eine reformierte Wahl- und Parteiengesetzgebung, die Schaffung einer unabhängigen Wahlkommission sowie die Direktwahl des Senats unter Ausschluss der politischen Parteien fest und hat die Stellung des Premierministers gegenüber Parlament und Kabinett gestärkt.

Tatsächlich hat das thailändische Parteiensystem seit 1997 tiefgreifende Veränderungen erfahren. Am stärksten sind sie in Hinblick auf die Zahl der relevanten Parteien. Wahlrechtsinduzierte Effekte sowie strategisches Lernen auf Seiten der Thai Rak Thai-Partei haben innerhalb von zwei Wahlen die effektive Zahl der Parteien von durchschnittlich 5,6 Parteien vor 1997 auf 1,6 im Jahr 2005 reduziert. In den Wahlen von 2005 gelang es überhaupt nur noch vier Parteien, Abgeordnete in Parlament zu schicken: *Mahachon* (2), *Chart Thai Party* (28), *Democratic Party* (DP) (94) und *Thai Rak Thai* (376)[23].

Parallel zur Konzentration der Parteienlandschaft auf zwei Parteien, die sich in einer geringen Fragmentierung sowie elektoralen Kompetivität und einem hohen Aggregationsgrad des Parteiensystems und einer Dominanz der Regierung im Parlament niederschlägt, hat die Polarisierung des Parteienwettbewerbs in den letzten Jahren zugenommen. Während die Wahlen von 2001 diese Entwicklung verstärkte, haben die Wahlen von 2005 sie konsolidiert. Auf der einen Seite des politischen Spektrums steht die DP, die sich von einer Provinzpartei zur Partei der urbanen Mittelschichten und Unternehmer – vornehmlich im Großraum Bangkok – gewandelt hat, wenngleich die Partei im Süden des Landes weiterhin am stärksten ist. Auf der anderen Seite steht die TRT von Premierminister Thaksin Shinawatra, im Grunde eine faktionalisierte Koalitionspartei zahlreicher verschiedener Gruppierungen. Die Partei findet den stärksten Zuspruch unter kleinen Gewerbetreibenden und Kleinstunternehmern, den städtischen Armen sowie den ländlichen Wählern. Die wachsende Polarisierung des Parteiensystems hat auch eine klare geographische Dimension. In den Wahlen von 2005 dominierte die TRT alle Regionen des Landes mit Ausnahme des Südens, wo die DP 52 von 54 Sitzen gewann und der Zentralregion, in der die Chart Thai Erfolge erzielte (Croissant/Pojar 2005).

In Indonesien verläuft die ideologische Trennlinie im Parteiensystem entlang der beiden Konfliktlinien Zentrum vs. Peripherie sowie säkular vs. islamisch. Hieraus resultieren zwei große Parteienlager, welche die legalen politischen Parteien umfassen: säkular-nationalistische Parteien (PDI-P, Golkar) und islamische Parteien, die sich wiederum in traditionalistische Parteien (PKB) und modernistische Parteien (PAN) ausdifferenzieren. Hinzu kommen regionale Gruppierungen sowie am äußeren Rand des Spektrums fundamentalistische islamistische Bewegungen. Damit weist das indonesische Parteiensystem eine wesentlich höhere Polarisierung auf als die anderen hier untersuchten Parteiensysteme.

Die Schwäche der Parteien korreliert in einem auffälligen Maße mit Defiziten im Bereich der verbandlichen Organisation von (Arbeiter-)Interessen. Zwar hat die Demokratisierung in den Untersuchungsländern zu einem signifikanten Anstieg gewerkschaftlicher Aktivitäten geführt. Dies gilt eingeschränkt auch für Thailand, wo der Anstieg auf einem ausgesprochen niedrigen Niveau stattfand. Sowohl in Taiwan als auch in Südkorea organisierte sich seit der Abnahme des autoritären Repressionspotenzials eine Vielzahl neuer Gewerkschaften außerhalb der alten Regimeverbände. Aber dies kann nicht notwendigerweise als Indiz für die Etablierung neokorporatistischer Arrangements gedeutet werden. Ob sich dieses in der Forschung (Schmitter 1992; Merkel, W. 1996a) als günstig für die demokratische Konsolidierung erachtete Ordnungsmuster industrieller Beziehungen zu etablieren vermag, kann gegenwärtig be-

---

23 Daten nach Croissant (2006b).

zweifelt werden. Vielmehr scheint sich zumindest kurz- und mittelfristig die Degeneration des einstigen Staatskorporatismus in ein Set autonomer, kompetitiver und sich überlappender Organisationen anzudeuten, wodurch die Konsolidierung eines effizienten und inklusiven pluralistischen Verbändesystems erschwert wird.

Als *korporative* Akteure sind Gewerkschaften – wiederum mit der partiellen Ausnahme Taiwans – überwiegend schwach. Das damit verbundene Defizit formal organisierter Interessenvertretung im Bereich der Arbeiterinteressen mag aus steuerungstheoretischer Perspektive teilweise durch funktionale Äquivalente als informelle, allerdings meist klientelistisch strukturierte Netzwerke kompensierbar sein. Aus demokratie- und konsolidierungstheoretischer Sicht gilt diese Einschätzung jedoch nicht, denn diesen informellen Formen der Interessenvertretung mangelt es in erheblichem Maße an demokratischer Inklusivität, Repräsentativität und Transparenz. Als „Schulen" (Tocqueville) der Demokratie eignen sich solche klientelistischen Netzwerke nicht (Croissant et al. 1998: 352).

Besonders ausgeprägt ist das personalistische und klientelistische Element in den thailändischen und philippinischen Arbeiterbewegungen. In beiden Fällen tendiert das dualistisch strukturierte Gewerkschaftswesen zu einem organisatorischen Pluralismus, der sich u. a. in einer großen Zahl unabhängiger Betriebsgewerkschaften, miteinander konkurrierenden Dachverbänden, einem geringen Zentralisierungsgrad und einer starken Fragmentierung der Gewerkschaften ausdrückt.

5.3 Ebene der Verhaltenskonsolidierung

Den autoritären Eliten ist es in allen fünf Ländern erneut gelungen, sich auch unter demokratischen Systembedingungen dauerhaft in den politischen Institutionen zu etablieren und erhebliche politische Machtressourcen an sich zu ziehen. Damit boten sich für die wirtschaftlichen, politischen und militärischen Eliten kaum Anreize, in erheblichem Umfang ihre Machtressourcen gegen das demokratische System zu mobilisieren. Allerdings bleibt das Militär in Thailand und auf den Philippinen sowie vor allem in Indonesien weiterhin ein potenzieller Vetoakteur gegenüber Rechtsstaat und Demokratie. In diesen Ländern ist die Effektivität der zivilen Kontrolle über die Streitkräfte eingeschränkt.

Während mit Ausnahme Indonesiens von einem relativ erfolgreichen *elite settlement* gesprochen werden kann, existieren aber gleichzeitig erhebliche Defizite hinsichtlich der Habitualisierung demokratischer Verhaltensweisen unter diesen Eliten. Der im Zuge der Liberalisierung und Demokratisierung der „politischen Märkte" gewachsene Konkurrenzdruck innerhalb der politischen Eliten hat in Taiwan, Thailand, Südkorea und auf den Philippinen den Trend zu einer „Monetarisierung" der Politik, d. h. zur politischen Korruption gefördert (Pye 1996). In allen asiatischen Demokratien der dritten Welle sind Politik und staatliche Verwaltung in erheblichem Umfang mit dem Problem der Korruption konfrontiert. Damit beschränkt sich der „Austausch zwischen Geld, Waren und Dienstleistungen nicht auf die ökonomische Sphäre, sondern zieht weite Kreise" (Rüb 1996b: 64) in das Politische hinein, was mit Klientelismus, endemischer Korruption und mangelnde Rechtssicherheit einhergeht. Der machtpolitisch motivierte Umgang der Akteure mit den Verfassungsregeln in Südkorea und auf den Philippinen sowie Versuche der Verfassungsmanipulation in beiden Ländern zeigen, dass sich unter den relevanten politischen Eliten in diesen Ländern bislang keine überparteiliche, über die kurzfristige individuelle Nutzenmaximierung hinausreichende Akzeptanz demokratischer Verfahren ausbilden konnte. Im Rahmen der berechtigten Diskussion um institutionelle Reformen zur Steigerung der Effizienz, Effektivität und Inklusivität der zentralen politischen Institutionen orientierten sich die politischen Eliten nicht an diesen Zielen, sondern am eigenen politischen Machtgewinn.

5.4 Ebene der Staatsbürgerkultur und Zivilgesellschaft

Die Enthierarchisierung der Beziehungen zwischen Staat und Gesellschaft bedarf der Einübung neuer Formen gesellschaftlicher Steuerung. Vor allem soziale Bewegungen und ihre Organisationen müssen etablierte Muster gesellschaftlichen Verhaltens und staatlichen Handelns überwinden und neue Techniken der Interessenartikulation erlernen. Während die Bedeutung Klassen und *cleavage* übergreifender Interessengruppen und bürgerlicher Vereinigungen in allen fünf Ländern wächst und von einer Ausdifferenzierung ihrer Interessen und Aktivitäten begleitet wird, hat die Bedeutung traditioneller Formen radikaler zivilgesellschaftlicher Opposition – studentische und christliche Dissidentengruppen in Südkorea, linksradikale Organisationen in Thailand und insbesondere auf den Philippinen sowie die radikale Unabhängigkeitsbewegung auf Taiwan – stetig abgenommen (Schubert 1994; Grauwels 1996; Abelmann 1996: 227; Hewison/Rodan 1996).

Die politische Kultur- und Demokratieforschung der letzten Jahre hat in beträchtlichem Umfang Daten zur politischen Kultur und besonders zu den auf die politische Ordnung und ihre Repräsentanten bezogenen politischen Werte, Einstellungen und Meinungen der Bevölkerungen in den jungen Demokratien Asiens erhoben. Hauptsächlich für Taiwan und Südkorea wurden ab Mitte der 1990er Jahre zahlreiche Analysen zur „kulturellen Dynamik" (Shin/Lee 2006) der Demokratisierung vorgelegt (vgl. u. a. Rose/Shin 1997; Shin/Shyu 1997; Helgesen 1998; Chu et al. 2001; Shin, D. Ch. 1999; Shin, M. 2005; Chaiwat/Stern 2005; Shin/Wells 2005; Lee/Shin 2003; Shin, M. 2006). Freilich decken die meisten Datensätze und die darauf aufbauenden Analysen nur einen Teil der hier berücksichtigten fünf Gesellschaften ab; entsprechend problematisch sind Versuche, die unterschiedlichen Datensätze und Untersuchungsergebnisse miteinander zu vergleichen oder gar zu kombinieren.

Dennoch lassen sich einige Trends in der „politisch-kulturellen" Konsolidierung ost- und südostasiatischer Demokratien erkennen. So zeigen die meisten Untersuchungen, dass das allgemeine Bekenntnis der Bürger zur Demokratie als politischen Regimetyp relativ hoch ist. Freilich gibt es große Unterschiede hinsichtlich der Unterstützung von Demokratie als prinzipiell befürworteter Herrschaftsordnung und der Beurteilung von Demokratie als Prozess – und zwar innerhalb der Gesellschaften als auch zwischen den Ländern. Während die Demokratie als Regimeform in den meisten Ländern einen überwältigenden Zustimmungsvorsprung gegenüber der Autokratie genießt, befürworten in allen Ländern signifikant weniger Befragte Demokratie als Prozess, wobei der Anteil der Befürworter jedoch in Taiwan und Südkorea höher liegt als etwa auf den Philippinen und in Thailand.

Vergleichsdaten aus anderen Transformationsregionen zeigen, dass die Demokratiezufriedenheit in Korea, Thailand und Taiwan über dem Durchschnittsniveau der lateinamerikanischen und südeuropäischen Demokratien liegt; auf den Philippinen liegt sie darunter, was angesichts der geschilderten Probleme der Demokratie kaum erstaunen mag. Das Vertrauen der Bürger in unterschiedliche Institutionen und Organisationen des politischen Lebens schwankt jedoch auch in Südkorea und Taiwan teils erheblich. Vergleichsdaten für andere Transformationsregionen, etwa für Osteuropa, verdeutlichen aber ebenso, dass der Anteil der Bürger, die den betreffenden Institutionen wie Gerichten, Polizei, Parlamenten, Militär, den politischen Parteien oder der Bürokratie Vertrauen entgegenbringen, bei keiner einzigen Institution unter dem Durchschnittswert für Osteuropa, bei etlichen sogar signifikant darüber liegt (Chu et al. 2001: 130).

Tabelle 37: Zustimmung zu Demokratie (2002/03)

Land	Prozent[a]		Netto-Präferenz[b]	
	Demokratie als Regime	Demokratie als Prozess	Demokratie als Regime	Demokratie als Prozess
Korea	90	66	+1,9	+1,0
Philippinen	75	48	+1,5	+0,3
Taiwan	83	69	+1,6	+1,0
Thailand	90	40	+2,0	−0,1

[a] Prozent der Befragten mit einer Netto-Präferenz für Demokratie als Regime oder Prozess (gegenüber der Autokratie).
[b] Mittelwert des 7-Punkte-Index: −3 bis +3. Ein positiver Wert bedeutet, dass das Individuum zumindest eine leichte Präferenz für die Demokratie (als Prozess oder Regime) gegenüber der Autokratie hat; je höher der Wert, desto höher die Präferenz.
Quelle: Shin/Wells (2005) auf der Grundlage der Asia Barometer Surveys 2002–2003.

Zumindest in jenen Ländern, für die vergleichbare Umfragedaten vorliegen, belegen die abgefragten demokratischen Einstellungen der Bürger die zunehmende Akzeptanz der (defekten) Demokratie. Die latente und während der politischen oder wirtschaftlichen Krisen der letzten Jahre signifikant gestiegene Unzufriedenheit der Bürger mit dem Funktionieren „ihrer" Demokratie, das gesunkene Vertrauen in die Problemlösungsfähigkeit der gewählten Autoritäten und die in Südkorea im Leistungsvergleich von Demokratie und Autokratie erkennbare autoritäre „Nostalgie" (Shin, D. Ch. 2003) stellen mittelfristig ein Instabilitätspotenzial für die Demokratie dar. Offensichtlich hat aber in einigen Gesellschaften bislang ein Prozess der temporären Entkoppelung zwischen der Zustimmung der Bürger zur Demokratie allgemein und der spezifischen, also Output orientierten Legitimität des eigenen demokratischen Regimes stattgefunden.

Für die Stabilitätsaussichten der Demokratie in beiden Ländern sind die Implikationen dieser Annahme positiv. Sie stützen die auch in der Literatur durchweg vertretene These, dass in Südkorea und Taiwan keine unmittelbare Systemgefährdung droht. Eine zentrale Bedingung für die Beseitigung der Demokratie lautet, dass die Demokratiegegner über eine Alternative zunächst Einigkeit erzielen und gesellschaftliche Unterstützung hierfür gewinnen müssen (Rose et al. 1998: 211). Die Unzufriedenheit der Bürger mit dem alltäglichen Funktionieren der Demokratie in eine konkrete Systemalternative zu überführen, ist keineswegs einfach und bildet angesichts der breiten Zustimmung zur Demokratie als prinzipiell präferierte Herrschaftsform in beiden Ländern eine besondere Hürde.

Während die verfügbaren Daten zu den politischen Einstellungen der Bürger zur Demokratie und den sie tragenden Institutionen zumindest für Taiwan und Südkorea keinen demokratiegefährdenden Vertrauens- und Unterstützungsentzug erkennen lassen, kann in den anderen drei asiatischen Ländern derzeit nicht von der Konsolidierung einer demokratiestützenden Zivilgesellschaft gesprochen werden. Defizite im Bereich der Habitualisierung demokratischer Verhaltensweisen und Einstellungen unter zivilgesellschaftlichen Aktivisten, ein Mangel an demokratischer Streitkultur sowie die Logik von Nullsummen-Spielen prägen häufig die Konfliktaustragung und Interessenvermittlung zwischen Zivilgesellschaft und Staat. Das trifft besonders auf Südkorea zu.

In Taiwan birgt die ideologische Konfrontation zwischen zivilgesellschaftlichen Akteuren und dem Regime ein viel geringeres Konfliktpotenzial (Chu, G. C. 1993: 180). Ethnische und ökonomische Fragen sind von wesentlich größerer Bedeutung. Aber auch hier hat sich die Zivilgesellschaft zu einem Raum potenzieller und virulenter Konflikte zwischen konkurrierenden Interessen und Verhaltenstraditionen entwickelt, die teilweise gewaltsam ausgetragen werden. In Thailand und auf den Philippinen lassen sich dagegen seit den 1980er Jahren Tendenzen zur Entradikalisierung der *civil society* verzeichnen (Hewison/Rodan 1996: 48). Gleichzeitig profitiert die Zivilgesellschaft vom Niedergang kommunistischer Bewegungen in Südostasien, die von den Mittelschichten stets als Bedrohung wahrgenommen wurden und die Diffamierung zivilgesellschaftlicher Organisationen als „pro-kommunistisch" effektiv ermöglichen. Vom Zustand einer vitalen zivilgesellschaftlichen Unterfütterung der Demokratie sind allerdings alle fünf Länder noch ein erhebliches Stück entfernt.

6 Gibt es eine „asiatische Form" der Demokratie?

Mit Beginn der 1990er Jahre ist eine Debatte in Gang gekommen, in der kritische Stimmen aus den Ländern Ost- und Südostasiens wie aus dem „Westen" (Nordamerika und Westeuropa) zu vernehmen sind, die die Vereinbarkeit asiatischer Werte- und Normensysteme, politischer und philosophischer Traditionen mit der liberalen rechtsstaatlichen („westlichen") Demokratie grundsätzlich in Frage stellen. Ausgangsprämisse für diese „Wertedebatte" ist die Bezugnahme auf den Begriff der Kultur sowie auf kulturelle Differenzen zwischen „Asien" und dem „Westen". In diesem Zusammenhang wird „dem" Konfuzianismus als quasi-religiöses ethisches System sowie als soziales und politisches Ordnungskonzept eine besondere Bedeutung beigemessen. Die Bandbreite der Meinungen über die Kompatibilität der politischen, philosophischen und ethischen Traditionen asiatischer Gesellschaften mit zeitgenössischen Formen der Demokratie reicht dabei von der Idee eines „demokratischen Konfuzianismus" (Kang 1992) bis zur Feststellung, konfuzianische Demokratie sei eine „contradiction in terms" (Huntington 1991: 307).

Ihre Bezeichnung verdankt die Wertedebatte der Behauptung, die Mehrzahl der asiatischen Gesellschaften verfüge über ein ähnliches Werte- und Normensystem, das sich in Form und Substanz grundlegend von den sozialen Systemen außerhalb Asiens unterscheide. Folglich sei es gerechtfertigt, von genuin „asiatischen Werten" zu sprechen. Die spezifische Beschaffenheit dieser Werte führe wiederum notwendigerweise zu einer eigenen, eben asiatischen Interpretation von Menschenrechten sowie zur Zurückweisung des westlichen Konzepts der liberalen Demokratie.

Die systematischen und argumentativen Schwachstellen dieser kulturgebundenen Erklärungsversuche werden deutlich, kontrastiert man die bislang vorgenommenen Versuche der Konzeptualisierung „asiatischer Demokratieformen" mit anderen, nicht kulturalistisch argumentierenden, sondern generalisierenden Konzepten demokratischer Herrschaftssysteme.

So argumentierte Mitte der 1990er Jahre der amerikanische Politikwissenschaftler Clark D. Neher, dass die zu Beginn der abgelaufenen Dekade in der Region vorhandenen Demokratien sowohl durch liberaldemokratische als auch autoritäre nichtdemokratische Elemente charakterisiert gewesen seien (Neher 1994; Neher/Marlay 1995). Diese spezifisch asiatische, durch gemeinsame politische Merkmale gekennzeichnete Variante der Verschmelzung autoritärer und demokratischer Elemente zu einer Art von „Semidemokratie" bzw. „Semiautoritarismus" bezeichnet Neher als „Asian Style Democracy", die von fünf Spezifika geprägt sei (Neher 1994: 951–958; Neher/Marlay 1995: 12–29):

▶ Die eigentliche Grundlage der politischen und sozialen Strukturen dieser „asiatischen" Gesellschaften bilden hierarchisch strukturierte Klient-Patron-Beziehungen, die sich zu informellen politischen und ökonomischen Netzwerken der „informal politics" verdichten.
▶ Die stark personalistische Prägung politischer Prozesse führt dazu, dass politische Führer eine wesentlich größere politische Rolle spielen als in „westlichen" Demokratien. Die Macht- und Einflusspotenziale dieser Führungspersonen sind weniger abhängig von ihren konstitutionellen Prärogativen als vielmehr vom persönlichen Charisma. Dies führt zu dem für Demokratien problematischen Vorrang von Personen vor rechtsstaatlichen, demokratischen Institutionen und Verfahren.
▶ Aus der konfuzianischen Tradition vieler asiatischer Gesellschaften lässt sich eine grundsätzlich größere Akzeptanz autoritärer Herrschaftsformen begründen.
▶ In den durch formaldemokratische Institutionen gekennzeichneten politischen Systemen wie Südkorea, den Philippinen und Thailand führt die Dominanz einzelner Parteien faktisch zur Einschränkung des demokratischen Wettbewerbs und zu einer anhaltenden Monopolisierung der Macht durch die Spitzen der Regierung(-sparteien).
▶ Zusätzlich seien „asiatische Demokratien" durch einen starken Interventionsstaat charakterisiert, der unabhängige Interessengruppen (Unternehmer- und Bauernverbände, Gewerkschaften etc.) entweder aus politischen Entscheidungsprozessen weitgehend ausschließt oder sie vereinnahmt.

Ähnlich konstatierten Daniel Bell et al. (1995) Mitte der 1990er Jahre in Asien eine Entwicklung hin zu einer Form illiberaler Demokratie, in der sich ein im Eigeninteresse intervenierender starker Staat formaldemokratischer politischer Institutionen bedient, diese aber etatistisch-antiliberal umdeutet. Die ihrer liberaldemokratischen Substanz teilweise entleerten Institutionen und Verfahren dienen dann den nationalen Entscheidungseliten dazu, die asiatischen Gesellschaften als korporatistische Einheit etatistisch von oben zu steuern. Die Zivilgesellschaft soll dabei staatlich vordefinierte soziale, politische und ökonomische Ziele im Sinne eines kontrollierten öffentlichen Raumes vermitteln. Formale Demokratisierung ist in Ost- und Südostasien, so Bell et al. (1995: 9), lediglich ein Instrument zur Bewahrung technokratischer Steuerungsfähigkeit gegenüber der Gesellschaft. Politische Reformen drehen sich um das Management intra-elitärer Konflikte und nicht um die demokratieorientierte Restrukturierung von Staat und Gesellschaft. Die Folge ist die Herausbildung eines „paternalistischen Demokratiemodells" auf Kosten liberaldemokratischer Elemente.

Die politischen Wechsel in Asien bedeuten bisher keine klare Entwicklung hin zur liberalen Demokratie. Während Demokratisierung im Westen eine Reaktion auf die Forderungen verschiedener gesellschaftlicher Akteure war, ist sie in Ostasien ein Instrument, das vor allem den technokratischen Bedürfnissen des Staates entspricht:

▶ Der Staat nimmt eine erzieherische und disziplinierende Funktion wahr. Zur Bewahrung eines harmonischen und geordneten politischen Gemeinwesens darf der Staat fast unumschränkt in das soziale Leben intervenieren.

▶ Recht wird primär als ein Instrument administrativer Strategie zur Verfolgung kollektiver ökonomischer und sozialer Ziele gesehen und nicht als Schutz der bürgerlichen Freiheit des Einzelnen vor staatlicher Willkür.
▶ Politische Reformen sollen vor allem die Zustimmung zu nationalen Entwicklungszielen sichern (Bell et al. 1995: 163 ff.).

Gibt es also eine genuin „asiatische Form" der Demokratie? Folgt man diesen deskriptiven Auflistungen der besonderen Merkmale der asiatischen Demokratien, so ergeben sich erhebliche Zweifel:

Erstens resultieren die aufgelisteten „asiatischen Besonderheiten" aus einem methodisch zweifelhaften Vorgehen. Undifferenziert dienen autoritäre Systeme wie Singapur, Indonesien unter Suhartos „neuer Ordnung" und Malaysia (Bell et al. 1995) und sogar die kommunistischen Diktaturen in Nordkorea, Vietnam und der VR China (Neher) gemeinsam mit den Demokratien der „dritten Welle" in Südkorea und Thailand, auf den Philippinen und in Taiwan zur empirischen Untermauerung der präsentierten Thesen.

Zweitens bestehen erhebliche Probleme bei der Konzeptionalisierung von Kultur. Obwohl es sich hierbei um ein Kernkonzept handelt, bleibt die Bedeutung von Kultur als Analyseeinheit auf der Ebene der Deskription außerordentlich vage. *Was* asiatische „Werte" oder asiatische „Kultur" konkret bezeichnen, ist nicht klar erkennbar. Teilweise dienen die Begriffe als Code für „chinesische" oder „konfuzianische" Werte, teilweise aber auch für das Ideal einer hoch zentralisierten und regulierten politischen Ordnung. Der Begriff „Werte" wird wenig eindeutig sowohl zur Bezeichnung von Werten im soziologischen Wortsinne oder von Kulturen bzw. Zivilisationen, aber auch zur Beschreibung politischer Ordnungsvorstellungen verwendet. Damit verstößt aber gerade diese kulturalistische Argumentation gegen die von ihr angemahnte differenzierte Betrachtung der kulturellen „Fundierung" politischer Systeme. Die konfuzianischen Kernländer umfassen nur einen kleinen Teil der asiatischen Gesellschaften. Auf der Ebene der Erklärung wiederum oszilliert der Status von Kultur zwischen dem einer übergeordneten unabhängigen Variable und ihrer fast vollständigen Unterordnung unter die Bedeutung sozialer Institutionen und Strukturen oder der ökonomischen Handlungszwänge staatlicher Planungseliten. Die behauptete Kausalbeziehung zwischen kulturellen Phänomenen und den ihnen zugeschriebenen Effekten wird weder theoretisch differenziert noch empirisch untermauert.

Drittens hielten die behaupteten zentralen Merkmale einer „asiatischen Demokratie" schon Mitte der letzten Dekade einer empirischen Prüfung nur zum Teil stand; ihre empirische Validität hat seitdem weiter gelitten. Der Konfuzianismus kann als zentrale kulturelle Erklärungsvariable für politische Prozesse in historisch-kulturell überwiegend buddhistisch (Thailand), christlich (Philippinen), shintoistisch (Japan), islamisch (Pakistan, Bangladesh, Indonesien) und hinduistisch (Indien, Nepal) und animistisch (Papua-Neuguinea) beeinflussten Gesellschaften, bei denen es sich ebenfalls um (defekte) Demokratien in Asien handelt, keine Geltung beanspruchen. Zudem lässt sich Nehers These von den für „asiatische Demokratien" typischen dominanten Einparteiensystemen inzwischen für keine der hier untersuchten Demokratien mehr halten. Selbst in Japan ist die prädominante Stellung der jahrzehntelang auf die Regierung abonnierten Liberaldemokratische Partei (LDP) in den 1990er Jahren einem anhaltenden Erosionsprozess ausgesetzt gewesen. Dies hat zu ihrer zwischenzeitlichen Abwahl von der Regierung geführt und zwingt sie inzwischen zu Koalitionen, in denen sie nicht mehr alleine die Regierungspolitik bestimmende Partei darstellt.

Die Charakterisierung der Demokratisierungsprozesse in den hier untersuchten Fällen als Strategie staatlicher Eliten, um die eigenen Entscheidungskompetenzen gegen den gesellschaftlichen Partizipationsdruck abzusichern, ist in sich nicht schlüssig: Gerade aufgrund der angemerkten kulturellen Dispositionen dieser Gesellschaften hätte ein solcher Druck entweder überhaupt nicht entstehen dürfen oder jedenfalls nicht stark genug sein können, um politische und soziale Reformen zu erzwingen. Zudem hat die Analyse der Demokratisierungsprozesse in diesen Ländern gezeigt, dass mit der Ausnahme von Taiwan und (partiell) Indonesien in keinem der vier Fälle die autokratischen Eliten in ausreichendem Maße über Handlungsressourcen verfügten, um ein unilateral gesteuertes Projekt der formalen Demokratisierung implementieren zu können. Aber auch in Taiwan und Indonesien entglitt den alten Eliten die Kontrolle über den Transformationsprozess und sie wurden abgewählt.

Viertens gibt es die aufgelisteten Herrschaftselemente nicht nur in Ostasien, sondern auch in anderen Regionen, wie etwa in Lateinamerika und Osteuropa. Sie mögen teilweise unterschiedliche ideologische Wurzeln haben; in ihren Formbildungen ähneln sie sich jedoch. Werden die vermeintlichen Spezifika asiatischer Demokratien übertragen auf das in Kapitel 1, Abbildung 1 (S. 25) entwickelte Kriterienraster politischer Herrschaftstypen, so lassen sich drei der fünf von Neher (1994) und zwei der drei von Bell et al. (1995) genannten Spezifika jeweils den Kriterien der Herrschaftsweise bzw. des Herrschaftsmonopols zuweisen. In ihren zentralen Elementen entspricht die „asiatische" Form der Demokratie damit der defekten Demokratie, oder genauer dem illiberalen Typ der defekten Demokratie, wie er auch in Osteuropa (Russland, Belarus) und Lateinamerika (Argentinien, Peru) zu finden ist (Merkel/Puhle et al. 2003; Merkel/Puhle et al. 2006).

Verglichen mit jungen Demokratien in anderen Weltregionen zeigen defekte Demokratien in Asien darüber hinaus insbesondere hinsichtlich der strukturellen Ursachen ihrer Genese auffällige überregionale Gemeinsamkeiten. So zählen *informal politics* zu den herausragenden Merkmalen illiberaler Demokratien in Ostasien und in Osteuropa bzw. Lateinamerika. In allen drei Regionen sind sie auch das Resultat der politischen Prägewirkung sozialer Werte und Normen. Vor allem aber ist informales politisches Handeln eine Erblast der Institutionenbildung aus der autoritären Regimeperiode. Dichte Geflechte klientelistischer und personalistischer Netzwerke, informelle *pressure regimes* und innerstaatliche Systeme des Lobbying lassen sich in unterschiedlichen kulturellen Kontexten lokalisieren und sind weniger spezifische kulturelle Phänomene, sondern vielmehr „funktionale Äquivalente", die in Übergangsgesellschaften zumindest zeitweise und partiell effiziente Formen der Kommunikation, Interessenvermittlung und Politikimplementierung bieten und so die Ineffizienz der formalen Strukturen und Institutionen der jungen demokratischen Regime in nichtdemokratischer Weise kompensieren.

Ebenso zeigen sich die als „asiatisches" Spezifikum angemerkten Formen der Penetration des intermediären Raums durch den Staat oder eigeninteressierte und nutzenmaximierend agierende politische „rent-seeker" auch in illiberalen Demokratien außerhalb Asiens. Es ist also ein allgemeines, Kultur und Regionen übergreifendes Merkmal defekter Demokratien, dass staatliche wie gesellschaftliche Akteure versuchen, die Schwäche formaler institutioneller Regeln und des Rechtsstaates durch intransparente interpersonale Netzwerkbildung zu kompensieren.

Fünftens ist die Kennzeichnung der „asiatischen Demokratie" als legitime Form demokratischer Herrschaft zu verneinen. Denn wie erläutert, sind gerade die vermeintlichen Charakteristika der asiatischen Demokratie in aller Regel ihre Defekte. Klientelismus, Korruption, Verletzung der Gewaltenteilung durch die Exekutive, (zivil-)gesellschaftliche Unterordnung unter die staatliche Suprematie oder ideologisch begründete Begrenzung individueller Freiheiten sind keine regionalen Besonderheiten der Demokratie, sondern deren Regionen und Kulturen übergreifende Verletzungen. Sie werden nicht im Allgemeinen vom Demos, sondern im Besonderen von den herrschenden Eliten begangen. Die symptomatischerweise von verschiedenen Autokraten und Ideologen.[24] Ostasiens vorgebrachte These der kulturspezifischen Variante der ostasiatischen Demokratie entspringt vor allem dem Motiv der legitimatorischen Absicherung ihrer eigenen undemokratischen Herrschaftspraktiken. Westliche Forscher, die mitunter der These von der besonderen „asiatischen Demokratie" zustimmen, genügen damit mehr dem kulturrelativistischen Zeitgeist-Verbot des „Ethnozentrismus" als der analytischen Bezugnahme auf klare Definitionskriterien dessen, was Demokratie genannt werden kann.

---

24 Dies gilt vor allem für Lee Kwan Yew (Singapur) und den ehemaligen Premierminister Malaysias, Mohammed Mahatiar.

VI Die dritte Demokratisierungswelle: Osteuropa

1 Die besondere Transformationsproblematik in Osteuropa

Die Transformation der kommunistischen Regime Osteuropas und der zentralasiatischen Nachfolgestaaten der Sowjetunion unterscheidet sich kategorial von allen Systemwechseln der ersten und zweiten Demokratisierungswelle (Offe 1991, 1994; Beyme 1994a: 47 ff.; Glaeßner 1994: 141; McFaul 2002). Michael McFaul spricht von „the fourth wave of democracy *and* dictatorship" und meint damit zweierlei: Erstens unterscheiden sich die Regimewechsel der postkommunistischen Länder in ihren Ausgangsbedingungen systematisch von jenen der dritten Welle in Südeuropa und Lateinamerika; zweitens haben sich von den 28 postkommunistischen Staaten nur acht zu liberaldemokratischen Regimen entwickelt (Tschechien, Estland, Lettland, Litauen, Ungarn, Polen, Slowenien und später Kroatien). Der Rest sind Diktaturen und Transitionsregime (McFaul 2002). Wir teilen diese Einschätzung mit zwei Modifikationen: Den liberaldemokratischen Regimen ist seit 2005 auch die Slowakei zuzuordnen; jene Regime, die McFaul als „transitional regimes" bezeichnet, sind häufig keine „transitorischen Regime", sondern hybride Regime oder defekte Demokratien, die ein relativ stabiles institutionelles Equilibrium zwischen dem politischen Regime und seiner sozioökonomischen Umwelt entwickelt haben. Wie in Teil I begründet, bleibe ich trotz der Anerkenntnis systematischer Transformationsunterschiede bei der Terminologie der „drei Demokratisierungswellen", wie sie von Samuel Huntington rein statistisch definiert wurden.

Aber die osteuropäischen Systemwechsel sind transformationstheoretisch von den der dritten Demokratisierungswelle zugerechneten Transformationen Südeuropas (ab 1974), Lateinamerikas (ab 1983) und Ostasiens (ab 1983) abzuheben. Der prinzipielle Unterschied zwischen den osteuropäischen und allen anderen Systemwechseln liegt in dem „Problem", oder schärfer formuliert, dem „Dilemma der Gleichzeitigkeit". Mit diesem Begriff haben die beiden Transformationstheoretiker Jon Elster (1990) und Claus Offe (1991, 1994) die Problematik bezeichnet, dass mindestens zwei, wenn nicht gar drei Transformationsprozesse im postkommunistischen Osteuropa gleichzeitig ablaufen: die politische Transformation (Übergang von der Diktatur zur Demokratie), die wirtschaftliche Transformation (der Wechsel von der Kommando- zur Marktwirtschaft) und – in manchen Fällen – die staatliche Transformation (Zerfall des Nationalitätenimperiums Sowjetunion und Gründung neuer Nationalstaaten).[1] Wir hätten es also bei den osteuropäischen Systemwechseln mit Transformationsvorgängen zu tun, die im westeuropäischen „Normalfall" evolutionär und weitgehend konsekutiv in Jahrhunderten abgelaufen seien. In Osteuropa seien sie jedoch vor allem ein „politisches Projekt", das in einem Jahrzehnt maßgeblich von politischen Eliten konzipiert und gleichzeitig realisiert werden sollte. Für dieses Transformationsprojekt gäbe es weder historische Vorbilder noch eine wohlwollende siegreiche Besatzungsmacht, die die Lösung der grundsätzlichen Territorial-,

---

1 Hinzuzufügen sind ebenfalls die Fälle der friedlichen Staatstrennung der Tschechoslowakei (1993) und die über einen Bürgerkrieg vollzogene Auflösung Jugoslawiens (seit 1991).

Verfassungs- und Wirtschaftsfragen „von außen" oktroyieren könnte, wie dies in der zweiten Demokratisierungswelle in Deutschland und Japan der Fall war.

Dies werfe für die Demokratisierung der postkommunistischen Systeme erhebliche Probleme auf. Die drei wichtigsten sollen hier knapp dargestellt werden: (1) Probleme der (National-)Staatsbildung; (2) Probleme der Demokratisierung; (3) Probleme des Wirtschaftsumbaus. Die einfache Addition der Probleme auf diesen drei Ebenen gibt aber keineswegs den vollen Blick auf die komplexe Transformationsproblematik der postkommunistischen Staaten frei. Denn alle drei Sphären folgen einerseits einer je eigenen Entwicklungslogik, sind aber andererseits hochgradig interdependent. Die Tatsache, dass die Transformationsprozesse auf den drei Ebenen einer evolutionären Eigenlogik folgen, aber gleichzeitig ablaufen und in ihrer Entfaltung aufeinander angewiesen sind, können leicht zu Interferenzen oder gar „wechselseitigen Obstruktionseffekten" (Offe 1991: 283) der drei „nachholenden Modernisierungsprozesse" (Habermas) führen. Darin liege das eigentliche Problem der Gleichzeitigkeit, das in Extremfällen eine dilemmatische Form annehmen könne.[2] Interpretiert man die von Elster und Offe zugespitzte theoretische Prognose nicht deterministisch als eine ausweglose Handlungssituation, sondern als ein besonders gravierendes Handlungsproblem, behalten manche Argumente der beiden Essays viel von ihrer heuristischen Ergiebigkeit.

1.1 Probleme der (National-)Staatsbildung

In vielen konzeptionellen Transformationsstudien und Demokratietheorien wird die Herausbildung der nationalen Identität (Mill 1872: 222; Dahl 1971: 110 f.), der staatlichen Integrität (Rustow 1970: 355) sowie der inneren Souveränität des Staates („stateness": Linz/Stepan 1996: 16 ff.) als die fundamentale Voraussetzung für die Demokratisierung politischer Systeme betont. Im westlichen „Normalfall" hat sich diese grundsätzliche Voraussetzung, d. h. die Herausbildung der Nation und des National- oder Nationalitätenstaates langfristig, unzivilisiert und undemokratisch vollzogen. Entscheidungen zur Bildung eines Staates kamen nicht durch demokratische Prozeduren, sondern, wie die Geschichte zeigt, „durch die Faktizität von Krieg, Eroberung, Bürgerkrieg und Assimilation zustande, die allenfalls durch die zerbrechlichen Regeln des internationalen Rechts und transnationaler Organisationen gezähmt" wurden (Offe 1994: 63). Die Bürgerkriege in Ex-Jugoslawien und im Kaukasus zeigen, dass diese historische Regel auch am Ende des 20. Jahrhunderts kaum an Gültigkeit verloren hat. Die „samtene Scheidung" der Tschechoslowakei 1993 muss bisher als eine der wenigen historischen Ausnahmen angesehen werden.

Worin aber besteht genau die Staatlichkeitsproblematik und warum war und ist *stateness*[3] ein besonderes Problem innerhalb des Systemwechsels im Allgemeinen und für die Konsolidierung der Demokratie in Osteuropa im Besonderen? Allgemein lässt sich feststellen, dass die Staatlichkeit eines Landes dann besonders gefährdet ist bzw. sich nicht hinreichend zu etablieren vermag, wenn:

---
[2] Ich bevorzuge den Begriff „Problem" der Gleichzeitigkeit, denn wie ich noch zeigen werde, waren einige postkommunistischen Länder sehr erfolgreich bei der Überwindung dieser „Probleme".
[3] Fehlende Staatlichkeit *(fragile states, failed states)* ist am stärksten in Afrika ausgeprägt und bildet dort ein fundamentales Hindernis für die Demokratisierung (Bertelsmann Stiftung 2004, 2005).

▶ Unklarheit und interner Dissens über die territorialen Grenzen, d. h. die territoriale Integrität eines Staates bestehen;
▶ Unklarheit und interner Dissens darüber besteht, wodurch die *politische Gemeinschaft* (Easton 1965) eines Staates konstituiert ist bzw. eine solche nationale politische Gemeinschaft gar nicht existiert;
▶ Unklarheit und interner Dissens besteht, welcher *demos* oder welche *demoi* dem Staat als gleichberechtigte Bürger zugerechnet werden;
▶ die Monopolstellung des Staates bestritten wird, als einziger legitimierter Akteur Gewalt anzuwenden sowie politisch bindende und sanktionsbewährte Regeln zu definieren.

Alle vier Herausforderungen an die Staatlichkeit treten typischerweise dann auf, wenn ethnische oder religiöse Konflikte weder sozial noch politisch befriedet sind und unter den Bedingungen der Demokratisierung nicht einfach repressiv eingefroren werden können.[4] Ein Staat aber, der in seiner Staatlichkeit, in seiner Souveränität und Autonomie nach innen beständig herausgefordert ist,[5] kann nur schwerlich demokratisiert und noch schwerer demokratisch konsolidiert werden. John Stuart Mill, der große Theoretiker des demokratischen Liberalismus im 19. Jahrhundert, hat dieses Problem schon vor über hundert Jahren in seiner Schrift „Betrachtungen über Repräsentativ-Regierung" weitsichtig zum Ausdruck gebracht:

> „Freie Institutionen sind in einem Staate, der aus verschiedenen Nationalitäten besteht, nahezu unmöglich. Unter einer Bevölkerung ohne ein gemeinschaftliches Gesamtgefühl, besonders wenn sie in verschiedenen Sprachen liest und spricht, kann jene einheitliche öffentliche Meinung nicht bestehen, welche eine wesentliche Bedingung für die Wirksamkeit einer Repräsentativverfassung ausmacht. Die Einflüsse, welche Ansichten bilden und politische Handlungen bestimmen, sind in diesem Falle an verschiedenen Puncten des Staatsgebietes verschieden, und in dem einen Theile des Landes genießen ganz andere Führer das öffentliche Vertrauen als in dem anderen" (Mill 1872: 222).

Rund 100 Jahre später bestätigt mit Robert Dahl einer der bedeutendsten Demokratietheoretiker des 20. Jahrhunderts John Stuart Mills Befund. Auf der Basis von empirischen Daten zeigt Dahl (1971: 111), dass von 114 Staaten 58 Prozent mit niedriger subkultureller Segmentierung[6], 36 Prozent mit mittlerer und nur 15 Prozent mit ausgeprägtem *subcultural pluralism* den Charakter von Polyarchien oder „Beinahe-Polyarchien" angenommen haben. Ganz in der Tradition von Mill argumentiert der amerikanische Demokratietheoretiker, dass multinationale Staaten dazu tendieren, die politische Partizipation eines Teils ihrer Bürger, d. h. der Minoritäten, einzuschränken und damit die Chancen der Herausbildung einer entfalteten Polyarchie zu schmälern. Tatsächlich zeigte sich vor allem auf dem Balkan und in der Slowakei, dass gerade demokratische Institutionen, Verfahren und insbesondere Wahlen in schwachen Zivilgesellschaften ein leicht funktionalisierbares Instrumentarium zur Verschärfung ethnischer Konfliktlinien darstellen. Wenn aber ethnische Identitäten leicht mobilisiert werden können, ist es für rationale Stimmenmaximierer unter den „politischen Unternehmern" nur nahelie-

---

4 Autokratische Systeme können bis zu einem gewissen Grade und offensichtlich auch für eine gewisse Zeitperiode ethnisch-nationalistische Konflikte durch Repression (unter anderem) so kontrollieren, dass sie keine aktuelle Bedrohung für die Staatlichkeit darstellen. Die Sowjetunion ist dafür ein Beispiel.
5 Zum Staatsbegriff und zur Monopolstellung des Staates in der physischen Gewaltanwendung sowie zur Autonomie des Staates vgl. aus soziologischer und historischer Sicht u. a. Weber (1972: 822 ff.), Tilly (1975), Poggi (1978: 86 ff.).
6 Unter *subcultural pluralism* (subkultureller Segmentierung) versteht Robert Dahl (1971: 108) in erster Linie ethnische und religiöse Subkulturen.

gend, in wettbewerbsoffenen Wahlen entlang ethnischer Konfliktlinien um Stimmen und Ressourcen zu konkurrieren (Gallagher 1995: 349). Geschieht dies wie in Ex-Jugoslawien, der Slowakei, den baltischen Staaten oder im Kaukasus, werden ethnische Konflikte paradoxerweise gerade durch demokratische Verfahren verschärft und die staatliche Integrität des sich im demokratischen Wandel befindlichen Systems herausgefordert. Insbesondere in der Übergangsphase ist der zerbrechliche Demokratisierungsprozess wegen des Aufbrechens gewaltsamer ethnischer und religiöser Konflikte gefährdet.

Aus der Tatsache, dass die innere Souveränität des Staates vor allem von nicht befriedeten und nationalistisch mobilisierten ethnischen Gruppen und Bewegungen herausgefordert wird, kann zunächst die allgemeine Regel theoretisch hergeleitet und empirisch bestätigt werden, dass postautokratische multinationale, multiethnische und multikulturelle Staaten es erheblich schwerer haben, sich als Demokratie zu konsolidieren als ethnisch und kulturell homogene Gesellschaften. Die besonderen Gefahren für junge, noch nicht konsolidierte multinationale oder multireligiöse Demokratien ergeben sich aus folgenden Problemen: Nationalistische oder religiöse Eliten können als „politische Unternehmer" gerade in postkommunistischen Transformationsperioden, in denen sich noch wenig andere feste kollektive Identitäten (z. B. Klasse, Schicht, Profession) herausgebildet und organisiert haben, über nationalistisch-chauvinistische Mobilisierungsstrategien ihre Machtinteressen verfolgen (Offe 1994: 135 ff.). Die Strategie serbischer und kroatischer Eliten aus Politik, Militär, Kultur und Wissenschaft im zerfallenden Jugoslawien seit Mitte der 1980er Jahre sind dafür jüngste Beispiele (Zakošek 2008). Müssen zudem wie bei den Nachfolgestaaten der Sowjetunion und der Sozialistischen Föderativen Republik Jugoslawiens die territorialen Grenzen neu gezogen und der *demos* neu definiert werden, können daraus zwei besondere demokratiegefährdende Probleme entstehen:

▸ Irredenta-Probleme: Wird kein grundsätzlicher, friedlicher und dauerhafter Konsens über strittige territoriale Ansprüche gefunden, bedrohen außenpolitische Konflikte die friedliche innere Entfaltung der Demokratie.
▸ Minoritätenprobleme: Enthalten die neuen Titularnationen ethnischen Minderheiten die (vollen) Bürgerrechte vor und benachteiligen diese politisch, wirtschaftlich und sozial, bedeutet dies nicht nur eine qualitative Einschränkung der Demokratie, sondern die benachteiligten, unterdrückten oder ausgeschlossenen Minderheiten könnten die Legitimität des Staates insgesamt bestreiten. Für die Existenz einer jungen Demokratie wird dies dann besonders gefährlich, wenn die Minderheit stark ist oder gar auf mächtige ausländische Schutzmächte verweisen kann, wie das bei den diskriminierten russischen Bürgern der baltischen Republiken – vor allem in Lettland – der Fall war und in den Kaukasus-Staaten häufig noch der Fall ist. So ist es kein Zufall oder nur der fortgeschritteneren ökonomischen Modernisierung zuzuschreiben, dass unter den osteuropäischen Transformationsländern mit Ungarn, Tschechien, Slowenien und Polen vier Staaten an der Reformspitze stehen, in denen der Anteil der Bürger, der sich mit der Titularnation identifiziert, über 92 Prozent liegt (Offe 1997: 217), es sich also um ethnisch weitgehend homogene politische Gemeinschaften handelt.

Fassen wir zusammen:

1. Je mehr die Bevölkerung eines Staates aus unterschiedlichen und segmentierten nationalen, ethnischen, linguistischen, religiösen Gruppen und Teilkulturen zusammengesetzt ist, umso schwieriger wird ein gesamtgesellschaftlicher Konsens über die Grundstrukturen des demokratischen Systems zu erreichen sein (Mill 1872; Dahl 1971).

2. Dies bedeutet keineswegs, dass nur ethnisch und religiös homogene Gesellschaften demokratisch verfasst und konsolidiert werden können. Denn ethnische Identitäten sind nicht primordial vorgegeben, sondern vor allem historisch konstruiert und können deshalb auch wieder „dekonstruiert" werden (Przeworski 1995: 21). Allerdings schließen multinationale und multireligiöse Gesellschaften eine ganze Reihe von mehrheitsdemokratischen institutionellen Lösungen aus. Sie verlangen zudem eine hohe Kompromissbereitschaft und politische Gestaltungskraft (Di Palma 1990) gerade der politischen Eliten (Lijphart 1984; Burton et al. 1992; Merkel, W. 1997a).
3. Je fragmentierter und segmentierter multinationale Gesellschaften sind, umso mehr Konsenselemente und Vetorechte[7] müssen in die institutionelle Verfassungsarchitektur eines Landes eingebaut werden. Eine solche „inklusive politische Struktur" bietet aber Kompromiss verweigernden politischen Eliten mannigfache Optionen, den Reformprozess eines Landes zu sabotieren und zu lähmen.[8]

Dennoch gibt es zu einer solchen „inklusiven" Politik der Demokratisierung für strukturell heterogene Gesellschaften keine Alternative, soll nicht die Staatlichkeit eines Landes schon zu Beginn der Transformationsprozesse untergraben werden. Dies haben Juan J. Linz und Alfred Stepan (1996: 28) prägnant auf die Formel gebracht: „Without a state, there can be no citizenship; without citizenship, there can be no democracy." Von den drei oben genannten Problemen des „Dilemmas der Gleichzeitigkeit" ist das Problem der Nations- und Staatsbildung zweifellos das gravierendste.

1.2 Probleme der Demokratisierung

Folgt man David Easton (1965; vgl. auch Offe 1994: 60), lässt sich ein politisches System als das Ergebnis von drei unterscheidbaren und hierarchischen Festlegungen begreifen: Auf der untersten Ebene befindet sich die Herausbildung einer kollektiven Identität, also der politischen Gemeinschaft. Auf dieser Basis erst entwickelt sich nach innen wie außen eine souveräne Staatlichkeit. Darauf baut auf der zweiten Ebene die politische Ordnung auf, die durch die normativen Vorgaben der Verfassung konstituiert, definiert und – in den Grundzügen – auch reguliert wird. Hier werden also die Regeln des politischen Prozesses festgelegt, nach denen die politischen Akteure später zu spielen haben (vgl. u. a. Elster 1993; Merkel, W. et al. 1996; Rüb 1996b). Auf der darüberliegenden dritten Ebene sind die politischen Akteure (Regierung, Parlament, Parteien etc.) angesiedelt, die nach den in der Verfassung fixierten Regeln und Prozeduren Entscheidungen fällen, Interessen verfolgen und Konflikte austragen.

Die hier skizzierten drei Ebenen sind sowohl temporal als auch kausal hierarchisch miteinander verknüpft. Die unterste Ebene (politische Gemeinschaft) bildet zeitlich wie sachlich die fundamentale Voraussetzung für das Zustandekommen einer Verfassung (politische Ordnung) auf der zweiten Ebene. Es muss also ein Minimum an gemeinsamer politischer Identität vorhanden und die territoriale Integrität des Landes im Inneren unbestritten sein, bevor sich die politische Gemeinschaft eine gemeinsame und für alle Bürger gültige Verfassung geben kann. Erst danach können sich normativ geregelte, legitimierte und sanktionierte politische Prozesse entfalten, wie die Aggregation und Artikulation von Interessen, bindende politische Entschei-

---

7 Zu den institutionellen Varianten der *consensus* oder *consociational democracy* vgl. Lijphart (1984, 1999).
8 Ein Beispiel dafür bietet die Tschechoslowakei des Jahres 1992.

dungen und deren staatliche Implementation. Anders formuliert, die untere Ebene determiniert in erheblichem Ausmaß die Konturen der jeweils darüberliegenden Ebene (Offe 1994: 61).

Im Normalfall der westeuropäischen Demokratien vollzog sich die Herausbildung dieser drei Ebenen in konsekutiven Schritten und über lange Zeitperioden hinweg. Die Prämissen und Grundstrukturen des politischen Systems waren also Gegenstand langfristiger evolutionärer, von unterschiedlichen Elitengenerationen eingeleitete und durchgesetzte Prozesse. Es lag, wie es Claus Offe (ibid.: 63) in Anlehnung an John Rawls formuliert, zwischen den drei Ebenen (insbesondere zwischen Ebene 1 und 2) ein „Schleier der Ignoranz", der weitgehend verhinderte, dass die Ebenen 1 (politische Gemeinschaft, *demos*) und 2 (politische Ordnung, Verfassung) nach den Kalkülen strategisch handelnder politischer Akteure in Hinblick auf ihre Interessenlage auf der dritten Ebene geformt wurden. Unter dem Diktat der Gleichzeitigkeit drohen jedoch politische Gemeinschaft und Verfassung „zum Objekt *strategischen* Handelns" zu werden. „Sie werden es [in Osteuropa, W. M.] umso mehr, als jetzt sämtliche Karten neu gemischt und somit die Lebenschancen ganzer ethnischer Gruppen und sozialer Klassen auf lange Zeit hin festgelegt werden" (ibid.: 64). Das heißt also, wenn amtierende Parlamente, Parteien und Politiker über Staatsgrenzen, Bürgerschaftsstatus und Verfassung entscheiden, dann schreiben sie die Spielregeln selbst, unter den sie anschließend zu spielen haben. Sie definieren dabei aber nicht nur die Spielregeln (Verfassungsnormen), sondern bestimmen über diese Normen auch, wer durch den Erhalt der vollen Bürgerrechte überhaupt berechtigt ist, unter gleichen Bedingungen mitzuspielen. Auch hier sind die baltischen Staaten mit den Diskriminierungen der russischen „Bürger" oder die Slowakei mit der zeitweiligen (1994–1998) Benachteiligung ihrer ungarischen Minderheit ein demokratieabträgliches und vernunftwidriges Beispiel für die ethnisch-nationalistische Definition von *citizenship*. Die Gefahr liegt also darin, dass Verfassungen nach parteiischen Interessen in „konsequentialistischer Absicht" entworfen, also nicht an den Kriterien der „Vernunft" oder dem „bonum commune", sondern an „Leidenschaften" und „Interessen" ausgerichtet werden.[9]

1.3 Probleme des Wirtschaftsumbaus

Es genügt schon die Aufzählung der wichtigsten unabdingbaren Reformen wie die Freigabe der Preise, die makroökonomische Stabilisierung, die Änderung der Eigentumsordnung, die Privatisierung der Betriebe, die Herausbildung einer Unternehmerschaft, die Herstellung eines Arbeitsmarktes, die Bekämpfung der Arbeitslosigkeit, die Kompensierung des inländischen Kapitalmangels, die Anreizstruktur für das notwendige Auslandskapital, die Modernisierung maroder Kapitalstöcke und der Austausch obsoleter Produkte, um die gewaltige Reformlast anzudeuten, die beim Umbau des Wirtschaftssystems anfällt. Über das Projekt des ökonomischen Umbaus soll am Ende des 20. Jahrhunderts in Osteuropa in kurzer Frist („Schocktherapie") politisch das geleistet werden, was sich im Westen langsam evolutionär herausgebildet

---

9 Claus Offe (1994) assoziiert die drei Politikebenen von David Easton mit den drei menschlichen „Grundqualifikationen", wie sie vor allem von den Staatsphilosophen des 18. Jahrhunderts unterschieden wurden, nämlich Leidenschaften, Vernunftbegabung und Interessen. „Der Ebene der fundamentalen Identitätsbestimmungen eines politischen Gemeinwesens entsprechen ‚Leidenschaften' wie Tugend, Ehre, Patriotismus und die sittliche Verwurzelung in den Traditionen der nationalen Gemeinschaft und ihrer kollektiven Geschichte. Die zweite Ebene entspricht der Vernunftbegabung der Bürger und die dritte ihren Interessen" (ibid.: 61).

hat, nämlich eine funktionierende und leistungsfähige Marktwirtschaft. In diesem Sinne haben wir es in Osteuropa mit einem *capitalism by design* (Offe) oder auch *political capitalism* zu tun. So wie auf der *Makroebene* der großen konsekutiven Modernisierungsschübe (Nationalstaat, Marktwirtschaft, Demokratie, Sozialstaat) ein hinreichender Zeitabstand die Modernisierungsetappen in West- und Nordeuropa begünstigte, droht die extrem verkürzte Zeitstruktur der gleichzeitigen Modernisierung von Politik und Ökonomie in Osteuropa auf der *Mikroebene* der einzelnen Akteure und Bürger zu einem erheblichen Risiko für den Gesamterfolg der Reformen zu werden.

Vereinfacht lässt sich die „politische Ökonomie der Geduld" (Offe 1994: 76) bzw. die Gefahr wechselseitiger Obstruktionseffekte von demokratischer Politik und marktwirtschaftlichen Reformen folgendermaßen darstellen (Przeworski 1991: 162 ff.): In der Transformationsphase von der einstigen Kommandoökonomie zu einer prosperierenden Marktwirtschaft muss unvermeidlich und für einen *a priori* kaum zu definierenden Zeitraum ein „ökonomisches Tal" durchschritten werden. Wirtschaftliche und soziale Transitionskosten wie der Zusammenbruch obsoleter Produktionsstrukturen, steigende Arbeitslosenraten, der Rückgang des Lebensstandards großer Bevölkerungsteile, existenzielle Verunsicherung, Abstiegsängste und die drohende Verarmung insbesondere der älteren Generation werden fast unvermeidlich anfallen. Eine hinter den Erwartungen der Bevölkerung zurückbleibende ökonomische Entwicklung fördert aber die Enttäuschung der Bürger, die sich keineswegs nur gegen die Marktwirtschaft, sondern auch gegen die noch instabile und wenig belastbare Demokratie richten kann. Spätestens seit den Erfahrungen der späten Weimarer Republik und der frühen Bundesrepublik wissen wir, dass die materiellen *output*-Ergebnisse von Politik und Wirtschaft entsprechend ihrem Leistungsniveau ein demokratisches System delegitimieren (Weimarer Republik) oder legitimieren (BRD) können.

Anders als bei den Demokratisierungsprozessen der „zweiten Welle" in Europa und Japan oder den Transformationen der „dritten Welle" in Südeuropa, Ostasien und selbst in Lateinamerika verliefen die ersten sechs Jahre der Demokratisierung in Osteuropa unter den Bedingungen eines deutlichen (z. B. Tschechoslowakei) bis dramatischen (z. B. Balkan) Rückgangs der wirtschaftlichen und sozialen Standards (vgl. Tabelle 38). Nach einem Report der UNO war der erlittene wirtschaftliche Wohlstandsverlust in der Phase von 1990 bis 1993 für die osteuropäischen Länder weit gravierender als jener, der die kapitalistischen Industrieländer während und nach der Weltwirtschaftskrise von 1929 traf. Es gibt nur sehr wenige Beispiele von Demokratien, die einen solch dramatischen Rückgang der wirtschaftlichen Leistungskraft und sozialen Existenzsicherung breiter Schichten überlebt haben. Denn können Wirtschaft und Politik nicht die von den Bürgern erwarteten Güter „liefern", kann sich im politischen System weder die spezifisch-utilitaristische noch die affektiv-diffuse Unterstützung für die demokratischen Institutionen und Verfahrensweisen ausbilden. In solchen Situationen droht die Aufzehrung des Anfangskredits, der den politischen Demokratisierungseliten unmittelbar nach dem Systembruch von den Bürgern eingeräumt wurde. Die Gefahr der Reautokratisierung (z. B. Belarus, Georgien) oder der Verfestigung gravierender demokratischer Defekte (z. B. Albanien, Bulgarien, Kroatien, Russland, Ukraine) erhöht sich drastisch.

Damit aber die „politische Ökonomie der Geduld" nicht zu einer Demokratisierungsfalle wird, kommt es bei der Lösung der komplexen ökonomischen und politischen Transformation vor allem darauf an, in welcher Weise die relevanten politischen Eliten und wirtschaftlichen Akteure die einzelnen Transformationspolitiken miteinander verknüpfen, koordinieren, sequenzieren und harmonisieren (Offe 1991; Przeworski 1991; Schmitter 1995a; Merkel, W.

Tabelle 38: Makroökonomische Fundamentaldaten für Osteuropa

Bruttoinlandsprodukt

	Bruttoinlandsprodukt in konstanten Preisen von 1990 (Veränderung zum Vorjahr in Prozent)															
	1990	1991	1992	1993	1994	1995	1996	1997	1998	1999	2000	2001	2002	2003	2004	2005	Durchschn. 1990–2005
Ostmitteleuropa																	
Polen	−11,5	−7,0	2,7	3,7	5,3	7,0	6,0	6,8	4,8	4,1	4,0	1,0	1,4	3,8	5,3	3,2	2,5
Slowenien	n.v.	−8,9	−5,5	2,8	5,3	4,1	3,6	4,8	3,6	5,6	3,9	2,7	3,3	2,5	5,6	3,9	2,5
Tschechien[a]	−1,2	−11,6	−0,5	0,1	2,2	5,9	4,2	−0,7	−1,1	1,2	3,9	2,6	1,5	3,2	4,7	6,0	1,3
Slowakei[a]	−2,5	−14,5	−6,6	1,9	6,2	5,8	6,1	4,6	4,2	1,5	2,0	3,8	4,6	4,5	5,5	6,1	2,1
Ungarn	−3,5	−11,9	−3,1	−0,6	2,9	1,5	1,3	4,6	4,9	4,2	5,2	4,3	3,8	3,4	5,2	4,1	1,6
Balkan																	
Albanien	−9,6	−27,5	−7,2	9,6	9,4	8,9	9,1	−10,9	8,6	13,3	6,5	7,1	4,3	5,7	6,7	6,0	2,5
Bulgarien	−9,1	−8,6	−7,3	−1,5	1,8	2,9	−9,4	−5,6	4,0	2,3	5,4	4,1	4,9	4,5	5,6	6,0	0,0
Rumänien	−5,6	−12,9	−8,8	1,5	3,9	7,1	3,9	−6,1	−4,8	−1,2	2,1	5,7	5,1	5,2	8,4	4,1	0,5
Baltikum																	
Estland	n.v.	−8,0	−21,2	−5,9	−2,0	4,3	4,5	11,1	4,4	0,3	7,9	6,5	7,2	6,7	7,8	8,4	2,1
Lettland	n.v.	−10,4	−34,9	−14,9	0,6	−0,8	3,8	8,3	4,7	3,3	6,9	8,0	6,4	7,2	8,5	9,1	0,4
Litauen	n.v.	−5,7	−21,3	−16,2	−9,8	3,3	4,7	7,0	7,3	−1,7	4,7	6,4	6,8	10,5	7,0	7,0	0,7
Russland	n.v.	−5,0	−14,5	−8,7	−12,7	−4,1	−3,6	1,4	−5,3	6,4	10,0	5,1	4,7	7,3	7,1	6,4	−0,4

[a] Die jeweiligen Werte vor der Selbständigkeit wurden als gewichtete Anteile am Gesamtwachstum berechnet.

Quelle: United Nations Statistical Division (2007).

Tabelle 38: (Forts.)

Arbeitslosenquote

Arbeitslosenquote (ILO-Methodik)

	1990	1991	1992	1993	1994	1995	1996	1997	1998	1999	2000	2001	2002	2003	2004	2005	Durchschn. 1990–2005
Ostmitteleuropa																	
Polen	6,5	11,8	13,6	16,4	16,0	14,9	13,2	10,3	10,4	13,1	15,1	17,5	20,0	20,0	19,1	17,6	14,7
Slowenien	4,7	8,2	11,5	9,1	9,0	7,4	7,3	7,1	7,7	7,4	7,2	5,9	5,9	6,6	6,1	5,8	7,3
Tschechien	0,7	4,1	2,6	3,5	3,2	2,9	3,5	5,2	7,5	9,4	8,8	8,9	9,8	10,3	9,5	7,9	6,1
Slowakei	n.v.	6,6	11,4	12,9	13,7	13,1	11,3	11,8	12,5	16,2	18,6	19,2	18,5	17,4	18,1	16,2	14,5
Ungarn	1,7	8,5	9,8	11,9	10,7	10,2	9,9	8,7	7,8	7,0	6,4	5,7	5,8	5,7	6,1	7,2	7,7
Balkan																	
Albanien	9,5	9,1	26,5	22,3	18,4	12,9	12,3	14,9	17,7	18,4	16,8	16,4	15,8	15,0	14,4	n.v.	16,0
Bulgarien	1,7	11,1	15,3	16,4	12,8	11,1	12,5	13,7	12,2	16,0	17,9	17,3	16,3	13,5	12,2	10,7	13,2
Rumänien	n.v.	3,0	8,2	10,4	10,9	9,5	6,6	8,9	10,4	11,8	10,5	8,8	8,4	7,4	6,2	7,2	8,5
Baltikum																	
Estland	0,6	1,5	3,7	6,6	7,6	9,7	9,9	9,6	9,8	12,2	13,6	12,6	10,3	10,0	9,7	7,9	8,5
Lettland	n.v.	n.v.	2,3	5,8	6,5	6,6	7,2	7,0	9,2	9,1	7,8	7,7	8,5	8,6	8,5	7,4	7,3
Litauen	n.v.	0,3	3,5	3,5	17,4	17,1	16,4	14,1	13,2	14,6	16,4	17,4	13,8	12,4	11,4	8,3	12,0
Russland	n.v.	n.v.	5,2	5,9	8,1	9,5	9,7	11,8	13,3	12,6	9,8	8,9	7,9	8,0	7,8	n.v.	9,1

Quelle: ILO (2007).

Die besondere Transformationsproblematik in Osteuropa

Tabelle 38: (Forts.)

Inflationsrate

Inflationsrate CPI (Veränderung zum Vorjahr in Prozent)																
	1990	1991	1992	1993	1994	1995	1996	1997	1998	1999	2000	2001	2002	2003	2004	2005	Durchschn. 1990–2005
Ostmitteleuropa																	
Polen	555,4	76,7	45,3	36,9	33,3	28,1	19,8	15,1	11,7	7,3	10,4	5,5	1,9	0,8	3,6	2,1	53,4
Slowenien	552,0	70,3	43,0	31,7	21,0	13,4	9,8	8,4	7,9	6,1	8,9	8,4	7,5	5,6	3,6	2,5	50,0
Tschechien	n.v.	56,7	11,1	14,3	9,9	9,5	8,8	8,4	10,7	2,1	3,9	4,7	1,8	0,1	2,8	1,8	9,8
Slowakei	n.v.	61,2	10,2	25,0	13,4	9,9	5,8	6,1	6,7	10,6	12,0	7,3	3,3	8,6	7,5	2,7	12,7
Ungarn	29,0	34,2	22,9	22,5	18,9	28,3	23,6	18,3	14,2	10,0	9,8	9,2	5,3	4,6	6,8	3,6	16,3
Balkan																	
Albanien	n.v.	104,0	226,0	85,0	22,6	7,8	12,7	33,2	20,6	0,4	0,1	3,1	7,8	0,5	2,3	2,4	35,2
Bulgarien	23,8	338,4	91,3	72,9	96,1	62,1	121,6	1058,4	18,7	2,6	10,3	7,4	5,8	2,2	6,3	5,0	120,2
Rumänien	n.v.	230,6	211,2	255,2	136,8	32,2	38,8	154,8	59,1	45,8	45,7	34,5	22,5	15,3	11,9	9,0	86,9
Baltikum																	
Estland	n.v.	283,0	969,0	89,8	47,7	28,8	23,1	10,6	8,2	3,3	4,0	5,7	3,6	1,3	3,0	4,1	99,0
Lettland	n.v.	172,0	243,3	108,8	35,9	25,0	17,6	8,4	4,7	2,4	2,7	2,5	1,9	2,9	6,2	6,8	42,7
Litauen	n.v.	216,0	1020,0	410,2	72,2	39,7	24,6	8,9	5,1	0,8	1,0	1,3	0,3	-1,2	1,2	2,7	120,2
Russland	5,3	100,0	1648,0	874,6	307,6	197,5	47,7	14,8	27,7	85,7	20,8	21,5	15,8	13,7	10,9	12,7	212,8

Quelle: IMF (2007).

Tabelle 38: (Forts.)

Reallohnentwicklung

Reallohnentwicklung (Veränderung gegenüber dem Vorjahr in Prozent)

	1990	1991	1992	1993	1994	1995	1996	1997	1998	1999	2000	2001	2002	2003	2004	2005	Durchschn. 1990–2005
Ostmitteleuropa																	
Polen	−24,4	−0,3	−2,7	−2,9	0,5	3,0	5,7	7,3	4,5	4,7	1,0	2,5	0,7	3,4	0,7	2,6	0,4
Slowenien	−26,5	−15,0	−2,9	14,4	6,0	4,7	4,4	2,9	1,5	3,0	1,4	3,1	2,1	1,8	2,1	3,5	0,4
Tschechien	−5,5	−26,3	10,2	3,8	7,8	8,7	8,7	1,3	−1,4	6,2	2,4	3,8	5,4	6,5	3,7	3,4	2,4
Slowakei	−5,7	−26,3	8,9	−3,9	3,0	4,3	7,1	6,5	1,7	−2,8	−4,5	1,0	5,8	−2,0	2,5	6,3	0,1
Ungarn	−3,7	−7,0	−1,4	−3,9	7,2	−12,2	−5,0	4,9	3,6	2,5	1,5	6,4	13,6	9,2	−1,0	6,2	1,3
Balkan																	
Albanien	n.v.	n.v.	n.v.	−6,6	26,4	24,4	19,6	−16,9	−0,2	9,9	17,7	11,6	8,1	6,1	11,2	11,0	9,4
Bulgarien	5,3	−38,9	5,8	−8,7	−21,7	−5,5	−17,1	−16,6	20,7	6,9	1,3	−0,5	1,5	3,7	0,8	4,1	−3,7
Rumänien	5,6	−18,8	−13,1	−16,8	0,3	12,5	9,3	−22,7	3,9	−2,4	4,2	5,1	2,4	10,8	10,6	13,1	0,3
Baltikum																	
Estland	n.v.	−39,1	−34,4	2,3	10,1	6,2	2,1	7,6	6,7	6,9	6,3	6,1	7,6	8,0	5,2	6,4	0,5
Lettland	n.v.	n.v.	n.v.	n.v.	8,2	−2,6	−8,8	3,6	5,3	2,9	3,0	3,5	6,0	7,8	2,4	9,7	3,4
Litauen	8,2	−28,9	−38,1	−39,0	14,2	3,5	3,3	13,4	12,8	4,8	−5,1	−0,3	3,8	9,3	4,9	7,8	−1,6
Russland	9,0	−3,0	−32,7	0,4	−7,9	−28,0	6,4	4,7	−13,3	−22,0	20,9	19,9	16,2	10,9	10,7	10,2	0,1

Quelle: WIIW (2006).

Die besondere Transformationsproblematik in Osteuropa

Tabelle 38: (Forts.)

Bruttoauslandsverschuldung

	\multicolumn{17}{c}{Bruttoauslandsverschuldung (in Prozent der Exporte)}
	1990	1991	1992	1993	1994	1995	1996	1997	1998	1999	2000	2001	2002	2003	2004	2005	Durchschn. 1990–2005
Ostmitteleuropa																	
Polen	n.v.	n.v.	n.v.	n.v.	163,6	148,3	128,5	128,1	131,2	180,6	148,3	141,8	135,3	133,2	123,0	122,9	140,4
Slowenien	n.v.	n.v.	23,5	26,1	50,9	53,3	64,3	66,7	65,3	81,2	81,6	82,4	84,9	95,5	97,2	109,9	70,2
Tschechien	n.v.	n.v.	71,7	52,9	56,3	61,6	71,0	74,9	69,4	72,8	59,8	56,2	53,4	55,3	53,8	54,2	61,7
Slowakei	n.v.	n.v.	n.v.	50,6	46,3	53,1	71,5	103,9	86,7	90,7	76,0	74,1	69,4	65,8	69,0	77,5	71,9
Ungarn	n.v.	n.v.	n.v.	n.v.	n.v.	161,0	128,3	99,1	91,5	100,9	86,4	87,8	86,4	100,0	102,5	110,9	105,0
Balkan																	
Albanien	n.v.	n.v.	n.v.	521,2	431,4	258,5	230,2	398,4	229,5	216,9	173,1	148,6	117,5	108,3	90,4	80,1	231,1
Bulgarien	288,0	273,9	294,8	295,5	213,2	152,2	146,8	151,0	173,8	200,1	156,0	146,6	126,4	113,2	111,8	112,2	184,7
Rumänien	18,2	39,9	69,4	76,7	76,1	69,7	87,4	97,5	100,7	98,7	91,8	98,6	94,5	97,5	99,4	117,4	83,3
Baltikum																	
Estland	n.v.	n.v.	n.v.	n.v.	n.v.	n.v.	53,0	72,5	67,5	76,0	62,1	66,7	81,6	93,2	103,6	107,8	78,4
Lettland	n.v.	n.v.	n.v.	n.v.	n.v.	74,2	80,7	97,3	94,7	138,4	146,3	165,9	171,2	181,3	202,6	213,1	142,3
Litauen	n.v.	n.v.	n.v.	n.v.	n.v.	n.v.	57,2	64,0	70,9	113,1	94,2	88,5	75,0	79,1	81,4	87,2	81,0
Russland	n.v.	n.v.	n.v.	171,4	155,6	130,9	126,6	180,7	210,1	222,0	139,6	134,0	115,0	110,5	96,2	99,5	145,5

Quelle: WIIW (2006).

2007a). Für den wirtschaftlichen Umbau wurden zu Beginn der 1990er Jahre von Ökonomen und Sozialwissenschaftlern zwei idealtypische Lösungswege vorgeschlagen:

1. Der „Big Bang", die radikale und rasche Transformation der Wirtschaft, wie sie von der OECD und dem Harvard-Ökonomen Jeffrey Sachs propagiert wurde. Die „ökonomischen Grausamkeiten" sollten gleich am Anfang, durchgreifend und auf eine kurze Zeitspanne gedrängt begangen werden, damit die marktwirtschaftliche und gesellschaftliche Selbstregulierung ihre prosperitätstreibenden Kräfte möglichst schnell entfalten könnten. Die sozialen Kosten würden rasch und massiv anfallen, die wirtschaftlichen Reformerfolge könnten sich jedoch schnell einstellen. Das zu durchschreitende „Tal der Tränen" (Dahrendorf 1992) wäre in diesem Falle tiefer, aber kürzer. Offen und riskant bliebe, ob die kurzfristig anfallenden sozialen Kosten nicht immer noch so starken politischen Protest unter den Bürgern erzeugten, dass die Demokratie ernsthaft gefährdet sei. Dafür spreche der Umfang der sozialen Verwerfungen, dagegen die Kürze der Transitionsphase.
2. Genau umgekehrt verhielte es sich mit der zweiten, der gradualistischen Transformationsstrategie. Die sozialen Kosten würden langsamer und möglicherweise in geringerem Umfang anfallen, die wirtschaftlichen Erfolge der Reformpolitik dürften aber länger auf sich warten lassen. Das „Tal" würde weniger tief, dafür aber breiter sein. Hier stelle sich die Frage, ob sich die Geduld gegenüber der „schöpferischen Zerstörung" (Joseph Schumpeter) so lange erhalten lasse, dass sie die demokratische Ordnung nicht gefährdet?

In beiden Szenarien spielen zwei Gruppen von Akteuren die wichtigste Rolle: die politischen Entscheidungseliten und ihre Wähler (Przeworski 1991: 162 f.). Ihre Interaktion bestimmt, welche wirtschaftspolitische Strategie mit welchen Folgen für die demokratische Konsolidierung eingeschlagen wird. Wenn die Wähler Vertrauen in die Regierung haben, kann diese die „harte" Option der radikalen und raschen ökonomischen Transformation („Big Bang") wählen. In einer Formel ausgedrückt heißt dies:

$$\text{Radikale Reform} > \text{Gradualistische Reform} > \text{Status quo, also:}$$
$$R > G > S.$$

Stellen sich die wirtschaftlichen Reformerfolge jedoch nicht schnell genug ein und steigen die sozialen Kosten in der Bevölkerung, so sinkt das Vertrauen vieler Wähler in die radikale wirtschaftliche Reformpolitik und die politische Opposition verschärft sich. Die rationale Antwort von Politikern in Wettbewerbsdemokratien auf diesen Vertrauensschwund wäre in Hinblick auf die nächsten Wahlen, die radikale Strategie abzuschwächen, die sozialen Kosten zu mindern, sozialpolitisch abzupuffern und langsam zu einer gradualistischen Reformpolitik überzugehen. Die Formel würde dann lauten:

$$G > R > S.$$

Stellen sich auch bei einer gradualistischen Wirtschaftspolitik keine spürbaren Verbesserungen von Lebenssituation und Lebensperspektive ein und reichen die Ressourcen für eine wirkungsvoll kompensierende Sozialpolitik nicht aus, mündet dies in der Regel in Abstiegs- und Zukunftsängste der Bevölkerung. Dies führt dann zu einem weiteren Vertrauensschwund der Bürger gegenüber der Reformpolitik. Die Bürgerpräferenzen für die Wirtschaftspolitik würden sich dann weiter verschieben von

$$G > S > R$$

bis hin zu

$$S > G > R$$

(vgl. Przeworski 1991: 164).

Die oben dargestellte Logik ökonomischer Reformen unter demokratischen Bedingungen zeigt, dass optimale oder auch nur konsequente Wirtschaftsreformen unter demokratischen Bedingungen und vergleichsweise kurzen Wahlzyklen in Osteuropa eher unwahrscheinlich waren. Empirisch wurde diese These tatsächlich in den meisten osteuropäischen Ländern bestätigt. So wurde der radikalste Start in den ökonomischen Reformprozess zweifellos vom polnischen Wirtschaftsminister Leszek Balcerowicz unternommen. Doch obwohl die unter Balcerowicz 1989/90 begonnene und bis zu Hanna Suchocka (1992/93), der Premierministerin der Demokratischen Union[10], fortgesetzte neoliberale Wirtschaftspolitik durchaus auf makroökonomische Stabilisierungserfolge verweisen konnte (OECD 1993: 121), waren die sozialen Opfer in der mehrheitlichen Wahrnehmung der Bevölkerung zu groß. Die Polen wählten 1993 die alte Regierungskoalition der Solidarność-Nachfolgeparteien ab und das postkommunistische Linksbündnis (SLD), die ehemalige Block-Bauernpartei (PSL) und die sozialdemokratische Union der Arbeit (UP) ins Amt. Alle drei Parteien hatten sich im Wahlkampf nachdrücklich gegen das neoliberale Reformtempo und für einen langsameren, gradualistischen Kurs ausgesprochen.[11] Konsequent plädierten sie unmittelbar nach ihrem Regierungsantritt für eine stärkere Rolle des Staates in der Sozial- und Wirtschaftspolitik und verlangsamten das wirtschaftliche Reformtempo.

Auch in Ungarn, wo die Mitte-Rechts-Regierung (1990–1994) unter József Antall einen gemäßigten wirtschaftlichen Reformkurs eingeschlagen hatte, waren Kosten und Nutzen dieser Wirtschaftspolitik in der Bevölkerung zu ungleich verteilt. Nicht zuletzt deshalb bereiteten die ungarischen Wähler den Regierungsparteien eine vernichtende Niederlage und wählten die postkommunistische Ungarische Sozialistische Partei (MSZP) unter Gyula Horn mit der absoluten Mehrheit der Parlamentsmandate im Jahr 1994 zur dominierenden Regierungspartei (Körösényi 1997: 176 f.). Die 1993 erfolgte Abwahl des bürgerlichen Staatspräsidenten und der bürgerlichen Regierung aufgrund mangelnder Reformerfolge und dem anhaltenden Absinken des Lebensstandards ist ein weiteres Beispiel für das Scheitern der ersten bürgerlichen Regierungen nach dem Systemwechsel. Aber auch die sozialistisch-liberale Regierungskoalition wurde 1998 aus dem Amt gewählt. Dieses Mal waren allerdings nicht wirtschaftspolitische Gründe primär ausschlaggebend als vielmehr eine Reorganisation des liberalkonservativen Parteienlagers und disproportionale Verzerrungseffekte des ungarischen Wahlsystems (Ágh 1998: 7).

Selbst die „neoliberale Wirtschaftspolitik" des tschechischen Ministerpräsidenten Václav Klaus, der von 1993 bis 1997 ununterbrochen die tschechische Regierung führte, ist kein überzeugendes Gegenbeispiel zum oben skizzierten Zusammenhang von Wirtschaftspolitik und Wahlerfolg im postkommunistischen Osteuropa. Zwar veränderte Klaus die neoliberale Rhetorik während seiner Regierungszeit kaum, wenn er als bekennender Thatcherist eine

---

10 Die Demokratische Union (*Unia Demokratyczna*, UD) (1990-1994) war eine aus der Gewerkschaftsbewegung hervorgegangene politische Partei, die 1994 in der Freiheitsunion (*Unia Wolnosci*, UW) aufging.

11 Hier soll nicht monokausal argumentiert werden, dass die Wirtschaftspolitik der Regierung der alleinige Grund für die Wahlniederlage war. Nach den Wahlanalysen können jedoch keine Zweifel bestehen, dass die Enttäuschung über die wirtschaftlichen Reformergebnisse ausschlaggebend für den Sieg der postkommunistischen Opposition war.

„Marktwirtschaft ohne Adjektive" forderte. Doch aufmerksame Analysen der tschechischen Wirtschaftspolitik hatten schon Mitte der 1990er Jahre enthüllt, dass der radikalen neoliberalen Rhetorik meist keine ebenso radikalen Wirtschaftsreformen folgten. Dies gilt insbesondere für die Art der Privatisierung, die Umstrukturierung der großen Staatsbetriebe, die Arbeitsmarkt-, ja sogar die Haushaltspolitik (OECD 1996; Jennewein/Larishová 1996: 223 ff.). Die Versäumnisse der wirtschaftlichen Reformpolitik traten dann auch in der ökonomischen Krise des Jahres 1997 deutlich hervor. Diese führte schließlich in Verbindung mit einigen Korruptionsfällen in der größten Regierungspartei ODS (Demokratische Bürgerpartei) zum Koalitionszerfall des Regierungslagers und Ende 1997 zum erzwungenen Rücktritt von Václav Klaus. Bei den nachfolgenden Parlamentswahlen im Jahre 1998 wurde die liberalkonservative Koalition abgewählt und durch eine sozialdemokratisch geführte Regierung ersetzt, die mit einem gradualistischen und sozialpolitisch stärker abgefederten Wirtschaftsumbau geworben hatte.

Aber auch eine weitgehend am Status quo orientierte Wirtschaftspolitik schützte die ersten nachkommunistischen Regierungen nicht vor Abwahl und Machtverlust. Die Beispiele der von Postkommunisten geführten Regierungen Rumäniens und Bulgariens oder der „bürgerlichen" Regierungen Albaniens belegen dies. Die Umstände ihrer Abwahl (1996: Rumänien, Bulgarien) oder ihres erzwungenen Rücktritts (1997: Albanien) zeigen, dass der Schaden für die Demokratie und ihre Konsolidierung in diesen Ländern weit höher war als in jenen Staaten, die anfangs eine radikale Wirtschaftsstrategie verfolgten. Soweit Privatisierungen eingeleitet wurden, verliefen sie noch unkontrollierter und begünstigten noch stärker die alte Nomenklatura als in den ostmitteleuropäischen Ländern. Der ökonomische Umbau verlief dort weniger vom „Plan zum Markt" als „vom Plan zum Clan", wie der Osteuropaforscher David Stark schon 1990 befürchtet hatte (Stark 1990). Für die Wirtschaftsreformen aber wurde in diesen Ländern wertvolle Zeit verloren, und auch der Vertrauensverlust in Marktwirtschaft und Demokratie war beträchtlich.

Ist also der gradualistische Reformpfad der Königsweg, der zwischen ökonomischer Effizienz, sozialpolitischen Erfordernissen und demokratischen Zwängen die goldene Mitte findet? Die oben dargelegten Wechselwirkungen zwischen Wirtschaftsreformen, Wählerpräferenzen und den Kalkülen der politischen Eliten legen diese Vermutung nahe. Die unterschiedlichen Reformerfahrungen im postkommunistischen Osteuropa[12] zeigen jedoch (vgl. Tabelle 38), dass es weder einen generellen Königsweg gibt, noch ein solcher Weg geradlinig verlaufen könnte. Es gibt vielmehr zwei logische und zugleich empirisch bestätigte Gründe, warum der wirtschaftliche Transformationspfad in der Regel im Zickzackkurs verläuft, d. h. zwischen radikalen Reformen, Gradualismus und Status-quo-Orientierung oszilliert:

1. Die unmittelbaren nachkommunistischen Regierungen scheiterten schlicht an der gewaltigen Reformlast der ersten wirtschaftlichen Umbaumaßnahmen. Sie wurden in der Regel von der Opposition abgelöst, die die Wahlen meist mit dem Versprechen eines gradualistischen Reformkurses gewonnen hat. Nur in den seltensten Fällen vermochten sie jedoch, die (auch) in den Wahlen geweckten Wohlstandserwartungen der Bürger zu erfüllen, und wurden wie im Ausnahmefall Tschechien (1996) wiedergewählt. Der wirtschaftspolitische Zickzackkurs wurde durch den nach einer Legislaturperiode fast obligatorischen parteipolitischen Regierungswechsel besiegelt und führte dadurch paradoxerweise zu einem wichti-

---

12 Vergleiche etwa die so unterschiedlichen Reformerfolge in Ungarn, Tschechien und Slowenien auf der einen und Albanien, Rumänien und Bulgarien auf der anderen Seite.

gen Konsolidierungsfortschritt, nämlich dem von Huntington (1991) und anderen geforderten postautokratischen Regierungswechsel *(turnover test)*.
2. Aber auch innerhalb einer Legislaturperiode war die Wirtschaftspolitik der meisten Regierungen inkonsistent. Unmittelbar nach den Wahlsiegen läuteten diese meist radikale Reformen ein; schwand dann aber während der Regierungszeit die Unterstützung der Bürger aufgrund der ökonomischen Wohlstandsverluste und sozialen Lasten, tendierten viele Regierungen angesichts der näher rückenden Wahlen zu einer gradualistischen oder gar am Status quo orientierten Wirtschaftspolitik.[13]

Aus der Perspektive der notwendigerweise zunächst an demokratischen Wahlerfolgen interessierten Politiker war in den osteuropäischen Reformländern die optimale wirtschaftspolitische Strategie inkonsistent (Przeworski 1991: 174). Aber auch wenn eine solche inkonsistente Strategie für die Bewältigung der enormen Reformprobleme aus wirtschaftswissenschaftlicher Sicht alles andere als optimal ist, haben eine ganze Reihe von osteuropäischen Ländern wider den Lehrsätzen der Textbuch-Ökonomie oder dem fein konstruierten Pessimismus der Politökonomie erstaunliche wirtschaftliche Erfolgsbilanzen vorgelegt. Dies gilt insbesondere für Estland, Slowenien, Ungarn, Tschechien, Polen und selbst die Slowakei (vgl. Tabelle 38).

Zu den singulären Problemen der Staatlichkeit, der Demokratisierung der politischen Strukturen, des ökonomischen Umbaus und der sie überwölbenden und verkomplizierenden Gleichzeitigkeit kommt noch eine vierte Problematik, die die osteuropäischen Systemwechsel von den Demokratisierungsprozessen der zweiten Welle und den meisten Transformationen Südeuropas und Lateinamerikas unterscheidet: Es handelt sich mit wenigen Ausnahmen meist nicht um Redemokratisierungen, sondern um die erstmalige volle Demokratisierung der politischen Systeme. Dadurch fehlen demokratisch erprobte politische Eliten (wie etwa in Westdeutschland nach 1945), demokratische politische Parteien und Institutionen (wie in Uruguay und Chile) oder zivilgesellschaftliche Traditionen (Westdeutschland, Italien), die schon vor der autoritären Herrschaftsperiode existiert haben und an die materiell oder ideell angeknüpft werden könnte. Selbst wenn solche Erfahrungen wie in der Tschechoslowakei (1919–1938) oder – vermindert – in Ungarn, Polen und den baltischen Staaten vorhanden waren, waren sie viel schwächer ausgeprägt und weitgehend verblasst (Glaeßner 1994: 141).

Aus der besonderen Problematik der osteuropäischen Systemwechsel ergibt sich, dass der Erfolg der doppelten und dreifachen Transformation zum einen von der Lösung des Staatlichkeitsproblems, dem Elitenverhalten, der Sequenzierung der Reformen, der institutionellen Gestalt des politischen Systems sowie dem Erfolg der sozioökonomischen Modernisierung abhing und im östlicheren Osteuropa noch abhängt. Im Folgenden sollen deshalb an konkreten Beispielen ausgewählter osteuropäischer Länder die Transformationspfade, die Institutionalisierung und die Konsolidierung der postkommunistischen Demokratien analysiert werden. Es soll auch gezeigt werden, wie und warum mehrere osteuropäische Transformationsstaaten vor allem in Mittel- und Nordeuropa das vermeintliche „Dilemma der Gleichzeitigkeit" aufgelöst und sich trotz der besonderen Problematik der mehrfachen Transformation schneller konsolidiert haben als in allen anderen Weltregionen der dritten Demokratisierungswelle (vgl. Ber-

---
13 Das ist allerdings kein singuläres osteuropäisches Transformationsphänomen, sondern wird unter leicht abgewandelten Prämissen und Argumenten für die entwickelten marktwirtschaftlichen Demokratien des Westens über das Theorem des *political business cycle* diskutiert. Die (umstrittene) These heißt hier: Je näher die Wahlen rücken, umso mehr sind amtierende Regierungen systematisch geneigt, die Staatsausgaben zu erhöhen, um wirtschafts- und sozialpolitische Geschenke zu verteilen.

telsmann Stiftung 2004, 2005; Freedom House seit 1990; Schmitter/Schneider 2004: 59 ff.; Merkel, W. 2007b).

2 Regimeübergänge

Berücksichtigt man interne und externe Ursachen für die Ablösung autokratischer Regime, lassen sich idealtypisch mindestens sechs Ursachenkonstellationen für das Ende autokratischer Herrschaftsformen im 20. Jahrhundert benennen:

- existenzgefährdende Legitimitätskrise aufgrund ökonomischer Ineffizienz des autokratischen Systems;
- existenzgefährdende Legitimitätskrise aufgrund ökonomischer Effizienz des autokratischen Systems;
- existenzgefährdende Legitimitätskrise aufgrund politischer Schlüsselereignisse;
- Kriegsniederlagen der autokratischen Regime;
- Wegfall existenzwichtiger externer Unterstützung;
- Dominoeffekt zusammenbrechender autokratischer Regime in der Region und (vermindert auch) im globalen Maßstab.

Für jede dieser Ursachen lassen sich Länder nennen, deren politische Systeme sich im Verlaufe der „dritten Welle" demokratisiert haben. Allerdings können die einzelnen Regimezusammenbrüche nur selten eindeutig auf eine einzige, überragende „Ursache" zurückgeführt werden. Am ehesten ist dies noch im Falle der Kriegsniederlagen möglich, wie die Beispiele Deutschlands, Italiens und Japans nach 1945 belegen. Meist sind es aber Ursachenkonstellationen, also die Verknüpfung mehrerer Ursachen, die zur Ablösung des alten Regimes führten.

Betrachtet man die Regimezusammenbrüche der dritten Demokratisierungswelle aus der Perspektive der Transformationsregionen Südeuropa, Lateinamerika, Ostasien, Afrika und Osteuropa, so fällt auf, dass innerhalb der vier erstgenannten *areas* sehr unterschiedliche Ursachenkonstellationen zum Ende der autokratischen Herrschaftssysteme geführt haben. Auch hier bildet die Region Osteuropas eine Ausnahme. Denn dort lässt sich ein überragendes gemeinsames Ursachenmuster erkennen, das zum Niedergang fast aller kommunistischen Regime führte. Weder kam es zu Kriegsniederlagen der Regime in der Region, noch forderten erfolgreiche sozioökonomische Modernisierungsschübe wie in Taiwan und Südkorea die autokratischen Machteliten heraus. Stilisiert man nicht Gorbatschows Machtübernahme 1985 *ex post* zum überragenden Schlüsselereignis heraus, lassen sich zwar viele wichtige Ereignisse[14] im Verlaufe der Systemwechsel erkennen, aber sie waren meist nicht selbst Ursache, sondern politische Folgen tiefer liegender Gründe. Nimmt man die Sowjetunion zunächst aus, so lässt sich für die Regimezusammenbrüche fast aller osteuropäischen Länder[15] folgende gemeinsame Ur-

---

14 Zu nennen wären hier z. B. die Sowjetunion: Gorbatschow wird Generalsekretär der KPdSU (1985), Ende der Breschnew-Doktrin der begrenzten Souveränität der Staaten des Warschauer Pakts (1988); Polen: Gründung der Solidarność (1980), Verhängung des Kriegsrechts (1981), Runder Tisch und (fast) freie Wahlen (1989); Ungarn: Ablösung von János Kádár an der Partei- und Staatsspitze (1988), Runder Tisch und Öffnung des Eisernen Vorhangs (1989); DDR: Massenflucht, Massendemonstrationen und Öffnung der deutsch-deutschen Grenze (1989).
15 Teilweise Ausnahmen bilden Jugoslawien, Albanien und Rumänien, die nicht direkt unter dem hegemonialen Schutz und Zugriff der Sowjetunion standen, deren Existenz aber indirekt gleichfalls vom weiteren Bestand des „kommunistischen Lagers" abhing.

sachenkette erkennen: Verschärfung der Legitimitätskrise aufgrund wirtschaftlicher Ineffizienzen führen zu Reformversuchen in der UdSSR, in deren Verlauf Gorbatschow spätestens 1988 mit der endgültigen Aufgabe der Breschnew-Doktrin die externe Bestandsgarantie für die realsozialistischen Bruderländer aufgab. Die Preisgabe der sowjetischen Existenzgarantie verschärfte die Legitimitätsprobleme der kommunistischen Machthaber in den osteuropäischen Bruderstaaten und verminderte die Gefahr der Repression gegen die politischen Oppositionsbewegungen. Als dann die kommunistische Führung der Polnischen Vereinigten Arbeiterpartei (PZRP) 1989 in halbfreie Wahlen einwilligte und der ungarische Außenminister Gyula Horn den Eisernen Vorhang „durchschnitt", nahmen die Protestbewegungen in den einzelnen Ländern zu. Die nun folgende Ereigniskette erzeugte Ansteckungseffekte im gesamten osteuropäischen Raum, die die kommunistischen Regime ohne großen Widerstand wie Dominosteine stürzen ließen. Die Systemwechsel in Osteuropa wurden nicht durch Revolutionen[16] eingeleitet, sondern durch die Implosion der alten verbrauchten Regime (u. a. Beyme 1994a: 51 ff.; Offe 1997: 215). Langfristig verursachte die latente und sich verschärfende Delegitimierung der realsozialistischen Herrschaftsformen und Herrschaftseliten die Krise der kommunistischen Regime in Osteuropa, „kurzfristig konnte aber nur der internationale Kontext – insbesondere die zögernde Haltung der Sowjetunion – den Zeitpunkt des Regimezusammenbruchs erklären" (Beyme 1994a: 61).

Der Dominoeffekt und die Schnelligkeit der fast reaktionslosen Implosion der kommunistischen Regime lassen sich systemtheoretisch durch ein Paradox erklären: Dieselbe enge innenpolitische Koppelung der gesellschaftlichen Teilsysteme und außenpolitische Koppelung der kommunistischen Staaten, die jahrzehntelang deren Herrschaftsstabilität garantiert hatten, führten in der Systemkrise von 1989 zum beschleunigten kollektiven Untergang aller osteuropäischen kommunistischen Regime. Das vormoderne kommunistische Diktat des politischen Herrschaftssystems über alle anderen gesellschaftlichen Teilsysteme (Wirtschaft, Recht, Kultur, Wissenschaft etc.), beraubte diese Teilsysteme der Selbststeuerung (Luhmann) und Selbstverantwortung und ließ 1989 alle gesellschaftlichen Teilkrisen ungefiltert im allzuständigen politischen System explodieren. Auch außenpolitisch war die systemische Geschlossenheit des sogenannten Ostblocks unter dem Diktat der Sowjetunion und dem bündnisinternen Schutzschild des Warschauer Pakts zunächst eine wichtige Voraussetzung für das Überleben der kommunistischen Regime.[17] In dem Moment aber, in dem sich ein Element der inneren und äußeren Geschlossenheit löste, riss es die anderen Systemteile mit sich. In Osteuropa waren es Perestroika, die Aufgabe der Breschnew-Doktrin, Systemzugeständnisse an die Solidarność und die Grenzöffnung in Ungarn, die zu der bestandsauflösenden Krise des kommunistischen Herrschaftsblocks führten. Außenpolitisch war es die zu enge „internationalistische" Koppelung unter den kommunistischen „Bruderstaaten", innenpolitisch die zu enge Koppelung der Teilsysteme, die für fast alle kommunistischen Herrschaftssysteme Osteuropas das gleiche Ursachenmuster ihres gemeinsamen Zusammenbruchs produzierte (Pollack 1990).

Eine solche systemtheoretische Argumentation vermag zwar zweifellos am besten, die gemeinsamen Ursachen der Implosion der kommunistischen Systeme zu erhellen. Sie versagt aber weitgehend bei der Erklärung der unterschiedlichen Verläufe der Systemwechsel. Solche Erklärungen können nur aus der konkreten Analyse der handelnden Akteure in den jeweils spezifischen Kontexten gewonnen werden. Da sich die konkreten nationalen Umstände, die

---

16 Zum Revolutionsbegriff vgl. u. a. Rittberger (1973).
17 Dies gilt im ökonomischen, aber auch im militärischen Sinne. Besonders sichtbar wurde dies in den Regimekrisen in der DDR 1953, in Ungarn 1956 und in der Tschechoslowakei 1968.

jeweiligen Konstellationen der relevanten politischen Transformationsakteure und ihre Strategien in den einzelnen Ländern voneinander unterschieden, ergaben sich anders als bei den weitgehend ähnlichen Ursachenmustern deutlich unterschiedliche Verlaufsformen der Ablösung der kommunistischen Regime in Osteuropa.

Im theoretischen Teil unserer Analyse haben wir für die drei Demokratisierungswellen dieses Jahrhunderts sechs idealtypische Verlaufsformen festgehalten:

▶ langandauernde Evolution,
▶ von oben gesteuerter Systemwechsel,
▶ von unten erzwungener Systemwechsel,
▶ ausgehandelter Systemwechsel,
▶ Regimekollaps,
▶ Zerfall und Neugründung von Staaten.

Die erste Verlaufsform der langanhaltenden Evolution liberaler, rechtsstaatlicher und demokratischer Strukturen war typisch für die klassischen Fälle der ersten Demokratisierungswelle wie den USA, wie Großbritannien oder Frankreich. Sie kommt für die abrupten Systemwechsel in Osteuropa nicht in Betracht. Für alle anderen fünf Transformationspfade gibt es jedoch Beispiele in Osteuropa nach 1989. Welcher dieser Pfade tatsächlich beschritten wurde, hing in hohem Maße mit der Existenz, der jeweiligen machtpolitischen Konstellation und der eingeschlagenen Transformationsstrategie folgender vier relevanten Akteure zusammen (vgl. Przeworski 1991: 67 ff.):

▶ den orthodoxen Hardlinern des alten Regimes,
▶ den reformbereiten Softlinern des alten Regimes,
▶ den gemäßigten Kräften der Opposition,
▶ den radikalen Kräften der Opposition.

Unter Rückgriff auf diesen akteurstheoretischen Erklärungsansatz und die Berücksichtigung konkreter struktureller Handlungsbedingungen soll im Folgenden jeder der oben angeführten Transformationspfade durch besonders typische Beispiele in Osteuropa illustriert werden.

2.1 Von oben kontrollierter Systemwechsel: Der Balkan[18]

In den meisten Transformationsstudien zu Osteuropa werden insbesondere Albanien, Bulgarien und Rumänien als Musterbeispiele eines von „oben gesteuerten" Regimewandels angeführt (vgl. u. a. Beyme 1994a: 95; Glaeßner 1994: 211; Merkel, W. 1996c: 84). Eine genaue Analyse der drei Fälle zeigt, dass paradoxerweise Rumänien, wo der Systemwechsel mit „revolutionären" Unruhen, erheblicher Gewalt und vielen Todesopfern[19] begann, am stärksten von oben kontrolliert wurde. Diese These bedarf zunächst einer kurzen definitorischen und dann einer längeren empirisch-deskriptiven Klärung. Wenn wir „Kontrolle von oben" so definieren,

---

18 Jugoslawien und seine Nachfolgestaaten können an dieser Stelle nicht mit in die Betrachtungen einbezogen werden. Gleichwohl hat besonders Kroatien nach dem Tod Franjo Tudmans rasche Konsolidierungsfortschritte seiner in den 1990er Jahren noch defekte Demokratie erzielt (Bertelsmann Stiftung 2004, 2005).
19 Da es keine offiziellen bzw. verlässlichen Zahlen der Opfer der Unruhen vom Dezember 1989 gibt, schwanken die Schätzungen zwischen „ungefähr 1 000" (Gallagher 1995: 342) und bis zu „2 000 bis 6 000" (Linz/Stepan 1996: 346).

dass nicht nur alte Regimeeliten den Systemwechsel initiieren, sondern auch bestimmen, auf welche Art das alte autokratische Regime abgelöst und in welcher Weise welche Strukturen der neuen Herrschaftsordnung etabliert werden, ist zweifellos Rumänien das Paradebeispiel einer „von oben" orchestrierten und kontrollierten Transformation. Zwar können auch Albanien und Bulgarien unter die Gruppe der „von oben kontrollierten Systemwechsel" gefasst werden, aber die Kontrollphase der alten kommunistischen Eliten war erheblich kürzer.

In *Albanien* initiierten unter dem „Dominoeffekt" der osteuropäischen Ereignisse die kommunistischen Eliten des alten Regimes eine vorsichtige Öffnung der totalitär geschlossenen Autokratie. Noch im Dezember 1989 erklärte Ramiz Alia, der Erste Sekretär der alleinregierenden Partei der Arbeit (PPSh), anlässlich der rumänischen Unruhen, dass die Krise des kommunistischen Regimes in Rumänien und dem restlichen Osteuropa nicht eine „Krise des Sozialismus in Theorie und Praxis" bedeute, sondern nur die sowjetisierten Staaten des sogenannten Ostblocks betreffe: „Consequently, the events taking place there have nothing to do with us" (Ramiz Alia zit. nach Biberaj 1992: 189).

Doch ein Jahr später musste Alia die Legalisierung konkurrierender politischer Parteien zulassen. Nur drei Monate danach fanden im März 1991 die ersten demokratischen Wahlen in Albanien statt. Den Parteien der Opposition wurde von den herrschenden kommunistischen Eliten kaum Zeit zur Selbstorganisation und Wahlvorbereitung gegeben. Die sich nun „Sozialistische Partei der Arbeit" nennenden „Post"-Kommunisten kontrollierten dagegen den Staatsapparat, die Medien und die wichtigsten ökonomischen Ressourcen des Landes. Ihr Wahlsieg mit 56,2 Prozent der Wählerstimmen fiel deshalb insbesondere auf dem Lande überzeugend aus (Domaschke 1997: 274), da es dort kaum alternative nichtstaatliche Informationsquellen gab und die Wähler im Durchschnitt älter, ungebildeter und konformistischer als in den Städten waren. Doch die Opposition erkannte das Wahlergebnis wegen offensichtlicher Irregularitäten nicht an. Die gesellschaftlichen Unruhen, die schon den Wahlkampf begleitet hatten, verschärften sich deshalb in der unmittelbaren Nachwahlphase. Die Opposition nutzte den außerparlamentarischen Druck und konnte für März 1992 die Neuwahl des Parlaments durchsetzen. Den regierenden „Sozialisten" um Ramiz Alia begann die Kontrolle aus der Hand zu gleiten. Besiegelt wurde dieser rapide Kontroll- und Machtverlust von einem politischen Erdrutsch bei den Parlamentswahlen. Der Wähleranteil der oppositionellen Demokratischen Partei (PDSh) um Sali Berisha stieg von 38,7 Prozent (1991) auf 62,1 Prozent (1992), während die Sozialisten (PS) nur noch 25,7 Prozent der Wähler hinter sich vereinen konnten (ibid.). Unter dem Eindruck des Wahldesasters trat Ramiz Alia als Staatspräsident zurück und Sali Berisha wurde vom von seiner Partei beherrschten Parlament zum Nachfolger gewählt. Alia wurde verhaftet und zu einer längeren Gefängnisstrafe verurteilt. Die postkommunistischen Neosozialisten hatten damit im Frühjahr 1992 völlig die Kontrolle über den Systemwechsel in Albanien verloren. Stellt man zudem in Rechnung, dass in der kurzen Periode von Ende 1990 bis Anfang 1992 außer den formaldemokratischen Institutionen und Verfahren noch kaum tiefergreifende politische und wirtschaftliche Reformen durchgeführt wurden, kann von einer durch alte Regimeeliten gesteuerten Transformation von oben nur in einer sehr kurzen Phase – von Herbst 1990 bis Frühjahr 1992 – gesprochen werden.

Nur knapp zwei Jahre verfügten die alten kommunistischen Regimeeliten in Albanien über jene ebenso typischen wie notwendigen Vorteile und Ressourcen, die die Steuerung eines langsamen Systemwandels „von oben" ermöglichten (Merkel/Puhle et al. 2006: 423 f.):

▸ die monopolistische Kontrolle des Staatsapparates;
▸ die weitgehende Verfügungsmacht über die Wirtschaft;

▶ die weitgehende Kontrolle der Informationsmedien, vor allem des (staatlichen) Fernsehens;
▶ ein zivilgesellschaftliches Vakuum, das keine wirksame soziale Gegenmacht gegenüber der etatistischen Suprematie erlaubte und die Bevölkerung gegenüber der staatlichen Manipulation nahezu wehrlos machte.

Als jedoch die überzogenen Wahlversprechen der regierenden Sozialisten nicht eingelöst werden konnten und die völlig unrealistischen Erwartungen der Bevölkerung gegenüber Marktwirtschaft und Demokratie am Kollaps der Industrie und dem rapiden Zerfall der Landwirtschaft zerbrachen, wandte sich die enttäuschte Bevölkerung den ebenfalls unrealistischen und demagogischen Wahlversprechungen der oppositionellen PDSh zu. Als diese dann selbst an die Regierung kam, folgte auch sie weitgehend dem Muster ihrer eigenen „Steuerung von oben". Allerdings erfolgte diese nun nicht mehr durch die entmachteten alten Regimeeliten, sondern durch die neuen Eliten einer zweifelhaften „demokratischen" Opposition.[20]

In *Bulgarien* verlief der Transformationspfad ähnlich wie in Albanien. Auch Bulgarien besaß – wie Albanien und Rumänien – bis 1989 ein hochgradig geschlossenes kommunistisches System, das noch weitgehend die Züge totalitärer Herrschaft trug (Linz/Stepan 1996: 336). Doch anders als in Albanien wurde die vorsichtige Regimeöffnung nicht von der Partei- und Staatsspitze eingeleitet, sondern begann mit einem parteiinternen Coup gegen den Altstalinisten Todor Schiwkow, der die Kommunistische Partei Bulgariens von 1954 bis zum 10. November 1989 führte. Allerdings kann kein Zweifel bestehen, dass der Sturz Schiwkows von den höchsten Führungskreisen der Kommunistischen Partei geplant und durchgeführt wurde. Insofern ist er am ehesten mit der Absetzung Erich Honeckers durch das SED-Politbüro im Herbst 1989 zu vergleichen.

Die innerparteilichen Frondeure um den Präsidenten der kommunistischen Volksversammlung Petar Mladenov und den ehemaligen Chefideologen der Partei Aleksandăr Lilov waren zunächst mehr am reformkommunistischen Perestroika-Kurs Gorbatschows als an durchgreifenden Liberalisierungs- und Demokratisierungsmaßnahmen westlicher Provenienz orientiert (Gallagher 1995: 342; Todorova 1992: 163). Aber unter dem Druck der osteuropäischen Ereignisse und der starken öffentlichen Proteste im eigenen Land wurden die Reformkommunisten zu weitergehenden Liberalisierungsmaßnahmen gezwungen. Sie initiierten einen „Runden Tisch", dessen Organisation, Agenda, Verhandlungen und Ergebnisse jedoch weitgehend von den Kommunisten bestimmt wurden (Linz/Stepan 1996: 338). So setzten sie – wie in Albanien – frühzeitige Neuwahlen (Juni 1990) durch, noch bevor sich die Opposition effektiv organisieren konnte. Ebenfalls wie in Albanien gewannen die seit April 1990 in Bulgarische Sozialistische Partei (BSP) umbenannten Exkommunisten mit 47,2 Prozent der Wählerstimmen die absolute Zahl der Parlamentssitze. Vor allem auf dem Lande und unter den älteren Wählern erzielten die Postkommunisten ihre größten Stimmengewinne, während sie in den urbanen Zentren speziell bei den jüngeren und gebildeteren Wählerschichten hinter der Opposition zurückblieben (ibid.: 339). Die oppositionelle Union der Demokratischen Kräfte (SDS) verlor mit 34,1 Prozent die Wahlen, obwohl diese, abgesehen von dem frühen Wahltermin, als „basically fair" (ibid.) angesehen werden können.

---

20 Welch mäßige Reformerfolge die zunehmend korrupte „bürgerliche" Regierung unter Berisha dann nach vier Jahren aufzuweisen hatte, bewiesen die beispiellosen bürgerkriegsähnlichen Unruhen von 1997 und der rapide Verfall der gesamten Staatlichkeit des Landes. Die erneut außerparlamentarisch erzwungenen Neuwahlen führten zu einer Rückkehr der Sozialisten an die Macht (vgl. Merkel/Puhle et al. 2006: 433 ff.).

Hier enden die Parallelen zur frühen albanischen Transformationsphase noch keineswegs. Auch in Bulgarien zweifelte die Opposition die Legitimität des Wahlergebnisses an, blockierte die Arbeit des gewählten Parlaments und behinderte die Ausarbeitung der neuen Verfassung. Gleichzeitig mobilisierte sie außerparlamentarische Proteste und Streiks. Die konzertierten außerparlamentarischen Aktionen erzwangen den Rücktritt des Altkommunisten Mladenov vom Amt des Staatspräsidenten, worauf der angesehene Dissident und Philosoph Schelju Shelew zum neuen Präsidenten Bulgariens gewählt wurde. Wenig später im Januar 1991 wurde der parteilose Dimitar Popow zum Ministerpräsidenten ernannt, und für den Herbst desselben Jahres wurden vorgezogene Neuwahlen angekündigt (Segert 1996: 121). Zu diesem Zeitpunkt hatte sich die Machtbalance im Lande bereits verschoben. Den Postkommunisten entglitt die Kontrolle über den Systemwechsel. Endgültig wurde dies durch ihre Wahlniederlage bei den vorgezogenen Parlamentswahlen vom Oktober 1991, als sie mit 33,1 Prozent der Stimmen knapp der oppositionellen Union der Demokratischen Kräfte (SDS) unterlag (Schliewenz 1997: 256).

Von einer „von oben" gesteuerten Transformation kann also auch in Bulgarien nur für eine kurze Phase von kaum mehr als einem Jahr die Rede sein. Die strukturellen Startvorteile der noch kaum gewendeten „Post"-Kommunisten (Verfügung über Staats- und Medienapparat, Kontrolle der ökonomischen Ressourcen, Fragmentierung der Opposition, Ausnutzung der schwachen Zivilgesellschaft) wurden sehr rasch durch den außerparlamentarischen Druck entwertet. Paradoxerweise waren es auch in Bulgarien extraparlamentarische, außerkonstitutionelle und demokratisch zweifelhafte Methoden (Nichtakzeptanz der Wahlergebnisse, Mobilisierung der Straße gegen ein frei gewähltes Parlament) einer gegenüber der Demokratie nur „semiloyal" (Linz/Stepan 1996: 341) auftretenden „bürgerlichen" Opposition (SDS), die den Fortgang der Transformation zu beschleunigen schienen. Dass vieles tatsächlich mehr Schein als Realität war, zeigten wenig später die heftigen Konflikte der SDS-Regierung mit dem umsichtig und überparteilich handelnden Staatspräsidenten Schelew, die innere Zerstrittenheit und Instabilität sowie schließlich der rasche Zerfall der bürgerlichen Koalitionsregierung im Dezember 1992. Es war dann die von Schelew eingesetzte Expertenregierung, die die wichtigsten Reformvorhaben in der Wirtschaftspolitik initiierte, aber nach zwei Jahren am siebten parlamentarischen Misstrauensvotum scheiterte (Schliewenz 1997: 255). Die erneut vorgezogenen Parlamentswahlen gewann eine Wahlkoalition um die Sozialistische Partei mit 43,5 Prozent der Stimmen und der absoluten Mehrheit der Parlamentsmandate. Die im Januar 1995 gebildete Koalitionsregierung der BSP und der Bewegung für Rechte und Freiheiten (DPS) der türkischen Minderheit scheiterte ebenfalls an der gewaltigen Reformlast und dem Druck der Straße im Dezember 1996.

An Albanien und Bulgarien zeigt sich klar, dass allein der Wechsel der Regierungsverantwortung von den Postkommunisten zu den bürgerlichen Parteien weder korrekt demokratisch verlaufen muss, noch allein schon ein aussagekräftiges Kriterium für den Erfolg der Institutionalisierung und Konsolidierung der Demokratie in Osteuropa darstellt (Segert 1996: 113). Die wechselseitige Intransigenz, Kompromissfeindlichkeit und Blockierung zweier fast gleichstarker politischer Lager hat den politischen, wirtschaftlichen und gesellschaftlichen Reformprozess in Albanien wie Bulgarien erheblich verzögert.

Rumänien ist zweifellos das Paradebeispiel eines „von oben", d. h. von den alten kommunistischen Regimeeliten kontrollierten Systemwandels. Für diese These sprechen zunächst folgende Faktoren (Gallagher 1995: 347; 1996; Linz/Stepan 1996: 344; Segert 1996):

▶ In Rumänien wurde mit Ion Iliescu 1990 nicht nur ein hochrangiges Mitglied der alten kommunistischen Nomenklatura zum ersten Staatspräsidenten gewählt, sondern auch nach zwei Jahren erneut in demokratischen Direktwahlen im Amt bestätigt. Erst nach sechs Jahren ununterbrochener Präsidentschaft wurde Iliescu nach der Wahlniederlage vom November 1996 vom Kandidaten der bürgerlichen Opposition (*Conventia Democrată din România*, CDR), Emil Constantinescu, abgelöst.

▶ Das semipräsidentielle Regierungssystem Rumäniens gibt dem rumänischen Präsidenten weitreichende konstitutionelle Prärogativen, die Iliescu noch durch seinen autoritären Regierungsstil bis über den Rand der Verfassung auszudehnen vermochte.

▶ Iliescu verfügte über eine breite Wählerbasis, da er – anders als die Postkommunisten in Albanien und Bulgarien – nicht nur auf dem Land, sondern auch in der Stadt Wählermehrheiten gewinnen konnte.

▶ In Rumänien gab es weder zu Beginn der Transformation noch später eine dem „Runden Tisch" vergleichbare Institution, an der neben den exkommunistischen Parteieliten auch andere politische Kräfte in die Institutionenbildung und Entscheidungsfindung einbezogen worden wären.

▶ Die Opposition war fragmentiert und besaß keinerlei Einfluss auf parlamentarische Mehrheitsentscheidungen und Regierungsbeschlüsse.

▶ Staats- und Sicherheitsapparat wurden ebenso wie weite Bereiche der noch verstaatlichten Wirtschaft und die elektronischen Informationsmedien weitgehend von den Postkommunisten um Iliescu kontrolliert.

An dieser Machtfülle änderte sich im Verlaufe der postkommunistischen Regierungsperiode nur wenig. Erst im November 1996 verloren die sich nun „Rumänische Sozialdemokratische Partei" nennende Präsidialpartei[21] Iliescus und ihre nationalistischen und stalinistischen Koalitionspartner knapp die Wahlen gegen das bürgerlich-konservative Oppositionsbündnis um die Demokratische Konvention Rumäniens (CDR) (Shafir 1997: 148). Wenig später unterlag dann Iliescu im zweiten Wahlgang der Präsidentschaftswahlen mit 45,6 Prozent der Wählerstimmen seinem bürgerlichen Widersacher Constantinescu (54,4 Prozent) von der CDR (ibid.: 153). Damit endete die von den alten postkommunistischen Regimeeliten kontrollierte Transformationsperiode erst nach fast sieben Jahren.

In keinem Land Osteuropas regieren die Postkommunisten über eine so lange Periode mit so vielen Machtressourcen und so geringer Kontrolle durch die schwache politische Opposition (1990–1996) wie in Rumänien. Zwar wurden zweifellos die elementaren Institutionen der Demokratie wie freie Wahlen, Parlament, Regierung, Präsidentenamt und Gerichtswesen eingerichtet. Die postkommunistischen Eliten selbst waren zudem durch freie und weitgehend faire Wahlen demokratisch legitimiert. Aber zwischen den Wahlterminen gelang es der alten/neuen Nomenklatura, die wichtigsten horizontalen Gewaltenkontrollen wenn nicht auszuschalten, so doch in ihren Kontrollmöglichkeiten wirkungsvoll zu beschneiden. Von 1990 bis 1996 hatte sich in Rumänien eine Variante jener Demokratieform etabliert, die Larry Diamond (1996) als *electoral democracy*, O'Donnell (1994) als *delegative democracy* und wir selbst als *defekte Demokratie* (Merkel, W. 1999a; Merkel/Puhle et al. 2003; Merkel/Croissant 2004)

---

21 Die zunächst (1990) als Front der Nationalen Rettung (FSN) angetretene Präsidialpartei Iliescus änderte nach Parteispaltungen 1992 ihren Namen in Demokratische Front der Nationalen Rettung (FDSN), um bei den Parlamentswahlen 1996 schließlich als Rumänische Sozialdemokratische Partei (PDSR) anzutreten (vgl. Gabanyi 1997: 196 ff.).

bezeichnet haben. In einer solchen Demokratie werden zwar wie in Rumänien allgemeine, freie und gleiche Wahlen auf Wettbewerbsbasis stabilisiert und damit die „vertikale Verantwortlichkeit" der politischen Eliten im Schumpeterianisch-minimalistischen Sinne realisiert, aber die Steuerung der Transformation von oben durch die alten Regimeeliten verhinderte, dass sich in Rumänien eine rechtsstaatliche und liberale Demokratie herausbilden konnte, die zusätzlich zur vertikalen auch eine „horizontale Verantwortlichkeit" zwischen den konstitutionellen Gewalten und damit die Sicherung von Rechtsstaatlichkeit, bürgerlichen Freiheitsrechten und Minderheitenschutz garantiert hätte. Denn hätte die kaum veränderte alte/neue Nomenklatura eine solche liberale Vertiefung der Demokratie zugelassen, wäre sie trotz ihrer Wahlerfolge nie im gleichen Maße in der Lage gewesen, die politische Entwicklung des Landes zu kontrollieren. So aber vermochte sie alle politischen, wirtschaftlichen und sozialen Reformen immer unter dem Aspekt der eigenen Machterhaltung zu filtern und gegebenenfalls zu boykottieren.

Wie das Beispiel Rumäniens zeigt, lässt sich eine längerfristige Steuerung der Transformationsprozesse durch die alten Regimeeliten nur dann durchhalten, wenn die formellen demokratischen Institutionen nicht rechtsstaatlich und liberal ausgefüllt werden. Der Preis für diese formaldemokratisch legitimierte Machterhaltungsstrategie sind gravierende Demokratiedefekte, die Verzögerung der demokratischen Konsolidierung und ein langsames Tempo bei den sozioökonomischen Reformen. Auch 2006 kann in Rumänien trotz mehrfacher parteipolitischer Regierungswechsel nicht von einer konsolidierten rechtsstaatlich-liberalen Demokratie gesprochen werden. Insbesondere im rechtsstaatlichen Bereich bestehen noch erhebliche Defizite (Bertelsmann Stiftung 2005). Daran hat auch der EU-Beitritt am 1. Januar 2007 nichts geändert, weil die EU die sogenannte Kopenhagen-Kriterien von 1993 für Rumänien und Bulgarien aus politischen Gründen so weit dehnten, bis die beiden Balkanländer sie dann „wunschgemäß" erfüllten. Andererseits kann erwartet werden, dass die EU-Mitgliedschaft dazu beitragen wird, die Demokratie- und Rechtsstaatsdefekte beschleunigt abzubauen.

Warum konnten aber gerade in Rumänien die alten Regimeeliten den Transformationsprozess länger als in den anderen osteuropäischen Staaten kontrollieren? Linz und Stepan (1996) erklären dies vor allem aus dem besonderen Charakter des autokratischen Vorläuferregimes unter Ceaușescu. Denn dieses unterschied sich nicht nur von den autoritären Regimen Polens und Ungarns, sondern auch von den ebenfalls noch weitgehend totalitären Regimen Albaniens und Bulgariens durch einen bizarren Personalismus und Herrschaftsstil, den die beiden Politikwissenschaftler unter Rückgriff auf Max Webers Herrschaftskategorien als „sultanistisch" bzw. „sultanistic totalitarianism" bezeichnen:

> „In Romania, there were no autonomous or even semiautonomous career paths in the state apparatus. Even the top nomenclature were hired, treated, mistreated, transferred, and fired as members of the household staff. There was growing personalism, beginning with the appointment of Elena Ceaușescu to the Politburo in 1972 and ending with the well-known ‚socialism in one family' of the 1980's. In essence, Ceaușescu treated Romania as his personal domain" (Linz/Stepan 1996: 346 f.).

Es war aber gerade dieser bizarre Sultanismus, der es den Regimeeliten hinter dem großen Führer erlaubte, die unter dem alten Regime erlittene Unterdrückung, Gewalt und Freiheitsberaubung dann der Person Ceaușescus zuzuschreiben. Indem die parteiinternen Putschisten das Ehepaar Ceaușescu in einem nicht rechtsstaatlichen Schauprozess zum Tode verurteilten und telegen exekutieren ließen, gewannen sie als „Tyrannenmörder" eine neue politische Identität und „revolutionäre Legitimität". Die rasche Rücknahme der härtesten Repressionsmaßnahmen des alten Regimes, die Einführung ungekannter Freiheiten und die Vorbereitung freier Wahlen verlieh den alten/neuen Machthabern weitere demokratische Legitimität und Popularität. Die sultanistische Ausschaltung aller kollektiven Parteigremien erlaubte nicht die friedliche Ablösung der alten Parteispitze durch reformbereite Softliner des alten Regimes, wie dies in Bulgarien der Fall war. Auch eine von oppositionellen Organisationen geplante oder sozialen zivilgesellschaftlichen Bewegungen getragene revolutionäre Erhebung war sehr unwahrscheinlich, weil das sultanistische System jede oppositionelle und zivilgesellschaftliche Regung mit wirkungsvoller Repression zu unterbinden wusste. Der Weg zu einem vorsichtigen Regimewandel konnte deshalb nur durch die Ausschaltung des Ceaușescu-Clans über einen gewaltsamen Putsch passieren, der von dem Exilrumänen Codrescu unter Hinweis auf die Rolle der kommunistischen Eliten treffend als eine „scripted revolution" (zit. nach ibid.: 346) bezeichnet wurde.

2.2 Der ausgehandelte Systemwechsel: Polen

Wenn sich in akuten Krisensituationen eines autoritären Systems zwischen Regimeeliten und Regimeopposition eine Pattsituation herauskristallisiert und keine Seite die Möglichkeit besitzt, einseitig die Modalitäten der zukünftigen politischen Herrschaft zu definieren, kommt es – vorausgesetzt, beide Seiten reagieren rational – zu Verhandlungen über eine neue politische Herrschaftsform. Exakt diese Situation ergab sich 1988 im spätkommunistischen Polen. Regime und Opposition sahen beide keine erfolgversprechende Möglichkeit, ihre Interessen mit Gewalt gegen die andere Seite durchzusetzen. Wie im Lehrbuch skizziert, kam es in Polen zu Verhandlungen, die in „Transformationspakte" mündeten. Polen gilt deshalb für Osteuropa – wie Spanien für Südeuropa sowie Brasilien und Uruguay für Lateinamerika – als das osteuropäische Paradebeispiel einer „pacted transition" (Przeworski 1991: 78; Colomer 1995b: 79; Linz/Stepan 1996: 244 ff.), d. h. eines „ausgehandelten Systemwechsels" (Beyme 1994a: 94; Rüb 1994: 272; Merkel, W. 1996c: 86).

Die lange Phase der politischen Transformation begann in Polen 1980. Die neu gegründete Gewerkschaft Solidarność organisierte massive Streiks, die in die Besetzung der Schiffswerft in Danzig mündeten. Anders als in den großen Streiks von 1970/71 fanden die Arbeiter dieses Mal breite Unterstützung aus Kreisen der Intellektuellen[22] und der katholischen Kirche. Es dauerte weniger als ein Jahr, bis diese untereinander verflochtene und mobilisierte Zivilgesellschaft die „Hegemonie in der Gesellschaft" (Linz/Stepan 1996: 263) innehatte und den Einfluss des kommunistischen Regimes aus der Gesellschaft immer mehr in den Staats- und Sicherheitsapparat zurückdrängte. Hier wird der Unterschied zwischen dem sultanistisch-totalitären System Rumäniens und der bürokratisch-autoritären Herrschaftsform Polens[23] deutlich: Während in Rumänien nahezu alle zivilgesellschaftlichen Initiativen unterdrückt waren, hatte sich in Polen eine „horizontale Beziehung der Zivilgesellschaft mit sich selbst herausgebildet" (ibid.: 262). Unter der Hegemonie der Solidarność entstand ein mächtiger zivilgesellschaftlicher Akteur, der die alten Regimeeliten herausforderte. Das Regime begegnete dieser

---
22 Im Jahr 1977 hatten Intellektuelle um Jacek Kuroń und Adam Michnik das Komitee zur Verteidigung der Arbeiter (KOR) gegründet.
23 Linz und Stepan argumentieren überzeugend, dass Polen selbst in der stalinistischen Hochphase bis 1953 kein totalitäres Regime gewesen sei. Dies gilt hauptsächlich für die Periode nach 1956, als der Kirche u. a. die Wiedereinführung des Religionsunterrichts in den Schulen zugestanden wurde.

Herausforderung mit dem Verbot der Solidarność und der Verhängung des Kriegsrechts im Dezember 1981. Von da an bis Ende 1987 übernahm ein „autoritär-bürokratisches aber nicht ideologisches Armee-Regime" (Staniszki, zit. nach Linz/Stepan 1996: 264) die Führung des Staates. Die Hegemonie in der Gesellschaft konnte es jedoch nicht mehr zurückgewinnen. Trotz des Verbots der Solidarność und des Rückgangs der zivilgesellschaftlichen Mobilisierung kristallisierte sich langsam ein machtpolitisches Patt heraus. Tatsächlich hatte sich, nachdem General Jaruzelski ein Referendum zu seinem wirtschaftlichen Krisenprogramm im November 1987 verloren hatte und wenig später erneut massive Streiks auflebten, eine klassische „spieltheoretische Transformationssituation" herauskristallisiert, wie sie O'Donnell, Schmitter und Whitehead schon 1986 konzipiert hatten und Przeworski (1991) sowie Colomer (1995) wiederholt theoretisch modelliert haben. Es standen sich zwei Lager gegenüber, in denen sich jeweils zwei Strömungen erkennen ließen:

Regime:
- die moderaten Regimeeliten um General Jaruzelski (Softliner),
- die noch verbliebenen orthodoxen Ideologen in der Partei und dem inneren Sicherheitsapparat (Hardliner);

Opposition:
- die moderaten Reformer um Lech Wałęsa,
- die radikale neue Generation jüngerer Gewerkschaftsaktivisten.

In beiden Lagern dominierten die kompromissbereiten moderaten Kräfte. In einer Situation, in der beide Seiten ein machtpolitisches Patt wahrnahmen, erschienen Verhandlungen die logische Konsequenz. Diese Verhandlungen wurden im Herbst 1988 aufgenommen: der Runde Tisch war erfunden. Es begann ein machtpolitisches Verhandlungsspiel über die Reformschritte und die schließliche Form einer neu verfassten politischen Ordnung. In jeder Runde mussten Kompromisse zwischen den Verhandlungskontrahenten geschlossen werden. Von Runde zu Runde verschoben sich jedoch die Machtressourcen, die die kommunistischen Reformeliten und die Opposition für sich mobilisieren konnten.

In der ersten Verhandlungsrunde saßen sich die reformwilligen Teile des alten Regimes und die moderaten Kräfte der politischen Opposition als Hauptprotagonisten gegenüber (Rüb 1994: 272). Die Softliner der Polnischen Vereinigten Arbeiterpartei (PVAP) wollten mit der kontrollierten und möglichst subalternen Einbindung der Solidarność in die politische Führung des Landes die Legitimitätsbasis des Regimes verbreitern. Die Solidarność dagegen wollte nach ihrer Legalisierung die ersten Schritte zu einem westlich orientierten pluralistisch-demokratischen System vertraglich festschreiben. Die Machtverteilung zwischen den beiden Akteuren war freilich asymmetrisch. Nach wie vor kontrollierten die Regimeeliten den Kern der staatlichen Macht. Die Opposition konnte dem allerdings die Mobilisierungsbereitschaft der Arbeiter und der Bevölkerung entgegensetzen. Beide Seiten waren unsicher über die Zukunft und vermochten weder die eigene noch die gegnerische Machtposition präzise einzuschätzen. Dieser „Schleier der Unwissenheit" (Rawls)[24] förderte die Kompromissbereitschaft der beiden Kontrahenten.

---

[24] Sowohl Adam Przeworski (1991: 87) als auch Linz/Stepan (1996: 266) beziehen sich auf die Denkfigur des „veil of ignorance" von John Rawls, um die positiven Verhandlungseffekte zu erklären, wenn strategisch handelnde Akteure sich nicht über ihre eigenen Stärke und die zukünftigen Folgen der Entscheidungen im klaren sind. Solche Unsicherheitsbedingungen erweisen sich als günstig für vorsichtige Kompromisse, als „zweitbeste Lösungen", weil mögliche negative Konsequenzen wie in einem Nullsummenspiel nicht einen einzigen Partner treffen.

Der erste fundamentale Verhandlungskompromiss wurde über das einmalige Wahlverfahren für den Sejm von 1989 geschlossen. Die Regimeeliten wollten das neu zu definierende Amt des Staatspräsidenten mit umfangreichen Kompetenzen ausstatten und auf die Person Jaruzelskis als staatlichem Garanten der reformkommunistischen Herrschaftssicherung zuschneiden. Die Verhandlungspartner von Solidarność stimmten dem in wesentlichen Bereichen zu: Der Präsident konnte danach den Premierminister ernennen, den Ministerrat einberufen und dort den Vorsitz führen. Ihm sollte im Sejm ein gesetzgebendes Initiativ-Vetorecht zugestanden werden. Schließlich sollte er gar das Recht erhalten, das Parlament unter bestimmten verfassungsmäßig vorgegebenen Bedingungen aufzulösen (Ziemer 1993: 100). Damit wurden dem Staatspräsidenten konstitutionelle Prärogativen zuerkannt, die an die Machtfülle des Präsidenten der Fünften Republik Frankreichs erinnern. Im Gegenzug erhielt die Solidarność ein semi-pluralistisches Wahlrecht. Fünfundsechzig Prozent der Sitze des Sejm sollten für die Regierungskoalition reserviert werden, 35 Prozent für die Opposition. Die Wahlen zum neu gegründeten Senat[25] blieben quotierungsfrei.

Dieser Kompromiss wurde nicht zuletzt deshalb möglich, weil er auf Fehlkalkulationen beider Akteure hinsichtlich ihrer mittelfristigen Machtchancen beruhte (Colomer/Pascual 1994: 291). Das Regime *über*schätzte, die Opposition *unter*schätzte die eigene Macht und den Rückhalt in der Bevölkerung. Es waren also fehlkalkulierte Erwartungen beider Seiten, die die Dynamik der Liberalisierungs- und Demokratisierungsmaßnahmen der ersten Verhandlungsrunde bestimmten. Die PVAP erlitt eine katastrophale Niederlage bei den ersten halbfreien Wahlen im Jahr 1989, wo sie für den Senat nur einen Kandidaten durchbrachte. Jaruzelski wurde vom Parlament nur mit einer hauchdünnen Mehrheit infolge der taktischen Selbstbeschränkung der Solidarność gewählt. Die ehemaligen Bündnisparteien ZSL (Vereinigte Bauernpartei) und SD (Demokratische Partei) verließen das sinkende Schiff der alten Regimekoalition. Sie lösten sich von der Kommunistischen Partei und ermöglichten im Sejm die Wahl des Solidarność-Mitglieds Mazowiecki zum Premierminister. Wenig später löste sich die PVAP (Januar 1990) auf und benannte sich in „Sozialdemokratie der Republik Polen" (SdRP) um. Damit hatte das alte „Regime", der Gegenspieler der Opposition, als ein „maßgeblicher Partner des Abkommens vom Runden Tisch aufgehört, zu existieren" (Ziemer 1993: 103). Der Kreis der „Spieler" hatte sich verändert. Machtpositionen und Ressourcenausstattung der konkurrierenden Akteure hatten sich für die zweite Verhandlungsrunde zur neuen Verfassung zugunsten der Opposition verschoben.

Mit dem Verschwinden ihres Kontrahenten spaltete sich typischerweise die einstige Regimeopposition. Die Solidarność brach in die konservative Danziger Gruppe um Lech Wałęsa und die liberale Warschauer Gruppe um Mazowiecki, Geremek und Michnik auseinander. Beide Gruppen waren die entscheidenden Spieler der zweiten Runde. Der dritte Spieler war der infolge seiner unzureichenden demokratischen Legitimation zurückhaltende Staatspräsident Jaruzelski. Er wurde rasch ausgewechselt, als Wałęsa 1990 die Direktwahl des Präsidenten durchsetzen konnte und im Dezember desselben Jahres zum Nachfolger Jaruzelskis gewählt wurde. Im Oktober 1991 folgten die ersten wirklich freien und gleichen Wahlen. Damit war die Übergangsperiode des „verhandelten Systemwechsels" vorbei.

---

25 1947 war der Senat als zweite Kammer aufgelöst worden.

2.3 Regimekollaps: Die Tschechoslowakei

Zwischen Regimekollaps auf der einen und einem ausgehandelten oder von oben kontrollierten Systemwechsel auf der anderen Seite gibt es einen essenziellen Unterschied: Organisierte Akteure und auf den Systemwandel oder Systemwechsel hin ausgerichtete Strategien spielen in der Kollapssituation kaum eine Rolle. Dagegen kommt es häufig aufgrund äußerer Ursachen zum Regimekollaps, wie dies in Deutschland, Italien und Japan nach der Kriegsniederlage 1945 der Fall war. Aber auch ohne direkte Einwirkungen von außen können autokratische Regime kollabieren. Ein solcher Kollaps wird durch den raschen Zusammenbruch der noch existierenden Legitimitätsreste sowie dem Verlust der Repressions- und Handlungsfähigkeit des alten Regimes eingeleitet. Der Transformationsakteur „Regime" verschwindet; nicht einmal schnell gewendete „Reformkommunisten" können dann noch nennenswerten Einfluss auf den Verlauf der Transformationsereignisse nehmen. Auf der anderen Seite bedarf es aber auch keiner organisierten und strategisch oder konzertiert handelnden Opposition, um die alten Regimeeliten zur Aufgabe zu zwingen. So definieren Juan J. Linz und Alfred Stepan (1996: 324) den Regimekollaps in folgender Weise:

> „In critical stages of a regime crisis vital parts of the state coercive staff equivocate, rebel, or melt away. Seeing this sudden absence of effective force, demonstrators swell in numbers and are emboldened in spirit. At a certain moment there can be so many anti-regime demonstrators and so few regime defenders that the leaders of the regime lose all capacity to negotiate. At this moment, the regime is not so much overthrown as it collapses."

Dieses hier allgemein beschriebene Muster des Kollapses lässt sich in Osteuropa am besten an der Tschechoslowakei im Jahr 1989 erkennen. Der tschechoslowakische Transformationspfad soll deshalb im Folgenden etwas näher nachgezeichnet werden.

In der Tschechoslowakei war es eine Kettenreaktion von Ereignissen, die das kommunistische Regime binnen drei Wochen – 17. November bis 10. Dezember 1989 – kollabieren ließen. Im Verlaufe dieser Ereignisse wurde der Kommunistischen Partei jeglicher Einfluss auf die weitere Transformationsentwicklung entzogen und führende Dissidenten an die Spitze des Staates befördert (Smutny 1992: 26). Die Ereignisse überstürzten sich: Acht Tage nach der Öffnung der Berliner Mauer am 9. November 1989 wurde eine Demonstration Prager Studenten von der Polizei niedergeknüppelt. Die Studenten beschlossen einen Streik, der unmittelbar in eine breite Diskussion über einen Generalstreik mündete. Gleichzeitig nahmen die Demonstrationen zu, auf denen der führende Dissident des Landes, Václav Havel, als die wichtigste Proteststimme auftrat. Am 27. November traten die tschechoslowakischen Arbeiter für zwei Stunden in den Generalstreik. Schon zu diesem Zeitpunkt kooperierte die Spitze der kommunistischen Parteijugend mit den Demonstranten. Eine massive „Fahnenflucht" von Mitgliedern und Mitläufern der Partei sowie vieler Funktionäre wichtiger staatlicher Institutionen hatte eingesetzt. Die Polizei missachtete Befehle und weigerte sich öffentlich, dem Aufruf kommunistischer Hardliner aus der Prager KP-Führung Folge zu leisten, die Proteste mit Gewalt niederzuschlagen. Der Oberkommandierende der tschechoslowakischen Armee, General Vaclavík, erklärte, dass die Streitkräfte sich nicht gegen das Volk wenden würden (Bradley 1992: 93). Der Parteiführung entglitten ihre wichtigsten Machtinstrumente. Bereits am 24. November war der Generalsekretär der Kommunistischen Partei, Miloš Jakeš, zurückgetreten; am 4. Dezember resignierte Gustav Husák als Präsident der Tschechoslowakischen Sozialistischen Republik. Am 29. Dezember wählte das noch alte kommunistische Parlament Václav Havel zum neuen Staatspräsidenten. Die Siege des tschechischen Bürgerforums (OF) und der slowakischen „Öffentlichkeit gegen Gewalt" (VPN) in den ersten freien Wahlen vom Juni 1990 besiegelten nur noch, was sich längst vollzogen hatte: den Kollaps des alten Regimes, die völlige Ablösung der kommunistischen Regimeeliten und die Übernahme der Staatsmacht durch die in den Novemberereignissen mobilisierte Opposition.

Soweit die Ereignisse. Die Frage, die sich aus transformationstheoretischer Sicht stellt, lautet: War dieser Zusammenbruch zwangsläufig? Warum kollabierte gerade das tschechoslowakische kommunistische System? Warum konnten nicht Teile der alten Regimeeliten den weiteren Transformationsprozess beeinflussen, wie dies auf unterschiedliche Weise in Bulgarien und Rumänien (Kontrolle von oben) oder in Polen und Ungarn (ausgehandelter Systemwechsel) geschah?

Aus einer akteurstheoretischen Perspektive erscheint die Antwort klar. Der rapide Zerfall des Regimes, die ebenso gewaltlose wie rasche Entmachtung der Partei- und Staatsführung aufgrund der massenhaften „Fahnenflucht" der eigenen Staatsfunktionäre und die Neutralitätserklärungen von Polizei und Armee bewirkten, dass das kommunistische Regime über keinen handlungsfähigen Akteur mehr verfügte. Auf der Oppositionsseite gab es keine organisierte Bewegung, die auch nur ansatzweise die Akteursqualitäten der polnischen Solidarność, der katholischen Kirche Polens oder des KOR aufwies. Dies galt auch für die kleine Dissidentengruppe „Charta 77". Fehlen aber handlungsfähige Akteure auf beiden Seiten, kann es keine Verhandlungen geben. Genau dies war im November 1989 in der Tschechoslowakei der Fall (Rüb 1994: 284). Dort übergaben die alten Regimeeliten unter dem Eindruck des Zusammenbruchs ihrer Machtstrukturen die staatliche Macht einer unorganisierten Dissidentenschar, die sich erst in der letzten Agoniephase des Regimes und unmittelbar danach (kurzfristig) zu einem von der Bevölkerung gestützten handlungsfähigen politischen Akteur entwickelte.

Allerdings ist die Frage nach der Ursache des Kollapses und der Unwahrscheinlichkeit eines ausgehandelten Systemwechsels oder einer von oben gesteuerten Transformation mit dem Verweis auf die fehlenden Transformationsakteure noch keineswegs befriedigend beantwortet. Die weitergehende Anschlussfrage muss lauten: Warum haben sich weder im Regime noch in der Gesellschaft handlungsfähige Transformationsakteure herausgebildet? Die tiefer liegende Ursache dafür muss vor allem im Charakter des autokratischen Systems gesucht werden.[26]

Linz und Stepan (1996: 317) kennzeichneten das tschechoslowakische kommunistische System als „frozen posttotalitarian regime". Dies bedeutet, dass das nachstalinistische Regime sich auf der Systemachse (vgl. Abbildung 1) nicht weiter in die Zone autoritärer Herrschaftssysteme bewegt hat, wie dies nach 1956 in Polen und später auch in Ungarn der Fall war. Der „Prager Frühling" blieb eine kurze Zwischenperiode, nach der die Regimeeliten unter Führung Husáks das System erneut schlossen und restalinisierten. Weder kam es zu Reformen wie 1968 in Ungarn, die der Zivilgesellschaft einen auch nur geringen autonomen Raum zur Selbstorganisation gegeben hätten, noch entwickelte sich parallel zur Sowjetunion nach 1985 eine tschechoslowakische Perestroika. Als Folge dieser stalinistischen Systemschließung konnten sich weder reformbereite Softliner innerhalb des Regimes noch eine untereinander vernetzte und kollektiv handlungsfähige Zivilgesellschaft herausbilden. Es entwickelte sich, wie in der DDR, ein spezifischer spätkommunistischer Herrschaftsvertrag, in dem das Regime auf die traditionelle gesellschaftliche Mobilisierung verzichtete und bescheidene materielle Sicherheit

---

26 Der wichtige Einfluss des autokratischen Regimetyps auf den Verlauf der weiteren Transformation wurde schon vor den Systemwechseln in Osteuropa immer wieder von Philippe C. Schmitter betont (u. a. Schmitter 1985; O'Donnell et al. 1986; Karl/Schmitter 1991).

gegen politische Apathie und öffentliche Ruhe tauschte. Notorische Störer dieser Vertragsruhe wie die Charta 77 blieben die Ausnahme. So war es vor allem der Charakter des „eingefrorenen" quasi totalitären Regimes, der weder auf der Regime- noch auf der Gesellschaftsseite die Herausbildung von handlungsfähigen Eliten zuließ, die über Verhandlungen oder Kontrolle von oben den Verlauf des Transformationsprozesses hätten steuern können.

2.4 Regimekollaps und Staatsende: Der Sonderfall DDR

Auch der Regimewechsel in der DDR muss aus transformationstheoretischer Perspektive eher als Kollaps denn als „Revolution" beschrieben werden[27] (Merkel, W. 1991: 30 ff.; Offe 1994: 43; Beyme 1994a: 95; Linz/Stepan 1996: 322). Da aber mit dem Kollaps des SED-Regimes die Existenzgrundlage des gesamten DDR-Staates wegfiel, soll die DDR als „Sonderfall" analysiert werden. Der in der Publizistik und im politischen Diskurs meist verwandte Begriff der „friedlichen Revolution" hebt zu einseitig das friedlich revolutionäre Handeln hervor, da dieses in der Ursachenkette von Legitimitätsverfall, außenpolitischem Druck und Massenprotest erst an dritter und letzter Stelle steht. Sowohl in Revolutionen als auch Regimezusammenbrüchen können sich auf der Regimeseite vorher keine verhandlungsfähigen Softliner herausbilden. Da die DDR wie die Tschechoslowakei in den 1980er Jahren als ein „eingefrorenes posttotalitäres Regime" bezeichnet werden kann, gab es bis zum Herbst 1989 auch keine Möglichkeit zur Profilierung einer reformkommunistischen Gruppe innerhalb der straff organisierten Führung der SED.[28] Die Öffnung des weitgehend geschlossenen autokratischen DDR-Regimes erfolgte deshalb auch nicht auf Initiative von Teilen der SED-Führung, wie dies 1988 innerhalb der Sozialistischen Arbeiterpartei Ungarns geschah (Szábó 1993: 18). Von einer Protestbewegung, die die Handlungsfähigkeit der Solidarność oder auch nur die zivilgesellschaftliche Ausprägung Ungarns erreicht hätte, kann in der DDR bis zum Sommer 1989 nicht die Rede sein (Knabe 1990). Dennoch spielte der im Spätsommer einsetzende Massenprotest für den Fall des SED-Regimes durchaus eine Rolle. Nur muss er in der Ursachenkette von Legitimitätskrise, außenpolitischer Veränderung und innenpolitischem Protest sowohl zeitlich als auch seiner Bedeutung entsprechend eingeordnet werden.

■ *Der Legitimationsverlust des SED-Regimes*

Politische Systeme können auf unterschiedlichen Ebenen Legitimität für ihre Bestandssicherung erzeugen. Die wichtigsten Legitimationsebenen sind die wirtschaftliche, die politische, die rechtsstaatliche, die wohlfahrtsstaatliche, die ideologisch-moralische und die nationalstaatliche (Merkel, W. 1991: 32 ff.).

---

27 Der Abschnitt zur DDR stützt sich in wichtigen Teilen auf meinen Aufsatz: „Warum brach das DDR-Regime zusammen?" (Merkel, W. 1991: 19 ff.).
28 Bis zum September 1989 ließen sich im Politbüro der SED keine Softliner erkennen. Als die Mehrheit des Politbüros unter dem Druck der Proteste den kranken Erich Honecker zum Rücktritt zwang und Egon Krenz einstimmig zu seinem Nachfolger bestimmte, wurden zum ersten Mal Differenzen hinsichtlich der Situationseinschätzung innerhalb der SED-Führung sichtbar. Dennoch lassen sich die Personen um Krenz und Schabowski nicht als reformkommunistische Softliner definieren, die einen Regimewandel einleiten wollten.

■ *Wirtschaftliche Legitimationsebene*

Auch wenn sich zentral verwaltete Kommandowirtschaften nicht umstandslos mit den makro- und mikroökonomischen Indikatoren kapitalistischer Volkswirtschaften messen lassen, wissen wir heute, dass sich die strukturell angelegten Ineffizienzen und die systembedingte Innovationsfeindlichkeit der DDR-Ökonomie in den 1980er Jahren zu einer brisanten Wirtschaftskrise verdichteten. Das Autarkiestreben und die Schließung der Binnenwirtschaft gegenüber dem Weltmarkt setzte in der DDR – wie in allen kommunistischen Systemen – die effizienzsteigernden komparativen Kostenvorteile der internationalen Arbeitsteilung außer Kraft. Geringer wirtschaftlicher Wettbewerb, fehlende Nachfrageorientierung, hohe Subventionen, fehlende Leistungsanreize, mangelnde Motivation der Produzenten und ein verzerrtes Preissystem ließen die Wirtschaft ineffizient und an den Bedürfnissen der Bevölkerung vorbei produzieren. Denn anders als die SED-Führung, die den wirtschaftlichen Fortschritt immer an den Standards des RGW-Raumes maß und sich mit der dort technologisch „führenden Rolle" beruhigte, wurden die Konsumwünsche der DDR-Bürger in hohem Maße von den über das Westfernsehen übermittelten Standards westlicher Produkte geprägt. Für ein Regime aber, das den gesellschaftlichen Fortschritt selbst sehr stark in produktivistischen Kategorien fasste, musste dies tagtägliche Legitimitätseinbußen zur Folge haben. In keinem anderen Land des Ostblocks hatte diese Diskrepanz zwischen offizieller Beschwörung des eigenen Wirtschaftsfortschritts und des von den Bürgern wahrgenommenen Produktions- und Konsumvorsprungs des Westens eine solche Bedeutung wie in dem ostdeutschen Teilstaat, der nahezu flächendeckend vom westdeutschen Fernsehen versorgt wurde.

■ *Politische Legitimationsebene*

Im Unterschied zu den westlichen Demokratien gab es in der DDR wie in den anderen kommunistischen Staaten Osteuropas keine politischen Verfahren, die über eine ergebnisoffene Teilnahme der Bürger an der politischen Gestaltung des Landes die Zustimmung der Bevölkerung zum Herrschaftssystem hätten erzeugen können. Die rituelle politische Partizipation erreichte dies nur teil- und zeitweise in der „heroischen Phase" des Antifaschismus und des sozialistischen Aufbaus in den 1950er Jahren. Die faktische Stellung der SED als führende Partei (und des Politbüros als eigentlicher Entscheidungsinstanz) wurde schließlich 1968 auch *de jure* in der „sozialistischen Verfassung" der DDR festgeschrieben. Die vier kleinen „befreundeten Parteien" (Honecker) CDU, LDPD, NDPD, DBD und die „Massenorganisationen" wie der Freie Deutsche Gewerkschaftsbund (FDGB) wurden im demokratischen Block zusammengefasst und in der Nationalen Front der Führung und Kontrolle der SED unterstellt. Den Blockparteien wurde lediglich „Konsultativstatus" (Lohmann 1989: 471) zugestanden; der Gewerkschaftsbund konnte sich nie aus der subalternen Funktion eines „Transmissionsriemens" der führenden Partei bzw. der Beschlüsse des Politbüros befreien. Vor diesem Hintergrund einer *a priori* festgelegten Funktions- und Machtverteilung konnten Wahlen nicht den Legitimationsgehalt entfalten, der unauflöslich gerade an die Kontingenz ihrer Ergebnisse gebunden ist. In der verstaatlichten Gesellschaft der DDR standen zwar kontrollierte und ritualisierte Partizipationskanäle offen, alternative Wahlmöglichkeiten waren für die Bürger jedoch nicht vorgesehen. Demokratische Legitimation für einen Staat kann jedoch dort nicht entstehen, wo gesellschaftliche Interessen autokratisch und exklusiv vom Staat definiert, kontrolliert und sanktioniert werden (Merkel, W. 1991: 34). Die für zentrale politische Entscheidungen folgenlosen und ritualisierten Partizipationsformen vermochten dieses Defizit nicht auszugleichen.

■ *Rechtsstaatliche Legitimationsebene*

Auch die Ressource der rechtsstaatlichen Legitimation blieb dem DDR-Staat an wichtiger Stelle verschlossen. Denn der Rechtsstaatscharakter eines Regimes muss sich insbesondere an seiner Gesetzgebung, Verwaltung und Rechtssprechung messen lassen. In allen drei Bereichen wies das DDR-Regime jedoch erhebliche rechtsstaatliche Defekte auf. In der DDR wurden die meisten Rechtsnormen nicht durch Gesetze des Parlaments, also der Volkskammer, sondern durch Verordnungen der vom SED-Politbüro kontrollierten Exekutive, dem Ministerrat, bestimmt (Wolf 1990: 252). Die verfassungsrechtlich vorgeschriebene Rechtssetzungskompetenz der Volkskammer wurde umgangen. Ein Verfassungsgericht zur Überprüfung der Genese und Substanz der festgelegten Rechtsnormen gab es nicht.

Rechtsstaatlichkeit ist aber nicht nur an eine verfassungsrechtlich fixierte Vorschrift über die Entstehungsverfahren ihrer Normen gebunden. Sie realisiert sich vornehmlich auch in der Möglichkeit, dass unabhängige Gerichte auf der Grundlage dieser Normen staatliches Handeln überprüfen. Die entscheidende Kontrollinstanz der Bürger gegenüber dem Staat ist an dieser Stelle das Verwaltungsrecht und die Verwaltungsgerichtsbarkeit. In der DDR besaß jedoch die staatliche Verwaltung gegenüber den Bürgern einen unkontrollierten Ermessensspielraum. Der Bürger hatte keine Möglichkeit, gegen Verwaltungsakte des Staates zu klagen. Die Existenz eines Verwaltungsgerichtes war mit der marxistisch-leninistischen Identitätsphilosophie von Staat und Gesellschaft nicht vereinbar.

Auch wenn die „überwiegende Anzahl" (ibid.) aller Strafsachen und zivilrechtlichen Verfahren nach Recht und Gesetz abgewickelt wurde, entfalteten drei Mängel – die autokratische Normsetzung, das repressive politische Strafrecht und das Fehlen der Verwaltungsgerichtsbarkeit – ihre besondere delegitimierende Wirkung auf das SED-Regime. Nicht zuletzt dies verhinderte, dass die verbliebenen rechtsstaatlichen Elemente doch noch eine bestimmte Regimeloyalität aus dem Rechtssystem heraus erzeugen konnten.

■ *Die wohlfahrtsstaatliche Legitimationsebene*

Unter allen Systemelementen war es vermutlich das sozialstaatliche Sicherungsniveau, das noch am ehesten eine begrenzte Legitimität für das SED-Regime schaffen konnte (Beyme 1990). Die standardisierten sozialen Lebensrisiken waren im staatssozialistischen System der DDR weitgehend ausgeschaltet (Schmidt, M. G. 2006: 138 f.). Tatsächlich hatte die DDR unter den Staaten des RGW-Bereichs auch die anspruchsvollsten wohlfahrtsstaatlichen Leistungen etabliert. Zudem nahmen die DDR-Bürger die eigenen sozialpolitischen Errungenschaften wie das staatliche Gesundheitssystem, die Kinderbetreuung oder das Recht auf Arbeit im Vergleich zur Bundesrepublik als höher entwickelt wahr. Aus der sozialpolitischen Perspektive gründete sich das SED-Regime auf eine Art Sozialvertrag, in dem der Staat materielle Sicherheit und ein erträgliches Wohlfahrts- und Konsumniveau gegen die Einschränkung der Freizügigkeit und die Vorenthaltung politischer Freiheitsrechte „tauschte". Während dieser „Sozialvertrag" unter der älteren Generation zweifellos eine bestimmte Bindungswirkung entfaltete, verlor er unter der jüngeren Generation, die in der Vergangenheit keine vergleichbare materielle Not erlitten hatte, zusehends an Verbindlichkeit (Staritz 1990). Die Folgen reichten von beruflichen Motivationskrisen bis zur zynischen Distanz zum Obrigkeitsstaat der DDR.

■ *Die ideologisch-moralische Legitimationsebene*

Der „Marxismus-Leninismus" hat – in welch deformierter Form auch immer – den Rahmen des offiziellen Diskurses abgesteckt, innerhalb dessen die alten Regimeeliten ihre Politik gegenüber „ihren Untertanen" (Lukes 1990: 440) zu legitimieren suchten. Als politische Moral ist der Marxismus-Leninismus zukunftsorientiert. Er verheißt die Emanzipation von Klassenherrschaft, von Privateigentum, der Irrationalität der Marktbeziehungen, von Entfremdung und der Ausbeutung des Menschen durch den Menschen. Er verspricht eine Gesellschaft frei von Mangel und Irrationalität, in der die Verteilung der Güter nach den Bedürfnissen der Menschen organisiert ist. Zum ersten Mal, so die eschatologische Geschichtsperspektive, gestalten dann die Menschen ihre Geschichte selbst, bewusst und kollektiv. Am Ende dieser Entwicklung steht die klassenlose Gesellschaft – das „Reich der Freiheit" (Marx 1957).

Diese *objektivistische* Geschichtsperspektive, argumentiert Steven Lukes, erfordert aber eine monistische Ethik, die von den Bürgern verlangt, von der konkreten Vielfalt der individuellen Interessen abzusehen und einen „objektiven" und kollektiven Standpunkt einzunehmen (Lukes 1990: 438). Bleiben dann sichtbare materielle Teilerfolge auf dem Weg ins „Reich der Freiheit", insbesondere im Vergleich zu den „irrationalen" kapitalistischen Gesellschaften aus, läuft die marxistisch-leninistische Ideologie vollends Gefahr, zu einer altruistischen Ethik zu werden. Die unmittelbare Gratifikation des Einzelnen besteht dann allein im Bewusstsein, eine „höhere Moral" zu besitzen und auf der Seite der geschichtlichen Wahrheit zu stehen. Eine solche Ethik steht jedoch auf tönernen Füßen. Politische Eliten, die ihre Gesellschaften auf diese geschichtsphilosophische Perspektive verpflichten, müssen mittelfristig auch materielle Erfolge aufweisen, die glaubhaft andeuten können, dass man sich tatsächlich auf dem richtigen Weg befindet. Genau dies vermochte jedoch das realsozialistische System der DDR, wie alle kommunistischen Systeme des Ostblocks, nicht.

Das Gegenteil war der Fall: Nicht nur die materiellen Erfolge blieben aus, sondern auch die Doppelbödigkeit der Regimemoral wurde zunehmend offensichtlicher. Offiziell verkündete die Propaganda des SED-Regimes in ritualisierten Diskursen Fortschritt, Frieden, soziale Gerechtigkeit und die Herstellung egalitärer Lebensverhältnisse. Real aber etablierten sich separate Konsummärkte, in denen die Nomenklatura Zugang zu der ganzen Produktpalette des westlichen Klassenfeindes hatte, während die „führende Klasse" der Werktätigen für minderwertige Waren aus der sozialistischen Produktion anstehen musste.

Auch wenn bezweifelt werden kann, dass die höhere Moral einer altruistischen Ethik den Verlockungen des augenscheinlich erfolgreicheren Utilitarismus der Marktgesellschaften standgehalten hätte, sind aufgrund der doppelbödigen Regimemoral mit den ideologischen Ressourcen auch Legitimationspotenziale preisgegeben worden, die die Regimeeliten in der Phase des Zusammenbruchs als Verhandlungsmasse gegenüber den protestierenden Bürgern hätten einbringen können. Selbst die spät gewendeten Reformkommunisten um Modrow hatten aufgrund ihrer bis zum Schluss bewahrten Regimetreue jede Glaubwürdigkeit verloren.

Die bisher angeführten Legitimationsprobleme bedrängten in unterschiedlichem Maße alle kommunistischen Regime in Osteuropa. Ein spezifisches Problem hatten diese im Vergleich zur DDR jedoch nicht: Ihre staatliche Existenz war nicht unmittelbar an die Überlebensfähigkeit der realsozialistischen Gesellschaftsordnung gebunden. Aber gerade hier war der ostdeutsche Teilstaat mit einem besonderen Existenzproblem konfrontiert.

Die nationalstaatliche Legitimationsebene

Von den klassischen nationalen Identifikationsangeboten Volksnation, Kulturnation oder Staatsbürgernation stand der Staatsführung der DDR aufgrund der deutschen Teilung und des Regimecharakters keines zur Verfügung (Lepsius 1982: 21 f.). Der Versuch, das nationalstaatliche Problem zu lösen, führte in den 1950er Jahren zur Doktrin „Zwei Staaten in einer Nation". In dem Bestreben, sich gegenüber der Bundesrepublik weiter abzugrenzen und ein ostdeutsches Nationalbewusstsein jenseits der Identitätsangebote Volk, Kultur und Staatsbürger zu wecken, versuchte die SED-Führung über den Begriff der „Klasse" eine genuine DDR-Identitätsbildung zu ermöglichen. Die *Klassennation*, in der die Legitimationsfigur Sozialismus die kollektive – mit Westdeutschland geteilte – Volks- und Kulturnation überlagerte, sollte „sowohl ein Kriterium zur Rechtfertigung der Außengrenzen wie der Binnenordnung der DDR sein" (ibid.: 22). Allerdings wurde dieses Identifikationsangebot von den Bürgern aufgrund der wirtschaftlichen, politischen und ideologischen Legitimationsprobleme kaum akzeptiert. Die Konstruktion eines sozialistischen Nationalgefühls misslang in der DDR.

Mit diesen Legitimitätsproblemen war das SED-Regime schon bald nach seiner Gründung konfrontiert. Auch die Verschärfung der ideologisch-moralischen Krise und die wachsende Wohlstandsdiskrepanz zur Bundesrepublik in den 1980er Jahren können nicht den Zeitpunkt seines Zusammenbruchs erklären. Zu klären ist vielmehr, warum sich die *latenten* Legitimitätsprobleme des DDR-Regimes zu einem bestimmten Zeitpunkt in eine *akute* Existenzkrise von Regime und Staat verwandelten. Die Ursachen dafür sind zunächst im Wandel der außenpolitischen Kontextfaktoren zu finden.

Außenpolitischer Druck

Für ein autokratisches System, dem liberaldemokratische Verfahrensweisen als legitimationsstiftende Quellen nicht zur Verfügung stehen, in dem rechtsstaatliche Garantien des Bürgers nicht institutionalisiert sind und die nationalstaatliche Identifikation nicht existiert, können die erheblichen latenten Legitimationsprobleme insbesondere dann virulent werden, wenn sich eng verbündete autokratische Nachbarstaaten sichtbar reformieren und außenpolitische Bestandsgarantien revidiert werden. Beide außenpolitischen Veränderungen trafen das eingefrorene orthodoxe kommunistische Regime der DDR seit 1989 mit ihrer vollen destabilisierenden Wirkung. Die Opposition in Polen sowie die Reformen in Polen, Ungarn und der Sowjetunion beendeten 1988/89 für die osteuropäischen Gesellschaften sichtbar die Fiktion einer einheitlichen sozialistischen Entwicklung innerhalb des Ostblocks. Als Folge und zugleich verstärkende Triebkraft dieser Reformen wirkte die endgültige Aufgabe des „sozialistischen Internationalismus" und der Breschnew-Doktrin, die sich in Etappen von 1987 bis 1989 vollzog. Erst der Wegfall einer Interventionsgefahr durch die Truppen des Warschauer Pakts machte die Reformen in Polen und Ungarn sowie den Regimewechsel in der DDR denkbar. Spätestens nach Gorbatschows Rede anlässlich der Feiern zum 40. Jahrestag der DDR im Oktober 1989 konnten Bevölkerung wie SED-Spitze davon ausgehen, dass die in der DDR stationierten Sowjettruppen (380 000 Mann) nichts tun würden, um Protestaktionen gegen das Regime gewaltsam zu unterdrücken. Damit wurde die sowjetische Bestandsgarantie für die DDR zurückgezogen.

Gleichzeitig erzeugten die Perestroika in der UdSSR, die Erfolge von Solidarność in Polen und die marktwirtschaftlichen wie politischen Reformen in Ungarn eine Art Ansteckungseffekt unter den DDR-Bürgern. Als sich in dieser Situation die SED-Führung als besonders reformunwillig zeigte, kam es zu einer akuten Zuspitzung der latenten Legitimationsdefizite. In dieser Phase wurde in der DDR ein geradezu klassischer Fall der verpassten Politikanpassung deutlich, der nicht nur das Regime, sondern auch allen Regimeeliten in kurzer Zeit jegliche politische Macht kostete.

Aber auch die Legitimitätskrise des SED-Regimes, das Ende der sowjetischen Bestandsgarantie und die Reformunfähigkeit der politischen Eliten erklären den Zusammenbruch des gesamten Systems noch nicht hinreichend. Der letzte Baustein der Erklärung muss deshalb im Handeln der DDR-Bevölkerung gesucht werden. Hier gibt es einige Besonderheiten, die nur aus der Situation der staatlichen Teilung Deutschlands erklärt werden können.

■ *Massenproteste und Massenflucht*

Legitimationskrisen eines Systems können zwar die Motive und der Wegfall außenpolitischer Stützung die Opportunitätsräume kollektiven Handelns mit erklären, nicht jedoch den Fall des Regimes selbst, nicht seine Formen, nicht seinen Erfolg. Dazu bedarf es zusätzlich der Einsicht in die *Mikrologik* kollektiven Handelns. Beides soll hier abschließend über die Verknüpfung einer Überlegung des Handlungstheoretikers Adam Przeworski (1986) und einer Argumentationsfigur des Ökonomen Albert O. Hirschman (1970) geschehen.

In einer theoretischen Studie zu Problemen der demokratischen Transformation schrieb Przeworski (1986: 51 f.): „What matters for the stability of any regime is not the legitimacy of this particular system of domination but the presence or absence of preferable alternatives." Auch wenn, wie wir gezeigt haben, erst der Verfall von Legitimität „vorziehbare Systemalternativen" für die Bürger provoziert, ist damit noch nicht hinreichend erklärt, warum und in welcher Weise sich Menschen in einer bestimmten historischen Situation gegen das bis dahin geduldete Regime auflehnen. Es muss also erläutert werden, warum die DDR-Bürger im Herbst 1989 massenhaft das Risiko regimeoppositionellen Protestverhaltens auf sich nahmen, das bis dahin allenfalls nur wenige überzeugte Dissidenten nicht scheuten. Die *Rational-Choice*-Theorie liefert dafür wichtige Hinweise:

▶ Individuelles politisches Handeln wird in aller Regel von der Rationalität des Kosten-Nutzen-Kalküls gesteuert.
▶ Auch kollektives Handeln ist nur über die Mikrologik des utilitaristischen Kalküls handlungsbereiter Individuen zu erklären.
▶ Von den Akteuren wird jene Handlungsalternative gewählt, die den größten Nutzen erwarten lässt.
▶ Es müssen sich realisierbare Systemalternativen herausgebildet haben.

Der Protest in autokratischen Herrschaftssystemen ist dann umso wahrscheinlicher, je realistischer sich Veränderungen oder gar Systemalternativen ohne zu große individuelle Risiken abzeichnen. So waren die Bürger der DDR nach dieser rationalen Handlungstheorie im Herbst 1989 vor folgenden Kalkül gestellt: Überwiegt bei der Teilnahme am Protest der zu erwartende Nutzen, wie die Ausdehnung individueller Freiheitsrechte, die Erweiterung politischer Partizipation, die Einführung größerer Freizügigkeit oder die Erhöhung der beruflichen Lebenschancen die erwarteten Kosten des Protestes, wie weitere Einschränkung individueller Lebensräume, berufliche Nachteile oder Haftstrafen, so ist der Druck auf und Protest gegen das autokratische Regime rational, verantwortbar und deshalb sinnvoll. Dieser Kalkül muss bei der übergroßen Mehrheit der Demonstranten zugunsten der Nutzenseite ausschlagen. Erklärbar wird die massive Kalkulationsverschiebung innerhalb der DDR-Bevölkerung durch die

Regimeübergänge

Abbildung 12: Der Zusammenbruch des posttotalitären Systems der DDR

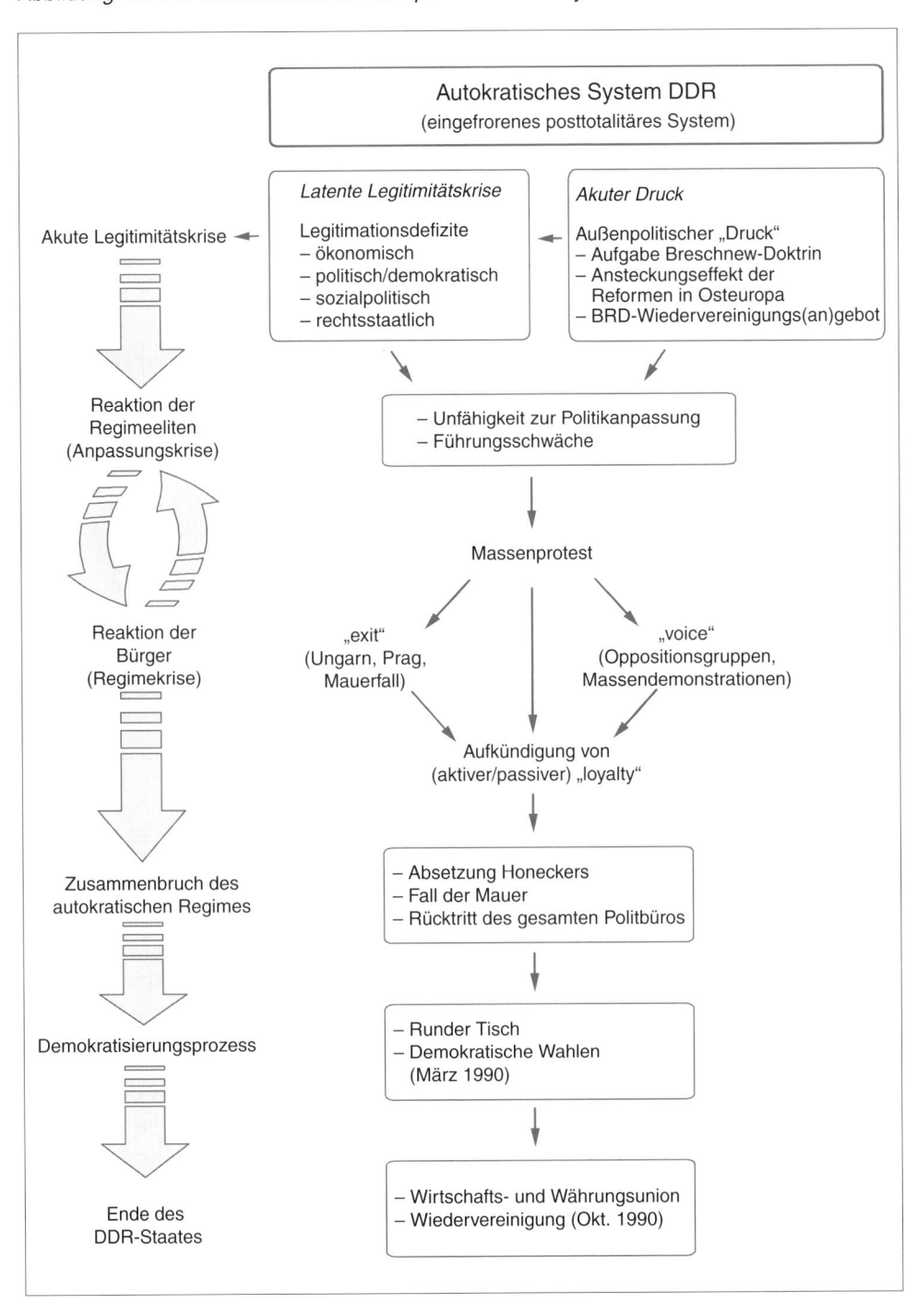

Autokratisches System DDR
(eingefrorenes posttotalitäres System)

Latente Legitimitätskrise
Legitimationsdefizite
– ökonomisch
– politisch/demokratisch
– sozialpolitisch
– rechtsstaatlich

Akuter Druck
Außenpolitischer „Druck"
– Aufgabe Breschnew-Doktrin
– Ansteckungseffekt der Reformen in Osteuropa
– BRD-Wiedervereinigungs(an)gebot

Akute Legitimitätskrise

Reaktion der Regimeeliten
(Anpassungskrise)

– Unfähigkeit zur Politikanpassung
– Führungsschwäche

Massenprotest

Reaktion der Bürger
(Regimekrise)

„exit"
(Ungarn, Prag, Mauerfall)

„voice"
(Oppositionsgruppen, Massendemonstrationen)

Aufkündigung von
(aktiver/passiver) „loyalty"

Zusammenbruch des autokratischen Regimes

– Absetzung Honeckers
– Fall der Mauer
– Rücktritt des gesamten Politbüros

Demokratisierungsprozess

– Runder Tisch
– Demokratische Wahlen
  (März 1990)

Ende des DDR-Staates

– Wirtschafts- und Währungsunion
– Wiedervereinigung (Okt. 1990)

Haltung der Sowjetunion und die sichtbare Handlungsschwäche der DDR-Führung gegenüber der „Republikflucht" vieler Bürger über Ungarn und Prag im Herbst 1989. In dem Moment aber, in dem viele Bürger so kalkulieren, entfaltet das „Gesetz der großen Zahl" seine spezifische Protestwirkung. Denn mit der Zunahme der Zahl der Protestierenden sinkt auch das individuelle Risiko der Teilnahme (Przeworski 1986). Je mehr Menschen sich aber an den Demonstrationen beteiligen, umso rationaler wird ihre Teilnahme, weil sie eine direkte Wirkung des Protests erwarten können. Auf der anderen Seite macht ein solcher Massenprotest eine offene Repression der *Regimehardliner* immer weniger rational, da ihr Erfolg unwahrscheinlich ist und zudem mit zu hohen Kosten (internationale Ächtung; völlige Diskreditierung in der eigenen Bevölkerung; Gefahr der Bestrafung nach Machtverlust) für die Regimeeliten verbunden ist. Aus Ex-post-Umfragen können wir heute zudem rekonstruieren, dass mehr als zwei Drittel der sogenannten Einsatzleitungen eine gewaltsame Niederschlagung der Proteste für nicht legitim hielten (Linz/Stepan 1996: 323).

Diese Mikrologik kollektiven Handelns lässt sich in ein Erklärungsschema einbauen, das Hirschman (1970) sowohl aus der Reaktion von Konsumenten auf Firmen als auch aus der Reaktion von Bürgern gegenüber politischen Organisationen gewonnen hat. Prinzipiell, argumentiert Hirschman, stehen den Konsumenten oder Bürgern drei fundamentale Handlungsoptionen gegenüber Firmen bzw. politischen Organisationen offen: *exit, voice* und *loyalty*. Ist etwa ein Kunde mit dem Produkt einer Firma nicht zufrieden, wird er zur Konkurrenz abwandern *(exit);* missbilligt ein Parteimitglied wichtige Entscheidungen seiner Partei, wird er in der Regel zunächst protestieren *(voice)* und bei wiederholt erfolglosem Protest austreten; sind Kunde wie Parteimitglied mit der Firma oder Partei zufrieden, werden sie diesen gegenüber Loyalität *(loyalty)* bewahren. Diese drei Handlungsmöglichkeiten lassen sich auch auf die Bürger der DDR im Herbst 1989 anwenden.

Als Ungarn die „Grenzsicherungsgemeinschaft" mit der DDR im September 1989 aufgab, eröffnete sich erstmals nach dem Mauerbau von 1961 für die DDR-Bevölkerung eine *exit*-Option, d. h. die Option, das Land zu verlassen. Die Abwanderungsmöglichkeit in die Bundesrepublik über Ungarn wurde vor allem von jüngeren Bürgern genutzt. Ermutigt von der Handlungsschwäche des Regimes gegenüber dieser Fluchtwelle, erzwangen DDR-Bürger ihre Ausreise auch über die westdeutschen Botschaften in Prag und Warschau. Die Handlungsohnmacht der SED-Führung gegenüber der Abwanderung von hunderten DDR-Bewohnern ermutigte wiederum immer mehr Bürger im Lande selbst, ihre *voice* zu erheben. Der zuvor individuell hoch riskante Protest von Einzelpersonen wuchs so zum immer weniger riskanten Massenprotest an. Dieser wiederum führte am 9. November 1989 zur Entscheidung des Politbüros, die Mauer zu öffnen. Auf die Flucht vieler folgte nun die Massenabwanderung zehntausender Bürger, die aufgrund des im bundesdeutschen Grundgesetz verankerten Rechts sofort auch Bundesbürger waren. Auf diese Weise griffen Abwanderung und Protest ineinander. Paradoxerweise verlieh gerade der *exit* aus dem Lande der *voice* im Lande ihr besonderes Gewicht. Gegenüber der sich wechselseitig verstärkenden Wirkung von Abwanderung und Widerspruch verblassten die letzten Reste von Regimeloyalität in Partei, Staatsapparat und Bevölkerung als Handlungsressourcen. Wie im Zeitraffer brachen die tragenden Säulen des Regimes zusammen. Der Absetzung Honeckers und dem Fall der Mauer folgte am 3. Dezember 1989 der Rücktritt des gesamten Politbüros der SED. Dies bedeutete den Anfang vom Ende jeglichen Einflusses der kommunistischen Parteieliten auf den weiteren Gang der Ereignisse und wurde endgültig mit dem triumphalen Wahlsieg im März 1990 von den von der Bundesrepublik importierten, kopierten und finanzierten demokratischen Parteien besiegelt (Merkel, W. 1991: 42 ff.).

2.5 Neugründung von Staaten: Die baltischen Demokratien

In allen drei baltischen Republiken verlief der Transformationspfad ähnlich und entsprach weitgehend dem Typ des paktierten Übergangs. Allerdings vollzog sich der Systemwechsel unter einer grundsätzlich anderen Prämisse und mit einem prinzipiell abweichenden Ergebnis: Die Prämisse war der Zerfall des Sowjetimperiums und das Resultat die Neugründung der baltischen Nationalstaaten. Demokratisierung und Staatsgründung verliefen in einem sich dialektisch verstärkenden Prozess, so dass nicht immer zweifelsfrei zu entscheiden ist, ob die Gründung des Nationalstaates die Voraussetzung und Demokratie das Ergebnis war, oder ob umgekehrt erst die Demokratisierung die Nationalstaatsbildung ermöglichte. Den historischen Auftakt der Transformation im Baltikum bildete jedoch eindeutig die von Michail Gorbatschows Glasnost und Perestroika eingeleitete politische Öffnung der Sowjetunion. Die 1985 eingeleiteten Liberalisierungsschritte des neuen Generalsekretärs der KPdSU forcierten die sich bereits Anfang der 1980er Jahre abzeichnende Formierung nationaler, stark ethnisch geprägter Protestbewegungen.

Die *Estnische Sozialistische Sowjetrepublik* (ESSR) bildete dabei zunächst eine Art Vorreiterin der Demokratisierungs- und Unabhängigkeitsbewegung in den einzelnen sowjetischen Republiken (Lieven 1994). Hier entstand bereits in den frühen 1980er Jahren eine sogenannte Umweltschutzbewegung, die sich zunächst lediglich gegen die Bedrohung der Existenz als eigene Kulturnation[29] durch die starke Russifizierungs- und Immigrationspolitik der sowjetischen Behörden in Moskau wandte, damit aber rasch wachsenden Zulauf fand. Unter dem Einfluss von exil-estnischen Kreisen in Skandinavien und den USA sowie nationalen Tendenzen im eigenen Land entwickelten die ursprünglich kulturellen Bewegungen ab 1987 einen stärker nationalistischen Charakter und bekamen mit der Gründung der sogenannten „Estnischen Volksfront" eine explizit auf die Wiedererlangung nationaler Unabhängigkeit zielende Stoßrichtung (Raun 1997: 345; Lieven 1994: 220 ff.).

Die politischen Ziele „Demokratie" und „Eigenstaatlichkeit" waren konzeptionell eng miteinander verbunden und entwickelten in ihrer wechselseitigen Verschränkung bald eine Vorbildfunktion für die anderen beiden baltischen Republiken. Ermutigt von der Liberalisierungspolitik der sowjetischen Reformer um Gorbatschow reagierten die estnischen Kommunisten nicht mit Repression, sondern mit Konzessionen an die nationale Opposition. So vereinte die in ihrer ideologischen und sozialstrukturellen Zusammensetzung heterogene Volksfront bereits bei ihrer Gründung moderat eingestellte und verhandlungsbereite nationale Oppositionelle wie auch eine große Zahl von Funktionären der Kommunistischen Partei Estlands (KPE). In der sich hier bereits abzeichnenden und die gesamte Transformationsphase bis zur Unabhängigkeit prägenden Akteurskonstellation bestimmten im Wesentlichen die verhandlungsbereiten Akteure – die moderat oppositionelle nationale Volksfront und vorwiegend estnische nationalkommunistische Teile der KPE als Softliner des Regimes – die politische Auseinandersetzung. Die unter dem Dach des estnischen Bürgerkongresses zusammengefasste ra-

---

29 Nicht der ökologische Umweltschutz, sondern der Schutz der eigenen Kultur war der eigentliche Zweck dieser Bewegung.

dikale nationalistische Opposition[30] sowie der prosowjetische orthodoxe Flügel der KPE gerieten zunehmend ins politische Abseits und spielten weder für die Demokratie noch für die Eigenstaatlichkeit eine nennenswerte Rolle.

Diese Akteurskonstellation erklärt sich vor allem aus zwei Faktoren. Zum einen waren sich Volksfront und nationalkommunistischer Flügel der KPE weitgehend einig in der Wahl einer gradualistischen Unabhängigkeitsstrategie gegenüber Moskau und der Ablehnung der radikaloppositionellen Vorstellungen über den Umgang mit der russischen Minderheit. Angesichts eines Anteils der russischen Minderheit an der Gesamtbevölkerung von 30,3 Prozent (1989) (vgl. Raun 1997: 336) und der ungleichen Machtverhältnisse zwischen der Sowjetregierung in Moskau und der estnischen Regierung in Tallinn erschien die Forderung des Bürgerkongresses nach einem völligen Ausschluss der nach 1940 zugewanderten Bevölkerung von den politischen, ökonomischen und sozialen Rechten und einer sofortigen Unabhängigkeit, wie sie die radikale Opposition forderte, unrealistisch und in hohem Maße gefährlich.

Zum anderen manövrierte der Wahlsieg der Volksfront bei den Wahlen zum Obersten Sowjet im Frühjahr 1990 nicht nur die radikale Opposition ins Abseits (Reetz 1995: 302). Die radikal nationalistische Opposition wurde dann durch die schnell erfolgte Unabhängigkeitserklärung des Obersten Sowjets der noch Sozialistischen Sowjetrepublik Estland weiter marginalisiert. Nach den Wahlen spaltete sich der reformorientierte Flügel von der KPE ab und konstituierte sich als eigenständige nationale kommunistische Partei. Damit waren die estnischen Hardliner isoliert und wurden im öffentlichen Bewusstsein als pro-sowjetische Minderheit diskreditiert. Der Wahlsieg und die darauf folgende Übernahme der Regierungsmacht durch die estnische Volksfront verdrängten die alten Regimeeliten jedoch keineswegs von der politischen Macht. Zwar verlor die nationalkommunistische Partei als Organisation immer stärker an Rückhalt, aber dies übertrug sich keineswegs automatisch auf einzelne ihrer Funktionäre. Einigen von ihnen gelang es vielmehr, sich als nationalbewusste Führungspersönlichkeiten zu etablieren und in der Volksfront aktiv zu werden.

Die estnische Volksfront, die sich aus Dissidenten, Reformkommunisten und national orientierten neuen sozialen Bewegungen zusammensetzte, übernahm 1990 die Regierung der Republik Estland innerhalb der noch existierenden Sowjetunion. In dem Maße, wie die Sowjetunion auseinanderfiel, veränderte sich auch die Akteurskonstellation im Konflikt um nationale Unabhängigkeit und Demokratie. Der Regimekontrahent Sowjetunion/KPdSU verschwand und bewirkte damit die Auflösung der Antiregimekoalition. Diese saß nun in der estnischen Regierung und zerbrach – ohne direkten Gegner – infolge der eigenen inneren Heterogenität. Damit war 1991/92 der eigentliche estnischen Parteienpluralismus geboren und eine wichtige Voraussetzung für eine funktionierende Demokratie in Estland erfüllt (Steen 1997: 155 ff.).

Ganz ähnlich verlief der Transformationsprozess in *Lettland*. Das Land, wo die Russifizierungs- und Immigrationspolitik der sowjetischen Führung nach 1940 am stärksten zu einer Verschiebung des demographischen Gleichgewichts geführt hatte und die russische Minderheit mit einem Anteil von 34 Prozent (1989) an der Gesamtbevölkerung am größten bzw. die Mehrheit der lettischen Titularnation (52 Prozent) (vgl. Plakans 1997: 249) am knappsten war, sah 1987 die ersten Demonstrationen gegen die sowjetischen Behörden. Im Gegensatz zur Entwicklung in Estland griffen die sowjetischen Sicherheitskräfte ein, und es kam zu ge-

---

30 Sowohl in Estland als auch in Lettland lehnten radikale Befürworter der Unabhängigkeit die Legitimität der amtierenden Obersten Sowjets als Republikparlamente ab, da es sich bei diesen ihrer Meinung nach um Organe der sowjetischen Besatzungsmacht handelte (Lieven 1994: 274 f.).

waltsamen Zusammenstößen. Ein Jahr später gründeten lettische Oppositionsgruppen nach dem Vorbild Estlands innerhalb und außerhalb der kommunistischen Partei die lettische Volksfront, die – gemäßigter als in der baltischen Nachbarrepublik – zunächst eine gradualistische Strategie verfolgte. Das unmittelbare Ziel war nicht die nationale Unabhängigkeit, sondern lediglich eine Republik Lettland innerhalb einer Union souveräner Republiken (Reetz 1995: 301). Auch hier nahmen bald lettische Vertreter des alten Sowjetregimes oder noch lebende Nationalkommunisten aus der „Tauwetterperiode" (1956–1961) unter Chruschtschow wichtige Positionen innerhalb der Opposition ein und avancierten zu Symbolfiguren des nationalen „Wiedererwachens". Der wachsende Druck der „Lettischen Nationalen Unabhängigkeitsbewegung", die erfolgreich als radikaler Verfechter der nationalen Unabhängigkeit auftrat, zwang die gemäßigte Volksfront, sich ebenfalls die Forderung nach einem vollständig souveränen Staat Lettland zu eigen zu machen. Gleichzeitig geriet der reformkommunistische Flügel der Kommunistischen Partei Lettlands (KPL) immer stärker in Gegensatz zur sowjetischen Hardliner-Fraktion, die sich mehrheitlich aus der russischen Bevölkerungsminderheit rekrutierte (Lieven 1994: 228). Unter Führung des ehemaligen Chefideologen der KPL und dann Vorsitzenden des Obersten Sowjets Lettlands, Anatolijs Gorbunovs, spaltete sich der moderate Flügel im Frühjahr 1990 von der KPL ab und schloss sich mehrheitlich der lettischen Volksfront an (Plakans 1997: 256).

Von den baltischen Transformationsländern ist Lettland das einzige Land, in dem es sowohl den National- bzw. Postkommunisten als auch den orthodoxen Kommunisten zunächst gelang, als relevante politische Akteure weiter Einfluss auf den Transformationsverlauf zu nehmen (Lieven 1994: 228 ff.). Zwar gewann die Volksfront der Nationalkommunisten die im Frühjahr 1990 abgehaltenen Wahlen zum Obersten Sowjet der Lettischen Sozialistischen Sowjetrepublik; auf sie entfiel jedoch nur ein Drittel der Mandate. Dennoch stellte sie mit Gorbunovs den Parlamentspräsidenten, was nicht zuletzt auf dessen gute Kontakte zum Politbüro der KPdSU und insbesondere Michail Gorbatschow zurückzuführen war. Auch hier zwang – ähnlich der estnischen Entwicklung – die Pattsituation schon in einer frühen Transformationsphase zu einer Paktbildung zwischen der moderaten Opposition und den Regime-Softlinern, die sich auf zwei Ebenen vollzog:

1. innerhalb der estnischen und lettischen Volksfront: Pakt zwischen Regime-Softlinern und der gemäßigten Opposition;
2. innerhalb der politischen Institutionen: Machtteilung zwischen Regime-Softlinern und der gemäßigten Opposition.

Obwohl die orthodoxe KPL um die meist russischen Hardliner bei den Wahlen 1990 eine vernichtende Niederlage erfuhr, bildete sie doch in den folgenden Monaten weiterhin einen nicht zu vernachlässigenden Machtfaktor in der lettischen Innenpolitik, zumal sie sowohl unter der russischsprachigen Minderheit als auch unter den Hardlinern in Moskau über starken Rückhalt verfügte. Mit dem gescheiterten Putschversuch prosowjetischer Kommunisten um Alfrēds Rubiks im August 1991 schieden aber auch in Lettland die Hardliner des alten Regimes als relevante Akteure für den weiteren Transformationsverlauf aus.

Angesichts der ideologischen und programmatischen Differenzen zwischen den verschiedenen Flügeln der Volksfront, die in Lettland ähnlich wie in Estland vor allem hinsichtlich der Frage des zukünftigen Umgangs mit der starken russischen Minderheit und dem Verhältnis zur Russischen Republik bestanden, kam es schon bald nach der Unabhängigkeit im Sommer 1991 zum Auseinanderfallen der oppositionellen Front und mit den Wahlen von 1993 zu einer ausgeprägten Ausdifferenzierung beider Parteiensysteme (ibid.: 256). Beide Volksfronten wurden damit Opfer ihres eigenen Erfolgs: ein typisches Transformationsmuster vieler breiter Anti-Regime-Koalitionen (nicht nur) in Osteuropa. Die dramatischen Kosten der wirtschaftlichen Transformation, die Unerfahrenheit der neuen politischen Eliten mit demokratischen Verfahren und staatlichen Institutionen sowie die Blockierung des politischen Entscheidungsprozesses durch das parteipolitisch fragmentierte Parlament können als ursächlich für die Wahlniederlagen der Volksfronten bei den demokratischen Gründungswahlen der jungen Staaten im Sommer 1992 betrachtet werden. Während in Estland eine national-konservative Parteienkoalition die Regierung übernahm und sich dann in den Parlamentswahlen von 1995 ein Rechtsruck im politischen System erkennen ließ (Reetz 1995; Raun 1997), ging die Regierungsmacht in Lettland 1993 von der Volksfront auf die gemäßigten konservativen Parteien über. Kommunistischen oder postkommunistischen Parteien gelang es nicht mehr, im demokratischen System erneut Fuß zu fassen. Zu groß waren die Ressentiments der estnischen und lettischen Titularnationen gegenüber der russischen Minderheit, zu stark die prosowjetische Haltung der Nachfolgeorganisationen der baltischen kommunistischen Parteien. Zu nachhaltig war der personelle Aderlass und zu tief die Diskreditierung der kommunistischen Rumpfparteien aufgrund ihrer indifferenten oder gar feindlichen Haltung in der Unabhängigkeitsfrage, als dass es ihnen möglich gewesen wäre, an die politische Macht zurückzukehren. Die kongruente Überlagerung des Systemkonflikts „Regime versus Opposition" durch die Konfliktlinie „Russland versus Estland/Lettland" führte – durch ihre kumulative Wirkung – die nationalen Nachfolgeparteien der KPdSU in die politische Bedeutungslosigkeit.

Mit dem Zusammenbruch der Sowjetunion im Jahr 1991 fiel nicht nur in Estland und Lettland, sondern auch in *Litauen* den Volksfrontregierungen die Unabhängigkeit „plötzlich und viel schneller als erwartet in die Hände" (Reetz 1995: 320). Auch hier entstand nach estnischem Vorbild schon 1988 die Volksfrontbewegung Sąjūdis, die im Gegensatz zur estnischen Oppositionsbewegung weniger eine Ansammlung politischer Führungspersönlichkeiten und ihrer Gefolgschaft, sondern vielmehr ein Sammelbecken verschiedener politischer Institutionen und Organisationen darstellte.[31] Obwohl auch ihr eine große Zahl hochrangiger Vertreter des kommunistischen Establishments angehörten, dominierten schon früh radikale nationalistische Oppositionsströmungen die litauische Volksfront. Unter der Führung von Vytautas Landsbergis verstand es Sąjūdis, seine organisatorische Integrität auch über die Transition hinaus zu erhalten und sich erfolgreich und ohne Abspaltung größerer politischer Gruppierungen als Partei zu konstituieren (Ruutsoo/Siisiäinen 1996: 426 f.).

Während die kommunistischen Nachfolgeparteien in Estland und Lettland in der politischen Bedeutungslosigkeit versanken, gelang es den litauischen Reformkommunisten unter Algirdas Mykolas Brazauskas, sich während des gesamten Transformationsverlaufs als wichtiger politischer Akteur zu behaupten. Bereits im Dezember 1989 spaltete sich der nationalkommunistische Mehrheitsflügel von der Litauischen Kommunistischen Partei (LKP) ab und konstituierte sich unter der Bezeichnung „Litauische Demokratische Partei der Arbeit" neu. Früher noch als in den beiden übrigen baltischen Republiken wurde hier ein freies Mehrparteiensystem legalisiert. Die erfolgreiche Etablierung der Postkommunisten im politischen System Litauens hatte zunächst den paradoxen Effekt, dass – anders als in Estland und Lettland – die nationalistische Volksfront nach ihrem Triumph bei den Wahlen zum Obersten Sowjet der Sozialistischen Sowjetrepublik Litauen exklusiv alle politischen Spitzenämter besetzte und die

---

31 Darin war sie hingegen der lettischen Volksfront durchaus ähnlich.

Postkommunisten in die politische Opposition drängte. Damit fehlte jedoch innerhalb der Regierungselite jenes mäßigende Element im Umgang mit der Führung der Sowjetunion, das in Estland und Lettland die kooperations- und kompromissbereite Strategie der nationalen Regierungen kennzeichnete. Die litauische Führung mit dem Parlamentspräsidenten und *de facto* Staatsoberhaupt Landsbergis an der Spitze setzte von Beginn an auf einen Konfrontationskurs gegenüber der Sowjetführung um Gorbatschow. Konsequent erklärte Litauens Regierung als erste unter den baltischen Republiken nicht nur die Souveränität ihrer Republik innerhalb der Sowjetunion,[32] sondern bereits im März 1990 ihre volle staatliche Unabhängigkeit (vgl. u. a. Ruutsoo/Siisiäinen 1996).

Zwar überlebte in Litauen die Volksfront als Organisation den Transformationsprozess, indem sie sich erfolgreich als politische Partei reorganisierte. Wachsende autoritäre Tendenzen innerhalb der Führung von Sąjūdis, deren Festhalten an einem innenpolitischen Konfrontationskurs gegenüber den litauischen Postkommunisten und die außenpolitische Kooperationsverweigerung gegenüber Russland führten jedoch zu einer zunehmenden Enttäuschung der Bürger. Die innen- und außenpolitische Kooperationsunfähigkeit und die anhaltende Verschlechterung der Wirtschaftslage in den frühen 1990er Jahren (vgl. Tabelle 38) erodierten bald die Unterstützungsbasis von Sąjūdis in der Wählerschaft (Krickus 1997: 301 f.). Nur knapp ein Jahr nach der Unabhängigkeit führte die Ernüchterung der Wähler im Sommer 1992 zur Abwahl der nationalen Volksfrontregierung. Sąjūdis musste die politische Macht an die Postkommunisten um Brazauskas abgeben, der nur wenige Monate später auch zum ersten litauischen Präsidenten gewählt wurde (Reetz 1995). Der vermeintliche politische Linksruck war jedoch keine Entwicklung von Dauer. Dies zeigte sich bei den Parlamentswahlen im Herbst 1995, als die Sąjūdis-Nachfolgerin „Heimat Union" erneut die Regierungsmehrheit errang (Girnius 1997: 20).

Fassen wir zusammen: Während sich auf Seiten der Opposition entsprechend akteurstheoretischer Annahmen mit den moderaten baltischen Volksfronten und den radikal-nationalistischen Kräften zwei Akteursgruppen herausbildeten, war im Gegensatz zu den übrigen osteuropäischen Diktaturen die Akteurskonstellation auf Seiten des Regimes komplizierter. Denn sowohl innerhalb der baltischen Macht- und Staatsapparate als auch auf der sie überwölbenden gesamtsowjetischen Regimeebene konkurrierten Reformkommunisten als Softliner mit den orthodox-kommunistischen Hardlinern um politischen Einfluss. Die Interessen und Strategien der baltischen und sowjetischen Eliten beider Lager waren dabei grundsätzlich verschieden. Während die reformorientierten Flügel der kommunistischen Parteien Estlands (KPE), Lettlands (KPL) und Litauens (LKP) zunächst ökonomische und politische Reformen innerhalb des gesamtsowjetischen Systems anstrebten, sich ihre Interessen damit noch weitgehend mit denen der Softliner um Gorbatschow deckten, zwang der oppositionelle Druck in allen drei Ländern die Reformkommunisten zunehmend zu einer Abkehr von dieser gradualistischen Strategie. Damit vertiefte sich jedoch zum einen die Spaltung innerhalb der nationalen kommunistischen Parteien und zum anderen weitete sich die Kluft zwischen den baltischen Reformkommunisten und den orthodoxen Hardlinern in Moskau. Gleichzeitig wuchs die Distanz zwischen den Softlinern in der KPdSU und den baltischen Republiken. Es haben sich also sechs relevante Akteure herausgebildet: vier Akteure auf Seiten der baltischen Staaten (radikale nationalistische Opposition, moderat nationalistische Opposition, reformbereite Softliner, orthodoxe Hardliner) und zwei Akteure auf der Sowjetseite (Softliner, Hardliner).

---

32 Der Oberste Sowjet der Estnischen Sozialistischen Sowjetrepublik (ESSR) verkündete schon im November 1988 eine – allerdings noch eingeschränkte – Souveränitätserklärung.

In der Dynamik der Ereignisse von 1987 bis 1991 stellte sich der Konflikt zwischen den nationalen Befürwortern der Eigenstaatlichkeit und den Verteidigern des sowjetischen Status quo als entscheidend heraus. Die Konfliktlinie zwischen Demokratie und Autokratie trat dahinter zurück. Auf diese besondere Konfliktkonstellation ist es zurückzuführen, dass zwar die moderaten Nationalisten mit den reformbereiten Softlinern innerhalb der baltischen Nationalstaaten „paktieren" konnten, aber nicht die baltischen Reformkommunisten (baltische Softliner) mit den sowjetischen Reformkommunisten (sowjetische Softliner) um Gorbatschow. Der Kern der siegreichen Koalition, die schließlich nationale Unabhängigkeit und Demokratie erreichte, waren die moderaten Nationalisten und die baltischen Reformkommunisten, während die orthodoxen Hardliner des Baltikums sowie die Hard- und Softliner des Sowjetregimes in Moskau zu spät kamen und von der Geschichte mit ihrer politischen Marginalisierung bestraft wurden.

Die in ihrer ideologischen und personellen Zusammensetzung stark heterogenen Volksfronten, die sowohl moderate und radikale Oppositionelle als auch die nationalen Softliner des Regimes vereinten, waren von herausragender Bedeutung für den raschen Erfolg des *elite settlement* und die dadurch möglich gewordene nationale Unabhängigkeit und Demokratie.

Abbildung 13: Akteurskonstellationen in den baltischen Republiken während der frühen Demokratisierungsphase

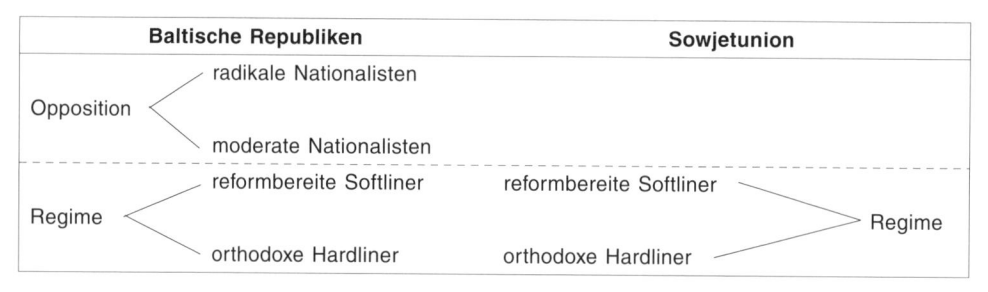

	Baltische Republiken	Sowjetunion	
Opposition	radikale Nationalisten		
	moderate Nationalisten		
Regime	reformbereite Softliner	reformbereite Softliner	Regime
	orthodoxe Hardliner	orthodoxe Hardliner	

Demokratie und nationale Unabhängigkeit wurden in den baltischen Staaten also nicht von einer nationalrevolutionären Regimeopposition allein erstritten, sondern waren das Werk einer Koalition aus moderat national-konservativ eingestellten Dissidenten und Oppositionellen sowie Vertretern des alten kommunistischen Regimes, die aus rationalem politischen Kalkül und zum Zwecke des eigenen politischen Überlebens in das nationale und demokratische Lager hinüberwechselten (Lieven 1994: 290 f.; Plakans 1997: 264; Raun 1997: 345).

Wie lassen sich aber die Unterschiede in der Transformation der drei baltischen Staaten erklären? Generell lässt sich erkennen, dass es den alten Regimeparteien dort am besten gelang, sich zu behaupten, wo die ethnische Segmentierung der Gesellschaft am schwächsten ausgeprägt war. In Litauen war der moskautreue, prosowjetische Flügel der LKP am schwächsten und gleichzeitig die Identifizierung der Kommunistischen Partei mit der „russischen" Fremdherrschaft am geringsten ausgeprägt. Hier, wo die russische Minderheit 1995 lediglich 8,4 Prozent der Bevölkerung ausmachte (Krickus 1997: 320), gelang es den Postkommunisten bereits Ende der 1980er Jahre, ein für die Wähler überzeugendes eigenes nationalpatriotisches Profil aufzubauen. Die Nationalitätenfrage spielte eine geringere Rolle in der politischen Auseinandersetzung (Lieven 1994: 268 f.). In Estland, insbesondere aber in Lettland rekrutierten sich im Gegensatz dazu die kommunistischen Parteien beider Republiken mehrheitlich aus der russischen Minderheit[33] (Steen 1997: 160). Die Frage der kommunistischen Vergangenheit spielte hier eine wesentlich geringere Rolle in der politischen Auseinandersetzung und war der Frage nach dem ethnischen Hintergrund der politischen Eliten untergeordnet (ibid.: 156 f.). Während in Litauen Demokratisierung für die Volksfront-Opposition weitgehend gleichbedeutend mit einer „Entkommunisierung" war, zielten die nationalistisch-oppositionellen Eliten Estlands und Lettlands weniger auf einen Ausschluss der (Post-)Kommunisten von den politischen Schlüsselpositionen als vor allem auf eine „Entrussifizierung" des politischen Systems (ibid.: 167). Für die estnischen und lettischen Reform- und später Postkommunisten war es also eine rationale politische Überlebensstrategie, sich oppositionellen Bewegungen und Parteien anzuschließen und über diese erneut Zugang zu politischer Macht zu erlangen.

3 Institutionalisierung

Die Etappe der Institutionalisierung der Demokratie liegt zwischen der Ablösung des alten autokratischen und der Konsolidierung des neuen demokratischen Systems. Nach beiden Seiten ist sie in der Realität der Systemwechsel nicht exakt abzugrenzen. Sie beginnt unter Umständen schon, wenn – wie im „ausgehandelten Systemwechsel" – das alte Regime noch nicht völlig abgedankt hat, und ist mitunter noch nicht abgeschlossen, wenn der demokratische Konsolidierungsprozess bereits begonnen hat. Dennoch ist sie in einer fundamentalen Hinsicht das Kernstück eines Systemwechsels hin zur Demokratie, weil in ihr die grundsätzlichen Regeln und Normen des neuen demokratischen Systems definiert und etabliert werden. Die demokratische Herrschaftsform wird durch demokratische Verfassungen begründet. Vergleicht man die fast synchron ablaufenden Verfassungsgebungs- und Institutionalisierungsprozesse in Osteuropa nach 1989, lassen sich sowohl hinsichtlich der Genese als auch der Form der neu institutionalisierten Demokratien erhebliche Unterschiede feststellen. Diese lassen sich aus politikwissenschaftlicher Sicht über drei zentrale Fragen analysieren:

1. Welche Typen von demokratischen Regierungssystemen wurden installiert?
2. Warum wurden diese und nicht andere Institutionen geschaffen?
3. Welche Folgen hat die institutionelle Innenausstattung für die Konsolidierung der Demokratie?

In diesem Kapitel werde ich mich den ersten beiden Fragen zuwenden. Die dritte Frage zum Zusammenhang von konkretem institutionellen Design und Konsolidierungschancen soll innerhalb des anschließenden Kapitels zur demokratischen Konsolidierung behandelt werden.

3.1 Typen demokratischer Regierungssysteme in Osteuropa

Im theoretischen Teil des Buches haben wir uns gegen die unterkomplexe Dichotomie von parlamentarischen versus präsidentiellen Regierungssystemen ausgesprochen und uns der Sichtweise von Shugart (1993) und Shugart/Carey (1992) angeschlossen, die zwischen vier unterschiedlichen Typen von demokratischen Regierungssystemen unterscheiden:

---
33 Die ethnische Zusammensetzung der KPL betrug seit den 1960er Jahren etwa 60 Prozent Russen bzw. Nicht-Letten zu 40 Prozent Letten. In der KPE war das ethnische Mischverhältnis ausgeglichen.

▶ parlamentarische Regierungssysteme,
▶ parlamentarisch-präsidentielle Regierungssysteme,
▶ präsidentiell-parlamentarische Regierungssysteme,
▶ präsidentielle Regierungssysteme.

Betrachtet man Osteuropa und die zentralasiatischen Nachfolgestaaten der Sowjetunion unter dem Gesichtspunkt ihrer Regierungssysteme, so lassen sich für alle vier genannten Systemtypen konkrete Länderbeispiele finden (vgl. Tabelle 39). Gleichzeitig zeichnen sich regionalspezifische Systemmuster ab. In Ostmittel- und Nordosteuropa dominieren – Westeuropa vergleichbar – parlamentarische Regierungssysteme. Markante Strukturunterschiede zwischen ihnen ergeben sich vor allem aus der unterschiedlichen Kompetenzzuweisung für das Amt des Staatspräsidenten. Abweichungen vom dominierenden Parlamentarismusmuster der Region sind die semipräsidentiellen Mischsysteme Polens, Litauens und Kroatiens (Brunner 1996: 96).

In Südosteuropa und dem östlichen Osteuropa haben sich vor allem semipräsidentielle Mischsysteme entweder in der parlamentarisch-präsidentiellen oder der präsidentiell-parlamentarischen Variante etabliert. Nur Albanien, Bulgarien und Mazedonien bilden mit ihren parlamentarischen Regierungssystemen die Ausnahmen. Aber symptomatischerweise haben auch sie dem Präsidenten eine besonders starke Stellung eingeräumt. Die mächtigste Position unter den semipräsidentiellen Mischsystemen hält eindeutig der russische Staatspräsident. Seine innenpolitische Macht übersteigt *de jure* und *de facto* klar jene des amerikanischen Präsidenten.

Außer Belarus (nach 1996) haben sich nur die – meist islamischen – postsowjetischen Staaten Zentralasiens für ein präsidentielles Regierungssystem entschieden. Dort hat die „überkommene exkommunistische Machtelite ihrem jeweiligen Führer eine autoritäre Präsidialverfassung nach Maß geschneidert" (ibid.: 98). Von ihnen ist keine demokratisch zu nennen (Bertelsmann Stiftung 2004, 2005; Freedom House 2004).

Bei diesen regionenspezifischen Mustern lässt sich auch hinsichtlich der Demokratisierungsfortschritte ein sichtbares Cluster erkennen. Die parlamentarischen Regierungssysteme Ostmittel- und Nordeuropas sind eindeutig am weitesten in der Konsolidierung ihrer politischen Systeme fortgeschritten. Je weiter die Länder im Osten liegen und je stärker die Position des Staatspräsidenten in der Verfassung definiert ist, umso weiter sind die Länder von funktionierenden oder gar konsolidierten demokratischen Strukturen entfernt. Unter den präsidentiellen Regierungssystemen erfüllt kein einziges Land die Dahlschen Minimalanforderungen liberaler Demokratien.[34]

Zunächst soll jedoch für jeden der vier Regierungssystemtypen ein Land exemplarisch vorgestellt werden (Ungarn, Polen, Russland, Belarus). Dabei werden wir uns notwendigerweise auf die groben Züge der drei konstitutionellen Gewalten der Exekutive, Legislative und Judikative sowie insbesondere ihre wechselseitigen Beziehungen beschränken. Denn diese waren nicht nur in der jüngsten Verfassungsgebung ihrer Länder besonders umstritten, sondern ihr konkretes Design hatte auch einen wichtigen Einfluss auf die Konsolidierungsentwicklung der jungen Demokratien in Osteuropa (Ismayr 2004b: 11).

---

34 Auch wenn dies nicht als eine monokausale Beziehung zu deuten ist, soll später an einigen Beispielen gezeigt werden, welche besonderen Konsolidierungsrisiken (semi-)präsidentielle Regierungssysteme bergen und welche Konsolidierungsprobleme parlamentarische vermeiden können.

Tabelle 39: Typologie der Regierungssysteme in Osteuropa und Zentralasien (1995)

Parlamentarische Systeme			Parlamentarisch-präsidentielle Systeme	Präsidentiell-parlamentarische Systeme	Präsidentielle Systeme mit Kabinett	
Schwacher Präsident	**Mittelstarker Präsident**	**Starker Präsident**	**Starker Präsident**	**Starker Premier**	**Mit Premierminister**	**Ohne Premierminister**
Restjugoslawien	Estland Slowakei Slowenien Tschechien Ungarn	Albanien Bulgarien Mazedonien	Litauen Moldawien Montenegro Polen	Armenien Kirgisien Kroatien Rumänien Russland Serbien Ukraine	Kasachstan Tadschikistan Usbekistan Belarus	Georgien Turkmenistan

Anmerkung: Die Aufstellung schließt demokratische wie autokratische Regierungssysteme mit ein.
Quelle: Brunner (1996: 113).

3.1.1 Parlamentarische Regierungssysteme: Das Beispiel Ungarns

Parlamentarische Regierungssysteme wurden im theoretischen Teil wie folgt definiert: „Das Parlament ist souverän sowohl bei der Wahl oder Abberufung der Regierung als auch in der Gesetzgebung. Das Staatsoberhaupt (direkt oder indirekt gewählter Präsident, Monarch) hat keine autonomen Befugnisse, in die Regierungsbildung einzugreifen oder das Parlament aufzulösen. Es besitzt keine unabhängigen Befugnisse, in den parlamentarischen Gesetzgebungsprozess einzugreifen". Nach dieser Definition besaßen Mitte der 1990er Jahre in Osteuropa folgende Staaten ein parlamentarisches Regierungssystem: Albanien, Bulgarien, Estland, Lettland, Slowenien, Slowakische Republik, Tschechische Republik und Ungarn. Am Beispiel Ungarns sollen im Folgenden die Besonderheiten eines parlamentarischen Regierungssystems aufgezeigt werden.

Die Staatsorganisation Ungarns folgt der klassischen Gewaltenteilung und Gewaltenverschränkung parlamentarischer Regierungssysteme: Sie besitzt ein Legislativorgan (Parlament), eine zweigeteilte Exekutive (Staatspräsident, Regierung), eine unabhängige Judikative (Gerichte, Staatsanwaltschaft) und als „eine Art vierte Gewalt" (Brunner 1993: 65) ein kompetenzreiches Verfassungsgericht.

- *Parlament*

Das Parlament besteht aus einer Kammer, deren 386 Abgeordnete für die Dauer von vier Jahren gewählt werden. Ihm obliegen vor allem die klassischen Aufgaben parlamentarischer Demokratien: die Gesetzgebung, das Haushaltsrecht, die Bestellung einiger hoher Staatsämter, die Kontrolle der Regierung und die Beratung der großen Richtungsentscheidungen der Innen- wie Außenpolitik.

- *Staatspräsident*

Nach scharfen politischen Auseinandersetzungen, vor allem zwischen den postkommunistischen Reformeliten und der bürgerlichen Opposition, hat man sich innerhalb der Grenzen eines parlamentarischen Regierungssystems auf einen „mittelstarken Präsidenten" (ibid.: 66) geeinigt. Er wird vom Parlament für fünf Jahre gewählt; seine Wiederwahl ist nur einmal möglich. Die Kompetenzen des Staatspräsidenten sind keineswegs nur auf zeremonielle und symbolische Funktionen beschränkt. Zwar bedürfen die Handlungen des Staatspräsidenten auch in seinem eigenen Zuständigkeitsbereich der Gegenzeichnung durch den Ministerpräsidenten. Aber das Staatsoberhaupt besitzt seinerseits gegenüber dem Parlament eine Reihe von Befugnissen, die deutlich über die Kompetenzen etwa des deutschen Bundespräsidenten hinausgehen. Er verfügt im Parlament über ein uneingeschränktes Anwesenheits-, Rede- und Antragsrecht sowie über das Recht der Gesetzesinitiative. Er besitzt ein suspensives Veto, d. h., er kann dem Parlament bereits verabschiedete Gesetze zur Beratung und erneuten Beschlussfassung zurücksenden. Bei verfassungsrechtlichen Bedenken kann er Gesetze dem Verfassungsgericht zur Stellungnahme vorlegen. In genau definierten und eng begrenzten Fällen kann er das Parlament auflösen (Majoros 1990: 9 ff.; Brunner 1991: 310 ff., 1993: 66 ff.).

- *Regierung*

Das Parlament wählt auf Vorschlag des Staatspräsidenten den Ministerpräsidenten, der zuvor sein Regierungsprogramm vorgestellt hat. In der personellen Zusammensetzung seines Kabinetts ist der Regierungschef nach einer Verfassungsänderung vom Mai 1990 frei (Brunner 1993: 69). Ebenfalls nach einer Verfassungsänderung vom Juni 1990 wurde das ursprünglich destruktive in ein konstruktives Misstrauensvotum umgewandelt und die Möglichkeit eines Misstrauensvotums gegen einzelne Minister gestrichen (Brunner 1991: 311). Dadurch wurde die Regierung gegenüber dem Parlament erheblich gestärkt und stabilisiert.

- *Verfassungsgericht*

Nach bundesrepublikanischem Muster wurde in Ungarn ein starkes Verfassungsgericht eingerichtet. Seine Kompetenzen überschreiten noch jene seines deutschen Vorbilds und machen es zu einem der einflussreichsten Verfassungsgerichte der internationalen Staatenwelt. Seine Richter werden mit Zweidrittelmehrheit auf neun Jahre vom Parlament gewählt. Eine einmalige Wiederwahl ist möglich. Es kann *ex post* zur Normenkontrolle durch zahlreiche oberste Staatsorgane ebenso angerufen werden wie zur vorbeugenden Normenkontrolle noch während des Gesetzgebungsprozesses. Bei der abstrakten Normenkontrolle gibt es in Ungarn eine Form der „Popularklage", mit der die Bürger ohne eigene Betroffenheit die Überprüfung der Verfassungskonformität von Gesetzen und Rechtsverordnungen beantragen können (ibid.: 316). Die reiche Kompetenzausstattung machte das Verfassungsgericht auch *de facto*, wie die ersten Jahre seiner Tätigkeit zeigen, zu einem wichtigen Akteur in der ungarischen Politik.

- *Wahlsystem*

Das ungarische Wahlsystem ist „far too complex to be described here" (Lijphart 1992: 221). Dies wurde schon an anderer Stelle vermerkt.[35] Dennoch sollen hier seine Grundzüge knapp dargestellt werden. Nohlen und Kasapović (1996: 35) rechnen das ungarische System den sogenannten „kompensatorischen Wahlsystemen" zu, die in einer komplexen Weise mit unterschiedlichen Auszählungsverfahren Elemente der absoluten Mehrheitswahl und der Verhältniswahl kombinieren. Der Wähler besitzt laut Wahlgesetz zwei Stimmen, die, anders als im bundesrepublikanischen personalisierten Verhältniswahlsystem, beide Einfluss auf die Mandatsverteilung unter den Parteien haben.[36] Hundertsechsundsiebzig Sitze werden nach dem absoluten Mehrheitsprinzip und 210 nach der Proporzregel vergeben (ibid.: 126 f.). Von den nach dem Proporzprinzip vergebenen Sitzen werden 152 in 20 regionalen Mehrpersonenwahlkreisen vergeben. Die restlichen 58 Mandate werden über eine Liste auf der nationalen Ebene verteilt und zwar nach Maßgabe der Gesamtzahl aller in den regionalen Wahlkreisen für die Mandatsvergabe noch nicht berücksichtigten Wählerstimmen. Für die regionalen Wahlkreislisten wie für die nationale Ausgleichsliste gilt die Vier-Prozent-Klausel.

Das Wahlsystem produziert zwei Effekte: Zum einen kommt es zu starken Disproportionalitätseffekten zwischen Wählerstimmen und Parlamentsmandaten (ibid.: 130), die vor allem die stärkste(n) Partei(en) begünstigen. Zum anderen haben das Mehrheitswahlsystem und die Vier-Prozent-Klausel einen Konzentrationseffekt, der die Zahl der Parteien im Parlament verringert und mit dem faktischen Disproportionalitätsbonus der stärksten Partei hilft, regierungsfähige Mehrheiten zu finden. Also auch durch das Wahlsystem werden beim demokratischen Repräsentativitätsgebot Abstriche zugunsten von Regierungsstabilität und parlamentarischer Entscheidungs- und Mehrheitsfähigkeit gemacht.

---

35 Zur genauen Beschreibung technischer Einzelheiten siehe auch: Nohlen/Kasapović (1996: 125).
36 Dies ist im Wahlsystem der BRD nur dann der Fall, wenn Überhangmandate zustande kommen.

Die Kompetenzverteilung zwischen Exekutive und Legislative wie auch innerhalb der Exekutive zwischen Ministerpräsident und Staatspräsident ist klar geregelt. Die konstitutionellen Kompetenzzuschreibungen der ungarischen Verfassung fördern eine starke Exekutive. Das Parlament wird deshalb zugunsten der Regierungsstabilität und Entscheidungsfähigkeit bestimmten Einschränkungen unterworfen. Die Position des Parlaments, allerdings auch der Regierung, wird zusätzlich noch von einem einflussreichen Verfassungsgericht judikativ begrenzt.

3.1.2 Parlamentarisch-präsidentielle Regierungssysteme: Das Beispiel Polens

Das kennzeichnende Strukturprinzip, das semipräsidentielle von parlamentarischen Regierungssystemen unterscheidet, ist die „doppelte politische Verantwortlichkeit der Regierung sowohl dem Parlament als auch dem Staatspräsidenten gegenüber" (Brunner 1996: 82). Charakteristisch für alle semipräsidentiellen Mischsysteme Osteuropas ist, dass die Staatspräsidenten über die direkte Volkswahl bestellt werden. Dies ist, wie Georg Brunner (1996: 91) mit Recht anmerkt, ein notwendiges Legitimationserfordernis, da anders als in parlamentarischen Regierungssystemen im Semipräsidentialismus die *auctoritas* des Staatsoberhaupts zur *potestas* gesteigert wird. Dominieren in einem semipräsidentiellen System die parlamentarischen Prärogativen, so wird es parlamentarisch-präsidentiell genannt, um es von präsidentiell-parlamentarischen Regierungssystemen zu unterscheiden, in denen präsidentielle Elemente überwiegen. Für den ersten Typ soll im Folgenden Polen, für den zweiten Russland näher vorgestellt werden.

Die Verfassungsfrage war in Polen seit Beginn der Demokratie heftig umstritten. Nachdem Ende 1989 die kommunistische Verfassung von 1952 unter demokratischen Prämissen revidiert worden ist, wurde 1992 nach erheblichen Kompetenzstreitigkeiten zwischen den Verfassungsorganen die sogenannte „Kleine Verfassung" verabschiedet, die allerdings verfassungsrechtlich noch immer auf der total revidierten Verfassung von 1952 basierte. Die „Kleine Verfassung" räumte zwar einige der Konfliktpunkte aus, konnte aber nicht verhindern, dass es bis 1995 wiederholt zu heftigen Verfassungsstreitigkeiten zwischen dem Parlament auf der einen und dem Staatspräsidenten Lech Wałęsa auf der anderen Seite kam. Erst im April 1997 konnte nach zahlreichen gescheiterten Versuchen ein Verfassungsentwurf das Parlament (Sejm) passieren und mit dem Verfassungsreferendum vom Mai desselben Jahres legitimiert werden und in Kraft treten. Die Struktur der durch die Verfassung vorgeschriebenen Staatsorganisation weist Polen eindeutig als ein parlamentarisch-präsidentielles Mischsystem aus (Rüb 1994; Brunner 1996: 82; Merkel, W. 1996c: 98).

▪ *Das Parlament*

Polen weicht in seiner Parlamentsstruktur vom osteuropäischen Regelfall ab, da es ein Zweikammersystem besitzt. Die erste und politisch weitaus bedeutsamere Kammer ist der Sejm. Als zweite Parlamentskammer wurde im Zuge eines machtpolitischen Kompromisses zwischen dem kommunistischen Regime und der Solidarność-Opposition der 1947 abgeschaffte Senat wieder eingeführt. Obwohl Polen kein föderalistisches Land ist, werden die Senatoren auf der Basis der (kompetenzarmen) 49 Woiwodschaften (Verwaltungsbezirke) des Landes gewählt. Im Gesetzgebungsverfahren kann sich der Senat nur im Zeitraum von 30 Tagen nach der Verabschiedung gegen ein Gesetz äußern. Lehnt er Gesetze, die vom Sejm verabschiedet wurden, ab, kann dieser den Senat mit absoluter Mehrheit überstimmen (Ziemer 1993: 117). Der erhebliche Kompetenzunterschied zwischen den beiden Kammern zugunsten des Sejms kennzeichnet das polnische Parlament als „asymmetrisches Zweikammersystem".

■ *Der Staatspräsident*

Der Staatspräsident wird auf fünf Jahre direkt vom Volk gewählt und kann nur einmal wiedergewählt werden. Ihm obliegt nicht nur die Ratifizierung der internationalen Verträge, sondern auch die „allgemeine Leitung" der Außen- und Sicherheitspolitik. Er wird dabei von dem von ihm bestellten Nationalen Sicherheitsrat beraten und kann die Außen- und Sicherheitspolitik maßgeblich bestimmen (Furtak 1996: 132). Sofern es ihm wichtig erscheint, kann das Staatsoberhaupt Kabinettssitzungen einberufen, die Agenda bestimmen und den Vorsitz führen. Rechtsakte des Präsidenten bedürfen der Gegenzeichnung durch den Ministerpräsidenten oder den sachlich zuständigen Minister. Davon ausgenommen sind 13 enumerierte Fälle, wie die Einberufung der ersten Sitzung des neu gewählten Sejms, die Auflösung des Parlaments oder die präsidentielle Gesetzesinitiative (Ziemer 1993: 116). Gegenüber den vom Parlament verabschiedeten Gesetzen besitzt der Staatspräsident ein Vetorecht, das nur mit Dreifünftelmehrheit des Sejms überstimmt werden kann (EECR 1997: 21).

Generell besitzen die Staatspräsidenten in den semipräsidentiellen Regierungssystemen Osteuropas durch ihre Vorschlags-, Designierungs- oder Ernennungsbefugnisse einen erheblichen Einfluss auf die Regierungsbildung. Einerseits kann das polnische Parlament dem Präsidenten keinen Regierungschef aufzwingen. Andererseits sind die Prärogativen des Parlaments jedoch ausreichend, um zu verhindern, dass der Präsident unilateral dem Sejm einen Ministerpräsidenten gegen dessen Willen oktroyiert. Dieses konfliktreiche Verfassungsproblem ist jedoch in den meisten semipräsidentiellen Regierungssystemen Osteuropas konstitutionell nicht eindeutig geregelt. Polen hat sich seit der „Kleinen Verfassung" von 1992 bemüht, diesen Konflikt dadurch zu lösen, dass es das Initiativrecht für die Regierungsbestellung zwischen Parlament und Staatspräsidenten hin und her pendeln lässt (Brunner 1996: 83 f.). Der Präsident designiert den Ministerpräsidenten 14 Tage nach der konstituierenden Sitzung des Sejms oder nach der Demission eines Regierungschefs. Spricht sich der Sejm mit absoluter Mehrheit für den Ministerpräsidenten und sein Regierungsprogramm aus, so ist dieser gewählt. Erhält der vom Präsidenten vorgeschlagene Kandidat nicht die Zustimmung des Parlaments, so geht die Initiative auf den Sejm über. Ist dieser aber seinerseits nicht dazu in der Lage, einen Regierungschef zu wählen, fällt die Initiative an den Präsidenten zurück, der nunmehr für sechs Monate eine Interimsregierung bestellen oder das Parlament auflösen kann (ibid.: 84).

Auch wenn das Procedere der Regierungsbestellung in Polen präziser geregelt ist als in den meisten anderen semipräsidentiellen Regierungssystemen Osteuropas, zeigt auch diese Regelung das erhebliche Reibungspotenzial zwischen Präsident und Parlament sowie den hohen Zeitbedarf, wenn sich beide Verfassungsorgane nicht einigen können. Dasselbe gilt für die Bestellung der Außen-, Verteidigungs- und Innenminister, bei der dem Staatspräsidenten ein besonderes Mitspracherecht eingeräumt wird. Denn ob dies ein letztendliches Entscheidungsrecht des Präsidenten beinhaltet, ist in der Verfassungstheorie nicht eindeutig und in der Verfassungspraxis hoch umstritten, wie die Konflikte in der Amtszeit von Lech Wałęsa belegen (Ziemer 1993: 106 ff.; Furtak 1996: 134 ff.).

■ *Die Regierung*

Die Regierung ist in erster Linie dem Parlament verantwortlich und von dessen Vertrauen abhängig. Dabei war das Abberufungsrecht des Sejms gegenüber der Regierung nicht völlig eindeutig geregelt. In der Frage des Abberufungsrechts der Regierung durch das Parlament oder der konstitutionellen Stabilisierungshilfe der Regierungskabinette haben die polnischen Verfassungsgeber sich erst in der neuen Verfassung von 1997 entschlossen, die Position des Premierministers zu stärken und nur noch ein konstruktives Misstrauensvotum zuzulassen (Art. 158). Die Option des destruktiven Misstrauensvotums wurde abgeschafft. Trotz dieser Stärkung des Ministerpräsidenten bleibt dem Sejm weiter die Möglichkeit, einzelne Minister des Kabinetts ohne konstruktiven Gegenvorschlag abzuberufen.

■ *Das Verfassungsgericht*

Polen war das erste Land Osteuropas, das noch zu Zeiten des kommunistischen Regimes (1986) ein Verfassungsgericht etablierte. Zwar war es in der Normenkontrolle weitgehend auf die Regierungstätigkeit konzentriert und konnte auch hier durch eine Zweidrittelmehrheit des Sejms überstimmt werden, dennoch bedeutete die frühe Einrichtung des Verfassungsgerichts einen ersten Schritt zur rechtsstaatlichen Kontrolle der Exekutive (Garlicki 1996: 281). Mit der Verabschiedung der neuen Verfassung 1997 wurde das Verfassungsgericht zur letzten Instanz der abstrakten Normenkontrolle erhoben. Dem Sejm wurde dann nach zwei weiteren Übergangsjahren erst nach insgesamt einem Jahrzehnt demokratischer Rechtsstaatlichkeit die Überstimmungsmöglichkeit entzogen.

Die Richter des Verfassungsgerichts werden vom Sejm auf acht Jahre gewählt. Eine Wiederwahl ist ausgeschlossen. Die Hauptaufgabe des Verfassungsgerichts besteht in der abstrakten und konkreten Normenkontrolle. Es kann hierfür sowohl von staatlichen Institutionen (Präsident, Ministerpräsident, 50 Sejm-Abgeordnete bzw. 30 Senatoren, Ombudsmann) als auch von den höheren Gerichten in anhängigen Streitfragen angerufen werden. Zusätzlich kann es auch aus eigener Initiative tätig werden. Für die Bürger gibt es jedoch kein Individualrecht zur Anrufung des Verfassungsgerichts.

Die frühe Einrichtung des Verfassungsgerichts noch unter dem kommunistischen Regime hat ihm paradoxerweise hinsichtlich seiner Kompetenzausstattung zunächst eher geschadet als genutzt (Brzezinski, M. F. 1993: 40 f.), da die Verfassungsgeber sich in seinem Falle zunächst auf die Fortschreibung seiner institutionellen Kontinuität beschränkten. Erst die faktische Rechtssprechung nach 1989 hat die Reputation und damit auch den politischen Einfluss des Verfassungsgerichts erhöht. Dazu trugen nicht zuletzt die Klärung brisanter Organstreitigkeiten zwischen dem Sejm und dem Staatspräsidenten Lech Wałęsa bei (Garlicki 1996: 306 f.). Trotz dieser Einflusszunahme und der Aufhebung des Überstimmungsrechts durch den Sejm in der neuen Verfassung von 1997 ist das polnische Verfassungsgericht vom politischen Einfluss des ungarischen Verfassungsgerichts jedoch *de jure* wie *de facto* weit entfernt.

■ *Das Wahlsystem*

Im Sommer 1991 wurde kurz vor den ersten voll demokratischen Gründungswahlen ein neues Wahlgesetz verabschiedet. Der zersplitterte Sejm konnte sich nur auf ein Verhältniswahlsystem mit stark proportionaler Wirkung einigen. Ein zweimaliges Veto des Staatspräsidenten wurde mit Zweidrittelmehrheit überstimmt (Nohlen/Kasapović 1996: 120). Das Wahlsystem ermöglichte 1991 29 Parteien den Einzug in den Sejm. Auch wenn der Wahlmodus diese extreme

Fragmentierung des Parteiensystems nicht produzierte, so verhinderte er in keiner Weise die Übertragung der starken Zerrissenheit der politischen Eliten und segmentierten Subkulturen auf die Parlamentsebene. Als Reaktion auf diese enorme Zersplitterung der Parlamentsparteien wurde im Gefolge der „Kleinen Verfassung" (1992) noch vor den Parlamentswahlen von 1993 das Wahlsystem geändert. Für die 52 Wahlkreise gilt seitdem eine Fünf-Prozent-Hürde für Parteien und eine Acht-Prozent-Hürde für Wahlbündnisse; auf nationaler Ebene wurde die Sperrklausel von 5 Prozent auf 7 Prozent erhöht. Das neue Wahlsystem trug erheblich zu einer Reduzierung des Parteienspektrums bei. 1993 zogen nur noch sieben Parteien(-bündnisse) ein. „Erkauft" wurde dieser Rationalisierungs- und Stabilisierungseffekt mit einem erheblichen Anstieg der Disproportionalitätswirkung im Verhältnis von Wählerstimmen und Parlamentssitze. Die nicht berücksichtigten Wählerstimmen betrugen 1993 über 34 Prozent aller abgegebenen Stimmen (ibid.: 124). Die Rationalisierungswirkung hielt auch bei den Parlamentswahlen von 1997 an. Die Zahl der im Parlament vertretenen Parteien ging auf sechs zurück.

Insgesamt gilt für Polen zunächst festzuhalten, dass die verfassungsrechtlichen Kompetenzen zwischen Exekutive und Legislative sowie innerhalb der doppelköpfigen Exekutive weniger klar definiert waren als im parlamentarischen Regierungssystem Ungarns. Die unklaren Kompetenzabgrenzungen innerhalb der doppelköpfigen Exekutive wurden jedoch mit der Verfassung vom 2. April 1997 weitgehend beseitigt. Die Kompetenzen des Präsidenten wurden erheblich beschnitten. Bei wichtigen Entscheidungen bedarf der Präsident meist des Vorschlags oder der Bestätigung des Premierministers. Der Premierminister wurde sowohl gegenüber dem Präsidenten wie dem Parlament gestützt, weil seine parlamentarische Abberufung nunmehr nur über ein konstruktives Misstrauensvotum erfolgen kann. Die schlechten Erfahrungen mit dem diffusen semipräsidentiellen Regierungssystem der demokratischen polnischen Republik während der ersten sieben Jahre haben bei der Verfassungsreform wesentlich zu seiner Rationalisierung und Parlamentarisierung beigetragen (Bos 2004: 201). Seit 1997 besitzt Polen ein parlamentarisch-präsidentielles Regierungssystem, in dem die parlamentarischen Verfassungselemente nunmehr klar überwiegen.

3.1.3 Präsidentiell-parlamentarische Mischsysteme: Das Beispiel Russlands

Im präsidentiell-parlamentarischen Regierungssystem ist die Position des Staatspräsidenten sowohl bei der Bestellung des Regierungschefs als auch bei der Abberufung der Regierung stärker herausgehoben als in parlamentarisch-präsidentiellen Mischsystemen. Dies gilt auch für die Richtlinienbestimmung der Regierungspolitik. Im theoretischen Teil des Buches haben wir deshalb diesen Subtypus semipräsidentieller Regierungssysteme folgendermaßen definiert: „Das präsidentiell-parlamentarische Regierungssystem besitzt eine doppelköpfige Exekutive, in der der Staatspräsident direkt durch das Volk gewählt, der Premier vom Präsidenten nominiert und indirekt durch das Parlament bestätigt wird. Der Präsident besitzt das Recht, einzelne Minister oder das gesamte Kabinett auch gegen den Mehrheitswillen des Parlaments abzuberufen. Das Parlament seinerseits hat zwar die Prärogative des Misstrauensvotums gegenüber dem Regierungskabinett, doch der Präsident hält gegenüber dem parlamentarischen Misstrauensvotum Vetorechte bzw. in letzter Instanz die Möglichkeit, das Parlament aufzulösen." Die russische Verfassung gibt dem Regierungssystem der Russischen Föderation geradezu idealtypisch die Konturen eines solchen präsidentiell-parlamentarischen Regierungssystems.

Zugespitzter als bei den meisten anderen Verfassungsgebungen in Osteuropa verschärfte sich in Russland der Konflikt zwischen den Befürwortern des parlamentarischen Regierungssystems auf der einen und des Präsidentialismus auf der anderen Seite (vgl. u. a. Beyme 1994a: 238, 2001; Bos 1996b: 180 ff.; Brie 1996: 155 ff.; Schneider, E. 2001). Dabei vollzog sich die konstitutionelle Ausformung des politischen Institutionensystems Russlands seit 1990 einerseits durch umfangreiche Revisionen der alten sowjetischen Verfassung aus dem Jahre 1978 und der parallel verlaufenden Ausarbeitung einer neuen Verfassung (Bos 1996b: 181). Nach einer blutigen Auseinandersetzung zwischen dem alten Volksdeputiertenkongress (Legislative) und dem demokratisch gewählten Staatspräsidenten Jelzin (Exekutive) wurde am 12. Dezember 1993 mit einem Referendum (58,4 Prozent Zustimmung) die nach Jelzins Wunschvorstellungen ausgearbeitete Verfassung angenommen. Die Verfassung trat am 25. Dezember desselben Jahres in Kraft und stattete den Präsidenten mit umfangreichen Befugnissen aus, die ihn „zum dominierenden Machtfaktor" (Furtak 1996: 116 aus Ismayr 2004a) bzw. „beherrschenden Verfassungsorgan" (Luchterhandt 1996: 253) der russischen Politik machen.[37]

- *Der Staatspräsident*

Die russische Verfassung erhebt den Staatspräsidenten zur ersten Macht und zum überragenden Verfassungsorgan. Der Präsident ist zugleich „Staatsoberhaupt", „Garant der Verfassung", „Hüter der Souveränität" und „Bewahrer der staatlichen Integrität". Er stellt sicher, dass „die Verfassungsorgane koordiniert funktionieren und zusammenwirken" (Art. 80, Abs. 2). Nicht zu Unrecht beurteilt der Verfassungsrechtler Otto Luchterhandt (ibid.: 253) dies nicht nur als eine allgemeine Funktionsbeschreibung der präsidentiellen Aufgaben, sondern als eine Bestimmung, „die den Präsidenten unmittelbar und ‚blanko' zu allen Maßnahmen ermächtigt, die ihm nicht durch Verfassung oder Gesetz definitiv versagt sind".

Aber auch die expliziten Kompetenzzuschreibungen durch die Verfassung sind erheblich. Dies kann zunächst an der dominierenden Rolle des Staatspräsidenten bei der Regierungsbildung gezeigt werden. Nach Art. 83 der Verfassung ernennt der Präsident den Ministerpräsidenten und auf dessen konkreten Vorschlag auch die Regierung. Dazu benötigt er allerdings die Zustimmung der Staatsduma. Lehnt die Staatsduma dreimal hintereinander die Bestätigung des vom Präsidenten nominierten Kandidaten für das Amt des Ministerpräsidenten ab, kann der Präsident eine einstweilige Ernennung ohne Zustimmung vornehmen, danach die Kammer auflösen und Neuwahlen ausschreiben (Art. 11, Abs. 4). Obwohl der Staatspräsident kein eigenständiges Entlassungsrecht gegenüber der Regierung besitzt, sind auch hier seine Prärogativen erheblich. Zunächst obliegt es allerdings der Duma, der Regierung das Misstrauen auszusprechen (destruktives Misstrauensvotum) oder deren Vertrauensfrage negativ zu beantworten (Art. 117, Abs. 3 und 4). Allerdings liegt es danach in der Entscheidungsbefugnis des Präsidenten, ob er die Regierung entlässt oder nicht. Belässt der Staatspräsident die Regierung im Amt und wird dieser in der Duma danach erneut das Misstrauen ausgesprochen, hat er die Option, die Regierung zu entlassen oder die Duma aufzulösen und Neuwahlen auszuschreiben. Zwar müssen Duma und Präsident bei der Regierungsbildung und der Abberufung der Regierung zusammenwirken, aber mit dem Auflösungsrecht besitzt der Präsident eine überaus wirksame Drohkapazität gegenüber dem Parlament. Dies gilt sowohl in der Frage der

---

[37] Zum Text der russischen Verfassung wie der meisten anderen demokratischen Verfassungen Osteuropas siehe Brunner (1995).

Regierungsbildung als auch hinsichtlich der Durchsetzungskraft der präsidentiellen Politik gegenüber der Duma (Bos 1996b: 197; Furtak 1996: 118; Mommsen, M. 2004).

In der Regierungspolitik besitzt der Präsident die eigentliche Richtlinienkompetenz. Dies bezieht sich nicht nur auf die traditionellen präsidentiellen Domänen der Außen- und Sicherheitspolitik, sondern auch auf die Innenpolitik (Art. 89, Abs. 3). Die Richtlinienkompetenz des Ministerpräsidenten (Art. 113) ist demgegenüber subsidiär und nur im Rahmen der präsidentiellen Vorgaben zu verstehen: Sie ist nicht mehr als „eine spezifische Durchführungskompetenz" (Luchterhandt 1996: 254). Dies wird auch daran sichtbar, dass der Präsident die Kabinettssitzungen leiten kann und der Ministerpräsident in diesem Moment zu seinem „ersten Minister" wird.

Um seine Richtlinienkompetenz in politisch wie rechtlich bindende Entscheidungen umzusetzen, besitzt der Staatspräsident u. a. drei zentrale Instrumente: Gesetzesinitiativen, präsidentielle Dekrete und Entscheidungen der Präsidialexekutive. In der Duma besitzt das Staatsoberhaupt das Recht der Gesetzesinitiative (Art. 104). Gleichzeitig räumt ihm die Verfassung gegenüber den Gesetzesbeschlüssen der Föderalversammlung (Staatsduma und Föderationsrat) ein suspensives Vetorecht ein. Sieht man sich die genaue Regelung an, wird deutlich, dass sich das suspensive Vetorecht faktisch dem absoluten Vetorecht annähert (Luchterhandt 1996: 257). Denn es bedarf jeweils einer Zweidrittelmehrheit der Duma wie des Föderationsrates, um das suspensive Veto des Präsidenten zu überstimmen. Bisweilen wirkt diese hohe Hürde jedoch auch als Anreiz für die Duma, sich in wichtigen Fragen stärker zusammenzuschließen, um unter der Drohung des Vetos durch den Präsidenten nicht zu einer nachgeordneten Ratifikationsbehörde zu degenerieren.[38] Eine drohende Entfunktionalisierung des Parlaments ist zusätzlich noch durch die präsidentielle Befugnis gegeben, Rechtsetzung in der Form von Dekreten in jenen „normativen Freiräumen" zu betreiben, die vom Parlament offen gelassen wurden (ibid.: 258). Da sowohl Jelzin als auch Putin in ihren Amtszeiten von dieser Möglichkeit intensiven Gebrauch gemacht haben, wirkte der Dekretismus manchmal als eine Art Damoklesschwert zur Erhöhung der inneren Konsens- und Kompromissbereitschaft des Parlaments. Putin konnte nach 2003 weitgehend auf das Institut des Dekrets verzichten, weil er sich mit der Präsidialpartei „Edinaja Rossija" (ER, Vereintes Russland) auf eine loyale Mehrheit in der Duma verlassen konnte. Diese Situation hielt auch im ersten Amtsjahr des 2008 neu gewählten Präsidenten Dimitri Anatoljewitsch Medwedew an.

Die dritte Möglichkeit, politische Entscheidungen durchzusetzen, eröffnet sich dem Staatspräsidenten durch die Präsidialexekutive in Gestalt des „Sicherheitsrat(es) der Rußländischen Föderation" oder der „Administration des Präsidenten", die mitunter über einen vertikalen administrativen Befehlsstrang bis hinunter auf Gebietsebene verfügt (Furtak 1996: 120 aus Ismayr 2004a).

■ *Das Parlament*

Das russische Parlament besteht aus zwei Kammern: der Staatsduma und dem Föderationsrat. Der Staatsduma gehören 450 Abgeordnete an, die auf vier Jahre gewählt werden. In die zweite Kammer, den Föderationsrat, entsendet jedes der 89 Föderationssubjekte jeweils einen Vertre-

---

38 Als etwa Präsident Jelzin versuchte, gegen die Opposition im Parlament das Wahlgesetz zu ändern, und den Anteil der Direktmandate auf Zweidrittel aller Sitze erhöhen wollte, reagierten Duma und Föderationsrat geschlossen und überstimmten das präsidentielle Veto mit jeweils Zweidrittelmehrheit ihrer Häuser (Bos/Steinsdorff 1997: 107). Mit Putins Amtsantritt änderte sich diese Situation rasch, weil er von da an über eine sichere präsidentielle Mehrheit in der Duma verfügte.

ter der legislativen und exekutiven Gewalt. Anders als im Falle des polnischen Senats bezieht der Föderationsrat seine Existenzberechtigung aus dem föderativen Staatsaufbau Russlands. Mit der neuen Verfassung wurde der asymmetrische in einen *de jure* symmetrischen Föderalismus umgewandelt, wodurch die unterschiedlichen Autonomiegrade der Föderationssubjekte weitgehend egalisiert wurden. Die 21 Republiken, 6 Regionen, 49 Gebiete, die Städte Moskau und St. Petersburg, das Jüdische Autonome Gebiet und die 10 Autonomen Kreise sind laut Verfassung gleichberechtigt.[39] Während aber den Republiken eine Verfassung zuerkannt wurde, besitzen die „Gebiete" nur ein Statut und sind *de facto* ersteren nicht ebenbürtig. Die Bestellung der Vertreter der Föderationssubjekte für den Föderationsrat ist in der Verfassung nicht geregelt. Es bleibt den Ausführungsgesetzen sogar überlassen, ob sie sich für die Volkswahl, die Wahl innerhalb der föderativen Kammern oder für eine Ernennung durch die Exekutive entscheiden (Alyushin 1995: 62). Nach der bisherigen Praxis sind die Chefs der Exekutiven der Föderationssubjekte (z. B. die Gouverneure) automatisch Mitglieder des Föderationsrates. Für die Legislative werden entweder die Vertreter aus den Föderationskammern gewählt oder der Kammerpräsident übernimmt die Funktion qua Amt. Pro Föderationssubjekt sitzen je zwei Repräsentanten, also insgesamt 178 Repräsentanten im Föderationsrat.

In der Gesetzgebung spielt die Duma die weitaus wichtigere Rolle. Wird ein Gesetz von ihr verabschiedet, kann der Föderationsrat innerhalb von 14 Tagen das Gesetz zurückweisen. Tut er das nicht, ist das Gesetz gebilligt. Widerspricht er dem Gesetz, kann ein Vermittlungsausschuss beider Kammern einen Kompromiss suchen. Gelingt ihm dieser, bedarf das geänderte Gesetz noch einmal der Billigung durch die Duma. Kommt keine Einigung zustande, kann die Duma den Einspruch des Föderationsrates mit einer Zweidrittelmehrheit zurückweisen (ibid.: 62).

■ *Die Regierung*

Die ausführende Gewalt besteht, wie oben ausgeführt, aus einer doppelköpfigen Exekutive mit dem Staatspräsidenten einerseits und dem vom Ministerpräsidenten geleiteten Regierungskabinett andererseits. Das Kabinett ist sowohl vom Vertrauen des Parlaments wie des Staatspräsidenten abhängig. In der Politikformulierung ist das Regierungskabinett ebenfalls zwischen Präsident und Parlament erheblich eingeengt. Die Korridore des Handlungsspielraums werden dann besonders eng, wenn wie nach den Dumawahlen 1995 die Opposition gegenüber dem Präsidenten über die Mehrheit im Parlament verfügt. Da auf der anderen Seite der Präsident die Organisationsgewalt in der Regierung, den Vorsitz im Kabinett, die eigentliche Richtlinienkompetenz, das Recht auf Suspendierung aller Regierungsakte sowie ein Entlassungsrecht gegenüber dem Ministerpräsidenten besitzt, erscheint die Regierung nach dem Verfassungsbuchstaben ohne den Präsidenten eher als ein Teil der exekutiven Verwaltung denn als eine aktive Gestalterin der russischen Politik. Stimmen die partei- oder koalitionspolitischen Mehrheiten von Präsident, Regierung und Parlament überein, verfügt der Staatspräsident über eine kaum zu kontrollierende Machtfülle.

Dies war insbesondere nach der Dumawahl von 2003 der Fall, die Putins Präsidialpartei „Edinaja Rossija" (ER, Vereintes Russland) eine Zweidrittelmehrheit im Parlament eintrug. Der sich danach verfestigende autoritäre Führungsstil Putins offenbarte die demokratiegefährdende Verfassungskonstruktion des präsidentiell-parlamentarischen Regierungssystems Russlands (Beichelt 2004: 122; Mommsen, M. 2004: 423; Merkel/Puhle et al. 2006: 320).

---

39 Diese Einteilung entspricht wesentlich der Territorialgliederung aus der Sowjetzeit.

■ *Verfassungsgericht*

Die Richter des Verfassungsgerichts werden auf ausschließlichen Vorschlag des Staatspräsidenten vom Parlament gewählt. Ihre Amtsdauer beträgt 12 Jahre (Garlicki 1996: 288). In der ersten Phase seines Bestehens von November 1991 bis Oktober 1993 besaß das Verfassungsgericht weitreichende Kompetenzen: darunter insbesondere das Recht, aus eigener Initiative die Verfassungsvereinbarkeit von politischen Organisationen und politischen Entscheidungen der Staatsorgane zu prüfen. Dies führte in dem harten Verfassungskonflikt zwischen dem Volksdeputiertenkongress unter der Führung Ruslan Chasbulatows und dem Staatspräsidenten Jelzin zu einer starken Politisierung des Verfassungsgerichts, das einige für Jelzin unliebsame Entscheidungen fällte. Nachdem Jelzin durch Bruch der geltenden Verfassung die neue demokratische Verfassung im Winter 1993 durchgesetzt hatte, stoppte er als Staatspräsident die Arbeit des Verfassungsgerichts, erzwang den Rücktritt des Verfassungsgerichtspräsidenten Zorkin und suspendierte per Dekret die Arbeit des Verfassungsgerichts bis zur Verabschiedung eines neuen Gesetzes zur Verfassungsgerichtsbarkeit, das im Juni 1994 in Kraft trat (ibid.: 309). Jelzin verzögerte die Wiederaufnahme der Arbeit des Verfassungsgerichts noch weiter bis zum Februar 1995, indem er die Neuwahl von sechs zusätzlichen Richtern durch den Föderationsrat blockierte. Als das neue Gesetz schließlich in Kraft trat, beschnitt es die Kompetenzen des Verfassungsgerichts erheblich: Abgeschafft wurde das Initiativrecht des Gerichts, politische Entscheidungen und politische Handlungen von Staatsorganen und Inhabern der höchsten staatlichen Ämter auf ihre Verfassungsvereinbarkeit zu prüfen. Genommen wurde dem Verfassungsgericht das Recht, über die Verfassungsfeindlichkeit von politischen Parteien zu entscheiden (Nikitinski 1997: 85). Als Kompetenzen blieben die Entscheidungsbefugnis bei Organstreitigkeiten, die abstrakte und konkrete Normenkontrolle sowie die Prüfung von individuellen Verfassungsbeschwerden. Gerade bei letzterem erwies sich das Verfassungsgericht als durchaus effiziente Kontrollinstanz für die Bürger gegenüber staatlichen Entscheidungen (Beyme 2001: 121).

■ *Das Wahlsystem*

Wie die Verfassung im Allgemeinen war auch das Wahlsystem im Besonderen ein brisanter Konflikt zwischen Volksdeputiertenkongress und Staatspräsidenten im Verfassungsstreit 1991–1993. Erst als Jelzin unter Bruch der geltenden Verfassung den Konflikt zu seinen Gunsten entschied, fiel auch die Entscheidung über das Wahlsystem. Für die Dumawahlen im Dezember 1993 wurde durch ein präsidentielles Dekret das Grabensystem eingeführt (Bos/Steinsdorff 1997: 106). Erst nach den Wahlen wurde das Dekret mit der Verabschiedung der Verfassung zum Wahlgesetz.

Das russische Grabensystem sieht vor, dass in 225 Wahlkreisen nach dem Prinzip der relativen Mehrheit gewählt wird und die weiteren 225 Mandate nach dem Proporzprinzip über landesweite Listen vergeben werden. An dieser Mandatsverteilung durch nationale Wahllisten dürfen nur Parteien teilnehmen, die über 5 Prozent der Stimmen im gesamten russischen Wahlgebiet erhalten haben (Nohlen/Kasapović 1996: 76). Bei den Wahlen zur Duma in den Jahren 1993 und 1995 führten paradoxerweise die Elemente der Verhältniswahl zu erheblichen Disproportionalitätseffekten in der Verrechnung von Stimmen und Mandaten. Dies ist vor allem auf die extreme Zersplitterung des Parteiensystems in Verbindung mit der Fünf-Prozent-Sperrklausel zurückzuführen. So scheiterten bei den Dumawahlen von 1995 acht Parteien mit Stimmenergebnissen zwischen 3,9 Prozent und 4,8 Prozent an der Fünf-Prozent-Hürde. Die demokratietheoretisch bedenkliche Folge war, dass 47,1 Prozent der Wählerstimmen bei der Mandatsvergabe „unter den Tisch" fielen (ibid.: 80). Aufgrund der regionalen Hochburgenbildung und der Stärke unabhängiger regionaler Kandidaten trug – ebenfalls paradoxerweise – das Mehrheitswahlprinzip zur weiteren Zersplitterung der Parlamentsparteien bei, verminderte aber dadurch leicht den über die Verhältniswahl entstandenen Disproportionalitätseffekt. Aus wahlsystematischen Überlegungen sollten sich jedoch schon bei geringen Konsolidierungs- und „Nationalisierungs"fortschritten im Parteiensystem diese Effekte genau umkehren: „Die systematischen Auswirkungen dürften dauerhaft in der Abschwächung der Disproportionalitätseffekte der Mehrheitswahl durch die Verhältniswahl liegen, und nicht umgekehrt" (ibid.: 81).

Vorab soll für das russische Regierungssystem an dieser Stelle festgehalten werden, dass die Verfassung und noch mehr Jelzins „Verfassungspraxis" dem Staatspräsidenten eine überragende Stellung einräumen. Dadurch ist das horizontale Gleichgewicht der drei Gewalten erheblich gestört. Ob ein solcher „superpresidentialism" (Holmes 1993/94) konstitutionelle Opportunitätsstrukturen für eine „defekte Demokratie" (Knobloch 2002; Mangott 2002; Beichelt 2004; Merkel/Puhle et al. 2006) öffnet, in ein „autoritäres Präsidialregime" (Luchterhandt 1996: 258) abzugleiten droht oder überhaupt erst ein Minimum an Regierbarkeit im politischen System Russlands der 1990er Jahre sichert, soll im Kapitel zur „demokratischen Konsolidierung" diskutiert werden.

3.1.4 Präsidentielle Regierungssysteme: Das Beispiel Belarus

In präsidentiellen Regierungssystemen wird der Staatspräsident grundsätzlich direkt vom Volke gewählt. Er ernennt oder nominiert die Regierung. Die Exekutive und Legislative sind konstitutionell klarer als in parlamentarischen Systemen getrennt, so dass es in der klassischen Variante kein Misstrauensvotum gegen die Regierung einerseits und kein Auflösungsrecht des Staats- und Regierungschefs gegenüber dem Parlament andererseits gibt. Das Kabinett ist also nicht dem Parlament, sondern dem Staatspräsidenten verantwortlich. Der Präsident besitzt in der Regel eine von Land zu Land unterschiedlich definierte Vetomacht gegenüber der Gesetzgebung des Parlaments. Als klassische Varianten des präsidentiellen Regierungssystems gelten die USA und die meisten lateinamerikanischen Staaten.

In Osteuropa zählt allein Belarus seit der Verfassung von 1994 und insbesondere nach den Verfassungsänderungen von 1996 zu den präsidentiellen Regierungssystemen. Allerdings hat es seinen Charakter seit der Ausrufung des unabhängigen belarussischen Staates am 25. August 1991 mehrfach geändert. In den ersten drei Jahren zwischen Unabhängigkeitserklärung und Verfassungsverabschiedung hatte das belarussische Regierungssystem einen überwiegend parlamentarischen Zuschnitt. Das Parlament, der Oberste Sowjet, war das dominierende Verfassungsorgan. Sein Präsident (Stanislav Suschkevic) war zugleich Staatsoberhaupt. In Belarus hat man von allen postsowjetischen Staaten am längsten an Gorbatschows Konstruktion der Identität von Parlamentsvorsitz und Staatsoberhaupt festgehalten (Luchterhandt 1996: 264). Dies wurde mit Verabschiedung der Verfassung von 1994 geändert. Mit ihr erhielt das politische System präsidentiellen Charakter. Seine Konturen wurden zudem noch zweimal über Referenden 1995 und 1996 zugunsten der Macht des Staatspräsidenten verändert (Sahm 1997; Timmermann 1997). Im Folgenden werden die Institutionen des belarussischen Regierungssystems nach Verabschiedung der Verfassung von 1994 und den Verfassungsänderungen von 1996 dargestellt (vgl. Schramm 1995; Steinsdorff 2004: 431 ff.).

■ *Der Staatspräsident*

„Der Staatspräsident der Republik ist das Oberhaupt des Staates und der ausführenden Gewalt" (Art. 95). Er wird auf fünf Jahre direkt vom Volke gewählt und kann nur einmal wiedergewählt werden. Traditionell ist der Präsident Garant der Souveränität und Sicherheit des Landes. Er besitzt alle wesentlichen diesbezüglichen Kompetenzen: Er ist Oberbefehlshaber der Streitkräfte und kann den Ausnahmezustand[40] verhängen. Dem Präsidenten werden die Organisations-, Geschäftsführungs- und Personalgewalt zugesprochen. Er kann die Einrichtung von ministeriellen Ressorts ebenso bestimmen wie deren Auflösung. Er ernennt und entlässt den Premierminister, ist aber hier wie bei der Ernennung und Entlassung von Ministern der Schlüsselressorts an die Zustimmung des Parlaments gebunden (Luchterhandt 1996: 266). Der Präsident hat in der Gesetzgebung Initiativrecht und besitzt ein suspensives Vetorecht gegenüber Parlamentsbeschlüssen. Das präsidentielle Veto kann nur mit einer Zweidrittelmehrheit des Parlaments zurückgewiesen werden. In besonderen Fällen wird dem Präsidenten die Kompetenz eingeräumt, Dekrete zu erlassen. Diese in der Verfassung von 1994 festgelegten Kompetenzen räumen dem belarussischen Präsidenten eine erhebliche Macht im Verfassungsgefüge ein, wenngleich diese jedoch *de jure* hinter jener der russischen oder ukrainischen Staatsoberhäupter zurückbleibt (ibid.: 265).

Im Juli 1994 wurde Alexandr Grigorjewitsch Lukaschenko gegen den amtierenden Regierungschef und Repräsentanten der alten sowjetischen Nomenklatura, Viaceslav Klebitsch, mit 81 Prozent der Stimmen in der Stichwahl ebenso überraschend wie triumphal zum Staatspräsidenten gewählt. Die Wahlen waren frei und weitgehend fair. Aber schon bald nach dem Wahlsieg inszenierte der demokratisch legitimierte Staatspräsident einen machtpolitisch motivierten Verfassungskonflikt mit dem noch vor der Auflösung der Sowjetunion (Dezember 1991) gewählten Parlament. Über zwei mit verfassungsrechtlich bedenklichen Mitteln 1995 und insbesondere 1996[41] durchgesetzten Referenden konnte Lukaschenko seine Präsidialmacht noch erheblich ausdehnen:

▸ Dekrete des Präsidenten können nun „unter besonderen Umständen" auf präsidentiellen Antrag hin zum Gesetz erhoben werden; dies kann nur mit Zweidrittelmehrheit des Parlaments zurückgewiesen werden. Das gilt auch für den Staatshaushalt, der vom Präsidenten per Dekret durchgesetzt und vom Parlament nur innerhalb von drei Tagen mit Zweidrittelmehrheit zurückgewiesen werden kann.
▸ Die Gewaltenteilung zwischen Legislative und Exekutive wird einseitig zugunsten des Präsidenten aufgehoben. Das Staatsoberhaupt ist befugt, das Parlament aufzulösen, wenn dieses der Regierung das Misstrauen ausspricht oder sich weigert, den vom Präsidenten designierten Regierungschef zu bestätigen (Sahm 1997: 477). Der Präsident kann dagegen nur im Zuge einer Staatsanklage abgesetzt werden.
▸ Der Präsident erhält das Recht, Verfassungsänderungen zu beantragen.
▸ Der Präsident ernennt die Hälfte der Mitglieder des Verfassungsgerichts und dessen Präsidenten.

---

40 Der Ausnahmezustand muss allerdings nach drei Tagen durch das Parlament bestätigt werden. Die Verfassung lässt offen, was bei einer Nichtbestätigung geschieht (Luchterhandt 1996: 265).
41 Dem Verfassungsentwurf von Lukaschenko stimmten 70,5 Prozent zu. Nach Regierungsangaben nahmen 84,1 Prozent der Wahlberechtigten an der Abstimmung teil. Das Ergebnis wird in der Literatur und von internationalen Organisationen meist als manipuliert bezeichnet (Sahm 1997: 479; Timmermann 1997: 19).

▶ Der Präsident ernennt den Vorsitzenden und die Hälfte der Mitglieder der Wahlkommission, die die Wahlen auf nationaler Ebene zu überwachen hat.

Mit diesen erheblichen Verfassungsänderungen, aber insbesondere mit dem neu geschaffenen Auflösungsrecht des Parlaments durch den Präsidenten und der präsidialen Gesetzgebungskompetenz wurde die für demokratisch-präsidentielle Regierungssysteme typische Gewaltenteilung zwischen Exekutive und Legislative einseitig zugunsten des Staatspräsidenten aufgehoben. Es kristallisierte sich damit in Belarus noch stärker als in Russland ein spezifisch postsowjetischer „Superpräsidentialismus" (Holmes 1993/94) heraus, der nicht nur durch demokratische Defekte – wie in Russland – gekennzeichnet ist, sondern am Ende der neunziger Jahre des 20. Jahrhunderts Züge eines offenen cäsaristisch-plebiszitären Autoritarismus trägt, der seit 1996 die äußere Form einer „Präsidialdiktatur" (Luchterhandt 1996: 268) angenommen hat. Es ist allerdings analytisch kurzschlüssig, das Abgleiten von Belarus in ein offen autoritäres Regime allein auf Lukaschenkos machiavellistische Intrige von Manipulation und Repression zurückzuführen. Es ist vielmehr kennzeichnend, dass der Regimeumschlag Mitte der 1990er Jahre mit ausdrücklicher Zustimmung der Bevölkerung stattfand. Lukaschenko hat damit – wie etwa Fujimori 1992 in Peru – vor allem die populistische Prämie eines „starken Führers" in einem zivilgesellschaftlich unterentwickelten Land eingestrichen.

■ *Das Parlament*

Die Verfassung von 1994 hat sich für ein Einkammer-Parlament entschieden (Art. 79).[42] Es setzt sich aus 260 Abgeordneten zusammen, die für fünf Jahre gewählt werden. Das Parlament kann nur mit Zustimmung von zwei Dritteln seiner Mitglieder vorzeitig aufgelöst werden. Neben den traditionellen Prärogativen in der Gesetzgebung, bei der Ratifikation internationaler Verträge und der Erklärung von Krieg und Frieden besitzt der Oberste Sowjet u. a. das Wahlrecht für das Verfassungsgericht, für mehrere Oberste Gerichtshöfe, den Generalstaatsanwalt sowie die Mitglieder des Vorstands der Zentralbank (Art. 83). Damit hatte die Verfassung von 1994 dem starken Präsidenten *de jure* auch ein starkes Parlament entgegengestellt.

Durch die Verfassungsänderungen von 1996 wurden dem Parlament jedoch in erheblichem Umfange Kompetenzen genommen.[43] Der Oberste Sowjet wurde durch ein Zweikammer-Parlament ersetzt: der Repräsentantenkammer (Unterhaus) mit 110 Abgeordneten und dem Rat der Republik (Oberhaus) mit 66 Mitgliedern. Der Präsident ernennt ein Drittel der Mitglieder des Rates der Republik; die restlichen Mitglieder werden von den örtlichen Exekutiven bestimmt, die wiederum vom Staatspräsidenten ernannt werden (Schuschkewitsch 1997).

Die präsidentielle Umwandlung der Dekrete in Gesetze durchlöcherte die wichtigste Prärogative des Parlaments, nämlich das alleinige Vorrecht, Gesetze zu erlassen. Der Präsident beruft ordentliche wie außerordentliche Sitzungen des Parlaments ein. Das Recht des Präsidenten, das Parlament aufzulösen, ohne diesem ein komplementäres konstitutionelles Instrument zu geben (Misstrauensvotum)[44], macht das Parlament gegenüber der Exekutive erpressbar.

---

42 Die deutschsprachige Übersetzung der belarussischen Verfassung ist abgedruckt in Osteuroparecht 2/1995: 134–156. Alle Zitationen und Verweise folgen dieser Übersetzung.
43 Die ansonsten sehr heterogene Opposition schloss sich gegen diese Verfassungsänderungen zusammen. Ihr Widerstand wurde aber in klassisch cäsaristisch-plebiszitärer Manier durch ein Referendum gebrochen (vgl. Timmermann 1997: 17 ff.).
44 Der Präsident als Chef der Exekutive ist nur über ein kompliziertes Amtsenthebungsverfahren bei Verfassungsbruch oder bei Verübung einer Straftat unter Mitwirkung von Parlament und Verfassungsgericht abzusetzen

Konsequent wurden dem Parlament wichtige Wahl- und Ernennungsrechte für die Gerichte und die zentrale Wahlkommission genommen oder beschnitten und dem Präsidenten zugeordnet. Das Parlament wurde *de facto* zu einem sekundären Verfassungsorgan degradiert.

■ *Die Regierung*

Die Exekutive ist in Belarus in die für präsidentielle Regierungssysteme ungewöhnliche Zweiteilung von Staatspräsident und Premierminister separiert. Dies ist auf die Historie der Entstehung des Regierungssystems, d. h. auf die Umwandlung des sowjetischen Ministerrates in das Ministerialkabinett zurückzuführen. Aber verfassungssystematisch wird deshalb aus dem belarussischen präsidentiellen noch kein semipräsidentielles Mischsystem, weil die typische doppelte Verantwortlichkeit der Regierung gegenüber Präsident und Parlament ebenso fehlt[45] wie das komplementäre Recht der Exekutive, das Parlament aufzulösen (van Oyen/Schäfer 1995: 403). Die Regierung ist als Ministerkabinett „bei dem Präsidenten der Republik Belarus" eingerichtet (Art. 106), d. h. das Kabinett ist ihm unterstellt (Art. 95). Noch deutlicher wird diese Subordination in Art. 107: „Das Ministerkabinett verliert seine Befugnisse gegenüber dem neu gewählten Präsidenten". Damit wird das Ministerialkabinett als eine eigenständige politische Kraft von der Verfassung nicht wirklich anerkannt (Luchterhandt 1996: 265).

Über die Verfassung hinaus hat Lukaschenko zudem seit 1994 zielstrebig eine eigene Präsidialadministration aufgebaut. Sehr bald ist diese, dem sowjetischen System des Politbüros nicht unähnlich, zum eigentlichen Zentrum der Regierungsentscheidungen geworden. Nicht die Regierung, sondern die „präsidiale Vertikale" ernennt die regionalen und lokalen Exekutivorgane. Schon vor dem Verfassungsreferendum von 1996 war die Regierung also „zum ausführenden Organ der Präsidialadministration" degeneriert (Timmermann 1997: 16).

■ *Das Verfassungsgericht*

Das Verfassungsgericht besteht aus elf Richtern, die für elf Jahre vom Obersten Sowjet gewählt werden. Die Verfassung von 1994 räumte dem Verfassungsgericht umfassende Normenkontrollrechte ein, die es auch aus eigener Initiative wahrnehmen kann. Über die abstrakte und konkrete Normenkontrolle hinaus ist das Verfassungsgericht u. a. auch befugt, Verordnungen des Ministerkabinetts oder präsidentielle Dekrete auf ihre Verfassungskonformität hin zu überprüfen (Art. 127). Die Möglichkeit einer Individualbeschwerde besteht nicht.

Die umfangreichen Kompetenzen kontrastieren auffallend mit der auch schon vor der Verfassungsänderung von 1996 bestehenden faktischen Ohnmacht des Verfassungsgerichts. Obwohl das Gericht mehrfach gegen den Staatspräsidenten Lukaschenko und seine Administration entschieden hatte, wurden die Urteile nicht umgesetzt. Kennzeichnend für die Nichtbeachtung der Verfassungsgerichtsurteile durch die präsidentielle Exekutive ist die Aussage eines nach dem Verfassungsreferendum vom November 1996 zurückgetretenen Verfassungsrichters:[46]

(Art. 104 alte Verfassung). Die Amtsenthebung wurde in der neuen Verfassung von 1996 noch weiter erschwert (vgl. Art. 88 und Art. 97, Abs. 8).

45 Vgl. dagegen die doppelte Verantwortlichkeit in dem parlamentarisch-präsidentiellen Regierungssystem Polens und im präsidentiell-parlamentarischen System Russlands.

46 Nach dem Verfassungsreferendum traten sieben Mitglieder des Verfassungsgerichts zurück oder wurden durch ein präsidentielles Dekret entlassen (Lukashuk 1997: 63).

„The president issued a special decree ordering all officials to execute his orders, including those that had been struck down by the Court. The Court's ruling were published, therefore, but not implemented. In reality, not a single decision of the Court was ever implemented" (Lukashuk 1997: 64).

Nach dem Verfassungsreferendum änderte der Präsident auch den Bestallungsmodus des Verfassungsgerichts. Danach ernennt das Staatsoberhaupt die Hälfte der nunmehr 12 Verfassungsrichter. Darüber hinaus wurden das Eigeninitiativrecht des Gerichts und die Anrufungsmöglichkeiten durch das Parlament erheblich eingeschränkt. Die De-facto-Ohnmacht des Verfassungsgerichts wurde damit *de jure* untermauert.

■ *Das Wahlsystem*

Das belarussische Wahlsystem wurde noch in der Sowjetunion etabliert und seitdem nicht mehr wesentlich geändert. Anlässlich der „Vorgründungswahlen" im März 1990 entschied sich die herrschende Kommunistische Partei von Belarus für das absolute sowjetische Mehrheitswahlsystem (Nohlen/Kasapović 1996: 73). Dieses fand auch nach der Verfassung von 1994 bei den ersten demokratischen Gründungswahlen (Mai 1995) Anwendung. Entsprechend der Zahl der Parlamentssitze wird das Land in 260 Einerwahlkreise eingeteilt. Allerdings weist das belarussische Wahlsystem zwei Besonderheiten auf. Erstens ist ein Kandidat nur gewählt, wenn die Wahlbeteiligung über 50 Prozent liegt, und er zweitens in einer eventuellen Stichwahl mehr Pro- als Kontrastimmen erhält. In das belarussische Wahlrecht wurde also ein sogenanntes „negatives Wahlverfahren" integriert, das es den Wählern erlaubt, gegen alle Kandidaten zu stimmen, indem sie die gesamte Wahlliste durchstreichen (ibid.: 74). Diese besondere Regelung führte in Verbindung mit den Antiparlamentskampagnen des Staatspräsidenten dazu, dass im ersten Wahlgang am 14. Mai 1995 nur 18 und in der folgenden Stichwahl erst 101 Abgeordnete gewählt werden konnten. Da dies das notwendige Zweidrittelquorum unterschritt, kam kein neues Parlament zustande. Erst nachdem im Dezember 1995 weitere 79 Abgeordnete gewählt werden konnten, war der Oberste Sowjet beschlussfähig.

Mehr als in jedem anderen osteuropäischen Land divergieren in Belarus Verfassungsbuchstabe und Verfassungsrealität. Dies gilt insbesondere für die Phase von 1994 bis 1996. Mit der neuen Verfassung wurde allerdings die geschriebene Verfassung den politischen Realitäten in weiten Bereichen angepasst. Während Belarus von 1994 bis zum Verfassungsreferendum 1996 *de jure* als Demokratie und *de facto* als defekte Demokratie bezeichnet werden konnte, ist das Regierungssystem seit Dezember 1996 schon nach dem Verfassungsbuchstaben als defekte Demokratie zu beurteilen (Beichelt 2004: 119 f.; Bertelsmann Stiftung 2004, 2005). Real hat das persönliche Regime Lukaschenkos aber mit dem Referendum die Züge einer Präsidialdiktatur angenommen.

3.2 Die Genese demokratischer Regierungssysteme

Warum entstanden in einigen Ländern und Regionen Osteuropas parlamentarische, warum in anderen semipräsidentielle oder präsidentielle Regierungssysteme? In Teil I, Kap. 7.2.2 (Genese demokratischer Regierungssysteme) wurden vier allgemeine Erklärungsansätze zur Genese demokratischer Regierungssysteme vorgestellt: die *historisch-konstitutionelle Erklärung*, die *Import-Erklärung*, die *prozessorientierte Erklärung* und die *akteurstheoretische Erklärung*. Im Folgenden soll die Erklärungskraft dieser einzelnen Ansätze am Beispiel der vier dargestellten Regierungssysteme von Ungarn, Polen, Russland und Belarus geprüft werden. Dabei werde ich die sich überlappenden prozessorientierten und akteurstheoretischen Ansätze zu einem Erklärungsstrang, dem *prozess- und akteursorientierten* Ansatz, zusammenführen.

3.2.1 Die historisch-konstitutionelle Erklärung

Historisch-konstitutionelle Traditionen und Erfahrungen spielten nur in Ungarn, Polen und Russland, und auch hier lediglich nur eine sehr bescheidene Rolle. Da Belarus bis zum Zerfall der Sowjetunion 1991 überhaupt keine eigenstaatliche Tradition aufwies, kann es auch keine nationalen belarussischen Verfassungskontinuitäten geben. In den beiden ostmitteleuropäischen Staaten Polen und Ungarn griffen die Verfassungsgeber kaum auf die Erfahrungen der kurzen, instabilen und unvollständigen demokratischen Konstitutionen der Zwischenkriegszeit zurück, als vielmehr auf einzelne Verfassungspassagen aus der kommunistischen Regimephase. Denn anders als nach dem Zusammenbruch der faschistischen Regime in Italien und Deutschland oder den rechtsautoritären Herrschaftsordnungen in Spanien und Portugal verschwanden die alten Verfassungen nicht völlig mit dem unmittelbaren Regimebruch; sie wurden teilweise übernommen, revidiert und ergänzt. Formal überlebten manche Institutionen oder gar die gesamte formale Verfassungshülle der alten Regime. „Aber die toten Formen des Parlaments, der Justiz oder der lokalen Verwaltung bekamen erst durch den Systemwechsel Leben eingehaucht" (Beyme 1994b: 230 f.). Nachdem 1993 in Russland, 1994 in Belarus und 1997 in Polen völlig neue Verfassungen in Kraft traten, besteht nur noch in Ungarn eine formale Verfassungskontinuität mit dem alten kommunistischen Regime.

In *Ungarn* wurde 1989 die stalinistische Verfassung von 1949, die 1972 im Sinne des weichen Autoritarismus des Kádár-Regimes reformiert worden war, einer Totalrevision unterzogen, die die alte autoritäre in eine neue demokratisch-pluralistische Herrschaftsordnung umwandelte (Brunner 1991: 298). Allerdings war damit noch keine neue Verfassung geschaffen. Das reformerische, aber demokratisch unzureichend legitimierte „Regimeparlament" von 1989 legte sich aufgrund seiner mangelnden Legitimität gegenüber einem solch fundamentalen Gründungsakt eine bewusste Selbstbeschränkung auf. Die endgültige Verfassungsentscheidung sollte erst von einem frei gewählten Parlament 1990 getroffen werden. Seitdem wurden zwar einige Verfassungsänderungen vorgenommen, nicht zuletzt aufgrund einer einschneidenden und umfangreichen Judikatur des Verfassungsgerichts (Brunner 1993: 102; Szabó 1994: 84), aber die Einberufung einer verfassungsgebenden Versammlung rückte in weite Ferne. Zwar wurden zwischen 1989 und 2002 im Parlament 20 Verfassungsänderungen beschlossen, aber das „revolutionäre Gelegenheitsfenster" für einen breiten Verfassungskonsens war in Ungarn nur sehr kurz geöffnet (Körösényi/Fodor 2004: 327).

Das 1990 eingeführte parlamentarische Regierungssystem steht in einer gewissen ungarischen Tradition, die sich von den konstitutionell-parlamentarischen Anfängen in der österreichisch-ungarischen Doppelmonarchie nach 1867 bis in die Anfangsphase des semiautoritären Horthy-Regimes (1920–1944) erstreckte. Allerdings besaß die vom Reichsverweser Horthy verwaltete konstitutionelle Monarchie ein Zweikammerparlament, in dessen Oberhaus Abgesandte der Hocharistokratie, der Verbände und der Kirche oder vom Reichsverweser ernannte Vertreter der kommunalen Selbstverwaltungskörperschaften vertreten waren. So lässt sich zwar für das parlamentarische Prinzip, nicht jedoch für seine konkrete institutionelle Ausprägung eine dünne Traditionslinie erkennen. Klassisch präsidentielle Traditionselemente gibt es dagegen in der Verfassungsgeschichte Ungarns überhaupt nicht (Szoboszlai 1992: 323). Tatsächlich war Ungarn das einzige Land des kommunistischen Osteuropas, in dem das Parlament schon zu Regimezeiten (seit 1985) eine zunehmend wichtigere Rolle für die Parlamentarisierung und Demokratisierung des Landes spielte (Ágh 1995: 254).

Von den vier Ländern sind in *Polen* die historischen Kontinuitätslinien der Verfassungsstrukturen am deutlichsten sichtbar. Zwar wurde 1997 die bis dahin nur revidierte (1992) sozialistische durch eine neue demokratische Verfassung ersetzt, dennoch sind einige Verbindungslinien zu den Verfassungen sowohl der Zwischenkriegszeit als auch des kommunistischen Nachkriegsregimes zu erkennen. So wurde wie 1992 (Kleine Verfassung) und 1997 (Verfassung der Polnischen Republik) auch die erste demokratische Verfassung Polens 1919 und 1921 nur in zwei Schritten zustandegebracht. Das Verhältniswahlrecht ohne Sperrklauseln von 1921 entsprach jenem von 1991, das man freilich dann 1993 änderte. Allerdings schrieb die Verfassung 1921 ein parlamentarisches Regierungssystem vor, in dem der Staatspräsident nur eine schwache Stellung erhielt.[47] Dies geschah aus Furcht vor dem starken Mann Polens, General Józef Piłsudski, der als der wahrscheinliche Präsident galt. Tatsächlich lehnte Piłsudski das schwache Amt des Staatspräsidenten ab und sicherte sich mit einem militärischen Staatsstreich (1926) weitreichende Vollmachten, die dann 1935 nach seinem Tode auch *de jure* in die neue Verfassung Eingang fanden. Gleichzeitig wurde die institutionelle Trinität von Sejm (erste Kammer), Senat (zweite Kammer) und Präsident ebenfalls konstitutionell festgeschrieben. So ähnelt das demokratische Regierungssystem Polens nach 1990 strukturell stärker jenem der Präsidialdiktatur von 1935 als dem der ersten demokratischen Verfassung von 1921.

Eine bestimmte konstitutionelle Kontinuität ergab sich auch aus den institutionellen Reformen in der Spätphase des kommunistischen Regimes. Das 1985 eingerichtete Verfassungsgericht und der 1987 etablierte Ombudsmann wurden beide in der neuen Demokratie als Institutionen übernommen und nach demokratischen Prinzipien mit mehr Kompetenzen ausgestattet. Paradoxerweise ließ sich von 1989 bis 1997 eine stärkere institutionelle Kontinuität zu der rechten und linken Autokratie der Geschichte Polens nachweisen als zu der ersten demokratischen Verfassung von 1921. Dies änderte sich mit der Verfassung von 1997, als der Präsident geschwächt und das Parlament (Sejm) gestärkt wurden (Ziemer/Matthes 2004: 194).

In *Russland* gibt es keine genuin demokratischen Verfassungstraditionen. Die nach der bürgerlichen Revolution von 1905 eingerichtete Duma als vorsichtiger Versuch der konstitutionell-parlamentarischen Begrenzung des absolutistischen Zarentums konnte diese Funktion nur kurzzeitig übernehmen. Eine parlamentarische Tradition wurde jedoch nicht begründet. So erscheint die Bezeichnung des gegenwärtigen Unterhauses als Duma eher als terminologischer denn als ein institutioneller Rückgriff auf die nationale Verfassungstradition.

3.2.2 Die Import-Erklärung

Wie der historische Kontinuitätsansatz besitzt auch die Import-Erklärung nur sekundäre Aussagekraft. Sie gilt in erster Linie nur insoweit, als sich die Akteure der Transformation nach Vorbildern und erfolgreichen Mustern im Ausland umsehen und diese mit ihren eigenen gegenwärtigen Interessenkalkülen abgleichen. Dabei sind zweifellos historische Freundschafts-

---

47 Die starke Stellung des Parlaments unter den Verfassungsgewalten fand in dem von linken und rechten Demokratiekritikern geprägten Begriff der „Sejmdemokratie" ihren verächtlichen Ausdruck.

linien zwischen zwei Nationen förderlich, um im eigenen Land mit einem angesehenen ausländischen Regierungssystem erfolgreich für die eigenen Interessen zu werben. Unterhalb der großen machtstrategischen Kalküle der wichtigsten politischen Akteure hat im Falle Russlands sowohl der Präsidentialismus der Vereinigten Staaten von Amerika als auch der Semipräsidentialismus Frankreichs eine gewisse Rolle in der verfassungsgebenden Kommission gespielt (Bos 1996b: 182; Mommsen, M. 2004). Die von Jelzin im Dezember 1993 durchgesetzte neue Verfassung mischt und ergänzt jedoch aus primär machtpolitischen Motiven Elemente der französischen und amerikanischen Regierungssysteme. So entstand ein für die Person Jelzin „maßgeschneiderter", genuin neuer russischer „Superpräsidentialismus" (Holmes 1993/94: 123), der die Machtposition Jelzins – und später Putins – kaum antastbar und über weite Strecken auch unkontrollierbar machte. In der polnischen Verfassungsgebung wurde häufig explizit auf das Vorbild des semipräsidentiellen Regierungssystems der Fünften Republik Frankreichs Bezug genommen. Im Endergebnis sind die Parallelen zwischen beiden Regierungssystemen tatsächlich auch unverkennbar (Ziemer 1993: 104). Dies gilt insbesondere für die in der Verfassung angelegte Möglichkeit und die von 1993 bis 1995 sowie von 1997 bis 2000 bestehende *cohabitation*[48] von Staatspräsident und Regierung; eine Konstellation, die der mächtige russische Staatspräsident konstitutionell verhindern kann.

So wie sich historische und verfassungssystematische Verbindungslinien zwischen den demokratischen Verfassungen Frankreichs und Polens ziehen lassen, ist der bundesdeutsche Einfluss auf die neue ungarische Verfassung deutlich sichtbar. Speziell das konstruktive Misstrauensvotum im Parlament und die Übernahme des bundesrepublikanischen Modells der Verfassungsgerichtsbarkeit lassen die Verbindungslinien zum Grundgesetz der Bundesrepublik Deutschland erkennen. Tatsächlich hatte sich schon früh in den 1980er Jahren eine enge rechtswissenschaftliche Kooperation zwischen den beiden später einflussreichen Verfassungsvätern Kilényi (Regimereformer) und Sólyom (Opposition) sowie bundesdeutschen Staats- und Verfassungsrechtlern entwickelt.

In Russland waren vor allem französische Verfassungsexperten sowohl als Berater des Präsidenten als auch des Parlaments tätig. Der letztliche Verfassungsentwurf, der im Dezember 1993 den russischen Bürgern in einem Referendum vorgelegt wurde, trug jedoch die genuine Handschrift des Machtpolitikers Jelzin.

3.2.3 Die prozess- und akteursorientierte Erklärung

Das Kerntheorem der prozess- und akteurstheoretischen Erklärung lautet: Die konkreten institutionellen Konfigurationen des Regierungssystems, hauptsächlich die Machtbalance zwischen Parlament und Exekutive, Regierung und Staatspräsident sowie der Modus des Wahlsystems werden in entscheidendem Maße von den selbstinteressierten Strategien rational handelnder Akteure während der Institutionalisierungsphase der Demokratie geprägt. Dabei kommt es darauf an, wie die relevanten individuellen und kollektiven Akteure (Führungspersönlichkeiten, Elitengruppen, soziale Bewegungen, Organisationen und Institutionen) ihre gegenwärtigen Interessen und zukünftigen Einflusschancen einschätzen, welche Machtressourcen sie mobilisieren können, welche Strategien sie verfolgen und welche Koalitionen sie einge-

---

48 Der Begriff der *cohabitation* kommt aus der politischen Terminologie des semipräsidentiellen Regierungssystems Frankreichs. Er bezeichnet das gemeinsame Regieren von einem Kabinett mit anderer parteipolitischer Färbung als jener des Staatspräsidenten.

hen (Colomer 1995a; Colomer/Pascual 1994; Elster 1994; Offe 1994). Politische Institutionen werden also vor allem etabliert, weil sie den strategischen Kalkülen der durchsetzungsfähigsten politischen Akteure entsprechen und weniger, weil sie in der ökonomischen, sozialen und politischen Tradition eines Landes stehen. Vereinfacht lassen sich theoretisch folgende Zusammenhänge in drei Hypothesen formulieren:

1. Dominiert ein Akteur entscheidend den Verfassungsgebungsprozess, wird sich später seine interessen- und machtpolitische Präferenz in der Struktur des Regierungssystems erkennen lassen. In den osteuropäischen Umbruchprozessen wird allgemein den alten Regimeeliten eine Präferenz zu stärker präsidentiellen Regierungssystemen mit Mehrheitswahlrecht und der demokratischen Opposition eine Tendenz zu parlamentarischen Systemen mit Verhältniswahl unterstellt (Rüb 1994, 1996a: 49, 2001).
2. Ist das Machtverhältnis zwischen den alten Regime- und den neuen Oppositionseliten weitgehend ausgeglichen und kommt es deshalb zu konstitutionellen Verhandlungslösungen, drückt sich dies häufig in Mischsystemen hinsichtlich der staatlichen Gewaltenteilung und der konkreten Ausgestaltung des Wahlrechts aus.
3. Ist das gegenwärtige wie zukünftige politische Kräfteverhältnis nur schwer absehbar, tendieren rationale Akteure im Verfassungsgebungsprozess vorsichtigerweise dazu, machtpolitische Nullsummenspiele zu vermeiden und institutionelle Lösungen zu bevorzugen, die Kooperation, Kompromiss, Konsens, Minderheitenschutz und Vetorechte begünstigen (Rüb 1996a: 50). Die dann etablierten institutionellen Muster besitzen häufig konsensuellen Charakter.

Wie weit entsprachen Praxis und Ergebnis der Verfassungsgebungen in Osteuropa diesen Hypothesen? In *Ungarn* entstand die totalrevidierte demokratische Verfassung in zwei Verhandlungsrunden zwischen den Reformern des Regimes und der Opposition. In der ersten Runde saßen sich die Reformkräfte der noch regierenden Ungarischen Sozialistischen Arbeiterpartei (MSZMP)[49], der „Oppositionelle Runde Tisch" und einige gesellschaftliche Organisationen als wenig bedeutsame dritte Partei gegenüber (Brunner 1991: 297). Die Machtverteilung zwischen der MSZMP (staatliche Ressourcen, aber begrenzte Legitimität) und der demokratischen Opposition (gesellschaftliches Mobilisierungspotenzial und moralische Legitimität) tendierte zu einer Pattsituation, in der jede Seite die Zustimmung des jeweils anderen Kontrahenten benötigte, um handlungsfähig zu bleiben und zumindest einen Teil der eigenen Interessen durchzusetzen. Beide Seiten stimmten überein, dass sie gemeinsam Lösungen finden müssen. Dissens herrschte jedoch hinsichtlich der institutionellen Gestaltung der politischen Entscheidungsarenen. Besonders umstritten waren deshalb zwischen beiden Kontrahenten jene Institutionen der neuen demokratischen Herrschaftsordnung, die für die zukünftige Machtverteilung von erheblicher Bedeutung waren: die Kompetenzen und die demokratische Legitimationsbasis des Staatspräsidenten, die Rechte und wechselseitigen Abhängigkeiten von Regierung und Parlament, die Befugnisse des Verfassungsgerichts und die Modalitäten des Wahlsystems.

Als besonders konfliktreich erwies sich zudem die institutionelle Ausstattung des Wahlsystems und des Staatspräsidentenamtes. In der Frage des Wahlsystems bevorzugten die Reformsozialisten die Mehrheits-, die Opposition dagegen mehrheitlich die Verhältniswahl. Gelöst wurde dieser Interessenkonflikt nach der Logik der Machtteilung durch einen geradezu klassi-

---

49 Die alte MSZMP löste sich auf ihrem Parteitag vom Oktober 1989 auf und benannte sich in Ungarische Sozialistische Partei (MSZP) um. Die neue MSZP trat die Rechtsnachfolge der alten MSZMP an.

schen institutionellen Kompromiss: Es wurde ein „segmentiertes Wahlsystem mit kompensatorischem Element" (Nohlen 2004: 225) festgelegt, in dem Elemente der Verhältnis- wie der Mehrheitswahl fast gleichgewichtig miteinander kombiniert wurden. Auf die Kompetenzen des Verfassungsgerichts konnten sich beide Seiten rasch einigen. Dagegen blieben die Fragen nach dem Wahlmodus des Präsidenten und seinen Befugnissen gegenüber Parlament und Regierung zunächst ungeklärt (Rüb 1994: 282; Merkel, W. 1996c: 88). Dieser Konflikt bestimmte die zweite Verhandlungsrunde nach den Parlamentswahlen vom März/April 1990.

Die postkommunistische Sozialistische Partei (MSZP) favorisierte nach wie vor einen direkt vom Volk gewählten, kompetenzreichen Staatspräsidenten, weil sie – vermutlich aufgrund einer Fehleinschätzung – ihrem Kandidaten die besseren Wahlchancen einräumte. Sie traf nunmehr aber auf die in den Parlamentswahlen (1990) gestärkten bürgerlichen Parteien[50], die einen informellen Pakt für die noch anstehenden Fragen der Verfassungsrevision geschlossen hatten (Szabó 1993: 35). Nach einem jeweils von der Opposition (1989) und den Sozialisten (1990) initiierten Referendum konnten sich die bürgerlichen Parteien der ehemaligen Opposition schließlich durchsetzen: Der Staatspräsident wurde und wird indirekt vom Parlament gewählt und hat weniger Befugnisse, als von den Postkommunisten gewünscht (Körösényi/Fodor 2004: 328). Ein Kompromiss war in dieser Verfassungsfrage und zu diesem Zeitpunkt nicht mehr notwendig, weil sich die Machtressourcen mit den ersten freien Parlamentswahlen so weit zugunsten der einstigen Regimeopposition verschoben hatten, dass sie in der zweiten Verhandlungsrunde nicht mehr zu Zugeständnissen gezwungen waren, sondern über das Parlament und ein Referendum ihre institutionelle Option eines schwächeren, indirekt gewählten Staatspräsidenten ungeschmälert durchsetzen konnten. Während in der ersten Verhandlungsrunde eindeutig Hypothese 2 bestätigt wurde, verlief die zweite Runde nach der Voraussage von Hypothese 1.

Auch in *Polen* lässt sich das machtpolitische Spiel um die Verfassung über mehrere Verhandlungsrunden deutlich nachzeichnen. In jeder Runde mussten Kompromisse zwischen den beteiligten Akteuren geschlossen werden. Von Runde zu Runde verschoben sich die Machtressourcen, die die beteiligten Akteure für die eigenen Ziele mobilisieren konnten. Die Akteure waren die Reformeliten des kommunistischen Regimes (Softliner) und die Regimeopposition (Solidarność) sowie später innerhalb der Solidarność die „Danziger" und die „Warschauer" Gruppe bzw. die staatlichen Organe und später Präsident, Regierung und Parlament. Aus spieltheoretischer Sicht lassen sich diese Verhandlungsrunden als eine Sequenz von Spielen verstehen, bei denen das jeweilige Verhandlungsergebnis der letzten Runde zugleich der erste Schritt in die neue Runde bedeutete. Die Verhandlungsergebnisse engten so zunehmend die noch zu bearbeitenden Materien ein und schufen aufgrund der schon getroffenen Vereinbarungen einen immer engeren und institutionell stabilisierten Verhandlungsrahmen, der schließlich zu einem tragfähigen Ergebnis (spieltheoretisch: Äquilibrium) führte (Colomer/Pascual 1994: 293).

In der ersten Verhandlungsrunde saßen sich die reformwilligen Eliten des alten Regimes *(softliner)* und die gemäßigten Kräfte der Regimeopposition *(moderates)* als Hauptkontrahenten gegenüber. Als Ergebnis dieser Runde, in der die Regimeeliten zwar noch dominierten, aber beide Spieler unsicher über ihre eigenen Machtperspektiven waren, kam ein zunächst semidemokratisches Wahlrecht und ein auf den kommunistischen General und Staatspräsiden-

---

50 Das waren vor allem der klare Wahlsieger, das Ungarische Demokratische Forum (MDF) und die Vereinigung Freier Demokraten (SZDSZ), die gemeinsam rund 67 Prozent der Parlamentsmandate auf sich vereinigen konnten (Stöss/Segert 1997: 410).

ten Jaruzelski zugeschnittenes mächtiges Präsidentenamt heraus. Das Regimezugeständnis halbfreier Wahlen an die Opposition und die starke Position des Staatspräsidenten als erwarteter Garant für die Interessen der alten Regimeeliten lassen die Logik der Machtteilung in einer konkreten historischen Situation auch in Polen erkennen (Rüb 1994: 273). Damit waren nach der ersten Verhandlungsrunde schon die großen Institutionen des neuen semipräsidentiellen Regierungssystems festgelegt. In den folgenden „Runden" wurden dann nur noch Korrekturen, Modifikationen und kleinere Innovationen ein- und hinzugefügt. Der typische semipräsidentielle Charakter des Regierungssystems wurde jedoch nicht mehr verändert. Nur die Direktwahl des Präsidenten durch das Volk war noch nicht eingeführt. Es ging deshalb vor allem um die Verfassungsfrage, ob sich der Systemcharakter stärker in Richtung parlamentarisches oder präsidentiell-parlamentarisches Regierungssystem verschieben würde. Aber in diesem Konflikt traten schon andere Spieler mit veränderten Machtressourcen gegeneinander an.

Der Wahlsieg der Solidarność 1989 und die Bildung der Regierung unter Ministerpräsident Mazowiecki, einem liberalen Führungsmitglied der Solidarność, verschob die Machtbalance endgültig zugunsten der demokratischen Opposition. Nachdem aber der ursprünglich gemeinsame Kontrahent „Regime" für die Systemopposition weggefallen war, traten die unterschiedlichen Positionen innerhalb der Solidarność deutlicher hervor. Der herausragende und für die Verfassung bedeutsame Konfliktgegenstand berührte den Wahlmodus und die Kompetenzausstattung für das Präsidentenamt. Die liberale „Warschauer Gruppe" um Mazowiecki, Geremek und Kuroń plädierte für die Direktwahl, weil sie darin größere Wahlchancen für ihren Kandidaten Mazowiecki sah. Die „Danziger Gruppe" versuchte, die Wahl durch den Sejm durchzusetzen, weil sie so den Sieg Wałęsas für sicherer hielt. Schließlich setzte sich die „Warschauer Gruppe" durch, hatte jedoch die Wählerpräferenzen der Bürger völlig falsch eingeschätzt. Mazowiecki konnte sich als Drittplazierter nicht einmal für die Stichwahlen qualifizieren, die Wałęsa gegen den Populisten Tyminski für sich entscheiden konnte (Ziemer 1993: 104).

Die dritte Runde der Verfassungsstreitigkeiten wurde vom Staatspräsidenten Wałęsa auf der einen und dem Sejm auf der anderen Seite ausgetragen. Der dritte Spieler war die von beiden Institutionen abhängige Regierung. Die offenen konstitutionellen Expansionsbestrebungen Wałęsas trieben die Regierung nicht selten in eine Interessenkoalition mit dem Parlament. Infolge dieser Koalition und aufgrund des sich abnutzenden Charismas Wałęsas verschoben sich die Machtgewichte zuungunsten des Staatspräsidenten. Alle drei Seiten fanden dann 1992 einen Kompromiss in der „Kleinen Verfassung". Die De-facto-Kompetenzen des Präsidenten wurden dort vorsichtig begrenzt, blieben aber insbesondere bei der Regierungsbildung noch erheblich. Der Sejm erhielt ein neues „rationalisiertes" Verhältniswahlrecht[51] und die Regierung wurde durch das neu eingeführte konstruktive Misstrauensvotum gegenüber dem Parlament etwas gestärkt.[52] Es hatte sich damit eine prekäre Balance zwischen Präsident, Regierung und Parlament herausgebildet, die zwar einige Konflikte durch die Präzisierung der Gewaltenteilung und Gewaltenverschränkung entschärfte, die grundsätzliche Strukturproblematik des parlamentarisch-präsidentiellen Regierungssystems jedoch nicht lösen konnte. Auch die nächsten Verhandlungsrunden, die sich bis zur Verabschiedung der Verfassung im Mai 1997 hinzogen, änderten, sieht man von der Stärkung des Verfassungsgerichts einmal ab, nichts We-

---

51 Seit 1992 gilt das Verhältniswahlsystem in Mehrpersonenwahlkreisen, das durch eine Sperrklausel von 5 Prozent für Parteien und 8 Prozent für Wahlbündnisse (auf Wahlkreisebene) „rationalisiert" wurde.
52 Da auch das einfache Misstrauensvotum (bis 1997) bestehen blieb, war die Stärkung der Regierung nur minimal.

sentliches mehr am Modus der Gewaltenteilung und am innerexekutiven Verhältnis von Regierung und Staatspräsident (EECR 1997: 21 f.). Diese vollzogen sich erst mit der neuen Verfassung (Rüb 2001: 189; Ziemer/Matthes 2004: 193 f.; s. Kap. 6.4.1).

Dies gilt auch für *Russland* nach Verabschiedung der Verfassung im Dezember 1993. Allerdings verlief hier der Streit um die Verfassung und das Regierungssystem im Allgemeinen und das Verhältnis von Exekutive und Parlament im Besonderen noch konfliktreicher als in den anderen osteuropäischen Ländern. Die Auseinandersetzungen um die Verfassung von der Unabhängigkeitserklärung vom 12. Juni 1990 bis zum Inkrafttreten der Verfassung im Dezember 1993 sind ein Musterbeispiel interessengeleiteter und machtbestimmter Verfassungsgebung im Zuge eines Systemwechsels. Allerdings führten die rationalen Strategien der maßgeblichen Akteure nicht zu Verhandlungslösungen, sondern folgten der Logik eines Nullsummenspiels und führten damit zu einem unilateral durchgesetzten Verfassungsdiktat.

In der langen Institutionalisierungsphase der Demokratie lassen sich drei Konfliktrunden erkennen (vgl. u. a. Beyme 1994a: 238 ff.; Brie 1996: 155 ff.; Bos 1996b: 181 ff.; Linz/Stepan 1996: 368 ff.; Mommsen, M. 2004: 374 ff.):

1. Juni 1990 – Dezember 1991: Souveränisierung Russlands;
2. Januar 1992 – August 1993: Doppelherrschaft und Verfassungskrieg;
3. September-Dezember 1993: Staatsstreich als Verfassungsgebung.

1. Runde: Souveränisierung Russlands. Die Phase von der Souveränitätserklärung Russlands (Juni 1990) bis zur Auflösung der Sowjetunion war von einer doppelten Konfrontation geprägt: zum einen zwischen den Protagonisten der russischen Unabhängigkeit und der Staats- und Parteispitze der Sowjetunion und zum anderen innerhalb Russlands zwischen Exekutive und Legislative. Eine klare Trennung zwischen der wenig bedeutsamen Regimeopposition und der großen Mehrheit der alten Regimeeliten gab es nicht. Die einstigen Eliten des Sowjetregimes hatten sich auf alle Lager verteilt. Dennoch lassen sich auf russischer Seite die reformbereiten Kräfte um Jelzin und die in politischen Regimefragen stärker Status quo orientierten Regimeeliten um den Vorsitzenden des Volksdeputiertenkongresses, Chasbulatow, unterscheiden. Auf sowjetischer Seite führte der Präsident der Sowjetunion, Gorbatschow, die *Softliner* an, während die Putschisten vom August 1991 den Kern der sowjetischen *Hardliner* ausmachten. Zwischen diesen vier Gruppen bildeten sich keine Koalitionen heraus. Weder fanden die sowjetischen *Hard-* und *Softliner* zu einem Bündnis gegen die russischen Autonomiebestrebungen, noch konnten die russischen und sowjetischen *Softliner* auf der einen oder die *Hardliner* beider Lager auf der anderen Seite zu einer Kooperation finden. Das Ergebnis dieser anarchischen Akteurskonstellation war ein anarchischer De- und Reinstitutionalisierungsprozess. Dies betrifft sowohl die Sowjetunion als Staat als auch den Regimewandel im Kernland Russland. Die Parallelisierung russischer und sowjetischer Rechtsquellen auf der einen (Beyme 1994a: 245) und die Gleichzeitigkeit ständiger Revisionen an der alten sowjetischen Verfassung und der Arbeit an einem neuen russischen Grundgesetz auf der anderen Seite (Bos 1996b: 181) schufen einen rechtsunsicheren politischen Handlungsraum, den die Akteure eher zu unversöhnlichen Nullsummenstrategien als zu gemeinsamen Verhandlungslösungen auszubeuten suchten.

Dennoch kam es in der Phase von Juni 1990 bis Dezember 1991 zu konkreten Ergebnissen in der Verfassungsfrage, die allerdings schon eindeutige Verlierer und Gewinner sahen. Eindeutige Verlierer waren die sowjetischen *Hard-* wie *Softliner*. Die Gewinner befanden sich im „russischen Lager", denn im Dezember 1991 wurde die Sowjetunion endgültig aufgelöst und

Russland erhielt seine volle Souveränität. Unentschieden, da kaum ausgetragen, blieb der sich abzeichnende Konflikt zwischen dem alten Obersten Sowjet und dem im Juni 1991 direkt vom Volk gewählten Präsidenten Jelzin. Zu den wichtigsten Ergebnissen in der Verfassungsfrage zählen: ersatzlose Streichung des Führungsmonopols der Kommunistischen Partei (Juni 1990), die Einrichtung eines Verfassungsgerichts sowie die Etablierung des Amtes des Staatspräsidenten (April 1991). Das russische Präsidentenamt wurde mit weitreichenden Kompetenzen ausgestattet, ohne aber *de jure* auch die Prärogativen der Legislative entsprechend zu verändern. Damit wurde ein Institutionenkonflikt angelegt, der sich zu einer lähmenden institutionellen Doppelherrschaft verfestigte, die geradewegs in einen „Verfassungskrieg" (Bos 1996b: 183; Mommsen, M. 2004: 374 ff.) mündete.

2. Runde: Doppelherrschaft und Verfassungskrieg. Die Konstellation der Akteure hat sich mit der Auflösung der Sowjetunion vereinfacht. Die sowjetischen Kontrahenten fielen weg. Nun standen sich alleine der russische Präsident Jelzin und die Mehrheit des Volksdeputiertenkongresses und des Obersten Sowjets[53] unter Führung des Vorsitzenden Chasbulatow gegenüber. Die Fronten verliefen nun klarer und die Konfliktmaterie verengte sich zusehends auf die relative Machtverteilung von Parlament (Oberster Sowjet) und Präsident. Mit der Verengung der Verfassungsfrage ging auch eine Verschärfung des Verfassungskonflikts einher. Im April 1992 lagen dem 6. Kongress der Volksdeputierten drei Verfassungsentwürfe vor. Der offizielle Verfassungsentwurf, der unter dem Vorsitzenden der Verfassungskommission, Oleg Rumjancev, erarbeitet worden war, sah eine semipräsidentielle föderative Republik mit einem Zweikammerparlament vor (Beyme 1994a: 246). Dieser Entwurf traf auf Jelzins Widerspruch, der einen Alternativentwurf vorlegen ließ, der sich vor allem durch die überstarke Position des Präsidenten auszeichnete. Ein dritter Entwurf wurde von Anatolij Sobtschak, dem Bürgermeister von St. Petersburg, und der Bewegung für demokratische Reformen vorgelegt. Dieser hatte seinen besonderen Schwerpunkt im Grundrechtsteil, während er in der Frage der Gewaltenteilung für ein parlamentarisch-präsidentielles Mischsystem eintrat. Die Entwürfe blockierten sich gegenseitig, da weder der Präsident noch die Parlamentsmehrheit zu Kompromissen bereit waren. Die Verfassungskommission erhielt den Auftrag, ihren Vorschlag noch einmal in einer überarbeiteten Fassung vorzulegen (Bos 1996b: 185).

In der Zwischenzeit verloren Chasbulatow und die Mehrheit der Parlamentsabgeordneten zunehmend das Interesse an einer neuen Verfassung und benutzten erfolgreich ihre Parlamentsmacht, um die präsidentiellen Prärogativen im Rahmen der alten, wiederholt revidierten Verfassung weiter einzuschränken und gleichzeitig die parlamentarische Verantwortlichkeit des Ministerrats zu stärken (Beyme 1994a: 247). Jelzin versuchte, aus der für ihn ungünstigen Situation mit einem Referendum über die Grundprinzipien der neuen Verfassung herauszukommen. Nach Auseinandersetzungen mit dem Parlament und einer Entscheidung des Verfassungsgerichts gegen die plebiszitäre Strategie Jelzins wurde die Referendumsfrage auf eine Volksbefragung zum Vertrauen in den Präsidenten, zu seiner Wirtschafts- und Sozialpolitik sowie zu vorgezogenen Neuwahlen reduziert. Bei einer Wahlbeteiligung von 64,5 Prozent sprachen 58,8 Prozent dem Präsidenten ihr Vertrauen aus, 52,7 Prozent stimmten der Wirtschafts- und Sozialpolitik zu, aber nur 42,9 Prozent bzw. 32,8 Prozent votierten für vorgezogene Parla-

---

53 Der Kongress der Volksdeputierten wurde mit der Verfassungsänderung von 1988 als oberstes Staatsorgan geschaffen. Von seinen 2 250 Deputierten wurden 750 von „gesellschaftlichen Organisationen", 750 in Wahlkreisen nach der Nationalität und 750 nach der Bevölkerungszahl gewählt. Der Volksdeputiertenkongress wählt den Obersten Sowjet, der aus zwei Kammern, dem Unionsrat und dem Nationalrat, besteht.

ments- und Präsidentschaftswahlen. Dies war ein bescheidener Sieg für Jelzin, löste aber nicht die umstrittene Verfassungsfrage zwischen den Befürwortern eines starken Parlaments und der Gruppe um Jelzin, die für einen „Superpräsidentialismus" (Holmes 1993/94) und die Einschränkung der Parlamentskompetenzen eintrat.

Beide Seiten hatten den Verfassungsgebungsprozess in eine Sackgasse manövriert, in der „die Annahme einer neuen Verfassung erst durch ein neu gewähltes Parlament zu erwarten war, vorgezogene Parlamentswahlen aber erst nach der Verabschiedung einer neuen Verfassung möglich erschienen" (Bos 1996b: 186). Diese dilemmatische Situation nützte zweifellos mehr den reformfeindlichen Kräften des Parlaments als den stärker reformorientierten Kräften um Jelzin. Beide Kontrahenten beriefen sich auf unterschiedliche Legitimitätsquellen. Jelzin setzte auf die demokratische Legitimität seiner direkten Wahl durch das Volk und Chasbulatow auf die konstitutionelle Legitimität der geltenden Verfassung, die den Obersten Sowjet als das „höchste Organ des Staates" auswies. Beide Legitimitätsquellen waren schwer miteinander zu „verrechnen".[54] Klar war jedoch, dass der Staatspräsident innerhalb der geltenden Verfassung seine politischen Vorstellungen nicht durchsetzen konnte.

3. Runde: Staatsstreich als Verfassungsgebung. Auf dem Boden der geltenden Verfassungsbestimmungen gab es für Jelzin kaum Chancen, seine konstitutionellen Vorstellungen durchzusetzen. Jelzin entschied sich deshalb für den Bruch der Verfassung und löste am 21. September in einem kalten Staatsstreich das Parlament mit einem präsidentiellen Dekret auf und kündigte Neuwahlen an. Eine große Gruppe von Abgeordneten um Chasbulatow und den Vizepräsidenten Ruzkoj verschanzten sich im Parlament. Jelzin ließ das Parlament beschießen und mit Waffengewalt erstürmen, wobei es zahlreiche Tote gab (Schneider, E. 1995: 40). Danach setzte er erneut eine Verfassungskommission ein, die seine Systemvorstellungen eines starken Präsidenten umsetzte. Am 10. November wurde der Entwurf veröffentlicht und für den 12. Dezember das Verfassungsreferendum angesetzt. Eine Diskussion des Entwurfs fand weder in den demokratischen Gremien noch in der Öffentlichkeit statt. Über 70 Prozent der Bevölkerung gab in Umfragen an, mit dem Verfassungsentwurf nicht vertraut zu sein (Bos 1996b: 193). Nur 55 Prozent der Bürger beteiligten sich an dem Referendum und von ihnen stimmten nur 58,4 Prozent dem Entwurf zu (Mommsen, M. 2004: 377). Auch wenn man die häufig unterstellten Manipulationen an diesem Ergebnis nicht berücksichtigt (Brie 1996: 157), kann eine Zustimmungsrate von knapp 30 Prozent der Wahlbevölkerung nicht als ein legitimes Votum für das Grundgesetz einer neuen Demokratie angesehen werden. Die russische Verfassung ist deshalb weder Ausdruck eines konsensuellen Volks- und Elitenwillens, noch genügte ihre Einsetzung den Minimalstandards demokratischer Verfahrensweisen. Die neue demokratische Verfassung Russlands muss deshalb als das paradoxe Ergebnis eines unilateral und gewaltsam oktroyierten Willens des Staatspräsidenten gelten (ibid.: 156).

In Russland setzten beide Hauptkontrahenten im Verfassungskonflikt auf eine Nullsummenlogik und waren deshalb nicht zu wechselseitigen Zugeständnissen oder Kompromissen bereit. Die rationale Strategie der *first best solution* ging nur für den Präsidenten auf. Schwer wiegt der Geburtsfehler der russischen Demokratie, dass es im Zuge der Verfassungsgebung nicht zu einem *elite settlement* oder auch nur zu einer Elitenkonvergenz gekommen ist. Die Verfassung einte das Land nicht auf einen Basiskonsens, sondern spaltete es und trug erheblich zur Polarisierung der politischen Eliten bei. Berücksichtigt man Genese und Inhalt der drei

---

54 Vgl. zu jeweils unterschiedlichen Interpretationen Bos (1996a: 192 ff.) und Brie (1996: 155 ff.).

Verfassungen, nahm zweifellos Russland die größte Hypothek mit in die Phase der demokratischen Konsolidierung.

4 Konsolidierung: Ungarn, Polen, Russland und Belarus im Vergleich

Im abschließenden Kapitel[55] zu den Systemwechseln in Osteuropa soll der Stand der demokratischen Konsolidierung von vier ausgewählten ost-(mittel-)europäischen Ländern 20 Jahre nach dem Systembruch erfasst werden. Für die Konsolidierungsanalyse sollen dabei weiterhin die vier Länder Ungarn, Polen, Russland und Belarus berücksichtigt werden. Damit haben wir innerhalb des *most similar cases design* (Transformationsstaaten der „dritten Welle" der Region Osteuropa) bewusst ein *dissimilar cases design*[56] gewählt, um die Wirkungen unterschiedlicher Institutionen, politischer Entscheidungen und sozioökonomischer Entwicklungen in Hinblick auf die Konsolidierungserfolge und Misserfolge komparativ erfassen zu können. Anschließend werden die vier Länder in eine quantitative Konsolidierungsanalyse aller 18 osteuropäischen Staaten eingebettet. Unterschiedlich sind die Transformationsentwicklungen der vier genannten Länder bis zum Beginn der Konsolidierungsphase u. a. in mehrerlei Hinsicht gewesen:

1. Unterschiedliches Ende der autokratischen Regime:
   Ungarn: Einleitung der Transformation durch die Regimeeliten von oben, dann Verhandlungen zwischen reformorientierten Regimeeliten und der Opposition;
   Polen: Einleitung der Transformation durch Druck von unten, dann Verhandlungen zwischen reformorientierten Regimeeliten und Regimeopposition;
   Russland: Einleitung der Transformation von oben (in der UdSSR), Imperiumszerfall, Staatsneugründung und Reform durch „gewendete" Softliner der Nomenklatura und Reformkräfte ohne Aushandlung;
   Belarus: Imperiumszerfall, Staatsneugründung, Reform von oben, Abbruch der Demokratisierung von oben.

2. Etablierung unterschiedlicher Regierungssysteme:
   Ungarn: parlamentarisches Regierungssystem;
   Polen: parlamentarisch-präsidentielles Regierungssystem;
   Russland: präsidentiell-parlamentarisches Regierungssystem;
   Belarus: präsidentielles Regierungssystem.

3. Zivilgesellschaft:
   Ungarn: zivilgesellschaftliche und rechtsstaatliche Traditionslinien, die bis in die Habsburger Zeit zurückreichen und sich nach 1968 in Ansätzen erneut entwickeln konnten;
   Polen: schwächere Habsburger Traditionen und massenhafter zivilgesellschaftlicher Protest nach 1980;
   Russland und Belarus: keine vergleichbaren rechtsstaatlichen und zivilgesellschaftlichen Traditionen im 19. und 20. Jahrhundert.

---

55 Dieses Kapitel basiert im Wesentlichen auf Merkel/Puhle (1999: 185 ff.) und Merkel, W. (2007b).
56 Zur Methodik des Vergleichs und der Funktion von *most similar cases* und *most dissimilar cases design* vgl. Przeworski/Teune (1970).

4. Wirtschaft:
Ungarn und Polen: höheres BIP/capita, Beitritt zur Europäischen Union, hohes Bildungsniveau;
Russland und Belarus: geringeres BIP/capita, geringeres Bildungsniveau, keine Aussicht auf EU-Mitgliedschaft.

Die Analyse der demokratischen Konsolidierung wird auf den im Modell (vgl. Abbildung 6, S. 111) skizzierten vier interdependenten Ebenen des politischen Systems analysiert werden: Verfassungsinstitutionen, intermediäre Organisationen, Neutralisierung der Vetoakteure und Zivilgesellschaft.[57] Dabei werden die Konsolidierungsfortschritte auf der Ebene der Verfassungsinstitutionen vor allem daran gemessen, inwieweit folgende drei konsolidierungsfördernde Prinzipien realisiert wurden:

1. *Die institutionelle Effizienz:* Die politischen Institutionen müssen zügige politische Entscheidungen zulassen und dazu beitragen, politische Stabilität zu produzieren;
2. *Die institutionelle Transparenz:* Die politischen Entscheidungen müssen demokratisch legitimiert, zurechen- und kontrollierbar sein;
3. *Die institutionelle Inklusion:* Die Institutionen müssen eine weitgehende politische und soziale Einbindung zulassen bzw. fördern; es dürfen keine relevanten Minderheiten bei der politischen und gesellschaftlichen Partizipation institutionell benachteiligt werden.

4.1 Konstitutionelle Konsolidierung: Regierungssysteme

■ Ungarn

Das parlamentarische Regierungssystem Ungarns zeichnet sich durch eine starke Exekutive aus, in der das Regierungskabinett dominiert und dem Staatspräsidenten durch die Verfassung keine konkurrierenden Prärogativen zugeschrieben werden. Die Kompetenzbereiche sind klar voneinander getrennt. Dasselbe gilt auch für das Verhältnis von Parlament und Präsident. Gegenüber dem Parlament besitzt der Präsident in der Gesetzgebung keine intervenierenden (suspensives Veto) oder konkurrierenden (präsidentielle Domänen, Dekrete) Kompetenzen. Die Wahl der Regierung geschieht durch das Parlament und die Regierung ist nur dem Parlament, nicht aber zusätzlich dem Staatsoberhaupt verantwortlich. Das Parlament kann jedoch die parlamentarische Verantwortlichkeit der Regierung nicht destruktiv gegen diese, etwa durch ein einfaches Misstrauensvotum, einsetzen. Die Einführung des konstruktiven Misstrauensvotums stärkt deshalb die Stabilität der Regierung und die Kontinuität der Politikformulierung während der Legislaturperiode. Die starke Stellung der Regierung wird aber nicht nur durch das Parlament „konstruktiv" kontrolliert, sondern auch durch das kompetenzreiche Verfassungsgericht konstitutionell eingehegt. Mit dem Institut der vorbeugenden wie der Ex-post-Normenkontrolle vermag es die Rechtsetzung der Regierungsmehrheit im Parlament wirkungsvoll auf ihre Verfassungsgemäßheit zu überprüfen.

Die eindeutigen Kompetenzzuschreibungen, die kooperative Verschränkung der Verfassungsorgane und ihre wechselseitigen Kontrollmöglichkeiten haben in Ungarn einen institu-

---

[57] Natürlich entscheidet sich der Erfolg demokratischer Konsolidierung nicht allein auf diesen Ebenen. Wirtschaftliche Faktoren spielen ebenso eine erhebliche Rolle. Sie sollen in politikwissenschaftlicher Bescheidung aber nur insofern berücksichtigt werden, wie sie die gesamten Ebenen beeinflussen.

tionellen Rahmen geschaffen, der die Regierungsstabilität fördert, die Entscheidungseffizienz nicht durch überlappende oder konkurrierende Kompetenzen beeinträchtigt, die politischen Entscheidungen zurechenbar macht und die politische und soziale Inklusion zumindest nicht behindert (vgl. u. a. Brunner 1991: 297 f.; Ágh 1993; Rüb 1994: 287; Merkel, W. 1996c: 97; Körösényi/Fodor 2004: 368).

- *Polen*

Als Gegenbeispiel zum stabilen institutionellen Rahmen Ungarns erwies sich bis 1997 die Verfassungskonstruktion des parlamentarisch-präsidentiellen Regierungssystems in Polen. In der doppelköpfigen Exekutive wurden Staatspräsident und Parlament mit annähernd gleichbedeutenden Machtressourcen ausgestattet, die zur institutionellen Konkurrenz von Parlament und Präsident sowie innerhalb der Exekutive einluden. Die unklar formulierten Kompetenzabgrenzungen zwischen Legislative und Exekutive verschärften sich zu Verfassungskonflikten. Insbesondere die problematische Konstellation der parlamentarischen Verantwortlichkeit der Regierung einerseits und die erheblichen Vorschlags- und Designierungsbefugnisse des Präsidenten andererseits veranlassten den Staatspräsidenten nach 1990, präsidentielle Machtarrondierung zu betreiben. So prägte ein konstitutioneller Dauerkonflikt zwischen Staatspräsident und Parlament die Innenpolitik Polens und hemmte bis zur Abwahl Wałęsas im Jahr 1995 die legislative und exekutive Entscheidungseffizienz des Regierungssystems.

Der semipräsidentielle Verfassungsrahmen förderte auch die Instabilität der Regierungskabinette. Während Ungarn bis 2002 nur drei Regierungen hatte, wechselten sich in Polen im selben Zeitraum neun Kabinette[58] ab. Bis ins Jahr 2008 waren es in Ungarn dann sechs Regierungen, in Polen schon 16. Die fehlkonstruierte Gewaltenteilung und Gewaltenfusion zwischen Legislative und Exekutive sowie die institutionelle Konkurrenz innerhalb der Exekutive haben die Konsolidierungsgüter der Regierungsstabilität, der Entscheidungseffizienz und Entscheidungstransparenz sichtbar beschädigt (vgl. u. a. Ziemer 1993; Rüb 1994; Linz/Stepan 1996; Merkel 1996c). Allerdings trugen drei politische Ereignisse in den 1990er Jahren dazu bei, diesen Schaden zu begrenzen:

▷ die Verabschiedung der „Kleinen Verfassung" 1992 klärte einige der Kompetenzstreitigkeiten zwischen Exekutive und Legislative;
▷ die Abwahl Wałęsas 1995[59] beendete die *cohabitation* des klerikalkonservativen Präsidenten mit der postkommunistischen Parlamentsmehrheit (seit 1993);
▷ die Verabschiedung der neuen Verfassung 1997 räumte weitere Konfliktpunkte im Verhältnis von Legislative, Exekutive und Judikative sowie innerhalb der Exekutive aus (Ziemer/Matthes 2004: 194). Die Verabschiedung der Verfassung im Jahr 1997 war ein wichtiger Schritt zur konstitutionellen Konsolidierung in Polen. Dass er nicht ausreichte, zeigt die anhaltende Instabilität der Kabinette. Von 1997 bis 2006 wurden sechs weitere Kabinette verschlissen.

---

58 Damit hatte Polen nach Lettland (10 Regierungswechsel) die kurzlebigsten Kabinette in Ostmitteleuropa (Müller-Rommel et al. 2004: 874).
59 Paradoxerweise wurde der einstige Führer der Regime-Opposition, Lech Wałęsa, der erheblich mit dazu beitrug, die kommunistische Autokratie durch eine pluralistische Demokratie in Polen und ganz Osteuropa zu ersetzen, als demokratisch gewählter Staatspräsident infolge seiner politischen Intransigenz und mangelnden Sensibilität für konstitutionelle Regeln zu einem beachtlichen Verzögerungsgrund der demokratischen Konsolidierung in Polen.

■ *Russland*

Auch das präsidentiell-parlamentarische Regierungssystem Russlands litt unter dem Dauerkonflikt zwischen Parlament und Präsident (Linz/Stepan 1996: 398 f.). Während jedoch in Polen die Machtbalance sich spätestens 1997 zugunsten des Parlaments neigte, besitzt in Russland der Staatspräsident wirkungsvollere Prärogativen in der Konkurrenz von Legislative und Exekutive. Mit seinem Recht, das Parlament aufzulösen, vermag er die formelle Verantwortlichkeit der Regierung gegenüber dem Parlament sowohl bei der Kabinettsbildung als auch bei seiner Entlassung zu umgehen. Jelzin machte wiederholt von der Drohung der Parlamentsauflösung und der Ausschreibung von Neuwahlen Gebrauch, um ein Misstrauensvotum gegen die Regierung durch die Parlamentsmehrheit zu verhindern. Damit sicherte er zwar eine gewisse Regierungsstabilität, höhlte aber *de facto* wichtige Parlamentsrechte aus. Diese „Entmachtung" des Parlaments wurde noch durch die extensiv gehandhabte Dekretierungspraxis des Präsidenten auch auf die Gesetzgebung ausgedehnt (ibid.; Brie 1996). Dieses „autoritäre Verfassungsverständnis" (Mommsen, M. 2004: 380) wurde von Putin noch „effizienter" umgesetzt. Nach der Parlamentswahl 2003 konnte Putin zudem auf eine Mehrheit in der Duma zurückgreifen (Merkel/Puhle et al. 2006).

Das präsidentiell-parlamentarische System Russlands gibt dem Staatsoberhaupt aufgrund der einseitig zugunsten des Präsidenten aufgeweichten Gewaltentrennung zwischen Exekutive und Legislative eine Machtfülle, die jene der Präsidenten in rein präsidentiell-demokratischen Regierungssystemen deutlich übersteigt.[60] Die Konstruktion des russischen Regierungssystems löst damit zwar das Problem der Regierungsstabilität und politischen Entscheidungseffizienz besser als die polnische Variante des Semipräsidentialismus; aber dies geschieht auf Kosten demokratierelevanter Rechte des Parlaments. Das Ergebnis ist eine unkontrollierte exekutive und legislative Machtakkumulation in der Person des Präsidenten. Die daraus resultierende geringe Transparenz und mangelnde effektive Kontrolle der präsidentiellen Entscheidungsmacht stabilisierte zwar die politische Situation Russlands in den letzten zehn Jahren, erkaufte dieses aber mit problematischen Demokratiedefekten (Mommsen, M. 2004: 423; Merkel/Puhle et al. 2006: 313 ff.).

Die Wirkung des Regierungssystems auf die Konsolidierung der russischen Demokratie ist also ambivalent. Zum einen sichert der mächtige Präsident die Entscheidungsfähigkeit in einem politischen System, in dem das Parteiensystem fluide ist und stabile parlamentarische Mehrheiten die Ausnahme bilden. Zum anderen behindert die Konzentration der Macht auf sein Amt und seine Person die Entwicklung des Verständnisses bei den Bürgern für die komplexen demokratischen Entscheidungsverfahren. Sowohl der positive wie der negative Aspekt traten in Putins konsequenterem Regieren prononcierter hervor, als dies bei Jelzins erratischem Regierungsstil der Fall war. Wenn der Übergang von autoritären zu demokratischen Systemen u. a. auch den Transfer der politischen Macht von Personen auf ein Set von Institutionen, Regeln und Verfahren (Przeworski 1991) bedeutet, muss auch nach über einer Dekade nach dem Systemwechsel konstatiert werden, dass sich dieser Transfer noch nicht hinreichend vollzogen hat und durch die Verfassungskonstruktion und Verfassungspraxis unter Putin sichtbar behindert wird (BTI 2003, 2006; Russland-Report). Die latente Gefahr für die junge russische Demokratie liegt dabei nicht nur in der Verfestigung der genannten „Demokratiedefek-

---

60 Dies insbesondere deshalb, weil aufgrund der klaren Gewaltentrennung der Präsident (etwa der Vereinigten Staaten von Amerika) nicht das Recht hat, das Parlament aufzulösen, und in der Gesetzgebung in hohem Maße vom Parlament abhängig ist.

te" (Mangott 2002; Shevtsova 2003: 261 ff.; Beichelt 2004; Merkel/Puhle et al. 2006: 363 f.), sondern kann in Krisensituationen auch das Abgleiten in präsidial-autoritäre Regimeformen begünstigen. Tatsächlich näherte sich Putin in seiner zweiten Amtsperiode (2004–2008) diesem Präsidialautoritarismus zunehmend an.

Belarus

Die besondere Struktur des belarussischen Regierungssystems liefert ein historisches Beispiel par excellence für die spezifischen Risiken (semi-)präsidentieller Regierungssysteme in nicht konsolidierten Demokratien. Wie im Lehrbuch trat eine jener Entwicklungen ein, die insbesondere Juan J. Linz (1990) und Arturo Valenzuela (1994 zus. mit Linz) als generalisiertes Argument für die spezifischen Destabilisierungsgefahren präsidentieller Arrangements in die Institutionendebatte der Transformationsforschung eingeführt hatten (vgl. Kap. 7.3.1).

Nachdem Lukaschenko[61] 1994 mit großer Mehrheit (81 Prozent in der Stichwahl) zum Präsidenten von Belarus gewählt wurde, reklamierte er für sich eine höhere demokratische Legitimität dem Parlament gegenüber, da dieses noch zu Zeiten der Sowjetunion (1991) gewählt worden war. Als das Parlament sich nach 1994 mehrheitlich gegen die Verfassungsänderungen des Präsidenten sträubte, die die parlamentarischen Prärogativen auch *de jure* stark eingeschränkt hätten, begann ein offener Konflikt zwischen beiden Verfassungsorganen. Das Parlament blockierte Gesetzesvorhaben des Präsidenten; dieser umging daraufhin den Obersten Sowjet durch eine Flut von Dekreten, sabotierte die Parlamentswahlen von 1995 und erzwang 1996 schließlich die Verfassungsänderung durch ein Referendum (Sahm 1997: 476 ff.). Die herausragende Stellung des Präsidenten im belarussischen Regierungssystem ermöglichte Lukaschenko zweierlei: zum einen konnte er in autoritärer Manier die Machtinstrumente der Exekutive gegen das Parlament instrumentalisieren, zum anderen vermochte er in demagogisch-plebiszitärer Art und Weise, die Bevölkerung für sich und gegen die geltende Verfassung zu mobilisieren (Frye 1997: 543). Das paradoxe Ergebnis war die plebiszitär-demokratisch legitimierte Transformation einer demokratischen Präsidialverfassung in eine autoritäre Präsidialdiktatur.

Neben den allgemeinen Konstruktionsproblemen präsidentieller Regierungssysteme waren es v. a. folgende spezifische Faktoren, die Lukaschenkos kalten Staatsstreich begünstigten (Lindner 1997; Sahm 1997; Timmermann 1997: 18; Timmermann/Ott 1997):

▶ In der nicht konsolidierten Demokratie in Belarus fehlte es an konstitutionellem Respekt, der die handelnden Funktionseliten im Präsidentenamt, im Parlament und im Verfassungsgericht zu wechselseitiger institutioneller Selbstbeschränkung veranlasst hätte.
▶ Parlament (bis 1995) und Verfassungsgericht verfügten nicht über gleichwertige demokratische Legitimitätsquellen, die sie zu effektiver Kontrolle der präsidentiellen Exekutive befähigt hätten.
▶ Nach 1996 verkamen die demokratischen Institutionen zur bloßen Fassade. Dies gilt insbesondere für das Parlament. Durch ein undemokratisches, neues Wahlgesetz, durch die von Lukaschenko kontrollierten oder kujonierten Medien, durch massive Wahlmanipulationen sowie den Wahlboykott großer Teile der Opposition konnte der Staatspräsident im Jahre 2000 ein ihm willfähriges Parlament installieren. Die Abgeordneten wurden als „Unabhängige" vor allem aus Lukaschenkos Staatsapparat rekrutiert (Steinsdorff 2004: 445). Auch

---
61 Hier wie im Folgenden wird die russische Schreibweise (Lukaschenko) verwendet. In der belarussischen Diktion lautet der Name Łukašenka.

wenn die Konstruktion des präsidentiellen Regierungssystems nicht als Ursache für die Reautokratisierung des politischen Regimes in Belarus angesehen werden kann, bot sie eine günstige Gelegenheit und einen Vorwand für Lukaschenkos „kalten Staatsstreich".
- Es fehlten funktionierende intermediäre Strukturen wie politische Parteien und Verbände, die die demagogisch-plebiszitäre Strategie des Präsidenten hätten durchkreuzen können.
- Es mangelte an einer demokratischen politischen Kultur und lebendigen Zivilgesellschaft, die die Gesellschaft gegenüber der autoritären Demagogie des Staatspräsidenten hätte immunisieren können.

Fazit

Gemessen an den vier Konsolidierungsimperativen der Stabilität, Effizienz, Transparenz und Gewaltenkontrolle lässt sich eine Rangfolge der vier Regierungssysteme erstellen: Das parlamentarische Regierungssystem Ungarns erwies sich zunächst am günstigsten für die demokratische Konsolidierung; danach folgt das parlamentarisch-präsidentielle System Polens, das nach der Verfassungsreform von 1997 stärker parlamentarisiert wurde und dann mit Ungarn in der konstitutionellen Konsolidierung gleichzog. Mit weitem Abstand folgen das präsidentiell-parlamentarische System Russlands und am Ende das in eine Präsidialdiktatur „abgerutschte" Regierungssystem in Belarus. Allerdings ist die Kausalität keineswegs unilinear. Es ist

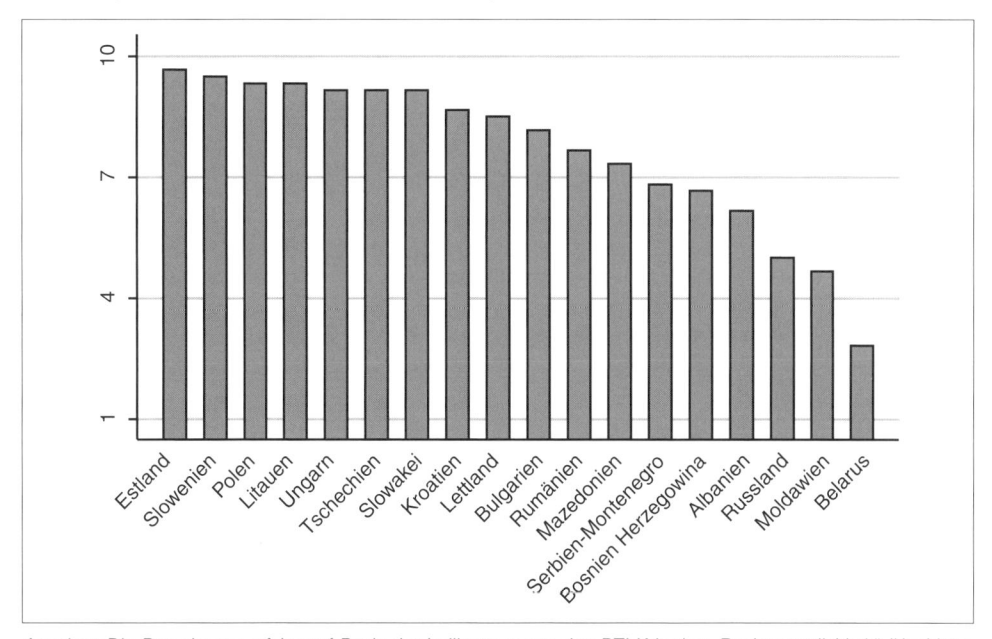

Abbildung 14: Konstitutionelle Konsolidierung

Angaben: Die Berechnung erfolgt auf Basis der Indikatoren aus den BTI-Kriterien „Rechtsstaatlichkeit" (Unabhängigkeit staatlicher Gewalten, Unabhängigkeit der Justiz, Ahndung von Amtsmissbrauch und Ausmaß bürgerlicher Freiheiten und Rechte) und „Stabilität demokratischer Institutionen" (Leistungsfähigkeit demokratischer Institutionen und Akzeptanz demokratischer Institutionen). Aus den Indikatoren, die jeweils eine Skala von 1 (schlechteste Bewertung) bis 10 (beste Bewertung) aufweisen, wurden ungewichtete Durchschnittswerte berechnet.
Quelle: Bertelsmann Stiftung (2005).

nicht nur die institutionelle Ordnung eines Regierungssystems, die die anderen Konsolidierungsebenen beeinflusst, sondern diese wiederum haben einen wesentlichen Einfluss darauf, ob erstere jene Leistungen erbringen kann, die der demokratischen Konsolidierung förderlich sind. Der Fall Belarus mit seinen fundamentalen Demokratiedefiziten auf der Ebene der intermediären Strukturen und politischen Kultur illustriert diese Einsicht eindrucksvoll.

Bettet man diese Ergebnisse in eine Evaluation aller osteuropäischen Transformationsstaaten ein, ergibt sich hinsichtlich der konstitutionellen Konsolidierung folgendes Bild: Estland und Slowenien sind an der Spitze, dicht gefolgt von Polen, Litauen, Ungarn, Tschechien, der Slowakei und von Kroatien. In diesen Ländern konnten die wichtigsten Verfassungsinstitutionen als konsolidiert gelten. In der dritten Gruppe werden von den BTI-Experten[62] für Mazedonien, Serbien, Bosnien-Herzegowina sichtbare Demokratiedefekte konstatiert. In der vierten Gruppe (Albanien, Russland, Moldawien) waren die demokratischen Institutionen 2005/6 noch wenig konsolidiert oder in Gefahr, in die Autokratie (Russland) abzurutschen. Im Fall von Belarus sind sie autoritär ausgehöhlt und diktatorisch überformt.

4.2 Repräsentative Konsolidierung: Parteiensysteme und Verbände

4.2.1 Parteiensysteme

Tabelle 40: Parteiensysteme

Land	Wahlbeteiligung	Fragmentierung	Volatilität	Polarisierung
Bulgarien	71,9	3,6	25,3	18,9
Tschechische Republik	79,9	4,2	–	35,4
Estland	63,1	6,3	17,7	23,0
Ostdeutschland	–	3,2	–	32,9
Ungarn	64,5	4,3	15,8	24,0
Lettland	75,9	6,8	11,3	25,8
Litauen	58,2	4,4	35,0	20,7
Polen	46,4	5,8	18,4	24,6
Rumänien	72,5	4,4	26,2	30,1
Russland	59,0	5,7	19,9	24,9
Slowakei	77,3	5,4	15,5	29,0
Slowenien	74,4	6,4	15,1	35,0
Ukraine	69,4[a]	10,4	9,6	39,6
Durchschnitt	67,7	5,5	19,1	28,0

[a] Teilweise Schätzung, Polarisierung 1990–2005.
Anmerkung: Erfasste Zeiträume: Wahlbeteiligung (1990–2006), Fragmentierung (1990–2004, 1990–2005), Volatilität (1990–2003).

▪ *Ungarn*

Auch für das Parteiensystem wurde in Ungarn durch die Wahlgesetzgebung ein stabiler institutioneller Rahmen geschaffen. Das kompensatorische Wahlsystem, das Elemente der Verhält-

---
62 Für die empirische Analyse der Konsolidierung der 18 osteuropäischen Länder verwende ich die Daten des Bertelsmann Transformation Index (BTI) 2006 (Bertelsmann 2005). Von allen internationalen Demokratie-Rankings und -Ratings stellt der BTI die verlässlichsten, transparentesten und ausdifferenziertesten Daten bereit.

nis- und Mehrheitswahl miteinander verbindet, hat eine moderat konzentrierende Wirkung auf das Parteiensystem. Die disproportionalen Effekte, die sich insbesondere durch die Majorzelemente bei der Umrechnung der Wählerstimmen in Parlamentsmandate und durch die Vier-Prozent-Sperrklausel ergeben, lassen sich unter dem Gesichtspunkt der sozialen und politischen Inklusion (demokratische Inputseite) durchaus kritisieren.[63] Allerdings werden sie durch das ebenfalls hohe demokratische Gut der Reduzierung der Parteienzahl, der dadurch erleichterten Formierung von parlamentarischen Mehrheiten und der Bildung stabiler Regierungen getauscht. So wird der Regierungswechsel während der Legislaturperiode erschwert, an deren Ende durch die Parlamentswahlen jedoch begünstigt. Beides, die Regierungsstabilität und der turnusgemäße erleichterte Wechsel von Regierung und Opposition, ist in der Situation unkonsolidierter Demokratien für die Erzeugung spezifischer und diffuser Unterstützung der Bürger wichtiger als die exakte proportionale Verrechnung von Wählerstimmen in Parlamentsmandate. Dies gilt allerdings nur unter der Bedingung, dass strukturelle Minderheiten der Gesellschaft dadurch nicht in ihrem Zugang zu politischen Repräsentations- und Entscheidungsarenen behindert werden. Dies ist in Ungarn weder bei ethnischen, religiösen noch bei weltanschaulichen Minderheiten der Fall.

Tatsächlich war Ungarn das einzige Land Ostmitteleuropas, in dem über drei volle Legislaturperioden (1990–1994, 1994–1998, 1998–2002) drei handlungsfähige Regierungen die Politik des Landes bestimmt haben: zunächst eine relativ homogene und handlungsfähige Mitte-Rechts-Regierung, die nach dem Wahlsieg der Sozialisten (MSZP) 1994 von einer kompakten *oversized*[64] Mitte-Links-Koalition der Sozialisten und dem Bund freier Demokraten (SZDSZ) ohne Turbulenzen abgelöst worden ist, und danach die nationalistisch-konservative Regierung unter Victor Orbán (FiDESZ), die erneut 2002 von einer sozialistisch geführten Koalitionsregierung abgelöst wurde. Diese von Péter Medgyessy geführte Regierung war die erste Regierung, die nicht abgewählt, sondern 2004 parlamentarisch durch eine identische Koalition unter einem neuen Ministerpräsidenten (Ferenc Gyurcsány) abgelöst wurde. Dies hielt aber erneut bis zum Ende der regulären Legislatur im Jahre 2006. Danach kam es zu erheblichen Turbulenzen zwischen dem rechten Lager und der sozialistisch geführten Regierungskoalition, die zum Teil auf der Straße ausgetragen wurden. Die zunächst reibungslosen richtungspolitischen Wechsel in der Regierungsverantwortung bis 2002 und die in der zweiten Legislaturperiode (1994–1998) zu beobachtende Hinwendung zu einem stärker konsensorientierten Politikstil müssen als positiv für die Konsolidierung der ungarischen Demokratie angesehen werden. Die nachfolgende Mitte-Rechts-Regierung (FiDESZ-MPP, FKGP) ersetzte den Konsensstil durch eine stärker konfrontative Politik – aber da war die ungarische Demokratie schon konsolidiert. Danach polarisierte sich die Auseinandersetzung zwischen dem linken und dem rechtsbürgerlichen Lager erheblich. Dies resultierte in einem zusätzlichen Regierungswechsel während der Legislaturperiode 2002–2006 (2004) sowie im Jahr 2008 (2006–2010). Zu diesem Zeitpunkt waren die Verfassungsinstitutionen aber schon so gefestigt, dass die Polarisierung die Grundfesten der Demokratie nicht mehr erschüttern konnte.

---

63 So kam es bei den Parlamentswahlen 1998 zu dem paradoxen Effekt, dass das liberalkonservative Parteienbündnis FiDESZ-MPP zwar nur die zweitmeisten Stimmen, aber in der Mandatsverrechnung die meisten Parlamentssitze erhielt und die Regierung stellen konnte (Grotz 1998: 642).
64 „Übergroße Koalitionen", die gegen das rationale *office seeking* verstoßen (Riker 1962), sind deshalb, wie im Falle Ungarns (1994–1998), ein Zeichen dafür, dass der Wahlsieger sich stärker am Konsens- als am Majoritätsprinzip orientiert (Lijphart 1984: 23 f.).

Das ungarische Parteiensystem kann mit Sartori (1976) als moderat pluralistisch klassifiziert werden. Es ist also weder durch die demokratiegefährdenden Charakteristika einer hohen Fragmentierung noch durch eine ideologische Polarisierung gekennzeichnet. Relevante Antisystemparteien, die dem Parteienwettbewerb eine zentrifugale Tendenz verleihen könnten, gibt es nicht. Auch die Volatilität der ungarischen Parteien ist von 1990 bis 2003 unter 11 osteuropäischen Parteiensystemen am niedrigsten gewesen, gleichgültig ob man sie an den Wählerstimmen oder Parlamentsmandaten misst (Weßels/Klingemann 2006: 21). Trotz dieser im osteuropäischen Vergleich positiven Zeichen repräsentativer Konsolidierung auf der Parteienebene erfüllt selbst das ungarische Parteiensystem auch nach 2000 nicht zufriedenstellend seine intermediäre Funktion. Die gesellschaftliche Verankerung der politischen Parteien ist nur schwach ausgeprägt. Auch in Ungarn kontrastiert diese „gesellschaftliche Schwäche" der Parteien, wie in den meisten parlamentarischen Regierungssystemen Osteuropas, scharf mit ihrer staatlichen Kompetenzfülle. Die regierenden osteuropäischen Parteien sind deshalb in einem noch stärkeren Ausmaße „etatisiert" als ihre westeuropäischen Pendants. Die mangelhafte gesellschaftliche Verankerung solcher „Kartellparteien" (Katz/Mair 1995) befördert die soziale Schließung ihrer Organisationen gegenüber den Wünschen, Ängsten und Forderungen der Bürger. Verringert sich die Diskrepanz zwischen mangelnder gesellschaftlicher Verwurzelung und der monopolistischen Okkupation staatlicher Entscheidungsmacht nicht, können die politischen Parteien auch ihre intermediäre Repräsentations- und Vermittlungsfunktion gegenüber Staat und Gesellschaft nur unzureichend erfüllen. Der ungarische Parteienforscher Attila Ágh (1996) nennt diesen Konsolidierungsdefekt der postkommunistischen „schwebenden Parteiensysteme" zutreffend eine elitäre „overpartization" der jungen Demokratien Osteuropas. Doch von allen osteuropäischen Parteiensystemen hat sich das ungarische am stärksten konsolidiert. Ungarn ist in dieser Region neben Estland das einzige Land, in dem seit 1990 das Vertrauen der Bürger in die Parteien nicht abgenommen hat (Weßels/Klingemann 2006: 36).

■ *Polen*

Im Gegensatz zu Ungarn hat in Polen das fehlkonstruierte Wahlsystem von 1991 bis 1993 die Konsolidierung des postkommunistischen Parteiensystems noch zusätzlich erschwert. Aber auch mehr als zehn Jahre nach der neuen Wahlgesetzgebung (1992/93) ist das polnische Parteiensystem noch deutlich von einer demokratiefördernden Konsolidierung entfernt.[65] Berücksichtigt man die Kriterien der Fragmentierung, Polarisierung, Volatilität und gesellschaftlichen Verankerung, ist das polnische Parteiensystem deutlich weniger konsolidiert als das ungarische (Ágh 1996; Ziemer/Matthes 2004: 221 ff.; Weßels/Klingemann 2006).

Von allen Parteiensystemen Ostmitteleuropas wies Polen in der ersten Legislaturperiode die mit Abstand höchste Fragmentierung auf. Von 1991 bis 1993 gelangten 29 Parteien in den Sejm. Die effektive Parteienzahl lag bei 10,8.[66] Das Wahl- und Parteienrecht begünstigte die kleinen Parteien, förderte die extreme Pluralisierung und damit die Instabilität der Regierungen in der ersten Legislaturperiode. Diese Fragmentierung machte es vielen Wählern schwer, die Vorteile des pluralistischen Parteienwettbewerbs zu erkennen (Segert 1997: 88). Zwar ging

---

65 Dies zeigt, dass Wahlsysteme zwar die Konsolidierung (v. a. Fragmentierung) von Parteiensystemen fördern oder hemmen können, aber keinesfalls als die grundlegende Ursache für eine verzögerte oder gar gescheiterte Konsolidierung von Parteienlandschaft und Demokratie anzusehen sind.
66 Die effektive Zahl der Parteien in einem Parteiensystem wird errechnet, indem die Summe der quadrierten Stimmenanteile aller Parteien an der Gesamtzahl der gültigen Wählerstimmen gebildet und die Zahl 1 durch diese Summe dividiert wird. An dieser Stelle wurden als Berechnungsgrundlage die Parlamentsmandate herangezogen.

in der zweiten Legislaturperiode die Zahl der im Parlament vertretenen Parteien und Wahlallianzen auf sieben zurück, und auch die effektive Parteienzahl betrug nur noch 3,9 (ibid.: 61 f.). Doch viele der Parteien bzw. der nun unter dem Druck des geänderten Wahlsystems neu formierten Wahlkoalitionen sind intern außerordentlich heterogen und mussten immer wieder Abspaltungen hinnehmen. So ist die Zahl der im Parlament vertretenen Parteien seit Ende der 1990er Jahre erneut angewachsen.

Bis 2005 wurde die Zersplitterung des Parteienspektrums nicht durch ideologische Polarisierung verschärft. Denn die extreme Linke war und ist nicht besetzt, und die nationalistisch-reaktionären Parteien auf der Rechten waren zersplittert und fast bedeutungslos (Ziemer 1997: 76 ff.). Dies hat sich mit den Parlamentswahlen von 2005 jedoch geändert, als sich mit der nationalistisch-rechtskonservativen Partei „Recht und Gerechtigkeit" (PiS), der Liga der polnischen Familien (LPR) und der Samoobrona (Selbstverteidigung Republik Polen) ein chauvinistisch reaktionäres Lager sammelte und nach 2005 die Regierungskoalition bildete. Auch die Volatilität zwischen den Parteilagern sowie den einzelnen Parteien war relativ hoch, was auf eine geringe Parteien-Wähler-Bindung und damit eine niedrige Konsolidierung des Parteiensystems hinweist. Mit einer Volatilitätsrate von 13,4 zwischen den vier Parteilagern lag auch die richtungspolitische Wählerfluktuation in Polen deutlich über dem osteuropäischen Durchschnitt (Weßels/Klingemann 2006).

Die gesellschaftliche Verankerung und Akzeptanz der politischen Parteien ist in Polen schwächer als in Ungarn ausgeprägt. Dies ist nicht allein an der in beiden Ländern hohen Volatilitätsrate abzulesen, sondern vor allem auch an der extrem niedrigen Wahlbeteiligung und dem geringen Vertrauen zu erkennen, das den polnischen Parteien in allen Umfragen attestiert wird (Ziemer 1997: 58). Bei den Parlamentswahlen betrug in Polen die Wahlbeteiligung 1991 43 Prozent, 1993 52 Prozent, 1997 48 Prozent, 2001 44 Prozent und 2005 nur noch 40,6 Prozent. Dies sind im Durchschnitt die niedrigsten Wahlbeteiligungsquoten in ganz Osteuropa. Die intermediäre Ebene der Interessenvermittlung zwischen Gesellschaft und Staat ist in Polen in der Wahrnehmung der Bürger noch defizienter als in Ungarn. Die auch auf Ungarn anwendbare These der „Kartellparteien" (Katz/Mair 1995) oder der über der Gesellschaft „schwebenden Parteiensysteme" (Stöss/Segert 1997: 380) lässt sich noch trefflicher auf das demokratische Polen der letzten 20 Jahre anwenden. Auch 2009 ist das polnische Parteiensystem von einer stabilen Konsolidierung weit entfernt.

▪ *Russland*

Noch weiter von einer Konsolidierung seines Parteiensystems entfernt als Polen präsentiert sich die Parteienlandschaft Russlands 18 Jahre nach dem Systemwechsel. Die Einschätzung unter Politikwissenschaftlern ist einhellig: In Russland haben sich in den 1990er Jahren nur wenig mehr als „Protoparteien" herausgebildet, die untereinander kaum differenziert, personalistisch orientiert und machtlos in der realen Politik Russlands sind (Fish 1995: 340). Stephen White, Matthew Wyman und Olga Kryshtanovskaya (1995: 198) sprechen von einem „Parteiensystem ohne Parteien", Ellen Bos und Silvia von Steinsdorff (1997: 101 ff.) überschrieben ihre Analyse des russischen Parteiensystems mit der Quintessenz: „Rußland: zu viele Parteien – zu wenig System", Margareta Mommsen (2004: 393) spricht von „Lobbystrukturen" mächtiger Finanzgruppen und einzelner Politiker. Tatsächlich konnte sich in Russland auch 18 Jahre nach dem Systembruch nur ein rudimentäres Parteiensystem entwickeln. Dies ist auf mindestens vier Ursachen zurückzuführen (Fish 1995; Bos/Steinsdorff 1997; Beyme 1997, 2001; Mommsen, M. 2004):

▸ den Verlauf des Systemwechsels,
▸ die institutionellen Rahmenbedingungen,
▸ die noch unzureichende Herausbildung beständiger und damit parteienprägender sozialer und politischer *cleavages,*
▸ die Traditionslinien der Interessenrepräsentation in Russland.

Verlauf des Systemwechsels: In Russland war der politische Systemwechsel weitgehend von oben gesteuert. Eine starke Regimeopposition, aus der sich später politische Parteien hätten entwickeln können, existierte nicht. So gingen nahezu alle relevanten Parteien „in der einen oder anderen Weise aus der KPdSU hervor" (Bos/Steinsdorff 1997: 134). Es ist insbesondere auf das Fehlen des klassischen Transformationskonflikts zwischen Regime und demokratischer Opposition zurückzuführen, dass erst sehr spät – nämlich im Dezember 1993 – die demokratischen Gründungswahlen zur Staatsduma stattfanden. Diese Verzögerung verhinderte eine frühzeitige organisatorische und programmatische Festigung der Parteien, die häufig mit Wahlen, Parlamentsarbeit sowie der Regierungs- und Oppositionstätigkeit einhergehen.

Institutionelle Rahmenbedingungen: Ebenfalls negativ wirkte sich die Institutionalisierung (1993) eines präsidentiell-parlamentarischen Regierungssystems auf die Konsolidierung des Parteiensystems aus. Wie oben dargestellt, weist diese Variante des Semipräsidentialismus dem Staatspräsidenten eine überragende Position in der Politikgestaltung eines Landes zu. Parlament und insbesondere die politischen Parteien werden auf eine Sekundärrolle verwiesen. Die institutionellen Anreize zur Konsolidierung starker Parteien sind in einem solchen Regierungssystem deshalb nur schwach ausgeprägt (Beyme 1994a: 245).

Cleavage-Struktur: Bisher haben sich in der russischen Gesellschaft und der politischen Auseinandersetzung noch keine dauerhaften und klaren Konfliktlinien herausgebildet, entlang derer die Parteien ihre Wählerschaft kontinuierlich mobilisieren könnten. Den klassischen Transformationskonflikt zwischen kommunistischem Regime und demokratischer Opposition gab es nicht. Die gesellschaftliche Konfliktlinie zwischen Reformbefürwortern und Transformationsgewinnern auf der einen sowie Reformgegnern und Transformationsverlierern auf der anderen Seite scheint sich zwar zu verfestigen, aber die meisten Parteien verändern ihre Position auf der Achse von Reform und Reaktion ständig.

Traditionslinien der Interessenrepräsentation: Die Interessenartikulation und Interessenvermittlung zwischen Wirtschaft und Gesellschaft sowie dem Staat wird bisher nur sekundär von den Parteien und Verbänden besorgt. Einer noch verwurzelten sowjetischen Tradition folgend werden wirtschaftliche und politische Entscheidungen in erster Linie von Staatslobbys um die großen industriellen Komplexe[67] herum direkt ausgehandelt (Stykow 1998). „Folgerichtig haben auch der Staatspräsident und die Regierung ihre wichtigste Machtbasis nicht in den Parteien, sondern in den Staatslobbys" (Bos/Steinsdorff 1997: 135). Neben dieser staatslobbyistischen Variante der funktionalen Interessenrepräsentation vermag sich die territoriale Interessenrepräsentation durch die Parteien kaum durchzusetzen. Soweit diese dennoch funktioniert, ist sie weniger von klaren programmatischen Positionen bestimmt, sondern mehr vom Klientelismus und Personalismus regional verankerter Abgeordneter und Regierungsmitglieder geprägt.

---

67 Dies ist insbesondere der Erdöl-, Gas-, militärisch-industrielle und agrar-industrielle Komplex.

Diese hier aufgeführten Gründe verhinderten bisher die Strukturierung und erst recht die Konsolidierung des Parteiensystems. Die Fragmentierung, Volatilität und Polarisierung des russischen Parteienspektrums ist sehr hoch, Konsolidierungstendenzen trotz der durch Paten von oben formierten Präsidialpartei „Vereintes Russland" kaum zu erkennen. Zudem macht die interne Heterogenität der an sich schon großen Zahl der Fraktionen eine rationale Parlamentsarbeit sowie eine kontinuierliche und transparente Regierungs- und Oppositionsarbeit in der Staatsduma extrem schwierig.

Der hohe und steigende Volatilitätsgrad von 52,5 Prozent der Wähler bei den Parlamentswahlen 1995, von 55,2 Prozent (1999) und 64 Prozent (2003)[68] zeigt an, dass sich keine stabilen Parteien-Wählerbindungen herausgebildet haben. Dies gilt sogar für die Kommunistische Partei KPRF, die 2003 eine Halbierung ihrer Wählerschaft hinnehmen musste. Alle Indikatoren deuten darauf hin, dass ein konsolidierungsfördernder Konzentrationsprozess des russischen Parteiensystems nicht in Sicht ist. Die Dekonsolidierungswirkung des fragmentierten und volatilen Parteiensystems wird noch durch eine ausgeprägte ideologische Polarisierung verstärkt. Mit der Liberaldemokratischen Partei (LDPR) des antisemitischen Nationalisten Schirinowski und der orthodox gebliebenen Kommunistischen Partei der Russischen Föderation (KPRF) unter Sjuganow waren die äußeren Pole auf der Rechten wie der Linken des Parteienspektrums stets durch relevante Parteien besetzt. Dies gilt auch, obwohl sich im tatsächlichen Abstimmungsverhalten die LDPR in der Duma zu einer Gefolgspartei der Staatspräsi-

Tabelle 41: Die Ergebnisse der Wahlen zur Staatsduma seit 1993 (Angaben in Prozent)

Parteien und Wahlvereinigungen[a]	Wahljahr				
	1993 Stimmen	1995 Stimmen	1999 Stimmen	2003 Stimmen	2007 Stimmen
KPRF	12,4	22,3	24,3	12,8	11,7
Vereintes Russland	–	–	23,2	38,2	65,0
Vaterland	–	–	13,1	9,2	–
Wahl Russlands / Union der rechten Kräfte	15,5	3,9	8,6	4,0	–
Jabloko	7,9	6,9	6,0	4,4	1,6
Schirinowski-Block (1993 und 1995 LDPR)	22,9	11,9	6,1	11,6	8,2
Kommunisten, Werktätige Russlands für die Sowjetunion	–	4,5	2,2	–	–
Frauen Russlands	8,1	4,6	2,1	–	–
Unser Haus Russland	–	10,1	1,2	–	–
Agrarpartei Russlands	8,0	–	–	–	2,3
Partei der russischen Eintracht und Einheit	6,7	–	–	–	–
Demokratische Partei Russlands	5,5	–	–	–	–
Kongress der russischen Gemeinden	–	4,3	0,6	–	–
Andere Parteien und Unabhängige	8,7	24,7	7,7	14,6	11,1
Gegen alle	4,3	2,8	3,3	4,8	–

[a] Nur Parteien mit gewonnenen Sitzen in mindestens einer der drei Wahlen zur Staatsduma.
Quelle: Mommsen, M. (2002: 371 ff.); Datenbank des Wissenschaftszentrums Berlin für Sozialforschung (WZB).

---

68 Eigene Berechnungen.

denten Jelzin und Putin entwickelt hat und selbst die Kommunisten keineswegs eine ausgeprägt destruktive Strategie im Parlament verfolgen. Beide Parteien mobilisieren aber nach wie vor mit überwiegend demokratiefeindlichen Programmen und Kandidaten ihre Wählerschaft und verhindern so einen konsolidierungsfreundlichen zentripetalen Parteienwettbewerb.

Die meisten russischen Parteien sind wie ihre Schwesterorganisationen in Osteuropa nur unzureichend in der Gesellschaft verankert (Mommsen, M. 2004: 393). Ihre Programmatik bleibt diffus und häufigen Wendungen unterworfen. Die Mitgliederzahlen sind niedrig, die Organisationsstrukturen mit der Ausnahme der KPRF schwach und instabil. Am politischen Entscheidungsprozess sind die politischen Parteien aufgrund der übermächtigen Position des Staatspräsidenten und seiner Präsidialbürokratie nur begrenzt beteiligt. Dies fördert die programmatische Unverbindlichkeit, perpetuiert die Wählerfluktuation, erleichtert Parteispaltungen und motiviert zu Parteineugründungen. Aus diesen Gründen vermochte sich das russische Parteiensystem bisher noch nicht zu konsolidieren oder erkennbare positive Leistungen zur Konsolidierung der Demokratie in Russland zu erbringen. Da sich dieses intermediäre Vakuum der territorialen Interessenrepräsentation nicht gefüllt hat, hat der Weg Russlands weg von der „repräsentativen" tiefer in die „delegative" Demokratie hineingeführt (Brie 1996; Beichelt 2004; Merkel/Puhle et al. 2006). Nach 2004 erhielt diese zunehmend autokratische Züge.

■ *Belarus*

Noch weniger als in Russland kann in Belarus von einer Konsolidierung der Demokratie die Rede sein. Dort ist auch nach über einer Dekade Unabhängigkeit und Transformationsbeginn von einem ausgeprägten intermediärem Vakuum zu sprechen. In dem kaum besiedelten Raum der territorialen Interessenrepräsentation versuchten vor den Parlamentswahlen 1995 drei inoffizielle Wahlbündnisse zu bestehen (Sahm 1995a: 1028; Zagorul'skaya 1995: 680 ff.):

▸ das *nationaldemokratische Wahlbündnis*, dem die nationalistische belarussische Volksfront (BNF), die sozialdemokratische Hramada, die Christlich-Demokratische Partei, die Nationaldemokratische Partei und die Bauernpartei angehörten;
▸ das *zentristische Wahlbündnis*, dem die Partei für Volkseintracht (PNS), die liberale Vereinigte Bürgerpartei und die liberal-demokratische Partei (ADPB) angehörten; diese Parteien sind ausgesprochen mitgliederschwach, haben nur einen geringen Rückhalt ausschließlich in der städtischen Bevölkerung und verdanken ihre Existenz meist wenigen prominenten Einzelpersönlichkeiten; sie treten insbesondere für die Einhaltung der bürgerlichen Freiheitsrechte und den Rechtsstaat ein;
▸ das *linke Wahlbündnis*, das sich aus der Partei der Kommunisten von Belarus (PKB), der Agrarpartei, der Sozialistischen Partei und der Partei für Arbeit und Gerechtigkeit zusammensetzte; insbesondere die PKB als Regimepartei und die neue Agrarpartei verfügten als ehemalige Regimeparteien noch über relevante Organisationsressourcen und eine gewisse soziale Verankerung aus der Sowjetzeit.

Allerdings wurden aus diesen Wahlbündnissen keine arbeitsfähigen Fraktionen, die zu einer programmatischen Profilierung der „Parteienlager" oder auch nur einige ihrer Parteien (Ausnahme: Kommunisten) beigetragen hätten. Nicht zu Unrecht beschrieb Astrid Sahm (1995: 1031) das Ergebnis der missglückten Pluralisierung der parlamentarischen Parteien als „monolithisches politisches Spektrum". Belarus kann als ein Beispiel dafür gelten, dass demokratische Wahlen (1995) allein keineswegs zwangsläufig ein pluralistisches Parteiensystem produzieren.

Die zunehmende Autokratisierung des politischen Systems durch Lukaschenko nach 1996 verhinderte die Herausbildung und erst recht die Konsolidierung eines pluralistischen Parteiensystems. Die Selbstauflösung des Parlaments, ein klarer Verfassungsbruch (Steinsdorff 2004: 445), und eine ohne Wahlen zusammengesetzte Kammer trugen zur weiteren Marginalisierung der Parteien bei. Die Neuwahlen im Jahre 2000 wurden von den meisten Oppositionsparteien boykottiert und waren von zusätzlicher Manipulation begleitet. Bis auf zwei oppositionelle Parlamentarier gehören alle Lukaschenko-treuen Parteien oder sogenannten „Unabhängigen" an, die direkt aus dem autokratisierten Staatsapparat des Präsidenten kamen (ibid.).

Der desolate Zustand der belarussischen Parteien ist auf eine Reihe von Faktoren zurückzuführen, die auch für die Parteienschwäche in Russland ursächlich sind. Allerdings traten diese in Belarus in verschärfter Form auf. Die wichtigsten sind (vgl. Sahm 1995; 1997; Schuschkewitsch 1997; Timmermann 1997; Steinsdorff 2004):

▶ verschleppte Gründungswahlen zum demokratischen Parlament,
▶ institutionelle Hindernisse im präsidentiellen Regierungssystem,
▶ der autoritäre Politikstil von Staatspräsident Lukaschenko,
▶ die Selbstmarginalisierung wichtiger Oppositionsparteien,
▶ die unterentwickelte *civic culture*.

Verschleppte Gründungswahlen: Obwohl Belarus schon im Sommer 1991 unabhängig wurde, kam es erst im Mai 1995 zu den demokratischen Gründungswahlen des Parlaments. Das im Wahlgesetz vorgeschriebene Quorum (174 der 260 Parlamentssitze) der gewählten Abgeordneten wurde trotz zweier Wahlgänge nicht erreicht. Es bedurfte einer erneuten Wahl im November und Dezember desselben Jahres, bis mit 197 gewählten Abgeordneten das demokratisch gewählte Parlament verfassungsgemäß seine Arbeit aufnehmen konnte (Sahm 1997: 476). Wahlen und insbesondere die Parlamentstätigkeit können unter Umständen erheblich zur organisatorischen und programmatischen Konsolidierung von Parteien beitragen. In Abwesenheit eines klassischen Transformationskonflikts zwischen Regime und demokratischer Regimeopposition und infolge noch nicht ausgebildeter sozialer Konfliktlinien vermochte es allerdings auch das belarussische Parlament nicht, zur Stabilisierung der politischen Parteien beizutragen. Die spezifische Sequenzierung bestimmter Etappen des belarussischen Systemwechsels (späte parlamentarische Gründungswahl erst nach der Direktwahl des Staatspräsidenten) trug zweifellos mit dazu bei, dass sich bisher kein nennenswertes pluralistisches Parteiensystem herausbilden konnte.

Institutionelle Hindernisse: Der negative Effekt der verschleppten Gründungswahlen auf die Herausbildung pluralistischer Parteien wurde durch die Etablierung des präsidentiell-parlamentarischen Regierungssystems mit der Verabschiedung der Verfassung von 1994 noch weiter verstärkt. Die herausgehobene Position des Staatspräsidenten ließ den Parteien nur begrenzten politischen Raum zur Entfaltung. Von vielen Bürgern wurden sie zudem, wie das Parlament insgesamt, weniger als repräsentative Akteure einer demokratischen Politikgestaltung, sondern als überflüssige Blockaden eines ansonsten effizienten, präsidial gesteuerten politischen Entscheidungsprozesses angesehen (Lindner 1997: 1048). Das restriktive und komplizierte Wahlsystem behinderte zusätzlich den Akzeptanzzuwachs der Parteien in der Bevölkerung. Eine kontinuierliche staatliche Parteienfinanzierung gibt es nicht. Der Präsident bestimmt per Dekret, wie viel der Staat für die Vorbereitung der Parlamentswahlen aufwendet.

Es waren also auch konstitutionelle Entscheidungen, die die Herausbildung und Stärkung eines pluralistischen Parteiensystems verhinderten.

Der Politikstil von Präsident Lukaschenko: Der 1994 gewählte Staatspräsident benutzte und veränderte erfolgreich die politischen Institutionen des belarussischen Regierungssystems, um seine Machtansprüche gegenüber dem Parlament und den politischen Parteien durchzusetzen. Über die von ihm weitgehend kontrollierten Medien kommunizierte er ohne intermediäre Instanzen in cäsaristisch-populistischer Manier direkt mit den Bürgern. Die demagogisch inszenierten Referenden von 1995 und 1996 (Timmermann 1997: 12; 19) ermöglichten ihm mit hoher Zustimmung der Bürger, an den Parteien vorbei und gegen das Parlament, den Rechtsstaat auszuhöhlen und seine unkontrollierte Macht auszudehnen.

Die Selbstmarginalisierung der Oppositionsparteien: Die vom Westen finanziell unterstützten Oppositionsparteien sind organisatorisch nicht gefestigt, heterogen und in der Gesellschaft nur schwach verankert. Keineswegs bedeutet die oppositionelle Position zu Lukaschenko, dass all diese Parteien *per se* demokratisch sind (Steinsdorff 2004: 455). Zu einer konzertierten Opposition gegen den Präsidenten konnten sie sich ebenfalls nicht zusammenfinden. Der weitgehende Wahlboykott im Jahr 2000 und der damit verbundene Selbstausschluss vom Parlament trugen noch weiter zur politischen Marginalisierung bei.

Civic culture: Lukaschenkos häufig und öffentlich geäußerte Verachtung gegenüber den Parteien fiel infolge der zivilkulturellen Defizite der politischen Kultur bei der belarussischen Bevölkerung auf fruchtbaren Boden. So geben seit der staatlichen Unabhängigkeit der Republik Belarus alljährlich mehr als 50 Prozent der Bürger an, dass sie keiner Partei vertrauen (Sahm 1995: 1025). Die Referendumserfolge des Staatspräsidenten sind deshalb auch nicht primär über präsidiale Manipulationen und staatliche Medienzensur zu erklären, sondern müssen tiefergehend als die erfolgreiche Kommunikation des populistischen Führers Lukaschenko mit einer Bevölkerung verstanden werden, in der demokratiefreundliche Einstellungen und zivilgesellschaftliche Aktivitäten noch kaum verankert sind (ibid.: 1030; Lindner 1997: 1044; Lorenz 1998: 20 f.).

4.2.2 Verbände in den industriellen Beziehungen

Die Strukturierung des intermediären Raumes zwischen Gesellschaft und Staat kann nicht allein den Parteien überlassen werden. Denn erst Verbände befähigen die Bürger, dauerhaft und kollektiv funktional spezifizierte Interessen gegenüber anderen Interessengruppen und dem Staat zu vertreten. Mit dieser Aufgabe erfüllen Verbände für die Demokratie eine doppelte Funktion: zum einen aggregieren und artikulieren sie bestimmte (meist wirtschaftliche) Interessen der Gesellschaft, zum anderen entlasten sie dabei häufig den Staat von bestimmten Aufgaben. Dies gilt in entwickelten Gesellschaften in besonderem Maße für die Spitzenverbände von Kapital und Arbeit, d. h. Arbeitgeberverbände und Gewerkschaften (vgl. u. a. Beyme 1977; Armingeon 1994; Wiesenthal 1998; Schröder, W. 2004). Für das nachkommunistische Osteuropa sind sie in Hinblick auf die Demokratisierung deshalb von besonderer Bedeutung, weil sie die Gefahr der Etatisierung, der Parteiendominanz und der soziopolitischen Steuerungsschwäche mindern helfen. Aber gerade in den postkommunistischen Gesellschaften müssen die Verbände erst gegründet (Arbeitgeberverbände) oder hinsichtlich ihrer Funktionen umstrukturiert (Gewerkschaften) werden. Dieser Umstrukturierungsprozess führt im Erfolgsfalle von den „monistisch-etatistischen Transmissionsriemen" der kommunistischen Regime hin zu „pluralistisch-gesellschaftlichen Interessensorganisationen" in den neuen marktwirtschaftlichen Demokratien. Idealtypisch kann dieser Systemwandel der Verbände in drei unterschiedliche Konfigurationen von Arbeitsbeziehungen münden.

Tabelle 42: Verbandskonfigurationen in den industriellen Beziehungen

	Staatssozialismus	**Transformations-gesellschaften**	**kapitalistische Demokratien**	
Verbands-konfiguration	monistisch	staats-korporatistisch	pluralistisch	neokorporatistisch
Gewerkschafts-politik	Transmissions-riemenpolitik	etatistisch-klientelistische Netzwerke	*pressure-group-*Politiken	tripartistische Konzertierung

Quelle: Modifiziert und ergänzt übernommen aus Dittrich (1997: 119).

Unsere These lautet: Die günstigste Form, die die Arbeitsbeziehungen in jungen postkommunistischen Demokratien annehmen können, ist die neokorporatistische Variante. Sie erfüllt am ehesten den Pluralisierungs- *und* Steuerungsbedarf der nachkommunistischen Gesellschaften, ohne die Konsolidierung von Marktwirtschaft und Demokratie zu behindern. Im Folgenden soll knapp dargestellt werden, welche Form die industriellen Beziehungen[69] in den vier Untersuchungsländern nach 1990 angenommen haben.

■ Ungarn

Weder die Gewerkschaften oder die Spitzenverbände der Wirtschaft noch ihre wechselseitigen Beziehungen können in Ungarn auch 19 Jahre nach dem Systemwechsel als konsolidiert gelten. Dennoch sind positive Ansätze zur Konsolidierung und Konzertierung der wirtschaftlichen Interessen von Arbeit, Kapital und Staat erkennbar. Der Konsolidierungsprozess durchlief zwei unterschiedliche Phasen (Deppe/Tatur 1997; Kurtan 1998; Schröder, W. 2004).

1. Phase: Die bürgerliche Regierungskoalition unter Antall (1990–1994) versuchte, die Gewerkschaften zu neutralisieren und diese so wenig wie möglich in den Umgestaltungsprozess von Staat, Wirtschaft und Gesellschaft mit einzubeziehen. Dies gelang der Regierung zunächst, da die ungarischen Gewerkschaften zu Beginn der 1990er Jahre vier besondere Schwächen aufwiesen (Deppe/Tatur 1997: 137 f.; Bertelsmann Stiftung 2004, 2005):

▶ Die Gewerkschaften waren nur eingeschränkt repräsentativ für die Arbeitnehmer und besaßen deshalb nur eine begrenzte Mobilisierungsfähigkeit; die Verpflichtungsfähigkeit gegenüber den Arbeitgebern war aufgrund der nur mittleren Repräsentativität unsicher und begrenzt.
▶ Die Gewerkschaften waren organisatorisch sowohl vertikal als auch horizontal stark fragmentiert. Aus der alten staatssozialistischen Monopolgewerkschaft gingen vier Konföderationen hervor, denen drei neu gegründete „Alternativverbände" (ibid.: 138) gegenüberstanden.[70]

---
69 Der Begriff „industrielle Beziehungen" wird synonym zu der Bezeichnung „Arbeitsbeziehungen" verwandt.
70 Die beiden größten Nachfolgeorganisationen der alten Systemgewerkschaft sind der „Ungarische Gewerkschaftsbund" (MSZOSZ) im industriellen Bereich und das „Gewerkschaftliche Kooperationsforum" (SZEF) im öffent-

▶ Die ungarischen Gewerkschaften waren von einem besonderen „asymmetrischen Dualismus" (ibid.) geprägt. Die alten kommunistischen Nachfolgeverbände waren organisatorisch stark, besaßen aber zunächst aufgrund ihrer Regimevergangenheit nur begrenzte Legitimität als Verhandlungspartner gegenüber den Arbeitgebern und dem Staat. Die neu gegründeten Gewerkschaften dagegen konnten zwar auf ihre politische Legitimität verweisen, besaßen aber keine nennenswerte Repräsentativität.
▶ Die Stellung der Gewerkschaften gegenüber den politischen Parteien war von Anbeginn subaltern (Kurtan 1998). Dies gilt in besonderem Maße für die neuen „Alternativgewerkschaften" gegenüber den „befreundeten" Regierungsparteien MDF (Ungarisches Demokratisches Forum) und SZDSZ (Bund Freier Demokraten).

Der Dualismus von organisatorischer Stärke und demokratischer Legitimität, die Dominanz der Parteien (Ágh 1994) und die fortschreitende Deindustrialisierung der Wirtschaft schwächte die ungarische Gewerkschaftsbewegung und erlaubte es der konservativ-liberalen Koalitionsregierung (1990–1994), die Gewerkschaften von der Mitgestaltung des demokratischen Konsolidierungskurses in den ersten drei Jahren weitgehend auszuschließen. Auch der schon 1988 gegründete und 1990 neu organisierte „Rat für Interessenausgleich", der Arbeitgeber, Gewerkschaften und Regierung zu Verhandlungen formell zusammenbringt, war in den ersten Jahren aufgrund der Schwäche der Verbände staatsdominiert, deshalb bei den Verbänden umstritten und außerhalb der engen Tarifpolitik nur wenig wirkungsvoll (Deppe/Tatur 1997: 139).

2. Phase: Die „Neutralisierungspolitik" der bürgerlichen Koalitionsregierung ließ sich nur bis Ende 1992 durchhalten. Denn um ein Austeritätsprogramm zur Begrenzung des Haushaltsdefizits wirkungsvoll umsetzen zu können, musste die bürgerliche Koalitionsregierung die Gewerkschaften in die Politikformulierung mit einbeziehen. Zu diesem Zwecke wurde der „Rat für Interessenausgleich" aufgewertet und der stärkste Gewerkschaftsverband MSZOSZ[71] realpolitisch legitimiert. In der Folge verschoben sich die Kräfteverhältnisse unter den ungarischen Gewerkschaften zugunsten der reformierten „Nachfolgeverbände" der alten Regimegewerkschaft. „Damit wurde die anfänglich für den ungarischen Gewerkschaftspluralismus charakteristische Asymmetrie zwischen organisationspolitischem Status, demokratischer Legitimation und politischem ‚Verbindungskapital' weitgehend aufgehoben" (Deppe/Tatur 1997: 144). Dies bedeutete eine Stabilisierung der Steuerungsfähigkeit der Arbeitsbeziehungen in Hinblick auf eine gesamtwirtschaftlich verträgliche Konzertierung der Tarif-, Sozial- und Wirtschaftspolitik. Tatsächlich haben diese korporatistischen Arrangements in der Lohnpolitik in den ersten Jahren der neuen Demokratie zu volkswirtschaftlich verantwortungsbewussten Abschlüssen geführt (Brusis 1994).

Die tripartistische Kooperation wurde mit dem Wahlsieg und der Regierungsübernahme durch die postkommunistische Sozialistische Partei Ungarns weiter stabilisiert. Die enge Verzahnung der postkommunistischen „Nachfolgepartei" und der postkommunistischen „Nach-

---

lichen Dienst. Die drei „Alternativverbände" sind: „Demokratische Liga", „Unabhängige Gewerkschaften", „Landesbund der Arbeiterräte".
71 Die „Nationale Allianz der ungarischen Gewerkschaften" (MSZOSZ) organisierte am Ende der 1990er Jahre 40 Prozent der Gewerkschaftsmitglieder des Landes. Mit fast 1 000 000 Mitgliedern ist die Nachfolgeorganisation der alten kommunistischen Einheitsgewerkschaft der mitgliederstärkste Gewerkschaftsverband. Gefolgt wird er von der SZEF (750 000 Mitglieder), der ASZOK (350 000 Mitglieder) und der ESZT (90 000 Mitglieder). Die beiden neu gegründeten Gewerkschaftsverbände LIGA und MOSZ haben zusammen ca. 150 000 Mitglieder (Kurtan 1998).

folgegewerkschaften" erleichterten korporatistische Arrangements, die zwar selten sektorenübergreifend sind, aber zunehmend an Bindungskraft gewannen (Kurtan 1998). Damit ist die Dominanz des Staates allerdings noch keineswegs verschwunden, was manche Kritiker von einem „asymmetrischen Staatskorporatismus" sprechen lässt (Brusis 1994). Auch die Integrations- und Verpflichtungsfähigkeit der Verbandsspitzen von Arbeit und Kapital ist gegenüber ihren Mitgliedern keineswegs stabil und ausgeprägt. Dies gilt in besonderem Maße für die Wirtschaftskammer MGK, die die Interessen vieler Unternehmer vertritt. Dennoch gab es in Ungarn von allen ostmitteleuropäischen Staaten am ehesten erfolgversprechende organisatorische und institutionelle Ansätze zur Herausbildung eines liberalen Neokorporatismus, der die Ordnungssysteme Markt und Staat in ihren Steuerungs- und Integrationsfunktionen entlastet (Schröder, W. 2004).

■ *Polen*

Auch in Polen vollzog sich die Herausbildung der Arbeitsbeziehungen nach 1990 bisher in zwei Etappen. Die *erste Phase* dauerte ebenfalls bis Ende 1992. Sie war gekennzeichnet von einer von der Solidarność geführten Regierung, die den wirtschaftlichen Umbau mit der radikalen Schocktherapie *(Big Bang)* des damaligen Wirtschaftsministers Balcerowicz einleitete (Quaisser 1997: 3 f.) Das Besondere daran war, dass die Schocktherapie der Solidarność-*Regierung* von der Solidarność-*Gewerkschaft* abgesichert wurde, obwohl sie mit erheblichen sozialen Härten, Konsumverzicht und steigender Arbeitslosigkeit einherging. Die politisch-moralische, personelle und organisatorische Verklammerung von Regierung und Gewerkschaft verwandelten zumindest in der Startphase der Transformation das gewerkschaftliche Blockadepotenzial in reformförderndes „Sozialkapital" (Deppe/Tatur 1997: 134) für die ersten demokratischen Regierungen Polens. Die politische Einbindung der Gewerkschaften basierte auf einem politisch-symbolischen Reformkonsens, der durch die enge Elitenverschränkung stabilisiert wurde. Der Regierung wurde dadurch eine Schonfrist und der Gewerkschaft Solidarność ein privilegierter politischer Status gegenüber der in der Spätphase des kommunistischen Regimes gegründeten offiziellen Gewerkschaft OPZZ eingeräumt (Schienstock/Traxler 1993: 501). Zwischen beiden zunächst annähernd gleich starken Gewerkschaftsverbänden[72] entwickelte sich so rasch ein Dualismus, der ideologisch begründet war und sich durch die unterschiedlichen Positionen zu Regierung und Wirtschaftspolitik verfestigte.

Doch der enge Schulterschluss und der moralisch-politische Konsens der Gewerkschaft „S" und der Regierung „S" wurde brüchig, als sich die sozialen Opfer der Schocktherapie verschärften und die konkurrierende Gewerkschaft OPZZ auf einen härteren Konfrontationskurs einschwenkte. Von der alten, regierungstreuen Solidarność spaltete sich die regierungskritischere „Solidarność 80" ab, die zusammen mit den Branchengewerkschaften der OPZZ und einigen kleineren syndikalistischen Gewerkschaften die Streikwelle vom Sommer 1992 trug. Die Regierung schloss daraufhin einen formellen „Pakt zur Umgestaltung der staatlichen Unternehmen" mit allen relevanten Gewerkschaften ab, der das privilegierte Bündnis zwischen den Regierungseliten und der Gewerkschaft Solidarność vorerst beendete. Die Solidarność-Gewerkschaft hatte sich nach zwei Jahren „Flankenschutz" als „legitimatorische Ressource der liberalen Reformpolitik" verbraucht und musste aus Gründen der eigenen Existenzsicherung „nach einem neuen Selbstverständnis" suchen (ibid.: 141).

---

72 Beide Gewerkschaftsverbände wiesen zu Beginn der 1990er Jahre in den industriellen Kernzonen einen Organisationsgrad von jeweils ca. 25 Prozent der Beschäftigten auf (Schienstock/Traxler 1993: 501).

2. Phase: Der Wahlerfolg und die Regierungsübernahme durch das postkommunistische „Bündnis der demokratischen Linken" (SDL) im Jahr 1993 drehte die Rollenverteilung um. Nun war es die OPZZ-Gruppierung, die die Modernisierungspolitik der SDL und PSL (Bauernpartei) teilweise absicherte, da sie der stärksten Partei der Linkskoalition, der „Sozialdemokratie der Republik Polen" (SdRP), personell und programmatisch verbunden war. Die Gewerkschaft Solidarność konnte dagegen mit einer dezidierten Oppositionspolitik wieder an gewerkschaftlichem Profil gewinnen. Sie favorisierte nun ein weitgehendes liberales Tarifvertragssystem mit ausgeprägter Distanz zum Staat, während die OPZZ stärker auf einen „paternalistisch-korporatistischen" Kurs einschwenkte.

In Polen wie in Ungarn haben sich bei allen organisatorischen Unterschieden rund 19 Jahre nach dem Systemwechsel ähnliche Konfigurationen der Arbeitsbeziehungen herausgebildet. Frank Deppe und Melanie Tatur (1997: 150) bezeichneten diese in Abgrenzung zum westlichen „societal corporatism" oder „liberal corporatism" (vgl. u. a. Schmitter/Lehmbruch 1979) als „zyklisch höchst instabilen und segmentierten Korporatismus". Dieser ist v. a. durch drei Merkmale gekennzeichnet:

▶ Die ungarische und die polnische Regierung waren insbesondere zu Beginn des Regimewechsels aufgrund ihrer Steuerungsschwäche angesichts der umfangreichen Transformationsprobleme bei der Implementation wirtschafts- und sozialpolitischer Entscheidungen auf die Kooperation der Gewerkschaften angewiesen.
▶ Die Gewerkschaften ihrerseits waren infolge ihrer Organisations- oder Legitimitätsschwäche und der sich segmentierenden Güter- und Arbeitsmärkte zu ihrer eigenen Stärkung auf einen „institutionalisierten öffentlichen Status" (ibid.: 151) angewiesen, wie ihn neokorporatistische Arrangements verleihen.
▶ Aufgrund der sich fast gewerkschaftsfrei entwickelnden neuen Industrie- und Dienstleistungssektoren konzentrieren sich die gewerkschaftliche Stärke und die organisierten Arbeitskonflikte v. a. auf die alte verstaatlichte Industrie und den öffentlichen Dienst.

„Zyklisch instabil" sind die polnischen Arbeitsbeziehungen, weil der Staat zwar die Kooperation der Gewerkschaften prinzipiell benötigt, aber aufgrund von deren Schwäche immer wieder versucht war, die Regierungspolitik unilateral und hierarchisch ohne Absprachen mit und ohne Zugeständnisse an die Sozialpartner durchzusetzen. „Segmentiert" ist der Korporatismus, weil er sich fast ausschließlich auf die alten verstaatlichten Industriebereiche und den öffentlichen Dienst bezieht und die dynamischen Sektoren der mittelständischen privaten Industrie und der modernen Dienstleistungen aufgrund der Gewerkschaftsschwäche weitgehend ausschließt. Hinsichtlich der für die demokratische Konsolidierung wichtigen Güter wie gesellschaftlicher Konsens, wirtschaftspolitische Effizienz und soziale Gerechtigkeit ist die oben skizzierte Form der Arbeitsbeziehungen ebenso weit vom *worst case* eines konfliktreichen fragmentiert-pluralistischen Systems entfernt wie vom *best case* stabiler, effizienter und inklusiver Strukturen, wie sie der liberale Neokorporatismus in westlichen Ländern (Österreich, Schweden, Norwegen, Finnland) bisweilen hervorgebracht hat. Eine weitere Konsolidierung der industriellen Strukturen in Richtung des *best case* steht aufgrund der gegebenen Voraussetzungen und der absehbaren Probleme allerdings auch mittelfristig kaum zu erwarten.

■ *Russland*

In Ungarn und Polen sind erste Konsolidierungstendenzen von verbandlichen Strukturen der beiden Antagonisten Kapital und Arbeit innerhalb der Marktwirtschaft zu erkennen. Allerdings haben sie sich noch nicht stabilisiert und der Staat spielt eine für kapitalistische Demokratien immer noch ungewöhnlich starke Rolle. Für Russland haben sich selbst diese verhalten positiven Entwicklungstrends bisher noch nicht abgezeichnet. Das ist zunächst auf die Tatsache zurückzuführen, dass der wirtschaftliche Umbau dort weit weniger fortgeschritten ist und die Kapital-Arbeit-*cleavage* sich noch keineswegs klar herausgebildet hat (Wiesenthal 1995: 30). Diese für westliche Marktgesellschaften typische Konfliktlinie wird in Russland gegenwärtig noch stark von sektoralen, regionalen und branchenspezifischen Arbeitnehmer-Unternehmer-Koalitionen überlagert (Stykow 1998). Aufgrund der nach wie vor dominanten Position des Staates in der Wirtschaft ist dieser, und nicht der wechselseitige Sozialpartner, der zentrale Adressat der Einflussnahme von Unternehmern, „Direktoren"[73] und Gewerkschaften. Es sind deshalb weniger die verbandlich organisierten Tarifauseinandersetzungen zwischen Kapital und Arbeit, die die industriellen Beziehungen in Russland prägen, als vielmehr die direkte Einflussnahme von Unternehmern, Lobbygruppen und Gewerkschaften auf die Exekutive und Legislative. Noch immer definieren staatliche Manager, Unternehmer und Gewerkschaften häufig „gemeinsame Produzenteninteressen" in bestimmten Industriesektoren, Regionen oder auch nur großen Unternehmen, die sie dann vereint gegenüber dem Staat vertreten. Parallel zu diesem direkten *lobbying* von Unternehmen und *pressure groups* (RSSP Research Institute 1995: 77 ff.) beginnen sich noch andere Strukturen der postsowjetischen „Verbandslandschaft" (ibid.) herauszubilden. Sie sind allerdings in erheblichem Maße von den strukturellen Erbschaften der staatssozialistischen Vergangenheit und dem noch wenig fortgeschrittenen Umbau der russischen Wirtschaft geprägt. Dies soll im Folgenden anhand der Gewerkschaften und Unternehmerverbände aufgezeigt werden.

Die Gewerkschaften

Wie in fast allen postkommunistischen Gesellschaften haben auch in Russland die alten Regimegewerkschaften überlebt. Allerdings sind nun „von unten" neue sogenannte „alternative Gewerkschaften" entstanden. Aber anders als in Polen und stärker ausgeprägt als in Ungarn dominieren in Russland die Nachfolgeverbände der alten sowjetischen Regimegewerkschaft. Diese haben sich in der „Föderation der Unabhängigen Gewerkschaften Russlands" (FNPR) als Dachverband zusammengeschlossen. Von den einst 140 Millionen Mitgliedern waren nach Eigenangaben der FNPR 1994 noch 50 Millionen verblieben (Hoffer 1996: 208). Diese Selbstschätzung mag – auch aus strategischen Gründen – etwas hoch gegriffen sein. Dennoch zählt die FNPR rund sieben Mal so viele Mitglieder wie alle neu gegründeten „alternativen Gewerkschaften" zusammen (Stykow 1998). Und auch wenn die FNPR mit dem Verlust der einstigen umfassenden sozialpolitischen Funktionen heute manche der „selektiven Anreize" (Olson 1968) aus der Vergangenheit für ihre Mitglieder verloren hat, fungiert sie auf betrieblicher Ebene doch immer noch häufig als „Sozialabteilung" für die Belegschaft. In Tarifauseinandersetzungen mit der Betriebsführung treten sie meist nur dann ein, wenn alternative Gewerkschaften im Betrieb existieren und der damit verbundene Konkurrenzdruck sie dazu zwingt:

> „Wo es diesen Konkurrenzdruck nicht gibt, bleiben Kollektivverträge meist eine wenig bedeutungsvolle Willenserklärung zwischen de facto zwei Ressorts der betrieblichen Verwaltung oder werden gar nicht abgeschlossen" (Stykow 1998).

---

[73] Damit werden hier wie im Folgenden die Spitzenmanager der großen staatlichen Konzerne bezeichnet (vgl. auch Stykow 1998).

In Konkurrenz zu der postsowjetischen Nachfolgekonföderation FNPR sind kleinere „alternative Gewerkschaften" neu entstanden. Sie vermochten sich sektoral spezialisiert vor allem im Energie- und Transportsektor zu etablieren. Aber insbesondere als berufsständische Gewerkschaftsvertretungen bei den Fluglotsen, den Piloten, den Seeleuten, Hafenarbeitern und anderen strategisch exponierten und lohnpolitisch privilegierten Berufsgruppen konnten sie sich als ernsthafte Vertretung gegenüber den Arbeitgebern profilieren. Diese alternativen Gewerkschaften erfüllen am ehesten die klassischen gewerkschaftlichen Vertretungsfunktionen in einer Marktwirtschaft. Trotz der sich langsam pluralisierenden Gewerkschaftslandschaft dominiert jedoch die FNPR und mit ihr die oben dargestellten hybriden Interaktionsformen aus der gleichzeitigen Repräsentation von Arbeiter- und Unternehmerinteressen. Das alte Gewerkschaftssystem hat zu beachtlichen Teilen überlebt, wird aber zunehmend von neuen Gewerkschaftsformen und -funktionen komplementiert, die allerdings auch acht Jahre nach dem Untergang der Sowjetunion nur als Minderheit die Gewerkschaftslandschaft Russlands prägen.

Unternehmerverbände

Wie die Gewerkschaften sind auch die Interessenvertretungen der Unternehmer durch den Dualismus von Staats- und Privatwirtschaft geprägt. Die Verbandsforscherin Petra Stykow (1998: 143 ff.) unterscheidet vier Varianten verbandlich organisierter Wirtschaftsinteressen in Russland:

1. *Multisektorale Verbände:* sie umfassen die Branchenverbände mehrerer Wirtschaftssektoren und beanspruchen häufig den Status von „Spitzenverbänden", den sie allerdings bisher in der Realität nicht umsetzen konnten.
2. *Branchenverbände:* sie repräsentieren die einzelnen Unternehmen innerhalb eines Wirtschaftszweiges. Hier sind zunächst die Verbände zu unterscheiden, die in den alten Industriesektoren um die „Direktoren" der Staatsbetriebe entstanden, und jene, die sich in den neuen privaten Wirtschaftszweigen wie Banken, Versicherungen, Immobilien und Dienstleistungen organisiert haben, und die von den *„biznesmeny"* kontrolliert werden. In jüngster Zeit wird dieser Dualismus zunehmend von den neuen Differenzierungen der Wirtschaftsbereiche überlagert, wie z. B. den arbeitskraftintensiven versus kapitalintensiven Sektoren, dem monopolistischen versus wettbewerbsoffenen Bereich sowie der Industrie gegenüber dem Dienstleistungsbereich.
3. *Intersektorale Regionalverbände:* sie bilden branchenübergreifend regionale Dachverbände der nationalen Konföderationen. Diese werden in der Regel von der staatlichen Großindustrie der „alten" Sektoren dominiert (ibid.).
4. *Assoziationen kleiner und mittelständischer Unternehmer:* sie werden ausschließlich von privaten Unternehmern gebildet und bilden das schwächste Glied in der wirtschaftlichen Verbändelandschaft.

Generell gilt, dass bisher die privaten Unternehmer weit weniger organisiert sind als die alten, politisch erfahrenen „Direktoren" der staatlichen Großbetriebe. Diese verfügen in der Regel über einen direkteren Zugang zu den staatlichen Entscheidungsorganen und Behörden (Stykow/Zotov 1996: 12) und agieren nicht selten unter der neuen verbandlichen Hülle weiter als interpersonelle Netzwerke alter Regimeeliten. Wie die Gewerkschaftslandschaft ist auch die Verbändelandschaft der Unternehmensinteressen fragmentiert, hierarchisch kaum organisiert und durch den asymmetrischen Dualismus dominierender alter Strukturen und noch schwacher neuer Organisationen geprägt.

Trotz der beschriebenen unklaren Funktionsteilung zwischen „Arbeit" und „Kapital", trotz der organisatorischen Fragmentierung der Verbändesysteme und der damit einhergehenden geringen Verpflichtungsfähigkeit der Verbände wurde 1992 eine tripartistische Kommission per Regierungsdekret ins Leben gerufen. Die jährlichen Vereinbarungen der tripartistischen Kommission haben jedoch mehr „symbolische Bedeutung" (Wiesenthal 1995: 30) als faktische Bindungskraft. Sie sind bisher aufgrund der defizitären verbandlichen Repräsentativität von Kapital und Arbeit zentralistische Absichtserklärungen geblieben. „Vor Ort" vermochten sie nicht zuletzt deshalb keine Wirkung zu entfalten, weil es für ihre Durchsetzung weder juristische noch wirtschaftliche Sanktionsmöglichkeiten gibt (Hoffer 1994; Stykow 1998: 149; Schröder, W. 2004).

Die begrenzten Fortschritte des wirtschaftlichen Umbaus in Russland spiegeln sich in einem hybriden Regime der industriellen Beziehungen wider, in dem staatssozialistische Relikte mit klientelistisch-kapitalistischen und marktwirtschaftlich-liberalen Strukturen konkurrieren. Die Wirtschaftsverbände sind dabei weniger neue kollektive Akteure, die ihre Interessen innerhalb einer marktwirtschaftlichen Demokratie artikulieren, organisieren und aushandeln, als häufiger formale Hüllen bereits existierender Interessensnetzwerke. Aber auch als korporative Akteure, die zwischen Gesellschaft und Staat vermitteln, konnten Gewerkschaften und neue Unternehmerverbände bisher noch nicht annähernd die Wirkung entfalten wie die alten und neuen klientelistischen Netzwerke, über die große Konzerne ihre monopolistischen oder sektoralen Interessen direkt mit der Exekutive verhandeln (Stykow/Zotov 1996: 12; Stykow 1998; Mommsen, M. 2004: 405). Die Funktion der intermediären Interessenrepräsentation zwischen Gesellschaft und Staat im demokratietheoretisch-zivilgesellschaftlichen Sinne Alexis de Tocquevilles (1985) ist in Russland erst recht unterentwickelt. Es ist vielmehr ein intransparentes Netzwerk zwischen der dominanten staatlichen Exekutive, industriellen Monopolen und Oligopolen sowie teilweise kriminellen Kapitalgruppen entstanden, das den intermediären Raum zwischen Staat und Gesellschaft durchzieht. Auf die Konsolidierung einer entfalteten liberalen Demokratie wirken die Konfiguration der Arbeitsbeziehungen und die Interaktionsformen der großen wirtschaftlichen wie gewerkschaftlichen Verbände eher kontraproduktiv. Denn diese sind in ihren Organisationsformen und Einflussstrategien, wie Petra Stykow (1998: 171) überzeugend schreibt:

> „komplementär zu einem System der delegative democracy mit seiner Schwäche rechtsstaatlicher Institutionen und Prozeduren, kaum entwickelten Mechanismen der öffentlichen Kontrolle, klientelistischen Praktiken und geringer politischer Partizipation der Bevölkerung. Interessengruppen sind in diesem System eingebunden, passen sich in ihrem Verhalten an dieses an und stabilisieren es – einschließlich des ‚undemokratischen' Potentials, das einer solchen ‚delegierten Demokratie' eigen ist."

Nicht den Aufbau einer funktionierenden Polyarchie fördern diese Formen der Interessenvermittlung, sondern die Etablierung einer „defekten Demokratie", die sich in Russland zu konsolidieren beginnt.

■ Belarus

Wie stark die Verbandsbildung in den industriellen Beziehungen vom Stand des wirtschaftlichen Umbaus abhängt, wurde schon am Beispiel Russlands gezeigt. Diese Kausalbeziehung kann im Falle von Belarus noch stärker sichtbar gemacht werden. In Belarus ist der Übergang von der zentralen Kommando- zur Marktwirtschaft nie über die Anfänge hinausgekommen.

So befanden sich Ende 1994 noch immer 83 Prozent des Produktivkapitals in staatlichem Besitz (Zagorul'skaya 1995: 670). Die Dominanz des Staates im Industrie- und Agrarsektor ist erdrückend. Lediglich im Bereich der Dienstleistungen und des Handels hat das Privateigentum sich stärker entfalten können. Die Privatisierung, die nach der Unabhängigkeitserklärung 1991 nur schleppend anlief, wurde durch die Direktwahl Lukaschenkos im Jahr 1994 zunächst verzögert und dann gestoppt. Sie hat mit ihrem undurchsichtigen Verfahren nicht nur die alte Nomenklatura bedient, sondern noch weniger als in Russland die für kapitalistische Gesellschaften kennzeichnende Konfliktlinie zwischen Kapital und Arbeit entstehen lassen. Dieses embryonale Stadium des wirtschaftlichen Umbaus und die sich allenfalls im *statu nascendi* befindlichen typischen Konfliktlinien einer Marktgesellschaft werden von den Organisationsstrukturen und Interaktionsformen innerhalb der industriellen Beziehungen getreulich abgebildet. So verläuft die entscheidende interessenspolitische und verbandliche Konfliktlinie auch am Ende der 1990er Jahre nicht zwischen Kapital und Arbeit, sondern dem staatlichen und privaten Wirtschaftssektor.

■ *Die Gewerkschaften*

Der für die gesamten wirtschaftlichen Beziehungen prägende Dualismus von „privat" und „staatlich" durchzieht auch die gewerkschaftlichen Organisationen der belarussischen Arbeitnehmer. Hier wie dort dominiert der staatliche Sektor, so dass präziser von einem asymmetrischen Dualismus gesprochen werden muss. Der staatliche Sektor wird gewerkschaftlich von dem Dachverband *Federation of Unions of Belarus* (FUB) vertreten (ibid.: 674). Er übernahm nicht nur das gesamte Finanz- und Organisationsvermögen der alten Regimegewerkschaft *Belsovprof*, sondern auch viele der Transmissionsfunktionen, die die Gewerkschaftsaktivitäten in staatssozialistischen Systemen auszeichnet (ibid.). Dem FUB historisch, ideologisch und in der Funktionsweise eng verbunden ist die Arbeiterunion des agro-industriellen Komplexes. Beide Gewerkschaftsverbände verfügen über erhebliche materielle Ressourcen und einen privilegierten Zugang zum Obersten Sowjet, zur Regierung und der „präsidentiellen Vertikalen". Sie dominieren die Gewerkschaftsbewegung in Belarus.

Der alten Regimegewerkschaft stehen die neuen „alternativen Gewerkschaften" gegenüber. Sie sind stärker pluralisiert und sowohl nach dem Branchenprinzip als auch in branchenübergreifende Dachverbände gegliedert. Die wichtigsten der neuen Gewerkschaften sind die „Konföderation der Arbeit von Belarus", die „Freie Union von Belarus", die „Unabhängige Union der Bergleute in Belarus" und die „Union der Fluglotsen". Während die ersten beiden branchenübergreifenden Dachverbände sowohl Arbeitgeber wie Arbeitnehmer organisieren, stehen die meisten Branchengewerkschaften nur Arbeitnehmern offen (ibid.: 675). Da zudem nicht selten auch Doppelmitgliedschaften möglich sind, gibt es nach dem pluralistischen Muster auch einen intensiven Wettbewerb der neuen Gewerkschaftsverbände untereinander. Überlagert wird diese Konkurrenz allerdings noch vom scharfen Wettbewerb zwischen den neuen Gewerkschaften des Privatsektors und dem hegemonialen Dachverband der verstaatlichten Industrie, dem CUB. Die Mitgliedschaft der neuen Gewerkschaftsverbände wurde 1995 auf zwischen 200 000 und 500 000 Personen geschätzt. Damit blieben sie weit hinter dem Mitgliederstand und dem Organisationsgrad der alten Gewerkschaft des Staatssektors (CUB) zurück. Diese Position der Unterlegenheit wird noch durch das Fehlen bekannter Gewerkschaftsführer und dem nur geringen Einfluss auf die staatliche Politikformulierung verstärkt. Auch der 1995 gegründete Dachverband, der „Kongress der unabhängigen und freien Gewerkschaften von

Belarus", konnte aufgrund seiner geringen zentralen Kompetenzen die relative Schwäche der neuen Gewerkschaftsverbände des privaten Wirtschaftssektors bisher kaum mildern.

Die Unternehmerverbände

Der Dualismus zwischen staatlichem und privatem Wirtschaftssektor bzw. zwischen alten und neuen Verbandsorganisationen prägt die Assoziationslandschaft der Unternehmer ebenfalls. Auch hier dominiert der Verband der verstaatlichten Industrie. Er wurde schon 1990 als „Wissenschaftlich-industrielle Assoziation von Belarus" (BSIA) vor der staatlichen Unabhängigkeit gegründet und vereinigte rasch die 55 größten Unternehmen des Landes als kollektive Mitglieder (ibid.: 665). Im Jahr 1995 waren über 180, d. h. nahezu alle staatlichen Firmen, Mitglieder des Verbandes. Damit besitzt der BSIA ein faktisches Repräsentationsmonopol für alle Beschäftigten des staatlichen Sektors. Da dieser mehr als 80 Prozent des Industriesektors umfasst, nimmt der BSIA auch insgesamt eine unangefochten dominierende Position in der Verbandslandschaft der industriellen Unternehmen ein. Dasselbe gilt für die „Union der Agrarier", die als Vertreterin der Kolchosen und Sowchosen ebenfalls eine Monopolstellung im landwirtschaftlichen Unternehmensbereich innehat. Beide Dachverbände bemühen sich erfolgreich um direktes *lobbying* oder schicken ihre Repräsentanten gleich in den Obersten Sowjet und die Regierungsadministration (ibid.: 669). Damit ist es ihnen gelungen, über staatskorporatistische Kanäle die wesentlichen Parameter der Wirtschaftspolitik und Wirtschaftsabläufe entscheidend mitzubestimmen.

Demgegenüber haben die Unternehmerverbände der Privatindustrie kaum Zugang zu den staatlichen Entscheidungsinstanzen. Sie liegen im Wettlauf um staatliche Subventionen rettungslos im Hintertreffen und werden häufig durch die Netzwerke der alten und neuen Nomenklatura mit bürokratischen Auflagen in der freien Verbandskonkurrenz behindert. Da sie trotz der Gründung der „Belarusischen Assoziation der nichtstaatlichen Unternehmen" bisher zudem kaum in der Lage waren, die „interne" Konkurrenz unter den neuen Unternehmerverbänden aufzuheben, haben sie ihre Verhandlungsposition gegenüber den staatlichen Stellen und den Gewerkschaften noch zusätzlich geschwächt. Noch stärker als für Russland gilt deshalb in Belarus:

▶ der Kapital-Arbeit-*cleavage* ist infolge unterentwickelter marktwirtschaftlicher Strukturen nur schwach ausgeprägt;
▶ der steckengebliebene Umbau der Kommandowirtschaft bestimmt Strukturen, Funktionen und Machtverteilung der belarussischen Verbandslandschaft;
▶ es existiert ein asymmetrischer Dualismus zwischen den staatlichen und privaten Wirtschaftsverbänden;
▶ die Verbände des staatlichen Sektors nehmen eine hegemoniale Position ein;
▶ die Unternehmensverbände und Gewerkschaften betrachten nicht sich wechselseitig als eigentlichen Verhandlungspartner, sondern sehen diesen im Staat;
▶ es haben sich staatskorporatistische Strukturen entwickelt, die dem autoritären Korporatismus näher sind als liberalen, neokorporatistischen Arrangements.

Die Dominanz der Verbände des staatlichen Wirtschaftssektors garantiert eine gewisse Inklusivität und Effizienz in den industriellen Beziehungen von Belarus. Diese werden jedoch zu einem guten Teil durch die kaum gewandelten Funktionen verbandlicher Transmissionsriemen erreicht. Damit entspricht die Funktionsweise der Verbände zwar weitgehend den Funktionsimperativen der etatistischen Ökonomie in Belarus, mit den Erfordernissen von marktwirtschaftlichen Demokratien sind sie jedoch kaum vereinbar. Die industriellen Beziehungen Russlands lassen sich vielmehr als „staatskorporatistisch" bezeichnen – ein Zustand, der dem autoritären Korporatismus näher ist als den liberalen neokorporatistischen Arrangements westeuropäischer Prägung.

Fazit

Auch die intermediären Strukturen (Parteien, Verbände) haben sich in den vier Ländern unterschiedlich entwickelt. So kann von einem relativ konsolidierten Parteiensystem nur in Ungarn die Rede sein. Selbst in Polen steht eine Stabilisierung wichtiger Parteien noch aus. In beiden Ländern aber drohen sich „Kartellparteien" ohne nennenswerte soziale Verwurzelung zu etablieren. In Russland trägt das Parteiensystem darüber hinaus viele Defekte (hohe Polarisierung, Fragmentierung, Volatilität der Wähler und Parteiformationen), die sich destabilisierend auf die fragile Demokratie auswirken. Politische Parteien spielen in den staatlichen Entscheidungsprozessen des präsidentiell-parlamentarischen Regierungssystem Russlands nur eine sekundäre Rolle. Eine Konsolidierung des Parteiensystems ist mittelfristig nicht zu erwarten. In Belarus kam es bisher nur begrenzt zu einer pluralistischen Ausdifferenzierung des Parteiensystems. Der konstitutionelle Staatsstreich Lukaschenkos 1996 hat politische Parteien zudem zur irrelevanten Staffage eines autoritären Präsidialregimes degradiert.

Noch schwächer ist der intermediäre Raum der funktionalen Interessenvermittlung in den vier Ländern besetzt. Zwar gilt auch hier, dass sich in Ungarn bescheidene Zeichen verbandlicher Konsolidierung erkennen lassen. Diese sind in Polen schwächer, in Russland und Belarus nicht zu erkennen. Insbesondere die Gewerkschaften konnten weder zum Staat noch den Arbeitgebern (mit oder ohne Verbände) gegenüber ein angemessenes Gegengewicht entwickeln. Wolfgang Schröder (2004) nennt für alle ostmitteleuropäischen Gewerkschaften folgende Gründe:

▶ In den ersten Jahren der Transformation entwickelte sich eine „unheilvolle Dialektik von ökonomischer Modernisierung und organisatorischer Marginalisierung" (ibid.: 10).
▶ Die Privatisierung und der Strukturwandel der Betriebe führten zu vielen gewerkschaftsfreien Unternehmern.
▶ Die Gewerkschaften haben keine strategische Antwort auf die rasche Verschiebung von Groß- zu Kleinbetrieben und vom industriellen Sektor zum Dienstleistungsbereich gefunden.
▶ Insbesondere die jüngere Generation setzte kein Vertrauen mehr in die Gewerkschaft als wirkungsvolle Interessenorganisation.
▶ Die Konkurrenz der Gewerkschaften untereinander band erhebliche Kräfte, was den Einfluss auf Staat und Gewerkschaften schmälerte.

Von der Privatisierung des Produktivkapitals über den Rückzug des Staates, die Individualisierung der Gesellschaft bis zur Schwäche der Gewerkschaften deuteten viele Anzeichen darauf hin, dass sich in vielen Staaten Ostmitteleuropas eher Varianten des „unkoordinierten" als des „koordinierten Kapitalismus" (Hall/Soskice 2001) durchsetzten.

In Russland und noch stärker in Belarus werden die Verbändesysteme der industriellen Beziehungen von den etatistisch-klientelistischen Netzwerken des politisch-industriellen Komplexes geprägt. Der für Marktgesellschaften charakteristische Antagonismus von Kapital und Arbeit manifestiert sich nur mit sekundärer Bedeutung. Die Folge sind Intransparenz, Klientelismus, Korruption und eine staatliche Dominanz in den industriellen Beziehungen. Beide Länder haben sich mit mehr (Belarus) oder weniger (Russland) offen autoritären Methoden einem direkten Zugriff auf das Verbändewesen gesichert. Von autonomen, in der Zivilgesellschaft wurzelnden Interessengruppen kann nicht die Rede sein. Staat, Korruption und kriminelles Kapital dominieren. Die Schwäche der intermediären Repräsentation ist in beiden Ländern zu einem Stabilisierungsfaktor des autoritär-vertikalen Regierungsstils geworden. Während in Russland der Staat, Oligopole und kriminelles Kapital die Marktwirtschaft behindern, hat sich in Belarus der Markt noch kaum gegen den Staatskapitalismus durchsetzen können.

Setzt man die vier Länder in Vergleich zu den restlichen Transformationsländern, lassen sich wie bei der konstitutionellen Konsolidierung ebenfalls vier Ländergruppen erkennen, wenngleich die Werte der repräsentativen Konsolidierung im Durchschnitt sichtbar unter dem Konsolidierungsstand der Verfassungsinstitutionen liegen. In der ersten Gruppe befinden sich erneut Slowenien, Ungarn, Tschechien, Kroatien und Estland. Schwächer konsolidiert sind Parteien und Verbände in Polen, der Slowakei, in Litauen, Albanien, Bulgarien und Rumänien (vgl. auch Weßels/Klingemann 2006). Als nicht konsolidiert muss die Interessenrepräsentation in Mazedonien, Lettland, Serbien-Montenegro und Bosnien-Herzegowina gelten. In Russland, Moldawien und Belarus sind sie ebenso instabil wie autoritär durchsetzt.

Abbildung 15: Repräsentative Konsolidierung (2005)

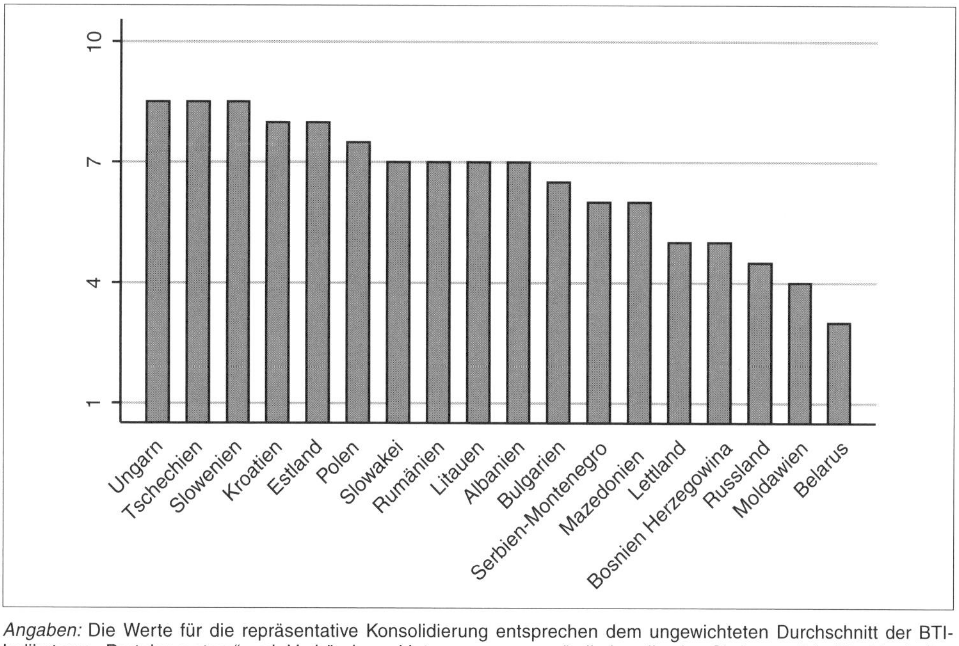

Angaben: Die Werte für die repräsentative Konsolidierung entsprechen dem ungewichteten Durchschnitt der BTI-Indikatoren „Parteiensystem" und „Verbände und Interessengruppen", die jeweils eine Skala von 1 (schlechteste Bewertung) bis 10 (beste Bewertung) aufweisen.
Quelle: Bertelsmann Stiftung (2005).

4.3 Verhaltenskonsolidierung der Vetoakteure

■ *Ungarn und Polen*

Die Integration potenzieller Vetoakteure in die neuen demokratischen Strukturen war für Ungarn und Polen wie für die meisten ostmitteleuropäischen Staaten kein bedeutsames Konsolidierungsproblem. Das Militär als der klassische und gefährlichste Vetoakteur in Lateinamerika, Afrika, Ostasien und selbst in Südeuropa[74] stellte in den neuen Demokratien Ungarns und Polens keine Vetomacht dar. Die Streitkräfte waren im kommunistischen wie im nachfolgenden demokratischen System von Anfang an weitgehend der zivilen Kontrolle „der Partei" unterstellt. Eine Ausnahme stellte Polen von 1981 bis 1983 dar, als General Jaruzelski mit Unterstützung der Kommunistischen Partei (PVAP) das Kriegsrecht verhängte und die politische Führung des Landes dem Oberbefehl der Streitkräfte unterstellte. Danach trat das Militär weder während des politischen Systemwechsels von 1988–1990 noch nachher als aktiver oder drohender Akteur in der Innenpolitik der beiden Länder auf.

Eine reaktionäre Klasse mächtiger und interventionsbereiter Großgrundbesitzer wie in Lateinamerika existiert in beiden Ländern ebenso wenig wie radikal-terroristische Gruppen oder Bewegungen. Die einzige Bedrohung der Demokratie durch vetomächtige Gruppen könnte von der Seite der alten Nomenklatura oder des „Kapitals" kommen. Allerdings ist das „Kapital", also Investoren auf den Güter-, Dienstleistungs- und Kapitalmärkten, kein klassischer Vetoakteur. Sein „Handeln" könnte allenfalls im „Unterlassen" bestehen, nämlich dann, wenn die Investitionen im Lande zurückgehalten und massiv ins Ausland verlagert werden, oder aber, wenn keine ausländischen Direktinvestitionen mehr in die beiden osteuropäischen Länder hineinfließen. Dies könnte dann der Fall sein, wenn die politischen Rahmenbedingungen instabil, die Arbeitskonflikte chronisch und die Renditeerwartungen niedrig und unsicher sind. Das war jedoch weder in Ungarn noch in Polen in der ersten Dekade der Demokratie der Fall. Für Russland und Belarus sieht die Situation allerdings anders aus. Dort waren die ausbleibenden Investitionen ein schleichender Misstrauensbeweis gegenüber den zögerlichen und inkonsistenten politischen und wirtschaftlichen Reformmaßnahmen. So blieben die Foreign Direct Investments (FDI) in beiden Ländern meist unter 1 Prozent des Bruttoinlandsprodukts (BIP). Dies soll an dem Indikator der kumulierten ausländischen Direktinvestitionen von 1990–2001 verdeutlicht werden.

Die Nomenklatura des alten Regimes erwies sich in Polen und Ungarn ebenfalls als keine Bedrohung der Demokratie. Die Hardliner zogen sich meist unbehelligt ins Privatleben zurück. Die zweite Garde übernahm dagegen sehr rasch (Wirtschaft) oder verzögert (Politik) wieder führende Positionen. Dies geschah in der Politik erstmals mit der Regierungsübernahme der postkommunistischen Sozialistischen Partei Polens (SDL) im Jahre 1993 und ein Jahr später auch in Ungarn (Magyar Szocialista Párt / MSZP). Paradoxerweise erwiesen sich in beiden Ländern die Postkommunisten als die verfassungstreueren Regierungsparteien, als dies bei den rechtskonservativen Regierungen der Fall war.

Ebenso gut gelang die Integration der alten Nomenklatura in das kapitalistische Wirtschaftssystem. Da beachtliche Teile von ihr die ersten Profiteure der Privatisierung waren, wurden sie aus schierem Eigeninteresse rasch gute Kapitalisten und *nolens volens* auch gute Demokraten. Dies war vor allen Dingen in Ungarn der Fall. Das mag aus einer moralischen Perspek-

---

[74] Dies gilt für Griechenland bis 1974, für Portugal und Spanien bis Anfang der 1980er Jahre.

Tabelle 43: Ausländische Direktinvestitionen von 1990 bis 2001

Land	Ausländische Direktinvestitionen									
	1990–1992		1993–1996		1997–1999		2000		2001	
	Mio. US$ (kumuliert)	% BIP	Mio. US$ (kumuliert)	% BIP	Mio. US$ (kumuliert)	% BIP	Mio. US$ (kumuliert)	% BIP	Mio. US$ (kumuliert)	% BIP
Ungarn	3,241	3,1	10,214	6,0	6,179	4,4	1,649	9,8	2,443	8,7
Polen	411	0,2	5,022	1,1	14,677	3,2	8,294	5,3	6,929	3,9
Russland	1,554	0,7	6,546	0,5	10,936	1,7	2,714	1,0	2,540	0,8
Belarus	–	–	115	0,3	793	2,2	116	1,1	100	0,8

Quelle: UNECE (2002).

tive nicht zu rechtfertigen sein, funktional erwies sich diese privilegierte Interpretation der alten Regimeeliten konsolidierungsfördernd für die jungen Demokratien in beiden Ländern.

■ *Russland und Belarus*

Auch in Russland und Belarus ist das Militär bisher noch nicht als offener Vetoakteur in Erscheinung getreten. Dennoch treten insbesondere in der russischen Politik immer wieder Generäle mit zweifelhafter demokratischer Reputation in die Politik ein. Verteidigungsminister kommen stets direkt aus dem Militär und werden vom Präsidenten meist in Abstimmung mit Teilen der Streitkräfte ernannt. Die Reduzierung der Truppenstärke, der gesellschaftliche Statusverlust der Militärs und die mangelhafte Ressourcenausstattung der Streitkräfte machen diese zu einem nur schwer kalkulierbaren Unsicherheitsfaktor für die demokratische Konsolidierung Russlands. Der Tschetschenien-Krieg hat das russische Militär zu einem undurchsichtigen Spieler in der russischen Politik gemacht. Zum einen zeigte die Kriegsführung und Repression in Tschetschenien, dass das Militär eigenmächtig außerhalb zivil-politischer Kontrolle des Parlaments handelte. Zum anderen deutet manches darauf hin, dass viele Aktionen a priori und ex post die implizite oder explizite Zustimmung der Präsidenten Jelzin und insbesondere Putin hatten oder gar ihren Anordnungen folgten. So ist die intransparente Kollaboration von präsidentieller Vertikale und Militär keine offene Herausforderung des (defekt-)demokratischen Regimes im lateinamerikanischen Sinne einer Putschgefahr, sondern trägt zur weiteren inneren Aushöhlung demokratischer Institutionen und Verfahren bei.

Die größte Vetogefahr für die defekten Demokratien in Russland und in Belarus[75] kommt paradoxerweise aus dem Inneren der demokratischen Verfassungsinstitutionen selbst, nämlich den gewählten Staatspräsidenten als der mächtigsten politischen Instanz beider Länder. Die russische wie die belarussische Verfassung gibt dem Präsidenten mit dem Dekrete-Recht, der unilateralen Prärogative der Parlamentsauflösung (Russland), dem Aufbau unkontrollierter vertikaler Präsidentialadministrationen und dem Institut präsidentieller Plebiszite weitreichende machtpolitische Instrumente an die Hand (Mommsen, M. 2004). Sie entfalten insbesondere in jungen, noch nicht konsolidierten Demokratien mit gewaltigen Transformationsproblemen ihre ambivalente Bedeutung. Zum einen vermögen sie die Regierbarkeit des Landes zu sichern. Dies ist besonders im russischen Fall seit 1993 und verstärkt mit Putin nach 2000 immer wieder deutlich geworden. Zum anderen geschieht dies aber häufig mit undemokratischen Mitteln. Beide Länder lieferten dafür seit dem Systemwechsel immer wieder Beispiele.

---

75 In Belarus haben sich in der zweiten Hälfte der 1990er Jahre die Defekte der embryonalen Demokratie so verstärkt, dass sie auch grundlegende Logiken des „demokratischen Spiels" suspendiert haben. Seitdem muss Belarus als offenes autoritäres Regime gelten.

Im Falle von Belarus wurde gar offenbar, wie die Machtkonzentration in den Händen eines charismatisch-autoritären Präsidenten die demokratischen Anfänge zerstören und in die offene Autokratie führen kann. Dies geschah nicht mit den spektakulären Mitteln eines militärischen Putsches oder einer paramilitärischen Machtergreifung, sondern vor allem mit den konstitutionellen Ressourcen und Mitteln, die unspektakulär und mit des Volkes mehrheitlicher Zustimmung bis über die Ränder der Verfassung ausgedehnt wurden. Unterstützt wurde der „konstitutionelle Putsch" allerdings durch eine massive Manipulation des staatlichen Fernsehens, das insbesondere die ältere Generation im Sinne Lukaschenkos beeinflusste.

Fazit

Die hauptsächliche Gefahr für die beiden Länder bestand also weniger in der Intervention klassischer Vetoakteure wie in Lateinamerika und Ostasien. Sie kam vielmehr von innen, von den gewählten Exekutiven, d. h. insbesondere den Staatspräsidenten. Dies geschah in offener Form wie bei Lukaschenko in Belarus oder aber in der verdeckten Variante Jelzins und wiederum offener bei Putin in Russland. Ersteres hatte nach 1996 eine autoritäre Präsidialdiktatur zur Folge, letzteres hat sich mit Putin zu einer hoch *defekten Demokratie* verfestigt. In den zentralasiatischen Staaten blieben die demokratischen Institutionen und Verfahren von Anbeginn an bloße formale Fassade, wie in Kasachstan, Kirgistan, Tadschikistan oder Turkmenistan. Die Präsidenten werden dort rasch zu plebiszitär akklamierten Despoten (Bertelsmann Stiftung 2004, 2005).

Abbildung 16: Verhaltenskonsolidierung/Vetoakteure (2005)

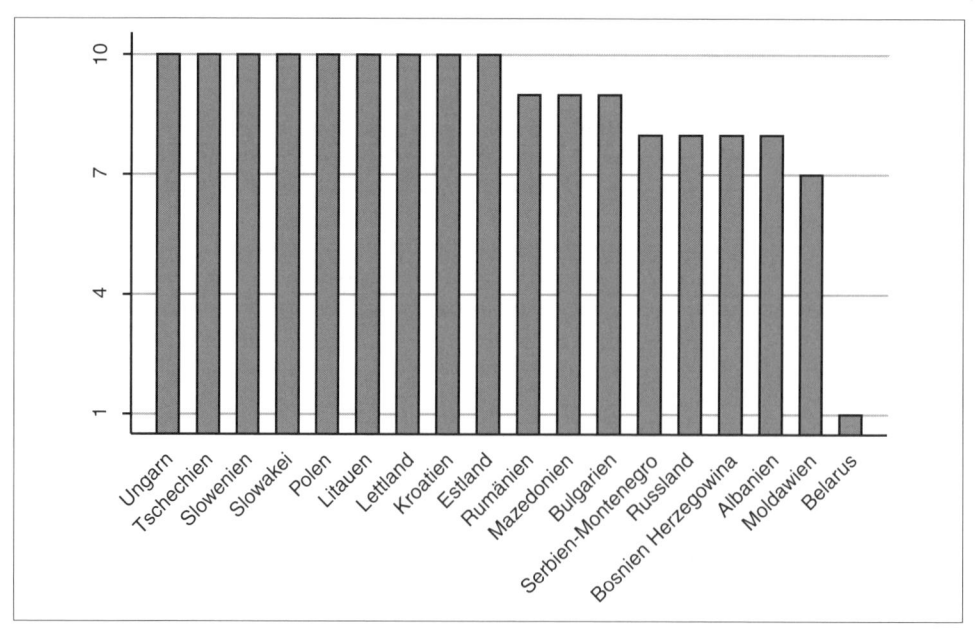

Angaben: Die hier verwendeten Daten entsprechen dem BTI-Indikator „Vetomächte", der eine Skala von 1 (schlechteste Bewertung) bis 10 (beste Bewertung) aufweist.
Quelle: Bertelsmann Stiftung (2005).

In neun Ländern der osteuropäischen Transformationsstaaten gab es überhaupt keine Anzeichen eines antidemokratischen Vetopotenzials. In Mazedonien und Bulgarien war es stets gering. In Serbien-Montenegro, Russland, Bosnien-Herzegowina und Albanien gab und gibt es Vetoambitionen in der exekutiven Vertikale, bei Oligarchen oder einer mit dem Staatsapparat verflochtenen organisierten Kriminalität. Das Militär als klassischer Vetoakteur spielte in Osteuropa keine vergleichbare, die Demokratie gefährdende Rolle wie in Lateinamerika oder Südostasien.

4.4 Konsolidierung der Bürgergesellschaft

Anhand der Untersuchungsländer der zweiten Demokratisierungswelle, Bundesrepublik Deutschland, Italien und Japan, wurde gezeigt, dass die vierte Ebene, die Herausbildung einer Bürgergesellschaft, den größten Zeitbedarf für ihre demokratische Konsolidierung benötigt (vgl. Teil II, Kap. 3.2.5). Dieser Befund wurde auch durch die Konsolidierungsentwicklung der Demokratien Südeuropas nach 1974 noch einmal empirisch bestätigt. Auch für die im Zuge der dritten Welle demokratisierten oder wieder demokratisierten politischen Regime Ostasiens und Lateinamerikas gilt, dass die Entwicklung einer demokratiestützenden politischen Kultur länger dauert – und dort auch meist noch nicht abgeschlossen ist – als der Aufbau der institutionellen Infrastruktur einer neuen Demokratie. Die Entwicklungen der ersten 20 Jahre nach dem Umbruch in Osteuropa haben ihrerseits gezeigt, dass sich auch dort der Mangel an staatsbürgerlicher Kultur und zivilgesellschaftlicher Vitalität als ein besonderes Problem stellt. Die Dimension und die Entwicklungstendenzen dieses besonderen Konsolidierungsproblems sollen zunächst für Osteuropa im Allgemeinen und danach für unsere vier osteuropäischen Untersuchungsländer im Besonderen abschließend untersucht werden.

Um den Stand der Demokratieverwurzelung in den kognitiven und affektiven Werte- und Einstellungsmustern der Bürger zu erfassen, hat die Politische Kulturforschung unterschiedliche Begriffs- und Messinstrumentarien entwickelt (vgl. u. a. Almond/Verba 1963; Barnes/Kaase et al. 1979; Gabriel 1992; Plasser et al. 1997; Klingemann et al. 2006).

Auf einer stark generalisierten Ebene haben Klingemann et al. (2006: 5 f.) zwischen vier unterschiedlichen Einstellungstypen unterschieden[76]: den überzeugten Demokraten *(strong democrats)*, den schwachen Demokraten, den unentschiedenen Bürgern sowie den Antidemokraten *(autocrats)*. In ihrer empirischen Untersuchung vergleichen sie drei Ländergruppen: etablierte westliche Demokratien als Referenzstaaten, Mitteleuropa sowie die sowjetischen Nachfolgestaaten Nordost- und Osteuropas.

Die westlichen Referenzdemokratien Norwegen, Deutschland und die USA weisen erwartungsgemäß die meisten „strong democrats" und die geringste Zahl der „autocrats" auf. Der Anteil der Bürger mit strikt autokratischen Einstellungen ist vernachlässigbar gering. Er liegt in den USA bei 3 Prozent und in Deutschland bei 1 Prozent. Danach folgt die Gruppe der Länder Ostmitteleuropas, die sich ihrerseits von den postsowjetischen Staaten Nord- und Osteuropas unterscheiden. Letztere Gruppe weist mit der Ausnahme Estlands prozentual die meisten Menschen mit autokratischen und die wenigsten mit stark demokratischen Überzeugungen auf. Die wenigsten Demokraten der 16 Vergleichsländer finden sich in Russland. Dies

---

[76] Damit schließen sie an Konstruktionen der demokratischen Kulturforschung an, wie sie von Montero/Morlino (1995) und Plasser et al. (1997) vorgelegt wurden.

hat seinen Ursprung auch darin, dass in den Jahren nach 1993 die politischen und wirtschaftlichen Eliten die konstitutionellen und rechtsstaatlichen Regeln selbst wenig achteten und die Exekutive die allgemeine Regelbefolgung weder durchsetzen konnte und oft auch nicht wollte. (Rechts-)Staatsversagen „imprägnierte" so auch die Einstellungen und Werte der Bürger. Gemeinsam verfestigten sich diese Faktoren wechselseitig und hinterließen eine schwere Erblast für die weitere Demokratisierung Russlands und der anderen östlichen osteuropäischen Länder.

Tabelle 44: Demokratie-Autokratie-Index: Anteil der Demokraten und Autokraten

	Starke Demokraten %	Schwache Demokraten %	Unentschlossene Bürger %	Autokraten %
Vergleichsländer				
USA	44	49	4	3
Norwegen	60	36	2	2
Westdeutschland	56	41	2	1
Ostmitteleuropa				
Ostdeutschland	32	64	3	1
Polen[a]	20	64	8	8
Tschechien	33	62	3	2
Slowakei	34	60	3	3
Ungarn	42	51	3	4
Rumänien	28	58	6	8
Bulgarien	11	68	9	12
Nord-/Osteuropa				
Estland	27	63	6	4
Lettland	10	76	8	6
Litauen	7	75	11	7
Belarus	10	67	11	12
Ukraine	7	67	13	13
Russland	4	54	16	26

[a] European Values Survey (EVS) (1999).
Quelle: Klingemann et al. (2006: 5).

Für unsere vier Untersuchungsländer ergibt sich hinsichtlich der demokratiefreundlichen Einstellungen folgende Rangfolge: Ungarn vor Polen, Belarus und Russland. Innerhalb der ostmitteleuropäischen Länder schneidet Polen – mit der Ausnahme Bulgariens, aber noch hinter Rumänien – am schlechtesten ab. Dies widerspricht landläufigen Mythen der besonders raschen demokratischen Konsolidierung Polens, die ihren Ursprung in der revolutionären Vorreiterrolle der 1980er Jahre haben. Es komplementiert aber die schlechten Werte, die Polen bei der politischen Partizipation und den semidemokratischen Akteuren in der intermediären Repräsentationssphäre aufweist. Über Polen hinaus lässt sich generell festhalten, dass die Demokratiezuwendung in Europa von West nach Ost abnimmt.

Die typologisch geordneten Surveys fassen generalisierte Einstellungsmuster der Bürger gegenüber dem Gesamtsystem zusammen. In der Begrifflichkeit von Almond und Verba (1963) kann man das die Systemkultur nennen. Sie lässt sich auf drei Ebenen konkretisieren: den Institutionen des staatlichen Regimes (Institutionen), der Prozess- und der Politikfeldkultur. Die Prozesskultur umfasst insbesondere die intermediäre Vermittlungsebene zwischen Staat und Gesellschaft, die vor allem von politischen Parteien und Verbänden, aber auch zivilgesellschaftlichen Assoziationen besetzt wird. Die Politikfeldkultur misst die Wahrnehmung des materiellen Outputs bzw. der Performanz der Regierung in bestimmten Politikbereichen.

Betrachtet man Polizei, Militär, staatliche Verwaltung und Parlament als staatliche Institutionen, fällt auf, dass das Vertrauen in die Institutionen exekutiven Herrschaftsmonopols – Polizei und Armee – relativ hoch, in die ausführende Verwaltung mittel, in die demokratische Institution Parlament jedoch niedrig ist. Damit folgt Osteuropa allerdings einem Muster, das auch in der etablierten Demokratie Westdeutschlands (Jahr 2000) sichtbar ist (vgl. Tabelle 45). Das gleiche gilt für die intermediäre Ebene. Parteien haben in Osteuropa kaum Vertrauenskapital akkumulieren können (Plasser et al. 1997; Weßels 2003). Ein Befund, der mit dem zunehmenden Vertrauensverlust politischer Parteien auf dem europäischen Kontinent korrespondiert. Für Gewerkschaften gilt dies noch stärker (vgl. Tabelle 45). Während der sozialen Sicherung (Politikfeld) noch durchschnittlich mehr Vertrauen in Osteuropa als in Westdeutschland entgegengebracht wird, ist das Vertrauen in den Rechtsstaat in Osteuropa signifikant niedriger als in Westdeutschland. Dies ist der problematischste Befund, der aus Tabelle 45 hervorgeht, weil das Vertrauen in den Rechtsstaat auf einen Kernbereich demokratischer Legitimität zielt. Die Erosion oder ein niedriges Niveau des Vertrauens in rechtsstaatliche Regelungen birgt längerfristig ein größeres Destabilisierungspotenzial für die Demokratie als die niedrigen Sympathiewerte für Parteien und Gewerkschaften. Andererseits reflektiert es durchaus auch die osteuropäische Wirklichkeit sowie die Realität anderer Transformationsstaaten, in denen eine besondere Rechtsstaatslücke zu konstatieren ist (Bertelsmann Stiftung 2005; Merkel/Puhle et al. 2006).

Die Daten geben Einstellungen und Werte der Bürger gegenüber dem demokratischen System, seinen Institutionen, Akteuren und einem Politikfeld wider. Wenngleich positive Korrelationen zwischen den Demokratieeinstellungen der Bürger und der Stärke der Zivilgesellschaft naheliegen, werden sie von den Umfragen nicht direkt ausgewiesen. Die Stärke von Zivilgesellschaften wird unterschiedlich gemessen. Das große Forschungsprojekt der Johns Hopkins University zur Zivilgesellschaft in den neunziger Jahren des vergangenen Jahrhunderts hat sich insbesondere auf die Organisations- und Assoziationsstärke einer Gesellschaft konzentriert. Abgesehen davon, dass kein Konsens besteht, welche Organisationen in eine solche Kalkulation mit einbezogen werden sollten (Menschenrechtsorganisationen genauso wie Kegelklubs oder Schützenvereine?), bleibt eine solche „Additionswissenschaft" hoffnungslos unterkomplex (vgl. u. a. Merkel/Lauth 1998), um ein so vielschichtiges Phänomen wie Zivilgesellschaft angemessen empirisch zu erfassen. Bernhard Weßels (2003) hat in jüngerer Zeit einen anspruchsvolleren Versuch unternommen, um die Stärke von Zivilgesellschaften zu erfassen. Aus den drei Dimensionen „Mitgliedschaft in gesellschaftlichen Organisationen", „interpersonelles Vertrauen, Vertrauen in Institutionen und politische Akteure" sowie „Grad sozialen und politischen Engagements" konstruiert er einen komplexeren Index zivilgesellschaftlicher Stärke.

Auch mit diesem Index ergeben sich signifikante Unterschiede zwischen den Ländern. In Ostdeutschland, Slowenien, Tschechien und Estland sind alle drei Dimensionen des Index gleichermaßen überdurchschnittlich gut entwickelt. In vier Ländern, nämlich Rumänien, Ukraine, Polen und Russland sind sie gleichmäßig unterdurchschnittlich. Russland rangiert (erwartungsgemäß) an letzter, Polen wider Erwarten an vorletzter Stelle. Die in den 1980er Jahren mächtigste, einflussreichste und am stärksten mobilisierte Zivilgesellschaft um die Antiregime-Gewerkschaft Solidarność bildet 15 Jahre später nach diesem Index das Schlusslicht der ost-(mittel-)europäischen Zivilgesellschaften. Eine allgemeine Erklärung dafür liefert

Tabelle 45: Vertrauen in staatliche Institutionen und gesellschaftliche Organisationen (1999)

Land	Kirche	Militär	Presse	Gewerkschaften	Polizei	Parlament	Staatliche Verwaltung	Soziale Versicherungssysteme	Rechtssystem
Westdeutschland	44	59	36	38	77	35	40	43	65
Ostdeutschland	26	46	38	35	65	39	35	49	49
Estland	44	35	42	33	34	27	41	50	33
Lettland	67	48	45	32	40	27	49	57	47
Litauen	68	47	75	38	24	11	20	27	17
Polen	68	69	48	34	56	34	33	39	43
Tschechien	20	26	37	22	33	13	23	34	23
Slowakei	69	77	49	43	44	43	39	36	35
Ungarn	45	45	30	23	43	33	49	41	44
Rumänien	83	83	38	27	45	19	27	30	40
Bulgarien	34	58	26	15	46	28	24	25	27
Slowenien	35	42	61	31	50	25	25	47	44
Durchschnitt	50	54	40	35	59	36	40	50	45

Anmerkung: Vertrauen wurde auf einer Skala von 1 bis 4 gemessen: 1 = großes Vertrauen; 2 = etwas Vertrauen; 3 = kaum Vertrauen; 4 = kein Vertrauen. Die Zahlen in der Tabelle geben den Anteil der Werte 1 und 2 an allen vier Werten in Prozent wieder.

Quelle: European Values Study Group and World Values Survey Association (2000), Erhebungsjahr 1999.

die Denkfigur „shifting involvements" von Albert O. Hirschman (1982). Nach einer Hochphase der Leidenschaft für die res publica beginnt sich die Verfolgung privater Interessen in den Vordergrund zu schieben. Dies war in Polen nach der öffentlichen Dauermobilisierung der 1980er Jahre und dann in den neunziger Jahren mit dem Rückzug ins Private der Fall. Verstärkt wurde diese „Privatisierung" der persönlichen Aktivitäten in Polen durch einen für Transformationsgesellschaften nicht untypischen „Enttäuschungseffekt": die hochgesteckten ethischen Motive der Regimeopposition brachen sich an den Notwendigkeiten pragmatischer Kompromisse in demokratischen Aushandlungsprozessen (Siemienska 2006: 231). Der Übergang von einer mobilisierten Anti-Regime-Zivilgesellschaft zu einer demokratiestützenden *civil society* ist in Polen weniger erfolgreich verlaufen als in den meisten anderen ostmitteleuropäischen Transformationsländern.

Auch Eckhard Priller (2006: 155) hat jüngst ein signifikantes Gefälle jedweder zivilgesellschaftlichen Aktivitäten von den alten 15 Mitgliedsländern der Europäischen Union zu den neuen Beitrittsstaaten anhand des European Social Survey (2002/03) festgestellt. Die Abnahme der zivilgesellschaftlichen Stärke und der demokratischen Einstellungen der Transformationsstaaten von West nach Ost korreliert auch mit dem wirtschaftlichen Entwicklungsstand und der Prosperität der Länder. Damit bestätigt sich zum einen das modernisierungstheoretische Argument der Demokratieforschung, dass mit ansteigender sozioökonomischer Entwicklung auch die Chancen für stabile Demokratien steigen (Lipset 1981; Weßels 2003: 193; Inglehart 2006). Zum anderen unterstreicht dies auch die Bedeutung der für Transformationsgesellschaften so wichtigen „Ökonomie der Geduld": Die Bürger der Übergangsgesellschaften müssen hinsichtlich materiellem Wohlstand die Fähigkeit entwickeln, Gratifikationen aufzuschieben. Linz/Stepan (1996: 439) haben dies *deferred gratification* genannt. Nur so konnte die Demokratie gerade in postkommunistischen Gesellschaften überleben, in denen ein ökonomisches „Tal der Tränen" unvermeidlich war. Aber trotz aller Rückschläge hat sich die wirtschaftliche Entwicklung in den baltischen Staaten, in Slowenien, Tschechien und mit Abstrichen auch in Ungarn und Polen stetig verbessert. Wenn auch schichtspezifisch sehr ungleich verteilt, konnten doch hinreichend viele Bürger seit Mitte der 1990er Jahre von diesen Gratifikationen profitieren. In den meisten Nachfolgestaaten der Sowjetunion stellte sich die zivile „Ökonomie der Geduld" jedoch ungünstiger dar. Sie war und ist dort weit weniger ausgeprägt als in Ostmitteleuropa. Dementsprechend enger ist auch die Kopplung in der Beurteilung der wirtschaftlichen und politischen Ordnungssysteme. Je länger wirtschaftliche Erfolge und Wohlstandsentwicklung ausblieben, umso unterschiedsloser wurde die gleichermaßen negative Perzeption von Marktwirtschaft und Demokratie. Zwischen beiden Ordnungssystemen wird in der negativen Wahrnehmung kaum mehr unterschieden. Neben der wirtschaftlich enttäuschenden Entwicklung ist die engere Kopplung von Ökonomie und Politik und die daraus resultierende Nostalgie für autoritäre Regierungsformen in Russland, Belarus, Georgien, der Ukraine und den GUS-Staaten vor allem auf folgende Faktoren zurückzuführen:

▶ kaum rechtsstaatliche oder demokratische Traditionen in der Vergangenheit;
▶ positivere Einstellungen zum Sowjetsystem aufgrund der Modernisierungserfolge und sozialen Sicherheitsgarantien in den einst sehr rückständigen Ländern;
▶ eine längere autokratische Regimephase (1917–1991), die sich zudem bis 1985 in zeitweise totalitären Herrschaftsstrukturen manifestiert hat;
▶ Resignation aufgrund des Zerfalls des Sowjetimperiums und den Verlust des Supermachtstatus; sowie

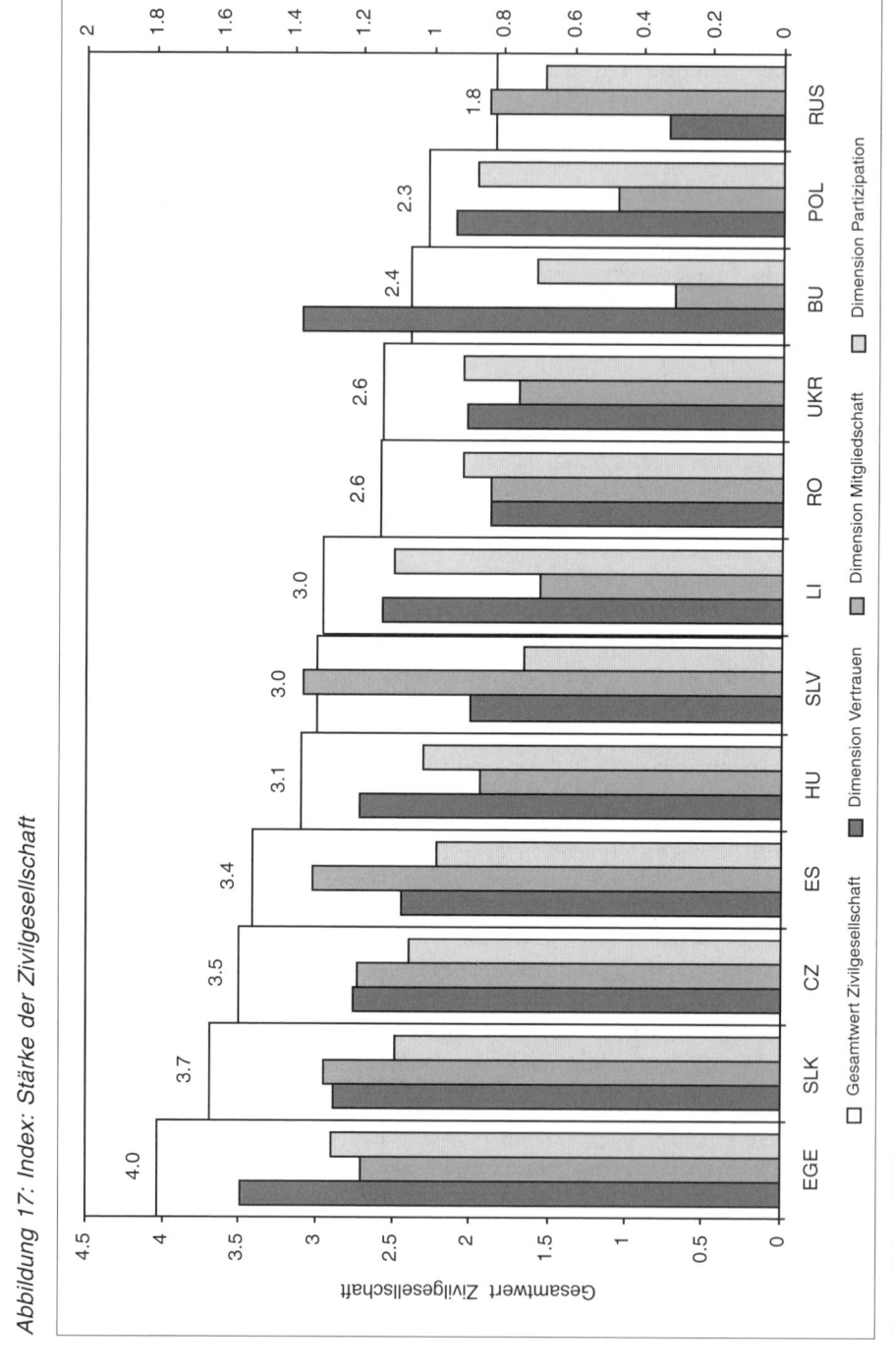

Abbildung 17: Index: Stärke der Zivilgesellschaft

Quelle: Weßels (2003).

▶ ein stärkerer wirtschaftlicher Niedergang als in Ostmitteleuropa und eine noch anhaltende Blockierung der marktwirtschaftlichen Wohlstandsentwicklung.

Die aufgeschobene materielle Gratifikation hat zweifellos dazu beigetragen, dass die erneute Autokratisierung in Belarus möglich und die starken autoritären Tendenzen in Russland, Georgien und der Ukraine befördert wurden. In Belarus und Georgien hat dies zu diktatorialen Regimen und in Russland sowie der Ukraine zu defekten Demokratien geführt (Merkel/Puhle et al. 2006: 302 ff.; Bertelsmann Stiftung 2005). Insofern bestätigt die unterschiedliche Entwicklung in Ostmitteleuropa und im östlichsten Europa auch David Eastons These, dass die langfristige Stabilisierung eines politischen Systems stets beider Legitimitätsquellen bedarf: der diffus-affektiven wie der utilitaristisch-spezifischen Unterstützung. Dies bedeutet, dass länger anhaltende Leistungsschwächen der soziopolitischen Teilsysteme wie der Wirtschaft und der sozialen wie inneren Sicherheit auch das affektiv-diffuse Legitimitätspotenzial gar nicht erst entstehen oder schmelzen lassen. Dies ist dort besonders gefährlich, wo, wie in Russland und den GUS-Staaten, dieses diffuse Legitimitätspotenzial noch nie besonders stark ausgeprägt war und antidemokratische Akteure wie semiloyale Eliten von Anbeginn eine gravierende Hypothek für die demokratische Konsolidierung darstellten. Belarus und Georgien und mit Einschränkungen auch Russland sind auch Belege dafür, dass noch nicht konsolidierte Demokratien ohne staatsbürgerliche und zivilgesellschaftliche „Immunitätspotenziale" gegenüber populistisch-charismatischen Autokraten wie Lukaschenko oder Putin keine ausreichenden Pufferzonen oder kontrollierenden Öffentlichkeiten besitzen, die sie vor dem Abgleiten in autoritäre Systemstrukturen bewahren können (Beichelt 2004; Bashkirova 2006: 377 f.; Merkel/Puhle et al. 2006: 355 ff.).

Fazit

Die politische Kultur, wie sie hoch generalisiert in dem Teil-Index des BTI wiedergegeben wird, weist eine Gruppe von Ländern von Slowenien bis Litauen mit graduellen Unterschieden als demokratiekompatibel aus. Von Lettland bis Bulgarien und Rumänien muss die *civic culture* als unterentwickelt angesehen werden. „Starke Demokraten" sind deutlich unter-, „schwache Demokraten" deutlich überrepräsentiert. Dennoch machen auch in diesen Ländern die „Autokraten" nur rund 10 Prozent der Bevölkerung aus (Klingemann et al. 2006: 5). In Russland, Moldawien und Bosnien-Herzegowina entspricht die semi-autoritäre politische Kultur dem niedrigen demokratischen Standard der politischen Eliten.

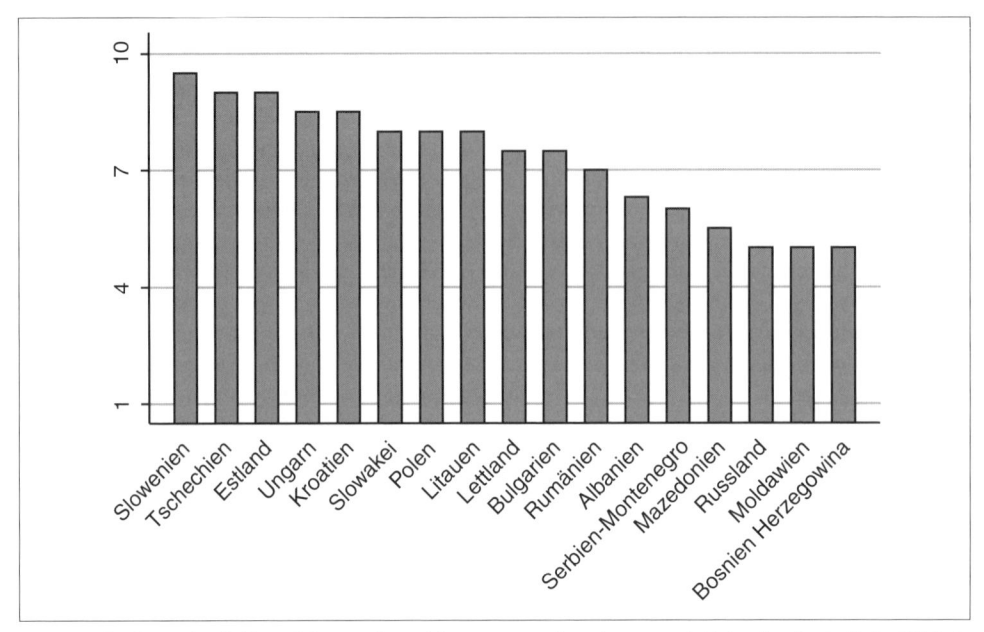

Abbildung 18: Konsolidierung der demokratischen politischen Kultur

Angaben: Die Werte für die Konsolidierung dieser Ebene entsprechen dem ungewichteten Durchschnitt der BTI-Indikatoren „demokratischer Konsens" und „gesellschaftliche Selbstorganisation", die jeweils eine Skala von 1 (schlechteste Bewertung) bis 10 (beste Bewertung) aufweisen. Belarus fehlt in dieser Grafik, da keine Bewertung für den Indikator „demokratischer Konsens" vorliegt.
Quelle: Bertelsmann Stiftung (2005).

4.5 Fazit

Aggregiert man die vorgestellten Teilindices der vier Konsolidierungsebenen zu einem Gesamtindex, lassen sich vier Ländergruppen erkennen. Die Länder der ersten Gruppe (Slowenien, Tschechien, Estland, Ungarn, Kroatien, Polen, Litauen, Slowakei) müssen als konsolidiert gelten. Bulgarien, Lettland und Rumänien gehören der zweiten Gruppe an, die in den nächsten Jahren in die erste Liga aufsteigen können. Die Mitgliedschaft in der Europäischen Union dürfte diesen Prozess unterstützen. Mazedonien, Albanien, Serbien-Montenegro sowie Bosnien-Herzegowina zählen zu einer dritten Gruppe nichtkonsolidierter elektoraler Demokratien. Russland und Moldawien sind als hoch defekte Demokratien bzw. semi-autoritäre Regime mit leidlich demokratischen Wahlen anzusehen. Belarus hat sich unter Lukaschenko reautokratisiert, falls es je die Schwelle zu einer Demokratie überschritten haben sollte.

Von den 18 untersuchten Ländern[77] haben sich in sieben Ländern Osteuropas die jungen Demokratien außerordentlich schnell konsolidiert. Qualität und Stabilität unterscheiden sich nicht mehr wesentlich von den westeuropäischen Demokratien[78]. Vier Länder – Kroatien,

---

77 Die folgenden Seiten des Konsolidierungsfazits sind mit wenigen Modifikationen aus meinem Aufsatz in der PVS (Merkel, W. 2007b: 426 ff.) entnommen.
78 Einen Vergleich mit dem Italien Berlusconis, den USA unter Bush, einem Österreich, das sich von einer rassistisch-xenophoben Partei mitregieren lässt, müssen sie sicherlich nicht scheuen.

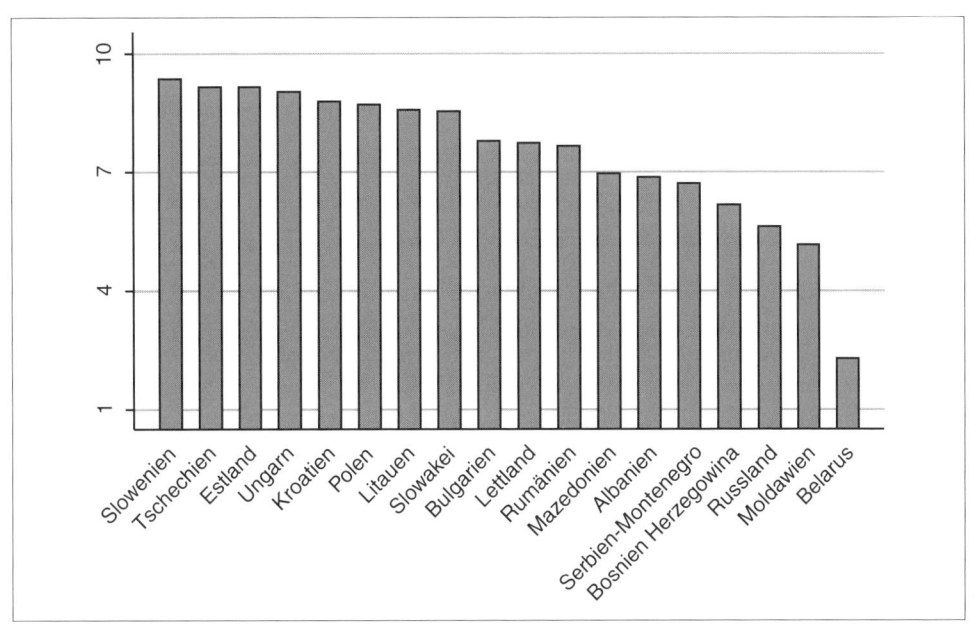

Abbildung 19: Gesamtkonsolidierung

[Balkendiagramm mit Ländern in folgender Reihenfolge (von höchstem zu niedrigstem Wert): Slowenien, Tschechien, Estland, Ungarn, Kroatien, Polen, Litauen, Slowakei, Bulgarien, Lettland, Rumänien, Mazedonien, Albanien, Serbien-Montenegro, Bosnien Herzegowina, Russland, Moldawien, Belarus]

Angaben: Die Werte entsprechen dem ungewichteten Durchschnitt der vier Ebenen. Eine Ausnahme stellt Belarus dar; hier erfolgt die Berechnung aus Datengründen lediglich aus den Werten der ersten drei Ebenen.
Quelle: Bertelsmann Stiftung (2005).

Lettland, Bulgarien und Rumänien – sind auf dem besten Wege, sich zu konsolidieren, auch wenn Probleme wie Korruption, organisierte Kriminalität und die Schwäche der Justiz sicherlich nicht so schnell überwunden werden können.[79] Blieben also sechs Länder, deren Demokratien sich noch nicht konsolidieren konnten. Bei drei von ihnen, Albanien, Russland und Belarus, ist eine demokratische Konsolidierung in absehbarer Zukunft kaum zu erwarten. Auch bei einer wohlwollenden Interpretation hat das „Dilemma der Gleichzeitigkeit" (Offe 1991) deutlich weniger als 50 Prozent der Ergebnisse vorausgesagt. Das dürfte unterhalb der Trefferquote eines Zufallsgenerators liegen. Hat das Theorem also versagt? Aus der bequemen Position der Ex-post-Beobachtung wird man das bejahen müssen. Meine These lautet: Das Theorem hat nicht nur trotz, sondern gerade wegen seiner theoretischen Eleganz versagt. Dies gilt nicht nur für das „Dilemma der Gleichzeitigkeit", sondern für alle handlungstheoretischen Engführungen, die sich aus der Transitionsforschung Südeuropas und Lateinamerikas in die Transformationsforschung anderer Regionen fortgepflanzt haben. Ein besonderes Beispiel dafür ist Adam Przeworskis Aufsatz „Some Problems in the Study of Transition to Democracy" (1986). Dort leitet Przeworski bruchlos aus den Akteurskonstellationen und Koalitionen von *hardliners* und *softliners* des Ancien Régime mit den *radicals* oder *moderates* der Opposition den Typus des entstehenden Regimes ab. Strukturen, Kulturen, Wirtschaft, Tradition, Geschichte, Pfade werden als theorieunreine Variablen unter dem Schirm einer impliziten Ceteris-paribus-Klausel unsichtbar gemacht. Eine solche handlungstheoretische Engführung hat schon für die kurze Periode zwischen „Liberalisierung" und „Transition" begrenzte Erklä-

---
[79] Mit diesen Problemen ließe sich auch Italien beschreiben.

rungskraft, für die demokratische Konsolidierung ist sie unbrauchbar. Aber erst die Konsolidierungsphase gibt den Blick auf den Typus des entstandenen Regimes frei. Damit hat sich zwar nicht das gesamte „Transitionsparadigma" erschöpft, wie Thomas Carothers (2004a: 168) meint, aber seine Erklärungskraft nimmt mit dem Fortschreiten der drei Demokratisierungsetappen deutlich ab. Die Angst des Theoretikers vor Eklektizismus und Synthese reduziert das analytische Potenzial für die Analyse.

Natürlich spielt das Verhalten der Eliten im Demokratisierungsprozess eine wichtige Rolle. *Elite settlement* und Elitenkonvergenz ermöglichen nicht selten die ersten wichtigen Institutionalisierungserfolge demokratischer Verfahren (Burton et al. 1992: 8 ff.). Die formalisierte Handlungstheorie vermag zwar unter der Proposition der Rationalität aus strategischen Handlungssimulationen wahrscheinliche Entscheidungsrichtungen voraussagen. Wie sich diese allerdings in den unendlich komplexeren Umwelten realer Systemwechsel institutionalisieren und zu welchen Ordnungs- und Regimeformen verdichten, dazu kann sie nur wenig sagen, da mit der wohlfeilen Ceteris-paribus-Klausel große Teile des Explanandums abgedunkelt werden. Im theoretischen Dunkel bleiben bei dem „Dilemma der Gleichzeitigkeit" insbesondere drei Variablen, die einen Großteil des raschen Konsolidierungserfolges vor allem in Ostmitteleuropa erklären: Modernität, Staatlichkeit, externe Akteure. Es sind also vor allem Variablen, die die Modernisierungs- und Systemtheorie (u. a. Parsons 1951; Lipset 1959; 1981; Easton 1965; Vanhanen 1989) und der Strukturalismus (Moore, B. 1969; Rueschemeyer et al. 1992) ins Zentrum ihrer Demokratisierungserklärungen gerückt haben.

Modernität: Hinter den gewaltigen Problemen der postkommunistischen Transformation blieb den Theoretikern verdeckt, dass das Modernisierungsniveau in den meisten Ländern des westlichen Osteuropas höher war, als dies in den 1970er Jahren in Südeuropa oder in den 1980er Jahren in Lateinamerika der Fall war. Vor allem ein entscheidender Modernisierungsfaktor ging nur selten systematisch in die Prognose ein: das Bildungsniveau. Von der Bildung weiß die modernisierungsorientierte Demokratisierungsforschung jedoch schon seit längerem, dass ihr Niveau der wichtigste Prädiktor für nachhaltige Demokratisierung ist (Moore, M. 1995). In Osteuropa und insbesondere in Ostmitteleuropa war das Bildungsniveau höher als in den anderen Transformationsländern der dritten Welle. Die Tatsache, dass die kognitiven Ressourcen egalitär im kommunistischen Europa verteilt waren, unterstützte ihre demokratisierende Schubkraft. Zudem hat die kommunistische Modernisierung insgesamt vergleichsweise geringe sozioökonomische Ungleichheiten hinterlassen. Auch dies war ein erheblicher komparativer Demokratisierungsvorteil des postkommunistischen Europas gegenüber Asien und Lateinamerika. Vor allem in Lateinamerika birgt die extrem nichtegalitäre Verteilung von ökonomischen und kognitiven Ressourcen ein permanentes Destruktionspotenzial für die Demokratie. Das damit verbundene Problem der *„low intensity citizenship"* (O'Donnell 1998) stellte sich damit für Ostmitteleuropa kaum. Das im interregionalen Vergleich hohe kulturelle und soziale Modernisierungsniveau erwies sich als ein positiver Faktor für die nachhaltige demokratische Konsolidierung im Baltikum und in Ostmitteleuropa. Insofern hat die staatssozialistische Modernisierungsdiktatur die postautoritären Demokratisierungschancen erhöht (Segert 2002: 275). Die kontextuelle Unterkomplexität der akteurstheoretischen Transformationsforschung vermochte die handlungstheoretische Logik von Modernität, Aspiration und Akzeptanz nicht zu erkennen.

Staatlichkeit: Staatlichkeit soll hier in doppelter Hinsicht verstanden werden: Erstens, betrifft es die Integrität von Staatsvolk, Staatsgebiet und Staatsmacht (Jellinek 1976 [1900]) und zweitens die Administrationsfähigkeit der Staatsbürokratie (Weber 1976 [1922]). Generell muss hier zwischen zwei Ländergruppen in Osteuropa unterschieden werden: jene, die mit der Jellinekschen Trinität[80] eines funktionierenden Staatswesen besondere Probleme hatten und diese nicht (friedlich) lösen konnten (Russland, Ex-Jugoslawien, Albanien und abgeschwächt die Ukraine). Mit der Ausnahme von Slowenien, die das Problem 1991 rasch gelöst hatte, sind dies auch die Länder mit dem schwächsten Konsolidierungsstand der Demokratie. Kroatien war viel länger in den ethnischen Bürgerkrieg auf dem Balkan verwickelt, was die verzögerte Konsolidierung in hohem Maße erklärt. Die Tschechoslowakei löste 1992 das Territorial- und Demosproblem rasch und friedlich. Beide Länder, die Slowakei mit einigen Jahren Verzögerung, zählen heute zu den konsolidierten Demokratien. Albanien hatte lange Zeit Probleme, das staatliche Gewaltmonopol durchzusetzen, was sich auch gegenwärtig noch in einer besonderen Staatsschwäche niederschlägt. Serbien, Montenegro, Bosnien-Herzegowina und der Kosovo haben das Problem der Demoszugehörigkeit oder das Territorialproblem noch keineswegs gelöst[81]. Irredentismus, Nationalismus und Ethnopopulismus gefährden deshalb diese fragilen „elektoralen Demokratien" (Segert 2002). In Russland haben die Sezessionstendenzen in Tschetschenien und im gesamten Kaukasus sicherlich zu einer Reautoritarisierung des politischen Regimes beigetragen. Dort, wo die „Staatsfrage" prekär blieb, hat sie erheblich zur Verhinderung der demokratischen Konsolidierung beigetragen. Dies ist der empirisch robuste Teil des „Dilemmas der Gleichzeitigkeit".

Das Problem der Staatlichkeit hatte einen weit größeren Einfluss auf den Erfolg und das Scheitern der demokratischen Konsolidierung in Osteuropa als mögliche Interferenzen der gleichzeitigen politischen und wirtschaftlichen Transformation. Wie fundamental eine funktionierende Staatlichkeit für die Entwicklung der Demokratie ist, haben Linz und Stepan (1996: 28) prägnant formuliert: „Without a state, there can be no citizenship; without citizenship there can be no democracy."

In jenen Ländern aber, in denen keine Staatlichkeitsprobleme vorhanden waren, hat das kommunistische Regime einen einigermaßen funktionierenden Staat, vergleichsweise umfangreiche öffentliche Ressourcen und ein Verständnis für die notwendigen Funktionen des Staates hinterlassen. Diese Effizienz kann sich sicherlich nicht mit jener der skandinavischen und westeuropäischen Staaten messen. Sie ist aber der defizitären Staatlichkeit Lateinamerikas, Afrikas und Teilen Süd- wie Südostasiens weit überlegen. Staatsfixierte Autokratien geben ein positiveres Vermächtnis für die Demokratisierung weiter als Diktaturen mit schwachen Staatsstrukturen. Der Umbau eines omnipotenten Leviathan ist ganz offensichtlich einfacher als der Aufbau von Staatlichkeit aus *failed, failing* oder *fragile states*. In jedem Fall ist das Problem der Staatlichkeit und effizienten Bürokratie in der Transformationsforschung bisher unterschätzt wurden.

Ein solch positives Staatlichkeits- und Bürokratievermächtnis kann auch verschleudert werden, wie dies in der chaotischen Bereicherungsoligarchie Jelzins der Fall war. Jelzins Regierungsperiode, bisweilen oberflächlich als liberale Demokratiephase beschrieben, war vor allem ein Musterbeispiel von „state capture" durch Oligarchen, die ihre privaten Interessen am besten in einem geschwächten Staat verfolgen konnten. Putin reagierte auf diese oligarchische

---
80 Nach Jellinek (1976 [1900]: 394 ff.) konstituieren drei Elemente („Drei-Elementen-Lehre") den modernen Staat: Staatsgewalt, Staatsgebiet, Staatsvolk.
81 Auf die zentrale Bedeutung, die eine von allen Bürgern akzeptierte „politische Gemeinschaft" oder ein nicht in Frage gestellter Demos für die Demokratie haben u. a. hingewiesen: Mill (1872: 222), Easton (1965), Rustow (1970: 355), Dahl (1971: 110 f.).

Entstaatlichung wiederum mit undemokratisch-autoritären Maßnahmen, um die staatliche Ordnung zu re-etablieren. Dies hat zwar den russischen Staat gefestigt, nicht jedoch die Demokratie gestärkt.

Externe Akteure: Handlungstheoretiker konzentrierten sich in der Transformationsforschung auf die Binnenakteure im Demokratisierungsprozess. Dies gilt auch für das „Dilemma der Gleichzeitigkeit". Externe Akteure blieben weitgehend außen vor. Allerdings hätte die Erfolgsgeschichte der zweiten Demokratisierungswelle in Deutschland, Italien und Japan, die EG-Hilfen für Portugal, Spanien und Griechenland in den 1970er Jahren darauf aufmerksam machen können, wie externe Unterstützung und die multilaterale Einbindung in regionale demokratische Bündnisstrukturen die demokratische Konsolidierung eines Landes stützen und beschleunigen können. Der Marshall-Plan, aber noch stärker die frühe Einbindung von Deutschland und Italien in die EGKS (Europäische Gemeinschaft für Kohle und Stahl) (1951) und in die EWG (Europäische Wirtschaftsgemeinschaft) (1957) haben dazu beigetragen, die Demokratie in beiden Ländern zu stabilisieren. In geringerem Maße traf dies auch auf Griechenland, Portugal und Spanien in den 1970er und 1980er Jahren zu. Die EG hatte ein klares Junktim zwischen der Mitgliedschaft und einer funktionierenden Demokratie der Beitrittsländer formuliert. Der Anreiz, in die wirtschaftsfördernde und wohlfahrtssteigernde Europäischen Gemeinschaft aufgenommen zu werden, löste einen *Push-and-pull*-Effekt auf die Konsolidierungsbemühungen der drei Länder aus.

Die gleiche Situation stellte sich zu Beginn der 1990er Jahre für die neuen Demokratien in Nordost- und Mittelosteuropa. Mittlerweile hatte die EU mit den Kopenhagen-Kriterien (1993) das Junktim zwischen Demokratie und Mitgliedschaft vertraglich fixiert und präzisiert: Nur konsolidierte marktwirtschaftliche Demokratien sollten in die EU aufgenommen werden. Es entstand ein Wettlauf unter den meisten neuen Demokratien Osteuropas, die Eintrittsbedingungen zu erfüllen. Die Anpassungen der Normen und Institutionen an den Aquis Communitaire während der 1990er Jahre verlieh den jungen Demokratien mit Beitrittschancen einen regelrechten Konsolidierungsschub (Ágh 2001: 27). Ohne die Voraussetzungen der Modernität und der staatlichen Effizienz wären diese Staaten aber erst gar nicht in den Genuss eines Beitrittsangebots gekommen. Die interdependente Trias von Modernität, Staatlichkeit und EU-Beitritt löste das Dilemma der Gleichzeitigkeit dort auf, wo das Problem der Staatlichkeit gelöst wurde. Dies war insbesondere in den jungen Demokratien Ostmittel- und Nordosteuropas der Fall. Sie konsolidierten sich schneller, als dies in Spanien und Portugal, nicht zu reden von Lateinamerika, Asien oder Afrika der Fall war (Schmitter/Schneider 2004; Merkel, W. 2007a).

Die jungen Demokratien Nordost- und Mittelosteuropas sind nach der Jahrtausendwende konsolidiert. Tschechien, die Slowakei, Slowenien, die baltischen Staaten haben einen Grad an demokratischer Stabilität erreicht, der eine rasche Dekonsolidierung unwahrscheinlich macht. Die polarisierte innenpolitische Auseinandersetzung in Ungarn im Jahr 2006, die monatelang anhaltende schwierige Koalitionsbildung in Tschechien (2006/7) und selbst die illiberalen und chauvinistischen Entgleisungen der Kaczinski-Regierung in Polen (2005–2007) zeigen, dass die Demokratien in diesen Ländern hinreichend gefestigt sind und solche innenpolitischen Krisen sich nicht zu Regimekrisen verschärfen. Allerdings deuten diese und andere Entwicklungen daraufhin, dass sich die Qualität der ostmitteleuropäischen Demokratien von jenen Schwedens, Finnlands, Großbritanniens und auch Deutschlands durchaus unterscheiden lassen. An einem Instrumentarium an der gegenwärtig prosperierenden Wachstumsindustrie „Quality of Democracy" wird allerorten gearbeitet (Morlino 2004; Diamond/Morlino 2004;

Bertelsmann Stiftung 2007; Bühlmann et al. 2007). Allerdings liegen diese Qualitätsunterschiede oberhalb der Konsolidierungsschwelle, die diese Länder in den neunziger Jahren des vergangenen Jahrhunderts überschritten haben. Noch einmal: das Überschreiten einer solchen Schwelle ist nicht mit Irreversibilität zu verwechseln. Eine abstrakt-generalisierte oder gar artifiziell-numerisch festgelegte Konsolidierungsschwelle lässt sich jedoch nicht fixieren. Eine solche Pseudoexaktheit würde mit dem Verlust einer einsichtsvollen kontextgebundenen, theoriegeleiteten Vergleichsanalyse erkauft werden, wäre Szientismus im schlechtesten Sinne.

Was bleibt vom „Dilemma der Gleichzeitigkeit"? Der Kern, die dilemmatischen Interferenzen zwischen der politisch gesteuerten Einführung des Kapitalismus und dem Aufbau demokratischer Strukturen hat die empirische Reifeprüfung nicht bestanden. Er kann im Sinne Poppers als „erledigt" angesehen werden. Erklärungskräftig aber bleibt das Randargument des Theorems, die Problematik von Staatlichkeit und Demokratie. Es sollte in die frei gewordene Leerstelle und damit ins Zentrum zukünftiger Transformationsforschung rücken. Hier liegen die eigentlichen Pfadabhängigkeiten und Erblasten von Entscheidungsprozessen in der Transformation. *Bringing the state back in* entwertet nicht die handlungstheoretische Erklärungskraft, sondern entfaltet erst ihr wirkliches analytisches Potenzial, indem es politisches Handeln analytisch an institutionelle Kontexte bindet und nicht alleine an spieltheoretische Strategiekalküle. Es schützt die Transformationsforschung vor den akteurstheoretischen Übertreibungen aus den 1980er und 1990er Jahren. Ohne eine angemessene Synthese von handlungs-, struktur- und kulturtheoretischen Theorieelementen lassen sich in der Regime- und Transformationsforschung bestenfalls Partialwahrheiten entdecken. Sie haben ihre Berechtigung, sollten aber nicht als das Ganze verkauft werden.

VII Externe Demokratisierung

Demokratisierung und Regimewechsel sind vor allem interne Prozesse. Es sind vornehmlich die „Binnenakteure", die ihre Gesellschaften und politischen Regime transformieren. Ohne oder gar gegen sie lassen sich Staat und Gesellschaft nicht nachhaltig demokratisieren. Dies ist eine der wichtigen Thesen dieses Buches. Aber, so lautet die empirisch informierte Einschränkung, Systemtransformationen zur Demokratie lassen sich auch von außen inspirieren, initiieren, unterstützen, fördern und bisweilen auch kurzfristig erzwingen. Mitunter wurden sie von außen be- oder gar verhindert, wenn dies die wirtschaftlichen oder strategischen Interessen großer Mächte nahelegten.[1]

Als 1974 die dritte Demokratisierungswelle begann, gab es außer den deutschen parteinahen Stiftungen kaum nennenswerte Organisationen und Initiativen der expliziten externen Demokratieförderung. Insofern stand die erfolgreiche Demokratisierungsunterstützung der Friedrich-Ebert-Stiftung in den jungen Demokratien Spaniens und Portugals am Anfang der organisierten Demokratieförderung.[2] Die US-Administration unter Reagan war die erste Regierung, die unter dem Titel *Project Democracy* den Regimewechsel[3] von autokratischen Herrschaftssystemen zu einem Ziel der Außenpolitik erklärte (Robinson, W. 1996). Im Jahr 1983 wurde in den USA die National Endowment for Democracy (NED) gegründet. Sie wirkte als erste US-amerikanische Nichtregierungsorganisation[4] u. a. als eine Koordinationsstelle für nichtstaatliche Organisationen der Demokratieförderung wie die beiden Parteistiftungen NDI (National Democratic Institute for International Affairs) und IRI (International Republican Institute). Am Ende der 1980er Jahre wurde die Demokratieförderung dann auch in den Zielkatalog des Entwicklungsprogramms der Vereinten Nationen (UNDP) aufgenommen. Mitte der neunziger Jahre des vergangenen Jahrhunderts entwickelte sich *good governance*, also vor allem Rechtsstaat, Korruptionsbekämpfung, Transparenz und Partizipation zu einem der sichtbarsten Politikbereiche der Weltbank. Die Organisation für Sicherheit und Entwicklung in Europa (OSZE) suchte nach Ende des Ost-West-Konflikts ebenfalls nach neuen Betätigungsfeldern und fand sie nicht zuletzt in der Vorbereitung, Unterstützung und Beobachtung von Wahlen in jungen Demokratien. Die Ausgaben der USA für *democracy assistance* stiegen von rund 100 Millionen Dollar in den späten 1980ern auf über 700 Millionen Dollar im Jahr 2000. In der zweiten Amtszeit von George W. Bush (2004–2008) erhöhten sich die Aufwendungen auf über 1,5 Milliarden Dollar pro Jahr. Die Ausgaben von USAID für Demokratieförderung im engeren Sinne wuchsen zwischen 1990 und 2003 um 500 Prozent (Finkel et al.

---

1 Dies gilt im Besonderen für die USA in Lateinamerika oder die Sowjetunion in Afrika bis in die 1980er Jahre. Nach 2000 beginnen sich ähnliche Ambitionen für Russland im kaukasischen Einflussbereich wie für China in Afrika herauszukristallisieren.

2 Natürlich gab es schon früher immer wieder punktuelle Demokratiehilfen. Dies gilt für die Befolgung von Woodrow Wilsons Slogan „to make the world safe for democracy" am Ende des Ersten Weltkriegs oder John F. Kennedys Idee, die Demokratie in der Welt zu stärken.

3 Anders als später bei George W. Bush war unter den Auspizien des Ost-West-Konflikts nur von friedlichen Regimewechseln die Rede, was aber verdeckte Geheimdienstaktionen wie in Polen in den 1980er Jahren keineswegs ausschloss (Thiel 2008: 214 ff.).

4 Die NED ist zwar eine Nichtregierungsorganisation, aber dennoch weitgehend staatlich finanziert.

2007). Im Jahr 2005 brachte UNDP ca. 1,4 Milliarden Dollar für die Förderung von „democratic governance" auf (Diamond 2008a: 128). Addiert man dazu die Aufwendungen von europäischen Regierungen (v. a. Schweden, Deutschland, die Niederlande und Großbritannien), der Europäischen Union und privaten Stiftungen wie dem Open Society Institute der Soros-Stiftung, wurden in den letzten Jahren alljährlich mehr als 10 Milliarden Dollar für die friedliche Demokratieförderung ausgegeben. Das ist rund ein Zehntel der weltweiten Entwicklungshilfe (Grävingholt et al. 2009: 28).[5]

Parallel zur Zunahme der Aufwendungen ist in den letzten zwei Jahrzehnten auch die Legitimität externer Demokratieförderung gestiegen, ja gerade zu einer internationalen Norm geworden (Carothers 1999; Schraeder 2003: 25; Burnell 2004: 100). Larry Diamond argumentiert in Übereinstimmung mit dem Paradigmenwechsel der Weltbank in den 1990er Jahren (vgl. World Bank 1992), dass kein anderer Sektor der internationalen Entwicklungszusammenarbeit so wirkungsmächtige Multiplikatoreneffekte erzielt wie die Unterstützung von *good governance* und Demokratieförderung (Diamond 2008a: 326). Allerdings ist dies nach wie vor wenig mehr als eine plausible Vermutung, weil verlässliche Wirkungsanalysen bisher nicht vorliegen.[6] Der beständige Anstieg der Ausgaben ist von keiner vergleichbaren Akkumulation wissenschaftlich gesicherten Wissens auf dem Felde der Demokratieförderung begleitet worden.

Einleitung, Erfolg oder Misserfolg demokratischer Regimewechsel können also auch von „außen" beeinflusst werden. Grundsätzlich ist jedoch zwischen „Demokratieförderung" und „Demokratieerzwingung" zu unterscheiden. Diese Unterscheidung soll auch dem folgenden Kapitel seine Struktur geben.

1 Demokratieförderung

Die akademische Auseinandersetzung mit dem Komplex der Demokratieförderung ist noch jung. Eine allgemeine „Theorie der Demokratieförderung" liegt nicht vor. Erfahrungen, vergleichende Evaluationen von Strategien, Verläufen und Wirkungen externer Demokratieförderung gibt es nur wenige. Und wenn es sie gibt, sind sie theoretisch kaum generalisiert und empirisch unzureichend gesättigt.

Vermutlich kann eine allgemeine „Theorie der Demokratieförderung" auch in absehbarer Zeit nicht vorgelegt werden.[7] Würden nämlich alle denkbaren Variablen in einer solchen Theorie berücksichtigt, verlöre sie ihren generellen, kontextungebundenen Charakter und wäre rein deskriptiv. Würde aber von den konkreten Handlungskontexten zu stark abstrahiert, drohe eine solche Theorie allgemein, nichtssagend und als analytischer Rahmen oder gar

---

[5] Diese Angaben sind approximativ. Da die Haushalte nationaler Regierungen und internationaler Organisationen meist keinen einheitlichen Budgettitel „Demokratieförderung" enthalten und solche Hilfen in allgemeinen wirtschafts- und entwicklungspolitischen Etats unterschiedlicher Ministerien und Ressorts verborgen sein können, müssen alle Zahlen als Schätzungen angesehen werden (Youngs 2006: 20 f.).
[6] Eine problematische Ausnahme stellt Steven Finkels umstrittene USAID-Studie dar, die theoretisch unzulänglich abgesichert über multivariate Regressionsanalysen exakte Aussagen zu Demokratiefortschritten (gemessen an der Freedom-House-Skala) pro 10 Million Dollar macht (Finkel et al. 2007: 33).
[7] Schon Robert Dahl (1971: 210) äußerte in diesem Zusammenhang unverhohlene Skepsis, indem er auf die Wissenslücke aufmerksam machte: „about the long causal chain running from outside help to internal conditions to changes of regime".

Handlungsanleitung irrelevant zu werden.[8] Gesucht wird also auch für die Demokratieförderung ein Ansatz mittlerer Reichweite, der die konkreten Rahmenbedingungen berücksichtigt, ohne mit dem bekannten regionalwissenschaftlichen Offenbarungseid zu enden, „jedes Land und jede Region sei so einzigartig", dass man sie nicht unter ein theoretisches Paradigma zwingen sollte, ja nicht einmal vergleichen könne. Ein theoretisch gehaltvoller Ansatz der Demokratieförderung muss einen stabilen Theoriekern[9] besitzen, aber nach außen hinreichend offen sein, um kontextspezifische Variablen an diesen Kern anzuschließen[10].

Davon ist die Theoriebildung jedoch noch ein gehöriges Stück entfernt. Schon der Begrifflichkeit zur Erfassung des Phänomens „Demokratieförderung" mangelt es an Verbindlichkeit, Präzision und Trennschärfe. Peter Burnell hat darauf bereits im Jahr 2000 verwiesen (Burnell 2000: 4 f.). Begriffe wie *democracy promotion, democracy assistance, democracy-related assistance, political aid, political assistance, political developmental aid* oder *external support for democratic development* changieren. In der Regel werden sie in der Literatur zur Demokratieförderung begrifflich nicht hinreichend getrennt. Ihr Gebrauch reflektiert häufig stärker die weltanschauliche Position ihrer Benutzer als die analytische Reichweite des Begriffs. So wird *democracy promotion* häufig von den Optimisten, Visionären und Ideologen der Demokratieförderung benutzt.[11] Diese sind vor allem in US-amerikanischen Thinktanks und waren in den US-Administrationen von William J. Clinton bis zu George W. Bush zu finden. Pragmatiker und Kulturrelativisten neigen zu dem Begriff *democracy assistance* oder *democracy-related assistance*. Damit wollen sich etwa europäische oder deutsche Wissenschaftler wie Förderorganisationen zum einen von den USA abgrenzen, zum anderen aber auch darauf verweisen, dass „Demokratieexport" ohne Zustimmung oder Miteinbeziehung der relevanten Binnenakteure kaum möglich sei. *Democratic ownership*, also die aktive Teilhabe, wenn nicht die Dominanz der politischen und gesellschaftlichen Kräfte des Demokratisierungslandes soll respektiert und gefördert werden. Bisweilen verschränkt sich diese tragfähige Einsicht der Demokratisierungsforschung allerdings mit kulturrelativistischen Positionen, die „den Westen" warnen, ihr „westliches Demokratieverständnis" zu exportieren. Diese häufig im vorwissenschaftlichen Bereich populären Forderungen verkennen, dass „Demokratie ein universeller Wert" (Sen 1999) ist und auf den universellen Prinzipien von Freiheit, Gleichheit und Kontrolle aufruht. Die Rede von der „asiatischen", „islamischen" oder „afrikanischen" Demokratie, die Teile dieser Prinzipien missachten, suspendieren oder verletzen, ist im besten Falle theoretisch unreflektiert und analytisch unhaltbar, im schlechteren Falle apologetisch (vgl. auch Teil V, Kap. 6). In diesem Sinne bilden die visionär-ideologischen Positionen auf der einen und die kulturrelativistische Beliebigkeit auf der anderen Seite die Pole eines Kontinuums, auf dem sich die Analytiker und Praktiker der Demokratieförderung lokalisieren lassen.

---

8 Allerdings fehlt für eine allgemeine „Theorie der Demokratieförderung" schon eine generalisierte „Theorie der Demokratisierung". Wie im ersten Teil des Buches gezeigt, konkurrieren auch hier unterschiedliche Erklärungsansätze.

9 Dieser stabile Theoriekern ist nicht invariant, sondern im Popperschen Sinne so lange gültig, wie er nicht substanziell widerlegt ist.

10 Der Kontext ist für jede Strategiebildung von erheblicher Bedeutung. Er muss berücksichtigt werden, darf aber nicht als Alibi dienen, sich einer theoretisch angeleiteten systematischen Analyse zu entziehen, wie dies die Regionalwissenschaften insbesondere in Deutschland häufig getan und damit den Verlust ihrer akademischen Reputation befördert haben.

11 Dieses visionär-ideologische Element, das in der Demokratieförderung der USA in eine Synthese mit wirtschaftlichen Interessen und geostrategischen Kalkülen verschmolzen wurde, wird in Joshua Muravshiks Buchtitel besonders augenscheinlich: „Exporting Democracy: Fulfilling America's Destiny" (1991).

Die begrifflichen Unschärfen auf dem Gebiet der Demokratieförderung haben auch in den letzten Jahren nicht abgenommen. Zwei Definitionen sollen deshalb an dieser Stelle eingeführt werden: eine weite und eine enge Definition. Der Europäische Ministerrat definiert in seinem Bericht „The EU Approach to Democracy Promotion in External Relations" Demokratieförderung in einem umfassenden Sinne. Demokratieförderung umfasst demnach „the full range of external relation and development cooperation activities which contribute to the development and consolidation of democracy in third countries", d. h. „all measures designed to facilitate democratic development" (European Council of Ministers 2006: 3).

Eine solche breite Definition ließe sich auch im modernisierungstheoretischen Sinne deuten und schlösse dann das Gesamt der ökonomischen, sozialen, entwicklungspolitischen Maßnahmen und ihre Wirkungen auf den Demokratisierungsprozess mit ein. Obwohl wirtschaftliche und soziale Entwicklungen in der Regel längerfristig zu mehr Demokratie in politischen Regimen führen, ist eine solche Konzeptualisierung von Demokratieförderung zu weit und zu unspezifisch. Analytisch überzeugender ist deshalb eine engere Definition, wie sie Peter Burnell vorgelegt hat: „Democracy assistance comprises non-threatening, largely concessional, that is grant-aided transfers of support (material, technical, and financial) to pro-democracy initiatives of the sort we are all familiar with: elections observation, improving electoral management capability, capacity building in civil society, legislative strengthening, even help with building political parties" (Burnell 2007: 4). Burnells Definition ist präziser und trifft den Kern der gewaltfreien Demokratieförderung. Unüberzeugend bleibt jedoch die Einschränkung auf „non-threatening ... support". *Per definitionem* bedroht jede Demokratieförderung autoritäre Eliten, Herrschaftsformen und -praktiken. Würde sie es nicht tun, wäre sie von vornherein verfehlt. Meine Definition von Demokratieförderung[12] soll deshalb folgendermaßen lauten:

> *„Demokratieförderung umfasst das Gesamt aller Handlungen externer Akteure, seien sie privat oder öffentlich, unilateral oder multilateral, die intentional darauf gerichtet sind, autoritäre Herrschaftsformen und Regierungsweisen zu überwinden, indem sie all jene Institutionen, Organisationen, Bewegungen und Initiativen in Politik, Wirtschaft und Gesellschaft des Ziellandes unterstützen, die einen Beitrag zur Demokratisierung leisten.[13] Der Ansatz der Förderer kann ‚top down' auf die staatlichen Institutionen oder ‚bottom up' auf gesellschaftliche Initiativen gerichtet sein. Er umschließt alle Maßnahmen von unkonditionierter Hilfe über diplomatischen Druck, schließt aber die Erzwingung der Demokratie durch militärischen Zwang aus."*

Diese allgemeine Definition gibt nur den begrifflichen Rahmen für die Analyse der Demokratieförderung vor. Eberhard Sandschneider (2003: 10) hat die für eine solche Analyse relevanten Untersuchungsparameter mittels eines „Sechsecks der Demokratieförderung" in einen zunächst groben Interaktionszusammenhang gebracht:

Auf Sandschneiders Sechseck aufbauend werde ich fünf Fragen stellen und bei der Beantwortung jeder Frage mindestens ein besonders hervorstechendes Problem der Demokratieförderung diskutieren. Die Fragen lauten: Wer fördert wen, wann, wie und mit welcher Wirkung? Bei der Frage „Wer?" werden die Akteure der externen Demokratieförderung in den Blick genommen und dabei das Koordinations- und Legitimationsproblem ihres Handelns diskutiert. Auch die Motive der Demokratieförderer sind dabei von Bedeutung. Alle Akteure

---
12 Die Definition baut auf Sandschneider (2003: 3) auf.
13 Insofern betrachte ich auch die Unterstützung von *good governance* als einen Teilbereich der Demokratieförderung, obgleich er mit ihr nicht identisch ist.

Abbildung 20: Strategiefragen der Demokratieförderung

```
                    Internationale
                    Rahmenbedingungen

  Strategien/                              Motive/
  Instrumente                              Ziele

                    Demokratie-
                    förderung

  Adressaten                               Akteure

                    Transformationsphase
```

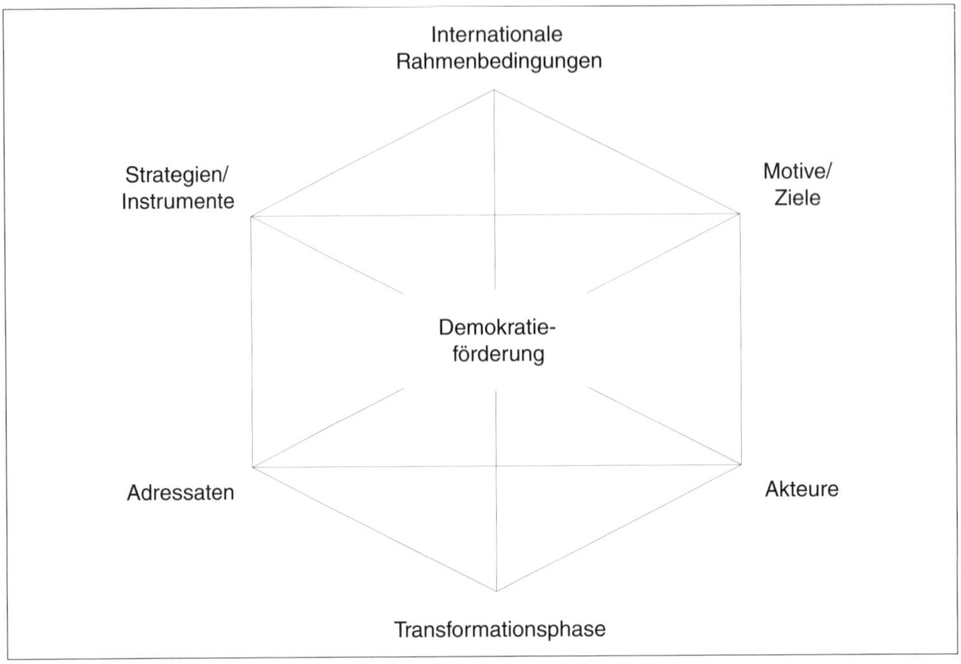

Quelle: Sandschneider (2003: 10).

der Demokratieförderung sind mit dem grundsätzlichen Problem konfrontiert, „wen" sie in einer Welt knapper Ressourcen und vielfältiger potenzieller Adressaten unterstützen wollen. Um dieses Selektionsproblem angemessen zu lösen, bedarf es einer genauen Regime- und Gesellschaftsanalyse der prospektiven Förderländer. Im Zusammenhang mit der Länderauswahl spielt das Timing für die Demokratieförderung eine erhebliche Rolle. Förderer müssen sich fragen, in welcher Transformationsphase sich am wirkungsvollsten die Unterstützungsleistungen organisieren lassen. Macht es etwa Sinn, Demokratie in einem geschlossenen autokratischen System zu fördern oder müssen die Binnenakteure der Zielländer schon Liberalisierungsmaßnahmen eingeleitet und sich wirkungsvolle Demokratisierungsbewegungen organisiert haben? Soll der Aufbau oder die Konsolidierung der Demokratie vorzugsweise gefördert werden? Mit dem Timing-Problem ist das Strategieproblem eng verbunden. Denn selbst wenn das Förderland ausgewählt ist, die gesellschaftlichen Strukturen und Kräfteverhältnisse günstige Voraussetzungen bieten, gilt es darüber hinaus, Prioritäten zu setzen, ob man stärker mit *Bottom-up*-Aktivitäten zivilgesellschaftliche Gruppen und Initiativen unterstützt oder einem *Top-down*-Ansatz den Vorzug gibt, um etwa die Polizei, das Rechtssystem, die Verwaltung oder andere staatliche Institutionen zu fördern. Ob die Demokratieförderung von außen die intendierte Wirkung erreicht (Wirkungsanalyse), hängt nicht zuletzt von einer (kontext-)angemessenen Lösung des Selektions-, Timing- und Strategieproblems ab. In eine Sequenz gebracht, lassen sich die fünf Fragen und ihre Präzisierung in folgendem Verlaufsdiagramm abbilden:

Demokratieförderung

Abbildung 21: Demokratieförderung

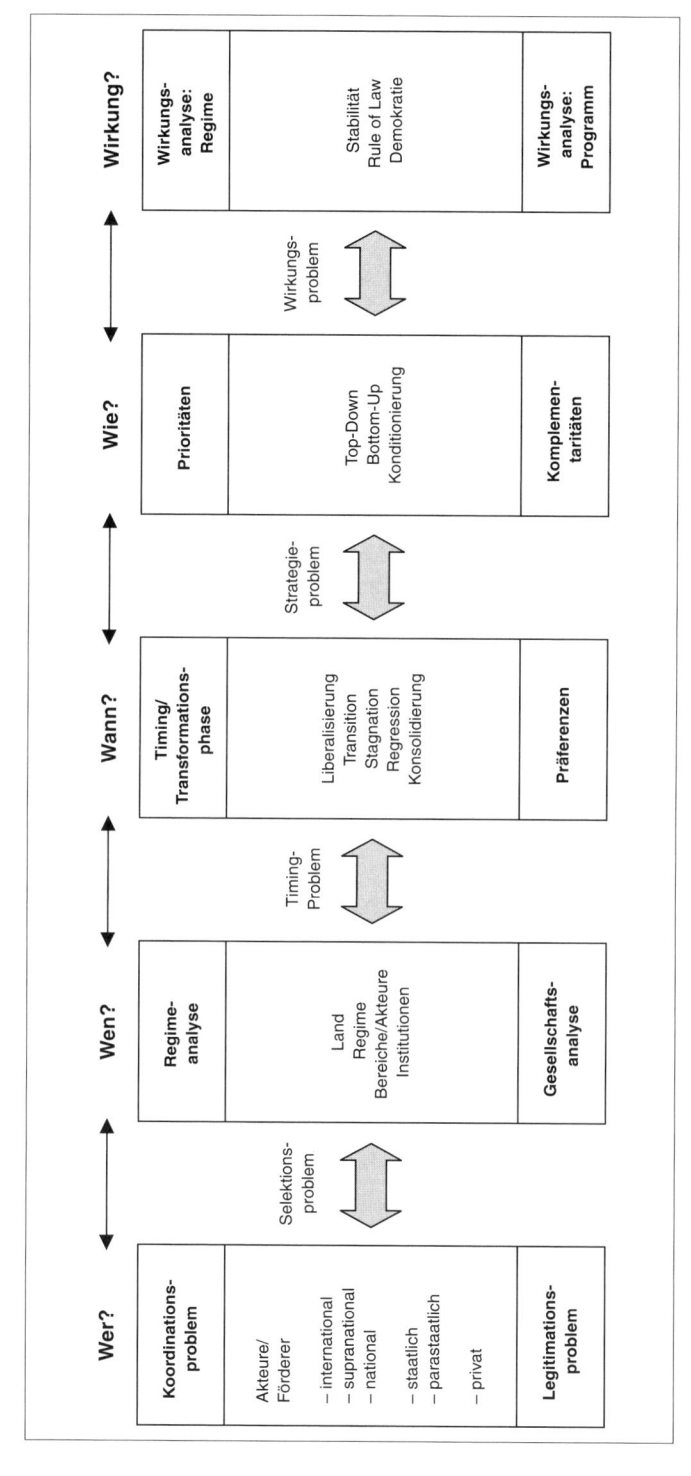

	Wer?		Wen?		Wann?		Wie?		Wirkung?
	Koordinations-problem	Selektions-problem	**Regime-analyse**	Timing-Problem	**Timing/ Transformations-phase**	Strategie-problem	**Prioritäten**	Wirkungs-problem	**Wirkungs-analyse: Regime**
	Akteure/ Förderer – international – supranational – national – staatlich – parastaatlich – privat		Land Regime Bereiche/Akteure Institutionen		Liberalisierung Transition Stagnation Regression Konsolidierung		Top-Down Bottom-Up Konditionierung		Stabilität Rule of Law Demokratie
	Legitimations-problem		**Gesellschafts-analyse**		**Präferenzen**		**Komplemen-taritäten**		**Wirkungs-analyse: Programm**

© Wolfgang Merkel.

Auf der Grundlage des Diagramms sollen folgende fünf Fragen beantwortet werden:
- Wer? Welche Akteure sind in der Demokratieförderung engagiert?
- Wen? Welche Länder und Regime sollen gefördert werden?
- Wann? In welcher Regime- und Transformationsphase soll gefördert werden?
- Wie? Welche Strategiemuster der Demokratieförderung gibt es?
- Wirkung? Welche Wirkungen der Demokratieförderung lassen sich erkennen?

Die Sachverhalte, die sich hinter den fünf Fragen und ihrer Beantwortung verbergen, sind hochgradig interdependent. Dennoch wähle ich in der Darstellung eine analytische Trennung. Dies hat nicht nur den Vorteil, eine bloße Deskription zu vermeiden, sondern die einzelnen Antworten können für die je eigenen Besonderheiten der Länder unterschiedlich kombiniert werden.

1.1 Die Demokratieförderer

Die Akteure der Demokratieförderung lassen sich in einer räumlichen und rechtlichen Dimension fassen. Räumlich kann man zwischen nationalen, internationalen und transnationalen; rechtlich zwischen staatlichen, parastaatlichen und privaten Akteuren unterscheiden. Fast jede etablierte Demokratie der OECD-Welt betreibt Demokratieförderung. Dabei lassen sich *grosso modo* auch bestimmte nationale Muster der Demokratieförderung unterscheiden, wie sie Peter J. Schraeder (2003) aus einer vergleichenden empirischen Studie herausdestilliert hat (vgl. auch Youngs 2006). Den USA attestiert er einen primären Fokus auf nationale Sicherheitsinteressen und internationale Stabilität. Spätestens seit den 1980er Jahren glauben die US-amerikanischen Regierungen jedoch, dass die Liberalisierung politischer Systeme, freie Wahlen, ein gewähltes Parlament und eine unabhängige Justiz diesen Sicherheits- und Stabilitätsinteressen am besten dienten. Insbesondere freie Wahlen wurde eine überragende katalysierende Wirkung auf einen sich selbst verstärkenden Prozess der Demokratisierung eines Landes zugeschrieben (Schraeder 2003: 35). Mit der Gründung des Millennium Challenge Account im Jahr 2004 binden die USA einen großen Teil ihrer Entwicklungshilfe für die ärmsten und armen Länder an Kriterien der *good governance*. Nur wenn die Empfängerländer die drei Kriterien „ruling justly", „investing in people", „promoting economic freedom" erfüllen, sollen die Geber Entwicklungshilfe leisten. Die Kriterien sind einsichtig, ihre Umsetzung allerdings nicht immer frei von machtstrategischen Überlegungen und Ausnahmen, wie dies nach 2004 u. a. an den Ländern Uganda, Mozambique, Georgien, Philippinen oder dem Senegal sichtbar wurde (Diamond 2008a: 328). Ein hervorstechendes Beispiel ist seit längerer Zeit Ägypten. Mubaraks Diktatur wird seit vielen Jahren mit Milliarden US-Dollar gefördert. Auch für die EU-Mitgliedsstaaten ist die ägyptische Autokratie zu einem bevorzugten Förderland geworden.[14] Die genannten Länder erhalten weiterhin großzügige Hilfen, obwohl sich ihre Good-Governance-Indikatoren verschlechtert haben. Trotz aller idealistisch-visionären Elemente folgen die USA auch in der Demokratieförderung der politischen Logik einer Großmacht. Als Superpower haben die USA stets einen Hang zu unilateralem Handeln, wenn sie nicht die

---

14 Die USA förderten Ägypten in den vergangenen Jahren jährlich mit 2 Milliarden Dollar. Unausgesprochen steht hinter dieser Förderung die Geberpräferenz für eine „berechenbare", west-freundliche und stabile Diktatur vor der Unsicherheit eines denkbaren Wahlsiegs der „unberechenbaren", west-feindlichen Muslimbruderschaft. Dies mag im westlichen Interesse sein, untergräbt aber die Glaubwürdigkeit der westlichen Demokratieförderung.

Partner, Ziele und Instrumente von multilateralem Handeln diktieren oder zumindest dominieren können. Besonders ausgeprägt war dies unter George W. Bush (2000–2008), aber auch William J. Clinton (1992–2000) folgte im Zweifel diesem Handlungsmuster.

Deutschland und Japan unterstellt Schraeder (2003: 36) vor allem ökonomische Motive. Beide Länder glauben im Sinne der Modernisierungstheorie, dass die Liberalisierung der Märkte nicht nur ihren eigenen Interessen diene, sondern rasch auch zu einer politischen Liberalisierung in den geförderten Ländern führen würde. Demokratieförderung müsse deshalb nicht zuletzt bei der Unterstützung von Freihandel und Marktwirtschaft ansetzen. Zumindest für Deutschland ist die prägende Unterstellung merkantilistischer Motive bei der staatlichen und parastaatlichen Demokratieförderung längst keine hinreichende Beschreibung mehr. Weder die Deutsche Gesellschaft für Technische Zusammenarbeit (GTZ) noch das Bundesministerium für wirtschaftliche Zusammenarbeit und Entwicklung (BMZ) folgen primär nationalen ökonomischen Motiven. Schon gar nicht trifft dies auf die politischen Stiftungen zu (Burnell 2006; Carothers 2006a; Kronberg 2006; Erdmann 2008). Am ehesten gilt die Verquickung merkantilistischer und nationaler außenpolitischer Interessen für die Bemühungen des Außenministeriums, den Rechtsstaat und *good governance* zu fördern. Konditionalität, also die Bemessung von Entwicklungshilfe an Fortschritten bei guter Regierungsführung, spielt in Deutschland kaum eine Rolle.[15] Dies galt erstaunlicherweise unter der rot-grünen Regierungskoalition (1998–2005) noch stärker als für die christdemokratisch-liberale Koalition der Kohl-Regierungen (Youngs 2006: 111). Die parteipolitisch gefärbten normativen Konturen der bundesdeutschen Demokratieförderung und Entwicklungszusammenarbeit haben sich abgeschliffen. Die Fokussierung der Förderung auf Menschenrechte, Rechtsstaat und Demokratie ist unter linken Regierungen keineswegs ausgeprägter als unter den bürgerlichen Regierungsparteien. *Parties do not matter* in der deutschen Demokratieförderung. Wenn es hier überhaupt noch einen Unterschied zwischen den Parteien gibt, dann jenen, dass linke Regierungsparteien stärker auf Multilateralismus und NGOs setzen als die stärker unilateral-staatszentrierte Politik bürgerlicher Regierungen. Die eigentliche Differenz ist nicht ideologisch, sondern ressortspezifisch. Das Außenministerium folgt im Zweifel eher dem Imperativ der Stabilität in den Förderländern, während das BMZ eine unverkennbare Präferenz für Entwicklung, Menschenrechte und *good governance* besitzt. Eine strategische Koordination zwischen dem Außenministerium, dem BMZ, der GTZ oder den politischen Stiftungen findet in der Demokratieförderung kaum statt (ibid.: 113; Kronberg 2006). In Deutschland lässt sich in der Demokratieförderung kein strategischer Prinzipal erkennen.

Die skandinavischen Länder gelten in der Demokratieförderung – wie in der Entwicklungshilfe insgesamt – als normative Musterschüler. Sie fokussieren ihre Unterstützungsleistungen auf die Sicherung der Menschenrechte, den Ausgleich sozioökonomischer Ungleichheit und die Emanzipation der Frauen. Ihre Förderung hat sich stark dem *bottom up approach* verpflichtet, der weniger staatliche Institutionen als Initiativen der Zivilgesellschaft unterstützt (Schraeder 2003: 36; Youngs 2006: 183 ff.). Sie verfolgen noch stärker einen „Entwicklungsansatz"[16] in der Demokratieförderung, der die Förderung von Demokratie meist im Kontext einer allgemeinen sozioökonomischen Entwicklung und von Fragen der sozialen Gerechtigkeit sieht.

Neben den nationalen Regierungen spielen multilaterale Organisationen wie die UNO, die EU, der Internationale Währungsfonds (IWF) oder die Weltbank eine erhebliche Rolle in der

---

15 Allerdings trägt Deutschland eventuelle Konditionalitäten innerhalb der Europäischen Union mit.
16 Thomas Carothers unterscheidet idealtypisch zwischen einem „weiten entwicklungszentrierten" und einem „engen politischen" Ansatz der Demokratieförderung (Carothers 2009: 5 ff.).

globalen Demokratieförderung. Für die UNO stellt der zwischenstaatliche Frieden, nicht Demokratie und Demokratisierung die primäre Zielsetzung dar. Die Mitgliedschaft in den Vereinten Nationen war und ist nicht an die innerstaatliche politische Ordnung eines Landes geknüpft. In den ersten Jahrzehnten nach dem Zweiten Weltkrieg blieb die Demokratieförderung durch die UNO in erster Linie auf Staaten beschränkt, die im Zuge der Dekolonisierung ihre Unabhängigkeit erlangten. Die Unterstützung orientierte sich dabei zwar am Recht der Völker auf Selbstbestimmung, doch dieses wurde stärker auf die zwischenstaatlichen Beziehungen bezogen als auf das innerstaatliche Recht des Volkes auf demokratische Selbstbestimmung. Allerdings wurde gemäß Artikel 21 der UNO-Charta mit dem Fokus auf Menschenrechte ein wichtiger Kern für den Aufbau der Demokratie zu stärken versucht. Der Erfolg indes war enttäuschend, wie insbesondere die nachkoloniale Regimeentwicklung in Afrika zeigt, in deren Verlauf aus Befreiungsbewegungen häufig diktatorische Einparteienregime entstanden.

Seit Ende des Kalten Krieges hat die UNO in zunehmendem Maße die Bedeutung der innerstaatlichen Ordnung für den friedlichen Charakter der zwischenstaatlichen Beziehungen anerkannt (Newman 2004: 193). Allerdings bleibt die Förderung der Demokratie typischerweise eingebettet in das primäre Ziel der Vereinten Nationen, kriegerische Konflikte zu vermeiden und den Weltfrieden zu sichern. Der in der UNO-Charta angelegte Konflikt zwischen den Rechtsgütern der äußeren staatlichen Souveränität und der inneren Beachtung der Menschenrechte wurde vor Ende des Kalten Krieges in der Regel zugunsten der völkerrechtlichen Souveränität auch menschenrechtsverletzender autokratischer Staaten aufgelöst. In den letzten zwei Jahrzehnten ist dieser Vorrang umstrittener geworden (Merkel, R. 2008: 476 ff.; Merkel, W. 2008: 496 ff.), was nicht zuletzt auch mit der Erweiterung der Definition von Frieden durch die UNO zusammenhängt. Mit der „Promotion of Peace Resolution" von 1991 wurde Frieden nicht mehr ausschließlich als die Abwesenheit kriegerischer Auseinandersetzungen angesehen, sondern als die Notwendigkeit, Menschenrechte zu sichern (Zangl/Zürn 2003: 254 ff.). Im Jahr 1996 wurde dieses Konzept noch einmal um die Anerkennung demokratischer Beteiligungsrechte ergänzt (White, N. D. 2000: 71).

Es sind insbesondere drei Gründe, mit denen die UNO die Demokratieförderung im Kontext ihrer Ziele rechtfertigt (Rich/Newman 2004: 6 ff.):

▶ *Theorie des demokratischen Friedens:* Ausgehend von Kants Diktum, dass Republiken keine Kriege gegen Republiken führen, wird die innere demokratische Ordnung zunehmend als eine wichtige Voraussetzung für den Weltfrieden gesehen (vgl. Kap. 6.2).
▶ *Demokratie und Menschenrechte:* Im Zuge der 2. UNO-Weltkonferenz über Menschenrechte in Wien 1993 konstatierte die UNO eine Interdependenz und wechselseitige Stärkung von Menschenrechten und Demokratie. Die Wahrung von Menschenrechten als zweite zentrale Prämisse der Vereinten Nationen wird seitdem eng an die Förderung der Demokratie gebunden.[17]
▶ *Demokratie und Modernisierung:* In Umkehrung der klassischen Modernisierungstheorie lässt sich nachhaltige wirtschaftliche und soziale Wohlfahrt auch als Produkt demokratischer Regierungsweise begreifen. Empirische Untersuchungsergebnisse legen nahe, dass die

---

17 Zudem kann aus den „negativen" wie „positiven" Freiheitsrechten direkt ein Menschenrechtrecht auf Demokratie abgeleitet werden (vgl. Höffe 1999: 107 ff.; Sen 1999).

Kausalität in beide Richtungen verläuft (Sen 1999; Lake/Baum 2001; Baum/Lake 2003; Faust 2006).[18]

Da die UNO jedoch den Charakter eines unparteiischen Akteurs behalten will, muss sie sich bei der friedlichen Demokratieförderung prinzipiell auf die Zusammenarbeit mit den jeweiligen (autokratischen) Regierungen einlassen. Häufig nimmt sie eine Vermittlerrolle ein oder koordiniert externe Hilfe, etwa in Konflikt- und Postkonflikt-Gesellschaften. Insgesamt folgt sie eher einem *top down approach* zur Förderung staatlicher Institutionen, komplementiert durch die Unterstützung zivilgesellschaftlicher Initiativen, sofern das nicht als illegitime externe Einmischung in die inneren Angelegenheiten seitens der jeweiligen Regierungen betrachtet wird. Zunehmend engagiert sich die UNO bei der Vorbereitung und Beobachtung von demokratischen Gründungswahlen bzw. Wahlen in semi-autoritären Regimen. Dabei geht es um die Organisation der Wahlen, ihre Beobachtung, die Koordination internationaler Wahlbeobachter sowie die Feststellung der Rechtmäßigkeit der Wahlen. Den Maßnahmen der UNO muss eine förmliche Anfrage des jeweiligen Landes vorausgehen, um die staatliche Souveränität nicht zu verletzen. Insgesamt ergriff die UNO zwischen 1989 und 2001 in 170 Fällen Maßnahmen, die als Wahlunterstützung zu klassifizieren sind (Joyner 2002: 162). Allerdings müssen viele dieser Unterstützungsleistungen als zu kurz terminiert angesehen werden, als dass man ihnen eine nachhaltige Demokratisierungswirkung attestieren könnte (Newman 2004: 195). Auch Laurence Whitehead (2004: 151 ff.) schätzt die Wirkung der Demokratieförderung durch die UNO als gering ein, nennt aber noch einen anderen Grund dafür: Die UNO beteiligt sich häufig an den Aufbau-, Versöhnungs- und Demokratisierungsbemühungen in Postkonflikt-Staaten, *failing states* oder *failed states*. Aber gerade in solchen Staaten sind die Voraussetzungen für eine erfolgreiche Demokratisierung besonders gering (vgl. u. a. Grimm, S. 2008a: 535). Eine erfolgversprechende Demokratieförderung bedürfte hier eines längerfristigen Engagements. Aber gerade das kontrastiert eklatant mit der knappen Terminierung der meisten UNO-Missionen (ibid.: 538 f.). Zurück bleiben häufig hybride Regime, die aber gerade besonders anfällig für innere Gewalt und Bürgerkriege sind (Merkel, W. 2008: 494).

Innerhalb des europäischen Kontexts hat sich die Europäische Union in der externen Demokratisierung als am erfolgreichsten erwiesen. Dies gilt nicht nur für die Stabilisierung der jungen Demokratien Deutschland und Italien in den 1950er Jahren oder Portugal, Griechenland und Spanien nach 1974/5, sondern vor allem auch für jene (mittel-)osteuropäischen Staaten, deren Demokratisierungsfortschritte 2004 (Estland, Lettland, Litauen, Malta, Polen, Slowakei, Slowenien, Tschechien, Ungarn, Zypern) und 2007 (Bulgarien, Rumänien) mit der Vollmitgliedschaft in der EU belohnt wurden. Der Anreiz, Mitglied im Klub der reichen Demokratien Europas zu werden und in den Genuss von Handels-, Wirtschafts- und Modernisierungsgewinnen sowie nennenswerten Struktursubventionen zu kommen, erwies sich als ein überragender Disziplinierungsfaktor für die Eliten der jeweiligen Länder auf dem Weg zur demokratischen Konsolidierung. Die Beitrittskonditionalität der EU hat hierbei eine sehr positive Rolle gespielt. Allerdings zeigt eine genauere Analyse, dass die Länder Mittel- und Osteuropas nicht zuletzt aufgrund ihrer sozioökonomischen Voraussetzungen zu den leichteren Fällen der Demokratisierung zu rechnen sind. Dies gilt zumindest für jene Länder, in denen die ethno-territoriale Frage nicht umstritten war oder wie im Baltikum und der Tschechoslowakei rasch geklärt wurde.

---

18 Das ist eine, wenn nicht die zentrale Prämisse des vor allem von der Weltbank propagierten Konzepts der *good governance*.

Doch auch außerhalb Europas hat sich die EU seit Mitte der 1990er Jahre verstärkt in der Demokratieförderung engagiert. Mit der European Initiative for Democracy and Human Rights (EIDHR) konzentrierte sich die EU besonders auf die vier Bereiche „Demokratisierung und Rechtsstaat", „Aufbau einer pluralistischen Zivilgesellschaft", „vertrauensbildende Maßnahmen zur Wiederherstellung von Frieden" und auf bestimmte Zielgruppen wie „Frauen, Minderheiten oder Flüchtlinge". Obwohl von einer konsistenten Strategie der institutionell fragmentierten EU-Organisation nicht die Rede sein konnte und kann, lässt die Summe der einzelnen Fördermaßnahmen eine implizite Präferenz der EU für einen *bottom up approach* erkennen (Santiso 2002: 110). Wie viele der multilateralen Förderorganisationen engagiert sich die EU in der Unterstützung, Organisation und Überwachung von Wahlen in fragilen Demokratisierungsprozessen. In den letzten Jahren versucht die EU, ihre Hilfen verstärkt an den Fortschritt bei *good governance* in den Förderländern zu knüpfen. In der Cotonou-Konvention mit den AKP-Staaten wurde eine mögliche Suspension der Hilfen verankert, falls sich Rückschritte bei der „guten Regierungsführung" erkennen lassen. Dabei will sich die EU am Prinzip der *allocative conditionality* orientieren: Nicht das absolute Demokratieniveau, sondern Richtung und Fortschritte bei der Rechtsstaats- und Demokratieentwicklung sollen zum Maßstab werden. Wie so häufig in der EU-Politik unterscheiden sich Absichtserklärung und Realität. Sanktionen und die Einstellung von Fördermaßnahmen aufgrund schlechter oder sich verschlechternder Regierungsführung blieben aber bisher die Ausnahmen. Die Inkonsistenz der EU-Demokratieförderung außerhalb Europas ist keineswegs allein auf die umstrittene Konditionalitätsfrage beschränkt. Trotz gewisser Fortschritte in den letzten Jahren fehlt es der EU überhaupt an einer klaren, kohärenten und konsistenten Strategie zur Demokratieförderung. Die Partikularinteressen der Mitgliedsstaaten (Schraeder 2003: 39, 40) und die organisatorische Fragmentierung der Hilfen über verschiedene Generaldirektionen der EU (u. a. für äußere Angelegenheiten, Erweiterung, Entwicklungshilfe) haben dies bisher weitgehend verhindert (Santiso 2002: 127). Insofern spiegelt die EU auch ein Problem wider, das in manchen nationalen Förderlandschaften ebenfalls eine strategische Konzertierung oder Koordination erschwert.

Die EU überzeugt außerhalb Europas bei keinem der selbst proklamierten drei Eckpfeilern – Anreize, Sanktionen, Umfang – ihrer Demokratieförderung:

▶ Die materiellen und immateriellen *Anreize für demokratische Reformen* werden inkonsistent eingesetzt. Nach 2000 gingen die sichtbarsten Zuwächse an Unterstützungsleistungen der EU an semi-autoritäre oder autoritäre Regime, die keinen Demokratieforschritt aufweisen hatten, wie z. B. Ägypten, Syrien, Libyen, Pakistan oder der Kongo (Youngs 2008a: 6).

▶ Die EU zögert zunehmend, Rückschritte bei der Demokratisierung und bei offenen Reautokratisierungen negativ zu sanktionieren. Die Stabilität der Nehmerländer und die wirtschaftlichen Interessen der Geber übertrumpfen eine konsistente *Sanktions*strategie.[19] Belarus wird sanktioniert, während die EU und ihre Mitgliedsstaaten die Hilfen für Ägypten, Tunesien, Algerien und subsaharische Autokratien ausweiten.

▶ Der *Umfang* der Demokratieförderung ist zu gering, gemessen an der Aufgabe. Sie erscheint häufig mehr als ein Annex der allgemeinen Entwicklungshilfe und zielt weniger auf die Kernbereiche wirkungsvoller Regimedemokratisierung (ibid.: 2).

---

19 Hier soll nichts über den Sinn und Unsinn von Sanktionen ausgesagt werden, sondern auf die Divergenz von Deklaration und politischer Praxis der EU verwiesen werden.

Die EU erwies sich dort als wirkungsvolle Demokratieförderin, wo sie die Mitgliedschaft in die Union in Aussicht stellen konnte (Schimmelpfennig et al. 2006). Dieser überragende Anreiz hat längst seine natürlichen Grenzen erreicht. Mit Ausnahme einiger Balkanländer und möglicherweise der Türkei wird sie keine Länder mehr aufnehmen können. Außerhalb ihres Einzugsbereichs war die Demokratisierungshilfe wenig effizient und konsistent. Die Anreize für die Nehmerländer blieben meist unter der Schwelle sichtbarer Wirksamkeit. Eine besondere Glaubwürdigkeit, die für die langfristige Effektivität von erheblicher Bedeutung wäre, vermochten die EU und ihre Mitgliedsländer in der außereuropäischen Demokratieförderung bisher nicht aufzubauen.

1.2 Das Selektionsproblem

Welche Länder soll die Demokratieförderung anvisieren? Alle Nichtdemokraten? Weiche autoritäre Regime oder harte menschenrechtsverletzende Autokratien? Können *failing* und *failed states* mit äußerer Hilfe demokratisiert werden oder sind sie hoffnungslose Fälle, für die die Geberländer fahrlässig heimische Steuergelder „veruntreuen" würden? Gibt es klare Auswahlkriterien, in welchen Ländern und Regimen Demokratieförderung sinnvoll eingesetzt werden soll? Kann und soll es sie überhaupt geben? Und wenn überzeugende Selektionskriterien für die zu fördernden Länder gefunden würden, in welcher Entwicklungs- oder Transformationsphase soll verstärkt und wann zurückhaltend gefördert werden? Weder die akademische Analyse noch die praktische Umsetzung der Demokratieförderung hat uns bisher überzeugende Antworten auf diese Fragen geliefert.

Eine hier nicht zu leistende Übersicht über die Geberpraxis würde zweifellos zeigen, dass die tatsächlich angewandten Auswahl- und Förderkriterien der Demokratieförderung unterschiedlich, widersprüchlich, undurchsichtig sowie macht- und interessenspolitisch imprägniert sind (u. a. Carothers 1997, 1999; Burnell 2004, 2005; Schraeder 2003; Youngs 2008b: 2 ff.). Da insbesondere nationale Regierungen rationale Akteure sind, die ihrem Prinzipal Wählerschaft als Agenten verpflichtet sind, wäre es naiv anzunehmen, dass ein außen- und handelspolitisch sensibler Interessenbereich wie die Demokratieförderung nicht von den Determinanten „Macht" und „nationales Interesse" geprägt sein sollte.[20] Beide Determinanten treten bei supra- und internationalen Organisationen stärker in den Hintergrund.

Unterscheidet man nach Typen von Regimen[21], sind externe Demokratieförderer mit unterschiedlichen Anreizen konfrontiert. Die Geberentscheidungen bewegen sich neben anderen außenpolitischen Interessen[22] insbesondere im Spannungsfeld von normativer Wünschbarkeit und politischer Machbarkeit. Die Tatsache, dass im Kollisionsfall von nationalen Interessen und Demokratieförderung in der Außenpolitik letztere nicht selten ersterem geopfert wird, erzeugt ein fortwährendes Glaubwürdigkeitsproblem westlicher Demokratieförderung.

---

20 Dies trifft insbesondere auf staatliche Akteure zu. Aber auch die idealistische Überhöhung von NGOs als neutral-altruistische Demokratieförderer verkennt, dass deren machtpolitische Instrumentalisierung durch Staaten oder die eigene wirtschaftliche Selbsterhaltung die Unterstützungspraxis zumindest implizit mitbestimmt.
21 Natürlich spielen bei der Auswahl der zu fördernden Länder auch andere Selektionskriterien eine Rolle. Dazu zählen geopolitische und ökonomische Interessen, historisch gewachsene Beziehungen, Konfliktintensität oder regionale Nachbarschaft.
22 Einstige historisch-traditionelle (koloniale) Abhängigkeiten und Kooperationen beeinflussen noch heute die Unterstützungsbereitschaft vor allem europäischer Geberländer positiv.

■ Totalitäre Regime

Je geschlossener Autokratien sind und je stärker sie zum totalitären Pol des Herrschaftskontinuums politischer Regime tendieren (vgl. Kap. 1), umso umfassender verletzen sie *ceteris paribus* fundamentale Menschenrechte. Kleine Schritte der Öffnung können deshalb zu bedeutsamen Veränderungen in der Lebenssituation der Herrschaftsunterworfenen führen. Das Motiv zur externen Aufweichung solcher Regime ist ethisch nicht bestreitbar und könnte den größten moralischen Grenznutzen abwerfen. Mit der moralischen Notwendigkeit kontrastiert aber die politische Machbarkeit. Totalitäre Herrschaftsformen verhindern politische Beteiligungs- und Einflussmöglichkeiten nicht nur intern, sondern schließen sich auch gegenüber externen Akteuren ab. Die Einwirkungsmöglichkeiten von außen sind marginal, die notwendigen Kooperationspartner im Inneren kaum identifizierbar. Totalitäre Regime von außen wirkungsvoll in eine Transformationssituation zu treiben, erscheint deshalb unterhalb der Gewalt- oder Kriegsschwelle kaum denkbar. Ob ein Überschreiten solcher Schwellen wünschbar ist, muss bezweifelt werden. Letztendlich hängt dies von den „humanitären Kosten" des Handelns und Nichthandelns ab (vgl. Kap. 6.2). Totalitäre Regime im engen Sinne (z. B. Nordkorea; vgl. Kap. 1.2.2) sind keine sinnvollen Zielländer von Demokratieförderung.[23]

■ Failed, Failing States und Fragile States

Failing states sind von totalitären Regimen zu unterscheiden. Sie können infolge ihrer fehlenden Staatlichkeit *per definitionem* nicht totalitär sein, weil sie keine effektiven Mittel besitzen, um eine totale Kontrolle ihrer Herrschaftsunterworfenen zu organisieren. Dennoch sind Menschenrechtsverletzungen in auseinanderfallenden Staaten häufig noch gravierender als in wohlorganisierten totalitären Regimen. Dies ist augenscheinlich, wenn man Somalia, den Kongo oder andere schwarzafrikanische Bürgerkriegsländern mit der Tschechoslowakei und der DDR der 1970er und 1980er Jahre vergleicht. Die Notwendigkeit, Regime daran zu hindern, Tausende ihre Bürger zu massakrieren, kann ethisch kaum bestritten werden. Können aber *failing* und *failed states* auch sinnvolle Zielländer externer Demokratieförderung sein? Die Antwort lautet: Sie können es eher als totalitäre Regime, aber wirksame Unterstützung ist außerordentlich voraussetzungsvoll, ressourcenintensiv und verlangt nach einem langfristigen Engagement.

Das Hauptproblem der Demokratieförderung in *failing states*[24] ist das Fehlen eigener staatlicher Institutionen, die die Monopolisierung der Gewaltanwendung, ob legitim oder nicht legitim, in diesen Ländern garantieren können. Eine sinnvolle Förderung, die den Aufbau demokratischer Regierungsinstitutionen zum Ziel hat, muss langfristig angelegt sein und setzt auf der Geberseite einen großen Ressourceneinsatz voraus. Es sollte ein Stufenplan existieren, an dessen Anfang der Aufbau basaler staatlicher Institutionen stehen muss, um ein Minimum an innerem Frieden zu garantieren. Erst nach der Friedenssicherung im Inneren kann über den Aufbau rechtsstaatlicher und partizipatorischer Strukturen nachgedacht werden. Dies ist im Übrigen kein modernisierungstheoretischer oder „eurozentristischer" Fehlschluss, wie Teile

---

23 Dennoch kann humanitäre Hilfe angebracht oder gar geboten sein. Als Demokratieförderung im eigentlichen Sinne können diese nur selten gewertet werden. Solche Hilfen werden sich aber auch immer daran messen lassen müssen, ob sie die Verursacher der humanitären Katastrophen, nämlich die autokratischen Regime stabilisieren oder nicht.

24 *Failing states* und *failed states* werden im Folgenden synonym gebraucht, da die Differenz eine graduelle und die Trennlinie zwischen beiden nur artifiziell zu ziehen ist.

der neueren deutschen Debatte um begrenzte Staatlichkeit zu suggerieren scheinen (Risse 2008: 154 ff.). Solange nicht überzeugend nachgewiesen werden kann, dass ohne den Schatten staatlicher Hierarchie im 21. Jahrhundert legitim und effizient regiert werden kann, ist ohne Staat keine Demokratie zu machen (Linz/Stepan 1996: 28).[25] Die Demokratieförderung kann schon *per definitionem* nicht auf das Telos von Rechtsstaat und Demokratie verzichten. Umstritten bleibt jedoch, in welcher Reihenfolge beide etabliert werden sollten. Zwar sprechen viele Argumente für die funktionale und legitimatorische Gleichursprünglichkeit von beiden. Auch ist nicht von der Hand zu weisen, dass beide sich im Idealfall wechselseitig stärken und schützen. Dennoch könnte in konkreten Situationen der synchrone Aufbau beider nicht möglich sein. Dann sprechen einige normative wie funktionale Argumente für die Priorität des rechtsstaatlichen Aufbaus (Merkel, W. 2005: 74 ff.). Ein Rechtsstaat mit defekter demokratischer Partizipation und Repräsentation (z. B. das Deutsche Kaiserreich von 1871–1914; Singapur heute) schützt die Bürger in ihren fundamentalen Menschenrechten besser als eine Demokratie mit defektem Rechtsstaat (z. B. Honduras, Nicaragua, Ecuador, Philippinen, Indonesien). Aber auch daraus kann keine universell gültige eherne Sequenz von Staat → Rechtsstaat → demokratischer Rechtsstaat postuliert werden. Erweist sich diese Reihenfolge als nicht durchsetzbar, weil interne Akteure mit gutem Recht auf demokratische Partizipation drängen, muss externe Demokratieförderung auch auf alternative Sequenzen vorbereitet sein. Eine solche könnte durchaus auch lauten: Staat → Demokratie → demokratischer Rechtsstaat. Dann allerdings bedarf es nach den Gründungswahlen strategisch einer besonderen Förderung des Rechtsstaats, um die neuen demokratischen Institutionen rechtsstaatlich einzuhegen und sie vor populistischen Degenerationen oder tyrannischen Mehrheiten zu schützen.

Das Problem in *failing states* besteht aber keinesfalls nur in der mangelnden Staatlichkeit. Meistens liegt diesem auch eine fehlende politische Gemeinschaft (Easton 1965) im Sinne einer gemeinsamen basalen politisch-nationalen Identität zugrunde. Externe Akteure müssen deshalb in vielen *failing states* nicht nur *state building*, sondern auch *nation building* betreiben. Ist ersteres schwierig genug, so stößt letzteres in Zeiten, in denen die konventionellen historischen Nations- und Staatsbildungsprozesse durch Eroberung, Unterwerfung und Zwangsassimilation normativ und realpolitisch nicht mehr zur Verfügung stehen, an enge Grenzen. Dies semantisch verwischt und die strategische Differenz nicht zur Kenntnis genommen zu haben (z. B. Dobbins et al. 2003), kennzeichnet Elemente der US-amerikanischen Zwangsdemokratisierung in Afghanistan und dem Irak (Grimm/Merkel 2008). Das heißt nicht, dass eine solche unter allen Umständen illegitim wäre, sondern betont die besondere Schwierigkeit zwangsforcierter Demokratisierung ohne Nation und Staat (vgl. Kap. 6.2; u. a. Ottaway 2003: 315; Schneckener 2006; Grimm, S. 2008a, 2009; Merkel, W. 2008; Zakošek 2008).

Bei *failing states* kontrastieren in besonderer Weise die Akkumulation von zu bewältigenden Aufgaben mit dem Problem schwacher Staatlichkeit: Das Gewaltmonopol muss durchgesetzt, eventuelle Bürgerkriegsparteien demobilisiert, Foren und Mechanismen zur Versöhnung installiert, der Rechtsstaat aufgebaut, freie Wahlen organisiert und demokratische Institutionen etabliert werden. Dies wäre schon für funktionierende Staaten eine herkulische Aufgabe, für *failing states* ist sie völlig unlösbar. Demokratieförderung kann deshalb in solchen Fällen be-

---

25 Ich vertrete dezidiert die Auffassung, dass im 21. Jahrhundert überhaupt keine legitime Regierungsform existieren kann, die nicht die Grundelemente rechtsstaatlich-demokratischen Regierens verwirklicht. Nur wenn gezeigt werden kann, dass die Gewährleistung der negativen wie der wichtigsten positiven Menschenrechte auch außerhalb solcher Ordnungen möglich ist, kann von normativ-funktionalen Äquivalenten gesprochen werden. Dies ist bisher aber weder theoretisch noch empirisch geschehen.

deuten, dass die internationale Gemeinschaft „liberale Protektorate" etablieren, finanzieren und garantieren muss, um den Teufelskreis von gescheiterter Staatlichkeit, ethnischen Konflikten, Bürgerkrieg, Drogen und Gewaltökonomie zu durchbrechen. Dies beinhaltet zwangsläufig die Einschränkung und Teilung von nationalstaatlicher Souveränität (Krasner 2005: „shared sovereignty") und erfordert vertrauenswürdige internationale Treuhänder. Der Einsatz der Geber ist hoch, der Prozess lang und der Erfolg ungewiss, wie die Beispiele Bosnien-Herzegowina, Afghanistan, Angola, Haiti, Irak, Kambodscha und Osttimor zeigen (u. a. Zangl/ Zürn 2003: 224 ff.; Croissant 2008: 649 ff.; Grimm, S. 2008a: 525 ff.; Hippler 2008: 565; Suhrke 2008: 643 ff.).

Allerdings stehen den Demokratieförderländern für *failing states* kaum andere oder gar vielversprechendere Strategien zur Verfügung. Die vor allem in den USA, der UNO und OSZE beliebte Strategie, Wahlen zu organisieren, um eine plausible *exit*-Option zu haben, verfehlt das Ziel nachhaltiger Demokratieförderung. Die aufwendig organisierten Wahlen in der Demokratischen Republik Kongo im Jahr 2007 (geschätzte Kosten 500 Millionen Dollar) haben dies erneut bezeugt. Allerdings zeigt gerade auch der Fall Kongo, dass dort ein „Demokratie-Protektorat" einen Ressourcenaufwand erfordern würde, den die internationale Gemeinschaft nicht zu zahlen bereit ist. Zieht man den Mitteleinsatz in Bosnien-Herzegowina als Vergleichsmaßstab heran, müssten im Kongo rund 900 000 Militärs und Administratoren eingesetzt werden (Ottaway 2003: 318). Dies ist für sich schon nicht zu leisten. Zieht man zudem noch andere potenzielle „Protektoratsfälle" wie Irak, Afghanistan, Sierra Leone, Liberia und Somalia mit ins Kalkül, kapitulieren die normativen Wünsche vor der Realität des Machbaren. Bosnien-Herzegowina ist aufgrund des erheblichen Ressourceneinsatzes nur in Ausnahmefällen replizierbar. Und selbst dort ist der langfristige Erfolg alles andere als garantiert.

Auch bei Eingriffen in *failing states* kontrastiert die hohe Notwendigkeit, Menschenrechtsverletzungen zu stoppen, Stabilisierungs- und Demokratisierungsprozesse einzuleiten und zu unterstützen, mit der geringen Erfolgswahrscheinlichkeit nachhaltiger Demokratisierung. Für manche externe Demokratieförderer, die in der realen Welt knapper Ressourcen und von Rechenschaftspflicht Entscheidungen zu treffen haben, ein klassisches Dilemma, das meist interessenpolitisch und nicht normativ gelöst wird, wie die Fälle Bosnien-Herzegowina und Darfur im Sudan zeigen.

■ *Autoritäre Regime*

Länder mit autoritären Regimen, deren Staatlichkeit konsolidiert ist und die nicht von tiefgreifenden ethnischen oder religiösen Konflikten durchzogen sind, erscheinen als „erfolgversprechendere" Ziele für eine externe Demokratieförderung. Voraussetzung ist aber, dass diese autoritären Regime einen bestimmten Grad an Offenheit nach außen besitzen, die Gesellschaft nicht effizient kontrollieren und „Kooperationspartner" im Förderland zu identifizieren sind. Diese können die herrschenden Regimeeliten sein, insbesondere deren reformoffenen Fraktionen, oder aber regimekritische Organisationen, Bewegungen und Initiativen aus der politischen wie zivilgesellschaftlichen Sphäre. In solchen Situationen ist die Wahl des internen Kooperationspartners von erheblicher Bedeutung, weil sie die Kräfteverhältnisse innerhalb des Machtkerns autoritärer Regime verändern kann. Die Transitionsforschung macht vor allem im Bündnis von gemäßigten Regimeeliten und moderater Opposition („pacted transitions") eine besonders erfolgversprechende Konstellation der Binnenakteure aus (O'Donnell et al. 1986; Przeworski 1986, 1991; Thiel 2008). Für externe Förderer bieten sich diese beiden Akteursgruppen ebenfalls als bedeutsame Kooperationspartner an. In Ländern mit relativ stabilen autoritären Regimen werden externe Förderer der Demokratie kaum auf die Zusammenarbeit mit den autoritären Machthabern verzichten können. Hier können wirtschaftliche und diplomatische Vergünstigungen gegen Fortschritte bei rechtsstaatlichen Gütern oder politischen Liberalisierungen getauscht werden. Der Anreiz, solche Tauschgeschäfte einzugehen, ist für autoritäre Regimeeliten dann nicht unerheblich, wenn sie sich selbst in einer Legitimationskrise oder Schwächeperiode befinden. Gleichzeitig können aber auch oppositionelle Bewegungen unterstützt werden, sofern die Oppositionsbewegung nicht selbst fundamentalistisch-undemokratisch ist und das Regime nicht mit effektiver autoritärer Schließung antwortet. Dabei könnten sich die Förderer einer spezifischen Arbeitsteilung bedienen: Die Regierungen kommunizieren mit den Regimeeliten (konditionierte Hilfen, diplomatische Offerten, Androhung von Sanktionen), die Stiftungen und NGOs mit den Gruppen der Zivilgesellschaft. Obwohl sich bisweilen „naturwüchsig" eine solche Arbeitsteilung einstellt, würde eine strategische Koordination Effizienzgewinne versprechen. Dennoch gibt es diese in den wenigsten Ländern, und noch seltener zwischen diesen. In Deutschland versäumt es das BMZ, eine solche strategische Prinzipalrolle effektiv einzunehmen und die Förderorganisationen GTZ, KfW, InWEnt und die politischen Stiftungen in eine Gesamtstrategie einzubinden (Faust/Messner 2007).[26] Entsprechende Stabsabteilungen sind in der Organisationsstruktur bisher nicht vorgesehen. Demokratieförderung als Querschnittsaufgabe hat in der deutschen Entwicklungszusammenarbeit (EZ) weder ein institutionalisiertes kollektives Gedächtnis für die zersplitterten Aktivitäten noch eine konzeptionell oder politisch einflussreiche Koordinationsstelle.[27] Es herrscht eine lose verkoppelte Anarchie ohne strategischem Prinzipal.[28]

Ob der Ausgang aus einer autoritären Regimekrise zu einer erneuten Restabilisierung der autoritären Herrschaft führt oder direkt in eine Regimetransformation mündet, kann auch von den Strategien der externen Demokratieunterstützer abhängen. Polen während der 1980er Jahre, die DDR in der Endphase 1989, Taiwan und Südafrika zu Beginn der 1990er Jahre oder Mali (Hanke 2001) sind Beispiele für Länder, wo externe Unterstützung meist beider gemäßigter Akteursgruppen die Machtbalance verschob und in einen Regimewandel führte.

Zu den schwierigsten Fällen externer Demokratisierung zählen gegenwärtig arabisch-islamische Staaten (Huntington 1996a; Schlumberger 2008). Die populärsten und wirkungsvollsten Oppositionsgruppen sind dort nicht selten islamische oder islamistische Organisationen (Albrecht 2006; Perthes/Schlumberger 2007; Schlumberger 2008). Sollen externe Demokratieförderer auch die islamistische Opposition gegen die häufig säkularen autoritären Regimeeliten wie in Algerien, Tunesien, Libyen oder Ägypten unterstützen und auf freie Wahlen drängen, wenn der Verdacht bestünde, dass diese Gruppen den demokratischen Weg zur Macht nur benutzen würden, um die Shar'ia einzuführen, die Religionsfreiheit zu beschränken, Frauen zu diskriminieren, Homosexuelle zu verfolgen und sich dann nicht mehr abwählen zu lassen?[29] Das nicht beabsichtigte Ergebnis der Förderung wäre: one man, one vote, one time.

---

26 Da die Organisationen die Aktivitäten ihrer Entwicklungszusammenarbeit weitgehend voneinander getrennt planen und *a priori* nicht koordinieren, versuchen deren Vertretungen und ihre Partner vor Ort *ex post* ein Minimum an wechselseitiger Information und Koordination zu erreichen. Planungstheoretisch ist das verfehlt, organisationssoziologisch suboptimal und ökonomisch ineffizient.
27 Innerhalb des BMZ gibt es ein untergeordnetes und personell schwach ausgerüstetes Referat, das sich „Planung, Grundsätze und Qualitätssicherung der Zusammenarbeit mit Ländern und Regionen" nennt.
28 Ein strategischer Prinzipal wird hier im Sinne der *Principal-agent*-Theorie als ein konzeptioneller Akteur verstanden, der gegenüber den Ausführungsorganisationen seinen strategischen Primat durchsetzen kann.
29 Ich habe hier bewusst die Form des Konditionalsatzes gewählt. Es wird also nicht behauptet, dass alle islamischen und islamistischen Parteien dies tun würden, sondern dass Programmatik, Geschichte und bestimmte Varianten der politischen Islamauslegung diesen Verdacht zumindest nicht ausschließen, wenn nicht nahelegen.

Rational und verantwortungsvoll handelnde externe Förderer der Demokratie müssen dies zumindest ins Kalkül ziehen. Sie tun dies im Übrigen meistens, auch wenn die politische Klugheit oder die politische Korrektheit sie nicht öffentlich darüber reden lässt. Die starke Förderung des korrupten und autoritären Mubarak-Regimes in Ägypten und nicht etwa der unterdrückten Muslimbruderschaft durch die EU und ihrer Mitgliedsstaaten zeigt, dass die westlichen Staaten sich angesichts des Dilemmas der wenig beglaubigten Demokratieaffinität islamistischer Oppositionen häufig für die vermeintliche Stabilität der säkularen Autokraten und gegen die unsichere Zukunft islamisch imprägnierter Herrschaftsformen entscheidet, auch wenn diese in den genannten Ländern Mehrheiten finden würden. Zudem zeigen die vergangenen zwei Dekaden, dass arabische Staaten eine hohe Anpassungsfähigkeit gegenüber externen Konditionalitäten entwickelt haben: Es wurden und werden kosmetische Reformen durchgeführt, die eher zur Stabilisierung als zur Schwächung der autokratischen Herrschaft führen.

■ *Hybride Regime*

Die besten Bedingungen für eine erfolgreiche und effektive Demokratieförderung bestehen in Ländern mit hybriden Regimen, die sich auf der Regimeachse vom *competitive authoritarianism* (Levitsky/Way 2002; Schedler 2006) bis zu defekten Demokratien (Merkel/Puhle et al. 2003; Merkel/Puhle et al. 2006) platzieren. Diese politischen Regime befinden sich meist in einer transitorischen Dynamik oder einem fragilen Equilibrium. Kooperationspartner für eine gemeinsame Stärkung demokratischer Regime- und Gesellschaftsbereiche sind dort leichter identifizierbar. Dies dürfte bei den hybriden Regimen einfacher sein, die sich in einer dynamischen Demokratisierungsphase befinden, als bei jenen, in denen sich autoritäre Regressionstendenzen ausbreiten. Grundsätzlich gilt das Argument aber für beide Varianten hybrider Regime. Die Logik des Arguments liegt auf der Hand: Während etablierte Demokratien kaum Hilfe benötigen, ist es nur schwer möglich, stabile autoritäre Regime zu durchdringen und dort verlässliche relevante Bündnispartner für die Demokratisierung zu finden (Bunce/Wolchik 2005: 7). In Ländern mit hybriden Regimen dagegen ist Hilfe nötig und Kooperationspartner einfacher zu finden. Externe Demokratieförderer können dort in aller Regel ihre Aktivitäten ungehinderter entfalten. Das politische Regime ist nicht gefestigt; ist es noch stärker autoritär (electoral authoritarianism) geprägt, kann externe Hilfe die Machtbalance zugunsten der Demokratie verschieben. Im Falle von defekten Demokratien können autoritäre Relikte und Reservate überwunden werden. Denn dort geht es häufig darum, die Schwächen und Defizite im Rechtsstaat anzugehen, die horizontale Gewaltenkontrolle zu stärken und die vollen Bürgerrechte zu gewährleisten. Diese Ziele können sowohl durch eine Stärkung der politischen Reformkräfte als auch der zivilgesellschaftlichen Öffentlichkeit erreicht werden. Damit ließen sich auch wichtige humanitäre Ziele verfolgen. Denn gerade hybride Regime mit schwacher Staatlichkeit sind besonders anfällig für politische Violenz und Bürgerkrieg (Merkel, W. 2008: 493). Von 1945 bis 1997 kam es unter ihnen viermal häufiger als in Demokratien zum Bürgerkrieg. Auch gegenüber Demokratien ist die Bürgerkriegsbilanz schlecht: Diktaturen wurden nur halb so oft von Bürgerkriegen heimgesucht. Länder mit hybriden Regimen dürften sich als die „lohnenswertesten" Ziele von Demokratieförderung erweisen. Mitteleinsatz und Erfolgswahrscheinlichkeit decken sich hier am besten. Auch die „Friedens- und Demokratierendite" erscheint hier beachtlich. Die wahrscheinlichere langfristige Konsolidierung der Demokratie im Vergleich zu autokratischen Regimen schützt den inneren Frieden, die Freiheit und politische Mitbestimmung am besten.

Politische Regimetypen lassen sich gegenüber externer Demokratieförderung hinsichtlich ihrer Offenheit und Wandlungsfähigkeit auf der einen und dem moralischen wie politischen Unterstützungsgebot auf der anderen Seite unterscheiden. Je stärker sie sich am totalitären Pol befinden, umso stärker können sich die herrschenden Regimeeliten gegenüber externen Zumutungen, Veränderungen herbeizuführen, immunisieren. Dies kontrastiert wiederum zumindest mit dem moralischen Imperativ, gerade dort zu einem Regimewandel beizutragen, wo die Diktaturen am gravierendsten Menschenrechte verletzen. In *failing states* sind häufig die ersten gebotenen Hilfsmaßnahmen keine direkte Demokratieförderung. Mit Frieden stiftenden und Frieden wahrenden Maßnahmen, der Durchsetzung des staatlichen Gewaltmonopols sowie der Stärkung von Staatlichkeit werden allerdings unverzichtbare Voraussetzungen für den langfristigen Aufbau von Rechtsstaat und Demokratie geschaffen. Demokratieförderung in Gesellschaften mit fragiler Staatlichkeit bedarf eines langen und ressourcenintensiven Engagements (Hippler 2008). Deshalb sollten die zu fördernden Länder von den Geberländern bewusst entsprechend der Selbstverpflichtung einer langfristigen Unterstützung ausgewählt werden. Die eilfertige, bisweilen auch voreilige Organisierung von „freien" Wahlen allein führt selten zu einer sich selbsttragenden Demokratisierungsdynamik (s. u.). Sie dient meist eher der Legitimation eines frühen ressourcensparenden Exits der Geberländer denn der nachhaltigen Demokratisierung des jeweiligen Landes. Dass erste Wahlen in Postkonflikt-Gesellschaften dennoch von internationalen, staatlichen und nichtstaatlichen Förderorganisationen geradezu „überlaufen" sind, ist nicht demokratisierungstheoretisch, wohl aber organisationssoziologisch zu erklären. Die Förderbürokratien stehen unter dem grassierenden, gleichwohl theoretisch nur schwach fundierten Evaluationsdruck, Erfolge gegenüber ihrem Prinzipal ausweisen zu müssen. Ein Fördererfolg ist einfacher und rascher mit Wahlen nachzuweisen, die mit dem Siegel „frei" und „fair" etikettiert sind, als mit langsamen Fortschritten etwa beim Aufbau von Verwaltungsgerichten und korruptionsarmen, effizienten Verwaltungsbürokratien. Kurzfristigkeit und Evaluationsdruck verbinden sich dann zu fehlgeleiteten strategischen Anreizen.

1.3 Das Timing-Problem

Das Timing-Problem hat zwei Dimensionen: zum einen den Zeitpunkt des Einstiegs in die Förderung, zum anderen die Dauer der Förderung. Dies gilt nicht nur für die jeweiligen Länder, sondern auch für die spezifischen Programme und Projekte. Es gibt weder in der akademischen Debatte noch in der praktisch-politischen Demokratieförderung eine sichtbare Diskussion darüber, wann der günstigste Zeitpunkt für welche Fördermaßnahmen ist. Die herrschende Meinung in der Transformationsforschung geht jedoch davon aus, dass kurzfristig projektierte Unterstützung in aller Regel wenig erfolgversprechend ist. Verlässliche Daten über die finanziellen Aufwendungen in den unterschiedlichen Transformationsphasen, über Liberalisierung, Transition, Konsolidierung oder Stagnation und Regression gibt es aber weder auf nationaler noch auf internationaler Ebene. Die deskriptive Beobachtung vielfältiger Transformationen legt jedoch nahe, dass sich die Förderaktivitäten besonders verdichten, wenn Liberalisierungs- und Demokratisierungsdynamiken bereits eingesetzt haben, sich ergeben oder wenn sich die Arbeitsbedingungen in der Transitionsphase rasch verbessern. Während in der Transitionsphase vor allem internationale NGOs in die mobilisierten Transformationsstaaten schwappen, spielen bei der längerfristig angelegten Konsolidierungsunterstützung vor allem staatliche Akteure eine große Rolle. In Stagnations- und insbesondere Regressionsphasen geht die Unterstützung durch nichtstaatliche Förderorganisationen eher zurück. Die Mühen der Ebenen haben nur eine begrenzte Attraktivität und Mobilisierungskraft für aktivistische Nichtregierungsorganisationen. Die staatlichen Förderungsangebote erscheinen demgegenüber in der Regel weniger „elastisch" und stärker der Kontinuität verpflichtet.

Allerdings gibt es auch bei staatlichen Förderern einen verstärkten Trend zu kürzeren Förderzyklen. Die dahinterstehenden bürokratischen „Erfolgskontrollen" stehen allerdings im klaren Gegensatz zu dem unabweisbaren Faktum, dass Elemente der guten Regierungsführung wie Transparenz, Verantwortlichkeit, Rechtsstaat und weniger Korruption nicht kurzfristig zu etablieren sind. Dies gilt für interne Reformer wie für externe Förderer.

Aus einer erfahrungsbasierten präskriptiven Perspektive lassen sich keine phasenspezifischen Förderprioritäten ableiten. Ob die Mittel in einer noch offenen Transitionsphase verstärkt oder bei Regressionstendenzen zur Autokratie gekürzt werden sollten, lässt sich nicht kontextunabhängig beantworten. Die nicht zufällig unentschiedene Diskussion um Sinn und Unsinn von negativen Sanktionen in der Außen- und Entwicklungspolitik zeigt dies ebenfalls. Der Entzug von Unterstützungsleistungen in Regressionsphasen kann auch die demokratischen Kräfte schwächen und autokratische Trends verstärken. Dies scheint in Kuba, Burma (Myanmar), Zimbabwe und Belarus der Fall gewesen zu sein. Allenfalls in Südafrika haben die internationalen Sanktionen zum Untergang des Apartheidregimes beigetragen. Als Faustregel kann dennoch gelten, dass in Stagnations- und Regressionsphasen die Ziele der Demokratieförderung vor allem auf inländische zivilgesellschaftliche Initiativen gerichtet werden sollten, so dies nicht vom Regime durch anwachsende Repression und Kontrolle verhindert wird. Gestärkte politische Vereinigungen und Bewegungen der Zivilgesellschaft können in Ländern, in denen (noch) demokratische Wahlen stattfinden auf die konkurrierenden politischen Eliten einen erheblichen Demokratisierungsdruck ausüben. Je stärker solche zivilen Demokratiebewegungen sind, umso größere Strafen drohen den Akteuren autoritärer Regression bei den nächsten Wahlen. Die zivilgesellschaftliche Mobilisierung bei den *critical elections* (1998) in der Slowakei zeigten dies, als sie erheblich zur Abwahl von Vladimír Mečiar beitrugen und den autokratischen Regressionstendenzen im Lande einen wirkungsvollen Riegel vorschoben. Hochzeiten der Unterstützung staatlicher Institutionen liegen zweifellos in der Transitions- und Konsolidierungsphase, wenn demokratische Institutionen aufgebaut und gefestigt werden müssen.

1.4 Das Strategieproblem

Wann und die strategische Kernfrage, *wie* gefördert werden soll, sind eng miteinander verknüpft. Je nach Transformationsphase oder internen Machtverhältnissen können unterschiedliche Strategien, Prioritäten und Förderbereiche sinnvoll sein. Eine universell anwendbare „Grand Strategy", die für alle Länder, Regime und Transformationsphasen Geltung beanspruchen könnte, gibt es nicht, kann es wohl auch nicht geben, weil sich die Güte einer Strategie vor allem durch ihre Kontextangemessenheit auszeichnet. Peter Burnell spricht in diesem Zusammenhang von der „elusive quest for Grand Stategies" (Burnell 2004: 100). Er selbst unterscheidet drei strategische Handlungssphären in der Demokratieförderung: Wirtschaft, Staat und Zivilgesellschaft (ibid.: 103 ff.). Mit der wirtschaftlichen Unterstützung ist auf Seiten der Demokratieförderung langfristig stets die modernisierungstheoretisch inspirierte Hoffnung auf demokratiewirksame *spillovers* von der ökonomischen auf die gesellschaftliche und schließlich politische Sphäre verbunden (vgl. Kap. 4.1.3). Kurzfristig können wirtschaftliche Maßnahmen von außen als negative oder positive Sanktionen eingesetzt werden. Die Wirkung negativer Sanktionen wie Entzug von Wirtschaftshilfen, Boykotte und Embargos gelten als problematisch, weil sie in der Regel die am wenigsten Begünstigten in einer Gesellschaft am meisten treffen und die herrschenden Eliten zur weiteren repressiven Schließung des politischen Systems veranlassen könnten.

Unterstützungsleistungen in der politischen Sphäre zielen in aller Regel auf die – sensitive – Beeinflussung der internen Machtverhältnisse und die Transformation oder den Aufbau von politischen Institutionen. Ersteres birgt das Risiko, als direkte äußere Einmischung gebrandmarkt zu werden und die geförderten Gruppen als „gekaufte Günstlinge des Auslands" zu diskreditieren und verschärfter Repression auszusetzen. Letzteres ist in der Regel erst dann von außen möglich, wenn schon eine von heimischen Kräften getragene Regimetransformation in Gang gesetzt worden ist. Liberalisierungs- und Transitionsphasen sind deshalb Hochzeiten für externe finanzielle und technische Hilfe beim Aufbau demokratischer Institutionen durch externe Förderer.

Die extern betriebene Stärkung der Zivilgesellschaft soll in autoritären Systemen die demokratische Mobilisierung gegen das Regime verstärken, wie dies etwa in Polen in den 1980er Jahren, gegen das Apartheidregime in Südafrika, in der Ukraine und in Georgien 2005 geschehen ist. In der Zivilgesellschaft sollen demokratische Gegeneliten gefördert und ausgebildet werden. Das erinnert an Tocquevilles Beschreibung ziviler Assoziationen als „Schulen der Demokratie". Gleichzeitig hoffen externe Demokratieförderer, dass eine erstarkte Zivilgesellschaft als kontrollierende Öffentlichkeit in einer noch fragilen und besonders gefährdeten Demokratie wirken (Merkel/Lauth 1998).

Das „Arsenal der Instrumente" zur Demokratieförderung in Politik und Staat reicht idealtypisch von bedingungsfreier Unterstützung bis hin zum Regimewechsel durch Krieg (Schraeder 2003: 26). Die Instrumente lassen sich auf einem Kontinuum anordnen, die von weichen bis harten und indirekten zu direkten Eingriffen reichen. Die Instrumente sind im Einzelnen:

▸ *Klassische Diplomatie:* Diese erstreckt sich von der Propagierung demokratischer und rechtsstaatlicher Werte über diplomatische Demarchen zur Einhaltung von Menschenrechten bis hin zum Abzug diplomatischer Vertretungen.
▸ *Politische Zusammenarbeit:* Sie beinhaltet die Expertise zum Aufbau von Strukturen der *good governance*, die Vorbereitung und Beobachtung demokratischer Gründungswahlen, die Unterstützung bei der Ausarbeitung einer Verfassung oder dem Aufbau einer Verwaltungsgerichtsbarkeit.
▸ *Politische Konditionalität:* Unterstützungsleistungen werden an Forschritte im Bereich des guten Regierens gebunden. Als wirkungsvollste, allerdings nur begrenzt wiederholbare Form erwies sich die Konditionalität der Kopenhagen-Kriterien (1993) für die Aufnahme der osteuropäischen Transformationsländer in die Europäische Union. Jenseits der EU-Konditionalität für zukünftige Mitglieder gibt es bisher keine systematischen Erkenntnisse über die Wirkung konditionierter Demokratisierungshilfe.
▸ *Wirtschaftssanktionen* umschließen die Sanktionierung von Menschenrechtsverletzungen oder Putschen gegen eine demokratisch gewählte Regierung durch Entzug von Entwicklungshilfen oder Meistbegünstigungsklauseln in den Handelsbeziehungen.

- *Verdeckte Interventionen* können gegen autokratische Regime, die Vorbereitung von Staatsstreichen oder zur Unterstützung von Guerillas und Paramilitärs initiiert werden.[30]
- *Militärische Intervention:* Erzwingung der Demokratie durch Krieg *(democratic intervention)*, wie sie in Ex-Jugoslawien, Afghanistan und im Irak versucht wurde.

Abbildung 22: Formen staatlicher Demokratieförderung

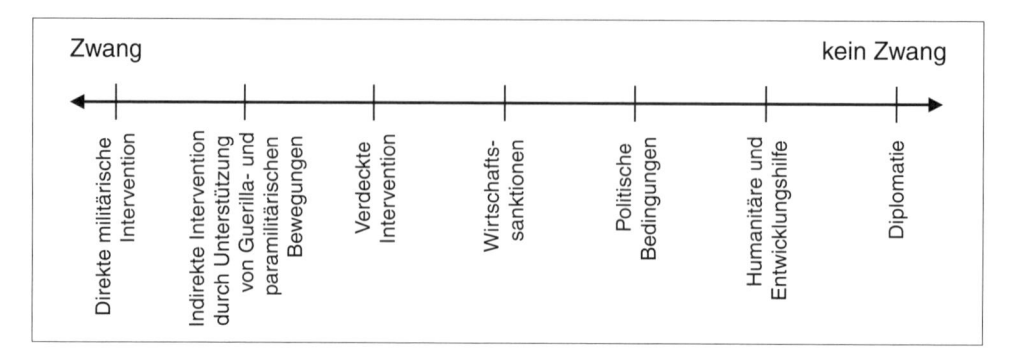

```
Zwang                                                              kein Zwang
◄──┼────────┼────────┼────────┼────────┼────────┼────────┼────────┼──►
   Direkte   Indirekte  Verdeckte  Wirtschafts-  Politische  Humanitäre  Diplomatie
militärische Intervention Intervention sanktionen Bedingungen und
Intervention durch Unterstützung                              Entwicklungshilfe
             von Guerilla- und
             paramilitärischen
             Bewegungen
```

Die Zustimmung zum Gebrauch dieser Instrumente des Demokratisierungsarsenals nimmt mit der Zunahme des mit ihnen verbundenen Zwangs und der Tiefe des Eingriffs in traditionelle Souveränitätsrechte unter den Betroffenen, der internationalen Staatengemeinschaft wie in der wissenschaftlichen Welt ab. Militärische Interventionen allein zur Demokratieerzwingung werden nach den problematischen Nachkriegsentwicklungen im Irak und in Afghanistan von den europäischen Förderstaaten weitgehend abgelehnt.

Thomas Carothers hat die Bündel der Demokratiefördermaßnahmen in einer doppelten Dichotomie zusammengefasst: Zum einen unterscheidet er zwischen „politischen" und „entwicklungszentrierten" Strategien (Carothers 2009: 5-19) der Demokratieförderung und zum anderen zwischen „Top-down"- und „Bottom-up"-Ansätzen (ibid.: 1999: 157-254).

Der politische Zugang zur Demokratieförderung begreift Demokratie als das Ergebnis eines politischen Kampfes, in dessen Verlauf die pro-demokratischen Kräfte die Oberhand gegenüber den anti-demokratischen Kräften gewinnen. Er konzentriert die Hilfen auf den Kern demokratischer Prozesse und Institutionen wie Wahlen, politische Parteien und politisierte Gruppen der Zivilgesellschaft. Der entwicklungszentrierte Ansatz folgt einem breiteren Verständnis von Demokratie, das neben dem politischen Prozess auch Fragen der wirtschaftlichen Entwicklung und sozialen Gerechtigkeit mit einschließt. Er ist langfristiger als der politische Ansatz angelegt, verfolgt eine inkrementelle Strategie und betont die Zusammenhänge zwischen sozioökonomischer und politischer Entwicklung.[31] Ebenfalls paradox erscheint, dass der politische Ansatz stärker eine Bottom-up-Strategie bei der Stärkung der politischen Regimeopposition verfolgt, während der entwicklungszentrierte Ansatz viel stärker mit den staatlichen (auch autokratischen) Stellen des Förderlandes kooperiert. Auch wenn die idealtypische Trennung von politischen und entwicklungsorientierten Förderstrategien nicht bruchlos in

---

30 Die zweite Hälfte des 20. Jahrhunderts hat allerdings weit mehr von (westlichen) Demokratien (insbesondere den USA) unterstützte Staatsstreiche zugunsten autoritärer Regime gesehen als zugunsten von Demokratien.
31 Paradox erscheint, dass unter den Befürwortern dieses breiteren Ansatzes die klassische Modernisierungstheorie normativ meist abgewiesen wird, obwohl man im Kern gerade dieser folgt.

der Förderrealität erkannt werden kann, folgen doch die US-amerikanischen Demokratieförderer eher als die Europäer einem politischen Kurs (Carothers 2009: 15). Kennzeichnend dafür ist das Auftreten der Amerikaner im kommunistischen Polen der 1980er Jahre (Thiel 2008) oder etwa bei den *coloured revolutions* in der Ukraine, in Georgien oder Kirgistan (Wooden/Stefes 2009). Die stärkere politische Orientierung der US-amerikanischen Demokratieförderung erklärt sich zum einen aus einer stärker ausgeprägten Demokratisierungsvision und -mission, aber vor allem auch aus der geostrategischen Rolle einer Supermacht.

Die grobe Dichotomie zwischen politischer und entwicklungszentrierter Strategie eignet sich aber zu wenig für eine präzise Strategieanalyse. Deshalb sollen im Folgenden die differenzierungsfähigeren Konzepte der *Top-down-* und *Bottom-up*-Demokratieförderung in ihren Vor- und Nachteilen zusammengefasst und diskutiert werden.

■ „Top-down"-Strategie: Förderobjekte

Der Top-down-Ansatz der Demokratieförderung zielt auf die staatlichen Institutionen, insbesondere auf sechs Bereiche: Wahlen, Verfassungsgebung, Rechtsstaat und Gerichtsbarkeit, Parlament, Dezentralisierung und lokale Regierungen sowie die zivil-militärischen Beziehungen (vgl. Carothers 1999: 157-206).

■ *Wahlsysteme und Wahlen*

Zu den ersten institutionellen Fragen, die sich im Verlaufe einer Regimetransformation stellen, gehört die Etablierung eines angemessenen Wahlsystems (Lijphart 1992; Nohlen/Kasapović 1996: 37). „Angemessen" bedeutet, dass das Wahlsystem erlauben muss, die gesellschaftlichen Kräfte- und Interessenstrukturen fair in politische Mandate zu übersetzen (Repräsentationsfunktion), die gesellschaftlichen Konflikte nicht zu verschärfen (Integrationsfunktion) und stabile Regierungsmehrheiten zu produzieren (Stabilitätsfunktion). Experten für Wahlsysteme, die in die Transformationsländer entsandt werden, sind allerdings häufig zu einseitig von ihren Erfahrungen zu Hause geprägt. So tendieren bundesdeutsche Berater dazu, Sperrklauseln als zentrale Maßnahme gegen die Zersplitterung des Wahlsystems zu empfehlen, während aus der angelsächsischen Welt die Stabilitäts- und Transparenzvorteile des relativen Mehrheitswahlrechts besonders betont werden. Überzeugend bleibt gegenüber solchen patriotisch eingefärbten Experten nach wie vor Arend Lijpharts Faustregel (1984): Je heterogener Gesellschaften sind, umso stärker bedürfen sie repräsentationssensibler Verhältniswahlsysteme, und je homogener sie sind, umso eher können sie sich mehrheitsbildende Wahlsysteme leisten.

Neben der Beratung zum Wahlsystem ist die Organisation und Beobachtung der ersten freien Wahlen ins Visier der Demokratieförderer aller Länder und der internationalen Organisationen (z. B. EU, OSZE, IDEA) geraten. Die demokratiestrategische Überlegung der Förderer ist zunächst überzeugend: Wahlen erlauben den Bürgern eine repräsentativere Auswahl der Regierenden, sie begründen legitimes Regieren und Verantwortlichkeit der Regierung gegenüber den Wählern. Die klassischen Tätigkeitsbereiche der externen Unterstützer sind neben den Reformen des Wahlrechts, die Etablierung einer unparteiischen Wahlbehörde, Training und Ausbau eines entsprechenden Personals, Vorbereitung der Bürger und der Zivilgesellschaft auf die Wahlen sowie die Organisation von internationaler und nationaler Wahlbeobachtung (de Zeeuw 2005: 481-504).

Dies führt nicht selten zu einem überfüllten Marktplatz hilfswilliger Amateure, die ihre mangelnde Professionalität und marginale Kenntnis der jeweiligen Länder, Gesellschaften und

Sprachen mit idealistischem Engagement zu kompensieren suchen. Aber gerade in fragilen Staaten mit unübersichtlicher Macht- und Institutionenstruktur sind solche externen vorübergehend eingesetzten Wahlbeobachter überfordert. Fehlende Länderexpertise oder Sprachkenntnisse erlauben es den kurzfristig eingeflogenen „Experten" nur unzureichend, verdeckte Methoden der Wählereinschüchterung, des Stimmenkaufs oder klientelistischer Mobilisierung zu durchschauen (ibid.: 487). Vernachlässigt wird darüber hinaus meist die Aufgabe postelektoraler Mediation. Hier geht es vor allem darum, dass die unterlegenen Parteien das Ergebnis freier Wahlen auch anerkennen. Insbesondere in Postkonflikt-Gesellschaften ist dies eine Aufgabe, die so wichtig ist wie die Wahlen selbst. Sie ist allerdings ungleich schwerer, ressourcenreicher und langfristiger als die Bereitstellung technischer Infrastruktur für einen effizienten und korrekten Wahlablauf. Auch deshalb findet sie weniger faktische Beachtung als die Abhaltung von Wahlen selbst. Die Erfolge internationaler Wahlbeobachtung stellen sich in der Regel nur ein, wenn diese sich nicht allein auf die technische Infrastruktur beziehen, sondern eng mit der Wahlbeobachtung durch einheimische Gruppen verzahnt wird und längerfristig vorbereitet ist. So kann in den Postkonflikt-Gesellschaften El Salvadors und Sierra Leones durchaus von erfolgreicher internationaler *electoral assistance* gesprochen werden; dies gilt mit Abstrichen auch für den Irak (Parlamentswahlen 2005) möglicherweise für Afghanistan (Präsidentschaftswahlen 2004; Parlamentswahlen 2005), aber sicherlich nicht für die mit rund 500 Millionen Dollar unterstützten Wahlen im Kongo (Parlamentswahlen 2007).

Insgesamt ist die Förderung erster freier Wahlen eine beliebte Form der Demokratieförderung westlicher Geberländer. Besonders die USA hatten sich seit Beginn der 1990er Jahre dieser Demokratisierungsstrategie verschrieben. Die Erkenntnis jedoch, dass in vielen arabisch-islamischen Ländern die mobilisierungsstärkste Regimeopposition bei islamisch-fundamentalistischen Gruppen liegt, hat die USA veranlasst, die Förderung freier Wahlen selektiv zu handhaben.[32] Dies mag geopolitisch verständlich sein, aber es festigt vor allem in der islamischen Welt das Urteil, dass „der Westen" einer politischen Doppelmoral anhängt. Ihm gehe es nicht primär um die Demokratie und ihre Verfahren, sondern um die Wahrung ihrer eigenen wirtschaftlichen und politischen Interessen. Damit zerstören westliche Geberländer selbst ihre Glaubwürdigkeit und das Vertrauen gegenüber den Förderländern, obwohl diese die wichtigste Währung für eine nachhaltige Förderung von *good governance* und Demokratie sind. Damit zeigt sich sehr klar, dass bei vielen Förderländern die Prinzipien der Demokratieförderung im Kollisionsfalle dem Primat eigener nationaler Interessen geopfert werden. Dies ist aber keineswegs nur das Intrigenspiel der politischen Eliten des Westens, sondern wird vom demokratischen Souverän dieser Länder, der Wahlbevölkerung auch eingefordert. Damit wird paradoxerweise eine nachhaltige Demokratieförderung durch die Demokratie in den Förderländern selbst begrenzt. Dies gilt für die USA stärker als für Europa.

---

32 Der Fall Ägypten ist dafür symptomatisch. Die USA unterstützen den Autokraten Mubarak und drängen keineswegs auf Wahlen, da sie die Wahlerfolge der fundamentalistischen Muslimbruderschaft fürchten. Ähnlich verfuhren Frankreich und die meisten Mitgliedstaaten der EU anlässlich des Militärputsches nach dem Wahlsieg der Islamischen Heilsfront (FIS) in Algerien. Ein weiteres Beispiel sind die palästinensischen Parlamentswahlen (2006), die zunächst das internationale Siegel „frei" und „fair" erhielten, aber der antiwestlichen islamistischen Hamas im Gazastreifen Mehrheit und Macht gebracht haben. Der Hamas aber hat der Westen (weitgehend) die Anerkennung verweigert.

■ *Verfassungsgebung*

Die Stunde der Verfassungsgebung ist auch die Stunde der externen Verfassungsberatung. Sowohl die US-amerikanischen wie auch die kontinentaleuropäischen Länder versuchen durch dieses sich öffnende Fenster der Gelegenheiten, Einfluss auf die normative und institutionelle Innenausstattung der neuen Demokratien zu nehmen. Diese Beratung ist keineswegs *a priori* interessenspolitisch imprägniert, vielmehr ist sie häufig vom Verfassungspatriotismus der Normstrukturen von zu Hause geprägt. Zudem haben die juristischen und politikwissenschaftlichen Berater ihre besondere Expertise vor allem aus der eigenen Verfassung gewonnen. Tatsächlich sind auch einige „Institutionenimporte und -exporte" innerhalb der dritten Demokratisierungswelle durchaus erkennbar, wie etwa das ungarische Verfassungsgericht aus Deutschland, der Semipräsidentialismus Frankreichs nach Polen, Elemente des US-Präsidentialismus nach Südkorea und auf die Philippinen. Dennoch wird die Einflussnahme von den Beratern und ihren Auftraggebern selbst zumeist überschätzt. Denn letztendlich laufen alle Ratschläge durch den Filter einer intensiven Debatte der Binnenakteure. Ihre normativen Überzeugungen und eigeninteressierten strategischen Kalküle bestimmen in hohem Maße ihre Verfassungspräferenzen, die zudem in langwierigen Verhandlungen, Runden Tischen und Konventen unter den Binnenakteuren ausgehandelt und entschieden werden müssen. Daraus ergibt sich auch eines der nicht wenigen Paradoxien der Demokratieförderung: Je kleiner die verfassungsgebenden Zirkel, je technokratischer der Verfassungsgebungsprozess, also je undemokratischer das Verfahren, desto größer ist der Einfluss ausländischer Demokratieberater (Carothers 1999: 162).

■ *Rechtsstaat und Gerichtsbarkeit*

Schon in den 1960er und 1970er Jahren gab es im Kontext einer „law and development movement" erste Versuche, die rechtsstaatliche Entwicklung in den entkolonialisierten Ländern Afrikas und Asiens über die Etablierung von Handels- und Wirtschaftsrecht sowie allgemeiner rechtsstaatlicher Prinzipien zu fördern. Auch heute sind wirtschaftsrechtliche Regulierungen im Sinne eines Ordoliberalismus für die Demokratisierung politischer Regime relevant. Kartell-, Fusions-, Vertrags- wie Arbeitsrecht oder der Aufbau von Rechnungshöfen kann dazu beitragen, tradierte Privilegien alter Eliten abzubauen und das Entstehen demokratieabträglicher Rent-seeking-Strukturen zu verhindern. Systematisch, aber dann im wachsenden Umfang wurde die Rechtsstaatsförderung von den rechtsstaatlichen Demokratien des Westens erst seit Mitte der 1980er Jahren betrieben. Die Zielregion war zu diesem Zeitpunkt vor allem Lateinamerika, dehnte sich aber nach 1989 schnell und massiv nach Osteuropa aus (Carothers 2004a: 132 f.). Seit Mitte der 1990er Jahre schickt sich die Rechtsstaatsförderung[33] an, zum *Panacea* für alle Probleme demokratischer Regimewechsel zu werden (Carothers 2006b: 3).

Aus einer funktionalistischen wie normativen Perspektive kann ein funktionierender Rechtsstaat tatsächlich als ein Kernbereich angesehen werden, der wirkungsmächtige positive *spillovers* auf die Wirtschaft, die demokratische Ordnung und die Zivilgesellschaft produzieren kann. Im Bereich der Wirtschaft signalisiert ein funktionierender Rechtsstaat verbriefte Eigentumsrechte, Vertragssicherheit und Verfahrenssicherheit bei der Durchsetzung und Einlösung dieser Rechte. Damit fördert er ausländische Direktinvestitionen, die für die ökonomische

---

33 Rechtsstaatsförderung wird in dieser vergleichenden Übersicht als synonym zu *Promotion of the Rule of Law* gebraucht, obwohl es immer noch Unterschiede zwischen dem amerikanischen oder britischen *Rule of Law* und dem kontinentaleuropäischen oder deutschen Rechtsstaat gibt (vgl. Grimm, D. 1991: 101 ff.).

Entwicklung unverzichtbar sind. In der politischen Sphäre sichert er unter anderem negative wie positive Menschenrechte, bindet die Regierung an rechtsförmiges Handeln, sichert Minderheitenrechte gegenüber „demokratischen" Mehrheitstyranneien und ermöglicht die justizielle Bürgerkontrolle gegenüber staatlichen Entscheidungen durch Verwaltungsgerichte. Für die Zivilgesellschaft wird ein rechtlich gesicherter Handlungsraum geschaffen, Bürgerrechte garantiert und zivilgesellschaftliche Partizipationschancen ausgeweitet. Es kann kein Zweifel bestehen, dass der Rechtsstaat einen funktional wie normativ unverzichtbaren Kernbereich jeder Demokratie darstellt (vgl. Kap. 1.1.2).

So unbestritten diese These ist, so umstritten ist die Wirkung der Rechtsstaatsförderung durch „westliche Demokratien" in autokratischen, semi-autoritären Regimen oder defekten Demokratien. Thomas Carothers, einer der führenden Forscher auf dem Gebiet der Demokratie- und Rechtsstaatsförderung, fasste eine Jahrzehnte währende politische Praxis und empirische Forschung im Rechtsstaatsbereich prägnant zusammen: „The rapidly growing field of rule of law assistance is operating from a disturbingly thin base of knowledge at every level – with respect to the core rationale of the work, the question of where the essence of the rule of law actually resides in different societies, how change in the rule of law occurs, and what the real effects are of changes that are produced" (Carothers 2004a: 142). Es ist also mehr die Einsicht in die zentrale Funktion eines Rechtsstaats als gesicherte Erkenntnisse, die die Rechtsstaatsförderung zu einem wichtigen Bestandteil der internationalen *aid industry* gemacht hat. Damit unterscheidet sie sich allerdings nicht substanziell von anderen Bereichen der Entwicklungszusammenarbeit oder der allgemeinen Demokratieförderung (Faust/Leiderer 2008).

Trotz der geringen Informationsbasis zu potenziellen Wirkungen sind die allgemeinen Ziele der Rechtsstaatsförderung bei den meisten *Förderländern* fast identisch:

▶ Gleichheit vor dem Gesetz,
▶ Fairness der Gesetzgebung,
▶ Rechtsbindung und Rechtskontrolle staatlichen Handelns,
▶ Effizienz in der Rechtsdurchsetzung,
▶ Unabhängigkeit der Rechtsprechung, insbesondere der Richter.

Das „Standardmenü" (Carothers 1999: 169) der Rechtsstaatsförderung lässt sich in fünf Bereiche aufgliedern: Reform der Gesetzgebung und des Parlaments, Reform der Rechtsanwendung und des Gerichtswesens, Neufassung von Gesetzen, Ausbildung einer Juristenprofession und Stärkung von *advocacy* zugunsten des Rechtsstaats in der Zivilgesellschaft.

Die Reform des Parlaments und seiner Gesetzgebung wird in ihrer Bedeutung für die Rechtsstaatsförderung in der Regel unterschätzt und fördertechnisch bisweilen gar nicht dem Rechtsstaat zugeordnet. Dies führt nicht selten zu einer arbeitsteiligen Trennung der Fördergebiete Rechtsstaat und Demokratie und deren Zuweisung zu unterschiedlichen Förderorganisationen, die sich wechselseitig über ihre Aktivitäten kaum informieren, geschweige denn strategisch koordinieren. Dies wird besonders im deutschen Falle deutlich, wo es etwa der für die Exekutive „zuständigen" finanzstarken GTZ durch eine sogenannte „Berliner Erklärung" untersagt wird, eigenständig in der Parlaments- und Parteiförderung initiativ zu werden, weil dieser Bereich den finanzschwächeren parteinahen Stiftungen vorbehalten bleiben soll. Auch das eines der Paradoxien der Demokratieförderung, die nicht durch die Sache selbst, sondern mit den Interessen eigensüchtiger Bürokratien und Organisationen erklärt werden können. Diese für die Zielerreichung kontraproduktive Claim-Protektion kann zwar organisationssoziologisch als Einflusskartellisierung erklärt werden, zeigt aber die Malaise der nicht zureichenden

Koordination und Kooperation in der Demokratie- und Rechtsstaatsförderung sowie der Entwicklungszusammenarbeit insgesamt.

- *Parteienförderung*[34]

Die Bedeutung von politischen Parteien in reifen wie jungen Demokratien ist groß (Sartori 1976; Panebianco 1988; Kitschelt 1995; Merkel, W. 1997b; Beyme 2000), auch wenn sie nicht mehr unumstritten ist (u. a. Schmitter 2009). Auch in Zeiten der euphorischen Überschätzung von (neuen) sozialen Bewegungen, Bürgerinitiativen, NGOs oder eher traditionalistischen Interessengruppen ist bisher weder in der Demokratietheorie noch in der Förderpraxis ein überzeugender Vorschlag entwickelt worden, wie die Parteien als zentrale Akteure territorialer Interessenrepräsentation ohne Einbußen an demokratischer Repräsentation ersetzt werden können.[35] So können zivilgesellschaftliche Assoziationen und Bewegungen zwar als innovative komplementäre Repräsentationskanäle, kaum jedoch als Surrogate von Parteien angesehen werden (Merkel, W. 1997b).

Parteien aggregieren gesellschaftliche Interessen, artikulieren sie in Parteiprogrammen, formulieren Ziele, Instrumente und Lösungen für gesellschaftliche Konflikte und Probleme, rekrutieren Funktionseliten für politische Ämter oder als oppositionelle Wächter gegenüber den jeweils regierenden Exekutiven (Beyme 1982, 2000). Mit dieser soziopolitischen Schlüsselrolle in liberalen Demokratien kontrastiert das geringe und abnehmende Ansehen, welches Parteien gegenüber den Bürgern genießen. Dies gilt für reife wie für junge Demokratien, für Europa ebenso wie für Asien, Lateinamerika oder Afrika. An beiden Polen, der Funktionserfüllung und der Akzeptanzsteigerung, muss die Parteienförderung ansetzen, will sie einen Beitrag zur Förderung der Demokratie leisten. Tut sie das, hat sie das in der Vergangenheit getan?

Parteienförderung wird in erster Linie von parteinahen Stiftungen, manchmal aber auch von parastaatlichen oder suprastaatlichen Organisationen betrieben. Zu den wichtigsten zählen: die parteinahen Stiftungen in Deutschland, die Stiftungen der Demokraten (NDI) und Republikaner (IRI) in den USA, die britische Westminster Foundation for Democracy (WFD), das Netherlands Institute for Multiparty Democracy (NIMD), das International Institute for Democracy and Electoral Assistance (IDEA), das UNDP, die OSZE und einige staatliche Förderer in Australien bzw. Schweden. Was für die Demokratieförderung im Allgemeinen gilt, gilt verstärkt für die Parteienförderung im Besonderen: Es gibt kein systematisches länderübergreifendes Wissen über Strategien, Instrumente oder gar Wirkungen der Förderung. Die sehr aktiven deutschen parteinahen Stiftungen etwa wissen noch nicht einmal Bescheid, wie viel Geld sie für die Parteienförderung im Vergleich zur Stärkung der Zivilgesellschaft ausgeben. Auch hier haben die Förderorganisationen sich bisher nicht um die systematische Erfassung kollektiver Erfahrungen innerhalb, geschweige denn jenseits ihrer eigenen Organisationen be-

---

34 Parteienförderung kann entsprechend der Stellung von Parteien zwischen Gesellschaft und Staat sowohl dem *top down* wie dem *bottom up approach* zugerechnet werden.

35 Am ehesten behauptet dies noch die emphatische Forschung zu neuen sozialen Bewegungen. Bisher bleiben die sich häufig mit den Bewegungen selbst identifizierenden Forscher aber den gesamtsystemischen theoretischen wie empirischen Beweis schuldig, wie sich temporäre und/oder ephemäre Bewegungen zu stabilen Vermittlern zwischen gesellschaftlichen Interessen und staatlichen Entscheidungsinstitutionen etablieren können. Im strengen theoretischen Sinne wäre eine solche repräsentationstheoretisch notwendige Institutionalisierung von „Bewegungen" eine *contradictio in adjecto*, da institutionalisierte Bewegungen parteiförmig werden. Institutionalisieren sie sich nicht, bleiben sie flüchtig und bestenfalls mit partieller Legitimität ausgestattet. Beide Defizite disqualifizieren Bewegungen und zivilgesellschaftliche Assoziationen als vollwertigen Ersatz für Parteien.

müht.[36] Trotz der erheblichen Bedeutung der Parteien für die Demokratie ist der auf sie entfallende Förderanteil jedoch relativ gering. Paradigmatisch für diese Situation überschrieb Carothers 2006 einen Aufsatz mit dem Titel: „Confronting the Weakest Link. Aiding Political Parties in New Democracies" (Carothers 2006a). Parteien wurden gemessen an ihrer Bedeutung zu wenig und zu wenig angemessen gefördert. Regional fällt der Hauptteil der Parteienförderung auf Osteuropa (mehr als 50 %), dann auf die Nachfolgestaaten der früheren Sowjetunion gefolgt von Lateinamerika. Noch weniger werden die Parteien in Afrika und Asien und am wenigsten die in den Ländern Nordafrikas und des Nahen Ostens gefördert (Carothers 2004b: 5 f.), da diese wohl am weitesten von der „Idee" Partei entfernt sind, wie sie sich vor allem in Europa manifestiert hat.

Die allgemeine Zurückhaltung der Demokratieförderung gegenüber Parteien ist mindestens drei Umständen geschuldet: Erstens greift die Parteienförderung in aller Regel parteiisch in die politischen Wettbewerbsbedingungen der Förderländer ein, was legitimatorische und diplomatische Fragen aufwirft; zweitens ist die Parteienförderung auch das Haushaltsopfer der demokratietheoretisch wenig reflektierten Euphorie der Förderer gegenüber der Zivilgesellschaft seit Beginn der 1990er Jahre geworden; drittens fehlt es in geschlossenen autoritären Regimen häufig an geeigneten Förderobjekten.

Trotz eines Mangels an systematischem Wissen hinsichtlich der Parteienförderung lassen sich in den letzten zwei Jahrzehnten sechs verschiedene Förderansätze[37] erkennen (Burnell 2004: 14; Catón 2007; Erdmann 2008):

▶ *Partisan approach:* Damit ist die Unterstützung einer ideologisch verwandten Partei durch eine programmatisch zu verortende parteinahe Stiftung gemeint. Diesen Ansatz verfolgen vor allem die deutschen parteinahen Stiftungen. Der Vorteil liegt vor allem darin, dass längerfristige Beziehungen aufgebaut werden können und die Unterstützung sich damit der kurzfristigen Hektik evaluationsgetriebener Demokratieförderung, wie sie in den letzten Jahren entstanden ist, entzieht. Der Aufbau vertrauensvoller Zusammenarbeit verläuft aufgrund der ideologischen Nähe vergleichsweise schnell, wird aber mit dem Image externer einseitiger Eingriffe in den nationalen Parteienwettbewerb erkauft.

▶ *Multiparty approach:* Hier arbeiten die Förderer nicht mit einer einzigen, sondern mit möglichst vielen Parteien (scheinbar) möglichst neutral[38] zusammen. Dieser Ansatz wird vor allem von US-Förderern (USAID, IRI, NDI, NED) verfolgt, aber auch dezidiert vom niederländischen Institute for Multiparty Democracy (NIMD). Der Vorteil liegt in einer größeren neutralen Inklusion möglichst vieler relevanter (demokratischer) Parteien und damit in der potenziellen Stärkung des gesamten Parteiensystems und seines Wettbewerbs sowie der Repräsentationsfunktion in der Demokratie insgesamt. Der Nachteil liegt im schwierigeren Aufbau von unverzichtbaren Vertrauensbeziehungen zwischen Gebern und Nehmern sowie einer gewissen Kurzfristigkeit dieser Art von „neutraler" Parteienförderung.

▶ *Cross-party dialogue:* Dieser zählt sicherlich zu den schwierigsten Unterfangen in der Parteienförderung, weil er ein hohes Informationsniveau und große Kontextsensibilität voraussetzt. Darüber hinaus muss der Vermittler über eine anerkannte Reputation als ehrlicher

---

36 Aufgrund von Interviews mit der Konrad-Adenauer- und der Friedrich-Ebert-Stiftung schätzt der Parteien- und Afrikaforscher Gero Erdmann (2008: 242) den Anteil der Parteienförderung an der Gesamtförderung der beiden Stiftungen auf nur 20 bis 30 Prozent des Gesamtbudgets.
37 Ich verwende hier die auch in der deutschen Debatte gebräuchlichen englischsprachigen Begriffe.
38 Eine völlige Neutralität wird nicht bezweckt und sollte auch nicht verfolgt werden. Priorität müssen die demokratischen Parteien vor autokratischen oder semi-demokratischen Parteien haben.

Makler verfügen. Nichtsdestotrotz kann ein solcher Dialog in segmentierten und konfliktreichen Parteiensystemen sowie in akuten Krisenzeiten von hohem Nutzen sein. Wie so oft, steht hier die Höhe des Nutzens in einer direkten proportionalen Relation zur Schwierigkeit des Unterfangens.

- *Institutional approach:* Dieser Ansatz ist vor allem in akuten Umbruchphasen von Systemwechseln gefragt, wenn es darum geht, ein kontextangemessenes Wahlrecht zu entwerfen, Wahlkommissionen zu etablieren oder Wahlen zu beobachten. Allgemein zielt ein solcher institutioneller Ansatz auch auf die Stärkung des Parlaments, die effiziente Organisation seiner Ausschüsse, den Aufbau wissenschaftlicher Dienste oder die Konsolidierung der Parlamentsfraktionen selbst.
- *International cross-party cooperation:* Dadurch sollen die regionalen Kontakte der Parteien jenseits des eigenen Staates gestärkt werden. Regionale und kontinentale Parteikonferenzen sollen dazu dienen, regionale staatliche Kooperationen zu erleichtern und Erfahrungen aus bisweilen vergleichbaren Kontexten auszutauschen.
- *Civil society approach:* Dieser Ansatz zielt auf eine besondere Schwäche vieler Parteiensysteme in jungen Demokratien, nämlich deren unzureichende gesellschaftliche Verankerung. Vorfeldorganisationen wie Gewerkschaften, Unternehmer- oder Agrarverbände können zumindest die sektorale Anbindung der Parteien an die Gesellschaft erleichtern. Sie können auch die nicht seltene Frontstellung zwischen der „guten" Zivilgesellschaft und den „korrupten" Parteien aufbrechen helfen, wie sie häufig von internationalen NGOs zu Recht oder zu Unrecht aufgebaut werden.

Verbunden mit diesen Ansätzen der Parteienförderung ist ein begrenzter Satz an Methoden und Instrumenten. Sie reichen von Schulungsseminaren *(capacity building)*, der Einrichtung und Unterstützung von Dialogforen zwischen den Parteien über Informationsreisen, den Aufbau von Erfahrungs- und Wissensressourcen, Programm- und Policy-Beratung zur Wahlkampfunterstützung sowie finanzieller und technischer Hilfe. Systematische Analysen der Wirkungsmechanismen stehen noch aus. Dieses Defizit ist nicht nur den begrenzten finanziellen und organisatorischen Ressourcen der parteinahen Stiftungen geschuldet, sondern auch aufgrund der fragmentierten kleinteiligen Unterstützungsleistungen in ihren Kausalitätszusammenhängen kaum zu erfassen. Anders als größere Förderbürokratien (BMZ, GTZ, KfW, USAID, UNDP etc.) wird auch gar nicht erst versucht, eine Evaluationsmaschinerie aufzubauen. Es wird auf die kontextuelle Erfahrung der Förderer vor Ort vertraut, die freilich häufig wegen der personellen Rotationsvorschriften ebenfalls nur begrenzt sein können. In jedem Fall sind sie weitgehend auf Personen beschränkt; eine organisatorische Verankerung und Verarbeitung dieses Erfahrungswissens gibt es bisher kaum. Allerdings bemühen sich die deutschen Stiftungen in jüngster Zeit, in Strategieseminaren auch Regionen übergreifend[39] Erfahrungswissen zu kondensieren, zu reflektieren und in strategische Konzepte umzusetzen. Dies geschieht jedoch bisher nur sporadisch und nicht systematisch.

Darüber hinaus bleiben europäische Parteienförderer zu sehr dem „Idealbild" von Massenparteien verhaftet, wie sie in Europa im Übergang vom 19. zum 20. Jahrhundert entstanden sind. Deren programmatische Inhalte und organisatorischen Formen waren aber erheblichenteils das Ergebnis von politisch mobilisierten gesellschaftlichen Konfliktstrukturen wie etwa

---

39 Die Friedrich-Ebert-Stiftung führt wie die meisten anderen deutschen parteinahen Stiftungen für ihre Residenten vor Ort Regionalkonferenzen durch. Dieser wertvolle Erfahrungsaustausch folgt aber keinem mehrjährigen Plan und wird nicht Regionen übergreifend in strategischer Absicht weiterentwickelt.

Kapital-Arbeit, Kirche-Staat, Stadt-Land oder Zentrum-Peripherie (Lipset/Rokkan 1967b: 1 ff.). Diese waren raum-zeitlich kontingent bzw. dem europäischen Kontext verhaftet und sind so in den meisten Förderländern der außereuropäischen Welt weder aufzufinden noch zu rekonstruieren. Dies gilt vor allem, wenn solche Parteien erst am Ende des 20. Jahrhunderts entstanden sind.

Regionale Analysen zu Zentral-, Südost- und Ostasien (u. a. Croissant 2002d) oder Afrika (u. a. Erdmann 2004), ja selbst zu Osteuropa (Kitschelt et al. 1999) haben gezeigt, dass die meisten der jungen Demokratien vergleichbare Defizite aufweisen (u. a. Merkel, W. 1997b: 337 ff.; Erdmann 2008). Sie verfügen über eine schwache Institutionalisierung, unzureichende gesellschaftliche Verankerung, unklare programmatische Ausrichtung, schwache Organisationsstrukturen, Personalismus, Klientelismus und Patronage. In der Diagnose bestehen kaum Differenzen zwischen Wissenschaftlern und Förderern. So hat Herbert Kitschelt (1995: 494) in seinen Arbeiten zu postkommunistischen Parteien in Osteuropa einleuchtend argumentiert, dass programmatische Parteien die demokratischen Imperative territorialer Partizipation und Repräsentation besser erfüllen als charismatische oder klientelistische Parteien. Wie oder inwieweit diese Defizite aber behoben werden können, dazu schweigt die Parteienforschung bisher. Insgesamt herrscht Skepsis unter Wissenschaftlern und Demokratieförderern, inwieweit hier ein extern induziertes *party engineering* erfolgreich sein kann. Von der Kopie europäischer Parteiformen beginnt man sich zu lösen und vermehrt über funktionale Äquivalenzen traditioneller Parteiformen nachzudenken. Parteienförderung lässt sich auch deshalb nicht von Parlamentsförderung, Dezentralisierung, Stärkung der Zivilgesellschaft und anderen Förderformen von *good governance* isoliert betreiben. Geschieht dies dennoch, wird die Perspektive auf kompensatorische Institutionen und Organisationen abgedunkelt, die jene unverzichtbaren Funktionen der Parteien für die Demokratie erfüllen könnten, die diese offen lassen.

Völlig lassen sich politische Parteien nicht ersetzen. Jeder funktionalistische Ansatz muss mit Erkenntnissen des Historischen Institutionalismus (Thelen et al. 1992; Rothstein 1996; Pierson 2000) ergänzt werden. Nur so kann die häufig nur rituelle Forderung nach Kontextangemessenheit der Förderung durch Erkenntnisse über Pfadabhängigkeit, kritische Zäsuren oder Pfadwechsel von Organisationen, Institutionen und politischen Ordnungen fundiert und wirkungsvoll werden.

▪ *Bottom-up-Strategie: Förderobjekte*

Alle Demokratie geht vom Volke aus. Deshalb, so die nicht unplausible Forderung, müsse Demokratie vor allem von unten, von der Basis her gefördert werden. Denn nur außerhalb des Staates und der parteilich vermachteten Sphäre könne sich Demokratie genuin entfalten. Dies gelte gerade dann, wenn der Staat autoritär verfasst sei oder der Staatsapparat trotz freier Wahlen autoritär handle, korrupt sei und klientelistisch-partikulären Interessen, nicht aber dem Gemeinwohl diene. Nicht zuletzt in der Tradition von Tocqueville ließen sich die zivilgesellschaftlichen Assoziationen als die Kernorganisationen und „Schulen der Demokratie" verstehen.

Die Entwicklungshilfe[40] betrachtete zwar schon in den 1960er und 1970er Jahren gesellschaftliche Organisationen als „Agenten" der sozioökonomischen Entwicklung und förderte

---

40 Bis in die 1980er Jahre wurde von Entwicklungshilfe gesprochen. Erst im Verlaufe der 1980er Jahre, als die Idee Raum gewann, dass Entwicklung nur – wenn nicht vor allem – über die Kooperation mit den Betroffenen, den Entwicklungsgesellschaften zu erreichen ist, benutzte man den Begriff der Entwicklungszusammenarbeit (EZ).

diese auch bisweilen. Der Begriff „Zivilgesellschaft" trat jedoch erst im Verlauf der späten achtziger Jahre des 20. Jahrhunderts seinen Siegeszug in der politischen Theorie und Praxis an, als die Regimeopposition in Polen das kommunistische Herrschaftssystem insgesamt herausforderte. Mit einer kleinen Zeitverzögerung entdeckten dann auch die Demokratieförderer aller Länder die Zivilgesellschaft als neues handlungsleitendes Paradigma (Carothers 1999: 207). Vor dem Hintergrund der ernüchternden Bilanz der *Top-down*-Förderung bot nun „die" Zivilgesellschaft normativ wie pragmatisch der Fördergemeinschaft eine vielversprechende neue Perspektive. Normativ verlockend war, dass mit diesem neuen Ansatz nun direkt und exklusiv die demokratischen Kräfte gefördert werden konnten. Damit schien sich das alte Dilemma des *Top-down*-Ansatzes aufzulösen, dass bei jeder etatistischen Hilfe von oben auch die aktuellen Bastionen und Privilegien jener autoritären oder korrupten Eliten mit gestärkt wurden, die ja gerade geschliffen werden sollten. Pragmatisch boten die unterschiedlichen realen wie imaginierten Sektoren der Zivilgesellschaft viele Anknüpfungspunkte für die Demokratieförderung. Darüber hinaus wurde sie von den Empfängern uneingeschränkt willkommen geheißen, was bei den Staatseliten autoritärer oder defekt-demokratischer Regime keineswegs immer der Fall war. Internationale NGOs von Human Rights Watch über Transparency International bis hin zu den jeweiligen inländischen Organisationen wurden nun mit staatlichen Geldern der USAID, DFID, GTZ oder anderen Entwicklungsagenturen massiv gefördert. Diese hatten für die Geberorganisationen eine hohe Attraktivität, weil ihre Aktivisten westlich orientiert waren und sich rasch auf die bürokratischen Prozeduren der Mittelvergabe der Förderorganisationen einstellten. So alimentiert, schossen neue NGOs in den Transformationsgesellschaften wie Pilze aus dem Boden. Entgegen dem tieferen Verständnis, dass gerade zivile Assoziationen nur dann nachhaltig wirken können, wenn sie sich endogen in und aus ihren Gesellschaften entwickeln, entstand eine exogen subventionierte NGO-Industrie quer durch alle (potenziellen) Transformationsländer. NGOs sind meist besser mit den Antragsmodalitäten der Förderorganisationen als mit den Verhältnissen in den zu fördernden Ländern vertraut.

Seit den späten achtziger Jahren des vergangenen bis hin zum ersten Jahrzehnt des neuen Jahrhunderts lassen sich mindestens zwei Phasen der Zivilgesellschaftsförderung erkennen: die erste idealistisch überhöhte Boomphase in den 1990er Jahren und die zweite Phase seit der Jahrhundertwende, in der sich eine realistisch nüchterne Verbreiterung der Förderung vom primär politischen in den sozioökonomischen Bereich[41] sowie eine Kommunalisierung *(going local)* der Förderaktivitäten vollzogen.

In der Boomphase gaben die Amerikaner den Ton an. Die Möglichkeit, die kommunistischen Diktaturen Osteuropas mithilfe der sich dort erhebenden Zivilgesellschaft zu stürzen, erschien den US-Förderern die ideale Vermählung idealistisch-tocquevilleanischer Visionen mit dem geopolitischen Ziel, den Kommunismus zu begraben. Die von USAID, NED, AFL-CIO und CIA unterstützte Solidarność in Polen (Thiel 2008: 209 ff.), die die Kirche und die halbe Gesellschaft wirkungsvoll gegen das kommunistische Regime zu mobilisieren vermochte, wurde zum Paradigma des *regime change*. Die USA unterstützten in Polen sowie den anderen postkommunistischen Transformationsgesellschaften Osteuropas und des Kaukasus, aber

---

Während in der US-Terminologie nach wie vor der Begriff „aid" vorherrscht, wird im deutschen Sprachgebrauch der Geber von Entwicklungszusammenarbeit gesprochen.
41 Dies gilt insbesondere für die US-Förderung, weil die deutsche wie europäische Förderung stets auch sozioökonomische Segmente der Zivilgesellschaft gefördert haben, da sie sich oft weigerten, sich politisch zu stark zu exponieren (Carothers 1999, 2009).

auch in Asien und Afrika vor allem politische Assoziationen der Zivilgesellschaft, sogenannte *advocacy NGOs*. Es war die idealistisch überzogene Hoffnung, dass zivilgesellschaftliche Organisationen als Katalysatoren für eine nachhaltige, endogene Demokratiebewegung wirken werden. Die NGOs widmeten sich der Vorbereitung und Überwachung von demokratischen Wahlen, forderten die Transparenz parlamentarischer Prozesse, etablierten Websites zur Korruptionsbekämpfung, förderten die Durchsetzung von Frauenrechten oder organisierten Seminare zur *civic education*. Der exogen induzierte Diskurs sollte advokatorisch die Schwächen der Teilhabe, Repräsentation, Transparenz und Kontrolle aufdecken und die staatlichen Organe und Institutionen veranlassen, diese Schwächen zu überwinden. Dies betraf insbesondere hybride Regime, defekte Demokratien oder Transformationsgesellschaften. Die demokratischen Heilserwartungen stützten sich auf ein idealisiertes Tocquevillesches Demokratieverständnis, während die Methode edukativ-rousseauistische Züge trug. Thomas Carothers hat diese Mischung von Naivität und Hybris treffend beschrieben:

> „Advocacy training has become a minor subculture in the aid world, with legions of young Americans, usually with experience of doing civic activism in the United States, going off to the four corners of the globe to teach foreigners how to frame a policy issue, plan an advocacy campaign, write grant proposals, generate a publicity marshal campaign the necessary policy analysis, draft laws, and make a persuasive case to government officials" (Carothers (1999: 213).

Nüchterner gingen die US-amerikanischen Demokratieförderer in den 1980er und 1990er Jahren in Lateinamerika zu Werke. Da dort die heimischen zivilgesellschaftlichen Basisgruppen häufig auch antikapitalistisch und antiamerikanisch eingestellt waren, wurden sie kaum gefördert. Es dominierte das nationale geopolitische Interesse (Birle 2000; Bendel/Krennerich 2000). Verschärft stellt sich diese Problematik noch in der arabisch-islamischen Welt, in der die Oppositionsbewegungen häufig islamistisch-antiamerikanisch sind (Albrecht 2006). Diese Selektivität in der zivilgesellschaftlichen Demokratieförderung zeigte erneut die Dominanz nationaler Interessen in der amerikanischen Demokratieförderung und legte das daraus resultierende Glaubwürdigkeitsproblem offen, das die USA insbesondere in Lateinamerika und der arabisch-islamischen Welt haben.

Dennoch brachte die Boomphase zivilgesellschaftlicher Förderung auch positive Demokratieeffekte hervor. Wahlbeobachter haben Wahlbetrug erschwert und gegebenenfalls publik gemacht; Menschenrechtsgruppen waren beständige Mahner angesichts der Verletzung fundamentaler Menschen- und Bürgerrechte; Medieninitiativen machten Korruption öffentlich und Frauenorganisationen thematisierten mit wachsendem Erfolg die Unterdrückung der Frauen (Carothers 1999: 216 f.). In jenen Fällen, in denen die heimische Zivilgesellschaft unterstützt wurde, dienten die gesellschaftlichen Vereinigungen und Vereine tatsächlich als „Schulen der Demokratie" und versorgten die politischen Institutionen mit neuen demokratischen Eliten. Dies war am erfolgreichsten in Osteuropa, am wenigsten erfolgreich in Afrika. Die zivilgesellschaftlichen Organisationen entfalteten ihre Wirkungen vor allem bei der Liberalisierung und Öffnung autoritärer Regime und in manch kritischen Phasen des Regimewechsels (Merkel/Lauth 1998: 8 f.).

Diesen positiven Effekten müssen die negativen Wirkungen gegenübergestellt werden. Vom Förderboom profitierten vor allem internationale NGOs oder westlich eingestellte und trainierte Organisationen. Sie waren meist nicht jene endogenen *civic associations* im Sinne von Putnam, die gesellschaftlich verankert, soziales und politisches Kapital für die Gesellschaft und Demokratie akkumulierten, sondern westlich professionalisierte Hilfs- und „Erziehungs"-organisationen. Die Arbeit in NGOs gehörte teilweise zum Lifestyle: abgehoben, selbstinteressiert, arrogant, überbezahlt und relativ wirkungslos (Carothers 1999: 217).

Die Entzauberung der Tocquevilleschen Romantik und die Kritik kapitalistischer NGO-Geschäftstüchtigkeit führte in den USA bezüglich der Förderung der Zivilgesellschaft zum Umdenken. Am Ende der 1990er Jahre setzten die meisten Förderorganisationen nicht mehr primär auf politisierte *advocacy NGOs*, sondern erweiterten den Förderbereich nun verstärkt auf sozioökonomisch orientierte Gruppen der Zivilgesellschaft. Im gewissen Sinne näherte sich die US-Förderung dem pragmatischeren Kurs skandinavischer und kontinentaleuropäischer Strategien an, die sich nie mit einer vergleichbaren visionären Verve der extern induzierten Politisierung der Zivilgesellschaft verschrieben hatten (Carothers 2009). Parallel zur nüchternen Pragmatisierung der zivilgesellschaftlichen Unterstützung gewann der Ansatz der lokalen Förderung an Terrain. Der Schwerpunkt verlagerte sich von der nationalen auf die lokale und von der politischen auf die soziale wie wirtschaftliche Ebene. Der *going local approach* hatte drei Stoßrichtungen: Unterstützung von guter Regierungsführung in lokalen Exekutiven (seltener „Legislativen"), kleinen und mittleren Unternehmen sowie kommunalen inländischen NGOs. Der Vorteil einer solchen Strategie liegt unter anderem darin, dass mit dem Wegfall des superioren Erziehungsstils und der Unterstützung bei alltäglichen Wirtschafts- und Sozialproblemen das Vertrauen der Bürger in alltäglicher Kooperation gewonnen werden kann. Die nunmehr hervorgehobene Betonung der sogenannten *ownership*, d. h. der aktiven Einbindung der lokalen Betroffenen, sollte deren Partizipation stärken und die *accountability*-Mechanismen insgesamt verbessern.[42] Aber auch hier gibt es eine für die Demokratieförderung wie die Entwicklungszusammenarbeit typische „Koordinationsfalle": Die Entdeckung der Basis kann auch zu einer Fragmentierung begrenzter Förderaktivitäten einzelner „Pilotprojekte" führen, die wie Kathedralen in der Wüste vereinzelt aufragen, aber, weil kaum untereinander verbunden, keine systemischen Effekte auf die Stärkung von Demokratie und *good governance* produzieren. Die längst zu besichtigende Gefahr ist dann ein „Projekt-Hopping" von Pilotprojekt zu Pilotprojekt, ohne wirkungsvolle Strategien für deren gesamtgesellschaftliche Ausbreitung zu entwickeln, da diese für einzelne Förderorganisationen häufig zu aufwendig und langfristig sind sowie eine erhebliche Koordinationsleistung der Geber erfordern.

1.5 Das Evaluationsproblem

Externe Demokratieförderung kann durchaus Wirkung entfalten. Dies gilt wie oben ausgeführt insbesondere für die Öffnung von Autokratien oder die weitere Demokratisierung hybrider Regime. Gelingt es einer strategisch angelegten Förderung, die Regimeopposition zu stärken, ohne die autoritären Regimeeliten völlig zu isolieren, verändert sich die Ressourcenverteilung unter den Kontrahenten, ändern sich deren Perzeptionen und Strategien. Spieltheoretisch ließe sich formulieren, dass eine solche externe Demokratieförderung die Auszahlungsmatrix für die Repressions- oder Liberalisierungsstrategien der Herrschaftseliten verändert. Je höher

---

42 Eine solche Strategie setzt aber mindestens zweierlei voraus: gute Kenntnisse der lokalen politischen, ökonomischen und kulturellen Kontexte und eine längerfristige Perspektive. Bei ersterem haben deutsche EZ-Organisationen gegenüber anderen Förderern wie der britischen DFID durchaus Vorteile, weil sie mit eigenem Personal auch langfristig vor Ort sind. Empfindlich gestört wird die langfristige Orientierung allerdings von einem Berichts- und Evaluationswesen, das kurzfristig, bürokratisch, ritualisiert, ressourcenverzehrend und wenig analytisch ist.

der Außendruck, je stärker die interne Opposition, umso kostspieliger werden Repressionen und Regressionen für die autoritären Herrschaftseliten. Es kann deshalb für ein autoritäres Regime rationaler, weil weniger kostspielig und riskant sein, die weitere Liberalisierung zu dulden oder gar zu fördern. Nach Thomas Schellings „tipping model" kann dazu schon eine kleinere externe Unterstützung beitragen, wenn diese zu einer „Kaskade" (Schelling 1971) von Protesten führt, die zu einer regimekritischen Masse anwachsen können. Für Polen am Ende der achtziger Jahre des vergangenen Jahrhunderts (Thiel 2008), die DDR und die Tschechoslowakei im Jahr 1989 ist Schellings Modell durchaus erklärungskräftig. Die unveränderte Durchsetzung ihrer jeweils ersten Präferenz erschien nämlich in diesen wie in vergleichbaren Situationen allen Akteuren zu riskant. Zweitbeste Lösungen, nicht selten Verhandlungen an Runden Tischen wurden in der Kontingenz realer Machtverhältnisse für alle relevanten Akteure rational. So verstanden, wurde externe Demokratieförderung zu einem „nested game" (Tsebelis 1990), bei dem das „interne Spiel" zwischen Regimeeliten und Opposition in ein „externes Spiel" eingebettet war, in dem Demokratieförderer von außen Einfluss auf die innere Ressourcen- und Machtverteilung nahmen.

In einem solchen vernetzten Spiel wurden und werden hochbrisante Machtfragen entschieden. Sie entziehen sich allerdings weitgehend dem Alltagsgeschäft „normaler" Demokratieförderung, wie sie von Ministerien und Organisationen in der Entwicklungszusammenarbeit betrieben wird. Die externen Akteure sind in der machtstrategischen Demokratieförderung deshalb eher Geheimdienste und Außenministerien; die Instrumente nicht selten verdeckte Zahlungen und geheime Aktionen. Sie werden vor allem von den USA, seltener von den Kontinentaleuropäern verfolgt. Dennoch erscheint es nicht unplausibel, dass gerade solche Aktionen in Polen zur schleichenden Machtverschiebung im Sinne des „tipping model" beitrugen (Thiel 2008). Der für ganz Osteuropa bedeutsame polnische Systemwechsel kann durchaus auch mit den beschriebenen externen Unterstützungsmaßnahmen in Verbindung gebracht werden. Allerdings ist damit noch längst nicht der Ursache-Wirkung-Mechanismus offengelegt.

Der Kausalitätszusammenhang von Förderung und Wirkung ist die Kardinalfrage jeglicher Wirkungsanalysen in der Demokratieförderung. Was lässt sich jenseits spektakulärer Systemwechsel über die Wirkungen der alltäglichen, mühseligen und offenen Demokratieförderung aussagen? Was weiß die Forschung über diese Zusammenhänge, wie gehen die Förderorganisationen mit dieser Frage um? *„Does International Democracy Promotion Work?"* überschrieb Peter Burnell 2007 einen Aufsatz. Wie in der Entwicklungszusammenarbeit insgesamt hat sich auch in der Demokratieförderung der letzten Dekade die Debatte um die Wirkung externer Maßnahmen intensiviert (vgl. u. a. Knack 2004; Burnell 2007; Finkel et al. 2007; Faust/Leiderer 2008). Die Diskussion hat aber weniger zu einem Konsens als zu einem wachsenden Dissens in der Wirkungseinschätzung der Demokratieförderung geführt. Resümierende Übersichten über Einzelstudien oder Analysen mit geringen Fallzahlen kommen überwiegend zu einer skeptischen Einschätzung (z. B. Carothers 1999; Carothers/Ottaway 2000; de Zeeuw 2005; Burnell 2000, 2004, 2007). Es gibt bisher nur wenige Evaluationsstudien, die die Wirksamkeit der Demokratieförderung für hohe Fallzahlen von Ländern mit statistischen Methoden untersucht haben (Knack 2004; Scott/Steele 2005; Paxton/Morishima 2005; Finkel et al. 2007). Die vier genannten Studien kommen zu unterschiedlichen Ergebnissen. Stephen Knacks Untersuchung der Demokratieförderung aller OECD-Staaten fand auf der Basis der Bewertungen von Freedom House oder Polity IV keine Zusammenhänge zwischen der gesamten Entwicklungshilfe und dem Demokratiefortschritt in den Empfängerländern. Für die allein auf die Demokratiehilfe im engeren Sinn fokussierten Ausgaben des National Endowment of Democracy (NED) stellten Scott und Steele (2005) für die Untersuchungsperiode 1990–1999 ebenfalls weder einen positiven noch negativen Zusammenhang zur Demokratieentwicklung fest. Nabamita Dutta und Peter Leeson suggerieren, dass die Gesamtheit der EZ-Transfers den jeweiligen Regimetypus stärkt, sei er demokratisch oder autokratisch verfasst (zit. nach Faust/Leiderer 2008: 12). Furore machte deshalb 2007 eine Studie von Stephen Finkel und seinen Mitarbeitern, die mit breitem Datenmaterial und entwickelten statistischen Methoden (multivariate Regressionen, Faktoranalysen) einen positiven Zusammenhang zwischen der Demokratieförderung von USAID und Demokratiefortschritten feststellten. Die Studie untersuchte die Wirkung der Ausgaben von USAID für die Demokratieentwicklung in mehr als einhundert Empfängerländern für die Periode von 1990 bis 2003. In diesem Zeitraum stiegen die Ausgaben von USAID für die Demokratieförderung um 500 Prozent. Zwölf Prozent des Förderbudgets wurden für Wahlen und Parteien ausgegeben, 21 für die Stärkung von Menschenrechten und Rechtsstaat, 26 für gute Regierungsführung und Dezentralisierung und 41 Prozent für den Bereich der Zivilgesellschaft. Die abhängige Variable, nämlich den Demokratiefortschritt, haben Finkel und Mitarbeiter mit über 20 Indikatoren in fünf Teilbereichen des demokratischen Regimes gemessen: freie und faire Wahlen, Respekt vor Menschenrechten und Rechtsstaat, Handlungsbedingungen für die Zivilgesellschaft, freie Medien und demokratische Regierungseffizienz. Das Generalergebnis der Analyse wird mit statistischer Präzision und kühner Unerschrockenheit folgendermaßen formuliert: „... ten million dollars [for one country, W. M.] will raise the Freedom House Index by about .26, or one-quarter of a point" (Finkel et al. 2007: 21).

Die Ausgaben entfalteten jedoch gemäß der Studie in den einzelnen Bereichen unterschiedlich stark und schnell ihre Wirkung. Bei Parteien und Wahlen stellten Finkel et al. einen signifikant positiven Effekt mit nur geringer Zeitverzögerung fest. Bei der rechtsstaatlichen Förderung errechneten sie eine etwas schwächere positive Wirkung, die zudem erst mit erheblicher Verzögerung einsetzte. Das Gleiche gilt für die Medienunterstützung. Bei den Handlungsbedingungen für die Zivilgesellschaft stellten die amerikanischen Demokratieforscher ebenfalls positive Wirkungen fest, die teils rasch, teils verzögert einsetzten. Alleine bei den Menschenrechten diagnostizierten sie eine signifikante Verschlechterung. Dieses überraschend schlechte Ergebnis führen die Autoren auf drei Ursachen zurück: Erstens wurde dieses Geld vorzugsweise in Ländern eingesetzt, in denen besonders gravierende Menschenrechtsverletzungen vorkamen; die geförderten Länder zeigen deshalb einen deutlich negativen Selektionsbias. Die Gelder stärkten die Menschenrechtsorganisationen, die nun besonders intensiv und systematisch über Menschenrechtsverletzungen berichten konnten. Dies wiederum hatte den nicht intendierten Effekt, dass die autokratischen Regime die Unterdrückung der für sie bisweilen gefährlich werdenden Opposition verstärkten. Das scheinbare Paradox von faktisch festgestellter Verschlechterung der Menschenrechtsbilanz bei ansteigender Förderung zeigt aber auch, dass quantitative Analysen mit hohen Fallzahlen bisweilen Zusammenhänge suggerieren, die jeweils einer gründlichen Überprüfung bedürfen. So muss etwa auch bei Finkels einflussreicher Studie bezweifelt werden, dass es den Forschern gelungen ist, die Förderung der USAID von anderen Förderorganisationen zu trennen. Das Gleiche gilt für die internen Faktoren, die auch ohne externe Förderung demokratisierende Effekte auslösen. Deren statistische Isolierung von den extern provozierten Demokratiefortschritten ist statistisch ebenfalls nicht befriedigend gelöst, möglicherweise gar nicht lösbar. Dem Versuch, auf der hochaggregierten Ebene des gesamten politischen Systems die Demokratiefortschritte klar ihren internen und externen Verursachungsfaktoren attribuieren zu wollen, sind in der makroquantitativen Analyse engere Grenzen gesetzt, als deren Autoren glauben oder glauben machen wollen. Je nachdem welche Modellvariante einer multivariaten Regressionsanalyse gewählt und auf welche Datensätze zurückgegriffen wird, werden der externen Demokratieförderung kausal negative, positive oder gar keine Wirkungen unterstellt.

Aber auch auf der Programm- oder Projektebene ergeben sich in der Evaluationspraxis vieler multilateraler oder nationaler Geberorganisationen ungelöste Probleme. Insbesondere die in der wissenschaftlichen Analyse unbestrittene Feststellung, dass demokratisierende Wirkungen externer Unterstützung – wenn überhaupt – erst mit erheblicher Zeitverzögerung eintreten, wird von den Förderorganisatoren nicht zur Kenntnis genommen. Es wird konzeptionell in kurzen Zyklen geplant und in noch kürzeren Fristen evaluiert. Da Wirkungen dann häufig nicht festgestellt werden können, werden nicht selten *output*-Faktoren und nicht *outcome*-Faktoren im sogenannten Log-Frame-Approach (LGA) als Wirkungsfaktoren bezeichnet. Auch bei diesem in den Evaluationsabteilungen der Förderbürokratien beliebten Ansatz gibt es ungelöste Probleme, die zu unangemessenen Wirklichkeitsbeurteilungen führen: Die LGA ist kleinteilig isoliert auf Projekte und selten auf Programme fokussiert; sie konzentriert sich auf vermeintlich „harte" quantitative Daten, die bestenfalls reduktionistisch Demokratiefortschritte abbilden können; die systematische Nichtbeachtung von projektexternen Einflüssen auf die Projektziele machen die kühnen Kausalitätsannahmen von Projektmaßnahme und Zielerreichung bisweilen zu einem realitätsfernen Artefakt. USAID hat in jüngerer Zeit das statische Vorurteil der Log-Frame-Evaluationen erkannt und versucht, durch sogenanntes „process tracing" zu komplementieren. Hier geht es darum, eine logische Sequenz von Förderstrategie, Maßnahmen, Outputs der Projekte und Programme bis hin zu den *outcomes* auf der höheren Ebene des systemischen Demokratiefortschritts zu erfassen (Crawford 2002: 10). Dadurch sollte etwas Licht in die Blackbox zwischen Maßnahmen und quantifizierten Indikatorenergebnissen gebracht werden. Ein solcher Ansatz ist aufwendig und weit davon entfernt, systematisch angewandt zu werden. Die Evaluationsindustrie folgt nach wie vor eigeninteressierten bürokratischen Reflexen, ist methodisch unterentwickelt, hält aber dennoch in ihrem unangemessenen Versuch fest, Wirkungen der Demokratieförderung sektor-, programm- oder projektspezifisch kurzfristig feststellen zu wollen. Der Vorschlag von Gordon Crawford (2002), die „inadequacy of numbers" zu überwinden und zu einer „participatory evaluation" zu gelangen, die die geförderten Institutionen und Organisationen systematisch als Subjekt und nicht nur als Objekt einbindet, ist bisher kaum durchgesetzt. Die verbal so emphatisch beschworene *ownership*, eines der Kernprinzipien der Millenniumsziele der internationalen Entwicklungsarbeit, wurde bisher in der geberfixierten Evaluationspraxis kaum umgesetzt. Auch wenn sich *ownership* stärker durchsetzt, muss präzise analysiert werden, welche einheimischen Eliten, welche Form der *ownership* praktizieren. Die Entwicklungszusammenarbeit wie die Demokratieförderung werden darauf zu achten haben, dass *ownership* nicht zum Deckmantel für rentensuchende einheimische Eliten wird, die die Evaluationen dann entsprechend „einfärben". Eine Kombination aus Fremd- und partizipativer Evaluierung bietet deshalb zumindest die Chance einer wechselseitigen Kontrolle und Korrektur. Es sollte deshalb nicht um die Ersetzung der Fremdbeurteilung durch eine partizipative Evaluation gehen. In der Forschung über Projektevaluierung scheint sich zumindest theoretisch ein Konsens zu etablieren, dass ein Methodenmix, der sich im Kern auf „objektive" Daten stützt, die besten Ergebnisse bringt. Denn auch die „partizipationsorientierte" Evaluation hat ihre Tücken, da die Förderungsempfänger ihren Förderern kaum ein schlechtes Zeugnis ausstellen werden, wenn sie weiter unterstützt werden wollen.

Die Evaluation der Demokratieförderung ist eine Wachstumsindustrie geworden. Sie verschlingt mittlerweile einen beachtlichen Anteil der Fördermittel. Dennoch sind wichtige methodische Probleme nicht gelöst, möglicherweise auch nicht lösbar. Während auf der Mikroebene die Wirkungen der einzelnen Projekte durchaus erfasst werden können, ist es auf der Mesoebene der Programme oder Sektoren wie der Förderung der Menschenrechte, der politischen Partizipation oder der Verantwortlichkeit der Exekutive schon viel schwieriger, die Effekte kausal zu verstehen. Noch problematischer ist es auf der Makroebene: Die szientistischen Versuche, die Demokratieeffekte externer Förderaktivitäten mithilfe von quantifizierenden multivariaten Regressionsanalysen isoliert von anderen Einflüssen messen zu wollen, überzeugen nicht. Insbesondere der Mikro-Makro-Link zwischen Projektebene und der Demokratisierung des Landes insgesamt wird noch unzureichend verstanden. Die Hypothesen, die den quantitativen Evaluationsmodellen zugrunde liegen, sind theoretisch nicht hinreichend fundiert. Eine belastbare allgemeine Theorie zur Lösung des Mikro-Makro-Puzzles steht bisher nicht zur Verfügung. Deshalb machen Faust und Leiderer (2008) zu Recht auf das Paradox aufmerksam (Mikro-Makro-Paradox), dass Erfolge auf der Mikroebene der Projekte, nicht intendierte negative Effekte auf der Makroebene auslösen können. Dies ist etwa bei der Forcierung frühzeitiger Wahlen im Hinblick auf nachhaltige Rechtsstaats- und Demokratieförderung theoretisch zwar erkannt, in der kleinteiligen Evaluationsindustrie aber methodisch noch nicht verarbeitet worden.

1.6 Fazit

„Does International Democracy Promotion Works?" „Yes? No? We really do not know", so hat Peter Burnell (2007: 12) die sich selbst gestellte Schlüsselfrage lakonisch beantwortet. Die Begründung lautet: „Because the art of assessing democracy support has not yet caught up with the art of assessing the state of democracy" (ibid.). Das ist eine wissenschaftlich redliche Antwort. Solange das Mikro-Makro-Puzzle nicht gelöst ist und solange bis auch ausgefeilte multivariate Regressionsanalysen die Binnenfaktoren der Demokratisierung nicht von den externen Einflussvariablen überzeugend isolieren können, ist die von der Wissenschaft geforderte Wahrheitsfindung nicht gewährleistet. Dies gilt für die Makroebene ganzer politischer Regime und *a fortiori* für die globale Demokratieförderung insgesamt. Das schließt allerdings nicht aus, dass wir auf der Plausibilitätsebene deskriptiver Erfassung einzelner Strategien und Maßnahmen Erkenntnisse über die Wirkungen in konkreten Kontexten haben. Auch wenn die theoretische Verdichtung und Generalisierung solch partikulären Wissens zu robusten Kausalitätsaussagen noch aussteht, lassen sich strategische Lernprozesse organisieren, die unser Wissen über die Demokratieförderung vermehren. Ein solches institutionelles Lernen ist aber bisher in der Regel genauso fragmentiert wie die Demokratieförderung selbst. Die Demokratieforschung steht hier noch am Anfang. Es soll an dieser Stelle der Versuchung widerstanden werden, erneut eine Liste von Empfehlungen für die Demokratieförderung vorzulegen. Diese gibt es auf unterschiedlichen Wissens- und Reflexions- und Plausibilitätsbeständen aufruhend schon zuhauf (u. a. Huntington 1991; Carothers 1999, 2006a, 2006b; Freise 2004: 252 ff.; Diamond 2008a: 324 ff.; Grävingholt et al. 2009). Wenn aber die am Anfang des Kapitels illustrierten strategischen Fragen des Koordinations- (Förderer), Selektions- (Ziele), Timing-

und Prioritätenproblems (top down/bottom up) schon in der Förderplanung nicht ausreichend einbezogen und konzeptionell beantwortet werden, bleibt die Förderpraxis fahrlässig unterhalb seines (begrenzten) Wirkungspotenzials. Dies scheint in der Demokratieförderung bisher allerdings eher die Regel als die Ausnahme zu sein.

2 Demokratisierung „durch" Krieg?

Der Erfolg friedlicher Demokratieförderung ist unsicher, zeitverzögert und hochgradig voraussetzungsvoll. Das gilt für die Strategie und den Ressourceneinsatz der Förderländer ebenso wie für die Kontexte in den Empfängerländern. Singuläre Einzelerfolge gelungener, von außen unterstützter Systemtransformationen können von Spanien über Polen bis zu Mali dokumentiert werden. Systematische weltweite Erfolge „der" Demokratieförderung aber sind nur sehr schwer nachzuweisen. Der kontrafaktische Einwand, ob der Demokratisierungserfolg nicht auch ohne die externe Unterstützung eingetreten wäre, lässt sich selbst mit den entwickelsten Regressionsanalysen nicht belegen. Wie steht es da mit der Versuchung, Demokratie zu erzwingen, notfalls mit Waffengewalt? Was wissen wir über den Zusammenhang zwischen Krieg und Demokratisierung?

Drei Theoriestränge und empirische Forschungslinien sollen zur Beantwortung dieser Frage zusammengeführt werden, die sich bisher – wenn überhaupt – nur unzureichend wechselseitig informiert haben. Dies betrifft zum einen die empirische Forschung zum „demokratischen Frieden", die fast exklusiv von den Spezialisten der Internationalen Beziehungen betrieben wird. Diese verwenden zwar zum Teil ausgefeilte statistische Methoden, aber folgen nicht selten einem rudimentären Verständnis von Demokratie und der interdependenten Funktionsweise ihrer Institutionen. Sie sind mehr Kriegs- und Friedens-, aber kaum Demokratie- oder Demokratisierungsforscher.[43] Es fehlt die Verschränkung von vergleichender Regimeforschung und den Forschungen im Bereich der Internationalen Beziehungen.[44] Da ist zum zweiten die rechtlich-normative Frage, ob Demokratisierung durch Krieg als legal angesehen werden kann, wie sie vor allem von Völkerrechtlern erörtert wird. Zum dritten sind es moralphilosophische Debatten, wie sie in der politischen Ethik zum gerechten Krieg geführt werden. So wie sich Philosophen in der Frage von gerechten und ungerechten Kriegen nicht von der völkerrechtlichen Legalitätsfrage abkoppeln und die empirischen Ergebnisse der Kriegsforschung ignorieren können, muss letztere, wenn sie sich nicht auf statistische Korrelationen mit zum Teil fragwürdiger Datenbasis zurückziehen will, die normativen Fragen ernst nehmen. Es geht also um nichts weniger, als die statistischen Korrelationsanalysen der *Democratic-Peace*-Forschung an eine theoretisch gehaltvolle komparative Demokratisierungsforschung heranzuführen und an die juristische und philosophische Normendebatte anzuschließen. Immanuel Kant modulierend sollen deshalb folgende drei große Fragen gestellt, beantwortet und miteinander verbunden werden:

---

43 Eine rühmliche Ausnahme stellen Mansfield/Snyder (2002) dar.
44 Dies umso mehr, als es sich in den vergangenen drei Jahrzehnten häufiger um inner- als um zwischenstaatliche Kriege handelte. Sie sind viel eher aus der politischen Regimeforschung als mit den Theorien der Internationalen Beziehungen zu verstehen.

▶ Was wissen wir (Empirie)?
▶ Was dürfen wir (Recht)?
▶ Was sollen wir (Moral)?

2.1 Was wissen wir?

In den Definitivartikeln seiner Friedensschrift formuliert Immanuel Kant drei entscheidende Voraussetzungen zum „ewigen Frieden": Die Einzelstaaten sollen im Inneren auf republikanische Verfassungen beruhen, das Völkerrecht soll auf einem föderativen Zusammenschluss freier Staaten gründen und durch die Ergänzung um ein öffentliches Menschenrecht zu einem Weltbürgerrecht fortgeschrieben werden. Erst wenn man sich in einer kontinuierlichen Annäherung an die Verwirklichung aller drei Staatsmaximen befindet, dürfe man „sich schmeicheln", den Weg zum öffentlichen Frieden zu beschreiten (Kant 2005 [1795]: 24).

Kants Thesen werden in der politikwissenschaftlichen Disziplin der Internationalen Beziehungen zum Ausgangspunkt genommen, um über Kant hinaus vor allem folgende Fragen über den Zusammenhang von Krieg und Demokratie empirisch zu prüfen:

▶ Führen Demokratien weniger Kriege als Autokratien?
▶ Ziehen Demokratien gegen Demokratien in den Krieg?
▶ Sind Kriege Geburtshelfer von Demokratien?
▶ Verringern sich mit zunehmender Quantität und Qualität der Demokratien auch die Anzahl der Kriege?

■ *Führen Demokratien weniger Kriege als Autokratien?*

Die Antwort heißt nein. Nahezu alle Studien kommen zu dem eindeutigen Ergebnis, dass Demokratien kaum weniger Kriege als nichtdemokratische Regime führen. Wenn man weiter fragt, ob bei solchen kriegerischen Auseinandersetzungen die Demokratien eher Verteidiger als Angreifer sind, fällt das statistische Ergebnis für die Demokratien nicht schmeichelhafter aus: auch Demokratien führen Angriffskriege (Small/Singer 1976; Russett/Oneal 2001; Hasenclever/Wagner 2004). Erleichtert wird dies wähler- und kostensensiblen Demokratien durch die Tatsache, dass vor allem unter auswärts geführten „Hightech"-Kriegen keineswegs immer die Bevölkerung der kriegführenden Demokratie leidet, wie das Kant noch anzunehmen schien (Kant 2005 [1795]: 12 f.). Zudem gewinnen Demokratien statistisch gesehen in der Regel die Kriege (1816–1992: 81 % zu 19 %), schmieden gemeinsame Kriegs- und Verteidigungsallianzen und haben in Kriegen deutlich weniger Opfer zu beklagen als Nichtdemokratien: „... democracies choose their wars more wisely, tend to win them and suffer fewer casualties, are less likely to initiate crises, rarely fight preventive wars ..." (Mansfield/Snyder 2002: 300).

Allerdings gibt es erhebliche Unterschiede zwischen den Demokratien hinsichtlich ihrer Kriegsbereitschaft und der Involvierung in kriegerische Konflikte. Nicht die kleinen Demokratien wie die Schweiz, Schweden oder Österreich, sondern die ehemaligen Kolonialmächte Frankreich und Großbritannien und insbesondere die Hegemonialmacht USA führten nach 1945 Kriege (Brock et al. 2006: 6). Zwischen 1946 und 2002 intervenierten die USA 13, Frankreich acht- und Großbritannien sechsmal militärisch in andere Staaten. Die Entwicklung moderner Hightech-Waffen, die Strategie „chirurgischer Schläge" und der vermehrte Einsatz privater Militärfirmen hat die Kosten für demokratische Interventionsstaaten kalkulier- und vermittelbarer gemacht. Das Kantsche Argument, dass Republiken nur schwerlich die Schäden und Kosten zu tragen bereit sind, dürfte bei dieser Entwicklung zunehmend weniger eine Restriktion für die Kriegsbereitschaft großer demokratischer Staaten darstellen. Johan Galtungs Diktum (1996), dass Demokratien besonders „selbstgerecht" und „kriegerisch" seien, dürfte deshalb auch in Zukunft Bestand haben. Dies gilt jedoch (fast) ausschließlich für kriegerische Auseinandersetzungen zwischen Demokratien und Autokratien.

- *Führen Demokratien gegen Demokratien Krieg?*

Die Kantsche Proposition, dass Demokratien (Republiken) keine Kriege gegen Demokratien (Republiken) führen, hat sich in den statistischen Analysen als außerordentlich robust erwiesen (u. a. Rummel 1983; Doyle 1986, 2005; Russett 1993; Russett/Oneal 2001). Die *Democratic-Peace*-Forschung bezeichnet das als „dyadic peace phenomenon" (Kinsella 2005), um gleichzeitig dezidiert zu betonen, dass der Liberalismus keineswegs „inherently peace loving" sei (u. a. Doyle 1983: 206). Die Behauptung, dass dies alles nur ein Artefakt der bipolaren Ost-West-Konfrontation sei, ließ sich nach 1989 nicht mehr halten. Auch nach 1991 gab es keine bewaffneten Konflikte zwischen rechtsstaatlichen Demokratien. Die für die Periode nach 1945 bisweilen angeführten Beispiele von Kriegen zwischen Demokratien überzeugen wenig, da es sich bei den Interventionsstaaten nicht um entfaltete rechtsstaatliche Demokratien handelte. Das galt für die rassistischen „Apartheitsdemokratien" Südafrika und Rhodesien und ihre Interventionen in Botswana ebenso wie für die kriegerischen Auseinandersetzungen zwischen Indien und Pakistan.[45] Hier handelt es sich um den Konflikt der defekten Demokratie Indien mit dem beständig zwischen semi-demokratischen und offen autoritären Regimeformen changierenden Pakistan. Bleiben nur noch die Grenzscharmützel zwischen dem (optimistisch) als noch liberal eingestuften Ecuador und dem defekt-demokratischen Peru (1981, 1984). Freedom House und Polity IV weisen für Indien, Pakistan, Peru und Ecuador folgende Werte aus:

Tabelle 46a: Freedom House: Politische Rechte und Bürgerrechte

	1981		1983–84/1984–85		1994–95/1995–96	
	PR	CL	PR	CL	PR	CL
Ecuador	2	2	2	2	2	3
Peru	2	3	2	3	5	4

	1965–66		1972		1981		1984–85		1985–86		1986–87		1987–88	
	PR	CL	PR	CL	PR	CL	PR	CL	PR	CL	PR	CL	PR	CL
Indien	–	–	2	3	2	3	2	3	2	3	2	3	2	3
Pakistan	–	–	3	5	7	5	7	5	4	5	4	5	4	5

Anmerkung: PR = Politische Rechte ; CL = Bürgerrechte. Der schlechteste Wert liegt bei 7, der beste bei 1.
Quelle: Freedom House (2007).

---

[45] Vgl. die indischen Interventionen in Pakistan 1965/66, 1971/72, 1981, 1984–1987.

Tabelle 46b: Polity IV: Regimeeinschätzungen

	1981	1985	1996
Ecuador	9	8	9
Peru	7	7	1

	1966	1972	1981	1985	1986	1987	1988
Indien	9	9	8	8	8	8	8
Pakistan	1	4	−7	−4	−4	−4	8

Anmerkung: Die Werte entsprechen dem Indikator „polity2" aus dem Datensatz des Polity-IV-Projekts.
Quelle: Marshall/Jaggers (2006). Die Werte gehen von −10 (voll ausgeprägtes totalitäres Regime) bis +10 (voll entwickelte rechtsstaatliche Demokratie). Je nach individueller Beurteilung rechnet die *Democratic Peace Research* alle Regime der Demokratie zu, die höhere Werte als +6 oder +7 aufweisen.

Das normative Argument, dass ein Krieg zwischen Demokratien nicht mit deren grundlegenden Wertmustern vereinbar sei (Müller/Wolff 2006: 68), und das strukturelle Argument, dass in einer Demokratie weit mehr institutionelle Kontrollen und prozedurale Hindernisse vor dem Kriegseintritt eines Landes stünden, besitzen eine erhebliche Überzeugungskraft (Mansfield/Snyder 2002: 300). Ergänzt durch die Hinweise, dass Demokratien generell mehr zu Verhandlungen und Kompromissen neigen, untereinander wirtschaftlich eng verflochten und in vielen internationalen Organisationen gemeinsam Mitglieder sind, sich untereinander vertrauen,[46] verschränken sich beide Argumente – von Kant gar nicht weit entfernt – zu einer überzeugenden Erklärung für das Ausbleiben rein „demokratischer Kriege". Die Argumentation, dass es vor allem die demokratischen Institutionen, Verfahren und fest verankerte demokratische Werte sind, die Kriege zwischen Demokratien von deren politischer Agenda genommen haben, verweist darauf, dass die demokratische Friedensthese sich allein auf konsolidierte Demokratien beziehen müsste, denn nur in diesen wirken die demokratischen Institutionen in der beschriebenen kriegsverhindernden Weise. In Übergangsregimen, defekten und unkonsolidierten Demokratien entfalten die Institutionen nicht die gleiche verhaltensprägende Kraft (Merkel, W. 2004b). Deshalb sind auch die Beispiele von Kriegen zwischen „Demokratien", wie sie bisweilen in der *Democratic-Peace*-Forschung angeführt werden, irreführend und enthüllen ein konzeptionelles Unverständnis, was Demokratien ausmacht. Allein der rasche Blick in die Polity-IV-Daten ist theoretisch unzureichend; er verschleiert den spezifischen Blick auf jene demokratischen Institutionen und Verfahren (Parlament, Wahlen, Medien), die in etablierten Demokratien besonders hohe Hürden für jede Kriegsbeteiligung stellen.[47]

■ *Erweisen sich Kriege als Geburtshelfer von Demokratien?*

Die Frage nach dem Zusammenhang zwischen Demokratie und Krieg lässt sich umkehren. Sie lautet dann: Erweisen sich Kriege als Geburtshelfer von Demokratien? Das sprunghafte Anwachsen der Demokratien nach Erstem und Zweitem Weltkrieg deutet auf einen empirischen, wenn nicht gar kausalen Zusammenhang hin (vgl. Abbildung 23). Die spektakulären Demo-

---

46 Doyle (1997) argumentiert, dass es vor allem die Tatsache ist, dass Demokratien grundsätzlich Demokratien vertrauen, nicht jedoch Autokratien, die Kriege zwischen Demokratien unwahrscheinlich macht, Kriege zwischen Demokratien und Diktaturen jedoch nicht.
47 Ein besonderes Beispiel für das unterkomplexe Verständnis von Demokratie bietet Sebastian Rosato (2003: 589 f.), der auf inkonsistenten Quellen basierend kurzerhand Großbritannien im 19. Jahrhundert, Belgien am Ende des 19. Jahrhunderts, Iran 1953, Indonesien 1957 und Nicaragua 1984 zu Demokratien erklärt.

kratisierungserfolge nach dem Zweiten Weltkrieg suggerieren dies in einem besonderen Maße. Länder wie Deutschland mit seiner mörderischen Diktatur des totalitären Nationalsozialismus und Japan mit seiner militaristischen Autokratie haben sich nach Krieg und Kriegsniederlage außerordentlich rasch zu stabilen rechtsstaatlichen Demokratien gewandelt. Die weichen autoritären und weniger repressiven Regime des italienischen Faschismus und des auch schon vor 1938 autoritär-korporatistisch regierten Österreichs müssen als weitere Beispiele für die Demokratisierungschancen von Diktaturen nach erlittenen Kriegsniederlagen gelten. Der Fall der griechischen Obristen nach dem Zypern-Abenteuer im Jahr 1974 und die Niederlage der argentinischen Generäle im Falklandkrieg von 1982 bestätigen diese These. Empirisch ist es nicht von der Hand zu weisen, dass die beiden Weltkriege zu einer Ausbreitung der Demokratie geführt haben, auch wenn sie nicht primär mit diesem Ziel und schon gar nicht aus diesem Grunde geführt wurden.[48] Zugleich fallen freilich auch Gegenbeispiele ein: Panama 1989, Haiti 1994, vielleicht auch Bosnien-Herzegowina 1995, Afghanistan[49] und der Irak. Für die Klärung der Ursachen erfolgreicher und scheiternder Demokratisierung bleiben diese Fälle zwar aufschlussreich, statistisch gesehen sind sie jedoch bloß anektodisch.

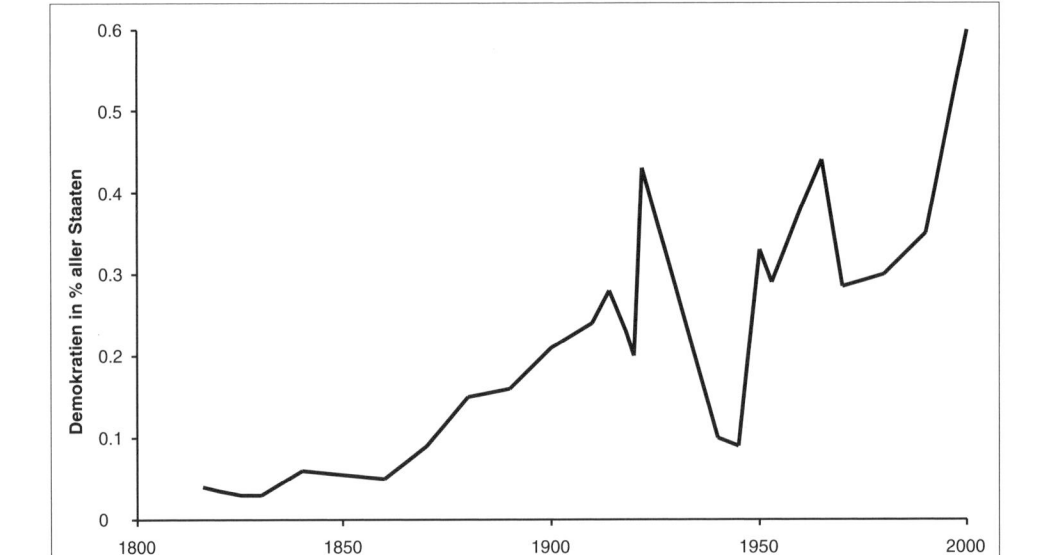

Abbildung 23: Demokratieentwicklung (1816–2000)

Eine skandinavische Studie aus dem Jahr 2004 hat mit statistisch verfeinerten Methoden dann tatsächlich gezeigt, dass von Demokratien geführte Interventionen zu einem moderaten Anstieg der Demokratiewerte auf der 21 Punkte umfassenden Autokratie-Demokratie-Skala von Polity IV führen (Gleditsch, N. P. et al. 2004: 26 f.).

---

48 Gleichwohl begründeten sowohl Wilson als auch Roosevelt den Eintritt der USA in die beiden Weltkriege vor allem auch mit demokratierelevanten Argumenten.
49 Zu den Fällen Somalia, Haiti, Bosnien-Herzegowina, Afghanistan vgl. Zangl/Zürn (2003: 224-245).

Dieses Ergebnis erklärt sich auch aus folgendem Zusammenhang: Demokratien tendieren dazu, Kriege zu gewinnen. Autokratische Regime werden durch Kriegsniederlagen destabilisiert und häufig in einen demokratischen Regimewechsel getrieben. Demokratien tauschen bei Kriegsniederlagen zwar meist ihre Regierungen aus, wechseln aber nicht den Charakter des politischen Regimes. Ergo lässt sich zumindest statistisch die Aussage belegen, dass die von Demokratien gegen Autokratien meist erfolgreich geführten Kriege zu einer weltweiten Anhebung des Demokratieniveaus beitragen. Wenn man zudem die Tatsache berücksichtigt, dass Demokratien keine Kriege gegen Demokratien führen, löst sich auch das scheinbare Paradox, dass eine anfängliche Ausweitung von Kriegen mittelfristig zu deren Rückgang führen kann.[50]

Trifft dies tatsächlich zu oder haben wir es hier mit einem Versuch statistischer Spiegelfechterei zu tun? Ich meine, mindestens drei zusätzliche Fragen müssen für eine belastbare Aussage noch beantwortet werden:

- Wie stabil sind diese oktroyierten Demokratien?
- Um welche Art von Demokratien handelt es sich?
- Sind diese Demokratien tatsächlich untereinander friedfertiger als andere Regime?

Sieht man wiederum von den Musterfällen Japan und Deutschland ab, zeigen statistisch repräsentativere Studien (Gates/Strand 2004), dass Demokratien, wenn sie von außen oktroyiert sind und auf eine Kriegsniederlage folgen, instabiler und weniger dauerhaft sind als politische Regime, die sich weitgehend endogen demokratisiert haben. Dies lässt sich neoinstitutionell mit der oft fehlenden Kontextpassung der neuen Institutionen (March/Olsen 1984: „logic of appropriateness") und der mangelnden Komplementarität von informellen sozialen und formellen politischen Institutionen (North 1990; Lauth 2004) erklären. Ein schnelles Oktroy von außen kann dann nicht zu stabilen politischen Ordnungen führen, wenn nicht im Lande selbst starke Binnenakteure einen solchen Demokratisierungsprozess unterstützen. Erst ein grundsätzliches „elite settlement" der stärksten politischen Kräfte vermag formalen demokratischen Institutionen Geltungskraft verschaffen (Merkel, W. 2004b). Eine solche sich stets wiederholende Regelbefolgung führt zu einer faktischen Institutionalisierung von zunächst formalen Institutionen. Im positiven Fall ändern sich informelle Institutionen und Verhaltensweisen von Eliten sowie der Bevölkerung und passen sich den Funktionsweisen der formellen Institutionen an. Insofern können demokratische Eliten unter einer internationalen Supervision zu einer Institutionalisierung der Demokratie beitragen, ein zwingend determiniertes Resultat stellt die Demokratie allerdings keineswegs dar. Demokratische Interventionen führen nicht selten zu kurzfristigen Demokratieerfolgen. Längerfristig sind stabile demokratische Regimeformen nach einer bewaffneten Intervention eher die Ausnahme denn die Regel (Gleditsch, N. P. et al. 2004: 33).

Am häufigsten streifen Nachkriegsordnungen ihren offen autokratischen Charakter ab und werden zu hybriden, semi-demokratischen Regimen, selten aber zu konsolidierten Demokratien. Diese Erkenntnis bringt zwei wichtige Implikationen für unsere demokratische Friedensthese mit sich. Erstens sind institutionell inkonsistente hybride Regime weniger stabil als Autokratien und noch viel weniger als Demokratien. Zweitens sind solche Zwischenregime statistisch gesehen signifikant gewaltbereiter, kriegsanfälliger und bürgerkriegsgefährdeter als reife Demokratien oder stabile autokratische Systeme (Mansfield/Snyder 1995, 2002, 2005).

---

50 Dass auch dies noch längst keine Legitimation für „demokratische Angriffskriege" ist, wird im weiteren Verlauf meiner Argumentation deutlich.

Es ist also zwischen konsolidierten Demokratien und sich demokratisierenden Staaten zu unterscheiden. Die Differenz ist kardinal. Sie entscheidet nicht selten über Krieg und Frieden.[51] In prekären Übergangsregimen greifen die bedrohten Eliten des autokratischen *Ancien Régime* im neuen politischen Wettbewerb häufig zu jenen Strategien, die am schnellsten die höchsten Wahl- und Machtprämien versprechen. Dies sind typischerweise nationalistische und ethnische Mobilisierungen oder riskante, aber innenpolitisches Prestige versprechende außenpolitische Aggressionen.[52] Solche Strategien werden nur wenig von den obsoleten alten und die noch unzureichend verhaltensprägenden neuen Institutionen moderiert. Die sich öffnende Schere zwischen ansteigender politischer Mobilisierung auf der einen und niedriger sozialer Integrationskraft der Institutionen auf der anderen Seite (Huntington 1968) mündet nicht selten in kurzfristiges rücksichtsloses, gewalttätiges politisches Handeln. Erleichtert wird dies auch durch die noch wenig eingeübte und wirksame „accountability" zwischen den Regierenden und ihren Wählern. Insgesamt besteht eine 60 Prozent höhere Wahrscheinlichkeit, dass demokratisierende Regime in Kriege verwickelt sind als Staaten, die sich nicht in einem demokratischen Regimewandel befinden (Mansfield/Snyder 1995: 13). Die Gefahr kriegerischer Konflikte ist in der ersten Phase der Demokratisierung besonders ausgeprägt. Übergangsre-

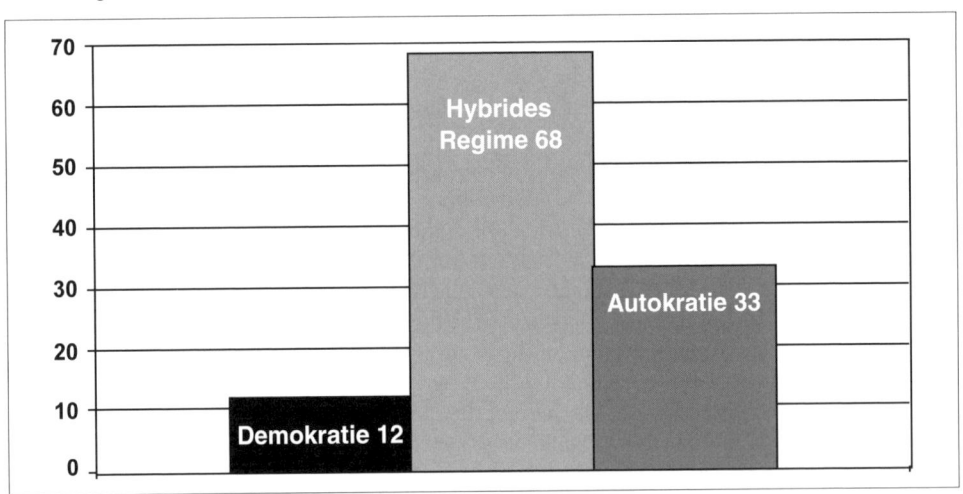

Abbildung 24: Staaten in Bürgerkriegen (Intrastate), 1945–1997

Anmerkung: Erfasst sind alle Staaten, die von 1945 bis 1997 einen Bürgerkrieg erlebten. Die Daten entstammen dem Correlate of War (COW) Project (Sarkees 2000). COW definiert einen Bürgerkrieg als anhaltende gewalttätige Auseinandersetzung, in welche die staatliche Armee und die Kräfte anderer Gruppen im Kampf um die Zentralmacht oder im Rahmen lokaler Konflikte involviert sind, mit mehr als 1000/Kriegsjahr (Soldaten und Zivilisten). Die Einteilung in Demokratie, hybrides Regime und Autokratie erfolgte anhand des Polity-IV-Datensatzes (Marshall/Jaggers 2002). Polity IV kodiert Staaten anhand verschiedener Regimecharakteristika auf einer Skala von 10 bis –10. Dabei gelten Staaten mit Polity-IV-Werten größer oder gleich 7 als Demokratien; Staaten zwischen 6 und –6 als hybrides Regime und Staaten mit Polity-IV-Werten kleiner und gleich –7 als Autokratien.

---

51 Auch deshalb ist der rasche Blick auf die Demokratie-Jahreswerte von Polity IV und Freedom House unzureichend, weil die Indices häufig nichts über den Zeitverlauf der Demokratisierung enthüllen.
52 Die Okkupation Zyperns (1973) durch die griechischen Obristen und der Falklandkrieg der argentinischen Generäle (1982) verdeutlichen das existenzielle Risiko solcher außenpolitischen Legitimationsstrategien. Die Balkankriege in den 1990er Jahren und die religiös sektiererischen Machtkonflikte im Irak zeigen die Gefahr primordialer Mobilisierungen.

gime, die sich nicht rasch konsolidieren, sind nicht nur *qua definitionem* instabiler als Demokratien oder Autokratien, sondern wesentlich öfter in Bürgerkriege verwickelt als andere Regime, wie Abbildung 24 deutlich zeigt.

Die zentrale Aussage von Kants „demokratischem Frieden" muss also präzisiert werden: Es sind reife Demokratien, die nicht gegeneinander in den Krieg ziehen. Der Mainstream der demokratischen Friedensforschung vernachlässigt diese wichtige analytische Differenzierung. Geographisch gesehen konzentrieren sich zudem Demokratien und Autokratien. Demokratische Regionen wie Europa, Nordamerika und zunehmend auch Lateinamerika heben sich von fast reinen Diktaturregionen wie dem arabisch-islamischen Gürtel des Maghrebs und des Nahen Ostens sowie den zentralasiatischen Regionen deutlich ab. Demokratien stützen Demokratien, wie auch autoritäre Regime sich in regionalen Clustern gegenüber demokratischem Regimewandel immunisieren. Insofern stand die demokratische Dominotheorie der Neokonservativen um Paul Wolfowitz auf empirisch tönernen Füßen. Selbst wenn sich der Irak nach der Intervention von 2003 rasch demokratisiert hätte oder sich nun längerfristig zur Demokratie wandelte, sind die Überlebenschancen des neuen demokratischen Irak statistisch ebenso wenig wahrscheinlich wie die erfolgreiche Ausbreitung des demokratischen Regimevirus in der tief autokratischen Region des *Greater Middle East*. Daran dürften auch die Teilerfolge einer Reduzierung der bürgerkriegsähnlichen Gewalt im Irak nach 2007 nur wenig ändern.

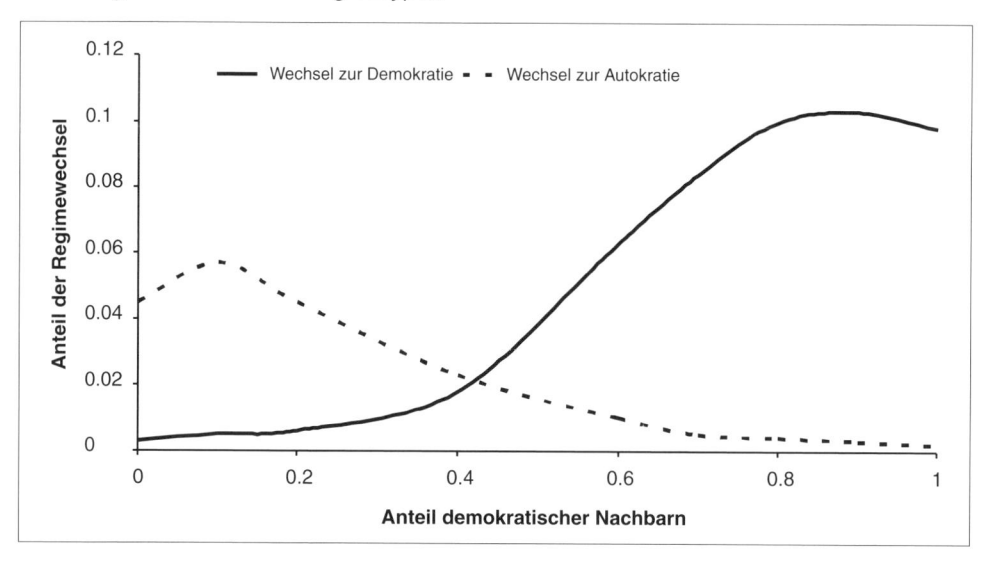

Abbildung 25: Cluster und Regimetypen

Treffen die zuletzt gemachten Anmerkungen zu – und die empirischen Untersuchungen stützen sie (u. a. Mansfield/Snyder 1995, 2002, 2005; Gates/Strand 2004; Gleditsch, N. P. et al. 2004) –, so müsste dies für die Akteure „demokratischer Interventionen" mindestens drei handlungsrelevante Konsequenzen nach sich ziehen:

▶ Zum einen wären Interventionen, die es nur darauf anlegen, die autokratischen Führer aus der Macht zu drängen, weder für die Demokratie noch für den Frieden auf nähere Sicht besonders erfolgversprechend. Denn solche „Demokratien" drohen unvollständig, defekt und

instabil zu bleiben. Damit erhöht sich auch die Kriegsgefahr innerhalb einer von außen nur unvollständig durchgesetzten Demokratie.
▶ Zum anderen legen diese Überlegungen nahe, dass demokratische Mächte, die intervenieren, so lange das neue Regime stützen sollten, bis es sich auf der Demokratieskala aus der Zone gewaltbereiter hybrider Regime herausbewegt hat. Wie weit eine solche Bereitschaft auf Seiten der Interventionsmächte besteht, ist vor jeder bewaffneten Intervention zu prüfen. Besteht sie nicht, kann eine militärische Intervention weder die Befriedung noch die Demokratisierung eines Landes als legitimen Rechtfertigungsgrund für einen *bellum iustum* reklamieren.
▶ Zum dritten wissen wir, dass regional isolierte Demokratien in Einzelfällen zwar überleben können, ihre durchschnittliche Lebensdauer aber signifikant geringer ist als in Regionen, in denen Nachbarstaaten stabile Demokratien sind. Die Idee, ein leuchtendes Demokratievorbild in einer tief autokratischen Region zu etablieren, um in einem Dominoeffekt die anderen Autokratien zum Einsturz zu bringen, kann empirisch nicht gestützt werden. Das Gegenteil ist der Fall: In der Regel bleiben solche „Demokratien" instabil, krisenanfällig, gewaltbereit und von geringer Lebensdauer. Es könnte also der Fall eintreten, dass die Bedrohung des regionalen Friedens und die Schwere der Menschenrechtsverletzungen, die legitimen Anlass zu einer kurzfristigen Intervention gaben, nach dieser gar zunehmen und damit den Interventionsgrund im Nachhinein desavouieren.

Eine erste Zusammenfassung dieser empirisch fundierten Überlegungen lautet: Die Welt wird insgesamt nur dann demokratischer, wenn nicht nur die Demokratisierung eingeleitet wird, sondern auch die weitere Konsolidierung der Demokratie erfolgreich verläuft. Es gilt also bei Interventionen, nicht nur den Diktator zu stürzen, die Demokratisierung einzuleiten, sondern vor allem auch die Konsolidierung der neuen Demokratie zu stützen. Nur dann würden sowohl innerstaatliche wie längerfristig auch zwischenstaatliche Kriege abnehmen. Diese empirischen Erkenntnisse sind für die ethisch-normative Frage des *ius ad bellum* und des *ius post bellum* von Bedeutung (s. u.).

Berücksichtigt man diese wichtigen qualifizierenden Einschränkungen zum demokratischen Frieden, könnte dann statistisch gesehen ein informierter „demokratischer Dschihad" (Gleditsch, N. P. et al. 2004) die Welt näher zu Kants ewigen Frieden bringen? Die Antwort lautet nein. Denn nicht die global festgestellten moderaten Zuwächse auf der Demokratieskala sind entscheidend, sondern ob autokratische Regime sich tatsächlich zu stabilen rechtsstaatlichen Demokratien wandeln. Denn wie gezeigt, können kleine „demokratische Fortschritte" auf der Demokratieskala stabile autokratische Regime in die kriegsanfällige Zone der hybriden Regime bringen. Vor allem käme natürlich der berechtigte Einwand, der gute Zweck (Demokratie und Frieden) könne nicht die schlechten Mittel (Krieg) rechtfertigen. Überdies wissen wir seit David Hume, dass der umstandslose Schluss vom Sein aufs Sollen nichts als ein naturalistischer Fehlschluss ist. Allein aufgrund der vagen statistischen Annahme, dass mit der Zunahme konsolidierter Demokratien auch die kriegerische Gewalt zurückginge, lassen sich natürlich keine „demokratischen Angriffskriege"[53] gegen jedwede Diktaturen ohne weitere Kriegsgründe legitimieren. Allerdings weisen uns die Statistiker des 20. Jahrhunderts auch darauf hin, dass der innerstaatlichen Gewalt massenmörderischer Regime mehr Menschen zum Opfer gefallen sind als in den beiden Weltkriegen zusammen (Rummel 1994; Gleditsch, N. P. et al.

---

53 „Demokratischer Angriffskrieg" soll hier heißen: Kriege von Demokratien mit dem Ziel begonnen, die angegriffenen Autokratien zu demokratisieren.

2004: 13). Auch wenn wir nicht einem rüden Utilitarismus der Zahl folgen, kann dies ein empirisches und normatives Argument sein, die Souveränitätsschranke der Westfälischen Staatenwelt zu liften und militärische Interventionen in das Hoheitsgebiet souveräner Staaten auch jenseits des Verteidigungskriegs rechtlich und politisch immer dann zu erleichtern, wenn genozidähnliche Massaker verhindert werden können. Darf eine demokratische Wertegemeinschaft die rechtliche Erlaubnis und das moralische Gebot zur humanitären Intervention erweitern hin zur *demokratischen Intervention*, also der Erzwingung von Rechtsstaat und Demokratie durch militärische Mittel? Und wenn ja, unter welchen Umständen darf sie es?

2.2 Was dürfen wir?

Im modernen Völkerrecht, das in der Vergangenheit im Gegensatz zu seinem Namen vor allem ein Staatenrecht war (Preuß 2000), hat sich über Grotius (1625)[54] und insbesondere nach dem Westfälischen Frieden (1648) die Lehre des *bellum iustum* aus dem scholastischen Mittelalter zum *ius ad bellum* der Neuzeit gewandelt. Jeder souveräne Staat konnte fortan selbst entscheiden, ob der Krieg ein angemessenes Mittel seiner Selbsterhaltung wäre. Der Krieg wurde in den berühmten Worten von Clausewitz zur „Fortsetzung des politischen Verkehrs mit Einmischung anderer Mittel"[55]. Mit dem Kellog-Briand-Pakt von 1928 wurde der Krieg erstmals als „Mittel der Lösung internationaler Streitfälle" vertraglich untersagt. Aber erst die traumatische Erfahrung des Zweiten Weltkriegs führte zu einer universalen Ächtung der Gewaltanwendung in Artikel 2 (4) der UNO-Charta vom 26. Juni 1945. Die Einmischung mittels Krieg wurde völkerrechtlich illegalisiert (Preuß 2000: 118). Als erste materielle Ausnahme wurde das individuelle und kollektive Selbstverteidigungsrecht gegenüber der Aggression von Drittstaaten zugelassen. Wie die Notwehr des Individuums wird auch die kollektive Selbstverteidigung als ein „naturgegebenes" und damit nicht aufhebbares Recht bezeichnet. Der Sicherheitsrat hat dieses Recht aber nicht zu gewähren, wohl aber gegebenenfalls zu begrenzen, wie Artikel 51 der UNO-Charta festlegt (Merkel, R. 2000). Kapitel VII der UNO-Charta (Art. 39-51) verankert die zweite Ausnahme. Nach ihr kann der Sicherheitsrat eine Militäraktion mandatieren, wenn er eine Bedrohung oder Verletzung des Friedens festgestellt hat.

Das Gewaltverbot ist also im Völkerrecht unbestritten und muss mit Artikel 2 (4) der UNO-Charta als universales *ius cogens* gelten (Sima 2000: 11). Werden aber durch Genozid, Massaker und Massenvertreibung friedensgefährdende Verstöße gegen fundamentale Normen der internationalen Gemeinschaft verletzt, ergeben sich über Artikel 24 der Charta Verpflichtungen für den Sicherheitsrat, diesen entgegenzuwirken. Solche humanitären Interventionen werden mit der flagranten Verletzung des Kerns der negativen Menschenrechte begründet. Die Akzeptanz dieser legitimierenden Begründung gewann seit den neunziger Jahren des 20. Jahrhunderts im Völkerrecht erheblich an Bedeutung. Menschenrechte gelten zunehmend als völkergewohnheitsrechtlich geschützt, teilweise werden sie sogar ebenfalls als *ius cogens* angesehen (Reisman 1990; Tomuschat 1993; Chesterman 2001), welches das allgemeine Gewaltverbot in einem solchen Falle außer Kraft setzt. Damit wird dem Schutz der Menschenrechte nicht mehr nur eine abgeleitete, sondern eine grundlegende Rolle zugewiesen. Dies begrenzt und konditioniert die Souveränität der Staaten in den internationalen Beziehungen. Tomaschut

---

54 Grotius, Hugo (1625): Hugo Grotius: De Jure Belli Ac Pacis Libri Tres. Drei Bücher vom Recht des Krieges und des Friedens. Paris 1625. Neuer deutscher Text und Einleitung von Walter Schätzel. Tübingen 1950, III 3 § 5.
55 Zit. nach Preuß in Merkel, R. (2000: 118).

(1993: 199) spricht davon, dass Staaten „just instrumentalities" gegenüber den fundamentalen (negativen) Menschenrechten seien. Nico Krisch (2004: 276) spricht gar von einer „liberalen Revolution im Völkerrecht". Die lange Debatte über die humanitären Interventionen kann hier nicht zusammengefasst werden (vgl. u. a. Reisman 1990; Delbrück 1993; Tomuschat 1993; Merkel, R. 2000; Preuß 2000; Simma 2000; Chestermann 2001; Debiel 2004). Festgehalten soll nur werden, dass jenseits der hartgesottenen Souveränitätsverfechter eine Mehrheit der Völkerrechtler humanitäre Interventionen unter bestimmten Umständen für legal hält. Die Frage ist nicht, ob humanitäre Interventionen überhaupt legal sein können, sondern unter welchen konkreten Bedingungen sie es tatsächlich sind (vgl. u. a. Merkel, R. 2008).

■ *Demokratische Interventionen*

Gilt diese auf humanitäre Interventionen gerichtete Argumentation auch für „demokratische Interventionen", also für Interventionen zur Herstellung einer demokratischen politischen Ordnung im Falle massiver Verletzung der positiven Menschenrechte? Gilt es etwa für den Fall, in dem den Herrschaftsunterworfenen insgesamt oder einem Teil von ihnen aus rassischen, ethnischen oder geschlechtsspezifischen Gründen das Wahlrecht oder wichtige politische, zivil- und soziale Beteiligungsrechte vorenthalten werden? Die Antwort lautet nein. Positive Menschenrechte, also Teilhaberechte, haben nicht dasselbe legitimatorische Gewicht wie negative Schutzrechte (vgl. Höffe 1999: 79). Wäre denn auch irgendjemand ernsthaft auf die Idee gekommen, 1970 vor der Einführung des Frauenwahlrechts in die Schweiz einzumarschieren oder in das wohlgeordnete autoritäre Regime Singapurs zu intervenieren? Selbst bewaffnete Interventionen in Südafrika und Rhodesien zu Zeiten der Apartheid standen nie zur Debatte. Auch die schwere politische und zivilrechtliche Diskriminierung der Frauen in Saudi-Arabien wurde von niemandem als ernsthaften Interventionsgrund angesehen. Natürlich muss die Schwelle jeder militärischen Intervention sehr hoch gelegt werden. Dies nicht nur wegen der Gefahr der Ausweitung militärischer Konflikte oder den unvermeidbaren „Kollateralopfern" solcher Interventionen, sondern es gilt vor allem auch, um die legitimen Ansprüche und Funktionen der einzelstaatlichen Souveränität als allgemeines kriegsvermeidendes Rechtsgut in den internationalen Beziehungen zu bewahren. Allerdings ist die Souveränität der Staaten kein sich selbst begründender Endzweck, sondern er basiert auf der beständigen Legitimation des Staates durch seine Bürger.

Erledigt sich damit die Diskussion um die Bedeutung und Legitimität von „demokratischen Interventionen"? Ich meine nein. Allerdings können „demokratische Interventionen" nie allein mit dem Argument der Herstellung demokratischer Verhältnisse begründet werden. Demokratische Interventionen können nur im Zusammenhang mit einer humanitären Intervention, gewissermaßen als der (erfolgreiche) Abschluss eines humanitären Interventionsauftrags oder nach der Niederlage diktatorischer Regime infolge der von ihnen initiierten Angriffskriege (Deutschland, Japan, Italien 1945) verstanden und legitimiert werden. Die Vermeidung erneuter Massaker oder eines weiteren Angriffskrieges sind für ein Demokratisierungsprotektorat die legitimierenden Rechtsgüter. Demokratische Interventionen im Gefolge humanitärer Interventionen zur Sicherung humanitärer Ziele erscheinen plausibel, legitim und unter präzise definierten Bedingungen auch legal. Demokratisch intervenieren, bedeutet dann die Bereitschaft, über eine Art Protektorat anstelle von oder gemeinsam mit legitimierten und nicht inkriminierten Repräsentanten Rechtsstaat und Demokratie aufzubauen. Die auffälligsten Beispiele dafür waren in den letzten zehn Jahren zweifellos Bosnien-Herzegowina, Afghanistan

Tabelle 47: Externe Beaufsichtigung der Demokratisierung nach militärischer Intervention nach 1945*

Interventionstyp	Land	Zeit	Externe Hauptakteure	Externe Aufsicht bei politischer Neuordnung	Polity IV[2]		Freedom House[3]		Demokratie[4] +10
					-1	+10	-1	+10	
Invasion nach zwischenstaatlichem Krieg (1)	Italien	1943–47	USA, GB	Besatzung	-9	10	–	–	Ja
	Deutschland (West)	1945–49	USA, GB, F	Besatzung	-9	10	–	–	Ja
	Österreich	1945–52	USA, GB, F	Besatzung	0[5]	10	–	–	Ja
	Japan	1945–52	USA	Besatzung	1	10	–	–	Ja
Intervention zur Wiedereinsetzung einer gewählten Regierung (2) + (3)	Dominikanische Republik	1965–66	USA	–	0[5]	-3	–	4,3	Nein
	Grenada	1983	USA	–	–	–	7,5	1,2	Ja
	Panama	1989	USA, OAS	–	-8	9	6,5	1,2	Ja
	Haiti	1993–97	USA, UN, OAS	Monitoring	-7	5	7,7	4,5	Nein
		2004–...	USA, UN, OAS	Monitoring	-2	5	7,7	4,5	?
	Sierra Leone	1999–2005	GB, UN, ECOWAS	Monitoring	0[5]	5	3,5	4,3	?
Friedensmissionen (4)	Namibia	1989–91	UN	Monitoring	–	6	–	2,3	Ja
	Kambodscha	1991–93	UN	Treuhandverwaltung	1	2	7,7	6,5	Nein
	Mozambique	1992–94	UN	Monitoring	-6	6	6,4	3,4	?
	Ruanda	1993–96	UN	Monitoring	-7	-3	6,5	6,5	Nein
	Angola	1995–97	UN	Monitoring	-1	-2	7,7	6,5	?
	Osttimor[1]	1999–2005	AUS, Alliierte, UN	Treuhandverwaltung, seit 2002 Supervision	–	7	–	3,4	?
		2006–...	AUS, Alliierte, UN	Monitoring	7	7	3,4	3,4	?
	Kongo	1999–...	UN, SADC, EU	Monitoring	0[5]	5	7,6	5,6	Nein
	Mazedonien	2001–2003	NATO, EU, OSZE	Monitoring	6	9	4,3	3,3	?
	Liberia	2003–...	UN, ECOWAS	Monitoring	0[5]	6	6,6	3,4	?
	Salomon Inseln	2003–...	AUS, Alliierte	Monitoring	0[5]	8	4,4	4,3	?
	Burundi	2004–06	UN, AU	Monitoring	0[5]	6	6,5	4,5	?

Interventionstyp	Land	Zeit	Externe Hauptakteure	Externe Aufsicht bei politischer Neuordnung	Polity IV[2]		Freedom House[3]		Demokratie[4] +10
					−1	+10	−1	+10	
Humanitäre Intervention (5)	Elfenbeinküste	2004–…	UN, ECOWAS, F	Monitoring	0[5]	0[5]	6,5	7,5	?
	Bosnien-Herzegowina	1995–…	NATO, EU, OSZE	Supervision, seit 1997 Treuhandverwaltung	0[5]	−66[6]	6,6	4,3	?
	Kosovo[1]	1999–…	NATO, UN, OSZE, EU	Treuhandverwaltung, seit 2008 Supervision	–	–	–	–	?
Demokratische Intervention (6)	Afghanistan	2001–…	USA, GB, NATO, Alliierte	Supervision	−7	−66[6]	7,7	5,5	?
	Irak	2003–…	USA, GB, Alliierte	Besatzung, seit 2004 Monitoring	−9	−66[6]	7,7	6,6	?

* Ich danke meiner Mitarbeiterin Sonja Grimm für die Bereitstellung der Tabelle.

Anmerkungen: West Neuguinea (UN-Treuhandverwaltung 1962–1963); Westsahara (UN-Monitoring seit 1991); Ostslavonien (UN-Treuhandverwaltung 1996–1998) nicht aufgenommen, da während politischer Neuordnung keine Unabhängigkeit und damit nicht souverän. Interventionen von ECOWAS nicht berücksichtigt. ECOWAS jedoch unter „externe Hauptakteure" erwähnt, sofern sie die Intervention mit Truppen unterstützt oder bereits im Land stationiert ist.

1 Polity IV und Freedom House: keine Werte für nichtsouveräne Territorien. Osttimor unabhängig 2002, Kosovo 2008.
2 „Polity2" 1 Jahr vor und 10 Jahre nach Intervention, erhältlich für Zeitraum 1800–2006. Fälle 1945–96 Werte 10 Jahre nach Intervention. Fälle nach 1997 Werte 2006.
3 „Political Rights, Civil Rights" 1 Jahr vor und 10 Jahre nach Intervention, erhältlich für Zeitraum 1973–2007. Fälle 1973–97 Werte 10 Jahre nach Intervention. Fälle nach 1998 Werte 2007.
4 Polity IV klassifiziert ein Land als Demokratie, wenn es mindestens 6 Punkte (von 10) auf der Demokratieskala erreicht (Autokratieskala bis −10). Freedom House nennt ein Land „frei" (= liberaler Demokratie), wenn es mindestens den Wert 2,5 erhält (1 frei, 7 nicht frei). Falls beide Indizes das Land über diesem Wert sehen, wird die Demokratie nach 10 Jahren mit „ja", andernfalls mit „nein" bewertet. Falls die 10-Jahres-Frist noch nicht erreicht ist oder die Demokratiebewertung der Indices abweicht, erfolgt eine Demokratiebewertung nach 10 Jahren „?".
5 Wert „0" heißt „cases of interregnum or anarchy" (Polity IV Project, Users' Manual, S.16).
6 Variable „Polity2" ist nicht verfügbar. Polity Variable „−66" heißt „cases of foreign interruption" (Polity IV Project, Users' Manual, S.16).

Quellen: Polity IV (2007), Freedom House (2007); Grimm, S. (2009: 150-151); eigene Recherche.

und der Irak. Bei allen drei Interventionen ist die Demokratisierung alles andere als gesichert. Ein Blick auf die Demokratisierungsprotektorate seit 1945 stimmt nur wenig optimistischer.

Von den 14 Fällen solcher Friedens- und Demokratisierungsprotektorate sind neben Deutschland, Japan und Österreich nur die wenig bedeutsamen Fälle wie Panama und Grenada als erfolgreich zu bezeichnen. Die Fälle Bosnien-Herzegowina und Kosovo sind noch zu jung, tragen noch zu stark Protektoratscharakter, um den nachhaltigen Demokratisierungserfolg sicher diagnostizieren zu können. Afghanistan und noch mehr der Irak sind weit vom Ziel einer stabilen Demokratie, eines Rechtstaats, ja gar einer gesicherten Staatlichkeit entfernt.

2.3 Was sollen wir?

Demokratische Interventionen können nur in Verbindung mit humanitären Interventionen als legitim oder gar legal betrachtet werden. Humanitäre Interventionen verlangen nach einem anderen Ende als Verteidigungskriege. Das *ius ad bellum* muss bei humanitären Interventionen enger an das *ius post bellum* gebunden werden. Das hat Folgen – Folgen insbesondere für die Pflichten derer, die intervenieren, aber auch für die internationale Gemeinschaft insgesamt. Und hier kommt die Demokratie bzw. die demokratische Intervention ins Spiel. Anders als das Völkerrecht sehe ich erzwungene Regimewechsel hin zu Rechtsstaat und Demokratie nach einer humanitären Intervention nicht nur als zulässig, sondern ethisch wie politisch als geboten an. Denn das Recht zum Kriege, nämlich die Unterbindung schwerster Verbrechen gegen die Menschlichkeit bedarf zu seiner vollen Rechtfertigung der Ergänzung durch das *Recht nach dem Kriege*. Dies ist vor allem die Verpflichtung der Interventionsmächte, die Menschenrechtsverletzungen, die der Grund für den Kriegseintritt waren, nachhaltig zu verhindern. Dies geschieht, wie wir aus den vorgetragenen empirischen Erkenntnissen der Kriegs- und Demokratieforschung wissen, am besten, wenn Rechtsstaat und Demokratie etabliert werden. Es gibt bei humanitären Interventionen eine normativ wie logisch enge Kopplung des *ius ad* an das *ius post bellum*[56]. Humanitäre Interventionen müssen durch demokratische Interventionen ergänzt und damit zu ihrem Ende gebracht werden (Keohane 2003: 275 ff.). Hybride Regime erfüllen diesen Zweck nicht. Denn gerade bei ihnen ist, wie gezeigt, die Kriegs- und Gewaltneigung am größten (Merkel, W. 2008).

Diese Maxime wird vom geltenden Völkerrecht nicht gedeckt. Auch der Mainstream der Theorie des gerechten Krieges würde dies als einen zu tiefen Eingriff in die nationale Souveränität oder das Selbstbestimmungsrecht der Völker ablehnen. Präzise, aber ebenfalls zurückhaltend nennt Brian Orend (2000: 217-263) fünf Bedingungen für ein moralisches *ius post bellum*: eine Beendigung des Krieges, wenn seine Ziele erreicht sind; rechte Absicht, d. h. vor allem keine Revanche; Kooperation mit einer legitimierten Autorität des Landes, die zumindest die Menschenrechte respektiert; keine Kollektivbestrafung und die Verhältnismäßigkeit der Mittel auch nach dem Kriege.

Von Rawls bis Walzer gilt in der politischen Ethik das Gebot: Siegermächte sollten so schnell wie möglich das Land verlassen. Das Recht auf politische Selbstbestimmung der besiegten Nation gebietet dies. Deshalb sei es die Unterstützungspflicht der Sieger gegenüber den Besiegten, „dass die belasteten Gesellschaften ihre eigenen Angelegenheiten in vernünfti-

---
56 Walzer (2000: 123): „The theory of ends in war is shaped by the same rights that justify the fighting in the first place."

ger und rationaler Weise selbst regeln können und dass sie schließlich einer Gesellschaft wohlgeordneter Völker beitreten" (Rawls 2002: 137). Dem kann schwerlich widersprochen werden. Indes Rawls' und Walzers Ausführungen genügen nicht. Denn was ist, wenn es ein solches Demos gar nicht gibt, sondern nur Völker, Ethnien, Religionsgemeinschaften, also nur Fragmente eines Staatsvolkes, die untereinander zutiefst verfeindet sind und ohne die Besatzung durch fremde Truppen rasch einem Bürgerkrieg anheimfielen? Was ist, wenn die herrschende Kultur eines Landes zur massiven Unterdrückung von Minderheitsethnien, Religionsgemeinschaften oder Frauen tendieren? Darf man die Gesellschaft dann auch nicht, wie Rawls sagt, „rekonstruieren"?

Nach Walzer, Rawls und anderen ist ein extern erzwungener Regimewandel für eine „normale" Diktatur nicht legitim. Ausnahmen bilden Staaten, die sich des Genozids schuldig gemacht haben (Walzer 2000: 107). Hier wird die Neuordnung der Politik und gegebenenfalls sogar der Gesellschaft als legitimer Akt einer humanitären Intervention angesehen. So hält Walzer die extern erzwungene und beaufsichtigte Demokratisierung Deutschlands zwar für gerechtfertigt, jene Japans nach 1945 jedoch nicht. Auch wenn die Grausamkeiten der japanischen Besatzungsmacht etwa in Nanjing (1937/38) nicht mit dem mörderischen Irrsinn des Holocausts gleichgesetzt werden können, waren die barbarischen Massaker der Japaner an den Chinesen ebenfalls jenseits der begreifbaren Vernunft. Überhaupt verfehlt die fast alleinige Kopplung der legitimen Neuordnung eines politischen Systems an die Grausamkeiten des vorherigen Gewaltregimes den eigentlichen Punkt: nämlich die Verhinderung zukünftiger Verbrechen gegen die Menschlichkeit, den Ausbruch mörderischer Bürgerkriege und die Aussicht, eine friedliche Gesellschaft und ein faires politisches System zu hinterlassen. Das ist der eigentliche Legitimationsgrund für eine demokratische Intervention, die sich nur an eine humanitäre Intervention anschließen kann. Allerdings bleibt umgekehrt auch eine humanitäre Intervention unvollständig, wenn sie nicht mit der Neuordnung des politischen Systems abgeschlossen wird, damit die gute Aussicht besteht, dass gravierende Menschenrechtsverletzungen durch die neue politische Ordnung in Zukunft verhindert werden. Zweifellos bietet der Rechtsstaat dafür die beste Gewähr. Nur die Demokratie sichert in vollem Umfange die Funktionsfähigkeiten und den Bestand des Rechtsstaats, so wie dieser allein jene vom Abgleiten in die Tyranneien der Mehrheit bewahrt. Das Ziel humanitär-demokratischer Interventionen muss deshalb die rechtsstaatliche Demokratie sein.

Ausblick: Kehren die Diktaturen zurück?

Als im Jahre 1989 die Bürger Osteuropas gegen ihre Unterdrückung aufzubegehren begannen und die desolaten Systeme des „real existierenden Sozialismus" ohne große Widerstände implodierten, verkündete Francis Fukuyama (1992) das „Ende der Geschichte". Seine These lautete: Die westlichen Werte des wirtschaftlichen und politischen Liberalismus, d. h. von Kapitalismus und Demokratie, hätten nun endgültig den Wettlauf der Systeme gewonnen und blieben fortan ohne Alternativen. Für Fukuyama konnte es deshalb nur eine Frage der Zeit sein, bis sich die siegreiche Idee des Liberalismus auch in realen marktwirtschaftlichen Demokratien global manifestieren würde. Fukuyamas Vision – bestechend klar und einfach – trat einen weltweiten Siegeszug durch die Publizistik an. Auch die politischen Führungen der OECD-Welt ließen sich vom Demokratie-Optimismus anstecken und forcierten ihre weltweite Demokratieförderung, um auf der Dynamik der Welle zu reiten.

Knapp zwei Dekaden danach ist der Optimismus verflogen. Es verdichten sich die pessimistischen Diagnosen und Prognosen. Der Historiker Azar Gat sieht mit dem „Ende vom Ende der Geschichte" gleichzeitig „Die Rückkehr der autoritären Großmächte" (Gat 2007). Im Jahr 2008 überschrieb Freedom House seinen jährlichen Report „Freedom in Retreat: Is the Tide Turning?" (Puddington 2008). Larry Diamond sekundierte in „Foreign Affairs", wobei er unerschrocken jedes Fragezeichen fallen ließ. Unter der Überschrift „The Democratic Rollback" (Diamond 2008b) diagnostizierte er den Rückgang der demokratischen Qualität politischer Regime, und dies weltweit. Auch in der akademischen Sphäre hat sich der Schwerpunkt von der Demokratisierungs- zur Autokratieforschung verlagert. Artikel wie „The End of the Transition Paradigm" (Carothers 2002), „Democracy Challenged" (Ottaway 2003), „The Rise of Competitive Authoritarianism" (Levitsky/Way 2002), „Authoritarian Reversals" (Nathan 2003), „Defekte Demokratien" (Merkel/Puhle et al. 2003; Merkel/Puhle et al. 2006), „Electoral Authoritarianism" (Schedler 2006) oder „Power Sharing and Leadership Dynamics in Authoritarian Regimes" (Svolik 2008) deuten sowohl die Schwerpunktverlagerung der Forschung wie auch den Wandel vom Optimismus zum Pessimismus an, der sich nach 2000 kontinuierlich ausgebreitet hat.

Lässt sich die pessimistische Diagnose halten? Stehen wir tatsächlich erneut am Anfang einer „reverse wave" (Huntington 1996b), die bisher noch immer den Demokratisierungswellen im 20. Jahrhundert folgte? Der Ausblick des Buches versucht, eine erste Antwort auf diese Frage zu geben. Um den Blick in die Zukunft nicht im Nebel besorgter Spekulation aufgehen zu lassen, soll die Beantwortung von drei Teilfragen eine empirische Grundlage geben:

1. Vergangenheitsanalyse: Ist der von Freedom House und Diamond et al. prognostizierte „retreat of democracy" eine fundierte Analyse oder nur ein statistischer Artefakt, der durch einen Wandel der theoretischen Paradigmen in der politischen Regimeforschung erzeugt wurde?
2. Gegenwartsdiagnose: Welche Trends lassen sich in der Entwicklung der drei Regimetypen – Demokratie, hybride Regime, Autokratie – erkennen?

3. Zukunftsprognose: Welche theoretischen Einsichten in die Reproduktionsmechanismen politischer Regime können die empirische Diagnose der Gegenwart in eine Zukunftsprognose transformieren?

1 Theoretische Paradigmen und empirische Artefakte

Ein Rückblick auf die vergangenen zwei Jahrzehnte der Demokratisierungsforschung zeigt einmal mehr, wie der Zeitgeist theoretische Paradigmen beeinflusst, jene die Ergebnisse sozialwissenschaftlicher Forschung prägen und diese ihrerseits die Theoriebildung und ihre Konjunkturzyklen beeinflusst. Seit den achtziger Jahren des 20. Jahrhunderts lassen sich drei Theoriekonjunkturen in der Systemwechselforschung erkennen. Sie verdanken ihre Prägung einer zeitlichen Sequenz von Optimismus, Realismus und Pessimismus.

■ *Phase 1: Der handlungstheoretische Optimismus*

Die erste Phase des Optimismus war von Handlungstheorie und Geschichtsteleologie geprägt. Beide verdichteten sich trotz ihrer kardinalen theoretischen Differenz kumulativ zu einer optimistischen Sicht auf die globale Regimeentwicklung.

In den 1980er Jahren orientierte sich die Transitionsforschung an einem akteurstheoretischen Paradigma, wie es besonders in den Schriften von O'Donnell, Schmitter und vor allem Przeworski vertreten und verbreitet wurde. Politische und zivilgesellschaftliche Eliten stiegen zu den relevanten Akteuren auf, die wesentlich über Erfolg und Misserfolg von „Transitions from Authoritarian Rule" (O'Donnell et al. 1986) entschieden. Sozioökonomische Voraussetzungen der Demokratie („prerequisites"), wie sie noch den theoretischen Kern der Modernisierungstheorie der 1950er und 1960er Jahre geprägt hatten, verschwanden aus der Transitionsforschung. Demokratie war möglich, wenn sich nur die relevanten Eliten auf sie einigen konnten oder die „Demokratisierer" in Opposition und Regime die Oberhand gegenüber den Hardlinern des autoritären „Bunkers" behielten. Der implizite Optimismus, der in dieser demokratischen Handlungstheorie eingebaut war, beruhte nicht auf einem teleologischen Geschichtsverständnis, wie Thomas Carothers (2002) fälschlich annahm. Er basierte vielmehr auf der sträflichen Vernachlässigung ökonomischer, sozialer und staatsstruktureller „prerequisites of democracy", die dem „anything is possible" der handlungstheoretischen Voluntaristen geschuldet war.

Auch die Geschichtsphilosophie trug zum Demokratie-Optimismus nach 1989 bei. Die großen Umbrüche, die dem „annus mirabilis" 1989 der kommunistischen Systemwechsel folgten, schienen Fukuyama vor allem eine Bestätigung der Hegelianischen Geschichtsteleologie zu sein. In Kapitalismus und Demokratie habe die Geschichte nunmehr zur Vernunft und damit zu sich selbst gefunden. Grundsätzliche Alternativen zum wirtschaftlichen wie politischen Liberalismus gehörten der Vergangenheit an. Eine mögliche Revanche autoritärer Geschichtslist fand in diesem deterministisch-linearen Geschichtsbild keinen Platz mehr. Trotz mancher Kritik an Fukuyamas Hegelianischer Spekulation prägten seine Thesen den optimistischen Zeitgeist mehr, als seine Befürworter und Kritiker in Wissenschaft und Politik erhoffen oder befürchten konnten.

Im Verlaufe der neunziger Jahre des vergangenen Jahrhunderts wurde zudem die Demokratie- und Rechtsstaatsförderung zur Wachstumsindustrie im Bereich der internationalen Entwicklungszusammenarbeit. Die sozialwissenschaftliche Überschätzung der Gestaltungskraft politischer Eliten wurde nun komplementiert von der optimistischen Einschätzung, dass sich Demokratie von außen fördern, unterstützen oder gar herbeizwingen lasse.

Die meisten Transitionsforscher rezipierten Schumpeters „schlankes" Demokratieverständnis und übernahmen es kritiklos. Die Etablierung freier, gleicher, geheimer und fairer Wahlen garantierte in diesem minimalistischen Verständnis schon die vertikale Verantwortlichkeit der Gewählten und diese die Demokratie selbst,[1] da erstere schon die hinreichende Substanz von letzterer sei. Der Minimalismus des Demokratiekonzeptes führte geradewegs in die inflationäre Anwendung des Begriffs der Demokratie auf höchst verschiedene politische Regime.

Vor diesem theoretischen und politischen Hintergrund zählte Larry Diamond im Jahr 1995 nicht weniger als 117 von 191 Ländern zu den „elektoralen Demokratien" (Diamond 1999: 279 ff.). Unter diesen rubrizierten Jelzins oligarchische Kleptokratie, das Korruptionsregime in Georgien, das niemals transformierte Belarus, das Crony-System auf den Philippinen, die Anarchie Bangladeshs oder das vom Bürgerkrieg geschüttelte Sierra Leone ebenso wie Finnland, Schweden, die Schweiz oder Großbritannien. Ein kritischer Blick genügt, um zu erkennen, dass die Herrschaftslogik der ersten Ländergruppe sich substanziell von der Regimelogik der zweiten Gruppe der etablierten Demokratien unterschied.

Die hohe Anzahl von elektoralen Demokratien und die optimistischen Zukunftserwartungen im letzten Jahrzehnt des 20. Jahrhunderts basierten also auf einer Analyse, die sich auf ein minimalistisches Demokratiekonzept verließ, die Gestaltungsfähigkeit der politischen Eliten theoretisch überhöhte und die strukturellen Hemmnisse für eine nachhaltige Etablierung der Demokratie unterschätzte. Der Optimismus politikwissenschaftlicher Transitionsanalysen dieser Jahre war vor allem auch das Artefakt einer konzeptionellen Minimalisierung der Demokratie und der Voluntarisierung politischer Gestaltungskraft.

■ *Phase 2: Der strukturalistische Realismus*

Die nachfolgende Phase war von Analysen geprägt, die weniger voluntaristisch, dafür stärker historisch verankert waren, dem konzeptionellen Reduktionismus Schumpeterianischer Demokratiedefinition seltener folgten sowie sozioökonomische Voraussetzungen wieder ernst nahmen.

Die handlungstheoretische Engführung hatte sich in der Transformationsanalyse politischer Systeme als analytisch defizitär erwiesen. Strukturelle Faktoren wie der Entwicklungsgrad der Ökonomie, die Macht sozialer Klassen, die Autonomie des Staates und die Effizienz seiner Bürokratie gerieten wieder stärker ins Zentrum der Forschungen zur Systemtransformation. Lucian Pye (1990) und Lipset et al. (1993) proklamierten die Renaissance der Modernisierungstheorie; Rueschemeyer und Kollegen (1992) entdeckten die Klassenanalyse Barrington Moores wieder; Linz und Stepan (1996) betonten schließlich den Stellenwert von „Staatlichkeit als unverzichtbare Voraussetzung erfolgreicher demokratischer Konsolidierung".

Das minimalistische Konzept der Demokratie wurde zunehmend als unterkomplex angesehen, um die unterschiedlichen Varianten jener Länder zu erfassen, in denen über freie Wahlen die Regierungen bestellt wurden. Die Diskussion über die Adjektive der Demokratie erwies sich zum einen theoretisch als fruchtbar, zum anderen führte sie auch in der empirischen Diskussion zu einer schärferen Erfassung von Schrumpfvarianten („diminished subtypes") im unübersichtlichen Archipel elektoraler Demokratien. Begriffe wie „illiberale" (Zakaria 1997),

---

[1] Besonders dezidiert wurde dies von Adam Przeworski (1986, 1991) oder Giuseppe Di Palma (1990) vertreten.

„delegative" (O'Donnell 1998) oder „defekte" Demokratien (Merkel/Puhle et al. 2003) enthüllten Herrschaftslogiken, die mit dem Terminus „Demokratie" konzeptionell nicht mehr hinreichend erfasst werden konnten. Levitsky/Way (2002) und Schedler (2006) dehnten die begriffliche Grauzone dann noch weiter aus, indem sie von „competitive authoritarianism" or „electoral authoritarianism" sprachen.

Die theoretisch meist gut unterfütterten Konzepte erwiesen sich als analytisch ergiebiger und konnten theoretisch gut begründet zeigen, dass Georgien, Russland oder Venezuela eben nicht einfach unter demselben Regimetypus zu fassen sind wie Frankreich, Finnland oder die Schweiz. Dies bezieht sich sowohl auf die interne Struktur der Herrschaftsorganisation wie auch auf die Entwicklungsperspektiven der semiautoritären Regime. So war es nach 2000 weniger ein autokratischer „Rückfall" Russlands als vielmehr der Wandel von einer anarchischen Kleptokratie in der Ära Jelzin zu einer autoritären Staatszentriertheit unter Putin. Die nunmehr größere Differenziertheit der Konzepte ließ sowohl die Zahl der „Demokratien" wie auch den überzogenen Optimismus globaler Demokratisierungsperspektiven schrumpfen.

■ *Phase 3: Pfadabhängigkeit und Pessimismus*

Seit der Jahrhundertwende machte sich in Wissenschaft, Publizistik und Politik ein wachsender Skeptizismus gegenüber weiteren Demokratisierungserfolgen breit. Auch hier waren es unterschiedliche Faktoren, die zu dieser Entwicklung führten.

Mit dem schleichenden Bedeutungsverlust formalisierter *Rational-Choice*-Ansätze gewann der „Historische Institutionalismus" (u. a. Thelen et al. 1992; Pierson 2000, 2004; Stefes 2006) auch in der Regimeforschung an Bedeutung (Mahoney 2000; Ziblatt 2006). Strukturelle Faktoren, *critical junctures* und Pfadabhängigkeiten wurden ernst genommen. Gegenüber deren Tiefen- und Langzeitwirkung (vgl. u. a. Putnam 1993) gerade auch widerspenstiger autoritärer Legate geriet der handlungstheoretische Voluntarismus in den Hintergrund.

Nach zwei Jahrzehnten stetig ansteigender weltweiter Demokratieförderung werden nun auch ihre Wirkungsmöglichkeiten skeptischer beurteilt. Zahlreiche Studien bestritten deren positiven Einfluss überhaupt (vgl. Kap. 7). Zudem hatte die Demokratieförderung am Ende der neunziger Jahre des 20. Jahrhunderts Konkurrenz durch die Diffusion oder gar aktive Förderung von autoritären Regimepraktiken bekommen. Wirtschaftlich erfolgreiche Autokratien wie China und Vietnam, das langjährige autoritäre Vorbild Singapur, die rohstoffstarken Länder Russland und Venezuela oder die emporstrebende Regionalmacht Iran stiegen – wenn auch mit unterschiedlicher Wucht – zu global oder regional wirksamen Gegenentwürfen zur rechtsstaatlichen Demokratie auf.

Die Paradigmenkonkurrenz von Strukturalismus und Historischem Institutionalismus haben dem Machbarkeitsoptimismus der Handlungstheoretiker einen wirksamen Schlag versetzt. Der zunehmend bezweifelte Erfolg der Demokratisierung von außen und der Aufstieg von autokratischen oder semiautoritären Schlüsselländern mit Vorbildfunktion haben zum neuen Pessimismus beigetragen.

2 Gegenwartsdiagnose

Tragen diese Argumente der Pessimisten? Lassen sie sich empirisch fundieren oder gar zu einer klaren autokratischen Gegenwelle hochrechnen? Eine Gegenwelle, die nunmehr auf die dritte, die intensivste Demokratisierungswelle des 20. Jahrhunderts folgt?

Zunächst schien die Entwicklung den Optimisten recht zu geben. Die Anzahl der „elektoralen Demokratien" stieg von 39 Ländern im Jahre 1974 stetig an: 1990 waren es 76, 1992 schon 99 und 1996 zählte Freedom House den neuen Rekord von 118 Staaten, die die Minimalbedingungen einer elektoralen Demokratie erfüllten. Danach folgte eine Periode der Stagnation, die zumindest in der optimistischen Zählung von Freedom House nach kleineren Veränderungen im Jahr 2006 den absoluten Höchststand von 123 formal demokratischen Ländern erreichte. Dennoch muss die Phase von 1996 bis 2006 als Periode der Stagnation bezeichnet werden. Mitte der 1990er Jahre war die dritte Demokratisierungswelle des 20. Jahrhunderts definitiv ausgelaufen. Von 2006 bis 2009 errechnete Freedom House in drei aufeinander folgenden Jahren einen leichten Rückgang elektoral-demokratischer Regime. Ebenso glaubt Freedom House, in den *subscores* hinter dem Freiheitsindex eine leichte Verschlechterung der demokratischen Qualität politischer Regime zu erkennen. Der Rückgang ist allerdings weder hinreichend lang noch ausgeprägt genug, um auf der Grundlage dieser Zahlen von einem Trend zu sprechen.[2]

Tabelle 48: Anzahl der elektoralen Demokratien (1974, 1990–2008)

Jahr	Anzahl der elektoralen Demokratien	Anzahl der Staaten	Anteil der Demokratien an allen Staaten (in %)	Jährliche Zuwachsrate der Demokratien (in %)
1974	39	142	27,5	o.A.
1990	76	165	46,1	o.A.
1991	91	183	49,7	+19,7
1992	99	186	53,2	+8,1
1993	108	190	56,8	+8,3
1994	114	191	59,7	+5,3
1995	117	191	61,3	+2,6
1996	118	191	61,8	+0,9
1997	117	191	61,3	−0,01
1998	117	191	61,3	±0,0
1999	120	192	62,5	+2,6
2000	120	192	62,5	±0,0
2001	121	192	62,5	+0,01
2002	121	192	62,5	±0,0
2003	117	192	60,9	−3,3
2004	119	192	62,0	+1,7
2005	123	192	64,1	+3,4
2006	123	193	64,0	±0,0
2007	121	193	62,7	−1,6
2008	119	193	61,7	−1,7

Quelle: Diamond (1997: 22); eigene Berechnungen.

---

[2] Zudem zeigen andere Demokratieindices wie der Bertelsmann Transformation Index in spiegelbildlich verkehrter Entwicklung nämlich leichte Zugewinne für die Demokratie seit 2006 (BTI 2006, 2009).

Der minimale Rückgang lässt sich auch dann nicht zu einem Trend oder gar einer Gegenwelle hochrechnen, wenn man neben der Entwicklung der elektoralen auch jene der liberalen Demokratien analysiert. Auch hier sind die Veränderungen nur minimal und keinesfalls ein autoritärer Trend.

Tabelle 49: Anzahl der liberalen Demokratien (1990–2008)

Jahr	Anzahl der liberalen Demokratien	In % zu allen Staaten	Anteil der liberalen Demokratien an den formalen Demokratien (in %)	Gesamtzahl der Staaten
1990	65	39,4	85,5	165
1991	76	41,5	83,5	183
1992	75	40,3	75,8	186
1993	72	37,9	66,7	190
1994	76	39,8	66,7	191
1995	76	39,8	65,0	191
1996	79	41,4	67,0	191
1997	81	42,4	69,2	191
1998	87	45,5	74,4	191
1999	85	44,3	70,8	192
2000	86	44,8	71,7	192
2001	85	44,3	70,2	192
2002	89	46,4	73,6	192
2003	88	45,8	75,2	192
2004	89	46,4	74,8	192
2005	89	46,4	72,4	192
2006	91	46,9	74,0	193
2007	90	46,6	74,4	193
2008	89	46,1	74,8	193

Quelle: Diamond (1996: 28, 1997: 22); Freedom House (2009).

Betrachtet man politische Regime nach der Dreiteilung von Freedom House in frei, teilweise frei und nicht frei, ergibt sich entgegen der Behauptung von Freedom House aufgrund ihrer eigenen Zahlen nicht einmal mehr ein minimaler Autokratisierungstrend. Die Zahl der freien Länder nahm nach 2000 noch einmal zu und blieb nach 2005 konstant auf historischem Höchststand. Die hybriden, also „teilweise freien" Regime verbreiteten sich gegenüber 2000 und 2005 und befinden sich ebenfalls auf ihrem höchsten Stand seit 1975. Allein die nicht freien Länder sind seit 1975 kontinuierlich weniger geworden und haben im Jahre 2009 mit 42 autokratischen Regimen ihre historisch niedrigste Zahl erreicht. Aufgrund dieser Zahlen lässt sich in der Gegenwartsdiagnose die These nicht halten, dass die Demokratie sich weltweit auf dem Rückzug befinde oder gar eine autokratische Gegenwelle Momentum gewinne.

Genügt aber eine Gegenwartsdiagnose auf der Basis solcher Zahlen? Lassen sich hinter der Oberfläche derartig deskriptiver Statistik nicht doch tieferliegende Strukturveränderungen erkennen, die den pessimistischen Blick in die demokratische Zukunft rechtfertigen?

Tabelle 50: Politische Regime nach Freedom House im Zeitverlauf

	1975	1980	1985	1990	1995	2000	2005	2009
Frei	40 (25 %)	51 (31 %)	57 (34 %)	65 (40 %)	76 (40 %)	86 (45 %)	89 (46 %)	89 (46 %)
Teilweise frei	53 (34 %)	51 (31 %)	57 (34 %)	50 (30 %)	62 (32 %)	58 (30 %)	58 (30 %)	62 (32 %)
Nicht frei	65 (41 %)	60 (37 %)	53 (32 %)	50 (30 %)	53 (28 %)	48 (25 %)	45 (24 %)	42 (22 %)

Quelle: Freedom House (2009).

3 Zukunftsprognose

„Prognosen sind schwierig, besonders wenn sie in die Zukunft gerichtet sind" (Carl Valentin oder Niels Bohr). Nicht nur Komiker und Naturwissenschaftler sind skeptisch. Auch die Sozialwissenschaften versagten bei der Vorhersage des Zusammenbruchs der kommunistischen Regime 1989. Im Zuge der Krise der Finanzmärkte haben führende deutsche Wirtschaftsforschungsinstitute es gar abgelehnt, auch nur Jahresprognosen über die Konjunkturentwicklung abzugeben, nach dem auch sie ihren Schwarzen Freitag der Prognostik erleben mussten. Sollte dies den empirischen Sozialwissenschaften nicht Warnung genug sein? Kann man einen Ausblick auf die globale Entwicklung politischer Regime überhaupt wagen? Mit der Hochrechnung existierender Gegenwartszahlen in die Zukunft ist dies, wie gezeigt, nur begrenzt möglich. Um den Wahrscheinlichkeitsgehalt der Zukunftsschau zu erhöhen, kann der Rückgriff auf bewährte Theorien politischer Transformationen helfen. Wir haben das vorliegende Buch mit einer Diskussion der bedeutsamsten Transformationstheorien begonnen. Diese sollten unsere Analysen vor reiner Deskription schützen. Am Ende des Buches sollen sie uns nun vor zu großer Spekulation beim Blick in die Zukunft bewahren. Wenn die Prognose der Rückkehr autokratischer Regime stichhaltig sein sollte, müssten folgende Antworten gegeben werden können:

1. Das Lager der liberalen Demokratien weist eine relevante Anzahl von Ländern auf, in denen die Demokratie gefährdet ist und die ins Lager der hybriden Regime oder gar Autokratien abrutschen können.
2. Die hybriden Regime tendieren mehrheitlich zum autokratischen als zum demokratischen Pol des Regime-Kontinuums.
3. Die autokratischen Regime sind relativ stabil und immun gegenüber Demokratisierungstendenzen.

Für den Blick in die Zukunft will ich mich der Sehhilfe der Modernisierungstheorie, des Strukturalismus und kulturalistischer Theorien versichern und diese mit Indikatoren oder Indices unterfüttern. Die für die Ex-post-Analyse von Fallstudien oder Vergleichen mit geringen Fallzahlen so wichtigen Handlungstheorien bleiben hier ausgespart. Denn selbst in ihrer reduktionistischen Variante von *Rational Choice* wären sie kaum für einen perspektivischen Blick auf die Stabilitätsressourcen aller Länder geeignet.

■ *Wie stabil sind liberale Demokratien?*

Der Kern der liberalen Demokratien ist vor der Gefahr, ins Lager der hybriden oder gar autokratischen Regime abzugleiten, relativ gut gesichert. Als Kern gelten hier die OECD-Länder ohne Mexiko und die Türkei. In diesen Ländern sind Regimewechsel kurzfristig kaum zu erwarten. Die stärksten Gefährdungsmomente weist Südkorea auf. Aber selbst hier sprechen viele Indikatoren gegen die Gefahr einer offenen Autokratisierung (vgl. BTI 2008). Ähnlich verhält es sich mit den relativ konsolidierten Demokratien Lateinamerikas, nämlich Costa Rica, Uruguay, Chile und zunehmend auch Brasilien (vgl. Teil IV). Die tatsächlich gefährdeten Länder wie Venezuela, Bolivien, Paraguay, Ecuador oder die zentralamerikanischen Staaten werden nach unserer Rubrizierung nicht unter den liberalen, sondern den elektoralen Demokratien geführt.

Der Kern der liberalen konsolidierten Demokratien, *grosso modo* jene 62 Länder, die bei Freedom House (2008) mit einer Bewertung von 1 bis 1,5 abschneiden, ist nicht gefährdet. Ihr Konsolidierungspolster dürfte sie auch gegen die externe Herausforderung aufgrund der 2008 beginnenden Krise der Finanzmärkte über einen längeren Zeitraum immunisieren. Potenziell gefährdeter sind sicherlich jene unzureichend konsolidierten oder leicht defekten Demokratien, die Freedom House hinsichtlich ihrer politischen und bürgerlichen Freiheiten mit 2 bis 2,5 Punkten bewertet.[3] Freedom House weist hier 30 Länder aus. Allerdings müssen diese 30 Länder dann wieder mit jenen 26 Ländern diskontiert werden, die ein Ranking von 3 oder 3,5 aufweisen. Denn wie die „gefährdeten" liberalen „freien" Staaten in die Zone der hybriden, nur teilweise „freien" Regime abrutschen können, können diese Länder des „partially free"-Bereiches auch zu den Ländern der Kategorie „free" aufsteigen.

Will man diese zunächst sehr pauschale Abmessung des Instabilitätspotenzials theoretisch und empirisch fundieren, bieten sich vor dem Hintergrund der Transformationstheorien ausgesuchte Indikatoren an, die das Modernisierungsniveau (Modernisierungstheorie), den Staatlichkeitsgrad (Strukturalismus) und die ethnische Heterogenität (Kulturalismus) der einzelnen

Tabelle 51: Ungünstige Konditionen für Demokratie/Demokratisierung

	BIP/capita < $6 000 (2004)	HDI < .7 (2003)	Ethnische Fraktionalisierung >.5 (2003)	Politische Stabilität < 0 (2005)	Regierungseffizienz < 0 (2005)
Frei	24,7	15,8	30,7	16,9	32,6
Teilweise frei	81,5	58,2	61,8	79,3	87,9
Nicht frei	67,4	54,6	59,2	70,5	84,1

Anmerkungen: Der HDI (Human Development Index) misst drei basale Dimensionen der Humanentwicklung: Lebenserwartung, Bildungsniveau und BIP/capita. Ethnische Fraktionalisierung (Alesina et al. 2003) misst die Wahrscheinlichkeit, dass zwei zufällig ausgewählte Personen nicht der gleichen ethnolinguistischen Gruppe angehören. Je höher die Zahl, umso größer die ethnolinguistische Heterogenität einer Gesellschaft. Politische Stabilität (Kaufman et al. 2008) kombiniert unterschiedliche Indikatoren, die die Wahrscheinlichkeit erfassen sollen, ob eine Regierung gegen die Verfassung gestürzt werden kann. Regierungseffizienz (Kaufman et al. 2008).
Quelle: Freedom House (2009).

---

3 Natürlich sind dies nur statistische Annäherungen an die Stabilitätsfrage der Demokratien: Sie müssen in jedem einzelnen Fall hinsichtlich ihrer Instabilitäts- wie gegebenenfalls kompensierenden Stabilitätspotenziale eingeschätzt werden.

Länder abbilden und damit tentative Aussagen über das autokratische Gefährdungspotenzial erlauben.

Ein Blick auf die Gefährdungsindikatoren signalisiert eine erhebliche Robustheit der mit „frei" gekennzeichneten 62 Länder. Nur ca. 25 Prozent der Länder haben ein BIP/capita unter 6 000 Dollar, also jener Grenze, von der Modernisierungsforscher wie Przeworski annehmen, dass sie einmal entstandene Demokratien schützen, „come hell or high water" (Przeworki et al. 2000). Verstärkt wird dieser Eindruck noch durch den etwas komplexeren Human Development Index (HDI), bei dem nur rund 16 Prozent der 62 Länder unter dem relativ hohen Wert von 7 liegen. Der Modernisierungsgrad der „freien" Staaten spricht für ihre demokratische Stabilität. Die ethnische Heterogenität, in der Theoretiker wie John Stuart Mill und Robert Dahl sowie die moderne empirische Demokratieforschung ein Gefährdungspotenzial sehen, liegt bei weniger als einem Drittel der Länder (30,7 %) über dem Mittelwert von 0,5. Der von der Weltbank 2008 ermittelte Wert zur politischen Stabilität ist außerordentlich hoch: nur 16,9 Prozent der Länder liegen unter dem mittleren Wert von 0. Der ebenfalls vom Weltbank-Team unter der Leitung von Daniel Kaufman entworfene Index für die Regierungseffizienz weist für die demokratischen Staaten gleichermaßen hohe Werte aus. Alle die hier angeführten Grenzwerte sind außerordentlich hoch angesetzt. Nimmt man diese anspruchsvollen Werte zum Maßstab, liegen zwischen 15 und 33 Prozent der Länder in Bereichen, die nicht mit hoher Stabilität assoziiert sind. Dabei ist der Umkehrschluss keineswegs automatisch zutreffend, nämlich dass diese Länder einer akuten Destabilisierungsgefahr ausgesetzt sind. Nur ihr Konsolidierungspolster muss aus modernisierungstheoretischer, strukturalistischer und kulturalistischer Perspektive als dünner als beim Rest der „freien" Länder eingeschätzt werden. Insgesamt bestärken diese Indikatoren unsere oben formulierte Einschätzung, dass die meisten Demokratien der Kategorie „free" relativ stabil sind.

▪ *Wie stabil sind hybride Regime?*

Hybride Regime weisen untereinander eine erhebliche Varianz auf. Sie reichen von „defekten Demokratien" bis zu „competitive authoritarian regimes" (Levitsky/Way 2002). Erstere sind näher an den „liberalen" Demokratien oder dem Freedom-House-Wert von 2,5, letztere in Nachbarschaft zu den offen autokratischen Regimen, d. h. einem Freedom-House-Wert von 5,5. Die Nähe zu den jeweiligen Prototypen politischer Regime bedeutet jedoch nicht, dass diese Regime notwendigerweise zu einem der beiden Pole des Regimekontinuums tendieren müssen. Unter bestimmten Umständen und Umwelten, können sie auch als hybride Regime ein Equilibrium finden (vgl. Kap. 1.1.3). Allerdings sind jene hybriden Regime, die an einen der beiden Grundtypen angrenzen, wahrscheinlichere Kandidaten für einen Wechsel in eines der beiden Lager als jene, die in der Mitte des hybriden Regimespektrums platziert sind. Hybride Regime kombinieren stärker noch als autoritäre Regimeformen konfligierende Normen und Institutionen, die sich zu einer inkonsistenten politischen Ordnung formen. Zu solchen normativen Widerspruchspaaren zählen: Inklusion und Exklusion, Pluralismus und Oligarchie, Freiheit und Repression. Die ganz offensichtlich widersprüchlichen Institutionalisierungen sind: freie Wahlen, aber geringe vertikale Verantwortlichkeit; Parlamente und Exekutive konkurrieren um die Normsetzung; die Exekutive beeinflusst die Judikative; nicht gewählte Akteure beanspruchen eigene Politikdomänen gegenüber der gewählten Regierung.

Hybride Regime geben in der Regel institutionalisierte normative Versprechen für Rechtsstaat und Demokratie, die durch die Praxis beständig desavouiert werden: Wahlen sind *de facto* wegen vielfältiger Manipulationen der amtierenden Regierenden nur beschränkt kompetitiv; die Regierung kontrolliert einen großen Teil der (öffentlichen) Medien, verwendet Staatsfinanzen für parteiliche Zwecke, favorisiert oder behindert bestimmte Wählergruppen; Parlamente mögen frei gewählt sein, aber die Regierung mischt sich durch das Verfassungsinstrument der „Dekrete" und „Notverordnungen" in die Normsetzung ein; die Gerichte mögen *de jure* unabhängig sein, *de facto* werden sie aber in der Normanwendung und Überprüfung von der Exekutive kontrolliert, schikaniert und kolonisiert; Regierungen sind zwar gewählt, nicht legitimierte Akteure wie das Militär, religiöse Führer, soziale Oligarchien wie wirtschaftliche Interessen beanspruchen aber dennoch die Kontrolle bestimmter politischer Domänen für sich (wie beispielsweise in der Sicherheits-, Geschlechter-, Wirtschafts- und Steuerpolitik). In rechtsstaatlichen Demokratien gibt es zweifellos ähnliche Ambitionen und Tendenzen. Sie unterscheiden sich aber von hybriden Regimen darin, dass sie nicht nur formelle, sondern wirksame Kontrollen gegen diese Ansprüche etabliert haben. Von offen autoritären Regimen grenzen sich defekte Demokratien und elektoral-autoritäre Regime dadurch ab, dass sie stärker nicht kontrollierbaren Kontingenzen unterworfen sind. Diese beziehen sich mit unterschiedlicher Intensität auf den Ausgang von Wahlen oder politischen Entscheidungen. Während in Demokratien die funktionierende Kontingenz der Wahl- und Politikresultate bei *a priori* festgelegten Verfahren, „diffuse Unterstützung" (Easton 1965) generiert, ist dies bei hybriden Regimen nicht in gleichem Maße möglich, da die Differenz von formalem Geltungsanspruch der Normen und widersprechender Faktizität der Politik von den Bürgern erfahren wird und als solche delegitimierend auf die gesamte Ordnung wirkt.

Tatsächlich sind hybride Regime instabiler als Demokratien und Diktaturen. Die Differenz gegenüber demokratischen Systemen ist erheblich, im Vergleich zu den Autokratien immer noch sichtbar. Vergleicht man, wie viel Prozent der freien, teilweise freien und nicht freien Regime von 1995 bis 2006 zu einem anderen Typus gewechselt sind, ergibt sich folgendes Bild:

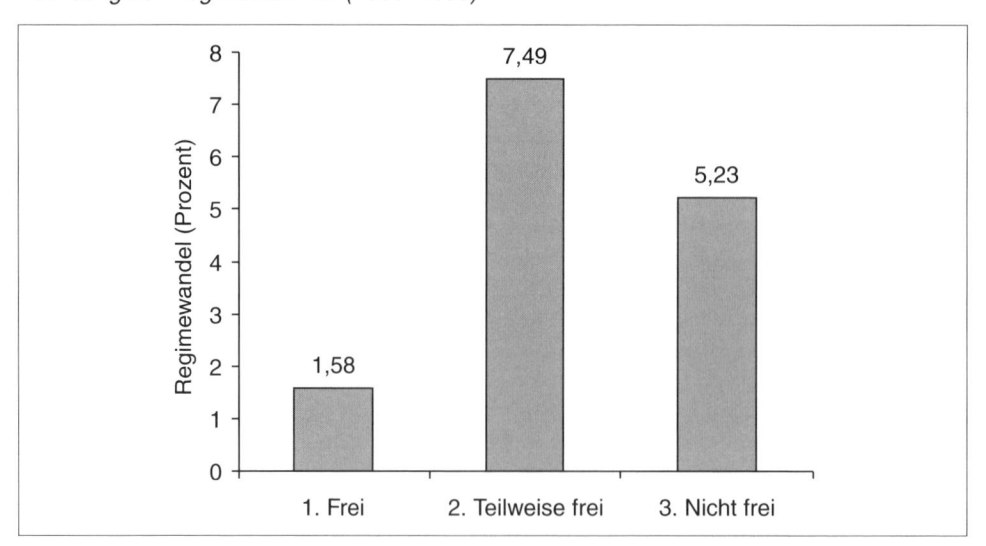

Abbildung 26: Regimestabilität (1995–2006)

Quelle: Eigene Berechnung basierend auf Freedom House (2008).

Nur 1,58 Prozent der freien Länder haben ihr Lager in Richtung „teilweise frei" bzw. „nicht frei" verlassen. 5,23 Prozent der autokratischen Regime haben die Grenze von 5,5 (Freedom-House-Wert) in Richtung mehr Demokratie überschritten. Demgegenüber haben 7,49 Prozent der hybriden Regime ihre Regimezone gewechselt. Eine eindeutige Bewegungsrichtung ist jedoch nicht zu erkennen. Etwa gleich viele hybride Regime haben sich in der Dekade nach dem Auslaufen der dritten Demokratisierungswelle in die Zone der „freien" und „nicht freien" Länder bewegt. Die These eines „democratic roll back" (Diamond 2008b) oder „freedom in retreat" (Puddington 2008) lässt sich mit diesen Zahlen nicht belegen. Im Gegenteil, diese Zahlen attestieren selbst den unbeständigsten der drei Regimevarianten, den hybriden Regimen, eine relative Stabilität, nachdem Mitte der neunziger Jahre des 20. Jahrhunderts die dritte Demokratisierungswelle zum Erliegen gekommen ist.

■ *Autoritäre Regime*

Wenn die These der „Rückkehr autokratischer Herrschaft" zutreffend ist, müssen nicht nur Demokratien und hybride Regime in signifikanter Zahl zum autoritären Pol des Regimekontinuums hin tendieren, sondern auch die autokratischen Regime müssen hinreichend stabil bleiben. Im Jahre 2008 klassifizierte Freedom House 43 Länder als „nicht frei". Diese Länder können als ausgeprägte Autokratien bezeichnet werden. Allerdings haben sie sehr unterschiedliche Formen, die jenseits der gemeinsamen autoritären Herrschaftsweise, stark unterschiedliche Logiken aufweisen. Barbara Geddes (1999) hat eine Dreiertypologie entwickelt, nach der sie den Autokratien unterschiedliche Stabilität und Existenzdauer bestätigt. Die kürzeste Überlebensdauer haben Militärregime (9 Jahre), gefolgt von „personalistischen Regimen" (15 Jahre) und schließlich Einparteienregime (23 Jahre). Interessanter als die scheinbare statistische Präzision der Jahreszahlen[4] ist die jeweilige Herrschaftslogik und ihre Auswirkung auf die Überlebensfähigkeit der Diktaturen. Prinzipiell ist nachzuvollziehen, dass Militärregime am wenigsten geschlossen sind. Es sind nicht nur die häufige interne Fraktionalisierung des Militärs und die Rivalitäten zwischen Putschisten und Nichtputschisten, Hardlinern und Softlinern, Heer, Marine und Luftwaffe, die zur kurzen Überlebensdauer von Militärregimen beiträgt, wie Geddes betont. Es sind vor allem auch mangelnde Institutionalisierung, fehlende legitimierende Ideologie sowie legitimitätsverzehrende hohe Repression, die Militärregime besonders verwundbar machen.[5] Personalistischen Regimen bescheinigt Geddes eine mittlere Lebensdauer. Sie enden häufig mit dem Ableben des Führers und sind besonders verwundbar, sobald sich die Nachfolgefrage stellt. Einparteienregime werden zu Recht am stabilsten eingeschätzt (Geddes 1999; Gandhi/Przeworski 2006). Sie ziehen zum einen eine gewisse Stabilität aus ihrer vergleichsweisen starken Institutionalisierung, der systematischen Kontrolle der Ressourcen und Repressionsmittel, aber auch aus einer Ideologie, die mit welcher Überzeugungskraft auch immer diffuse Überzeugung generieren kann. Dies gilt selbst für das stalinistische Nordkorea und das kapitalkommunistische China, das (Per)Versionen marxistisch-leninistisch-maoistischer Ideologie aufrechterhält, um die ideelle Legitimätsquelle nicht völlig aus-

---

4 Der von Geddes verwendete Datensatz bezieht sich auf die Periode von 1946 bis 1998. Die meisten Einparteiensysteme dieser Periode waren kommunistische Parteidiktaturen, die in der Regel 1946/48 bis 1989/91 dauerten. Diese historische Besonderheit dürfte die statistischen Berechnungen stark beeinflusst haben. Weder vor 1946 noch nach 1998 dürften sich vergleichbare Zahlen ergeben. Die Verallgemeinerbarkeit der Persistenzthese ist infolge dieses Selektionsbias viel geringer, als die Autorin suggeriert.

5 Zusätzlich muss zwischen stärker bürokratisierten Modernisierungsregimen etwa südamerikanischer Provenienz und reinen Bereicherungsregimen von Gangstermilitärs in Afrika unterschieden werden.

trocknen zu lassen. Während aber das sich vorsichtig liberalisierende China mittlerweile im hohen Maße von der Leistungsfähigkeit seiner Wirtschaft abhängt *(specific support)*, setzt Nordkorea als letztes wirklich totalitäres Regime weitgehend auf Isolation und Repression.

Eine jüngere Diskussion betont besonders die herrschaftsstabilisierende Rolle von Institutionen in autokratischen Regimen (u. a. Levitsky/Way 2002; Way 2005; Schedler 2006; Gandhi/Przeworski 2006; Svolik 2008). Die Möglichkeit, kontrolliert Macht innerhalb des herrschenden Blocks zu verteilen und damit das *Moral-hazard*-Problem unter den autokratischen Eliten zu kontrollieren, vermindere die Gefahr regimeinterner Umstürze. Sie eröffne zudem die geregelte Kooptation semiloyaler Opposition in das autokratische Herrschaftslager (Gandhi/Przeworski 2006) und trage im Übrigen auch dem größeren Legitimationsdruck Rechnung, den die internationale Donorgemeinschaft mit der Forderung nach *good governance* in den letzten zwei Jahrzehnten aufgebaut habe. Allerdings sind Institutionen wie Parlamente, Parteien und scheinpluralistische Wahlen auch Sollbruchstellen in autokratischen Regimen. Sie stabilisieren diese nicht nur, sondern können regimekritischen Kräften Ressourcen und Foren für ihre oppositionellen Aktivitäten bieten. Die formaldemokratischen Institutionen in autokratischen Regimen sind ambivalent und erzeugen deshalb kontingente Wirkungen. Sie können unter gewissen Umständen das Regime stabilisieren, wie unter anderen Bedingungen destabilisieren. Aber auch eine Destabilisierung dürfte in den wenigsten Ländern zu erfolgversprechenden Demokratisierungsversuchen führen. Für diese skeptische Prognose sprechen strukturelle Faktoren wie die politische Ausrichtung der häufig selbst nicht demokratischen Opposition.

Geddes' Dreiertypologie zur Stabilität autokratischer Regime überzeugt nur bedingt. Sie erfasst mindestens zwei Varianten autokratischer Systeme nicht, die zu Beginn des 21. Jahrhunderts eine numerisch wie politisch gewichtigere Rolle spielen als das vermutliche Auslaufmodell kommunistischer Einparteienregime, nämlich (islamische) Rentierstaaten und *failing states*. Beide Typen folgen einer Herrschaftslogik, die sich mit der simplen Dreiertypologie nicht erfassen lässt. Sie dürften zu den am wenigsten stabilen nichtdemokratischen Regimen gehören. Dies gilt für die häufig von fundamentalistisch-islamistischen Oppositionsbewegungen bedrängten arabischen Petro-Diktaturen und *a forteriori* für die zerfallenden Staaten Afrikas und Asiens. Für letztere ist Instabilität geradezu ein definierendes Merkmal ihrer anarchischen Herrschaftsfragmentierung. Instabilität heißt natürlich nicht, dass diese Länder wahrscheinliche Kandidaten für demokratische Systemwechsel sind. Wahrscheinlicher ist eher der Wechsel von einer Form autokratischer Herrschaft zu einer anderen. Wie auch immer die Typologie autokratischer Herrschaft ausfallen mag, die Modernisierungsindikatoren, die kulturellen und staatlichen Bedingungen legen die Deutung nahe, dass ein relativ stabiles autokratisches Lager entstanden ist. Es mag Oszillationen zwischen unterschiedlichen Formen autokratischer Herrschaft geben. Es gibt aber keine theoretischen oder empirischen Hinweise darauf, dass sich größere Veränderungen in Richtung nachhaltiger Demokratisierung ankündigen.

Die dritte Demokratisierungswelle ist Mitte der neunziger Jahre des vergangenen Jahrhunderts ausgelaufen. Der überbordende Optimismus eines weltweiten Siegeszugs der Demokratie auch. Wie gezeigt, wurde er sowohl durch politische Faktoren als auch durch die Dominanz des handlungstheoretischen Transformationsparadigmas „künstlich" erzeugt. Die liberalen Demokratien sind relativ stabil. Externe Schocks wie Wirtschafts- und Finanzkrisen dürften sie nicht in ihrem demokratischen Regimecharakter gefährden. Stärker unter Druck geraten sind jedoch defekte Demokratien. Sie könnten weiter ins autoritäre Lager abrutschen, wenn die Finanzkrise längerfristig auf die Realwirtschaft durchschlägt und die fragile spezifische Leistungslegitimation aufzehrt, die von der Leistungsperformanz der Regierungen genährt wird.

Eine Analyse der Periode von 1995 bis 2006 zeigt jedoch, dass sich etwa gleich viele Länder aus dem instabilen hybriden Regimelager stärker in Richtung Demokratie als in Richtung Autokratie bewegt haben. Dies galt zumindest in Zeiten wirtschaftlicher Normalität. Die Zahl der autokratischen Regime dürfte in den nächsten Jahren kaum signifikant abnehmen. Die „Rollback-These" von Diamond und Freedom House lässt sich aber weder durch Zahlen noch theoretische Argumente stützen. Es ist gegenwärtig keine „reverse wave" zu erwarten, aber mindestens ebenso wenig eine vierte Demokratisierungswelle. Die meisten Länder werden mittelfristig ihren Regimecharakter kaum verändern. Vieles spricht für die Proportionen des Status quo. Der globale Systemwettlauf ist vorübergehend eingefroren. Zu Ende ist er nicht.

Literatur

Abelmann, Nancy (1996): *Echoes of the Past, Epics of Dissident: A South Korean Social Movement*, Berkeley/Los Angeles/London.
Abelshauser, Werner (1983): *Wirtschaftsgeschichte der Bundesrepublik Deutschland*, Frankfurt a. M.
Ackerman, Bruce (2000): „The New Separation of Powers", *Harvard Law Review* (113) 3: 633-730.
Ágh, Attila (1993): „The ‚Comparative Revolution' and the Transition in Central and Southern Europe", *Journal of Theoretical Politics* 2: 231-252.
Ágh, Attila (1994): *The Emergence of East Central European Parliaments: The First Step*, Budapest.
Ágh, Attila (1995): „The Role of the First Parliament in Democratic Transition", in: Attila Ágh / Sándor Kurtán (Hg.): *The First Parliament (1990–1994)*, Budapest: 249-261.
Ágh, Attila (1996): *The Emergence of the Multiparty System in East Central Europe: The Partial Consolidation of the New Political Structure*, Arbeitspapiere der AG Transformationsprozesse in den neuen Bundesländern (Max-Planck-Gesellschaft) 2/96, Berlin.
Ágh, Attila (1998): „Party Formation Process and the 1998 Elections in Hungary: Defeat as Promoter of Change for the HSP", *Budapest Papers on Democratic Transition*, Nr. 233.
Ágh, Attila (2001): „Ten Years of Political and Social Reforms in Central Europe", *Central European Political Science Review* 3: 24-43.
Agüero, Felipe (1995): „Democratic Consolidation and the Military in Southern Europe and South America", in: Richard Gunther / Nikiforos Diamandouros / Hans-Jürgen Puhle (Hg.): *The Politics of Democratic Consolidation. Southern Europe in Comparative Perspective*, Baltimore: 124-165.
Ahn, Byong-man / Soong-hoom Kil / Kwang-woong Kim (1988): *Elections in Korea*, Seoul.
Albrecht, Holger (2006): „Politischer Islam und autoritäre Regime im Vorderen Orient", *Internationale Politik und Gesellschaft*, 3: 11-31.
Alcántara, Sáez / Juan Pablo Luna (2004): „Ideología y competencia partidaria en dos post-transiciones: Chile y Uruguay en perspectiva comparada", *Revista de Ciencia Política* (Chile), XXIV (1): 128-168.
Alesina, Alberto / William Easterly / Arnaud Devleeschauwer / Sergio Kurlat / Romain Wacziarg (2003): „Fractionalization", *Journal of Economic Growth* (8) 2: 155-194.
Alf, Sophie (1977): *Leitfaden Italien*, Berlin.
Allison, Graham T. / Robert P. Beschel (1992): „Can the United States Promote Democracy?", *Political Science Quarterly* (107) 1: 81-98.
Allum, Percy A. (1973): *Italy – Republic without Government*, New York.
Almond, Gabriel A. (1979): „Politische Systeme und politischer Wandel", in: Wolfgang Zapf (Hg.): *Theorien des sozialen Wandels*, Königstein (4. Aufl.): 211-227.
Almond, Gabriel A. (1987): „Politische Kulturforschung – Rückblick und Ausblick", in: Dirk Berg-Schlosser / Jakob Schissler (Hg.): *PVS Sonderheft* 18: 27-38.
Almond, Gabriel A. / Sidney Verba (1963): *The Civic Culture*, Princeton.
Almond, Gabriel A. / Sidney Verba (Hg.) (1980): *The Civic Culture Revisited*, Newbury Park/London/New Delhi.
Almond, Gabriel A. / Bingham G. Powell (Hg.) (1988): *Comparative Politics Today. A World View*, Glenview.
Alonso, Sonía / José María Maravall (2001): „Democratización en la periferia europea", *Revista Española de Ciencia Política* 5: 7-47.
Alonso, Sonía / Rubén Ruiz-Rufino (2007): „Political Representation and Ethnic Conflict in New Democracies", *European Journal of Political Research* (46) 2: 237-267.
Alyushin, Alexey (1995): „Political Consequences of Parliamentary Rules: Russia", *East European Constitutional Review* (4) 2: 61-66.

amnesty international (2004): *Thailand: Memorandum on Human Rights Concerns*, ai Index: ASA 39/ 013/2004.
Anderson, Leslie E. / Lawrence C. Dodd (2005): *Learning Democracy. Citizen Engagement and Electoral Choice in Nicaragua, 1990–2001*, Chicago.
Andreatta, Filippo (2005): „Democrazia Politica Internazionale: Pace democratica e democratizzazione del sistema internazionale", *Rivista Italiana di Scienza Politica* XXXV (2): 213-234.
Arase, David (1994): „Japan's Foreign Policy and Asian Democratization", in: Edward Friedman (Hg.): *The Politics of Democratization. Generalizing East Asian Experiences*, Boulder, CO: 81-102.
Arendt, Hannah (1951): *The Origins of Totalitarianism*, New York.
Arendt, Hannah (1955): *Elemente und Ursprünge totaler Herrschaft*, Frankfurt a. M. (dt. Übersetzung).
Arenhövel, Mark (2000): *Demokratie und Erinnerung. Der Blick zurück auf Diktatur und Menschenrechtsverbrechen*, Frankfurt a. M.
Arenhövel, Mark (2003): „Konkurrierende Narrative zu Nation, Staat und Demokratie in Indonesien", in: Petra Bendel / Aurel Croissant / Friedbert W. Rüb (Hg.): *Demokratie und Staatlichkeit. Systemwechsel zwischen Staatsreform und Staatskollaps*, Opladen: 183-202.
Arias-Salgado, Rafael (1988): „Planung und Improvisation im Prozeß des Übergangs zur Demokratie in Spanien", *Zeitschrift für Parlamentsfragen* (19) 3: 315-322.
Aristoteles (1970): *Politik*, Zürich.
Armingeon, Klaus (1994): *Staat und Arbeitsbeziehungen*, Opladen.
Asian Development Bank (ADB) (versch. Jge.): *Asian Development Outlook*, Manila.
Asian Development Bank (ADB) (versch. Jge.): *Key Indicators*, Manila.
Axt, Heinz-Jürgen (1994): „Verzögerter Wandel und innovationshemmende Regulativmuster. Politische Institutionen in Griechenland", in: Johannes Chr. Papalekas (Hg.): *Institutionen und institutioneller Wandel in Südosteuropa*, München: 87-100.

Bakker, Jan Willem (1997): *The Philippine Justice System. The Independence and Impartiality of the Judiciary and Human Rights from 1986 till 1997*, Leiden.
Balbi, Carmen Rosa (1997): „Politics and Trade Unions in Peru", in: Maxwell A. Cameron / Philip Mauceri (Hg.): *The Peruvian Labyrinth: Polity, Society, Economy*, Pennsylvania: 134-151.
Ballestrem, Karl Graf (1995): „Aporien der Totalitarismus-Theorie", in: Eckhard Jesse (Hg.): *Totalitarismus im 20. Jahrhundert*, Bonn: 237-251.
Barnes, Samuel H. / Max Kaase / Klaus R. Allerbeck / Barbara G. Farah / Felix Heunks / Ronald Inglehart / M. Kent Jennings / Hans-Dieter Klingemann / Alan Marsh / Leopold Rosenmayer (1979): *Political Action. Mass Participation in Five Western Democracies*, Beverly Hills/London.
Barr, Robert R. (2003): „The Persistence of Neopopulism in Peru? From Fujimori to Toledo", *Third World Quarterly* (24) 6: 1161-1178.
Barrios, Harald (1997): „Das politische System Spaniens", in: Wolfgang Ismayr (Hg.): *Die politischen Systeme Westeuropas*, Opladen: 549-588.
Bass, Gary J. (2004): „Jus post bellum", *Philosophy and Public Affairs* (32) 4: 384-412.
Baum, Matthew A. / David A. Lake (2003): „The Political Economy of Growth: Democracy and Human Capital", *American Journal of Political Science* (47) 2: 333-347.
Becerra, Ricardo / Pedro Salazar / José Woldenberg (2000): *La mecánica del cambio político en México. Elecciones, partidos y reformas*, Mexiko-Stadt.
Becker, Michael / Hans-Joachim Lauth / Gert Pickel (Hg.) (2001): *Rechtsstaat und Demokratie*, Wiesbaden.
Beetham, David (1994): „Key Principles and Indices for a Democratic Audit", in: David Beetham (Hg.):, *Defining and. Measuring Democracy*, London/Thousand Oaks/New Delhi: 25-43.
Beetham, David / Kevin Boyle (1995): *Introducing Democracy: Eighty Questions and Answers*, Cambridge, UK.
Beichelt, Timm (1996): „Die Konsolidierungschancen des russischen Parteiensystems", *Osteuropa* 6: 597-609.

Beichelt, Timm (2004): „Autocracy and Democracy in Belarus, Russia and Ukraine", in: Aurel Croissant / Wolfgang Merkel (Hg.): *Consolidated or Defective Democracy? Problems of Regime Change, Special Issue of Democratization*, (11) 5: 113-132.
Bell, Daniel / David Brown / Kanishka Jayasuriya / David M. Jones (1995): *Towards Illiberal Democracy in Pacific Asia*, Basingstoke/London.
Bendel, Petra (1997): „Parteien, Parteiensysteme und Demokratisierung in Zentralamerika: El Salvador, Guatemala, Honduras und Nicaragua im Vergleich", in: Wolfgang Merkel / Eberhard Sandschneider (Hg.): *Systemwechsel 3. Parteien im Transformationsprozess*, Opladen: 215-250.
Bendel, Petra (2000): „Zivilgesellschaftliche Organisation und Partizipation jenseits des Anti-Parteien-Effekts?", in: Peter Hengstenberg / Karl Kohut / Günther Maihold (Hg.): *Zivilgesellschaft in Lateinamerika. Interessenvertretung und Regierbarkeit*, Frankfurt a. M.: 127-140.
Bendel, Petra / Michael Krennerich (1996): „Zentralamerika: Die schwierige Institutionalisierung", in: Wolfgang Merkel / Eberhard Sandschneider / Dieter Segert (Hg.): *Systemwechsel 2. Die Institutionalisierung der Demokratie*, Opladen: 315-340.
Bendel, Petra / Michael Krennerich (2000): „Zivilgesellschaft und demokratische Transformation in Zentralamerika", in: Wolfgang Merkel (Hg.): *Systemwechsel 5: Zivilgesellschaft und Transformation*, Opladen: 273-294.
Bendel, Petra / Aurel Croissant / Friedbert W. Rüb (Hg.) (2002): *Zwischen Demokratie und Diktatur. Zur Konzeption und Empirie demokratischer Grauzonen*, Opladen.
Berg-Schlosser, Dirk / Gisèle de Meur (1996): „Conditions of Authoritarianism, Fascism, and Democracy in Inter-War Europe. Systematic Matching and Contrasting of Cases for ‚Small N' Analysis", *Comparative Political Studies* 2: 423-468.
Berensztein, Sergio (2004): „Hacia un nuevo diseño institucional: gobernabilidad democrática y reformas políticas en Argentina", in: Wilhelm Hofmeister (Hg.): *Reformas políticas en América Latina*, Rio de Janeiro: 25-63.
Bernales, Enrique (1996): *La Constitución de 1993. Análisis comparado*, Lima.
Bernecker, Walther L. (1985): *Gewerkschaftsbewegung und Staatssyndikalismus in Spanien*, Frankfurt a. M.
Bernecker, Walther L. (1990): „Spanien und Portugal zwischen Regime-Übergang und stabilisierter Demokratie", *Aus Politik und Zeitgeschichte* B 51: 15-28.
Bernedo Alvarado, Jorge (1998): „Visión integral del sindicalismo en el Perú", in: CIEDLA (Hg.): *El sindicalismo ante los procesos de cambio económico y social en América Latina*, Buenos Aires: 239-296.
Bertelsmann Stiftung (Hg.) (2004–2009): *Bertelsmann Transformation Index 2003–2008. Auf dem Weg zur marktwirtschaftlichen Demokratie*, Gütersloh; http://www.bertelsmann-transformation-index.de.
Bertelsmann Stiftung (Hg.) (2007): *BRI (Bertelsmann Reform Index) 2008*, Gütersloh.
Beyme, Klaus von (1968): *Die verfassungsgebende Gewalt des Volkes*, Tübingen.
Beyme, Klaus von (1970): *Das politische System Italiens*, Stuttgart.
Beyme, Klaus von (1977): *Gewerkschaften und Arbeitsbeziehungen in kapitalistischen Ländern*, München/Zürich.
Beyme, Klaus von (1982): *Parteien in westlichen Demokratien*, München.
Beyme, Klaus von (1984): „Der Neokorporatismus – neuer Wein in alte Schläuche", *Geschichte und Gesellschaft* (10): 211-233.
Beyme, Klaus von (1990): „Transition to Democracy – or Anschluß? The Two Germanies and Europe", *Government and Opposition* 2: 170-191.
Beyme, Klaus von (1991): *Theorie der Politik im 20. Jahrhundert*, Frankfurt a. M.
Beyme, Klaus von (1993): *Das politische System der Bundesrepublik Deutschland nach der Vereinigung*, München.
Beyme, Klaus von (1994a): *Systemwechsel in Osteuropa*, Frankfurt a. M.
Beyme, Klaus von (1994b): „Ansätze zu einer Theorie der Transformation der ex-sozialistischen Länder Osteuropas", in: Wolfgang Merkel (Hg.): *Systemwechsel 1. Theorien, Ansätze und Konzeptionen*, Opladen: 141-172.

Beyme, Klaus von (1997): „Parteien im Prozeß der demokratischen Konsolidierung", in: Wolfgang Merkel / Eberhard Sandschneider (Hg.): *Systemwechsel 3. Parteien im Transformationsprozeß*, Opladen: 23-56.
Beyme, Klaus von (1999): *Die parlamentarische Demokratie: Entstehung und Funktionsweise 1989–1999*, Wiesbaden (3. Aufl.).
Beyme, Klaus von (2000): *Parteien im Wandel. Von den Volksparteien zu den professionalisierten Wählerparteien*, Wiesbaden.
Beyme, Klaus von (2001): *Russland zwischen Anarchie und Autokratie*, Wiesbaden.
Beyme, Klaus von / Dieter Nohlen (1995): „Systemwechsel", in: Dieter Nohlen (Hg.): *Lexikon der Politik, Bd. 1: Politische Theorien*, München: 636-649.
Biberaj, Elez (1992): „Albania: The Last Domino", in: Ivo Banac (Hg.): *Eastern Europe in Revolution*, Ithaca/London: 188-206.
Bieber, Horst (1975): *Portugal*, Hannover.
Birle, Peter (1995): *Argentinien: Unternehmer, Staat und Demokratie*, Frankfurt a. M.
Birle, Peter (2000): „Zivilgesellschaft in Südamerika – Mythos und Realität", in: Wolfgang Merkel (Hg): *Systemwechsel 5: Zivilgesellschaft und Transformation,* Opladen: 231-272.
Birle, Peter (2002): „Parteien und Parteiensystem in der Ära Menem – Krisensymptome und Anpassungsprozesse", in: Peter Birle / Sandra Carreras (Hg.): *Argentinien nach zehn Jahren Menem – Wandel und Kontinuität*, Frankfurt a. M.: 213-242.
Bizberg, Ilán (1999): „Las Transformaciones del Poder Político en México", *Revista Mexicana de Sociología* (61) 3: 139-161.
Bizberg, Ilán (2003): „Estado, organizaciones corporativas y democracia", in: Alberto Azíz (Hg.): *México al inicio del siglo XXI: democracia, ciudadanía y desarrollo*, Mexiko-Stadt.
Blondel, Jean / Ferdinand Müller-Rommel (2001): *Cabinets in Eastern Europe*, London.
Blondel, Jean / Ferdinand Müller-Rommel / Darina Malová (2007): *Governing New European Democracies*, Houndsmills/Basingstoke.
Böckenförde, Ernst (1994): „Die verfassungsgebende Gewalt des Volkes – ein Grenzbegriff des Verfassungsrechts", in: Ulrich K. Preuß (Hg.): *Zum Begriff der Verfassung*, Frankfurt a. M.: 58-82.
Bodemer, Klaus / Sandra Carreras (1997): „Die politischen Parteien im demokratischen Transitions- und Konsolidierungsprozeß in Südamerika", in: Wolfgang Merkel / Eberhard Sandschneider (Hg.): *Systemwechsel 3. Parteien im Transformationsprozess*, Opladen: 171-213.
Bodemer, Klaus / Detlef Nolte (1999): „Politischer Umbruch in Venezuela. Der Wahlsieg von Hugo Chávez und seine Folgen", Institut für Iberoamerikakunde Hamburg (Hg.): *Brennpunkt Lateinamerika 01-99*.
Boeckh, Andreas (1988): „Die Schuldenkrise und die Krise des bürokratischen Entwicklungsstaates in Venezuela", *Politische Vierteljahresschrift* (29) 4: 636-655.
Boeckh, Andreas (2001): „Venezuela auf dem Weg zu einem autoritären Neopopulismus?" *WeltTrends* (29) 8: 79-96.
Boeckh, Andreas / Marion Hörmann (1992): „Venezuela", in: Dieter Nohlen / Franz Nuscheler (Hg.): *Handbuch der Dritten Welt, Bd. 2: Südamerika*, Bonn: 510-536.
Boix, Carles (2003): *Democracy and Redistribution*, Cambridge.
Boix, Carles / Susan Carol Stokes (2003): „Endogenous Democratisation", *World Politics* 55 (July): 517-549.
Bollen, Kenneth A. (1993): „Liberal Democracy: Validity and Method Factors in Cross-National Measures", *American Journal of Political Science* (37) 4: 1207-1230.
Booth, John A. (1998): „The Somoza Regime in Nicaragua", in: Houchang E. Chehabi / Juan J. Linz (Hg.): *Sultanistic Regimes*, Baltimore/London: 132-152.
Borkenau, Franz (1940): *The Totalitarian Enemy*, New York.
Bos, Ellen (1996a): „Die Rolle von Eliten und kollektiven Akteuren in Transitionsprozessen", in: Wolfgang Merkel (Hg.): *Systemwechsel 1. Theorien, Ansätze und Konzeptionen*, Opladen (2. Aufl.): 81-109.
Bos, Ellen (1996b): „Verfassungsgebungsprozeß und Regierungssystem in Russland", in: Wolfgang Merkel / Eberhard Sandschneider / Dieter Segert (Hg.): *Systemwechsel 2. Die Institutionalisierung der Demokratie*, Opladen: 179-212.

Bos, Ellen (2004): *Verfassungsgebung und Systemwechsel. Die Institutionalisierung von Demokratie im postsozialistischen Europa*, Wiesbaden.
Bos, Ellen / Silvia von Steinsdorff (1997): „Zu viele Parteien – zu wenig System: zur verzögerten Entwicklung eines Parteiensystems im postsowjetischen Russland", in: Wolfgang Merkel / Eberhard Sandschneider (Hg.): *Systemwechsel 3. Parteien im Transformationsprozeß*, Opladen: 101-142.
Boyd, Carolyn P. / James M. Boyden (1985): „The Armed Forces and the Transition to Democracy in Spain", in: Thomas D. Lancaster / Gary Prevost (Hg.): *Politics and Change in Spain*, New York: 94-124.
Bracher, Karl Dietrich (1955): *Die Auflösung der Weimarer Republik. Eine Studie zum Problem des Machtzerfalls in der Demokratie*, Stuttgart.
Bracher, Karl Dietrich (1969): *Die deutsche Diktatur. Entstehung – Struktur – Folgen des Nationalsozialismus*, Köln.
Bracher, Karl Dietrich (1976): *Zeitgeschichte. Kontroversen um Faschismus, Totalitarismus, Demokratie*, München.
Bracher, Karl Dietrich (1989): „Wertorientierung als Problem deutscher Demokratie", in: Wilhelm Bleek / Hanns Maull (Hg.): *Ein ganz normaler Staat? Perspektiven nach 40 Jahren Bundesrepublik. Serie Piper Aktuell*, München/Zürich: 21-36.
Bracher, Karl Dietrich / Manfred Funke / Hans-Adolf Jacobsen (Hg.) (1986): *Nationalsozialistische Diktatur 1933–1945*, Bonn.
Bradley, John F. N. (1992): *Czechoslovakia's Velvet Revolution: A Political Analysis*, Boulder, CO.
Braga da Cruz, Manuel (1994): „O Presidente da República na Génese e Evolucao do Governo Portugues", *Análise Social* (24): 97-125.
Braun, Michael (1994): *Italiens politische Zukunft*, Frankfurt a. M.
Brie, Michael (1996): „Rußland: Das Entstehen einer ‚delegierten Demokratie'", in: Wolfgang Merkel / Eberhard Sandschneider / Dieter Segert (Hg.): *Systemwechsel 2. Die Institutionalisierung der Demokratie*, Opladen: 143-178.
Brock, Lothar / Anna Geis / Harald Müller (2006): *Democratic Wars. Looking at the Dark Side of Democratic Peace*, Houndmills/Basingstoke.
Broszat, Martin (1969): *Der Staat Hitlers*, München.
Broué, Pierre / Emile Témime (1975): *Revolution und Krieg in Spanien*, Frankfurt a. M.
Brown, Andrew (1997): „Locating Working-Class Power", in: Kevin Hewison (Hg.): *Political Change in Thailand: Democracy and Participation*, London/New York: 163-178.
Brownlee, Jason (2007): *Authoritarianism in the Age of Democratization?*, Cambridge.
Bruneau, Thomas C. (1983): „Popular Support for Democracy in Post-Revolutionary Portugal", in: Lawrence S. Graham / Douglas L. Wheeler (Hg.): *Portugal: The Revolution and Its Consequences*, Madison: 21-42.
Bruneau, Thomas / Alex MacLeod (1986): *Politics in Contemporary Portugal*, Boulder, CO.
Brunner, Georg (1979): *Vergleichende Regierungslehre Bd. 1*, Paderborn/München/Zürich/Wien.
Brunner, Georg (1991): „Die neue Verfassung der Republik Ungarn: Entstehungsgeschichte und Grundprobleme", *Jahrbuch für Politik* 1: 297-319.
Brunner, Georg (1993): „Die Verfassungsordnung", in: Georg Brunner (Hg.): *Ungarn auf dem Weg der Demokratie*, Bonn: 42-86.
Brunner, Georg (Hg.) (1995): *Verfassungs- und Verwaltungsrecht der Staaten Osteuropas (VSO)*, Berlin.
Brunner, Georg (1996): „Präsident, Regierung und Parlament. Machtverteilung zwischen Exekutive und Legislative", in: Otto Luchterhandt (Hg.): *Neue Regierungssysteme in Osteuropa und der GUS*, Berlin: 63-114.
Brusis, Martin (1994): „Korporatismus als Transformationskonsens. Der Fall Ungarn im osteuropäischen Vergleich", *Initial.Berliner Debatte* (5) 5: 25-36.
Brusis, Martin (2008): „Indirekte Effekte der EU-Beitrittskonstellation für die Demokratien in Beitrittsländern", in: Gero Erdmann / Marianne Kneuer (Hg.): *Externe Faktoren der Demokratisierung*, Baden-Baden: 195-212.
Brzezinski, Mark F. (1993): „Poland: Constitutionalism within Limits", *East European Constitutional Review* (2) 2: 38-43.

Budge, Ian / Hans Keman (1990): *Parties and Democracy*, Oxford.
Buendia, Rizal G. (1994): „The Philippines", in: Norma Mahmood (Hg.): *Rethinking Political Development in Southeast Asia*, Kuala Lumpur: 81-115.
Bühlmann, Marc / Wolfgang Merkel / Bernhard Weßels (2008): *Quality of Democracy. Democracy Barometer for Established Democracies, NCCR Working Paper*, Zürich/Berlin.
Bulmer-Thomas, Victor (1990): „Nicaragua since 1930", in: Leslie Bethell (Hg.): *The Cambridge History of Latin America, Bd. 7: Latin America since 1930. Mexico, Central America and the Caribbean*, Cambridge: 317-366.
Bunce, Valerie (2003): „Rethinking Recent Democratization: Lessons from the Postcommunist Experience", *World Politics* (55) 2: 167-192.
Bunce, Valerie / Sharon Wolchik (2005): *Bringing down Dictators: American Democracy Promotion and Electoral Revolutions in Postcommunist Eurasia*, Michigan: http://sitemaker.umich.edu/comparative. speaker.series/files/bunceAmerican democracy promotion.pdf.
Bünte, Marco (2000): *Probleme der demokratischen Konsolidierung in Thailand*, Hamburg.
Burchardt, Hans-Jürgen (2004): „Das soziale Elend des Hugo Chávez: Die Wirtschafts- und Sozialpolitik der Fünften Republik", in: Oliver Diehl / Wolfgang Muno (Hg.): *Venezuela unter Chávez – Aufbruch oder Niedergang?* Frankfurt a. M.: 99-125.
Burnell, Peter (2000): „Democracy Assistance: The State of the Discourse", in: Burnell, Peter (Hg.): *Democracy Assistance. International Co-operation for Democratisation*, London: Frank Cass Publishers: 3-33.
Burnell, Peter (2004): „Democracy Promotion: The Elusive Quest for Grand Strategies", *Internationale Politik und Gesellschaft (IPG)* (3): 100-116.
Burnell, Peter (2005): *Political Strategies of External Support for Democratization*, Foreign Policy Analysis, Bd. 1, Nr. 3: 361-384.
Burnell, Peter (2006): „Globalising Party Politics in Emerging Democracies", in: Peter Burnell (Hg.): *Globalising Democracy. Party Politics in Emerging Democracies*, Abington: 1-15.
Burnell, Peter (2007): *Does International Democracy Promotion Work?*, Bonn: Deutsches Institut für Entwicklungspolitik, 17.
Burnell, Peter (2008a): „International Democracy Promotion: A Role for Public Goods Theory?", *Contemporary Politics* (14) 1: 37-52.
Burnell, Peter (2008b): „From Evaluating Democracy Assistance to Appraising Democracy Promotion", *Political Studies* 56: 414-434.
Burt, Jo-Marie (2004): „State Making against Democracy. The Case of Fujimori's Peru", in: Jo-Marie Burt / Philip Mauceri (Hg.): *Politics in the Andes. Identity, Conflict, Reform*, Pittsburgh: 247-268.
Burton, Michael G. / Richard Gunther / John Higley (1992): „Introduction: Elite Transformations and Democratic Regimes", in: John Higley / Richard Gunther (Hg.): *Elites and Democratic Consolidation in Latin America and Southern Europe*, Cambridge/New York/Melbourne: 1-38.
Burton, Michael G. / John Higley (1987): „Elite Settlement", *American Sociological Review* (52) Juni: 295-306.

Caciagli, Mario (1988): „Klientelismus versus weiß und rot. Die Zersplitterung der politischen Kultur Italiens", in: Michaela Namuth (Hg.): *Modell Italien?* Stuttgart: 39-50.
Calderón Alzati, Enrique / Daniel Cazés (Hg.) (1996): *Las elecciones presidenciales de 1994*, Mexiko-Stadt.
Callahan, William A. (2000): *Pollwatching, Elections and Civil Society in Southeast Asia*, Singapur/Aldershot.
Cansino, César (2000): *La transición mexicana 1977–2000*, Mexiko-Stadt.
Carillo, Ulises / Alonso Lujambio (1998): „La incertidumbre constitucional. Gobierno dividido y aprobación presupuestal en la LVII Legislatura del congreso mexicano, 1997–2000", *Revista Mexicana de Sociología* (60) 2: 239-263.
Carothers, Thomas (1997): „Democracy Assistance: The Question of Strategy", *Democratization* (4) 3: 109-132.

Carothers, Thomas (1999): *Aiding Democracy Abroad – The Learning Curve*, Washington, DC: Carnegie Endowment for International Peace.
Carothers, Thomas (2002): „The End of the Transition Paradigm", *Journal of Democracy* (13) 1: 5-21.
Carothers, Thomas (2003): „Promoting Democracy and Fighting Terror", *Foreign Affairs* (82) 1: 84-97.
Carothers, Thomas (2004a): *Critical Mission – Essays on Democracy Promotion*, Washington, DC.
Carothers, Thomas (2004b): *Political Party Aid*, paper prepared for the Swedish International Development Agency, Washington, DC.
Carothers, Thomas (2006a): *Confronting the Weakest Link. Aiding Political Parties in New Democracies*, Washington, DC: Carnegie Endowment for International Peace.
Carothers, Thomas (Hg.) (2006b): *Promoting the Rule of Law Abroad. In Search of Knowledge*, Washington, DC.
Carothers, Thomas (2007): „The ‚Sequencing' Fallacy", *Journal of Democracy* (18) 3: 12-27.
Carothers, Thomas (2009): „Democracy Assistance: Political vs. Developmental", *Journal of Democracy* (20) 1: 5-19.
Carothers, Thomas / Marina Ottaway (Hg.) (2000): *Funding Virtue – Civil Society Aid and Democracy Promotion*, Washington, DC: Carnegie Endowment for International Peace.
Carrasquero, José Vicente (2004): „Gobernabilidad democrática y reformas políticas en Venezuela", in: Wilhelm Hofmeister (Hg.): *Reformas políticas en América Latina*, Rio de Janeiro: 397-440.
Carreras, Sandra (2002): „Instabilität als Konstante? Entwicklungslinien Argentiniens im 20. Jahrhundert", in: Peter Birle / Sandra Carreras (Hg.): *Argentinien nach zehn Jahren Menem – Wandel und Kontinuität*, Frankfurt a. M.: 19-51.
Carrió, Alejandro (1996): *La Corte Suprema y su independencia*, Buenos Aires.
Catalano, Ana María / Marta Novick (1997): „Wirtschaftliche Modernisierung und gewerkschaftliche Strategien in Argentinien: Erneuerung oder taktische Anpassung?", in: Rainer Dombois / Peter Imbusch / Hans-Joachim Lauth / Peter Thiery (Hg): *Neoliberalismus und Arbeitsbeziehungen in Lateinamerika*, Frankfurt a. M.: 149-167.
Catón, Matthias (2007): *Effective Party Assistance. Stronger Parties for Better Democracy*, Policy Paper, International Institute for Democracy and Electoral Assistance (IDEA), November 2007, Stockholm.
Cavarozzi, Marcelo (1987): *Autoritarismo y Democracia (1955–1983)*, Buenos Aires.
Cedermann, Lars-Erik / Kristian S. Gleditsch (2004): „Conquest and Regime Change: An Evolutionary Model of the Spread of Democracy and Peace", *International Studies Quarterly* (48) 3: 603-629.
Celoza, Albert F. (1997): *Ferdinand Marcos and the Philippines: The Political Economy of Authoritarianism*, Westport.
Chai-anan, Samudavanija (1995): „Thailand: A Stable Semidemocracy", in: Larry Diamond / Juan J. Linz / Seymour Martin Lipset (Hg.): *Politics in Developing Countries. Comparing Experiences with Democracy*, London/Boulder, CO (2. Aufl.): 323-369.
Chaiwat, Khamchoo / Aaron Stern (2005): „Thailand: The Primacy of Prosperity in Democracy", in: Takashi Inoguchi / Miguel Basanez / Akihiko Tanaka / Timur Dadabaev (Hg.): *Values and Life Styles in Urban Asia. A Cross-Cultural Analysis and Scorebook Based on the Asia Barometer Survey of 2003*, Mexiko-Stadt: 79-102.
Chang, Mao-kuei (1996): „Political Transformation and the ‚Ethnization' of Politics in Taiwan", in: Gunther Schubert / Axel Schneider (Hg.): *Taiwan an der Schwelle zum 21. Jahrhundert*, Hamburg: 135-153.
Chao, Linda / Ramon H. Myers (1998): *The First Chinese Democracy. Political Life in the Republic of China on Taiwan*, Baltimore/London.
Cheibub, José Antonio / Fernando Limongi (2002): „Democratic Institutions and Regime Survival: Parliamentary and Presidential Democracies Reconsidered", *Annual Review of Political Science* 5: 151-179.
Chen, Shyuh Jer (1997): „The Determinants of Union Growth in Taiwan: An Empirical Study", *Issues & Studies* (33) 3: 110-120.
Cheng, Tun-jen / Brantly Womack (1996): „General Reflections on Informal Politics in East Asia", *Asian Survey* (36) 3: 320-337.

Cheng, Tun-jen / Stephan Haggard (2001): „Democracy and Deficits in Taiwan: The Politics of Fiscal Policy 1986–1996", in: Stephan Haggard / Mathew D. McCubbins (Hg.): *Presidents, Parliaments and Policy*, Cambridge/New York/Oakleigh/Madrid/Cape Town: 183-225.
Chesterman, Simon (2001): *Just War or Just Peace? Humanitarian Intervention and International Law*, Oxford: Oxford University Press, Kap. 3.
Chiu, Hungdah (1993): „Constitutional Development and Reform in the Republic of China on Taiwan", *Issues & Studies* (29) 1: 1-38.
Chong, Jong-sup (2000): „Political Power and Constitutionalism", in: Dae-kyu Yoon (Hg.): *Recent Transformations in Korean Law and Society*, Seoul: 11-33.
Chu, Godwin C. (1993): *Modernization versus Revolution. Cultural Change in Korea and China*, Seoul.
Chu, J. J. (1993): „Political Liberalization and the Rise of Taiwanese Labour Radicalism", *Journal of Contemporary Asia* (23) 2: 173-188.
Chu, Yin Wah (1996): „Democracy and Organized Labor in Taiwan", *Asian Survey* (36) 5: 495-510.
Chu, Yun-han / Larry Diamond / Doh Chull Shin (2001): „Halting Progress in Korea and Taiwan", *Journal of Democracy* (12) 1: 122-136.
Chu, Yun-han / Jih-wen Lin (2001): „Political Development in 20th-Century Taiwan: State-Building, Regime Transformation and the Construction of National Identity", *The China Quarterly* (165): 102-130.
Chung, Eun Sung (1989): „Transition to Democracy in South Korea", *Political Studies* (37) 1: 25-38.
Clarke, Gerhard (1993): „People's Power? Non-Governmental Organisations and Philippine Politics since 1986", *Philippine Quarterly of Culture & Society* 23 (3): 231-256.
Clarke, Gerald (1998): *The Politics of NGOs in South-East Asia. Participation and Protest in the Philippines*, London.
Cohen, Jean / Andrew Arato (1992): *Civil Society and Political Theory*, Cambridge/London.
Collier, / Levitsky (1997): „Democracy with Adjectives: Conceptual Innovation in Comparative Research", *World Politics* (49) 3: 430-451.
Colomer, Josep M. (1991): „Transitions by Agreement: Modeling the Spanish Way", *American Political Science Review* (85): 1283-1302.
Colomer, Josep M. (1995a): *Game Theory and the Transition to Democracy: The Spanish Model*, Aldershot/Brooksfield.
Colomer, Josep M. (1995b): „Strategies and Outcomes in Eastern Europe", *Journal of Democracy* (6) 2: 74-86.
Colomer, Josep M. / Margot Pascual (1994): „The Polish Games of Transition", *Communist and Post-Communist Studies* (27) 3: 275-294.
Conaghan, Catherine M. (2005): *Fujimori's Peru. Deception in the Public Sphere*, Pittsburgh.
Coppedge, Michael (1994a): „Venezuela: Democratic despite Presidentialism", in: Juan J. Linz / Arturo Valenzuela (Hg.): *The Failure of Presidential Democracy, Bd. 2: The Case of Latin America*, Baltimore, MD/London: 322-347.
Coppedge, Michael (1994b): *Strong Parties and Lame Ducks. Presidential Partyarchy and Factionalism in Venezuela*, Stanford.
Cotler, Julio (1994): *Política y sociedad en el Perú*, Lima.
Cotler, Julio (1998a): *La articulación y los mecanismos de representación de las organizaciones empresariales*, Lima.
Cotler, Julio (1998b): *Los empresarios y las reformas económicas en el Perú*, Lima.
Cotler, Julio (2005): *Bolivia – Ecuador – Perú, 2003–2004: tempestad en los Andes?*, Real Instituto Elcano, Documento de Trabajo 51.
Cotton, James (1992): „Understanding the State in South Korea: Bureaucratic Authoritarianism or State Autonomy Theory? ", *Comparative Political Studies* (24) 4: 512-531.
Cox, Gary W. (1996): „Is the Single Nontransferable Vote Superproportional? Evidence from Japan and Taiwan", *American Journal of Political Science* (40) 3: 740-755.
Crawford, Gordon (2002): *Evaluating Democracy Assistance: The inadequacy of numbers and the promise of participation*, paper prepared for the conference on „Combining Qualitative and Quantitaive Methods in Development Research, University of Wales, Swansea, July, 1-2, 2002.

Crisp, Brian F. (1997): „Presidential Behavior in a System with Strong Parties: Venezuela 1958–1995", in: Scott Mainwaring / Matthew Soberg Shugart (Hg.): *Presidentialism and Democracy in Latin America*, Cambridge: 160-198.

Crisp, Brian F. (2000): *Democratic Institutional Design. The Powers and Incentives of Venezuelan Politicians and Interest Groups*, Stanford.

Croissant, Aurel (1997a): „Demokratisierung in Südkorea: Die Rolle der Gewerkschaften und Unternehmerverbände", *Asien* (64): 5-21.

Croissant, Aurel (1997b): „Genese, Funktion und Gestalt von Parteiensystemen in jungen asiatischen Demokratien", in: Wolfgang Merkel / Eberhard Sandschneider (Hg.): *Systemwechsel 3. Parteien im Transformationsprozeß*, Opladen: 293-337.

Croissant, Aurel (1998a): „Machtwechsel im Zeichen der Krise: Die 15. Präsidentschaftswahl und die Konsolidierung der Demokratie in Südkorea", *Asien* (68): 36-58.

Croissant, Aurel (1998b): *Politischer Systemwechsel in Südkorea*, Hamburg.

Croissant, Aurel (2000): „Zivilgesellschaft und Transformation in Ostasien", in: Wolfgang Merkel (Hg.): *Systemwechsel 5. Zivilgesellschaft und Transformation*, Opladen: 335-372.

Croissant, Aurel (2000/01): „Delegative Demokratie und Präsidentialismus in Südkorea und auf den Philippinen", *WeltTrends* (29): 115-143.

Croissant, Aurel (2001): „Korea (Republic of Korea)", in: Dieter Nohlen / Florian Grotz / Christof Hartmann (Hg.): *Elections in Asia and the Pacific. A Data Handbook. Vol. II: South East Asia, East Asia, and the South Pacific*, Oxford: 411-481.

Croissant, Aurel (2002a): *Von der Transition zur defekten Demokratie. Demokratische Entwicklung in den Philippinen, Südkorea und Thailand*, Wiesbaden.

Croissant, Aurel (2002b): „Die Zähmung der Widerspenstigen. Zivile Kontrolle und das Militär im demokratischen Südkorea", *Korea Forum* (10) 1: 17-21.

Croissant, Aurel (2002c): „Einleitung: Demokratische Grauzonen – Konturen und Konzepte eines Forschungszweiges", in: Petra Bendel / Aurel Croissant / Friedbert W. Rüb (Hg.): *Zwischen Demokratie und Diktatur. Zur Konzeption und Empirie demokratischer Grauzonen*, Opladen: 9-54.

Croissant, Aurel (2002d): „Electoral Politics in Southeast and East Asia: Comparative Perspectives", in: Aurel Croissant / Gabriele Bruns / Marei John (Hg.): *Electoral Politics in Southeast and East Asia*, Singapur: 321-369.

Croissant, Aurel (2002e): „Majoritarian and Consensus Demoracy, Electoral Systems, and Democratic Consolidation", *Asian Perspective* (26) 2: 5-39.

Croissant, Aurel (2003): „Das Politische System Südkoreas", in: Claudia Dericks / Thomas Heberer (Hg.): *Einführung in die politischen Systeme in Ostasiens*, Opladen: 225-270.

Croissant, Aurel (2005): „Unrest in Southern Thailand", *Contemporary Southeast Asia* (27) 1: 21-44.

Croissant, Aurel (2008): „The Perils and Promises of Democratization through United Nations Transitional Authority – Lessons from Cambodia and East Timor", in: Sonja Grimm / Wolfgang Merkel (Hg.): *Special Issue of Democratization „War and Democratization: Legality, Legitimacy and Effectiveness"*, (15) 3: 649-668.

Croissant, Aurel / Wolfgang Merkel / Eberhard Sandschneider (1998): „Verbände und Verbändesysteme im Transformationsprozeß: ein zusammenfassender Vergleich", in: Wolfgang Merkel / Eberhard Sandschneider (Hg.): *Systemwechsel, Bd. 4: Die Rolle von Verbänden im Transformationsprozeß*, Opladen: 329-356.

Croissant, Aurel / Hans-Joachim Lauth / Wolfgang Merkel (2000): „Zivilgesellschaft und Transformation: ein internationaler Vergleich", in: Wolfgang Merkel (Hg.): *Systemwechsel, Bd. 5: Zivilgesellschaft und Transformation*, Opladen: 9-49.

Croissant, Aurel / Jörn Dosch (2001): *Old Wine in New Bottlenecks? Elections in Thailand under the 1997 Constitution, Leeds East Asia Papers, No. 63*, Department of East Asian Studies, University of Leeds.

Croissant, Aurel / Hans-Jürgen Puhle / Eberhard Sandschneider (2001): „Die wirtschaftliche und politische Transformation in Südkorea, Taiwan und Uruguay", in: Werner Weidenfeld (Hg.): *Den Wandel gestalten – Strategien der Transformation, Bd. 1*, Gütersloh: 107-151.

Croissant, Aurel / Gabriele Bruns / Marei John (Hg.) (2002): *Electoral Politics in Southeast Asia*, Singapur.
Croissant, Aurel / Wolfgang Merkel (Hg.) (2004): *Consolidated or Defective Democracy? Problems of Regime Change, Special Issue of Democratization* (11) 5.
Croissant, Aurel / Daniel Pojar Jr. (2005): „The Parliamentary Election in Thailand, February 2005", *Electoral Studies* (25) 1: 184-191.
Croissant, Aurel / Beate Martin (Hg.) (2006): *Between Consolidation and Crisis. Elections and Democracy in Five Nations in Southeast Asia*, Münster.
Cummings, Bruce (1997): *Korea's Place in the Sun. A Modern History*, New York/London.
Cutright, Phillips (1963): „National Political Development. Its Measurement and Social Correlates", in: Nelson W. Polsby / Robert A. Dentler / Pauls A. Smith (Hg.): *Politics and Social Life*, Boston: 569-581.

Dahl, Robert A. (1971): *Polyarchy. Participation and Opposition*, New Haven/London.
Dahl, Robert A. (1989): *Democracy and its Critics*, New Haven.
Dahl, Robert A. (1992): „The Problem of Civic Competence", *Journal of Democracy* (3) 4: 5-59.
Dahl, Robert A. (1997): *Toward Democracy: A Journey. Reflections 1940–1997*, Berkeley, 2 Bde.
Dahl, Robert A. (1998): *On Democracy*, New Haven/London.
Dahrendorf, Ralf (1965): *Gesellschaft und Demokratie in Deutschland*, München.
Dahrendorf, Ralf (1992): „Die Zukunft der Bürgergesellschaft", in: Bernd Guggenberger / Klaus Hansen (Hg.): *Die Mitte. Vermessungen in Politik und Kultur*, Opladen: 74-83.
Dahrendorf, Ralf (1997): *After 1989: Morals, Revolution and Civil Society*, New York.
Dahrendorf, Ralf (2002): *Die Krisen der Demokratie*, München.
Dauderstädt, Michael (1988): „Schwacher Staat und schwacher Markt", *Politische Vierteljahresschrift* (29): 433-453.
Dávila, José (2000): „Demokratie und Korruption in Mittelamerika: Der Fall Jarquín in Nicaragua", *KAS-Auslandsinformationen* 3: 33-54.
De Felice, Renzo (1969): *Le interpretazioni del fascismo*, Bari.
De Mesquita, Bruce B. / James D. Morrow / Randolph M. Siverson / Alastair Smith (1999): „An Institutional Explanantion of the Democratic Peace", *American Political Science Review* (93) 4: 791-807.
Debiel, Tobias (2004): „Souveränität verpflichtet: Spielregeln für den neuen Interventionismus", *Internationale Politik und Gesellschaft* 3: 61-81.
Delbrück, Jost (1993): „Wirksameres Völkerrecht oder neues ‚Weltinnenrecht'? Perspektiven der Völkerrechtsentwicklung in einem sich wandelnden internationalen System", in: Winrich Kühne (Hg.): *Blauhelme in einer turbulenten Welt*, Baden-Baden: 101-131.
Delbrück, Jost (1999): „Effektivität des UN-Gewaltverbots. Bedarf es einer Modifikation der Reichweite des Art. 2 (4) UNO-Charta?", *Die Friedenswarte* (74) 1/2: 139-158.
Deppe, Rainer / Melanie Tatur (1997): „Transformationssequenzen und Gewerkschaftskonstellationen in Polen und Ungarn", in: Eckhard Dittrich / Friedrich Fürstenberg / Gert Schmidt (Hg.): *Kontinuität im Wandel. Betriebe und Gesellschaften Zentraleuropas in der Transformation*, München: 131-154.
de Zeeuw, Jeroen (2005): „Projects Do not Create Institutions: The Record of Democracy Assistance in Post-Conflict Societies", in: *Democratization* (12) 4: 481-504.
Di Palma, Giuseppe (1977): *Surviving Without Governing. The Italian Parties in Parliament*, Berkeley.
Di Palma, Giuseppe (1990): *To Craft Democracies. An Essay on Democratic Transitions*, Berkeley.
Diamandouros, Nikiforos P. (1986): „Regime Change and the Prospects for Democracy", in: Guillermo O'Donnell / Philippe C. Schmitter / Laurence Whitehead (Hg.): *Transitions from Authoritarian Rule: Southern Europe*, Baltimore, MD: 138-164.
Diamandouros, Nikiforos P. (1997): „Southern Europe: A Third Wave Success Story", in: Larry Diamond / Marc F. Plattner / Yun-han Chu / Hung-mao Tien (Hg.): *Consolidating the Third Wave Democracies. Themes and Perspectives*, Baltimore, MD/London: 3-25.
Diamond, Larry (1996): „Is the Third Wave Over?", *Journal of Democracy* (7) 3: 20-37.
Diamond, Larry (1997): *The End of the Third Wave and the Global Future of Democracy*, Reihe Politikwissenschaft Nr. 45, Institut für Höhere Studien, Wien.

Diamond, Larry (2000): „Is Pakistan the Reverse (Wave) of the Future?", *Journal of Democracy* (11) 3: 91-106.
Diamond, Larry (2008a): *The Spirit of Democracy: The Struggle to Build Free Societies Throughout the World*, New York.
Diamond, Larry (2008b): „The Democratic Rollback. The Resurgence of the Predatory State", *Foreign Affairs* (87) 2: 36-48.
Diamond, Larry (Hg.) (1999): *Developing Democracy. Toward Consolidation*, Baltimore, MD.
Diamond, Larry (Hg.) (2001): *The Global Divergence of Democracies*, Baltimore, MD.
Diamond, Larry / Marc F. Plattner (Hg.) (1993): *The Global Resurgence of Democracy*, Baltimore, MD.
Diamond, Larry / Marc F. Plattner (Hg.) (2002): *Democracy after Communism*, Baltimore, MD.
Diamond, Larry / Leonardo Morlino (2004): „The Quality of Democracy. An Overview", *Journal of Democracy* (15) 4: 14-25.
Diamond, Larry / Marc F. Plattner / Yun-han Chu / Hung-mao Tien (Hg.) (1997): *Consolidating the Third Wave Democracies. Themes and Perspectives*, Baltimore, MD.
Diehl, Oliver / Wolfgang Muno (2004): „Nach dem Referendum: Sieg für die ‚Revolution' – Aufbruch in Venezuela?", in: Oliver Diehl / Wolfgang Muno (Hg.): *Venezuela unter Chávez – Aufbruch oder Niedergang?* Frankfurt a. M.: 167-174.
Dimitras, Panayote E. (1987): „Changes in Public Attitudes", in: Kevin Featherstone / Dimitrios K. Katsoudas (Hg.): *Political Change in Greece: Before and After the Colonels*, London: 64-84.
Dittrich, Eckhard (1997): „Der ausgehandelte Kapitalismus – Arbeitsbeziehungen in Polen, Ungarn und Bulgarien", in: Eckhard Dittrich / Friedrich Fürstenberg / Gert Schmidt (Hg.): *Kontinuität im Wandel. Betriebe und Gesellschaften Zentraleuropas in der Transformation*, München: 117-130.
Dobbins, James F. / John G. McGinn / Keith Crane / Seth G. Jones / Rollie Lal / Andrew Rathmell / Rachel Swanger / Anga Timils (2003): *America's Role in Nation-Building. From Germany to Iraq*, Washington, DC.
Dolan, Ronald E. / Robert L. Worden (Hg.) (1992): *Japan: A Country Study*, Washington, DC (5. Aufl.).
Domaschke, Cornelia (1997): „Das Parteiensystem Albaniens", in: Dieter Segert / Richard Stöss / Oskar Niedermayer (Hg.): *Parteiensysteme in postkommunistischen Gesellschaften Osteuropas*, Opladen: 264-284.
Domínguez, Jorge (1999): „The Transformation of Mexico's Electoral and Party Systems, 1988–97: An Introduction", in: Jorge Domínguez / Alejandro Poiré (Hg.): *Toward Mexico's Democratization*, New York/London: 1-23.
Dong, Wonmo (1995): „Regional Cleavage in South Korean Politics", *Korea Observer* (26) 2: 1-27.
Dosch, Jörn (2000): „Indonesien: Autoritäre Klientelstrukturen und wirtschaftliche Entwicklung", in: Jörn Dosch / Jörg Faust (Hg.): *Die ökonomische Dynamik politischer Herrschaft. Das pazifische Asien und Lateinamerika*, Opladen: 212-233.
Downs, Anthony (1968): *An Economic Theory of Democracy*. New York.
Doyle, Michael W. (1983): „Kant, Liberal Legacies and Foreign Affairs, Part I", *Philosophy and Public Affairs* (12) 3: 205-235.
Doyle, Michael W. (1986): „Liberalism and World Politics", *American Political Science Review* (80) 4: 1151-1169.
Doyle, Michael W. (1997): *Ways of War and Peace*, New York.
Doyle, Michael W. (2005): „Three Pillars of the Liberal Peace", *American Political Science Review* (99) 3: 463-466.
Dunn, John (1992): *Democracy. The Unfinished Journey*, Oxford.
Duverger, Maurice (1980): „A New Political System Model: Semi-Presidential Government", *Journal of Political Research* 8: 165-187.

EECR (East European Constitutional Review) (1997): *Constitution Watch: Poland*, 1: 20-22.
Easton, David (1965): *A Systems Analysis of Political Life*, New York.
Eccleston, Bernard (1993): *State and Society in Post-War Japan*, Cambridge.
Eckstein, Harry / Ted R. Gurr (1975): *Patterns of Authority: A Structural Basis for Political Inquiry*, New York.

Eisenstadt, Todd (1999): „La Justicia Electoral en México: De Contradicción en Sí a Norma Jurídica en una Década. Un Análisis de Casos de la Evolución de los Tribunales Federales Electorales de México 1988–1997", in: Orozco Henríquez / José de Jesús (Hg.): *Justicia Electoral en el Umbral del Siglo XXI. Memoria del III Congreso Internacional de Derecho Electoral*, Mexiko-Stadt: 988-1050.

Eisenstadt, Todd (2000): „Eddies in the Third Wave: Protracted Transitions and Theories of Democratization", *Democratization* (7) 3: 3-24.

Elster, Jon (1979): *Ulysses and the Sirens*, Cambridge.

Elster, Jon (1988): „Consequences of Constitutional Choice: Reflections on Tocqueville", in: Jon Elster / Rune Slagstad (Hg.): *Constitutionalism and Democracy*, Cambridge: 81-101.

Elster, Jon (1990): „The Necessity and Impossibility of Simultaneous Economic and Political Reform", in: Piotr Polszajski (Hg.): *Philosophy of Social Choice*, Warschau: 309-316.

Elster, Jon (1993): „Constitution Making in Eastern Europe: Rebuilding the Boat in the Open Sea", *Public Administration* (71) 1/2: 167-217.

Elster, Jon (1994): „Die Schaffung von Verfassungen: Analyse der allgemeinen Grundlagen", in: Ulrich K. Preuß (Hg.): *Zum Begriff der Verfassung*, Frankfurt a. M.: 37-57.

Elster, Jon (2004): *Closing the Books: Transitional Justice in Historical Perspective*, Cambridge.

Elster, Jon / Claus Offe / Ulrich K. Preuß (1998): *Institutional Design in Post-communist Societies. Rebuilding the Ship at Sea*, Cambridge.

Emmerson, Donald (1999): „A Tale of Three Countries", *Journal of Democracy* (10) 4: 35-54.

Eng, Peter (1997): „Thai Democracy: The People Speak", *Washington Quarterly* (20) 4: 169-189.

Ensignia, Jaime (2004): „Die chilenische Gewerkschaftsbewegung nach der Diktatur", in: Peter Imbusch / Dirk Messner / Detlef Nolte (Hg.): *Chile heute. Politik, Wirtschaft, Kultur*, Frankfurt a. M.: 127-139.

Ensignia, Jaime / Detlef Nolte (Hg.) (1992): *Modellfall Chile? Ein Jahr nach dem demokratischen Neuanfang*, Hamburg.

Erdmann, Gero (2004): „Party Research: The Western European Bias and the ‚African Labyrinth'", *Democratization* (11) 3: 63-87.

Erdmann, Gero (2008): „Parteienförderung im Kontext von Transitions- und Parteienforschung", in: Gero Erdmann / Marianne Kneuer (Hg.): *Externe Faktoren der Demokratisierung*, Baden-Baden: 235-260.

Erdmann, Gero / Marianne Kneuer (2008): „Externe Faktoren der Demokratisierung: Forschungsperspektiven und Entwicklungspotenzial", in: Gero Erdmann / Marianne Kneuer (Hg.): *Externe Faktoren der Demokratisierung*, Baden-Baden: 319-338.

European Council of Ministers (2006): The EU Approach to Democracy Promotion in External Relations: Food for Thought, online: http://www.democracy assistance.eu (12.12.2007).

Fakiolas, Rossetos (1987): „Interest Groups: An Overview", in: Kevin Featherstone / Dimitrios Katsoudas (Hg.): *Political Change in Greece*, London/Sidney: 174-188.

Falter, Jürgen W. (1991): *Hitlers Wähler*, München.

Farber, Henry S. / Joanne Gowa (1997): „Common Interests or Common Polities? Reinterpreting the Democratic Peace", *Journal of Politics* (59) 2: 393-417.

Farneti, Paolo (1983): *Il sistema dei partiti in Italia 1946–1979*, Bologna.

Farrington, John / David J. Lewis (Hg.) (1993): *Non-Governmental Organizations and the State in Asia*, London/New York.

Faust, Jörg (2000): „Politische Ökonomie der mexikanischen Peso-Krise. Verteilungskoalitionen im historischen Längsschnitt", in: Dieter Boris / Alvaro Berriel Diaz / Kai Eicker-Wolf / Ralf Käpernick / Jan Limbers (Hg.): *Finanzkrisen im Übergang zum 21. Jahrhundert: Probleme der Peripherie oder globale Gefahr?*, Marburg: 205-240.

Faust, Jörg (2001): „Aufstieg und Niedergang der mexikanischen Autokratie", in: Klaus Bodemer / Detlef Nolte / Hartmut Sangmeister (Hg.): *Lateinamerika-Jahrbuch 2001*, Hamburg: 57-81.

Faust, Jörg (2006): „Die Dividende der Demokratie: Politische Herrschaft und wirtschaftliche Produktivitätsentwicklung", *Politische Vierteljahresschrift* (47) 1: 62-83.

Faust, Jörg / Wolfgang Muno (1998): „Ökonomische Reformen versus Demokratie. Die Beispiele Costa Rica, Mexiko und Venezuela", *WeltTrends* 20: 127-150.

Faust, Jörg / Dirk Messner (2007): Organizational challenges for an effective aid architecture: traditional deficits, the Paris Agenda and beyond, Bonn: Deutsches Institut für Entwicklungspolitik (Discussion Paper 20/2007).

Faust, Jörg / Stefan Leiderer (2008): „Zur Effektivität und politischen Ökonomie der Entwicklungszusammenarbeit", *PVS Politische Vierteljahresschrift* (49) 1: 3-26.

Feith, Herbert (1962): *The Decline of Constitutional Democracy in Indonesia*, Ithaca.

Fernández, Mario (1998): „El sistema político chileno: características y tendencias", in: Cristián Toloza / Eugenio Lahera (Hg.): *Chile en los noventa*, Santiago de Chile: 27-51.

Finer, Samuel E. (1962): *The Man on Horseback. The Role of the Military in Politics*, London.

Finkel, Steven E. / Aníbal Pérez-Liñán / Mitchell A. Seligson (2007): „The Effects of U.S. Foreign Assistance on Democracy Building, 1990–2003", *World Politics* (59) 3: 404-439.

Fish, Steven (1995): „The Advent of Multipartism in Russia, 1993–1995", *Post-Soviet Affairs* (11) 4: 340-383.

Fishman, Robert (1990): „Rethinking State and Regime: Southern Europe's Transition to Democracy", *World Politics* (42) 3: 422-440.

Fonseca, Sara Claro da (2009): „Das politische System Portugals", in: Wolfgang Ismayr (Hg.) unter Mitarbeit von Jörg Bohnefeld und Stephan Fischer: *Die politischen Systeme Westeuropas*, 4., aktual. u. überarb. Aufl., Wiesbaden: 765-818.

Foth, Hans-Peter (1996): *Landreformpolitik auf den Philippinen: Die Ära Aquino*, Hamburg.

Fraenkel, Ernst (1957): „Parlamentarisches Regierungssystem", in: Karl-Dietrich Bracher / Ernst Fraenkel (Hg.): *Staat und Politik*, Frankfurt a. M.: 223-238.

Fraenkel, Ernst (Hg.) (1962): *Staat und Politik*, Frankfurt a. M.

Fraenkel, Ernst (1974): *Der Doppelstaat*, Frankfurt a. M./Köln (engl. The Dual State, New York 1941).

Freedom House (versch. Jge.): *Freedom in the World. The Annual Survey of Political Rights and Civil Liberties*, Internet: http://www.freedomhouse.org/reports/.

Freedom House (versch. Jge.): *Freedom in the World. Country Ratings*, Internet: http:// www.freedomhouse.org/uploads/fiw/FIWAllScores.xls.

Freise, Matthias (2004): *Externe Demokratieförderung in postsozialistischen Transformationsstaaten*, Schriftenreihe der Stipendiatinnen und Stipendiaten der Friedrich-Ebert-Stiftung, Bd. 27, Berlin/Hamburg/Münster.

Friedrich, Carl Joachim (Hg.) (1954): *Totalitarianism. Proceedings of a Conference held at the American Academy of Arts and Sciences, March 1953*, Cambridge/Mass.

Friedrich, Carl Joachim (1957): *Totalitäre Diktatur* (unter Mitarbeit von Zbigniew Brzezinski), Stuttgart.

Friedrich, Carl Joachim / Zbigniew Brzezinski (1968): „Die allgemeinen Merkmale der totalitären Diktatur", in: Bruno Seidel / Siegfried Jenkner (Hg.): *Wege der Totalitarismusforschung*, Darmstadt: 600-617.

Fritsche, Peter (1987): *Die politische Kultur Italiens*, Frankfurt a. M.

Frye, Timothy (1997): „A Politics of Institutional Choice: Post-Communist Presidencies", *Comparative Political Studies* (30) 5: 523-552.

Fukuyama, Francis (1992): *Das Ende der Geschichte. Wo stehen wir?* München.

Fukuyama, Francis (1995): „Confucianism and Democracy", *Journal of Democracy* (6) 2: 20-33.

Funke, Manfred (1988): „Republik im Untergang. Die Zerstörung des Parlamentarismus als Vorbereitung der Diktatur", in: Karl Dietrich Bracher / Manfred Funke / Hans-Adolf Jacobson (Hg.): *Die Weimarer Republik 1918–1933. Politik. Wirtschaft. Gesellschaft*, Frankfurt a. M.: 505-532.

Furtak, Robert K. (1996): „Zum Verhältnis von Staatspräsident und Regierung in postkommunistischen Staaten", in: Otto Luchterhandt (Hg.): *Neue Regierungssysteme in Osteuropa und der GUS. Probleme der Ausbildung stabiler Machtinstitutionen*, Berlin: 115 -149.

Gabanyi, Anneli Ute (1997): „Das Parteiensystem Rumäniens", in: Dieter Segert / Richard Stöss / Oskar Niedermayer (Hg.): *Parteiensysteme in postkommunistischen Gesellschaften Osteuropas*, Opladen: 181-236.
Gabriel, Oscar W. (1992): „Politische Einstellungen und politische Kultur", in: Oscar W. Gabriel (Hg.): *Die EG-Staaten im Vergleich*, Opladen: 95-134.
Gallagher, Tom (1995): „Democratization in the Balkans: Challenges and Prospects", *Democratization* (2) 3: 337-361.
Gallagher, Tom (1996): „A Feeble Embrace: Romania's Engagement with Democracy, 1989–1994", *Journal of Communist Studies and Transition Politics* (12) 2: 145-172.
Galtung, Johan (1996): „Democracy:Dictatorship = Peace:War?", in: Johan Galtung: *Peace by Peaceful Means: Peace and Conflict, Development and Civilisation*, London: 49-59.
Gandhi, Jennifer G. / Adam Przeworski (2006): „Cooperation, Cooptation, and Rebellion under Dictatorships", *Economics and Politics* (18) 1: 1-26.
Ganslandt, Herbert R. (1990): „Politische Kultur und politisches System in Griechenland", *Aus Politik und Zeitgeschichte* B 51: 29-38.
Gargarella, Roberto (1996): *La Justicia frente al Gobierno*, Barcelona.
Garlicki, Leszek Lech (1996): „Das Verfassungsgericht im politischen Prozeß", in: Otto Luchterhandt (Hg.): *Neue Regierungssysteme in Osteuropa und der GUS. Probleme der Ausbildung stabiler Machtinstitutionen*, Berlin: 275-310.
Garretón, Manuel Antonio (1989): *The Chilean Political Process*, Boston.
Garretón, Manuel Antonio (1991): „La redemocratización política en Chile. Transición, inauguración y evolución", *Estudios Públicos* 42: 101-133.
Garretón, Manuel Antonio (1995): „Redemocratization in Chile", *Journal of Democracy* (6) 1: 146-158.
Garretón, Manuel Antonio (1999): „Chile 1997–1998: Las revanchas de la democratización incompleta", in: Facultad Latinoamericana de Ciencias Sociales (FLACSO) (Hg.): *Entre la II Cumbre y la detención de Pinochet. Chile 98*, Santiago de Chile: 153-166.
Garretón, Manuel Antonio (2004): „De la transición a los problemas de calidad en la democracia chilena", *Revista Política* (42), http://www.manuelantoniogarreton.esmartstudent.com/documentos/calidademoc.pdf (28.01.2005).
Gat, Azar (2007): „The Return of Authoritarian Great Powers", *Foreign Affairs* July/August, http://www.foreignaffairs.com (15.06.2009).
Gates, Scott / Harvard Strand (2004): *Military Intervention, Democratization, and Post-Conflict Political Stability*, Ms. Montreal.
Geddes, Barbara (1999): „What Do We Know about Democratization after Twenty Years", *Annual Review of Political Science* 2: 115-144.
Gerlich, Peter / Fritz Plasser / Peter A. Ulram (Hg.) (1992): *Regimewechsel. Demokratisierung und politische Kultur in Ost-Mitteleuropa*, Wien/Köln/Graz.
Giddens, Anthony (1992): *Die Konstitution der Gesellschaft*, Frankfurt a. M.
Giddens, Anthony (1993): *Sociology*, Cambridge (2. Aufl.).
Gills, Barry / Richard L. Wilson / Joel Rocamora (1993): „Low Intensity Democracy", in: Richard L. Wilson / Joel Rocamora / Barry Gills (Hg.): *Low Intensity Democracy: Political Power in the New World Order*, Boulder, CO/London: 3-35.
Ginsburg, Tomas B. (2001): *Confucian Constitutionalism: Globalization and Judicial Review in Korea and Taiwan*, Ilinois Public Law and Legal Theory Research Papers Series, Research Paper No. 00-03.
Girnius, Saulius (1997): „The Political Pendulum Swings Back in Lithuania", *Transition* (3) 2: 20-21.
Glaeßner, Joachim (1994): *Demokratie nach dem Ende des Kommunismus*, Opladen.
Gleditsch, Kristian S. / Michael D. Ward (1997): „Double Take: A Re-examination of Democracy and Autocracy in Modern Polities", *Journal of Conflict Resolution* (41) 3: 361-383.
Gleditsch, Nils Petter / Lene Siljeholm Christiansen / Hårvard Hegre (2004): *Democratic Jihad? Military Intervention and Democracy*, Ms. Oslo.
Gnauck, Gerhard / Michael Harms (1997): „Das Parteiensystem Russlands", in: Dieter Segert / Richard Stöss / Oskar Niedermayer (Hg.): *Parteiensysteme in postkommunistischen Gesellschaften Osteuropas*, Opladen: 285-339.

Götting, Ulrike (1998): *Transformation der Wohlfahrtsstaaten in Mittel- und Osteuropa*, Opladen.
Grauwels, Stephan (1996): „The Democratic Progressive Party at a Turning Point: From Radical Opposition to a Potential Coalition Partner", in: Gunther Schubert / Axel Schneider (Hg.): *Taiwan an der Schwelle zum 21. Jahrhundert*, Hamburg: 61-85.
Grävingholt, Jörn / Julia Leininger / Oliver Schlumberger (2009): „Demokratieförderung: Quo vadis?", *Aus Politik und Zeitgeschichte APuz* 8: 28-33.
Grayson, George W. (2003): *Beyond the Mid-term Elections. Mexico's Political Outlook 2003–2006*, Western Hemisphere Election Study Series, Center for Strategic and International Studies (CSIS), Washington, DC, October, http://www.csis.org/americas/Mexico/0310_grayson.pdf (28.02.2005).
Greifenhagen, Martin / Sylvia Greifenhagen (1993): *Ein schwieriges Vaterland. Zur politischen Kultur im vereinigten Deutschland*, München/Leipzig.
Grimm, Dieter (1991): *Die Zukunft der Verfassung*, Frankfurt a. M.: Suhrkamp.
Grimm, Sonja (2008a): „External Democratization after War: Success and Failure", in: Sonja Grimm / Wolfgang Merkel (Hg.): *Special Issue of Democratization: War and Democratization: Legality, Legitimacy and Effectiveness*, 15(3): 525-549.
Grimm, Sonja (2008b): „Demokratisierung von außen: Der Beitrag externer Akteure zur politischen Transformation nach Kriegen und Intervention", in: Gero Erdmann / Marianne Kneuer (Hg.): *Externe Faktoren der Demokratisierung*, Baden-Baden: Nomos: 103-126.
Grimm, Sonja (2009): *Erzwungene Demokratie. Politische Neuordnung nach militärischer Intervention unter externer Aufsicht*, Baden-Baden.
Grimm, Sonja / Wolfgang Merkel (Hg.) (2008): *Special Issue of Democratization: War and Democratization: Legality, Legitimacy and Effectiveness*, (15) 3.
Grotius, Hugo (1625): *Hugo Grotius: De Jure Belli Ac Pacis Libri Tres. Drei Bücher vom Recht des Krieges und des Friedens*, Paris. Neuer deutscher Text und Einleitung von Walter Schätzel. Tübingen 1950, III.
Grotz, Florian (1998): „‚Dauerhafte Strukturprägung' oder ‚akrobatische Wahlarithmetik'? Die Auswirkungen des ungarischen Wahlsystems in den 90er Jahren", *Zeitschrift für Parlamentsfragen* 4: 624-647.
Gunther, Richard / Nikiforos P. Diamandouros / Hans-Jürgen Puhle (Hg.) (1995): *The Politics of Democratic Consolidation. Southern Europe in Comparative Perspective*, Baltimore, MD.
Gurr, Ted Robert (1974): „Persistence and Change in Political Systems, 1800–1971", *American Political Science Review* 68 (December): 1482-1504.
Gurr, Ted Robert / Keith Jaggers / Will H. Moore (1990): „The Transformation of the Western State: The Growth of Democracy, Autocracy, and State Power since 1800", *Studies in Comparative International Development* 25 (Spring): 73-108.
Gutierrez, Eric (1994): *The Ties that Bind*, Quezon City.

Habermas, Jürgen (1981): *Theorie des kommunikativen Handelns*, Frankfurt a. M.
Habermas, Jürgen (1990): *Die nachholende Revolution*, Frankfurt a. M.
Habermas, Jürgen (1992): *Faktizität und Geltung*, Frankfurt a. M.
Habermas, Jürgen (1996): „Über den internen Zusammenhang von Rechtsstaat und Demokratie", in: Jürgen Habermas (Hg.): *Die Einbeziehung des Anderen. Studien zur politischen Theorie*, Frankfurt a. M. (2. Aufl.): 31-66.
Hadenius, Axel (1992): *Democracy and Development*, Cambridge.
Hadenius, Axel / Jan Teorell (2007): „Pathways from Authoritarianism", *Journal of Democracy* (18) 1: 143-156.
Hadiwinata, Bob S. (2006a): „The 2004 Parliamentary and Presidential Elections in Indonesia", in Aurel Croissant / Beate Martin (Hg.): *Between Consolidation and Crisis: Elections and Democracy in Five Nations in Southeast Asia*, Münster: 85-146.
Hadiwinata, Bob S. (2006b): *From Violence to Voting. Post-conflict Settlement and Democratization in Aceh* (unveröffentl. Ms.).
Hadiwinata, Bob S. / Christoph Schuck (Hg.) (2007): *Democracy in Indonesia. The Challenge of Consolidation*, Baden-Baden.

Hadley, Eleanor M. (1989): „The Diffusion of Keynesian Ideas in Japan", in: Peter Hall (Hg.): *The Political Power of Keynesian Ideas. Keynesianism across Nations*, Cambridge.
Hagopian, Frances / Scott Mainwaring (Hg.) (2005): *The Third Wave of Democratization in Latin America: Advances and Setbacks*, Cambridge.
Hailbronner, Kay (2007): „Der Staat und der Einzelne als Völkerrechtssubjekte", in: Wolfgang Graf Vitzthum (Hg.): *Völkerrecht* (4. Aufl.), Berlin: 161-265.
Halbeisen, Hermann (1982): „Tangwai: Entwicklung und gegenwärtige Lage der Opposition in Taiwan", *Zeitschrift für Politik* (31) 2: 206-220.
Haley, John O. (1995): „Political Culture and Constitutionalism in Japan", in: Daniel P. Franklin / Michael J. Baun (Hg.): *Political Culture and Constitutionalism: A Comparative Approach*, Armonk, NY: 98-115.
Hall, Peter / David Soskice (Hg.) (2001): *Varieties of Capitalism. The Institutional Foundations of Comparative Advantage*, Oxford.
Halliday, Jon (1989): „Japan unter amerikanischer Besatzung: ,Zwischenspiel' und Neuordnung", in: Ulrich Menzel (Hg.): *Im Schatten des Siegers: Japan*, Bd. 2, Frankfurt a. M.: 99-185.
Hammergren, Linn A. (1998): *The Politics of Justice and Justice Reform in Latin America. The Peruvian Case in Comparative Perspective*, Boulder, CO.
Han, In Sup (2000): „A Dilemma of Public Prosecution of Political Corruption", in: Dae-kyu Yoon (Hg.): *Recent Transformations in Korean Law and Society*, Seoul: 363-377.
Hanke, Stefanie (2001): *Systemwechsel in Mali: Bedingungen und Perspektiven der Demokratisierung eines neopatrimonialen Systems*, Hamburg.
Harfst, Philipp (2007): *Wahlsystemwandel in Mittelosteuropa. Strategisches Design einer politischen Institution*, Wiesbaden.
Hartmann, Christof (1999): *Externe Faktoren im Demokratisierungsprozeß. Eine vergleichende Untersuchung afrikanischer Länder*, Opladen.
Hartmann, Jürgen (1983): *Politik und Gesellschaft in Japan, USA, Westeuropa: ein einführender Vergleich*, Frankfurt a. M.
Hartmann, Jürgen (1992): *Politik in Japan: Das Innenleben einer Weltwirtschaftsmacht*, Frankfurt a. M./New York.
Harymurti, Bambang (1999): „Challenges of Change in Indonesia", *Journal of Democracy* (10) 4: 69-83.
Hasenclever, Andreas / Wolfgang Wagner (2004): „From the Analysis of a Separate Democratic Peace to the Liberal Study of International Conflict", *International Politics* (41) 4: 465-471.
Heck, Peter (1995): *Taiwan – vom Wirtschaftswunder zur ökologischen Krise. Eine kritische Analyse*, Hamburg.
Heidenheimer, Arnold (1991): „Zeitliche und räumliche Bezugsrahmen der Entwicklung der Bundesrepublik", in: Bernhard Blanke / Hellmut Wollmann (Hg.): *Die alte Bundesrepublik. Kontinuität und Wandel*, Leviathan Sonderheft 12, Opladen: 33-44.
Heilmann, Sebastian (2000): *Die Politik der Wirtschaftsreformen in China und Russland*, Hamburg.
Heinz, Wolfgang S. (2001a): *Neue Demokratien und Militär in Lateinamerika. Die Erfahrungen in Argentinien und Brasilien (1983–1999)*, Frankfurt a. M.
Heinz, Wolfgang S. (2001b): „Militärs und Demokratie in Indonesien", *Nord-Süd aktuell* 1: 119-128.
Held, David (1987): *Models of Democracy*, Cambridge/Oxford.
Helgesen, Geir (1998): *Democracy and Authority in Korea. The Cultural Dimension in Korean Politics*, Richmond.
Heller, Herrmann (1928): „Demokratie und soziale Homogenität", in: Herrmann Heller: *Gesammelte Schriften, 3 Bde*, Bd. 2, Leiden (1971): 425 -426.
Hellinger, Daniel C. (1991): *Venezuela. Tarnished Democracy*, Boulder, CO.
Herberg, Mirko (2002): „Auf dem Weg zu einer neuen Verfassung?" *Indonesien-Information 1*, http://home.snafu.de/watchin/II_Feb_02/neuVerfass.html (14.08.2002).
Hernandez, Carolina G. (1991): „Political Development in the Philippines", in: Thomas W. Robinson (Hg.): *Democracy and Development in East Asia: Taiwan, South Korea and the Philippines*, Lanham/London: 171-193.

Hernandez, Carolina G. (1997): „The Military and Constitutional Change. Problems and Prospects in a Redemocratized Philippines", *Public Policy* (1) 1: 42-61.
Hernández Rodríguez, Rogelio (2004): „Instituciones y gobernabilidad democrática. La experiencia mexicana", in: Wilhelm Hofmeister (Hg.): *Reformas políticas en América Latina*, Rio de Janeiro: 277-305.
Herrera Zúniga, René (1996): „Der Wandel des politischen Systems in Nicaragua", in: Wilhelm Hofmeister / Josef Thesing (Hg.): *Der Wandel politischer Systeme in Lateinamerika*, Frankfurt a. M.: 279-300.
Herz, John D. (Hg.) (1982): *From Dictatorship to Democracy: Coping with the Legacies of Authoritarianism and Totalitarianism*, Westport.
Heuser, Robert (1993): „Verfassungsreform in Taiwan", *Jahrbuch des öffentlichen Rechts* (41): 659-682.
Hewison, Kevin (1996): „Political Oppositions and Regime Change in Thailand", in: Garry Rodan (Hg.): *Political Oppositions in Industrialising Asia*, London/New York: 72-95.
Hewison, Kevin (1997): „Introduction: Power, Oppositions and Democratization", in: Kevin Hewison (Hg.): *Political Change in Thailand: Democracy and Participation*, London/New York: 1-21.
Hewison, Kevin (2003): *The Politics of Neo-Liberalism: Class and Capitalism in Contemporary Thailand*, City University of Hong Kong SEARC Working Papers Series No. 44, Hongkong.
Hewison, Kevin / Andrew Brown (1994): „Labour and Unions in an Industrialising Thailand", *Journal of Contemporary Asia* (24) 4: 483-514.
Hewison, Kevin / Garry Rodan (1996): „The Ebb and Flow of Civil Society and the Decline of the Left in Southeast Asia", in: Garry Rodan (Hg.): *Political Oppositions in Industrialising Asia*, London/New York: 40-72.
Higley, John / Richard Gunther (Hg.) (1992): *Elites and Democratic Consolidation in Latin America and Southern Europe*, Cambridge.
Higley, John / Tong-yi Huang / Tse-min Lin (1998): „Elite Settlements in Taiwan", *Journal of Democracy* (9) 2: 148-164.
Hillenbrand, Olaf / Iris Kempe (2002): *Der schwerfällige Riese. Wie Russland den Wandel gestalten soll*, Gütersloh.
Hine, David (1993): *Governing Italy. The Politics of Bargained Pluralism*, Oxford.
Hippler, Jochen (2008): „Democratization after Civil Wars – Key Problems and Experiences", in: Sonja Grimm / Wolfgang Merkel (Hg.): *Special Issue of Democratization: War and Democratization: Legality, Legitimacy and Effectiveness*, (15) 3: 550-569.
Hirschman, Albert O. (1970): *Exit, Voice and Loyalty: Responses to Decline in Firms, Organizations, and States*, Cambridge.
Hirschman, Albert O. (1982): *Shifting Involvements: Private Interest and Public Action*, Princeton.
Hirschman, Albert O. (1988): *Engagement und Enttäuschung. Über das Schwanken der Bürger zwischen Privatwohl und Gemeinwohl*, Frankfurt a. M.
Hoffer, Frank (1994): „Umbruch ohne Aufbruch. Beobachtungen zum Wandel industrieller Beziehungen in Russland", *WSI-Mitteilungen* 8: 507-515.
Hoffer, Frank (1996): „Russland", in: Wolfgang Lecher / Uwe Optenhögel (Hg.): *Wirtschaft, Gesellschaft und Gewerkschaften in Mittel- und Osteuropa*, Köln: 194-215.
Höffe, Otfried (1999): *Demokratie im Zeitalter der Globalisierung*, München.
Höffe, Otfried (2000): „Humanitäre Intervention? Rechtsethische Überlegungen", in: Reinhard Merkel (Hg.): *Der Kosovo-Krieg und das Völkerrecht*, Frankfurt a. M.: 167-186.
Holmes, Stephen (1993/94): „Superpresidentialism and its Problems", *East European Constitutional Review* (2/3) 4/1: 123-126.
Hong, Joon-Hyung (2000): „Administrative Law in the Institutionalized Administrative State", in: Dae-kyu Yoon (Hg.): *Recent Transformations in Korean Law and Society*, Seoul: 47-73.
Horowitz, Donald L. (1993): „Comparing Democratic Systems", in: Larry Diamond / Marc F. Plattner (Hg.): *The Global Resurgence of Democracy*, Baltimor, MD: 127-133.
Hsiao, Michael Hsin Huang (1994): „Political Liberalization and the Farmer's Movement in Taiwan", in: Edward Friedman (Hg.): *The Politics of Democratization: Generalizing East Asian Experience*, Boulder, CO: 202-218.

Hsieh, John Fuh-sheng (2001): „Whither the Kuomintang?", *The China Quarterly* (168): 930-944.
Huang, Te-fu / Ching-hsin Yu (1999): „Developing a Party System and Democratic Consolidation", in: Steve Tsang / Hung-mao Tien (Hg.): *Democratization in Taiwan: Implications for China*, Houndmills/London: 85-101.
Huh, Young (2000a): „Zur neueren Entwicklung des Verfassungsrechts in der Republik Korea", *Jahrbuch des öffentlichen Rechts der Gegenwart* (48): 471-489.
Huh, Young (2000b): „Parteienstaatlich-repräsentative Demokratie und die Wahl", *Public Law* (28) 2: 56-72.
Huhle, Rainer (1998): „Peru – Von der Entlegitimierung der Demokratie zur Autorisierung des Autoritarismus", in: Gunter Schubert / Rainer Tetzlaff (Hg.): *Blockierte Demokratien in der Dritten Welt*, Opladen: 67-115.
Human Rights Watch (2006a): *Lost in Transition. Bold Ambitions, Limited Results for Human Rights under Fox*, New York, http://hrw.org/reports/2006/Mexico0506/ Mexico0506web.pdf (25.05.2006).
Human Rights Watch (2006b): *Too High a Risk. The Human Rights Cost of the Indonesian Military's Economic Activities*, New York.
Huneeus, Carlos (1981): *Der Zusammenbruch der Demokratie in Chile. Eine vergleichende Analyse*, Heidelberg.
Huneeus, Carlos (1987): „La transición a la democracia en Chile", *Síntesis* 1: 215-272.
Huneeus, Carlos (1990): „Ein Schlüsselereignis für den Übergang zur Demokratie: Die Niederlage General Pinochets im Plebiszit vom 5. Oktober 1988", *Lateinamerika. Analysen, Daten, Dokumentation* 15: 5-16.
Huneeus, Carlos (1995): „En defensa de la transición: el primer gobierno de la democracia en Chile", in: Dieter Nohlen (Hg.): *Democracia y neocrítica en América Latina. En defensa de la transición*, Frankfurt a. M.: 192-224.
Huntington, Samuel P. (1968): *Political Orders in Changing Societies*, New Haven/London.
Huntington, Samuel P. (1991): *The Third Wave: Democratization in the Late Twentieth Century*, Norman/London.
Huntington, Samuel P. (1993): „The Clash of Civilizations", *Foreign Affairs* (72) 3: 22-49.
Huntington, Samuel P. (1996a): *The Clash of Civilizations and the Remaking of World Order*, New York.
Huntington, Samuel P. (1996b): „Democracy for the Long Haul", *Journal of Democracy* (7) 2: 3-13.
Huntington, Samuel P. et al. (2002): *What We Are Fighting For: A Letter from America*, New York.
Hutchcroft, Paul (1998): *Booty Capitalism. The Politics of Banking in the Philippines*, Ithaca/London.
Hutchcroft, Paul (1999): „After the Fall: Prospects for Political and Insitutional Reform in Post-Crisis Thailand and the Philippines", *Govenment and Opposition* (34) 4: 473-497.

ILO (International Labour Organization) (versch. Jge.): *Yearbook of Labour Statistics*, Genf: ILO.
ILO (International Labour Organization) (2007): *Laborsta Internet*, http//laborsta.ilo.org/ (22.06. 2007).
Imbusch, Peter (1995): *Unternehmer und Politik in Chile*, Frankfurt a. M.
Imbusch, Peter (2004): „Unternehmer und ihre Verbände als gesellschaftliche Akteure", in: Peter Imbusch / Dirk Messner / Detlef Nolte (Hg.): *Chile heute. Politik, Wirtschaft, Kultur*, Frankfurt a. M.: 105-125.
IMF (International Monetary Fund) (2007): *International Financial Statistics*, http://ifs. apdi.net/imf/logon.aspx (11.06.2007).
Inglehart, Ronald F. (1977): *The Silent Revolution. Changing Values and Political Styles among Western Publics*, Princeton.
Inglehart, Ronald F. (2006): „East European Value Systems in Global Perspective", in: Hans-Dieter Klingemann / Dieter Fuchs / Jan Zielonka (Hg.): *Democracy and Political Culture in Eastern Europe*, Abingdon/New York: 67-84.
Inglehart, Ronald F. / Christian Welzel (2005): *Modernization, Cultural Change and Democracy. The Human Development Sequence*, New York:
Isensee, Josef (1992): „Schlußbestimmung des Grundgesetzes", in: Josef Isensee / Paul Kirchhof (Hg.): *Staatsrecht für die Bundesrepublik Deutschland, Band VII*, Heidelberg: Paragraph 166.

Ismayr, Wolfgang (Hg.) unter Mitarbeit von Jörg Bohnefeld und Stephan Fischer (2009): *Die politischen Systeme Westeuropas*, 4., aktual. U. überarb. Aufl., Wiesbaden.
Ismayr, Wolfgang (Hg.) (2004a): *Die politischen Systeme Osteuropas*, Opladen (2. Aufl.).
Ismayr, Wolfgang (2004b): „Die politischen Systeme Osteuropas im Vergleich", in: Wolfgang Ismayr (Hg): *Die politischen Systeme Osteuropas*, Opladen (2. Aufl.): 9-70.

Jackisch, Carlota (2000): „Repräsentativitätskrise des politischen Systems in Argentinien", in: Peter Hengstenberg / Karl Kohut / Günther Maihold (Hg.): *Zivilgesellschaft in Lateinamerika. Interessenvertretung und Regierbarkeit*, Frankfurt a. M.: 195-203.
Jacobs, Bruce J. (1981): „Political Opposition and Taiwan's Political Future", *The Australian Journal of Chinese Affairs* 6: 21-44.
Jaggers, Keith / Ted Robert Gurr (1995): „Transition to Democracy: Tracking Democracy's Third Wave with the Polity III Data", *Journal of Peace Research* 32 (November): 469-482.
Jamhari (1999): „Islamic Political Parties: Threats or Prospects?", in: Geoff Forrester (Hg.): *Post-Soeharto Indonesia: Renewal or Chaos?* Singapur/Leiden: 181-186.
Jellinek, Georg (1976 [1900]): *Allgemeine Staatslehre*, Kronberg/Ts., 3. Aufl.
Jennewein, Marga / Kristina Larishová (1996): *Tschechische Republik*, Gütersloh: 217-240.
Jesse, Eckhard (Hg.) (1995): *Totalitarismus im 20. Jahrhundert*, Bonn.
Joyner, Christopher C. (2002): „The United Nations: Strenghtening an International Norm", in: Peter J. Schraeder (Hg.): *Exporting Democracy. Rethoric vs. Reality*, Boulder/London: 147-172.

Kang, Chi Wong (1992): „The Pros and Cons of the Political Choice between the Presidential System and the Cabinet System for Koreas Political Development", *Korea & World Affairs* (16) 4: 695-713.
Kant, Immanuel (2005 [1795]): *Zum ewigen Frieden*, Stuttgart.
Kaplan, Robert (1997): „Was Democracy Just a Moment?", *The Atlantic Monthly* (280) 6: 55-80.
Karl, Terry L. (1986): „Petroleum and Political Pacts: The Transition to Democracy in Venezuela", in: Guillermo O'Donnell / Philippe C. Schmitter / Laurence Whitehead (Hg.): *Transitions from Authoritarian Rule: Latin America*, Baltimore, MD/London: 196-219.
Karl, Terry L. (1995): „The Hybrid Regimes of Central America", *Journal of Democracy* (6) 3: 72-86.
Karl, Terry L. / Philippe C. Schmitter (1991): „Modes of Transition in Latin America, Southern and Eastern Europe", *International Social Science Journal* 128: 269-285.
Kasapović, Mirjana / Dieter Nohlen (1996): „Wahlsysteme und Systemwechsel in Osteuropa", in: Wolfgang Merkel / Eberhard Sandschneider / Dieter Segert (Hg.): *Systemwechsel 2. Die Institutionalisierung der Demokratie*, Opladen: 213-259.
Katsanevas, Theodore (1984): *Trade Unions in Greece*, Athen.
Katz, Richard / Peter Mair (1995): *How Parties Organize. Change and Adaptions in Western Democracies*, London.
Katzenstein, Peter J. (1991): „Die Fesselung der deutschen Macht im internationalen System: der Einigungsprozeß 1989–1990", in: Bernhard Blanke / Hellmut Wollmann (Hg.): *Die alte Bundesrepublik. Kontinuität und Wandel, Leviathan Sonderheft 12*, Opladen: 68-80.
Kaufman, Daniel / Aart Kraay / Massimo Mastruzzi (2008): *Governance Matters VII: Aggregate and Individual Governance Indicators, 1996–2007*, World Bank Policy Research Working Paper No. 4654, Washington, DC.
Keane, John (1988): *Democracy and Civil Society*, London.
Kelsen, Hans (1925): *Allgemeine Staatslehre. Enzyklopädie der Rechts- und Staatswissenschaften*, 23. Band, Berlin.
Keohane, Robert O. (2003): „Political Authority after Interventions: Gradations in Sovereignty", in: Jeff L. Holzgrefe / Robert O. Keohane (Hg.): *Humanitarian Intervention: Ethical, Legal, and Political Dilemmas*, Cambridge: 275-298.
Kersting, Wolfgang (1997): *Recht, Gerechtigkeit und demokratische Tugend*, Frankfurt a. M.
Kersting, Wolfgang (2000): „Bewaffnete Intervention als Menschenrechtsschutz", in: Reinhard Merkel (Hg.): *Der Kosovo-Krieg und das Völkerrecht*, Frankfurt a. M.: 187-231.
Kevenhörster, Paul (1969): *Das politische System Japans*, Köln/Opladen.

Kim, Byung-Kook (1998): „Korea's Crisis of Success", in: Larry Diamond / Marc F. Plattner (Hg.): *Democracy in East Asia*, Baltimore, MD: 113-133.
Kim, Chong Lim et al. (1991): „Electoral Systems and the Dominance of Government Party in Korean Politics", in: Korean Political Science Association (KPSA) (Hg.): *The Second International Conference of the Korean Political Science Association, July 25-27, 1991, Report: Korean Politics in the Challenging Global Order*, Seoul: 355-383.
Kim, Kwan S. (1997): „From Neo-Mercantilism to Globalism: The Changing Role of the State and South Korea's Economic Prowess", in: Mark T. Berger / Douglas A. Borer (Hg.): *The Rise of East Asia: Critical Visions of the Pacific Century*, London/New York: 82-106.
Kinsella, David (2005): „No Rest for the Democratic Peace", *American Political Science Review* (99) 3: 453-458.
Kitschelt, Herbert (1992): „The Formation of Party Systems in East Central Europe", *Politics and Society* (20) 1: 7-52.
Kitschelt, Herbert (1995): „Die Entwicklung post-sozialistischer Parteiensysteme: Vergleichende Perspektiven", in: Hellmut Wollmann / Helmut Wiesenthal / Frank Bönker (Hg.): *Transformation sozialistischer Gesellschaften: Am Ende des Anfangs*, Opladen: 475-505.
Kitschelt, Herbert / Zdenka Mansfeldová / Radosław Markowski / Gábor Tóka (1999): *Post-Communist Party Systems: Competition, Representation, and Intra-Party Cooperation*, Cambridge/New York/Melbourne.
Klein, Harald (1983): *Die Ideologie der peruanischen Revolution*, Stuttgart.
Kleßmann, Christoph (1986): *Die doppelte Staatsgründung. Deutsche Geschichte 1945–1955*, Bonn (4. Aufl.).
Klingemann, Hans-Dieter / Friedhelm Neidhardt (Hg.) (2000): *Zur Zukunft der Demokratie. Herausforderungen im Zeitalter der Demokratisierung, WZB-Jahrbuch 2000*, Berlin.
Klingemann, Hans-Dieter / Dieter Fuchs / Jan Zielonka (Hg.) (2006): *Democracy and Political Culture in Eastern Europe*, Abingdon/New York.
Knabe, Hubertus (1990): „Politische Opposition in der DDR", *Aus Politik und Zeitgeschichte* B 1-2: 21-32.
Knack, Stephen (2004): „Does Foreign Aid Promote Democracy?", *International Studies Quarterly* (48) 1: 251-266.
Kneip, Sascha (2006): „Demokratieimmanente Grenzen der Verfassungsgerichtsbarkeit", in Michael Becker / Ruth Zimmerling (Hg.): *Politik und Recht. PVS-Sonderheft 36/2006*, Wiesbaden: 259-281.
Kneip, Sascha (2007): „Starke und schwache Verfassungsgerichte: Gibt es eine optimale Verfassungsgerichtsbarkeit für die Demokratie?", in: Sabine Kropp / Hans-Joachim Lauth (Hg.): *Gewaltenteilung und Demokratie. Konzepte und Probleme der „horizontal accountability" im interregionalen Vergleich*, Baden-Baden: 91-110.
Kneuer, Marianne R. (2006): *Die Europäische Union als externer Akteur bei Demokratisierungen. Süd- und Osteuropa im Vergleich*, Habilitationsschrift, Katholische Universität Eichstätt-Ingolstadt.
Kneuer, Marianne (2008): „Externe Faktoren der Demokratisierung – zum Stand der Forschung", in: Gero Erdmann / Marianne Kneuer (Hg.): *Externe Faktoren der Demokratisierung*, Baden-Baden: 9-35.
Knobloch, Jörn (2002): *Defekte Demokratie oder keine? Das politische System Russlands*, Münster.
Kollmorgen, Raj (1996): „Schöne Aussichten? Eine Kritik integrativer Transformationstheorien", in: Raj Kollmorgen / Rolf Reißig / Johannes Weiß (Hg.): *Sozialer Wandel und Akteure in Ostdeutschland*, Opladen: 281-331.
Kollmorgen, Raj (2004): „Zwei konkurrierende Disziplinen? Entwicklungssoziologie und Transformationsforschung", *Berliner Debatte Initial* (15) 3: 24-40.
Kőrősényi, András (1997): „Das Parteiensystem Ungarns", in: Dieter Segert / Richard Stöss / Oskar Niedermayer (Hg.): *Parteiensysteme in postkommunistischen Gesellschaften Osteuropas*, Opladen: 157-180.
Kőrősényi, András / Gábor G. Fodor (2004): „Das politische System Ungarns", in: Wolfgang Ismayr (Hg.): *Die politischen Systeme Osteuropas*, Opladen (2. Aufl.): 323-372.
Köster, Mathias (2002): *Venezuela. Merkmale und Ursachen einer defekten Demokratie in Lateinamerika*, Magisterarbeit, Universität Heidelberg.

Kraatz, Susanne / Siliva von Steinsdorff (Hg.) (2002): *Parlamente und Systemtransformation im postsozialistischen Europa*, Opladen.
Krasner, Stephen (2005): The Case of Shared Sovereignty, *Journal of Democracy* (16) 1: 69-83.
Kraus, Peter A. (1990): „Elemente einer Theorie postautoritärer Demokratisierungsprozesse im südeuropäischen Kontext", *Politische Vierteljahresschrift* 2: 191-213.
Kraus, Peter A. (1996a): *Nationalismus und Demokratie*, Wiesbaden.
Kraus, Peter A. (1996b): „Südeuropa: Die erfolgreiche Institutionalisierung der Demokratie und ihre gesellschaftlichen Voraussetzungen", in: Wolfgang Merkel / Eberhard Sandschneider / Dieter Segert (Hg.): *Systemwechsel 2. Die Institutionalisierung der Demokratie*, Opladen: 261-286.
Kraus, Peter A. (1999): „Assoziationen und Interessenrepräsentation in neuen Demokratien", in: Wolfgang Merkel / Eberhard Sandschneider (Hg.): *Systemwechsel 4. Die Rolle von Verbänden im Transformationsprozeß*, Opladen: 23-44.
Kraus, Peter A. / Wolfgang Merkel (1993): „Die Linksparteien", in: Walther L. Bernecker / Carlos Collado Seidel (Hg.): *Der Übergang von der Diktatur zur Demokratie 1975–1982*, Oldenbourg: 192-211.
Kraus, Peter A. / Wolfgang Merkel (1998): „Die Konsolidierung der Demokratie in Spanien nach Franco", in: Walther L. Bernecker / Josef Oehrlein (Hg.): *Spanien heute. Politik, Wirtschaft, Kultur*, Frankfurt a. M.: 37-62.
Kreile, Michael (1985): *Gewerkschaften und Arbeitsbeziehungen in Italien (1968–1982)*, Frankfurt a. M.
Krennerich, Michael (1992): „Nicaragua", in: Dieter Nohlen / Franz Nuscheler (Hg.): *Handbuch der Dritten Welt, Bd. 3: Mittelamerika und Karibik*, Bonn: 203-236.
Krennerich, Michael (1996): *Wahlen und Antiregimekriege in Zentralamerika*, Opladen.
Krennerich, Michael (2003): „Der Kampf gegen die Korruption. Nicaragua nach dem ersten Regierungsjahr von Enrique Bolaños", *Brennpunkt Lateinamerika* 01-03, Institut für Iberoamerikakunde, Hamburg.
Kreuzer, Peter (2000): *Politik der Gewalt – Gewalt in der Politik: Indonesien. Hessische Stiftung Friedens- und Konfliktforschung, HSFK-Report 4*, Frankfurt a. M.
Krickus, Richard J. (1997): „Democratization in Lithuania", in: Karen Dawisha / Bruce Parrott (Hg.): *The Consolidation of Democracy in East-Central Europe*, Cambridge: 290-333.
Krisch, Nico (2004): „Amerikanische Hegemonie und liberale Revolution im Völkerrecht", *Der Staat* (43) 2: 267-297.
Kritz, Neil J. (Hg.) (1995): *Transitional Justice. How Emerging Democracies Reckon with Former Regimes, Volume II: Country Studies*, Washington, DC.
Kronberg, Julia (2006): Zielsetzungen und Strategien der Demokratieförderung der USA und Deutschland, Heidelberg, Ms.
Krumwiede, Heinrich W. (2004): „Die chilenische Regimetransformation im Rückblick", in: Peter Imbusch / Dirk Messner / Detlef Nolte (Hg.): *Chile heute. Politik, Wirtschaft, Kultur*, Frankfurt a. M.: 253-273.
Kunz, Hildegard Maria (1995): *Von Marcos zu Aquino: Der Machtwechsel auf den Philippinen und die Katholische Kirche*, Hamburg.
Kuroń, Jacek (1991): Interview in die *tageszeitung* (taz) vom 15.03.1991.
Kurtan, Sandor (1998): „Gewerkschaften und Tripartismus im ostmitteleuropäischen Systemwechsel", in: Wolfgang Merkel / Eberhard Sandschneider (Hg.): *Systemwechsel 4: Verbände im Transformationsprozeß*, Opladen: 115-136.

Laakso, Markku / Rein Taagepera (1979): „Effective Number of Parties. A Measure with Applications to Western Europe", *Comparative Political Studies* (12) 1: 3-27.
Lake, David A. / Matthew A. Baum (2001): „The Invisible Hand of Democracy. Political Control and the Provision of Public Services", *Comparative Political Studies* (34) 6: 587-621.
Landé, Carl H. (1965): *Leaders, Factions and Parties: The Structure of Philippine Politics*, New Haven.
Landé, Carl H. (2001): „The Return of ‚People Power' in the Philippines", *Journal of Democracy* (12) 2: 88-103.
Lane, Max (1990): *The Urban Mass Movement in the Philippines, 1983–1987*, Canberra/Singapur.
LaPalombara, Joseph (1988): *Die Italiener – oder Demokratie als Lebenskunst*, Darmstadt.

Lasars, Wolfgang (1992): „Rückkehr zur Verfassung, Reform der Verfassung oder Erlaß einer neuen Verfassung? Ein Zwischenbericht über die demokratische Reform im national-chinesischen Verfassungsrecht", *Verfassung und Recht in Übersee* (2): 115-153.
Latinobarómetro (2004): *Informe – Resumen Latinobarómetro 2004. Una década de mediciones*, Santiago de Chile, http://www.latinobarometro.org/Upload/InformeLB 2004Final.pdf (21.02.2005).
Latinobarómetro (2008): *Informe – Resumen Latinobarómetro 2008. Una década de mediciones*, Santiago de Chile, http://www.latinobarometro.org/Upload/InformeLB 2008Final.pdf (13.06.2009).
Lauth, Hans-Joachim (1991): *Mexiko zwischen traditioneller Herrschaft und Modernisierung*, Münster.
Lauth, Hans-Joachim (1996): „Neokorporatismus en vogue? Neoliberalismus und Arbeitsbeziehungen in Mexiko", in: Rainer Dombois / Peter Imbusch / Hans-Joachim Lauth / Peter Thiery (Hg): *Neoliberalismus und Arbeitsbeziehungen in Lateinamerika*, Frankfurt a. M.: 302-318.
Lauth, Hans-Joachim (1997): „Drei Dimensionen der Demokratie und das Konzept einer defekten Demokratie", in: Gert Pickel / Susanne Pickel / Jörg Jacobs (Hg.): *Demokratie – Entwicklungsformen und Erscheinungsbilder im interkulturellen Vergleich*, Frankfurt (Oder): 33-54.
Lauth, Hans-Joachim (1999): „Strategische, reflexive und ambivalente Zivilgesellschaften: Ein Vorschlag zur Typologie von Zivilgesellschaften im Systemwechsel", in: Heidrun Zinnecker (Hg.): *Unvollendete Demokratisierung in Nichtmarktökonomien*, Amsterdam: 95-120.
Lauth, Hans-Joachim (2001): „Rechtsstaat, Rechtssysteme und Demokratie", in: Michael Becker / Hans-Joachim Lauth / Gert Pickel (Hg.): *Rechtsstaat und Demokratie*, Wiesbaden: 21-44.
Lauth, Hans-Joachim (2002): „Die empirische Messung demokratischer Grauzonen: Das Problem der Schwellenwertbestimmung", in: Petra Bendel / Aurel Croissant / Friedbert W. Rüb (Hg.): *Demokratie und Staatlichkeit. Systemwechsel zwischenStaatsreform und Staatskollaps*, Opladen: 119-138.
Lauth, Hans-Joachim (2004): *Demokratie und Demokratiemessung. Eine konzeptionelle Grundlegung für den interkulturellen Bereich*, Wiesbaden.
Lauth, Hans-Joachim / Christoph Wagner (1993): *Die mexikanischen Präsidentschaftswahlen 1988, Dokumente und Materialien Nr. 18*, Institut für Politikwissenschaft der Johannes-Gutenberg Universität Mainz, Mainz.
Lauth, Hans-Joachim / Hans-Rudolf Horn (1995): *Mexiko im Wandel. Bilanz und Perspektiven in Politik, Wirtschaft, Gesellschaft und Kultur*, Frankfurt a. M.
Lauth, Hans-Joachim / Gert Pickel (2008): „Diffusion der Demokratie – Transfer eines erfolgreichen Modells?", in: Gero Erdmann / Marianne Kneuer (Hg.): *Externe Faktoren der Demokratisierung*, Baden-Baden: 37-74.
Lee, Junhan / Doh Chull Shin (2003): „Divergent Paths of Democratization in Asia and Former Communist Europe", *Korea Observer* (34) 1: 145-172.
Lee, Manwoo (1990): *The Odyssey of Korean Democracy: Korean Politics, 1987–1990*, New York.
Legg, Keith R. (1969): *Politics in Modern Greece*, Stanford.
Lehmbruch, Gerhard / Philippe C. Schmitter (1982): *Patterns of Corporatist Policy-Making*, Beverly Hills/London.
Lemke, Christiane (1997): „Protestverhalten in Transformationsgesellschaften", *Politische Vierteljahresschrift* 1: 50-78.
Leng, Shao-chuan / Cheng-yi Lin (1993): „Political Change on Taiwan: Transition to Democracy?", *The China Quarterly* (136) Dezember: 805-839.
Lepsius, M. Rainer (1978): „From Fragmented Party Democracy to Government by Emergency Decree and National Socialist Takeover: Germany", in: Juan J. Linz / Alfred Stepan (Hg.): *The Breakdown of Democratic Regimes*, Baltimore, MD: 34-78.
Lepsius, M. Rainer (1982): „Nation und Nationalismus in Deutschland", in: Heinrich August Winkler (Hg.): *Nationalismus in der Welt von heute*, Göttingen: 12-27.
Leptin, Gert (1980): *Deutsche Wirtschaft nach 1945*, Opladen.
Levine, Daniel (1978): „Venezuela since 1958: The Consolidation of Democratic Politics", in: Juan J. Linz / Alfred Stepan (Hg.): *The Breakdown of Democratic Regimes*, Baltimore, MD: 82-109.
Levine, Daniel (1989): „Venezuela: The Nature, Scope, and Prospects of Democracy", Larry Diamond / Juan J. Linz / Seymour Martin Lipset (Hg.): *Democracy in Developing Countries, Vol. 4: Latin America*, Boulder, CO: 247-289.

Levine, Daniel / Brian F. Crisp (1999): „Venezuela: The Character, Crisis, and Possible Future of Democracy", in: Larry Diamond / Jonathan Hartlyn / Juan J. Linz / Seymour Martin Lipset (Hg.): *Democracy in Developing Countries, Vol. 4: Latin America*, Boulder, CO: 367-428.
Levitsky, Steven (2000): „The ‚Normalization' of Argentine Politics", *Journal of Democracy* (11) 2: 56-69.
Levitsky, Steven (2005): „Democratic Survival amidst Economic Failure", in: Frances Hagopian / Scott Mainwaring (Hg.): *The Third Wave of Democratization in Latin America: Advances and Setbacks*, Cambridge: 63-89.
Levitsky, Steven / Lucan A. Way (2002): „The Rise of Competitive Authoritarianism", *Journal of Democracy* (13) 2: 51-65.
Levitsky, Steven / Lucan Way (2006): „Linkage versus Leverage: Rethinking the International Dimension of Regime Change", *Comparative Politics* (38) 4: 379-400.
Liddle, R. William (1999): „Indonesia's Democratic Opening", *Government and Opposition* (34) 1: 94-116.
Lieven, Anatol (1994): *The Baltic Revolution: Estonia, Latvia, Lithuania, and the Path to Independence*, Guildford (2. Aufl.).
Lijphart, Arend (1984): *Democracies: Patters of Majoritarian and Consensus Government in Twenty-One Countries*, New Haven/London.
Lijphart, Arend (1992): „Democratization and Constitutional Choices in Czecho-Slovakia, Hungary and Poland 1989–91", *Journal of Theoretical Politics* (3) 4: 207-233.
Lijphart, Arend (1999): *Patterns of Democracy – Government Forms and Performance in Thirty-six Countries*, New Haven/London.
Likhit, Dhiravegin (1992): *Demi-Democracy: The Evolution of the Thai Political System*, Singapur.
Lill, Rudolf (1988): *Geschichte Italiens in der Neuzeit*, Darmstadt (3. Aufl.).
Lim, Jong Hoon (1996): „Constitution-Making of Unified Korea: An Institutional Analysis with Special Reference to the Legislative Process", in: Sang-Hyun Song (Hg.): *Korean Law in the Global Economy*, Seoul: 244-279.
Lin, Tse-min / Yun-han Chu / Melvin J. Hinich (1996): „Conflict Displacement and Regime Transition in Taiwan: A Spatial Analysis", *World Politics* (48) 4: 453-482.
Linantud, John L. (1998): „Whither Guns, Goons, and Gold? The Decline of Factional Election Violence in the Philippines", *Contemporary Southeast Asia* (20) 3: 298-319.
Lindner, Rainer (1997): „Präsidialdiktatur in Weißrußland. Wirtschaft, Politik und Gesellschaft unter Lukaschenka", *Osteuropa* (10) 11: 1038-1052.
Linz, Juan J. (1975): „Totalitarian and Authoritarian Regimes", in: Fred Greenstein / Nelson Polsby (Hg.): *Handbook of Political Science, Bd. 3: Macropolitical Theory*, Reading, MA: 175-411.
Linz, Juan J. (1978a): *The Breakdown of Democratic Regimes. Crisis Breakdown and Reequilibration*, Baltimore, MD/London.
Linz, Juan J. (1978b): „From Great Hopes to Civil War: The Breakdown of Democracy in Spain", in: Juan J. Linz / Alfred Stepan (Hg.): *The Breakdown of Democratic Regimes*, Baltimore, MD: 142-215.
Linz, Juan J. (1985): „Autoritäre Regime", in: Dieter Nohlen (Hg.): *Pipers Wörterbuch zur Politik, Bd. 1*, München: 62-65.
Linz, Juan J. (1988): „Legitimacy of Democracy and the Socio-Economic System", in: Mattei Dogan (Hg.): *Comparing Pluralist Democracies*, Boulder, CO: 65-113.
Linz, Juan J. (1990): „The Virtues of Parlamentarism", *Journal of Democracy* (1) 1: 84-91.
Linz, Juan J. (1991): „Autoritäre Systeme", in: Dieter Nohlen (Hg.): *Wörterbuch Staat und Politik*, München: 35-38.
Linz, Juan J. (2000): *Totalitäre und autoritäre Regime, Potsdamer Textbücher 4*, Berlin.
Linz, Juan J. / Alfred Stepan (Hg.) (1978): *The Breakdown of Democratic Regimes*, Baltimore, MD.
Linz, Juan J. / Arturo Valenzuela (Hg.) (1994): *The Failure of Presidential Democracy*, Baltimore, MD.
Linz, Juan J. / Alfred Stepan (1996): *Problems of Democratic Transition and Consolidation: Southern Europe, South America and Post-Communist Europe*, Baltimore, MD.
Lipset, Seymour Martin (1959): „Some Social Requisites of Democracy: Economic Development and Political Legitimacy", *American Political Science Review* 53: 69-105.

Lipset, Seymour Martin (1981): *Political Man. The Social Basis of Politics*, Baltimore, MD (erw. Aufl.).
Lipset, Seymour Martin (1994): „The Social Requisites of Democracy Revisited", *American Sociological Review* 59: 1-22.
Lipset, Seymour Martin / Stein Rokkan (1967a): *Party Systems and Voter Alignments: Cross-National Perspectives*, New York.
Lipset, Seymour Martin / Rokkan, Stein (1967b): „Cleavages Structures, Party Systems and Voter Alignments: An Introduction", in: Seymour Martin Lipset / Stein Rokkan: *Party Systems and Voter Alignments. Cross-National Perspectives*, New York: Free Press: 1-64.
Lipset, Seymour Martin / Kyung-Ryung Seong / John C. Torres (1993): „A Comparative Analysis of the Social Requisites of Democracy", *International Journal Science* (45) 2: 155-176.
Liu, I-chou (1999): „The Development of the Opposition", in: Steve Tsang / Hung-mao Tien (Hg.): *Democratization in Taiwan: Implications for China*, Houndmills/London: 67-85.
Lo, Chih-cheng (2001): „Taiwan: The Remaining Challenges", in: Muthiah Alagappa (Hg.): *Coercion and Governance. The Declining Political Role of the Military in Asia*, Stanford: 143-161.
Lo, Shiu-Hing (1992): „Taiwan Business People, Intellectuals, and Democratization", *Pacific Review* (5) 4: 382-389.
Locke, John (1974 [1689]): *Über die Regierung*, Stuttgart.
Loewenstein, Karl (1969): *Verfassungslehre*, Tübingen (2. Aufl.).
Lohmann, Ulrich (1989): „Legitimation und Verfassung in der DDR", in: Werner Weidenfeld / Hartmut Zimmermann (Hg.): *Deutschland Handbuch. Eine doppelte Bilanz 1949–1989*, Bonn.
López Portillo, Ernesto (2000): „La policía en México: función política y reforma", *Diálogo y Debate* 12: 177-213.
López-Ayllón, Sergio / Héctor Fix-Fierro (2000): „‚¡Tan cerca, tan lejos!'. Estado de derecho y cambio jurídico en México (1970–1999)", *Boletín Mexicano de Derecho Comparado* (33) 97 Januar-April: 155-267.
Lorenz, Astrid (1998): „Neo-institutionalistische Ansätze als Analysemodell. Einige Betrachtungen zum konstitutionellen Wandel in Belarus seit 1991", in: Klaus Segbers (Hg.): *Transformationstheorien konkret: Wandel in der Ukraine, Belarus und Rußland*. Arbeitspapier des Osteuropa-Instituts, Berlin: 17-22.
Loth, Wilfried (1990): *Der Weg nach Europa*, Göttingen.
Loveman, Brian (1994): „‚Protected Democracies' and Military Guardianship: Political Transitions in Latin America, 1978–1993", *Journal of Interamerican Studies and World Affairs* (36) 2: 105-189.
Lucena, Manuel de (1976): *A Evolucao do Sistema Corporativo Portugues*, Lissabon.
Luchterhandt, Otto (1996): „Präsidentialismus in den GUS-Staaten", in: Otto Luchterhandt (Hg.): *Neue Regierungssysteme in Osteuropa und der GUS*, Berlin: 223-275.
Luhmann, Niklas (1984): *Ökologische Kommunikation*, Opladen.
Luhmann, Niklas (1986): *Soziale Systeme*, Frankfurt a. M.
Lujambio, Alonso (2000): *El poder compartido. Un ensayo sobre la democratización en México*, Mexiko-Stadt.
Lujambio, Alonso (2001): „Adiós a la excepcionalidad: régimen presidencial y gobierno dividido en México", in: Jorge Lanzaro (Hg.): *Tipos de presidencialismo y coaliciones políticas en América Latina*, Buenos Aires: 251-282.
Lukashuk, Alexander (1997): Interview with Mikhail Chudakou, former Justice of the Belarusian Constitutional Court, *East European Constitutional Review* 1: 63-65.
Lukes, Stephen (1990): „Die Prinzipien von 1989", *Neue Gesellschaft / Frankfurter Hefte* 5: 438-448.
Lynch, Nicolás (1999): *Una tragedia sin héroes. La derrota de los partidos y el origen de los independientes, Perú 1980–1992*, Lima.

Machiavelli, Niccolo (1968 [1532]): *Der Fürst*, Stuttgart.
Maderthaner, Wolfgang (1995): „Legitimationsmuster des Austrofaschismus", in: Richard Saage (Hg.): *Das Scheitern diktatorischer Legitimationsmuster und die Zukunftsfähigkeit der Demokratie*, Berlin: 159-179.

Mahoney, James (2001): „Path-dependent Explanations of Regime Change: Central America in Comparative Perspective", *Studies in Comparative International Development* (36) 1: 111-141.
Maihold, Günther (2003): „'Cohabitation' á la Mexicana? Die Zwischenwahlen vom 6. Juli und ihre Folgen – eine Halbzeitbilanz der Regierung Fox", *Brennpunkt Lateinamerika* 14, Institut für Iberoamerikakunde, Hamburg.
Mair, Stefan (2000): „Germany's Stiftungen and Democracy Assistance: Comparative Advantages and New Challenges", in: Peter Burnell (Hg.): *Democracy Assistance. International Cooperation for Democratization*, London: 128-149.
Majoros, Ferenc (1990): *Änderung der ungarischen Staats- und Verfassungsordnung, Teil II, Berichte des Bundesinstituts für ostwissenschaftliche und internationale Studien 27*, Berlin.
Malley, Michael (2000): „Beyond Democratic Elections: Indonesia Embarks on a Protracted Transition", *Democratization* (7) 3: 153-180.
Malley, Michael (2002): „Indonesia in 2001. Restoring Stability in Jakarta", *Asian Survey* (42) 1: 124-132.
Malová, Darina / Tim Haughton (2002): „Parliament and System Change in Slovakia", in: Susanne Kraatz / Silvia von Steinsdorff (Hg.): *Parlamente und Systemtransformation im postsozialistischen Europa*, Opladen: 127-144.
Mangott, Gerhard (2002): *Zur Demokratisierung Russlands, Bd. 1: Russland als defekte Demokratie*, Baden-Baden.
Mann, Michael (1993): *The Struggle between Authoritarian Rightism and Democracy, 1920–1975*, Instituto Juan March de Estudios e Investigaciones, Working Papers 1993/45, Madrid.
Mansfeldová, Zdenka (1998): „Zivilgesellschaft in der Tschechischen und Slowakischen Republik", *Aus Politik und Zeitgeschichte* B 6-7: 13-20.
Mansfeldová, Zdenka (2006): „The Czech Republic: Critical Democrats and the Persistence of Democratic Values", in: Hans-Dieter Klingemann / Dieter Fuchs /Jan Zielonka (Hg.): *Democracy and Political Culture in Eastern Europe*, Abingdon/ New York: 101-118.
Mansfield, Edward D. / Jack Snyder (1995): „Democratization and the Danger of War", *International Security* (20) 1: 5-38.
Mansfield, Edward D. / Jack Snyder (2002): „Democratic Transitions, Institutional Strength, and War", *International Organization* (56) 2: 297-338.
Mansfield, Edward D. / Jack Snyder (2005): *Electing to Fight. Why Emerging Democracies Go To War*, Cambridge/London.
Mansfield, Edward D. / Jon Pevehouse (2006): „Democratization and International Organizations", *International Organization* (60) 1: 137-167.
Maravall, José Maria (1995): *Los resultados de la democracia*, Madrid.
Maravall, José Maria (1997): *Regimes, Politics and Markets. Democratization and Economic Change in Southern and Eastern Europe*, Oxford.
Maravall, José María / Julián Santamaría (1986): „Political Change in Spain and the Prospects for Democracy", in: Guillermo O'Donnell / Philippe C. Schmitter / Laurence Whitehead (Hg.): *Transitions from Authoritarian Rule: Southern Europe*, Baltimore, MD: 71-108.
March, James G. / Johan P. Olson (1984): „The New Institutionalism: Organizational Factors in Political Life", *American Political Science Review* 78: 738-749.
Marshall, Monty G. / Keith Jaggers (2002): *Polity IV Dataset*, College Park, Md.: Center for International Development and Conflict Management, University of Maryland.
Marshall, Monty G. / Keith Jaggers (2003): *Polity IV Country Reports 2003*, http:// www.cidcm.umd.edu/polity/country_reports/report.htm (20.07.2005).
Marshall, Monty G. / Keith Jaggers (2006): *Polity IV Project. Political Regime Characteristics and Transitions, 1800–2004*, http://www.cidcm.umd.edu/polity/ (12.04.2006).
Marx, Karl (1957): *Die Deutsche Ideologie, MEW, Bd. 3*, Berlin.
Mathée, Ulrich (1983): „Das Gewerkschaftssystem Portugals", in: Hans Rühle / Hans-Joachim Veen (Hg.): *Gewerkschaften in den Demokratien Westeuropas*, Paderborn/ München/Zürich/Wien: 267-362.
Matus, Alejandra (1999): *El libro negro de la justicia*, Santiago.

Maus, Ingeborg (1994): *Zur Aufklärung der Demokratietheorie. Rechts- und demokratietheoretische Überlegungen im Anschluss an Kant*, Frankfurt a. M.
Maxwell, Kenneth (1986): „Regime Overthrow and the Prospects for Democratic Transition", in: Guillermo O'Donnell / Philippe C. Schmitter / Laurence Whitehead (Hg.): *Transitions from Authoritarian Rule: Southern Europe*, Baltimore, MD: 109-137.
McCargo, Duncan (1997): „Thailand's Political Parties: Real, Authentic and Actual", in: Kevin Hewison (Hg.): *Political Change in Thailand: Democracy and Participation*, London/New York: 114-131.
McCargo, Duncan (2002a): „Introduction: Understanding Political Reform in Thailand", in: Duncan McCargo (Hg.): *Reforming Thai Politics*, Kopenhagen: 1-20.
McCargo, Duncan (2002b): „Democracy under Stress in Thaksin's Thailand", *Journal of Democracy* (13) 3: 112-126.
McClintock, Cynthia (1989): „The Prospects for Democratic Consolidation in a ‚Least Likely' Case: Peru", *Comparative Politics* (21) 2: 127-149.
McClintock, Cynthia (1994): „Presidents, Messiahs, and Constitutional Breakdowns in Peru", in: Juan J. Linz / Arturo Valenzuela (Hg.): *The Failure of Presidential Democracy. Comparative Perspectives*, Bd. 2, Baltimore, MD/London: 286-321.
McCoy, Jennifer (1999): „Chávez and the End of ‚Partyarchy' in Venezuela", *Journal of Democracy* (10) 3: 64-77.
McCoy, Alfred W. (2000): *Closer than Brothers. Manhood at the Philippine Military Academy*, New Haven/London.
McDonough, Peter / Samuel H. Barnes / Antonio López Pina (1986): „The Growth of Democratic Legitimacy in Spain", *American Political Science Review* (80) 3: 735-760.
McFaul, Michael (2002): „The Fourth Wave of Democracy and Dictatorship: Noncooperative Transitions in the Postcommunist World", *World Politics* (54) 2: 212-244.
McLoughlin, Sara / Scott Gates / Hårvard Hegre (1999): „Evolution in Democracy-War Dynamics", *Journal of Conflict Resolution* (43) 6: 771-792.
Meier, Christian / Hans Maier / Reinhart Kosselleck / Werner Conze (1972): „Demokratie", in: Otto Brunner / Werner Conze / Reinhart Kosselleck (Hg.): *Geschichtliche Grundbegriffe. Historisches Lexikon zur politisch-sozialen Sprache in Deutschland*, Bd. 1, Stuttgart: 821-899.
Merkel, Karlheinz (1996): *Die verfassungsgebende Gewalt des Volkes*, Baden-Baden.
Merkel, Reinhard (2000): „Das Elend der Beschützten. Rechtsethische Grundlagen und Grenzen der sog. Humanitären Intervention und die Verwerflichkeit der NATO-Aktion im Kosovo-Krieg", in: Reinhard Merkel (Hg.): *Der Kosovo-Krieg und das Völkerrecht*, Frankfurt a. M.: 66-98.
Merkel, Reinhard (2008): „Basic Principles of Law as Normative Foundations of, and Limits to, Military Enforcement of Human Rights Aross State Boundaries", in: Sonja Grimm / Wolfgang Merkel (Hg.): *Special Issue of Democratization: War and Democratization: Legality, Legitimacy and Effectiveness*, (15) 3: 472-486.
Merkel, Reinhard / Roland Wittmann (Hg.) (1996): *„Zum Ewigen Frieden" – Grundlagen, Aktualität und Aussichten einer Idee von Immanuel Kant*, Frankfurt a. M.
Merkel, Wolfgang (1984): „Polarisierung oder Depolarisierung. Zentrifugalität oder Zentripetalität? Anmerkungen zur modelltheoretischen Diskussion des italienischen Parteiensystems", in: Jürgen W. Falter / Christian Fenner / Michael Th. Greven (Hg.): *Politische Willensbildung und Interessenvermittlung*, Opladen: 226-236.
Merkel, Wolfgang (1989): „Sozialdemokratische Politik in einer postkeynesianischen Ära? Das Beispiel der sozialistischen Regierung Spaniens", *Politische Vierteljahresschrift* (30) 4: 629-654.
Merkel, Wolfgang (1990a): „Vom Ende der Diktaturen zum Binnenmarkt 1993. Griechenland, Portugal und Spanien auf dem Weg zurück nach Europa", *Aus Politik und Zeitgeschichte* B 51: 3-14.
Merkel, Wolfgang (1990b): „Wider den Mythos der Unregierbarkeit. Braucht Italien eine neue Verfassung?" in: Michaela Namuth (Hg.): *Modell Italien?*, Stuttgart: 29-37.
Merkel, Wolfgang (1991): „Warum brach das SED-Regime zusammen? Der ‚Fall' (der DDR) im Lichte der Demokratisierungstheorie", in: Ulrike Liebert / Wolfgang Merkel (Hg.): *Die Politik zur deutschen Einheit. Probleme – Strategien – Kontroversen*, Opladen: 17-49.

Merkel, Wolfgang (1994a): "Italien: Das Phantom der ‚Zweiten Republik'", *Sozialwissenschaftliche Informationen* (SOWI) 4: 293-304.

Merkel, Wolfgang (1994b): "Restriktionen und Chancen demokratischer Konsolidierung in postkommunistischen Gesellschaften. Ostmitteleuropa im Vergleich", *Berliner Journal für Soziologie* 4: 463-484.

Merkel, Wolfgang (1996a): "Struktur oder Akteur, System oder Handlung: Gibt es einen Königsweg in der sozialwissenschaftlichen Transformationsforschung", in: Wolfgang Merkel (Hg.): *Systemwechsel 1. Theorien, Ansätze und Konzeptionen*, Opladen (2. Aufl.): 303-332.

Merkel, Wolfgang (1996b): "Theorien der Transformation: Die demokratische Konsolidierung postautoritärer Gesellschaften", in: Klaus von Beyme / Claus Offe (Hg.): *Politische Theorien in der Ära der Transformation, PVS-Sonderheft 25*, Opladen: 30-58.

Merkel, Wolfgang (1996c): "Institutionalisierung und Konsolidierung der Demokratien in Ostmitteleuropa", in: Wolfgang Merkel / Eberhard Sandschneider / Dieter Segert (Hg.): *Systemwechsel 2. Die Institutionalisierung der Demokratie*, Opladen: 73-112.

Merkel, Wolfgang (1997a): "Die Rolle von Eliten und Massen beim Übergang von autokratischen zu demokratischen Herrschaftssystemen", in: Jan Wielgohs / Helmut Wiesenthal (Hg.): *Einheit und Differenz. Die Transformation Ostdeutschlands in vergleichender Perspektive*, Berlin: 8-32.

Merkel, Wolfgang (1997b): "Parteien und Parteiensysteme im Transformationsprozeß: ein interregionaler Vergleich", in: Wolfgang Merkel / Eberhard Sandschneider (Hg.): *Systemwechsel 3. Parteien im Transformationsprozeß*, Opladen: 337-372.

Merkel, Wolfgang (1999): *Systemtransformation*, Opladen.

Merkel, Wolfgang (Hg.) (2000): *Systemwechsel, Bd. 5: Zivilgesellschaft und Transformation*, Opladen.

Merkel, Wolfgang (2003a): *Demokratie in Asien. Ein Kontinent zwischen Diktatur und Demokratie*, Bonn.

Merkel, Wolfgang (2003b): "Religion, Fundamentalismus und Demokratie", in: Wolfgang Schluchter (Hg.): *Fundamentalismus, Terrorismus, Krieg*, Weilerwist: 61-85.

Merkel, Wolfgang (2004a): "Totalitäre Regimes", in Hannah-Arendt-Institut für Totalitarismusforschung Dresden (Hg.): *Totalitarismus und Demokratie. Zeitschrift für Internationale Diktatur- und Freiheitsforschung/Totalitarianism and Democracy. An International Journal Special Study of Dictatorship and Liberty* 1/2: 183-201.

Merkel, Wolfgang (2004b): "Embedded and Defective Democracies", in: Aurel Croissant / Wolfgang Merkel (Hg.): *Special Issue of Democratization: Consolidated or Defective Democracy? Problems of Regime Change* (11) 5: 33-58.

Merkel, Wolfgang (2005): "Schlüsselsequenzen der Transformation", in: Bertelsmann Stiftung (Hg.): *Bertelsmann Transformation Index 2006 – Auf dem Weg zur marktwirtschaftlichen Demokratie*, Gütersloh: 66-82.

Merkel, Wolfgang (2007a): "Diktatur" in: Dieter Fuchs / Edeltraud Roller (Hg.): *Lexikon Politik. Hundert Grundbegriffe*, Stuttgart: 47-49.

Merkel, Wolfgang (2007b): "Gegen alle Theorie? Die Konsolidierung der Demokratie in Ostmitteleuropa", *Politische Vierteljahresschrift* (PVS) (48) 3: 413-433.

Merkel, Wolfgang (2008): "Democracy through War?", in: Sonja Grimm / Wolfgang Merkel (Hg.): *Special Issue of Democratization: War and Democratization: Legality, Legitimacy and Effectiveness* (15) 3: 487-509.

Merkel, Wolfgang / Eberhard Sandschneider / Dieter Segert (Hg.) (1996): *Systemwechsel 2. Die Institutionalisierung der Demokratie*, Opladen.

Merkel, Wolfgang / Hans-Joachim Lauth (1998): "Systemwechsel und Zivilgesellschaft: Welche Zivilgesellschaft braucht die Demokratie?", *Aus Politik und Zeitgeschichte* B 6-7: 3-12.

Merkel, Wolfgang / Hans-Jürgen Puhle (1999): *Von der Diktatur zur Demokratie. Transformationen, Erfolgsbedingungen, Entwicklungspfade*, Opladen.

Merkel, Wolfgang / Andreas Busch (Hg.) (1999): *Demokratie in Ost und West. Festschrift für Klaus von Beyme*, Frankfurt a. M..

Merkel, Wolfgang / Aurel Croissant (2000): "Formale und informale Institutionen in defekten Demokratien", *Politische Vierteljahresschrift* (PVS) 1: 3-30.

Merkel, Wolfgang / Hans-Jürgen Puhle / Aurel Croissant / Claudia Eicher / Peter Thiery (2003): *Defekte Demokratie, Band 1: Theorie*, Opladen.
Merkel, Wolfgang / Aurel Croissant (2004): „Conclusion: Good and Defective Democracies", in: Aurel Croissant / Wolfgang Merkel (Hg.): *Special Issue of Democratization: Consolidated or Defective Democracy? Problems of Regime Change* (11) 5: 199-213.
Merkel, Wolfgang / Hans-Jürgen Puhle / Aurel Croissant / Peter Thiery (2006): *Defekte Demokratie, Bd. 2: Regionalanalysen*, Wiesbaden.
Meyer, Thomas (2005): *Theorie der sozialen Demokratie*, Wiesbaden.
Michels, Robert (1930): *Italien von heute. Politik, Kultur, Wirtschaft*, Zürich/Leipzig.
Mietzner, Marcus (1999): „From Soehrto to Habibie: The Indonesian Armed Forces and Political Islam during the Transition", in: Geoff Forrester (Hg.): *Post-Soeharto Indonesia: Renewal or Chaos?* Singapur/Leiden: 65-105.
Mill, John Stuart (1872): *Betrachtungen über Repräsentativ-Regierung, Gesammelte Werke Bd. 8*, Leipzig.
Molinelli, Guillermo / Valeria Palanza / Gisela Sin (1999): *Congreso, Presidencia y Justicia en Argentina*, Buenos Aires.
Mols, Manfred (1983): *Mexiko im 20. Jahrhundert. Politisches System, Regierungsprozeß und politische Partizipation*, Paderborn/München/Wien/Zürich.
Mols, Manfred (1996): „Politische Transformation in Mexiko", in: Wilhelm Hofmeister / Josef Thesing (Hg.): *Der Wandel politischer Systeme in Lateinamerika*, Frankfurt a. M.: 229-277.
Mols, Manfred / Hans Werner Tobler (1976): *Mexiko. Die Institutionalisierte Revolution*, Köln.
Mommsen, Hans (1971): „Nationalsozialismus", in: *Sowjetsystem und demokratische Gesellschaft, Bd. 4*, Freiburg: 695-713.
Mommsen, Margareta (1999): „Das ‚System Jelzin' – Struktur und Funktionsweise des russischen ‚Superpräsidentialismus'", in: Wolfgang Merkel / Andreas Busch (Hg.): *Demokratie in Ost und West. Festschrift für Klaus von Beyme*, Frankfurt a. M.: 290-309.
Mommsen, Margareta (2004): „Das politische System Russlands", in: Wolfgang Ismayr (Hg.) (2004): *Die politischen Systeme Osteuropas*, Opladen (2. Aufl.): 373-428.
Montesquieu, Charles de (1965 [1748]): *Vom Geist der Gesetze*. Eingeleitet, ausgewählt und übersetzt von Kurt Weigand, Stuttgart.
Moore, Barrington (1969): *Soziale Ursprünge von Diktatur und Demokratie*, Frankfurt a. M.
Moore, Mick (1995): „Democracy and Development in Cross-National Perspective: A New Look at the Statistics", *Democratization* (2) 2: 1-19.
Morales, José Luis / Juan Calada (1981): *La alternativa militar: el golpismo después de Franco*, Madrid.
Morlino, Leonardo (1995): „Political Parties and Democratic Consolidation in Southern Europe", in: Richard Gunther / Nikiforos P. Diamandouros / Hans-Jürgen Puhle (Hg.): *The Politics of Democratic Consolidation. Southern Europe in Comparative Perspective*, Baltimore, MD: 315-388.
Morlino, Leonardo (1998): *Democracy between Consolidation and Crisis*, Oxford.
Morlino, Leonardo (2004): „What is a ‚Good' Democracy?", in: Aurel Croissant / Wolfgang Merkel (Hg.): *Special Issue of Democratization: Consolidated or Defective Democracy? Problems of Regime Change* (11) 5: 10-32.
Morlino, Leonardo / José R. Montero (1995): „Legitimacy and Democracy in Southern Europe", in: Richard Gunther / Nikiforos P. Diamandouros / Hans-Jürgen Puhle (Hg.): *The Politics of Democratic Consolidation. Southern Europe in Comparative Perspective*, Baltimore, MD: 231-260.
Morris, Stephen D. (1991): *Corruption and Politics in Contemporary Mexico*, Tuscaloosa/London.
Mouzelis, Nicos (1978): *Modern Greece: Facets of Underdevelopment*, London.
Müller, Harald / Jonas Wolff (2006): „Democratic Peace: Many Data, Little Explanation?", in: Anna Geiss / Lothar Brock / Harald Müller (Hg.): *Democratic Wars. Looking at the Dark Side of Democratic Peace*, London: 41-73.
Müller-Rommel, Ferdinand / Philipp Harfst / Henrike Schultze (2008): „Von der typologischen zur dimensionalen Analyse parlamentarischer Demokratien: konzeptionelle Überlegungen am Beispiel Mittelosteuropas", *PVS Politische Vierteljahresschrift* (49) 4: 669-694.

Müller-Rommel, Ferdinand / Katja Fettelschoss / Philipp Harfst (2004): „Party Government in Central Eastern European Democracies: A Data Collection (1990–2003)", *European Journal of Political Research* (43) 6: 869-893.
Muno, Wolfgang (1997): *Die politische Dynamik ökonomischer Reformen*, Mainz.
Muno, Wolfgang (2004): „Öl und Demokratie – Venezuela im 20. Jahrhundert", in: Oliver Diehl / Wolfgang Muno (Hg.): *Venezuela unter Chávez – Aufbruch oder Niedergang?* Frankfurt a. M.: 11-34.
Muno, Wolfgang / Peter Thiery (2002): „Defekte Demokratien in Südamerika", in: Petra Bendel / Aurel Croissant / Friedbert W. Rüb (Hg.): *Demokratie und Staatlichkeit. Systemwechsel zwischen Staatsreform und Staatskollaps*, Opladen: 283-307.
Muravshik, Joshua (1991): *Exporting Democracy: Fulfilling America's Destiny*, Washington, DC.
Mußgnug, Reinhard (1987): „Zustandekommen des Grundgesetzes und Entstehen der Bundesrepublik Deutschland", in: Josef Isensee / Paul Kirchhof (Hg.): *Handbuch des Staatsrechts der Bundesrepublik Deutschland, Bd. I,* Heidelberg: Paragraph 6.

Nakamura, Masanori (1994): „Democratization, Peace, and Economic Development in Occupied Japan, 1945–1952", in: Edward Friedman (Hg.): *The Politics of Democratization: Generalizing East Asian Experiences*, Boulder, CO: 61-78.
Nathan, Andrew J. (2003): „Authoritarian Resilience", *Journal of Democracy* (14) 1: 6-17.
Neher, Clark D. (1994): „Asian Style Democracy", *Asian Survey* (43) 11: 949-961.
Neher, Clark D. / Ross Marlay (1995): *Democracy and Development in Southeast Asia: The Winds of Change*, Boulder, CO/Oxford.
Neumann, Siegmund (1942): *Permanent Revolution*, New York.
Newman, Edward (2004): „UN Democracy Promotion: Comparative Advantages and Constraints", in: Edward Newman / Roland Rich (Hg.): *The UN Role in Promoting Democracy. Between Ideals and Reality*, Tokio/New York/Paris: United Nations University Press: 188-207.
Nikitinski, Leonid (1997): „Interview with Boris Ebzeev, Justice of the Russian Constitutional Court", *East European Constitutional Review* (6) 1: 83-85.
Nino, Carlos S. (1992): *Un país al margen de la ley*, Buenos Aires.
Nohlen, Dieter (1986): „Militärregime und Redemokratisierung in Lateinamerika", *Aus Politik und Zeitgeschichte* B 9: 3-16.
Nohlen, Dieter (1988): „Mehr Demokratie in der Dritten Welt?", *Aus Politik und Zeitgeschichte* B 25-26: 3-18.
Nohlen, Dieter (1992): „Präsidentialismus und Parlamentarismus in Lateinamerika", *Lateinamerika Jahrbuch 1992*, Frankfurt a. M.: 86-99.
Nohlen, Dieter (1993): „Politische Reform ,á la mexicana' – Zur mexikanischen Wahlreform", in: Rafael Sevilla / Arturo Azuela (Hg.): *Mexiko. Die institutionalisierte Revolution*, Unkel/Bad Honnef: 195-206.
Nohlen, Dieter (2003): *El contexto hace la diferencia: Reformas institucionales y el enfoque histórico-empírico*, Mexiko.
Nohlen, Dieter (2004): *Wahlrecht und Parteiensystem*, Opladen (5. Aufl.).
Nohlen, Dieter / Franz Nuscheler (Hg.) (1992/93): *Handbuch der Dritten Welt, Bde. 2-8*, Bonn.
Nohlen, Dieter / Andreas Hildenbrand (1992): *Spanien: Wirtschaft, Gesellschaft, Politik*, Opladen.
Nohlen, Dieter / Mirjana Kasapović (1996): *Wahlsysteme und Systemwechsel in Osteuropa. Genese, Auswirkungen und Reform politischer Institutionen*, Opladen.
Nohlen, Dieter / Florian Grotz / Christof Hartmann (Hg.) (2001): *Elections in Asia and the Pacific. A Data Handbook, Bd. 2*, Oxford.
Nolte, Detlev (1996): „Südamerika: Reinstitutionalisierung und Konsolidierung der Demokratie", in: Wolfgang Merkel / Eberhard Sandschneider / Dieter Segert (Hg.): *Systemwechsel 2. Die Institutionalisierung der Demokratie*, Opladen: 287-314.
Nolte, Ernst (1966): *Die faschistischen Bewegungen*, München.
North, Douglass C. (1990): *Institutions, Institutional Change and Economic Performance*, Cambridge.
Nuzzi O'Shaughnessy, Laura / Michael Dodson (1999): „Political Bargaining and Democratic Transition: A Comparison of Nicaragua and El Salvador", *Journal of Latin American Studies* (31): 99-127.

Obando, Enrique (1999): „Fujimori y las Fuerzas Armadas", in: John Crabtree / Jim Thomas (Hg.): *El Perú de Fujimori*, Lima: 353-378.
O'Donnell, Guillermo (1973a): *Modernization and Bureaucratic-Authoritarianism*, Berkeley, CA.
O'Donnell, Guillermo (1973b): „An Impossible ‚Game': Party Competition in Argentina, 1955–1966", in: Guillermo O'Donnell (Hg.): *Modernization and Bureaucratic-Authoritarianism: Studies in South American Politics*, Berkeley, CA: 166-200.
O'Donnell, Guillermo (1994): „Delegative Democracy", *Journal of Democracy* (5) 1: 55-69.
O'Donnell, Guillermo (1996): „Illusions about Consolidation", *Journal of Democracy* (7) 2: 34-51.
O'Donnell, Guillermo (1998): „Horizontal Accountability in New Democracies", *Journal of Democracy* (9) 3: 112-126.
O'Donnell, Guillermo (1999): „On the Fruitful Convergences of Hirschman's ‚Exit, Voice, and Loyalty and Shifting Involvements': Reflections from the Recent Argentine Experience", in: Guillermo O'Donnell: *Counterpoints. Selected Essays on Authoritarianism and Democratization*, Notre Dame: 63-79.
O'Donnell, Guillermo / Philippe C. Schmitter / Laurence Whitehead (Hg.) (1986): *Transitions from Authoritarian Rule. Tentative Conclusions about Uncertain Democracies*, Baltimore, MD.
OECD (Organisation for Economic Co-operation and Development) (versch. Jge.): *Economic Outlook* (versch. Nrn.), Paris.
OECD (1996): *Economic Surveys, the Czech Republic*, Paris.
Offe, Claus (1991): „Das Dilemma der Gleichzeitigkeit. Demokratisierung und Marktwirtschaft in Osteuropa", *Merkur* (45) 4: 279-292.
Offe, Claus (1994): *Der Tunnel am Ende des Lichts*, Frankfurt a. M.
Offe, Claus (1996): „Designing Institutions for East European Transitions", in: Robert Goodin (Hg.): *The Theory of Institutional Design*, Cambridge: 199-226.
Offe, Claus (1997): „Die politische Innenseite der Konsolidierung", in: Jan Wielgohs / Helmut Wiesenthal (Hg.): *Einheit und Differenz. Die Transformation Ostdeutschlands in vergleichender Perspektive*, Berlin: 214-220.
Offe, Claus (Hg.) (2003): *Die Demokratisierung der Demokratie. Diagnosen und Reformvorschläge*, Frankfurt a. M.
Olson, Mancur (1968): *Die Logik des kollektiven Handelns*, Tübingen.
Orathai, Kokpol (2002): „Electoral Politics in Thailand", in: Aurel Croissant / Gabriele Bruns / Marei John (Hg.): *Electoral Politics in Southeast and East Asia*, Singapur: 277-321.
Orend, Brian (2000): *War and International Justice: A Kantian Perspective*, Waterloo, Ont.
Otero, Gerardo (Hg.) (2004): *Mexico in Transition: Neoliberal Globalism, the State and Civil Society*, New York.
Ottaway, Marina (2003): „Promoting Democracy after Conflict: The Difficult Choices", *International Studies Perspectives* (4): 314-322.

Palermo, Vicente / Marcos Novaro (1996): *Política y poder en el gobierno de Menem*, Buenos Aires.
Palomino, Héctor (2002): „Die Beziehungen zwischen Gewerkschaften, Unternehmern und Staat: Akteure und Spielregeln im Wandel", in: Peter Birle / Sandra Carreras (Hg.): *Argentinien nach zehn Jahren Menem – Bilanz und Perspektiven*, Frankfurt a. M.: 243-278.
Panebianco, Angelo (1988): *Political Parties: Organization and Power*, Cambridge.
Park, Chan Wook (1998): „The Organisation and Workings of Committees in the Korean National Assembly", *Journal of Legislative Studies* (4) 1: 206-224.
Park, Chan Wook (2000): „Legislative-Executive Relations and Legislative Reforms", in: Larry Diamond / Doh Chull Shin (Hg.): *Institutional Reform and Democratic Consolidation in Korea*, Stanford: 73-97.
Park, Jai Chang (1999): „Functional Locus of the Annual Auditing of the Executive by the Korean National Assembly", *International Review of Public Administration* (4) 2: 79-95.
Parsons, Talcott (1951): *The Social System*, New York.
Parsons, Talcott (1969a): „Das Problem des Strukturwandels: eine theoretische Skizze", in: Wolfgang Zapf (Hg.): *Theorien des sozialen Wandels*, Köln/Berlin: 35-54.

Parsons, Talcott (1969b): „Evolutionäre Universalien der Gesellschaft", in: Wolfgang Zapf (Hg.): *Theorien des sozialen Wandels*, Köln/Berlin: 55-74.
Pasquino, Gianfranco (1980): *Crisi dei partiti e governabilità*, Bologna.
Pasquino, Gianfranco (1982): *Degenerazioni dei partiti e riformi istituzionali*, Roma/Bari.
Pasquino, Gianfranco (1986): „The Demise of the First Fascist Regime and Italy's Transition to Democracy: 1943–1948", in: Guillermo O'Donnell / Philippe C. Schmitter / Laurence Whitehead (Hg.): *Transition from Authoritarian Rule: Southern Europe*, Baltimore, MD: 45-70.
Pasquino, Gianfranco (1995): „Executive-Legislative Relations in Southern Europe", in: Richard Gunther / Nikiforos P. Diamandouros / Hans-Jürgen Puhle (Hg.): *The Politics of Democratic Consolidation in Southern Europe in Comparative Persepctive*, Baltimore, MD: 261-283.
Pasuk, Phongpaichit / Chris Baker (1997a): *Thailand. Economy and Politics*, Oxford.
Pasuk, Phongpaichit / Chris Baker (1997b): „Power in Transition: Thailand in the 1990s", in: Kevin Hewison (Hg.): *Political Change in Thailand: Democracy and Participation*, London/New York: 21-42.
Paxton, Pamela / Rumi Morishima (2005): *Does Democracy Aid Promote Democracy?* The John Glenn Institute for Public Service and Public Policy, Ohio State University.
Pearce, Jenny (1981): *Under the Eagle: U. S. Intervention in Central America and the Caribbean*, London.
Peeler, John (1998): *Building Democracy in Latin America*, Boulder, CO/London.
Peetz, Peter (2001): *Neopopulismus in Lateinamerika. Die Politik von Alberto Fujimori (Peru) und Hugo Chávez (Venezuela) im Vergleich*, Hamburg.
Pei, Minxin (1998a): „Democratization in the Greater China Region", *Access Asia Review* (1) 2: 5-40.
Pei, Minxin (1998b): „The Fall and Rise of Democracy in East Asia", in: Larry Diamond / Marc F. Plattner (Hg.): *Democracy in East Asia*, Baltimore, MD: 57-79.
Pempel, T. J. / Keiichi Tsunekawa (1979): „Corporatism without Labor? The Japanese Anomaly", in: Philippe C. Schmitter / Gerhard Lehmbruch (Hg.): *Trends Toward Corporatist Intermediation*, Beverly Hills: 231-270.
Peou, Sorpong (2006): „From the Battlefield into the State: Post-UNCTAC Political Violence and the Limits of Peacebuilding", in: Aurel Croissant / Beate Martin / Sascha Kneip (Hg.): *The Politics of Death. Political Violence in Southeast Asia*, Münster: 283-317.
Péréz Díaz, Victor (1987): *El retorno de la sociedad civil*, Madrid.
Perthes, Volker / Oliver Schlumberger (2007): „Regionale Ordnung, politische Reformen und die Rolle externer Akteure im Vorderen Orient", in: Holger Albrecht (Hg.): *Politik, Wirtschaft und Gesellschaft im Vorderen Orient*, Baden-Baden: 23-42.
Petersen, Jens (1995): „Die Entstehung des Totalitarismusbegriffs in Italien", in: Eckhard Jesse (Hg.): *Totalitarismus im 20. Jahrhundert*, Bonn: 95-117.
Pfetsch, Frank R. (1990): *Ursprünge der Zweiten Republik. Prozesse der Verfassungsgebung in den Westzonen*, Opladen.
Pickel, Gert (2001): „Legitimität von Rechtsstaat und Demokratie in den osteuropäischen Transitionsstaaten 10 Jahre nach dem Umbruch", in: Michael Becker / Hans-Joachim Lauth / Gert Pickel (Hg.): *Rechtsstaat und Demokratie. Theoretische und empirische Studien zum Recht in der Demokratie*, Wiesbaden: 299-326.
Pickel, Susanne / Gert Pickel (2006): *Politische Kultur- und Demokratieforschung – Grundbegriffe, Theorien, Methoden*, Wiesbaden.
Pierson, Paul (2000): „Increasing Returns, Path Dependence and the Study of Politics", *American Political Science Review* (94) 2: 251-267.
Pierson, Paul (2004): *Politics in Time: History, Institutions, and Social Analysis*, Princeton, NJ.
Pinto, António Costa (1992): *O Salazarismo e o Fascismo Europeu*, Lissabon.
Pinto, Mario (1990): „Trade Union Action and Industrial Relations in Portugal", in: Guido Baglioni / Colin Crouch (Hg.): *European Industrial Relations*, London/Newbury Park/New Dehli: 243-264.
Pion-Berlin, David (1985): „The Fall of Military Rule in Argentina: 1976–1983", *Journal of Interamerican Studies and World Affairs* (27) 2: 55-76.

Plakans, Andrejs (1997): „Democratization and Political Partizipation in Postcommunist Societies: The Case of Latvia", in: Karen Dawisha / Bruce Parrott (Hg.): *The Consolidation of Democracy in East-Central Europe*, Cambridge: 245-289.

Plasser, Fritz / Peter A. Ulram / Harald Waldrauch (1997): *Politischer Kulturwandel und demokratische Konsolidierung in Ost-Mitteleuropa: Theorien und Trends*, Opladen.

Pohl, Manfred (1994a): „Das Regierungssystem", in: Hans Jürgen Mayer / Manfred Pohl (Hg.): *Länderbericht Japan*, Bonn: 72-79.

Pohl, Manfred (1994b): „Die politischen Parteien", in: Hans Jürgen Mayer / Manfred Pohl (Hg.): *Länderbericht Japan*, Bonn: 54-66.

Pollack, Detlef (1990): „Das Ende einer Organisationsgesellschaft. Systemtheoretische Überlegungen zum gesellschaftlichen Umbruch in der DDR", *Zeitschrift für Soziologie* 19: 292-307.

Pretzell, Klaus A. (1994a): „Grundlagen der Demokratie in der Verfassung Thailands (Teil 1)", *Südostasien aktuell* (Januar): 64-69.

Pretzell, Klaus A. (1994b): „Grundlagen der Demokratie in der Verfassung Thailands (Teil 2)", *Südostasien aktuell* (Mai): 229-254.

Preuß, Ulrich K. (1995): „Patterns of Constitutional Evolution and Change in Eastern Europe", in Joachim J. Hesse / Nevil Johnson (Hg.): *Constitutional Policy and Change in Europe*, Oxford: 95-126.

Preuß, Ulrich K. (2000): „Der Kosovo-Krieg, das Völkerrecht und die Moral", in: Reinhard Merkel (Hg.): *Der Kosovo-Krieg und das Völkerrecht*, Frankfurt a. M.: 115-137.

Pridham, Geoffrey (Hg.) (1984): *The New Mediterranean Democracies: Regime Transition in Spain, Greece and Portugal*, London.

Pridham, Geoffrey (1995): „The International Context of Democratic Consolidation: Southern Europe in Comparative Perspective", in: Richard Gunther / Nikiforos P. Diamandouros / Hans-Jürgen Puhle (Hg.): *The Politics of Democratic Consolidation. Southern Europe in Comparative Perspective*, Baltimore, MD: 166-203.

Priller, Eckhard (2006): „Zivilgesellschaftliches Engagement in Europa", in: Jens Alber / Wolfgang Merkel (Hg.): *Europas Osterweiterung: Das Ende der Vertiefung. WZB-Jahrbuch 2005*, Berlin: 135-158.

Przeworski, Adam (1986): „Some Problems in the Study of the Transition to Democracy", in: Guillermo O'Donnell / Philippe C. Schmitter / Laurence Whitehead (Hg.): *Transitions from Authoritarian Rule: Comparative Perspectives*, Baltimore, MD: 47-63.

Przeworski, Adam (1988): „Democracy as a Contingent Outcome of Conflicts", in: Jon Elster / Rune Slagstad (Hg.): *Constitutionalism and Democracy*, Cambridge: 59-80.

Przeworski, Adam (1991): *Democracy and the Market. Political and Economic Reforms in Eastern Europe and Latin America*, Cambridge.

Przeworski, Adam (1992): „The Games of Transition", in: Scott Mainwaring / Guillermo O'Donnell / J. Samuel Valenzuela (Hg.): *Issues in Democratic Consolidation: The New South American Democracies in Comparative Perspective*, Notre Dame, IN: 105-152.

Przeworski, Adam (Hg.) (1995): *Sustainable Democracy*, Cambridge.

Przeworski, Adam / Henry Teune (1970): *The Logic of Comparative Social Inquiry*, New York.

Przeworski, Adam / Michael Alvarez / José Antonio Cheibub / Fernando Limongi (1996): „What Makes Democracies Endure?", *Journal of Democracy* (7) 1: 39-55.

Przeworski, Adam / Fernando Limongi (1997): „Modernization. Theories and Facts", *World Politics* (49) 1: 155-183.

Przeworski, Adam / Michael E. Alvarez / José Antonio Cheibub / Fernando Limongi (2000): *Democracy and Development. Political Institutions and Well-Being in the World, 1950–1990*, Cambridge.

Puddington, Arch (2008): *Freedom in Retreat: Is the Tide Turning? Findings of Freedom in the World 2008*, www.freedomhouse.org/uploads/fiw08launch/FIW08Overview. pdf (16.06.2009).

Puhle, Hans-Jürgen (1994): „Transitions, Demokratisierung und Transformationsprozesse in Südeuropa", in: Wolfgang Merkel (Hg.): *Systemwechsel 1. Theorien, Ansätze und Konzeptionen*, Opladen: 173-194.

Puhle, Hans-Jürgen (1995a): „Autoritäre Regime in Spanien und Portugal. Zum Legitimationsbedarf der Herrschaft Francos und Salazars", in: Richard Saage (Hg.): *Das Scheitern diktatorischer Legitimationsmuster und die Zukunftsfähigkeit der Demokratie*, Berlin: 191-205.

Puhle, Hans-Jürgen (Hg.) (1995b): *The Politics of Democratic Consolidation. Southern Europe in Comparative Perspective*, Baltimore, MD: 166-203.
Puhle, Hans-Jürgen (1997): „Politische Parteien und demokratische Konsolidierung in Südeuropa", in: Wolfgang Merkel / Eberhard Sandschneider (Hg.): *Systemwechsel 3. Parteien im Transformationsprozeß*, Opladen: 143-170.
Puhle, Hans-Jürgen (2002): *Staaten, Nationen und Regionen in Europa*, Wien.
Putnam, Robert D. (1993): *Making Democracy Work. Civic Tradition in Modern Italy*, Princeton.
Putnam, Robert D. (1995): „Bowling Alone", *Journal of Democracy* (6) 1: 65-78.
Putnam, Robert D. (2001): *Gesellschaft und Gemeinsinn. Sozialkapital im internationalen Vergleich*, Gütersloh.
Pye, Lucian W. (1990): „Political Science and the Crisis of Authoritarianism", *The American Political Science Review* (84) 1: 3-19.
Pye, Lucian W. (1996): „Money Politics and Transitions to Democracy in East Asia", *Asian Survey* (27) 3: 213-238.

Quaisser, Wolfgang (1997): „Strategieansätze und Ergebnisse des Übergangs der mittel- und osteuropäischen Länder zur Marktwirtschaft", *Aus Politik und Zeitgeschichte* B44-45: 3-15.
Quigley, Kevin F. F. (1996): „Towards Consolidating Democracy: The Paradoxial Role of Democracy Groups in Thailand", *Democratization* (3) 3: 264-286.

Rae, Douglas (1968): „A Note on the Fractionalization of Some European Party Systems", *Comparative Political Studies* 1: 413-418.
Ramos, Elias T. (1990): *Dualistic Unionism and Industrial Relations*, Quezon City.
Raun, Tovio U. (1997): „Democratization and Political Development in Estonia, 1987–96", in: Karen Dawisha / Bruce Parrott (Hg.): *The Consolidation of Democracy in East-Central Europe*, Cambridge: 334-374.
Rawls, John (1971): *A Theory of Justice*, Cambridge.
Rawls, John (1993): *Political Liberalism*, New York.
Rawls, John (2002): *Das Recht der Völker*, Berlin/New York.
Reetz, Axel (1995): „Wahlen im Baltikum seit 1990. Parlamente in den Paradoxien der Selbstbestimmung", in: Winfried Steffani / Uwe Thaysen (Hg.): *Demokratie in Europa: Zur Rolle der Parlamente, Zeitschrift für Parlamentsfragen, Sonderband 1*, Opladen: 300-323.
Reiber, Tatjana (2008): „Instrumente der Demokratieförderung: Wer, wann, wie? Eine Strukturierung von Erfolgsbedingungen", in: Gero Erdmann / Marianne Kneuer (Hg.): *Externe Faktoren der Demokratisierung*, Baden-Baden: 213-234.
Reiber, Tatjana (2009): *Demokratieförderung und Friedenskonsolidierung. Die Nachkriegsgesellschaften von Guatemala, El Salvador und Nicaragua*, Wiesbaden.
Reichel, Peter (1981): *Politische Kultur der Bundesrepublik*, Opladen.
Reinecke, Gerd (1994): „Thailand – die gefährdete Demokratie", in: Gunter Schubert / Rainer Tetzlaff / Werner Vennewald (Hg.): *Demokratisierung und politischer Wandel. Theorie und Anwendung des Konzeptes der strategischen und konfliktfähigen Gruppen (SKOG)*, Münster/Hamburg: 215-262.
Reisman, W. Michael (1990): „Sovereignty and Human Rights in Contemporary International Law", *American Journal of International Law* 84: 866-876.
Reitz, John (1997): „Constitutionalism and the Rule of Law", in: Robert D. Grey (Hg.): *Democratic Theory and Post-communist Change*, London/New York: 111-143.
Rich, Roland / Edward Newman (2004): „Introduction: Approaching democratization policy", in: Edward Newman / Roland Rich (Hg.): *The UN Role in Promoting Democracy. Between Ideals and Reality*, Tokio/New York/Paris: 3-31.
Richardson, Bradley M. (1975): *The Political Culture of Japan*, Berkeley.
Richter, Solveig (2008): „Fluch oder Segen? Wirkungsmechanismen politischer Konsitionalität in den Demokratisierungsprozessen Osteuropas", in: Gero Erdmann / Marianne Kneuer (Hg.): *Externe Faktoren der Demokratisierung*, Baden-Baden: 147-168.

Rigger, Shelley (1996): „Mobilisational Authoritarianism and Political Opposition in Taiwan", in: Garry Rodan (Hg.): *Political Opposition in Industrialising Asia*, London/New York: 300-323.
Rigger, Shelley (2001): „The Democratic Progressive Party in 2000: Obstacles and Opportunities", *The China Quarterly* 168: 944-960.
Riggs, Fred W. (1966): *Thailand: The Modernization of a Bureaucratic Policy*, Honolulu.
Riker, William H. (1962): *The Theory of Political Coalitions*, New Haven.
Ringen, Stein (2007): *What Democracy Is For: On Freedom and Moral Government*, Princeton, NJ.
Risse, Thomas (2008): „Regieren in ‚Räumen begrenzter Staatlichkeit': Zur Reisefähigkeit des Governance-Konzeptes", in: Gunnar Folke Schuppert / Michael Zürn (Hg.): *Governance in einer sich wandelnden Welt*, PVS-Sonderheft 41, Wiesbaden: 149-170.
Rittberger, Volker (1973): „Über sozialwissenschaftliche Theorien der Revolution – Kritik und Versuch eines Neuansatzes", in: Klaus von Beyme (Hg.): *Empirische Revolutionsforschung*, Opladen: 39-80.
Robinson, Geoffrey (2001): „Indonesia: On a New Course?", in: Muthiah Alagappa (Hg.): *Coercion and Governance. The Declining Political Role of the Military in Asia*, Stanford: 226-256.
Robinson, William I. (1996): *Promoting Polyarchy: Globalisation, US Intervention, and Hegemony*, Cambridge.
Rödel, Ulrich / Günter Frankenberg / Helmut Dubiel (1989): *Die demokratische Frage. Ein Essay*, Frankfurt a. M.
Rosato, Sebastian (2003): „The Flawed Logic of Democratic Peace Theory", *American Political Science Review* (97) 4: 585-602.
Rosato, Sebastian (2005): „Explaining the Democratic Peace", *American Political Science Review* (99) 3: 467-472.
Rose, Richard / Doh Chull Shin (1997): *Koreans Evaluate Democracy: A New Korea Barometer Survey*, Centre for the Study of Public Policy, University of Strathclyde, Glasgow.
Rose, Richard / William Mishler / Christian Haerpfer (1998): *Democracy and Its Alternatives. Understanding Post-communist Societies*, Baltimore, MD.
Rospigliosi, Fernando (2000): *Montesinos y las Fuerzas Armadas: Cómo Controló Durante una Década las Instituciones Militares*, Lima.
Rothstein, Bo (1996): „Political Institutions. An Overview", in: Robert E. Goodin / Hans-Dieter Klingemann (Hg.): *A New Handbook for Political Science*, Oxford: 133-166.
Rowen, Henry S. (1995): „The Tide Underneath the ‚Third Wave'", *Journal of Democracy* (6) 1: 52-64.
Rubio, Luis (1998): „Coping with Political Change", in: Susan Kaufman Purcell / Luis Rubio (Hg.): *Mexico under Zedillo*, Boulder, CO/London: 5-36.
Rüb, Friedbert W. (1994): „Schach dem Parlament! Über semi-präsidentielle Regierungssysteme in einigen postkommunistischen Gesellschaften", *Leviathan* (22) 2: 260-292.
Rüb, Friedbert W. (1996a): „Die Herausbildung politischer Institutionen in Demokratisierungsprozessen", in: Wolfgang Merkel (Hg.): *Systemwechsel 1. Theorien, Ansätze und Konzeptionen*, Opladen (2. Aufl.): 111-140.
Rüb, Friedbert W. (1996b): „Zur Funktion und Bedeutung politischer Institutionen in Systemwechselprozessen. Eine vergleichende Betrachtung", in: Wolfgang Merkel / Eberhard Sandschneider / Dieter Segert (Hg.): *Systemwechsel 2. Die Institutionalisierung der Demokratie*, Opladen: 37-72.
Rüb, Friedbert W. (2000): „Von der zivilen zur unzivilen Gesellschaft. Das Beispiel des ehemaligen Jugoslawien", in: Wolfgang Merkel (Hg.) *Systemwechsel 5. Zivilgesellschaft und Transformation*, Opladen: 173-202.
Rüb, Friedbert W. (2001): *Schach dem Parlament! Regierungssysteme und Staatspräsidenten in den Demokratisierungsprozessen Osteuropas*, Wiesbaden.
Rüb, Friedbert W. (2004): „Einleitung: Demokratisierung, Wohlfahrtsstaat", in: Aurel Croissant / Gero Erdmann / Friedbert Rüb (Hg.): *Wohlfahrtsstaatliche Politik in jungen Demokratien*, Wiesbaden: 11-42.
Rueschemeyer, Dietrich / Evelyn Huber Stephens / John Stephens (1992): *Capitalist Development & Democracy*, Cambridge.

Rüland, Jürgen (1996): „Theoretische, methodische und thematische Schwerpunkte der Systemwechselforschung in Asien", in: Wolfgang Merkel (Hg.): *Systemwechsel 1. Theorien, Ansätze und Konzepte*, Opladen (2. Aufl.): 271-302.
Rüland, Jürgen (1998): *Politische Systeme in Südostasien. Eine Einführung*, Landsberg am Lech.
Rüland, Jürgen (2000): „Thailand: Finanzkrise und politische Transformation", in: Jörn Dosch / Jörg Faust (Hg.): *Die ökonomische Dynamik politischer Herrschaft. Das pazifische Asien und Lateinamerika*, Opladen: 189-213.
Rüland, Jürgen / Clemens Jürgenmeyer / Michael H. Nelson / Patrick Ziegenhain (2005): *Parliaments and Political Change in Asia*, Singapur.
Rummel, Rudolph J. (1983): „Libertarianism and International Violence", *Journal of Conflict Resolution* (27) 1: 27-71.
Rummel, Rudolph J. (1994): „Focus on: Power, Genocide, and Mass Murder", *Journal of Peace Research* (31) 1: 1-10.
Russett, Bruce M. (1993): *Grasping the Democratic Peace: Principles for a Post-Cold-War*, Princeton.
Russett, Bruce M. / John Oneal (2001): *Triangulating Peace: Democracy, Interdependence, and International Organizations*, New York.
Rustow, Dankwart A. (1970): „Transitions to Democracy", *Comparative Politics* 2: 337-363.
Ruttkowski, Renate (1994): „Geschichte", in: Hans Jürgen Mayer / Manfred Pohl (Hg.): *Länderbericht Japan*, Bonn: 54-66.
Ruutsoo, Rein / Marti Siisiäinen (1996): „Restoring Civil Society in the Baltic States, 1988–1994", in: Máté Szabó (Hg.): *The Challenge of Europeanization in the Region: East Central Europe*, Budapest: 419-447.

Saage, Richard (Hg.) (1995): *Das Scheitern diktatorischer Legitimationsmuster und die Zukunftsfähigkeit der Demokratie*, Berlin.
Sahm, Astrid (1995): „Kein politischer Frühling in Belarus. Das Scheitern der Parlamentswahlen im Mai 1995 und die Verselbständigungstendenzen der Exekutive", *Osteuropa* 11: 1021-1033.
Sahm, Astrid (1997): „Schleichender Staatsstreich in Belarus. Hintergründe und Konsequenzen des Verfassungsreferendums im November 1996", *Osteuropa* 5: 475-487.
Salinas Torre, Armando (2000): „Seguridad pública en la ciudad de México: crisis y políticas alternativas", *Diálogo y Debate* 12: 120-150.
Sánchez López, Francisco (2001): „Drei Jahre ‚Bolivarische Revolution' in Venezuela: Trabajadores y empresarios unidos jamás serán vencidos", *Brennpunkt Lateinamerika 24*: 266.
Sandschneider, Eberhard (1995): *Stabilität und Transformation politischer Systeme*, Opladen.
Sandschneider, Eberhard (2001): „Taiwan", in: Werner Weidenfeld (Hg.): *Den Wandel gestalten – Strategien der Transformation*, Bd. 2, Gütersloh: 362-385.
Sandschneider, Eberhard (2003): „Externe Demokratieförderung. Theoretische und praktische Aspekte der Außenunterstützung von Transformationsprozessen", Gutachten für das Centrum für angewandte Politikforschung der Ludwig-Maximilian-Universität München.
Santiso, Carlos (2002): „Promoting Democracy by Conditioning Aid? Towards a More Effective EU Development Assistance", *Internationale Politik und Gesellschaft* 3: 107-133.
Sarkees, Merideth Reid (2000): „The Correlates of War Data on War: An Update to 1997", *Conflict Management and Peace Science* (18) 1: 23-144.
Sartori, Giovanni (1976): *Party and Party Systems*, Cambridge.
Sartori, Giovanni (1992): *Demokratietheorie*, Darmstadt.
Sartori, Giovanni (1994a): *Comparative Constitutional Engineering. An Inquiry into Structures, Incentives and Outcomes*, New York.
Sartori, Giovanni (1994b): „Neither Presidentialism nor Parliamentarism", in: Juan J. Linz / Arturo Valenzuela (Hg.): *The Failure of Presidential Democracy*, Baltimore, MD: 106-118.
Sartori, Giovanni (1995): „Totalitarismus, Modellmanie und Lernen aus Irrtümern", in: Eckhard Jesse (Hg.): *Totalitarismus im 20. Jahrhundert*, Bonn: 538-556.
Sato, Seizaburo (1989): „Institutionalization and Democracy in Japan", in: Robert A. Scalapino / Seizaburo Sato / Jusuf Wanadi (Hg.): *Asian Political Institutionalization*, Berkeley (2. Aufl.): 95-116.

Schedler, Andreas (Hg.) (2006): *Electoral Authoritarianism: The Dynamics of Unfree Competition*, Colorado.
Schelling, Thomas (1971): „Dynamic Models of Segregation", *Journal of Mathematical Sociology* 1: 143-186.
Schienstock, Gerd / Franz Traxler (1993): „Von der stalinistischen zur marktvermittelten Konvergenz? Zur Transformation der Struktur und Politik der Gewerkschaften in Osteuropa", *Kölner Hefte für Soziologie und Sozialpsychologie* 3: 484-506.
Schimmelpfennig, Frank / Stefan Engert / Heiko Knobel (2006): *International Socialization in Europe. European Organizations, Political Conditionality and Democratic Change*, New York.
Schlangen, Walter (1976): *Die Totalitarismustheorie: Entwicklung und Probleme*, Stuttgart.
Schliewenz, Birgit (1997): „Das Parteiensystem Bulgariens", in: Dieter Segert / Richard Stöss / Oskar Niedermayer (Hg.): *Parteiensysteme in postkommunistischen Gesellschaften Osteuropas*, Opladen: 237-264.
Schlumberger, Oliver (2008): *Autoritarismus in der arabischen Welt*, Baden-Baden.
Schmidt, Gregory (1998): „Presidential Usurpation or Congressional Preference. The Evolution of Executive Decree Authority in Peru", in: John M. Carey / Matthew Soberg Shugart (Hg.): *Executive Decree Authority*, Cambridge: 104-141.
Schmidt, Manfred G. (1996): „Der Januskopf der Transformationsperiode. Kontinuität und Wandel der Demokratietheorien", in: Klaus von Beyme / Claus Offe (Hg.): *Politische Theorien in der Ära der Transformation, PVS-Sonderheft 25*, Opladen: 182-210.
Schmidt, Manfred G. (2005): *Sozialpolitik in der DDR*, Wiesbaden (3. Aufl.).
Schmidt, Manfred G. (2006): *Demokratietheorien. Eine Einführung*, Wiesbaden (3. Aufl.).
Schmidt, Thomas (2004): „Das politische System Lettlands", in: Wolfgang Ismayr (Hg.): *Die politischen Systeme Osteuropas*, Opladen (2. Aufl.): 111-142.
Schmiegelow, Michèle (Hg.) (1997): *Democracy in Asia*, Frankfurt a. M./New York.
Schmitt, Carl (1923): *Die geistesgeschichtliche Lage des heutigen Parlamentarismus*, Leipzig.
Schmitt, Carl (1931): *Der Hüter der Verfassung*, Tübingen.
Schmitt, Carl (1932): *Legalität und Legitimität*, München/Leipzig.
Schmitt, Carl (1964 [1920]): *Die Diktatur. Von den Anfängen des souveränen Staatsgedankens bis zum proletarischen Klassenkampf*, Berlin (3. Aufl.).
Schmitter, Philippe C. (1974): „Still the Century of Corporatism? ", *Review of Politics* XXXVI (1): 85-131.
Schmitter, Philippe C. (1985): *The Consolidation of Political Democracy in Southern Europe (and Latin America)*, Florenz (unveröffentl. Ms.).
Schmitter, Philippe C. (1992): „Interest Systems and the Consolidation of Democracies", in: Gary Marks / Larry Diamond (Hg.): *Reexamining Democracy: Essays in Honour of Seymour Martin Lipset*, Thousand Oaks, CA/London: 156-181.
Schmitter, Philippe C. (1995a): „Von der Autokratie zur Demokratie. Zwölf Überlegungen zur politischen Transformation", *Internationale Politik* (50) 6: 47-52.
Schmitter, Philippe C. (1995b): „Organized Interests and Democratic Consolidation in Southern Europe", in: Richard Gunther / Nikiforos P. Diamandouros / Hans-Jürgen Puhle (Hg.): *The Politics of Democratic Consolidation. Southern Europe in Comparative Perspective*, Baltimore, MD: 284-314.
Schmitter, Philippe C. (1997): „Exploring the Problematic Triumph of Liberal Democracy and Concluding with a Modest Proposal for Improving its International Impact", in: Axel Hadenius (Hg.): *Democracy's Victory and Crisis*, Cambridge: 297-308.
Schmitter, Philippe C. (1999): „Organisierte Interessen und die Konsolidierung der Demokratie in Südeuropa", in: Wolfgang Merkel / Eberhard Sandschneider (Hg.): *Systemwechsel 4. Die Rolle von Verbänden im Transformationsprozeß*, Opladen: 45-82.
Schmitter, Philippe C. (2009): „Diagnosing and Designing Democracy in Europe", in: Sonía Alonso / John Keane / Wolfgang Merkel (Hg.): *The Future of Representative Democracy*, Cambridge: (forthcoming).
Schmitter, Philippe C. / Gerhard Lehmbruch (Hg.) (1979): *Trends Toward Corporatist Intermediation*, Beverly Hills/London.

Schmitter, Philippe C. / Carsten Q. Schneider (2004): „Liberalization, Transition and Consolidation: Measuring the Components of Democratization", in: Aurel Croissant / Wolfgang Merkel (Hg.): *Consolidated or Defective Democracy? Problems of Regime Change, Special Issue of Democratization* (11) 5: 59-90.

Schneckener, Ulrich (Hg.) (2006): *Fragile Staatlichkeit, „States at Risk" zwischen Stabilität und Scheitern*, Baden-Baden.

Schneider, Axel (1996): „Die Verfassungsreform in der Republik China auf Taiwan, 1990–1995 – Verlauf, Ergebnisse und beeinflussende Faktoren", in: Gunter Schubert / Axel Schneider (Hg.): *Taiwan an der Schwelle zum 21. Jahrhundert*, Hamburg: 7-39.

Schneider, Eberhard (1995): „Politische und institutionelle Veränderungen in Rußland 1993–1995", in: Bundesinstitut für ostwissenschaftliche und internationale Studien (Hg.): *Zwischen Krise und Konsolidierung. Gefährdeter Systemwechsel im Osten Europas*, München/Wien: 40-51.

Schneider, Eberhard (1997): „Begriffe und theoretische Konzepte zur politischen Transformation", in: Bundesinstitut für ostwissenschaftliche und internationale Studien (Hg.): *Der Osten Europas im Prozeß der Differenzierung*, München/Wien: 17-24.

Schneider, Eberhard (2001): *Das politische System der Russischen Föderation. Eine Einführung*, Wiesbaden (2. Aufl.).

Schraeder, Peter J. (2003): „The State of the Art in International Democracy Promotion: Results of a Joint European-North American Research Network", *Democratization* (10) 2: 21-44.

Schramm, Hans-Joachim (1995): „Die Verfassung der Republik Belarus vom 30. März 1994", *Osteuropa-Recht* (41) 2: 134-158.

Schröder, Hans-Henning (2001): „Mächte im Hintergrund: Die Rolle von ‚Familie' und ‚Oligarchen' im politischen Kräftespiel", in: Hans-Hermann Höhmann / Hans-Henning Schröder (Hg.): *Rußland unter neuer Führung: Politik, Wirtschaft und Gesellschaft am Beginn des 21. Jahrhunderts*, Bonn: 67-77.

Schröder, Wolfgang (2004): „Wandel und Kontinuität der Arbeitsbeziehungen in Mittel- und Osteuropa" (Ms.), aktualisierte Fassung des Beitrags in *WSI-Mitteilungen* 1/2003: 51-59.

Schubert, Gunter (1994): *Taiwan – die chinesische Alternative: Demokratisierung in einem ostasiatischen Schwellenland (1986–1993)*, Hamburg.

Schubert, Gunter (2006): „Riskante Nationsbildung in Taiwan", *Internationale Politik und Gesellschaft* 2: 85-101.

Schubert, Gunter / Mark Thompson (1996): „Demokratische Institutionalisierung in Ost- und Südostasien: Verlaufsmuster und Perspektiven in Taiwan, Südkorea, Thailand und den Philippinen", in: Wolfgang Merkel / Eberhard Sandschneider / Dieter Segert (Hg.): *Systemwechsel 2. Die Institutionalisierung der Demokratie*, Opladen: 381-417.

Schuck, Christoph (2003): *Der indonesische Demokratisierungsprozess. Politischer Neubeginn und historische Kontinuität*, Baden-Baden.

Schuck, Christoph (2006): „The End of the ‚New Order' and Ethno-Religious Conflicts in Indonesia", in: Aurel Croissant / Beate Martin / Sascha Kneip (Hg.): *The Politics of Death. Political Violence in Southeast Asia*, Münster: 71-106.

Schumpeter, Joseph A. (1950): *Kapitalismus, Sozialismus und Demokratie*, Bern.

Schuschkewitsch, Stanislaus (1997): „Der Staatsstreich des Präsidenten von Weißrußland", *Frankfurter Allgemeine Zeitung* v. 24.01.1997.

Schwartz, Adam (1999): *A Nation in Waiting. Indonesia's Search for Stability*, Singapur.

Schwarz, Hans-Peter (1981): „Die Ära Adenauer 1949–1957. Gründerjahre der Republik", in: Karl Dietrich Bracher / Theodor Eschenburg / Joachim C. Fest / Eberhard Jäckel (Hg.): *Geschichte der Bundesrepublik*, Bd. 2, Wiesbaden.

Scoppola, Pietro (1980): *Gli anni della Costitutente fra politica e storia*, Bologna.

Scott, James M. / Carie A. Steele (2005): „Assisting Democrats or Resisting Dictators? The Nature and Impact of Democracy Support by the United States Endowment for Democracy, 1990-99", *Democratization* (12) 4: 439-460.

Segert, Dieter (1996): „Institutionalisierung der Demokratie am balkanischen Rand Osteuropas", in: Wolfgang Merkel / Eberhard Sandschneider / Dieter Segert (Hg.): *Systemwechsel 2. Die Institutionalisierung der Demokratie*, Opladen: 113-142.

Segert, Dieter (1997): „Parteien und Parteiensysteme in der Konsolidierung", in: Wolfgang Merkel / Eberhard Sandschneider (Hg.): *Systemwechsel 3. Parteien im Transformationsprozeß*, Opladen: 57-100.
Segert, Dieter (2002): *Die Grenzen Osteuropas*, Wiesbaden.
Seifert, Wolfgang (1994): „Gewerkschaften heute: Existenzbedrohung durch Kooperation", in: Hans-Jürgen Mayer / Manfred Pohl (Hg.): *Länderbericht Japan*, Bonn: 107-114.
Sen, Amartya (1999): „Democracy as a Universal Value", *Journal of Democracy* (10) 3: 3-17.
Sen, Amartya (2000): *Ökonomie für den Menschen. Wege zur Gerechtigkeit und Solidarität in der Marktwirtschaft*, München.
Senghaas, Dieter (2000): „Recht auf Nothilfe", in: Reinhard Merkel (Hg.): *Der Kosovo-Krieg und das Völkerrecht*, Frankfurt a. M.: 99-114.
Senghaas, Dieter (2004): *Zum irdischen Frieden*, Frankfurt a. M.
Seton-Watson, Hugh (1986): „Rußland und Osteuropa", in: Golo Mann / Alfred Heuß / August Nitschke (Hg.): *Propyläen – Weltgeschichte. Eine Universalgeschichte*, Bd. 10, Berlin: 165-220.
Shafir, Michal (1997): „Romania's Road to ‚Normalcy'", *Journal of Democracy* (8) 2: 144-158.
Share, Donald / Scott Mainwaring (1984): „Transition through Transaction: Democratization in Brazil and Spain", in: Wayne A. Selcher (Hg.): *Political Liberalization in Brazil: Dynamics, Dilemmas, and Future Prospects*, Boulder, CO: 175-216.
Shevtsova, Lilia (2003): *Putin's Russia*, Washington, DC.
Shiau, Chyuan-jeng (1999): „Civil Society and Democratization", in: Steve Tsang / Hung-mao Tien (Hg.): *Democratization in Taiwan: Implications for China*, Houndmills/London: 101-116.
Shifter, Michael (2006): „In Search of Hugo Chávez", *Foreign Affairs* (85) 3: 45-59.
Shin, Doh Chull (1999): *Mass Politics and Culture in Democratizing Korea*, Oxford.
Shin, Doh Chull (2003): „Democratic Governance in South Korea: The Perspectives of Ordinary Citizens and Their Elected Representatives", *Japanese Journal of Political Science* (4) 2: 215-240.
Shin, Doh Chull / Huoyan Shyu (1997): „Political Ambivalence in South Korea and Taiwan", *Journal of Democracy* (8) 3: 108-124.
Shin, Doh Chull / Jason Wells (2005): „Is Democracy the Only Game in Town?", *Journal of Democracy* (16) 2: 88-101.
Shin, Do Chull / Lee Jaechul (2006): „The Korean Democracy Barometer Surveys: Unraveling the Cultural and Institutional Dynamics of Democratization, 1997–2004", *Korea Observer* (37) 2: 237-276.
Shin, Myungsoon (2000): *Change and Continuity of Parliamentary Politics in Democratizating Korea*. Paper presented at the 4th Korea-Britain Conference organized by Sheffield University's Management School and Yonsei University's Institute of East & West Studies, May 17-18, 2000 (mimeo).
Shin, Myungsoon (2005): „South Korea: Citizens' Confidence in Public Institutions", in: Takashi Inoguchi / Miguel Basanez / Akihiko Tanaka / Timur Dadabaev (Hg.): *Values and Life Styles in Urban Asia. A Cross-Cultural Analysis and Scorebook Based on the Asia Barometer Survey of 2003*, Mexiko-Stadt: 57-76.
Shin, Myungsoon (2006): „Confidence in Public Institutions and Democracy in South Korea", *Korea Observer* (37) 2: 277-304.
Shugart, Matthew Soberg (1993): „Of Presidents and Parliaments", *East European Constitutional Review* (2) 1: 30-32.
Shugart, Matthew Soberg / John M. Carey (1992): *Presidents and Assemblies. Constitutional Design and Electoral Dynamics*, Cambridge.
Siavelis, Peter / Arturo Valenzuela (1996): „Electoral Engineering and Democratic Stability: The Legacy of Authoritarian Rule in Chile", in: Arend Lijphart / Carlos H. Waisman (Hg.): *Institutional Design in New Democracies*, Boulder, CO: 77-99.
Sidel, John T. (1999): *Capital, Coercion and Crime. Bossim in the Philippines*, Stanford.
Siemienska, Renata (2006): „Poland: Citizens and Democratic Politics", in: Hans-Dieter Klingemann / Dieter Fuchs / Jan Zielonka (Hg.): *Democracy and Political Culture in Eastern Europe*, New York/London: 203-234.
Silva, Patricio (1991): „Technocrats and Politics in Chile. From the Chicago Boys to the CIEPLAN Monks", *Journal of Latin American Studies* (23) 2: 385-410.

Sima, Bruno (2000): „Die NATO, die UN und militärische Gewaltanwendung", in: Reinhard Merkel (Hg.): *Der Kosovo-Krieg und das Völkerrecht*, Frankfurt a. M.: 9-50.
Small, Melvin / J. David Singer (1976): „The War-proneness of Democratic Regimes, 1816–1965", *The Jerusalem Journal of International Relations* 1 (April): 50-69.
Smutny, Pavel (1992): „Die Tschechoslowakei – eine Rückkehr zu sich selbst", *Aus Politik und Zeitgeschichte* B 6: 24-35.
Snyder, Richard (1998): „Paths out of Sultanistic Regimes: Combining Structural and Voluntarist Perspectives", in: Houchang E. Chehabi / Juan J. Linz (Hg.): *Sultanistic Regimes*, Baltimore, MD/London: 49-85.
Sonntag, Heinz R. (2001): „Crisis and Regression: Ecuador, Paraguay, Peru, and Venezuela", in: Manuel Antonio Garretón / Edward Newman (Hg.): *Democracy in Latin America. (Re)Constructing Political Society*, Tokio: 126-157.
Sontheimer, Kurt (1989): *Grundzüge des politischen Systems der Bundesrepublik Deutschland*, München (12. Aufl.).
Sowaidnig, Ina (1996): *Die Unterstützung der Demokratie in Deutschland und Italien*, Frankfurt a. M./ Berlin.
Staff, Ilse (1981): *Lehren vom Staat*, Baden-Baden.
Staritz, Dietrich (1990): „Ursachen und Konsequenzen einer deutschen Revolution", in: Redaktion des Fischer Weltalmanach (Hg.): *Der Fischer Weltalmanach: Sonderband DDR*, Frankfurt a. M.: 31.
Stark, David (1990): „Privatization in Hungary: From Plan to Market or From Plan to Clan?", *East European Politics and Societies* (4) 3: 351-392.
Steen, Anton (1997): „The Baltic Elites after the Change of the Regime", in: Heinrich Best / Ulrike Becker (Hg.): *Elites in Transition: Elite Research in Central and Eastern Europe*, Opladen: 149-171.
Stefes, Christoph H. (2006*): Understanding Post-Soviet Transitions. Corruption, Collusion and Clientelism*, Basingstoke.
Steffani, Winfried (1979): *Parlamentarische und präsidentielle Demokratie*, Opladen.
Steiner, Helmut / Pál Tamás (Hg.) (2005): *The Business Elites of East-Central Europe*, Berlin.
Steinsdorff, Silvia von (1995): „Zur Verfassungsgenese der Zweiten Russischen und der Fünften Französischen Republik im Vergleich", *Zeitschrift für Parlamentsfragen* (26) 3: 486-504.
Steinsdorff, Silvia von (2004): „Das politische System Weißrusslands", in: Wolfgang Ismayr (Hg): *Die politischen Systeme Osteuropas*, Opladen (2. Aufl.): 429-468.
Stepan, Alfred (1978): *The State and Society. Peru in Comparative Perspective*, Princeton, NJ.
Stepan, Alfred (1986): „Paths toward Redemocratization: Theoretical and Comparative Considerations", in: Guillermo O'Donnell / Philippe C. Schmitter / Laurence Whitehead (Hg.): *Transitions from Authoritarian Rule. Comparative Perspectives*, Baltimore, MD: 64-84.
Stepan, Alfred / Cindy Skach (1993): „Constitutional Frameworks and Democratic Consolidation: Parlamentarism versus Presidentialism", *World Politics* (46) 1: 1-22.
Sternberger, Dolf (1990): *Verfassungspatriotismus*, Frankfurt a. M.
Storost, Ulrich (1990): „Das Ende der Übergangszeit. Erinnerungen an die verfassungsgebende Gewalt", *Der Staat* (29) 3: 321-331.
Stöss, Richard / Dieter Segert (1997): „Entstehung, Struktur und Entwicklung von Parteiensystemen in Osteuropa nach 1989 – Eine Bilanz", in: Dieter Segert / Richard Stöss / Oskar Niedermayer (Hg.): *Parteiensysteme in postkommunistischen Gesellschaften Osteuropas*, Opladen: 379-428.
Stykow, Petra (1998): „Staat, Verbände und Interessengruppen in der russischen Politik", in: Wolfgang Merkel / Eberhard Sandschneider (Hg.): *Systemwechsel 4. Verbände im Transformationsprozeß*, Opladen: 137-180.
Stykow, Petra / Sergej Zotov (1996): *Funktionale Interessenvermittlung in der russischen Transformationsgesellschaft als Gegenstand wissenschaftlicher Analyse, Arbeitspapiere der Max-Planck-Gesellschaft, AG Transformationsprozesse Nr. 5*, Berlin.
Suchit, Bunbonkarn (1996): „Elections and Democratization in Thailand", in: R. H. Taylor (Hg.): *The Politics of Elections in Southeast Asia*, Cambridge/New York/Melbourne: 184-201.
Suchit, Bunbonkarn (1997): „Thailand's November 1996 Election and its Impact on Democratic Consolidation", *Democratization* (4) 2: 154-165.

Suhrke, Astrid (2008): „Democratizing a Dependent State: The Case of Afghanistan", in: Sonja Grimm / Wolfgang Merkel (Hg.): *Special Issue of Democratization: War and Democratization: Legality, Legitimacy and Effectiveness*, (15) 3: 630-648.
Sukhumbhand, Paribatra (1993): „State and Society in Thailand. How Fragile is the Democracy?", *Asian Survey* (33) 9: 879-893.
Sulistyo, Hermawan (2002): „Electoral Politics in Indonesia: A Hard Way to Democracy", in: Aurel Croissant / Gabriele Bruns / Marei John (Hg.): *Electoral Politics in Southeast and East Asia*, Singapur: 75-101.
Sundhausen, Ulf (1982): *The Road to Power: Indonesian Military Politics, 1945–1967*, Kuala Lumpur/ Oxford.
Sunstein, Cass (1992): „Something Old, Something New", *East European Constitutional Review* (1) 1: 18-21.
Surin, Maisrikrod (1992): *Thailand's Two General Elections in 1992: Democracy Sustained*, Singapur.
Surin, Maisrikrod / Duncan McCargo (1997): „Electoral Politics: Commercialisation and Exclusion", in: Kevin Hewison (Hg.): *Political Change in Thailand: Democracy and Participation*, London/New York: 132-148.
Svolik, Milan (2008): „Authoritarian Reversals and Democratic Consolidation", *American Political Science Review* (102) 2: 153-168.
Szabó, Máté (1993): „Die politische Entwicklung", in: Georg Brunner (Hg.): *Ungarn auf dem Weg der Demokratie*, Bonn: 5-41.
Szabó, Máté (1994): *Ungarn auf dem Weg zur Demokratie*, Bonn.
Szoboszlai, György (Hg.) (1992): *Flying Blind. Emerging Democracies in East-Central Europe*, Budapest.

Tagle, Matías (Hg.) (1992): *La crisis de la democracia en Chile. Antecedentes y causas*, Santiago de Chile.
Tanaka, Martín (1998): *Los espejismos de la democracia. El colapso del sistema de partidos en el Perú*, Lima.
Tanaka, Martín (1999): „Del movimientismo a la media-política: cambios en las relaciones entre la sociedad y la política en el Perú de Fujimori", in: John Crabtree / Jim Thomas (Hg.): *El Perú de Fujimori*, Lima: 411-436.
Tanaka, Martín (2005): „Peru 1980–2000: Chronicle of a Death Foretold? Determinism, Political Decisions, and Open Outcomes", in: Frances Hagopian / Scott Mainwaring (Hg.): *The Third Wave of Democratization in Latin America: Advances and Setbacks*, Cambridge: 261-288.
Tate, C. Neal (1997): „Courts and the Breakdown and Re-creation of Philippine Democracy: Evidence from the Supreme Court's Agenda", *International Social Science Journal* (152): 279-291.
Taylor, Charles (1993): „Der Begriff der bürgerlichen Gesellschaft im politischen Denken des Westens", in: Micha Brumlik / Hauke Brunkhorst (Hg.): *Gemeinschaft und Gerechtigkeit*, Frankfurt a. M.: 117-144.
Teehankee, Julio C. (2006): „Consolidation or Crisis of Clientelistic Democracy? The 2004 Synchronized Elections in the Philippines", in: Aurel Croissant / Beate Martin (Hg.): *Between Consolidation and Crisis: Elections and Democracy in Five Nations in Southeast Asia*, Münster: 215-276.
Tezanos, José F. / Ramón Cotarelo / Andrés De Blas (Hg.) (1989): *La Transición Democrática Española*, Madrid.
Thelen, Kathleen / Sven Steinmo / Frank Longstreth (Hg.) (1992): *Structuring Politics: Historical Institutionalism in Comparative Analysis*, Cambridge.
Thibaut, Bernhard (1996): *Präsidentialismus und Demokratie in Lateinamerika*, Opladen.
Thiel, Rainer H. (2008): *Nested Games of External Democracy Promotion: The United States and the Polish Liberalization, 1980–1989*, Dissertation, Freie Universität Berlin.
Thiery, Peter (1997): „Der Wandel der Arbeitsbeziehungen im demokratischen Chile", in: Rainer Dombois / Peter Imbusch / Hans-Joachim Lauth / Peter Thiery (Hg): *Neoliberalismus und Arbeitsbeziehungen in Lateinamerika*, Frankfurt a. M.: 254-275.
Thiery, Peter (2000): *Transformation in Chile. Institutioneller Wandel, Entwicklung und Demokratie (1973–1996)*, Frankfurt a. M.
Thiery, Peter (2001): „Rechtsstaat und Demokratie in Lateinamerika", in: Michael Becker / Hans-Joachim Lauth / Gert Pickel (Hg.): *Demokratie und Rechtsstaat*, Wiesbaden: 252-274.

Thiery, Peter (2002): „Demokratie und Rechtsstaatlichkeit – auf dem Weg zur Konsolidierung?", in: Peter Birle / Sandra Carreras (Hg.): *Argentinien nach zehn Jahren Menem – Bilanz und Perspektiven*, Frankfurt a. M.: 341-369.

Thiery, Peter (2006): „Lateinamerika", in: Wolfgang Merkel / Hans-Jürgen Puhle / Aurel Croissant / Peter Thiery: *Defekte Demokratie, Band 2: Regionalanalysen*, Wiesbaden: 21-161.

Thompson, Mark R. (1995): *The Anti-Marcos Struggle. Personalistic Rule and Democratic Transition in the Philippines*, New Haven/London.

Thompson, Mark R. (1998): „The Marcos Regime in the Philippines", in: Houchang E. Chehabi / Juan J. Linz (Hg.): *Sultanistic Regimes*, Baltimore, MD/London: 206-231.

Tibi, Bassam (1995): „Fundamentalismus und Totalitarismus in der Welt des Islam. Legitimationsideologien im Zivilisationskonflikt: Die *Hakimiyyat Allah* / Gottesherrschaft", in: Richard Saage (Hg.): *Das Scheitern diktatorischer Legitimationsmuster und die Zukunftsfähigkeit der Demokratie*, Berlin: 305-318.

Tien, Hung-mao (1992): „Taiwan's Evolution toward Democracy: A Historical Perspective", in: Denis Fred Simon / Michael Y. M. Kau (Hg.): *Taiwan: Beyond the Economic Miracle*, Armonk/London: 3-25.

Tien, Hung-mao (1996): „Elections and Taiwan's Democratic Development", in: Hun-mao Tien (Hg.): *Taiwan's Electoral Politics and Democratic Transition: Riding the Third Wave*, New York: 3-27.

Tien, Hung-mao / Tun-jen Cheng (1999): „Crafting Democratic Institutions", in: Steve Tsang / Hung-mao Tien (Hg.): *Democratization in Taiwan: Implications for China*, Houndmills/London: 23-49.

Tilly, Charles (Hg.) (1975): *The Formation of National States in Western Europe*, Princeton.

Timberman, David (1991): *A Changeless Land: Continuity and Change in Philippine Politics*, Singapur/New York.

Timmermann, Heinz (1997): *Belarus: Eine Diktatur im Herzen Europas?, Berichte des Bundesinstituts für ostwissenschaftliche und internationale Studien 10*, Köln.

Timmermann, Heinz / Alexander Ott (1997): „Restauration und Reaktion in Belarus", in: Bundesinstitut für ostwissenschaftliche und internationale Studien (Hg.): *Der Osten Europas im Prozeß der Differenzierung*, München/Wien: 94-104.

Tironi, Eugenio / Felipe Agüero (1999): „¿Sobrevivirá el nuevo paisaje político chileno?", *Estudios Públicos* 74: 151-168.

Tocqueville, Alexis de (1985 [1835]): *Über die Demokratie in Amerika*, Stuttgart.

Todorova, Maria N. (1992): „Improbable Maverick or Typical Conformist? Seven Thoughts on the New Bulgaria", in: Ivo Banac (Hg.): *Eastern Europe in Revolution*, Ithaca/London: 148-167.

Tomuschat, Christian (1993): „Obligations Arising for States Without or Against Their Will", *Recueil des cours de l'Académie internationale de la Haye* 241 (1993–IV): 195-374.

Torres Rivas, Edelberto (2001): „Foundations: Central America", in: Manuel Antonio Garretón / Edward Newman (Hg.): *Democracy in Latin America. (Re-)Constructing Political Society*, Tokio: 99-125.

Tränkmann, Beate (1997): *Demokratisierung und Reform des politischen Systems auf Taiwan seit 1990*, Frankfurt a. M.

Trautmann, Günter (1999): „Italien", in: Wolfgang Ismayr (Hg.): *Die politischen Systeme Westeuropas*, Opladen (2. Aufl.): 519-562.

Truman, David B. (1951): *The Governmental Process*, New York.

Tsebelis, George (1990): *Nested Games: Rational Choice in Comparative Politics*, Berkeley, CA.

Tyrell, Albrecht (1986): „Voraussetzungen und Strukturelemente des nationalsozialistischen Herrschaftssystems", in: Karl Dietrich Bracher / Manfred Funke / Hans-Adolf Jacobsen (Hg.): *Nationalsozialistische Diktatur*, Bonn: 37-72.

Ufen, Andreas (2002): *Herrschaftsfiguration und Demokratisierung in Indonesien (1965–2000)*, Hamburg.

United Nations Economic Commission for Europe (UNECE) (2002): *Foreign Direct Investment in Eastern Europe, the Baltic States and the CIS, 1990–2001*, www.unece.org/press/pr2002/02gen13e_table.pdf (22.08.2006).

United Nations Statistical Division (2007): National Accounts Main Aggregates Data Base, http://unstats.un.org/unsd/snaama/Introduction.asp (22.06.2007).

van Oyen, Robert Chr. / Wolfgang Schäfer (1995): „Die neue Verfassung Weißrußlands", *Wirtschaft und Recht in Osteuropa* 11: 401-407.
Vanhanen, Tatu (1984): *The Emergency of Democracy. A Comparative Study of 119 States, 1850–1979*, Helsinki.
Vanhanen, Tatu (1989): „The Level of Democratization Related to Socioeconomic Variables in 147 States, 1980–1985", *Scandinavian Political Studies* (12) 2: 95-127.
Vanhanen, Tatu (Hg.) (1992): *Strategies of Democratization*, Washington, DC.
Vanhanen, Tatu / Richard Kimber (1994): „Predicting and Explaining Democratization in Eastern Europe", in: Geoffrey Pridham / Tatu Vanhanen (Hg.): *Democratization in Eastern Europe*, London/New York.
Vásquez, George L. (1996): „Peru", in: Constantine P. Danopoulos / Cynthia A. Watson (Hg.): *The Political Role of the Military: An International Handbook*, Westport, CT: 338-360.
Vatikiotis, Michael R. J. (1996): *Political Change in Southeast Asia: Trimming the Banyan Tree*, London/New York.
Verbitsky, Horacio (1993): *Hacer la Corte*, Buenos Aires.
Villanueva, A. B. (1996): „Parties and Elections in Philippine Politics", *Contemporary Southeast Asia* (18) 2: 175-192.
Vodička, Karel (2005): *Das politische System Tschechiens*, Wiesbaden.

Waldmann, Peter (1989): *Ethnischer Radikalismus*, Opladen.
Waldmann, Peter (Hg.) (1992): *Politisches Lexikon Lateinamerika* (3. Aufl.), München.
Walker, Thomas (2003): *Nicaragua. Living in the Shadow of the Eagle*, Boulder, CO.
Walters, Patrick (1999): „The Indonesian Armed Forces in the Post-Soeharto-Era", in: Geoff Forrester (Hg.): *Post-Soeharto Indonesia: Renewal or Chaos?*, Singapur/Leiden: 59-65.
Walzer, Michael (1992): *Zivile Gesellschaft und amerikanische Demokratie*, Berlin.
Walzer, Michael (2000): *Just and Unjust Wars: a Moral Argument with Historical Illustrations* (3rd ed.), Harmondsworth.
Walzer, Michael (2003): *Erklärte Kriege – Kriegserklärungen, Essays*, Hamburg.
Waschkuhn, Arno (1995): „Politische Systeme", in: Arno Mohr (Hg.): *Grundzüge der Politikwissenschaft*, München/Wien: 237-326.
Waschkuhn, Arno (1997): *Demokratietheorien*, München/Wien.
Watanuki, Joji (1977): *Politics in Postwar Japanese Society*, Tokio.
Way, Lucan A. (2005): „Authoritarian State Building and the Sources of Regime Competitiveness in the Fourth Wave: The Cases of Belarus, Moldova, Russia, and Ukraine", *World Politics* 57 (January): 231-261.
Weber, Max (1968): *Soziologie, Weltgeschichtliche Analysen, Politik*, Stuttgart (hrsg. von Johannes Winkelmann).
Weber, Max (1972 [1922]): *Wirtschaft und Gesellschaft*, Tübingen (5. Aufl.).
Wehr, Ingrid (2004): „Das Parteiensystem des nach-autoritären Chile: Vom polarisierten Pluralismus zur Nordamerikanisierung?", in: Peter Imbusch / Dirk Messner / Detlef Nolte (Hg.): *Chile heute. Politik, Wirtschaft, Kultur*, Frankfurt a. M.: 379-400.
Weldon, Jeffrey (1997): „Political Sources of *Presidencialismo* in Mexico", in: Scott Mainwaring / Matthew Soberg Shugart (Hg.): *Presidentialism and Democracy in Latin America*, Cambridge: 225-258.
Weldon, Jeffrey (2002): „The Legal and Partisan Framework of the Legislative Delegation of the Budget in Mexico", in: Scott Morgenstern / Benito Nacif (Hg.): *Legislative Politics in Latin America*, Cambridge: 377-410.
Welsch, Friedrich / José Vicente Carrasquero (2000): „Auflösungserscheinungen einer etablierten Demokratie? Politisch-kulturelle Analyse des Falles Venezuela", in: Peter Hengstenberg / Karl Kohut / Günther Maihold (Hg.): *Zivilgesellschaft in Lateinamerika. Interessenvertretung und Regierbarkeit*, Frankfurt a. M.: 87-110.

Weltbank (1997): *Weltentwicklungsbericht 1997*, Bonn.
Welzel, Christian (1996): „Systemwechsel in der globalen Systemkonkurrenz: Ein evolutionstheoretischer Erklärungsversuch", in: Wolfgang Merkel (Hg.): *Systemwechsel 1. Theorien, Ansätze und Konzeptionen*, Opladen: 47-79 (2. Aufl.).
Werz, Nikolaus (1983): *Parteien, Staat und Entwicklung in Venezuela*, München.
West, James M. / Yoon Dae Kyu (1996): „The Constitutional Court of the Republic of Korea: Transforming the Jurisprudence of the Vortex?", in: Song Sang-Hyun (Hg.): *Korean Law in the Global Economy*, Seoul: 208-243.
Weßels, Bernhard (2003): „Die Entwicklung der Zivilgesellschaft in Mittel- und Osteuropa: Intermediäre Akteure, Vertrauen und Partizipation", in: Wolfgang van den Daele / Dieter Gosewinkel / Jürgen Kocka / Dieter Rucht (Hg.): *Zivilgesellschaft: Bedingungen, Pfade, Abwege – WZB-Jahrbuch 2003*, Berlin: 173-198.
Weßels, Bernhard / Hans-Dieter Klingemann (1998): „Transformation and the Prerequisites of Democratic Opposition in Central and Eastern Europe", in: Samuel H. Barnes / János Simon (Hg.): *The Postcommunist Citizen*, Budapest: 1-34.
Weßels, Bernhard / Hans-Dieter Klingemann (2006): „Parties and Voters – Representative Consolidation in Central and Eastern Europe?", *International Journal of Sociology* 36: 11-44.
White, Nigel D. (2000): „The United Nations and Democracy Assistance: Developing Practice within a Constitutional Framework", in: Peter Burnell (Hg.): *Democracy Assistance. International Co-operation for Democratization*, London/Portland, OR: 67-89.
White, Stephen / Matthew Wyman / Olga Kryshtanovskaya (1995): „Parties and Politics in Post-communist Russia", *Communist and Post-Communist Studies* (28) 2: 183-202.
Whitehead, Laurence (1986): „International Aspects of Democratization", in: Guillermo O'Donnell / Philippe C. Schmitter / Laurence Whitehead (Hg.): *Transitions from Authoritarian Rule: Comparative Perspectives*, Baltimore, MD: 3-46.
Whitehead, Laurence (2001): „Reforms: Mexico and Colombia", in: Manuel Antonio Garretón / Edward Newman (Hg.): *Democracy in Latin America. (Re-)Constructing Political Society*, Tokio: 66-98.
Whitehead, Laurence (2004): „Democratization with the Benefit of Hindsight: The Changing International Components", in: Edward Newman / Roland Rich (Hg.): *The UN Role in Promoting Democracy. Between Ideals and Reality*, Tokio/New York/Paris: 135-165.
Wiesenthal, Helmut (1993): *Die „Politische Ökonomie" des fortgeschrittenen Transformationsprozesses und die potentiellen Funktionen intermediärer Akteure (I)*, Arbeitspapier der Max-Planck-Gesellschaft, AG Transformationsprozesse Nr. 1, Berlin.
Wiesenthal, Helmut (1995): *Preemptive Institutionenbildung: Korporative Akteure und institutionelle Innovationen im Transformationsprozeß postsozialistischer Staaten*, Arbeitspapier der Max-Planck-Gesellschaft, AG Transformationsprozesse Nr. 4, Berlin.
Wiesenthal, Helmut (1998): „Interessenverbände in Ostmitteleuropa – Startbedingungen und Entwicklungsprobleme", in: Wolfgang Merkel / Eberhard Sandschneider (Hg.): *Systemwechsel 4. Verbände im Transformationsprozeß*, Opladen.
WIIW (Wiener Institut für Internationale Wirtschaftsvergleiche) (2006): *WIIW Handbook of Statistics 2006. Central, East and Southeast Europe*. Wien.
Williams, Allan M. (Hg.) (1984): *Southern Europe Transformed: Political and Economic Change in Greece, Italy, Portugal and Spain*, New York.
Williams, Philip J. (1994): „Dual Transition from Authoritarian Rule: Popular and Electoral Democracy in Nicaragua", *Comparative Politics* (23) 4: 169-185.
Williamson, John (1990): „What Washington Means by Policy Reform", in: John Williamson (Hg.): *Latin American Adjustment: How Much Has Happened?* Washington, DC: 7-20.
Willke, Helmut (1988): „Die Entzauberung des Staates. Grundlinien einer systemtheoretischen Organisation", in: Thomas Ellwein / Joachim Jens Hesse / Renate Mayntz / Fritz W. Scharpf (Hg.): *Jahrbuch zur Staats- und Verwaltungswissenschaft*, Baden-Baden: 285-308.
Wolf, Friedrich (1990): „Ist die DDR ein Rechtsstaat?" in: Hubertus Knabe (Hg.): *Aufbruch in eine andere DDR*, Reinbeck: 249-258.

Wooden, Amanda E. / Christoph H. Stefes (2009): *The Politics of Transition: Policymaking at the Crossroads of the Caucasus and Central Asia*, New York.
World Bank (1992): *Governance and Development*, Washington, DC.
World Bank (2001): *World Development Indicators 2001*, Washinton, DC.
World Bank (2007): http://devdata.worldbank.org/data-query/ (20.06.2007).
World Bank (2008): http://devdata.worldbank.org/data-query/ (12.04.2009).
World Development Report (1996): *From Plan to Market*, Oxford.
Wu, Jaushieh Joseph (1995): *Taiwan's Democratization. Forces behind the New Momentum. Studies on Contemporary Taiwan*, Hongkong/New York/Oxford.
Wu, Jaushieh Joseph (1998): „Institutional Aspect of Democratic Consolidation: A Taiwan Experience", *Issues & Studies* (34) 1: 100-128.

Xu, Dianqing (1997): „The KMT Party's Enterprises in Taiwan", *Modern Asian Studies* (31) 2: 399-413.

Yang, Sung Chul (1994a): *The North and South Korean Political Systems. A Comparative Approach*, Seoul.
Yang, Sung Chul (1994b): „Where does South Korean Political Development Stands Now? From Legitimacy Crisis to Democratization Trial", *Korea & World Affairs* (18) 1: 5-22.
Youngs, Richard (2006): *Survey of European Democracy Promotion Policies 2000-2006*, Madrid.
Youngs, Richard (2008a): *Is European Democracy Promotion on the Wane?*, CEPS Working Document No. 292/May 2008, Brüssel.
Youngs, Richard (Hg.) (2008b): Is the European Union supporting democracy in its neighbourhood? Madrid.

Zakaria, Fareed (1997): „The Rise of Illiberal Democracy", *Foreign Affairs* (76) 6: 22-43.
Zakošek, Nenad (2000): „The Legitimation of War: Political Construction of a New Reality", in: Neda Skopljanac Brunner / Stjepan Gredelj / Alija Hodžić / Branimir Krištofić (Hg.): *Media and War*, Zagreb: 109-116.
Zakošek, Nenad (2008): „Democratization, State-building and War: The Cases of Serbia and Croatia", in: Sonja Grimm / Wolfgang Merkel (Hg.): *Special Issue of Democratization: War and Democratization: Legality, Legitimacy and Effectiveness*, (15) 3: 588-610.
Zakošek, Nenad / Mirjana Kasapović (1997): „Democratic Transition in Croatia: Between Democracy, Sovereignty and War", in: Ivan Šiber (Hg.): *The 1990 and 1992/93 Sabor Elections in Croatia*, Berlin: 11-33.
Zakošek, Nenad / Goran Čular (2004): „Croatia", in: Sten Berglund / Joakim Ekman / Frank H. Aarebrot (Hg.): *The Handbook of Political Change in Eastern Europe* (2. Aufl.), Cheltenham/Northampton: 451-492.
Zalaquett, José (1999): „Balance de la política de derechos humanos en la transición chilena a la democracia", in: Facultad Latinoamericana de Ciencias Sociales (FLACSO) (Hg.): *Entre la II. Cumbre y la detención de Pinochet. Chile 1998*, Santiago: 87-98.
Zangl, Bernhard / Michael Zürn (2003): *Frieden und Krieg. Sicherheit in der nationalen und postnationalen Konstellation*, Frankfurt a. M.
Zervakis, Peter (1988): „Regierungsmehrheit und Opposition in Griechenland von 1975 bis heute", *Zeitschrift für Parlamentsfragen* (19) 3: 392-414.
Zervakis, Peter (1997): „Das politische System Griechenlands", in: Wolfgang Ismayr (Hg.): *Die politischen Systeme Westeuropas*, Opladen: 619-654.
Zervakis, Peter A. / Gustav Auerheimer (2009): „Das politische System Griechenlands", in: Wolfgang Ismayr (Hg.): *Die politischen Systeme Westeuropas* (4. akt. u. überarb. Aufl.), Wiesbaden: 819-868.
Ziblatt, Daniel (2006): *Structuring the State: The Formation of Italy and Germany and the Puzzle of Federalism*, Princeton.
Ziemer, Klaus (1993): „Probleme des politischen Systemwechsels der Republik Polen. Eine Zwischenbilanz nach drei Jahren", *Jahrbuch für Politik* (3) 1: 93-123.
Ziemer, Klaus (1997): „Das Parteiensystem Polens", in: Dieter Segert / Richard Stöss / Oskar Niedermayer (Hg.): *Parteisysteme in postkommunistischen Gesellschaften Osteuropas*, Opladen: 39-89.

Ziemer, Klaus / Claudia-Yvette Matthes (2004): „Das politische System Polens", in: Wolfgang Ismayr (Hg.): *Die politischen Systeme Osteuropas* (2. Aufl.), Opladen: 185-237.

Zimmerling, Ruth (2004): „Venezolanische Demokratie in den Zeiten des Chávez: ‚Die Schöne und das Biest'?" in: Oliver Diehl / Wolfgang Muno (Hg.): *Venezuela unter Chávez – Aufbruch oder Niedergang?* Frankfurt a. M.: 35-56.

Personenregister

Abhisit Vejjajiva 305
Adenauer, Konrad 96, 140, 148, 157
Alemán, Arnoldo 229, 247 – 250
Alfonsín, Raúl 215, 224, 233 f.
Alia, Ramiz 343
Allende, Salvador 100, 208
Alvarado, Velasco 209 f.
Amendola, Giovanni 48 f.
Anand, Panyarachun 280
Andreotti, Giulio 161
Andrés Pérez, Carlos 243 f.
Antall, József 337, 409
Antonescu, Ion 44
Aquino, Benigno 271
Aquino, Corazon 271, 282, 293 ff.
Aristoteles 21
Atatürk, Kemal 46
Aylwin, Patricio 216, 224 f., 236, 238
Aznar, José María 190

Bachelet, Michelle 237
Badoglio, Pietro 153
Balcerowicz, Leszek 337, 411
Balsemão, Francisco Pinto 189
Barroso, José Manuel Durão 189
Basso, Lelio 49
Belaúnde Terry, Fernando 209, 210, 218,
    226, 239, 240
Bella, Ben 46
Berisha, Sali 343, 344
Berlusconi, Silvio 164
Bermúdez, Morales 209, 210, 217, 218
Betancourt, Rómulo 227, 243
Bignone, Reynaldo 208, 215
Bolaños, Enrique 229, 247, 249
Borkenau, Franz 49
Brazauskas, Algirdas Mykolas 364, 365
Breschnew, Leonid 100, 103, 341
Bush, George W. 436, 438, 443

Caetano, Marcello 45, 170, 175
Caldera, Rafael 243 f.
Calderón, Felipe 250 f.
Calvo-Sotelo, Leopoldo 190

Cárdenas, Lázaros 213
Carillo, Santiago 176
Carstens, Carl 152
Carter, Jimmy 220
Carvalho, Otelo Saraiva de 198
Ceauşescu, Elena 347
Ceauşescu, Nicolae 47, 52, 347
Chamorro, Violeta 220, 229, 247 – 250
Chasbulatow, Ruslan 379, 391 ff.
Chávez, Hugo 211, 242, 245 ff., 258, 260
Chen Shuibian 293, 299
Chiang Ching-kuo 266, 275
Chiang Kai-shek 266 f., 275
Chruschtschow, Nikita 63, 363
Chun Doo-hwan 265, 273, 297
Clausewitz, Carl von 481
Clinton, William J. 438, 443
Collor de Mello, Fernando 237
Colossio, Luis Donaldo 221
Constantinescu, Emil 346
Costa, Alfredo Nobre da 189
Cunhal, Álvaro 192

Dahrendorf, Lord Ralf 36, 125
De Gasperi, Alcide 161
de la Madrid, Miguel 256
De la Rúa, Fernando 233 ff.
Dodge, Joseph M. 142
Dollfuß, Engelbert 45, 123, 131, 136

Eanes, António Ramalho 190
Echeverría, Luis 220
Emanuele, Vittorio 153
Enrile, Juan Ponce 272
Estrada, Joseph 294, 295, 310

Fanfani, Amintore 161
Filbinger, Hans 152
Florakis, Charilaos 192
Fox, Vicente 222, 230, 250 – 253
Franco, Francisco 45, 63, 99, 134, 173 f.,
    178 f., 183, 186, 196, 198
Frei Ruiz-Tagle, Eduardo 236

Fujimori, Alberto   206, 226, 239 – 242, 245, 256 ff.

Galtieri, Leopoldo Fortunato   208, 215
Galtung, Johan   474
García, Alan   239, 240
Geremek, Bronisław   350, 390
Ghandi, Indira   137
Ghizikis, Phaedon   177
Globke, Hans   152
Gómez, Juan Vicente   211
Gonzáles, Felipe   190, 199
Gorbatschow, Michail   100, 104, 177, 340 f., 344, 357, 361, 363, 365 f., 380, 391
Gorbunovs, Anatolijs   363
Grotius, Hugo   481
Guterres, António   189
Gyurcsány, Ferenc   401

Habermas, Jürgen   27, 36, 125
Habibie, Bacharuddin Jusuf   278, 279, 280, 289, 293
Havel, Václav   351
Haya de la Torre, Victor Raúl   218, 226
Heller, Herrmann   49
Herodot   21
Herrera Campíns, Luis   243 f.
Hindenburg, Paul von   131, 135
Hitler, Adolf   44, 131, 135, 157
Honecker, Erich   50, 344, 353, 354, 360
Horn, Gyula   337, 341
Horthy, Miklós   45, 136, 385
Hoxha, Enver   52
Hume, David   480
Husák, Gustáv   50, 351, 352
Hussein, Saddam   46

Iliescu, Ion   346
Ioannides, Dimitrios   177

Jaruzelski, Wojciech   349 f., 390, 420
Jelzin, Boris   376 f., 379 f., 387, 391 ff., 397, 406, 421 f., 433, 489
Jiménez, Pérez   211, 218, 254
Juan Carlos I. König von Spanien   178, 186

Kádár, János   50 f., 340, 385
Kant, Immanuel   444, 472 – 475, 479
Karamanlís, Konstantin   177, 182 f., 188, 195
Kardinal Posadas, Juan Jesús   221
Kennedy, John F.   436
Kiesinger, Kurt Georg   152

Kilényi, Géza   387
Kim Dac-jung   293, 297
Kim Il Sung   52
Kim Young-sam   296 f.
Klaus, Václav   104, 116, 337
Klebitsch, Viaceslav   381
Koestler, Arthur   49
Kohl, Helmut   443
Krenz, Egon   353
Kuroń, Jacek   390

Lagos, Ricardo   236
Landsbergis, Vytautas   364, 365
Lee Teng-hui   286, 299, 300
Leoni, Raúl   243
Lilov, Aleksandăr   344
Lincoln, Abraham   27
Locke, John   23, 27, 29, 36, 125 f.
López Obrador, Andrés Manuel   250 f.
Lopez, Pedro Santana   189
Luhmann, Niklas   67, 69
Lukaschenko, Alexander Grigorjewitsch   108, 381, 383, 398, 407 f., 422
Lurdes Pintassilgo, Maria de   189
Lusinchi, Jaime   243 f.

Macapagal Arroyo, Gloria   294 f., 310
Machiavelli, Niccolò   21, 143
Madrazo, Roberto   251
Makarezos, Nikolaos   183
Mao Tse-tung   52, 63
Marcos, Ferdinand   17, 99, 102, 261, 264 f., 270 ff., 274, 281 f., 293 f.
Mariátegui, José Carlos   210
Marx, Karl   59
Massieu, Ruiz   221
Mazowiecki, Tadeusz   350, 390
McArthur, Douglas   140, 154
Medgyessy, Péter   401
Medwedew, Dimitri Anatoljewitsch   377
Menem, Carlos Saúl   234 f.
Michnik, Adam   348, 350
Mill, John Stuart   27, 494
Mitsotakis, Konstantinos   188
Mladenov, Petar   344 f.
Mobuto, Sese Seko   45
Modrow, Hans   356
Montesquieu, Charles-Louis de Secondat, Baron de La Brède et de   21, 23, 27, 29, 36
Morales, Evo   260
Moro, Aldo   161
Mota Pinto, Carlos da   189

Mubarak, Muhammad Husni 47, 442, 452, 458
Musharraf, Pervez 47
Mussolini, Benito 17, 44 f., 48, 99, 131, 145 ff., 153

Nasser, Gamal Abdel 46
Navarro, Arias 179
Neumann, Siegmund 49
Nixon, Richard 276

Orbán, Victor 401
Ortega, Daniel 229, 248, 250
Orwell, George 49

Papadopoulos, Georgios 172, 176, 183
Papandréou, Andréas 171, 188
Papandréou, Geórgios 171, 195
Park Chun-hee 265, 273
Parsons, Talcott 68 f.
Pattakos, Stylianos 183
Perón, Juan Domingo 46, 207
Piłsudski, Józef 45, 136, 386
Pinochet, Augusto 46, 94, 205, 208 f., 214, 216 f., 225, 236 – 239
Popov, Dimitar 345
Portillo, López 214, 220
Pot, Pol 51 f.
Préval, René 206
Primo de Rivera, Miquel 173
Putin, Wladimir Wladimirowitsch 118, 377, 378, 387, 397, 406, 421 f., 429, 433, 490
Putnam, Robert 36, 466

Rállis, Geórgios 188
Ramos, Fidel V. 272
Reagan, Ronald 220, 436
Rhee, Syngman 266
Roh Tae-woo 265, 273 f., 293, 296
Roosevelt, Franklin D. 476
Rousseau, Jean-Jacques 27
Rubiks, Alfrēds 363
Rumjancev, Oleg 392
Rumor, Mariano 161

Sá Carneiro, Francisco 189
Salazar, António de Oliveira 45, 123, 170, 172, 174, 181, 186
Salinas, Carlos 221 f., 229
Samak Sundaravej 305
Schabowski, Günter 353
Schirinowski, Wladimir 405
Schiwkow, Todor 344

Shelew, Schelju 345
Silone, Ignazio 49
Silva, Anibal Cavaco 189
Simítis, Konstantínos 188
Sjuganow, Gennadi 405
Soares, Mário 181, 189, 190
Sobtschak, Anatolij 392
Sócrates, José 189
Sólyom, László 387
Somchai Wongsawat 305
Somoza, Anastasio 207, 211 f., 219 f., 228, 248, 254
Spínola, António de 176, 198
Stalin, Josef W. 49, 60, 63
Stroessner, Alfredo 45
Suárez, Adolfo 179, 184, 186, 190, 198
Suchinda Kraprayoon 277
Suchocka, Hanna 337
Suharto, Hadji Mohamed 269 f., 278 ff., 289, 309, 321
Sukarno, Ahmed 268 f.
Sukarnoputri, Megawati 278, 290, 306, 308
Sun Yat-sen 266
Suschkevic, Stanislav 380

Taylor, Charles 45
Thaksin Shinawatra 303 ff., 315
Tiso, Jozef 44, 131
Tocqueville, Alexis de 27, 33, 36, 39, 72, 124 ff., 316, 415, 464, 467
Toledo, Alejandro 239 ff.
Torre, Haya de la
Trotzki, Leo 48
Tsatsos, Konstantin 188
Tuđman, Franjo 342

Václav, Klaus 338
Vaclavík, Milan 351
Vargas Llosa, Mario 206, 239
Velasco, Juan 209 f., 217, 256
Velásquez, Ramón 243
Videla, Jorge Rafael 208, 215
Viola, Roberto Eduardo 208, 215

Wahid, Abdurrahman 278, 280, 290 f., 306, 308
Wałęsa, Lech 349 f., 372 f., 390, 396
Wilson, Woodrow 436, 476
Wolfowitz, Paul 479

Zapatero, José Luis Rodríguez 190
Zedillo, Ernesto 222, 251
Zia ul-Haq, Mohammed 47

Sachregister

Adelsrepubliken 128
Afghanistan 45, 69, 99 f., 449 f., 456, 458, 476, 482, 485
Afrika 45 f., 120 f., 128, 136 ff., 169, 325, 340, 420, 433 f., 436, 461 f., 466, 497
Ägypten 46 f., 442, 446, 458
Akteure
 – externe 151
 – individuelle, kollektive 387
 – interne 151
 – politische 18, 106, 109, 112 f., 122, 181, 224, 328, 387 f.
 – wirtschaftliche 330
Akteurstheorie, deskriptiv-empirische 85
Albanien 52, 75, 104, 108, 115, 130, 330 – 335, 338, 340, 342 – 347, 368 ff., 400, 419, 423, 430 f., 433
ancién regime 478
Angola 175, 450
Angriffskrieg, demokratischer 480
anti-democrats 200
antike Stadtstaaten 128
Antisystemparteien 120, 192, 203, 402
Apartheidregime 46
Argentinien 46, 75, 85, 87, 96, 99, 103 f., 108, 115, 123, 130 f., 137 f., 205 – 209, 214 – 218, 223, 231, 233 ff., 237, 254 – 259, 322
Aristoteles' Dreigliederung von Herrschaftsformen 21
Asien 92, 121, 136, 138, 261 f., 271, 298, 319 – 322, 462, 466
autogolpe 226 f., 239, 241
Autokratie 15, 24, 26, 29, 32, 40, 57 – 60, 93 f., 96, 106, 165, 179, 200 f., 206, 212, 230, 238, 257, 263, 343, 366, 386, 396, 400, 422, 424, 433, 454, 473 f., 476, 479, 493, 496 f.
autoritäre Gegenwelle 135
Autoritarismus 15, 44, 170, 178, 239, 318, 382, 385
Autorität der Regierung 157

Begriffe der Regierungslehre 15
Belarus 19, 104, 108, 115, 119, 130, 322, 330, 368 f., 380, 382 – 385, 394 f., 398 ff., 406 ff., 415 – 421, 422, 424, 427, 429 ff., 446, 454, 489
Belgien 130 f., 136 f., 192, 201
Bertelsmann Transformation Index (BTI) 15, 82, 230 – 233, 257, 263, 311, 325, 339, 347, 368, 384, 397, 400, 409, 422, 425, 429, 435, 491
Bolivien 104, 108, 115, 130, 206, 231, 257, 260, 494
Brasilien 58, 65, 91, 98, 101, 104, 108, 115, 123, 130 f., 137 f., 205 f., 231, 237, 257 f., 348
Bulgarien 80, 101, 104, 108, 115, 130, 133, 330 – 335, 338, 342, 344 – 348, 352, 368 ff., 400, 419, 423 f., 426, 429 ff., 445
Bürgerkrieg 46, 131, 134, 171, 173, 184 f., 219, 266, 285, 324 f., 433, 486

*c*audillismo 218
Chile 46, 58, 60, 75, 94, 100, 104, 108, 115, 123, 130, 205 f., 208, 210, 214, 216, 218, 222 – 226, 230 f., 236 ff., 254 – 259, 339, 494
China 43, 46, 52, 63, 76, 78, 82, 140, 166, 262, 267, 275 f., 286 f., 298, 321, 436, 490, 497 f.
civic culture 112, 124 ff., 159 f., 163, 199, 407
civil society 92, 112, 124 f., 199, 319
Costa Rica 130, 137 f., 205 f., 212, 223, 230 f., 257, 494

Dänemark 130, 136 f., 201
DDR 43, 49 – 52, 61, 70, 91, 98, 103 f., 130, 140, 143, 340 f., 352 – 360, 448, 451, 468
dealignment 193
democratic choice 166
Demokratie 30, 112, 137
 – argentinische 235 f.

- asiatische 80, 82, 263 f., 299, 311, 316, 320 f., 323
- attische 27
- baltische 361
- chilenische 225, 236
- chinesische 266
- defekte 15, 19, 23 f., 26, 29 ff., 37 – 40, 46, 55, 66, 91, 103, 106, 108, 118, 128, 164, 206, 222 – 226, 230 f., 239, 242, 246, 250, 256 f., 260, 262, 321 f., 324, 342, 346, 380, 384, 415, 421 f., 429, 496
- delegative 37 f., 233, 239, 245, 256 ff., 297, 303 f., 310
- delegierte 415
- deutsche 103
- eingebettete 30
- elektorale 35, 128 f., 260, 491 f., 494
- Enklaven- 37, 225, 256, 258
- exklusive 24, 37, 244
- gelebte 259
- gelenkte 269
- geschützte 216, 224 f.
- griechische 189
- hyperdelegative 240
- ideale 26, 29, 47, 52 f., 145
- illiberale 37, 230, 247, 250, 320, 322
- indonesische 268, 308
- italienische 131, 140, 151, 162 f., 164
- japanische 141, 166 f.
- kapitalistische 76, 152, 409, 413
- konsolidierte 39, 94, 106, 113, 124, 155, 159, 167, 169, 174, 193, 195, 197, 205, 231, 398, 421, 429
- kritische Demokraten 200 f.
- liberale 39, 44, 80 f., 167, 208, 227, 242, 257, 262, 297, 319 f., 347, 368, 415, 492, 494
- marktwirtschaftliche 159
- mexikanische 229 f., 254
- nicaraguanische 219, 228, 247, 249
- ohne Demokraten 144
- parlamentarische 159, 266, 313
- partizipatorische 219
- peruanische 240
- philippinische 264, 282, 294, 295, 296
- pluralistische 198, 396
- portugiesische 195, 198
- postautokratische 40
- postautoritäre 93
- postkommunistische 120 f., 339, 409

- rechtsstaatliche 24, 30 f., 33, 35, 37, 103, 110
- repräsentative 35, 125
- Rückkehr zur 217 f., 239
- russische 393, 397
- Schulen der 125
- spanisch 173, 192, 199
- südkoreanische 296
- taiwanesische 298 ff.
- thailändische 302
- tschechoslowakische 131
- überzeugte Demokraten 132, 148, 200 f.
- ungarische 93, 401
- venezolanische 211, 228, 243
- westliche 78, 80, 139, 203, 320, 354

Demokratieerzwingung 437
Demokratieexport 438
Demokratieförderung 436 – 440, 443 f.
- Instrumente der Demokratieförderung
  - klassische Diplomatie 455
  - politische Konditionalität 455
  - politische Zusammenarbeit 455
  - verdeckte Intervention 456
  - Wirtschaftssanktionen 455

Demokratieindex 78
Demokratisierung 19, 436, 439, 442, 444 ff., 449 – 453, 467, 471 f., 476, 478, 480, 483, 485 f.
- der osteuropäischen Beitrittsstaaten 36
- durch Besatzungsmacht 147
- politischer Systeme 17, 66, 325, 339
- von Staat und Gesellschaft 72, 80, 83, 126
- von unten 271

Demokratisierungsprotektorat 482, 485
Demokratisierungswelle 17 ff., 30, 32, 62, 67, 91, 93, 99, 101 – 105, 112, 114, 128, 136 f., 151, 169, 182 f., 199, 205 f., 280
- dritte 17, 30, 80, 99, 103, 105, 107 ff., 128 f., 137, 261, 324 ff., 339 f., 436, 491, 497 f.
- erste 101, 129, 342
- zweite 168, 324 f., 423

Deutschland 18, 24, 26 f., 29, 36, 51 ff., 58, 60, 62, 64, 71, 75 f., 87, 93, 96, 99, 103, 105, 121, 130 – 148, 151, 153 – 162, 164, 166 f., 171, 187, 201, 204, 244, 325, 340, 351, 358, 385, 387, 423, 434, 482, 485

Diktatur(en)
- etatistische 135
- faschistische 145

- Führer- 43 f., 52
- kommunistische 18, 59, 61, 141, 321
- Königs- 47, 133, 171
- lateinamerikanische 136
- Militär- 17, 44, 51, 100, 137, 169 – 172, 176 f., 179, 198, 202, 207 – 211, 215, 237, 255, 274
- nationalsozialistische 146, 160

Dilemma der Gleichzeitigkeit 137, 324
Dominikanische Republik 206, 231, 257, 483
Dualismus 140, 195, 410 f., 414, 416 f.

Ecuador 104, 108, 115, 130, 138, 205 f., 231, 257, 260, 449, 474 f., 494
Einbettung, externe 35
Einflussfaktoren
- externe 139
- interne 144
El Salvador 104, 108, 115, 130, 206, 231, 257, 458
Eliten
- autoritäre 132, 226, 271, 275, 281, 288, 316
- demokratiefreundliche 145
- gesellschaftliche 58, 113, 144, 310
- politische 58, 64, 90, 106, 118, 123, 144, 151, 218, 225 ff., 236 f., 239, 241, 244 f., 254, 283, 293, 298, 316 f., 324, 328, 330, 338 f., 343, 347, 356, 358, 364, 367, 375, 393, 429, 489
- und Massen 18, 89, 91
embedded democracy 29, 30, 31, 32, 34, 37, 110
England 76, 140
Erfahrungen, demokratische 96, 134 f., 144, 164, 171, 265
estado novo 45, 169 f., 174
Estland 103 f., 108 f., 130 f., 324, 331 – 335, 339, 362 – 366, 369 f., 400, 402, 419, 424 ff., 430, 445
Ethnozentrismus 323
Europa 17, 27, 90, 131, 134 f., 138 f., 169, 172, 174, 219, 330, 424, 429, 432, 479
Exekutive und Legislative 29, 33, 37, 117, 187, 248, 285, 292, 297, 299, 308, 310, 312, 372, 375, 380, 382, 391, 396 f., 413

failing states 445, 448 ff., 453
Faktionalismus 164, 313
Faschismus 42, 44, 48 f., 51, 76, 139, 145, 147, 153, 155, 170
Formalismus 166

Frankreich 27, 30, 76, 114, 130 f., 136 f., 140, 192, 201, 342, 459, 473, 490
Freedom House 28, 82, 129, 244, 262, 340, 368, 468, 474, 478, 483, 486, 490 – 497, 499
Freiheitsrechte, bürgerliche 30, 32, 34, 250, 257, 295, 406
Frieden
- demokratischer 444, 472, 479 f.
- ewiger 473, 480
Friedensthese, demokratische 475, 477
Fundamentalismus 53

Gewaltenteilung 23, 29, 33, 156, 187, 213, 248, 250, 257, 283, 323, 370, 381 f., 388, 390, 392, 396
good governance 436 f., 442 f., 445 f., 455, 458, 464, 467
Griechenland 17 f., 36, 45, 80, 85, 87, 103 ff., 108, 115, 120, 123, 130 f., 169, 171 f., 174, 176 – 180, 182 f., 186 – 189, 191 – 195, 197, 200 – 204, 420, 434, 445
Großbritannien 27, 29, 101, 130 f., 153, 159, 342, 473, 476, 489
Gründungswahlen 91, 110, 180, 182, 184, 216 – 219, 221 ff., 226, 228, 230, 256, 270, 283, 286, 290 f., 293, 313, 364, 374, 384, 404, 407
Guatemala 104, 108, 115, 130, 206, 231, 257, 260
Guinea-Bissau 130, 175

Haiti 130, 205 f., 230 f., 257, 450, 476, 483
Herodots Persergespräch 21
Herrschaftsanspruch 21 – 24, 41, 43 f., 48 f., 52 f., 60, 64 ff., 102, 125, 146, 272 f., 280
Herrschaftsausübung 23, 48, 265 ff.
Herrschaftsinstitutionen 21, 133, 178
Herrschaftslegitimation 22, 24, 32, 34, 40, 42, 44, 267
Herrschaftsmonopol 22 ff., 41, 51, 64
Herrschaftsordnung 26 f., 59, 65, 132 f., 135, 167, 199 f., 262, 317, 343, 385, 388
Herrschaftsorganisation 21
Herrschaftsstruktur 21 – 24, 29, 33, 41 f., 48, 52 ff., 63 – 66, 94, 102, 135, 146, 174, 206 f., 270, 276, 427
Herrschaftssystem 37, 61, 97, 101, 137, 147, 169, 178, 202, 220, 319, 340 f., 352, 354, 358
Herrschaftumfang 125

Herrschaftsweise 21 – 24, 41 f., 48, 52 f., 64 ff., 98, 102, 322
Herrschaftszugang 21 – 24, 37, 41, 47 f., 52 ff., 57 f., 64 ff., 102, 239
Honduras 104, 108, 115, 130, 206, 231, 257, 449
horizontal accountability (horizontale Verantwortlichkeit) 30, 33 f., 244, 257, 347

Indien 80, 130, 136 ff., 321, 474 f.
Indonesien 82, 99, 104, 108, 115, 130, 136, 138, 261 f., 268, 270, 278 – 281, 289 – 293, 296, 306 f., 310 ff., 314 ff., 321 f., 449, 475
Instabilität autokratischer Systeme 59
Institutionalisierung der Demokratie 19, 90 f., 93 f., 105, 144, 150 f., 153, 180, 183, 185 ff., 222, 226 ff., 230, 242, 263, 280 f., 283, 285, 292 f., 367
Institutionen
  – demokratische 39 f., 68, 72, 80, 87, 91, 94, 102, 105, 109 f., 125 f., 131 f., 135, 137, 142, 144 ff., 158, 160 f., 163 f., 233, 239 f., 244, 249, 285, 294, 310, 320, 326, 330, 347, 398, 421 f.
  – politische 39, 57, 83, 110, 116 f., 123, 132, 159 f., 190, 199, 242, 257, 273, 276, 282 f., 316 f., 363, 388, 395, 408
Interessenverbände 93, 112, 118, 121 f., 162, 165, 196, 247
internationale und regionale Einbindung 40
internationale und regionale Integration 36
Intervention
  – demokratische 477, 481 f., 485 f.
  – humanitäre 482, 484, 485
  – militärische 456, 480 f.
Irak 46, 99 f., 116, 148, 449 f., 458, 476, 478 f., 485
Iran 46, 69, 279, 475
Irland 130, 131, 201
Irredentismus 132
Islamismus 82
Israel 130, 137 f.
Italien 17 f., 44 f., 48 f., 51, 64, 82, 87, 93, 96, 103, 105, 112, 119, 123, 130, 132, 134, 136 – 145, 147, 150, 153, 155 f., 159, 161 – 164, 168, 171, 192, 200 f., 204, 339 f., 351, 385, 423, 430, 434, 445, 482
  – italienische Renaissance 128
ius ad bellum 480 f., 485
ius cogens 481

ius post bellum 480, 485

Jamaika 130, 137, 138, 257
Japan 17 f., 64, 76, 80 ff., 87, 93, 99, 103, 105, 112, 130 f., 133, 136 – 148, 150 – 156, 161, 164, 166 ff., 204, 261 f., 321, 325, 330, 340, 351, 423, 434, 443, 482, 485
Jugoslawien 43, 103, 130, 133, 185, 324, 325, 327, 340, 342, 433

Kalter Krieg 50, 136, 139 f., 142, 153, 220, 296
Katholizismus 80, 82, 163
Klientelismus 39, 109, 163, 166, 203, 213, 243, 249, 312, 316, 323, 404, 418
Kolumbien 130, 137, 205 f., 231, 257
Kommunismus 42, 76, 140, 181, 465
Konfuzianismus 81 f., 319, 321
Konsolidierung
  – demokratische 92 f., 105, 109 – 113, 117 ff., 121 f., 125 f., 143, 148, 154, 157, 161, 163 ff., 167, 180, 187, 190, 192 f., 195 ff., 231, 234, 250, 262, 298, 301, 308, 310, 315, 336, 347, 367, 380, 394 ff., 400, 412, 421, 423 f., 429
  – der Bürgergesellschaft 36, 112, 124, 423
  – der Demokratie 72, 90 f., 94, 105, 110, 120, 142 ff., 149, 156 f., 161 f., 168 f., 187, 190 – 193, 196 f., 203, 293 f., 296, 298, 300, 306, 311, 325, 345, 367, 406
  – fortgeschrittene 298
  – institutionelle 257, 310
  – konstitutionelle 108, 112 f., 153, 187, 233, 251, 395
  – repräsentative 112, 118, 191, 400
  – schwierige 306
  – stockende 302
  – verzögerte 296
Korporatismus 42, 45, 166, 168, 194, 301, 412, 417 f.
Krieg
  – gerechter 472, 485
  – ungerechter 472
Kroatien 44, 103 f., 108, 118, 130, 324, 330, 342, 368 f., 400, 419, 430, 433
Kuba 205 f., 230 f., 257, 454
Kultur, politische 72, 98, 109, 117 ff., 124 f., 134, 144 ff., 159 ff., 163, 166, 170, 174, 193, 249, 317, 399 f., 408, 423

Kulturalismus 80, 494
Kulturtheorie 79, 88 f.

Laizismus 163, 173
Laos 262
Lateinamerika 15, 17 f., 29, 34, 37, 44, 46, 62, 65, 66, 90, 92 f., 100, 104, 107 ff., 115, 123 f., 128, 133, 137, 169, 205 ff., 211, 214, 222, 230 ff., 237, 242, 246, 249 f., 252, 254 – 258, 260 f., 267, 311, 322, 324, 330, 339 f., 348, 420, 422 f., 431 – 434, 436, 459, 461 f., 466, 479
Legitimität
 – von oben 114, 154, 291 f.
 – von unten 114, 116, 154, 285, 292
Lettland 96, 103 f., 108 f., 115, 120, 130 f., 324, 327, 331 – 335, 362 – 366, 370, 396, 400, 419, 424, 426, 430 f., 445
Liberalisierung, Demokratisierung und Konsolidierung 105
Liberalismus 80, 326, 474
Litauen 103 f., 108, 115, 118, 130 f., 324, 331 – 335, 364 – 369, 400, 419, 424, 426, 429 f., 445

Machteliten, autokratische 102, 340
Machiavellis Republik und das Fürstentum 21
Malaysia 262, 321, 323
Marxismus-Leninismus 59, 356
Massen und Eliten 89, 91
Mazedonien 103, 108 f., 119, 130, 368 f.
Menschenrechte 443 f., 449, 453, 455, 469, 471, 481, 485
 – negative (fundamentale) 448 f., 481 f.
 – positive 460, 482
Mexiko 78, 101, 104, 108, 115, 130, 159, 206 f., 212, 214, 220, 223, 229 ff., 250, 252 – 257, 259 f., 493
Militärcoup 131
Militarismus 42, 44, 76, 139, 155
Militärputsch 131, 133, 244, 277
Moderne 26, 68, 89, 128, 135
Modernisierungsniveau 38
Modernisierungspfad 38
Modernisierungstheorie 67, 70, 72, 75 f., 78, 81, 90, 98, 134, 255, 274, 280, 494
Modus der Transition 38 f., 91, 258
Monarchie, konstitutionelle 24, 47, 172, 179, 287 f.
Monismus 41 f.

Montesqieus drei Regierungsformen: Republik, Monarchie, Despotie 21
Mozambique 175

Nachkriegsdemokratien 90, 93, 121, 136, 142, 155, 157, 167
Nationalismus 22, 41, 185, 199
Nations- und Staatsbildung 39, 137
Nelkenrevolution 180, 182, 192, 197 f.
Neokorporatismus 162, 195, 301, 411 f.
Nicaragua 104, 108, 115, 130, 206 f., 211 f., 214, 219, 223, 228 f., 231, 247, 249, 254 – 259, 449, 475
Niederlande 100, 130, 136 f., 201, 270
Nordamerika 27, 109, 319, 479
Nordkorea 52, 448, 497 f.
Norwegen 100 f., 130, 136 f., 412, 423 f.

Opposition
 – demokratische 118, 226, 344, 404
 – gemäßigte 363
 – nationalistische 362, 365
Österreich 17 f., 45, 58, 62, 75, 78, 93, 100, 103, 105, 112, 121, 123, 130 ff., 136 ff., 158, 192, 412, 430, 476, 485
Osttimor 104, 108, 261 f., 309, 450, 483
Ost-West-Konflikt 137

Pakistan 47, 82, 130, 138, 321, 474 f.
Palästina 137
Panama 104, 108, 130, 206, 231, 257, 476, 485
Paraguay 45, 101 f., 104, 108, 115, 130, 205 f., 231, 494
Partizipationsrechte, politische 30, 32, 34, 39, 171, 298
Patriotismus 22, 41, 44, 157, 266, 329
penetrated system 140
Personalismus 166, 213, 249, 347, 404
Peru 104, 108, 115, 123, 130, 137 f., 205 f., 209 f., 214, 217 f., 223, 226 f., 231, 235, 239 ff., 245, 254 – 260, 322, 382, 474 f.
Philippinen 17, 82, 99, 102, 104, 108, 115, 130, 138, 177, 261 f., 264 f., 270 – 277, 279 – 283, 285, 291 ff., 295 f., 301 f., 307, 310 – 314, 316 – 321, 449, 459, 489
platonisch-aristotelische Typenlehre 21
Pluralismus 23, 41 ff., 52, 119, 145, 179, 181, 215, 255, 281, 312, 316

Sachregister

Polen 43, 49, 51 f., 63, 78, 91, 93, 96, 98, 102, 104, 108, 115, 118 ff., 123, 130 f., 136, 145, 177 f., 188 f., 324, 327, 331 – 335, 337, 339 f., 347 f., 350, 352, 357, 368 f., 372 – 375, 383, 385 ff., 389 f., 394 – 397, 399 f., 402 f., 411 ff., 418 – 421, 424 – 427, 430, 434, 445, 451, 457, 459, 465, 468, 472
Polyarchie 26, 28, 30, 35, 144, 257, 311, 326, 415
Portugal 17 f., 36, 45, 82, 91 ff., 102, 104 f., 108 f., 115, 120, 123, 130 f., 133, 136, 169 f., 172, 174 ff., 178 – 183, 186 f., 189 – 195, 197, 200 – 204, 385, 420, 434, 445
Präsidentialismus 109, 116, 117, 119, 212, 223, 237, 257, 283, 285, 290, 295, 297, 311, 376, 387
Präsidialsystem 176, 210
Protektorate, liberale 450
Protestantismus 80

quality of democracy 28

rational choice 85 ff.
realignment 193
Reautokratisierung 446
Rechtsstaat 36 f., 147, 149, 164, 295, 297, 311, 316, 406, 408, 425, 449, 459 f., 495
reforma pactada 178, 186
Regierung
  – demokratisch gewählte 133
  – dirigistische 301
Regierungsgewalt, effektive 33 f.
Regierungssystem
  – demokratisches 106, 367, 384
  – demokratisch-präsidentielles 382
  – parlamentarisches 29, 39, 107, 109, 116 f., 152, 155, 181 f., 186 ff., 268 f., 284, 287 ff., 292, 368, 370, 372, 375 f., 385 f., 390, 394 f., 399, 402
  – parlamentarisch-präsidentielles 107, 181, 186, 372, 375, 390, 394, 396
  – präsidentielles 29, 107, 181, 228, 251, 282, 289, 306, 311, 367 f., 380, 383 f., 388, 390, 394, 399, 407
  – präsidentiell-parlamentarisches 107, 286, 291, 300, 311, 368, 375, 378, 397, 404, 407, 418
  – präsidentiell-semipräsidentielles 155

  – semipräsidentielles 39, 109, 116, 155, 189 f., 282, 346, 368, 373, 375, 387, 390, 398
Regime
  – autokratische 37, 72 – 75, 86 ff., 93 f., 96, 99, 101, 103 f., 119, 130, 135 f., 138 f., 144 f., 147, 231, 281, 340, 343, 351, 358, 394, 480, 493, 497 f.
  – Autonomie- 185
  – autoritäre 19, 23 f., 26, 42 f., 46 f., 55, 64, 77 f., 85 f., 91, 98, 100, 108, 118, 121, 131, 137, 151 f., 165, 169 f., 172 – 175, 177 – 180, 197, 200 ff., 207, 212, 214, 219, 222, 231, 240, 254 ff., 261, 263 – 269, 271 – 276, 278 – 281, 288 f., 293, 296 f., 300, 308, 347, 382, 421, 462, 479, 482, 495 ff.
  – autoritäre Modernisierungsregime 43, 46, 262, 265
  – autoritär-korporatistische 45, 170
  – bürokratisch-militärische 42, 44, 207, 265 ff., 273
  – demokratische 65, 148, 268, 322, 469
  – diktatoriale 172
  – dynastisch-autoritäre 43, 47
  – Einparteien- 17, 46, 206 f., 212, 266
  – faschistische 44, 385
  – faschistisch-autoritäre 43
  – faschistisch-totalitäre 53
  – Führer- 45, 172, 265
  – hybride 55, 66, 100, 106, 415, 467, 492 f., 495 ff.
  – kommunistische 17, 46, 50 ff., 59, 61 – 64, 96, 98, 100 f., 103 f., 298, 324, 340 – 343, 348, 351 f., 356 f., 366, 374, 385 f., 389, 404, 409, 411, 433, 465
  – kommunistisch-autoritäre Parteiregime 43
  – korporatistisch-autoritäre 42 f., 45
  – liberaldemokratische 324
  – Militär- 17, 43 – 46, 99 f., 133, 136, 145, 148, 171 f., 177, 181, 209, 211, 218, 223 f., 226, 239, 265, 267, 277, 497
  – militärisch-bürokratische 269
  – nachstalinistische 352
  – Obristen- 171 f., 176, 182
  – oligarchische 144
  – postautoritäre 36, 353
  – prätotalitäre 42, 48
  – rassistisch-autoritäre 43, 45
  – Renten- 25, 43, 47, 74

- sandinistisches 248
- semiautoritäre 26, 55
- sultanistische 266, 271
- sultanistisch-autoritäre 43, 47
- theokratisch-autoritäre 43, 46
- theokratisch-totalitäre 53
- totalitäre 23 f., 26, 29, 41, 49, 64, 128, 347 f., 448
- transitorische 324

Regimeeliten 64, 85 – 88, 94, 97, 101 f., 104 f., 109, 148 ff., 175 f., 178 f., 184, 186, 216, 224, 261, 273 – 276, 279, 285, 292 f., 343 – 352, 356, 358, 360, 362, 388 f., 391, 394, 414, 421, 451, 467
Regimekollaps 101 ff., 114, 147, 271 f., 342, 351, 353
Regimeübergänge 174, 214, 270
Regimewandel 18, 62, 65 f., 174 ff., 178, 348, 353, 391, 453, 479, 486
Regimewechsel 18, 64 ff., 169, 173, 175 f., 178, 182, 191, 197, 272, 276, 293, 308, 353, 357, 459
Religion 33, 48, 53 f., 67, 69, 83, 131
- religiös-kulturelle Zivilisationstypen 79
Rentierstaaten 47, 497
Republiken, städtische 128
Rhodesien 46, 474, 482
Rumänien 44, 47, 52, 87, 98, 101, 104 f., 108, 115 f., 118, 130, 133, 331 – 335, 338, 340, 342 – 348, 352, 369, 400, 419, 424 ff., 429 ff., 445
ruptura 62, 175 f., 178, 180, 186
Russland 19, 30, 76, 98, 103 f., 108, 115 f., 118, 120, 123 f., 130, 185, 189, 322, 330 – 335, 364 f., 368 f., 372, 376, 378, 382, 385 ff., 391 – 395, 397, 399 f., 403 – 407, 412 – 425, 427, 429 ff., 433, 490

Schönwetterdemokraten 200 f.
Schweden 30, 130 f., 158, 412, 461, 489
Schweiz 27, 29 f., 101, 130 f., 489 f.
Selbstbestimmungsrecht 485
Selbstverteidigungsrecht 481
Semipräsidentialismus 372, 387, 397, 404, 459
Serbien 100, 108
shared sovereignty 450
Singapur 62, 71, 81, 262, 321, 323, 449, 482, 490

Slowakei 44, 104, 108 f., 115, 120, 123, 131, 324, 326, 329, 331 – 335, 339, 369, 400, 419, 424, 426, 430, 433 f., 445, 454
Slowenien 75, 103 f., 109, 115, 123, 324, 327, 331 – 335, 338 f., 369 f., 400, 419, 425 ff., 429, 430, 433 f., 445
Solidarność 50 f., 119, 337, 340 f., 348 ff., 352 f., 357, 372, 389 f., 411 f., 425, 465
Sowjetunion 24, 43, 51 f., 54, 59 f., 63, 96, 103, 136, 140, 151, 177, 185, 220, 324, 326 f., 340 f., 352, 357, 360 ff., 364 ff., 368, 381, 384 f., 391 f., 398, 414, 427, 436, 462
Sozialkapital 38, 39, 79, 83, 411
Spanien 17 f., 36, 45, 58, 60, 64 f., 82, 92 f., 99, 101, 104, 108 f., 115, 119 f., 130 f., 133, 136, 169, 172 – 176, 178 ff., 183 – 187, 189 – 194, 196 f., 199 – 205, 348, 385, 420, 434, 445, 472
Sri Lanka 130, 137 f.
Staat 32, 48, 64, 67, 72, 76 – 79, 81, 83, 121 f., 125, 137, 145 f., 162, 170, 172, 196, 280, 322, 408
Staatlichkeit 45 f., 132, 185, 230 f., 250, 252, 262, 309, 325 f., 328, 339, 344, 432 – 435
Staatsbürgerkultur 112, 124, 159, 204, 317
Staatskorporatismus 267, 316, 411
Stabilisierung der jungen Demokratien 143
Stabilität
- demokratischer Systeme 57
- der Regierung 157, 395
- politischer Systeme 55, 68
Strukturalismus, neomarxistischer 76
Strukturtheorien 76 f., 84
Südafrika 46, 451, 454, 474, 482
Südkorea 17, 45 f., 60, 65, 78, 80, 82, 93, 99, 102, 104, 108, 115, 118, 130, 138, 177, 261 f., 264 ff., 269 f., 272 – 281, 283 ff., 288, 291 ff., 296, 298, 300 f., 305, 307, 310 – 318, 320 f., 340, 459, 494
Sultanismus 268, 347
Superpräsidentialismus 382, 387, 393
Syrien 46, 446
Systeme
- autokratische 23 f., 29, 37, 40 f., 54, 57, 59 f., 69, 84, 86 f., 94 – 98, 100 – 103, 105, 128, 136, 148, 206, 262, 326, 340, 352, 357
- autoritäre 23, 41 f., 51, 53, 90, 96, 121, 134, 170, 173, 200, 207, 214, 221, 277, 280, 321, 348

– demokratische 17 f., 23 f., 26, 28 f., 40, 53, 55, 58, 60, 63 f., 66, 94, 96, 101, 113, 122, 124, 126, 133 f., 139 ff., 150, 159, 161, 163 – 166, 180 f., 183 f., 192, 199 f., 224, 296, 299, 316, 327, 330, 349, 364, 367, 397, 420, 425
– kommunistische 352
– semiautoritäre 26
– totalitäre 19, 24, 26, 29, 40 ff., 44, 48, 51 – 54, 60, 63, 96, 131, 348
Systembegriff 64, 65
Systemtheorien 67
– autopoietische Systemtheorie Luhmanns 69
– Systemtheorie Parsons' 68
Systemwandel 18, 65 f., 351, 409
Systemwechsel 15, 17 f., 22, 39, 55, 62, 65 ff., 85, 87 ff., 91, 93 – 97, 100 – 105, 108, 118, 121 f., 138, 144, 150, 261 f., 275 f., 278, 281, 288, 291, 299, 310, 324 f., 337, 339 – 343, 345, 348, 350 ff., 361, 367, 385, 391, 394, 397, 403 f., 407, 409, 412, 420 f., 432, 498

Taiwan 46, 60, 65, 80 ff., 93, 99, 101, 104, 108, 115, 177, 261 f., 266 f., 270, 275 – 278, 280 f., 285 f., 288 f., 291 ff., 298 – 301, 305 ff., 310 – 319, 321 f., 340, 451
Thailand 17, 45, 78, 82, 99, 102, 104, 108, 115, 138, 261 f., 264, 267 f., 270, 276 ff., 280 f., 287 ff., 291 ff., 296, 302 f., 305, 307, 310 – 321
Theorem der Machtdispersion 77
Theoriesynthese 87
Titularnation 327, 362, 364
Totalitarismus 15, 26, 29, 41, 46 – 51, 53, 61, 69, 145
Transformation 15, 17 f., 22, 39, 62, 64 – 67, 84, 86 f., 89, 91 f., 101 f., 121, 150, 178, 207, 264, 280 f., 309, 324, 330, 336, 339, 343, 345 – 348, 352, 358, 361, 364, 366, 386, 394, 398, 411, 435
Transition 18, 39, 62, 65 f., 84, 90, 104, 178 ff., 182 f., 196 ff., 207, 212, 214 – 220, 222 ff., 226, 228 f., 236, 247, 249, 251 f., 255, 258 f., 261, 270, 272, 274, 278, 280 f., 285, 289, 300, 310, 364
– zur Demokratie 177
Tschechien 92, 104, 108 f., 115, 123, 324, 327, 331 – 335, 338 f., 369, 400, 419, 424 – 427, 430, 434, 445

Tschechoslowakei 50 ff., 54, 63, 66, 85, 98, 100, 103 f., 130, 136, 324 f., 328, 330, 339, 341, 351 ff., 433, 448, 468
Türkei 30, 36, 46, 82, 130, 138, 494
Typ des autoritären Vorgängerregimes 38 f.

Übergang von Autokratie zur Demokratie 150
Ukraine 103 f., 108, 119, 330, 369, 400, 424 f., 427, 429, 457
Ungarn 45, 50, 52, 63, 93, 98, 102, 104, 108, 115, 120, 123, 130 f., 136, 177 f., 324, 327, 331 – 335, 337 – 341, 347, 352 f., 357, 360, 368 – 371, 375, 385 f., 388, 394 ff., 399 – 403, 409 – 413, 418 – 421, 424, 426 f., 430, 434, 445
UNO-Charta 444, 481
Uruguay 58, 62, 65, 75, 96, 98, 102, 104, 108, 115, 123, 130 f., 137 f., 205 f., 223, 230 f., 255, 257, 339, 348, 494
USA 29, 46, 76, 78, 100 f., 123, 130, 136 f., 139 – 142, 146, 147, 151 ff., 159, 174, 206, 211 f., 219, 254 f., 264, 271 f., 274, 276, 280 f., 342, 361, 380, 423 f., 430, 438, 442, 450, 458, 461, 465, 467, 473, 483

Venezuela 30, 130, 137 f., 205 f., 211, 214, 218, 223, 227, 231, 242, 244, 246, 254 – 259, 490, 494
Vereinigten Staaten von Amerika (→ USA)
Verfassung 22, 24, 29, 34, 47, 52, 91, 94, 96, 103, 105, 107 – 110, 113 – 117, 122, 131, 134, 137, 140 f., 144, 147, 151, 153 – 156, 163, 168, 170 ff., 180 f., 183 – 188, 192, 195, 197, 208 – 212, 216 – 220, 223 – 229, 233 f., 240, 243, 245, 248, 251, 264 – 269, 275 f., 282 – 285, 287 – 291, 295, 303, 306, 310, 314, 328 f., 345 f., 350, 354, 368, 372 – 393, 395 f., 398, 407, 421
verfassungsgebende Versammlung 114 f., 154
Verhaltenskonsolidierung 112, 122, 257 f., 316, 420
Vetoakteure 77, 123, 125, 161, 168, 171, 197, 200, 231, 258, 395, 420, 422
Vetospieler 237, 240, 245, 258, 295
Vietnam 81, 262, 321, 490
Volatilität 191, 193, 235, 245, 252, 314, 402 f., 405, 418
Völkerrecht 473, 481 f., 485

Wahhabismus 47
Wahlen
 – demokratische 34, 137, 176, 181, 215, 280, 343
 – kritische 191, 193 f.
Wahl- und Parteiensystem 117, 158
Wahlrecht 22, 24, 27 f.28, 32, 34, 37, 41, 47, 58, 101, 126, 144 f., 218, 226, 249, 315, 350, 382, 384, 389
Wahlregime 30 ff., 34, 229, 259, 286
Wahlsystem 112, 118, 157 f., 160, 165, 225, 237 f., 371, 374, 379, 384, 389, 400, 402, 407
Weltbürgerrecht 473
Weltkrieg
 – Erster 17, 27, 101, 129, 131, 134, 136, 475
 – Zweiter 18, 48, 136, 147, 164, 171, 266, 268, 475

Westfälische Staatenwelt 481
Westfälischer Frieden 481
Wirtschaftskonjunktur 38 f., 139
Wirtschaftsumbau 325, 329, 338

Zivilgesellschaft 34 ff., 38 f., 77, 84, 90, 112, 116, 125 f., 157, 166, 168, 236, 238, 240 f., 247, 250, 254, 259, 272, 274, 281, 301, 306, 317 – 320, 345, 348, 352, 394 f., 399, 451, 454, 456 f., 460 f., 465 ff.
 – und Demokratie 126
Zusammenbruch
 – demokratischer Systeme 75, 137
 – der Demokratie 133
Zwischenkriegsdemokratien 90, 134, 139
Zypern 99, 130, 137 f., 177, 182, 445, 476, 478

Abkürzungen

Theorie

Die Demokratisierungswellen des 20. Jahrhunderts

CLN	Comitati di Liberazione Nazionale
DC	Democrazia Cristiana
DNVP	Deutschnationale Volkspartei
EGKS	Europäische Gemeinschaft für Kohle und Stahl
ERP	European Recovery Program
EWG	Europäische Wirtschaftsgemeinschaft
MSI	Movimento Sociale Italiano
NATO	North Atlantic Treaty Organisation
NSDAP	Nationalsozialistische Deutsche Arbeiterpartei
OEEC	Organization for European Economic Co-operation
PCI	Partito Comunista Italiano
PLI	Partito Liberale Italiano
PRI	Partito Repubblicano Italiano
PSDI	Partito Socialista Democratico Italiano
PSI	Partito Socialista Italiano
RSI	Repubblica Sociale Italiano
SCAP	Supreme Commander of the Allied Powers

Südeuropa

AP	Alianza Popular
CCOO	Comisiones Obreras
CD	Coordinación Democrática
CDS	Centro Democrático Social
CEOE	Confederación Española de Organizaciones Empresariales
CGTP-IN	Confederaçao Geral dos Trabalhadores Portugueses – Intersindical Nacional
CiU	Convergència i Unió de Catalunya
COPCON	Comando Operacional do Continente
EFTA	European Free Trade Association
EG	Europäische Gemeinschaft
ELA-STV	Eusko Langileen Alkartasuna – Solidaridad de Trabajadores Vascos
ETA	Euskadi Ta Askatasuna
GSEE	Geniki Sinomospondia Ergaton Elladas
IU	Izquierda Unida

KKE	Kommounistik Kómma Elládas
MFA	Movimento das Forças Armadas
ND	Nea Dîmokratia
PASOK	Panellinio Sosialistiko Kinima
PCE	Partido Comunista de España
PCP	Partido Comunista Português
PIDE	Polícia Internacional e de Defesa do Estado
PP	Partido Popular
PS	Partido Socialista
PSD	Partido Social-Democrata
PSOE	Partido Socialista Obrero Español
SEV	Sundesmos Ellînikôv Biomîchaniôn
UCD	Unión del Centro Democrático
UGT	Uniao Geral de Trabalhadores (Portugal)
UGT	Union General de Trabajadores (Spanien)

Lateinamerika

AD	Acción Democrática (Venezuela)
AP	Acción Popular (Peru)
APRA	Alianza Popular Revolucionaria Americana (Peru)
CAEM	Centro de Altos Estudios Militares (Peru)
CEPAL	Comisión Económica para América Latina y el Caribe
CONFIEP	Confederación Nacional de Instituciones Empresariales Privadas (Peru)
COPEI	Comité de Organización Política Electoral Independiente (Venezuela)
FREPASO	Frente País Solidario (Argentinien)
FSLN	Frente Sandinista de Liberación Nacional
IFE	Instituto Federal Electoral (Mexiko)
ISI	Importsubstituierende Industrialisierung
MVR	Movimiento V. República (Venzuela)
NAFTA	North American Free Trade Area
PAN	Partido Acción Nacional (Mexiko)
PCV	Partido Comunista de Venezuela
PDC	Partido Demócrata Cristiano (Chile)
PDVSA	Petróleos de Venezuela S.A.
PJ	Partido Justicialista (Peronisten, Argentinien)
PLC	Partido Liberal Constitucionalista (Nicaragua)
PPC	Partido Popular Cristiano (Peru)
PPD	Partido Por la Democracia (Chile)
PRI	Partido Revolucionario Institucional (Mexiko)
PRSD	Partido Radical Social Demócrata (Chile)
PS	Partido Socialista (Chile)
PVEM	Partido Verde Ecologista de México
RN	Renovación Nacional (Chile)
SUTEP	Sindicato Unitario de Trabajadores en la Educación del Perú

UCR	Unión Cívica Radical (Argentinien)
UDI	Unión Demócrata Independiente (Chile)
UNO	Unión Nacional Opositora (Nicaragua)
URD	Unión Republicana Democrática (Venezuela)

Ost- und Südostasien

ABRI	Angkatan Besenjata Republik Indonesia
CDA	Constitutional Draft Assembly (Thailand)
CFL	Chinese Federation of Labor
CPP	Communist Party of the Philippines
DFP	Demokratische Fortschrittspartei (Taiwan)
DJP	Democratic Justice Party (Südkorea)
DP	Democratic Party
DPR	Dewan Perwakilan Rakyat
EDSA	Epifanio de los Santos Avenue
Golkar	Partei *Golongan Karya*
ILO	International Labour Organization
KBL	Kilusan ng Bagong Lipunan (Philippinen)
KMT	Koumintang
LDP	Liberaldemokratische Partei (Japan)
Masyumi	Majelis Syurah Muslimin Muhammadiyah (Indonesien)
MPR	Majelis Permusyawaratan Rakyat
Muhammadiyah	Persyarikatan Muhammadiyah (Indonesien)
Namfrel	The National Citizens' Movement for Free Elections (Philippines)
NKDP	Neue Koreanische Demokratische Partei
NPA	New People's Army (Philippinen)
NSA	National Security Act (Südkorea)
NU	Nahdlatul Ulama
PAN	Partai Amanat Nasional
PDI	Parti Demokrasi Indonesia
PDI-P	Parti Demokrasi Indonesia – Perjuangan
PKB	Partai Kebangkitan Bangsa
PPP	Partai Persatuan Pembangunan (Indonesien)
PKI	Partai Komunis Indonesia
RAM	Reform the Armed Forces Movement
RDP	Reunification Democratic Party (Südkorea)
TNI	Tentara Nasional Indonesia
TRT	Thai Rak Thai (Thailand)

Osteuropa

BSP	Balgarska Socialisticeska Partija
CDR	Conventia Democrată din România
CDU	Christlich-Demokratische Union Deutschlands (DDR)
DBD	Demokratische Bauernpartei Deutschlands (DDR)
DDR	Deutsche Demokratische Republik
DPS	Dviženie za Pravata I Svobodie
ER	Edinaja Rossija, Vereintes Russland
ESSR	Estnische Sozialistische Sowjetrepublik
FDGB	Freier Deutscher Gewerkschaftsbund (DDR)
FDSN	Frontul Democrat al Salvarii Nationale (Rumänien)
FSN	Frontul Salvarii Nationale (Rumänien)
KOR	Komitetu Obrony Robotników (Polen)
KPdSU	Kommunistische Partei der Sowjetunion
KPE	Kommunistische Partei Estlands
LDPD	Liberaldemokratische Partei Deutschlands (DDR)
LKP	Litauische Kommunistische Partei
MDF	Magyar Demokrata Fórum (Ungarn)
MSZP	Magyar Szocialista Párt (Ungarn)
MSZMP	Magyar Szocialista Munkáspárt (Ungarn)
NDPD	Nationaldemokratische Partei Deutschlands (DDR)
ODS	Občanská demokratická strana (Tschechei)
OF	Občanské fórum (Tschechei)
PDSh	Partia Demokrate e Shqipërisë (Albanien)
PDSR	Partidul Democratiei Sociale din România
PPSh	Partia e Punës e Shqipërisë (Albanien)
PS	Partia Socialiste e Shqipëriseë (Albanien)
PSL	Polski Stronnictwo Ludowe
PVAP	Polnische Vereinigte Arbeiterpartei = PZPR (Polska Zjednoczona Partia Robotnicza)
PZRP	Polska Zjednoczona Partia Robotnicza
RGW	Rat für gegenseitige Wirtschaftshilfe
SD	Stronnictwo Demokratyczne
SdRP	Socjaldemokracja Rzeczypospolitej Polskiej
SDS	Sajuz na Demokraticnite Sili
SED	Sozialistische Einheitspartei Deutschlands (DDR)
SLD	Sojusz Lewicy Demokratycznej
SZDSZ	Szabad Demokraták Szövetsége (Ungarn)
UD	Unia Demokratyczna
UdSSR	Union der Sozialistischen Sowjetrepubliken
UP	Unia Pracy
UW	Unia Wolności (Polen)
VPN	Verejnosť proti násiliu (Tschechei)
ZSL	Zjednoczone Stronnictwo Ludowe (Polen)

Externe Demokratisierung

AFL-CIO	American Federation of Labor and Congress of Industrial Organizations
AKP-Staaten	Gruppe der afrikanischen, karibischen und pazifischen Staaten
BMZ	Bundesministerium für wirtschaftliche Zusammenarbeit und Entwicklung
CIA	Central Intelligence Agency
DDR	Deutsche Demokratische Republik
DFID	Department for International Development (UK)
ECOWAS	Economic Community Of West African States
EIDHR	European Initiative for Democracy and Human Rights
EU	Europäische Union
FIS	Front Islamique du Salut, Islamische Heilsfront
GTZ	Deutsche Gesellschaft für Technische Zusammenarbeit
Hamas	„Eifer", Akronym von Harakat al-muqâwama al-islâmiyya (Islamische Widerstandsbewegung)
IDEA	International Institute for Democracy and Electoral Assistance
InWEnt	Internationale Weiterbildung und Entwicklung gGmbH
IRI	International Republican Institute
IWF	Internationaler Währungsfonds
KfW	Kreditanstalt für Wiederaufbau
LGA	Log-Frame-Approach
NATO	North Atlantic Treaty Organization
NDI	National Democratic Institute for International Affairs
NED	National Endowment for Democracy
NGO	Non-Governmental Organization
NIMD	Netherlands Institute for Multiparty Democracy
OAS	Organization of American States
OECD	Organisation for Economic Co-operation and Development
OSZE	Organisation für Sicherheit und Zusammenarbeit in Europa
SADC	Southern African Development Community
UNDP	United Nations Development Programme
UNO	United Nations Organization
USAID	United States Agency for International Development
WDF	Westminster Foundation of Democracy

Neu im Programm Politikwissenschaft

Margret Johannsen
Der Nahost-Konflikt
2., akt. Aufl. 2009. 167 S. Mit 10 Abb.
(Elemente der Politik) Br. EUR 14,90
ISBN 978-3-531-16690-2

Der Inhalt: Entstehung und Entwicklung des Konflikts: Konfliktregion Naher Osten - Die Ursprünge des Konflikts zwischen Arabern und Juden um Palästina - Die großen israelisch-arabischen Kriege - Der palästinensische Widerstand zwischen Gewaltlosigkeit und bewaffnetem Befreiungskampf - Der Friedensprozess: Voraussetzungen des Friedensprozesses - Ziele der Kontrahenten - Stationen des Friedensprozesses - Konfliktanalyse: Konfliktgegenstände - Die Akteure

Der Nahostkonflikt ist ein Schlüsselelement der internationalen Beziehungen. In diesem Buch werden sowohl der Kern des Konflikts als auch die internationalen Dimensionen auf knappem Raum dargestellt.

Thomas Meyer
Was ist Demokratie?
Eine diskursive Einführung
2009. 235 S. Br. EUR 19,90
ISBN 978-3-531-15488-6

Der Inhalt: Wurzeln und Erfahrungen - Theoretische Grundlagen - Typen moderner Demokratie - Die Realität moderner Demokratie - Die Transformation der Demokratie - Transnationale Demokratie - Probleme als Demokratie - Demokratie-/Zivilisationsleistung auf Widerruf?

Die Demokratie ist in der Gegenwart mannigfaltigen Bedrohungen ausgesetzt. Dieses Buch führt in die geschichtlichen Grundlagen und die Bedingungen der Demokratie ein.

Sven-Uwe Schmitz
Konservativismus
2009. 170 S. Mit 12 Abb.
(Elemente der Politik) Br. EUR 16,90
ISBN 978-3-531-15303-2

Der Inhalt: Ideengeschichte vor- und frühkonservativen Denkens - Vor-Konservativismus als Anti-Absolutismus - Früh-Konservativismus vor 1789 als Gegen-Aufklärung - Konservatismus als Anti-Revolutionismus - Politische Romantik 1806-1815 - Anfänge konservativer Bewegungen und Parteien in Deutschland

Der Konservativismus ist eine der wichtigsten politischen Strömungen der Moderne und prägt das politische Denken seit mehr als 200 Jahren. In diesem Buch wird der Konservativismus auf knappem Raum klar und verständlich vorgestellt.

Erhältlich im Buchhandel oder beim Verlag.
Änderungen vorbehalten. Stand: Juli 2009.

www.vs-verlag.de

VS VERLAG FÜR SOZIALWISSENSCHAFTEN

Abraham-Lincoln-Straße 46
65189 Wiesbaden
Tel. 0611.7878 - 722
Fax 0611.7878 - 400

Neu im Programm Politikwissenschaft

Uwe Andersen / Wichard Woyke (Hrsg.)
Handwörterbuch des politischen Systems der Bundesrepublik Deutschland
6. Aufl. 2009. XXIV, 873 S. Geb. EUR 49,90
ISBN 978-3-531-15727-6

Arthur Benz
Politik in Mehrebenensystemen
2009. 257 S. mit 19 Abb. (Governance Bd. 5) Br. EUR 24,90
ISBN 978-3-531-14530-3

Jörg Bogumil / Werner Jann
Verwaltung und Verwaltungswissenschaft in Deutschland
Einführung in die Verwaltungswissenschaft
2., völlig überarb. Aufl. 2009. 358 S. (Grundwissen Politik 36) Br. EUR 26,90
ISBN 978-3-531-16172-3

Wilfried von Bredow
Die Außenpolitik der Bundesrepublik Deutschland
Eine Einführung
2., akt. Aufl. 2008. 306 S. (Studienbücher Außenpolitik und Internationale Beziehungen) Br. EUR 19,90
ISBN 978-3-531-16159-4

Andrè Brodocz / Marcus Llanque / Gary S. Schaal (Hrsg.)
Bedrohungen der Demokratie
2009. 393 S. Br. EUR 39,90
ISBN 978-3-531-14409-2

Joachim Detjen
Die Werteordnung des Grundgesetzes
2009. 439 S. Geb. EUR 49,90
ISBN 978-3-531-16733-6

Susanne Pickel / Gert Pickel / Hans-Joachim Lauth / Detlef Jahn (Hrsg.)
Methoden der vergleichenden Politik- und Sozialwissenschaft
Neue Entwicklungen und Anwendungen
2009. 551 S. Br. EUR 39,90
ISBN 978-3-531-16194-5

Manfred G. Schmidt
Demokratietheorien
Eine Einführung
4., überarb. u. erw. Aufl. 2008. 571 S. Br. EUR 16,90
ISBN 978-3-531-16054-2

Thomas Widmer / Wolfgang Beywl / Carlo Fabian (Hrsg.)
Evaluation
Ein systematisches Handbuch
2009. 634 S. Br. EUR 69,90
ISBN 978-3-531-15741-2

Erhältlich im Buchhandel oder beim Verlag.
Änderungen vorbehalten. Stand: Juli 2009.

www.vs-verlag.de

VS VERLAG FÜR SOZIALWISSENSCHAFTEN

Abraham-Lincoln-Straße 46
65189 Wiesbaden
Tel. 0611.7878-722
Fax 0611.7878-400